Raimund Pousset (Hrsg.)
Handwörterbuch für Erzieherinnen und Erzieher

Für Utta und Sina

Raimund Pousset (Hrsg.)

Handwörterbuch für Erzieherinnen und Erzieher

Autorenteam

Aden-Grossmann, Wilma ▪ Becker-Textor, Ingeborg ▪ Bickmann, Bernward ▪ Bickmann, Dagmar
Bönner, Karl ▪ Büchin-Wilhelm, Irmgard ▪ Czerny, Gabriele ▪ Dietrich, Cornelie ▪ Ebert, Sigrid
Ellermann, Walter ▪ Fischer, Claudia ▪ Fischer, Silke ▪ Focks, Petra ▪ Frei, Remigius
Fthenakis, Wassilios E. ▪ Götte, Rose ▪ Griebel, Wilfried ▪ Haberkorn, Rita ▪ Häberle, Heide
Hansen, Hartmut ▪ Harz, Frieder ▪ Haug-Schnabel, Gabriele ▪ Herm, Sabine ▪ Herrmann, Thomas
Hocke, Norbert ▪ Hoffmann, Gabriele ▪ Hohmann, Sabine ▪ Huppertz, Norbert ▪ Irskens, Beate
Jaszus, Rainer ▪ Jünger, Marion ▪ Kapteina, Hartmut ▪ Kasten, Hartmut ▪ Klein, Lothar ▪ Knauf, Tassilo
Krenz, Armin ▪ Küppers, Horst ▪ Lattschar, Birgit ▪ Lück, Gisela ▪ Mäder-Berg, Martina ▪ Martin, Ernst
Miedaner, Lore ▪ Miklitz, Ingrid ▪ Minsel, Beate ▪ Müller, C. Wolfgang ▪ Neuhäuser, Gerhard
Neuß, Norbert ▪ Niesel, Renate ▪ Ostermann, Barbara ▪ Otterstedt, Carola ▪ Partecke, Erdmute
Pesch, Ludger ▪ Petermann, Hans-Bernhard ▪ Pfeffer, Simone ▪ Pousset, Raimund ▪ Pudel, Volker
Regel, Gerhard ▪ Reidelhuber, Almut ▪ Reiners, Annette ▪ Renn, Heribert ▪ Rieber, Dorothea
Rödl, Birgit ▪ Ryffel, Christiane ▪ Schilling, Matthias ▪ Schürmann, Ewald ▪ Schwarzkopf, Andreas
Sinhart-Pallin, Dieter ▪ Stahlmann, Martin ▪ Stanjek, Karl ▪ Strobach, Susanne ▪ Textor, Martin
Ulich, Michaela ▪ Vieten, Markus ▪ Virchow, Fabian ▪ Vogelsberger, Manfred ▪ Volgmann, Kerstin
Wagner, Petra ▪ Wanzeck-Sielert, Christa ▪ Weidner, Jens ▪ Westphal, Kristin ▪ Wiemann, Irmela
Wirsing, Kurt ▪ Wustmann, Corina ▪ Zimmer, Renate

Ihre Wünsche, Kritiken und Fragen richten Sie bitte an:
Cornelsen Verlag Scriptor, Redaktion Frühe Kindheit,
Willy-Brandt-Platz 6, 68161 Mannheim

ISBN 978-3-589-25255-8

Redaktionsleiterin: Ulrike Bazlen, Mannheim
Lektorat: Sigrid Weber, Freiburg i. Br.
Herstellung: Anja Kuhne, Leipzig; Sandra Bennua, Mannheim
Layout: Markus Schmitz, Büro für typographische Dienstleistungen, Münster
Satz: WMTP, Birkenau
Druck und Bindung: Druck Partner Rübelmann GmbH, Hemsbach
Umschlaggestaltung: Claudia Adam Graphik-Design, Darmstadt
Titelfotografien und Fotos: © sandved.com
Abbildungen: Bianca Johannsen, Breklum

Printed in Germany

Weitere Informationen finden Sie im Internet unter
www.cornelsen.de

Stichwortverzeichnis

Vorwort

Mit dem »Handwörterbuch für Erzieherinnen und Erzieher« liegt ein aktuelles und umfangreiches Kompendium des pädagogischen Wissens vor, das auf die verantwortungsvolle Tätigkeit von Erzieherinnen in ihren vielfältigen Arbeitsfeldern von der Krippe bis zum Kinderheim abzielt. Insofern ist es auch ein Kompendium der Sozialpädagogik, das aber immer den Beruf und die Ausbildung an Berufsfachschulen bzw. Fachschulen oder Berufskollegs im Blick hat.

Verlässt ein Kind sein Elternhaus, betrachten seine Eltern es mit Stolz und großer Hoffnung, begleitet von vielen guten Wünschen. Verlag, Herausgeber und Autoren entlassen jetzt nach jahrelanger Vorbereitungszeit ihr »Kind« in die Welt. Wir wünschen uns, dass alles, was wir ihm mitgeben konnten, solide und wertvoll für Sie als Erzieherinnen und Erzieher ist. Wir hoffen, dass Sie durch den speziellen Zuschnitt des Werkes auf Ihre Praxis das Buch als »Ihr« Handwörterbuch annehmen werden.

Im Autorenteam haben sich 84 in ihren Spezialgebieten erfahrene Fachleute aus Deutschland, Österreich und der Schweiz zusammengefunden, die die 163 Stichwortartikel entweder allein oder zu zweit geschrieben haben. Bei ihnen allen möchte ich mich herzlich bedanken.

Aufgrund der Umstrukturierung und Neuorganisation im Verlag wurde das Buch nacheinander von zwei Lektoren betreut, die beide ihr Bestes gaben, um das Werk gelingen zu lassen. Richard Grübling, dem ersten dynamisch-sympathischen Lektor, und Sigrid Weber, die das Steuer bei schwerer See mit Charme und Kompetenz übernommen hat, gilt mein ganz besonderer Dank.

Ich bedanke mich auch ausgesprochen bei Sigrun Papst, die meinen Artikel zur Kollektiverziehung gegengelesen und mit interessanten Hinweisen versehen hat. Eine faire und treffende Bewertung und Berücksichtigung der DDR-Pädagogik ist bis auf den heutigen Tag außerordentlich schwierig. Ob der Versuch gelungen ist, vierzig Jahre Pädagogik in der ehemaligen DDR im Rahmen eines Handwörterbuchs angemessen zu würdigen, können nur Sie entscheiden. Wir haben es zumindest versucht.

Ein besonders großer Dank geht an Utta Heidler, meine Frau. Sie war mir in all den ewig-stillen Stunden vor dem Laptop ein großer Schatz. Gar mancher Kaffee stand wie von Zauberhand plötzlich neben mir.

Für mich selbst geht als Herausgeber mit diesem Handwörterbuch ein großer Traum in Erfüllung. Als ich 1972 in Berlin mit der Ausbildung von Erzieherinnen und Erziehern begann, hätte ich gern ein solches Handwörterbuch gehabt und habe es mir lange gewünscht. Heute erfüllt es mich mit großer Freude, dass ich mir mit Hilfe vieler Menschen den Traum erfüllen konnte. Leider sind nicht mehr alle am Leben, die dazu beigetragen haben. Doch die, für die dieses Buch letztlich geschrieben wurde, füllen den Platz und schließen so den Kreis des Lebens.

Heidelberg im Herbst 2005

Raimund Pousset

Einleitung

Das vorliegende Handwörterbuch schließt für die Ausbildung und Praxis von Erzieherinnen und Erziehern eine empfindliche Lücke. Bisher lagen nur Handbücher und Lexika vor, die sich ganz allgemein an Sozialpädagoginnen und Sozialpädagogen gerichtet haben, die im Wesentlichen also die Studierenden an Fachhochschulen für Soziale Arbeit und der Sozialpädagogik, aber auch die universitäre Ausbildung von Lehrern oder Diplom-Pädagogen im Blickfeld haben. Erzieherinnen und Erzieher werden in Deutschland und Österreich aber immer noch auf Berufsfachschul- bzw. Fachschulniveau (bzw. Fachakademie oder Berufskollegs) und für ein breites Arbeitsfeld ausgebildet, was andere Anforderungen stellt. Dem wollen wir hier gerecht werden.

Die pädagogische Praxis zeigt, dass Erzieherinnen und Erzieher mit Sozialpädagoginnen und Sozialpädagogen Hand in Hand arbeiten – sei es in Kindergärten und anderen Bildungseinrichtungen, im Sozialmanagement oder in der Familienbetreuung. Ebenso werden die Aufgabengebiete für beide Berufe zunehmend fließender. So mag eine Erzieherin die Leitung einer Kindertageseinrichtung inne haben, die Sozialpädagogin koordiniert die Familienbetreuung. Für die praktische Zusammenarbeit ist somit eine gemeinsame Sprache sowie ein gemeinsames Verständnis von Begriffen und Zusammenhängen unabdingbar. Das vorliegende Handwörterbuch will hierfür eine Brücke bauen.

Ausgelöst durch die bildungspolitischen Debatten infolge der PISA-Studien hat der frühpädagogische Bereich eine längst fällige Aufwertung erfahren. Man hat erkannt, dass die Bildung in der frühen Kindheit die wesentliche Basis für alle weiteren Bildungsprozesse ist. Wenn sich die Erzieherinnen der Aufgabe stellen wollen und müssen, dass ihre Arbeit die Grundlage für die Entwicklung unserer gesellschaftlichen Bildung darstellt und damit für unseren Wohlstand – nicht nur im ökonomischen, sondern auch im geistigen und sozialen Sinn –, brauchen sie Rüstzeug für den Weg. Die ausgewählten Schlüsselbegriffe des Handwörterbuchs entstammen deshalb nicht nur dem klassischen sozialpädagogischen Spektrum, sondern bilden ebenso das neue Feld der frühpädagogischen Debatte ab. Durch die Vermittlung dieser neuen Erkenntnisse versteht sich das vorliegende Buch auch als Beitrag dafür, die aktuellen Anforderungen an die Frühpädagogik im Zeichen von PISA 1 und 2 zu bewältigen und die Diskussion voranzubringen.

Lesehinweise ■ Der Aufbau des Werks orientiert sich am praktischen Bedarf, insbesondere unter zwei Aspekten.

■ Zum einen verlangen Erzieherinnen und Erzieher eine übersichtliche Darstellung von Schlüsselbegriffen in größeren Zusammenhängen, wünschen also ein Handbuch. Der Zugang erschließt sich über die vorn abgedruckte Liste der 163 Stichwörter.

■ Zum andern wünschen Erzieherinnen und Erzieher gerade in der Schule eine schnelle und punktuelle Information (also ein Wörterbuch). Dazu bedarf es eines umfangreichen Registers. Dieses Register findet sich am Endes des Buches mit etwa 3.300 Stichwörtern, das in seiner Gesamtheit dem Fachvokabular der Berufsgruppe entspricht.

Wir legen diesen Doppel-Wunsch hiermit als Handwörterbuch in die Hände von Schule und Praxis. Das Buch vermittelt den knappen und doch grundständigen Überblick über zentrale Begriffe. Die häufig vorkommenden Pfeile (→) stellen Querverweise zu anderen Schlüsselbegriffen dar, um den einfachen Zugriff auf Informationen aus benachbarten Feldern zu ermöglichen. Dadurch wird das Lernen und Nachschlagen leicht gemacht. Insofern eignet sich das Handwörterbuch auch hervorragend für die Vorbereitung auf Klassenarbeiten und das Examen.

Unsere Autorinnen und Autoren referieren den neuesten Wissenstand ihrer Fachgebiete und geben dazu gezielte Literaturtipps, die bei Erscheinen des Handbuchs im Buchhandel erhältlich waren. Sie verzichten jedoch darauf, (umfangreiche) Quellenangaben aufzulisten, deren Überprüfung und Nutzung den Zugang zu einer wissenschaftlichen Bibliothek voraussetzen würde, was für die meisten Fachschulen eine Überforderung darstellen würde. Ebenso verzichten sie darauf, wissenschaftlichen Streit breitzutreten. Wo sie sich für eine der zahlreichen Theorien entschieden haben, machen sie dies deutlich und beziehen prononciert Stellung. In Ausnahmefällen werden auch sich diametral gegenüberstehende Theorien referiert.

Am Ende jedes Schlüsselbegriffs finden Sie Literaturtipps vor, zumTeil auch Kontaktadressen. Die angegebene Literatur ist weniger als Quellenangabe zu betrachten, sondern vielmehr als Tipp für vertiefende Informationen. Bei den Kontakten finden Sie entweder die Postadresse samt Telefon- und (evtl.) Faxnummer oder einen Internetkontakt (E-Mail oder WWW-Adresse).

Das leidige Problem der richtigen Geschlechterbezeichnung ist so gelöst, dass wir für die Berufsgruppe den Begriff der Erzieherinnen verwendet haben, wobei die Männer selbstverständlich immer mitgemeint sind.

Menschenbild ■

Herausgeber, Autorinnen und Autoren fühlen sich einem humanistischen Menschenbild verpflichtet, das den Menschen als ganzheitlich-gleichwertiges Geist-Körper-Gefühls-Wesen betrachtet und überzeugt davon ist, dass bereits Kindern die Fähigkeit zur Selbststeuerung innewohnt. Sie dabei durch eine anregungsreiche und vorbereitete Umwelt zu unterstützen und sie auf einem vielfältigen Lebensweg ein Stück weit achtsam zu begleiten, wird jeden Tag eine neue Aufgabe sein.

Nach Kants kategorischem Imperativ gelingt dem Menschen »der Ausbruch aus der selbst verschuldeten Unmündigkeit« nur dann, wenn er den Mut hat, »sich seines eigenen Verstandes zu bedienen«. Kinder in ihrem Entwicklungsweg hierbei zu unterstützen und zu fördern, ist für Erzieherinnen und Erzieher nicht nur eine verantwortungsvolle Aufgabe, sondern gleichzeitig auch eine persönliche Herausforderung und politische Notwendigkeit. Dazu gehört nicht zuletzt der Mut und das Vertrauen, Kindern, die ihre Potenziale entdecken und ausprobieren wollen, Freiheiten zu gewähren, sie herauszufordern und ihnen gleichzeitig achtsame Begleiterinnen sein, damit uns gemeinsam ein Schritt auf dem Weg zur Emanzipation des Menschen gelingt. Wenn dieses Wort vielleicht auch groß erscheint, verweist es doch nicht mehr und nicht weniger auf die Größe der Aufgabe, Kinder zu erziehen.

Abweichendes Verhalten

Unter abweichendem Verhalten (Devianz) versteht man unterschiedliche Formen von Verhalten, das mit dem, was in einer Gesellschaft als »normal« gilt bzw. mit den gültigen sozialen → Normen (und den damit verbundenen Erwartungen nicht übereinstimmt und entsprechende Reaktionen zur Folge hat (z.B. Fachberatung im sozialpädagogischen Bereich, Strafverfolgung). Kindesmisshandlung, Kriminalität, Obdachlosigkeit, → Suizidalität, Drogenabhängigkeit sowie körperliche und geistige Behinderungen sind Beispiele für abweichendes Verhalten, mit dem Menschen in sozialpädagogischen Berufen konfrontiert sind.

Zur Theorieentwicklung ■ Zum Thema abweichendes Verhalten sind auffallend viele Theorien entwickelt worden. Die folgenden Ausführungen beziehen sich auf soziologische Modelle. Nahezu alle Theorien konzentrieren sich auf eine besondere Form der Devianz, nämlich auf die Delinquenz, d.h. auf kriminelles Verhalten, wobei wiederum speziell Jugendliche berücksichtigt werden.

Zu den älteren, in den dreißiger bis sechziger Jahren entstandenen Theorien gehören die *Anomietheorie, Subkulturtheorien,* die *Theorie differentiellen Lernens* sowie die *Etikettierungstheorie.* Kennzeichen dieser Theorien ist, dass der Schwerpunkt der Betrachtung beim Täter und der Tat liegt. Es sind mehrheitlich sogenannte ätiologische Theorien, d.h. es interessiert die Frage, *warum* sich Menschen deviant verhalten. Einen Perspektivenwechsel in dieser Hinsicht leitete die Etikettierungstheorie ein, indem sie danach fragte, *wie* Menschen deviant werden. Man versuchte dem Prozess auf die Spur zu kommen, durch den das Verhalten eines Menschen als abweichend definiert wird und richtete die Aufmerksamkeit auf die Instanzen sozialer Kontrolle. So angefeindet dieser Ansatz nach seiner Entstehung war, so sehr hat er sich später als zukunftsträchtig erwiesen.

Der Vorteil aller älteren Theorien liegt darin, dass sie die Aufmerksamkeit auf die Individualebene lenken, d.h., dass man in der praktischen Arbeit gut auf sie zurückgreifen kann, um sich abweichendes Verhalten von Menschen zu erklären und daraus auch Interventionen abzuleiten. Das ist bei den jüngeren Theorien nicht so leicht möglich, da sie sich größtenteils auf einem sehr viel höheren Abstraktionsniveau bewegen und meist mit einer ganzen Gesellschaftstheorie verbunden sind. Interventionen aber, die zu einer Veränderung der Gesellschaft führen könnten, sind mehr im sozialpolitischen Bereich als im sozialpädagogischen Tätigkeitsfeld möglich.

Zu den neueren Modellen gehören u.a. die *Theorien sozialer Kontrolle,* der *Social-Censures-Ansatz* sowie die *Radikale/Kritische Kriminologie.* Auch vor dem Hintergrund der Handlungstheorie hat man sich mit abweichendem Verhalten auseinandergesetzt. Diese neueren Ansätze haben mit der früh entstandenen Etikettierungstheorie gemeinsam, dass sie sich insbesondere mit den gesellschaftlichen Reaktionen auf Abweichungen auseinandersetzen.

Im Folgenden werden zwei Theorien vorgestellt, nämlich die Etikettierungstheorie als Beispiel für einen der älteren Ansätze und die Theorie sozialer Bindungen als Teil der Kontrolltheorien, die zu den jüngeren Ansätzen zählen. Für beide ist typisch, dass sie gut auf den Einzelfall angewendet werden können.

Die Etikettierungstheorie ■ Diese Theorie, auch Labeling approach genannt, ist auf dem Hintergrund des Symbolischen Interaktionismus entstanden. Ihre Grundidee ist, dass Menschen mit der Art ihrer Wahrnehmung, ihren Bedeutungszuschreibungen und ihrem Handeln immer wieder neu Wirklichkeit konstruieren. Dementsprechend wird abweichendes Verhalten als etwas begriffen, das es an sich gar nicht gibt, sondern das erst entsteht, indem es als solches etikettiert bzw. definiert wird. Devianz entsteht also durch Zuschreibungsprozesse.

Die ersten Vertreter dieses Ansatzes gingen von einer Art Teufelskreis oder sich selbst erfüllenden Prophezeiung (self fulfilling prophecy) aus: Der Mensch produziert abweichendes Verhalten, weil er selber von anderen als abweichend eingestuft wird. So sind im Etikettierungsansatz die Reaktionen der Umwelt mindestens genauso wichtig wie das Verhalten selber. Die Abweichung wird schließlich als Ergebnis eines Interaktionsprozesses betrachtet, der auf unterschiedlichen Ebenen abläuft: Auf der gesellschaftlichen Ebene werden von Menschen mit höherem Rang und mehr Einfluss → Normen gesetzt, deren Verletzung Abweichung vom Normalen bedeutet. Auf der Individualebene gibt es Menschen, die nun diese Regeln bewusst oder unbewusst verletzen. Werden sie dabei ertappt, dann werden sie stigmatisiert, das heißt als kriminell, geisteskrank oder gestört bezeichnet. Dementsprechend werden sie dann bestraft, therapeutisch behandelt, isoliert oder resozialisiert. Diese Reaktionen auf das abweichende Verhalten können dann wiederum dazu beitragen, dass die entsprechende Person nicht das Ausmaß an Akzeptanz, Anerkennung und Sympathie bekommt, das die meisten Menschen als soziale Wesen brauchen. Damit steigt die Wahrscheinlichkeit, sich mit der Zeit mehr und mehr als kriminell bzw. verrückt oder asozial zu zeigen und damit schließlich in einen Teufelskreis zu geraten: abweichendes Verhalten – Stigmatisierung – Gefühl des Außenseitertums – erneutes deviantes Verhalten – Verstärkung der Stigmatisierung etc. Das heißt, erst durch die Herabsetzung und Ausgrenzung werden diese Menschen zu dem, was man ihnen am Anfang zuschreibt.

Dabei wird zwischen primärer (die erste als abweichendes Verhalten definierte Tat) und sekundärer Devianz (weiteres abweichendes Verhalten als Folge der Etikettierungsprozesse) unterschieden. Zusammengefasst heißt das: Deviantes Verhalten wird in einem Prozess der sich selbst erfüllenden Prophezeiung gefördert. Durch Stigmatisierungen und Etikettierungen nach der Primärdevianz steigt die Wahrscheinlichkeit einer Sekundärdevianz.

An Zuschreibungsprozessen, mit deren Hilfe schließlich eine abweichende Rolle überhaupt festgelegt wird, ist die Sozialpädagogik ähnlich beteiligt wie die Polizei, die Justiz oder die Psychiatrie. Z.B. ist die Selbstdefinition von jemandem ohne Wohnung, dass er vorübergehend ganz gut ohne Wohnung auskomme. Die Fremddefinition durch einen Sozialarbeiter aber könnte sein, ihn als Obdachlosen zu bezeichnen und auch so zu behandeln. Wollte man sich in der sozialpädagogischen Praxis an diesem Ansatz orientieren, so würde das Folgendes bedeuten:

- So lange wie möglich die konformen Anteile der Persönlichkeit im Auge behalten und sich an ihnen orientieren
- Bei Aktennotizen alle etikettierenden Zuschreibungen vermeiden
- Immer auch die Eigendefinition der Klientinnen beachten und so genannte Fallgeschichten auch aus der Perspektive der Betroffenen heraus rekonstruieren
- Verzicht auf moralische Urteile
- Eine reformorientierte Sozialpolitik unterstützen, d.h. sich für solche Prozesse einsetzen, die die Entkriminalisierung bestimmter Taten, die als Delikte gelten, fordern: z.B. Entkriminalisierung im Bereich der Drogengesetzgebung
- Alles fördern, was einer Stigmatisierung entgegenwirkt, wie z.B. die Reduzierung von Heimen und stattdessen Einführung betreuter Wohnformen.

Dieser Ansatz regt also Sozialtätige zu einer Politisierung an, auch wenn sie nicht alle konkreten Konsequenzen auf der Handlungsebene teilen mögen.

Theorie sozialer Bindungen ■ Dieser Ansatz gehört zu den Kontrolltheorien, die sich weniger mit dem Phänomen des abweichenden Verhaltens befassen, sondern vielmehr mit der Frage, warum sich Menschen konform verhalten. Damit rückt das Thema der sozialen Kontrolle ins Zentrum. Dabei werden unterschiedliche Formen unterschieden, nämlich der punitive (= strafende) Kontrollstil, die Entschädigung, die Befriedung und Therapien bzw. soziale Arbeit mit (potenziellen) Tätern und Täterinnen

Der **punitive Kontrollstil** setzt auf Bestrafung und Abschreckung. Ihm ist die traditionelle Strafjustiz zuzuordnen, für die

»Schuld« und »Unschuld« wesentliche Urteilskategorien sind. Im Zentrum steht der Täter. Beim Kontrollstil der **Entschädigung** geht es hingegen vor allem um das Opfer und den Schaden, der angerichtet worden ist. Konkret sind damit Prozesse wie finanzielle oder moralische Wiedergutmachung bzw. Schadenersatz gemeint. Bei der **Befriedung** geht es darum, dass die beiden Konfliktparteien zusammengebracht werden und man mithilfe einer dritten Person versucht, ein für beide akzeptables Ergebnis auszuhandeln. Im Gegensatz zur Entschädigung ist aber die Übereinkunft freiwillig. Sowohl Entschädigung als auch Befriedung sind inzwischen zu einem Bestandteil der Strafjustiz geworden, der insbesondere bei jugendlichen Straftätern angewendet wird. Bei **Therapien** bzw. **sozialer Arbeit** liegt das Ziel darin, dem Menschen zu helfen, sich zu verändern und durch Einsicht und Reflexion motiviert zu werden, sich konform zu verhalten.

Neben diesen Formen sozialer Kontrolle ist in der Theorie sozialer Bindungen vor allem das formelle und informelle Beziehungsnetz von Jugendlichen ins Zentrum der Aufmerksamkeit gerückt. Die Kernaussage der Theorie ist, dass die Wahrscheinlichkeit, sich konform zu verhalten, steigt, über je mehr integrative Rollenbeziehungen ein Jugendlicher verfügt. Dabei werden aber bestimmte relevante Merkmale der Rollenbeziehungen unterschieden.

Bandbreite ■ Damit sind Anzahl und Verschiedenheit der Rollenbeziehungen gemeint. Je größer die Bandbreite, umso wahrscheinlicher ist konformes Verhalten. Falls also ein Jugendlicher nach der Schulzeit keinen Ausbildungsplatz findet, ist das auch insofern ein Problem, als damit die potenzielle Bandbreite von Rollenbeziehungen geschmälert wird.

Frequenz ■ Weniger Kontakte führen eher zu intensiver Kommunikation und damit zu mehr Intimität. Je intimer die Kontakte, umso größer ist die Wahrscheinlichkeit der Integration und damit der Konformität.

Wahl ■ Dieses Kriterium bezieht sich auf den Grad der (Un-)Abhängigkeit von Beziehungen. In abhängigen Beziehungen wird vom Ranghöheren eher ein bestimmtes Verhalten gefordert. Damit wächst die Wahrscheinlichkeit konformer Verhaltensweisen. Grundsätzlich sind die Wahlmöglichkeiten für Mitgliedschaften in verschiedenen Rollenfeldern gestiegen. Jemand kann z.B. Mitglied im Vogelverein sein, gleichzeitig einer politischen Jugendgruppe angehören und als Lehrling in einer Bank arbeiten. Bei den ersten beiden Rollenfeldern besteht keine Abhängigkeit, im letzten hingegen ja, weil es mit der Existenzsicherung zu tun hat.

Überlappung ■ Damit ist die Überschneidung und Interaktion von Vertreterinnen und Vertretern der verschiedenen Beziehungssets gemeint. Je mehr sich die Beziehungen in den einzelnen sozialen Bereichen überlappen, desto eher ist Verhaltenskonformität zu erwarten. Ein Beispiel dafür ist z.B. die Situation, dass der Vater im gleichen Betrieb arbeitet, in dem seine Tochter eine Lehre macht. Die Interaktion findet dann zwischen Teilnehmern unterschiedlicher Rollenfelder der Jugendlichen statt.

Bezogen auf alle vier Dimensionen gilt umgekehrt: Geringe Bandbreite von Rollenbeziehungen, hohe Interaktionsfrequenzen, geringe Abhängigkeit bei der Wahl der Kontakte oder wenig Überschneidungen der Rollensets erhöhen die Wahrscheinlichkeit einer sozialen Desintegration und damit des abweichenden Verhaltens bei Jugendlichen.

Zusammenfassend besagt die Theorie sozialer Bindungen also Folgendes: Es kommt auf die Art der Rollenfelder und damit zusammenhängender Faktoren an, ob sich Jugendliche eher deviant oder eher konform verhalten. Eine primäre Orientierung an dieser Theorie hätte ebenfalls Konsequenzen für Menschen, die sozialpädagogisch tätig sind. Sie werden hier als Kontrollinstanz gesehen und ihre primäre Aufgabe besteht in der Stabilisierung der bestehenden gesellschaftlichen Ordnung. Sie sollen also ihre Klientinnen zu Konformität bewegen, sich den sozialen Erwartungen, die an sie gestellt werden, anzupassen. Diese Bemühung ist aber nicht ausgrenzender, sondern integrativer Art. Im sozialpädagogischen Bereich Tätige, die auf dem Hintergrund dieses theoretischen Ansatzes arbeiten, werden versuchen, bei ihren Klientinnen und Klienten die Aufnahme möglichst vieler Rollenbeziehungen anzuregen und dort Intimität zu fördern. Sie werden insbesondere auf ihre Mittlerfunktion achten, wenn es um die Kontakte zu Schule, Elternhaus und Lehrstelle geht. Denn sie sind ja daran interessiert, dass der Jugendliche diese Kontakte eher verbessert als abbricht. Ihre Arbeit wird darauf abzielen, den Jugendlichen in konventionelle Aktivitäten mit einzubeziehen, d.h. man wird entsprechende Programme entwickeln (wie z.B. ein Jugendparlament als Jugendarbeiterin in einer Gemeinde). Traditionelle Einzelhilfe (ohne Berücksichtigung des sozialen Umfeldes) und Gruppenarbeit ausschließlich mit delinquenten Jugendlichen wären aus dieser Sicht eher abzulehnen, weil ja die Art der sozialen Bezüge im Zentrum steht.

Jugendkriminalität ■ Aktuelle Forschungsbefunde aus empirischen Untersuchungen zum Thema Jugendgewalt und Jugendkriminalität kommen u.a. zu folgenden Ergebnissen:

- Sowohl in Ost- als auch in Westdeutschland werden durch strukturelle Bedingungen Jugendliche zunehmend stärker in der Verwirklichung ihrer Lebenspläne behindert. Dabei stellen drohende eigene Erwerbslosigkeit oder ein sozialer Abstieg der Eltern wesentliche Faktoren für die Gefahr der Desintegration dar, die wiederum kriminelles bzw. gewalttätiges Verhalten fördert
- Die Situation für Jugendliche in Ostdeutschland ist insofern besonders drastisch, als ihnen noch deutlicher als Jugendlichen in Westdeutschland geeignete Bewältigungsstrategien fehlen. Zudem ist die integrierende Kraft der früher bestehenden Jugendorganisationen geschwunden
- Nach wie vor bestehen eindrückliche geschlechtstypische Unterschiede bezüglich Gewaltanwendung und Kriminalität. Junge Frauen werden sehr viel seltener straf-

fällig als junge Männer, was genauso für Erwachsene gilt. Dieser Befund wird erklärt mit den unterschiedlichen Sozialisationsbedingungen der Geschlechter und daraus resultierenden unterschiedlichen Bewältigungsformen von Spannungen
- Junge Ausländerinnen und Ausländer, die sozial nicht integriert sind, neigen besonders häufig dazu, Delikte zu begehen. Dabei ist aber auch zu berücksichtigen, dass sie vermutlich verstärkter sozialer Kontrolle unterliegen und deshalb die Bereitschaft, Anzeige zu erstatten, größer sein könnte als bei einheimischen Jugendlichen.

Die Wahrscheinlichkeit, als Jugendlicher delinquent zu werden, steigt, wenn selber in der Familie Gewalt erfahren worden ist oder die Herkunftsfamilie sozial unterprivilegiert lebt bzw. der Jugendliche selber aufgrund seines tiefen Bildungsstatus' nur eingeschränkte Zukunftsaussichten hat. Phantasie und die Bereitstellung entsprechender Gelder sind notwendig, um diese sozialen Probleme entschärfen zu können.

Christiane Ryffel

■ **Literaturtipps**

Grohall, K.-H. Soziologie des abweichenden Verhaltens und der sozialen Kontrolle. In: Biermann et al. (Hg.) (1994). Soziologie. Neuwied: Luchterhand.

Heitmeyer, W. u.a. (1995). Gewalt. Schattenseiten der Individualisierung bei Jugendlichen aus unterschiedlichen Milieus. Weinheim und München: Juventa.

Janssen, H. Kriminalitätstheorien und ihre impliziten Handlungsempfehlungen, Teil II. In: H. Janssen und F. Peters (Hg.) (1997). Kriminologie für Soziale Arbeit. Münster: Votum.

Lamnek, S. (1999). Neue Theorien abweichenden Verhaltens. Stuttgart: UTB.

 # ADHS

Das Kürzel ADHS steht für Aufmerksamkeits-Defizit-Störung mit Hyperaktivität. Dabei handelt es sich um auffälliges Verhalten in einer typischen Dreierkombination: Aufmerksamkeitsstörung, extreme Unruhe und Impulsivität. Das verwandte Symptom ADS (Aufmerksamkeitsdefizitstörung ohne

Hyperaktivität) geht einher mit herabgesetzter Aktivität, Tagträumen oder einer Arbeitsblockade. Häufig wird zu Unrecht ein Begabungsmangel vermutet. HKS (Hyperaktivitätsstörung) bezeichnet eine Auffälligkeit, die mit extremer Unruhe verbunden ist, ohne dass die Aufmerksamkeit wesentlich beeinträchtigt wäre.

Nur ein Arzt kann die Diagnose erstellen, dabei ist er an eine internationale Klassifikationsliste (ICD10) von Krankheiten gebunden. Dazu gehören eine Anamnese (Entwicklungsverlauf des Kindes, Familiensituation etc.), eine Verhaltensbeobachtung und eine klinische Untersuchung, um andere Krankheiten auszuschließen. Für Kinder im Vorschulalter gibt es einen ADHS-spezifischen Fragebogen, der von Eltern und Erzieherinnen ausgefüllt und vom Arzt ausgewertet wird. Bei Kindern im Schulalter werden testpsychologische Untersuchungen durchgeführt.

Die Diagnose ADHS wird nach Meinung mancher Betroffener und Experten zu oft erstellt. In einer Report-Sendung der ARD (September 2001) war von bis zu 80 % möglichen Fehldiagnosen die Rede. Die Bedenken sind umso größer, wenn die Betroffenen unnötigerweise Ritalin erhalten.

Erscheinungsbild ■ Im Folgenden wird eine Sammlung geschlechts- und lebensalterstypischer Ausdrucksformen von ADHS aufgelistet, wobei in der Regel kein Kind all diese Symptome zeigt.

Säuglinge und Kleinkinder: Kinder dieser Altersgruppe sind deutlich aufgeweckter, motorisch unruhiger, brauchen weniger Schlaf. Ungewöhnlich lange Schreiphasen, Essprobleme, starke Trotzanfälle weisen auf Besonderheiten der Interaktion mit der sozialen Umwelt hin.

Kindergartenalter: In dieser Phase fallen vor allem die motorische Unruhe und die Impulsivität auf. Positiv einher geht damit oft eine große Begeisterungsfähigkeit, die negative Seite aber ist, dass Regeln immer wieder vergessen werden und Handgreiflichkeiten heftig ausfallen, da die Kinder ihre Kraft nicht gut dosieren können. Bewegungs-koordinationsprobleme zeigen sich z.B. beim Zeichnen. In ihrem Spiel sieht man schnelle Handlungswechsel und bei Gruppenaktivitäten lässt sich geringe Ausdauer beobachten.

Grundschulalter: Die Kinder folgen Reizen und Ideen, ohne an Regeln, Gefahren, Folgen zu denken und ohne zu überlegen, wie sie am besten vorgehen. Jetzt werden in vielen Fällen auch → Lern- und Leistungsstörungen deutlich. Die geringe Aufmerksamkeitsspanne und motorische Probleme führen zu einer unkontrollierten Schrift; auf Rechtschreibung, vor allem bei schnellem Schreiben, kann das Kind kaum mehr achten; Rechnen gelingt oft nicht wegen fehlender Ordnung auf dem Blatt. Die Umtriebigkeit stört auch die anderen Kinder beim Arbeiten. Manche Kinder gewinnen mit ihrer Lebensfreude, ihrem Ideenreichtum und ihrer Hilfsbereitschaft schnell Freunde. Andererseits können sie durch ihre Rastlosigkeit und Stimmungsschwankungen gerade gewonnene Freunde wieder vergraulen. Mit zunehmender Selbstreflexionsfähigkeit erkennen sie diese Zusammenhänge und leiden darunter. Sie können zu Außenseitern werden, wenn sie in eine Negativrolle geraten, was häufig der Fall ist. Als Besonderheit im sprachlichen Bereich nennen Neuhaus (2000) bzw. Krowatschek (2001) »Sprechdurchfall«, d.h. Dauermotzen, fäkale und sexuelle Reizworte.

Jugendalter: Manchen Jugendlichen gelingen Selbststeuerung und Konzentration jetzt besser. Bei anderen kristallisieren sich zwei Problemfelder heraus. Manche resignieren, Ängste, Depressionen und Leistungsverweigerung können auftreten. Andere entwickeln expressive Formen, z.B. oppositionell-aggressives Verhalten, sie begeben sich häufiger in gefährliche Situationen, schließen sich Randgruppen an, haben Probleme im Umgang mit Alkohol, Drogen, sind schneller als andere in Schlägereien verwickelt, fahren ohne Führerschein Moped. Vernunftargumenten gegenüber sind sie nicht zugänglich, in einem Erregungszustand können sie scharf formulierte, persönliche Attacken gegen andere richten.

Erwachsenenalter: Manche Betroffene stabilisieren sich, suchen einen Beruf, in dem ihre Fähigkeiten gefragt sind (Phantasie, Risikobereitschaft), andere haben ein Leben lang Probleme mit Konzentration und Vergesslichkeit, dem Planen und Durchhalten von Aufgaben und auch Mühe mit sozialen Beziehungen, neigen zu Ängsten, Depressionen, Jähzorn, Alkohol- und Drogenmissbrauch.

Entstehung ■

Erbliche Faktoren ■ Man nimmt heute an, dass ADHS zu 70–80% genetisch bedingt ist. In vielen Fällen kommt ADHS auch bei einem Elternteil oder bei anderen Verwandten vor. In wissenschaftlichen Untersuchungen konnten Störungen im Neurotransmitter-Stoffwechsel nachgewiesen werden. Dieser Stoffwechsel hat eine Doppelfunktion: Er sorgt dafür, dass Reize von außen gefiltert werden und dass sich im Innern des Menschen gerade so viel psychische Energie aufbaut, wie zur Verarbeitung der Reize notwendig ist. Die Informationsflut, die auf ein Kind mit dieser Neurotransmitter-Stoffwechselstörung einwirkt, mobilisiert eine enorme Energie, die sich u.a. in Impulsivität und Hyperaktivität ausdrückt, aber auch in Phantasie, Initiative, Begeisterung. Darüber hinaus stört die Übermenge an Informationen die Zusammenarbeit von Arbeits- und Langzeitgedächtnis, was z.B. für Handlungsplanungen wichtig ist. Sie behindert das dauerhafte Aufrechterhalten von Aufmerksamkeit, den Aufbau von → Motivation, den Ausgleich von Affekten und den Zugriff auf vorhandene Fähigkeiten.

Psychologische und soziokulturelle Faktoren ■ Traumatische Erfahrungen, wie der Verlust einer geliebten Person, können zu enormen Spannungszuständen führen, wenn sie mit dem Kind nicht aufgearbeitet werden. Wenn Eltern belastet sind durch Trennung, finanzielle Nöte oder Arbeitslosigkeit, haben sie weniger Möglichkeiten, die Bedürfnisse des Kindes feinfühlig zu befriedigen und Notsignale wahrzunehmen. In solchen Fällen kann ein Kind Hypermotorik entwickeln, um innere Spannungen immer wieder abzubauen, es kann sich nicht konzentrieren, schaltet ab, entwickelt unangemessene Verhaltensweisen als Hilferuf. Das sind die Leitsymptome von ADHS.

Auch übermäßiger Fernsehkonsum begünstigt den Aufbau eines Verhaltensmusters, das ADHS ähnelt. Angstauslösende Inhalte und das Stillsitzen bauen Spannung auf, das Sprechtempo und der schnelle Bildwechsel mancher Sendungen leben hektisches Handeln vor (Computerspiele verstärken diese Wirkung). Häufiges Fernsehen und Computerspiele rauben dem Kind überdies wichtige Spielzeit, während der es vielfältige sensorische, motorische und kognitive Erfahrungen machen könnte – Voraussetzung für das Schaffen von Ordnungsstrukturen im Gehirn.

Umgang und Behandlungsformen ■

Oft unternehmen Eltern und pädagogische Fachkräfte große Anstrengungen im Umgang mit Kindern, die an ADHS leiden. Sie üben Nachsicht, bitten, ermahnen und strafen. Das Problem liegt jedoch darin, dass die Kinder ihr Verhalten gerade nicht willentlich steuern können. Deshalb enttäuschen sie sich und die anderen fortwährend, ihr Verhalten wird schlimmer statt besser und die Reaktionen der Erwachsenen werden heftiger. Eltern, Erzieherinnen und Lehrer sollten aus diesem Grund besonders Hilfe für *sich* holen, um zu lernen, mit den »Störungen« des Kindes umzugehen.

Hilfe erhalten sie in Erziehungsberatungsstellen, in Institutionen der Elternbildung bzw. der Erzieher- und Lehrerfortbildung und in → Selbsthilfegruppen. Vieles gelingt besser, wenn Erwachsene das Kind auch in seiner Lebendigkeit und Originalität wahrnehmen und in erster Linie mit den Stärken des Kindes arbeiten. Im konkreten Erregungszustand ist es besser, das Kind zu sich holen und ihm einen Auftrag zu geben, statt es frei agieren zu lassen. Manche Kinder provozieren ihre Kameraden, die an ADHS leiden, auch bewusst oder stellen diese als Schuldige dar, so dass immer wieder hochgradig spannungsgeladene Situationen entstehen. Hier souverän zu bleiben und die Atmosphäre positiv zu halten ist eine hohe Kunst, die in einem Training erlernt werden kann.

Rahmenbedingungen in sozialpädagogischen Einrichtungen, Therapien ■

- Kinder und Jugendliche mit ADHS brauchen einen rhythmisierten und klar gegliederten Tagesablauf, Phasen der Selbstbestimmung im Wechsel mit Gemeinschaftserleben unter dem Schutz einer konstanten und zuverlässigen Erziehungsperson, die mit ihnen umzugehen weiß. Unterstützend sind Möglichkeiten der Selbstdarstellung im → Spiel mit allen Sinnen, im schöpferischen Tun. Musik (→ Musikpädagogik) fördert spezifische Hirnfunktionen und damit die Klarheit im Denken
- Als Vorbereitung auf die Schule wird der Besuch einer Grundschulförderklasse oder Vorklasse empfohlen (→ Schulfähigkeit). Dort erlebt das Kind mehr Führung als im Kindergarten. In einer altershomogenen Gruppe haben die Anforderungen eine bessere »Passung« sowohl im Inhalt als auch im Schwierigkeitsgrad. Das Kind erhält klare Arbeitsaufträge, der Erfolg ist eher gesichert, die Ergebnisse werden auch eingefordert. Das Geschehen im Raum ist übersichtlicher
- Regelpläne helfen ab dem Schulkindalter, Pflichten und die Tagesstruktur einzuhalten, ohne immer wieder aufs Neue diskutieren zu müssen. Sie funktionieren mit positiven Verstärkern bzw. mit deren Entzug. Positive Verstärker können materieller (Geschenk) oder immaterieller Natur (extra Zuwendungszeit) sein.
- Trainingsprogramme für Kinder und Jugendliche sind möglich ab dem Zeitpunkt, zu dem das Kind fähig und bereit ist, über sich und sein Problem zu reflektieren und Anstrengung für ein Ziel auf sich zu nehmen. Es gibt Trainingsprogramme zur Konzentrationssteigerung, zum Schreibenlernen, zur Entspannung oder zur Verbesserung des Sozialverhaltens.
- In der Sensorischen Integrationstherapie nach Jean Ayres werden basale Erfahrungen nachgeholt (Gleichgewicht, Tiefenwahrnehmung, taktile Wahrnehmung) in der Hoffnung auf neuronale Nachreifung. Die Motopädagogik oder psychomotorische Therapie (→ Psychomotorik) setzt am Bewegungsbedarf der Kinder und ihrer Kreativität an. → Rollenspiele ermöglichen positive Körper- und Bewegungserfahrungen (Bewegungsplanung). Motopädagogik kann Basis sein für bessere Impulssteuerung, für den Aufbau eines positiven Selbstkonzepts und für besseres Sozialverhalten.

Medikamente ■
Standardpräparat ist Ritalin, was jedoch nur nach sorgfältiger Diagnose verschrieben und verabreicht werden darf. Es stellt nicht etwa ruhig, sondern sorgt dafür, dass der Botenstoff Dopamin länger wirksam bleibt, was die Selbststeuerung, die → Wahrnehmung und das → Denken verbessert. Auf dieser Grundlage kann das Kind seine Energie zielgerichteter nutzen und Fortschritte erleben. Parallel dazu braucht es jedoch unterstützende Hilfen. 80 % der Kinder und Jugendlichen, bei denen ADHS diagnostiziert wurde, sprechen auf Ritalin an. Gelegentliche Nebenwirkungen sind allergische Reaktionen, Schlafstörungen, Stimmungsschwankungen.

Diäten ■
In wissenschaftlichen Untersuchungen gelang es zwar bisher nicht, Nahrungsmittelzusätze wie Phosphat und künstliche Färb- und Geschmacksstoffe als Verursacher von ADHS auszumachen, aber eine Diät mit Nahrungsmitteln ohne diese Stoffe und ohne Zucker kann zu einer deutlichen Verhaltensbesserung führen. Dies ist die Erfahrung vieler Betroffener, und sie berichten von sofortigen Einbrüchen bei Nichteinhalten der Diät. Zwar meinen Skeptiker, dass die positive Wirkung der Diät auf mehr Struktur im Tagesablauf zurückzuführen sei, auf bessere Interaktions- und Kommunikationsformen und eine entspanntere Familienatmosphäre. Aber den Betroffenen ist die Wirkung wichtiger als zu wissen, was nun genau die Verbesserung herbeiführt.

Irmgard Büchin-Wilhelm

■ Literaturtipps

Der Spiegel. 29/2002.

Herm, S. (2003). Mit schwierigen Kindern umgehen. Ein Leitfaden für die Praxis. Freiburg: Herder.

Krowatschek, D. (2001). Alles über ADS. Düsseldorf: Patmos V. Verlag.

Pferseer, E. (1997). Zappelphillip und Hampelliese. München: Pattloch Verlag.

Adoption

Die Adoption, die Annahme als Kind, ist eine sehr alte Form, Menschen gesetzlich miteinander zu verbinden. Es gibt sie schon in der griechischen Mythologie. Sie taucht in → Märchen und Mythen auf und in der Bibel. Erinnert sei an Moses, der von der Pharaonentochter aufgezogen wurde. Schon 1700 v. Chr. erscheint Adoption in den Gesetzen des babylonischen Königs Hammurabi (1728–1686 v. Chr.). Im Römischen Reich gab es vor Kaiser Justitian (527–567) die Adoption mit einem vollwertigen gesetzlichen Kindschaftsverhältnis (adoptio plena). Später wurde sie umgewandelt in eine Adoption mit schwächerer Wirkung (adoptio sine plena), die vertraglich wieder aufhebbar war. Seitdem diente die Adoption von meist erwachsenen jungen Männern den Annehmenden dazu, einen Erben zu haben und die Pflege im Alter sicherzustellen. Im Stadtrecht von Freiburg i.B. sollte seit 1520 Adoption aus »Barmherzigkeit« und »Liebe zu den Kindern« durchgeführt werden.

Seit 1900 hat Adoption ihre Rechtsgrundlage im Bürgerlichen Gesetzbuch (BGB). Sie wurde »namentlich für wohlhabende, edel denkende Personen, welche in kinderloser Ehe leben, ein erwünschtes Mittel, diesen Mangel zu ersetzen«. Im Laufe der Jahrzehnte entfernte sich die Adoptionsvermittlung vom Auftrag, Kinder für Eltern zu suchen und hatte mehr und mehr zum Ziel, dem »Wohl des Kindes« zu dienen (Jablonski 1991). Erst im Adoptionsvermittlungsgesetz (AdVermiG) von 1977 erhielten minderjährige Adoptierte dieselben Rechte wie leibliche Kinder (Adoption mit starker Wirkung). Auch heute noch gibt es gesetzlich die Erwachsenenadoption. Bei dieser erlischt die Verwandtschaft zur → Familie des Adoptierten nicht (Adoption mit schwacher Wirkung).

In Deutschland werden jährlich etwa 5.000 Kinder und Jugendliche adoptiert (Zahlen rückläufig). Mehr als die Hälfte davon sind Stiefkindadoptionen und Annahmen durch Verwandte. Etwa 650 ausländische Kinder werden jährlich zur Adoption nach Deutschland geholt. Das AdVermiG von 2002 verbessert die Standards für internationale Adoptionen und wirkt gemäß der Haager Konvention von 1993 illegalen Adoptionen entgegen.

Soziale Elternschaft ■ Formal und rechtlich gleicht die Adoptivfamilie der Normalfamilie. Dennoch sind Adoptivfamilien psychisch-sozial störanfälliger. Viele Adoptiveltern sind durch ihre ungewollte Kinderlosigkeit beeinflusst. Das adoptierte Kind hat in der Regel seine Herkunftsfamilie verloren, bei internationalen Adoptionen sogar Sprache, Land, Kultur. Kinder anderer ethnischer Herkunft werden oftmals schon früh mit sozialer Ausgrenzung und → Rassismus konfrontiert.

Die sozialen Brüche, aber auch die Emotionen der Bezugspersonen gegenüber den Herkunftseltern beeinflussen alle Adoptierten in ihrer Persönlichkeitsentwicklung. Bei der Adoption durch einen Stiefelternteil hat das Kind den Verlust eines Elternteils zu tragen.

Kinder, die nicht als Säuglinge oder Kleinkinder in ihre Adoptivfamilie vermittelt werden (Spätadoption), zeigen oft Verhaltensauffälligkeiten, weil sie frühe Deprivation (lat. = Beraubung, Mangel, Entzug), familiäre Zerrüttung, Beziehungsabbrüche und in vielen Fällen auch Misshandlung erfahren haben. Von den Angehörigen getrennt worden zu sein, bleibt für viele Adoptierte lebenslang Thema. Jugendliche Adoptierte und → Pflegekinder haben häufiger Selbstwertkrisen als andere Heranwachsende: Verletzbarkeit bei späteren Verlusten, eine höhere Sensibilität für Zurückweisungen, ein geringeres Selbstwertgefühl sind typische Reaktionen, weil Adoptierte sich auch bei positiven

Eltern-Kind-Verhältnissen in den Adoptivfamilien bis ins Erwachsenenalter oftmals als ein »unerwünschtes«, fort gegebenes Kind fühlen (Dean 1995).

Identität und Herkunft ■ Mit Abschluss der Adoption wird den Adoptiveltern eine Geburtsurkunde ausgehändigt, aus der die Abstammung des Kindes nicht ersichtlich ist. Die Adoptiveltern sind auch berechtigt, dem Kind einen neuen Vor- und Zunamen zu geben. Laut Gesetz sind die verwandtschaftlichen Verhältnisse des minderjährigen Adoptierten zu seiner leiblichen Familie erloschen. Auch bei der Stiefkindadoption erlischt die Verwandtschaft zur Familie des Elternteils, der das Kind freigegeben hat.

Die meisten Adoptierten wollen mehr über ihre Abstammung und die Umstände ihrer Fortgabe wissen. Identitätsfindung bedeutet für Adoptierte, herauszufinden, woher sie kommen, mit welchem Angehörigen sie möglicherweise charakterlich übereinstimmen, welchem sie ähnlich sehen.

Bis in die achtziger Jahre waren Gesetzgeber und Gesellschaft bemüht, die Herkunft der Adoptivkinder zu tabuisieren. Viele Adoptierte erfuhren erst bei ihrer Eheschließung, für die nicht die Geburtsurkunde, sondern die Abstammungsurkunde erforderlich ist, dass sie andere leibliche Eltern hatten. In der ehemaligen DDR gab es diesen Paragraphen nicht. Adoptiveltern konnten also davon ausgehen, dass das Kind von behördlicher Seite nie von seiner Adoption erfahren würde. Nach der Wende erfuhren viele junge Menschen erstmalig, dass sie adoptiert waren. In diesem Zusammenhang ist auf die Wirkung von Familiengeheimnissen hinzuweisen. Zwar lassen sich – wie in allen Familien – Informationen vor Kindern geheim und das Verbot, nicht darüber zu sprechen (Tabu), aufrecht erhalten, nicht aber die damit verbundenen Gefühle (Imber-Black 1995). Spät aufgeklärte Adoptierte berichten, dass sie lange vorher geahnt hatten, dass in ihrer Familie etwas nicht stimmt (Guderian 1994).

Das Offenbarungs- und Ausforschungsverbot (§ 1758 BGB) räumt auch heute Adoptiveltern das Vorrecht ein zu bestimmen, wer und auch ob ein Adoptierter selbst, egal ob minderjährig oder erwachsen, über die Umstände seiner Adoption etwas erfahren darf. Herkunftseltern oder -geschwister, die nach einem von einer anderen Familie angenommenen Angehörigen suchen, dürfen ohne Einwilligung der Adoptiveltern und des Adoptierten keine Daten erhalten.

Umgekehrt ist es für Adoptiveltern und Adoptierte ab 16 Jahren seit der Revision des AdVermiG von 2002 möglich, Einblick in ihre Adoptionsakte zu nehmen. Die Adoptionsakten müssen jetzt 60 Jahre (zuvor 30 Jahre) aufbewahrt werden, damit Adoptierte auch später im Leben die Möglichkeit haben, ihre Herkunft zu klären.

Öffnungsprozesse bei Adoptionsverfahren ■ Adoptionswillige und Adoptiveltern werden heute beraten und geschult. Die meisten klären ihre Kinder früh über ihre Adoption auf und feiern z.B. den Ankunftstag der Kinder in der Familie. Sie erzählen den Kindern, weshalb ihre leiblichen Eltern nicht mit ihnen zusammenleben konnten. Eine große Hilfe für Adoptierte ist es, wenn ihre Geschichte in schriftlicher und bildlicher Form dokumentiert wird (→ Biografiearbeit). Adoptivfamilien mit Kindern aus anderen Ländern bewahren Fotos, Sprache und Erinnerungsstücke aus dem Herkunftsland oder reisen mit den Kindern und Jugendlichen an die Orte ihrer früheren Heimat.

Inzwischen gibt es immer häufiger sogenannte offene Adoptionen. Bei der halboffenen Adoption lernen sich annehmende und abgebende Eltern anonym kennen, über die Adoptionsstelle bleiben beide Familien des Kindes miteinander in Verbindung. Bei der offenen Adoption wird das Inkognito ganz aufgehoben, die Familien kennen voneinander Name und Adresse und treffen sich. Offene Adoptionen benötigen meist fachliche Unterstützung und helfen den Kindern oftmals, ihre Ausnahmesituation besser zu bewältigen.

Zur Diskussion um Babyklappen ■

Die Einrichtung von Babyklappen in Deutschland wird in Adoptionsfachkreisen als Rückschritt erlebt, ebenso die Forderung nach anonymer Geburt. Das von den Befürwortern vorgegebene Ziel, damit von Aussetzung oder Tod bedrohte Säuglinge retten zu können, ist irreal. Menschen, die ihr Kind aussetzen oder töten wollen, tun dies in einem extremen psychischen Ausnahmezustand und sind nicht fähig, eine der Klappen aufzusuchen. Die Zahl der Kindstötungen und Kindesaussetzungen ist seit Bestehen der Babyklappen in Deutschland nicht zurückgegangen. Dennoch werden Kinder in die Klappen gebracht. Frauen in Not, vielleicht erpresst, oder illegal in Deutschland, erhalten keine Hilfe, werden alleingelassen in einer Notsituation, unter der sie möglicherweise lebenslang leiden. Aus Frankreich, wo es seit den vierziger Jahren die anonyme Geburt gibt (auch dort gibt es Kindstötungen und Aussetzungen), ist das Leid der sogenannten X-Kinder seit langem bekannt, die kaum eine Chance haben, ihre Abstammung zu klären.

Suche nach Verwandten ■

Viele Adoptierte, die ihre Angehörigen niemals ausfindig machen können, reagieren darauf mit bleibender Trauer. Wenn es gelingt, Angehörigen zu begegnen, so tritt für viele Adoptierte ein Stück Beruhigung und Entlastung ein. Dies gilt vor allem für die Begegnung mit → Geschwistern. Die nicht miteinander gelebten Jahre sind jedoch nicht mehr aufholbar. Adoptierte müssen herausfinden, wie stark sie sich ihrer »neu gewonnenen« Verwandtschaft oder ihren Herkunftseltern zugehörig oder sogar verpflichtet fühlen wollen. Manche Adoptierte fühlen sich bei der Suche und Begegnung erneut zurückgewiesen. Die Konflikte, die zur Trennung der Lebenswege und zur Adoption geführt haben, werden dann wieder spürbar. Leibliche Angehörige zu kennen, gibt vielen Adoptierten dennoch ein Stück emotionale Sicherheit. Viele können ihr Schicksal nach einer Begegnung mit Elternteilen oder Geschwistern besser annehmen.

Irmela Wiemann

■ Literaturtipps

Krähenbühl, V./Schramm-Geiger, A./Brandes-Kessel, J. (1994). Meine Kinder, deine Kinder, unsere Familie. Reinbek: Rowohlt.

Paulitz, H., (Hg.) (2000). Adoption. München: C.H. Beck.

Wiemann, I., (2004). Ratgeber Adoptivkinder. Reinbek: Rowohlt.

Wiemann, I., (2006). Wie viel Wahrheit braucht mein Kind? Reinbek: Rowohlt.

■ Kontakte

(D): www.pfad-bv.de/bag.htm
www.adoption.de/
www.brandenburg.de/landesjugendamt/service/
adressen/adoptionsselbsthilfegruppen.shtml

(CH): www.adoption.ch/

Aggression

Aggression kommt von dem lateinischen Verb agredere, was soviel heißt wie vorwärts bewegen und auf etwas zugehen. Aggressionen hat jeder Mensch, sie gelten als ubiquitäres (= an allen Orten vorkommendes) Phänomen. Man unterscheidet **positive Aggression**, den sogenannten Biss, den man z.B. braucht, um ein Unternehmen aufzubauen und Arbeitsplätze zu schaffen – auch gegen Konkurrenten und Mitbewerber. Positiv aggressive Menschen kämpfen für ihre guten Interessen und Ziele, denn das Gemeinwohl bleibt ihnen bedeutend. Sie verschaffen sich auch ungefragt Gehör. Sie demütigen nicht Unterlegene, sondern zollen ihnen Respekt. Sie achten Fairness, Mitgefühl und Ehrlichkeit, setzen sich gegen Unverschämtheiten und Erniedrigungen zur Wehr und legen Zivilcourage an den Tag, wenn es der Institution und den Mitarbeitern dient.

Im Gegensatz dazu steht die **negative Aggression**, die destruktiver Natur ist und physisch z.B. in Körperverletzungen oder psychisch in Mobbing münden kann. Aggression kann zu aggressivem Verhalten bzw. zur Aggressivität führen. Aggressionen können aber auch konstruktiv, z.B. in Sport, Kunst oder Wissenschaft ausgelebt werden. Die Psychoanalyse spricht dann von Sublimierung, von der Umsetzung aggressiver Energie in kulturelle, soziale oder wirtschaftliche Leistungen. Unter Aggressivität versteht man eine relativ überdauernde Bereitschaft zu aggressivem Verhalten mit schädigenden Auswirkungen. Aggressivität gilt als feindselig und explizit destruktiv, was der gängigsten Gewaltdefinition, nach der mit Zwang ein Widerstand gebrochen werden soll, entspricht. Vor einem inflationären Gebrauch des Gewaltbegriffs soll jedoch gewarnt werden, es besteht ein großer Unterschied zwischen der »Zensurengewalt in der Schule«, Beleidigungen und schweren Misshandlungen.

Erklärungsmodelle ■

Als Erklärungsmodelle für Aggression werden der lerntheoretische Ansatz, die Psychoanalyse, die Frustrations-Aggressions-Hypothese sowie der Begriff der strukturellen Gewalt favorisiert. Die **Lerntheorie** (Bandura) betont, dass aggressives Verhalten gelernt wird und – so die optimistische Perspektive für Erzieherinnen – auch verlernt werden kann. Das Konzept des **Lernens am Modell** geht davon aus, dass menschliches Handeln weitgehend durch soziale Modelle/Vorbilder vermittelt wird. Lernen gilt dabei als aktiver Aneignungsprozess. Die sozialen Einflüsse und Beziehungen, die Eigenaktivität des Lernenden und seine kognitiven Prozesse (→ Einstellungen) sind dabei entscheidend. Die **Psychoanalyse** (Freud) unterscheidet zwischen dem Lebenstrieb Eros und dem Todestrieb Thanatos, der die Zerstörung eines Objekts zum Ziel hat. Gewalttätiges oder friedfertiges Verhalten sind danach Resultate des Mischungsverhältnisses der beiden Triebimpulse. Für Erzieherinnen ist hoffnungsvoll, dass Sigmund Freud in seinem Beitrag »Das Unbehagen in der Kultur« darauf hinweist, dass Kultur und Erziehung helfen, die destruktiven Kräfte zu bändigen. Die **Frustrations-Aggressions-Hypothese** (Dollard) weist darauf hin, dass auf Frustrationen aggressive Handlungen, aber auch Entäuschungen, Depressionen oder Ehrgeiz folgen können, so dass besser von der Aggressions-Antriebs-Hypothese gesprochen werden soll. Der Begriff der **strukturellen Gewalt** (Galtung) beleuchtet die institutionellen und gesellschaftlichen Strukturen, die den Menschen einschränken: Strukturelle Gewalt liegt vor, wenn Menschen so beeinflusst werden, dass ihre aktuelle körperliche und geistige Verwirklichung geringer ist als ihre mögliche Verwirklichung.

Feindbildabbau ■

Beim pädagogischen Umgang ist Folgendes zu beachten: Wiederholt aggressiv agierende Menschen sind häufig durch folgende verhaltensprägende Vorstellung geprägt: Aggressivität mache unberührbar und signalisiere Macht, Überlegenheit und Respekt. Friedfertigkeit dagegen signalisiere Schwäche, Feigheit und sei »weibisch«. Diese Einstellungen gilt es zu verändern. Wichtig in diesem Zusammenhang ist die (kognitive) Feindlichkeitswahrnehmung der potenziellen Aggressoren. Ein Beispiel: Fred, ein sechsjähriger Junge, den im Kindergarten ein anderes Kind ins Gesicht gestoßen hatte, definierte die Situation kurzerhand harmlos um, als er seiner erschrockenen Mutter cool mitteilte, er habe vorher den Leon geschubst und gewusst, dass der sich das nicht gefallen lassen würde. Und nun sei er froh, dass er das hinter sich habe. Fred nahm Leons Stoß weder als Normverletzung noch als Willkür wahr. Das ging okay – während die harmlosen Scherze der Mädchen von ihm als persönliche Angriffe wahrgenommen wurden.

Das heißt: Nicht die Provokationsstärke, sondern die »Feindlichkeits«-Wahrnehmung bedingt die Aggressivitätsstärke! Dies weist auf eine wichtige pädagogische Konsequenz hin: den Feindbildabbau (z.B. gegenüber Minderheiten, wie ausländischen oder zu dicken Kindern). Je weniger das Gegenüber als Feindbild wahrgenommen werden kann, desto schwerer fällt aggressives Handeln (→ Interkulturelle Erziehung, → Vorurteilsbewusste Bildung und Erziehung).

Die Aggressivitätsstärke ist dabei weniger biologisch determiniert, wohl aber die unterschiedliche physische und psychische »Power«-Disposition, mit der Menschen auf die Welt kommen. Ob sich diese Dispositionen allerdings konstruktiv oder destruktiv entwickeln, hängt weniger von biologischen, sondern mehr von interaktionistischen Prozessen ab.

Für die Pädagogik bedeutet das: Hat ein Kind z.B. im Kindergarten oder in der Schule lernen können, bei Frustrationserlebnissen seiner Enttäuschung Ausdruck zu verleihen oder um Trost und Unterstützung zu bitten, wird es auf aggressives Handeln verzichten können. Diese positiven pädagogischen Anstrengungen können aber durch die strukturelle Gewalt beeinträchtigt werden, z.B. indem Lehrer überzogene Leistungen fordern oder strukturellen → Mobbingstrukturen (»dies ist eine Schule für die Looser«) nicht entgegenwirken.

Förderung der Handlungskompetenz ▪

Aus sozialisationstheoretischer Perspektive kann vom (aggressiven) Menschen als einem »produktiven Realitätsverarbeiter« gesprochen werden, der sich einerseits suchend und sondierend, andererseits konstruktiv eingreifend und gestaltend mit der Umwelt beschäftigt. Dies impliziert die pädagogisch hoffnungsvolle Botschaft: Auch Aggressive können ihre Realität produktiv verändern und ihre Gewalttätigkeit einschränken oder beenden. Sie sind veränderbar.

Kernpunkt der Sozialisation ist die Förderung von Handlungskompetenz. Auffällig ist der interaktive Kompetenzmangel bei aggressiv Agierenden, die körpersprachlich zwar imposant bis einschüchternd auftreten (Hooligans, Skinheads), aber außer einem fulminanten (= gewaltig, eindrucksvoll) Beleidigungsrepertoire wenig Konflikt-Bewältigungs-Strategien zu bieten haben. Entsprechend gilt es folgende Handlungskompetenzen bei aggressiven Menschen zu fördern: → Empathie, Frustrationstoleranz, Ambiguitätstoleranz (also unterschiedlichen Erwartungen gleichzeitig gerecht werden zu können) sowie Rollendistanz.

Bezogen auf aggressive Schüler ergibt sich hier ein ernüchterndes Bild: Empathie in Bezug auf Opferfolgen ist nur marginal ausgeprägt. Die Frustrationstoleranz scheint bei Aggressiven, die biografieanalytisch meist auch mehrfach frustriert wurden, nahezu aufgebraucht. Der Ambiguitätstoleranz und

ihren mehrdeutigen Rollenerwartungen werden Aggressive kaum gerecht, wenn sie etwa dem Lehrer mit den Interaktionsritualen und dem Szene-Slang der eigenen Subkultur begegnen. »›Noch so'n Spruch: Kiefernbruch‹, das ist bei meinen Kumpels ein Lacher, bei meinem Lehrer eine Abmahnung«, so die nicht sehr überraschende Erkenntnis eines fünfzehnjährigen Jungen. Auch die Rollendistanz, also die Fähigkeit mit Ironie und Humor auf Abstand zur eigenen → Rolle zu gehen, ist bei aggressiven Schülern wenig ausgeprägt, die mit großem Ernst in ihrer zum Teil martialisch-machohaften Rolle verhaftet sind, denen man bereits im Kindergarten- und Grundschulalter entgegenwirken sollte.

Neben dem Ausbau der Handlungskompetenz sind als weitere Sozialisationsziele die Festigung moralischen Bewusstseins (→ Moralische Entwicklung) sowie die Förderung prosozialen Verhaltens hervorzuheben, d.h. willentlich für andere Personen, gerade auch die ehemaligen Opfer, einen Vorteil anzustreben, beispielsweise durch Helfen, Teilen, Spenden oder Unterstützen.

Werden Kindergarten und Schule in diesen Bereichen tätig, indem sie mit ihren Kindern oder Schülern entsprechende Konfliktlösungsstrategien einüben, leisten sie einen bedeutenden präventiven Beitrag zur Eindämmung aggressiven Verhaltens. Das pädagogische Motto dabei sollte lauten: Schon auf Kleinigkeiten mit »Täter«-»Opfer« Entschuldigungs-Gesprächen reagieren, damit Großes erst gar nicht passiert!

Jens Weidner

▪ Literaturtipps

Bandura, A. (1979). Aggression. Stuttgart: Klett-Cotta.
Heitmeyer, W./Hagan, J. (Hg.) (2002). Internationales Handbuch der Gewaltforschung. Wiesbaden: Westdeutscher Verlag.
Weidner, J. (2005). Die Peperoni-Strategie. So setzen Sie Ihre natürliche Aggression konstruktiv ein. Frankfurt/M.: Campus Verlag.
Weidner, J. (2003). Anti-Aggressivitäts-Training für Gewalttäter. Godesberg: Forum Verlag.

Alleinerziehende

Kinder alleine zu erziehen, ist heute eine weit verbreitete Lebensform. Seit den siebziger Jahren hat sich die Anzahl der Alleinerziehenden verdreifacht, mehr als drei Viertel sind Frauen. Bei allein erziehenden Eltern muss unterschieden werden zwischen solchen, die sich von Anfang an für eine alleinige Elternschaft entschieden haben und solchen, die durch Trennung oder Tod des Partners nach einigen Jahren Beziehung zu Alleinerziehenden wurden.

Zur Lebenssituation ■ Für viele Alleinerziehende ist die Trennung vom Beziehungspartner mit Widersprüchen verbunden: Konflikte, Wut und Verzweiflung sind mit im Spiel, oft auch ein schlechtes Gewissen, dem eigenen Kind die Trennung nicht erspart haben zu können. Gleichwohl kann eine Trennung vieles erleichtern, zur Kehrseite gehört jedoch die alleinige Verantwortung für das Kind, was die meisten Alleinerziehenden belastet: Was tun, wenn das Kind krank ist oder wenn man selber krank ist? Welche Schule ist die richtige?

Von großer Bedeutung ist ein gutes soziales Netz von Familie und Freunden, die helfen, den Alltag zu organisieren, die gegenseitig die Kinderbetreuung übernehmen, die Kinder von Kindergarten und Schule abholen und hinbringen und die auch offen für Sorgen und Nöte sind. Hilfreich sind Kontakte zu Menschen, die in der gleichen Situation sind. Kontakte zu anderen Alleinerziehenden findet man bei Vereinen, Selbsthilfegruppen oder auch über den Kindergarten oder die Schule der Kinder. Aber nicht nur die Unterstützung von außen gibt Kraft zum Weitermachen, auch das Kind selbst: Das Zusammenleben mit ihrem Kind erleben fast alle Mütter und Väter als sehr bereichernd.

Wie zufrieden Alleinerziehende mit ihrer sozialen Situation sind, hängt nicht nur davon ab, *wieviel* Unterstützung sie bekommen, sondern auch, dass *verschiedene* Arten von Unterstützung angeboten werden und das aus unterschiedlichen sozialen Zusammenhängen, also nicht nur aus dem engeren Familienkreis. In den meisten Fällen fällt jedoch der abwesende Elternteil und auch seine Familie als Unterstützer aus.

Alleinerziehende Frauen und Männer unterscheiden sich in ihren Netzwerken. Frauen scheinen sich stärker um soziale Kontakte zu bemühen und freundschaftsintensive, gleichgeschlechtliche Beziehungen zu pflegen, während bei Männern weniger emotionale Unterstützung gefragt ist als vielmehr »sinnvolle Aktivitäten«, wie z.B. gemeinsame Freizeitgestaltung.

Das größte Problem für Alleinerziehende ist es, Kindererziehung und Beruf unter einen Hut zu bringen und der damit verbundene ökonomische Druck. Viele Paare trennen sich noch während der Schwangerschaft oder während der ersten drei Lebensjahre des Kindes. Da es für dieses Lebensalter zumindest in Deutschland keine ausreichenden Betreuungsmöglichkeiten gibt, eine private Unterbringung vergleichsweise teuer ist, ist eine eigene Berufstätigkeit nur bedingt möglich. Das ist ein Grund, warum die ökonomische Situation von Alleinerziehenden oft prekär ist, nicht wenige leben an bzw. sogar unterhalb der Armutsgrenze. Ein anderer Grund dafür liegt darin, dass die Väter ihren finanziellen Verpflichtungen oft nur unzureichend nachkommen. Nicht überraschend sind Untersuchungen, die einen Zusammenhang zwischen der Einkommenssituation alleinerziehender Frauen und dem Grad ihrer Zufriedenheit nachweisen konnten. So waren Frauen bei einem sehr niedrigen Einkommen beispielsweise häufiger depressiv.

Die Lebenssituation von Alleinerziehenden ist besonders stressreich und belastend, da Ernährung der Familie, Erziehung der Kinder und Managen des Haushaltes allein bei ihnen liegen. Die Belastung nimmt zu, wenn ein Alleinerziehender mehrere Kinder zu versorgen hat. Trotzdem bewältigt die Mehrzahl der »single parents« oder auch Teilfamilien ihre Situation gut.

Gerade die Zeit nach einer Trennung stellt für Alleinerziehende die höchste Belastung dar: Zum Chaos in den Gefühlen kommt nicht selten das Chaos im Wohnungsumfeld, entweder durch eigenen Umzug oder fehlende Sachen des/der Partners/in. Jeder Handgriff muss alleine gemacht werden, für jedes Mal Weggehen, sei es zum Arzt oder zum Elternabend in Kindergarten oder Schule, muss Kinderbetreuung organisiert und oft auch bezahlt werden. Dass da manchmal die Geduld mit den Kindern fehlt, verwundert niemanden. Als hilfreich hat sich das Vorhandensein eines neutralen Dritten erwiesen: ein bester Freund, Erzieherin, Lehrer, – am besten gleich zwei davon: einen für Mutter/Vater, einen für das Kind.

Zur Situation der Kinder ■ Es gibt keine Trennung von Vater und Mutter, die ohne Folgen für die Psyche eines Kindes bleibt. Dennoch weiß man heute, dass eine gelungene Trennung für die Kinder besser ist als Eltern, die sich ständig streiten. Haben die Kinder einen regelmäßigen Kontakt zum anderen Elternteil, so ist das positiv für alle Beteiligten. Aber auch im anderen Fall müssen die Kinder keine Nachteile haben. In einer Studie wurde herausgefunden, dass Kinder Alleinerziehender die gleichen Entwicklungschancen haben wie Kinder aus vollständigen Familien.

Gleichzeitig verfügen auch Kinder bei Trennungen über Krisenbewältigungsstrategien, die allerdings nur dann zum Tragen kommen, wenn Halt gebende Rahmenbedingungen vorhanden sind. Wichtig für die Verarbeitung von Trennungen sind die folgenden Faktoren:

- Dauer und Krisenintensität der Vorgeschichte
- Alter des Kindes
- Emotional sichere Bindung an eine Bezugsperson
- Qualität der Beziehung zum nicht sorgeberechtigten Elternteil
- Soziales Umfeld (z.B. Einbindung in Großfamilie, Gemeindeleben o.Ä.)
- Finanzielle Situation nach der Trennung
- Klima zwischen den Ex-Partnern.

Besondere Probleme ■ Eine große Gefahr besteht bei Alleinerziehenden darin, unbewusst das Kind als Partnerersatz zu missbrauchen oder nach einer Trennung zu versuchen, über das Kind noch weiterhin Informationen über den Expartner zu erhalten. Für Kinder bedeutet das eine enorme Belastung durch Loyalitätskonflikte.

Eine andere Gefahr liegt darin, dass die Kinder entweder durch zunehmende Berufstätigkeit des Elternteils oder auch durch verständnisvolles Verhalten und Selbständigkeit ungewollt vernachlässigt werden. Oft werden größere Kinder auch vermehrt herangezogen, um auf kleinere Geschwister aufzupassen, was sie zum einen überfordern kann, zum anderen werden dadurch stabilisierende Kontakte zu gleichaltrigen Freunden reduziert. Mögliche Reaktionen von Kindern sind: Rückfälle in frühere Entwicklungsstadien (z. B. Einnässen, Fremdeln), verändertes Sprechverhalten (Rückfall in kindliche Ausdrucksformen), Aggressivität, Depressionsneigung, psychosomatische Störungen (→ Psychosomatik), Phobien, Überbindung an verbliebenen Elternteil, Absinken der Belastbarkeit, Lern- und Konzentrationsschwierigkeiten, Leistungsverweigerung, Traurigkeit.

Hilfestellungen ■ Als hilfreich haben sich in jeder Altersgruppe → Geschwisterbeziehungen erwiesen – sie geben einander wechselseitig Rückhalt und die Kinder haben bei Auseinandersetzungen der Eltern die Möglichkeit »wegzuhören« (indem sie z.B. miteinander spielen). Wichtig für Kinder ist die Beibehaltung täglicher Rituale, um dem Kind zu vermitteln, dass sich nur ein Bereich in seinem Leben verändert hat, vieles aber gleich geblieben ist. In der ersten Phase nach der Trennung neigen Kinder zu einer Überbindung an den Elternteil, bei dem sie leben, aus Angst, diesen auch noch zu verlieren. Aus diesem Grund sollten Eltern in den ersten Wochen und Monaten nach der Trennung soviel Zeit wie möglich mit dem Kind verbringen. Kinder haben zu Hause selten die Möglichkeit, hilfreich über die Trennung der Eltern reden zu können, ohne die Eltern in emotionale Krisen zu stürzen, weshalb hier Interventionen durch Erzieherinnen, Tagesmütter, Lehrerinnen besonders hilfreich sein können. Ein Aufgreifen des Themas mittels

Bilderbüchern ist empfehlenswert. Kinder können sich so mit der Thematik beschäftigen, wann sie wollen, wenn sie es emotional nicht aushalten, bleibt es eben z.B. die Bärenfamilie, die sich trennt. Kinder brauchen die Möglichkeit, Fragen stellen zu können und Angebote, um Emotionen wie Wut und Trauer ausleben zu können. Symptome vor und nach Besuchstagen gehören zum Alltag! Jedes Verlassen eines Elternteils ist eine Wiederholung der Scheidung und das Kind erlebt, dass es seine Eltern ab jetzt nur mehr getrennt haben kann. Dazu kommt die Angst, was passiert mit Mama/Papa, wenn ich weg bin?

Die Rolle des Vaters ■ Für Töchter ist der Vater der erste gegengeschlechtliche Liebespartner – der erste Mann in ihrem Leben. Es ist wichtig, wie er ihre Weiblichkeit wahrnimmt; von ihm brauchen sie ihre Bestätigung als Frau als Voraussetzung für Selbstvertrauen und Grundlage für positive Beziehungen in ihrem Leben. Um ein Mann zu werden, braucht ein Junge den Vater als Vorbild und männliches Identifikationsobjekt. Fehlt dieser, weiß der Junge zwar, *dass* er sich von der Mutter abnabeln und »anders« werden muss, aber er weiß nicht *wie*. Fehlt die Orientierung an einem Mann, wird der Junge alles tun, um anders als die Mutter zu sein, egal wie unsinnig es ist, womit ständige Konflikte mit der Mutter vorprogrammiert sind.

Susanne Strobach

■ **Literaturtipps**

Napp-Peters A. (1995). Familien nach der Scheidung. München: Kunstmann.

Strobach, S. (2002). Scheidungskindern helfen. Weinheim/Basel: Beltz.

Beck, L. (2003). Eltern bleiben trotz Scheidung. Weinheim/Basel: Beltz.

■ **Kontakte**

VAMV (Verband allein erziehender Mütter und Väter e.V.)
  Hasenheide 70
  D-10967 Berlin
  www.vamv.de
Kontaktstelle für Alleinerziehende
  Stephansplatz 6 / Stg. 2 / 5. Stk.
  A-1010 Wien
  E-Mail: alleinerziehende@edw.or.at
  www.rainbows.at

Altersmischung

Für ihre Identitätsentwicklung brauchen Kinder altersgleiche (= altershomogene) und altersferne (= altersheterogene) Kontakte und Beziehungen. Für die älteren Kinder sind Beziehungen mit Gleichaltrigen, sogenannte Peergroups, besonders bedeutsam. Hier klären sie in Ko-Konstruktionen Norm- und Wertvorstellungen und lösen sich zunehmend aus der Orientierung an Erwachsenen. Auch Kleinkinder brauchen Gleichaltrige, um in nichthierarchischen Beziehungen dem eigenen Tempo entsprechend den nächsten Entwicklungsschritt miteinander zu gehen (z.B. in der Gestaltung der sozialen Kontakte und dem Ausbau motorischer Kompetenzen). Ältere Kinder beobachten den Entwicklungsfortschritt eines jüngeren Kindes und können daran anknüpfend eigene Entwicklungen bewusster nachvollziehen. Jüngere Kinder schauen den älteren bei deren Hausaufgaben über die Schulter und begreifen, dass hier ernsthafte, manchmal sogar mühevolle Arbeit zu leisten ist. Kinder stellen Kindern Fragen und sie wissen, dass deren Antworten oft näher am eigenen lebensweltlichen Verständnis angesiedelt sind als die der Erwachsenen.

Früher gehörte die Orientierung an gleichaltrigen sowie jüngeren oder älteren Kindern zu den selbstverständlichen Erfahrungen jener Kindergenerationen, die mit Geschwistern und/oder anderen Kindern im Umfeld aufgewachsen sind. Heute sind diese Erfahrungen für viele Kinder nur noch in sozialpädagogischen Institutionen möglich. In der Gruppe mit erweiterter Altersmischung finden Kinder in einem breiten Altersspektrum Freunde und Spielkameraden auf längere Zeit und erfahren in dieser »zweiten Heimat« ihres Kinderlebens zuverlässige Beziehungen mit ihnen und Erwachsenen.

Zur Entwicklung des Ansatzes ■ Längst sind für Kinder die Erfahrungen mit älteren und jüngeren Kindern im Kindergarten wichtige Lebens- und Lernerfahrungen, die sie aus dem heutigen Familienleben kaum mehr kennen. »Wilde Kindheit«, wie sie frühere Generationen aus dem Leben in der eigenen Familie, der Verwandtschaft und dem unmittelbaren Umfeld kannten, ist vielfach abgelöst durch die organisierte Kinderwelt, in der gleiche Interessen (Sport, Musikkurse) und Altersgleichheit in der Schule den Alltag der Kinder prägen. Dieses Leben kommt einer künstlichen Separierung gleich und verhindert vor allem weitere emotionale und soziale Erfahrungen, aber auch die anregenden sprachlichen Herausforderungen und die Beachtung von Fähigkeiten und Bedürfnissen, die dem eigenen Erleben – noch oder wieder – fremd und deshalb oft besonders anregend sind. Die Lebens- und Lernqualität dieser Gruppen wurde in der Reformpädagogik der 1930er Jahre bereits erkannt und später wieder aufgegriffen.

Altersmischung ist außerhalb der → Heimerziehung, den Erfahrungen der Kinderdörfer und Kinderladenbewegung (→ Antiautoritäre Erziehung) erst seit Anfang der 1970er Jahre in Kindertageseinrichtungen ein relevantes Thema. In pädagogischen Konzepten wie dem → Situationsansatz, bei dem Lebenssituationen auch als Lernsituationen begriffen werden und dem Primat der sozialen Kompetenz folgen, wurde schon früh im Zusammenleben verschieden alter Kinder in einer Gruppe die Vielfalt der Lern- und Erfahrungsmöglichkeiten erkannt. Die Qualität der altersgemischten Gruppe lebte jedoch schon damals von der Fähigkeit der Erzieherin, den unterschiedlichen Entwicklungen und Interessen der Kinder durch die jeweilige Organisation der Kleingruppe gerecht zu werden. Arbeitet sie hingegen vor allem mit der gesamten Gruppe, orientiert sie sich eher am Mittelmaß, d.h. die Kleinen »laufen mit«, die Großen sind schnell unterfordert und deshalb irgendwann kindergartenmüde. Zu jener Zeit ging es um die Drei- bis Sechsjährigen, die noch heute das überwiegende Bild der Kindergartengruppen prägen.

Erst in den 1990er Jahren konnte man in zahlreichen Projekten bundesweit (»Orte für Kinder« des Deutschen Jugendinstituts, »Kindersituationen« der FU Berlin und vergleichbaren Projekte evangelischer und ka-tholischer Träger) auf die Akzeptanz einer neuen Debatte um die Altersmischung aufbauen, in der folgende Stichworte eine wichtige Rolle spielten:

- Wir brauchen gute Angebote für Kinder unter drei Jahren und für Schulkinder, ohne grundsätzlich separate Institutionen neu zu schaffen
- Kinder wachsen heute häufig ohne Geschwister auf, geschwisterähnliche Erfahrungen könnten in einer Institution, in der Bildung, Betreuung und Erziehung gleichermaßen wichtig sind, familienergänzende Erfahrungen anbieten
- Alterserweiterte Gruppenangebote geben den Eltern mehr Planungssicherheit in ihren Lebensentwürfen, denn der Platz in der sozialpädagogischen Institution ist je nach Breite der Altersmischung auf längere Zeit gesichert
- Vor allem für das Kind, das mitunter in seiner bisherigen Biographie bereits Brüche und Neuanfänge bewältigen muss, bedeutet diese Kontinuität auch Sicherheit und damit wichtiger Halt.

Konzepte ■ Wir unterscheiden verschiedene Modelle der alterserweiterten Gruppenstruktur.

Additive Konzepte ■

- → Krippe, → Kindergarten und/oder → Hort bleiben eigene Systeme, die Kinder leben aber in einem Haus zusammen und öffnen sich für übergreifende Begegnungen.

Integrative Konzepte ■

- Kleine Altersmischungen: Erweiterung der traditionellen Kindergartengruppe für Kinder im Krippenalter und oder im Hortalter.
- Große Altersmischung: Kinder aller Altersstufen leben in einer Gruppe.
- Regelgruppen lassen eine weitere Altersgruppe zu: Sie öffnen sich nach oben oder unten, d.h. Kinder ab zwei Jahren werden in Regelgruppen aufgenommen bzw. Kinder der ersten Klasse dürfen weiterhin in der Gruppe verweilen.

Eine bloße Veränderung der Altersgruppierung ist noch kein Qualitätsmerkmal, birgt aber Chancen. Die Erfahrungen zeigen, dass Gruppen mit erweiterter Altersmischung die Erzieherinnen auffordern, pädagogische Selbstverständlichkeiten und Gewohnheiten zu überprüfen, aus innovativen Konzepten für die unterschiedlichen Altersgruppen zu lernen und diese zu einem neuen Ganzen weiterzuentwickeln. Erzieherinnen, die sich mit diesen Erwartungen angefreundet haben, wollen kaum in alte Arrangements zurück.

Zur Bedeutung ■ Die Praxis zeigt deutlich, dass in alterserweiterten Gruppen → Aggressionen und Positionskämpfe seltener auftreten, Gefühle von Über- und Unterlegenheit sich ebenso abwechseln wie Hilfe geben und annehmen. Die Atmosphäre der Akzeptanz und Achtung besticht, wenn dieses Gruppenkonzept gelingt. Kinder mit Entwicklungsverzögerungen (→ Lernstörungen,) finden leichter ihren Platz und Kinder mit Entwicklungsvorsprüngen finden genügend Anregungen, um Gleichaltrigen vorauszueilen. Das Zusammenleben von großen und kleinen Kindern zeigt nachhaltige Wirkung für die Entwicklung der Selbständigkeit und der Sprache (→ Spracherziehung). Das Anregungspotenzial für die Selbstbildungsprozesse der Kinder ist vielfältig, wenn das Konzept gelingt. Der Blick auf das einzelne Kind ist für die Erzieherin selbstverständlicher als in Regelgruppen.

Die Qualität des Konzeptes lebt vom Zusammenleben im Alltag mit altersübergreifenden Kontakten und Beziehungen und von altersnahen Freundschaften. Dies setzt die Öffnung der Gruppen voraus. Die Kinder erleben so die Freiräume, die sie brauchen, um Kontakte und Freundschaften außerhalb der eigenen Gruppe zu pflegen. Gleichzeitig nutzen sie die Vielfalt der gewachsenen Beziehungsangebote in der Gruppe. Neigungsgruppen (altersgleich oder altersgemischt) und themenbezogene Projektgruppen (→ Projektarbeit) auf Zeit gehören zu einem offenen System mit Gruppenstrukturen, die zu Begegnungen auffordern, die Kinder nicht unbedingt selbst suchen würden, sie aber in der Erfahrung als Bereicherung erleben.

Heute werden oft dort neue Altersmischungen durch die Träger eingeführt, wo der Rechtsanspruch für drei bis sechsjährige Kinder eingelöst ist und der Bedarf für andere Altersgruppen deutlich wird. Leider werden dabei substanzielle Veränderungen der Rahmenbedingungen (Personal-, Raum- und Materialangebot) oft nicht mitbedacht und dem Personal wird keine Gelegenheit zur Vorbereitung der konzeptionellen Neuorientierung gegeben.

Qualitätskriterien ■ Folgende Fragen an die Qualität alterserweiterter Gruppen sollten unbedingt berücksichtigt werden:

■ Werden die Grundbedürfnisse aller Kinder geachtet und können sie gelebt werden?

■ Werden aktuelle und entwicklungsspezifische Bedürfnisse wahr- und ernst genommen?

■ Können die Kinder auch ihre Bedürfnisse nach Abgrenzung leben?

■ Sind Unterschiedlichkeiten ein positiver Motor für die Gruppe?

■ Wird der Wunsch nach Gleichaltrigenbeziehungen bei allen Altersgruppen zugelassen?

■ Über welche gemeinsamen Erfahrungen wächst die Gruppe zusammen?

■ Gibt es neben Projekten für und mit Gleichaltrigen auch solche, die in ihrer Differenziertheit für Kinder verschiedenen Alters geeignet sind?

■ Gibt der Alltag genügend Gelegenheit, um in der Gruppe von- und miteinander zu lernen?

■ Sind die Erzieherinnen aufgrund der Rahmenbedingungen und ihrer Kompetenz in der Lage, auch jene Kinder auf ihren Wegen, sich Wissen anzueignen zu begleiten, zu fördern und auch zu fordern, die sich in dieser Gruppenkonstellation nicht unmittelbar zu Wort melden?

In der aktuellen Bildungsdebatte ist der Trend zu beobachten, das Lernen in altersgleichen Gruppen deutlich zu favorisieren. Lernen in altershomogenen Strukturen, wie wir sie aus der Schule kennen, geht von der Idee aus, von allen Kindern zur gleichen Zeit das Gleiche verlangen zu können. Die Gruppenkonstellation mit breit gefächerten Entwicklungsunterschieden favorisiert ein Lernen in der Balance von Gleichheit und Differenz – ein Konzept, in dem große Potenziale liegen.

Rita Haberkorn

■ Literaturtipps

Erath, P. (1992). Abschied von der Kinderkrippe. Ein Plädoyer für altersgemischte Gruppen in Tageseinrichtungen für Kinder. Freiburg: Lambertus.

Haberkorn, R. (1994). Altersgemischte Gruppen. In: Deutsches Jugendinstitut (Hg.): Orte für Kinder. Auf der Suche nach neuen Wegen in der Kinderbetreuung. München: DJI Verlag Deutsches Jugendinstitut.

Klein, L./Vogt, H. (1995). Leben in der Familiengruppe. Ein Praxisbuch über die große Altersmischung. Freiburg: Lambertus.

Krappmann, L./Peukert, U. (Hg.) (1995). Altersgemischte Gruppen in Kindertagesstätten. Freiburg: Lambertus.

Angst

Angst ist ein grundlegendes und normales Gefühl, wie Wut, Freude oder Trauer (→ Emotionen). Sie entsteht, wenn es zu einer gegenwärtigen oder zukünftigen, realen oder vermuteten Bedrohung oder Belastung kommt. Angst hat eine wichtige Alarm- und Warnfunktion, evolutionsgeschichtlich sogar eine lebenserhaltende Funktion. Ähnlich wie der Schmerz setzt die Angst im Organismus aktivierende Prozesse in Gang: Die Herztätigkeit erhöht sich, die Muskeln spannen sich an, die Konzentration steigt. Der Körper wird sozusagen auf Hochtouren gebracht, um eine Gefahr – das kann im übertragenen Sinn auch eine Prüfung oder ein öffentlicher Auftritt sein – mit ganzer Kraft zu bewältigen. Erst eine überstarke Angst schränkt das Fühlen, → Denken und Handeln ein, die Konzentration verringert sich, man neigt zu unüberlegten und panischen Kurzschlussreaktionen. Zittern, Durchfall, motorische Unruhe oder passive Lähmungserscheinungen können sich einstellen. Diese *Symptome* kön-

nen objektbezogen und klar abgrenzbar, d.h. in konkreten angstbesetzten Situationen, aber auch unbestimmt und plötzlich, ohne erkennbaren Anlass auftreten.

Etwa 10 % der bundesdeutschen Bevölkerung, also ca. acht Millionen Menschen, leiden heute an behandlungsbedürftigen Angstzuständen. Mit ca. 8 % bilden vor allem Kinder und Jugendliche eine große Gruppe unter den Angstpatienten. Für die Entstehung von Ängsten gibt es unterschiedliche Erklärungsansätze, es bleibt unklar, ob ein ererbtes schwaches »Nervenkostüm«, Stoffwechselstörungen, frühkindliche Lernprozesse, Entwicklungsstörungen oder körperlicher, psychischer und sozialer Stress ursächlich sind.

Das Erleben, die psychische Verarbeitung und die Bewältigung von Angst gehören zu den wichtigen Schritten in der Entwicklung von Ur- und Selbstvertrauen, Selbständigkeit, → Kommunikation, → Kooperation, → Kreativität, Ziel- und Aufgabenorientierung und damit zum Wachstum eines Individuums. Bei Kindern spricht man von sogenannten entwicklungsbedingten Ängsten. Dazu zählen z.B. das »Fremdeln«, die Angst des Kleinkindes vor nicht vertrauten Personen oder die Trennungsangst. Solange diese Ängste nicht so übermächtig werden, dass sie ein Kind in seiner Entwicklung behindern, dürfen sie als Teil eines gesunden kindlichen Heranwachsens betrachtet werden.

Belastend für einen Menschen wird es, wenn Ängste überhand nehmen, in ihren Ausprägungen eskalieren und sich verselbstständigen. Dass die Grenze von der normalen zur pathologischen, also behandlungsbedürftigen Angst fließend ist, zeigt das Angsterleben bei Lampenfieber, Schüchternheit, Versagensangst oder der Angst vor dem Erröten.

Formen der Angst ■ Verschiedene Formen der Angst lassen sich unterscheiden.

Phobie (gr.: phobos = Angst) ■ Bestimmte Objekte oder Situationen sind immer mit Angst besetzt und werden gefürchtet oder gemieden. Bei der Agoraphobie (gr.: agora =

Marktplatz) können dies Straßen und Plätze sein. Bei der Klaustrophobie (lat.: claustra = Riegel, Verschluss) sind es enge Räume wie Fahrstuhlkabinen oder überfüllte Busse. Frühere Erfahrungen von Nähe und Enge erzeugen aktuell eine sich steigernde Vorstellung von möglicher Übelkeit, Ohnmacht oder bedrohlichen Herzbeschwerden. Tierphobien lassen sich meist auf Erlebnisse in der Kindheit zurückführen. Die Angst vor Spinnen, Schlangen oder Hunden wird durch das auftretende Objekt aktualisiert und führt zu phobischen Reaktionen. Soziale Phobien zeigen sich im täglichen Umgang mit anderen Menschen. Das Ansprechen unbekannter Personen, eine Rede in einer Versammlung, das Zusammentreffen mit Autoritätspersonen oder die Kontaktaufnahme mit einer begehrten Person lösen Vorstellungen von Peinlichkeit, Scham oder Versagen aus. Dahinter steht oft die (frühkindliche) Erfahrung, von anderen Menschen negativ bewertet zu werden (»Du kannst nichts! Du bist nichts! Du erreichst nichts!«). Als situative Phobien werden Höhenangst, Flugangst, Angst vor Dunkelheit und Gewitter, vor dem Zahnarzt oder vor bestimmten Krankheiten wie Krebs oder AIDS bezeichnet.

Panik (gr.: Kopflosigkeit) ■ Als Folge plötzlicher, starker Erregung kann es zu Panikstörungen oder Panikattacken kommen. Die Auslöser sind für Außenstehende nicht unmittelbar zu erkennen. Als Symptome zeigen sich neben den oben bereits erwähnten z.B. Hitze- und Kälteschauer, Atemnot, Kontrollverlust oder Todesangst. Panikattacken können sich zu einer Phobie verfestigen (Angst vor der Angst). Panikreaktionen zeigen sich als unüberlegte Flucht (z.B. Massenpanik im Fußballstadion) oder im Totstell-Reflex (z.B. als Folge psychischer Überlastung).

Generalisierte Angststörung ■ Dauerhafte, ungerechtfertigte und meist übertriebene Angst um alltägliche Dinge sowie die Sorge um eine objektiv nicht bestehende Gefahr kennzeichnen die generalisierte Angststörung (z.B. den Angehörigen könnte etwas zustoßen, das Familieneinkommen würde nicht reichen, ein Weltkrieg stünde unmittelbar bevor). Typische Symptome sind neben

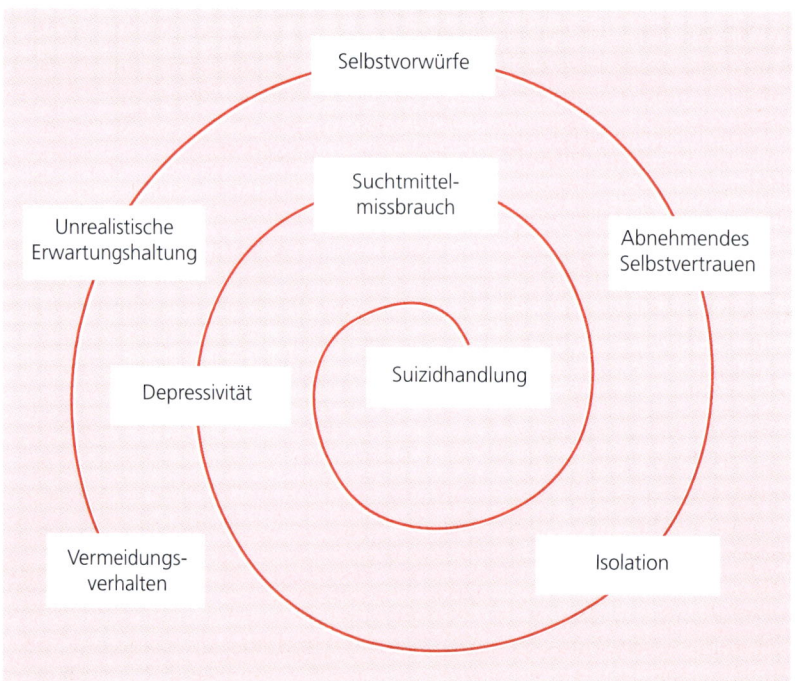

Abb. 1 Angstspirale

den oben bereits erwähnten z.B. Schlafstörungen (→ Schlaf), Reizbarkeit, Erschöpfung und Unruhezustände.

Pavor Nocturnus (lat.: nächtliche Angstanfälle) ■

Hierbei handelt es sich um meist in der Nacht plötzlich auftretende Angstanfälle. Die Betroffenen wachen mit einem Schrei auf, sind ängstlich erregt, zeitlich und örtlich nicht orientiert und nur schwer zu beruhigen. Bei Kindern sind diese Angstanfälle oft bei Problemen in der Schule oder nach einer Trennung der Eltern zu beobachten.

Posttraumatische Belastungsstörung (PTBS) ■

Darunter versteht man verzögerte Reaktionen auf ein belastendes Ereignis oder eine Situation außergewöhnlicher Bedrohung oder katastrophenartigen Ausmaßes (z.B. nach sexuellem Missbrauch, Geiselnahme, Unfall, Kriegsgeschehen, Naturkatastrophe). So können sich massive Angstzustände als Reaktionen auf ein Trauma über Monate oder Jahre hinweg zeigen. Andere typische Symptome sind z.B. Schlaflosigkeit, Albträume, Konzentrationsstörungen, Depressionen, Drogenmissbrauch oder Suizidgedanken.

Folgen der Angst ■

Als Folge pathologischer Angst kann es zu ausgeprägtem Vermeidungsverhalten, unrealistischen Erwartungshaltungen, Selbstvorwürfen, abnehmendem Selbstvertrauen, Isolation, Depressivität, Suchtmittelmissbrauch (→ Sucht) oder Suizidhandlungen (→ Suizidalität) kommen. Oft verstärken sich die Reaktionen und führen in einer *Angstspirale* (→ Abb. 1) zu einem dramatischen Verlust an Lebensqualität.

Therapie ■

Als psychologische Therapie bieten sich entlastende und kurzfristige Interventionen an. Dies können z.B. eine Verhaltenstherapie, eine Gesprächspsychotherapie oder gruppenbezogene Therapieformen sein (→ Psychotherapie). Verhaltenstherapeutische Verfahren basieren auf einer Verhaltensanalyse, in der nach den angstauslösenden Objekten oder den angstbesetzten Situationen gefragt wird, um diese dann ihrer Intensität entsprechend in einer Angsthierarchie festzuhalten. Daran orientiert sich der Therapieplan zur Kognitions- und Verhaltensmodifikation. Er kann enthalten:

- **Kognitive Übungen:** Durch gedankliche Übungen werden Angstreaktionen erzeugt und neu bewertet. Eine regulierende Informationsverarbeitung hilft dabei, Fehlinterpretationen zu vermeiden und angemessen zu reagieren (z.B. bei Prüfungsangst realistische Einschätzung der eigenen Leistungsfähigkeit)
- **Konfrontation:** Zunächst wird das angstauslösende Objekt präsentiert (z.B. Spinne), um dann lerntheoretisch nach dem Prinzip der graduellen Annäherung mit dem Klienten eine erträgliche Nähe zum Angst auslösenden Objekt festzulegen (z.B. zuerst Foto einer Spinne, dann Stoffspinne, dann reale Spinne)
- **Kompetenzerwerb:** Fehlende oder unzureichende Selbst- oder Sozialkompetenz werden trainiert. So lernt z.B. ein Klient im Selbstsicherheitstraining in einer für ihn unvertrauten Situation, mit jemandem Kontakt aufzunehmen, oder im Kommunikationstraining das Reden vor einer großen Gruppe
- **Entspannung:** Auf Anspannung mit Entspannung zu reagieren, vermitteln unterschiedliche Verfahren, wie z.B. autogenes Training, Atemtechniken, Yoga. Entspannungstechniken können bei Bedarf gezielt in angstauslösenden Situationen wie Prüfungen, Vorstellungsgesprächen oder bei der Präsentation von Referaten eingesetzt werden. Hilfreich sind »positive Anker«, wie sie beim Neurolinguistischen Programmieren (NLP) benutzt werden (z.B. positiv besetzte Gerüche, Musik, Bilder, Worte).

Neben der Therapie bieten Gesprächskreise und → Selbsthilfegruppen Hilfe und Unterstützung an. Oft wird den Ratsuchenden empfohlen, in einem Selbsttest das Ausmaß der Angststörungen zu erfassen, sich an Regeln zum Umgang mit der Angst zu orientieren oder ein Angsttagebuch zu führen. Aufzeichnungen können im Gespräch mit Professionellen dabei helfen, anhand der erhobenen Daten gezielter zu Lösungen zu kommen.

Sieben Regeln zum Umgang mit der Angst
- Angstgefühle und körperliche Beschwerden sind eigentlich normale Reaktionen.
- Wenn ich Angst habe, beobachte ich mich. Ich spreche aus oder schreibe auf, was genau jetzt geschieht. Ich bleibe in der Realität.
- Ich bleibe in der Realität und mache mir keine Gedanken darüber, was alles passieren *könnte*.
- Ich nehme mir Zeit und bleibe ganz bewusst in der Situation, bis die Angst wieder abklingt.
- Ich betrachte mich und spüre, wie ich langsam ruhiger werde.
- Ich bin stolz auf meine kleinen Erfolge, auch auf die ganz kleinen.
- Ich setze mich nicht unter Druck und nehme mir ab jetzt in allen Situationen Zeit.

Bitte lesen Sie sich die sieben Regeln nacheinander selbst laut vor. Je öfter Sie dies tun, um so eher werden Sie die Regeln verinnerlichen. (Modifiziert nach Roche Deutschland, 2002)

Karl Stanjek

■ **Literaturtipps**

Ennulat, G. (2001). Ängste im Kindergarten. München: Kösel Verlag.
Schwarzer, R./Jerusalem, M./Weber, H. (2002). Gesundheitspsychologie von A bis Z. Göttingen: Hogrefe Verlag.

■ **Kontakte**

DASH – Deutsche Angststörungen Hilfe und Selbsthilfe
Bayerstr. 77a
80335 München
Tel. 089/54403775
Angstzentrum Berlin: www.angstzentrum-berlin.de

Anthropologie

Die Anthropologie (gr. anthropos = Mensch und logos = Lehre) bezeichnet die Lehre von der Natur bzw. vom Wesen des Menschen.

Dabei kann es um verschiedene Wissensgebiete gehen: Während sich die philosophische Anthropologie mit einem umfassenden, einheitlichen Gesamtbild des Menschen beschäftigt, werden in den naturwissenschaftlichen und sozialwissenschaftlichen Fachdisziplinen auch bestimmte Aspekte und abgegrenzte Forschungsgebiete als Anthropologie bezeichnet, so z.B. die biologische Anthropologie (die speziell nach der Evolution des Menschen fragt), die Sozialanthropologie oder die pädagogische Anthropologie.

Philosophische Anthropologie ■ Eine

Blütezeit der philosophischen Anthropologie lag zwischen 1920 und 1940. Sie ist vor allem durch die Arbeiten dreier Philosophen geprägt: Max Scheler (1874–1928; »Die Stellung des Menschen im Kosmos« 1927), Helmuth Plessner (1892–1985; »Die Stufen des Organischen und Mensch« 1928) und Arnold Gehlen (1904–1976; »Der Mensch. Seine Natur und seine Stellung in der Welt« 1940). Erkenntnisse der Biologie und Verhaltensforschung werden von ihnen im Hinblick auf eine philosophische Lehre vom Menschen interpretiert. Sie vergleichen die Lebensausstattung von Mensch und Tier und versuchen, das spezifisch menschliche Verhältnis zur Umwelt zu bestimmen. Der aufrechte Gang, die freigelegten Hände, ausgeprägte Sprechorgane, eine spezifisch ausgebildete Großhirnrinde, das relativ große Hirnvolumen des Menschen lassen sie zu dem Ergebnis kommen: Der Mensch hat eine Sonderstellung, denn er ist ein Geistwesen und lebt in einer für ihn eigentümlichen »Weltoffenheit«. Während jedes Tier durch seine Instinkte in eine bestimmte Umwelt eingepasst zu sein scheint, kann sich der Mensch im Gegensatz zum Tier umweltfrei verhalten. Er kann seine Umwelt transzendieren (= überschreiten, über sie hinausgehen), indem er sie gestaltet und erweitert. Auf der anderen Seite ist der Mensch ein Mängelwesen, da ihm Instinkte weitgehend fehlen. Durch intelligentes Handeln muss er diese Defizite ausgleichen. Er muss die vorgefundene Umwelt so gestalten, dass er sein

Überleben sichern kann. Dabei spielen gesellschaftliche Institutionen, (z.B. für Wohnen, Versorgung, Bildung, Gesundheit usw. mit all ihren Regeln) eine entscheidende Rolle. Sie haben für die menschliche Gesellschaft die gleiche Bedeutung wie Instinktbewegungen im Tierreich. Insofern ist der Mensch ein Kulturwesen; die Zwischenwelt der Kultur (zwischen der Natur und dem einzelnen Menschen) ist für ihn seine spezifische Umwelt.

Seit Ende der 60er Jahre des 20. Jahrhunderts wurde dieses Welt- und Menschenbild der philosophischen Anthropologie jedoch fast völlig von der **kritischen Gesellschaftstheorie** abgelöst. Sie zeigte, dass wichtiger als allgemeine Überlegungen zur menschlichen Lebensform die Frage ist, in welche gesellschaftlichen Bedingungen das Kind hinein wächst, wie dieser Prozess verläuft und wie das Kind zum handlungsfähigen Menschen wird. Dazu kann die Anthropologie keine überhistorischen, für alle Zeit gültigen Antworten geben; ihre bisherigen Versuche, ein einheitliches, zusammenfassendes Bild vom Wesen des Menschen zu zeichnen, sind letztlich gescheitert.

Inzwischen hat die philosophische Anthropologie eine radikale Wendung vollzogen: Die Bedeutung des persönlichen Standpunkts, der Perspektive (wie Friedrich W. Nietzsche [1844 – 1900] die jeweils bestimmte und begrenzte Sicht- und Denkweise des Individuums bezeichnet) wird als selbstverständlich vorausgesetzt. Verschiedene Menschen, die zu unterschiedlichen Zeiten und in unterschiedlichen gesellschaftlichen Situationen leben, sehen die Welt u.U. unterschiedlich. Außerdem steht die Anthropologie vor dem Problem, ein besonderes Objekt zu verstehen (nämlich den Menschen). Das bedeutet, dass der Betrachtende sich selbst verstehen will. Und andererseits bringt jeder Forscher schon ein bestimmtes (religiöses, philosophisches oder wissenschaftliches) Verständnis des Menschen mit, wenn er mit seiner Arbeit beginnt. Aus diesen Gründen ist eine einzige objektive Wahrheit über den Menschen nicht zu erwarten. Die Anthropologie muss sich damit abfinden, dass es mehrere Perspektiven gibt. Deshalb hat jeder Forscher immer auch die Aufgabe, sich den eigenen begrenzten Standort und die daraus entstehenden Vorurteile bewusst zu machen und zu berücksichtigen. Dabei hilft vor allem das Vergleichen der verschiedenen Perspektiven untereinander.

Wenn eine philosophische Gesamtschau des Menschen nicht mehr möglich ist, sollten sich die Philosophie und die verschiedenen Wissenschaften vom Menschen um den wechselseitigen Austausch ihrer Erkenntnisse bemühen. Ein tiefer dringendes Wissen vom Menschen ist heute nur durch interdisziplinäre Forschung zu erreichen.

Pädagogische Anthropologie ■

Die pädagogische Anthropologie knüpfte bis in die 70er Jahre des 20. Jahrhunderts direkt an die philosophische Anthropologie an. Sie wurde als normative Grundlagenwissenschaft gesehen, die sowohl den Erziehungswissenschaften als auch der Praxis orientierende Maßstäbe anzubieten hatte. Dabei werden aus der These der Weltoffenheit und des Mängelwesens unterschiedliche Folgerungen gezogen, die sich z.B. als optimistische oder pessimistische pädagogische Grundhaltung zeigen. Arnold Gehlen z.B. bewertete alle gesellschaftlichen Zustände positiv, in denen die Menschen dauerhaft und ohne große Debatten in der Regie bestehender Institutionen genommen werden. Er hielt auch gewisse autoritäre Züge in ihnen für überlebensnotwendig. Alexander Mitscherlich (1908 – 1982), ein gesellschaftskritischer Psychoanalytiker und Sozialpsychologe, zog aus den anthropologischen Befunden entgegengesetzte Schlüsse. Er sieht in der prinzipiellen Weltoffenheit des Subjekts emanzipatorische Möglichkeiten zur »Selbstwahrnehmung und Selbstgestaltung unseres Verhaltens, eben der Ich-Leistungen«.

Die neuere pädagogische Anthropologie bemühte sich in den 1970er und 1980er Jahren um einen fächerverbindenden Ansatz und näherte sich dadurch der kritischen Sozialisationsforschung, die das Kind von vornherein in seinen sozialen Verhältnissen sieht. Hierbei wird versucht, das Kind bzw. den Jugendlichen in seiner Lebenswelt zu erfassen und einen realistischen Blick auf die kindliche → Entwicklung zu gewinnen.

Die erkenntniskritische Grundhaltung der neueren pädagogischen Anthropologie führt dazu, dass sie auch die in der → Pädagogik existierenden Menschenbilder kritisch betrachtet. Wenn vom → Offenen Kindergarten, der → Psychomotorik, der Anthroposophie (→ Waldorfpädagogik) oder einer anderen Richtung demonstrativ ein spezifisches Bild vom Kind oder Menschenbild herausgestellt und womöglich als Begründung für konzeptionelle Entscheidungen angeführt wird, so ist das problematisch, zumindest wenn damit ein objektiv wahres, umfassendes Bild vom Wesen des Menschen gemeint ist. Denn zum einen sind diese Bilder selten genauer ausformuliert und nur implizit in pädagogischen Handlungskonzepten enthalten. Zum anderen beruhen sie kaum auf empirischer Forschung oder reflektierter Analyse. Sie überhöhen in einseitiger Weise einzelne Aspekte der kindlichen Entwicklung und reduzieren die Vielfalt möglicher anthropologischer Erfahrungsdaten. Dadurch bekommen sie teilweise den Charakter von Glaubenssätzen oder Ideologien. Tatsächlich geht es in den meisten Fällen nicht um allgemeine Wesensbeschreibungen des Kindes oder des Menschen, sondern um Programmformeln, Leitbilder oder Grundsätze des pädagogischen Handelns, um Wertorientierungen, also um das, was den Erziehenden wichtig ist. Diese Zwischenebene der Leitbilder hat für die Planung des pädagogischen Handelns eine gewisse Orientierungsfunktion. Doch von der wissenschaftlich und philosophisch argumentierenden Anthropologie werden diese Entwürfe kritisch betrachtet und relativiert.

Im Unterschied zur naturalistischen Anthropologie und zu den meisten pädagogischen Menschenbildern konzentriert sich die gegenwärtige pädagogische Anthropologie auf die Vorstellung von einem lebendigen Organismus, der nicht als feste Größe, sondern betont dynamisch gesehen wird. Er entsteht nach bestimmten Mustern durch die lebendige Interaktion mit seiner sozialen Umwelt. Die pädagogische Anthropologie erforscht die Realität von Kindern und Jugendlichen im Hinblick auf diesen Prozess und beschreibt den Spielraum, in dem sie sich entwickeln können: Wie treten Kinder ihrer Umwelt gegenüber? Was müssen Erziehende ihnen bieten? Was gefährdet die Entwicklung und was fördert sie? Fragestellungen und Anstöße für die Forschung ergeben sich auch aus aktuellen Konflikten unserer gesellschaftlichen Situation, z.B. aus der Krise der Arbeitsgesellschaft, aus dem Nebeneinander verschiedener Kulturen (→ Interkulturelle Erziehung), aus der neuen Medienwirklichkeit (→ Medienpädagogik), aus dem Wandel sozialer Strukturen, angefangen von der → Familie bis zur Veränderung allgemeiner Wertorientierungen (→ Werte und Normen).

Methodische Ansätze ■ Die pädagogische Anthropologie verfolgt verschiedene methodische Ansätze und Sichtweisen. Folgende Forschungsgebiete werden gegenwärtig besonders intensiv bearbeitet:

- **Pädagogische Entwicklungs-Morphologie:** Wie wird das Welterleben des Kindes durch körperliche Veränderungen beeinflusst?
- **Verhaltensgenetik:** Wie beeinflussen vererbte Anlagen und Umweltbedingungen das Verhalten des Kindes?
- **Hirnforschung:** Welche Bedeutung haben Bau und Plastizität des Gehirns für die Entwicklung der psychischen Funktionen des Kindes?
- **Pädagogische Ästhesiologie:** Wie begründen und ergänzen sinnliche Erfahrungen die intellektuelle Tätigkeit des Kindes?
- **Lebenslaufforschung:** Wie verbindet sich in einem lebensgeschichtlichen Prozess die Aneignung der sozialen und kulturellen Umwelt mit der Selbstverwirklichung des Individuums?
- **Psychodynamik:** Wie verarbeiten Kinder konfliktreiche Beziehungs- und Umwelterlebnisse mithilfe (überwiegend) unbewusster Abwehr- und Anpassungsmechanismen?
- **Feministische Sozialforschung:** Wie entwickeln sich die geschlechtlichen Identitäten im Rahmen der gesellschaftlich geprägten

Geschlechterverhältnisse? Wie ist dabei der Spielraum für Veränderungen durch pädagogische Einflussnahme einzuschätzen?

Die einzelnen Ergebnisse der Forschungen lassen sich nicht mehr zu einem Menschenbild im traditionellen Sinne oder zu einem geschlossenen Bild vom Kind zusammenfügen. Sie bedeuten etwas anderes: eine ständig weiter zu entwickelnde Auseinandersetzung über die Chancen und Gefährdungen, die das Aufwachsen heute begleiten und die → Bildung und → Erziehung beeinflussen.

Ernst Martin

■ Literaturtipps

Hengst, H./Kelle, H. (Hg.) (2003). Kinder – Körper – Identitäten. Theoretische und empirische Annäherungen an kulturelle Praxis und sozialen Wandel. Weinheim: Juventa.

Marotzki, W. u.a. (Hg.) (1998). Anthropologische Markierungen. Weinheim/Basel: Beltz.

Miller-Kipp, G. (1992). Wie ist Bildung möglich? Die Biologie des Geistes unter pädagogischen Aspekten. Weinheim/Basel: Beltz.

Rittelmeyer, Ch. (2002). Pädagogische Anthropologie des Leibes. Biologische Voraussetzungen der Erziehung und Bildung. Weinheim: Juventa.

Antiautoritäre Erziehung

Das Konzept der antiautoritären Erziehung (griech.: anti = gegen; lat.: auctoritas = Ansehen, Einfluss, Glaubwürdigkeit) entwickelte sich in den zwanziger Jahren des 20. Jahrhunderts durch eine Privatschule in England (Summerhill) und in Deutschland, wo es mit der Studentenbewegung verflochten war, in den späten sechziger Jahren durch die stark sozialistisch geprägte Kinderladen-Bewegung (→ Kollektiverziehung).

Das pädagogische Konzept ■ Ausgehend von dem Gedanken, die herkömmliche → Erziehung in Familie und Schule sei geprägt von Unterdrückung und Machtausübung, wodurch die autoritäre Persönlichkeit produziert würde (»nach oben buckeln und

nach unten treten«, wie es Heinrich Mann in seinem Roman »Der Untertan« so unnachahmlich beschrieben hat), wollte man mit der antiautoritären Erziehung einen Raum zur freien Entfaltung des Kindes schaffen. Hier sollte es – unter Beachtung der Rechte anderer – seinen Bedürfnissen nachgehen und seine kindliche → Sexualität leben dürfen. Anregungsreichtum, Wärme und fehlende Repressionen durch Erwachsene kennzeichneten den pädagogischen Rahmen der antiautoritären Erziehung. Die Kinder sollten selbstbestimmt und selbstreguliert handeln und in die Lage versetzt werden, gesellschaftliche Normen und Werte kritisch zu hinterfragen.

Obgleich pädagogische Ziele und die Rolle des Erwachsenen im Erziehungsprozess klar formuliert waren, wurde die antiautoritäre Erziehung häufig als Erziehung zur grenzenlosen Freiheit und zur Ablehnung jeder Disziplin missverstanden. Die Konzeption der antiautoritären Erziehung zielte in ihrem Grundsatz jedoch nicht auf die unreflektierte Ablehnung aller Autorität, sondern wandte sich insbesondere gegen ein blindes Befolgen von Anordnungen einer Autoritätsperson, wie es z.B. der US-Sozialpsychologe Stanley Milgram (1933–1984) in dem nach ihm benannten Milgram-Experiment aufgezeigt hat, das 1970 mit ähnlichem Ergebnis für Männer zwischen 19 und 50 Jahren vom Max-Planck-Institut in München wiederholt wurde.

In einem Versuchslabor an der Yale Universität (USA) untersuchte Milgram 1960, inwieweit Menschen sich einer Autorität beugen und ohne Widerstand Anordnungen befolgen. Unter dem Hinweis, man wolle erforschen, wie Bestrafung das Lernverhalten beeinträchtigte, sollten Versuchspersonen, die in einem fingierten Losverfahren die Rolle des Lehrers gezogen hatten, einer angeblichen anderen Versuchsperson, der scheinbar das Los des Schülers zugefallen war, die aber eigentlich Mitarbeiter des Institutes war, Stromschläge verabreichen, wenn sie eine an sie gerichtete Frage falsch beantwortete. In den Experimenten hörten die »Lehrer« ihre Versuchsperson zuerst nur über Lautsprecher schreien, bis sie in der letzten Phase des Versuchs die Menschen sogar leiden sahen. Im Ergebnis weigerte sich keiner der Versuchsteilnehmer, die Anordnung bei Stromstößen bis zu 200 Volt zu befolgen; fast zwei Drittel der Teilnehmer verabreichten, trotz entsprechender Hinweise, Schocks in lebensbedrohlicher Stärke. Drei Viertel fühlten sich anschließend für ihr Tun nicht verantwortlich.

Summerhill ■

Summerhill ist eine private Internatsschule in der Grafschaft Suffolk (England), die 1921 von Alexander Sutherland Neill (1883–1973) gegründet wurde. Neills Grundgedanke war, eine Schule zu schaffen, die für Kinder geeignet war und nicht umgekehrt. Seine erziehungstheoretischen Vorstellungen waren stark durch die Lehren von Sigmund Freud (1856–1939) – später auch Wilhelm Reich (1897–1957) – und seine enge Beziehung zu Homer Lane (1875–1925) beeinflusst. Von seiner ursprünglichen Orientierung an der anthroposophischen Lehre Rudolf Steiners (1861–1925) distanzierte er sich recht bald, nachdem ihm dessen Menschenbild als zu vorgegeben erschien.

Summerhill wird in demokratischer Selbstregierung geführt, d.h. alle Angelegenheiten, die das Zusammenleben in der Schulgemeinschaft betreffen, werden im Rahmen der wöchentlich stattfindenden Schulversammlung – die im Wechsel von Schülern geleitet wird – mehrheitlich entschieden. Lehrer und Schüler haben je eine gleichberechtigte Stimme. Im Gegensatz zu vergleichbaren Schulen gibt es in Summerhill keine Zimmerinspektionen, Disziplinierungsmaßnahmen, suggestive Beeinflussungen oder ethische und religiöse Unterweisungen. Die Kinder sollen sich unbeeinflusst von Erwachsenen entsprechend ihren Möglichkeiten entwickeln können. Der Besuch des Unterrichts ist für die Kinder freiwillig; der Stundenplan, der von der Schulversammlung beschlossen wird, gilt nur für die Lehrer.

Neills Ziel war es, Kinder glücklich zu machen. Zu seinem Erziehungskonzept zählten insbesondere die Aufhebung aller autoritären Strukturen, Gleichberechtigung und Partnerschaft der am Erziehungsprozess Beteiligten, Achtung, Liebe und Vertrauen als Grundlage gegenseitigen Umgangs, die Entfaltung der emotionalen Kräfte des Kindes statt intellektueller Vereinseitigung, die Weckung der Kreativität statt Anleitung und Reglementierung und die Selbstregulierung von Konflikten.

Nach Neills Auffassung gibt es das freie und das unfreie Kind. Das unfreie Kind ist daran zu erkennen, dass es geformt, abgerichtet, diszipliniert, gehemmt, fügsam, der Autorität gehorchend, Kritik fürchtend und nach Normalität strebend in Erscheinung tritt. Das freie Kind – Neill nennt in diesem Zusammenhang seine Tochter Zoë, die 1985 die Leitung der Schule übernommen hat – ist frei in seinen Bewegungen, hat nie das Gefühl, unter dem Zwang seiner Eltern zu stehen, isst, wenn es hungrig ist, kurzum: es hat das Recht, nach eigenen Gesetzen leben zu dürfen. Diese Freiheit ist nicht mit Zügellosigkeit zu verwechseln. Das Kind hat nicht alle Rechte, sondern Erwachsene und Kinder haben die gleichen Rechte.

Kinderladen-Bewegung ■

Im Zusammenhang mit der Studentenbewegung entstanden ab 1968 in Berlin, Stuttgart und Frankfurt die ersten Kinderläden, die sich als Alternative zur herkömmlichen staatlichen und konfessionellen Kindergartenerziehung verstanden. Die von überwiegend studierenden Eltern gegründeten Institutionen wurden häufig in ehemaligen Ladengeschäften eingerichtet, was zu deren Namensgebung führte. Bekannt wurden die Kinderläden schlagartig durch den damals meist als schockierend empfundenen TV-Film des NDR-Journalisten Gerhard Bott »Erziehung zum Ungehorsam«.

Inhaltlich orientierte sich die Kinderladen-Bewegung an den gesellschaftskritischen Theorien der Frankfurter Schule und tiefenpsychologisch ausgerichteten Ansätzen, etwa dem Wera Schmidts. Ähnlich wie in der Schule in Summerhill wollte man auch in den Kinderläden einen nicht-repressiven, antiautoritären Erziehungsstil praktizieren, wobei von Beginn an gesellschaftspolitische Gesichtspunkte eine wesentliche Rolle spielten. Ziel der pädagogischen Bemühungen war die

Emanzipation, die Befreiung von jeglichen Zwängen (ökonomischen, ideologisch-normativen, naturbedingten und psychischen). Erziehung diente daher auch zur Bildung eines kritischen – politischen – Bewusstseins, das zur Veränderung gesellschaftlicher Strukturen beitragen sollte. Die Kinder sollten befähigt werden, ihre Situation zu erkennen und ihre Bedürfnisse auch gegen bestehende gesellschaftliche Normen durchzusetzen. Dem (Kinder-)Kollektiv wurde in diesem Zusammenhang eine große Bedeutung zugemessen, denn dort konnten die Kinder lernen, Solidarität zu entwickeln, die sie darin unterstützen sollte, Widerstand zu leisten. Einen besonderen Stellenwert nahm in der Kinderladenerziehung die kindliche → Sexualität ein. Sauberkeitserziehung mittels Zwang, wie in bürgerlichen Familien und im Kindergarten üblich, wurde ebenso abgelehnt, wie die Unterdrückung kindlicher Triebe. Kindliche Sexualität wurde bejaht, in deren Ablehnung hingegen eine wesentliche Ursache angepassten und autoritären Verhaltens gesehen. Die Theorien von Neill wurden von den Gründern der Kinderläden nach anfänglicher Akzeptanz kritisiert. Sie vermissten eine Auseinandersetzung mit der gesellschaftspolitischen Situation, warfen ihm vor, er sei »bürgerlich« und erziehe seine Kinder zur Anpassung an das bestehende Gesellschaftssystem und zur Akzeptanz hierarchischer Ordnungen bzw. von Macht- und Herrschaftsverhältnissen.

Schwierigkeiten bereiteten den Kinderladenkollektiven (bestehend aus im Wechsel mitarbeitenden Eltern, pädagogischen Fachkräften und mitarbeitenden Studenten und Studentinnen) die teilweise unterschiedlichen Auffassungen von Erziehung, insbesondere in Bezug auf die Frage, welcher Weg der richtige zur sozialistischen Erziehung sei. Dies führte dazu, dass die Kinder durch die unterschiedlichen Erziehungsmethoden verunsichert wurden, sich die Eltern stritten und letztendlich neue Kinderläden gründeten. Viele Kinderläden gingen, besonders mit der Annahme der staatlichen Förderung z.B. in Berlin als sogenannte EI-Kita (Elterninitiativ-Kindertagesstätte) den Weg ins »kritisch-bürgerliche« Lager.

Aktuelle Bedeutung ■ Die antiautoritäre Erziehung hat im Rahmen der Studentenbewegung eine wichtige Rolle bei der kulturellen Überwindung einer stark autoritätsfixierten Zeit gespielt. Manches, was wir heute für selbstverständlich halten, wie evangelisch-katholische »Mischehen«, akzeptierte Scheidungen von Politikern, sexuelle Libertinage oder Mitspracherechte von Eltern in Kindergarten und Schule, verdanken wir dieser Bewegung. In der gegenwärtigen Diskussion über die Erziehung in sozialpädagogischen Institutionen und Familien nimmt die antiautoritäre Erziehung nicht mehr den Stellenwert ein, den sie in den ersten Jahren ihrer Entstehungsgeschichte hatte. Dennoch sind sowohl einige pädagogische Vorstellungen von Neill, als auch manche Überlegungen der Kinderladenkollektive in den aktuellen Konzepten vieler Einrichtungen zu finden. Exemplarisch sind hier die Akzeptanz der Selbstbestimmung des Kindes und die Möglichkeiten der Mitbestimmung (→ Partizipation) bei der Gestaltung der pädagogischen Arbeit zu nennen.

Manfred Vogelsberger/Raimund Pousset

■ **Literaturtipps**

Appleton, M. (2003). Summerhill – Kindern ihre Kindheit zurückgeben. Demokratie und Selbstregulierung in der Erziehung (2. Aufl.). Baltmannsweiler: Schneider Verlag Hohengehren.

Neill, A. S. (1995). Das Prinzip Summerhill: Fragen und Antworten, Argumente, Erfahrungen, Ratschläge (3. Aufl.). Reinbek: Rowohlt.

Neill, A. S. (2004). Theorie und Praxis der antiautoritären Erziehung. Das Beispiel Summerhill (46. Aufl.). Reinbek: Rowohlt.

■ **Kontakt**

www.summerhill.paed.com

 # Antipädagogik

Mitte der 1970er Jahre entwickelte sich die Antipädagogik als Gegentheorie zu der Behauptung, man müsse Kinder erziehen. Ekkehard von Braunmühl und andere Antipädagogen propagierten in Deutschland die Abschaffung der → Erziehung. Verbunden war damit die Forderung, Kinder als gleichberechtigte Menschen zu akzeptieren, die nicht verbessert, bekehrt, erzogen werden müssen. Eltern und professionelle Erzieherinnen sollten ihren Erziehungsanspruch ablegen.

Ziel der Antipädagogik ist es, eine gleichberechtigte Beziehung zwischen Kindern und Erwachsenen zu erreichen. Die natürliche Andersartigkeit der Kinder, die mit geringeren körperlichen und geistigen Fähigkeiten und mit weniger Erfahrungen verbunden ist, wird respektiert und die Kinder erfahren besondere Rücksichtnahme. Gleichzeitig soll der Erwachsene in der Interaktion mit Kindern seine eigenen Grenzen kennen und verteidigen lernen. Dies wird als antipädagogisches Notwehrprinzip bezeichnet.

Abgrenzung zur Pädagogik ■ → Pädagogik und Antipädagogik werden als Gegensatz betrachtet. Während → Pädagogik Erziehung als notwendig ansieht, sieht die Antipädagogik darin vor allem Diskriminierung und Herrschaft. Im Vordergrund steht stattdessen die Beziehung zwischen Erwachsenen und Kindern. Antipädagogen erziehen nicht, sie wollen Kinder unterstützen und begleiten.

Im Gegensatz zur → antiautoritären Erziehung, die das Ziel hatte, möglichst autoritätskritische Menschen zu erziehen, versteht sich Antipädagogik nicht als pädagogische Richtung, sondern stellt Pädagogik an sich in Frage. Antipädagogik wendet sich gegen Formen intentionaler Erziehung, d.h. gegen die bewussten und geplanten Prozesse und Lernhilfen, die das Kind so beeinflussen sollen, dass es von den Erwachsenen festgelegte Ziele erreicht. Der Erwachsene soll alle Handlungen unterlassen, die darauf hinauslaufen, ein Kind »bessern« oder seinen Charakter, seine Gefühle oder Einstellungen formen zu wollen. Antipädagogik lehnt eine Orientierung an Erziehungs- und Bildungszielen grundsätzlich ab. Versorgungs-, Pflege- oder Ergänzungsleistungen, bei denen das Kind Subjekt und gleichberechtigter Mitmensch bleibt, werden nicht in Frage gestellt.

Bild vom Kind ■ Ausgangspunkt ist die Annahme, dass Kinder von Geburt an zur Autonomie (Unabhängigkeit, Selbstgesetzgebung) und Selbstverantwortung fähig sind, dass sie von Anfang an über sich selbst bestimmen können. Selbst der Säugling verfügt bereits über Spontanautonomie, über autonome Ich-Energie. Jedes Kind verwaltet sich selbst, kann sich aber den vielen Angriffen und Befehlen von außen nicht widersetzen. In der herkömmlichen Pädagogik ist Autonomie dagegen in der Regel ein angestrebtes Ziel. Das Kind wird im Erziehungsprozess durch befreiende Lernhilfen immer stärker aus der Fremdbestimmung entlassen, um schließlich als Erwachsener selbstbestimmt und verantwortlich gegenüber sich selbst und anderen handeln zu können.

Beziehung zwischen Eltern und Kindern ■ Nach von Braunmühl stecken Erwachsene ihren Kindern hohe Ziele, richten hohe Erwartungen an deren Zukunft und setzen auf die Langzeitwirkung ihres Handelns. Dagegen vertritt die Antipädagogik, dass man für die Zukunft eines anderen Menschen überhaupt nicht verantwortlich sein kann. Um die Zukunft des Kindes offen zu halten, d.h. um seine Freiheit zu schützen, solle man sich gar nicht erst ein Bild davon machen, wie das Kind später sein und handeln werde. Den Erwachsenen wird das Recht abgestritten, Verantwortung für ihre Kinder zu beanspruchen, sie sollen Verantwortung für ihr eigenes Handeln und nicht für das ihrer Kinder tragen. Es sei ein Fehler der Erwachsenen, dass sie den Kindern nicht zutrauen, dass diese selbst eine Zukunftsperspektive haben und notwendige Anpassungsleistungen vollbringen. Die Aufgabe der Eltern bestehe darin, die Zufriedenheit der Kinder in der Gegenwart zu sichern. Dieser Gedanke wird von der Überzeugung getragen, dass eine glückliche Gegenwart die beste Chance für eine glückliche Zukunft ist.

Eine besondere Beachtung fanden die Ideen von Alice Miller, die ihre antipädagogische Haltung mit Erkenntnissen aus der Psychoanalyse begründet. Sie zeigt die Folgen einer »Schwarzen Pädagogik« (Katharina

Rutschky) auf, die in der Überzeugung gründet, dass alles Recht auf Seiten der Eltern und jede Grausamkeit Ausdruck ihrer Liebe sei. Diese Haltung mündet in einer Verfolgung des Lebendigen und bringt immer neue Brutstätten des Hasses hervor. In der Erziehung sieht Miller die Notwehr des Erwachsenen, die aus der eigenen Unsicherheit und Unfreiheit resultiert. Ihrer Meinung nach verraten sämtliche Ratschläge zur Erziehung mehr oder weniger deutlich die Bedürfnisse der Erwachsenen, deren Befriedigung das lebendige Wachstum des Kindes verhindert. Dazu gehören:

- Das unbewusste Bedürfnis, einst erlittene Demütigungen an andere weiterzugeben
- Ein Ventil für die abgewehrten Affekte zu finden
- Ein verfügbares und manipulierbares Objekt zu besitzen
- Die Abwehr bzw. die Idealisierung der eigenen Kindheit und der eigenen Eltern
- Die Angst vor der Freiheit
- Die Angst vor der Wiederkehr des Verdrängten
- Die Rache für die erlittenen Schmerzen.

Alice Miller fordert eine Begleitung der Kinder, die folgende Züge aufweisen sollte:

- Achtung vor dem Kind
- Respekt für seine Rechte
- Toleranz für seine Gefühle
- Bereitschaft, aus dem Verhalten des Kindes zu lernen und über die eigene Kindheit zu reflektieren.

Zur Verbreitung einer erziehungsfreien Lebensführung wurde 1978 von Hubertus von Schoenebeck der Förderkreis »Freundschaft mit Kindern« gegründet. Als Konsequenz für die Praxis von Erzieherinnen schlägt Wolfgang Hinte dem pädagogischen Personal in Vorschuleinrichtungen vor, sich nicht die Frage zu stellen: »Was brauchen unsere Kinder?«, sondern sie direkt zu fragen: »Was wollt ihr?« Da die aufgesetzten und vorgegebenen Erziehungsziele ohnehin nicht zu erreichen seien, sollten Erzieherinnen sich lieber darauf konzentrieren, was um sie herum geschehe, was in ihnen selbst vorgehe und wie die individuellen, räumlichen und atmosphärischen Gegebenheiten so aufeinander abzustimmen seien, dass Erzieherinnen und Kinder am Abend die Einrichtung mit dem Gefühl verlassen, eine »gute Zeit verbracht« zu haben.

Bildung und Lernen werden von der Antipädagogik nicht grundsätzlich abgelehnt. Alle Formen von → Kollektiverziehung werden allerdings mit Skepsis betrachtet. Zum Teil gibt es Anknüpfungen an eine radikale Schulkritik (Ivan Illich), die eine Entschulung der Gesellschaft anstrebt. Die Ideen der Antipädagogik haben besonderen Einfluss auf die Kinderrechtsbewegung. Das Kind wird hier nicht als »kleiner Erwachsener«, sondern als kleiner Mensch gesehen, dem freiheitlich-demokratische Rechte zustehen (→ Kinderrechte).

Kritik an der Antipädagogik ■

Die Kritik an der Antipädagogik betont, dass der Unterschied zwischen Pädagogik und Antipädagogik kaum auf der Ebene des Handelns auszumachen sei, sondern in der dahinter stehenden → Einstellung. Das Konzept wird als zu theoretisch angesehen, da es kaum praktische Handlungsanweisungen biete. In der Fixierung auf die unmittelbaren, unverstellten Gefühle wird eine besondere Gefahr gesehen: Wenn Emotion über Rationalität gesetzt wird, stellt sich die Frage der Legitimität des Handelns, denn über Gefühle kann man nicht diskutieren, sie tragen ihre Rechtfertigung in sich.

Aus pädagogischer Sicht ist der Mensch auf Erziehung angewiesen. Die Pädagogik beruft sich dabei auf die → Anthropologie, die die Lernfähigkeit und Erziehungsbedürftigkeit als ein Wesensmerkmal des Menschen ansieht. Weil die nachfolgende Generation in die bestehende Gesellschaft eingeführt werden soll und muss, erscheint eine Formung des Kindes unvermeidlich. Nach Ansicht vieler Kritiker ist Erziehung ohne Orientierung an Werten nicht möglich. Der Antipädagogik wird vorgeworfen, selbst eine Wertorientierung zu besitzen, die aber unbestimmt bleibe. Antipädagogik wird als Ausdruck einer Krise gesehen, in die das Erziehungsdenken allgemein geraten sei. Die Unterschiede zwischen Erwachsenen und Kindern würden immer stärker verwischt. Antipädagogik leiste einer zunehmenden Erziehungsverdrossenheit von Erwachsenen Vorschub. Das Individuum bleibe in der Antipädagogik zu sehr auf sich allein gestellt. Das Verdienst der Antipädagogik wird darin gesehen, radikal für die Kinder Partei zu ergreifen.

Walter Ellermann

■ **Literaturtipps**

Braunmühl, E. von (1993). Antipädagogik. Studien zur Abschaffung der Erziehung. Weinheim/Basel: Beltz.
Braunmühl, E. von (1996). Zeit für Kinder. Frankfurt/M.: Fischer.
Miller, A. (1983). Am Anfang war Erziehung. Frankfurt/M.: Suhrkamp.

Arbeits- und Beschäftigungssituation

Die Anzahl der in der Kinder- und Jugendhilfe beschäftigten Erzieherinnen hat sich seit 1974 in den westlichen Bundesländern einschließlich Berlin deutlich erhöht und sich mit einem Anstieg von 54.913 auf zuletzt 215.416 im Jahre 2002 (Statistisches Bundesamt 2004) fast vervierfacht. Hauptsächlicher Grund hierfür ist die Expansion des → Kindergartens, insbesondere im Rahmen der Umsetzung des Rechtsanspruchs auf einen Kindergartenplatz. So ist die Anzahl der beschäftigten Erzieherinnen zwischen 1994 und 2002 um ca. 50.000 gewachsen. In den östlichen Bundesländern ohne Berlin ist aufgrund des demographischen Einbruchs Anfang der 1990er Jahre und dem daraus resultierenden geringeren Bedarf an Kindertageseinrichtungen ein Rückgang von 105.941 auf 66.241 im Jahre 2002 zu verzeichnen (37%).

Der Beruf der staatlich anerkannten Erzieherin ist nach wie vor ein Frauenberuf. Der Anteil der weiblichen Erzieherinnen liegt kontinuierlich bei über 95%.

Zentrale Arbeitsfelder ■ Von allen Erzieherinnen in der Kinder- und Jugendhilfe (Stand 2002) in den westlichen Bundesländern einschließlich Berlin arbeiten 84%

(181.030) in Tageseinrichtungen für Kinder, in den östlichen Bundesländern sind es 85% (55.982). Ein weiteres wichtiges Arbeitsfeld liegt in den (teil-)stationären Erziehungshilfen, wo ca. 8% (17.179) aller Erzieherinnen im Westen wie im Osten arbeiten. In der Arbeit mit behinderten jungen Menschen, insbesondere in integrativen Tageseinrichtungen für Kinder, sind in ganz Deutschland fast 4% der Erzieherinnen tätig. Ein in den letzten Jahren etwas expandierender Bereich ist die Kinder- und Jugendarbeit. Dort finden etwa 3% der Erzieherinnen im Osten und Westen eine Anstellung. Im Bereich der ambulanten Erziehungshilfe gibt es mit einem Anteil von unter 1% nur wenige Beschäftigungsmöglichkeiten für Erzieherinnen.

Teilzeitkräfte ■ Arbeiteten 1974 nur 11% der Erzieherinnen als Teilzeitkräfte (unter 38,5 bzw. 40 Wochenstunden) in der Kinder- und Jugendhilfe, waren es 2002 in den westlichen Bundesländern schon 45,6%. Im Osten hat sich der Anteil sogar auf 75% erhöht. Neben einigen positiven Seiten bringt der verstärkte Einsatz von Teilzeitkräften auch problematische Aspekte mit sich. So ist die notwendige Beziehungsarbeit im Rahmen einer Teilzeittätigkeit sicherlich schwieriger zu gewährleisten als bei einer Vollzeitstelle. Da die Zeiten für Teamgespräche für Teilzeit- und Vollzeitkräfte prinzipiell gleich sind, stehen die Teilzeitkräfte anteilig weniger für die direkte pädagogische Arbeit zur Verfügung. Problematisch kann es auch werden, wenn Teilzeitarbeit zwangsweise aus Kostengründen verordnet wird. In diesen Fällen kann es dazu kommen, dass das Einkommen aus der pädagogischen Arbeit nicht mehr ausreicht und zusätzliche Jobs angenommen werden müssen. Erfahrungsgemäß hat diese Doppelbelastung auch Auswirkungen auf das Engagement für die pädagogische Arbeit.

Lebenszeitberuf ■ In den westlichen Bundesländern hat sich die Altersstruktur der Erzieherinnen in der Kinder- und Jugendhilfe verändert. Waren 1974 noch 40% der Erzieherinnen unter 25 Jahren und nur

23 % über 40 Jahre alt, so ist über die Jahre hinweg ein deutlicher Alterungsprozess zu verzeichnen. Inzwischen (2002) ist die Gruppe der unter 25-jährigen auf 12 % abgesunken, während die 25- bis 40-Jährigen mit 46 % die anteilsmäßig stärkste Alterskohorte bilden und auch die über 40-Jährigen zuletzt einen wachsenden Anteil von 42 % erreicht haben. Es ist zu vermuten, dass die vorrangig in der Kinder- und Jugendhilfe beschäftigten Frauen ihre Berufstätigkeit nicht mehr nur als kurze Berufsphase vor der Familienphase ansehen, sondern sie vor, neben, nach und statt der Familie als einen kontinuierlichen Bestandteil ihrer Lebensbiographie betrachten.

In den östlichen Bundesländern war die Altersverteilung der Erzieherinnen aufgrund der größeren Normalität der lebenslangen Frauenerwerbstätigkeit schon immer ausgeglichener. Da vom massiven Stellenabbau im Bereich der Tageseinrichtungen für Kinder in erster Linie die jüngeren Erzieherinnen betroffen waren, hat sich eine deutliche Veralterung des Personals ergeben: Im Jahre 2002 waren 68 % über 40 Jahre alt. Somit ist zu erwarten, dass aufgrund des Übergangs in die Rente in den nächsten zehn Jahren ein massiver Fachkräftebedarf von jungen Erzieherinnen einsetzen wird.

Perspektiven ■ In den westlichen Bundesländern ist in den nächsten Jahren aufgrund des demografisch bedingten Rückgangs der Anzahl der Kindergartenkinder um 15 % mit einem geringeren Fachkräftebedarf zu rechnen, der noch dadurch verstärkt wird, dass Erzieherinnen offensichtlich länger im Beruf bleiben und somit ein geringerer Ersatzbedarf entsteht. Allerdings ist zu erwarten, dass aufgrund des geplanten Ausbaus der Angebote für Unter-Dreijährige der geringere Fachkräftebedarf ausgeglichen wird. In den östlichen Bundesländern ist in den nächsten zehn Jahren aufgrund des Übergangs eines Großteils der Erzieherinnen in die Rente mit einem steigenden Bedarf an Fachkräften zu rechnen.

Matthias Schilling

■ **Literaturtipps**

Deutsches Jugendinstitut (DJI) (Hg.) (2005). Zahlenspiegel 2005. Kinderbetreuung im Spiegel der Statistik, München/Dortmund: Verlag Deutsches Jungendinstitut.

Schilling, M. (2005). Kindertageseinrichtungen. Stillstand trotz vielfältiger Herausforderungen, in: Kinder- und Jugendhilfereport 2. Analysen, Befunde und Perspektiven: Weinheim/München: Juventa, S. 39–64.

Statistisches Bundesamt (2004). Statistiken der Kinder- und Jugendhilfe. Einrichtungen und tätige Personen am 31.12.2002, Wiesbaden. (kostenfrei als PDF unter www.destatis.de)

Arbeitsrecht

Das Arbeitsrecht regelt das Rechtsverhältnis zwischen Arbeitgebern und unselbständig tätigen Arbeitnehmern. Arbeitnehmer sind Personen, die aufgrund eines Arbeitsvertrages dem Arbeitgeber ihre Arbeitskraft schulden, in einem Fremdbetrieb eingegliedert und an Weisungen des Vorgesetzten gebunden sind hinsichtlich Dauer, Zeit, Ort und Art der geschuldeten Arbeitsleistung. Nicht als Arbeitnehmer gelten Selbständige, z.B. Rechtsanwälte, Ärzte oder Psychologen, die die Gestaltung ihrer Arbeit selbst bestimmen können, sowie Beamte, Richter und Soldaten, auf die das öffentliche Dienstrecht anzuwenden ist.

Rechtsquellen des Arbeitsrechts sind u.a. das Bürgerliche Gesetzbuch (BGB), sonstige Gesetze, z.B. Kündigungsschutz-, Mutterschutz-, Bundesurlaubsgesetz, Tarifvertrag, Betriebsvereinbarung, EU-Recht. Das BGB enthält in den §§ 611–630 Bestimmungen über den Dienstvertrag. Darunter versteht man die Verpflichtung zur Erbringung von Dienstleistungen für einen anderen gegen Entgelt. Werden die Dienste unselbständig, fremdbestimmt, in persönlicher Abhängigkeit erbracht, liegt ein Arbeitsvertrag vor; der Arbeitsvertrag ist also ein Spezialdienstvertrag. Das Arbeitsrecht lässt sich in zwei große Bereiche einteilen:

■ Individualarbeitsrecht, welches das Recht des Einzelarbeitsvertrages und das Recht des Arbeitsschutzes umfasst. Im Mittelpunkt steht der einzelne Arbeitnehmer

■ **Kollektivarbeitsrecht,** welches das Recht der Arbeitsverbände regelt. Zu ihm wird vor allem das Tarifrecht und das Betriebsverfassungsrecht gezählt.

Arbeitsvertrag ■ Durch den Arbeitsvertrag wird das Arbeitsverhältnis begründet; Arbeitnehmer und Arbeitgeber versprechen sich gegenseitige Leistungen. Der Arbeitnehmer hat folgende Pflichten:
- Arbeitspflicht (§ 611 BGB i.V.m. Arbeitsvertrag)
- Treuepflicht
- Informationspflicht
- Verschwiegenheit/Datenschutz
- Haftung
- Rückzahlung von Sonderleistungen.

Zu den Pflichten des Arbeitgebers gehören:
- Zahlung der Arbeitsvergütung (§ 611 BGB i.V.m. Arbeitsvertrag)
- Fürsorgepflicht
- Beschäftigungspflicht
- Pflichten bei Arbeitsunfällen
- Pflichten aus betrieblicher Übung
- Gleichbehandlungspflicht
- Zeugnis, Haftung.

Die wichtigste Pflicht des Arbeitnehmers aus dem Arbeitsvertrag ist die persönliche Arbeitspflicht; d.h. er kann sich nicht vertreten lassen oder die Arbeitsleistung von einem Dritten erbringen lassen (§ 613 BGB). Kommt er der Arbeitsverpflichtung nicht nach, gerät er in Leistungsverzug mit den entsprechenden arbeitsrechtlichen Konsequenzen (Lohnminderung, Schadenersatz, Kündigung usw.). Der Arbeitnehmer muss seine Arbeitsleistung gegenüber dem Arbeitgeber erbringen. Dieser kann aber aufgrund seines Weisungsrechts bestimmen, dass die Arbeitsleistung einem Dritten gegenüber geleistet wird, z.B. das Jugendamt kann bestimmen, dass Erzieherinnen im Rahmen der sozialpädagogischen Familienhilfe im Haushalt einer bestimmten Familie tätig sind. Der Ort des Arbeitseinsatzes wird im Arbeitsvertrag festgehalten.

Die Art der vom Arbeitnehmer zu leistenden Arbeit ergibt sich aus dem Arbeitsvertrag unter Berücksichtigung kollektivvertraglicher bzw. betriebsinterner Regelungen. Es ist daher wichtig, schon bei Abschluss des Arbeitsvertrages sich Konzeptionen, Dienstvereinbarungen, Betriebsordnungen oder allgemeine Dienstanweisungen vorlegen zu lassen.

Grundsätzlich ist der Arbeitgeber berechtigt, dem Arbeitnehmer wegen der Durchführung seiner Arbeit Weisungen zu erteilen. Dies wird als Weisungs- oder Direktionsrecht bezeichnet. Einschränkungen können sich ergeben, wenn aus der Art der beruflichen Tätigkeit Belange Dritter berührt werden. Nach der Rechtsprechung des Bundesarbeitsgerichts darf der Arbeitgeber dem Arbeitnehmer keine Arbeit zuweisen, die diesen in einen vermeidbaren Gewissenskonflikt bringt.

Die Arbeitszeit ist die Zeitspanne, während der ein Arbeitnehmer seine Arbeitskraft dem Arbeitgeber zur Verfügung stellen muss; also die Zeit von Beginn bis Ende der Arbeitszeit ohne Ruhepause. Sie wird im Arbeitsvertrag mit entsprechender tarifvertraglicher Bezugnahme geregelt. Im Bereich des Öffentlichen Dienstes gilt derzeit eine regelmäßige Wochenarbeitszeit von 38,5 bzw. 40 Stunden sowie in der Regel die 5-Tage-Woche. Es gibt jedoch zahlreiche Ausnahmen, die entweder zu vereinbaren oder durch den Arbeitgeber festzulegen sind. Dies betrifft insbesondere die Verteilung der wöchentlichen Arbeitszeit auf die einzelnen Wochentage, Beginn und Ende der täglichen Arbeitszeit, Festlegung der Pausen usw., wobei die Mitbestimmungsrechte der betrieblichen Arbeitnehmervertretungen zu beachten sind.

Beendigung des Arbeitsverhältnisses ■ Da das Arbeitsverhältnis ein so genanntes Dauerschuldverhältnis ist, bei dem Rechte und Pflichten auf bestimmte Dauer bestehen, endet es erst dann, wenn ein Grund zur Beendigung des Arbeitsverhältnisses vorliegt. Keine Beendigungsgründe sind:
- Veräußerung des Betriebes
- Tod des Arbeitgebers
- Konkurs des Arbeitgebers.

Das Arbeitsverhältnis kann beendet werden durch:
- Kündigung
- Zeitablauf

- Aufhebungsvertrag
- Anfechtung
- Tod des Arbeitnehmers.

In der Regel wird das Arbeitsverhältnis durch Kündigung beendet. Dabei wird unterschieden zwischen ordentlicher und außerordentlicher Kündigung. Beide können sowohl vom Arbeitgeber als auch vom Arbeitnehmer erklärt werden. Die **außerordentliche (fristlose) Kündigung** beendet das Arbeitsverhältnis mit dem Zugang der Kündigungserklärung. Bei der **ordentlichen Kündigung** muss die sogenannte Kündigungsfrist eingehalten werden, d.h. zwischen dem Zugang der Kündigungserklärung und dem Zeitpunkt der Beendigung des Arbeitsverhältnisses muss die gesetzlich vorgeschriebene bzw. vertraglich vereinbarte Zeitspanne (Frist) liegen. Die Kündigung ist eine einseitige empfangsbedürftige Willenserklärung, d.h. sie muss dem Empfänger zugehen, z.B. durch Post oder Boten. Nach § 1 Kündigungsschutzgesetz (KSchG) sind sozial ungerechtfertigte Kündigungen bei Arbeitnehmern, die länger als sechs Monate in einem Betrieb mit über zehn Mitarbeitern beschäftigt waren, unwirksam. Als sozial gerechtfertigt gilt die verhaltensbedingte, personenbedingte oder betriebsbedingte Kündigung.

Arbeitnehmerschutz ■ Um den Schutz bestimmter Personengruppen zu gewährleisten, hat der Gesetzgeber spezielle arbeitsrechtliche Schutzgesetze erlassen. Dazu gehören insbesondere das Mutterschutzgesetz, das Schwerbehindertenrecht und das Jugendarbeitsschutzgesetz.

Mutterschutz besteht für erwerbstätige Mütter für die Zeit während und für eine gewisse Zeit nach der Schwangerschaft. Nach § 9 Mutterschutzgesetz (MuSchG) darf einer Frau während der Schwangerschaft und bis zum Ablauf von vier Monaten nach der Entbindung weder ordentlich noch außerordentlich gekündigt werden. Eine Ausnahme ist nur in besonderen Einzelfällen mit der Genehmigung der für den Arbeitsschutz zuständigen obersten Landesbehörde zulässig. Darüber hinaus enthält das Mutterschutzgesetz ein generelles Beschäftigungsverbot für die Zeit der letzten sechs Wochen vor der Entbindung bis zum Ablauf von acht bzw. zwölf Wochen nach der Geburt, die Freistellung von der Arbeit während der Stillzeiten sowie ein individuelles Beschäftigungsverbot, nach dem übermäßige körperliche Anstrengung verhindert werden soll. Außerdem besteht ein besonderer Entgeltschutz, der anteilig von der gesetzlichen Krankenversicherung und dem Arbeitgeber getragen wird.

Das **Schwerbehindertenrecht** des SGB IX (§§ 68 ff.) sieht einen Sonderkündigungsschutz und Beschäftigungsquoten vor. Voraussetzung ist, dass der Grad der Behinderung vom Versorgungsamt festgestellt wurde – und zwar mit mindestens 50 %. Personen, deren Grad der Behinderung zwischen 30 und 50 % liegt, werden Schwerbehinderten gleichgestellt, wenn sie infolge ihrer Behinderung ohne die Gleichstellung einen geeigneten Arbeitsplatz nicht erlangen oder nicht behalten können. Schwerbehinderten Arbeitnehmern darf ohne Zustimmung der Hauptfürsorgestelle weder ordentlich noch außerordentlich gekündigt werden. Betriebe mit über zwanzig Mitarbeitern müssen mindestens 5 % ihrer Arbeitsplätze mit Schwerbehinderten besetzen. Andernfalls müssen sie eine Ausgleichsabgabe entrichten.

Der **Jugendarbeitsschutz**, der im Jugendarbeitsschutzgesetz (JASchG) geregelt ist, enthält eine Reihe von Beschäftigungsverboten und besonderen Schutzmaßnahmen für junge Menschen. »Kinder«-Arbeit, die Beschäftigung von jungen Menschen unter fünfzehn Jahren ist verboten (§ 5 JASchG). Davon gibt es Ausnahmen (§ 5 Abs. 2 bis 5 JASchG): Über Dreizehnjährige dürfen mit Einwilligung der Eltern z.B. bis zu drei Stunden täglich in der Landwirtschaft oder sonst bis zu zwei Stunden werktäglich, nicht jedoch vor und während des Schulunterrichts und nicht von 18.00 Uhr bis 8.00 Uhr, mit leichter Beschäftigung beauftragt werden. Junge Menschen über fünfzehn Jahre dürfen nicht mehr als acht Stunden täglich und maximal 40 Stunden pro Woche beschäftigt werden (§ 8 Abs. 1 JASchG). Mit achtzehn Jahren entfallen bestimmte Arbeitsverbote wie Akkord-, Samstags-, Nachtarbeit. Erst ab einundzwanzig Jahren sind bestimmte (schwere) Arbeiten erlaubt, wie Lkw-Führen, Taucher-, Gleisarbeiten (§§ 22 ff. JASchG).

Tarifvertrags- und Betriebsverfassungs-recht ■

Der Tarifvertrag ist ein schriftlicher Vertrag zwischen Arbeitgeber bzw. Arbeitgeberverband und einer Gewerkschaft. Darin sind festgehalten die Rechte und Pflichten der Tarifvertragsparteien (Arbeitgeber und Gewerkschaften), z.B. Friedenspflicht (d.h. keine Streiks während der Laufzeit des Tarifvertrages) sowie Regelungen über Inhalt, Abschluss, Beendigung von Arbeitsverhältnissen, zu betrieblichen Fragen (insbesondere Lohn, Urlaub, Arbeitszeit, Schriftform, Kündigung) und zur betrieblichen Ordnung.

Im kirchlichen Bereich gilt der sogenannte Dritte Weg, d.h. die gruppenbezogenen arbeitsrechtlichen Regelungen werden zwischen Arbeitgebern und Arbeitnehmern in einer paritätisch besetzten arbeitsrechtlichen Kommission, ausgehandelt. Es handelt sich also um tarifvertragsähnliche Regelungen. In der Regel werden in modifizierter Form die zwischen den Tarifvertragsparteien im Öffentlichen Dienst ausgehandelten Regelungen übernommen. Sie werden dann z.B. als BAT/kirchliche Fassung oder Arbeitsvertragsrichtlinien bezeichnet und haben die gleiche Wirksamkeit wie die Tarifverträge.

Der **Bundesangestelltentarifvertrag** (BAT) wird für die Bereiche Bund, Länder und Kommunen in zum Teil unterschiedlicher Fassung geschlossen. Er enthält u.a. Regelungen zu Geltungsbereich, Schriftform des Arbeitsvertrages, Probezeit, ärztlicher Untersuchung, Schweigepflicht, Nebentätigkeit, Versetzung und Abordnung, Haftung, Arbeitszeit, Beschäftigungs- und Dienstzeit, Eingruppierung, Vergütung, Krankenbezüge, Reisekosten, Urlaub, Arbeitsbefreiung, Kündigung, Zeugnisse und Arbeitsbescheinigungen, Übergangsgeld, besonderen Vorschriften über Dienstwohnung, Schutzkleidung usw. Der Lohn setzt sich zusammen aus Grundvergütung, Ortszuschlag und Zulagen und ist abhängig von der so genannten Eingruppierung. Der BAT wird demnächst durch einen anderen Tarifvertrag ersetzt.

Das **Betriebsverfassungsgesetz** (BetrVG) ermöglicht den Arbeitnehmern eine Mitwirkung und Mitbestimmung an den Entscheidungen auf Betriebsebene. Die Beteiligung bezieht sich meist auf arbeitsrechtliche Fragen; wirtschaftliche Fragen sind der Mitbestimmung weitgehend entzogen. Das Betriebsverfassungsgesetz regelt insbesondere

- Wahl, Amtszeit, Organisation und Geschäftsführung des Betriebsrates
- Art und das Ausmaß der Mitwirkung und Mitbestimmung des Betriebsrates in sozialen, personellen und wirtschaftlichen Angelegenheiten.

Für junge Menschen und Auszubildende sieht das Betriebsverfassungsgesetz eine gesonderte Jugend- und Auszubildendenvertretung vor. Für den Bereich des Öffentlichen Dienstes wird die Vertretung der Mitarbeiter in der Personalvertretung geregelt. Die Kirchen haben eigene Mitarbeitervertretungsregelungen, z.B. das Kirchengesetz über Mitarbeitervertretungen in der Evangelischen Kirche in Deutschland.

Heribert Renn

■ Literaturtipps

Mürbe et. al. (2005). Politik, Sozial-, Gesetzes- und Berufskunde – Basiswissen für ErzieherInnen. Weinheim/Basel: Beltz.

Renn, H. (1999). Rechtskunde für Erzieherinnen. Weinheim/Basel: Beltz.

Schaub, G. (2003). Arbeitsrecht von A – Z. München: Beck Juristischer Verlag.

Wörlen, R. (2004). Arbeitsrecht. Köln: Heymanns.

 # Ästhetische Bildung

Unter ästhetischer Bildung versteht man meist die pädagogisch angeleitete Auseinandersetzung mit den Künsten Malerei, Musik, Literatur, Theater, Tanz bzw. mit ihren elementaren Vorformen wie z.B. Malen, Kneten, Basteln, Singen, Vorlesen. Gerade im Elementarbereich bleiben dabei die Grenzen zwischen ästhetischer Bildung und → Wahrnehmungs- oder Sinnesschulung einerseits und zwischen ästhetischer Bildung und ästhetischer Erziehung andererseits oft unklar.

Da jüngere Kinder in aller Regel Kunstwerke weder produzieren noch verstehen können, begnügt man sich allzuoft mit solchen Tätigkeiten und Erlebnissen, bei denen die Sinne sowie verschiedene Materialien »irgendwie« beteiligt sind. Ästhetische Bildung ist jedoch umfassender, sie nimmt sowohl auf die einzelnen Sinnestätigkeiten als auch auf kulturelle Produkte Bezug, sie beinhaltet erzieherische Einwirkung von außen ebenso wie die Selbsttätigkeit des Kindes.

Zum Charakter ästhetischer Bildung ■

Der für den Gesamtzusammenhang menschlicher Bildung wesentliche, aber zugleich komplexe und anspruchsvolle Charakter der ästhetischen Bildung kann nur durch einen Blick auf den Bildungsbegriff veranschaulicht werden. Man unterscheidet systematisch drei Formen von Bildung, nämlich theoretische, moralisch-praktische und ästhetische Bildung. Während die theoretische Bildung auf das durch den Verstand geleitete Erkennen und Urteilen ausgerichtet ist, bezieht sich die moralisch-praktische Bildung auf das Erlernen richtigen Handelns nach den Normen der Gemeinschaft. Ästhetische Bildung hingegen befasst sich mit den Herausforderungen und Möglichkeiten, die durch die sinnliche Zuwendung zur Welt entstehen. Dabei ist der Verstand nicht suspendiert, es kommt ihm aber durch Vorrangstellung der Sinnestätigkeiten eine andere Rolle zu.

Beispiel: Ein Kind findet im Gruppenraum seiner Kindertagesstätte ein buntes Tuch. In theoretischer Einstellung fragt es: Ist das ein Schal oder vielleicht ein Kopftuch? Wem gehört es? Wie kommt es hierher? In moralisch-praktischer Einstellung fragt es: Darf ich wohl mit dem Tuch spielen? Sollte ich nicht erst die Erzieherin fragen? Wer darf mitspielen? In ästhetischer Einstellung fragt es: Das Tuch ist wunderschön, wie fühlt es sich wohl an? Ist es leicht oder schwer, groß oder klein? Was geschieht, wenn ich es anfasse, aufhebe? Kann ich mich damit verkleiden, oder eine Puppe? Vielleicht wird man erwachsen wie meine Mama, wenn man es umhängt?

In solch freiem Hin und Her der Sinnes- und Vernunftkräfte kann ästhetische Bildung ihren Anfang nehmen. Friedrich Schiller schrieb, das Wesentliche der ästhetischen Erfahrung bestehe in ihrem Spielcharakter, in dem sich die Beschränkungen einer reinen Sinnlichkeit durch die Vernunft und umgekehrt die Beschränkungen der reinen Vernunft durch Sinnlichkeit gegenseitig aufheben (Über die ästhetische Erziehung des Menschen, 1795). Nur durch solche Erfahrungen können neue Sicht- und Erfahrungsweisen möglich werden. In diesem umfassenden Sinne ist Bildung ohne ästhetische Bildung überhaupt undenkbar.

Beispiel: Das Kind nimmt das Tuch auf und hängt es sich um, es ist so groß, dass das Kind vorsichtig und sehr aufrecht gehen muss, um nicht zu stolpern. Ein anderes Kind wird aufmerksam, staunt und sagt: »Oh, Frau Königin«, daraufhin das erste: »Oh, Herr König«. Es entspinnt sich ein Spiel zwischen den beiden Herrschaften, die nun andere sind als zuvor.

Die Kinder erleben sich in diesem Spiel größer, würdevoller, mächtiger als sonst. Sie machen Erfahrungen, nicht nur mit dem »Stoff«, sondern auch mit sich selbst. Sie sind gezwungen, ihre Tätigkeiten zu koordinieren, sich aufeinander abzustimmen. Sie bringen ihr Wissen über Könige ein und spielen mit diesem Wissen, sie können die Inhalte frei gestalten. Durch ihre Rolle, die in diesem Falle das Material der ästhetischen Tätigkeit ausmacht, sind ihnen aber auch Grenzen der Gestaltung gesetzt, mit denen sie sich auseinandersetzen müssen. In anderen Medien stellen diese Grenzen z.B. das Musikinstrument oder die Charakteristik der eigenen Stimme, die Beschaffenheit der Farbe oder die Eigenschaften eines Tonklumpens dar. Das Gelingen oder Misslingen der ästhetischen Erfahrung hängt entscheidend davon ab, wie die Kinder an dieser Grenze tätig werden. Freiräume der Gestaltung ergeben sich nur dann, wenn man die Eigenschaften und Ausdrucksmöglichkeiten eines Materials kennt und diese mit den eigenen Phantasien, Wünschen und Impulsen in Zusammenhang bringen kann.

Beispiel: Im Spiel des Königspaares entsteht ein Streit darüber, wer die Prinzessin heiraten soll, und wie ein geeigneter Kandidat zu finden wäre. Beide ärgern sich über den Dominanzanspruch des jeweils anderen, das Spiel bricht ab. Oder: Die Erzieherin hat die Kinder beobachtet, nimmt sie zur Seite, liest ihnen ein Märchen mit ähnlichem Stoff vor und schlägt vor, dieses Märchen nachzuspielen.

Voraussetzungen für ästhetische Erfahrung ■
Strittig ist seit langem die Frage, welche die geeignetsten Modelle für ästhetische Bildung sind. Man trifft diese Frage in den Diskussionen um »gute« Jugendbücher, um »triviale« Kinderlieder oder um »natürliche« Farben an. Ob ästhetische Bildung durch Kunstwerke oder ein Stück Stoff, durch die virtuelle Welt des Computerspiels oder einen Haufen Blätter und Kastanien, durch Kinderopern oder Kaspertheater in Bewegung kommt, ist nicht vorab zu bestimmen. Entscheidend ist letztlich die besondere Erfahrung, die die Individuen dabei machen und die Frage, wie sie solche Erfahrungen in den Gesamtzusammenhang ihres Lebens einfädeln. Man konzentriert sich daher in jüngerer Forschung darauf, die Komponenten ästhetischer Erfahrung sowie ihre Möglichkeitsbedingungen zu ermitteln.

■ Voraussetzung und Beginn einer ästhetischen Erfahrung ist das Thematischwerden der eigenen Sinnestätigkeit. Das heißt, → Wahrnehmung findet nicht einfach statt und reiht sich problemlos ein in die verschiedenen Tätigkeiten des Kindes, sondern sie rückt in das Zentrum der Aufmerksamkeit. Für den Moment gibt es nichts anderes als diese besondere Wahrnehmung und die dabei sich einstellenden Empfindungen (z.B. Lust, Unlust, Neugierde, Staunen). Das muss – zumal bei jüngeren Kindern – nicht bewusst geschehen, es ist aber häufig von außen sichtbar: ein Kind ist »gefangen genommen« von einem Gegenstand, einer Melodie, einem Rhythmus und es kann gar nicht anders, als sich diesem Gegenstand intensiv zuzuwenden.

■ Dafür ist eine möglichst weitgehende Entlastung von pragmatischen und moralischen Rahmungen der Situation ästhetischer Erfahrung Voraussetzung. Nur wenn das Kind weiß, dass es jetzt nichts tun muss – eine Aufgabe lösen, zwischen falsch und richtig entscheiden, in fünf Minuten fertig sein etc. – kann es sich von der ästhetischen Situation gefangen nehmen lassen, sich ihr über-lassen. Erst dann kann sich das freie Spiel der beteiligten Kräfte entfalten. Eine selbstreflexive Bewegung zwischen Sinnestätigkeit, Phantasie, der Beschäftigung mit den eigenen Stimmungen und dem gegebenen Material entsteht.

■ Diese Bewegung wechselt zwischen einer intensivierenden Hingabe an die Materialeigenschaften des jeweiligen Mediums und einer kritischen Distanznahme zum Objekt wie auch zu den eigenen Empfindungen hin und her. Man greift beim Malen unwillkürlich zu einem bestimmten Rot, probiert damit einen bestimmten Pinselstrich auf dem Papier und man *ist* in diesem Moment dieser eine farbige Pinselstrich, nichts sonst. Im nächsten Moment betrachtet man das Gemalte, wägt ab, entscheidet über den nächsten Strich, eine andere Farbe. Beide Momente bergen die Möglichkeit der Vereinseitigung: Man kann sich verlieren im Farb- oder Klangrausch, dann kommt kein Bild oder Stück mehr zustande. Man kann aber auch in dauernder Distanz zum ästhetischen Objekt bleiben, keinen »Einstieg« finden, keine Stimmigkeit empfinden, keine Begeisterung verspüren.

Aufgaben ■
Ziel und Aufgabe der Pädagogik ist es demnach, solche Erfahrungen zu ermöglichen bzw. Kinder, Jugendliche und Erwachsene zu solchen Erfahrungen zu befähigen, sie darin zu begleiten und auch zu fordern. Dies geschieht zum einen über die **Vermittlung von (Finger-)Fertigkeiten** im Umgang mit dem jeweils medienspezifischen Material. Die fortschreitende Kenntnis und Beherrschung eines Instruments (allen voran die eigene Stimme, der eigene Körper), ver-

schiedener Maltechniken oder das praktische Wissen darum, wie man eine Kugel oder einen Quader formt, befähigt die Kinder zur selbständigen Wahl der Mittel. Solche Übungen mit ästhetischen Materialien bilden ebenso die notwendige Sensibilität für einen entlasteten Umgang mit dem Misslingen. Wie mache ich weiter, wenn ein Bild scheinbar verdorben ist, was kann ich tun, wenn ich im Lied »rausgekommen« oder beim Tanz gestolpert bin?

Zum zweiten erfolgt dies über **Wissensvermittlung** ästhetischer Bedeutungen und ihrer Traditionen. Denn man muss Geschichten kennen, um sie spielen zu können; man muss (irgendwann) den Unterschied zwischen bayerischer und türkischer Folklore kennen, um ihre Eigenheiten wert- und einschätzen zu können; man muss (irgendwann) wissen, wie man Freude oder Traurigkeit ins Bild bringt, damit ästhetische Tätigkeit und ästhetische Bildung nicht beim Individuum stehen bleiben, sondern sich in die bestehende(n) Kultur(en) hinein entwickeln.

Schließlich gehört es zu den Aufgaben der Pädagogik, durch die Bereitstellung günstiger situativer Rahmenbedingungen eine **Konzentration auf die eigene Sinnestätigkeit,** die damit verbundene Leiblichkeit und die im ästhetischen Kontext entstehenden Empfindungen überhaupt zu ermöglichen. Dazu gehört das Anbieten und Gestalten geeigneter Räume (oder Ateliers, wie sie die → Reggiopädagogik z.B. favorisiert), die Störungen möglichst ausschließen. Dazu gehört das allmähliche Einüben in die je medienspezifischen Haltungen: Musik und Tanz sind meist Gruppenaktivitäten, bei denen das Zuhören, Zusehen, Rücksicht nehmen eine besondere Rolle spielt. Malen, Basteln, (Vor-)Lesen hingegen sind eher individuelle, ruhige Tätigkeiten.

Alle drei Komponenten – Könnensanleitung, Wissensvermittlung, Selbstaufmerksamkeit – in einem pädagogischen Setting, etwa einer Stunde musikalischer Früherziehung, vereinen zu wollen, ist umso schwieriger, je strenger die institutionellen Rahmenbedingungen (Zeitstrukturen, Leistungserwartungen, Gruppengröße) auf die Situation einwirken. Der Grad der Didakti-

sierbarkeit ästhetischer Erfahrungen ist deswegen auch stark umstritten und eine Garantie für das Zustandekommen ästhetischer Bildung in oder durch pädagogisch organisierte(n) Zusammenhänge(n) lässt sich nicht abgeben. Man darf jedoch erwarten, dass sich ästhetische Bildungserfahrungen in solchen Lebensläufen am ehesten verankern, in denen alle Komponenten der ästhetischen Erfahrung und alle Komponenten ästhetisch-pädagogischer Vermittlung immer wieder und auf vielfältige Weise angeboten, aufgesucht und genutzt werden.

Cornelie Dietrich

■ **Literaturtipps**

Mattenklott, G. (1998). Grundschule der Künste. Hohengehren: Schneider.

Mollenhauer, K. u.a. (1996). Grundfragen ästhetischer Bildung. Weinheim: Juventa.

Schiller, F. (1795/1984). Über die ästhetische Erziehung des Menschen in einer Reihe von Briefen. In: Ders.: Über das Schöne und die Kunst. Schriften zur Ästhetik. München: dtv.

Zacharias, W. (1991). Schöne Aussichten. Ästhetische Bildung in einer technisch-medialen Welt. Essen: Edition Klartext.

 # Ausbildung

Die Ausbildung der Erzieher und Erzieherinnen für das breit gefächerte Feld der Kinder- und Jugendhilfe, Sozialarbeit und → Sozialpädagogik ist – anders als z.B. in der Alten- oder Krankenpflegeausbildung, die aufgrund eines Bundesgesetzes eine bundeseinheitliche Regelung mit Ausbildungs- und Prüfungsordnung kennt – den einzelnen Bundesländern überlassen.

Struktur der Ausbildung ■ Grundlage für die Ausbildung ist die KMK (Kultusministerkonferenz)-Rahmenvereinbarung aus dem Jahre 2000. Sie legt fest, dass die Ausbildung an Fachschulen zu erfolgen hat, und regelt die Eingangsvoraussetzungen sowie die Lernbereiche. Die Länder können nun in diesem Rahmen Durchführungsverordnungen erlassen, so z.B. für die Eingangsvoraussetzungen – sie reichen von neun Jahre allgemeine Schuldbildung und zwei Jahre begleitetes Vorpraktikum über zehn Jahre mittlerer Schulabschluss plus zwei Jahre Berufsfachschule zum Sozialassistenten bis hin zur Fachhochschulreife (Realschulabschluss plus Fachoberschule bzw. Abitur).

Die Fachschulzeit beträgt zwei Jahre. Sie wird an einer Vollzeitschule durchgeführt. Praktika sind in die Ausbildung integriert. Einige Bundesländer haben ein drittes Ausbildungsjahr, das als Berufspraktikum bzw. Anerkennungsjahr durchgeführt wird. Probleme gibt es für BaföG-Empfänger. Sie bekommen ohne Fachhochschulreife oder mittlerer Reife und abgeschlossener Berufsausbildung, die nicht einschlägig ist, kein Fachschul-BaföG, sondern nur Berufsfachschul-BaföG.

Das Gros der Fachschulen für Sozialpädagogik bildet nicht für ein breites Feld der Sozialpädagogik aus, sondern im engeren Maßstab für die Arbeit in Tageseinrichtungen für Kinder. Gleichwohl ist der Erwartungsdruck aus der Praxis enorm. Zukünftige Erzieherinnen sollen Elternberater sein, Bildungsexperten werden, Musikerzieherinnen, Psychologinnen oder Diagnostiker und möglichst mehrsprachige Sprachvermittler sein. Sie sollen Verwaltungsfachfrauen werden und natürlich auch den PC bedienen können und andere in diese Medien einführen. Sie sollen ein gerüttelt Maß an Praxis vermitteln können und gleichzeitig differenzierte theoretische Grundlagen haben. Der Spannungsbogen zwischen Theorie und Praxis ist bis heute nicht gelöst. Diese inhaltlichen Erwartungen sollen die Fachschulen für Sozialpädagogik mit einer Schülerschaft erfüllen, deren Bildungsvoraussetzungen oft ausgesprochen schlecht sind.

Bei der Ausbildung zu berücksichtigen ist auch der weiter auseinander driftende Arbeitsmarkt, der zu dramatischen Problemen führen wird, z.B. einen gravierenden Fachkräftemangel in den neuen Bundesländern.

Neue Entwicklungen ■ Durch die KMK-Rahmenvereinbarung sind neue Entwicklungen in der Ausbildung zur Erzieherin

möglich geworden. Aus Unterrichtsfächern wurden sechs Lernbereiche konzipiert: Kommunikation und Gesellschaft, sozialpädagogische Theorie und Praxis, musisch-kreative Gestaltung, Ökologie und Gesundheit, Organisation, Recht und Verwaltung sowie Religion, Ethik nach dem Recht der Länder. Mit den Lernbereichen ist eine andere Strukturierung der Ausbildung möglich, sie bietet die Gewähr, dass übergreifende Ausbildungsprojekte durchgeführt werden können.

Einen zweiten positiven Ansatz haben die Jugendminister als Abnehmer erstmals in die Ausbildungsreform eingebracht: die Qualifikationsbeschreibung für den Beruf der Erzieherin. »Kinder und Jugendliche zu erziehen, zu bilden und zu betreuen, erfordert Fachkräfte, die

- Das Kind und den Jugendlichen in seiner Personalität und seiner Subjektstellung sehen
- Kompetenzen, Entwicklungsmöglichkeiten und Bedürfnisse der Kinder und Jugendlichen in den verschiedenen Altersgruppen erkennen und entsprechende pädagogische Angebote planen, durchführen, dokumentieren und auswerten können
- Als Personen über ein hohes pädagogisches Ethos, menschliche Integrität sowie gute soziale und persönliche Kompetenzen und Handlungsstrategien zur Gestaltung der Gruppensituation verfügen
- Im Team kooperationsfähig sind
- Aufgrund didaktisch-methodischer Fähigkeiten die Chancen von ganzheitlichem und an den Lebensrealitäten der Kinder und Jugendlichen orientiertem Lernen erkennen und nutzen können
- In der Lage sind, sich im Kontakt mit Kindern und Jugendlichen wie auch mit Erwachsenen einzufühlen, sich selbst zu behaupten und Vermittlungs- und Aushandlungsprozesse zu organisieren
- Als Rüstzeug für die Erfüllung der familienergänzenden und unterstützenden Funktion über entsprechende Kommunikationsfähigkeit verfügen
- Aufgrund ihrer Kenntnisse von sozialen und gesellschaftlichen Zusammenhängen die Lage von Kindern, Jugendlichen und

ihren Eltern erfassen und die Unterstützung in Konfliktsituationen leisten können

- Kooperationsstrukturen mit anderen Einrichtungen im Gemeinwesen entwickeln und aufrechterhalten können
- In der Lage sind, betriebswirtschaftliche Zusammenhänge zu erkennen sowie den Anforderungen einer zunehmenden, Wettbewerbssituation der Einrichtungen und Dienste und einer stärkeren Dienstleistungsorientierung zu entsprechen.«

Die Jugendministerkonferenz geht in ihren Empfehlungen von 2001 noch einen Schritt weiter. Als Abnehmer sozialpädagogischer Leistungen haben die Jugendminister das gesamte Feld der Kinder- und Jugendhilfe plus der Sozialarbeit deutlich aufgefächert. Damit halten sie am Prinzip der Breitbandausbildung für die Kinder- und Jugendhilfe und die Sozialarbeit fest. Dieser Ausbildungsansatz würde für neue Arbeitsfelder bei entsprechenden → Fortbildungs- und Weiterbildungssegmenten qualifizieren und den Trägern mehr Personalentwicklungsmodelle ermöglichen. Gleichzeitig könnte man den entsprechenden Bedürfnissen und Erfahrungshintergründen der Mitarbeiterinnen und Mitarbeiter entgegenkommen, so dass sie nach ihrer Ausbildung nicht in einem Sackgassenberuf gefangen sind. Die lebenslängliche Berufskarriere der »Kindergärtnerin« könnte damit aufgehoben werden.

Rolle rückwärts ■ In den letzten Jahren sind die von der Kultusministerkonferenz geforderten Lernbereiche im System der beruflichen Bildung in Lernfelder uminterpretiert worden. Handlungsfelder aus der Praxis (z.B. Mittagessen) werden in Lernfelder (z.B. Ernährung) umsortiert. Die Lernfeldpraxis verlagert den Schwerpunkt von wissenschaftlichen Erkenntnissen zu handlungsorientiertem Arbeiten. Dieser Weg in der Erzieherinnenausbildung führt weg vom Pädagogen, der unter Bildung die Aneignung von Welt versteht und dafür Wissen braucht, stattdessen geht es wieder stärker in Richtung handlungsorientierter Ausbildungsberuf. Der Ausbildung fehlt somit eine Wissenschaftsorientierung, die für einen Bildungsberuf dringend erforderlich ist. Im Hinblick auf die zurzeit erstellten Bildungs-, Rahmen- und Orientierungspläne für Kindertageseinrichtungen hat eine wissenschaftsorientierte Ausbildung eine zentrale Bedeutung. Die Evaluation und Weiterentwicklung der → Bildungspläne muss Teil der Ausbildung werden. Dafür ist eine lernfeldbezogene Ausbildung nicht geeignet. Die Gefahr einer verschulten Erzieherinnenausbildung ist vorhanden.

Europa ■ Der europäische Austausch der Studierenden und die Realisierung eines europäischen Arbeitsmarktes gewinnen auch für die Erzieherinnenausbildung immer mehr an Bedeutung. Mit ihrer Ausbildung ist die deutsche Erzieherin im europäischen Bereich aber nicht als gleichwertig anerkannt. Sie kann in anderen Ländern als Zweitkraft arbeiten, nicht aber als Gruppenleiterin. In der Ausbildung ist kein Studentenaustausch möglich, da in allen europäischen Ländern (mit Ausnahme von Österreich und Deutschland) Erzieherinnen auf Hochschulniveau ausgebildet werden und Förderprogramme nur auf gleichem Niveau kompatibel sind. Nur in eigens eingerichteten Europaklassen (Voraussetzung Abitur/Fachhochschulreife) ist es möglich, sich am europäischen Austauschprogramm zu beteiligen und somit einen Großteil der entstehenden Kosten über EU-Programme abzufedern.

Ausblick ■ Die Ausbildung für Erzieherinnen an der Fachschule für Sozialpädagogik – eingebunden in das berufliche Schulsystem mit verbeamteten Studienräten als Dozenten – kann den Herausforderungen einer beruflich breit gefächerten Praxis und Berufsbiographie nicht gerecht werden. Deshalb scheint eine sozialpädagogische Grundausbildung auf Fachhochschulniveau notwendig. In der ersten Phase könnte dies die Kooperation zwischen Fachschule und Fachhochschule (gemeinsame Module) sein. Die zurzeit laufende Diskussion im Hochschulbereich, Studiengänge stärker in Richtung auf Bachelor- und Master-Studiengänge um- zustellen, böte die Gelegenheit, neue grund- ständige Bachelor-Studiengänge (sechs bis acht Semester) als solide Grundausbildung für weitere Berufskarrieren im Bereich der Kinder- und Jugendhilfe und der Sozialarbeit zu gestalten. Als Weiterbildung bieten sich Master-Studiengänge (insgesamt ein bis zwei Jahre) an. Dies würde auch den Anschluss an das europäische Ausbildungssystem ermögli- chen.

Norbert Hocke

■ Literaturtipps

GEW (2002). Erzieherinnenausbildung an die Hoch- schule bringen. Zimmermann Druck-Union.
KMK-Rahmenvereinbarung zur Erzieherinnenausbil- dung, Bonn, 28.1.2000. Sekr. der Ständigen Konfe- renz der KMK, Anlage II zur NS 161. Ak.
Thiersch, R./Höltershinken, D./Neumann, K. (Hg.) (1999). Die Ausbildung der Erzieherinnen. Wein- heim: Juventa.

Autismus

Unter Autismus verstehen wir eine schwere Entwicklungsstörung, die in den ersten drei Lebensjahren auftritt und Auffälligkeiten in folgenden Bereichen aufweist:

- Beeinträchtigung der sozialen Interak- tion (z.B. im Gebrauch vielfältiger non- verbaler Verhaltensweisen wie Blickkon- takt, Gesichtsausdruck, Körperhaltung und Gestik zur Steuerung sozialer Inter- aktionen)
- Beeinträchtigung der → Kommunikation (z.B. verzögertes Einsetzen oder völliges Ausbleiben der Entwicklung von gespro- chener Sprache; bei ausreichendem Sprachvermögen deutliche Beeinträchti- gung der Fähigkeit, ein Gespräch zu be- ginnen oder fortzuführen; stereotyper Sprachgebrauch oder ein solcher, dessen Absicht und Inhalt nicht immer direkt nachvollziehbar ist)
- Beschränkte, wiederholende und stereo- type Verhaltensweisen, Interessen und Ak- tivitäten (z.B. Beschäftigung mit ganz spe- zifischen Themenbereichen, deren Inhalt

und Detailliertheit besonders auffällig sind; häufiges oder stures Festhalten an Gewohnheiten und Ritualen).

Diese Verhaltensweisen sind bei den Betrof- fenen jeweils sehr unterschiedlich ausge- prägt. Menschen mit Autismus erleben ihre Umwelt oft als chaotisch. Dies lässt sich da- mit erklären, dass sie von der visuellen und akustischen Reizvielfalt überflutet werden. Deshalb sind sie häufig nicht in der Lage, un- sere Welt zu verstehen und sich ihr mitzutei- len. Dies fördert den Rückzug in die »eigene Welt«.

In der Fachliteratur werden für den Autis- mus oft unterschiedliche Begriffe verwendet. Beim klassischen oder frühkindlichen Autis- mus müssen die oben beschriebenen Haupt- bereiche deutlich betroffen sein. Er wird auch nach seinem Erstbeschreiber Kanner- Syndrom genannt. Zeigt die betroffene Per- son mit Autismus gute kognitive Funktionen, spricht man von »High-functioning Autis- mus« oder Asperger-Syndrom. Bei der desin- tegrativen Störung des Kindesalters (früher als Hellersche Demenz bezeichnet) treten die autistischen Symptome erst nach dem drit- ten Lebensjahr auf. Verschiedene genetisch verursachte Krankheiten wie das Rett-Syn- drom oder das Fragile X-Syndrom gehen ge- häuft mit Autismus einher. Diese verschie- denen Formen tiefgreifender Entwicklungs- störungen werden unter dem Begriff Kontinuum bzw. Spektrum autistischer Stö- rungen zusammengefasst.

Einzelne Symptome autistischen Verhal- tens können auch bei zahlreichen anderen Störungen vorkommen. Es gilt vor allem von folgenden Störungsbildern zu unterschei- den:

- Bei geistigen Behinderungen sind – im Gegensatz zum Autismus – die emotio- nalen Beziehungen zur personalen oder sachlichen Umwelt wenig oder gar nicht gestört. Auch fehlen vielfach die sprach- lichen und motorischen Besonderheiten des frühkindlichen Autismus. Liegen so- wohl geistige Behinderung als auch autis- tische Störungen vor, so werden beide Di- agnosen gestellt
- Die Schizophrenie des Kindesalters ist vordergründig ebenfalls durch eine

schwere Beziehungsstörung geprägt. Im Unterschied zum frühkindlichen Autismus setzt die kindliche Schizophrenie sowohl akut wie schleichend auch nach Ende des dritten Lebensjahres ein

- Kinder mit Störungen in der → Sprachentwicklung halten gewöhnlich Blickkontakt und versuchen sich nonverbal auszudrücken. Bei autistischen Kindern entwickeln sich sehr individuelle Reaktionen und besondere Formen des nicht-sprachlichen Ausdrucks.

Die Diagnosestellung Autismus erweist sich in der Regel als anspruchsvoll und schwierig, da autistische Verhaltensweisen oft erst aufgrund fundierter Kenntnisse und Erfahrungen erkennbar werden.

Häufigkeit und Ursachen ■ Lange Zeit haben viele Studien gezeigt, dass von 10.000 Kindern vier bis fünf die Symptome des klassischen Autismus aufweisen und etwa gleich viele die Symptome von anderen Störungen des autistischen Spektrums. Neuere Untersuchungen haben deutlich höhere Werte ergeben: Von 10.000 Kindern sind 20–40 mit klassischem frühkindlichen Autismus und etwa 40 Kinder mit anderen autistischen Störungen bei einer Population von 10.000. Somit würden 0,6–0,8 % aller Kinder unter Störungen aus dem autistischen Spektrum leiden. Zum gegenwärtigen Zeitpunkt ist es noch unklar, ob die höheren Werte auf eine tatsächliche Zunahme autistischer Störungen, auf veränderte diagnostische Kriterien oder auf verbesserte Diagnosemöglichkeiten zurückzuführen sind. Bezüglich der Geschlechtsverteilung sind Knaben drei- bis viermal so häufig von autistischen Störungen betroffen wie Mädchen.

Die genauen Ursachen des Autismus sind nach wie vor ungeklärt. Nach bisherigen wissenschaftlichen Erkenntnissen muss man jedoch davon ausgehen, dass bei der Entstehung autistischer Störungen mehrere Faktoren eine Rolle spielen. Mit großer Wahrscheinlichkeit können genetische Einflüsse und neurobiologische Störungen angenommen werden, welche das Gehirn beeinträchtigen und autistische Störungen auslösen. Autismus entsteht *nicht* durch familiäre Konflikte oder durch Erziehungsfehler.

Unterstützung ■ Menschen mit Autismus und deren Umfeld benötigen wegen der spezifischen Auswirkungen der autistischen Störung ein hohes Maß an individueller und fachlicher Betreuung in allen Bereichen und Phasen des Lebens. Sie haben ein Bedürfnis nach klaren Strukturen, nach Verlässlichkeit und Kontinuität in personeller, räumlicher und zeitlicher Hinsicht. Beispielsweise ist es enorm wichtig, dass Menschen mit Autismus sich an einem geregelten und voraussehbaren Tagesablauf orientieren können und dass die Bezugspersonen so konstant als möglich bleiben. Wichtig ist es darüber hinaus, sowohl die Besonderheiten als auch die Grenzen autistischer Menschen zu akzeptieren. Wird die Anpassung von Menschen mit Autismus zum primären Ziel, besteht die Gefahr, dass sie sich verschließen und das Gegenteil erreicht wird. Oft ermöglicht erst ein erhöhter Personalaufwand, der für eine begleitende spezielle Förderung eingesetzt wird, die Integration von Menschen mit Autismus.

Mit einer frühzeitigen Erkennung des Autismus erhöhen sich die Chancen, zu einem frühen und damit optimalen Zeitpunkt notwendige Hilfen und angemessene Förderung zu erhalten. Die Kenntnis der Problematik, die der Autismus in Bezug auf das Lern- und Sozialverhalten mit sich bringt und das Wissen, wie damit umzugehen ist, ist zentral für eine gute schulische Betreuung und Förderung autistischer Kinder. Um all diese Schwierigkeiten erkennen und angemessen angehen zu können, bedarf es der Unterstützung von auf Autismus spezialisierten Beratungsstellen.

Mit dem Eintritt ins Jugend- und Erwachsenenalter beginnt für viele Menschen mit Autismus die schwierigste Phase in ihrem Leben, da nur relativ wenige von ihnen selbständig oder allein mit ambulanter Betreuung leben. In den meisten Fällen wohnen erwachsene Betroffene – wenn nicht bei den Eltern – in Heimen für Menschen mit geistiger Behinderung, in sozialpädagogisch betreuten Wohngruppen oder in anthroposophisch orientierten Gemeinschaftseinrichtungen. Dort fehlt es vielfach an autismus-spezifischem Fachwissen, was zu belastenden Krisensituationen für alle Beteiligten führen kann. Hinzu kommt, dass der Bedarf an eingliederungsfördernden Maßnahmen im Hinblick auf die Entlastung der Familien sowie auf das soziale Erwachsenwerden von Menschen mit Autismus häufig unterschätzt wird. Es ist daher verständlich, dass ein tendenzielles Bedürfnis nach spezialisierten Institutionen besteht, um eine gewisse Garantie für eine dem Autismus gerechte Betreuung zu erhalten. Darin liegt jedoch auch die Gefahr einer Ghettoisierung, weshalb die Diskussion über die optimale Betreuungsform nach wie vor kontrovers verläuft.

Therapiemöglichkeiten ■ Das breite Angebot an Therapiemöglichkeiten ist unüberschaubar; manche Verfahren sind höchst umstritten. Bis heute ist jedoch keine Therapie bekannt, durch die autistische Menschen im Sinne einer unauffälligen Entwicklung geheilt werden können. Einigkeit besteht einzig darin, dass frühzeitige und gezielte Therapien die bestmögliche Chance für eine sichtbare Verbesserung der Lebenssituation bieten können. Einige allgemeine Grundsätze haben sich für die therapeutische Arbeit als sinnvoll erwiesen.

Grundlage jeglicher therapeutischen Arbeit ist der Aufbau einer tragfähigen, emotional akzeptierenden Beziehung. Ohne diese Beziehung lässt sich ein autistischer Mensch kaum auf neue Erfahrungen ein und reagiert mit Abwehr und Verweigerung. Da bei autistischen Störungen unterschiedliche Faktoren eine Rolle spielen, ist ein mehrdimensionaler Therapieansatz notwendig. Zu den erforder-

lichen Rahmenbedingungen gehören die Integration pädagogischer, psychologischer, sozialer und medizinischer Maßnahmen in ein ganzheitlich koordiniertes Konzept und die Kooperation der verschiedenen Berufsgruppen. Um diesen hohen Anforderungen gerecht werden zu können, braucht es eine Unterstützung und Begleitung in Form von Praxisberatung und Supervision. Einen hohen Stellenwert bei den zu treffenden Maßnahmen hat die Zusammenarbeit zwischen Fachleuten und Eltern. Das Fachwissen ergänzt dabei das Erfahrungswissen der Eltern, was wiederum den pädagogisch-therapeutischen Förderprozess bereichert. Eine Planung der ganzen Behandlung ist notwendig, um die vorhandenen Möglichkeiten für das betroffene Kind, dessen Familie und der herbeigezogenen Fachpersonen in einem zumutbaren Maß und Rahmen zu organisieren. Vor allem soll vermieden werden, zu viele Maßnahmen gleichzeitig durchzuführen und die Formen der Behandlungen allzu rasch zu wechseln. Im Zusammenhang mit den kaum mehr überschaubaren Therapien und Fördermaßnahmen verfügen wir zwar über viele Erfolgsberichte, jedoch fehlen oft die wissenschaftlichen Beweise der Wirksamkeit. Besonders scheinen sich aber jene Methoden zu bewähren, welche Menschen mit Autismus klare Strukturen in der Bewältigung von Alltagssituationen vermitteln und so eine gewisse Sicherheit und Verlässlichkeit in ihrer unmittelbaren Umgebung ermöglichen.

Remigius Frei

■ **Literaturtipps**

O'Neill, J. (2001). Autismus von Innen. Nachrichten aus einer verborgenen Welt. Bern: Huber.
Rollet, B./Kastner-Koller, U. (1999/2001) Praxisbuch Autismus (2. Aufl.). München: Urban & Fischer.
Weiss, M. (2002). Autismus-Therapien im Vergleich. Berlin: Marhold.

Basiskompetenzen

Als Basiskompetenzen werden grundlegende Fertigkeiten und Persönlichkeitscharakteristika bezeichnet, die das Kind befähigen, mit anderen Kindern und Erwachsenen zu interagieren und sich mit den Gegebenheiten in seiner dinglichen Umwelt auseinander zu setzen. Die Basiskompetenzen entstammen verschiedenen Theorie-Ansätzen der → Entwicklungspsychologie und der → Persönlichkeitspsychologie. Der wichtigste theoretische Zugang in diesem Zusammenhang ist die Selbstbestimmungstheorie. Diese geht davon aus, dass der Mensch drei grundlegende psychologische Bedürfnisse hat, nämlich das Bedürfnis nach sozialer Eingebundenheit, dasjenige nach Autonomieerleben und dasjenige nach Kompetenzerleben. Soziale Eingebundenheit bedeutet, dass man sich anderen zugehörig und sich geliebt und respektiert fühlt. Autonomie erlebt man, wenn man sich als Verursacher seiner Handlungen erlebt: Man handelt nicht fremd- sondern selbstgesteuert. Kompetenz erlebt man, wenn man Aufgaben oder Probleme aus eigener Kraft bewältigt. Die Theorie sagt ferner aus, dass der Mensch sich zunächst um die Erfüllung dieser drei Grundbedürfnisse kümmert. Wenn diese nicht bis zu einem gewissen Ausmaß befriedigt sind, wird er sich nicht mit anderen Aufgaben jedweder Art beschäftigen.

Basiskompetenzen gliedern sich in personale, motivationale, kognitive und soziale Kompetenzen. Sie sind unabhängig von den Inhalten, die im Kindergarten behandelt werden und sollten in allen Situationen vorrangig beachtet werden.

Personale Kompetenzen ■ Selbstwertgefühl und positive Selbstkonzepte: Unter Selbstwertgefühl versteht man, wie das Kind seine Eigenschaften und Fähigkeiten bewertet. Ist das Selbstwertgefühl hoch, fühlt sich das Kind wohl und traut sich mehr zu. Es kann gestärkt werden durch die nicht an Bedingungen geknüpfte Wertschätzung seitens der erwachsenen Bezugspersonen sowie durch das respektvolle und freundliche Verhalten der anderen Kinder.

Das Selbstkonzept ist das Wissen über sich selbst. Dieses Wissen bezieht sich auf verschiedene Bereiche, z.B. auf die Leistungsfähigkeit in unterschiedlichen Lernbereichen, auf die Fähigkeit mit anderen Personen zurecht zu kommen, darauf, welche Gefühle man in bestimmten Situationen erlebt und darauf, wie fit man ist und wie man aussieht. Erzieherinnen unterstützen die Entwicklung eines positiven Selbstkonzepts, indem sie z.B. differenzierte, positive Rückmeldungen auf die Leistungen des Kindes geben oder die Gefühle des Kindes verbalisieren.

Motivationale Kompetenzen ■ Autonomie- und Kompetenzerleben Menschen haben ein psychologisches Grundbedürfnis, sich als Verursacher ihrer eigenen Handlungen zu erleben. Sie wollen selbst bestimmen, was sie tun und wie sie es tun, wollen nicht fremd gesteuert (heteronom), sondern selbst gesteuert (autonom) handeln. Die Autonomie entwickelt sich bei Kindern schrittweise von der Regulation durch (meist erwachsene) Personen hin zu immer mehr Selbstbestimmung. Gleichwohl handeln Kinder nicht (nur) nach ihren augenblicklichen Bedürfnissen. Sie wollen sich der Gruppe und den erwachsenen Bezugspersonen zugehörig fühlen und übernehmen die Wertvorstellungen und Normen ihrer sozialen Bezugsgruppe. Diese Wertvorstellungen werden mit der Zeit immer mehr in die Persönlichkeit integriert und gehören schließlich zum Selbst. Voraussetzung dafür ist eine emotional zugewandte, verlässliche soziale Umwelt.

Menschen haben zudem das Grundbedürfnis, zu erfahren, dass sie etwas können. Deshalb suchen Kinder Herausforderungen, über die sie ihre Fähigkeiten testen können. Dieses Kompetenzerleben kann durch die Arbeit der Erzieherinnen unterstützt werden, indem jedes Kind mit Aufgaben konfrontiert wird, die seinem Leistungsniveau entsprechen.

Selbstwirksamkeit und Selbstregulation: Unter Selbstwirksamkeit versteht man die Überzeugung, schwierige Aufgaben oder Lebensprobleme aufgrund eigener Kompetenzen bewältigen zu können. Ein Kind mit hoher Selbstwirksamkeit ist zuversichtlich und hat die Überzeugung, dass es das schaffen wird, was es sich vorgenommen hat. Da sich diese Fähigkeit am besten aufgrund von Erfahrung ausbildet, ist es wichtig, dass der Schwierigkeitsgrad der Aufgaben individuell an die Kinder angepasst wird. Auch positive Vorbilder haben eine unterstützende Funktion, z.B. Erzieherinnen, die bei der Bewältigung schwieriger Aufgaben Selbstvertrauen zeigen.

Unter Selbstregulation versteht man, dass der Verhaltensfluss unterbrochen wird und die Aufmerksamkeit sich auf das Verhalten richtet, welches beeinflusst werden soll. Man tut also zwei Dinge gleichzeitig, z.B. man bearbeitet ein Puzzle und legt sich zusätzlich Rechenschaft darüber ab, wie man das tut. Die Selbstregulation setzt sich aus den Einzelfunktionen Selbstbeobachtung, Selbstbewertung und Metakognition zusammen. Das heißt, dass das Kind die verschiedenen Aspekte seines Verhaltens bewusst wahrnimmt, dieses mit einem Gütemaßstab vergleicht und im abschließenden Prozess der Metakognition positiv bzw. negativ bewertet. Erfolg führt dazu, dass das Kind seinen Gütemaßstab heraufsetzt, bei Misserfolg setzt es ihn niedriger an. Selbstregulatives Verhalten wird z.B. unterstützt, indem Handlungsabläufe oder Problemlösungsprozesse kommentiert werden (eigene oder diejenigen des Kindes) und so dem Kind gezeigt wird, wie es sein Verhalten planen und steuern kann.

Kognitive Kompetenzen ■ Differenzierte Wahrnehmung:

Die → Wahrnehmung über die Sinneskanäle Sehen, Hören, Tasten, Schmecken und Riechen ist grundlegend für Erkenntnis- und Denkprozesse. Man spricht bei jungen Kindern von senumotorischer Intelligenz und meint damit die Leistungen, die sie im sensorischen und motorischen Bereich erbringen. Erzieherinnen unterstützen die Wahrnehmungsentwicklung, indem sie vielfältige Aktivitäten zur Sinnesschulung anbieten.

Denkfähigkeit: Im Krippen- und Kindergartenalter befindet sich das → Denken in der vooperationalen, anschaulichen Phase. Diese ist gekennzeichnet durch unangemessene Verallgemeinerungen, durch Egozentrismus und durch Zentrierung auf einen oder wenige Aspekte. Das Denken des Kindes führt häufig zu Widersprüchen, die ihm nicht bewusst sind. Erzieherinnen unterstützen Kinder durch entsprechende Angebote darin, die richtigen Begriffe für Gegenstände, Prozesse und Situationen zu bilden, zu differenzieren und Hypothesen zu bilden.

Gedächtnis: Kinder im Vorschulalter verfügen über eine gute Wiedererkennungsfähigkeit und auch über ein gutes Ortsgedächtnis (d. h. sie können versteckte Gegenstände wiederfinden). Dagegen befindet sich die Reproduktionsfähigkeit noch in einem frühen Entwicklungsstadium. Kinder erhalten z.B. durch das Nacherzählen von Geschichten, das Lernen von Gedichten oder geeignete Spiele (z.B. Memory) die Gelegenheit, ihr Gedächtnis zu schulen.

Problemlösefähigkeit: Ein Problem zeichnet sich dadurch aus, dass zwischen dem augenblicklichen Zustand (dem Ist-Wert) und dem erwünschten Zustand (dem Soll-Wert) ein Hindernis besteht, das mit bekannten Mitteln nicht beseitigt werden kann. Dagegen bezeichnet man eine Situation, in der die Mittel, mit denen man zum Soll-Wert gelangen kann, als Aufgabe. Eine Möglichkeit, ein Problem zu lösen, besteht darin, nach Versuch und Irrtum vorzugehen, eine andere darin, die Problemsituation zu analysieren und systematisch Lösungsmöglichkeiten auszuprobieren, die sich bei ähnlichen Situationen bewährt haben. Kinder lernen, Probleme unterschiedlicher Art (z.B. soziale Konflikte, Denkaufgaben, Fragestellungen im Rahmen von Experimenten) zu analysieren, Problemlösungsalternativen zu entwickeln, diese abzuwägen und angemessen umzusetzen. Die Erzieherinnen können die Kinder dabei unterstützen, Probleme zu erkennen und selbst nach Lösungen zu suchen. Hierzu gehört auch das Lernen aus Fehlern, die nicht als Zeichen von Inkompetenz, sondern als wichtige Schritte für die Problemlösung betrachtet werden.

Soziale Kompetenzen ■ Soziale Kompetenzen bestehen darin, dass man gute Beziehungen zu anderen Menschen aufbauen und erhalten kann, dass man sich in andere hineinversetzen und deren Verhalten bis zu einem gewissen Grade vorhersehen kann und dass man in der Lage ist, mit anderen verbal und nonverbal zu kommunizieren (→ Soziale Bildung).

Gute Beziehungen zu Erwachsenen und Kindern: In Tageseinrichtungen haben die Kinder die Gelegenheit, Beziehungen aufzubauen, die durch Sympathie und gegenseitigen Respekt gekennzeichnet sind. Die Erzieherinnen helfen ihnen dabei, indem sie sich offen und wertschätzend verhalten, neuen Gruppenmitgliedern bei der Kontaktaufnahme helfen und mit den Kindern über soziales Verhalten sprechen.

Empathie und Perspektivenübernahme: Kinder entwickeln die Fähigkeit, sich in andere Personen hineinzuversetzen, sich ein Bild von ihren Motiven und Gefühlen zu machen und ihr Handeln zu verstehen. Konflikte bieten beispielsweise Möglichkeiten zum Erlernen von → Empathie.

Fähigkeit, verschiedene Rollen einzunehmen: Kinder im vorschulischen Alter nehmen gern spielerisch verschiedene → Rollen ein. Erzieherinnen können dieses Verhalten unterstützen, denn die Kinder erfahren beim Spielen, wie sich Menschen verhalten und wie sie fühlen.

Kommunikationsfähigkeit: Kinder lernen im Umgang mit anderen, sich angemessen auszudrücken, die richtigen Begriffe sowie eine angemessene Gestik und Mimik zu verwenden. Sie lernen auch, andere Kinder ausreden zu lassen, ihnen zuzuhören und bei Unklarheiten nachzufragen. Da Kommunikationsfähigkeit eine der wichtigsten Kompetenzen für ein erfolgreiches Leben in unserer Gesellschaft ist, werden Kindern vielfältige Gelegenheiten für Gespräche gegeben (→ Kommunikation).

Kooperationsfähigkeit: Kinder lernen, mit anderen Kindern und Erwachsenen bei gemeinsamen Aktivitäten zusammenzuarbeiten. Dabei können sie gemeinsam etwas planen, abstimmen und durchführen und danach über ihre Erfahrungen sprechen (z.B. bei der Gestaltung der Räume, der Essensplanung, bei Vorbereitungen von Festen) (→ Kommunikation).

Konfliktmanagement: Kinder lernen, wie sie → Konflikte entschärfen und wie sie sich von durch andere hervorgerufenen Gefühlen distanzieren und Kompromisse finden können. Wichtig ist für sie auch zu erfahren, wie sie als »Mediator« in Konflikte anderer Kinder vermittelnd eingreifen können.

Beate Minsel

■ **Literaturtipps**

Krapp, A. (2005). Das Konzept der grundlegenden psychologischen Bedürfnisse. Ein Erklärungsansatz für die positiven Effekte von Wohlbefinden und intrinsischer Motivation im Lehr-Lerngeschehen. Zeitschrift für Pädagogik, 51, 626–641.

Krapp, A./Weidenmann, B. (Hg.) (2001). Pädagogische Psychologie. Weinheim/Basel: Beltz pvu.

Rost, D. H. (Hg.) (2001). Handwörterbuch Pädagogische Psychologie. Weinheim/Basel: Beltz pvu.

Bedürfnisse

Bedürfnisse werden in der Regel als Mangelzustand definiert und als solcher erlebt. Sie gehören neben den Instinkten, Trieben, inneren und äußeren Reizen, Ungleichgewichtszuständen und Erwartungen zu den Motiven (→ Motivation). Motive (lat.: movere = bewegen) sind Beweggründe, die menschliches Verhalten anregen, in Gang halten und ihm eine Richtung geben. Man unterscheidet zwischen biologischen, also angeborenen Bedürfnissen, die für die Lebenserhaltung unerlässlich sind (z.B. Hunger, Durst, → Schlaf, Bewegung, → Sexualität) und den psycho-sozialen Bedürfnissen. Diese gelten als erworben und dienen der Lebensgestaltung (z.B. Bedürfnisse nach Kontakt, Anerkennung, → Leistung, Durchsetzung).

Formen ■ Folgende Formen von Bedürfnissen lassen sich unterscheiden:

■ **Körperliche Bedürfnisse:** Sie sind physiologisch nachweisbar, z.B. Hunger an der Höhe des Blutzuckerspiegels

- **Kognitive Bedürfnisse:** Sie zeigen sich in der Absicht, ein bestimmtes Ergebnis zu erzielen, z.B. Neugier und Wissbegierde erzeugen Leistungsbereitschaft (→ Leistung)
- **Soziale Bedürfnisse:** Sie werden durch Gemeinschaft und Gesellschaft im Prozess der → Sozialisation vermittelt. So fördert das Bedürfnis nach menschlicher Nähe die Kontaktaufnahme in der Familie oder das Erzählen von Kindheitserlebnissen die gegenseitige Anerkennung von Gruppenmitgliedern (»Das haben wir früher auch so gemacht!«).

Theoretische Modelle ■ Der Wiener Nervenarzt Sigmund Freud (1856–1939) beschrieb Anfang des letzten Jahrhunderts die Befriedigung von Bedürfnissen als **energetischen Vorgang der Triebabfuhr**. So löst seiner Meinung nach das Bedürfnis nach Sexualität bestimmte Aktivitäten, wie z.B. die Partnersuche aus, um zu einer Triebreduktion zu gelangen. Das Bedürfnis nach Aggressionsabfuhr kann z.B. konstruktiv gerichtet dazu führen, aus einem Baumstamm Brennholz für den nächsten Winter zu schlagen, in der destruktiven Variante offenbart es sich als Sachbeschädigung auf einem Spielplatz (Vandalismus).

Der US-amerikanische Physiologe Walter B. Cannon (1871–1945) führte 1929 den Begriff der **Homöostase** (gr. = Gleichgewicht) ein, um den Prozess der Selbstregulation eines biologischen Systems zu beschreiben. So setzt Hunger den Prozess der Nahrungssuche, Nahrungsaufnahme und Sättigung in Gang. Wird das Ziel erreicht, gilt das Bedürfnis als befriedigt. Kann das Ziel nicht erreicht werden, entsteht aus dem unbefriedigten Bedürfnis (Frustration) neue Aktivität und der Prozess beginnt von vorn.

Ein bekanntes und in der Praxis oft genutztes Modell zur Darstellung menschlicher Bedürfnisse entwickelte der US-amerikanische Psychologe Abraham Maslow (1908–1970) mit seiner **Bedürfnispyramide** (→ Abb. 2). Er ging zunächst von zwei Motivgruppen aus, den Mangelmotiven und den

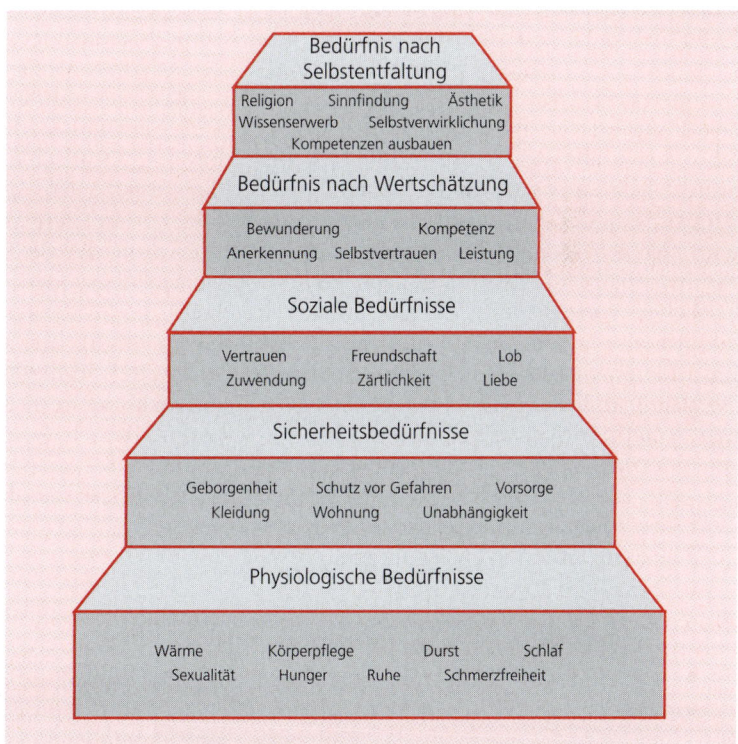

Abb. 2 Hierarchie der Bedürfnisse nach Maslow (in Anlehnung an Maslow 1981)

Wachstumsmotiven. Zu den *Mangelmotiven* gehören Bedürfnisse wie Hunger oder Zuwendung, die lebensnotwendig sind. Werden sie nicht befriedigt, entsteht ein Mangelzustand, der über eine bedürfnisorientierte Regulierung ausgeglichen werden muss. Ein Gleichgewicht (Homöostase) entsteht und Befriedigung tritt ein. Gelingt dies nicht, wird eine neue Aktivität angeregt. Unter *Wachstumsmotiven* werden Bedürfnisse verstanden, die der persönlichen Entwicklung des Menschen dienen. Die verschiedenen körperlichen, psychischen und sozialen Bedürfnisse ordnete er nach ihrer jeweiligen Bedeutung für den Menschen verschiedenen Stufen zu und kam so zu einer Rangordnung (Hierarchie), die sich in der sogenannten Bedürfnispyramide gut visualisieren lässt:

- **Physiologische Bedürfnisse:** z.B. Hunger, Durst, Ruhe, Schlaf, Sexualität
- **Bedürfnisse nach Sicherheit:** z.B. Geborgenheit, Unabhängigkeit, Schutz, Vorsorge
- **Soziale Bedürfnisse:** z.B. Zuwendung, Vertrauen, Freundschaft, Liebe
- **Bedürfnisse nach Wertschätzung:** z.B. Anerkennung, Selbstvertrauen, Leistung
- **Bedürfnisse nach Selbstentfaltung:** z.B. Selbstverwirklichung, Sinnfindung, Wissenserwerb.

Die Mangelmotive finden sich auf den Stufen 1 bis 4, die Wachstumsmotive auf der Stufe 5. Jede Stufe setzt die Befriedigung von Bedürfnissen der vorherigen Stufe voraus. So wird sich ein Mensch im Streben nach Sicherheit nicht mit der Frage nach gesundheitlicher Vorsorge beschäftigen, wenn er hungrig, müde oder sexuell unbefriedigt ist. Ein anderer wird sein Bedürfnis nach Selbstentfaltung im Beruf nicht verwirklichen können, wenn seine Sicherheitsbedürfnisse wegen einer gekündigten Wohnung beeinträchtigt sind. Dieser Mensch wird einen großen Teil seiner Energie darauf konzentrieren, seine ungeklärte Situation zu regulieren.

Pädagogische Bedeutung ■ Die Bedürfnispyramide von Maslow liefert wichtige Informationen für die Arbeit in sozialpädagogischen Einrichtungen, in der Bildungs- und Jugendarbeit sowie in → Beratung und Therapie (→ Psychotherapie). So können Angebote auf einer bestimmten Bedürfnisebene nur dann auf fruchtbaren Boden fallen, wenn die Bedürfnisse auf den vorherigen Stufen erfüllt sind. Kinder lassen sich nur dann für eine geistige Aktivität motivieren, wenn sie nicht hungrig, durstig oder müde sind. Neben dieser Bedeutung für den Motivationsprozess macht die Bedürfnispyramide darüber hinaus deutlich, auf welchen Ebenen die menschlichen Bedürfnisse angesiedelt sind. Eine einfühlsame pädagogische Begleitung bietet Angebote auf allen Bedürfnisebenen: Kindergartenkinder werden beim Bau von Höhlen in ihrem Sicherheitsbedürfnis unterstützt, geistig behinderten Menschen wird in ihrem Bedürfnis nach Wertschätzung entgegengekommen oder ältere Mitbürger werden in einem Gesprächskreis über einen aktiven Ruhestand im Bedürfnis nach Selbstentfaltung begleitet.

Aber auch zur Selbstregulation können Sozialpädagogen die Bedürfnispyramide nutzen. Mit ihrer Hilfe gelingt es, zu einer Klärung der eigenen Bedürfnisse zu gelangen und so nicht nur den Anforderungen der Umwelt gerecht zu werden, sondern auch das eigene psycho-soziale Wachstum zu fördern.

Wie alle Stufen- oder Phasenmodelle wurde auch die Bedürfnispyramide von Maslow als zu statisch kritisiert. Sie habe im Alltag nur begrenzte Anwendungsmöglichkeiten und konzentriere sich auf die mechanische Abbildung der Bedürfnisregulierung. Befürworter loben dagegen die schlüssige interne Logik des Modells und sehen in ihm eine Rekonstruktion der menschlichen Evolution sowie der individuellen (Persönlichkeits-) Entwicklung vom Säugling zum erwachsenen Menschen. Besonders die kritischen Reaktionen veranlassten Maslow, sein Modell zu modifizieren, ohne jedoch die grundlegenden Aussagen zu verändern.

Bedürfnisregulierung und Handlungskontrolle ■ Konzentrierte sich Maslow in seinem Modell auf den Prozess der Bedürfnisregulierung, interessierten sich Julius Kuhl und Jürgen Beckmann für die Kontrolle von

Handlungsprozessen. In ihrer **Handlungs-kontrolltheorie** verweisen sie auf emotionale und kognitive Prozesse, die von unterschiedlichen Menschen mit jeweils individuellen Strategien kontrolliert werden. Die einen sind *lageorientiert*, d.h., ihre Gedanken kreisen um ihre emotionale Befindlichkeit, die durch personenspezifische oder situative Bedingungen ausgelöst werden (»Weil ich heute traurig bin, gehe ich nicht wie sonst zum Sport«). Die anderen sind *handlungsorientiert*, d.h., sie reagieren flexibel auf konkrete Handlungsanforderungen (»Wenn du mich brauchst, komme ich sofort«). Durch empirische Untersuchungen konnte wiederholt nachgewiesen werden, dass handlungsorientierte Menschen Handlungsziele erfolgreicher umsetzen als lageorientierte Personen.

Zu ähnlichen Ergebnissen kommen Untersuchungen, die den Zusammenhang zwischen dem Erreichen persönlicher Ziele im Alltag, dem emotionalen *Wohlbefinden* und dem Ausmaß von sozialer Unterstützung nachweisen wollten. So erreichen Menschen mit konkreten persönlichen Zielen diese eher, wenn die Umwelt günstige Rahmenbedingungen zur Befriedigung von Bedürfnissen schafft und soziale Unterstützung anbietet. Jeder Fortschritt bei der Zielrealisierung bis hin zum positiven Ergebnis steigert die Zufriedenheit und das emotionale Wohlbefinden. So schließt ein Mensch, der sein Übergewicht reduzieren will, einen Vertrag mit einem anderen. Diese Person ist jederzeit ansprechbar, hilft über Krisen hinweg und belohnt abstinentes Verhalten durch Zuwendung oder Geschenke. Auf diese Weise kann mit Hilfe einer prosozialen Umwelt nicht nur die körperliche, sondern auch die emotionale Gesundheit des Übergewichtigen verbessert werden.

Karl Stanjek

■ Literaturtipps

Maslow, A. (2002). Motivation und Persönlichkeit. Reinbek: Rowohlt Taschenbuchverlag.
Stanjek, K. (Hg.) (2005). Altenpflege konkret Sozialwissenschaften. München/Jena: Urban & Fischer Verlag.
Zimbardo, Ph. G./Gerrig, R. J. (2004). Psychologie. München: Pearson Verlagsgruppe.

 # Begabung

Von Begabung oder Talent wird heute gesprochen, wenn ein Mensch über eine ausgeprägte Bedingung verfügt, besonderes Leistungsverhalten zu erbringen. Meist handelt es sich dabei um eine oder mehrere überdurchschnittliche Fähigkeiten. Begabung ist angeboren, aber erst das Zusammenwirken aller Anlage-, Erfahrungs- und Umweltfaktoren lässt die individuelle Begabung eines Menschen voll zur Entfaltung kommen.

Begabung ist also eine dynamische Größe, die sich in der wechselseitigen Beziehung von Anlage, Umwelt und Selbststeuerung ergibt. Die Umwelt kann durch entsprechende Förderung den durch die Anlage gegebenen Rahmen nutzen. Das letztlich sichtbare Bild der Begabung im Jugend- und Erwachsenalter wird durch die → Motivation der Person selbst bestimmt (Selbststeuerung). Untersuchungen haben gezeigt, dass offensichtlich begabte Kinder bei intensiver Förderung nicht in jedem Fall diese Begabung im späteren Leben aufweisen, da sie z.B. als Folge von Belastung (Stress), Verbrauchtheit oder erlebter Misserfolge für sich Konsequenzen gezogen haben und im späteren beruflichen Leben diese Fähigkeiten weniger zeigen.

Begabung äußert sich durch ein bei Kindern relativ früh entwickeltes, spezifisches Interesse für eine bestimmte Aufgabe, ein bestimmtes Thema oder Material. Der Umgang mit dieser Aufgabe erfolgt meist ohne eine spezielle Aufforderung der Eltern an das Kind, vielmehr äußern Kinder hier selbst ein gesteigertes Bedürfnis, in ihrem individuellen Interessensbereich mehr zu erleben. Anzeichen für eine spezifische Begabung können einerseits eine ständige Unzufriedenheit mit der bereits erreichten Leistungsstufe und andererseits eine erhöhte Anstrengungsbereitschaft sein. Wissenschaftler bezeichnen diese Faktoren als »produktive Unzufriedenheit«. Wachsendes Selbstvertrauen kann ein weiterer Indikator für eine Begabung sein, da ein begabtes Kind weiß, wie sehr es seine Materie oder Aufgabe beherrscht und auf seine überdurchschnittlichen Fähigkeiten vertraut.

Begabungsbereiche ■ In der Begabtenforschung sind vor allem zwei Bereiche intensiv untersucht worden: die Begabung im Bereich Musik und im Bereich Sport. Die Ausnahmestellung dieser Bereiche ist gesellschaftlich zu erklären: Sportler und Musiker mit besonderer Begabung haben in unserem Kulturbereich eine herausragende Stellung. Begabungen treten jedoch in den verschiedensten Wissens- und Könnensbereichen auf. Dazu gehören Sport, Kunst, Handwerk, Gedächtnis, Mathematik, Intelligenz, Sprachgefühl, Organisation und Reaktionsvermögen. In der Wissenschaft werden heute in allen Bereichen des Verhaltens überdurchschnittliche Leistungen für denkbar gehalten. Dabei geht es aber eher um Module (= Teilbereiche), als um abgeschlossene Bereiche. Folgende Kriterien spielen dabei eine Rolle: hohe Konzentrationsfähigkeit, rasche Auffassungsgabe, gutes Gedächtnis, kreatives Denken, differenziertes Sprachvermögen, ausgeprägte Selbstinitiative, auffallende Bereitschaft zum selbständigen Lernen (Autodidaktik), über der Norm liegende geistige Leistungsfähigkeit (z.B. sichtbar in Schulerfolgen) und eine hohe Motivation, sich mit schwierigen Problemen auseinanderzusetzen (Problemlöseverhalten).

Pädagogischer Umgang ■ Die Erzieherin kann bereits im Vorschulalter Hinweise auf eine ausgeprägte Begabung eines Kindes beobachten. Wenn ein Kind auffallend dazu neigt, bestimmte geistige Anforderungen zu erfüllen und dies auch mit einer lustbetonten Leichtigkeit umzusetzen vermag, so sind dies Anzeichen für eine Hochbegabung, d.h. das Kind ist stark leistungsmotiviert und zeigt eine ausgeprägte schöpferische Produktivität. Diese Merkmale sind im Vergleich gegenüber Gleichaltrigen deutlich festzustellen. Da aber die Gefahr besteht, ein Kind mit der Zuschreibung Hochbegabung schnell zu belasten, sollte man nach gewonnenen Erfahrungen, eine Expertin hinzuziehen. Nach ausführlicher → Beobachtung wird diese dann eine Diagnose erstellen können, die aus Verantwortung zu der Gesamtpersönlichkeit des Kindes eine fundierte Aussage über den Grad der Begabung machen kann. Voreilige und nur von dem Intelligenzgrad abgeleitete Beurteilungen sollten als fragwürdig gesehen werden.

Die Konsequenzen für die Erziehung aus den vorliegenden Forschungsergebnissen lassen sich folgendermaßen darstellen:

- Das Sprachverhalten hochbegabter Kinder fällt durch frühen Sprechbeginn, durch intensives Fragestellen und durch das Bedürfnis zu reden auf
- Die Entfaltung der Begabung hängt stark mit kulturellen Werten und dem Menschenbild in der Erziehung zusammen
- Die Familie und andere Bezugspersonen sollen zu den Fähigkeiten des Kindes stehen; emotionale Zuwendung und Anerkennung sind für das Selbstbild des Kindes wichtig
- In Familie und Kindergarten können Begabungen gefördert werden durch spielerische Beschäftigung
- Aufgrund neurologischer Befunde kann davon ausgegangen werden, dass es besondere zeitliche Abschnitte gibt (Zeitfenster für Begabung), in der diese Förderung erfolgen kann und auch sollte (die ersten neun Lebensjahre erscheinen wichtig)
- Durch ein gezieltes, intensives und konzentriertes Üben kann im Schulalter die Begabung ausgedehnt werden
- Kinder mit ausgeprägter Begabung benötigen aber auch klare Grenzen, ohne ihr Bedürfnis nach Selbständigkeit einzuschränken
- Da hochbegabte Kinder mit einer großen Lernmotivation auf ihre Lernwelt zugehen, sind in der Schule neue Strukturen zu bedenken (verkürzte Schulzeit, intensive Gruppenarbeit, Lehrkräfte die diese Motivation aufgreifen und nutzen können).

Hartmut Hansen

■ **Literaturtipps**

Mähler, B./Hofmann, G. (2002). Ist mein Kind hochbegabt? Hamburg: Rowohlt.

Oerter, R./Montada, L. (Hg.) (2002). Entwicklungspsychologie. Weinheim/Basel: Beltz.

Schaub, H./Zenke, K.G. (2000). Wörterbuch Pädagogik. München: Deutcher Taschenbuchverlag.

Stapf, A. (2003). Hochbegabte Kinder. München: Beck.

Beobachtung

Beobachtung ist eine aktive, planmäßige, auf ein bestimmtes Ziel ausgerichtete und methodisch aufgebaute, zweckorientierte Registrierung von Ereignissen oder Verhaltensweisen einzelner Menschen oder Gruppen in Abhängigkeit von unterschiedlichen Situationen und Rahmenbedingungen. Insofern ist Beobachtung immer eine aktive und zielgerichtete Suche nach bedeutsamen Informationen. Das Beobachtungsergebnis führt zu einer Erkenntnis und dient als Ausgangspunkt für das weitere pädagogische Handeln, um gesetzte Ziele zu erreichen.

Zur Bedeutung der Beobachtung ■ In
der → Sozialpädagogik gibt es unterschiedliche Methoden zur Erfassung von Informationen: das zielgerichtete Gespräch, das strukturierte Interview, die Fragebogenerhebung, soziometrische Verfahren, die Anamnese, Testverfahren, Inhaltsanalysen von Dokumenten und eine Fülle unterschiedlicher Beobachtungsverfahren. Diese Methoden ermöglichen es der Erzieherin, umfassende Kenntnisse über einen Beobachtungsgegenstand, eine Situation, eine Person oder eine Gruppe zu gewinnen.

Alle Entscheidungen im Arbeitsalltag der Erzieherinnen sollten auf der Grundlage von Beobachtungsergebnissen gefällt werden. Sie führen zu neuen Erkenntnissen, die den Erzieherinnen sonst häufig verschlossen bleiben. Sie sind die Grundlage für die professionelle Gestaltung der Arbeit. Insofern gehören die Merkmale »Beobachtung« und »Beobachtungsfähigkeit« zur grundsätzlichen Kompetenz der elementarpädagogischen Fachkräfte. Beobachtungen tragen dazu bei,

- Situationen und Geschehnisse im Berufsalltag *gezielt* zu registrieren
- Menschen in komplexen Situationen zu verstehen
- Besondere Ausdrucksformen von Menschen dokumentieren zu können
- Vorhaben gezielt zu planen, durchführen und auswerten zu können.

Beobachtungen können sich auf folgende Bereiche beziehen:

- Eigene Person und deren Verhalten, die Einflussnahme auf andere und die individuelle Arbeitsgestaltung
- Arbeits- und Verhaltensweisen der anderen Mitarbeiterinnen und ihre Auswirkung auf andere Personen
- Entwicklung von Geschehnissen
- Zusammenarbeit und Umgangsweisen mit den Eltern und deren Kommunikation mit ihren Kindern
- Allgemeine und besondere Kommunikation und Interaktion unter den Kindern
- Allgemeine Umgangskultur zwischen Erwachsenen und Kindern
- Besondere Merkmale innerhalb der Beziehungs- und Interaktionsebene zwischen Erzieherinnen und einzelnen Kindern
- Entwicklungsgeschichte einzelner Kinder und ihre Entwicklungsverläufe
- Zusammenhänge zwischen Entwicklungsverläufen und der von Kindern erlebten Projektarbeit
- Entwicklungsbrüche in der Lebensgeschichte einzelner Kinder.

Beobachtungsformen und -prinzipien ■ Die erste Unterscheidung in den
Beobachtungsformen bezieht sich auf das Feld der Selbst- oder Fremdbeobachtung. Bei der Selbstbeobachtung geht es um das Erfassen eigener, persönlicher Vorgänge, bei der Fremdbeobachtung um die Verhaltensbeobachtung anderer Menschen. Im Unterschied zur Gelegenheitsbeobachtung (auch naive Beobachtung genannt), bei der es zu zufälligen Beobachtungen kommt und situationsbedingte Zufälligkeiten im Vordergrund stehen, besitzt die systematische Beobachtung ein exakt beschriebenes Leitsystem. Letztere kann in Form einer nicht-teilnehmenden Beobachtung (protokollierenden/technischen) oder einer teilnehmenden Beobachtung durchgeführt werden – als aktiv teilnehmender Beobachter (als mithandelnde Person im Interaktionsgeschehen) oder passiv teilnehmender Beobachter (als »Zuschauer« im Beobachtungsfeld).

Die Beobachtung selbst kann als strukturierte oder unstrukturierte Beobachtung, als eine Beobachtung in natürlichen oder künstlich hergestellten Situationen, als offene oder verdeckte Beobachtung, als Kurzzeit- oder Langzeit- bzw. Dauerbeobachtung, als kontinuierliche oder diskontinuierliche Beobachtung, als beschreibende oder registrierende Beobachtung (Schätzskalen/Quantitätserfassungen) geplant und umgesetzt werden.

Die jeweilige Beobachtungsform erschließt sich einerseits aus der exakten Aufgaben- und Zielstellung, andererseits aus den Möglichkeiten der Person und den strukturellen Bedingungen vor Ort. Darüber hinaus muss überlegt werden, welche Situation die umfassendsten Informationen liefern wird und welche Beobachtungsdokumentation angebracht ist. Nicht zuletzt hängt die Qualität und Effizienz einer systematischen Beobachtung immer davon ab, inwieweit folgende Beobachtungsprinzipien beachtet werden:

- Konzentration auf den Beobachtungsvorgang
- Sachlichkeit in der Vorgehensweise
- Zielbestimmtes Verhalten
- Berücksichtigung von Zusammenhängen und Bewusstmachung der Tatsache, dass jede Beobachtung lediglich das aktuelle Geschehen erfasst.

Einflussfaktoren auf den Beobachter ■

Keine Beobachtung kann Anspruch auf Objektivität erheben. Unterschiedliche Einflüsse vor, während und nach einem Beobachtungsvorgang prägen diesen und können das Beobachtungsergebnis damit auch deutlich verfälschen. Wichtig ist, dass sich die Beobachter diese Faktoren bewusst machen und bei der Auswertung der Ergebnisse mit reflektieren.

Person des Beobachters ■

Dazu gehören die jeweilige besondere Persönlichkeitsstruktur und die damit automatisch verbundenen Persönlichkeitsmerkmale; die berufliche Erfahrung; die schon vor der Beobachtung feststehenden (un-)bewussten und handlungsleitenden Erwartungen an das Beobachtungsergebnis; die Einstellung zum Beobachtungsvorgang selbst; die Einstellung zur Situationen und/oder zur Person, die beobachtet werden soll; die zurückliegenden – und emotional besetzten – Erfahrungen und Erlebnisse im Hinblick auf den Beobachtungsgegenstand; die von außen gesetzten Erwartungen; die individuell methodisch/didaktische Arbeitsgestaltung des Beobachters; das Werte- und Normensystem des Beobachters; die grundsätzliche Einstellung zum Beruf.

Einrichtungsstruktur ■

Dazu gehören die Raumgestaltung, die konzeptionelle Grundlage für die Arbeitspraxis (dogmatische Prägung); die Gruppengröße; die spezielle Gestaltung des Tagesablaufs; die (verhaltensbeeinflussenden) Materialien; die Ortslage der Einrichtung; die soziokulturelle Gruppenzusammensetzung.

Programmstruktur der Einrichtung ■

Dazu gehören die didaktischen Schwerpunkte; die ideologische Ausrichtung der Einrichtung; die spezifische Methodik zur Umsetzung von Zielen; die besondere Auslegung und Gestaltung der konzeptionellen Schwerpunkte; etc.

Schließlich muss sich der Beobachter darüber im Klaren sein, dass das Beobachtungsergebnis ausnahmslos ein aktueller Ausschnitt aus einer Vielzahl zusammenhängender Faktoren ist. Rückschlüsse auf bestimmte Hintergründe und in der Vergangenheit liegende Ereignisse sind ebenso häufig fehlerbehaftet wie der Versuch, aus aktuellen Einzelbeobachtungen Zukunftsentwicklungen abzuleiten. Selbst die beobachteten Verhaltensweisen bzw. Situationen sind stets einmalige und in ihrer Besonderheit nicht wiederholbare Ereignisse! Deshalb kann es hilfreich sein, Beobachtungen mit derselben Aufgabenstellung wiederholt durchzuführen.

Voraussetzungen für eine qualitätsgeprägte Beobachtung ■

Jede Beobachtungsaktivität wird nur dann zu einem qualitätsgeprägten Ergebnis führen, wenn

- Sie gut vorbereitet ist
- Sie eine klare, unmissverständliche Zielsetzung besitzt
- Der Beobachter während der Beobachtungszeit konsequent das Beobachtungsziel verfolgt
- Die Beobachtung eine offene Zielfindung zulässt – ohne dass schon im Vorfeld frühzeitige Bewertungen das Beobachtungsergebnis beeinflusst
- Die Beobachtungsergebnisse praktische Konsequenzen für die weitere Gestaltung hergeben
- Die Ergebnisse immer schriftlich festgehalten werden – dafür bieten sich je nach Aufgabenstellung unterschiedliche Beobachtungsbögen, -schemata und -protokolle an.

Fragen des Beobachters vor jeder Beobachtung

■ Damit jede Beobachtung zielorientiert durchgeführt werden kann und gleichzeitig die formulierte Ausgangsfrage auch tatsächlich zum Ausgangspunkt des weiteren Vorgehens wird, hat sich der Beobachter vor jeder Beobachtungsaktivität folgende Fragen zu stellen:

- *Warum* soll beobachtet werden? Z.B. um typische Kommunikations- und Interaktionsmuster zwischen sich und dem Kind zu entdecken; um die Wirksamkeit bisheriger pädagogischer Maßnahmen zu überprüfen; um eine aktuelle Bestandsaufnahme spezifischer Fähigkeiten und/oder Fertigkeiten bestimmter Kinder mit Blick auf die Beurteilung ihrer Schulfähigkeit vornehmen zu können
- *Wer* soll beobachtet werden? Z.B. ein bestimmtes Kind in einer Spielsituation mit einem anderen Kind; die Gesamtkindergruppe, um die aktuelle Verteilung von Rollen in der Gruppe zu erkennen; eine bestimmte Teilgruppe von Kindern, um ihr besonderes Kommunikationsverhalten im Vergleich mit einer anderen Teilgruppe in Beziehung zu setzen; sich selbst im Sprach- oder Spielkontakt mit bestimmten Kindern, um Gemeinsamkeiten bzw. Unterschiede im eigenen Verhalten in Ab-

hängigkeit von eigenen Einstellungen/bestimmten Kindern zu erkennen
- *Was genau* soll beobachtet werden? Z.B. welches Kind in welcher Situation welche Spielform bevorzugt bzw. welcher Spielform aus dem Wege geht; welche besonderen Fähigkeiten und/oder Fertigkeiten bestimmte Kinder in bestimmten Situationen zum Ausdruck bringen; welche Kommunikations- und Konfliktkultur zwischen Mitarbeiterinnen und Kindern ausgedrückt wird
- *Wann* soll beobachtet werden? Z.B. in der Zeit der Ankunft der Kinder oder vor/während des Abholens durch die Eltern; während bestimmter Spielphasen; während des Frühstücks; in der Zeit des Freispiels
- *Wie lange* soll beobachtet werden? Z.B. in einer festgelegten Zeitspanne von 15, 30, 45 oder 60 Minuten; einen ganzen Vor- oder Nachmittag; während des Frühstücks
- *Wo* soll beobachtet werden? Z.B. im Gruppenraum; wenn die Kinder sich auf dem Außengelände aufhalten; bei Exkursionen außerhalb des Kindergartengeländes
- *Wie* soll beobachtet werden? Z.B. mit einer Video-Kamera; mit einem bestimmten Beobachtungsbogen; in Form einer teilnehmenden Gelegenheitsbeobachtung; als offene oder verdeckte Beobachtung

Sorgsam geplante und durchgeführte sowie zielgerichtete Beobachtungen tragen dazu bei, Beobachtungsergebnisse zu deuten (nicht zu interpretieren), beobachtete Vorgänge zu beschreiben (nicht zu beurteilen) und beobachtbare Prozesse in Zusammenhängen zu verstehen (nicht zu isolieren bzw. zu funktionalisieren). Das ist die Grundlage dafür, die Kinder in ihren Lern- und Entwicklungsprozessen unterstützend zu begleiten und gleichzeitig dafür, die Qualität der eigenen pädagogischen Arbeit festzustellen und weiter zu entwickeln.

Armin Krenz

■ Literaturtipps

Köck, P. (2004). Praxis der Beobachtung. Donauwörth: Auer.

Krenz, A. (2005). Elementarpädagogik und Professionalität. Lebens- und Konfliktraum Kindergarten. Offenbach: Gabal.

Lueger, D. (2005). Beobachtung leicht gemacht. Beobachtungsbögen zur Erfassung kindlichen Verhaltens und kindlicher Entwicklung. Weinheim/Basel: Beltz.

Strätz, R./Demandewitz, H. (2005). Beobachten und Dokumentieren in Tageseinrichtungen für Kinder. Weinheim/Basel: Beltz.

Beratung

Beratung oder Beraten ist einerseits eine Form von alltäglicher sozialer Interaktion, z.B. beraten sich Freunde oder Familienangehörige gegenseitig bei belastenden Ereignissen oder Kollegen sprechen über Konflikte am Arbeitsplatz und geben sich Ratschläge (= Alltagsberatung). In »helfenden« Berufen ist Beratung jedoch eine eigenständige Methode und professionelle Handlungsorientierung, bei der es darum geht, dass sich ein Ratsuchender von einem Beratenden bei der Lösung eines Problems helfen lässt.

Beratung als professionelles und institutionelles Angebot von Hilfe und Unterstützung ist in Deutschland seit Anfang des 20. Jahrhunderts bekannt (u.a. als Auswanderer-, Berufs-, Ehe- und Erziehungsberatung). Nach dem Zweiten Weltkrieg entwickelte sich das im Nationalsozialismus weitgehend missbrauchte und zerschlagene Hilfe- und Beratungssystem neu. In den folgenden Jahrzehnten nahm der Gesetzgeber Beratung als Pflichtaufgabe verschiedener sozialer Dienste in Gesetzestexte auf (z.B. im Bundessozialhilfegesetz oder in der Kinder- und Jugendhilfe).

Abgrenzung von anderen Hilfsangeboten ■ Die Übergänge zwischen den Hilfsangeboten der Anleitung, Beratung, → Supervision und → Psychotherapie sind fließend. Im Unterschied zum therapeutischen Setting wird Beratung als weniger intensives und zeitaufwändiges Verfahren für minder schwerwiegende Probleme betrachtet. Die Fachliteratur verweist zur Unterscheidung von Hilfeangeboten häufig auf ein

Schema von Kurt Ludewig, das anhand der jeweiligen Aufträge differenziert.

■ Anleitung: »Hilf uns unsere Möglichkeiten zu erweitern!«
  – Grund des Leidens: Fehlen oder Mangel an Fertigkeiten
  – Hilfestellung: Wissen zur Verfügung stellen
  – Dauer: offen
■ Beratung: »Hilf uns, unsere Möglichkeiten zu nutzen!«
  – Grund des Leidens: Interne Blockierung des Systems
  – Hilfestellung: Förderung vorhandener Strukturen
  – Dauer: begrenzt, je nach Umfang des Auftrags
■ Begleitung: »Hilf uns, unsere Lage zu ertragen!«
  – Grund des Leidens: Unabänderliche Problemlage
  – Hilfestellung: Stabilisierung des Systems durch fremde Struktur
  – Dauer: offen
■ Therapie: »Hilf uns, unser Leiden zu beenden!«
  – Grund des Leidens: Veränderliche Problemlage
  – Hilfestellung: Beitrag zur (Auf-)Lösung des Problemsystems
  – Dauer: als Vorgabe begrenzt.

Beratung im Sinne eines »helfenden Gesprächs« findet in unterschiedlichen Kontexten und Auftragskonstellationen statt z.B.

■ Bei gesetzlichen Leistungsansprüchen (Gewährung)
■ Durch Personen mit Dienst- oder Fachaufsicht
■ Als freiwilliges Angebot in bestimmten Problemlagen.

Konzeptionen ■ Trotz erheblicher Ausweitung von psychosozialen Beratungsfeldern besteht bis heute keine einheitliche Beratungskonzeption, die handlungsleitend für die vielfältigen Aufgaben der Beratung sein könnten. In ihren jeweiligen Strategien, Methoden und Techniken zur Problembewältigung orientieren sich Berater meistens an Therapieformen und Persönlichkeitsmodellen (insbesondere Psychoanalyse, Verhaltenstherapie, Familientherapie, systemische Therapie und Psychodrama). Stark beeinflusst wurde die Beratung durch Carl Rogers (1902–1987) klientenzentrierte Gesprächstherapie. Die sogenannte klientenzentrierte Gesprächsführung bildet noch immer den Grundstock vieler Beratungsansätze. In der auch »nicht-direktiven Gesprächsführung« genannten Methode sind folgende Qualitäten des Beraters bestimmend:

- Emotionale Wärme und Achten des Klienten (Akzeptanz)
- Einfühlendes Verstehen (→ Empathie)
- Echtheit im Verhalten (Kongruenz = Authentizität).

An eigentlicher »Gesprächstechnik« hat Rogers für die empathische Haltung nur das knappe, aber wirkungsvolles Instrumentarium der Widerspiegelung zur Verfügung gestellt. Beim Paraphrasieren wird mit anderen Worten das Gesagte wiederholt, beim Labeln (engl.: label = mit einem Etikett versehen) werden die eigenen bzw. die beim Klienten vermuteten Gefühle widergespiegelt.

Darüber hinaus wurden Beratungskonzepte durch die Kommunikationstheorie beeinflusst, insbesondere durch Paul Watzlawick, der u.a. auf die Sach- und Beziehungsebene im Gesprächsverlauf hinwies, und Friedemann Schulz von Thun , der das Vier-Ohren-Modell der → Kommunikation entwickelte.

Der Beratungsprozess ■ Ratsuchende erhoffen sich von den professionellen Helfern oft einfache Ratschläge und schnelle Lösungsmöglichkeiten für die Bewältigung ihrer Probleme. Ein zentrales Ziel der Beratung ist es hingegen, dem Ratsuchenden dabei zu helfen, mit seinem Problem selbst fertig zu werden, d.h. seine Bewältigungskompetenzen (Ressourcen) zu stärken und ihn zur Selbsthilfe anzuregen (Hilfe zur Selbsthilfe). Der Berater ist also vorrangig für den Lösungsweg verantwortlich, der Ratsuchende selbst für die Lösung. Rogers hat für den Beratungsverlauf idealtypisch vier Schritte festgehalten:

- Situations- und Beziehungsdefinition zwischen Beratung und Ratsuchendem
- Problemdefinition und Problemanalyse
- Umdeutung, Lösung, Distanzierung vom Problem, die Entwicklung von Einsicht
- Andere Lösungsmöglichkeiten und Lösungskontrollen.

Das problematische Verhalten kann dann aufgegeben werden, wenn eine bessere Alternative gefunden wurde. Darüber entscheidet der Ratsuchende u.a. dadurch, dass er Verantwortung übernimmt.

Der Verlauf eines Beratungsprozesses ist abhängig vom Zugang, den der Berater zum Ratsuchenden findet, vom Vertrauen, das der Ratsuchende aufbauen kann, vom Umgang mit selektiven Wahrnehmungsprozessen oder unterschiedlichen Bewertungen. Darüber hinaus können verschiedene Störungen auftreten:

- Unterschiedliche Moral- und Wertmaßstäbe
- Mangelndes Vertrauen, Angstgefühle
- Unterschiedliche Ziele und Motive
- Bestimmte Rollen und Positionen (z.B. Vorgesetzter)
- Mangelnde (Feld-)Kompetenz.

Beratung in Einrichtungen ■ Sie findet hauptsächlich auf drei Ebenen statt:

Fachberatung: Themen der → Fachberatung sind Fragestellungen oder Probleme einzelner oder mehrerer Erzieherinnen im Umgang mit Kindern, Eltern oder in der kollegialen Zusammenarbeit, ebenso wie Beratung oder Anleitung in der konkreten, pädagogischen Arbeit.

Kollegiale Beratung (= **Intervision**): Hierbei handelt es sich um eine selbstorganisierte Form von fachlicher Beratung unter Mitarbeiterinnen im Team. Sie dient der Reflexion des beruflichen Handelns und einer gezielten kollegialen Hilfestellung. Die (wechselnde) Gesprächsleitung ist nicht verantwortlich für die Problemlösung, sondern strukturiert das Gespräch und achtet auf die Einhaltung festgelegter Verabredungen u.a.:

- Die geschilderte Problemsituation sowie bisherige Interventionen werden nicht kritisiert
- Keine vorschnellen Lösungsmöglichkeiten (Rezepte) werden aufgedrängt
- Als Grundsatz gilt die gegenseitige Achtung und Wertschätzung.

Das Instrument der kollegialen Beratung kann flexibel, im Bedarfsfall oder in regelmäßiger, fest etablierter Form stattfinden. Es eignet sich weniger für aktuelle Teamkonflikte, sondern eher für die Fallarbeit.

Elterngespräche: Diese finden z.B. in der Kindertagesstätte alltäglich und unterschiedlich in Form, Konstellation und Zeitaufwand statt. Der partnerschaftliche Umgang mit Eltern, der persönliche Kontakt und Dialog über alle Aspekte, die das Wohl des Kindes betreffen, sind Voraussetzungen dafür, dass sich Kinder und Eltern wohl fühlen und in gegenseitiger Achtung und Wertschätzung eine Erziehungspartnerschaft eingehen können (→ Elternarbeit). Besonders hervorzuheben sind Beratungs- und Konfliktgespräche, die ein professionelles Beratungs- bzw. Gesprächskonzept benötigen. Eine gute Gesprächsvorbereitung erhöht die fachliche Kompetenz und stärkt die innere Sicherheit. Bei terminierten Gesprächen, in denen die Erzieherin besondere Probleme oder Entwicklungsauffälligkeiten mit Eltern besprechen will, sind vorab die Zielsetzungen für dieses Gespräch sowie die realistischen Hilfsangebote der Einrichtung zu klären.

Qualifikation ■ Professionelle Berater qualifizieren sich in der Regel durch spezifische Fort- und Weiterbildung nach einigen Jahren der Berufstätigkeit in ihrem Grundberuf als Diplom-Psychologe, Diplom-Pädagoge, Sozialarbeiter o.Ä. Die jeweiligen Fortbildungsstätten orientieren sich an den oben beschriebenen Therapieformen und Persönlichkeitsmodellen. Erzieherinnen erwerben ihre fachliche Kompetenz für Gespräche mit Eltern (insbesondere für Beratungs- und Konfliktgespräche) ebenfalls durch Fort- und Weiterbildung.

Sabine Herm

■ **Literaturtipps**

Bachmaier, S. u.a. (2001). Beraten will gelernt sein. Weinheim/Basel: Beltz.
Hendriksen, J. (2002). Intervision. Weinheim/Basel: Beltz.
Herm, S. (2003). Mit »schwierigen« Kindern umgehen. Freiburg: Herder.
Schulz von Thun, F. (1989): Miteinander reden, Bd. 1–3. Reinbek: Rowohlt.

Berufsbild

Unter Berufsbild versteht man die Beschreibung der verschiedenen Merkmale eines Berufes, durch die er sich von anderen Berufen abgrenzt. Um das heutige Verständnis des Erzieherinnenberufs zu verstehen, ist ein kurzer Blick in die Geschichte hilfreich.

Professionalisierungsgeschichte ■ Für die Entwicklung des Berufes der Erzieherin sind zwei Stränge maßgeblich. Zum einen existierte vom 17. bis Anfang des 20. Jahrhunderts der Beruf der Gouvernante für die gehobenen Gesellschaftsschichten. In Deutschland bezeichneten sich die Gouvernanten als Hauslehrerinnen oder eben auch als Erzieherinnen. Sie fühlten sich einem hohen Bildungsideal verpflichtet, Herzensbildung und ein »edles, frommes Gemüt« wurden neben Wissen als unverzichtbare Eigenschaften angesehen. Zum anderen verschärften sich im Zuge der Industrialisierung die wirtschaftlichen und sozialen Verhältnisse, so dass auch die Mütter proletarischer Kinder auf außerhäusliche Erwerbstätigkeit angewiesen waren und eine Kleinkinderziehung außerhalb der Familie notwendig wurde. Es entstanden sogenannte Kleinkinderbewahranstalten, Kleinkinderschulen und Fabrikkindergärten, in denen die Kinder von Lehrerinnen, die in gehobenen Schichten keine Anstellung fanden, von ausgedienten Soldaten oder auch von älteren Armenhausbewohnern beaufsichtigt wurden. Taktbetontes, mechanisches Lernen in großen Gruppen sollte die Kinder zu Fleiß, Ordnung und Gottesfurcht erziehen. Je mehr jedoch der gesellschaftliche Wandel körperliche, geistige und seelische Vorbereitung auf Schule und Arbeitswelt forderte, desto drängender wurde die Frage nach einer entsprechenden Qualifizierung des Personals der Einrichtungen. Mit der Gründung der ersten Kindergärten in Deutschland (ab 1837, Blankenburg/Thüringen) hatte Friedrich Fröbel (1782–1852) nicht nur eine neue Einrichtung der Kleinkinderziehung geschaffen, sondern zugleich auch den Beruf der Kindergärtnerin, für den eine besondere → Ausbildung erforderlich war. Das Bild des Gärtners, der die Pflanzen pflegt und wachsen lässt, wurde zum Leitbild für die Kindergärtnerin. In der Folgezeit entstanden Kindergärtnerinnenseminare, an denen in einer engen Verbindung von Theorie und Praxis Fachkräfte für die Förderung von Kindern ausgebildet wurden.

Die Orientierung der öffentlichen Kleinkinderziehung am bürgerlichen Familienideal trug dazu bei, dass Kindergärtnerin zu einem typischen Frauenberuf wurde. Vor allem die Frauenbewegung, die sich im 19. Jahrhundert für die Rechte von Frauen engagierte und auch berufliche Möglichkeiten für Frauen erschließen wollte, setzte auf die mütterlichen Eigenschaften der Frau als Kompetenz, die sie beruflich einbringen könne. Helene Lange, eine Vertreterin der Frauenbewegung schrieb die »Mütterlichkeit als Beruf« fest. Aus diesem Grund werden die Qualifikationen in Frauenberufen bis heute häufig als persönliche und weniger als sachlich-fachliche gesehen. Die Arbeit wird schlecht entlohnt, bietet geringe Aufstiegsmöglichkeiten und kaum längerfristige Perspektiven. Noch heute haftet dem Berufsbild das Image an, dass Erziehung in erster Linie eine karitative, unproduktive Tätigkeit ist, die jede/r ausüben kann. Jungen Frauen, die den Beruf der Erzieherin ergreifen wollen, wird als Berufsmotivation häufig eine starke Familienorientierung unterstellt.

Im 20. Jahrhundert veränderte sich das Berufsbild durch die Einflüsse des Nationalsozialismus maßgeblich. Die liberale Tradition des Fröbelschen Ansatzes wurde nach 1933 aufgegeben und durch ein völkisch-autoritäres Erziehungskonzept ersetzt. Ein wichtiges Instrument waren dabei die autoritären Bewahranstalten, deren verborgenes Ziel die Formung »autoritärer Persönlichkeiten« war. Die Methoden und Materialien Fröbels wurden in den Fachschulen dennoch weiterhin eingesetzt – allerdings in einem rassistisch-völkischen Kontext. Prinzipen der Erziehung waren Führer-Gehorsam, Rassenlehre, Ordnung, Patriarchat und körperliche Leistung. Die Entwicklung des pädagogischen Berufsbildes war auf dem Nullpunkt angelangt und vollkommen durch völkische Propaganda ersetzt worden.

Die voranschreitende Vergesellschaftung der Kleinkinderziehung nach 1945 brachte schließlich die Berufserzieherin mit Spezialkenntnissen in → Pädagogik, → Psychologie und in den Methoden einer kindgemäßen Förderung hervor. Der gegenwärtige Beruf entstand 1967 in Westdeutschland durch das Bestreben, mehrere sozialpädagogische Ausbildungsgänge zu vereinheitlichen: Kindergärtnerin und Hortnerin waren bereits 1928 zusammengefasst worden, nun kam es in den alten Bundesländern zusätzlich zu einer Vereinigung mit der Jugend- und Heimerzieherin. Das neue Berufsbild wurde unter der Bezeichnung »staatlich geprüfte Erzieherin« zusammengefasst. In der ehemaligen DDR orientierten sich die Berufsbezeichnungen weiterhin an den unterschiedlichen Arbeitsfeldern (Krippenerzieherin, Kindergärtnerin, Heimerzieher/in, Horterzieherin, Erzieherin für Jugendheime).

Erzieherinnen werden heute an Fachschulen (teils auch Fachakademien genannt) ausgebildet (→ Ausbildung). In der Hierarchie sozialpädagogischer Berufe ist der Beruf der Erzieherin zwischen der Kinderpflegerin bzw. der Sozialpädagogischen Assistentin und dem Diplom-Sozialpädagogen angesiedelt. Eine Durchlässigkeit zu anderen sozialpädagogischen Berufen (z.B. durch Aufbaustudiengänge) ist bisher kaum gegeben. Die Bezahlung entspricht etwa zwei Dritteln des Gehaltes einer Grundschullehrerin.

Arbeitsfelder ■ Heute sind Erzieherinnen staatlich anerkannte Fachkräfte der → Kinder- und Jugendhilfe und die größte Einzelberufsgruppe auf dem Arbeitsmarkt für soziale Berufe. Sie arbeiten vorwiegend mit Kindern oder Jugendlichen, aber auch mit Erwachsenen oder Familien. Das Berufsbild wird bestimmt durch ein breites Spektrum von Aufgabengebieten innerhalb der → Sozialpädagogik. Erzieherinnen sind u.a. in folgenden Arbeitsfeldern tätig:

- Tageseinrichtungen für Kinder (Krippen, Kindergärten, Tagesstätten, Horte)
- Kinder- und Jugendarbeit (Jugendfreizeiteinrichtungen, sozialpädagogisch betreute Spielplätze oder Kinder- und Jugendprojekte)
- Jugendsozialarbeit (berufsbegleitende) Ausbildungsangebote, Jugend- und Lehrlingswohnheime, Projekte zur Betreuung ausländischer Jugendlicher)
- Hilfen zur Erziehung (Heime, sozialpädagogische Familienhilfe, Tagesgruppen, Jugendwohngemeinschaften, sozialpädagogische Einzelbetreuung, betreute Wohnformen, soziale Gruppenarbeit)
- Schulen (Vorklasse, Schulkindergarten, betreute Grundschule, Förderschule, Internat, Schulsozialarbeit)
- Einrichtungen der Gesundheitsförderung (Kurheime, Kinderkrankenhäuser, Suchtberatung, -prävention)
- Einrichtungen für Kinder, Jugendliche und Erwachsene mit besonderen Bedürfnissen oder Behinderungen (ambulante und stationäre Einrichtungen, z.B. Kinder- und Jugendpsychiatrie).

Aufgabenbereiche ■ Die Erzieherin übernimmt pädagogische und bildende sowie pflegerische, organisatorische und verwaltende Aufgaben und leistet wichtige Beziehungsarbeit. Der Erziehungsauftrag ist doppelt bestimmt: zum einen durch die Normen und Strukturen der Gesellschaft, zum anderen durch die Interessen und → Bedürfnisse der Kinder oder Jugendlichen. Das Berufsbild wird durch folgende Tätigkeiten geprägt:

- Beobachten
- Planen
- Erzieherische, bildende und förderpädagogische Maßnahmen durchführen
- Erzieherische Arbeit im Team reflektieren
- Gruppen leiten
- Gespräche führen

- Die Arbeit dokumentieren
- Pflegen und versorgen (je nach Arbeitsfeld und Aufgabenstellung)
- Angehörigenarbeit durchführen und koordinieren
- Außenkontakte, z.B. zu anderen Institutionen, herstellen und halten
- Öffentlichkeitsarbeit leisten
- Anleitung von Hilfskräften, ehrenamtlichen Mitarbeiterinnen und → Praxisanleitung bei Praktikantinnen

Der größte Teil der Erzieherinnen ist in Kindertagesstätten tätig. Nach der Wiedervereinigung wurden in den östlichen Bundesländern viele Erzieherinnenstellen abgebaut, im Westen zur Realisierung des Rechtsanspruchs auf einen Kindergartenplatz zusätzliche Erzieherinnen benötigt.

Aktuelle Tendenzen ■ Durch den drastischen Wandel der sich stetig verändernden gesellschaftlichen Rahmenbedingungen, Lebenswelten und Familienstrukturen verändern sich die Erwartungen an Erziehung und Bildung und damit die Anforderungen an die Erzieherinnen. Viele Kinder und Jugendliche leben in mehrsprachigen und multikulturellen Lebenswelten. Die Individualisierung von Lebensplanungen und der Wandel von Geschlechterrollen haben vielfältige Familienformen und unterschiedliche Lebensrhythmen zur Folge. Die Frage nach einem gesellschaftlichen Wertekonsens in einem friedlichen und demokratischen Miteinander und die Anforderungen durch den Wandel von Wissenschaft und Technik lassen die Erwartungen an Erziehung und Bildung immer höher werden. Erzieherinnen sollen Bildung fördern, soziale Orientierungen vermitteln, interkulturell, partizipativ und teamorientiert arbeiten. Aus den vielfältigen Aufgaben ergeben sich hohe Ansprüche an die Kompetenz (Wissen und Können), die Performanz (Handlungsfähigkeit) und die Identität (Selbstbild, Werte, Normen) der Erzieherinnen. Ohne Engagement und gefühlsmäßige Beteiligung kann Erziehungsarbeit nicht geleistet werden. Konzeptionelle Differenzierungsfähigkeit und reflektierende Selbstkontrolle werden daneben immer wichtiger.

Nicht nur in Leitungsfunktionen müssen Erzieherinnen aufgrund der Dezentralisierungsprozesse in Institutionen zum Teil unternehmerische Fähigkeiten entwickeln.

Der hohe Anspruch an den Beruf macht ein lebenslanges Lernen sowie regelmäßige → Fort- und Weiterbildung erforderlich. Eine weitergehende Professionalisierung muss dazu beitragen, das tatsächliche Aufgabenprofil und das öffentliche Image des Berufes in Übereinstimmung zu bringen. Eine → Ausbildung auf Hochschulniveau könnte durch eigenständige Studiengänge für Erzieherinnen gesichert werden. Langfristig sollten die Ausbildungsgänge für Grundschullehrerinnen, Sozialpädagoginnen und Erzieherinnen einander angeglichen werden. Eine verstärkte Öffentlichkeitsarbeit und die Organisation von Erzieherinnen in Gewerkschaften und Berufsverbänden ist eine wichtige Voraussetzung für eine wirksame Interessensvertretung und für die Herausbildung berufsständischer Normen.

Walter Ellermann

■ Literaturtipps

Colberg-Schrader, H. (2000). Erzieherin – Berufsbild mit neuen Konturen. München: Don Bosco Verlag.
Mürbe et. al. (2005). Politik, Sozial-, Gesetzes- und Berufskunde – Basiswissen für ErzieherInnen. Weinheim/Basel: Beltz.

■ Kontakte

Arbeitsgemeinschaft für Erziehungshilfe (AFET) e.V.
  – Bundesvereinigung –
  Osterstraße 27
  30159 Hannover
  Tel.: 0511/353991-3 Fax: -50
  www.afet-ev.de/
Bundesverband Ev. Erzieherinnen und Sozialpädagoginnen e.V.
  Kurt-Schumacher-Str. 2
  34117 Kassel
  Tel.: 0561/1076.96 Fax: -01
  www.bundesverband-e-und-s.de/
Katholische Erziehergemeinschaft (KEG)
  Herzogspitalstr. 13/IV
  80331 München
  Tel.: 089/267041 Fax: 089/2606387

Bewegungserziehung

Wer mit Kindern arbeitet und lebt, kann beobachten, wie gerne sie sich bewegen. Sie rennen, hüpfen, schubsen, fallen übereinander her, wedeln mit den Händen, werfen sich hin, rollen und drehen, stoßen sich. Es gibt aber auch ruhige und leise Bewegungen, wie das Wiegen, sowie innere Bewegungen, wenn Kinder die Dinge, ihre Beziehungen zueinander und ihre Veränderbarkeit beobachten und auf sich körperlich wirken lassen.

Bewegung ist demnach mehr als ein mechanisches Verhalten oder ein rein motorischer Weg von A nach B. Bewegung kann auch eine Denkbewegung meinen oder eine emotionale oder wahrnehmende und soziale Bewegung sein. In der Bewegung verarbeitet das Kind auf vitale Weise Gedanken, Vorstellungen, → Emotionen und Sinneserfahrungen. Über den Widerstand, der sich über die Gegebenheiten der Umgebung oder des Sozialen einstellt, werden Kindern Grenzen und Möglichkeiten vermittelt, die für ihr Selbstverständnis und ihre Beziehung zur Welt von elementarer Bedeutung sind.

In der Theorie wird Bewegung unterschiedlich begründet und gedeutet. Eingegangen wird hier auf einen entwicklungspsychologischen, historisch-anthropologischen wie phänomenologischen Zugang, der jeweils unterschiedliche Akzente in Bezug auf das Verhältnis des Individuums zur Welt setzt.

Bewegung als Selbst- und Weltbezug ■

Bewegung und Wahrnehmung ■ In der → Entwicklungspsychologie ist der bekannte Schweizer Psychologe und Zoosiologe Jean Piaget (1896–1980) in den 40er Jahren auf die Bedeutung der Sensumotorik für die Intelligenzentwicklung des Kindes gestoßen. Er beobachtete bei seinen Versuchen mit Kindern, dass der Aufbau kognitiver Strukturen im Kindesalter eng verknüpft ist mit sensuellen und motorischen Erfahrungen. Doch wertete er den Zusammenhang von → Wahrnehmung und Bewegung lediglich als Vorstufe in der Entwicklung des → Denkens für operationale und abstrakte Handlungen, insbesondere in Bezug auf das Verstehen naturwissenschaftlicher Zusammenhänge.

Bewegung als Nachahmung in sozialen Prozessen ■ Heute wissen wir, dass Handlungen und Bewegung verschiedene Bedeutungen haben können, die vom Zusammenhang abhängig sind, d.h. in Zeit und Raum sowie sinnlich-körperlich verankert sind. Das Kind handelt und antwortet aus dem Geschehen, aus der Bewegung mit dem Anderen und den Dingen heraus. Es ist aktiv mitwirkend. Die Körperbewegung ist eine Handlungsmöglichkeit, sich die Welt anzueignen. Indem das Kind diese Welt formt, macht es sie zu einem Teil von sich selbst. Und umgekehrt wird das handelnde Kind von der Umwelt ergriffen und von ihr geformt. Diesen Gedanken verfolgen historisch-anthropologisch orientierte Konzepte, wie z.B. das von Gebauer/Wulf. Bewegung ist demnach eine Form mimetischen (nachahmenden, anähnelnden) → Lernens. Es zeigt sich von Geburt an als ein sinnliches, körperbasiertes Lernen, in dem Bilder, Schemata, Bewegungen praktischen Handelns weitestgehend unbewusst erlernt werden, nachhaltig wirken und in allen Bereichen der Kulturentwicklung eine wichtige Rolle spielen.

Körper – Bewegung – Raum ■ In der Phänomenologie des französischen Philosophen Maurice Merleau-Ponty (1908–1961) wird der Leib als fundierende Schicht und Grundlage aller Erkenntnis betrachtet. Der Leib wird im Unterschied zum bloßen Körper als lebendig und beseelt gedacht. Merleau-Ponty betrachtet den Unterschied zwischen Leib sein und Körper haben als eine Zweideutigkeit unserer Existenz, die nie in einer Ganzheit aufgeht. Für die Bewegung heißt das: In der Bewegung stellen wir Raum her und bilden ihn zugleich ab. Der Körper entwirft sich zur Welt hin und verlängert sich in sie, er misst sich an den Dingen und befragt sie, er antwortet auf die Aufforderungsstrukturen der Welt. Er ist Empfindungsträger, der Eindrücke erfährt und behält, er ist Ausdrucksorgan, mit dem wir Erlebtes kundtun und nicht zuletzt dient er der Orientierung und kann räumliche Erfahrungen und Wirkungen in ein Oben, Unten, Vorn und Hinten oder Fern und Nah ordnen. Wir nehmen durch unseren Körper wahr und werden zugleich durch ihn wahrgenommen, der Körper ist z.B. zugleich Sehender und Sichtbarer, Hörender und Gehörter. Durch den Leib/Körper nehmen wir uns selbst wahr und gleichzeitig auch das Außen und die anderen, die uns umgeben. Für eine Bewegungserziehung übersetzt heißt dies: Wir lernen nicht aus uns selbst heraus, sondern das Individuum handelt und antwortet aus dem Geschehen, aus der Begegnung mit den anderen und den Dingen heraus.

Bewegung als Erfinden von Neuem ■ Der Körper ist sozial und kulturell geprägt, aber er ist mehr als nur Spiegel einer Kultur. Seine Gesten und Bewegungen ermöglichen, dass wir uns etwas merken und gleichzeitig etwas Neues erfinden. Unser Wissen von Welt geht nicht allein im → Denken auf, sondern wird von unseren leiblichen Erfahrungen in Bewegung gehalten. Der Ansatz von Maurice Merleau-Ponty spricht sich grundlegend gegen eine auf Instrumentalität reduzierte Vernunft aus, d.h. dass jede Handlung zweckorientiert und zielgerichtet ist, und setzt sich für eine Reflexion bzw. Rückbezüglichkeit auf unsere Leiblichkeit, unsere körperlichen Erfahrungen ein. In einer Zeit, die wenig Wert auf die Intelligenz des Körpers legt – und wenn, dann im Sinne eines vermarktbaren technologischen Körpers – ist diese Sichtweise von großer Bedeutung, da sie den rein kognitiven Zugängen zur Welt etwas entgegenzusetzen weiß. Für Bildungs- und Erziehungsprozesse bedeutet das, sich darauf zu besinnen, dass → Lernen weder ein rein leiblicher, noch ein bloß kognitiver Vorgang ist. Lernen vollzieht sich vielmehr dann, wenn Körper und Geist zusammenarbeiten.

Pädagogische Konsequenzen ■ Für eine erzieherische Praxis stellt sich demzufolge die Aufgabe, Raum zu geben für Bewegung als *einen* elementaren und vitalen Zugang, die Welt und sich selbst im Verhältnis zur Welt und zur Weltsicht anderer zu erfahren. Der Weg, sich die Welt über Bewegung zu erschließen, ist hier zu verstehen als ein kognitiver *und* sinnlich-leiblicher Prozess, durch den das Kind aus dem Umgang mit den Dingen und den anderen vielfältige Kenntnisse über diese gewinnt. Damit verbindet sich eine Vorstellung von → Bildung und → Erziehung, die die Eigenaktivität von Kindern und Jugendlichen bei der Gestaltung ihrer Lebensentwürfe herausstellt.

Auf der praktischen Ebene gibt es nun verschiedene Perspektiven auf das Thema Bewegung. Auf der einen Seite geht es um Spiel-, Tanz- und Bewegungsräume, die stärker die inneren Räume, das innere Erleben in Bewegung zum Ausdruck bringen. Auf der anderen Seite haben wir es mit den Außenräumen zu tun, die die Architektur, die Umwelt ins Spiel bringen. Für eine breit angelegte Bewegungserziehung bedeutet dies, das Potenzial an Bewegungsmöglichkeiten für die Kinder zum einen von der Architektur, von der Umwelt her freizulegen, zum anderen müssen wir die Bewegungserziehung vom Kind und seinem Bewegungsdrang ausgehend konzipieren. Bewegung bedarf neben der Anregung für die Phantasie einer anregungsreichen Umgebung. Das erfordert eine Nutzung von Räumen über ihre Funktionen hinaus, das erfordert aber auch Räume, die dazu auffordern, sich geistig und sinnlich zu bewegen. Zu befragen wäre die Bewegungspraxis und Einrichtung demzufolge in zwei Richtungen: Zu welchen Bewegungen werden Kinder aufgefordert, zu welchen weniger? Welche Angebote brauchen die einzelnen Kinder konkret, um Phantasie, Spiel- und Bewegungsfreude ausagieren und artikulieren zu können?

Räume gestalten Bewegung ■ Für eine Bewegungserziehung bedeutet dies, die Bewegungs- und Ruhebedürfnisse von Kindern aufzugreifen und sie in den rhythmisierten Erziehungsalltag bewusst auch räumlich zu integrieren. Dazu gehört die Gestaltung sowohl der Innen- als auch der Außenräume. Denn es sind zuallererst die Räume, die zu Bewegung oder Rückzug auffordern. Rückzugsräume können Höhlen, geheime Orte oder Zelte sein. Flure und die in jeder Einrichtung zu findenden Toberäume lassen sich gezielt verwandeln in Bewegungsbaustellen. Materialien wie Balancegegenstände, Pappkisten, Stoffbahnen, Verkleidungsgegenstän-

de, Schaumstoffelemente sind willkommene Anreize zum phantasievollen und bewegungsreichen Spiel – sei es in Form eines offenen oder gezielten Angebots.

Bewegungen schaffen Räume ■ Neben den ästhetischen Momenten sind auch gesundheitliche Aspekte und die Körperpflege bedeutsam. Der Wechsel von z.B. Körperanspannung und -entspannung trägt dazu bei, ein Gespür dafür zu bekommen, welche Aktivität zu welchem Zeitpunkt unterstützend wirkt, Konzentration aufzubauen. Nicht zuletzt ist die soziale Erfahrung im Zusammenspiel mit anderen zu erwähnen. Hier können Kinder die Vielfalt an Möglichkeiten kennen lernen, die in den Herausforderungen von Bewegungsaufgaben und -angeboten enthalten sind. Die Erzieherinnen können die Erfahrung ermöglichen, wie wertvoll es sein kann, eigene Überzeugungen zurückzustellen und im gemeinsamen Probieren zu anderen Lösungen zu kommen, wie es z.B. die folgende Aufgabe verlangt: zu viert eine große Schlange kreieren, die beweglich ist und ganz leise und behutsam am Boden kriecht. Auch lernen Mädchen und Jungen miteinander und voneinander. Sie lernen sich zu beobachten, Unterschiede wahrzunehmen und es liegt an den Erzieherinnen ihnen zu zeigen, dass dies auch ohne abwertendes Urteilen geht. Dabei wird ein Prozess für einen Umgang miteinander initiiert, der langfristig von großer Wichtigkeit ist. Bedeutsam ist insbesondere die Regelmäßigkeit, so wie es auch die Forderung nach der bewegten Schule formuliert. Überzeugend wird die Bewegungserziehung vor allem dann, wenn die Erzieherinnen die eigene Freude an Körper und Bewegung einbringen.

Kristin Westphal

■ Literaturtipps

Westphal, K. (1997). Zwischen Himmel und Erde. Frankfurt/M.: Peter Lang.

Weiss, K. (Hg.) (1994). Bewegungsspiele mit Kindern. Weinheim/Basel: Beltz.

Gebauer, G./Ch. Wulf (1998). Spiel Ritual Geste. Reinbek: Rowohlt.

Bergmann, Brigitte (2006). Lernen durch Tanzen – Ein körperorientierter Lernansatz für Kinder nach Montessori. Weinheim/Basel: Beltz.

Herm, Sabine (2006). Psychomotorische Spiele für Kinder in Krippen und Kindergärten (12. Aufl.). Weinheim/Basel: Beltz.

 # Bildnerisches Gestalten

Beim bildnerischen Gestalten, werden Techniken eingesetzt, um sich zweidimensional auszudrücken und kreativ zu experimentieren. Es geht um das Zeichnen, Drucken und Herstellen von Collagen sowie um das Malen im engeren Sinne.

Während beim Zeichnen das Verfolgen einer Linie von Interesse ist und so unterschiedliche Spuren auf der Unterlage hergestellt werden können, ergibt sich beim Durchführen von Drucktechniken die Möglichkeit, seinen Entwurf zu vervielfältigen. Bei Collagen werden unterschiedliche Materialien zu neuen, ungewöhnlichen Kombinationen entwickelt und beim Malen werden die Farben und ihre Wirkung bei Mischversuchen erlebt.

Die Entwicklung der Kinderzeichnung ■

Spurschmieren (ca. 0,7 bis 1,6 Jahre) ■
Lange bevor das Kind fähig ist, einen Stift in der Hand zu halten, produziert es mit verschiedenen Materialien wie Wasser, Sand, Brei, Schnee aber Spuren, die seine Freude am Gestalten erkennen lassen.

Kritzeln (ca. ein bis drei Jahre) ■
Wenn das Kind einen Stift halten kann, beginnt es auf unterschiedlichen Flächen verschiedenartige Kritzel zu produzieren, die aus rhythmischen und schwungvollen Hand- bzw. Armbewegungen entstehen. Die Spuren, die dabei hinterlassen werden, haben für das Kind zunächst noch keine Bedeutung – im Vordergrund steht der lustvolle Charakter der Aktivität. Erst mit der Zeit erkennt es, dass es mit dem Stift etwas bewirken kann. Die Entwicklung des Kritzelns verläuft in verschiedenen Phasen: Beim **Hiebkritzeln** kommt

der Bewegungsimpuls aus dem Schultergelenk, der Zusammenhang zwischen Bewegung und produzierten Zeichen wird noch nicht erfasst. Beim **Schwingkritzeln** entstehen aus dem Ellenbogengelenk heraus gleichgerichtete dichte Strichanlagen. Das **Kreiskritzeln** erfolgt aus dem Handgelenk, so dass bereits kreis- und spiralförmige Gebilde, sogenannte Urknäuel, entstehen können. Mit der Zeit werden die Elemente auf dem Papier immer bewusster verteilt, das Kind kann zunehmend wiederholbare Zeichen produzieren, wie z.B. das sogenannte Urkreuz. In der letzten Etappe der Kritzelphase, ca. mit zweieinhalb Jahren, beginnt das Kind seine Produkte zu benennen. Immer noch steht aber die Freude an der Bewegung im Vordergrund und weniger die Darstellungsabsicht.

Kopffüßler (drei bis fünf Jahre) ■
In dieser Phase zeichnet das Kind zunächst kreisartige Gebilde, von denen strahlenförmige Striche in alle Richtungen ausgehen. Zwischen dem dritten und vierten Lebensjahr reduziert es die Striche, bis nur noch zwei bis vier übrig sind. Die erste Menschendarstellung wird erschaffen: Ein Kopf, an den sich direkt die Beine anschließen, während der Rumpf fehlt. Man spricht auch vom sogenannten Lebewesenschema. Am Ende der Kopffüßlerphase wird das Schema erweitert, um die Mitteilungsinhalte weiter ausdifferenzieren zu können. Das Kind beginnt nun auch andere Formen, wie z.B. Quadrate, zu produzieren, so dass mit der Zeit auch Häuser mit Fenstern, Autos und Bäume entstehen. Das Kind tritt in die Vorschemaphase ein.

Vorschemaphase und Werkreife (ca. ab vier Jahren) ■
Im vierten Lebensjahr beginnt das Kind, die Figuren auf seinem Bild zu ordnen; Szenen und Erzählmuster werden erkennbar, man spricht auch von der »Geburt des Bildes«. Das Kind richtet nun die einzelnen Elemente an den Koordinaten oben und unten aus, die typischen Himmels- und Grundlinien entstehen. Die Elemente bekommen immer mehr Details, z.B. Augen und Augenbrauen, so dass zunehmend die Ähnlichkeitsbeziehung zwischen Gemaltem und Realem zutage tritt. Das Kind erweitert

sein Repertoire an Ausgebildetem, es entstehen Häuser, Bäume, Hunde, Katzen und die Bilder bekommen immer mehr eine Handlungs- und Erzählstruktur.

Ab dem fünften Lebensjahr spricht man von der sogenannten Werkreife der Kinderzeichnung. Das Kind hat die grundlegenden Merkmale von Personen und Gegenständen sowie die Muster zur Entwicklung von Motiven und Bildorganisation erfasst.

Schemaphase I (fünf bis acht Jahre) ■ Das

Kind kann nun optisch erkennbare und aktuell nicht sichtbare Bildebenen gleichzeitig darstellen, man spricht von sogenannten »Röntgenbildern«. In das Bild eines Hauses werden z.B. gleichzeitig die Vorgänge eingezeichnet, die dort stattfinden. Überall malt das Kind nicht mehr nur die Vorgänge der äußeren, sondern auch der inneren Realität – Vorgänge, die dem Kind bewusst oder unbewusst bedeutsam erscheinen.

Schemaphase II (acht bis zwölf Jahre) ■

Merkmale dieser Phase sind, dass die Bilder noch detailreicher werden und die Ähnlichkeiten zwischen Gemaltem und Realem noch einmal beträchtlich zunehmen. Nach und nach werden auch die Größendimensionen beachtet und mit der Zeit versucht das Kind, Objekte in einer Tiefendimension darzustellen. Es ist schöpferisch tätig und entwickelt dabei neue Wege und Gestaltungsmöglichkeiten, macht neue Erfahrungen mit Techniken und Materialien, wodurch auch neue Denkstrukturen aufgebaut werden, und es entstehen immer wieder neue Assoziationen zu dem Gegenstand, der gerade gestaltet wird. Wenn das Kind durch diese Assoziationen dazu animiert wird, die gewonnenen Eindrücke zu erweitern und zu vertiefen, so bietet Malen die Möglichkeit kreativ zu sein.

Zur Bedeutung bildnerischen Gestaltens ■ Man geht heute davon aus, dass

Kinder die Fähigkeit, kreativ zu sein, von sich aus als Kraft mitbringen. In der Begegnung und Auseinandersetzung mit der jeweiligen Umwelt finden diese Kräfte ihren Ausdruck. Hieraus lässt sich für die → ästhetische Bildung folgern, dass es Aufgabe der Erwachsenen ist, Rahmenbedingungen zu gewähren, so dass die → Kreativität sich entwickeln kann und Förderung erfährt. Diese Auffassung steht im Gegensatz zu der früheren Vorstellung, dass die kreative Fähigkeit eine mitgegebene besondere Begabung sei, die nur wenige Menschen besitzen.

Das Kind besitzt das Bedürfnis zu kommunizieren und verwendet Malen als symbolischen Ausdruck. Es vermag Informationen der Umgebung zu entschlüsseln und seine Antwort bildnerisch auszudrücken. Malen ist eine Darstellungsweise der kindlichen Vorstellungswelt. Für ein Kind ist diese Möglichkeit, frei zu gestalten und mit seiner Umwelt zusammen zu wirken, eine Bereicherung, die das Selbstbewusstsein fördert und festigt.

Malen hat für Kinder die besondere Qualität, Gefühle darzustellen. Kinder besitzen die Fähigkeit, durch Farbwahl, Strichführung und Intensität etwas über ihren psychischen Zustand mitzuteilen. Gleichzeitig kann Malen aber auch die Möglichkeit bieten, Gefühle zu verarbeiten. So stecken in Kinderbildern auch verschlüsselte Wünsche, Erfahrungen, Ängste, Hilferufe und Hinweise auf konflikthafte psychische Entwicklungen. In der → Medienpädagogik werden durch Malen die Medienerlebnisse verarbeitet. In der → Kinderpsychotherapie werden manchmal Malen und seine Deutung (wie auch das → Spiel) in der Diagnosestellung eingesetzt.

Wichtig ist, dass die pädagogischen Angebote die Gelegenheit bieten, dass sich das Kind selbst betätigen kann. Die Möglichkeit, sich durch bildnerisches Gestalten auszudrücken, ist nicht nur eine wesentliche Voraussetzung für die ästhetische Bildung, sondern wirkt auch unterstützend und anregend für Bildungsprozesse in anderen Bereichen. Damit bekommt Malen in der erzieherischen Praxis einen anderen Stellenwert als bisher. Es geht um mehr als um eine Beschäftigungsmöglichkeit des Kindes, das Ausschmücken des Raumes, oder eine Geschenkidee. Bildnerisches Gestalten fördert die Fähigkeit zu denken und zu handeln, aber auch das Übertragen von Erfahrungen auf andere Lernbereiche. Daraus ergeben sich Überlegungen für die konkrete Arbeit der Erzieherin mit Kindern bei Malaktivitäten.

Praktische Konsequenzen ▪ Die Erzieherin sollte die speziellen Eigenheiten der jeweiligen Entwicklungsstufe beim Malen kennen und deuten, das Kind vor diesem Hintergrund beobachten und ihm die entsprechenden Anregungen zur Weiterentwicklung seiner Fähigkeiten anbieten. Das Kind braucht Freiräume, um Dinge, Farben, Lichtverhältnisse, Formen in Ruhe betrachten und gewonnene Eindrücke bildnerisch gestalten zu können. Es ist wichtig, dass die Erzieherin zum Malen Anregungen gibt. Das kann in Form von Themenvorgaben oder durch die Vermittlung von neuen Techniken geschehen, aber auch durch die Betrachtung von Bildkopien anderer Gemälde oder Museumsbesuche, bei denen Kinder Originale kennen lernen. Wichtig ist, dass das Kind genügend Raum hat, diese Eindrücke auch gefühlsmäßig zu verarbeiten. Darüber hinaus sollten folgende Aspekte berücksichtigt werden:

▪ Die Verwendung von Schablonen, die vom Erwachsenen vorher angefertigt wurden und als normative Vorlage gelten, wirkt kreativitätshemmend. Wenn ein Kind individuelle Vorstellungsbilder aufgebaut hat, können diese von ihm selbst zu Vorgaben werden, d.h. sie sind Bestandteil des Gestaltungsablaufs

▪ Es ist ratsam, Materialien und Techniken auszuwählen, die dem Entwicklungsstand des Kindes entgegen kommen; Fingerfarben, Wachsmalkreide, Dispersionsfarben sind z.B. geeignete Materialien für Vorschulkinder

▪ Da die ästhetische Bildung als Prozess zu verstehen ist, müssen Kindern Anregungen geboten werden, die gestalterische Entwicklungen ermöglichen. Daraus ist für die praktische Arbeit zu schließen, dass Malecken nicht gelegentlich angeboten werden, sondern ständig Räume zum Malen einladen und Material zur freien Auswahl vorhanden ist. Das Kind sollte sein Bedürfnis zu malen zu jeder Zeit umsetzen können. Die Erzieherin sollte technische Anleitung geben und so zum Experimentieren anregen

▪ Die gemalten Bilder sollten mit den Kindern gemeinsam besprochen werden. Auf diese Weise wird das Produkt nicht nur gewertschätzt, sondern das Kind lernt auch, dass jeder Mensch eine ganz eigene Bildsprache verwendet, um Dinge, Erlebnisse und Gefühle auszudrücken.

▪ Darüber hinaus sollten die Bilder von Kindern immer wieder ausgestellt werden. Damit wird zum Ausdruck gebracht, dass das Kind ein Produkt nach seiner Phantasie erstellt hat, das den Wert hat, von allen Kindern, Erziehern, Eltern und Besuchern betrachtet zu werden.

In vielen Einrichtungen nimmt die angemessene Darstellung der Kinderbilder einen immer größeren Rahmen ein, so dass auch überlegt werden sollte, wie Bilder präsentiert werden. Erfahrungen aus der → Reggiopädagogik können hier sehr hilfreich sein. Hierzu gehören neben der Ausstellung der Produkte auch die Fotos von der Entstehung der Bilder – auf diese Weise können die Eltern und die Öffentlichkeit die kreative Gestaltung nachvollziehen.

Hartmut Hansen

▪ **Literaturtipps**

Braun, D. (2002). Handbuch Kunst und Gestalten. Freiburg: Herder.

Dreier, A. (2006). Was tut der Wind, wenn er nicht weht? Begegnungen mit der Kleinkindpädagogik in Reggio Emilia (5. Aufl.). Weinheim/Basel: Beltz.

Ullrich, W./Brockschnieder, F.-J. (2001). Reggio-Pädagogik im Kindergarten. Freiburg: Herder.

Wierz, J. (2000). Aber ich kann doch gar nicht malen! Mühlheim: Verlag an der Ruhr.

 # Bildung

Bildung ist ein Zentralbegriff und zugleich eine Besonderheit der deutschen Pädagogik, der in Abgrenzung zum Erziehungsbegriff die inhaltliche Seite der pädagogischen Bemühungen betonen soll. Er zielt darauf, die Fähigkeiten des Wissens, des Verstehens, der Kritik, der Aneignung von Wirklichkeit und eine die Weltzusammenhänge durchdringende Einstellung zu beschreiben, zu systematisieren und zu vermitteln. Über die alltagssprachliche Reduzierung auf Wissen, Wissenserwerb und Unterricht hinaus meint der Begriff die Entfaltung der menschlichen Persönlichkeit in der Auseinandersetzung mit der natürlichen, kulturellen, technischen, politisch-sozialen, ästhetisch verwandelten Welt (»interaktive Bildsamkeit«, Benner 1991), Bildsamkeit ist demnach das Resultat einer freien, eigenen Anstrengung. Bildung ist insofern nicht nur und nicht notwendig an (organisierten) Unterricht geknüpft, sondern seit je aufgehoben in und erzeugt durch gesellschaftlich bedingte Tätigkeit. Bildung ist immer sowohl ein pädagogischer als auch ein politischer Begriff.

Es gibt allerdings keinen einheitlichen Bildungsbegriff in der Pädagogik. Bildungstheorien sind abhängig vom wissenschaftstheoretischen sowie politisch-philosophischen Standpunkt ihrer Autoren. Es gibt geisteswissenschaftliche, materialistische, gesellschaftskritische Bildungstheorien und empirische Bildungsforschung.

Abgrenzung zum Erziehungsbegriff ■

In der deutschen pädagogischen Tradition werden Bildung und Erziehung im Hinblick auf die Perspektiven und Prozesse unterschieden. Allerdings ist das Trennende oft vage und eher unklar, so dass die Begriffe häufig synonym verwendet werden. Entstehungsgeschichtlich unterscheiden sich Bildung und Erziehung insofern, als der bereits bei Platon (427–347 v. Chr.) erwähnte Erziehungsbegriff deutlich älter ist als der im 18. Jahrhundert aufkommende Bildungsbegriff.

Folgt man dem Erziehungswissenschaftler Dietrich Benner (1987), befasst sich die Theorie der Bildung mit dem *Was* und dem *Wozu*, die Theorie der Erziehung mit dem *Wie*. Dieser Vorschlag macht zweierlei und zwar Gegensätzliches deutlich: Zum einen lässt sich leicht nachweisen, dass es Erziehung auch mit dem Wozu (Erziehung zur Mündigkeit), andererseits Bildung auch immer mit dem Wie (Methode der Vermittlung und Aneignung) zu tun hat, die Differenz also weiter-

hin unklar bleibt. Zum anderen ist plausibel, dass Bildung den Sachen (dem Was), d.h. dem Wissen, Problemlösen und Können gegenüber Dingen und Prozessen, näher ist als Erziehung, deren Hauptanliegen die menschliche Begegnung (das Wie), d.h. die Beförderung der Selbstfindung und sozialen Umgangsweisen der Kinder ist. Allerdings ist auch Bildung nicht vorstellbar ohne ihre Ausrichtung auf wertorientierende Einstellungen und ohne Auswirkung auf die Identitätsbildung der Kinder, wie Horst Rumpf (1982) analysiert hat. Dem hatte schon der Pädagogik-Philosoph Friedrich J. Herbart (1835) mit seiner Vorstellung vom erziehenden Unterricht Rechnung getragen. Hartmut von Hentig (1996) verbindet in seinem Bildungsbegriff beide Seiten miteinander, nämlich den Aspekt der Aneignung der Welt mit dem der Entwicklung einer → Persönlichkeit. Denn Bildungseinrichtungen, sei es Schule oder Kindergarten, sind Lebens- und Erfahrungsräume, deren Auftrag nach v. Hentig (1993) lautet: »die Menschen stärken, die Sachen klären«. Im Resultat der Persönlichkeitsbildung als Welt- und Identitätsgewinn konvergieren Bildung und Erziehung.

Zur Geschichte ■

Im späten 18. Jahrhundert, zur Zeit der Aufklärung, wird der Bildungsbegriff in die deutsche Pädagogik eingeführt. Vor allem im Zuge der Französischen Revolution (1789) erkannte das aufstrebende Bürgertum Bildung als politische und ökonomische Kraft. Es war Wilhelm von Humboldt (1767–1835), der als Vertreter des neuen griechisch-deutschen Humanismus damals einen bis heute nachwirkenden, politisch-ästhetischen Bildungsbegriff formulierte, wonach Bildung einen personalen Eigenwert besitze, ja sogar Menschlichkeit begründe: »Der wahre Zweck des Menschen [...] ist die höchste und proportionirlichste Bildung seiner Kräfte«, wobei »Freiheit die erste und unerläßliche Bedingung« sei (Humboldt 1792).

Am Anfang des 19. Jahrhunderts hat dann Johann Friedrich Herbarth (1776–1841) eine bis ins 20. Jahrhundert wirkende Bildungslehre entworfen, in der er bereits den eigenen Anteil und die Kompetenz der Kinder an ihrer Bildung betont: »Gebt ihnen eine interessante Erzählung, reich an Begebenheiten, Verhältnissen, Charakteren [...]. Ihr werdet sehen, wie die kindliche Aufmerksamkeit darin wurzelt, wie sie noch tiefer hinter die Wahrheit zu kommen und alle Seiten der Sache hervorzuwenden sucht, wie der mannigfaltige Stoff ein mannigfaltiges Urteil anregt, wie der Reiz der Abwechslung in das Vorziehen des Besseren endigt [...].« (Herbarth 1806) Es wird darin aber auch deutlich, dass Bildung vielfältiger Anregungen bedarf, so komme der junge Mensch von der »Unbestimmtheit zur Bestimmtheit«.

Zur Zeit des Nationalsozialismus wurde Bildung massiv missbraucht, d.h. für Herrschaftszwecke funktionalisiert. Sie war Volksbildung oder elitäre Bildung. Für die ideologische Absicherung und die rassistische Herrenmensch-Theorie wurde ein auf Auslese zielendes Bildungssystem entworfen. Es entstanden Adolf-Hitler-Schulen und Nationalpolitische Schulen (Napola).

In der Nachkriegszeit der 1950er Jahre herrschte ein konservatives geisteswissenschaftlich geprägtes Bildungsdenken vor, das sich angstvoll apolitisch artikulierte. Wurde der Bildungsbegriff dann in den 1960er Reformjahren im Zuge der Reformulierung des erziehungswissenschaftlichen Selbstverständnisses als untauglich, belastet und elitär verworfen, ist er in den letzten ca. 25 Jahren vor allem unter dem Eindruck neuer sozialer Bewegungen, der Friedens- und Ökologieproblematik, der technologischen Modernisierung, der sozialen Individualisierung und der (Wieder-)Entdeckung der Bildungspotenziale in der frühen Kindheit erneut vitalisiert worden.

In den 1980er Jahren hat der Bildungstheoretiker Wolfgang Klafki (1985) den Bildungsbegriff neu als eine »zentrierende« und orientierende Kategorie entworfen, die die Funktion habe, Lehren und Lernen begründbar, verantwortbar und beurteilbar zu machen. Bildung ist hier inhaltlich definiert und zwar mit gesellschaftskritischer Intention. Dieser gewandelte Bildungsbegriff ist der Aufklärung verpflichtet, denn er appelliert an die Vernunftfähigkeit des Menschen, sich aus seiner »selbstverschuldeten Unmündigkeit« zu befreien (Immanuel Kant, 1724–1804). Bildung muss also politisch als Prozess der Mündigkeit bzw. der Emanzipation verstanden werden, als eine Fähigkeit, wie Hans Joachim Heydorn (1916–1974) feststellte, Herrschaft aufzuheben und »den frei gewordenen Menschen an ihre Stelle zu setzen«. Insofern ist Bildung für den auf Gesellschaft angewiesenen Menschen jenes Potenzial, das ihm die höchste Form seiner individuellen Subjektwerdung erlaubt.

Das gesellschaftliche und ökonomische Interesse an Bildung besteht darin, sich zu reproduzieren und Wissen und Können zu verwerten. Vor diesem Hintergrund ist Bildung auf (technische) Qualifikation konzentriert und büßt ihre politische und subjektive Kraft ein.

Bildungsauftrag und Bildungsinstitutionen ■
Zwar erwirbt man einerseits Bildung durch Teilhabe an gesellschaftlicher Praxis, andererseits bedarf es aber gesellschaftlicher Institutionen, um Bildung in verdichteter und systematischer Form zu vermitteln bzw. zu ermöglichen. So haben → Kindergärten und Horte (Kinder- und Jugendhilfegesetz), Allgemein- und Berufsbildende Schulen (Landesschulgesetze) sowie Hochschulen (Hochschulrahmengesetz) einen je spezifischen Bildungsauftrag wahrzunehmen. Die Realisierung dieses Auftrages gelingt dann, wenn der normative Bildungsanspruch (formale Bildung) mit den Bildungserlebnissen und -erfahrungen als selbst konstruierter Prozess (materiale Bildung) in einer konkreten, fruchtbaren Synthese mündet.

Der Prozess der Bildung ■
Bildung vollzieht sich als reflektierte Interaktion zwischen Person und Welt. Welt ist die von Menschen hergestellte Wirklichkeit. Daraus erwächst die Bildungsaufgabe, sich Realität anzueignen und vermöge eigener kreativer Tätigkeit auch zu verwandeln, um in der Welt handlungsfähig und im ästhetischen Sinne zum Lebensgenuss fähig zu werden. So gesehen hat Bildung einen Doppelcharakter.

Sie ist, wie der Philosoph Leonard Nelson (1882–1927) schreibt, »Gestaltung und Formung«. Sie gestaltet Welt und formt das Ich. Aber auf dem Weg der Subjektwerdung heißt Formung nicht geformt werden, sondern Selbstformung.

Dieser Einsicht trägt der moderne konstruktivistische, nun auch für den Elementarbereich konzipierte Bildungsbegriff Rechnung. Danach ist Bildung nicht machbar. Bildungsinstitutionen wie Kindergarten, Schule oder Hochschule können Lernen zwar didaktisch aufbereiten, aber nicht eine gebildete Einstellung zur und Urteilsbildung über die Welt herstellen. Bildung ist als subjektiver Vorgang vor allem ein autopoietischer (selbstherstellender) Prozess, bei dem das Kind bzw. der Jugendliche Konstrukteur seiner Bildung und damit Selbst-Hersteller seiner Identität ist (Laewen & Andres). Bildung ist so gesehen pädagogisch letztlich unverfügbar (Kontingenzprinzip), aber durch didaktische Inszenierungen förder- und anregbar. So werden schon in der Elementarpädagogik auf spielerische Weise naturwissenschaftliche Erkenntnisse, literarisch-sprachliche (literacy) oder mathematische Fähigkeiten in Gang gesetzt. Eine Voraussetzung dafür ist das Verstehen von Bildungsprozessen bei Kindern und Jugendlichen.

Dieter Sinhart-Pallin

■ Literaturtipps

Gudjons, H. (2003). Pädagogisches Grundwissen (8. Aufl.). Bad Heilbrunn: Klinkhardt.

Laewen, H.-J./Andres, B. (Hg.) (2002). Bildung und Erziehung in der frühen Kindheit. Weinheim/Berlin/Basel: Beltz.

Merkel, J. (2005). Gebildete Kindheit. Wie die Selbstbildung von Kindern gefördert wird. Handbuch der Bildungsarbeit im Elementarbereich. Bremen: édition lumière.

Schäfer, G. E. (2001). Bildungsprozesse im Kindesalter. Selbstbildung, Erfahrung und Lernen in der frühen Kindheit (2. Aufl.). Weinheim/München: Juventa.

Bildungsplan

Seit Beginn der 1990er Jahre wird international eine politisch motivierte Debatte über die Bedeutung früher → Bildung und deren Stellenwert im Bildungssystem geführt. Sie brachte die Erkenntnis, dass frühkindliche Bildungsprozesse das Fundament im Bildungssystem darstellen und aus diesem Grund eine hohe Bildungsqualität in den entsprechenden Institutionen zu sichern ist. Das Instrument hierfür boten Bildungspläne, die verbindlich für alle Tageseinrichtungen für Kinder gelten sollten. Neuseeland, Finnland und Norwegen begannen 1966, solche Bildungspläne einzuführen, gefolgt von Queensland/Australien (1997), Schweden (1998), Chile (1999), Schottland /UK (1999), England (2000; 2002). Andere Länder haben ihre Bildungspläne aktualisiert, wie z.B. Griechenland (2001) und Frankreich (2002). Finnland hat 2003/2004 erneut den Bildungsplan reformiert und Dänemark, das ein dereguliertes Bildungssystem befürwortete, entwickelte 2003/2004 einen Bildungsplan mit verbindlichem Charakter für alle Einrichtungen. Im Jahre 2001 hat der Verfasser dieses Beitrags die Entwicklung solcher Pläne auch für Deutschland gefordert und leitete die Entwicklung des Bayerischen Bildungs- und Erziehungsplans ein. Vier Jahre danach kann festgestellt werden, dass alle Bundesländer diesem Beispiel folgten.

Bildungsverständnis ■ Parallel zu dieser politischen Debatte entbrannte auch eine fachliche Diskussion über das Bildungsverständnis, das diesen Bildungsplänen zugrunde gelegt werden soll. Während auf internationaler Ebene eine weitgehende Übereinstimmung darin besteht, was man unter frühkindlicher Bildung zu verstehen hat, beobachtet man in Deutschland seit der Mitte der 1990er Jahre eine Auseinandersetzung zwischen jenen, die Bildung als Selbstbildung verstehen und der Position anderer, die Bildung als sozialen Prozess konzeptualisieren. Erstere greifen auf die traditionsreiche deutsche Diskussion zurück, in der die Bedeutung von Bildung für die Persönlichkeitsentwicklung hervorgehoben wird. Bildung wird individuumszentriert im Sinne von Autopoiesis (Fähigkeit, aus sich selbst heraus etwas zu schaffen) definiert und sie grenzt sich von anderen Prozessen deutlich ab, wie z.B.

→ Lernen, Entwicklung und → Erziehung. Das Kind eignet sich seine Welt mittels eigener Aktivität an. Der Erziehung kommt die Aufgabe zu, hierfür geeignete Anregungen zur Verfügung zu stellen, die jedoch keinen direkten Einfluss auf die so verstandene kindliche Bildung hat. Dieser Auffassung liegt ein Verständnis von Entwicklung zugrunde, das im Wesentlichen den Annahmen des klassischen Konstruktivismus folgt, wonach »alles Wissen vom Kinde nach Maßgabe seiner kognitiven Fähigkeiten konstruiert wird« (Gisbert 2004). Damit werden die Bildungsprozesse auf die Seite des Kindes verlegt, während der Fachkraft die Erziehung überlassen wird. Dies führt zur Dichotomisierung (Zweiteilung) zwischen Bildung und Erziehung, die in keinem anderen Land der Welt in dieser Form vorzufinden ist.

Entgegen dieser Auffassung wird von Fthenakis (2001; 2002) die Auffassung vertreten, dass gemäß sozialkonstruktivistischer Annahmen das Kind von Geburt an in soziale Beziehungen eingebettet ist. Demnach findet Bildung im sozialen Kontext statt und ist als Ergebnis sozialer Austauschprozesse anzusehen, an denen die Kinder, die Fachkräfte, die Eltern und andere aktiv mitwirken. Bildung entsteht demnach durch Ko-Konstruktion und in diesem Prozess wird Sinnkonstruktion angestrebt. Lernen und Wissenskonstruktion werden als interaktionale und ko-konstruktive Prozesse aufgefasst (Gisbert 2004).

Betrachtet man die in Deutschland entwickelten Bildungspläne, so wird man zwischen solchen der ersten und der zweiten Generation unterscheiden. Zu den Plänen der ersten Generation zählen alle bislang vorgelegten, mit Ausnahme des »Bildungs- und Erziehungsplans für Kinder von 0 bis 10 Jahren in Hessen« (2005) und des Bildungsplanes des Landes Thüringen mit dem vorläufigen Titel »Startchance Bildung: Der Thüringer Bildungsplan für Kinder bis 10 Jahre« (2005). Der Bayerische Bildungs- und Erziehungsplan (2005) nimmt in seiner überarbeiteten Fassung eine Zwischenstellung zwischen den Plänen der ersten und der zweiten Generation ein, da er Elemente von beiden enthält.

Bildungspläne der ersten Generation ■

Charakteristisch für diese Bildungspläne ist, dass sie sich nur auf den vorschulischen Bereich und primär auf den institutionellen Rahmen konzentrieren. Sie konkretisieren und regulieren den Bildungsauftrag der Tageseinrichtungen für Kinder bis zum sechsten Lebensjahr und berücksichtigen den Übergang in die Grundschule. In vielerlei Hinsicht lassen sich jedoch auch Unterschiede feststellen: in Bezug auf die Bezeichnung, die implizit oder explizit zugrunde liegenden Annahmen bezüglich Bildung, die Lernfelder, Bildungsziele, den Geltungsbereich und ihre Verbindlichkeit. Neben dem »Bayerischen Bildungs- und Erziehungsplan« (2005) bzw. dem »Bildungs- und Erziehungsplan für Kinder von 0 bis 10 Jahren in Hessen« (2005) und dem Thüringer Bildungsplan (»Startchance Bildung: Der Thüringer Bildungs- und Erziehungsplan für Kinder bis 10 Jahre«, 2005), findet man das »Berliner Bildungsprogramm für die Bildung, Erziehung und Betreuung von Kindern in Tageseinrichtungen bis zu ihrem Schuleintritt«, den »Orientierungsplan für Bildung und Erziehung für die baden-württembergischen Kindergärten« bzw. den Bremer »Rahmenplan für Bildung und Erziehung im Elementarbereich«, die »Grundsätze elementarer Bildung in Einrichtungen der Kindertagesbetreuung im Lande Brandenburg«, die »Bildungsvereinbarung NRW-Fundament stärken erfolgreich starten« (2003), die »Bildungs- und Erziehungsempfehlungen für Kindertagesstätten in Rheinland-Pfalz« (2004).

In den jeweiligen Bezeichnungen der Bildungspläne drückt sich ein unterschiedliches politisches Verständnis in Bezug auf ihre Bedeutung und Steuerungsfunktion aus. Keinem Plan gelingt es, die alte Dichotomie zwischen Bildung und Erziehung zu überwinden und einige Titel stehen sogar in Diskrepanz zu den von ihnen vertretenen Grundannahmen, was das Verhältnis zwischen Bildung und Erziehung anbelangt. Auch im Hinblick auf das Bildungsverständnis lassen sich die bereits erwähnten Positionen in den vorgelegten Plänen vorfinden: So basieren z.B. die Empfehlungen des Landes Nord-Rheinwestfalen auf den konstruktivistischen Annahmen eines Selbstbildungsprozesses, während die Pläne in Bayern und Hessen dem sozialkonstruktivistischen Paradigma folgen und Bildung als sozialen Prozess begreifen. Eine Zwischenstellung nimmt der Bildungsplan von Rheinland-Pfalz ein, in dem Ansätze aus beiden Positionen enthalten sind, was allerdings die Frage nach dessen theoretischer Konsistenz aufwirft.

Die Pläne differieren auch hinsichtlich der Art und der Anzahl der Lernfelder, die sie als Medium zur Gestaltung von Bildungsprozessen verwenden. Das Berliner Bildungsprogramm behandelt sieben Lernfelder: (a) Körper, Bewegung und Gesundheit; (b) Soziale und kulturelle Umwelt; (c) Kommunikation: Sprachen, Schriftkultur und Medien; (d) Bildnerisches Gestalten; (e) Musik; (f) Mathematische und (g) Naturwissenschaftliche und technische Grunderfahrungen. Die Bildungsempfehlungen in Rheinland-Pfalz sehen hingegen 11 Lernfelder vor: (a) Wahrnehmung; (b) Sprache; (c) Bewegung; (d) Künstlerische Ausdrucksformen (gestalterisch-kreativer Bereich, musikalischer Bereich); (e) Theater, Mimik, Tanz; (f) Religiöse Bildung; (g) Gestaltung von Gemeinschaft und Beziehungen; (h) Interkulturelles und interreligiöses Lernen; (i) Mathematik, Naturwissenschaft, Technik; (j) Naturerfahrung, Ökologie; (l) Körper, Gesundheit, Sexualität; (m) Medien. Aus dieser Diversität lässt sich folgern, dass in unterschiedlichen Bundesländern letztendlich eine unterschiedliche Bildungsqualität in den Tageseinrichtungen für Kinder unter sechs Jahren geboten wird. Trotz mancher Bemühungen der Jugend- und der Kultusministerkonferenz ist es bislang nicht gelungen, die erforderliche länderübergreifende Verständigung bezüglich Bildungsqualität und Lernfelder zu erreichen.

Nicht zuletzt unterscheiden sich die Bildungspläne bezüglich des Geltungsbereichs und der Verbindlichkeit. Nur der Bayerische Bildungs- und Erziehungsplans gilt seit dem 1. September 2005 verbindlich für alle Einrichtungen, die anderen Pläne verbleiben bisher im Status von Empfehlungen, Rahmenplänen, Richtlinien und Vereinbarungen.

Bildungspläne der zweiten Generation ■ Mit der Veröffentlichung des englischen Bildungsplans für Kinder von 0 bis 3 Jahre im Rahmen des Programms »Sure Start« und mit der Entwicklung des »Bildungs- und Erziehungsplans für Kinder von 0 bis 10 Jahre in Hessen« wird eine neue Ära bei der Konstruktion von Bildungsplänen eingeleitet. So stellt der Hessische Bildungsplan konsequent das Kind und nicht die Institution in den Mittelpunkt: das sich entwickelnde und lernende Kind, das von Anfang kompetent seine eigene Bildung ko-konstruiert und das das Recht auf bestmögliche Bildung beansprucht. Dieser Bildungsplan ist institutionenübergreifender Art und umfasst somit Bildungsprozesse von der Geburt bis zum Ende der Grundschule. Damit weist er die Auffassung zurück, dass Bildungsprozesse in den Kindergärten und Grundschulen prinzipiell unterschiedlich organisiert werden sollen. Er ist zudem lernortorientiert, indem er neben den Bildungsinstitutionen auch alle weiteren Lernorte und Institutionen einbezieht, in denen Lern- und Bildungsprozesse von Kindern stattfinden. Nicht zuletzt kennzeichnet diesen Bildungsplan die individualisierende Perspektive bei der Ausgestaltung der Bildungsprozesse: Es wird erwartet, dass jeweils auf das individuelle Lernverhalten des Kindes, sein Geschlecht, seine kulturelle und soziale Herkunft, sein Entwicklungsniveau sowie auf seine individuellen Bedürfnisse reflektiert wird. Konsistenz im Bildungsverlauf wird in diesem Plan über seine Grundsätze und Prinzipien, in den Bildungszielen und in den Bildungsprozessen hergestellt.

Grundsätze und Prinzipien der (meisten) Bildungspläne ■ Trotz mancher Unterschiede und trotz der Zuordnung der Bildungspläne zu jenen der ersten bzw. der zweiten Generation finden sich allgemeine Grundsätze und Prinzipien, die den Orientierungsrahmen für neuere Bildungspläne bieten: Es wird ein Bild vom kompetenten Kind sowie eine Diversität von Kindern und → Kindheit bei der Konstruktion von Bildungsplänen vertreten. Demnach gibt es nicht das Kind, sondern unterschiedliche Kinder und eine Vielzahl von Kindheiten, denen die Bildungspläne mehr oder weniger gerecht werden. Frühes Lernen wird als die Grundlage lebenslang orientierter Lernprozesse betrachtet. Bildung wird international (weniger auf nationaler Ebene) als sozialer Prozess konzeptualisiert und es wird dabei kein fundamentaler Unterschied zwischen Entwicklung, Lernen und Bildung gemacht – ähnliches gilt auch für die Beziehung zwischen Spielen und Lernen.

Frühe kindliche Bildung zielt auf die Stärkung kindlicher Entwicklung und demnach kindlicher Meta-Kompetenzen ab. Dies wird jedoch in den einzelnen Bildungsplänen in Deutschland sehr unterschiedlich konzeptualisiert. Während das Berliner Bildungsprogramm vier Bildungsdimensionen aufweist – (a) Ich-Kompetenzen; (b) Sozialkompetenzen; (c) Sachkompetenzen und (d) Lernmethodische Kompetenzen) –, versuchen der Bayerische und der Hessische Bildungsplan eine Differenzierung höheren Grades. Sie unterscheiden zunächst zwischen (a) individuumspezifischen Kompetenzen; (b) Kompetenzen, die das Kind befähigen im sozialen Kontext zu handeln; (c) lernmethodischen Kompetenzen und (d) Kompetenzen zur (aktiven) Bewältigung von Belastungen und Veränderungen (Stärkung der Widerstandskraft – Resilienz) und differenzieren dann innerhalb dieser Bildungsdimensionen. So wird etwa bei den individuumbezogenen Kompetenzen zwischen personalen, emotionalen, motivationalen und körperbezogenen Kompetenzen unterschieden. Auf diese Weise erhält die Fach- und Lehrkraft ein genaues Bild jener Kompetenzen, die zum Gegenstand von Bildungsprozessen werden sollen.

Nutzen und Grenzen von Bildungsplänen ■ Übereinstimmend wird festgestellt, dass die Bildungspläne einen Beitrag zur Konzeptualisierung von Bildungsprozessen bieten. Sie sind als Orientierungspläne anzusehen, die dazu beitragen, Bildungsprozesse in den Tageseinrichtungen für Kinder aus der fachlichen Beliebigkeit herauszunehmen und eine landesweite Regulierung zu ermöglichen. Ferner eignen sie sich dafür, die Komplexität von Bildungsprozessen und damit auch die Relevanz dessen nach außen zu vermitteln, was die Fachkräfte in diesem Bildungsbereich leisten. Nicht zuletzt bieten sie einen Referenzrahmen, von dem aus die für Bildungsprozesse geeigneten Rahmenbedingungen reflektiert und politisch begründet werden können.

Trotz des hier skizzierten Nutzens und deren positive Aufnahme von Bildungsplänen durch die Fachkräfte, die Politik und die Eltern darf man nicht übersehen, dass sie lediglich ein Instrument sind, das allein nicht ausreicht, um Bildungsqualität im System der Tageseinrichtungen für Kinder zu gewährleisten. Sie tragen zwar zu seiner Weiterentwicklung bei, denn keiner anderen Maßnahme ist es in den letzten dreißig Jahren gelungen, so schnell und so viel zu verändern, wie den Bildungsplänen. Dennoch bedarf das gesamte System der Reform. Und trotz der offensichtlichen Vorteile werfen die Bildungspläne andere, neue Fragen auf. Wie viel Regulierung kann das System verkraften? Wie verbindlich dürfen solche Pläne sein? Und wie und von wem soll deren Umsetzung kontrolliert werden? Welche Sanktionen sind bei deren Nichtbeachtung zu erwarten? Diese Fragen leiten derzeit eine durchaus kritische Debatte über den Stellenwert, den Nutzen und die Grenzen solcher Bildungspläne ein.

Wassilios E. Fthenakis

■ **Literaturtipps**

Fthenakis, W.E. (2001). Viel Lärm um nichts? klein & groß, Heft 2, 7–14, 32–36.
Fthenakis, W.E. (2002). Der Bildungsauftrag in Kindertageseinrichtungen: ein umstrittenes Terrain. klein & groß, Heft 1, 24–27.
Gisbert, K. (2004). Lernen lernen. Weinheim: Beltz.

Biografiearbeit

Biografiearbeit ist ein relativ neuer Ansatz in der psychosozialen Arbeit mit Kindern, Jugendlichen und Erwachsenen. Mit dieser Methode lässt sich die Lebensgeschichte eines Menschen strukturiert aufzeichnen und die Verarbeitung lebensgeschichtlicher Ereignisse fördern. Diese biografische Selbstreflexion stellt eine Möglichkeit zur Unterstützung der Identitätsfindung dar. Durch das Verstehen der eigenen Lebensgeschichte kann ein Annehmen der eigenen Person gelingen, was wiederum Möglichkeiten zur Weiterentwicklung und zum persönlichen Wachstum bietet.

Biografiearbeit kann in allen Lebensphasen eingesetzt werden – mit Kindern und Jugendlichen ebenso wie mit älteren Menschen. Besonders kommt Biografiearbeit dort zum Tragen, wo Krisen oder Wendepunkte in der Lebensgeschichte eines Menschen eine Rückschau erfordern oder wo unbekannte oder unverstandene Teile der Biografie der Erklärung und Verarbeitung bedürfen. In der Altenarbeit dient sie auch dazu, die Arbeit und die Angebote der Pflegekräfte auf das bisherige Leben der Klienten abstimmen zu können, vor allem in der Arbeit mit Demenzkranken.

Mit Kindern und Jugendlichen wird Biografiearbeit häufig dann durchgeführt, wenn diese keine oder wenig Informationen über ihre eigene Lebensgeschichte und leibliche Familie haben, weil sie z.B. bei Pflege- oder Adoptiveltern oder im Heim leben (→ Adoption). Durch die Biografiearbeit soll das Kind einen Zugang zu seiner Lebensgeschichte erhalten und damit in seiner Identitätsentwicklung unterstützt werden. Zurückliegende Ereignisse, wie z.B. die Gründe für die Fremdunterbringung, können geklärt werden, das Kind wird so von Schuldgefühlen entlastet. Durch die Beschäftigung mit seiner eigenen Geschichte und seiner Person erfährt es Würdigung, Wertschätzung und Interesse.

Biografiearbeit stellt keine → Psychotherapie dar, sondern gilt wie etwa auch die Ergotherapie als eine Methode der Soziotherapie. Gleichwohl aber kann Biografiearbeit im therapeutischen Kontext zur Anwendung kommen.

Zur Methode ■ Biografiearbeit beinhaltet das Erstellen einer Aufzeichnung vom Leben des Kindes oder Jugendlichen. Dies kann in Buchform geschehen – als Lebensbuch – oder aber z.B. als Hörkassette, Videoaufzeichnung. Auch Besuche an wichtigen Orten, wie etwa einem früheren Wohnort des Kindes, oder Interviews mit Verwandten können Teil der Biografiearbeit sein.

Biografiearbeit sollte von einem Erwachsenen durchgeführt werden, der eine gute Beziehung zum Kind hat (z.B. die Bezugserzieherin) und sich über einen längeren Zeitraum hinweg regelmäßig dieser Arbeit widmen kann. Umfang und Dauer der Arbeit richten sich nach der Lebensgeschichte, dem Alter und Entwicklungsstand des Kindes – einen Zeitraum von einem halben Jahr mit regelmäßigen Treffen sollte man mindestens einplanen. Eine ungestörte Arbeitsatmosphäre muss gewährleistet sein, um ein Vertrauensverhältnis zum Kind herzustellen. Verlässlichkeit, Vertrauen und Sensibilität von Seiten des Erwachsenen sind unabdingbare Voraussetzungen für diese Arbeit. → Supervision zur eigenen Reflexion ist deshalb ratsam.

Zur Vorbereitung empfiehlt sich die Rekonstruktion der Lebensgeschichte durch das Erstellen einer Lebensgrafik oder Lebenskurve. Entlang dieser Zeitleiste werden chronologisch die subjektiv wichtigen Ereignisse wie Wohnortwechsel oder Verlust der Bezugspersonen eingetragen. Dazu muss man sich bereits im Vorfeld Informationen z.B. von den leiblichen Eltern oder dem Jugendamt einholen.

Ein Lebensbuch sollte dann Folgendes beinhalten:

- Die persönlichen Daten des Kindes (Geburtsdatum, Name, Namensbedeutung, persönliche Vorlieben, Stärken, Interessen)
- Daten und Informationen der leiblichen Eltern/Familie (Stammbaum, Fotos, Wohnort, Beschreibung)
- Daten und Informationen der jetzigen Bezugspersonen (Pflegefamilie, Heimgruppe, Adoptiveltern)
- Chronik und Umstände des Unterbringungswechsels (Warum ist das Kind fremduntergebracht, wie ist die Perspektive?)

- Der Themenbereich Gefühle (Welche Ängste hat das Kind, wie fühlt es sich in der jetzigen Situation, was macht es glücklich, was macht es traurig?)
- Die Zukunft mit den Wünschen und Erwartungen des Kindes (Wie soll mein Leben aussehen?).

Weitere Einsatzmöglichkeiten ■

Überbrückung ■ Biografiearbeit kann als Überbrückungsarbeit den Wechsel eines Kindes in ein anderes Lebensumfeld (z.B. vom Kinderheim in eine Pflegefamilie) begleiten und erleichtern. Ein solcher Wechsel löst Erwartungen, aber auch Ängste aus, die in der Biografiearbeit thematisiert werden können. Das Kind kann ein Heft über sich, seine Wünsche, Hobbys, Abneigungen erstellen, ebenso die Pflegefamilie. Diese werden ausgetauscht und somit eine Brücke zwischen neuem und altem Umfeld gebaut. Auch der Abschied aus einer Institution kann durch Elemente überbrückender Arbeit bewusst begleitet und ermöglicht werden.

Arbeit mit Gruppen ■ In der → Heimerziehung kann Biografiearbeit auch mit einer Gruppe von Kindern durchgeführt werden. Diese sollte bezüglich des Alters und Entwicklungsstandes sorgfältig ausgewählt werden. Sinnvoll ist Gruppenarbeit bei Kindern und Jugendlichen ab etwa zehn Jahren. In der Gruppe können allgemeine, aber auch persönlichere Themen besprochen werden wie: Was ist ein Kinderheim? Warum sind Kinder im Heim? Wer bin ich? Warum bin ich hier? Wie geht es mir im Heim?

Die Kinder und Jugendlichen erfahren durch die gemeinsamen Treffen, dass sie nicht alleine in einer außergewöhnlichen Situation sind und können ihre Erfahrungen und Gefühle miteinander teilen. Das kann entlastend wirken. Im Anschluss an die Gruppenarbeit kann die Arbeit mit einzelnen Kindern weitergeführt werden. Gruppenarbeit ist auch für gemeinsam untergebrachte Geschwister angezeigt.

Trauerarbeit ■ Leiden Kinder an einer lebensbedrohlichen Krankheit (→ Kind im Krankenhaus) oder erleben sie, dass ein wichtiger Erwachsener in ihrem Umfeld sterben wird oder gestorben ist, kann Biografiearbeit sie in dieser Situation begleiten und helfen, den Schmerz und die Trauer zu verarbeiten.

Trennung und Scheidung ■ Bei hochstrittiger Trennung/Scheidung der Eltern kann Biografiearbeit z.B. im Rahmen eines begleiteten Umgangs eingesetzt werden, um mit dem Kind seine Situation zu klären und Loyalitätskonflikte zu thematisieren.

Birgit Lattschar

■ Literaturtipps

Ryan, T./Walker, R. (2004). Wo gehöre ich hin? Biografiearbeit mit Kindern und Jugendlichen. Weinheim und München: Juventa.

Lindmeier, Ch. (2004). Biografiearbeit mit geistig behinderten Menschen. Ein Praxisbuch für Einzel- und Gruppenarbeit. Weinheim und München: Juventa.

Mohr, K./ter Horst, K. (2004). Mein Lebensbuch. Bad Bentheim: Eylarduswerk e.V.

Lattschar, B. (2004). Biografiearbeit mit Kindern im Betreuten Umgang. In: Klinkhammer, M./Klotmann, U./Prinz, S. (Hg.) (2004): Handbuch Begleiteter Umgang. Pädagogische, psychologische und rechtliche Aspekte. Köln: Bundesanzeiger Verlag. S. 225–238.

Ruhe, G. H. (2003). Methoden der Biografiearbeit – Lebensspuren entdecken und verstehen. Weinheim/Basel: Beltz.

Chancengleichheit

Während der Bildungsreform in den sechziger und siebziger Jahren des letzten Jahrhunderts hatte das Thema Chancengleichheit Hochkonjunktur: Wissenschaftlich Arbeitende, politisch Tätige (z.B. der Sozialdemokrat Willy Brandt, 1913–1992) und Erziehende waren sich einig, dass das Bildungssystem so verändert werden müsse, dass auch Kindern aus unterprivilegierten Familienverhältnissen und mehr Mädchen (→ Mädchenbildung) der Zugang zu höheren Bildungsabschlüssen möglich sein würde. Dahinter stand u.a. die Angst, im Wettlauf zwischen Ost und West womöglich den Kürzeren zu ziehen und man hoffte, durch Schulreformen bis dahin verdeckte Begabungen zutage zu fördern. Die Reformdiskussion fand in allen Ländern Westeuropas statt und hatte z.B. zur Folge, dass neue Schultypen geschaffen und eine vertikale Durchlässigkeit ermöglicht wurde. Übertrittsprüfungen fielen zum Teil weg und damit wurde der Selektionsdruck in den Grundschulen kleiner.

Zwischen den siebziger und neunziger Jahren rückte das Konzept der Chancengleichheit dann in den Hintergrund, was auch damit zusammenhing, dass die klassischen Theorien sozialer Ungleichheit an Bedeutung verloren und stattdessen Gesellschaftsmodelle entwickelt wurden, die mehr das Phänomen der Pluralisierung spiegelten als das der ungleichen Verteilung zentraler Güter. Mit der Verschärfung des wirtschaftlichen Wettbewerbs und der teilweise dramatisch zunehmenden Arbeitslosigkeit gewinnt jedoch die Frage nach der Chancengleichheit wieder an Wichtigkeit. Erfolg oder Scheitern im Bildungssystem wirkt sich nämlich entscheidend auf die zukünftigen Berufschancen und den damit zusammenhängenden Lebensstandard aus.

Aktuelles Verständnis ■ Chancengleichheit gehört zu den zentralen Werten moderner Gesellschaften und bedeutet, dass niemand aufgrund seiner sozialen Herkunft, seiner Geschlechtszugehörigkeit, seiner ethnischen Herkunft oder anderer sozialer Merkmale im Bildungssystem benachteiligt sein darf (→ Geschlechtsbewusste Pädagogik, → Vorurteilsbewusste Bildung und Erziehung). Alle Kinder und Jugendlichen sollen in Bildungseinrichtungen wie Kindergarten und Schule gleiche Zugangsmöglichkeiten haben und gleich behandelt werden. Für die schulische Einstufung, die ja einen wesentlichen Einfluss hat auf die spätere soziale Positionierung, soll allein die Leistung maßgebend sein. Das bedeutet, dass durch die schulischen Leistungen und die damit erreichten formalen Bildungsabschlüsse die Chancen, einmal mithilfe eines angesehenen Berufes und genügend Einkommen eine gute soziale Position zu erreichen, zwar neu verteilt werden, dass aber soziale Ungleichheit an sich damit nicht aus der Welt geschafft ist. Im Gegenteil: Das Prinzip der Chancengleichheit rechtfertigt sowohl die verschiedenen Abstufungen im Bildungsbereich als auch die gesamtgesellschaftlich gültigen Macht- und Ungleichheitsverhältnisse.

Chancengleichheit für alle? ■ Die Reformbemühungen im Bildungswesen haben in den letzten etwa sechzig Jahren zu einer kontinuierlichen Bildungsexpansion in verschiedenen modernen Nationen, wie z.B. der BRD, der Schweiz oder den USA geführt. Das bedeutet, dass dort der Anteil an Menschen mit fehlender nachobligatorischer Ausbildung rückläufig ist und dass – allerdings in geringerem Ausmaß – der Anteil an Hochschulabsolventinnen und -absolventen gestiegen ist. Gleichzeitig wird aber auch deutlich, dass die Chancen, einen höheren Bildungsabschluss zu erwerben, nach wie vor ungleich verteilt sind. Zu diesem Schluss muss man jedenfalls kommen, wenn man den (Aus-)Bildungsstand von Kindern mit dem ihrer Eltern vergleicht (und damit die intergenerationelle Mobilität untersucht) oder wenn man die Positionen der Geschlechter im Bildungssystem sowie diejenigen einheimischer und ausländischer Kinder vergleichend betrachtet.

Kinder aus sozial benachteiligten Familien ■ Das Ziel, allen Kindern – ungeachtet ihrer sozialen Herkunft – zu gleichen Bildungschancen zu verhelfen, ist trotz aller Bemühungen nicht erreicht. Zwar finden wir heute mehr Kinder von Arbeitern oder ungelernten Angestellten mit niedrigerem sozioökonomischen Status in den Gymnasien und Universitäten als beispielsweise in den siebziger Jahren. Da aber wegen des Ausbaus der Bildungseinrichtungen auch zunehmend mehr Kinder von mittleren Angestellten diese Schulen besuchen, haben sich die Relationen letztlich kaum verändert. Jedenfalls ist die Chance, höhere Bildungsabschlüsse zu erwerben umso höher, je qualifizierter die schulische Ausbildung der Eltern ist. Oder umgekehrt: Kinder von Arbeitern oder ungelernten Angestellten weisen auch heute noch sehr viel seltener als Kinder anderer Berufsgruppen einen hohen Bildungsabschluss auf. In einer Reihe empirischer Untersuchungen kommt man sogar zum Schluss, dass herkunftsbedingte Defizite im Laufe der Schulzeit eher selten ausgeglichen und häufig sogar noch verstärkt werden.

Nach wie vor ist es eine große Herausforderung für ein Kind aus unterprivilegierten Verhältnissen, sich mit den in der Schule gültigen Mittelschichtnormen anzufreunden. Dazu gehört z.B. die Fähigkeit, die direkte Bedürfnisbefriedigung zugunsten eines zeitlich entfernten und abstrakten Ziels wie einer guten Note aufzuschieben, die Höherbewertung von Kopfarbeit im Vergleich zur Arbeit mit den Händen sowie die differenzierte sprachliche Ausdrucksweise (elaborierter Code). Unter **elaboriertem Code** wird die Verwendung unpersönlicher Pronomen und komplexer Satzkonstruktionen verstanden sowie der Gebrauch farbiger Adjektive und Verben. Es handelt sich um ein Sprachverhalten, das es erlaubt, komplexe Zusammenhänge sprachlich zu erfassen und adäquat wiederzugeben. Anders verhält es sich mit dem sogenannten **restringierten Code**, der v.a. in unterprivilegierten sozialen Schichten gesprochen wird. Hier werden Gefühle, Absichten eher direkt und mit weniger sprachlicher Differenzierung und Nuancierung ausgedrückt, die Sätze sind kurz und oft unvollständig, häufig wird im Imperativ gesprochen, werden dieselben Konjunktionen benutzt, die Verwendung von Adjektiven und Adverbien ist relativ starr und begrenzt, der Satzbau einfach. Da dieses Sprachverhalten wenig geeignet ist, Komplexität wiederzugeben, geraten Kinder, die nicht zusätzlich auch einen elaborierten Code beherrschen, in der Schule schnell in Schwierigkeiten.

Die Eltern wiederum sind herausgefordert, die dem Kind vermittelten und ihnen selber fremden Bildungsinhalte als sinnvoll zu akzeptieren und eine eventuelle Entfremdung vom Kind in seiner ganz andersartigen schulischen Lebenswelt zu ertragen. In der Regel besteht eine große Diskrepanz zwischen den Lebensthemen von Menschen, die z.B. mit existenzbedrohender Arbeitslosigkeit, finanziellen Engpässen, Lärm, Krankheit, Erschöpfung oder beengenden Wohnverhältnissen kämpfen müssen und den Zielen, Inhalten und Methoden, mit denen sich Kinder in schulischen Einrichtungen auseinander zu setzen haben. Dementsprechend bedarf es für das pädagogische Personal genauso wie für das Kind und seine Eltern besonderer Anstrengungen, sinnvolle Anschlussformen zwischen Lebenssituation und schulischen Lerninhalten bzw. -zielen zu finden.

Bildungschancen von Mädchen ■ Die Bildungschancen von Mädchen (→ Mädchenbildung) haben sich im Vergleich zu den siebziger Jahren deutlich verbessert. Ihr Anteil an den Gymnasien ist inzwischen höher als der von Jungen, das Gleiche gilt für den Abschluss mit dem Abitur. Trotzdem lassen sich noch immer geschlechtstypische Unterschiede feststellen: An der Universität sind ihre männlichen Kollegen übervertreten, Frauen brechen häufiger ihr Studium ab und erreichen seltener als ihre Studienkollegen akademische Qualifikationen wie eine Promotion oder Professur. Zudem ist ihr Anteil gerade in den wissenschaftlichen Bereichen, die besonderes Prestige genießen, eher gering. Jedenfalls sind sie z.B. in den Natur- und Ingenieurwissenschaften deutlich in der Minderheit.

Das verminderte technische Interesse von Mädchen sowie ihre Neigung, nach dem obligatorischen Schulabschluss kürzere (Aus-)Bildungszeiten als Jungen zu absolvieren, wird u.a. mit dem Geschlechtsrollenverständnis, aber auch mit einem geschlechtstypischen Umgang der Lehrpersonen mit ihren Schülerinnen und Schülern in Verbindung gebracht: Die meisten jungen Frauen wünschen sich heute, später eine Familie zu haben, gleichzeitig aber auch ihren beruflichen Neigungen nachgehen zu können. Dementsprechend wählen sie häufig kürzere Ausbildungsgänge. Ausgehend von einem traditionellen Geschlechtsrollenverständnis entscheiden sie sich zudem sehr oft für typische Frauenberufe, von denen etliche keinen höheren Bildungsabschluss voraussetzen.

Das pädagogische Personal wiederum neigt immer noch häufig zu stereotypen geschlechtstypischen Erwartungen an die Kinder und fördert damit bei ihnen – meist ungewollt – Einstellungen und Verhaltensweisen, die dann tatsächlich diesen Stereotypen entsprechen (→ Geschlechtsbewusste Pädagogik).

Bildungschancen von Migrantenkindern ■

Bei Kindern aus Migrantenfamilien verschränken sich oft verschiedene Bedingungen, die den Schulerfolg schmälern. Häufig kommen nämlich zum niedrigen sozioökonomischen Herkunftsstatus Sprachschwierigkeiten hinzu, traditionelle Auffassungen der Eltern von den Geschlechterrollen behindern insbesondere die Entfaltungsmöglichkeiten der Mädchen und negative stereotype Vorstellungen der Mehrheitsgesellschaft über die besonderen Eigenschaften der fremden Ethnie erschweren eine »normale« schulische Laufbahn. (→ Interkulturelle Erziehung, → Vorurteilsbewusste Bildung und Erziehung). So zeigt sich denn auch, dass Kinder der ausländischen Wohnbevölkerung überdurchschnittlich häufig eher mangelhafte Schulleistungen aufweisen und nur selten höhere Bildungsabschlüsse vorweisen können. Dementsprechend haben sie oft Schwierigkeiten, eine Lehrstelle zu finden und sich damit sozial zu integrieren.

Christiane Ryffel

■ Literaturtipps

Dechmann, B./Ryffel, Ch. (2001). Soziologie im Alltag. Eine Einführung. Weinheim: Juventa.

Lamprecht, M. (1991). Schulische Chancengleichheit. In: Bornschier, V. (Hg.): Das Ende der sozialen Schichtung? Zürich: Seismo.

Denken

Denken ist ein psychischer Vorgang, bei dem Informationen verarbeitet, bewertet und neu miteinander kombiniert werden. Denken bedeutet, sich etwas innerlich zu vergegenwärtigen: Vor unserem inneren Auge, außerhalb von Raum und Zeit, stellen wir uns Vergangenes, Gegenwärtiges oder Zukünftiges vor. Diese im Innern der Person ablaufenden Verarbeitungsprozesse dienen dazu, Sinneswahrnehmungen weiterzuverarbeiten, sich in der Welt Orientierung zu verschaffen und sind eine Grundlage für zielgerichtetes Handeln.

Da diese Abläufe von außen nicht beobachtet werden können, wird Denken nur durch die Aussagen der Person oder durch Selbstbeobachtung zugänglich. Denken ist gekennzeichnet durch das bewusste Steuern der Abläufe. Es gibt aber auch unbewusste innere Vorgänge.

Denkoperationen ■ Denken ist ein vielschichtiger Vorgang. Die folgenden Denkoperationen lassen sich unterscheiden:

- **Denken als Beurteilung:** etwas Erfasstes oder Produziertes nach bestimmten Kriterien beurteilen, z.B »Ich halte die Erzieherin für eine geeignete Person«
- **Denken als Gedächtnisleistung:** das Erinnern an Gelesenes oder Gesprochenes, z.B. »Ich fasse noch einmal den Beschluss unserer letzten Teamsitzung zusammen«
- **Denken als Lösung eines Problems:** »Ich denke darüber nach, wie wir dieser Familie helfen können«
- **Denken als Ausdruck von → Kreativität:** »Ich denke mir eine Geschichte aus, die ich den Kindern erzählen kann«
- **Denken als Vorstellungshandlung:** »Ich stelle mir gerade vor, welche Sprachfähigkeiten dieses Kind in zwei Jahren haben wird«
- **Denken als Erfassen:** Erkennen und Wiedererkennen von Informationen (verstehen, begreifen, identifizieren): »Seit ich um die Arbeitslosigkeit von Sandras Mutter weiß, kann ich mir ihre Niedergeschlagenheit besser erklären«.

Problemlösen ■ In der Psychologie ist vor allem das Problemlösen durch Gewinnen von Einsicht untersucht worden. Dabei geht es darum, ein vorhandenes Problem zu lösen, indem eigenständig Wege gefunden werden, die für die Ausgangsfragestellung eine Klärung bringen. Das Problemlösen verläuft in vier Schritten:

- Formulierung des Problems, Sammeln der Sachverhalte, Klärung der Ausgangssituation, Umschreiben des zu erreichenden Ziels
- Die gedankliche Auseinandersetzung mit dem Problem, bei der die Gedankengänge hinterfragt werden sollten, ob sie angemessen oder eventuell auch für den Lösungsweg hemmend sind
- Das Erkennen der Lösung (»Aha-Erlebnis«), d.h. der Lösungsweg wird in Gedanken gefunden
- Der durch Einsicht gewonnene Lösungsweg wird umgesetzt und nochmals überprüft.

Während das Wiedergeben von gelernten, bekannten Inhalten die Leistung des Gedächtnisses erfordert, ist schlussfolgerndes Denken ein kreativer Vorgang. Aus den vorliegenden Informationen werden logische Schlüsse gezogen und eine Lösung gefunden (z.B. bei Mathematikaufgaben). Es kann aber auch das Bestreben sein, mehrere Lösungen zu entwickeln, die für ein Problem unterschiedliche Resultate bringen.

Die Bedeutung des Gedächtnisses ■ Für die aufgezeigten psychischen Vorgänge des Denkens ist das Gedächtnis als Speicher der aufgenommenen Informationen von großer Bedeutung. In der Forschung geht man heute von dem Drei-Speicher-Modell aus. Zunächst werden im **Ultrakurzzeitgedächtnis** die Informationen kurzfristig registriert, die von den Sinnesorganen aufgenommen worden sind. Dabei wird überprüft, welche der großen Anzahl der Reize wichtig sind und deshalb weitergeleitet werden und welche Reize wir wieder vergessen können (z.B. auf einer großen Straße kommen uns viele Menschen entgegen, die Zahl ist so groß, das wir uns nur an wenige erinnern können).

Das **Kurzzeitgedächtnis** behält einen Teil der Informationen in einem bestimmten aktiven Zustand, in dem sie schnell zugänglich sind. Es kann sich aber zum selben Zeitpunkt nur sieben Einheiten merken, die wiederum verloren gehen, wenn sie nicht durch ständiges Wiederholen zum Langzeitgedächtnis gelangen. Die Kapazität des Kurzzeitgedächtnisses ist begrenzt.

Das **Langzeitgedächtnis** ist der »Speicher« für alle Erfahrungen, Informationen, Emotionen, Fertigkeiten, Wörter, Begriffsklassen, Regeln und Urteile, die man sich aus dem Ultrakurzzeit- und dem Kurzzeitgedächtnis angeeignet hat. Die Kapazität ist theoretisch unbegrenzt. Beim Speichern finden aber auch aktive Verarbeitungsprozesse statt. Das Ziel dabei ist, die neu aufgenommenen Informationen mit älteren, bereits gespeicherten, in Verbindung zu bringen und so eine strukturierte Organisation zu erhalten. Es ergibt sich eine Vernetzung, die von der allgemeineren zur spezielleren Information führt. Die »Mind-Mapping-Methode« greift auf dieses System zurück.

Die Bedeutung des Gehirns ■ Voraussetzung für das Denken und das Gedächtnis ist das menschliche Gehirn als organische Substanz. Physiologisch gesehen vollzieht sich ein Denkprozess mit Hilfe der Nervenzellen (Neuronen), von denen der Mensch über etwa 100 Milliarden verfügt. Jedes Neuron kann mit Hilfe von Transmittern (= Botenstoffen) über Synapsen zwischen den ab- und zuleitenden Nervenfasern etwa 15.000 vernetzte Kontakte zu den anderen Neuronen aufnehmen. Die Nervenzellen befinden sich in der nur Millimeter dicken Großhirnrinde (= Kortex) des Gehirns. Alle Denk- und Gefühlsprozesse finden unter der Beteiligung der Großhirnrinde statt. Sie ist der Bereich des Gehirns, der für die geistigen Fähigkeiten (→ Intelligenz) des Menschen kennzeichnend ist.

Die Entwicklung des Denkens ■ Einer der wichtigsten Theoretiker zur Entwicklung des Denkens ist der Schweizer Psychologe Jean Piaget (1896–1980). In seinen Untersuchungen arbeitete er heraus, dass logisches Denken nicht angeboren ist, sondern dass das Kind in einer Stufenfolge bestimmte Kategorien und Fähigkeiten entwickelt, die seine Art der Wahrnehmung und des Denkens beeinflussen. Die Entwicklung dieser Strukturen des menschlichen Denkens durchläuft vier Phasen, die aufeinander aufbauen, in Wechselwirkung zueinander stehen und nicht übersprungen werden können.

Die sensomotorische Phase (null bis zwei Jahre) ■ Während dieser Phase entwickelt das Kind das sogenannte vorbegriffliche Denken, das sich ganz auf der Wahrnehmungs-Handlungsebene (→ Wahrnehmung) vollzieht. Beginnend mit angeborenen Reflexmechanismen vollzieht Piaget anhand von sechs Stadien den Weg des Kindes bis hin zu ersten Vorstellungen nach. In der Fähigkeit des Kindes, ab Mitte des zweiten Lebensjahres, wenn Handlungen innerlich vollzogen und die Ergebnisse von Handlungen gedanklich vorweggenommen werden können, liegt der Übergang zum Denken. Eine wichtige Etappe auf dem Weg zur gedanklichen Repräsentation bildet die sogenannte Objektpermanenz. Das heißt, dass Gegenstände nicht nur dann gedanklich präsent sind, wenn sie aktuell und unmittelbar sinnlich wahrnehmbar sind, sondern dass sich das Kind einen Gegenstand auch unabhängig von seinem Vorhandensein vorstellen kann.

Die präoperationale Phase (zwei bis sieben Jahre) ■ In diese Phase fällt der Spracherwerb (→ Sprachentwicklung) und das Kind eignet sich die ersten Grundlagen des begrifflichen und logischen Denkens an. Es versteht, dass ein Symbol, z.B. ein Begriff, für einen Gegenstand stehen kann. Das kindliche Denken bleibt jedoch noch stark an die konkrete Anschauung gebunden (ist prä-operativ) und unterliegt charakteristischen Einschränkungen. So verstehen die Kinder z.B. noch nicht das Prinzip der Mengenerhaltung: Wenn z.B. aus einer Kugel Ton eine

Schlange geformt wird, denken sie, dass die Masse abnimmt, weil die Schlange dünner ist. Ein weiterer Punkt ist der kindliche Egozentrismus, das Kind kann sich erst mit der Zeit in andere hineinversetzen und wird zur Rollen- und Perspektivenübernahme fähig.

Die konkret-operationale Phase ■ In dieser Phase löst sich das Denken zunehmend vom konkret Beobachteten. Der gedankliche Nachvollzug des Gesehenen und Geschehenen bekommt Bedeutung, so dass nun immer besser verschiedene Aspekte miteinander in Beziehung gebracht werden können. Kinder können nun z.B. Aussagen zur Beziehung des Ganzen zu seinen Teilen machen und in Gedanken mit konkreten Objekten bzw. Vorstellungen operieren.

Die formal-operationale Phase ■ In dieser Phase taucht erstmals die Fähigkeit zu abstraktem Denken auf. Die Kinder können nun von Sicht- und Greifbarem abstrahieren, Hypothesen entwickeln und diese durch planvolles Experimentieren überprüfen. Sie sind nun auch zur Kritikfähigkeit in der Lage und können nicht nur die inhaltliche Richtigkeit von Aussagen überprüfen, sondern auch deren logische Form bzw. Wahrheitsgehalt.

Nach Piaget ist das kindliche Denken ein wechselseitiger Anpassungsprozess von Subjekt und Wirklichkeit. In neueren Untersuchungen wurde jedoch herausgearbeitet, dass es auch komplexe Querverbindungen zwischen Denken, Kommunikation, Wahrnehmung und kindlicher Phantasie gibt. Um kindliches Denken in all seinen Facetten zu verstehen, bedarf es deshalb eines genaueren Bildes der zwischenmenschlichen Kommunikations-, Wahrnehmungs- und emotionalen Verarbeitungsprozesse.

Hartmut Hansen

■ **Literaturtipps**

Bourne, L.E./Ekstrand, B.R. (1996). Einführung in die Psychologie. Frankfurt/M.: Klotz.

Oerter, R./Montada, L. (2002). Entwicklungspsychologie. Weinheim/Basel: Beltz.

 # Didaktik

Der Begriff Didaktik ist von dem griechischen Verb didaskein abgeleitet, das unterweisen und lehren, aber auch lernen und unterrichtet werden oder sich aneignen bedeuten kann. Ganz ähnlich enthält der moderne Begriff der Didaktik sowohl die Momente des Lehrens und Beibringens als auch des Lernens. Didaktik lässt sich als wissenschaftlich orientierte Reflexion des Lehrens und Lernens mit einer weiten Bedeutung definieren. Dementsprechend ist die Didaktik ein Teilgebiet der → Pädagogik.

Die allgemeine Didaktik lässt sich durch vier wesentliche Aspekte des Beibringens bzw. des Lehrens und Lernens kennzeichnen:

- **Inhalt:** Was soll beigebracht und gelernt werden?
- **Vermittlung (Methode):** Wie soll vermittelt und gelernt werden?
- **Beziehungen:** Wie handeln und kommunizieren die am Lehr- und Lernprozess beteiligten Personen?
- **Allgemeine Ziele:** Wozu wird etwas beigebracht und gelernt?

Die Didaktik in der → Sozialpädagogik entwickelte sich im Zuge der Professionalisierung der Arbeit der Erzieherinnen und der verstärkten Einbeziehung sozialwissenschaftlicher Überlegungen in die Praxis. In vielen Arbeitsfeldern ist die Didaktik heute die moderne und differenzierteste Form, in der die pädagogische Arbeit geplant und kritisch reflektiert wird. Im Rahmen einer Reform der Ausbildung der Erzieherinnen wurde die Didaktik 1967 als zentrales Fach eingeführt, welches die bisherige Methodenlehre ablöste.

Spezifische Merkmale sozialpädagogischer Didaktik ■ Für die sich entwickelnde Didaktik gab es verschiedene Anknüpfungspunkte: die bis dahin vorherrschende Methodenlehre der Sozialpädagogik und Sozialarbeit mit den klassischen Methoden der Einzelfallhilfe, der Sozialen Gruppenarbeit (→ Gruppenpädagogik) und der Gemeinwesenarbeit; das Konzept der Arbeitsfeldanalysen als besondere Form der Praxisreflexion aus der pädagogischen Handlungsforschung; das Strukturmodell der lerntheoretischen (schulischen) Didaktik; den in der Sozialpädagogik entwickelten → Situationsansatz und schließlich den Ansatz, → Bildung und → Erziehung im Wesentlichen als kommunikatives Handeln zu verstehen und – im Gegensatz zur Schule – das soziale Lernen und die Selbststeuerung in den Mittelpunkt zu stellen.

In der Ausbildung der Erzieherinnen wird Didaktik als weiter Begriff verstanden, der alle didaktischen Aspekte umfasst. Dabei ist auch die Methodik einbezogen. Die verschiedenen Elemente der didaktischen Analyse gelten als wechselseitig voneinander abhängig: Zielfragen z.B. führen zu Fragen nach dem Weg oder dem Vorgehen, aber auch umgekehrt. Grundsätzlich sind alle Elemente (Ziele, Inhalte, methodisches Handeln und Medien) gleich gewichtig und wechselseitig aufeinander bezogen.

Sozialpädagogische Didaktik lässt sich in mehrerer Hinsicht als offene Didaktik kennzeichnen: Sie wendet sich gegen rezeptartig verstandene Methoden und versucht stattdessen, alle relevanten Faktoren einer Handlungssituation zu erfassen. Sie bietet verschiedene Vorgehensweisen und Modelle der didaktischen Analyse an, die sich flexibel auf die vielgestaltigen Arbeitsfelder anwenden lassen.

Das Lernen im sozialpädagogischen Arbeitsfeldern bezieht sich – anders als beim schulischen Unterricht – auf Situationen des Alltags und auf die Lebenswelt der Gruppenmitglieder. Es knüpft an die Erfahrungen der Kinder und Jugendlichen an und orientiert sich insgesamt am lernenden Subjekt. Didaktische Überlegungen sind nicht ausschließlich Sache der Erzieherinnen; die Zielgruppe wird vielmehr so weit wie möglich mit einbezogen. Didaktische Entscheidungen werden auch als Gelegenheit verstanden, die partizipativen, kommunikativen und demokratischen Fähigkeiten der Gruppenmitglieder zu berücksichtigen und zu fördern. Anders als im schulischen Bereich mit seinen überwiegend standardisierten, einheitlichen Ausgangsbedingungen müssen hier häufig erst die institutionellen und organisatorischen Rahmenbedingungen für pädagogische Aktivitäten geschaffen oder verändert werden. Das bedeutet einen weiteren Blick und zusätzliche Aufgaben der didaktischen Planung.

Verlaufsmodell ■ Didaktische Überlegungen schaffen einen Übergang von der Theorie zur Praxis und bereiten das praktische Handeln vor. Das Vorgehen lässt sich als ein Prozess mit einer gegliederten Schrittfolge darstellen:

- Beschreiben der Ausgangssituation (der Vorbedingungen und der Zielgruppe)
- Erklären und Interpretieren der Beobachtungsdaten
- Entscheiden über die Gestaltung der Situation und des beabsichtigten Lernprozesses
- Vorbereiten der Rahmenbedingungen und der erforderlichen Mittel
- Praktisches Handeln (mit der Möglichkeit aktueller Veränderungen)
- Auswertung des Verlaufs und Folgerungen für das weitere Vorgehen. Die Auswertung (Evaluation) der Ergebnisse liefert zugleich auch Daten für die erneute, eventuell korrigierte Analyse der Ausgangssituation. Es handelt sich dabei um einen Kreisprozess mit Rückkopplung.

Ebenen und Aufgaben ■ In Lehrbüchern der Didaktik wird häufig nur eine ausgewählte Aufgabe oder ein Arbeitsfeld unter didaktischen Gesichtspunkten dargestellt (z.B. Angebote im Kindergarten, Projekte in der offenen Jugendarbeit usw.). Die behandelten didaktischen Aufgaben bzw. Planungsmodelle unterscheiden sich nach ihrem zeitlichen Umfang und ihrer organisatorischen Struktur. Insgesamt lassen sich fünf typische Konzepte unterscheiden und drei verschiedenen Ebenen (kurzfristig – mittelfristig – längerfristig) zuordnen. Es geht um:

- Auseinandersetzung mit konflikthaften sozialen Situationen (in der Lebenswelt der Adressaten oder im Erfahrungsraum einer Einrichtung)

- Gestaltung einzelner Vorhaben (Unternehmungen, Angebote, Projekte)
- Individuelle Erziehungskonzepte (mit Hilfeplan und Erziehungsplanung oder einer anderen Form der Einzelfallhilfe)
- Programmgestaltung und Curriculumentwicklung (vom Wochen-, Monats- oder Jahresplan bis zu einem begründeten und strukturierten Curriculum)
- Konzeptentwicklung (als umfassende Beschreibung der angebotenen pädagogischen Leistungen und der Grundsätze in einer Einrichtung).

Diese didaktischen Aufgaben ergänzen sich gegenseitig und sind in jeder sozialpädagogischen Einrichtung mehr oder weniger intensiv zu bearbeiten.

Qualitätsentwicklung ■ Seit den 1990er Jahren gewinnt in der didaktischen Arbeit ein neuer Aspekt zunehmende Bedeutung: die Beurteilung der pädagogischen Qualität. Die Qualität der Praxis soll systematisch erfasst, beurteilt und weiter entwickelt werden (→ Qualitätsmanagement). Den entscheidenden Ansatzpunkt für diese Aufgabe bietet die → Konzeption einer Einrichtung. In ihr wird nicht nur umfassend beschrieben, was in der Einrichtung passiert, sondern auch wie die einzelnen Prozesse ablaufen sollen.

Ernst Martin

■ **Literaturtipps**

Brockschnieder, F.-J./Ullrich, W. (1997). Praxisfeld Erziehung. Didaktik/Methodik für die Fachschule für Sozialpädagogik. Köln: Stam.

Martin, E. (2005). Didaktik der sozialpädagogischen Arbeit (6. Aufl.). Weinheim: Juventa.

Schilling, J. (2004). Didaktik/Methodik der Sozialpädagogik (3. Aufl.). Neuwied: Luchterhand.

Einstellung

Einstellung kann man allgemein beschreiben als Haltung gegenüber einer Person, Sache oder Idee, die mit einer Wertung oder Erwartung verbunden ist. Der Begriff der Einstellung ist sehr umfassend, er wird von Forschern und Praktikern verschiedenster Fachrichtungen benutzt und unterschiedlich definiert. In der ersten Hälfte des 20. Jahrhunderts wurde die Einstellung zu einem dominanten Konzept der sich gerade entwickelnden Sozialpsychologie. Der Einstellungsforscher Harry Charalambos Triandis definierte den Begriff folgendermaßen: »Eine Einstellung ist eine mit Emotion angereicherte Vorstellung, die eine Klasse von Handlungen für eine bestimmte Klasse sozialer Situationen besonders prädisponiert.«

Diese eher abstrakte Definition könnte in der Praxis z.B. so aussehen: Eine Erzieherin mit der Einstellung »Kinder müssen sich bewegen, das fördert die geistige und körperliche Entwicklung« würde in einer Kindergartengruppe die Bewegungsaktivitäten von Kindern fördern und sie vielleicht mit entsprechenden Spielangeboten steuern. Eine Erzieherin mit der Einstellung »Kinder sollten lange ruhig sitzen und sich still konzentrieren können« würde hingegen eher versuchen, die Gruppe zu beruhigen, vielleicht verstärkt Stille- oder Meditationsübungen anbieten oder motorisch überaktive Kinder zurechtweisen.

Theoretische Ansätze zum Thema Einstellung ■
Triandis geht davon aus, dass Einstellungen drei Komponenten umfassen:

- ■ **Eine kognitive Komponente,** d.h., eine verstandesmäßige Repräsentation, eine geistige Vorstellung über ein Thema, einen Menschen oder eine Sache
- ■ **Eine affektive Komponente,** d.h., eine Emotion, die die Vorstellung begleitet
- ■ **Eine konative Komponente,** d.h. zu den Vorstellungen und Emotionen existiert eine Neigung zu bestimmten Handlungen (z.B. die Gewohnheit, ständig eine Handtasche bei sich haben).

Das folgende Beispiel bringt die verschiedenen Ebenen gut zum Ausdruck: Ein Betreuer einer Ferienfreizeit hat die Einstellung, dass Jungen Schmerzen und Misserfolge mit zusammengebissenen Zähnen bewältigen müssen, um sich als würdiger Vertreter des männlichen Geschlechts zu präsentieren, während bei Mädchen Tränen in solchen Fällen erlaubt und angemessen sind (kognitive Komponente). Fällt nun ein Junge beim Umherrennen hin und weint wegen der Schmerzen, wird dieser Betreuer das Weinen des Jungen als unpassend und vielleicht sogar peinlich empfinden (affektive Komponente). Er wird den Jungen ermuntern, wieder aufzustehen und weiter zu laufen und die Schmerzen herunterspielen (konative Komponente). Fällt ein Mädchen hin, wird er seiner Einstellung entsprechend eher Mitgefühl empfinden und auf den Schmerz eingehen.

Im lerntheoretischen Modell des NLP (Neuroliguistisches Programmieren) geht man davon aus, dass Einstellungen, die hier als Überzeugungen bzw. Glaubenssysteme bezeichnet werden, mit emotionalen und physiologischen Zuständen gekoppelt sind. Sie beeinflussen in bedeutender Weise unsere → Wahrnehmung, indem sie wie ein Filter oder eine Brille wirken, durch die man nur einen bestimmten Ausschnitt der Welt sieht. Diese Filter bestimmen die Wahrnehmung und Interpretation der uns umgebenden Wirklichkeit. Auch hier wird eine Auswirkung auf das Verhalten erwartet, jedoch nicht als detaillierte Vorhersage, sondern als ungefähre Richtung, in die sich das Verhalten entwickelt.

Das folgende Beispiel macht diesen Ansatz deutlich: Geht eine Erzieherin davon aus, dass Kinder bereits über umfassende Fähigkeiten verfügen, die man in der täglichen Arbeit aufgreifen kann (ressourcenorientierter Ansatz), wird sie mit dieser Einstellung viele Fähigkeiten bei den Kindern wahrnehmen. Auf diese Fähigkeiten kann sie dann in schwierigen Situationen zurückgreifen und damit die Kinder in der Erfahrung ihrer Kompetenz stärken. Wenn eine Erzieherin den Kindern mit einer defizitorientierten Haltung gegenüber tritt, wird sie überwiegend die fehlenden Kompetenzen wahrnehmen. Viele der Fähigkeiten, die die Kinder mitbringen, wird sie nicht sehen und nicht nutzen können.

Einstellung und Verhalten ■ Vor allem

zwei Fragen bezüglich Einstellung haben das Interesse auf sich gezogen: zum einem der Handlungsbezug, also die Auswirkung von Einstellungen auf das Verhalten, und zum anderen die Entstehung und Änderung von Einstellungen bei Menschen. Die Forschung hat gezeigt, dass der ursprünglich angenommene direkte Zusammenhang zwischen Einstellung und Verhalten nicht so groß war, wie ursprünglich erwartet. Verschiedene Untersuchungen kamen zu sehr unterschiedlichen Ergebnissen. Das führte dazu, die Beziehungen zwischen Einstellung und Verhalten differenzierter zu betrachten. Dabei wurde deutlich, dass neben der Einstellung auch andere Einflussfaktoren auf das Verhalten wirken. So ist der soziale Druck des Umfeldes von wesentlicher Bedeutung. Eine Mutter würde z.B. dann Hefte aus Umweltschutzpapier für ihr Kind kaufen, wenn sie dies zum einen aus ökologischen Gründen für wichtig hielte und wenn dies zum anderen von ihrem sozialen Umfeld, z.B. der Lehrerin oder den anderen Eltern, kontrolliert werden würde.

Auch die situativen Bedingungen und die individuellen Fähigkeiten beeinflussen neben den Einstellungen das Verhalten. Nehmen wir an, jemand möchte aus ökologischen Gründen gerne mit öffentlichen Verkehrsmitteln oder dem Fahrrad zur Arbeit fahren. Da aber die Strecke zu weit und nicht mit öffentlichen Verkehrsmitteln erreichbar ist, kann sich die Person nicht gemäß ihrer Einstellung verhalten, sondern muss das Auto nehmen.

Darüber hinaus spielen Gewohnheiten eine Rolle sowie der persönliche Vorteil oder Nachteil, den der Einzelne direkt von seinem Verhalten hat. So kann es sein, dass jemand trotz umweltbewusster Einstellung ein herkömmliches Waschmittel im Supermarkt kauft, weil es eben nur halb so teuer ist wie ein Bio-Waschmittel.

Grundsätzlich ist jedoch festzuhalten, dass es einen Zusammenhang zwischen Einstellung und Verhalten gibt, wenn er auch wesentlich geringer als erwartet ausfällt. Wichtig ist dabei, diesen Zusammenhang in seiner Vielschichtigkeit zu betrachten, eingebettet in ein größeres System aus verschiedenen Einflussfaktoren.

Entstehung und Änderung von Einstellungen ■ Man geht davon aus, dass

Einstellungen überwiegend durch Erfahrungen erworben werden. Es wird jedoch auch angenommen, dass bestimmte genetische Prädispositionen, wie z.B. Aggressivität (→ Aggressionen) oder → Empathie, die Ausprägungen von bestimmten Einstellungen zum Teil mit beeinflussen.

Zum einen werden Einstellungen gebildet oder beeinflusst durch direkte Erfahrungen, zu denen beispielsweise das Erleben einer neuen Situation oder Informationszuwachs zählen. Zum anderen werden Einstellungen erworben oder verändert durch sozial vermittelte Erfahrung. Hierzu gehören alle Formen des Modelllernens, angefangen bei der Familie als primärer Sozialisationsinstanz über die Wertmaßstäbe des Kindergartens, der Schule bis zur Kultur im weiteren Sinne, in der man aufwächst. Peergroups und Medien sind ebenfalls wichtige Einflussfaktoren, die versuchen, Maßstäbe zu setzen und Einstellungen zu verbreiten. Zur sozial vermittelten Erfahrung gehört auch die sogenannte beeinflussende Kommunikation, die man auch als Überredungs- oder Überzeugungskunst bezeichnen könnte. Dabei wurden von Forschern folgende Elemente gefunden, die Einstellungsänderungen begünstigen:

- Glaubwürdigkeit des Senders (z.B. das Ansehen des Mitteilenden)
- Bestimmte Persönlichkeitseigenschaften des Empfängers (z.B. ist ein eher passives Individuum mit geringer Selbstachtung leichter zu überzeugen)
- Wichtige Kommunikationsinhalte stehen an erster und an letzter Stelle (das erste und das letzte Wort haben, um Zuhörer zu überzeugen)

- Beide Seiten einer Streitfrage zu zeigen und dabei eine Seite zu favorisieren, ist wirkungsvoller, als nur eine Seite zu beleuchten
- Berücksichtigung von Gegenargumenten (Gegenargumente anführen und einzeln widerlegen)
- Einstellungen, die denen nahe kommen, die das Publikum schon hat, werden leichter übernommen
- Schüren von Angst
- Übergeordnete Ziele schaffen, um z.B. Feindseligkeit zwischen Gruppen herabzusetzen (ein gemeinsamer Feind vereinigt).

Einige von diesen Punkten sind auch in der Arbeit mit Kindern relevant. Zum Beispiel ist es bedeutsam, sich selbst an die Regeln zu halten, von denen man möchte, dass die Kinder sie berücksichtigen. So wirkt man als Modell und ist in der Sache glaubwürdig. Im Streit zwischen zwei Kindern ist das Schaffen von einem übergeordneten Ziel eine wichtige Basis, auf der eine weitere Lösung des Problems gelingen kann. Demgegenüber ist das Schüren von Angst zwar ein in der Politik oft verwendetes, aber in unserer heutigen Vorstellung von einer gelungenen Pädagogik ein völlig unbrauchbares Mittel, um zu einer gesunden Einstellungsänderung zu gelangen.

Zu dem komplexen Thema der Änderung von Einstellungen gibt es verschiedene Modelle und Theorien, vor allem sogenannte Konsistenzmodelle. Sie sehen Einstellungsänderung im Dienste der Wiederherstellung eines Gleichgewichtszustandes (= Homöostase-Prinzip). Wenn beispielsweise ein Junge gerne mit Puppen spielt und in eine Kindergartengruppe kommt, in der das die übrigen Kinder blöd oder komisch finden, erlebt er eine Dissonanz, eine Unstimmigkeit oder einen Widerspruch zwischen seinen Einstellungen und denen der anderen. Er kann bei seiner Einstellung bleiben und die anderen für ihre Vorstellungen abwerten. Nahe liegend ist ebenfalls, dass er seine Vorstellungen denen der anderen anpasst. Vielleicht ändern auch beide Seiten ein Stück weit ihre Einstellungen, um so wieder zu einem stabilen Gleichgewicht zu gelangen.

Die verschiedenen Theorien, die zur Erklärung von Einstellungsänderungen herangezogen werden, können immer nur bestimmte Aspekte, nicht aber das Thema in seiner Komplexität erfassen.

Simone Pfeffer

- **Literaturtipps**

Meinefeld, W. (1999). Einstellung. In: Asanger, R./Wenninger, G. (Hg.) Handwörterbuch Psychologie. Weinheim: PVU.

Triandis, H. C. (1975). Einstellungen und Einstellungsänderungen. Weinheim/Basel: Beltz.

 # Elterliche Sorge

Elterliche Sorge umfasst das Recht und die Pflicht der Eltern (Mutter und Vater), »für das minderjährige Kind zu sorgen« (§ 1626 Abs. 1 Bürgerliches Gesetzbuch [BGB]). Seit der zum 1.7.1998 in Kraft getretenen so genannten Kindschaftsrechtsreform haben nicht verheiratete Eltern das gemeinsame Sorgerecht über ihr Kind, wenn sie dies in einer sogenannten Sorgerechtserklärung bekannt geben; im übrigen hat die Mutter die elterliche Sorge. Rechtsgrundlage ist der Abschnitt elterliche Sorge des Bürgerlichen Gesetzbuches (§§ 1626 ff. BGB).

Das Gesetz spricht nicht mehr von elterlicher Gewalt, statt dessen wurde 1980 die Formulierung elterliche Sorge eingeführt (§ 1626 BGB). Damit wollte der Gesetzgeber der Tatsache Rechnung tragen, dass das Kind Träger von Grundrechten und Schutz- und Hilfsbedürfnissen ist, »um sich zu einer eigenverantwortlichen Persönlichkeit innerhalb der sozialen Gemeinschaft zu entwickeln« (BVerfG Beschluss vom 29.7.1968). Nach § 1618a BGB sind Kind und Eltern »einander Beistand und Rücksicht schuldig«. Dies gilt auch über die Volljährigkeit hinaus.

Inhalt ■ Die elterliche Sorge umfasst die Personen- und Vermögenssorge sowie die Vertretung des Kindes. Die Vertretung wird von den Eltern grundsätzlich gemeinsam und einvernehmlich ausgeübt (Gesamtvertretung), jedoch genügt die Willenserklärung eines Elternteils gegenüber Dritten; in gewissen Fällen ist sie ausgeschlossen (§ 1929 Abs. 2 BGB).

Personensorge ■ Die Personensorge umfasst die Pflicht und das Recht, das Kind zu pflegen, gewaltfrei zu erziehen (wobei körperliche Bestrafungen, seelische Verletzungen und andere Maßnahmen unzulässig sind), zu beaufsichtigen und den Aufenthalt zu bestimmen (§ 1631 BGB). Sie beinhaltet auch das Recht auf Herausgabe des Kindes von jedem (auch vom anderen Elternteil), der es den Eltern (bzw. dem Elternteil) widerrechtlich vorenthält, und den Umgang des Kindes mit Wirkung für und gegen Dritte festzulegen (§ 1632 BGB). Das Familiengericht wird auf Antrag bei Meinungsverschiedenheiten tätig und/oder unterstützt »in geeigneten Fällen« bei der Ausübung der Personensorge (§§ 1628, 1631 BGB).

Bei der Ausbildung und Berufswahl müssen die Eltern auf Eignung und Neigung des Kindes Rücksicht nehmen; in Zweifelsfällen sollen sie den fachkundigen Rat Dritter einholen. Bei nachhaltiger und schwerer Beeinträchtigung des Kindes entscheidet das Familiengericht (§ 1631a BGB). Eine mit Freiheitsentziehung verbundene Unterbringung des Kindes ist nur mit Genehmigung des Familiengerichts zulässig. Ohne Genehmigung kann sie nur bei Gefahr erfolgen, wobei das Familiengericht, dessen Genehmigung unverzüglich nachzuholen ist, diese zurücknehmen kann, wenn es das Wohl des Kindes erfordert (§ 1631b BGB).

Lange diskutiert wurde die Regelung der gewaltfreien Erziehung nach § 1631 Abs. 2 BGB. Mit dem am 8.11.2000 in Kraft getretenen Gesetz zur Ächtung der Gewalt in der Erziehung und zur Änderung des Kindesunterhaltsrechts (BGBl. I 1479) wurde § 1631 Abs. 2 BGB wie folgt gefasst: »Kinder haben ein Recht auf gewaltfreie Erziehung. Körperliche Bestrafungen, seelische Verletzungen und andere unwürdige Maßnahmen sind unzulässig.«

Vermögenssorge ■ Diese umfasst nach § 1638 ff. BGB die Verwaltung des Vermögens des Kindes. Bestimmte Rechtsgeschäfte bedürfen der Genehmigung des Familiengerichts. Einige bürokratische Vorschriften sind durch das Kindschaftsrechtsreformgesetz gestrichen worden. Sie werden durch die in § 1666 BGB eingearbeitete Generalklausel ersetzt, nach der auch die Gefährdung von Vermögensinteressen, insbesondere die Verletzung der Unterhaltspflicht, Eingriffe in das Sorgerecht, rechtfertigt.

Vertretung ■ Die Vertretung des Kindes ist durch das Kindschaftsrechtsreformgesetz um ein Vertretungsrecht eines Elternteils in Notfällen ergänzt worden sowie um die Befugnis des Elternteils, bei dem das Kind lebt, Unterhaltsansprüche gegen den anderen Elternteil geltend zu machen. Mit dieser Regelung soll verhindert werden, dass der Elternteil, bei dem das Kind lebt, nur deshalb die Alleinsorge beantragen muss, weil er Unterhaltsansprüche gegen den anderen Elternteil geltend machen will.

Durch das Minderjährigenhaftungsbeschränkungsgesetz (vom 25.8.1998) wurde die Haftung für Verbindlichkeiten, die die Eltern (oder sonstige vertretungsbefugte Personen) für das Kind begründet haben, auf den Vermögensstand des Kindes bei Eintritt der Volljährigkeit beschränkt (§ 1629a BGB).

Wohl des Kindes ■ Der Schutz gefährdeter Kinder soll durch das Familiengericht sichergestellt werden. Es hat die zur Abwendung der Gefahr erforderlichen Maßnahmen zu treffen (§ 1666 BGB), wenn das körperliche, geistige oder seelische Wohl des Kindes oder sein Vermögen gefährdet wird durch

- Missbräuchliche Ausübung der elterlichen Sorge
- Vernachlässigung des Kindes
- Unverschuldetes Versagen der Eltern oder das Verhalten eines Dritten
- Oder wenn die Eltern nicht gewillt oder nicht in der Lage sind, die Gefahr abzuwenden. Vorher sind die Eltern, das Jugendamt und gegebenenfalls das Kind zu hören.

Das Gericht kann Erklärungen der Eltern (oder eines Elternteils) ersetzen (z.B. hinsichtlich der Bestimmung der Heimaufnahme des Kindes) oder die Vermögenssorge (z.B. bei Unterhaltspflichtverletzung) oder das Personensorgerecht teilweise (z.B. hinsichtlich Aufenthaltsbestimmung) entziehen und einen Pfleger bestellen.

Maßnahmen, mit denen eine Trennung des Kindes von der elterlichen Familie verbunden ist, sind nur zulässig, wenn der Gefahr nicht auf andere Weise (z.B. öffentliche Hilfen) begegnet werden kann. Dies gilt nach dem Kinderrechteverbesserungsgesetz (vom 9.4.2002) auch, wenn einem Elternteil vorübergehend oder auf Dauer die Nutzung der Familienwohnung untersagt werden soll. Die gesamte Personensorge darf nur entzogen werden, wenn andere Maßnahmen erfolglos geblieben sind oder wenn anzunehmen ist, dass sie zur Abwendung der Gefahr nicht ausreichen (§ 1666a BGB).

Hinzuweisen ist noch auf die Auslegungsvorschrift in § 1697a BGB, wonach das Gericht im Kindschaftsrecht diejenige Entscheidung trifft, die unter Berücksichtigung der tatsächlichen Gegebenheiten und Möglichkeiten sowie der berechtigten Interessen der Beteiligten dem Wohle des Kindes am besten entspricht. Der dahinter stehende Rechtsgedanke ist, dass das Wohl des Kindes Prüfungsmaßstab allen Handelns im Familienrecht sein soll.

Trennung und Scheidung ■ Eine Scheidung lässt die gemeinsame Sorge unberührt. Nur wenn einer der getrennt lebenden Elternteile beantragt, dass ihm gemäß § 1671 Abs. 1 BGB die elterliche Sorge oder ein Teil der elterliche Sorge allein übertragen werden soll, muss das Familiengericht eine Sorgeentscheidung herbeiführen. Dem Antrag ist stattzugeben, wenn der andere Elternteil nicht widerspricht (Ausnahme: Widerspruch des über vierzehnjährigen Kindes) und wenn zu erwarten ist, dass die Aufhebung der gemeinsamen Sorge und die Übertragung auf den Antragsteller dem Wohl des Kindes am ehesten entspricht.

Sorgerecht von Bezugspersonen ■ Ein Sorgerecht von Bezugspersonen ist ebenfalls

möglich. Lebt das Kind für längere Zeit in Familienpflege und wollen die Eltern das Kind von der Pflegeperson wegnehmen, so kann das Familiengericht von Amts wegen oder auf Antrag der Pflegeperson anordnen, dass das Kind bei der Pflegeperson bleibt, wenn und solange das Kindeswohl durch Wegnahme gefährdet würde. Eine analoge Regelung besteht für die Fälle, bei denen das Kind längere Zeit im Haushalt mit einem Elternteil und dessen Ehegatten zusammenlebt und der andere Elternteil die Herausgabe des Kindes verlangt. Nach § 1630 Abs. 3 BGB ist nunmehr auch eine Übertragung von Angelegenheiten der elterlichen Sorge auf die Pflegeperson möglich. Dazu ist jedoch ein Antrag der Eltern oder der Pflegeperson sowie die Zustimmung der Eltern erforderlich.

§ 1688 BGB hat die frühere Regelung des § 38 SGB VIII übernommen. Nun ist in § 1688 Abs. 2 BGB klargestellt, dass Mitarbeiter der stationären Jugendhilfe im Rahmen der Hilfe zur Erziehung nach SGB VIII (→ Kinder- und Jugendhilferecht) berechtigt sind, in Angelegenheiten des täglichen Lebens zu entscheiden sowie den Inhaber der elterlichen Sorge in solchen Angelegenheiten zu vertreten. Sie sind befugt, den Arbeitsverdienst des Kindes zu verwalten sowie Unterhalts-, Versicherungs-, Versorgungs- und sonstige Sozialleistungen für das Kind geltend zu machen und zu verwalten. Außerdem sind sie berechtigt, bei Gefahr in Verzug alle Rechtshandlungen vorzunehmen, die zum Wohl des Kindes notwendig sind. Die Eltern sind jedoch unverzüglich zu unterrichten.

Umgangsrecht ■ Nach § 1626 Abs. 3 Satz 1 BGB gehört der Umgang mit beiden Elternteilen zum Kindeswohl. Neben den Eltern hat auch das Kind einen eigenen Anspruch auf Umgang. Die §§ 1684 ff. BGB regeln das Recht des Umgangs neu. Das eigene Umgangsrecht des Kindes entspricht im übrigen auch Art. 9 Abs. 3 der UN-Kinderrechtskonvention. Neu ins Gesetz wurde ein eigenes Umgangsrecht von Großeltern, Geschwistern, Stief- und Pflegeeltern aufgenommen (§ 1685 BGB). Zur Durchsetzung des Umgangsrechts des Kindes kann das Familiengericht auch einen Verfahrenspfleger (»Anwalt des Kindes«) nach § 50 FGG bestellen.

Nach § 1684 Abs. 4 Satz 3 und 4 BGB kann das Familiengericht anordnen, dass der Umgang nur in Anwesenheit eines mitwirkungsbereiten Dritten stattfinden darf, dieser kann auch das Jugendamt oder ein freier Träger der Jugendhilfe sein (beschützter Umgang). Damit soll in den Fällen, die mit einer Gefährdung des Kindes, z.B. Kindesentziehung oder Kindesmisshandlung, verbunden sein könnte, der Umgang zwischen dem Kind und Elternteil ermöglicht werden. Nach § 18 Abs. 3 SGB VIII haben Kinder und Eltern das Recht auf Beratung und Unterstützung bei Ausübung des Umgangsrechts (durch das Jugendamt oder freie Träger).

Beistandschaft ■ Das Beistandschaftsgesetz vom 1.12.1997 (BGBl. I 2846) hat die bisherige Beistandschaft und die gesetzliche Amtspflegschaft für nichteheliche Kinder abgeschafft und eine neue Beistandschaft eingeführt (§§ 1712 – 1717 BGB), eine Form der »Fürsorge im zivilrechtlichen Gewande« (Gesetzesbegründung, BT-Dr. 13/892, 35). Die Beistandschaft ist also eine gesetzliche Vertretung des Kindes (insbesondere Prozessvertretung), die aber die elterliche Sorge nicht einschränkt und Aufgabe des Jugendamtes ist. Die Beistandschaft ist beendet, wenn der Antragsteller dies beim Jugendamt schriftlich verlangt. Sie endet auch, wenn die gesetzlichen Voraussetzungen nicht erfüllt sind. Außerdem endet sie, wenn das Kind seinen gewöhnlichen Aufenthalt im Ausland begründet (§ 1717 BGB). Die Beistandschaft umfasst folgende Aufgabenkreise:
- Feststellung der Vaterschaft
- Geltendmachung von Unterhaltsansprüchen, einschließlich der Ansprüche auf eine anstelle des Unterhalts zu gewährende Abfindung oder die Verfügung über diese Ansprüche.

Sie kann auch auf einzelne Aufgaben begrenzt werden.

Heribert Renn

■ **Literaturtipps**

Renn, H. (1999). Rechtskunde für Erzieherinnen. Weinheim/Basel: Beltz.

Mürbe M. et. al. (2005). Politik, Sozial-, Gesetzes- und Berufskunde – Basiswissen für ErzieherInnen. Weinheim/Basel: Beltz.

 # Elternarbeit

Die → Familie ist die Erziehungsinstanz, die am stärksten die Entwicklung des Kleinkindes prägt. Für Erzieherinnen bedeutet das zunächst, die erzieherischen Fähigkeiten und Leistungen von Eltern anzuerkennen. Eltern verbringen mit ihrem Kind viel mehr Zeit, als sich eine Erzieherin je einem einzelnen Kind individuell zuwenden könnte. Die Eltern sind ebenso wie Erzieherinnen Spezialisten für Kinder, wenn auch in ganz unterschiedlicher Art und Weise.

Ziele und Aufgaben ■ Die Arbeit in Kindertageseinrichtungen kann nur dann erfolgreich sein, wenn es zu einem intensiven Zusammenwirken von Müttern, Vätern und Erzieherinnen kommt. Erzieherinnen und Eltern haben Wissenslücken – die einen über die Familiensituation sowie das Verhalten und Erleben des Kindes außerhalb der Einrichtung, die anderen über den Erziehungsalltag und die Entwicklung des Kindes in der Tagesstätte. Nur in einem Dialog können beide Seiten erfahren, wie sich das Kind in der jeweils anderen Lebenswelt verhält. Dieser Austausch ist die Grundlage für eine Erziehungspartnerschaft zwischen Eltern und Erzieherinnen, d.h. für eine offene, vertrauensvolle und intensive Zusammenarbeit zwischen beiden Seiten bei der gemeinsamen Erziehung und Bildung von Kindern.

Erziehungspartnerschaft ist eine Voraussetzung für die Sicherstellung des Kindeswohls und wird den Kindertageseinrichtungen vom Bundesgesetzgeber aufgetragen. Im → Kinder- und Jugendhilferecht heißt es: »Die Träger der öffentlichen Jugendhilfe sollen sicherstellen, dass die Fachkräfte in ihren Einrichtungen mit den Erziehungsberechtigten zum Wohl der Kinder und zur Sicherung der Kontinuität des Erziehungsprozesses zusammenarbeiten.« (§ 22a Abs. 2 Satz 1 SGB VIII) Die gemeinsame Verantwortung für die Erziehung der Kinder steht also im Mittelpunkt der Beziehung zwischen beiden Seiten. Der Begriff Partnerschaft impliziert außerdem, dass Familie und Kindertageseinrichtung gleichberechtigt sind, ein Bündnis geschlossen haben, ähnliche Ziele verfolgen und zusammenarbeiten. Dazu ist der Austausch über Erziehungsziele und -methoden notwendig. Wenn Eltern und Erzieherinnen sich abstimmen und am gleichen Strang ziehen, kann es zu einer entwicklungsfördernden Kontinuität von familialer und außerfamilialer Erziehung kommen.

Besonders wichtig ist der Dialog, wenn ein Kind verhaltensauffällig ist. Das Gespräch umfasst die gemeinsame Reflexion des Verhaltens des jeweiligen Kindes, die Abklärung der Ursachen von Problemen und die Suche nach geeigneten Lösungsmöglichkeiten, die → Beratung der Eltern über ein besseres Erziehungsverhalten und die Abstimmung erzieherischer Maßnahmen von Seiten des Kindergartens und der Familie. Respekt, → Empathie und Echtheit sind wichtige Haltungen, die zu einem positiven Gesprächsverlauf beitragen.

Im Gespräch übernehmen die Fachkräfte eine familienunterstützende Funktion, die sich u.U. auch darin zeigt, dass Hilfsangebote psychosozialer Dienste vermittelt werden. Dies macht zugleich deutlich, dass Kindertageseinrichtungen außerdem präventiv tätig werden und Fehlentwicklungen frühzeitig entgegenwirken müssen.

Erziehungspartnerschaft umfasst auf Seiten der Erzieherinnen also ebenfalls Elternbildung, d.h. die Aufklärung über eine normale kindliche Entwicklung und einen positiv wirkenden Erziehungsstil.

Auch für die Planung der pädagogischen Arbeit ist das Gespräch mit den Eltern letztlich unverzichtbar. Erzieherinnen können den familienergänzenden Bildungsauftrag von Kindertageseinrichtungen nur erfüllen, wenn sie die familiale Lebenswelt der ihnen anvertrauten Kinder kennen. Nur dann können den Kindern »ergänzende« Erfahrungen vermittelt werden. Umgekehrt müssen die Fachkräfte die Eltern über ihre Arbeit und das Verhalten der einzelnen Kinder informie-

ren. Eltern von Kleinkindern wollen wissen, wie sie im Kindergarten ergänzend tätig werden können, wie sie die dortige kindliche → Entwicklung fördern und das Lernen ihres Kindes in der Tageseinrichtung unterstützen können (z.B. in der Übergangsphase von Neulingen). Hier geht die Erziehungspartnerschaft in eine Bildungspartnerschaft über. Die Eltern werden z.B. in Beschäftigungen für Kinder aktiv einbezogen, was den Kindergartenalltag bereichert, Kindern neue Bildungsmöglichkeiten eröffnet und ihnen einen umfassenderen Einblick in die Erwachsenenwelt ermöglicht. Auch kann das Kindergartenpersonal Eltern motivieren, ihre besonderen Fähigkeiten (wie Schreinern, Töpfern, Weben) in den Kindergartenalltag einzubringen, Kinder an ihren Arbeitsplatz einzuladen, für sie ein Theater- oder Kasperlestück einzuüben, für sie einen Besuch im Museum, Rathaus, Theater oder bei der Müllabfuhr usw. zu organisieren oder die Gruppe bei Ausflügen zu begleiten. Insbesondere die → Projektarbeit bietet viele Möglichkeiten für eine Einbindung von Eltern.

Eltern sollten auch Mitwirkungs- und Mitbestimmungsmöglichkeiten im Kindergarten erhalten. Ihre Rechte sind zumeist in den Ländergesetzen geregelt, die z.B. einen Elternbeirat als Gremium mit bestimmten Rechten vorsehen. Über diese Rechte hinaus können Eltern aber auch an der Konzeptionsentwicklung, an der Jahres-, Monats- und Projektplanung, an besonderen Aktivitäten usw. beteiligt werden. Schließlich können die Eltern selbst Elternveranstaltungen planen und eigenständig durchführen. Auf diese Weise werden auch ihre sozialen Bedürfnisse ernst genommen. Der Gesprächsaustausch zwischen Eltern, die Entstehung sozialer Netze und die Familienselbsthilfe werden gefördert.

Formen der Elternarbeit ■

- ■ **Angebote vor Aufnahme des Kindes:** Erster Kontakt zu Eltern; Anmeldegespräch; Vorbesuche in der Gruppe; regelmäßige Besuchsnachmittage; Einführungselternabend; Elterncafé zu Beginn des Kindergartenjahres; Hausbesuche oder Telefonanrufe vor Beginn des Kindergartenjahres.

- **Angebote unter Beteiligung von Eltern und Erzieherinnen:** Elternabende; Gruppenelternabende; Elterngruppen (mit/ohne Kinderbetreuung); themenspezifische Gesprächskreise; Treffpunkt für Alleinerziehende; Vätergruppe; Treffpunkt für Aussiedler/Ausländer; Gartenarbeit; Kochen für Kinder; Spielplatzgestaltung; Renovieren/Reparieren; Büroarbeit, Buchhaltung; Elternbefragung.

- **Angebote unter Beteiligung von Familien und Erzieherinnen:** Feste und Feiern; Bazare, Märkte, Verkauf von Second-Hand-Kleidung; Freizeitangebote für Familien (z.B. Wanderungen, Ausflüge); Bastelnachmittage; Spielnachmittage; Kurse (z.B. Töpfern); Familiengottesdienste; Vater-Kind-Gruppe/-Angebote; Familienfreizeiten.

- **Eltern als Miterzieher:** Mitwirkung von Eltern bei Gruppenaktivitäten, Beschäftigungen und Spielen; Begleitung der Gruppe bei Außenkontakten; Einbeziehung in die Entwicklung von Jahres- und Rahmenplänen, die Planung von Veranstaltungen und besonderen Aktivitäten, die Gestaltung von Spielecken; Kindergartenprojekte unter Einbeziehung der Eltern (z.B. Besuche am Arbeitsplatz, Vorführung besonderer Fertigkeiten); Kurse für Kinder oder Teilgruppen (z.B. Sprachunterricht, Schwimmkurs, Töpferkurs); Einspringen von Eltern bei Abwesenheit von Fachkräften (z.B. wegen Erkrankung, Fortbildung).

- **Angebote nur für Eltern:** Elternstammtisch; Elternsitzecke (auch im Garten); Elterncafé; Treffpunktmöglichkeiten am Abend oder am Wochenende; Elterngruppe/-arbeitskreis (allgemein, themen-/aktivitätenorientiert, Hobbygruppe); Väter-/Müttergruppen; Angebote von Eltern für Eltern; Elternselbsthilfe (z.B. wechselseitige Kinderbetreuung).

- **Einzelkontakte:** Tür- und Angelgespräche; Termingespräche; Telefonkontakte (regelmäßig oder nur bei Bedarf); Mitgabe/Übersendung von Notizen über besondere Ereignisse; Tagebücher für jedes einzelne Kind; Beratungsgespräche (mit Mutter, Eltern, Familie; unter Einbeziehung von Dritten), Vermittlung von Hilfsangeboten; Hospitation; Hausbesuche.

- **Informative Angebote:** schriftliche Konzeption des Kindergartens; Elternbriefe/-zeitschrift; schwarzes Brett; Rahmenplanaushang; Tagesberichte; Fotowand; Buch- und Spielausstellung; Ausleihmöglichkeit (Spiele, Bücher, Artikel, Musikkassetten); Beratungsführer für Eltern; Auslegen von Informationsbroschüren.

- **Elternvertretung:** Einbeziehung in die Konzeptionsentwicklung; Besprechung der Ziele und Methoden der Kindergartenarbeit; Einbindung in Organisation und Verwaltungsaufgaben; gemeinsames Erstellen der Jahres- und Rahmenpläne; Einbeziehung in die Planung, Vorbereitung und Gestaltung besonderer Aktivitäten und Veranstaltungen.

- **Kommunalpolitisches Engagement:** Eltern als Fürsprecher des Kindergartens; Eltern als Interessensvertreter für Kinder; Zusammenarbeit mit Elternvereinigungen, Initiativgruppen, Verbänden und Einrichtungen der Familienselbsthilfe.

Elternarbeit in Kindertageseinrichtungen ist in der Regel Mütterarbeit. Väter spielen jedoch eine ebenso wichtige Rolle in der Entwicklung von Kindern. Deshalb sollten sie bewusst in die Elternarbeit einbezogen werden – auch durch spezielle Angebote wie Vater-Kind-Aktivitäten bzw. -gruppen oder Vater-Kind-Turniere bzw. -feste.

Die Vielzahl heutiger Familienwirklichkeiten fordert von Erzieherinnen die Bereitschaft, sich mit den jeweiligen individuellen Situationen der Familien in ihrer Einrichtung auseinander zu setzen. Es gilt, die Bedürfnisse und Interessen der Eltern zu erfassen und entsprechende Formen der Zusammenarbeit zu entwickeln. So mag es vor Ort durchaus sinnvoll sein, zielgruppenspezifische Angebote speziell für Ausländerfamilien, Aussiedler, sozial schwache Familien, Alleinerziehende u.a. zu machen.

Planung der Elternarbeit ◼ Erzieherinnen sollten nicht zu viele verschiedene Formen der Elternarbeit nutzen (Gefahr sinkender Teilnehmerzahlen und einer Verschlechterung der Qualität der Angebote), sondern sich auf solche beschränken, die den eigenen Bedürfnissen, Erwartungen, Wünschen und Möglichkeiten sowie denjenigen der Familien entsprechen. Eltern und Erzieherinnen können in einem gemeinsamen Planungs- und Aushandlungsprozess das Programm entwickeln. Dabei helfen die folgenden Fragen:

- Wo stehen wir? (Situations- und Bedarfsanalyse)
- Wo wollen wir hin? (Zielbestimmung, einschließlich Begründung der Ziele)
- Welche Wege gibt es dorthin? (Ideensammlung zu Formen der Elternarbeit)
- Welche Formen und Methoden wählen wir aus? (Festlegung unter Berücksichtigung der Rahmenbedingungen)
- Wann und wie setzen wir die ausgewählten Formen um? (Jahresplanung, kurzfristige Planung, Durchführung)
- Sind wir auf dem richtigen Weg? (Zielkontrolle)

Die Elternarbeit soll sich harmonisch in das pädagogische Konzept des Kindergartens einfügen. Das bedeutet, dass jeder Kindergarten seine eigene, der Situation der Einrichtung und des Umfeldes entsprechende Form der Zusammenarbeit mit den Eltern entwickeln muss. Hinter den einzelnen Aktivitäten sollte ein roter Faden erkennbar sein, der ihnen einen Sinnzusammenhang gibt. Die Planung der Elternarbeit sollte aber auch als offene Planung verstanden werden, die Raum und Möglichkeiten zu spontanen, situationsorientierten Aktivitäten, Begegnungen, Gesprächen und Veranstaltungen lässt.

Martin R. Textor

■ Literaturtipps

Bernitzke, F., Schlegel, P. (2004). Das Handbuch der Elternarbeit. Troisdorf: Bildungsverlag EINS.

Dusolt, H. (2001). Elternarbeit. Ein Leitfaden für den Vor- und Grundschulbereich. Weinheim/Basel: Beltz.

Textor, M.R. (2005). Elternarbeit im Kindergarten. Ziele, Formen, Methoden. Norderstedt: BoD.

Emotionen

Der Begriff Emotion leitet sich aus dem lateinischen movere (bewegen) ab. Diese sprachliche Wurzel verweist auf eine wesentliche Bedeutung von Emotionen in unserem Leben: Aus ihnen erwächst die Bereitschaft zum Handeln. Emotionen gehören zur Grundausstattung des Menschen und bestimmen sein Handeln und Empfinden. Im deutschen Sprachgebrauch bezeichnen wir mit dem Begriff Gefühl etwas, das man körperlich und seelisch empfinden kann. Diese Zustände sind mit physischen Veränderungen verbunden, die sichtbar (Erröten, Erbleichen, Gesichtsmimik) oder auch von außen nicht sichtbar (Hormonausschüttungen) sein können. Emotionen werden zumeist passiv erlebt – sie kommen sozusagen über einen – und treten mit leichter bis starker Erregung auf. Ein heftig klopfendes Herz kann je nach Zusammenhang als Angstempfindung verstanden werden oder auch ein Zeichen für eine angenehme Erregung sein. Als Gefühl werden auch von außen kommende körperliche (sensorische) Erfahrungen bezeichnet, wie beispielsweise das Gefühl eines weichen Pullovers auf der Haut oder die frische Meeresbrise im Gesicht. Insofern ist der Begriff des Gefühls weiter gefasst als der der Emotionen; im Alltag werden beide Begriffe jedoch häufig synonym verwendet.

Gefühle und Emotionen bewerten Erfahrungen, Ereignisse, Situationen oder Menschen, verleihen diesen eine subjektive Bedeutung. Aus dieser Perspektive ist ohne Emotionen alles ohne Bedeutung, mit Emotion kann alles wichtig werden, wie z.B. die Freude darüber, einen Freund wieder zu sehen oder zusammen eine Sandburg gebaut zu haben. Emotionen spielen für die Entwicklung und das subjektive Wohlbefinden eine entscheidende Rolle.

Emotionen treten unter folgenden beiden Bedingungen auf:

- Der Mensch ist konfrontiert mit Situationen oder Objekten und verarbeitet die entsprechenden Reize mit Hilfe seiner Sinne
- Der Mensch ruft aus der Erinnerung bestimmte Situationen oder Objekte ab und reagiert auf diese Vorstellung emotional.

Das bedeutet, dass sowohl tatsächlich Wahrgenommenes (z.B. ein Donnergeräusch oder der Anblick einer Schlange) wie auch aus dem Gedächtnis Abgerufenes (glückliche

Erinnerungen oder eine Prüfungssituation) von einer Reaktion des emotionalen Systems begleitet wird. Dies macht die Allgegenwart von Emotionen deutlich.

Basisemotionen und Entwicklung komplexer Emotionen ■

Verschiedene Forscher zählen zu den sogenannten Basisemotionen Überraschung, Freude, Ärger, Furcht, Trauer und Ekel, manche auch Liebe und Scham. Interkulturelle Studien zeigen, dass die mit diesen Emotionen verknüpfte Mimik in den verschiedensten Regionen der Welt erkannt und in ihrer Bedeutung auf sehr ähnliche Weise interpretiert wird. Forschungen zur frühkindlichen Entwicklung belegen ebenfalls das frühe Auftreten der primären Emotionen Freude, Trauer, Ärger und Furcht im Ausdrucksverhalten von Kindern. Bereits Neugeborene zeigen diese Gefühle und können dadurch sehr früh mit ihren Bezugspersonen kommunizieren; selbst blind geborene Menschen sind in der Lage, Basisemotionen mimisch ausdrücken.

Basisemotionen sind offenbar im Menschen angelegt. Komplexe Emotionen, wie z.B. Zärtlichkeit, Neid, Stolz oder Sarkasmus, die Variationen und Ausdrucksmöglichkeiten von Emotionen, werden jedoch jeweils kulturspezifisch, nach den Regeln und Normen einer Gesellschaft geprägt und erlernt. Die Ausdifferenzierung von Emotionen findet sowohl auf der Ebene des Erlebens als auch auf der Ebene des Ausdrucks statt. Auch der Umgang mit Emotionen wird weiter entwickelt. James Avrill und Elma Nunley (1993) bezeichnen diesen Prozess als **emotionale Kreativität**, die es zu entwickeln und zu erforschen gilt, um unser Potential voll auszuschöpfen.

Bei Kindern kann man z.B. beobachten, dass sie Phasen haben, in denen sie bestimmte Emotionen regelrecht aufsuchen und den Umgang mit ihnen in einem sicheren Rahmen erproben. So wollen manche Kinder ab vier oder fünf Jahren immer wieder gruselige, angstauslösende Geschichten hören. Sie tasten sich an das Gefühl der Angst heran, halten es nach und nach länger aus, ohne wegzulaufen oder die Situation abzubrechen, und entwickeln Möglichkeiten, mit diesem Gefühl umzugehen und es zu bewältigen. Sie experimentieren mit verschiedenen Strategien und gewinnen dadurch immer mehr Sicherheit, dass sie mächtig genug sind, es mit den Angstauslösern aufzunehmen, oder sie erfahren, dass ihnen geholfen wird. Die Kinder bleiben handlungsfähig, können sich in das Gefühl der Angst wagen und es gleichzeitig kontrollieren. Auf diese Weise entsteht die Erfahrung von **Selbstwirksamkeit**. Wenn Menschen diese Fähigkeit nicht entwickeln, meiden sie das Gefühl der Angst und damit auch Situationen, in denen sie mit Angst konfrontiert werden könnten, sie werden von Angstgefühlen überschwemmt oder sie müssen ihre Angst und damit wichtige Hinweise in ihrem Leben ignorieren.

Emotionen und Handeln ■

Manche Emotionen bewirken bei verschiedenen Menschen eine sehr ähnliche Art der Handlungsbereitschaft. Freude z.B. ist ein angenehmes Gefühl, das tendenziell die Annäherung an andere Menschen begünstigt und dem die Bereitschaft zur Bindung innewohnt. Angst hingegen löst eher Vermeidungstendenzen und oft auch die Suche nach Schutz aus. Wut und Ärger drängen auf Beseitigung der ärgerlichen Ursache. Im Unterschied zur Angst verursacht Ekel eine andere Art der Vermeidung, die meist mit körperlicher Abneigung verbunden ist. Demgegenüber sind komplexere Emotionen, wie Eifersucht, Scham und Schuld, in ihrer handlungsauslösenden Wirkung weniger eindeutig vergleichbar. Sie sind stärker mit gedanklichen Vorstellungen verwoben und daher individueller in der Auswirkung. Das Empfinden von Scham beispielsweise setzt voraus, dass das eigene Verhalten oder das nahe stehender Personen mit einer Norm kollidiert, die zunächst als Wertesystem anerzogen sein muss.

Menschen sind in der Lage, den Handlungsimpuls von Emotionen zu kontrollieren und in gezielte Bahnen zu lenken. Diese Fähigkeit zur Impulskontrolle ist wesentlich, um in einer Gesellschaft mit vielen Menschen friedlich und kooperativ zusammenleben zu können. Sie wird, wie auch andere

Kompetenzen im Umgang mit Emotionen, im Verlauf der → Sozialisation innerhalb des jeweiligen kulturellen Umfeldes in der Auseinandersetzung mit anderen Menschen, z.B. im Elternhaus, Kindergarten oder in der Schule, erworben.

Unser Umgang mit Emotionen hat einen entscheidenden Einfluss auf viele Situationen im Leben. Unser Gefühlszustand bestimmt die Art und Weise, wie wir uns verhalten und unsere Möglichkeiten nutzen. Beispielsweise hat ein negativer Gefühlszustand eines Menschen Auswirkungen auf seine Fähigkeit, klar zu denken, zu lernen, etwas einzuschätzen oder zu analysieren. Die Aufnahmefähigkeit eines Kindes ist sehr reduziert, wenn es gerade innerlich damit beschäftigt ist, dass es bei anderen nicht mitspielen durfte und darüber traurig oder zornig ist. Auch seine Fähigkeit, die Situation zu analysieren und Lösungsmöglichkeiten zu finden, ist solange beeinträchtigt, bis es seine Emotionen »im Griff« hat, also nicht mehr nur von ihnen überschwemmt wird.

Um Entscheidungen treffen zu können, ist es notwendig, unsere Befindlichkeit und unsere → Bedürfnisse klar zu spüren. Inwieweit wir die Gefühle von anderen Menschen erkennen und verstehen können, bestimmt die → Kommunikation und damit auch die Beziehung, die wir mit ihnen haben.

Emotionale Kompetenz ■ Für die konstruktive Gestaltung verschiedenster Lebensbereiche ist der kompetente Umgang mit eigenen und fremden Gefühlen von großer Bedeutung. Ein bestimmtes Repertoire an emotionalen Zuständen und den flexiblen Umgang mit ihnen bezeichnet man als emotionale Kompetenz oder auch als emotionale Intelligenz.

Goleman (1995) geht in seinem Konzept der emotionalen Intelligenz davon aus, dass das Gefühlsleben ein Bereich ist, der genau wie Rechnen oder Lesen mit mehr oder weniger Können gehandhabt werden kann und der spezifische Kompetenzen erfordert. Ausgangspunkt des Konzepts der emotionalen Kompetenz von Carolyn Saarni (1990) ist, dass das Individuum eingebettet ist in soziale

Beziehungen und kulturelle Kontexte, in denen es emotionale Kompetenzen braucht und Fähigkeiten zur Selbstwahrnehmung, zum Gefühlsausdruck, zur Kommunikation über Emotionen, zur Regulation von Emotionen sowie zur Selbstwirksamkeit erwirbt und anwendet. Das Konzept der emotionalen Kompetenz ist im Vergleich zur emotionalen Intelligenz kontextbezogener, die wesentlichen Fertigkeiten werden jedoch in beiden Konzepten sehr ähnlich beschrieben.

Emotionale Kompetenz stellt also eine grundlegende Kompetenz dar, von der es abhängt, in welcher Qualität Kinder Beziehungen zu anderen Menschen erleben und gestalten können. Sie ist nicht nur die Grundlage für soziale Kompetenz (→ Soziale Bildung), sondern auch bedeutungsvoll für die Entwicklung kognitiver Fähigkeiten. Franz Petermann und Sivia Wiedebusch (2003) haben gezeigt, dass eine hohe emotionale Kompetenz mit einer positiven schulischen Entwicklung einhergeht. Umgekehrt stellt eine geringere emotionale Kompetenz einen Risikofaktor für schlechtere schulische Leistungen, Verhaltensauffälligkeiten und Suchtverhalten dar. Auch sind in diesem Zusammenhang vermehrt zwischenmenschliche Schwierigkeiten zu beobachten. Emotional wenig kompetente Kinder sind in der Regel meist unbeliebter und verhalten sich aggressiver, während emotional kompetente Kinder beliebter und weniger aggressiv im Sozialkontakt sind.

Emotionale Kompetenzen werden einerseits in der Familie, andererseits im gesamten sozialen Umfeld erworben. An diesem Prozess, der als emotionales Lernen bezeichnet wird, haben Kindergarten und Schule einen bedeutenden Anteil. Hier können Kinder bereits frühzeitig gefördert werden.

Wenn ein Mensch verschiedene und differenzierte Möglichkeiten erfährt, mit eigenen Gefühlen und den Gefühlen anderer umzugehen, kann er sich in allen Lebensbereichen besser auf die jeweilige Situation bezogen, flexibel und konstruktiv verhalten.

Simone Pfeffer

■ **Literaturtipps**

Averill, J./Nunley, E. (1993). Emotionen. Die Entdeckung der Gefühle. Hamburg: Kabel.

Damasio, A. (2000). Ich fühle, also bin ich. München: List.

Pfeffer, S. (2002). Emotionales Lernen. Ein Praxisbuch für den Kindergarten. Weinheim/Basel: Beltz.

Pfeffer, S. (2004). Die Welt der Gefühle verstehen. Wunderfitz – Arbeitsheft zur Förderung der emotionalen Kompetenz. Freiburg: Herder.

Empathie

Der Begriff Empathie wurde für die Pädagogik aus der von Carl R. Rogers begründeten (1902–1987) klientenzentrierten → Psychotherapie übernommen und meist als »einfühlendes und nicht wertendes Verstehen« übersetzt. In der Praxis führte das oft zu mehr oder weniger reinen Wiederholungen von den Äußerungen des Gegenübers oder zu Floskeln wie »Das kann ich gut verstehen«/»Ich kann mir vorstellen, welches Gefühl Sie nun haben«. Rogers fühlte sich in diesem Punkt häufig missverstanden und versuchte schon Anfang der sechziger Jahre des vorigen Jahrhunderts eine Richtigstellung vorzunehmen. Er schrieb, Empathie sei keine »hölzerne Technik des Pseudoverstehens…, bei der der Berater lediglich ›widerspiegelt‹, was sein Klient soeben gesagt hat« (1962, S. 185). Ein Therapeut, Berater oder eine pädagogische Fachkraft würde im Sinne von Carl R. Rogers Empathie dann zum Ausdruck bringen, wenn er stattdessen »die Verwirrung des Klienten, seine Ängstlichkeit, seine Wut oder sein Gefühl, ungerecht behandelt zu werden, so spürt, als seien es die eigenen Gefühle, und sich nicht mit der eigenen Unsicherheit, Angst oder Wut darin verstrickt« (1962, S. 184). Rogers spricht von einer vollständigen Zuwendung im Verstehen der anderen Person, ohne dass dabei irgendwelche rhetorische Techniken oder gefühllose Nachformulierungen benutzt werden. Die höchste Wirkung einer gelebten Empathie sieht er darin, dass das Gegenüber dadurch Möglichkeiten zur Veränderung erfährt.

Auch wenn es richtig ist, dass Empathie mit der sogenannten nicht-direktiven Therapie in Verbindung gebracht wird, bedeutet dies nicht, dass empathisches Verhalten durch Passivität gekennzeichnet ist! Empathie zu besitzen bedeutet, die Beziehungsarbeit lebendig, aktiv, freundlich, wahrnehmungsoffen, aufgeschlossen, entwicklungsunterstützend und verstehend zu gestalten, so dass sich *alle* beteiligten Personen in einer Entwicklungsauseinandersetzung befinden. Die Akzeptanz der Person und ihrer Besonderheit ist Voraussetzung für eine vorurteilsfreie und gleichwertige Beziehung und öffnet Wege, sich mit der Realität anzufreunden, um Abwehrstrategien aufgeben zu können und sich mit Neugierde auf Neues einzulassen.

Grundgedanken empathischen Handelns ■ Der Begriff Empathie ist in der humanistischen Psychologie und personorientierten Pädagogik ein Kernbegriff erster Ordnung. Ausgangspunkt ist die philosophische und theoretische Überzeugung, dass vor allem zwischenmenschliche Beziehungen für die seelische Entwicklung eines Menschen (persönliches Wachstum) dienlich und für seine Veränderung verantwortlich bzw. förderlich sind. Die Grundhypothese lautet daher: Jeder Mensch besitzt ein Wachstumspotenzial, das aber durch biographisch bedeutsame Erlebnisse und (sozio-)kulturelle Einflüsse häufig nicht zur vollen Entfaltung kommt. Dieses Wachstumspotenzial kann aber gleichwohl durch eine Beziehung zu einer bestimmten Person freigesetzt werden. Voraussetzung dafür ist, dass diese Person (z.B. Erzieherin, Therapeutin) ihr eigenes reales Ich-Sein, die emotionale Zuwendung und Auseinandersetzung mit sich selbst, ein innerliches Verstehen der eigenen Werte, der Gedankenwelt und Handlungsweisen tief in sich selbst trägt und als konstruktiv erlebt. Sie muss diese Persönlichkeitsmerkmale zum Ausgangspunkt der eigenen Entwicklung machen und gleichzeitig diese Elemente aktiv in die Beziehung zu anderen Menschen transportieren, d.h. im Umgang mit Menschen Empathie zeigen.

Voraussetzungen ■ Das humanistisch geprägte Menschenbild des Empathiekonzepts hat gezeigt, dass Empathie grundlegend für die Entwicklungs- und Bildungsprozesse eines Menschen ist. Allerdings ist Empathie keine Technik, sie kann weder eingeübt noch funktionalisiert oder absichtsgesteuert angewandt werden. Vielmehr setzt ein empathisches Eingehen auf eine andere Person voraus, dass pädagogische Fachkräfte im Sinne einer Selbstbildung« zunächst intensiv an ihrer eigenen Entwicklung arbeiten. Dazu gehört u.a., sich intensiv und engagiert mit der eigenen Biographie auseinandersetzen, um sich dem »eigenen inneren Kind« erneut zu nähern und Sichtweisen, Haltungen und Einstellungen zu hinterfragen, zu klären und gegebenenfalls an einer Veränderung zu arbeiten. Um also einer anderen Person dabei zu helfen, sich selbst immer besser und tiefer zu verstehen, muss die helfende Person zunächst einmal sich selbst gegenüber authentisch sein, das »Selbst sein, das man in Wahrheit ist«. Empathie hat also sehr viel mit Selbstübereinstimmung (= Kongruenz) zu tun. Das ist nur dann möglich, wenn die helfende Person in der Beziehung mit ihrem Gegenüber echt und ohne Fassade bleibt, ihre Gefühle und Einstellungen offen und gleichzeitig wertschätzend zum Ausdruck bringt und sich in der Beziehung als Person und nicht in ihrer (Berufs-)rolle offenbart.

Rogers beschreibt die Veränderungen und Entwicklungen, die Menschen dann zeigen, wenn sie zu sich selbst finden: Es findet ein Abschied statt von einem fassadenhaften Leben, von der selbst gestellten Forderung »eigentlich-sollte-ich«, vom Erfüllen kultureller Erwartungen und von dem Selbstanspruch, anderen gefallen zu wollen. Es ist eine Entwicklung zur Selbstbestimmung, zum Prozess-Sein, zur Erfahrungsoffenheit, Komplexität, zum Akzeptieren des Gegenübers und eine Entwicklung zum Selbstvertrauen. Insofern zeigen sich die Auswirkungen einer erlebten Empathie im Aufbau einer neuen Persönlichkeit.

Empathie als Schlüsselqualifikation ■

Erziehung – im Sinne von Empathie müsste es aktive Entwicklungsbegleitung heißen – ist auch immer eine Form der Bildungsarbeit, durch die sich Kinder, Jugendliche und Erwachsene in ihrer Persönlichkeit verändern können. Wenn von der Grundannahme ausgegangen wird, dass Bildung nur durch Bindung ausgelöst wird, dann wird wiederum ein Bindungswunsch durch das Gegenüber nur aufgebaut werden können, wenn pädagogische Fachkräfte empathische Persönlichkeitsmerkmale in sich tragen. Diese zeichnen sich durch eine Reihe spezifischer und unverwechselbarer Verhaltensmomente im kognitiven, emotionalen und sozialen Bereich aus.

■ **Kognitive Fähigkeiten:** Eigene Verantwortlichkeiten entdecken und erkennen; vom Wert einer Beziehungsnähe im Sinne der Förderung von Bildungsprozessen tief überzeugt sein; Entschlossenheit zeigen; alle Wahrnehmungen und Beobachtungen bei sich und der anderen Person auf der Basis von Erfahrungen verstehen und deuten können; Interesse an philosophischen Auseinandersetzungen »über Gott und die Welt« haben; Differenzierungen vornehmen können in der Betrachtung der eigenen Lebenswelt und der unbekannten, vielfältigen Erlebniswelt der anderen Person; Alltagstheorien (= pseudowissenschaftliche, persönliche Annahmen) erkennen und auflösen; klare Vorstellungen über die eigenen Entwicklungsmöglichkeiten haben; Feindseligkeiten gegenüber anderen Menschen als eigene Abwehrmechanismen erkennen, deuten und in selbstexplorative Aufgabenstellungen an sich wandeln; Wahrnehmungsoffenheit für eigene Empfindungen und die Gefühle der anderen Person besitzen; auf die eigene Synchronisation von Verbalität und Körpersprache achten, dabei Unstimmigkeiten erkennen und verändern.

■ **Emotionale Fähigkeiten:** Eigene Gefühle spüren und Gefühle der anderen Person intensiv nachempfinden können; Sensibilität für Gefühlsempfindungen aufbringen und sich auch dann auf die eigene und fremde Gefühlswelt einlassen, wenn sie Unsicherheit und Ängste aufkommen lassen; persönliche Wärme und Nähe in die Beziehung einbringen; persönliche

Belastungen entdecken und die eigene Belastbarkeit durch gefühlsorientierte Auseinandersetzungen mit sich selbst erweitern und ausbauen; persönliche Verbitterungen erkennen und analysieren können, um Schritt für Schritt innerlich frei von belastenden Spannungen zu werden.

- **Soziale Fähigkeiten:** Empfindsames und genaues Zuhören, ohne den anderen zu unterbrechen; auf persönliche Bewertungen (Verurteilung anderer) verzichten; sich intensiv um den anderen sorgen und ein Interesse daran haben, dass bedeutsame Entwicklungen geschehen können; unterschiedliche Wirklichkeiten nebeneinander stehen lassen, ohne die eigene Wirklichkeit als die einzig richtige in den Vordergrund zu stellen; sich in den unterschiedlichen Interaktionssituationen auf sich selbst und die andere Person konzentrieren können; in der Beziehung unmittelbar zugegen sein und sich ganz auf den Augenblick der Beziehung einlassen; der anderen Person in ihrer Welt entgegenkommen, ohne darauf zu warten, dass der erste Schritt stets vom anderen ausgehen muss; auf Macht oder Herrschaft über den anderen verzichten; das Gegenüber als eine Person akzeptieren, die ebenso auf dem Weg der Entwicklung ist wie man selbst; die Selbstverantwortung der anderen Person sehen und damit die Selbständigkeit des anderen aktiv unterstützen; echtes Interesse an der anderen Person erleben und zum Ausdruck bringen können; präzise Formulierung von Ereignissen und Empfindungen (= emotionale Vorgänge und situationsorientierte Geschehnisse auf den Punkt bringen können); die Gegenwart – das aktuelle Geschehen – als Ausgangspunkt der Beziehungs- und Bildungsarbeit aufgreifen; persönlich erlebte Grenzen in der Beziehung mit sich und zu anderen Menschen als Herausforderung aufgreifen und selbstaktiv Veränderungen in Gang setzen.

Die Kompetenz »Empathie« ist eine zwingende Notwendigkeit und Herausforderung für die pädagogische Arbeit. Jede Form einer Bildungsarbeit – im kognitiven, sozialen, motorischen und emotionalen Bereich – ist nur dann sinngebend und Erfolg versprechend, wenn gleichzeitig eine vertrauensvolle und zuverlässige Bindung zu den Kindern besteht. Würde im Gegensatz dazu eine Pädagogik ohne feste und empathische Bindungsbeziehung gestaltet werden, käme sie einer »belehrenden, defizitorientierten, autoritär gestalteten und funktional ausgerichteten Arbeit am Kind« gleich. Empathie verhindert solche entwicklungsstörenden Einflüsse auf das Kind und befähigt es damit, sich immer wieder auf neue, eigene Selbstentwicklungsprozesse einzulassen. Gleichzeitig weisen sowohl wissenschaftliche Untersuchungen und alltägliche Beobachtungen darauf hin, dass empathische Fachkräfte in einem hohen Maß mehr Engagement, Neugierde, Lebens- und Arbeitsfreude, Phantasie, innovatives Denken und Nähe zu sich selbst und Kindern aufbauen. Empathie prägt damit eine humane Pädagogik und sorgt für eine lebendige Entwicklung bei Kindern und Erwachsenen.

Armin Krenz

- **Literaturtipps**

Goleman, D. (Hg.) (2000). Die heilende Kraft der Gefühle. München: dtv.

Krenz, A. (2005). Was Kinder brauchen (5. Aufl.). Weinheim/Basel: Beltz.

Krenz, A. (2003). Elementarpädagogik aktuell. Offenbach: Gabal.

Sautter, H./Stinkes, U./Trost, R. (Hg.) (2004). Beiträge zu einer Pädagogik der Achtung. Heidelberg: Universitätsverlag Winter.

Entwicklungspsychologie

Die Entwicklungspsychologie ist, wie zum Beispiel die Pädagogische Psychologie oder die Sozialpsychologie, eine Teildisziplin der → Psychologie, die sich auf der Grundlage wissenschaftlicher Theorien und Methoden mit der Entwicklung des Menschen vom Zeitpunkt der Zeugung bis zu seinem Tod, also über die gesamte Lebensspanne hinweg, beschäftigt.

Grundannahmen ■ Für die zeitgenössische Entwicklungspsychologie ist der Säugling von Geburt an ein Individuum und überaus kompetentes Lebewesen, das nicht nur über eine Vielzahl von angeborenen Instinkten und Reflexen verfügt, die bei Bedarf abgerufen werden können, sondern auch bereits aktiv signalisieren kann, was es möchte und was es nicht möchte. Die weitere Entwicklung im Kleinstkindalter, in der frühen → Kindheit und den sich anschließenden Lebensabschnitten entspricht dieser Auffassung. Während in den vergangenen Jahrzehnten teilweise sehr kontrovers diskutiert wurde, welchen Anteil die angeborenen Anlagen bzw. die Umwelteinflüsse an der Entwicklung und Ausbildung bestimmter Merkmale des Kindes haben – Anlagetheoretiker betonten die Bedeutung der genetischen Ausstattung, für Umwelttheoretiker besaßen die Milieufaktoren das größere Gewicht –, wissen wir heute, dass zwischen Anlage- und Umweltfaktoren beständig (und zwar das ganze Leben lang!) Interaktionen, d.h. Wechselwirkungen und Austauschprozesse stattfinden. In den Ablauf dieser Interaktionen schaltet sich zunehmend aktiver und regulierender das heranwachsende Kind als Gestalter seiner eigenen Umwelt und seines eigenen Lebens ein.

Formen der Wechselwirkung zwischen Anlage- und Umweltfaktoren

■ Es hat sich bewährt, drei aneinander anschließende und aufeinander aufbauende Formen von Anlage-Umwelt-Wechselwirkung zu unterscheiden:

■ Mit **passiven Wechselwirkungen** sind Einflüsse der Umwelt gemeint, die dem Kind sozusagen widerfahren, d.h. ohne seine Einflussnahme und Vermittlung stattfinden (z.B. Anregungen von Seiten der Eltern, die nicht unbedingt den Anlagen oder der Interessenlage des Kindes zu entsprechen brauchen – besonders musikalische Mütter versuchen beispielsweise die Musikalität ihrer Kinder zu fördern).

■ **Hervorgerufene Wechselwirkungen** sind vor allem dann zu registrieren, wenn die Bezugspersonen intuitiv erkennen, sozusagen erspüren, was die ihnen anvertrauten Kinder wollen bzw. was sie interessiert (und damit möglicherweise auch ihren Anlagen entspricht). Schon wenige Monate alte Säuglinge können durch ihr Blick- und Zuwendungsverhalten den Eltern oder Erzieherinnen recht deutlich ihre Vorlieben und Neigungen kundtun.

■ Von **aktiven Wechselwirkungen** spricht man immer dann, wenn Kinder (spätestens wenn sie laufen gelernt haben) in der Lage sind, sich ihre eigene Umwelt auszuwählen bzw. so auf sie einzuwirken (z.B. durch Bevorzugung bestimmten → Spielzeugs und Ablehnung anderer Materialien), dass sie zu ihnen passt und ihnen gefällt.

Erleben und Verhalten

■ Die Entwicklungspsychologie ist in gleicher Weise an inneren Vorgängen (z.B. Gefühlen/→ Emotionen, Gedanken/Kognitionen [→ Denken], Beweggründen/Motiven [→ Motivation] und Strukturen [z.B. Gedächtnis, Gewissen, Kompetenzen, → Einstellungen]) interessiert, wie auch an äußeren Abläufen (Handlungen, Verhaltensmustern). Sie bemüht sich darum, die wechselseitigen Abhängigkeiten zwischen inneren und äußeren Vorgängen aufzuklären. Wir handeln z.B. auf der Grundlage von inneren Motiven, aber umgekehrt lässt sich ein inneres Motiv auch dadurch herbeiführen, dass wir »äußerlich« etwas tun: Wenn wir uns bewegen, können wir Lust auf noch mehr Bewegung bekommen und uns veranlasst fühlen, hinfort regelmäßig körperlich aktiv zu werden. Man kann sich auch vorstellen, dass eine versehentlich ausgeführte äußere Handlung, wie auf die heiße Herdplatte fassen, zu einer dauerhaften inneren, im Gedächtnis abgespeicherten Erfahrung führt.

Teilbereiche

■ Die Entwicklungspsychologie befasst sich mit einer ganzen Reihe von miteinander verbundenen und aufeinander bezogenen Teilbereichen. Die wichtigsten davon sind: → Wahrnehmung und Motorik, Wissenserwerb (geistig-kognitive Entwicklung, → Denken), Gedächtnisentwicklung, → Sprachentwicklung, Entwicklung der Geschlechtsidentität, des Selbstkonzeptes und der Persönlichkeit, Entwicklung von Wertvorstellungen und Moralbegriffen (→ Moralische Entwicklung), lebenslanges → Lernen, Veränderungen im Alter sowie Entwicklungsstörungen und -anomalien. Zu den verschiedenen inhaltlichen Teilbereichen sind zahlreiche Forschungsergebnisse veröffentlicht worden (vgl. z.B. Kasten 2004; 2005).

Schlüsselkonzepte ■ In der modernen Entwicklungspsychologie gibt es einige Schlüsselkonzepte, mit deren Hilfe sich das Gesamtgebiet näher erschließen lässt.

Konzept der sensiblen Entwicklungsphasen ■ Als »sensible« Entwicklungsphasen werden Abschnitte in der Entwicklung definiert, in denen spezifische Erfahrungen sich besonders positiv (oder auch negativ) auswirken. Besonders markant nachweisen lassen sich sensible Phasen in der vorgeburtlichen Entwicklung. Beispielsweise weiß man mittlerweile, dass viele Medikamente (darunter auch das berüchtigte Contergan) ihre negative Wirkung auf den Fötus vor allem oder ausschließlich in den ersten intrauterinen Monaten ausüben. Wir wissen auch, dass kleine Kinder viele Fertigkeiten, zu denen motorisches Geschick gehört, wie Schwimmen, Radfahren oder Skaten, wesentlich leichter erlernen als Erwachsene. Hierhin passt sehr schön das bekannte Sprichwort vom Hans, der nimmermehr lernt, was Hänschen nicht gelernt hat. Auch für die → Sprachentwicklung gibt es eine sensible Phase, die sich aber über einen recht langen Zeitraum zu erstrecken scheint. Die meisten Forscher gehen davon aus, dass das zugehörige Zeitfenster vom Ende des ersten bis ungefähr zum Ende des zehnten Lebensjahres geöffnet ist: Wenn während dieses Zeitraums keine Sprachmodelle vorhanden sind und keinerlei sprachliche Anregungen aus der Umwelt kommen (wie im Falle von Amala und Kamala, der beiden berühmt gewordenen »Wolfskinder« von Midnapore), wird das betroffene Kind die menschliche Sprache

zu einem späteren Zeitpunkt nicht mehr erlernen können.

Entwicklungsaufgaben ■ Unser Lebenslauf gliedert sich in eine Folge von Entwicklungsaufgaben, die teilweise biologisch-organischen Ursprungs sind (das gilt vor allem für die Entwicklungsaufgaben der frühen Kindheit, z.B. die Körperausscheidungen kontrollieren, laufen, sprechen und die Trennung von den Bezugspersonen zu ertragen lernen), in überwiegendem Maße aber durch Ansprüche, die von außen, von den Eltern, der Schule, den Freunden, letztlich also von der Gesellschaft, an uns herangetragen werden: z.B. die Schullaufbahn erfolgreich abschließen, einen Beruf erlernen, eine Partnerschaft gestalten, eine Familie gründen, Kinder aufziehen.

Kritische Lebensereignisse ■ Darunter versteht man Einschnitte in unseren Lebenslauf, die sich nicht vorhersagen lassen und uns – im allgemeinen aber nur vorübergehend – beeinträchtigen und stören. Typische kritische Lebensereignisse, die von der Forschung bereits untersucht wurden, sind z.B. die Geburt eines Geschwisters, eine lebensbedrohende Erkrankung, die Trennung oder Scheidung der Eltern, ein schwerwiegender Unfall, der Tod eines nahen Angehörigen.

Coping- oder Bewältigungsstrategien ■ Diese Strategien werden eingesetzt, um kritische Lebensereignisse angemessen zu verarbeiten. In der Regel gelingt es uns, die dazu notwendigen Ressourcen aus eigener Kraft oder mit fremder Hilfe zu mobilisieren. Es hat sich bewährt, zwischen nach innen gerichtetem Coping und nach außen gerichtetem Coping zu unterscheiden. Bei letzterer Form von Bewältigung erfolgt eine innere (auch emotionale) Aufarbeitung des Ereignisses, bei erstgenannter Form wird versucht, aktiv (durch Veränderung der Realität) Abhilfe zu schaffen (z.B. die lebensbedrohende Krankheit durch aufwändige medizinische Therapien zu behandeln).

Risiko- und Schutzfaktoren ■ Dieses Modell wird häufig in Verbindung mit den vorange-

hend skizzierten Konzepten Entwicklungsaufgaben, kritische Lebensereignisse und Bewältigungsstrategien thematisiert. So können Risikofaktoren dazu beitragen, dass die Lösung einer Entwicklungsaufgabe behindert wird und nicht erfolgreich verläuft oder dass ein kritisches Lebensereignis nicht angemessen verarbeitet werden kann. Schutzfaktoren dagegen bewirken, dass die Beeinträchtigungen schnell wieder abklingen bzw. eine Entwicklungsaufgabe zügig gelöst wird. Risikofaktoren werden definiert als isolierbare, nicht selten punktuell einwirkende Variablen, welche die Gesamtentwicklung ungünstig beeinflussen, Schutzfaktoren dementsprechend als die gesamte Individualentwicklung positiv beeinflussende Variablen. Typische Risikofaktoren für die (insbesondere) vorgeburtliche Entwicklung sind beispielsweise genetische Fehler, Infektionserkrankungen der Schwangeren, Umweltgifte, Mangelversorgung und Unterernährung, aber auch seelische Belastungen (Trennung vom Partner o.Ä.). Als wohl wichtigster Schutzfaktor der frühen → Kindheit verdient es die »sichere Bindung« hervorgehoben zu werden. Auf der Grundlage dieser positiven Bindung, die in den ersten Lebensjahren unter Beteiligung von Mutter *und* Kind aufgebaut wird, wird der Zugang zur Welt gestaltet, die dann voller Optimismus und Urvertrauen erkundet werden kann.

Zone der proximalen Entwicklung ■ Dieses Konzept lenkt die Aufmerksamkeit auf die Inhalte und Herausforderungen in der Entwicklung, denen man demnächst gegenüberstehen wird, mit denen man sich im Augenblick jedoch noch schwer tut, angemessen umzugehen. Durch Hilfen von außen, z.B. einfühlsame Anregungen von Seiten der Mutter oder Tipps von etwas älteren Kindern, welche eine »dosierte Diskrepanz« und ein anschließendes »Aha-Erlebnis« auslösen, gelingt es den Betroffenen dann meist sehr schnell, mit den neuen Herausforderungen gut zurechtzukommen. Beispielsweise kann einem Kindergartenkind bei kleinen Additionsaufgaben, die zu lösen es sich noch schwer tut, entscheidend weitergeholfen werden, indem ihm empfohlen wird, beim Zu-

sammenzählen der Zahlen die Finger zu Hilfe zu nehmen.

Hartmut Kasten

■ **Literaturtipps**

Kasten, Hartmut (2004). 0 bis 3 Jahre – Entwicklungspsychologische Grundlagen. Weinheim/Basel: Beltz.
Kasten, Hartmut (2005). 4 bis 6 Jahre – Entwicklungspsychologische Grundlagen. Weinheim/Basel: Beltz.

 # Erlebnispädagogik

Erlebnispädagogik ist eine handlungs- und erfahrungsorientierte Methode, die Menschen vor physische, psychische und soziale Herausforderungen stellt mit dem Ziel, sie in ihrer Persönlichkeitsentwicklung zu fördern und sie dazu zu befähigen, ihre Lebenswelt verantwortlich zu gestalten. Medium hierfür sind die klassischen Natursportarten, handwerkliche, soziale und ökologische Projekte und Interaktionsspiele. Dabei wird nicht das Erlernen der Sportart oder Tätigkeit an sich angestrebt, sondern die Bereitstellung einer ungewohnten, intensiven Situation, die alltagsähnliche Anforderungen an die Gruppe und den Einzelnen bietet. Die Lernziele, die mit erlebnispädagogischen Konzepten verfolgt werden, beziehen sich meist auf die folgenden drei Schwerpunkte:

- Persönlichkeitsentwicklung durch Förderung der Selbstwahrnehmung und Reflexionsfähigkeit, Klärung von Zielen und Bedürfnissen, Entwicklung von Eigeninitiative, Spontaneität, Kreativität und nicht zuletzt Selbstvertrauen, Selbstbewusstsein und Selbstwertgefühl
- Entwicklung sozialer Kompetenz durch Förderung der Team-, Kommunikations-, Konfliktfähigkeit
- Wachsen eines systemischen, nachhaltigen, ökologischen Bewusstseins, das u.a. einen aktiven Einsatz für die Bewahrung von Naturräumen und -schönheiten zur Folge hat (→ Ökologische Erziehung).

Zur Geschichte ■ Vordenker der Erlebnispädagogik sind u.a. Jean-Jacques Rousseau (1712–1778) und David Thoreau (1817–1862). Rousseau forderte die aktive Rolle des Kindes in Lernprozessen, die sich durch eigene Erfahrung und unmittelbares Erleben mit allen Sinnen vollziehen sollen. Ziel seiner → Pädagogik war eine Erziehung ohne Erzieher. Thoreau stellte die Unmittelbarkeit und den Augenblick, die eigene Erfahrung, das → Lernen durch Versuch und Irrtum in realen Situationen sowie die prägende Kraft der Natur als wichtige Faktoren für eine gelungene → Persönlichkeitsentwicklung heraus.

In der Zeit der → Reformpädagogik und der damit eng verbundenen Jugendbewegung wurden diese Gedanken und Prinzipien erneut aufgegriffen. Wichtige Vertreter in Bezug auf die Erlebnispädagogik sind insbesondere John Dewey (1859–1952) und Kurt Hahn (1886–1974). Nach Dewey finden Lernprozesse statt, wenn eine herausfordernde Situation bewältigt wird. Die daran anschließende Reflexion des Problemlösungsprozesses ermöglicht die Generalisierung der Erfahrungen als Orientierungs- und Handlungshilfe für zukünftige Situationen. Dieses Prinzip ist ein wesentliches Prozessmerkmal aktueller erlebnispädagogischer Konzepte.

Kurt Hahn entwickelte die sogenannte Erlebnistherapie, mit der er zwei Erziehungsziele verfolgte: die Charakterförderung des jungen Menschen und seine Erziehung zum verantwortungsvollen Denken und Handeln in einer freiheitlich-demokratischen Gemeinschaft.

Hahn diagnostizierte bei der Jugend gesellschaftliche Verfallserscheinungen: Verfall der körperlichen Tauglichkeit, Mangel an Geschicklichkeit und Sorgfalt, Mangel an Eigeninitiative und Spontaneität sowie Mangel an menschlicher Anteilnahme und → Empathie. Diesen »Zivilisationskrankheiten« setzte er vier Elemente seiner Erlebnistherapie entgegen, die in ihrer gegenseitigen Verzahnung ihre Wirksamkeit entfalten sollten:

- Das körperliche Training, das Vitalität, Kondition, Mut und Überwindungskraft steigern sollte
- Die Organisation von Expeditionen in der Natur, die die schwindende Initiative bekämpfen und die Entschluss- und Überwindungskraft fördern sollte
- Das Projekt, das eine mit Sorgsamkeit und Geduld verbundene Aufgabe im handwerklichen, technischen oder geistigen Bereich beinhaltete und der Förderung von Selbständigkeit, Kreativität und Musikalität dienen sollte
- Den Rettungsdienst, der dem Schüler durch seinen Einsatz für das Wohl eines Nächsten ein neues Lebensverständnis vermitteln sollte

Alle vier Elemente standen unter dem gemeinsamen Motiv des Erlebens, dem Hahn eine unbewusste Wirkung auf das Verhalten, die → Einstellung und das Wertesystem des Betroffenen zuschrieb. Entscheidend für einen Lernerfolg war für ihn nicht die Dauer des Erlebnisses, sondern der Intensitätsgrad und das Maß des persönlichen Engagements und Handelns. Aus diesen Überlegungen entstand eine Methode, in der physische und psychische Extremsituationen simuliert und trainiert wurden, um mit Hilfe dieser außergewöhnlichen Erfahrungen junge Menschen für die Anforderungen und Krisen des Lebens zu wappnen.

Mit Ausnahme der bereits 1951 nach britischem Vorbild gegründeten Outward Bound Schule Deutschland, begannen sich die Pädagogen in der Bundesrepublik erst in den 1970er Jahren wieder intensiver mit dem pädagogischen Konzept von Kurt Hahn zu beschäftigen. Zu tief saß bis dahin die Sorge, dass nicht nur das Gedankengut und die Philosophie, sondern auch die Methoden der Erlebnispädagogik missbraucht werden könnten. Die große emotionale Dynamik, die bei der Bewältigung schwieriger Situationen in einer Gruppe entstehen kann, wurde nach den Erfahrungen des Nationalsozialismus auch von der pädagogischen Zunft mit einer erhöhten Sensibilität betrachtet.

Mittlerweile gibt es kaum eine Bildungsstätte, die sich nicht dem erlebnis-, erfahrungs- bzw. handlungsorientierten Lernen zugewandt hat. Als wachstumsorientiertes Konzept für unterschiedlichste Zielgruppen liegt die Erlebnispädagogik als Angebot der Jugendarbeit, Maßnahme der Jugendhilfe, therapeutisches Angebot, Training von

Schlüsselqualifikationen für Auszubildende und Manager, Integrationshilfe für Behinderte, im Trend.

Pädagogische Prinzipien ■ Erlebnispädagogische Konzepte orientieren sich an folgenden Parametern, die nicht zuletzt die Abgrenzung zu Überlebenstrainings, reinen Risikosportarten und Abenteuerurlauben deutlich machen.

Herausforderungen mit Konsequenzen ■
Im Kern konzeptioneller Überlegungen stehen nicht die Defizite und Schwächen, sondern die Entfaltung und Stärkung der Potenziale, die in den Lernenden bereits angelegt sind. Um dieses Wachstum zu befördern, werden Aktivitäten ausgewählt, die eine Herausforderung mit hohem Aufforderungs- und Auseinandersetzungscharakter darstellen. Das subjektive Risiko soll als hoch bzw. die Lösbarkeit der Aufgabe als anspruchsvoll erlebt, jedoch nicht als unüberwindlich wahrgenommen werden. Charakteristisch für die Erlebnispädagogik ist, dass die Lernsituationen außergewöhnlich sind, d.h. in einer nicht vertrauten Umgebung stattfinden und ungewohntes Denken und Handeln erfordern. Dies bewirkt zum einen eine Erweiterung und Ausdifferenzierung des Verhaltensrepertoires, zum anderen erhöht es die Chance, dass aus einem Ereignis aufgrund seiner Intensität ein nachhaltig wirkendes Erlebnis wird. Die Problemsituationen erfordern ein hohes Maß an Strategie, Flexibilität, Entscheidungskompetenz und Konfliktfähigkeit. Gleichberechtigt neben der Zielerreichung steht der Prozess der Problemlösung. Darüberhinaus beinhalten die Aufgabenstellungen einen Ernstcharakter, d.h. das Handeln in der Situation zieht für den Lernenden sicht-, hör- oder spürbare Konsequenzen nach sich.

Vielfältigkeit und Ganzheitlichkeit ■ Die erlebnispädagogischen Situationen müssen der Vielfalt und Heterogenität der → Gruppe gerecht werden und sollten, wenn möglich, alternative Handlungsmöglichkeiten zur Zielerreichung erlauben. Ein Kernmerkmal

der Erlebnispädagogik ist das ganzheitliche Erleben, d.h. die kognitiven, emotionalen und vor allem aktionalen Lernebenen werden angesprochen. Spaß und → Spiel sind dabei zentrale Lernkatalysatoren. Obwohl erlebnispädagogische Aktivitäten inhaltlich oft wenig mit den Alltagssituationen der Teilnehmer zu tun zu haben scheinen, besticht die strukturelle und prozedurale Übertragbarkeit der gemachten Erlebnisse in die Alltagsituationen der Lernenden, z.B. wie mit einer unangenehmen Situation umgegangen wird oder wie eine Gruppe zusammenarbeitet.

Selbstorganisation und Reflexion ■ Die Teilnehmer eines erlebnispädagogischen Seminars werden explizit aufgefordert, sich eigene (Lern-)Ziele zu stecken. Diese Ziele sind die Grundlage für ein selbstverantwortetes Lernen. Nach Einführung in die Aktivität steuert sich die Gruppe weitgehend selbst und übernimmt die Verantwortung für das Handeln. Das betrifft beispielsweise das Ausmaß der persönlichen Beteiligung, die Planungs- und Entscheidungsprozesse während der Aktivitäten. Potenzielle psychische und physische Gefährdungen der Teilnehmer begrenzen dieses Prinzip.

Reflexionen und Transfergespräche nach Aktionsphasen haben in der modernen Erlebnispädagogik einen festen Platz und hohen Stellenwert. Aus dem Erlebten wird Erfahrung und Wissen, indem die Teilnehmer mit Unterstützung der Leiter die in der Aktion gemachten Beobachtungen sammeln, Hypothesen bezüglich der Ursachen für die Zusammenhänge formulieren, die gewonnenen Ergebnisse hinsichtlich ihrer selbstgesteckten Ziele bewerten und die daraus gewonnenen Erkenntnisse auf ihre Alltagstauglichkeit hin überprüfen.

Methoden ■ Noch immer werden erlebnispädagogische Methoden gemäß dem Expeditionselement der Hahnschen Erlebnistherapie vorrangig mit den diversen Natursportarten, wie Bergsteigen, Schlauchbootfahren, Segeln, in Verbindung gebracht. Dabei haben insbesondere sowohl das Hahnsche Element

Projekt (z.B. in Form von Videoprojekten, handwerklichen Projekten, Projektarbeiten etc.) als auch der Rettungsdienst (in Form von sozialen oder umweltorientierten Dienstleistungen) weiterhin ihre pädagogische Berechtigung.

Eine besondere Variante der klassischen erlebnispädagogischen Elemente findet man in Form von Reise- und Schiffsprojekten im Bereich der Jugendhilfe. Hierunter sind betreuungsintensive Langzeitmaßnahmen mit schwierigen Jugendlichen zu verstehen, die sich mitunter über ein Jahr erstrecken können. Vor allem die Notwendigkeit, diese Hilfen zur Erziehung im Ausland durchzuführen, ist nicht immer unumstritten. Vorteilhaft sind hierbei jedoch die Beziehungsdichte zu den Betreuern, die geringen Ausweichmöglichkeiten und die zeitliche und räumliche Distanz zum Herkunftsmilieu.

Als neuere Methoden sind in der Erlebnispädagogik sogenannte Interaktionsspiele bzw. Mikroszenarien hinzugekommen. Mikroszenarien bestehen aus Aufgaben, deren Spielregeln die Aktivität aller Gruppenmitglieder für eine begrenzte Zeit strukturieren und auf ein bestimmtes Lernziel, zum Beispiel Verbesserung der Informationsweitergabe, hin fokussieren. Mithilfe der spielerischen Mikroszenarien wird in einem Schonraum die Komplexität von realitätsnahen Strukturen auf zu behandelnde Brennpunkte reduziert. Die Ursachen für Störungen sind leichter auszumachen und überprüfbar. Dadurch nimmt die pädagogische Kalkulierbarkeit zu, der Material- und Zeitaufwand im Vergleich zu den klassischen Methoden der Erlebnispädagogik ab. In vielen erlebnispädagogischen Seminaren werden mit Mikroszenarien Spieleketten gebildet, bei denen sich der Schwierigkeitsgrad und die Komplexität langsam steigern. Im Wechsel zwischen Aktion und Reflexion werden Schlüsse für die nächsten Aufgaben bzw. Konsequenzen für den Alltag gezogen.

Auch ist nicht mehr nur die Natur der alleinige Handlungsraum der Erlebnispädagogik. City Bound heißen die erlebnispädagogischen Maßnahmen, die die Stadt als herausforderndes Umfeld nützen. Entweder werden natursportlichen Aktionen (Abseilen von Hochhäusern, Kanutouren durch die Stadt, Stadtradtouren) oder anspruchsvolle Einzelaufgaben und Interaktionsspiele in der Stadt durchgeführt. Der eigentlich vertraute Lebensraum wird so aus einem neuen Blickwinkel gesehen, ebenso wie das Selbst in gewohnter Lebensumwelt neu erfahren werden kann.

Annette Reiners

■ Literaturtipps

Deubzer, B./Feige, K. (2004). Praxishandbuch City Bound. Augsburg: Ziel Verlag.

Gilsdorf, R./Volkert, K. (Hg.) (2005). Abenteuer Schule. Augsburg: Ziel Verlag.

Heckmair, B./Michl, W. (2002). Erleben und Lernen. Neuwied: Verlag: Luchterhand.

Reiners, A. (2004). Praktische Erlebnispädagogik, Band 1 und Band 2. Augsburg: Ziel Verlag.

 # Erziehung

Erziehung ist neben → Bildung das zentrale Praxisfeld der Pädagogik und umfasst all jene Ideen und Handlungen von Erwachsenen, aber auch die von Kindern und Jugendlichen, die geeignet sind, deren personale Eigenständigkeit, Identität und soziale Integration zu befördern. Erziehung konkretisiert sich zwar immer sowohl in Handlungen (Praxis) als auch in Reflexion (Theorie), aber sie ist keine wissenschaftliche Tätigkeit. Vielmehr handelt es sich um eine soziale Kunst (Erziehungskunst), die in ihre Zielrichtung und Selbstdefinition Ergebnisse wissenschaftlicher Untersuchungen bewertend integriert. Erziehung ist aber immer auch unmittelbar mit der gesellschaftlichen Praxis vermittelt und insofern historischer Ausdruck der Lebensauffassung der Menschen.

Erziehung, deren Inhalte von Wertsetzungen sowie anthropologischen und politischen Grundannahmen (→ Anthropologie) abhängen, ist kein einheitlich gebrauchter und auch kein eindeutig zu definierender Begriff; von manchen Autoren wird er sogar als »antiquiert« (Giesecke 1985) oder als »abstrakte Etikette« (Mollenhauer 1985) bezeichnet, in der antipädagogischen Attitüde (→ Antipädagogik) geradezu abgewehrt (Braunmühl 1975). Die Abgrenzung des Begriffes Erziehung von verwandten Begriffen (→ Sozialisation, → Bildung) ist schwierig, wenn nicht unmöglich; seine Konturen sind verschwommen, sein Gegenstand zerfließt. Wesentliche Gründe sind das veränderte Kindheitsbild, ein gewandeltes Generationenverhältnis, eine relativ frühzeitige finanzielle Selbstständigkeit der Kinder und die Distanzierung vom Inventar dessen, was im überkommenen Sinne Maßnahmen der Erziehung sind (Strafe, Lob, Tadel, Bedrohungen etc.). Dennoch wurde der Begriff nicht fallen gelassen, weil es offenbar einen Konsens darüber gibt, dass im Verhältnis der Generationen so etwas wie Erziehen stattfindet und man sich dafür vielleicht auf einen »Minimalkanon von Problemstellungen« (Mollenhauer 1985) einigen kann, ohne die gegenwärtige Differenziertheit aus den Augen zu verlieren, die historisch gewachsen und im Streit der wissenschaftlichen Ansätze entstanden ist. Behält man insoweit den Erziehungsbegriff bei, dann finden die Problemstellungen jeweils als Sprachspiel unter den Beteiligten erzieherische Bedeutung und Erziehung wird zur »offenen Geschichte« (Kupffer 2000).

Zur Geschichte ■ Erziehung im modernen Sinn hat ihre Wurzeln im 18. Jahrhundert, wenngleich die Pädagogik insgesamt bis in die griechische Antike (Sokrates, Platon) zurückreicht. Diese Zeit zwischen 1700 und 1800 wird auch das pädagogische Jahrhundert genannt, weil die Philosophen und Pädagogen der Aufklärung den Menschen als ein vernunftbegabtes, sein Leben selbst gestaltendes, jedoch noch defizitäres und deshalb erziehungsbedürftiges Wesen entdeckten. Demnach ist das menschliche Leben nicht durch göttliche Schicksalsfügung festgelegt, sondern der Mensch formbar und prinzipiell selbstbestimmt. Das führte zu einem pädagogischen Optimismus darüber, dass man durch Erziehung sowohl das menschliche Zusammenleben verbessern, als auch individuelle Fähigkeiten fördern und kultivieren

kann. Erziehung sollte den Menschen zum Menschen machen.

Das Ziel aufklärerischer Erziehung war reflektierte Selbstbestimmung bzw. Mündigkeit (Kant, 1724–1804). Dieser anspruchsvollen Erziehungsidee war bereits im 17. Jahrhundert vorausgegangen, das Kind nicht mehr als kleinen Erwachsenen (wie im Mittelalter) zu begreifen, gleichsam »Kindheit auf das zarteste Kindesalter [zu] beschränken«, wie Phillippe Ariès (1914–1986) in seiner »Geschichte der Kindheit« (1960) betont, sondern es tatsächlich als Kind in einer relevanten Lebensepoche zu sehen, dem ein durch Lernen bestimmtes Eigenleben zuerkannt werden müsse. Aus dem »Lehrverhältnis« (Ariès) wurde ein Erziehungsverhältnis. Wie Eltern und später Erzieher damit umzugehen hätten, war aber umstritten. So sah Jean Jacques Rousseau (1712–1778) das Kind als an sich gut und durch natürliche Kräfte befördert, deren Entfaltung unter den Händen der Erwachsenen behindert werden könnte. Der Schweizer Johann Heinrich Pestalozzi (1746–1827) entwarf, inspiriert von der Aufklärung wie von der französischen Revolution, eine sozialpädagogische Erziehungslehre, die an den kindlichen Regungen und Bedürfnissen ansetzte, um die Kinder schließlich zu »Mitmenschen mit gebildeten Kenntnissen und Fertigkeiten« werden zu lassen. Erziehung solle »den Menschen zur Klarheit über sich und in sich, zum Frieden mit der Natur und zur Einigung mit Gott leiten«. Friedrich Fröbel (1782–1852), dem wir die Idee des Kindergartens (1840) zu verdanken haben, erkannte im → Spiel eine wesentliche Ausdrucksform des Kindes und ein Medium seiner Entwicklung.

Rund hundert Jahre später rief die Schwedin Ellen Key (1849–1926) das »Jahrhundert des Kindes« aus, um mit einer bis heute wirksamen »Erziehung vom Kinde aus« die Selbsttätigkeit der Kinder herrschen zu lassen. Zur Zeit der → Reformpädagogik in den ersten dreißig Jahren des 20. Jahrhunderts wurde der Erziehungsbegriff vor dem Hintergrund unterschiedlicher anthropologischer, psychologischer und politischer Ansätze differenziert. So wurde Erziehung z.B. als »freie Eigenaktivität« (Maria Montessori,

1870–1952), als eine gesellschaftlich bestimmte »soziale Tatsache« (Siegfried Bernfeld, 1892–1953), als Vergesellschaftung im »klassenlosen« sozialistischen Kollektiv (Anton S. Makarenko, 1888–1939), als »Gesinnung« und »Kunst«, die sich an der »Wesenheit des Kindes« orientiert (Rudolf Steiner, 1861–1925), als Freiheit ohne Gehorsam (Alexander S. Neill, 1883–1973), als apolitisch konstruierter »pädagogischer Bezug« zwischen Erzieher und Kind, in dem der zu Erziehende in einer »Sphäre der Ganzheit und der konkreten Inhaltlichkeit« zu »seiner Form komme« (Herrmann Nohl, 1879–1960) artikuliert. In der Zeit des deutschen Faschismus (1933–1945) wurde Erziehung im Interesse einer elitären und menschenverachtenden Blut- und Bodenideologie vereinnahmt; Hitler wünschte sich eine »gewalttätige, herrische, unerschrockene, grausame Jugend«. Nach dem Zweiten Weltkrieg setzte sich ein autoritäres Erziehungsverhältnis fort, das erst in der antiautoritären Bewegung (→ Antiautoritäre Erziehung) und schließlich in einer Erziehung zur Mündigkeit (Theodor W. Adorno, 1903–1969) bzw. zur Emanzipation (Klaus Mollenhauer, 1928–1998) überwunden wurde.

Kind und Gesellschaft ■ Für die Frage, was Erziehung begründet, lassen sich zwei Perspektiven ausmachen: einerseits das Kind und die entwicklungsrelevante Phase → Kindheit, andererseits der Anspruch der Gesellschaft auf Reproduktion und Zukunft. Beide Seiten stehen in einem Spannungsverhältnis zueinander. Das Kind hat ein Recht auf freie Entfaltung seiner Persönlichkeit, d.h. einen Förderungsanspruch um seiner selbst willen. Zugleich aber kommt es in eine kulturell, sozial, politisch und historisch konkret vorgeprägte Welt, die ein Interesse an der Fortsetzung ihrer Lebensvollzüge hat und somit indirekt und direkt auf die nachfolgende Generation Einfluss nimmt. Beide Pole konkretisieren sich sowohl im materiell praktischen Vollzug der kindlichen Entwicklung als auch in Rechtspositionen. Das Kind hat ein Recht auf Erziehung, die Gesellschaft die Pflicht zur Ermöglichung von – gelin-

gender – Erziehung (→ Kinderrechte). Insofern ist Erziehung sowohl eine personale als auch rechtsförmige Grundkonstellation der menschlichen Begegnung in der modernen Gesellschaft.

Beide hier genannten Perspektiven münden in einen Erziehungsauftrag. Historisch und materiell leitet sich dieser Auftrag aus der Neubestimmung von Kindheit, ja überhaupt deren Entdeckung ab, aus der Lebenslage der Kinder sowie aus der Wirksamkeit der Erziehung auf das öffentliche Leben. Er hat sich bis in die Gegenwart ausdifferenziert. In der Kinderrechtskonvention der Vereinten Nationen (UN) 1989, im Grundgesetz (Art 6,2), dem Kinder- und Jugendhilfegesetz (§ 1), den Schul- und den Kindertagesstätten-Gesetzen der Länder hat er Rechtsform erhalten. Der Erziehungsauftrag wird dort als Recht auf Erziehung formuliert und mit Erziehungszielen verknüpft.

Der Erziehungsauftrag realisiert sich in Erziehungsinstitutionen. Die natürlichste ist die → Familie (private Erziehung). Sie wird ergänzt durch → Krippen, → Kindergärten, → Horte und Heime (→ Heimerziehung) (familienergänzende Erziehung), erweitert in Schulen und sonderpädagogischen Einrichtungen. Institutionalisierte Erziehung ist öffentliche Erziehung und somit nicht nur den Einflüssen von verschiedenen gesellschaftlich relevanten Gruppen ausgesetzt, sondern insgesamt eine gesellschaftliche Aufgabe.

Anthropologische Grundannahmen ■ Pädagogik geht von der anthropologischen Grundannahme aus, dass Kinder erziehungsbedürftig sind (→ Anthropologie). Auch hieraus erwächst für die Erwachsenen ein quasi natürlicher Erziehungsauftrag. Zwar ist diese Annahme der Erziehungsbedürftigkeit bezweifelt und mit dem Begriff der Lernbedürftigkeit nicht nur relativiert, sondern sogar ersetzt worden. Aber schon die Frage nach dem Erziehungsmilieu und den Vermittlungsformen macht deutlich, dass man irgendeiner Form erzieherischer Interaktion nicht ausweichen kann. Allerdings besteht dabei kein Konsens mehr darüber, mit welchem Grundverständnis Erziehende auf die

Kinder einwirken: Ist Erziehung eher ein herstellendes Machen, ein begleitendes Wachsenlassen oder eine partnerschaftliche Interaktion? Denn sowohl Eltern als auch Erzieherinnen orientieren sich bei ihrer erzieherischen Aufgabe ausdrücklich oder indirekt an einem Menschenbild. Ist der Mensch ein reaktives oder eher selbsttätiges, ein ganzheitliches oder eher exzentrisches, ein informationsverarbeitendes oder eher sinnerzeugendes, ein gefühlsgeleitetes oder eher rationales Wesen?

Eine anthropologisch ausgerichtete, zumindest eine zielorientierte Erziehung impliziert, dass sie von Seiten der Erziehenden intentional erfolgt und kein zufälliges, funktionales »Produkt« des Umgangs zwischen Erwachsenen und Kindern ist. Intentionalität gilt als wesentliches Kriterium pädagogischen Handelns. Es muss aber bezweifelt werden, dass Erziehung ein einseitiges Verhältnis (der »pädagogische Bezug«, Nohl 1935) der Einflussnahme zwischen Erziehenden und Kindern konstituiert. Denn indem Kinder selbst tätig sind, als »Neuankömmlinge« ein »Initium« – einen Anfang – setzen (Hannah Arendt, 1906–1975) und in dieser Position ein menschliches Interaktionsverhältnis begründen, wirken sie selbst an ihrer Erziehung mit (Selbsterziehung).

Im übrigen hat die soziologische Kindheitsforschung gezeigt, dass Kinder sich in Peergroups gegenseitig erziehen und dabei eigene Ziele ihrer Persönlichkeitsentwicklung verfolgen. In dieser Form der Teilhabe offenbart sich ein demokratischer Grundzug moderner Erziehung: Kinder können nun nicht länger als Objekte erzieherischer Einflussnahme gesehen werden, sondern stattdessen als Subjekte des eigenen Lebensvollzugs, zumindest aber als heranwachsende Wesen, die an dem Prozess ihres Lernens und ihrer Entwicklung produktiv und bestimmend partizipieren. Öffentliche Erziehung muss dem durch institutionalisierte Formen der → Partizipation Rechnung tragen. Gelingende Erziehung wälzt aber nicht die den Erwachsenen zukommenden Entscheidungen auf die Kinder ab, sondern bietet diesen vielmehr die Möglichkeit stabiler menschlicher Bindungen und zugleich den Rahmen für altersgemäße Selbstbestimmung (erzieherische Ambivalenz). So gesehen erfordert Erziehung vom reflektierten Erzieher »gestaltende Interaktion« (Laewen 2002) und vom Kind Selbstgestaltung.

Erziehungsstile ■ Wo Erwachsene erziehend tätig sind, können sie das in verschiedenen Erziehungsstilen tun: Der Umgang kann zwischen den Polen der wertschätzenden Förderung und zurechtweisenden Lenkung eher nachlässig (laissez faire), autoritär oder demokratisch integrativ sein. In jedem Fall hat der Stil Wirkung auf die – wie auch immer gearteten – Resultate der Erziehung und er zeigt, wie mit dem Moment der Macht im Erziehungsverhältnis umgegangen wird. Dieses Machtverhältnis zu reflektieren, gehört zu den wichtigen Aufgaben der Erziehenden.

Im Umgang mit der Macht drückt sich das Verständnis von Autorität aus. Sie gehört wesentlich zur Rolle der Erziehenden und wird von Kindern gefordert. Was für eine Autorität jemand präsentiert – eine sachliche, personale oder funktionale (Amtsautorität) – hat seine Quelle nicht nur in der Fähigkeit zur Beziehungsgestaltung, sondern ebenso in Rang, → Rolle und Institution, in der man tätig ist. Soll Autorität förderlich sein, muss der Erziehende die Perspektive einnehmen, das Kind in seiner Würde zu respektieren und eine reversible Beziehung zu gestalten. Dafür muss er sein pädagogisches Handeln kenntnisreich, transparent und plausibel begründen können. Der Erziehende muss wissen, dass Autorität immer erworben werden muss und sich in der Zustimmung durch die Kinder und Jugendlichen legitimiert.

So müssen gerade Erziehende, die Grenzen setzen (wollen), eine Autorität verkörpern, die den Kindern zugleich verständlich macht und das sichere Gefühl gibt, mit der Grenzmarkierung einen Fortschritt zu erreichen. Denn die erste Aufgabe der Erziehung besteht darin, Grenzen zu erweitern, Autonomie, Verantwortlichkeit und soziale Kompetenz (→ Soziale Bildung) zu fördern, also durch ein anregendes Lernmilieu Grenzen auszudehnen. Erziehung in diesem Sinne ist *Ekstase*.

Erziehungsziele ■ Für den Erziehungsprozess wird angenommen, dass der Erziehende sich an Normen und Werten orientiert. Diese drücken sich in Erziehungszielen aus. Ihre Auswahl ist nicht beliebig. Sie sind Ausdruck eines politisch-historischen Denkens über notwendige Fähigkeiten und Zufriedenheitserwartungen in einer konkreten Gesellschaft. Unsere heutige Gesellschaft ist pluralistisch und zeigt deutliche Tendenzen der Individualisierung. Zwar gibt es übergeordnete und langfristig wirkende moralische Normen und Rechtsnormen, doch einen Katalog konsensualer Werte gibt es nicht. Angesichts dieses Wertepluralismus' müssen die Erziehenden in ein immer wieder zielbegründendes, diskursives Verhältnis zu den Kindern treten. Man kann also nicht auf Erziehungsziele verzichten, sondern muss sich den Mühen ihrer Reflektion und ihres Aushandelns aussetzen.

Für jede zukünftige Erziehung bleibt die Frage offen, wie die Erziehungsverhältnisse zu bestimmen sind und welche Bedingungen des Aufwachsens eine Gesellschaft bietet.

Dieter Sinhart-Pallin

■ **Literaturtipps**

Ariès, Ph. (1978). Geschichte der Kindheit. München: Carl Hanser.
Gudjons, H. (2001). Pädagogisches Grundwissen (7. Aufl.). Bad Heilbrunn: Klinkhardt.
Hentig, H. v. (2001). Ach, die Werte! Über eine Erziehung für das 21. Jahrhundert. Weinheim/Basel: Beltz.
Scheuerl, H. (1992). Lust an der Erkenntnis: Die Pädagogik der Moderne. München: Piper.

Essverhalten

Fehl-, Mangel-, Unter- und Überernährung stellen erhebliche gesundheitliche Risikofaktoren dar. Die Kosten für ernährungsabhängige Erkrankungen sind sehr hoch. Auch bei steigender Lebenserwartung beeinträchtigen gerade die chronischen ernährungsabhängigen Krankheiten (z.B. Diabetes Typ 2, Metabolisches Syndrom) die Lebensqualität. Über 50 % der Deutschen sind übergewichtig, 20 % leiden an behandlungsbedürftigem Übergewicht (= Adipositas). 3 % bis 5 % der (überwiegend) weiblichen Bevölkerung leiden unter Ess-Störungen, wie Magersucht (Anorexie), Ess-Brech-Sucht (Bulimie), Binge Eating Disorder (BED = Essanfallstörung, häufig mit Adipositas einhergehend). Das schlanke Schönheitsideal, das sich Mitte der 60er Jahre – symbolisiert durch »Twiggy« – etablierte, und die unzähligen Diäten, Blitz- und Hungerkuren, die seither propagiert wurden, haben sowohl zum Übergewicht als auch zu den Ess-Störungen beigetragen.

Faktoren, die das Essverhalten bestimmen ■ Menschen essen anders, als sie sich ernähren sollten. In der Umgangssprache sind die Begriffe Essen und Ernährung keine Synonyme. Ernährung wird mit den rationalen Inhalten der Ernährungsaufklärung assoziiert (Vitamine, Kalorien, Fett, nicht dick werden, etc.), während Essen emotionale Bezüge auslöst: z.B. Geschmack, Ambiente, satt werden. Dies ist sicher ein Grund, warum Ernährungsaufklärung und Ernährungsberatung wenig Wirkung auf das Essverhalten hatten. Essverhalten ist emotional reguliertes Verhalten, das mit rationaler, kognitiver Information nur bedingt verändert werden kann. Lebensmittelskandale (z.B. BSE, Nitrofen, Acrylamid [entsteht bei Überhitzung von Stärken, insbesondere beim Backen, Braten, Rösten, Grillen und Frittieren]) erzeugen aufgrund der Verunsicherung nur kurzfristig eine Vermeidungsreaktion, die dann bald von der Vergessenskurve und den emotionalen Essbedürfnissen überlagert wird.

Essverhalten wird nicht durch Information, sondern durch Training erlernt. Insbesondere das Beobachtungslernen spielt eine bedeutende Rolle. Der Mere Exposure Effect beschreibt, dass Menschen eine Speise nicht wählen, weil sie sie mögen, sondern sie mögen eine Speise, weil sie sie essen. Gerade für Kinder und Jugendliche ist das Speisenangebot, das sie erleben, die wesentliche Grundlage für die Ausbildung ihrer späteren Geschmacksvorlieben. Ausdrückliche Ge- und Verbote wirken in der kognitiven Ernährungserziehung eher kontraproduktiv. So erhöhen Gebote bestimmte Abneigungen (etwa gegenüber Spinat), Verbote steigern die Attraktivität (etwa von Cola-Getränken). Statt verstärkter Verhaltensprävention (Aufklärung) empfiehlt sich daher eine gezielte *Verhältnis*prävention, um Kinder und Jugendliche im Kindergarten, in Schule und Ausbildung durch ausgewogene Speisenangebote ein gesundheitsförderliches Essverhalten erlernen zu lassen.

Ernährungskonzepte ■ Eine vollwertige Ernährung liefert dem Organismus eine bedarfsgerechte Zufuhr von Makro- und Mikronährstoffen. Diese naturwissenschaftliche Definition der Deutschen Gesellschaft für Ernährung wird regelmäßig durch die Empfehlungen zur Nährstoffzufuhr präzisiert, in denen die wünschenswerte Aufnahme an Kohlenhydraten, Eiweiß und Fett, aber auch an Vitaminen, Mineralstoffen und Ballaststoffen für verschiedene Zielgruppen (Geschlecht, Alter) veröffentlicht werden. Die **Vollwerternährung**, wie sie von der Gruppe um Prof. Claus Leitzmann beschrieben wird, richtet sich zudem auf den Bearbeitungsgrad der Lebensmittel und bezieht die Sozial- und Ökologieverträglichkeit der Lebensmittelproduktion mit ein. Die **Vollwertkost** schließlich, propagiert von dem Arzt Max Otto Bruker, empfiehlt Lebens-, aber keine Nahrungsmittel (d.h. keine industriell gefertigten Produkte), und basiert auf zusätzlichen, wissenschaftlich jedoch nicht haltbaren Vorschriften (z.B. keine Milch). Die Unterscheidung zwischen »vollwertiger Ernährung«, »Vollwerternährung« oder »Vollwertkost« ist für den Verbraucher nicht nachvollziehbar.

Die **vegetarische Ernährung** basiert nicht auf gesicherten Erkenntnissen der Ernährungswissenschaft, denn eine vollwertige Ernährung kann mit tierischen Produkten leichter und nachhaltiger erreicht werden, wie z.B. die Eiweiß- oder Eisenversorgung. Dennoch können geschulte Vegetarier, die sich lacto-ovo-vegetabil (mit Milchprodukten und Eiern) ernähren, eine vollwertige Ernährung erreichen. Große Vegetarierstudien zeigen, dass der Gesundheitszustand von Vegetariern günstiger ist (Vegetarier sind im Schnitt um fünf kg leichter als Nicht-Vegetarier). Allerdings gestalten Vegetarier häufig auch ihre anderen Lebensbereiche günstiger (Nichtrauchen, mehr Sport), so dass der Fleischverzicht nicht der alleinige Faktor ist, der den besseren Gesundheitszustand erklärt.

Die Gruppe der **Veganer** dagegen, also Menschen, die gänzlich auf tierische Produkte verzichten, erreichen kaum eine bedarfsgerechte Ernährung, da z.B. Vitamin B12 nur in tierischen Produkten vorkommt. Gerade bei veganischen, schwangeren Frauen kann es dadurch zu schweren Missbildungen bei ihren Kindern kommen.

Fastfood ■ Seit 1973 das erste Fastfood-Restaurant in Deutschland eröffnet wurde, hat sich die Systemgastronomie einen festen Platz in der Außer-Haus-Verpflegung erobert. Der Hamburger wurde zum Symbol des Fastfoods. Die neue, zunächst ungewohnte Gestaltung der Systemgastronomie, die bei Jugendlichen besonderen Anklang fand, ließ die ältere Generation zunächst von einem Verfall der Esskultur sprechen. Auch wenn das Fastfood-Ambiente bei Jugendlichen nicht unbedingt das Wunschprofil ihres Restaurants erfüllt, wird die schnelle und in der Regel preisgünstige Systemgastronomie aus Mangel an Alternativen akzeptiert. Die ernährungsphysiologische Bewertung von Fastfood ist pauschal nicht möglich, da die Angebotsvielfalt erheblich ist. Bei überlegter Zusammenstellung kann ein Menü in der Systemgastronomie durchaus eine akzeptable Zwischenmahlzeit sein.

Süßigkeiten ■ Süßigkeiten stellen in der bundesdeutschen Ernährung die am stärksten konfliktbesetzte Warengruppe dar. Da Zucker kariogen wirkt und zudem jahrzehntelang als der Inbegriff des Dickmachers propagiert wurde, versuchen Eltern bei ihren Kindern den Konsum von Süßigkeiten zu begrenzen. Aber auch Erwachsene unterstellen sich häufig einem Süßigkeitenverbot. Diese Maßnahmen führten jedoch in den vergangenen Jahrzehnten zu keiner Reduktion des Zuckerkonsums, der pro Kopf und Jahr weiterhin bei ca. 80 kg liegt.

Die Vorliebe für den Süßgeschmack teilen bereits alle Neugeborenen dieser Welt. Die drei anderen Geschmacksqualitäten sauer, salzig und bitter dagegen erzeugen bei Neugeborenen eindeutig ablehnende Reaktionen. Über den Mere Exposure Effect müssen diese Geschmacksprofile erst erlernt werden, was mit drei bis vier Jahren geschieht. Der US-amerikanische Psychologe Paul Rozin bezeichnet die Süßpräferenz als den »Sicherheitsgeschmack der Evolution«, da es keine süßen und gleichzeitig giftigen Naturprodukte auf der Welt gebe.

Kohlenhydrate, eine Grundsubstanz vieler Süßigkeiten, sind vom Vorwurf des Dickmachens weitgehend freigesprochen worden. Studien haben gezeigt, dass diese erst in Körperfett umgebaut werden, wenn täglich mehr als 500 g Kohlenhydrate verzehrt werden. Eine solche Menge liefern 500 g Zucker oder drei kg Kartoffeln oder 40 Äpfel, was jedoch üblicherweise nicht verzehrt wird. Das Problem von Süßigkeiten liegt vielmehr darin, dass sie als Fettigkeiten zumeist mehr Fett als Zucker (= Kohlenhydrate) einbringen. Die Schokolade ist dafür das beste Beispiel. Fettarme oder fettfreie Süßigkeiten, wie Gummibärchen, Fruchtbonbons, Honig, Löffelbiskuits, liefern ausschließlich Kohlenhydrate, die figurfreundlich wirken.

Wir mögen, was wir essen ■ Grundsätzlich wird nirgendwo alles gegessen, was essbar ist. Ökonomische oder ökologische Prinzipien (kaum religiöse Überzeugungen) bestimmen normativ, was als essbar angesehen und auch wirklich verzehrt wird. Der gute Geschmack ist nicht nur der Sinneseindruck auf der Zunge oder in der Nase, er hängt entscheidend auch von der kognitiven und emotionalen Bewertung und damit von den Lernerfahrungen ab. Wir wählen deshalb auch keine Speise, weil wir sie mögen, sondern wir mögen eine Speise, weil wir sie essen (Mere Exposure Effect).

Neben der prägenden Wirkung des Mere Exposure Effect bestimmt die spezifisch-sensorische Sättigung das Essverhalten. Ein gerade erlebter Geschmackseindruck hat zur Folge, dass gegen diesen kurzfristig eine Ablehnung entwickelt wird. Dadurch wird vermieden, dass sich die Speisenfolge schnell wiederholt, d.h. Abwechslung wird erreicht. Selbst das Leibgericht essen die Menschen nicht häufig, damit es weiterhin Leibgericht bleibt. Die Kunst des Essens besteht darin, zwischen dosierter Wiederholung und dosierter Verknappung den Weg zu finden, der Geschmackserlebnisse steigert und eine vollwertige Ernährung sicherstellt.

Volker Pudel

■ **Literaturtipps**

Leitzmann, C. u.a. (1996). Vegetarismus. München: dtv.
Pudel, V. (2003). Endlich frei von Diäten. München: Knaur.
Pudel, V. (2002). So macht Essen Spaß. Weinheim/Basel: Beltz.

 # Ethik und Moral

Die Ethik beschäftigt sich mit den Grundlagen menschlicher Lebensführung, sie will → Werte und Normen beschreiben, begründen, kritisieren und bewerten. Immanuel Kant (1724–1804) hat die Frage nach dem Wesen der Ethik mit der Frage beantwortet: Was soll ich tun? Doch Vorsicht: Die philosophische Ethik schreibt uns nicht bestimmte Inhalte unseres Tuns vor, sondern fragt nach den Bedingungen unseres Handelns. Sie sucht nach Antworten auf die Fragen: Was ist gut, was ist böse und warum? Was sollen, dürfen, müssen wir tun und warum? Was ist sittlich gerechtfertigt, was ist problematisch? Was ist verboten und warum? Wie frei sind wir in unserer Entscheidung bzw. was beeinflusst sie? Unter Moral hingegen versteht man dasjenige, was der Einzelne oder eine Gemeinschaft für sich als verbindlich ansieht. Diese Unterscheidung ist keine akademische Spitzfindigkeit. Ihr liegt vielmehr die Auffassung zugrunde, dass wir Menschen nicht nur in der Lage sind, uns eigenverantwortlich für das eine oder das andere zu entscheiden – eben das ist unsere Moral –, sondern dass wir auch vernünftige Gründe dafür aufbieten können, warum wir etwas »gut« oder »böse« nennen, uns also bewusst zu unserer Moral verhalten können – das ist Ethik.

Moralische Fragen ■ Nicht alle unsere Bewertungen, Urteile, Entscheidungen haben moralischen Charakter. So hat die Frage, ob ein Auto gut ist, nichts mit Moral zu tun, gleichwohl mit Wertung. Auch bei vielen Konventionen, z.B. Tischsitten, ja sogar bei Gesetzen ist es fragwürdig, ob ihnen immer moralische Qualität zukommt. Denn hier wird oft etwas geregelt, was uns lediglich hilft, verlässlich unser Leben zu führen. Moralische Fragen hingegen konfrontieren uns grundsätzlich mit unserem Menschsein. Darum hat es moralische Qualität, wie wir andere Menschen achten oder missachten, auch ob wir anderen Lebewesen willentlich Leid antun, oder ob wir die Wahrheit sagen müssen. Stets steht dabei auf dem Spiel, wer und was wir als Menschen sind.

Die Entscheidung darüber, wann wir eine Frage als moralische bezeichnen, hängt also davon ab, welchen Begriff von Moral wir voraussetzen, aber auch von bestimmten moralischen Einstellungen. Diese unterliegen wiederum dem Wandel der Geschichte. In früheren Zeiten waren es eher vorgegebene Ordnungen wie die Natur, die Götter oder die politische Gemeinschaft, die moralisches Verhalten prägten. Heute ist es eher das Individuum, das diese Frage entscheidet; es geht um die Prüfung, wann es uns wirklich ernst ist mit etwas; nur dann nämlich sind wir in gefragt in dem, was wir wesentlich sind, in unserer ureigenen Verantwortung.

Den Gedanken einer persönlichen Verortung von Moral hatten bereits die antiken Denker Sokrates (469–399 v. Chr.) und Sophokles (um 497–406 v. Chr.), die die Frage nach dem Guten, wie wir heute sagen würden, moralisiert haben – so in der Figur der Antigone, die sich der persönlichen Gewissensentscheidung ausgesetzt sah, ihren (ungerechterweise) zum Tode verurteilten Bru-

der zu beerdigen um den Preis, dadurch selber verurteilt zu werden. Entscheidend ist auch heute noch die Einsicht, dass von Moral nur im Horizont menschlicher Freiheit geredet werden kann. Radikaler: Wäre nicht Freiheit der wesentliche Grund menschlichen → Denkens und Handelns, gäbe es keine Moral. Auch die Schrecken der Freiheit, die abgründigsten und gewalttätigsten Äußerungen von Menschen gegen Mitmenschen und Mitwelt entspringen menschlicher Freiheit. Der Versuch, Moral aus immer schon Bestehendem oder sogenannten ewigen Werten abzuleiten, ist dagegen zurückzuweisen. Wir können unsere Verantwortung nicht auf überhistorische oder menschenunabhängige Mächte übertragen. Vor menschlichem Übel, in welcher Form auch immer, kann uns nur retten, wenn wir bewusster zur Eigenverantwortung stehen.

Determinismus ■ Freilich gibt es Anschauungen, die Moral anders erklären wollen, etwa als ein biologisches oder übernatürlich vorgegebenes Gesetz. Aber mit solch einem Determinismus wäre zugleich die Möglichkeit von Moralität geleugnet. Wäre all unser Tun vorgegeben, könnte es weder Gut und Böse, noch Verantwortung, noch Schuld und Gnade geben. Solche Theorien stehlen sich also aus dem Problem menschlicher Verantwortung heraus, statt eine Antwort zu bieten.

Religiöse Ethiken sind im Prinzip nicht deterministisch. Wenn sie Moral an göttliche Autorität binden, so nicht, um unser Handeln vorherzubestimmen. Vielmehr wird Orientierung gegeben für die auch hier geltende Autonomie des Menschen: »Hiermit lege ich dir heute das Leben und das Glück, den Tod und das Unglück vor … Wähle also das Leben, damit du lebst, du und deine Nachkommen«, so formuliert es unübertroffen die Bibel (Dtn 30, 15.19) und appelliert damit an unsere Eigenverantwortung, aus der heraus allein eine Handlung moralische Qualität gewinnt. Warum wir zu dieser Freiheit in der Lage sind, bringt die Bibel in das bekannte Bild vom Baum der Erkenntnis von Gut und Böse: Einmal von seinen Früchten genossen, können wir nicht mehr zurück ins Paradies, in dem wir von der Last der Entscheidung befreit wären. Die religiöse Bindung von Moral hilft insofern bei dem Problem, warum wir überhaupt moralisch sind sowie in Fragen des konkreten moralischen Verhaltens. Ein Verhalten hingegen, das irrigerweise fundamentalistisch, also ohne persönliche Gewissensprüfung an religiösen Normen festhält, kann darum auch aus religiöser Sicht nicht als moralisch qualifiziert werden, ja gerät in Gefahr, unmoralisch zu werden.

Moralische Orientierung ■ Wenn nun alles dafür spricht, *dass* wir als Menschen moralische Wesen sind, bleibt die Frage, *wie* wir dieser unserer Moralität gerecht werden können, anders: wie wir uns bemühen können, moralisch gut zu sein. Als letzte Prinzipien unseres Handelns gelten in diesem Zusammenhang **Werte** (→ Werte und Normen). Sie enthalten keine inhaltlichen Festlegungen, sind eher Leitideen zur Orientierung. So lässt sich der Wert der menschlichen Würde (entgegen mancher Missverständnisse) nicht durch bestimmte Eigenschaften definieren. Er besagt vielmehr, dass jeder Mensch einen unverwechselbaren, ganz besonderen und persönlichen, durch niemanden zu bestimmenden Wert hat, was zum Kriterium des Umgangs von Menschen untereinander wird. Auch das religiöse Bild von der Geschöpflichkeit des Menschen bietet ein solches Wertprinzip.

Auf Wertvorstellungen bezogen sind konkrete **Normen**. Im Unterschied zu Werten sind sie veränderbar, beanspruchen aber, über die Beliebigkeit subjektiver Einstellungen und Wünsche hinauszugehen und sichern insofern allgemeingültige Verlässlichkeit für unser Verhalten. Konkretere Regeln und Gesetze, aber auch Sitten und Gebräuche beziehen sich auf Systeme solcher Normen.

Eine besondere Stellung nehmen **Fundamentalnormen** und verallgemeinerungsfähige Regeln ein. Religiöse Kataloge, z.B. die biblischen Zehn Gebote, sind eher inhaltliche Versuche zu solcher Verallgemeinerung. Das Gebot der Nächstenliebe hingegen reicht über formale Gegenseitigkeit hinaus, ebenso die in vielen Religionen und philosophischen Systemen bekannte Goldene Regel: »Was du selbst nicht wünschest, tu nicht an andern« (so Konfuzius, 551–479 v. Chr.). Kants Leistung war es, mit dem Kategorischen Imperativ eine formale Regel mit Allgemeingültigkeit zu liefern: »Handle nur nach derjenigen Maxime, durch die du zugleich wollen kannst, dass sie ein allgemeines Gesetz werde.«

Um sich aber wirklich an Werten und Normen orientieren zu können, ist ebenso zu fragen, welche Gestalt Moralität auf der *subjektiven* Ebene annimmt. Hier kann unser **Gewissen** als letzte Entscheidungsinstanz in moralischen Fragen bezeichnet werden. Damit ist natürlich noch nicht die Frage beantwortet, wie man sich auf sein Gewissen beziehen kann, ob man es bilden kann oder wie sicher man sich seines Gewissensspruchs sein kann. Ethiker liegen im Streit, welche Rolle dabei das unmittelbare moralische Gefühl spielt, die verantwortliche Abwägung durch unsere Vernunft, Beeinflussungen, Prägungen und Manipulationen. Noch schwerer ist die Frage, woher wir unser Gewissen haben und somit unsere Moralität. Sicher ist nur, dass dies nicht allein empirisch oder sozialhistorisch beantwortet werden kann, sondern in grundlegende Fragen der → Anthropologie hineinführt.

Ethik-Theorien ■ Alles, was wir denken, tun, lassen, ins Werk setzen, einsehen, hat zum Ziel, dass wir schließlich sagen können: »Es ist gut so.« Das jedenfalls meinte Aristoteles (384–322 v. Chr.) und zog daraus die Konsequenz, das Gute sei dasjenige, was Ziel unseres Handelns sei. Damit ist recht genau der Typ einer **teleologischen** (= zielgerichteten) **Ethik** gefasst, die die Moralität einer Handlung an ihren Folgen bemisst. Zu diesem Typ gehört auch der sogenannte **Utilitarismus**, der das Handeln ausrichtet an dem größtmöglichen Wohlergehen für möglichst viele Beteiligte. Seine Relevanz gewinnt der Utilitarismus bei vielen aktuellen Fragen, wenn es um das Problem einer ethischen

Entscheidung auf der unvermeidbaren Grundlage der Abwägung konkurrierender Güter geht, so bei bioethischen Fragen (wie der Genmanipulation) oder medizinischen (wie Schwangerschaftsabbruch oder Sterbehilfe)

Die **deontologische Ethik** (Pflichten-Ethik) sieht die moralische Angemessenheit einer Handlung genau im Gegenteil, nämlich darin, möglichst ohne Abstriche ein absolut geltendes Pflichtgebot zu erfüllen. Ihr Vorteil ist es, für den Handelnden moralische Integrität bewahren zu können, selbst wenn die beabsichtigten Folgen nicht erreicht werden. Ein solcher ethischer Rigorismus wird häufig Kant und seinem kategorischen Imperativ unterstellt.

Moralische Entscheidungen sind in komplexer gewordenen Lebensverhältnissen komplizierter geworden. So lassen sich die meisten bioethischen Fragen weder rein fundamentalistisch noch durch gerechte Abwägung lösen. Die **Diskursethik** hat darum dem Prozess der Entscheidungsfindung selbst großes Gewicht eingeräumt und versucht so, auch Nichtkalkulierbares wie Ängste, Restrisiken, nicht überschaubare Folgen für kommende Generationen und nicht zuletzt Nachhaltigkeit als Kriterien zu berücksichtigen.

Ebenfalls attraktiv sind neuerdings wieder **Tugend-Ethiken**. Sie versuchen unter Verzicht auf komplizierte Begründungen moralische Fragen eher pragmatisch zu lösen durch Verweis auf einige elementare menschlicher Lebensführung zuträgliche Tugenden (wie Mut, Besonnenheit, Gerechtigkeit, Klugheit – die vier antiken Kardinaltugenden).

Moral und Erziehung ■ Für die Erziehung hat die Begründung von Moralität in menschlicher Autonomie erhebliche Konsequenzen. Um es auf eine Formel zu bringen: Zur Moral, gar zu *der* (d.h. einer als allgemein gültig unterstellten) Moral lässt sich kein Mensch erziehen. Hingegen ist die Erziehung *in* Moral bzw. die Erziehung dazu, sich als moralisches Wesen ernst zu nehmen, sehr wohl ein Erziehungsziel (→ Moralische Entwicklung).

Aus dieser Perspektive gewinnen der Austausch und die Diskussion konkreter moralischer Probleme besonderen Wert. Für jüngere Kinder finden sich Möglichkeiten dazu vor allem in Geschichten, die durch Einfühlen in andere Menschen moralische Sensibilität fördern, ebenso wie konkrete sinnliche Übungen des Mitfühlens. Zunehmend wird es wichtig, solche Erfahrungen auch zur Sprache zu bringen und dann für Jugendliche auch problemorientiert zu diskutieren, um Wege zur Auseinandersetzung und Entscheidung je persönlicher moralischer Herausforderungen zu ebnen. Ausgezeichnete Impulse bieten dafür Dilemma-Geschichten.

Ethik wird durch die Notwendigkeit, all diese Gesichtspunkte zu berücksichtigen, vor allem auch theoretisch, nicht einfacher. Darum mag die Selbstkritik des Aristoteles ein Hinweis für den Wert solcher Betrachtungen sein: »Nicht um (abstrakt) zu wissen, was das Gutsein ist, führen wir diese Untersuchung durch, sondern um gute Menschen zu werden.«

Hans-Bernhard Petermann

■ Literaturtipps

Böhme, G. (1997). Ethik im Kontext. Über den Umgang mit ernsten Fragen. Frankfurt/M.: Suhrkamp.

Hastedt, H./Martens, E. (Hg.) (1994). Ethik. Ein Grundkurs. Reinbek: Rowohlt.

Höffe, O. (Hg.) (1997). Lexikon der Ethik. München: Piper.

Savater, F. (1993). Tu, was du willst. Ethik für die Erwachsenen von morgen. Weinheim/Basel: Beltz.

Fachberatung

Der Begriff Fachberatung wird in vielen Bereichen der Wirtschaft und Bildung verwendet. Ganz allgemein versteht man darunter Funktionen von Personen und Diensten, die Beratungsdienste in spezifischen Fachgebieten und Praxisfeldern wahrnehmen. Mit Fachberatung in Kindertageseinrichtungen ist ein Berufsfeld sowie eine Tätigkeit gemeint, die sich Mitte der 70er Jahren des 20. Jahrhunderts in Deutschland etabliert und in den folgenden Jahren weiterentwickelt hat.

Zur Entwicklung ■ Fachberatung als fachliche Beratung von Kindergärten ist eine Funktion, die es schon seit mehr als 100 Jahren gibt. Bisher finden sich leider nur wenige historische Quellen und umfassende Recherchen zu dieser überwiegend von Frauen ausgeübten Tätigkeit. In den 30er Jahren des vergangenen Jahrhunderts bezeichneten sich einzelne Jugendfürsorgerinnen kommunaler oder kirchlicher Träger von Kindergärten erstmalig als Fachberaterin. Sie boten z.B. Leiterinnen Qualifizierungskurse, Konzepte zur Raumgestaltung oder Religionspädagogik an. Bis in die 1960er Jahre wurden Aufgaben dieser Art überwiegend von Ausbildungsstätten für Kindergärtnerinnen und Hortnerinnen oder Berufsverbänden wahrgenommen. Erst die Bildungsreform zu Beginn der 1970er Jahre brachte dann entscheidende Veränderungen in Qualität und Quantität der Fachberatung. Die Erziehung in Kindergärten wurde als integraler Bestandteil in das Bildungssystem aufgenommen (Bildungsdebatte, Kindergartenreform) und es entstand ein erhöhter Beratungs- und Fortbildungsbedarf. Mit Inkrafttreten des neuen → Kinder- und Jugendhilfegesetzes (KJHG, Sozialgesetzbuch VIII) wurden die Träger der öffentlichen Jugendhilfe zur Sicherstellung von Fortbildung und Praxisberatung verpflichtet (KJHG § 72,3). Ebenso wird erstmalig der Einsatz von Fortbildungsmitteln bei den freien Trägern der Jugendhilfe gefordert.

Mit der Definition »Kindergarten als Bildungseinrichtung« sowie der Verankerung von Fortbildung und → Beratung im KJHG wurde eine inhaltliche Neubestimmung und Aufgabenbeschreibung für den Elementarbereich und für Fachberatung notwendig. Auf Länderebene wurden unterschiedliche Modellversuche zu Konzeptionen und Methoden zur Verbesserung der pädagogischen Arbeit in den Kindertagesstätten gestartet. Als ein Ergebnis daraus erweiterten die öffentlichen und freien → Träger von Kindertageseinrichtungen in den 1980er und 1990er Jahren ihr bis dahin eher geringes Stellenangebot für Fachberaterinnen. Heute gehört Fachberatung zum unerlässlichen Angebot von kommunalen Trägern von Kindertageseinrichtungen sowie von den Spitzenverbänden der Freien Wohlfahrtspflege.

Die Fachberatung hat sich aus der Praxis für die Praxis entwickelt. Mit dem Druck und den Veränderungen in den 1970er Jahren sowie der Ende der 1990er Jahre aufgekommenen Kita-Qualifizierungsdebatte veränderten und erweiterten sich die Anforderungen an Fachberatung.

Fachberatung in der DDR ■ Nach 1946 waren Kindergärten – nicht jedoch die Krippen – als unterste Stufe ins Bildungssystem integriert und als pädagogische Einrichtung gesetzlich anerkannt. Von den Schulabteilungen der Länder und Kreise eingesetzte Referentinnen für Vorschulerziehung unterstützten die Kindergärtnerinnen zunächst in ihrer praktischen Arbeit und im Bereich Wissensvermittlung durch Schulungen in Monatskonferenzen, Kursen und Arbeitsgemeinschaften. Sie sollten mit den neuen Inhalten der Erziehung vertraut gemacht werden. Nachdem 1952 von der SED ein verbindliches Programm für die sozialistische Erziehung der Vorschulkinder beschlossen wurde, waren die Kreisreferentinnen für die Qualifizierung, Anleitung sowie die Kontrolle der Kindergärtnerinnen zuständig. Anfang der 1960er Jahre übernahmen sogenannte Konsultationskindergärten eine wichtige Rolle bei der Demonstration des pädagogisch-methodischen Vorgehens. 1975 erschien die Anweisung zum Einsatz von Fachberatern für Vorschulerziehung. Für diese Funktion wurden »vorbildliche« Kindergärtnerinnen ausgewählt, die für 20 Stunden diese Aufgabe übernahmen und die restliche Wochenarbeitszeit weiterhin in einem Kindergarten tätig blieben. Ihre Aufgaben als Fachberaterinnen bestanden u.a. darin, Anleitung und Hilfe bei der »sozialistischen Erziehung und allseitigen Entwicklung der Vorschulkinder« zu gewähren und die Referentinnen für → Vorschulerziehung der Kreise über Stand und Probleme der pädagogischen Arbeit zu informieren. Allmählich verschoben sich die eigentlichen Aufgaben der fachlichen Beratung auf Anweisung der staatlichen Organe immer deutlicher hin zur Kontrolltätigkeit, wodurch eine Vertrauensbasis zu den Kindergärtnerinnen nur selten entstehen konnte. Nach der Wende gab es (insbesondere in Berlin) heftige Auseinandersetzungen über den Sinn von Fachberatung als Kontroll- und Inspektionstätigkeit.

Modelle ■ Fachberatung ist geprägt durch eine Vielfalt von Erwartungen von → Träger und Erzieherinnen sowie Entwicklungen in der Kita-Qualitätsdebatte. Einheitliche bundesweite Aufgabenbeschreibungen für Fachberatung sind nicht vorhanden. Arbeitsfeld und Aufgaben werden weitgehend von der Trägerorganisation festgelegt und unterscheiden sich jeweils durch die Einbindung der Fachberatung in die Trägerhierarchie, die Qualifikationsanforderungen, die Übertragung von fachpolitischen und öffentlichkeitswirksamen Aufgaben sowie die Anzahl der zu betreuenden Kindertagesstätten. Drei Modelle für Fachberatung existieren nebeneinander:

■ Fachberatung mit Dienst- und Fachaufsicht
■ Fachberatung mit Fachaufsicht
■ Fachberatung ohne Dienst- und Fachaufsicht.

Überträgt der Anstellungsträger der Fachberatung Dienst- und Fachaufsicht, so ist diese Mitarbeiterin Vorgesetzte und verantwortlich u.a. auch für Personalentscheidungen (z.B. Einstellungen, Beurteilungen), Management-

aufgaben, Steuerung und Kontrolle. Wird ihr nur die Fachaufsicht übertragen, bekommt sie in Teilbereichen Vorgesetztenfunktion. Bei Fachberatung ohne Delegation von Dienst- und Fachaufsicht ist eine klare Trennung von Aufsicht und → Beratung (gegebenenfalls auch → Supervision) möglich.

Ziele und Aufgaben ■ Auch wenn – entsprechend der Trägervielfalt – unterschiedliche Ziele und Aufgaben in den entsprechenden Richtlinien verankert sind, kann der Arbeitsauftrag grundsätzlich folgendermaßen zusammengefasst werden: Die Fachberatung dient sowohl der fachlichen Qualifizierung der pädagogischen Arbeit als auch der Verbesserungen der Arbeitsbedingungen. Fortbildung und → Beratung sind hierbei die entscheidenden Elemente. Aufgaben der Fachberatung sind u.a.:

■ Beratung von Mitarbeiterinnen und Trägern hinsichtlich pädagogischer, personeller und planerischer Fragen
■ Qualifizierung des Erzieherinnen (z.B. in systematischer Beobachtung, im Umgang mit schwierigen Kindern, in der Gesprächsführung)
■ Unterstützung bei der Konzeptionsentwicklung sowie Umsetzungshilfen
■ Beratung bei Fragen und Problemen zu einzelnen (auffälligen) Kindern
■ Unterstützung und Beratung bei der Zusammenarbeit mit Eltern und Elterngremien
■ Beratung und Begleitung bei besonderen pädagogischen Aufgaben, wie z.B. die gemeinsame Erziehung behinderter und nicht behinderter Kinder (→ Integrative Erziehung) oder der interkulturellen Pädagogik
■ Beratung (→ Supervision) bei Teamkonflikten, Problemen zwischen Kita und Eltern oder Kita und Träger u.Ä.
■ Organisation und Durchführung von Fortbildungen und Fachtagungen
■ Zusammenarbeit mit spezifischen anderen öffentlichen Einrichtungen und Trägern
■ Außendarstellung des Verbandes (→ Öffentlichkeitsarbeit).

Die Fachberatung soll schwerpunktmäßig die Kindertagesstätten bei der Erfüllung ihrer Aufgaben unterstützen und Hilfestellung bei fachlichen Fragen oder → Konflikten leisten. Dazu ist eine vertrauensvolle Basis zwischen den Beteiligten erforderlich. Fachberatung ohne Dienst- und Fachaufsicht verbunden mit partieller Schweigepflicht) bietet hierbei bessere Möglichkeiten. Der Vorteil von Fachberatung mit Vorgesetztenfunktionen wird u.a. darin gesehen, dass fachliche Erkenntnisse ohne Zeit- und Kompetenzverlust administrativ umgesetzt werden können, falls sie vom Träger gewünscht werden.

Qualifikation ■ In den Stellenbeschreibungen für Fachberatung werden je nach Konzept und Richtlinien des Anstellungsträgers unterschiedliche Qualifizierungen verlangt, z.B. Erzieherin mit Leitungserfahrung, Dipl.-Sozialpädagogin/-arbeiterin, Dipl.-Pädagogin oder Dipl.-Psychologin. Erwartet werden u.a. Kenntnisse der gesetzlichen Grundlagen, wirtschaftliche Kompetenz, EDV-Kenntnisse, Beratungskompetenz, Grundlagen des Qualitätsmanagements und die Bereitschaft zur ständigen Weiterbildung. Das Berliner Modell der Kita-Beratung z.B. favorisierte 1975 ein interdisziplinär zusammengesetztes Berater-Team (ohne Dienst- und Fachaufsicht) aus Dipl.-Psychologin, Dipl.-Pädagogin, Soziologin, Psychagogin/Heilpädagogin, sowie Sozialarbeiterin/-pädagogin (Kindertagesstätten-Beraterpersonalvorschriften). Interessanterweise gibt es in diesen Teams einen ungewöhnlichen hohen Anteil von männlichen Mitarbeitern. Inzwischen ist dieses Beratungsmodell aufgrund gesellschaftspolitischer Veränderungen in Berlin und geringeren finanziellen Ressourcen erheblich eingeschränkt worden.

Sabine Herm

■ **Literaturtipps**

Engler R./Irskens B. (1997). Fachberatung zwischen Beratung und Politik. Eine kritische Bestandsaufnahme. Stuttgart: Kohlhammer.

 # Familie

Die Familie gilt als eine der ältesten und beständigsten Formen menschlichen Zusammenlebens, als die bedeutsamste und am weitesten verbreitete Form der sozialen → Gruppe. Dies ist in ihrer »biologisch-sozialen Doppelnatur« (Friedhelm Neidhardt) begründet. Die Familie kommt auf der einen Seite den natürlichen Bedürfnissen des Menschen entgegen, indem sie die Geschlechtsbeziehung zwischen Mann und Frau regelt und der werdenden Mutter Schutz während der Schwangerschaft bietet. Der »physiologischen Frühgeburt« Mensch gewährt sie das überlebensnotwendige »extrauterine Frühjahr« als »sekundärer Nesthocker« (Adolf Portmann, 1897–1982), ermöglicht die Erziehung des »Mängelwesens« (Arnold Gehlen 1904–1976) und stellt die Versorgung alter (pflegebedürftiger) Menschen sicher. Auf der anderen Seite erlaubt die Familie die gesellschaftliche Überformung des Menschen, seine → Sozialisation und Enkulturation. Damit erfüllt sie eine Vielzahl von Funktionen für den Einzelnen und die Gesellschaft, prägt das ganze Leben des Individuums in der Abfolge von Herkunfts- und Zeugungsfamilie.

Die Familie ist in der Regel die erste Gruppe (Primärgruppe), der der Mensch angehört. Sie prägt seine physische, kognitive, emotionale, psychische und soziale → Entwicklung und damit zu einem großen Teil die Grundstruktur seiner → Persönlichkeit. Untersuchungen haben z.B. gezeigt, dass Kinder abhängig von ihrer familiären Sozialisation mit einer unterschiedlichen Ausgangsbasis eingeschult werden. Das betrifft u.a. Sprachfertigkeiten, Grob- und Feinmotorik, Lernmotivation, Neugier, Leistungsbereitschaft, Interessen, Werte, Selbstkontrolle, Selbstbewusstsein, soziale Fertigkeiten – d.h. Kompetenzen und Einstellungen, die im ganzen Leben wichtig sind. Obwohl dann – zumindest in den ersten vier Jahren – alle Kinder dieselbe → Schule durchlaufen, gelingt es den Lehrern kaum, die Unterschiede auszugleichen. Das heißt, dass Kinder, die vor und während der Schulzeit von den Eltern viel Förderung erhalten, die Lernchancen in der Schule besser nutzen können.

Historische Entwicklung der Familie ■

Familien werden durch die gesellschaftlichen, wirtschaftlichen und kulturellen Verhältnisse der jeweiligen Epoche geprägt. Sie sind also einem ständigen strukturellen und funktionellen Wandel unterworfen. Die Familienformen, die wir aus persönlicher Erfahrung und Beobachtung kennen, sind im ausgehenden 18. und 19. Jahrhundert entstanden. Selbst der Familienbegriff – von der lateinischen Wortform familia abgeleitet, was die gesamte Hausgemeinschaft umfasste – wurde erst um 1700 im deutschen Sprachraum heimisch. Er wurde anfangs sowohl zur Bezeichnung der Verwandtschaft als auch der Hausgenossenschaft (dem »ganzen Haus«) verwendet, wobei letztere zusätzlich Gesinde, Lehrlinge, Gesellen, Schüler usw. mit einschloss. Zuvor waren Begriffe wie Geschlecht, Sippe, Weib und Kind sowie Haus üblich, die allerdings nicht genau das bezeichneten, was wir heute Familie nennen.

Erst unter dem Einfluss von Naturrecht, Aufklärung und Romantik veränderte sich nach 1800 die Bedeutung des Begriffs Familie. Zu den bis dahin vor allem ökonomischen und sozialen Funktionen, die die Familie erfüllte, kamen nun auch emotionale dazu. Man bezeichnete mit dem Familienbegriff immer mehr die durch Ehe und Elternschaft verbundenen Individuen in ihren personalen und affektiven Beziehungen zueinander. Diese langsame Begriffsveränderung spiegelt im Grunde den sich über mehrere Jahrhunderte erstreckenden gesellschaftlichen Wandel vom ganzen Haus des Mittelalters über die verschiedenen Familienformen des 19. Jahrhunderts bis hin zur tendenziell partnerschaftlich orientierten Familie der Gegenwart wider.

Heute herrscht die Kleinfamilie (= Kernfamilie) mit ein bis zwei Kindern im Haushalt vor. Viele Kinder wachsen somit als Einzelkinder auf. Familien mit drei und mehr Kindern oder sogenannte Dreigenerationenfamilien sind selten.

Familienforschung ■

Seit dem 19. Jahrhundert stehen Ehe und Familie im Mittelpunkt (sozial-)wissenschaftlicher Analysen. Wilhelm Heinrich Riehl (1823–1897) und Frédéric Le Play (1806–1882), deren Hauptwerke im Jahr 1855 erschienen, gelten als Begründer der Soziologie der Familie. Erste juristische und rechtshistorische Abhandlungen über Ehe und Familie stammen aus den 30er Jahren des vorletzten Jahrhunderts – historische, ethnologische und haushaltsstatistische Arbeiten sind späterer Ursprungs. In der → Sozialpädagogik setzte sich erst Anfang des 20. Jahrhunderts die Einsicht durch, dass die ganze Familie konzeptionell und praktisch in die Arbeit einbezogen werden sollte. Zur gleichen Zeit begann sich die → Psychologie für die Familie zu interessieren. Dabei übernahm die Psychoanalyse eine gewisse Vorreiterrolle, die allerdings auf die Theorie beschränkt war: Die psychoanalytisch orientierte Praxis war bis in jüngste Zeit hinein individuumszentriert; so musste sich die Familientherapie in ihrer Anfangsphase (50er und 60er Jahre des 20. Jahrhunderts) mit starken Widerständen seitens der Psychoanalytiker auseinander setzen.

In den letzten Jahrzehnten erfolgte die Erforschung von Ehe und Familie auf der Grundlage einer Vielzahl von Theorien, die größtenteils allgemeiner Natur sind, also nicht nur für Familien gelten. Als Beispiele seien der Historische Materialismus, der Symbolische Interaktionismus, die Tiefenpsychologie (→ Psychologie), die Kommunikationstheorie (→ Kommunikation) und die Systemtheorie genannt.

Funktionen, Phasen, Formen ■

Familien erfüllen eine Vielzahl wichtiger Funktionen für ihre Mitglieder und für die Gesellschaft. Sie versorgen den Einzelnen mit lebensnotwendigen Gütern, gewährleisten eine effektive Arbeitsteilung und ermöglichen die Regeneration der Arbeitskraft. Sie garantieren den Fortbestand der Gesellschaft durch Reproduktion (= Kinderzeugung), sichern die → Sozialisation, die Personalisation (= Persönlichkeitswerdung) und Enkulturation (= Hineinwachsen in die Kultur einer Gesellschaft) der nachwachsenden Generation und übernehmen systemerhaltende, spannungsausgleichende und andere Aufgaben.

Wie die menschliche Entwicklung verläuft auch die Familienentwicklung in Phasen, die durch unterschiedliche Funktionen und Aufgaben sowie die Auseinandersetzung mit unvermeidbaren Schwierigkeiten und bestimmten Problemen geprägt sind. Idealtypisch lassen sich beim Familienzyklus die Phasen der Partnersuche und Heirat, der ersten Ehejahre, der Familie mit Kleinkindern, der Familie mit Schulkindern, der Familie mit Jugendlichen im Prozess der Ablösung, der Familie ohne abhängige Kinder und der Familie im Alter unterscheiden. Vor allem die Übergänge zwischen den Phasen (→ Transitionen) gelten als Zeiten der Krise.

Offensichtlich ist, dass nicht alle Familien diesen Zyklus durchlaufen. Letzteres gilt vor allem für die neben der Klein- bzw. Kernfamilie bestehenden anderen Familienformen wie: → Alleinerziehende, Stieffamilien, nichteheliche Lebensgemeinschaften, Adoptiv- und Pflegefamilien oder gleichgeschlechtliche Partnerschaften mit Kindern. Jede dieser Familienformen ist durch besondere Rahmenbedingungen und Strukturen, Chancen und Schwierigkeiten gekennzeichnet.

Familienprobleme ■ Die Qualität des Familienlebens wirkt sich stark auf das psychische Wohlbefinden des Einzelnen aus. Familie steht für Freude und Leid, Harmonie und Konflikte, Liebe und Feindseligkeit, Zärtlichkeit und Gewalt. Sie kann die seelische Gesundheit ihrer Mitglieder fördern oder zur Ausbildung von psychischen Störungen und Verhaltensauffälligkeiten beitragen.

In Familien treten häufig Probleme und Belastungen auf, die ein effektives Erfüllen ihrer Funktionen erschweren. Dazu gehören z.B. Eheprobleme und Familienkonflikte, Trennung und Scheidung, Alleinerzieherschaft, Suchtkrankheit, Behinderung oder Pflegebedürftigkeit von Familienmitgliedern. Es kann zur Ausbildung pathogener (krankmachender) Strukturen und Prozesse kommen, durch die Kinder verhaltensauffällig werden können. Auch wenn Eltern ihre (geheimen) Ängste, Wünsche, Aggressionen oder Hoffnungen auf ihre Kinder projizieren, kann es zu Auffälligkeiten kommen. Manche Kinder erfahren in ihren Familien Vernachlässigung, Misshandlung oder sexuellen Missbrauch (→ Sexuelle Gewalt).

Viele Familienprobleme sind von außen bedingt. Sie können z.B. aus der schlechten Vereinbarkeit von Familie und Beruf resultieren. Eltern tragen u.U. berufliche Probleme in die Familie hinein. Besonders belastend sind Arbeitslosigkeit und Armut (→ Problemgruppen). Ferner können Konflikte mit Institutionen wie → Kindergarten und → Schule auftreten, aber auch mit Verwandten aus der erweiterten Familie oder anderen Mitgliedern des Netzwerks der Familie

Martin R. Textor

■ **Literaturtipps**

Fthenakis, W.E., Textor, M.R. (2004). Knaurs Handbuch Familie. München: Droemer/Knaur.
Hill, P.B., Kopp, J. (2004). Familiensoziologie. Wiesbaden: VS Verlag.
Nave-Herz, R. (2004). Ehe- und Familiensoziologie. Weinheim: Juventa.
Online-Familienhandbuch: www.familienhandbuch.de

 # Feste und Feiern

Feste und Feiern begleiten uns durch das ganze Jahr. Die beiden Lehnwörter gehen auf das Lateinische zurück: Feier auf feria, was ursprünglich der arbeitsfreie Vorabend einer heiligen Festivität war, und Fest auf festus = festlich. Die alte Bedeutung der Arbeitsruhe finden wir noch im Wort Feierabend versteckt. Feste wirken gemeinschaftsstiftend, haben einen repräsentativen Aspekt, der sich nach außen hin zeigt (z.B. in Prozessionen, Tänzen, Schauspielen) und bieten Ausdrucksmöglichkeiten für hohe Emotionalität (z.B. Freuden-, Trauerfeste, Karneval).

Prinzipiell können wir verschiedene Arten von Festen unterscheiden, die wir je nach persönlichem Zugang in religiöser bzw. traditioneller Form oder nach eigener → Kreativität feiern:

- Persönliche Feste (z.B. Geburts-, Hochzeitstag, erster Zahnverlust, Initiationen, Richtfest)
- Religiöse Feste (z.B. Weihnachten, Ostern, Nikolaus, Ramadan, Chanukka)
- Jahreszyklische Feste (z.B. Erntedankfest, Oktoberfest, Fasching)
- Gesellschaftliche Feste (Bälle, Betriebsfeier, Straßenfest, Sportfest)
- Nationale/kulturelle Feste (Nationalfeiertag, 1. Mai, Olympische Spiele).

Bei vielen Festen wird altes Brauchtum mit bestimmten Ritualen lebendig. Feste und Rituale sind so alt wie die Menschheit selbst und ziehen sich durch alle Bereiche unseres Lebens. Kindheit heute ist dadurch gekennzeichnet, dass sich Dinge laufend verändern. Nur wenn sich Kinder gut verwurzelt fühlen, können sie die Herausforderungen der Zeit bewältigen. Immer wiederkehrende Feste integrieren Menschen mit unterschiedlichem Wissensstand und Fähigkeiten, aus verschiedenen sozialen Umfeldern, mit unterschiedlichen Erfahrungen und Zielen. Dazu ist es jedoch auch wichtig, den Ursprung und die Bedeutung von Festen zu kennen und weitergeben zu können. Auch haben Erzieherinnen dann die Möglichkeit, sich mit den Kindern über Feste verschiedener → Religionen und Kulturen auseinander zu setzen und zu feiern. Auf diese Weise lassen sich Berührungsängste mit anderen Kulturkreisen abbauen, darin liegt ein wichtiger Beitrag zur sozialen Entwicklung der Kinder.

In der Reihenfolge des Kalenderjahres werden im christlichen Kulturkreis folgende wichtige Feste gefeiert (Feste und Feiern der anderen Weltreligionen finden sich unter dem Stichwort → Religionen).

Januar ■ Das **Neue Jahr** (= Neujahr) erwächst nahtlos aus dem Silvesterfest. Der Name des Monats, benannt nach dem römischen doppelköpfigen Gott Janus, zeigt diese Position der Neujahrsnacht, eingebunden in Vergangenheit und Zukunft, besonders schön.

Heilige Drei Könige: Ursprünglich waren Caspar aus Thorsis, Melchior aus Nubien und Balthasar aus Godolien Magier, erst im Matthäus-Evangelium wurden aus ihnen Könige, die eine Reise zum neugeborenen König unternahmen. Noch heute sind sie Schutzpatrone für Haus und Stall, Gasthäuser und Apotheken. Sternsinger ziehen von Haus zu Haus, singen, segnen und empfangen Geschenke. Die über die Türen geschriebenen Buchstaben C + M + B bedeuten nicht – wie fälschlicherweise oft angenommen – die Anfangsbuchstaben ihrer Namen, sondern stehen für »Christus mansionem benedicat« – Christus segne unser Haus.

Februar ■ **Fasching**, Fas(t)nacht, Karneval oder Fasnet (regional unterschiedliche Begrifflichkeiten) ist die Zeit vor der Fastenzeit am Aschermittwoch. Der Name Karneval kommt wahrscheinlich von »carne, vale!«, was übersetzt »Fleisch, leb wohl« bedeutet; Fasching könnte von »Fastschank« stammen, den letzten Alkoholausschank vor der Fastenzeit. Der Fasching mit Musik, Tanz, Lärm, Maskenumzügen und Narrenfreiheit hat seinen Ursprung im Vertreiben der Wintergeister. Er enthält Elemente alter bäuerlicher Kultur, aber auch höfischer Kostümfeste und spätmittelalterlicher bzw. frühneuzeitlicher Narrenfeste der Handwerker und Zünfte. Berühmt sind die Formen des rheinischen Karnevals (Faschingsgilden, Umzüge und Sitzungen besonders in Köln, Mainz und Düsseldorf), sowie der elegantere Karneval in Venedig bzw. der ausgelassenere Karneval in Rio.

Der **Aschermittwoch** ist der erste Tag der 40-tägigen österlichen Fastenzeit. In der katholischen Kirche wird durch das Aschenkreuz (aus den Palmzweigen des vorjährigen Palmsonntags) an die Vergänglichkeit des Menschen erinnert. Außerkirchlich wird der Ausklang des Faschings durch den Heringsschmaus begangen.

Ein immer mehr nach amerikanischem Vorbild in Mode kommender Festtag ist der **Valentinstag**. Bisher war es üblich, an diesem Tag Blumen zu schenken, neuzeitlich werden die Geschenke ausgeweitet in Süßigkeiten, Schmuck und Ähnliches. Seinen Ursprung hat dieser Tag unter Kaiser Claudius II. erhalten. Entgegen dessen Anordnung traute der Mönch Valentin heimlich Liebespaare und gab Tipps in Herzensangelegenheiten, dabei schenkte er jedem eine Blume. Er wurde am 14. Februar hingerichtet.

März ■ Der März gibt uns mit dem **Frühlingsbeginn** am 20. die Gelegenheit, das Erwachen der Natur feierlich zu begehen. Manchmal fällt auch das Osterfest schon in den März.

April ■ Das **Osterfest** wird auf den Vollmond gefeiert, der der Frühlings-Tagundnachtgleiche folgt. Es ist das höchste katholische Fest und wird zur Erinnerung an die Auferstehung Christi gefeiert. Das Fest wird von verschiedenen Ritualen und Symbolen begleitet. Das Osterei gilt in allen Völkern als Zeichen des Lebens, Christen sehen darin ein Zeichen für die Auferstehung Christi. Das Osterlamm erinnert an das jüdische Passahfest, bei dem ein Lamm gegessen wurde. Der Hase wurde deshalb zu einem Symbol für das Osterfest, weil Hasen beim Schlafen ihre Augen nicht schließen, da sie keine Augenlider haben, dies wird als Zeichen für die Auferstehung betrachtet, weil auch Jesus nicht endgültig im Tod entschlafen ist. Seit der Nachkriegszeit werden jährlich die traditionellen Ostermärsche der Friedensbewegung veranstaltet.

Am 30. April wird die **Walpurgisnacht** gefeiert, in der die Hexen auf dem Brocken (Harz) ihr Unwesen treiben. Die Nacht ist von altem Abwehrzauber und Fruchtbarkeitsbräuchen durchzogen und hat in jüngster Zeit vor allem durch Feministinnen, aber auch als fröhlicher »Kult« für junge Leute wieder Bedeutung erlangt, z.B. die unorganisierte nächtliche Wanderung auf die Thingstätte in Heidelberg.

Mai ■ Am **1. Mai** 1886 begann in Illionois (Chicago/USA) ein mehrtägiger, von den Gewerkschaften organisierter Streik, um eine Reduzierung der täglichen Arbeitszeit von zwölf auf acht Stunden durchzusetzen. Seit damals (1886 Chicago, 1889 Paris, 1890 Deutschland) wird der 1. Mai als Feiertag, als »Tag der Arbeit«, von Arbeiterbewegung und Gewerkschaften mit traditionellen Maidemonstration und anderen Maifeiern begangen.

Der zweite Sonntag im Mai ist der Ehrentag aller Mütter, der **Muttertag**.

Juni und Juli ■ Das **Pfingstfest** wird am 7. Sonntag nach Ostern gefeiert. »Pfingsten« kommt von griechisch penekosté hemerá (= 50. Tag nach Ostern) und ist das Fest der Herabkunft des Heiligen Geistes und des Gedenkens an das beginnende öffentliche Wirken der Kirche.

In der Sommerzeit gibt es wenig offizielle Festanlässe, vielleicht ein Ausdruck der Tatsache, dass der Sommer selbst genügend Anlass zur Freude bietet. In vielen Kindergärten steigen die großen **Sommerfeste**, bei denen die ältesten Kinder oft in die Schule verabschiedet werden.

August ■ Ihren **Schulbeginn** feiern die Erstklässler (oder österr.: »Taferlklasslser«) mit einer Schultüte voller Süßigkeiten, die ihnen den beginnenden Ernst des Lebens und härter strukturierten Tagesablauf versüßen soll.

September ■ Der Herbstbeginn (23.9.) fällt in den September und das bunte Laub, die Kastanien und Kürbisse verlocken dazu, ihn herzlich willkommen zu heißen. In Österreich beginnt das Kindergarten- und Schuljahr im September.

Oktober ■ Ab Oktober geht es wieder richtig los mit Festen. Grund dazu geben **Erntedankfeste** und immer größerer Beliebtheit erfreut sich auch **Halloween** am 31. Oktober. Seinen Ursprung hat das in den USA sehr populäre Fest im keltischen Neujahr am 1. November, an dem auch der Toten gedacht wurde und das später von der christlichen Kirche als **Allerheiligen** übernommen wurde. Einerseits war dieses Fest der Beginn der »dunklen Jahreszeit« in der Geister eher aktiv sind, andererseits wurde angenommen, dass an einem »heiligen Tag« wie dem 1. November die Geister nicht wagen würden aufzutauchen und es daher am Tag davor umso heftiger treiben würden. So wurde aus dem Abend (»eve«) vor Allerheiligen (»all hallows day«) der so genannte »Halloween«. Die Kinder ziehen verkleidet als Hexen, Gespenster, Geister, Vampire, Skelette u.Ä. von Haus zu Haus und versuchen mit der Drohung »trick or treat« (»Lass etwas springen oder wir spielen einen Streich«) Süßigkeiten oder Geld zu bekommen.

November ■ An Martini am 11.11. wird das Fest des **Sankt Martin** gefeiert, der ursprünglich Soldat in Tour/Frankreich (ca. 370) gewesen war, den Kriegsdienst später aber verweigerte. Eines Tages begegnete er am Straßenrand einem frierenden Bettler. Mit seinem Schwert teilte er seinen Mantel und gab ihm die eine Hälfte. Das Volk drängte ihn Bischof zu werden, worauf Martin weglief und sich in einem Gänsestall versteckte. Die Tiere machten aber solchen Lärm, dass man ihn dort fand (= Ursprung des traditionellen Gänseessens zu Martini).

Dezember ■ Der Dezember ist vor allem durch die vierwöchige Adventszeit, Weihnachten und den Winteranfang geprägt. Die Farben grün/rot sind die klassischen Farben der Advents- und Weihnachtszeit. Dabei steht das Grün symbolisch für das ewige Leben und Rot für das Blut Christi.

Highlight der **Adventszeit** ist sicher das Nikolausfest am 6. Dezember. Der Heilige Nikolaus war Bischof von Myra (+ um 350); er ist der Schutzpatron der Kinder, Schüler und Seeleute. Seine Ausstaffierung mit Hafersack im von Rentieren gezogenen Schlitten stammt aus den USA, inspiriert durch die Zeichnungen von Thomas Nast in »Harper´s Magazine« (1860–1880). Seine typische weißrote Kleidung erhielt der Weihnachtsmann erst durch eine berühmte Reklamekampagne der Firma Coca-Cola um 1930. In katholischen Gegenden tritt der Nikolaus dagegen immer im Bischofsornat (also mit Mitra = Bischofsmütze und Bischofsstab) auf.

Der Begriff **Weihnachten** hat seinen Ursprung im Ausdruck »Ze den wihen nahten«, auf Hochdeutsch »zu den Heiligen Nächten«. Das Fest der Geburt Christi wurde bereits um 217 von Papst Hyppolit auf den 25. Dezember, den Tag der Sonnenwende, verlegt, der in vielen Kulturen eine große Bedeutung

hatte. Im vorderasiatischen Mithraskult wurde an diesem Tag die Geburt des indischen Lichtgottes gefeiert; bei den Ägyptern wurde mit dem Isiskult die Geburt des Horus auf diesen Tag gelegt; die Römer begannen an diesem Tag ihre feierlichen Saturnalien zu Ehren des Gottes Saturn, des unbesiegbaren Sonnengottes, und die Germanen feierten im norddeutschen Raum bis hinauf nach Skandinavien ihr Mittwinter- oder Julfest, zugleich ein Toten- und Fruchtbarkeitsfest. Mit der Datierung des Weihnachtsfestes auf das Fest des unbesiegbaren Sonnengottes besetzten die Christen das heidnische Datum.

Der Christ- oder Weihnachtsbaum, wie wir ihn heute kennen, ist noch keine 400 Jahre alt. Der Brauch, die düstere Winterzeit mit grünen Pflanzen als Hoffnung auf neues Leben und Kerzen als Hoffnung auf neues Licht zu schmücken, geht jedoch weit zurück. Schon die Römer bekränzten ihre Häuser zum Jahreswechsel mit Lorbeerzweigen. Das mittelalterliche Deutschland verwendete je nach Landschaft Eibe, Stechpalme, Wacholder, Mistel, Buchs, Tanne und Fichte.

Weihnachtsgeschenke haben ihre christliche Wurzel in Gottes Erlösungsgeschenk an die Menschheit in Gestalt seines eingeborenen Sohnes. Die Weihnachtsgeschenke sind jedoch auch eine Erinnerung an die Gaben, die die Heiligen Drei Könige dem Jesuskind darbrachten, weshalb heute noch in verschiedenen Ländern die Kinder erst am 6. Januar Geschenke bekommen. Es war Martin Luther (1483–1546), der die Bescherung durch das Christkind und nicht mehr durch den Nikolaus stattfinden ließ.

Die Weihnachtskrippe geht der Erzählung nach auf Franz von Assisi zurück und ist eine figürliche Darstellung der heiligen Familie im Stall von Bethlehem mit dem Jesuskind in der Mitte, Maria und Josef, Ochs und Esel und Hirten und mit den Heiligen drei Königen. Ein schöner Brauch ist es, in der Kindertagesstätte am ersten Adventsonntag (bzw. am Freitag davor) eine leere Krippe aufzustellen und mit den Kindern täglich eine (ev. selbstgestaltete) Figur dazuzugeben, bis am Heiligen Abend das Jesuskind in die Krippe gelegt wird.

Susanne Strobach/Raimund Pousset

■ Literaturtipps

Meier-Hirschi, U. (1986). Das große Frühlingsfest. Zürich: Orell Füssli.

Renys, E. u. Viehoff, H. (2001). Feste kreativ gestalten. München: Don Bosco.

Schönfeldt, S. (1999). Feste und Bräuche durch das Jahr. Neuhausen: Urania.

Stöcklin-Meier, S. (1990). Geburtstag hab ich heute. Zürich: Orell Füssli.

Fort- und Weiterbildung

Lebenslanges Lernen ist zu einem geflügelten Wort geworden. Gemeint ist damit, dass Berufstätige (aber auch Arbeitslose) immer mehr Angebote des Fort- und Weiterbildungsmarktes in Anspruch nehmen (müssen). Dieser Trend zu einer Anpassungs- bzw. Aufstiegsfort- und Weiterbildung hat den Charakter entsprechender Bildungsmaßnahmen in den letzten Jahren nachhaltig geprägt.

Die Wurzeln der Fort- und Weiterbildung hängen allerdings eng mit der Erwachsenenbildung zusammen, deren Ursprünge zum einen in der bürgerlichen Aufklärung, zum anderen in der emanzipatorischen Arbeiterbildung zu sehen und z.T. bis ins 18. Jahrhundert zurück zu verfolgen sind. Ziel und Aufgabe dieser Bildungsmaßnahmen waren u.a. politische Bildung, später zunehmend qualifizierte Arbeitsbewältigung und gesellschaftliche Mitgestaltung. *Fortbildung* gilt mittlerweile als Teil der beruflichen Weiterbildung, in der im Anschluss an eine Ausbildung gezielt Kompetenzen verbessert werden können. Der Begriff der *Weiterbildung* wurde in den 70er Jahren des letzten Jahrhunderts als Reaktion auf den gesellschaftlichen und wirtschaftlichen Wandel eingeführt, der immer neue Qualifizierungen im Berufsleben erforderte. Er bezeichnet die Fortsetzung oder Wiederaufnahme organisierten Lernens nach Abschluss einer ersten Bildungsphase und nach Aufnahme einer Berufstätigkeit.

Bedeutung von Fort- und Weiterbildung in der modernen Gesellschaft ■

Die zunehmende Bedeutung von Fort- und Weiterbildung ist im Wesentlichen auf drei Annahmen zurückzuführen. Die erste besagt, dass fachspezifisches Wissen immer schneller veraltet. Dies gilt vor allem für die Naturwissenschaften. Für die → Sozialpädagogik stehen hierfür empirische Belege noch aus. Zutreffender für diesen Bereich scheint die zweite Annahme zu sein, die die sogenannten diskontinuierlichen Berufsbiographien der modernen Gesellschaft als Ursache für einen verstärkten Fortbildungsbedarf ausweist. In der Tat ist davon auszugehen, dass z.B. eine Erzieherin im Laufe ihres Berufslebens völlig unterschiedliche Arbeitsfelder (Kindertagesstätte, Hort, Heim, Pflege etc.) durchlaufen wird. Daran knüpft die dritte Annahme, die besagt, dass es kaum möglich ist, sich im Rahmen einer Erstausbildung – die ohnehin in der Regel als Breitbandausbildung angelegt ist und Arbeitsfelder von der Kindertagesstätte über den Hort, Schule bis hin zu Einrichtungen der Jugend- und er Behindertenhilfe berücksichtigt – auf so viele und sich weiter ausdifferenzierende Arbeitsfelder adäquat vorzubereiten. Hinzu kommt schließlich die Erkenntnis, dass → Bildung, → Erziehung, Betreuung und → Rehabilitation von Kindern und Jugendlichen und Erwachsenen höchst komplexe Herausforderungen sind, die in einer Erstausbildung kaum gleichwertig und ausreichend behandelt werden können.

Aus diesen Aspekten heraus begründet sich die Notwendigkeit von, aber auch der Zwang zu permanenter Fort- und Weiterbildung. Das hat nicht zuletzt auch dazu geführt, dass der Anspruch auf Weiterbildung zum Teil (länderspezifisch) rechtlich geregelt ist (Bildungsurlaub, Berufsbildungsgesetz).

Fort- und Weiterbildung als Teilbereich der Erwachsenenbildung ■

Die Begriffe Erwachsenenbildung und Weiterbildung werden oft synonym gebraucht. Zwar richten sich alle Angebote an Erwachsene; insofern handelt es sich immer um Erwachsenenbildung. Der inhaltliche Schwerpunkt dieser liegt jedoch auf allgemeiner und politischer Bildung, während die Weiterbildung auf die berufliche Fortbildung und Qualifizierung (incl. Umschulung) abzielt. Berufliche Weiterbildung gilt nach dem Deutschen Bildungsrat als quartärer Bereich des Bildungswesens und bezeichnet die Fortsetzung oder Wiederaufnahme organisierten Lernens nach Abschluss einer ersten Bildungsphase und nach Aufnahme einer Berufstätigkeit. Sie dient der Erhaltung, Erweiterung und Anpassung der beruflichen Kenntnisse und Fertigkeiten (z.B. durch Vermittlung von neuen Erkenntnissen) sowie dem beruflichen Aufstieg (z.B. durch Vermittlung von Berechtigungen oder Qualifikationen). Daher ist sie auf die Anforderungen des Arbeitsmarktes und Beschäftigungssystems zugeschnitten. Fortbildung gilt als Teilbereich der Weiterbildung und dient u.a. der Aktualisierung und Reflexion pädagogischen Handelns.

Beide Bereiche verstehen sich in der Regel als Erwachsenenbildung und sind den hier entwickelten theoretischen und strukturellen Grundlagen verpflichtet. Folgende Aspekte spielen eine besondere Rolle:

- Maßnahmen der Fort- und /Weiterbildung müssen sich grundsätzlich auf heterogene Lerngruppen (bezüglich des Alters, der Vorbildung, der individuellen Biographie, der beruflichen Erfahrungen etc.) einstellen. Die in Bildungsmaßnahmen oft vorherrschende Annahme, man hätte es mit einer homogenen Gruppe zu tun, die in gleicher Weise das Gleiche lernt, gilt nicht für den primären und sekundären Bildungsbereich und schon gar nicht in der Fort- und Weiterbildung. Im Gegenteil haben wir es hier mit völlig unterschiedlichen Lernbiographien, privaten und beruflichen Erfahrungen und Erwartungen zu tun, die in einer modernen → Didaktik zu berücksichtigen sind

- Lernen und Bildung gelten heute als ein lebenslanger Prozess. Es ist davon auszugehen, dass eine Erstausbildung nicht ausreicht, um lebenslang in einem Berufsfeld bestehen zu können. Das liegt zum einen daran, dass sich Arbeitsfelder in einem schnelleren Tempo als früher weiterentwickeln, zum anderen daran, dass Berufstätige im Laufe ihres Lebens unterschiedliche Arbeitsfelder und Positionen, aber oft auch Arbeitslosigkeit erleben werden. Dieser Wechsel erfordert immer wieder eine Veränderung und Aktualisierung beruflicher Kompetenzen.

- Erfolgreiches Lernen im Erwachsenenalter vollzieht sich vornehmlich als sogenanntes Anschlusslernen, d.h. dass neue Inhalte auf der Basis (berufs-)biographischer Vorprägung an bereits vorhandenes Wissen angeknüpft wird, bzw. in der Auseinandersetzung mit dem Thema, Dozenten und Mitlernenden entwickelt wird. Bildung in diesem Verständnis ist daher nicht außengesteuert, sondern ein innen- bzw. selbstgesteuerter Prozess. Auf eine Formel gebracht: Nicht wir bilden den Menschen, der Mensch bildet sich selbst.

- Vor diesem Hintergrund ist für einen Bildungsbegriff zu plädieren, der in der Lage ist, die je individuelle Lebensgeschichte, berufliche Erfahrungen und Lernbiographien gleichermaßen zu berücksichtigen. Demnach kann → Bildung verstanden werden als Auseinandersetzung mit der eigenen Geschichte (Biographie), mit den Institutionen, in denen wir arbeiten, mit der Gesellschaft, in der wir leben und mit unserer Gattung.

- Diese Aspekte führen zu Konsequenzen hinsichtlich didaktisch-methodischer Konzeptionen. Im Wesentlichen gilt es, den Lehr-Lern-Kurzschluss als Mythos zu entlarven und zu erkennen, dass Teilnehmer oft nicht das lernen, was gelehrt wurde, dass etwas gelernt wurde, was nicht gelehrt wurde oder dass gelernt wird, wenn gar nicht gelehrt wurde. So ist denn auch die Wende von der Belehrungsdidaktik zu einer Motivierungs- und Ermöglichungsdidaktik (→ Didaktik) nur folgerichtig. Ihr geht es um die Schaffung eines anregenden Lernumfeldes, das Arrangieren von Lernprozessen, die eine weitgehende Selbststeuerung der Teilnehmer ermöglichen und gegebenenfalls auch lernortungebunden (e-learning, blended learning) stattfinden können – denn sich bilden und lernen kann nur der

Teilnehmer einer Fort- oder Weiterbildungsmaßnahme selbst.

Konsequenzen für Ausbildung und Praxis ■

Fort- und Weiterbildung wird als integraler Bestandteil der Berufsbiographie aufgefasst. Erstausbildungen, gleich ob an der Fachschule, der Fachhochschule oder Universität, können künftig nur noch eine Art Basisqualifikation vermitteln. Dies hat Auswirkungen für Ausbildung, Praxis und Fort- und Weiterbildungsmaßnahmen, deren *gemeinsamer* Auftrag der Qualifizierung von Mitarbeitern immer wichtiger wird und deren Bildungsangebote weiter miteinander verzahnt werden müssen.

Die Praxis, z.B. die Institutionen der Kinder- und Jugendhilfe, begreifen sich zunehmend auch als Ausbildungsstätten (Lernort Praxis). Sie halten Praktikumsplätze vor und stellen Expertenwissen für Ausbildungszwecke zur Verfügung. Auch gewinnt eine Verpflichtung von Mitarbeitern zur Fort- und Weiterbildung im Kontext von Personalentwicklung und Organisationsentwicklung an Bedeutung.

Ausbildungsstätten ihrerseits verstehen sich mehr und mehr als umfassende Dienstleister und Bildungszentren und bieten z.B. Beratung sowie Fort- und Weiterbildung an.

Fort- und Weiterbildungsmaßnahmen schließlich sind gehalten, sehr flexible Angebote zu entwickeln, die sowohl an Inhalte aus den Erstausbildungen anschließen als auch innovative Ideen zur Weiterentwicklung von Praxis transportieren.

Heute gibt es in der Sozialpädagogik eine Vielzahl von Zusatzqualifikationen und eine noch größere Anzahl an themenspezifischen Fortbildungen. Staatliche und private Anbieter (darunter Volkshochschulen, kirchliche, gewerkschaftliche und freie Träger) mit den unterschiedlichsten Inhalten und Konzepten konkurrieren miteinander um die potenziellen Kunden. Für die Auswahl geeigneter Angebote können folgende Leitlinien gelten:

- Aus der Sicht der Institution sollte die Auswahl von Fort- und Weiterbildungsmaßnahmen für eigene Mitarbeiter immer im Zusammenhang mit der Personal- und Organisationsentwicklung gesehen werden
- Aus der Sicht des Mitarbeiters sollten Fort- und Weiterbildungsmaßnahmen in das jeweilige berufliche Qualifikationsprofil eingebettet sein
- Nicht die *Menge* an Fort- und Weiterbildungsangeboten ist für die Qualität einer Einrichtung oder eines Mitarbeiters entscheidend, sondern inwieweit ein *Qualifikationsprofil* der Einrichtung bzw. des Mitarbeiters zu erkennen ist.

Perspektiven ■

Die Zukunft der Fort- und Weiterbildung hängt wesentlich davon ab, wie künftig die Erstausbildungen gestaltet werden. Das lineare Modell, nach dem zuerst eine Erstausbildung absolviert wird, an die sich Fort- und Weiterbildung anschließt, ist zum Scheitern verurteilt. Statt dessen sind modulare, zirkuläre Modelle zu favorisieren, die einen ständigen Wechsel von Berufstätigkeit, Aus-, Fort- und Weiterbildung implizieren (z.B. durch die Einführung von Lernzeitkonten). Von zentraler Bedeutung wird zudem sein, welcher Bildungsbegriff zugrunde gelegt wird. Ein rein funktionaler Bildungsbegriff, der sich einseitig einer Anpassungs- bzw. Aufstiegsfortbildung verschreibt, wird kaum zu einer Weiterentwicklung der Sozialpädagogik beitragen können. Statt dessen sind Elemente eines kritischen Bildungsbegriffs mit Aspekten des selbstgesteuerten Lernens zu verknüpfen, damit auch künftig in der Sozialpädagogik ein kritisches, innovatives Potenzial entfaltet werden kann.

Martin Stahlmann

■ Literaturtipps

Arnold, R./Nolda, S./Nuissl, E. (Hg.) (2001). Wörterbuch Erwachsenenpädagogik. Darmstadt: Wissenschaftliche Buchgesellschaft.

Erpenbeck, J./Heyse, V. (1999). Die Kompetenzbiographie. Münster: Waxmann.

Faulstich, P./Gnahs, D./Seidel, S./Bayer, M. (Hg.) (2002). Praxishandbuch selbstbestimmtes Lernen. Weinheim/Basel: Juventa.

Siebert, H. (2005). Pädagogischer Konstruktivismus (3. Aufl.). Neuwied: Luchterhand.

Freinetpädagogik

Célestin Freinet (1896–1966) und Elise Freinet (1898–1981) lebten in Südfrankreich und entwickelten gemeinsam mit Hunderten weiterer Lehrerinnen und Lehrern ab den 20er Jahren des letzten Jahrhunderts das, was wir heute als Freinetpädagogik bezeichnen: eine auf Eigenaktivität, Kooperation, Selbstbestimmung und selbstgesteuertes Lernen setzende Schulpädagogik. Das wichtigste Merkmal der Freinetpädagogik aber besteht vielleicht in ihrer großen Nähe zum Leben der Kinder. C. Freinet interessierte sich dafür, was Kinder lernen *wollen* und entdeckte deren »Hunger nach Leben«, wenn sie sich mit Dingen und Problemen aus ihrem Alltag beschäftigen.

> »Aber jeder Schritt vorwärts, den der Lehrer vorschlägt, muss ein sehr vorsichtiger Schritt sein, weil er genau weiß, dass er – wenn er zu forsch vorangeht – die Kinder in ›seine‹ Welt hinüberzieht und sie gefangen nimmt. Er lenkt sie von ihren eigenen Wegen ab. Dann geht es nicht mehr um die Angelegenheiten der Kinder, sondern um seine. Er enteignet sie sozusagen und betrachtet sie als sein Eigentum. Also, anstatt die Kinder auf seine Gebiete zu drängen, ist es besser, sie ihre eigenen erforschen zu lassen, da sie ihrer Realität mehr entsprechen.« (Paul Le Bohec, nordfranzösischer Grundschullehrer)

C. Freinet ersetzte die Schulbücher durch umfangreiches und zum großen Teil von Kindern selbst zusammengetragenes Arbeitsmaterial. Die Arbeit in Werkstätten, den sogenannten Ateliers, war und ist typisch für die Freinetpädagogik. Den Frontalunterricht ersetzten die Freinet-Pädagoginnen durch offenes kooperatives Lernen. Die Kinder entwickelten selbst ihre Lernpläne und arbeiteten an selbst gesteckten Zielen und Vorhaben. Auch die Leistungsbewertung erfolgte weitgehend durch die Kinder. Ergänzt wurde diese Arbeit durch eine konsequente Demokratie in Klasse.

Eine besondere Erfindung der Freinet-Pädagoginnen waren die »Freien Texte«, die Kinder schrieben, wenn sie wollten. Diese Texte wurden regelmäßig vorgelesen und besprochen. Am Wochenanfang entwickelten sich daraus die verschiedenen Arbeitsvorhaben der Woche. Freie Texte, die den Kindern besonders gefielen, wurden in der eigenen Schuldruckerei gedruckt und an Korrespondenzklassen in ganz Frankreich verschickt.

Auch die Lehrerinnen und Lehrer setzten auf Selbstorganisation und lernten zu kooperieren. Schon 1926 gründeten sie einen Lehrerverband, von dem es heute in nahezu 50 Ländern Ableger gibt.

Wie die Freinetpädagogik in den Kindergarten kam ■

1979 schlossen sich vier Horte in Wiesbaden zu einem Freinet-Arbeitskreis zusammen. Über viele Jahre hinweg entwickelten sie eine eigene Ausprägung dieses pädagogischen Ansatzes. Sie passten die Methoden den Erfordernissen des Kindergartens und Hortes an und integrierten wichtige Erkenntnisse anderer pädagogischer Konzepte, besonders die der → Reggio- und der → Montessoripädagogik sowie des → Offenen Kindergartens. Seit Ende der 1980er Jahre verbreitete sich die Freinetpädagogik über Wiesbaden hinaus in Kindertageseinrichtungen in ganz Deutschland.

Künstlerateliers, Druckereien, Holzwerkstätten, Töpfereien, Auseinandernehmwerkstätten, Handarbeits-, Forscher- oder Technikateliers wurden eingerichtet, Formen der Selbstverwaltung und Selbstbestimmung erprobt. Die praktische Umsetzung der Freinetpädagogik ist so facettenreich wie das Leben selbst.

Menschenbild ■

Gemeinsam ist den Freinet-Pädagoginnen die Haltung den Kindern gegenüber. Sie begreifen sie als handelnde Subjekte und gehen davon aus, dass jedem Handeln von Kindern ein persönlicher Sinn zugrunde liegt, den sie zu verstehen versuchen.

Erst wenn diese subjektive Seite von Entwicklung anerkannt wird, können Kinder als eigenverantwortlich Handelnde begriffen werden, was den Erwachsenen wiederum Grenzen bezüglich ihrer belagernden Fürsorglichkeit und ihrer Macht setzt. In der Charta der Freinet-Bewegung schlägt sich diese Sichtweise im § 2 folgendermaßen nieder: »Wir sind gegen jede Indoktrinierung. Wir maßen uns nicht an, im voraus definieren zu können, was aus dem Kind wird, das wir erziehen; wir bereiten es nicht darauf vor, der Welt von heute zu dienen und sie fortzusetzen, sondern die Gesellschaft aufzubauen, die seine Entfaltung am besten sichert. Wir lehnen es ab, seinem Geist irgendeine unfehlbare und vorher festgelegte Lehre aufzuzwingen.«

Voraussetzung für eine solche Praxis ist eine differenzierte → Beobachtung. Nur auf diese Weise können Erzieherinnen etwas über die Sinngebungen und Absichten von Kindern entdecken. Beobachtung heißt auch, immer wieder die Perspektive zu wechseln und die Welt aus der Sicht der Kinder zu betrachten.

Entdeckendes Lernen und tastende Versuche ■

Die Vorstellung vom Lernen in der Freinetpädagogik ist eng mit dem Lernwerkstatt-Gedanken verbunden. Freinet sprach von »tastenden Versuchen« und meinte damit das »entdeckende Lernen«: »Wir werden niemals sagen: Machen Sie interessante naturwissenschaftliche Versuche (...), sondern: Bauen Sie Ihre Ateliers zu Forschungswerkstätten aus (...) Besorgen Sie das unentbehrliche Material, mit dem die Kinder selbst Versuche machen können.«

Der Ablauf des entdeckenden Lernens ist nicht planbar. Es folgt individuellen Rhythmen und Wegen. Eine Idee entsteht, eine Frage kommt auf, Zweifel oder das Staunen, dass etwas anders ist als erwartet. Nun folgen praktische Versuche jeder Art, Vorhaben werden konkretisiert, verändern sich, werden verworfen und erneuert. Es kommt zu Fehlern, Misslingen, Umwegen, Stillständen oder Krisen. Das alles sind im Verständnis der Freinetpädagogik »schöne Probleme« und als solche echte Lernsituationen. Am (vorläufigen) Ende eines entdeckenden Lernprozesses stehen manchmal »wundervolle Ideen« (Paul le Bohec), aus denen sich wieder neues Lernen entwickelt.

Das Lernen wird in der Freinetpädagogik als individueller Prozess verstanden. Erzieherinnen, die sich darauf einlassen, verändern ihre Rolle. Sie werden Prozessbegleiterinnen. Sie besorgen das notwendige Material, unterstützen, wo sie gebraucht werden und bringen auch eigene Ideen ein. Sie forschen *mit* den Kindern. Kindertageseinrichtungen werden zu Lernwerkstätten. Angebotspädagogik wird ersetzt durch gemeinsames Forschen an selbstgestellten Aufgaben. Damit kommt die Freinetpädagogik den modernen Vorstellungen vom Lernen, denen zufolge Kinder selbst die Konstrukteure ihrer Entwicklung sind und am besten aktiv und in Sinnzusammenhängen lernen, sehr nahe.

Demokratie und Partizipation ■

In Kindern handelnde Subjekte zu sehen, macht ihre Beteiligung zwingend. Freinet-Pädagoginnen verstehen darunter aber nicht nur Mitbestimmung, sondern auch Einmischung, sie sprechen von Rechten der Kinder, die Erwachsene unbedingt zu respektieren haben. Ernstgemeinte → Partizipation meint, dass Beschlüsse von Kindern auch Folgen für Erwachsene haben. Deshalb entscheiden Kinder u.a. auch darüber, wofür das Geld ausgegeben wird, was es zu essen gibt oder welche Regeln gelten sollen und welche wieder abgeschafft werden.

In einer Vielzahl von Besprechungen, wie Kinderkonferenzen, Kinderräte, Gruppenbesprechungen oder Arbeitsbesprechungen, mischen sich Kinder ein und regeln ihren Alltag. Dabei ist die Teilnahme im Allgemeinen freiwillig. Die Besprechungen finden manchmal mit vielen Kindern statt, manchmal mit wenigen, je nach Bedarf und Thema. Als Hilfe für Kinder, sich einzubringen, nutzen viele die sogenannte Wandzeitung oder Zettelei. Darauf schreiben oder malen sie ihre Wünsche (oder lassen diese aufschreiben), die dann später besprochen werden. Vor allem aber im Alltag erweist sich, wie Freinet-Pädagoginnen Kinder beteiligen. Immer wieder werden sie um Rat gefragt, werden rechtzeitig informiert und spontan in Entscheidungen eingebunden.

Selbstorganisation und Selbstbestimmung ■

Freinet-Pädagoginnen versuchen, Kinder möglichst unabhängig von Erwachsenen agieren zu lassen. Dazu steht ihnen z.B. der Zugang zu Werkstätten auch ohne unmittelbare Aufsicht der Erwachsenen offen. Die Kinder werden dabei unterstützt, sich frei in der Einrichtung zu bewegen, mit der Zeit auch außerhalb der Einrichtungsgrenzen.

Freinet-Pädagoginnen trauen Kindern sehr viel zu. Sie erwarben dieses Zutrauen, indem sie Kindern zunehmend mehr Freiheit gewährten und sie dabei ausdauernd beobachteten. Zunächst kamen dabei verschiedene Hilfsmittel zur Anwendung, die vor allem den Erzieherinnen die Sicherheit bezüglich der Kinder geben sollten, die sie benötigten. Abmeldetafeln, Werkstattdiplome, Ausleihsysteme, Dokumentensammlungen waren z.B. solche Behelfe. Manches davon hat sich bis heute bewährt. Manche dieser Hilfsmittel (C. Freinet würde von »Techniken« sprechen) wurden wieder verändert, andere ganz aus dem Repertoire gestrichen. Immer geht es darum, den Kindern Handlungsmöglichkeiten zu eröffnen. Es gibt aber keine eigene Methode, die Voraussetzung wäre, um sich an der Freinetpädagogik orientieren zu können. Im Gegenteil, C. Freinet wurde nicht müde darin, immer wieder dazu aufzufordern, den eigenen pädagogischen Ansatz dem Leben und vor allem den konkreten → Bedürfnissen der Kinder anzupassen. »Werden Sie selbst Freinet«, soll er einmal gesagt haben.

Lothar Klein

■ Literaturtipps

Freinet, C. (1979). Die moderne französische Schule. Übersetzt und besorgt von Hans Jörg. Paderborn: Schöningh-Verlag.

Henneberg, R./Klein, H./Klein, L./Vogt, H. (Hg.) (2004). Mit Kindern leben, lernen, forschen und arbeiten. Kindzentrierung in der Praxis. Seelze: Kallmeyer.

Klein, L. (2002). Freinet-Pädagogik im Kindergarten. Freiburg: Herder.

Frühförderung

Unter Frühförderung versteht man ein System von medizinisch-pädagogischen Hilfen für behinderte und von Behinderung bedrohte Kinder und ihre Familien. Sie beginnt mit der Feststellung des Förderbedarfs und endet in der Regel mit dem Schuleintritt. Frühförderung ist familienorientiert und erfolgt ganzheitlich, sie soll möglichst mobil und familiennah organisiert sein. Ihre Indikation ergibt sich aus den Bedürfnissen des Kindes und seiner Familie, sie wird von der Anamnese und dem ärztlich-psychologischen Befund, aber auch von der jeweiligen psychosozialen Situation bestimmt. Es gibt heute ein flächendeckendes Netz von Frühförderstellen, die unterschiedlich organisiert sind und meist interdisziplinär arbeiten, d.h. medizinische, psychologische, heilpädagogische und sozialpädagogische Kompetenzen einbringen.

Voraussetzung für eine frühe Förderung ist das rechtzeitige Erkennen von Behinderungen, Entwicklungsverzögerungen und Entwicklungsstörungen. Durch → Vorsorgeuntersuchungen oder im Rahmen der (kinder-)ärztlichen Betreuung wird die Entwicklung von Kindern regelmäßig verfolgt. Wenn Eltern und Erzieherinnen Auffälligkeiten beobachten, sollte dies bald die Konsultation von entsprechenden Fachdiensten oder Servicestellen nach SGB IX nach sich ziehen. Regelmäßige Kontrollen sind vor allem bei Kindern angebracht, die während Schwangerschaft, Geburt oder erster Lebenszeit Risikofaktoren oder ungünstigen Situationen ausgesetzt waren. Bei den Untersuchungen ist festzustellen, ob eine Entwicklungsstörung vorliegt bzw. inwieweit beobachtete Auffälligkeiten noch im Rahmen des Normalen zu erklären sind, so dass zunächst weitere Kontrollen ausreichen. Wird eine Entwicklungsstörung, -verzögerung oder Behinderung vermutet und durch geeignete Testverfahren (z.B. Denver-Test, Griffiths-Entwicklungsskalen, Kiphard's Entwicklungsgitter, Entwicklungstest ET 6–6, Wiener Entwickungstest 3–6, Münchner Funktionelle Entwicklungsdiagnostik MFE) bestätigt, sind u.U. weitere Untersuchungen zum Nachweis der Ursache und der Entstehungsgeschichte nötig (oft bildgebende Diagnostik bzw. biochemische und molekulargenetische Analysen). Aufgrund einer möglichst umfassenden Diagnose, bei der auch die psychosoziale Situation des Kindes und seiner Familie zu berücksichtigen ist, wird im interdisziplinären Team der Frühförderstelle ein Förderkonzept erarbeitet, in dem die Ziele formuliert sind und festgehalten wird, durch welche Fachleute die notwendige Förderung des Kindes und die angemessene Begleitung der Familie gesichert wird. In der Praxis kann es jedoch zunächst schwierig sein, die jeweiligen Leistungen den unterschiedlichen beteiligten Berufsgruppen und damit auch den unterschiedlichen Kostenträgern zuzuweisen.

Ziel und Aufgabe der Frühförderung ist es, das Kind in seiner individuellen Entwicklung zu unterstützen sowie seine Eltern zu beraten und zu begleiten. Dabei geht es wesentlich darum, mit den Stärken des Kindes zu arbeiten, die zusammen mit einer günstigen psychosozialen Situation als protektive (= schützende) Faktoren wirksam werden können. Verlauf und Ergebnis der Frühförderung sind zu dokumentieren und zu evaluieren (= überprüfen). Längsschnittstudien haben gezeigt, dass es durch die pädagogische Frühförderung positive Einwirkungen vor allem auf die Mutter-Kind-Interaktion, auf die familiäre Situation und auf das Sozialverhalten des Kindes gibt. Durch spezielle therapeutische Maßnahmen, zum Beispiel Physiotherapie (= Krankengymnastik), Ergotherapie (= Beschäftigungstherapie), Logopädie, (= Sprachtherapie), Mototherapie (= Bewegungstherapie) kann die Entwicklung bestimmter Fähigkeiten und Fertigkeiten unterstützt werden.

Rechtliche Grundlagen ■ Seit dem Inkrafttreten des SGB IX (→ Rehabilitation und Teilhabe behinderter Menschen) 2001 sind Früherkennung und Frühförderung rechtlich als medizinische Leistungen definiert. In § 30 SGB IX in Abs. 1 Nr. 2 wird klargestellt, dass medizinische Leistungen auch folgende Aspekte umfassen: »nichtärzt-

liche, sozialpädiatrische, psychologische, heilpädagogische, psychosoziale Leistungen und die Beratung der Erziehungsberechtigten, auch in fachübergreifend arbeitenden Diensten und Einrichtungen, wenn sie unter ärztlicher Verantwortung erbracht werden und erforderlich sind, um eine drohende oder bereits eingetretene Behinderung zum frühstmöglichen Zeitpunkt zu erkennen und einen individuellen Behandlungsplan aufzustellen. Leistungen nach Satz 1 werden als *Komplexleistungen* (Hervorheb. d. Verf.) in Verbindung mit heilpädagogischen Leistungen (§ 56) erbracht.«

Zwei Aspekte sind hierbei von besonderer Bedeutung: Erstens führt die Zuordnung der Früherkennung/Frühförderung zu medizinischen Leistungen zu z.T. erheblichen Zuständigkeits-, Abgrenzungs- und Finanzierungsproblemen. Unabhängig von den zunächst vorrangigen medizinischen Leistungen z. B. nach dem SGB V (Gesetzliche Krankenversicherung; vgl. § 7 SGB IX) werden sich aufgrund der komplexen Situation von Kindern mit Behinderungen und deren Familien die Krankenkassen und Sozialhilfeträger die jeweiligen Kostenanteile teilen müssen. Zweitens führt der Begriff der Komplexleistung zu z.T. verwirrenden Interpretationen. Positiv gewendet und gleichsam systemisch interpretiert, verbirgt sich dahinter die sicherlich richtige Erkenntnis, dass gerade in der betreffenden Altersgruppe (0 – Schuleintritt) eine analytische Trennung von medizinischen und nicht-medizinischen Leistungen kaum sinnvoll ist und dass es stattdessen um ganzheitliche Förderung (§ 4 SGB IX) geht. Vor diesem Hintergrund ist es ausdrücklich zu begrüßen, dass die Beratung der Erziehungsberechtigten mit in den Katalog der Leistungen aufgenommen ist. So kann es durchaus sein, dass ein Kind sowohl Ergotherapie als medizinische Leistung als auch heilpädagogische Leistungen im Sinne einer Integration in eine Kindertagesstätte erhält und den Eltern eine ausführliche Beratung zuteil wird. Die → Integration in Kindertagesstätten im engeren Sinne wird in § 30 jedoch *nicht* geregelt. Sie findet sich als Leistung zur Teilhabe am Leben in der Gemeinschaft in §§ 55/56 (heilpädagogische

Leistungen für Kinder, die noch nicht eingeschult sind (§ 55 Abs. 2 Nr. 2).

Heilpädagogische Leistungen ■ Der im Zusammenhang mit der Neufassung des Rechts für behinderte Menschen (SGB IX) eingeführte Begriff der Leistung zeigt – neben der terminologischen Anpassung an den aktuellen Sprachgebrauch – auch einen Wandel bezüglich des Verhältnisses zwischen professionellem Helfer und Klient. Letzterer erhält mit dem neuen SGB IX deutlich mehr Rechte. Für den Fall der heilpädagogischen Leistungen (→ Heilpädagogik) liegen erste konzeptionelle Vorschläge für nachvollziehbare Mindeststandards vor. Folgende Übersicht verdeutlicht die Strukturmerkmale einer umfassenden heilpädagogischen Leistung:

- Anamnese – (systemische) heilpädagogische Diagnostik/Förderdiagnostik (strukturierte standardisierte Beobachtung und gegebenenfalls Testverfahren)
- Erstellung eines Förderplans/Begleitkonzepts auf der Basis einer Arbeitshypothese
- Mitwirkung am Gesamtplan (§ 58 SGB XII) bzw. Hilfeplan (SGB VIII § 36; s.a. SGB IX § 10, § 30)
- Interdisziplinäre Zusammenarbeit/Kompetenztransfer
- Konkrete theoriegeleitete Erziehung/Therapie/Förderung/Beratung mittels konkreter Methoden (z.B. durch basale Stimulation, Snoezelen, heilpädagogisches Spiel, → Psychomotorik, Gestalten, Rhythmik u.v.a.m.)
- Elternarbeit/Arbeit mit Angehörigen/Beratung
- Evaluation – Prozessdiagnostik – Qualitätsentwicklung.

Im Kontext der Bezugswissenschaft Heilpädagogik fließen theoretische Konzepte wie das schwedische Normalisierungsprinzip, das Empowermentkonzept oder die Alltag-/Lebensweltorientierung wie auch systemisch-ökologische Sichtweisen mit in die Arbeit ein.

Praktisches Handeln in der Frühförderung versteht sich vor diesem methodischen und theoretischen Hintergrund als systemisch, ressourcenorientiert und partizipativ. Zentrale Eckpfeiler dabei sind das dialogische Prinzip (Martin Buber) auf der einen Seite und die interdisziplinäre Zusammenarbeit auf der andern Seite. Ziel ist die gleichberechtigte Teilhabe eines jeden Menschen am gesellschaftlichen Leben ab.

Gerhard Neuhäuser/Martin Stahlmann

■ **Literaturtipps**

Kühl, Jürgen (Hg.). (2004). Frühförderung und SGB IX. Rechtsgrundlagen und praktische Umsetzung. München/Basel: Reinhardt.
Pretis, M. (2005). Frühförderung planen, durchführen, evaluieren (2. Aufl.). München/Basel: Reinhardt.
Pudzich, V./Stahlmann, M. (2002). Was leistet Heilpädagogik? In: BHP – info 17 (2002)3, S. 15–17.
Wilken, E. (Hg.) (1999). Frühförderung von Kindern mit Behinderung. Stuttgart: Kohlhammer.

Geschlechtsbewusste Pädagogik

Geschlechtsbewusste Pädagogik ist der Oberbegriff für die geschlechtsbewusste pädagogische Arbeit mit Mädchen und Jungen in koedukativen und in nach Geschlecht getrennten Räumen. Geschlechtsbewusste Pädagogik bedeutet, Mädchen und Jungen entsprechend ihren individuellen Stärken und Fähigkeiten und jenseits von Geschlechterklischees und Stereotypen vom »richtigen Mädchen« und »richtigen Jungen« zu fördern. Die Förderung der Gleichstellung von Mädchen und Jungen ist rechtlich fundiert im → Kinder- und Jugendhilfegesetz (SGB VIII § 9 Absatz 3); eine politische Strategie zur Umsetzung dieser Gleichstellung ist Gender Mainstreaming.

Geschlechterstereotypen im Kopf ■

In einer psychologischen Untersuchung wurde zwei Erwachsenengruppen das gleiche Baby gezeigt. Beide Gruppen wurden gebeten, Verhaltensweisen und Eigenschaften des Kindes zu beschreiben. Dabei wurde der einen Gruppe die Information gegeben, bei dem Kind handle es sich um ein Mädchen, der anderen wurde gesagt, dass es ein Junge sei. In den anschließenden Beschreibungen der Gruppe ergaben sich große Unterschiede. Während die eine Gruppe das Kind (»Mädchen«) als lieb, hübsch, artig und ruhig darstellte, beschrieb die andere Gruppe dasselbe Kind (»Junge«) als kräftig, stark und eher unruhig (Bilden, H. zit. nach Klees-Möller 1998).

Die Untersuchung zeigt, wie stark Männlichkeits- und Weiblichkeitsbilder unsere Wahrnehmung beeinflussen und unseren Blick verstellen für das wirkliche Verhalten von Mädchen und Jungen. Im Alltag werden die biologischen Geschlechtsunterschiede häufig zum Anlass genommen, an das Verhalten von Mädchen und Jungen unterschiedliche Erwartungen zu stellen und sie unterschiedlich zu erziehen. Klischeevorstellungen vom typischen Mädchen und vom typischen Jungen können so bestätigt und sogar verstärkt werden. Je nach Perspektive sind Jungen dann entweder unsensibel und rücksichtslos oder eben durchsetzungsfähig und offensiv. Mädchen sind entsprechend ausschließlich einfühlsam und sozial kompetent oder eben »zickig« und passiv. Indem wir vor allem die Unterschiede zwischen Mädchen und Jungen wahrnehmen, gerät uns häufig aus dem Blick, wie groß die Unterschiede zwischen Mädchen sind oder wie unterschiedlich Jungen sind.

Da wir als Pädagoginnen und Pädagogen selbst Teil dieser Geschlechterverhältnisse sind, sind wir nicht frei von Geschlechterstereotypen. Um jedoch die Entfaltungsmöglichkeiten von Kindern zu fördern und Mädchen und Jungen gleiche Chancen zu bieten, ist es wichtig, nicht ungewollt und unreflektiert Geschlechterstereotype in den beruflichen Alltag zu transportieren.

Risiken einer geschlechtstypischen Entwicklung ■

Im Kindergartenalter werden wesentliche Impulse gesetzt für den Erwerb der geschlechtlichen Identitäten von Mädchen und Jungen. Kindliches Lernen ist dabei eine aktive Aneignung der sie umgebenden Welt, eine Aneignung mit allen Sinnen. Mädchen und Jungen imitieren Gesehenes, übertreiben und dramatisieren und setzen vor allem auch eigene Impulse. Dabei probieren sie aus, inwieweit das vorgegebene, vorgelebte und erwartete Verhalten mit den eigenen Wünschen und Bedürfnissen zu vereinbaren ist und wie die Umwelt reagiert, wenn sie Geschlechterzuweisungen überschreiten, wie z.B. der Junge, der ein Kleid anzieht und tanzt.

Wenn Kinder nicht darin bestärkt werden, ihr Mädchen- oder Junge-Sein so auszuleben, wie es ihnen entspricht, wenn ihnen keine Spielräume in der Identitätsentwicklung ermöglicht und keine Alternativen zu herkömmlichen Geschlechterrollen geboten werden, orientieren sie sich oft an den traditionellen Bildern von Frauen und Männern. Dies führt zu Einschränkungen der Entfaltungsmöglichkeiten von Mädchen und Jungen und wirkt sich oft negativ auf die Entwicklung der Kinder aus.

Risiken für den »typischen Jungen«: Um dem Geschlechterstereotyp vom starken Jungen zu genügen, überschätzen manche Jungen beispielsweise ihre körperlichen Möglichkeiten und riskieren häufig nicht nur kleinere Schrammen, sondern sogar Verletzungen bei sich und anderen. Sie lernen, dass Angst, Hilflosigkeit und Schwäche nicht zu Jungen und Männern gehört, d.h. sie spalten diese Gefühle von sich ab.

Risiken für das »typische Mädchen«: Auf der Mädchenseite zeigt sich teilweise bereits im Kindergarten ein selbsteinschränkendes Verhalten: Die Mädchen leben ihre Bedürfnisse nach Aktivität oder raumgreifendem Verhalten häufig nicht aus, weil »Mädchen eben nicht so sind«. Ihre → Aggression und auch ihre Konfliktbewältigungsversuche richten sich bei vielen Mädchen zunehmend nach innen, teilweise sogar gegen den eigenen Körper.

Soziale Ungleichheiten gibt es noch immer!

■ Die Entwicklung von Mädchen und Jungen wird auch davon beeinflusst, welche konkreten Verhaltensweisen von Frauen und Männern sie beobachten (Modellfunktion). Vor allem die erlebte Aufgaben- und Arbeitsteilung der Geschlechter und die Beziehungen zwischen Frauen und Männern spielen eine wichtige Rolle. Kinder erleben, dass Frauen eher für den Bereich der Fürsorge, der Pflege und der Be- und Erziehungsarbeit zuständig sind, während Männer eher die entscheidenden Positionen in Politik, Kultur und Wirtschaft innehaben. Frauen sind zwar heute im Prinzip überall präsent, aber sie sind um so deutlicher unterrepräsentiert, je höher die entsprechenden Positionen sind und je mehr Machtbefugnisse sie beinhalten. Auch Erzieherinnen erleben die sozialen Ungleichheiten am eigenen Leib, indem sie mit hohen, immer neuen Anforderungen im Berufsalltag umgehen müssen und zugleich mit den niedrigen Gehältern, den fehlenden Aufstiegsmöglichkeiten sowie dem geringen sozialen Ansehen. Die Stereotype, die unsere Gesellschaft bei-

den Geschlechtern jeweils zuordnet, sind nicht wertfrei. Sie basieren auf einer Höherbewertung des sogenannten Männlichen.

Umsetzung geschlechtsbewusster Pädagogik

■ Es gibt nicht *die* geschlechtsbewusste Pädagogik als System oder fertiges Modell und Konzept mit einem zugehörigen »Koffer« voller Methoden und sie ist auch nicht etwas, was zusätzlich zur alltäglichen Arbeit angeboten wird. Geschlechtsbewusste Pädagogik ist vielmehr eine Haltung, die den Blick für die Lebenswelten von Mädchen und Jungen schärft und im Alltag vor allem situativ umgesetzt wird. Überlegungen zur Umsetzung beginnen daher immer mit Selbst- und Teamreflexion (→ Vorurteilsbewusste Bildung und Erziehung).

Selbstreflexion ■ Damit nicht unreflektierte Vorstellungen über das »richtige« Mädchen und den »richtigen« Jungen sowie überkommene Annahmen zu den Geschlechterverhältnissen unser berufliches Handeln beeinflussen, ist es unerlässlich, sich mit dem eigenen Frau- bzw. Mannsein und der eigenen Berufsrolle als Frau bzw. als Mann auseinander zu setzen. Zudem ist es wichtig, sich die eigenen Ziele und Visionen in Bezug auf die Geschlechterverhältnisse zu vergegenwärtigen.

All diese Themen können auch im Team diskutiert werden. Allerdings gilt es hier genau zu überlegen, was man den anderen mitteilen will und kann, da es sich hierbei nicht um einen geschützten Rahmen handelt, wie beispielsweise in einer Selbsterfahrungsgruppe oder einer Supervision.

Geschlechtstypisches Verhalten im Alltag hinterfragen ■ Kindertagesstätten sind koedukative Einrichtungen, in denen Mädchen und Jungen häufig über mehrere Jahre täglich viele Stunden miteinander verbringen. Erzieherinnen haben Vertrauen zu den Kindern aufgebaut und können die Beziehungen in der geschlechtsgemischten Gruppe nutzen, um situationsbezogen geschlechtstypisches Verhalten im Alltag zu beobachten bzw. zu hinterfragen und starre Beziehungsmuster zwischen Mädchen und Jungen zu erschüttern.

Individuelle Wege zur Geschlechtsidentität offen halten ■

Da Mädchen und Jungen im Kindergartenalter ihre geschlechtlichen Identitäten entwickeln, können sie Uneindeutigkeiten noch nicht zulassen (Faulstich-Wieland 2000). Sie praktizieren die Geschlechterdifferenzen deutlicher, weil ihnen das die Zuordnungen erleichtert. Der alltägliche Zugang zur Phantasie und zur Kreativität der Kinder bietet hier die Chance, die Entwicklung von Geschlechtsidentität als offenen Prozess zu fördern. Dazu gehört es auch zu sehen, wo Mädchen und Jungen bereits die Geschlechterzuschreibungen überschreiten, und wahrzunehmen, wie unterschiedlich auch Mädchen untereinander und Jungen untereinander sind.

Bewusst Seiten fördern, die in der üblichen Erziehung vernachlässigt werden ■

Gerade im Kindesalter werden die Zuschreibungen und kulturellen Muster von Mädchen- und Junge-Sein von den Kindern häufig noch als »äußerlich« wahrgenommen. Der Zugang zu jenen Gefühlen und Verhaltensweisen, die dem jeweils anderem Geschlecht zugeordnet werden, ist noch nicht verschüttet. Im Kindergarten können Mädchen und Jungen vor allem auch in jenen Bereichen gefördert werden, die in der üblichen Erziehung häufig vernachlässigt werden. Neue Erfahrungen – auch in Mädchen- bzw. Jungengruppen getrennt – können spielerisch erprobt werden. Denn erst wenn Mädchen und Jungen vielfältige Erfahrungen – jenseits der Geschlechterstereotype – machen können, erfahren sie, was ihren eigenen Neigungen entspricht und was sie in ihr Selbstbild integrieren wollen.

Beteiligung für mehr Selbstbewusstsein und Selbstbestimmung ■

Eine Grundlage geschlechtsbewusster Pädagogik ist es, pädagogische Angebote nicht nur *für* Mädchen und Jungen, sondern auch *mit* ihnen zusammen zu entwickeln. → Partizipation meint dabei mehr als Meinungsabfragen und Mehrheitsentscheidungen. Grundlegend ist es, mit den Mädchen und Jungen in einen Dialog zu treten, sich in die Kinder hineinzuversetzen, sie verstehen zu wollen, ihnen zuzuhören und ihre lebensweltlich geprägten Ausdrucksformen und -möglichkeiten zu berücksichtigen.

Kinder lernen durch Beteiligung solidarisch zu sein, zu kooperieren, tolerant zu sein und Verantwortung zu übernehmen und sie gewinnen Selbstsicherheit über den Weg der Selbstbestimmung (z.B. ihres Tagesablaufs, ihrer Spielwünsche, der Raumaufteilung).

Modellfunktion der Erwachsenen bewusst erweitern ■

Wichtig ist, dass Kinder auch im Verhalten der Erwachsenen in der Einrichtung (geschlechter-)demokratisches Verhalten erleben. Der Dialog der Erzieherinnen und Erzieher innerhalb des Teams, die Entscheidungsfindungsprozesse und der Umgang mit unterschiedlichen Meinungen und die Aufgabenverteilung zwischen Männern und Frauen spielen dabei eine große Rolle.

Wichtig ist hier auch die Eltern einzubeziehen: Wie bewerten sie Erziehungs- und Bildungsarbeit? Sind Frauen und Männer aktiv an der Kindererziehung beteiligt? Finden sich Väter und Mütter mit ihren Lebenswelten (Lebensformen, sprachliche und kulturelle Hintergründe, Interessen, soziale Lage etc.) im Kindergarten wieder (→ Elternarbeit → Vorurteilsbewusste Bildung und Erziehung).

Geschlechtsbewusste Pädagogik ist also nicht etwas Zusätzliches, für das immer keine Zeit ist, sondern ein integraler Bestandteil pädagogischer Arbeit und ein Qualitätsmerkmal, das auch der Profilierung der eigenen Einrichtung dient. Eingefahrene Sicht- und Verhaltensweisen im Alltag zu hinterfragen, gestaltet die Arbeit zudem in einem hohen Maße bunter und facettenreicher. So werden auch die Kinder in ihrer Lebendigkeit und Unterschiedlichkeit viel sichtbarer.

Petra Focks

■ Literaturtipps

Focks, P. (2002). Starke Mädchen, starke Jungs. Leitfaden für eine geschlechtsbewusste Pädagogik. Praxisbuch Kita. Freiburg: Herder.

Klees-Möller, R. (1998). Mädchen in Kindertageseinrichtungen. DRK Landesverband Nordrhein e.V. Düsseldorf.

Rohrmann, T./Thoma, P. (1998). Jungen in Kindertageseinrichtungen. Handbuch zur geschlechtsbezogenen
Pädagogik. Freiburg: Lambertus.

 # Geschwister

Brüder und Schwestern sind etwas anderes als Freunde. Der achtjährige Vincent denkt darüber nach, worin für ihn der Unterschied zwischen einem Freund und einem Bruder liegt. »Der Bruder zieht nicht weg. Ich weiß, wie ich ihn gut trösten kann. Manchmal krieg' ich wegen ihm Ärger mit der Mama. Streiten sind wir gewöhnt. – Mit dem Freund muss ich mich verabreden, das ist manchmal nicht leicht. Mein Freund ist so alt wie ich, wir können viel gleich gut, mein Bruder ist zwei Jahre jünger. Mit ihm spiele ich anders, aber auch oft richtig gut. Manchmal darf mein Freund bei uns übernachten, mit meinem Bruder schlafe ich immer in einem Zimmer. Mein Freund und ich, wir halten zusammen. Aber manchmal behält auch mein Bruder ein Geheimnis zwischen uns für sich«.

Geschwistererfahrung ist nicht mehr selbstverständlich. Weniger als 10 % der Kinder wachsen mit mehr als einem Geschwister in der gleichen Herkunftsfamilie auf. Welchen Platz ein Kind in der → Familie einnimmt, hat großen Einfluss darauf, wie es sich anderen Menschen gegenüber verhält. Geschwister sind heimliche oder offene Rebellen, bilden eine Notgemeinschaft oder eine Koalition innerhalb der Geschwisterreihe, vielleicht leben sie auch in überwiegend entspannter Atmosphäre miteinander. Dabei nehmen die Eltern nicht selten eine andere Realität wahr als die Geschwister selbst. Nicht selten gibt es Zuschreibungen über Äußerlichkeiten (schön, schlank, pummelig...) oder Charaktereigenschaften (klug, liebenswürdig, mutig, besonnen, vernünftig, temperamentvoll, phlegmatisch...) – dies immer im Vergleich und in Abgrenzung zu den Geschwistern, so dass diese Eigenschaften zumindest scheinbar »besetzt« sind. In der Selbstwahrnehmung bleiben diese Merkmale oft lange dem jeweiligen Kind zugeordnet. Im Geschwisterleben gibt es auch die Erfahrung von teilen können, Solidarität in zuverlässiger Gemeinschaft erleben, Synergien nutzen und als starkes Team nach außen auftreten, aber auch mehr oder weniger erfolgreich um Liebe und Anerkennung kämpfen.

Familiendynamik ■ Jedes Geschwister trägt einen Teil der gemeinsamen Familiendynamik. Deren Anteil ist abhängig von der Position in der Geschwisterreihe, der Geschlechterfolge und dem, was Mutter und Vater in dem jeweiligen Kind von sich selbst oder dem Partner entdecken, lieben oder was sie stört. Auch wenn Geschwister im gleichen Familiensystem aufwachsen, treten sie doch zu einer jeweils anderen Phase in deren Entwicklungsgeschichte und -dynamik ein. Dies und ihre individuellen Positionen und Strategien der → Wahrnehmung, subjektiven Bewertung und Betroffenheit vermitteln Außenstehenden nicht selten den Eindruck, als berichteten sie bei aller gemeinsamen Erfahrung im Rückblick von scheinbar unterschiedlichen Familien.

Die Selbstwahrnehmung und Strategien im Umgang mit Herausforderungen eines Geschwisterkinds haben auch damit zu tun, ob es ältestes, eines der mittleren oder jüngstes Kind in der Geschwisterreihe ist, ob es mit dem gleichgeschlechtlichen Geschwister in ständigem Vergleich bzw. in Konkurrenz lebt, ob die mütterliche große Schwester unterstützt oder erdrückt hat. Ebenso macht es einen Unterschied, ob man als Ältester Verantwortung übernehmen muss oder freiwillig in überschaubarem Rahmen übernehmen darf, als Mittleres (»Sandwich-Kind«) zwischen den Interessen und der Aufmerksamkeit der anderen erdrückt wird oder in der Rolle des einzigen Mädchens bzw. durch andere Faktoren eine herausgehobene Stellung hat, ob man als Jüngstes (»Nesthäkchen«) die anderen vor sich sieht oder als Prinz oder Prinzesschen Freiräume genießt und sich die Erfahrungen der anderen zu Nutze machen kann.

Eine besondere Brisanz liegt in der Situation des erstgeborenen Kindes. Sie ist stark davon geprägt, das erste Kind seiner Eltern zu sein, dem später ein nächstes Geschwister an die Seite gestellt wird. Entthronung ist eine mehr oder weniger stark ausgeprägte Erfahrung, die alle Erstgeborenen verbindet. Oft vertreten sie das Eltern-Ich sehr ausgeprägt.

Beziehungsdynamik unter Geschwistern ■ Die Rolle der Geschwister verändert sich im Laufe der Kindheit, Jugend und im Erwachsenenalter. Nähe und Distanz wechseln. Erwachsene beschreiben in der Rückschau folgende Geschwistererfahrungen: Geschwister tragen Konflikte offener aus, weil man sich als Geschwister nicht verliert, wohl aber kann die Beziehung auf lange Zeit belastet sein. Die Bindung ist stärker, aber in der Regel belasteter als zu Freunden. Letzteren kann man ausschließlich als der Erwachsene begegnen, der man geworden ist, dagegen schwingen in der Begegnung der Geschwister immer auch Erfahrungen aus der Geschwisterfolge und ambivalente Erfahrungen aus der → Kindheit mit. Viele Geschwister fühlen sich zusammengehörig, obwohl sie sich nicht als Freunde aussuchen würden. Aber sie erleben es auch als besonderes Glück, biographisch einen Menschen an der Seite zu haben, mit dem sie sich auf eine gemeinsame Familiengeschichte und -tradition beziehen können.

Geschwister in der Kindergruppe ■ Sollen Geschwisterkinder gemeinsam in einer Kinder- oder Kindergartengruppe leben? Es gibt kein grundsätzliches Ja oder Nein, zumal Gruppen keine geschlossenen Systeme mehr sind (→ Altersmischung). Kleine Kinder in der Familie bauen uneingeschränkt auf das Wissen und Können der Eltern. Ihre eigene Sicht ist noch im Einklang mit ihnen und damit auch mit ihren Geschwistern. Sicherheit basiert bei ihnen auf der gleichen Sicht der Dinge. Sie können sich leicht absprechen. Absichten und Einsichten sind auf einem gemeinsamen Erfahrungshintergrund gewachsen und in der Regel schnell ausgehandelt. Das kann sie zu einem kleinen

»Bollwerk« in einer Kindergruppe machen. Die Eingewöhnung in eine Kindergruppe ist leichter, wenn bereits ein Familienmitglied Vertrautheit und Bindungsübertragung erleichtert. Auf der anderen Seite bringen Geschwister ihre in der Familie gewachsenen Beziehungsstrukturen mit. Es kann also leicht sein, dass sie in der Gruppe daran anknüpfen, sich z.B. das ältere Geschwister für den kleinen Bruder oder die kleine Schwester verantwortlich fühlt bzw. umgekehrt die Hilfe das Älteren selbstverständlich eingefordert wird. Die Appelle der Eltern tragen ihren Teil dazu bei. Es könnte auch die Chance einer gleichen Gruppenzusammengehörigkeit sein, mit Hilfe der Erzieherinnen aus diesen tradierten Rollenmustern zumindest für die Zeit der Kindergartendauer auszusteigen. Dies allerdings bedarf einer sehr genauen Kenntnis und Aufmerksamkeit der Erzieherinnen.

Rita Haberkorn

■ **Literaturtipps**

De Haen, I. (1983). Aber die Jüngste war die Allerschönste. Frankfurt/M.: Fischer.

Forer, I. K./Still, H. (1982). Erstes, zweites, drittes Kind... Reinbek: Rowohlt.

Krappmann, L. (1993). »Jetzt spielt doch endlich etwas Schönes!« In: Deutsches Jugendinstitut (Hg.): Was für Kinder. München: Kösel.

Mähler, B. (1992). Geschwister. Krach und Harmonie im Kinderzimmer. Reinbek: Rowohlt.

 # Gruppe

Sozialpädagogisch Arbeitende haben es besonders häufig mit Gruppen zu tun. Sie leiten z.B. Jugendgruppen oder arbeiten mit den Familien, deren Kinder sie – in welchem Rahmen auch immer – betreuen, sie sind Mitglied in ihrem Arbeitsteam oder auch in einer Supervisionsgruppe. Die → Familie kann als typisches Beispiel für eine Primärgruppe gelten, da sie i.d.R. durch ein ausgeprägtes Wir-Gefühl gekennzeichnet ist, die Kontakte sehr persönlich sind und sie eine bedeutende Sozialisationsinstanz darstellt. Das Arbeitsteam hingegen ist ein typisches Beispiel für eine Sekundärgruppe: Hier dominieren eher Zweckorientierung und rationale Zielerreichung, die Art der Beziehung ist formell vorgegeben.

Eine weitere Unterscheidung ist die zwischen formellen und informellen Gruppen. Bei **formellen Gruppen** ist die Zusammensetzung und Tätigkeit durch Vorschriften oder soziale Einrichtungen geregelt, **informelle Gruppen** entstehen aufgrund persönlicher und gefühlsmäßiger Beziehungen. Von einer kleinen Gruppe spricht man, wenn die Mitgliederzahl zwischen drei und ca. zwanzig Personen liegt, die Personen einander persönlich kennen, sie über einen gewissen Zeitraum miteinander interagieren, wenn ein Grundset an gemeinsamen Werten, Normen und Zielvorstellungen entstanden ist und sich bestimmte Gruppenrollen und -regeln im Umgang miteinander herauskristallisiert haben.

Gruppen sind für die sozialpädagogische Arbeit insofern von besonderer Bedeutung, als in ihnen soziale Prozesse ablaufen, die das Individuum in der Entwicklung seiner personalen und sozialen Identität unterstützen. In der Auseinandersetzung in Gruppen erfährt sich das Individuum selbst in seinen Fertigkeiten, Wünschen, Zielen und Grenzen, und es erlebt sich in seinem Verhältnis zu anderen, in seiner Fähigkeit, Beziehungen einzugehen und zu gestalten, Konflikte auszutragen und sich durchzusetzen. Die Gruppe ist ein ideales Feld, um mit neuen Rollen und Verhaltensweisen zu experimentieren und Veränderungen bei sich selbst und innerhalb des sozialen Umfelds anzuregen (→ Gruppenpädagogik).

Als Leitende bzw. als Mitglied nehmen sozialpädagogisch Tätige in solchen Gruppen zwar unterschiedliche → Rollen ein, immer aber sind sie mit Strukturen und Prozessen konfrontiert, die für Gruppen typisch sind. So besteht denn auch eine häufige Aufgabe für Leitende darin, Kinder oder Erwachsene erst einmal in ihrem Gruppenbildungsprozess zu begleiten, bevor die Teilnehmenden beginnen können, ihre eigentlichen Ziele zu verwirklichen.

Fünf Herausforderungen ■ Grundsätz-
lich kann man davon ausgehen, dass alle Gruppen fünf elementare systemische Herausforderungen zu bewältigen haben, wenn sie über eine längere Zeit Bestand haben sollen. Diese Herausforderungen gelten auch für andere Sozialsysteme wie beispielsweise Paare oder betriebliche Organisationen.

Anpassung an interne Veränderungen ■ Beziehungen befinden sich in einem ständigen Fluss: Mit jeder neuen Rolle, die jemand übernimmt oder abgibt, mit jedem Mitglied, das das System vergrößert oder verkleinert, verändert sich das Spielfeld. Die Gruppe muss immer wieder Struktur und Regeln des Gesamtsystems den neuen Gegebenheiten anpassen, dabei kann sie sich mehr oder weniger starr bzw. flexibel verhalten. Bei offenen Gruppen, d.h. wenn die Mitgliedschaft im Vergleich zur geschlossenen Gruppe immer wieder wechselt, sind interne Veränderungen eine besondere Herausforderung. Vergrößert sich eine Gruppe, ist z.B. mit folgenden Prozessen zu rechnen:

- Die Komplexität erhöht sich, indem die Anzahl der Subsysteme wächst, die Wahrscheinlichkeit, dass Untergruppen entstehen ist groß, wodurch die Anforderung an die Leitung wächst, Gruppenaktivitäten zu koordinieren
- Die Mitglieder sind tendenziell weniger zufrieden. Einzelne fühlen sich schneller gehemmt oder gar bedroht und die Kluft zwischen denen, die sehr aktiv am Gruppengeschehen teilnehmen, und den übrigen nimmt zu
- Die Zeit, die jedes Mitglied hat, um mit den übrigen zu kommunizieren, nimmt ab. Es besteht die Gefahr, dass Einzelne an die Peripherie rutschen und von dort wenig Möglichkeiten haben, Einfluss zu nehmen und gehört zu werden
- Die Vielfalt von Fähigkeiten und die Anzahl kreativer Ideen erhöht sich, gleichzeitig wächst die Schwierigkeit, Übereinstimmung zu erreichen.

Regulierung von Offenheit und Abgrenzung innerhalb des Systems ■ Diese Herausforderung bedeutet einen dauernden Balanceakt der Gruppenmitglieder zwischen Nähe und Distanz. Ist die Offenheit oder Nähe der

Gruppenmitglieder zueinander zu groß, indem z.B. Meinungen kritiklos aufgenommen oder widerstandslos einander übergestülpt werden, so besteht die Gefahr, dass die Identität der Einzelnen sich aufzulösen beginnt. Ist die Distanz zwischen den Gruppenmitgliedern hingegen zu stark, können starre oder sich feindlich gesinnte Koalitionen entstehen, die den Gruppenprozess ebenfalls behindern. In beiden Fällen gehen der Gruppe wichtige Ressourcen verloren.

Die Balance zwischen Nähe und Distanz wird u.a. durch die Art der → Rollen und Kommunikationsstrukturen reguliert, die sich in Gruppen herausbilden. Diese sind in formellen Gruppen in der Regel ausdifferenzierter als in informellen. In beiden Gruppentypen kristallisieren sich neben den formellen Rollen sogenannte Quasirollen oder Gruppenrollen heraus: z.B. der Gruppenclown, die Kritikerin, der Vermittler, die Gruppenmutter. Diese Rollen entstehen dadurch, dass die Mitglieder im Hinblick auf die jeweilige Zielereichung unterschiedliche Funktionen übernehmen. Dabei lässt sich unterscheiden zwischen sachbezogenen Verhaltensweisen (z.B. Meinung äußern, Ideen erkunden, Informationen erfragen und geben, koordinieren, zusammenfassen), gruppenbezogenen Verhaltensweisen (z.B. ermutigen, Gefühle äußern, Beobachtungen mitteilen, Spannungen abbauen) und störenden Verhaltensweisen (z.B. blockieren, angreifen, rivalisieren, Monologe halten). Werden bestimmte Verhaltensweisen von den gleichen Gruppenmitgliedern immer wieder gezeigt, spricht man von Verhaltenstypisierungen, die bei den übrigen schließlich die Erwartung wecken, dass genau dieses Verhalten wieder gezeigt wird. Durch die damit einhergehende selektive Wahrnehmung (d.h. es wird besonders das Verhalten registriert, das den eigenen Erwartungen entspricht) wird die Erwartung bestätigt und die Quasirollen der Gruppenmitglieder verfestigen sich. Solche Quasirollen können sich auf das Gruppenklima und/oder die Zielerreichung sowohl positiv als auch negativ auswirken. Sie können dazu beitragen, dass sich das Gleichgewicht zwischen emotionaler Nähe und Distanz immer wieder neu einpendeln kann

oder aber auch verloren geht, weil der eine oder andere Pol zu stark dominiert.

Parallel zur (Quasi-)Rollenstruktur beeinflussen auch die Kommunikationsstrukturen die Regulation von Nähe und Distanz. Hier lässt sich unterscheiden zwischen den bevorzugten Inhalten der → Kommunikation und ihrer Form. Emotionale Inhalte fördern mehr die Nähe zwischen Gruppenteilnehmenden, Sachinhalte lassen sie mehr in Distanz zu den eigenen Gefühlen und denen der anderen gehen. Bezüglich der Formen von Kommunikationsstrukturen hat man festgestellt, dass bei der sogenannten Totalstruktur, in der alle mit allen gleichmäßig Kontakt aufnehmen können, die Zufriedenheit der Mitglieder zwar am stärksten ist, dass sich aber die autoritätsbezogene Sternstruktur (nur eine Person hat Kontakt zu allen übrigen Mitgliedern) als leistungsfähiger erweist, wenn es um die schnelle Lösung von Aufgaben geht. Am günstigsten ist es wahrscheinlich, wenn eine Gruppe flexibel je nach Situation und Aufgabenstellung in der Lage ist, ihre Kommunikationsstruktur zu wechseln.

Neben solchen internen Prozessen ist die soziale Verankerung von Gruppen zu beachten. Gruppen bilden nämlich nicht nur für sich ein System, sondern deren Mitglieder kommen ihrerseits aus Systemen wie Herkunftsfamilien oder irgendeinem anderen Zuhause. Diese externen Gruppenzugehörigkeiten wirken also hinein in das Gruppengeschehen. Gleichzeitig ist die Gruppe auch Teil von größeren, umfassenden Systemen wie Nachbarschaften, der Trägerorganisation oder dem Staat samt seiner gesetzlichen Regelungen.

Was man auf den ersten Blick vielleicht nur als pädagogisch initiierte Zusammenführung von Gruppenteilnehmerinnen betrachten mag, ist in Wirklichkeit vor allem ein Knotenpunkt vieler kleiner und großer Verknüpfungen. Jede Gruppe ist mit einem komplizierten Netz von Beziehungen und Regeln konfrontiert und muss mit oft mit sehr komplexen Situationen, und einer Fülle konkreter Lebensprobleme umgehen. Die anfallenden Aufgaben für die Gruppenmitglieder, wie zum Beispiel dass ein Jugendlicher keine Lehrstelle findet, haben oft nicht direkt mit dem aktuellen Gruppenziel zu tun, aber sie wirken so stark auf die Befindlichkeit der Einzelnen und die Qualität ihrer Beziehungen ein, dass man sie auch hier in weiteren systemeigenen Herausorderungen bündeln kann.

Anpassung an externe Bedingungen und Veränderungen ■ Externe Gegebenheiten reichen von einem knappen Lehrstellenangebot, über berufliche Leistungserwartungen bis hin zur Verknappung günstiger Wohnangebote oder einschränkenden sozialpolitischen Entscheidungen. Die wenigsten können vom Einzelnen verändert werden. So bleibt nur das zu leistende Kunststück, interne Bedürfnisse und Zielsetzungen mit den externen Vorgaben in Einklang zu bringen oder aber auch sich einfach einzupassen.

Da die Probleme extern entstehen, die einzelnen aber wenig Möglichkeiten haben, sie direkt anzugehen, führen sie häufig zu sogenannten umgeleiteten Konflikten, d.h. sie äußern sich negativ an Orten, an denen sie nicht erzeugt worden sind – häufig in der Beziehung zu den Menschen, mit denen man in der Gruppe zusammenlebt oder zusammen arbeitet.

Regulierung von Offenheit und Abgrenzung zwischen Gruppe und externen Systemen ■ Ein ähnlicher Balanceakt zwischen Nähe und Distanz, wie ihn die Gruppenmitglieder untereinander zu bewältigen haben, muss nun auch im Umgang mit der Umwelt geleistet werden. Zu viel Offenheit gegenüber dem Außen ließe die Grenzen verschwimmen, die die Gruppe zur Aufrechterhaltung des Systems benötigt. Wenn beispielsweise ohne jegliche Regelung immer wieder neue Gesichter in der Runde auftauchen, bedroht dies das Gruppensystem genauso, als wenn sich keinerlei verbindende Wertsetzungen und normativen Regelungen herausgebildet hätten, die mithelfen, das System von seiner Umgebung zu unterscheiden. Umgekehrt dürfte die totale Abschottung eines Gruppensystems nach außen zu sektenähnlichen Verhältnissen führen. Es wäre nicht mehr in der Lage, angemessen mit systemexternen Anforderungen umzugehen und würde intern wahrscheinlich stagnieren, da Entwicklung ja nur im Austausch mit anderen Systemen möglich ist.

Koordination von Teilsystemen durch Kommunikation: ■ Sämtliche von einer Gruppe zu leistenden Pflichten oder Aufgaben setzen Koordination voraus. Bei der Komplexität der genannten Herausforderungen ist es sehr unwahrscheinlich, dass die gegenseitige Einstimmung reibungslos vonstatten gehen wird. Die Gruppenmitglieder müssen sich also darüber verständigen, wie sie intern ihr Zusammenleben oder die gemeinsamen Aktivitäten gestalten und wie sie mit den Anforderungen von außen umgehen wollen. Dabei gibt es allerdings wichtige Unterschiede, je nachdem ob es sich bei den Gruppenmitgliedern um Kinder oder um Erwachsene handelt.

Zusammenfassend lässt sich Folgendes festhalten: Jede Gruppe muss sich mit den Herausforderungen der Anpassung, der Abgrenzung und der Kommunikation auseinandersetzen. Dabei kommt erschwerend dazu, dass alle Anforderungen miteinander zusammenhängen und dass die Systemeinheit mit allen gleichzeitig konfrontiert wird. Ein Scheitern in einem Punkt kann das Scheitern auch in anderen Punkten begünstigen. Ebenso kann aber auch der Erfolg bei der Bewältigung einer Herausforderung den Umgang mit den anderen Herausforderungen begünstigen.

Christiane Ryffel

■ **Literaturtipps**

Dechmann, B./Ryffel, Ch. (2001). Soziologie im Alltag. Eine Einführung (11. Aufl.). Weinheim: Juventa.

Dechmann, B./Ryffel, Ch. (2005). Vom Ende zum Anfang der Liebe. Weinheim/Basel: Beltz.

Langmaack, B./Braune-Krickau, M. (2000). Wie die Gruppe laufen lernt (7. Aufl.). Weinheim/Basel: Beltz.

Gruppenpädagogik

Die Gruppenpädagogik betrachtet die → Gruppe als Ort und Mittel, um die personale und soziale Weiterentwicklung insbesondere von Kindern und Jugendlichen, aber auch von Erwachsenen zu fördern. Sie stellt somit ein besonderes Instrument im Prozess der Sozialisation von Kindern, Jugendlichen und Erwachsenen dar.

Zur Geschichte ■ Die Gruppenpädagogik entstand im westlichen Teil Deutschlands erst nach dem zweiten Weltkrieg. Aufgerüttelt durch die Folgen des Nationalsozialismus suchte man in der Jugend- und Erwachsenenbildung nach Möglichkeiten eines neuen Anfangs. Im Vordergrund standen Reeducation und Demokratisierung. In neu gegründeten Weiterbildungseinrichtungen, wie z.B. dem Haus Schwalbach unter der Leitung von Magda Kelber, begann man zunächst mit der Schulung von Lehrenden und Erziehenden.

Heute gehören zu den wesentlichen Arbeitsfeldern der Gruppenpädagogik sozialpädagogische Einrichtungen sowie Bildungseinrichtungen, in denen persönlichkeitsbildende Lernprozesse in Gruppen stattfinden (z.B. Managementschulung, Jugendhaus, Heime, Hort). Auch die Schulpädagogik ist mit gruppendynamischen Prozessen konfrontiert und bezieht diese teilweise in ihr Konzept mit ein. Durch die Orientierung an einem festen Lehrplan, Faktenwissen und der typischen Schulstruktur kann sie jedoch die Stärken der Gruppenpädagogik nur eingeschränkt nutzen.

Typisch für die Soziale Gruppenarbeit ist die Konzentration auf Klientinnen, die sich in einer ähnlichen Not- bzw. Mangelsituation befinden (z.B. Scheidungskinder, Problemkinder in Schulen, junge Eltern, Erwerbslose). Sie wurde in den USA als »group work« bereits seit Mitte des 19. Jahrhunderts praktiziert und nahm ihren Anfang besonders in der stationären und ambulanten Jugendarbeit. Mit der zunehmenden Verbreitung von Erkenntnissen aus der → Psychologie, → Soziologie und Sozialpsychologie über die Besonderheiten und Potenziale kleiner Gruppen etablierte sich diese Form sozialer Arbeit schließlich ab etwa 1920 und nahm neben der traditionellen Einzelfallhilfe (case work) einen zunehmend wichtigen Raum ein.

Heute wird die Soziale Gruppenarbeit nicht zuletzt aus finanziellen Gründen angewendet, da mehrere Klientinnen und Klienten gleichzeitig erreicht werden können. Vor allem aber kommen die potenziellen positiven Effekte einer Gruppenzugehörigkeit zum Tragen, d.h. eine → Gruppe kann so etwas wie Heimat bieten und zur Stärkung des Selbstwertgefühls beitragen, da die Teilnehmenden hier nicht nur Hilfesuchende sind. Damit wird die Gruppe zur wichtigen Bezugsgruppe.

Theoretische Grundlagen ■ Grundlage für die Gruppenpädagogik sind insbesondere Erkenntnisse aus der Sozialpsychologie; wegweisend waren die Arbeiten von Kurt Lewin (1890–1947). Durch Experimente und Untersuchungen fand er heraus, dass es einen Zusammenhang gibt zwischen Führungs- bzw. Erziehungsstil und dem Verhalten der Individuen in einer Gruppe. Je nachdem, ob ein autoritärer, sozialintegrativer bzw. demokratischer oder laissez-faire Erziehungsstil praktiziert wird, wirkt sich das auf das Sozialverhalten, die Leistung und das emotionale Klima einer Gruppe aus. Lewin entwickelte schließlich die Feldtheorie, eine Theorie menschlichen Verhaltens, die das Handeln einzelner nicht isoliert und abstrakt betrachtet, sondern die wechselseitigen Abhängigkeiten und die Dynamik der unterschiedlichen Beziehungen. Dabei gewichtete er sowohl personale Eigenschaften als auch soziale Gegebenheiten als für das Gruppengeschehen als gleichermaßen wichtig und betonte vor allem ihre Verflochtenheit. Lewins Arbeiten können als wesentliche Grundlage für die sich später entwickelnde Angewandte Gruppendynamik betrachtet werden.

Gruppenphasen ■ Bedeutsam für jede Form der Arbeit mit und in Gruppen ist die Berücksichtigung der sogenannten Gruppenphasen. In jeder Gruppe, egal ob sie aus Kindern oder Erwachsenen besteht, finden laufend Gruppenprozesse statt, die nach einem fünfstufigen Phasenmodell ablaufen. Das Wissen darum ist Grundlage dafür, sich bestimmte Verhaltensweisen der Gruppenmitglieder erklären und mit entsprechenden pädagogischen Maßnahmen darauf eingehen zu können.

Anfangs- und Orientierungsphase ■ Diese Phase ist dadurch gekennzeichnet, dass die einzelnen Gruppenmitglieder noch unsicher im Umgang miteinander sind, noch nicht wissen, welche Normen und Werte gelten und deshalb nach Orientierung bei der Gruppenleitung suchen. Deren wichtigste Aufgabe besteht deshalb darin, Vertrauen zu schaffen, Kontakte zwischen den Gruppenmitgliedern zu fördern und Orientierung zu bieten.

Machtkampf- und Kontrollphase ■ Die Beziehungen unter den Gruppenmitgliedern werden jetzt persönlicher, es werden mehr Gefühle gezeigt und die einzelnen versuchen nun, das Gruppengeschehen zu beeinflussen. Jetzt stehen Steuerung der Macht und Dominanz im Zentrum. Dabei können Auseinandersetzungen zwischen den Gruppenmitgliedern und auch mit der Leitung entstehen, schließlich kristallisieren sich auch informelle Gruppennormen und -werte heraus. Dauer und Intensität dieser Phase hängen stark vom Verhalten der → Leitung ab, deren besondere Aufgabe darin besteht, Spannungen nicht zuzudecken, sondern Möglichkeiten zu bieten, dass Machtkämpfe ausgetragen werden und Strukturen und Leitlinien zur Konfliktäußerung und -bearbeitung anzubieten.

Vertrauensphase ■ In dieser Phase wachsen das gegenseitige Vertrauen und der Zusammenhalt. Die Gruppe empfindet sich nun zunehmend als zusammengehörig und entwickelt ein Wir-Gefühl. Oft geht diese Phase auf Kosten unterschiedlicher Meinungen und Wünsche einzelner Gruppenmitglieder, die von der Gruppe nicht zugelassen, unterdrückt oder bestraft werden. Die Aufgabe der Gruppenleitung besteht darin, der Gruppe zu vermitteln, dass Individualität trotzdem gefragt ist und die Gruppe auch dann noch eine Gemeinschaft ist, wenn Einzelne andere Interessen oder individuelle Grenzen von Intimität und Intensität haben.

Differenzierungsphase ■ Diese Phase ist gekennzeichnet durch ein starkes Wir-Gefühl der Gruppe und gleichzeitig wird den individuellen Fähigkeiten und Eigenschaften der Einzelnen genügend Raum gegeben. Jetzt ist die Gruppe in der Lage, Aufgaben konstruktiv und mit Engagement zu bewältigen, und auch offen für neue Mitglieder, wenn sie sich in den Gruppenprozess einbringen und die aufgestellten Regeln respektieren. Die Gruppenleitung wird in dieser Phase immer entbehrlicher und hat nun die Aufgabe, die Gruppe vor interessante Herausforderungen zu stellen. Ab jetzt ist der Verlauf des Gruppengeschehens so dynamisch, dass er nicht mehr vorhersehbar ist.

Ablösephase ■ Handelt es sich um zeitlich befristete Gruppen, so tritt gegen Ende die Ablösephase ein. Diese Zeit ist von widerstreitenden Gefühlen begleitet: der Trauer darüber, dass die schöne Zeit vorbei ist, Unruhe darüber, was sich alles ereignet hat und Unsicherheit, weil unklar ist, was danach kommt. Die Aufgabe der Leitung liegt darin, die gemeinsam verbrachte Zeit mit allen Erlebnissen wertzuschätzen und Möglichkeiten zu schaffen, in denen Abschied voneinander genommen werden kann.

Methoden ■ Als die wesentlichen drei Methoden der Gruppenpädagogik, insbesondere der sozialen Gruppenarbeit, können die angewandte Gruppendynamik, die Themenzentrierte Interaktion (TZI) sowie das Konzept der → Partizipation gelten. Diese Methoden gehen in der Praxis fließend ineinander über. Sie können – aber müssen nicht – Teil eines umfassenderen gruppenpädagogischen Ansatzes sein.

Angewandte Gruppendynamik ■ Wird mit Kindern, Jugendlichen oder Erwachsenen gearbeitet, um Veränderungsprozesse im Verhalten in der Gruppe und/oder durch die Gruppenteilnahme zu initiieren, so kommt zum einen der Beobachtung, der Reflexion und der fachkundigen Begleitung der in Gruppen entstehenden Dynamik eine besondere Bedeutung zu. Ebenso wichtig ist es, Anstöße zur Veränderung zu geben. Ziel der angewandten Gruppendynamik ist es, die Teilnehmer zu befähigen, das in der Gruppe Gelernte in ihre Alltagspraxis zu transferieren. Die folgenden Übungen eignen sich dazu, Lernprozesse in diese Richtung zu initiieren.

- **Wahrnehmungsübungen:** Übungen zur Selbst- und Fremdwahrnehmung und Wahrnehmungsdifferenzierung
- → **Rollenspiele:** Reflexion vergangener Erfahrungen und spielerisches Verändern von Konflikt- und Problemsituationen, Training empathischer Fähigkeiten
- **Feed-back- und Kommunikationsübungen:** Kritische Rückmeldungen untereinander zum Interaktionsverhalten und Verhaltensstereotypen, Training von Selbst- und Fremdeinschätzung
- **Interaktionsspiele:** Spiele mit zeitlich begrenzten Regeln, um ein bestimmtes Lernziel zu erreichen
- **Prozessanalyse:** Evaluation des Gruppengeschehens auf der Beziehungs- und der Sachebene (z.B. durch skalierte Fragen, soziometrische Tests).

Themenzentrierte Interaktion ■ Die kurz TZI genannte Themenzentrierte Interaktion wurde in Anlehnung an psychoanalytische Verfahren und die Gestalttherapie von Ruth Cohn (*1912) entwickelt. Ziel der TZI ist es, in Gruppen sowohl sachliches Lernen als auch die Entwicklung der eigenen Persönlichkeit zu fördern. Dabei geht Cohn von wechselseitigen Beziehungen im Dreieck von Individuum (ICH), Gruppe (WIR), Thema (ES) sowie der die drei Aspekte umfassenden Umwelt (»Globe«) aus. Die folgenden beiden Postulate und einige Gruppenregeln helfen, dass das Sachthema und seine Lösung bearbeitet werden können und sich die Gruppenmitglieder wohl fühlen:

- »Das Dreieck von Ich – Wir – Thema muss in der Balance sein«: Diese Bereiche stehen prinzipiell gleichwertig neben einander
- »Störungen haben Vorrang«: Gefühle wie Langeweile, Rivalität oder Aggression dürfen in der Gruppe vorübergehend zum Thema gemacht werden.

Die folgenden Gruppen- oder Hilfsregeln sollen im Prinzip eingehalten werden, können aber auch von jeder Gruppe in Hinblick auf die besonderen Bedürfnisse abgeändert werden:

- Sei deine eigene »chair-person«! Übernimm Verantwortung für dich!
- Experimentiere mit deinem Verhalten!
- Steh zu dir; sag »ich«, nicht »man«!
- Werde dir klar, was bei dir gerade im Vordergrund steht!
- Beachte deine Körpersignale!
- Frage, wenn du etwas wissen willst!
- Sprich die Menschen direkt an!
- Es spricht immer nur einer!

Partizipation ■ Zu den modernen Grundregeln der Gruppenpädagogik gehört es, Strukturen bereitzustellen, also Rahmenbedingungen zu schaffen, die eine → Partizipation, d.h. eine Mitbeteiligung und Mitverantwortung der Gruppenmitglieder an der Gestaltung ihres engeren und weiteren Lebensraumes ermöglichen. Grundsätzlich lassen sich drei verschiedene Ebenen der Partizipation unterscheiden: die Ebene von Beziehungen, Strukturen von Einrichtungen sowie Politik und Verwaltung. Um Menschen zu befähigen, auf der dritten Ebene auf demokratische Art Verantwortung zu übernehmen, benötigen sie in gruppenpädagogischen Einrichtungen Erfahrung und Übung auf der Beziehungs- und Strukturebene.

- **Beziehungs-Ebene:** Partizipation ist nur dann möglich, wenn das Verhältnis primär partnerschaftlich und nicht hierarchisch definiert wird, wenn Regeln durchschaubar gemacht und möglichst gemeinsam entwickelt werden, wenn Wünsche ernst genommen werden und ihre Verwirklichung verhandelbar ist, wenn Entscheidungs- und Verantwortungsspielräume zur Verfügung gestellt werden und wenn Zuhören wichtiger genommen wird als Belehren.
- **Struktur-Ebene:** Konzeptionell verankertes Recht der Teilnehmer auf Mitbeteiligung, Zeitpläne für die Entwicklung gemeinsam getragener Entscheidungen sowie Anpassung der Räumlichkeiten an die

Bedürfnisse der Kinder und Jugendlichen.

Solche Strukturen mögen kosten- und zeitintensiver sein als solche, in denen sich Erzieherinnen vor allem an eigenen Vorstellungen, an denen von Expertinnen oder an Traditionen orientieren. Wie aber sollten verantwortungsvolle, demokratiegeübte und aktive Menschen heranwachsen, wenn sie nie zuvor lernen konnten, dass ihre Stimme gehört und als wichtig befunden worden ist?

Raimund Pousset

■ **Literaturtipps**

Knauer, R./Brandt, P. (2002). Kinder können mitentscheiden. Berlin: Luchterhand.

Langmaack, B. (2004). Themenzentrierte Interaktion. Weinheim/Basel: PVU/Beltz.

Schmidt-Grunert, M. (2002). Soziale Arbeit mit Gruppen. Freiburg: Lambertus.

Schütz, K.-V. (1989). Gruppenforschung und Gruppenarbeit. Mainz: Matthias Grünewald.

Haftungsrecht

Das Haftungsrecht regelt die Rechte und Pflichten, die sich aus Schäden ergeben, die jemand einem anderen zufügt. Grundsätzlich gilt: Jede Person, die mindestens sieben Jahre und einsichtsfähig ist (Verschuldens- oder Deliktfähigkeit), haftet – allerdings nur, wenn folgende Voraussetzungen erfüllt sind: Es muss ein Schaden entstanden sein, z.B. kaputte Hose, aufgeschlagenes Knie und/oder Schmerzen (immaterieller Schaden), durch ein Tun (zu schnelles Fahren) oder Unterlassen (nicht bremsen) des Schädigers, das rechtswidrig (z.B. Verstoß gegen die Straßenverkehrsordnung) und schuldhaft (z.B. fahrlässig) war. Der Schaden muss dabei ursächlich mit der Schädigungshandlung zusammenhängen (z.B. Schmerzen seit dem Unfall). Zwischen privat- und strafrechtlichen Konsequenzen ist zu trennen.

Privatrechtliche Haftung ■ Nach den privatrechtlichen Regelungen des Bürgerlichen Gesetzbuches (BGB) ist zwischen Haftung aus Vertrag und aus unerlaubter Handlung zu unterscheiden. Für die Haftung aus unerlaubter Handlung (§ 823 Abs. 1 BGB) gilt: Die Person, die vorsätzlich oder grob fahrlässig das Leben, den Körper, die Gesundheit, die Freiheit oder das Eigentum einer Person widerrechtlich verletzt hat, ist ihr zum Ersatz des entstandenen Schadens verpflichtet. Die genannten Handlungen können entweder vorsätzlich, d.h. bewusst und absichtlich, oder fahrlässig, d.h. »unter Außerachtlassung der im Verkehr erforderlichen Sorgfalt« (§ 276 Abs. 1 Satz 2 BGB), begangen werden. »Widerrechtlich« ist das schädigende Verhalten, wenn kein Rechtfertigungsgrund, wie Einwilligung des Geschädigten, Notwehr oder Notstand, vorliegt. Nach § 823 Abs. 2 BGB ist auch zum Schadenersatz verpflichtet, wer gegen ein dem Schutz einer geschädigten Person dienendes Gesetz verstoßen und dadurch einen Schaden verursacht hat.

Eine Haftung aus Vertrag (§ 276 BGB) ergibt sich für die Person, die einen Vertrag verletzt, zu dessen Abschluss sie berechtigt war (z.B. Arbeitsvertrag → Arbeitsrecht). Falls gesetzliche Vertreter (z.B. Eltern) den Vertrag abgeschlossen haben, haften diese. Gleiches gilt für Mitarbeiter und Träger.

Aufsichtspflicht ■ Bei der Aufsicht geht es meist um den jungen Menschen (Kind, Jugendlicher). Aufsichtspflicht setzt Aufsichtsbedürftigkeit voraus. Kraft Gesetz obliegt die Aufsichtspflicht den Eltern oder sonstigen Personensorgeberechtigten, wie z.B. Vormund, Beistand, Pfleger (→ Elterliche Sorge). Die gesetzliche Aufsichtspflicht der Personensorgeberechtigten besteht grundsätzlich während der Zeit der Minderjährigkeit des jungen Menschen ständig ohne Unterbrechung, wenn auch die Intensität der Verpflichtung mit zunehmendem Alter abnimmt.

Diese Verpflichtung kann durch Vertrag auf andere übertragen werden. Im Bereich der **Kinder- und Jugendhilfe** erfolgt die Übertragung der Aufsichtspflicht in der Regel auf dem Wege der Vereinbarung zwischen den Eltern und dem Einrichtungsträger. Der Träger der Einrichtung überträgt die Verpflichtung dann seinerseits über die Arbeitsverträge weiter auf die Leitung der Einrichtung und über die Leitung auf die nachgeordneten Mitarbeiter. Bei offenen Angeboten, bei Fahrten und Freizeiten, schließlich auch bei »Gastkindern« in Einrichtungen, z.B. im Kindergarten, genügt der dienstliche Auftrag der Mitarbeiterinnen, um die Aufsichtspflicht zu begründen. Dies gilt für die hauptamtlichen, nebenberuflichen und ehrenamtlichen Mitarbeiterinnen, einschließlich der Praktikanten, die durch den Träger verpflichtet wurden. Wenn eine förmliche Übertragung der Aufsichtspflicht durch die Eltern nicht erfolgt ist, befinden sich diese ebenfalls in der Verantwortung. Die Dauer der Aufsichtspflicht der Jugendhilfeeinrichtungen kann durch Vertrag näher bestimmt werden. Wenn nichts Abweichendes vereinbart ist, besteht die Aufsichtspflicht in der Zeit, in der der junge Mensch sich während der Öffnungszeit der Einrichtung auf dem Grundstück befindet und darüber hinaus bei Veranstaltungen außerhalb der Einrichtung.

Bei **Freizeiten** wird grundsätzlich von einer ununterbrochenen Aufsichtspflicht für die Dauer der Freizeit einschließlich Hin- und Rückreise ausgegangen. Hier besteht jedoch ebenfalls die Möglichkeit von abweichenden Vereinbarungen etwa in der Weise, dass junge Menschen von den Personensorgeberechtigten die Erlaubnis erhalten, sich für bestimmte Zeiten von der Gruppe zu trennen und allein oder zu mehreren z.B. in die Stadt zu gehen etc. Hierüber sind klare Abmachungen zu treffen. Auch bei grundsätzlichem Einverständnis der Eltern hat der Aufsichtspflichtige aber die Verantwortung, im Einzelfall abzulehnen, wenn er befürchten muss, dass in besonderem Maße Gefahren bestehen, die von den Eltern nicht vorhergesehen wurden.

Bei einer umfassenden Betreuung, wie im **Heim** oder in der **Pflegefamilie**, erfasst die Aufsichtspflicht grundsätzlich den gesamten Aufenthalt in dieser Einrichtung bzw. Familie. Allerdings ergeben sich hier in der Regel Unterbrechungen durch die Aufsichtspflicht anderer Institutionen, wie etwa der Schule. Dabei ist nur der Zeitraum ausgenommen, in dem die Schule tatsächlich Aufsicht führt. Für den Weg ist weiterhin die Einrichtung zuständig, falls mit den Eltern nichts anderes vereinbart wurde, z.B. bezüglich des von ihnen gewünschten Verkehrsmittels (z.B. Fahrrad statt Bus).

Für den Weg zur jeweiligen **Jugendhilfeeinrichtung** sind grundsätzlich die Personensorgeberechtigten zuständig, d.h., dass sie die Verantwortung tragen, auch wenn sie den jungen Menschen nicht selbst begleiten. Für die Einrichtungen ist hier wichtig, dass nachweisbare Absprachen getroffen werden, die für den Personensorgeberechtigten auch eindeutig sind.

Aufsichtspflicht und Haftung ■

Zweck der Aufsichtspflicht ist zu verhindern, dass in der Zeit, in der die jungen Menschen in der Obhut der Einrichtung sind, sie selber Schaden erleiden oder anderen zufügen. Nach § 832 BGB ist die Aufsichtspflicht nicht verletzt, wenn die aufsichtspflichtige Person ihrer Aufsichtspflicht genügt oder wenn der Schaden auch bei gehöriger Aufsichtsführung entstanden wäre. Das Gesetz geht also davon aus, dass ein Schaden entstehen kann, ohne dass eine Verletzung der Aufsichtspflicht zugrunde gelegen haben muss. Von der aufsichtspflichtigen Person wird erwartet, dass sie darlegen kann, die ihr obliegende Aufsichtspflicht gewahrt zu haben. Eine Ausnahme ist dann gegeben, wenn der Schaden auch bei größter Aufmerksamkeit nicht hätte verhindert werden können. Rechtsprechung und Literatur lassen sich hinsichtlich des Begriffs der Aufsichtspflicht auf folgende allgemeine Formel zusammenfassen:

> Entscheidend ist, was Erzieher nach vernünftigen Anforderungen unternehmen müssen, um eine Schädigung der jungen Menschen oder Schädigung Dritter durch die jungen Menschen zu verhindern.

Von der aufsichtspflichtigen Person wird also verlangt, dass sie sich Gedanken darüber macht, woher den bzw. von den jungen Menschen Gefahr drohen könnte. Dabei sind vor allem folgende Gesichtspunkte zu berücksichtigen:

- Der junge Mensch, sein Alter, seine Eigenarten und sein Charakter, sein körperlicher, geistiger, seelischer und sozialer Entwicklungsstand und etwaige Verhaltensauffälligkeiten oder Krankheiten
- Die Gruppe hinsichtlich ihrer Größe, der Zeit ihres Bestehens und bestimmter gruppendynamischer Gesetzmäßigkeiten
- Gefährlichkeit der Beschäftigung: Hier ist die Art der Beschäftigung oder der Spiele unter die Lupe zu nehmen, die dabei verwendeten Geräte bzw. die Umgebung bei Ausflügen, Besichtigungen und die Gefahren des Wassers (Tiefe, Strömung etc.) beim Baden
- Das Erziehungspersonal hinsichtlich der Fähigkeiten und Fertigkeiten, der pädagogischen Erfahrung, Vertrautheit zwischen Erziehern und Kindern.

Bezüglich der Haftung in der Einrichtung gilt grundsätzlich allgemeines Haftungsrecht. Für die schuldhafte (fahrlässige oder vorsätzliche) Verursachung von eigenen Schäden der betreuten Personen haftet die jeweils für den Schaden verantwortliche Mitarbeiterin. Darüber hinaus haftet auch die Leiterin der Einrichtung sowie der Einrichtungsträger für ein Verschulden der Mitarbeiterinnen, wenn er nicht genügend Sorgfalt bei der Auswahl der Mitarbeiterinnen und ihrer Anleitung und Überwachung angewendet hat. Die Haftung tritt jedoch in diesen Fällen nicht ein, wenn der Schaden trotz Anwendung der erforderlichen Sorgfalt der Leiterin der Einrichtung oder des Einrichtungsträgers entstanden wäre (§ 832 BGB).

Eine weitere Rechtsgrundlage für die Haftung bei eigenen Schäden des jungen Menschen ist der zwischen den Personensorgeberechtigten und der Einrichtung jeweils abgeschlossene Vertrag. Die vertraglichen Gestaltungen sind je nach der Art der Betreuung unterschiedlich; sie enthalten jedoch immer die Verpflichtung der Einrichtung dafür zu sorgen, dass die jungen Menschen weder Schaden erleiden noch anderen Schaden zufügen. Der Einrichtungsträger muss dabei für die vorsätzliche oder fahrlässige Verletzung der vertraglich übernommenen Pflichten durch ihn selbst, aber auch durch seine Mitarbeiterinnen (§ 278 Satz 1 BGB) einstehen.

Wer zum Ersatz des entstandenen Schadens verpflichtet ist, »hat den Zustand wieder herzustellen, der bestehen würde, wenn der zum Ersatz verpflichtende Umstand nicht eingetreten wäre« (§ 249 Abs. 1 Satz 1 BGB). Das bedeutet, dass bei Personenschäden z.B. die erforderlichen Arzt-, Krankenhaus- und Arzneimittelkosten zu erstatten sind. Bei der Beschädigung oder Vernichtung von Sachen (Sachschäden) sind diese wieder herzustellen oder zu ersetzen. Bei Körperverletzung, sexueller Belästigung oder widerrechtlicher Einsperrung ist außerdem Schmerzensgeld zu leisten. Die Verpflichtung zum Ersatz des Schadens vermindert sich aber gegebenenfalls teilweise, wenn die geschädigte Person bei der Entstehung des Schadens ein Mitverschulden trifft (§ 254 BGB). Dies kann in dem hier besprochenen Zusammenhang im Wesentlichen nur bei Drittschäden in Betracht kommen, z.B. wenn ein Autofahrer nicht darauf geach-

tet hat, dass Kinder am Straßenrand spielen und seine Fahrweise nicht darauf ausgerichtet hat.

Schulden gleichzeitig ein oder mehrere Personen nebeneinander den Ersatz des Schadens, so kann die geschädigte Person entweder von jedem von ihnen die Leistung der ganzen Schadenssumme oder jeweils zum Teil fordern, insgesamt nur bis zur tatsächlichen gesamten Schadenshöhe. Die Ersatzpflichten haben sich dann untereinander auszugleichen. Ist die schädigende Person bei einem Arbeitgeber beschäftigt, hat ihn dieser von einem Schadenersatzanspruch freizustellen, wenn der Schaden nur durch eine fahrlässige Handlung entstanden ist. Für vorsätzlich oder grob fahrlässig verursachte Schäden hat die Mitarbeiterin selbst einzutreten. Neben der privatrechtlichen Haftung kann auch eine Verantwortung nach → Strafrecht in Betracht kommen.

Heribert Renn

■ Literaturtipps

Hasseln, J. von (2002). Jugendrechtsberater. München: dtv.

Mürbe, M. et. al. (2005). Politik, Sozial-, Gesetzes- und Berufskunde – Basiswissen für ErzieherInnen. Weinheim/Basel: Beltz.

Renn, H. (1999). Rechtskunde für Erzieherinnen. Weinheim/Basel: Beltz.

 # Heilpädagogik

Heilpädagogik befasst sich, wie auch die verwandten Konzepte der Sonder-, oder Rehabilitationspädagogik in Theorie und Praxis mit der Betreuung, Bildung, Erziehung, Therapie und Begleitung von Menschen mit Behinderungen bzw. mit Menschen, die von Behinderung bedroht sind. Wenngleich diese Begriffe oft synonym verwendet werden, ergeben sich konzeptionelle Unterschiede, wenn man die unterschiedlichen Begriffstraditionen berücksichtigt.

Der traditionelle Begriff der **Heilpädagogik**, 1861/63 geprägt von Jan Daniel Georgens (1823–1886) und Heinrich Marianus Deinhardt (1821–1880), wurde lange Zeit vorwiegend auf die Arbeit mit geistig behinderten Menschen bezogen. Im Laufe der Jahre hat er sich jedoch ausgeweitet, so dass er nunmehr beispielsweise in der Schweiz als Oberbegriff verwendet wird und die schulische und außerschulische Arbeit mit Menschen mit Behinderungen bzw. Verhaltensauffälligkeiten umfasst. Eine klare Definition von Heilpädagogik zu präsentieren, fällt allerdings schwer. Der Schweizer Heinrich Hanselmann (1885–1960), Inhaber des ersten Lehrstuhls für Heilpädagogik in Zürich, wies bereits auf diese Probleme hin. Sein Nachfolger Paul Moor (1899–1977), vertrat 1951 die Auffassung, dass, im Gegensatz zur Medizin, die Hauptaufgabe der Heilpädagogik darin bestehe, nach Erziehungsmöglichkeiten zu suchen. Gegenstand der Heilpädagogik sei die angemessene Erziehung für Kinder und Jugendliche, bei denen nicht die üblichen Bedingungen vorzufinden seien. Heilpädagogik sei Pädagogik unter erschwerten Bedingungen und nichts anderes. Diese Auffassung wird auch heute noch mit Recht als Referenz für eine pädagogische Ausrichtung der Heilpädagogik herangezogen.

Unter anderem die Kritik an dem Begriff Heilpädagogik sowie die Etablierung eines differenzierten Sonderschulwesens beförderten den Namenswechsel von Heilpädagogik zu **Sonderpädagogik** in den 60er Jahren des 20. Jahrhunderts, der sich bereits in den 30er Jahren andeutete. Im Verlauf der Entwicklung ergab sich ein Ausbau verschiedener Fachrichtungen bezogen auf folgende Behinderungsarten: Geistige Behinderungen, Verhaltensstörungen, Lernbehinderungen, Körperbehinderungen, Sprachbehinderungen, Schwerstmehrfachbehinderungen, Blindheit und Sehbehinderungen, Gehörlosigkeit und Schwerhörigkeit. Nach einer langen Debatte wurde diese defizitorientierte und als stigmatisierend bzw. separierend erkannte Sichtweise zu Gunsten des Partizipationsmodells (Internationale Klassifikation der Funktionsfähigkeit, Behinderung und Gesundheit [ICF]) der Weltgesundheitsorganisation (WHO) von 1994 weit gehend abgelöst. Die Kultusministerkonferenz beschreibt diesen Wechsel in ihren Empfehlungen zur sonderpädagogischen Förderung von 1994 wie folgt:

vom Denken in Behinderungsarten zur personen-, bedürfnisorientierten und individualisierten Sichtweise; von der Defizitorientierung zum förderdiagnostischen Konzept. Im Allgemeinen bezieht sich der Begriff der Sonderpädagogik nach wie vor auf das Sonderschulwesen.

Der Begriff der **Rehabilitationspädagogik** wurde vorzugsweise in der DDR in Abgrenzung zu den Begriffen der Heil- und Sonderpädagogik bzw. den neueren Begriffen der Behinderten- bzw. Integrationspädagogik eingeführt. Unter → Rehabilitation wurden verschiedene, aufeinander abgestimmte staatliche, sozialökonomische, medizinische, psychologische und andere Maßnahmen verstanden, die darauf ausgerichtet waren, geschädigten Bürgern jene Hilfen zukommen zu lassen, die sie in die Lage versetzen, ungeachtet ihrer Behinderung am gesellschaftlichen Leben teilzunehmen. Der Vorteil des Begriffs, der nach der Wende an einigen Hochschulen beibehalten bzw. eingeführt wurde, liegt darin, dass er interdisziplinär ausgelegt und international anpassungsfähiger ist. Auch ist er eng an den Sprachgebrauch des Sozialgesetzbuches (SGB) IX (Rehabilitation und Teilhabe behinderter Menschen) angelehnt.

Der Wandel der Begriffe ist Ausdruck für die Paradigmenwechsel in Wissenschaft und Gesellschaft. Wie auch immer der Streit ausgehen wird: Klar bleibt über die konzeptionellen und strukturellen Unterschiede hinaus, dass die entsprechenden Ansätze zunächst pädagogische sind und sich deutlich abheben von rein medizinisch-therapeutischen Zugängen.

Theoretische Hintergründe ■ Heilpädagogik versteht sich als integrative Wissenschaft, in die Erkenntnisse aus der → Psychologie, Medizin, → Soziologie, Erziehungswissenschaft (→ Pädagogik), Theologie, Rechtswissenschaft und Philosophie/Ethik einfließen. Heilpädagogen verfügen daher über spezielle Kenntnisse im Bereich der Diagnostik, der Analyse, der → Beratung und konkreter Handlungsansätze bezogen auf (drohende) Behinderungen und können als

»generalisierte Spezialisten« (Ondracek/Trost 1998) bezeichnet werden. Der Arbeits- und Denkansatz ist ganzheitlich und an den Stärken orientiert und geht weit über ein eindimensionales Ursache-Wirkungs-Denken hinaus. Das heißt, dass in der Regel auch Familien- und Lebenssituation, soziales Umfeld und andere involvierte Fachleute mit in die Arbeit einbezogen werden. Theoretische Hintergründe können das Empowerment-konzept (Theunissen, Herriger), Impulse aus der Inklusionsdebatte, systemisch-ökologische Sichtweisen (Otto Speck) oder die Lebenswelt- und Alltagsorientierung (Hans Thiersch) sein. Historisch von besonderer Bedeutung ist das aus den 50er Jahren des 20. Jahrhunderts stammende, von dem Dänen Bank-Mikkelsen und dem Schweden Bengt Nirje entwickelte Normalisierungsprinzip, das besagt, dass das Leben geistig behinderter (erwachsener) Menschen in allen Lebensphasen so normal wie möglich zu gestalten ist. In modifizierter Form (z.B. in der Lesart des amerikanischen Behindertenpädagogen Wolf Wolfensberger) ist dies Prinzip nach wie vor relevant.

Tätigkeitsfelder und Auftrag ■ Heilpädagogen arbeiten in vielen Arbeitsbereichen von der → Frühförderung über Kindertagesstätten, Einrichtungen der Kinder- und Jugendhilfe, der Psychiatrie bis hin zu Wohnheimen, Werkstätten für Menschen mit Behinderungen und Seniorenheimen, zunehmend auch in (Sonder)Schulen. Ihre Aufgabe ist es, Menschen mit (drohender) seelischer, körperlicher oder geistiger Behinderung (vgl. SGB IX, SGB XII) oder Entwicklungsverzögerungen bzw. -störungen zu bilden, erziehen, fördern und zu begleiten. Die Zielperspektive ist dabei abhängig von dem je konkreten Einzelfall, seinem psychosozialen und familiären Umfeld. So kann es durchaus sein, dass die konkrete heilpädagogische Hilfe darin besteht, Lebensqualität zu erhalten und auszubauen. In einem anderen Fall kann es darum gehen, Behinderungen zu verhindern (Prävention). Generelles Ziel aller heilpädagogischen Leistungen als Leistungen zur Teilhabe nach § 10 SGB I

sowie nach § 4 SGB IX, Abs. 1 ist es unter anderem, »die Behinderung abzuwenden, zu beseitigen, zu mindern, ihre Verschlimmerung zu verhüten oder ihre Folgen zu mindern.« Auch soll die persönliche Entwicklung ganzheitlich gefördert und die Teilhabe am Leben in der Gesellschaft (Integration) sowie eine möglichst selbständige und selbst bestimmte Lebensführung ermöglicht werden.

Heilpädagogisches Handeln ■ Methodisch orientiert sich heilpädagogisches Handeln an dem Dreischritt Wahrnehmen – Verstehen – Handeln. In diese Grundstruktur sind Aspekte der Planung, Evaluation und Qualitätsentwicklung mit eingeschlossen.

Zum ersten Schritt gehört die heilpädagogische Diagnostik, das heißt Beobachtung, Anamnese, eventuell Durchführung von Testverfahren, Exploration unter Einbezug systemischer Kontexte (Familie, Gruppe). Im zweiten Schritt geht es darum zu verstehen, im welchem Zusammenhang eine Behinderung oder Entwicklungsauffälligkeit steht und welche Rolle Familie und soziales Umfeld dabei spielen. Auf dieser Basis werden Förderpläne bzw. Begleitkonzepte idealiter unter Beteiligung der Betroffenen erstellt. Interdisziplinäre Zusammenarbeit (z.B. mit Ärzten, Ergotherapeuten, Logopäden) ist dabei genauso wichtig wie die Teilnahme an der Entwicklung von Hilfeplänen oder Gesamtplänen. Von besonderer und übergeordneter Bedeutung ist allerdings die Forderung, dass alle Pläne gemeinsam mit den Klienten und anderen Beteiligten zu entwickeln und abzusprechen sind. Im dritten Schritt geht es um das konkrete heilpädagogische Handeln. Auf der Basis des Förderplans und einer präzisen methodischen Planung kann auf heilpädagogische Handlungsansätze wie Wahrnehmungsförderung, Sprach- und Kommunikationsförderung, heilpädagogische Übungsbehandlung, basale Stimulation, Psychomotorik, heilpädagogisches Spiel, Musik, Rhythmik oder Gestalten zurückgegriffen werden. Ziel dieser Angebote ist es, den Klienten eine Entwicklungsmöglichkeit zu eröffnen und eine gleichberechtigte Teilhabe am Leben in der Gesellschaft zu ermöglichen.

Martin Stahlmann

■ Literaturtipps

Greving, H./Ondracek, P. (2005). Handbuch Heilpädagogik. Troisdorf: Bildungsverlag Eins.
Haeberlin, U. (2005). Grundlagen der Heilpädagogik. Bern: Haupt-UTB.
Kobi, E.E. (2004). Grundfragen der Heilpädagogik (6. Aufl.). Kiel: BHP-Verlag.
Speck, O. (2003). System Heilpädagogik. München: Reinhardt.

Heimerziehung

Heime sind Einrichtungen der Jugendhilfe, in denen Kinder und Jugendliche stationär mittelfristig bis längerfristig untergebracht sind, weil sie aus den verschiedensten Gründen nicht in ihrer Herkunftsfamilie bleiben können, wollen oder dürfen.

Rechtliche Grundlagen ■ Das am 1.1.1991 in Kraft getretene Kinder- und Jugendhilfegesetz (KJHG, 8. Sozialgesetzbuch, SGB VIII) regelt die Leistungen und Aufgaben der Jugendhilfe. In § 1, Abschnitt 1 ist das Recht des jungen Menschen auf die Förderung seiner Entwicklung und auf → Erziehung formuliert. Heimerziehung ist in diesem Rahmen eine »Hilfe zur Erziehung über Tag und Nacht« nach § 34. Sie wird dann gewährt, wenn sie für das Wohl des Kindes notwendig und geeignet erscheint. Über die Gewährung entscheidet das Jugendamt gemeinsam mit den Eltern und dem betroffenen Kind oder Jugendlichen in einem Hilfeplangespräch (§ 36 KJHG). An der Auswahl der Einrichtung sind die Personensorgeberechtigten und das Kind/der Jugendliche zu beteiligen.

Heimerziehung soll nach § 34 KJHG eine Rückkehr in die Familie anstreben, auf die Erziehung in einer anderen Familie vorbereiten oder eine auf längere Zeit angelegte Lebensform bieten und auf ein selbständiges Leben vorbereiten. Seit der Änderung des KJHG 1993 ist Heimerziehung auch nach § 35a als Eingliederungshilfe für seelisch behinderte Kinder und Jugendliche möglich. Eine andere Art der Fremdunterbringung ist die in einer Pflegefamilie nach § 33 KJHG (Vollzeitpflege, → Pflegekinder).

Ziele ■ Kinder und Jugendliche werden aus unterschiedlichen Gründen fremduntergebracht. Während in und nach Kriegen in Heimen vor allem elternlose Kinder versorgt wurden, ist Verwaisung heute nur noch selten der Anlass von Heimerziehung. Häufig sind → Verhaltensstörungen des Kindes der Grund, warum sich Eltern um Rat und Hilfe an das Jugendamt wenden und (nachdem in der Regel zunächst andere Hilfen zur Erziehung nach dem KJHG in Anspruch genommen wurden) schließlich Heimerziehung gewährt wird.

Die pädagogische Betreuung im Heim soll eine Änderung im Verhalten des Kindes bewirken, parallel wird durch → Elternarbeit versucht, die Eltern in diesen Prozess einzubinden. Elternarbeit hat in den letzten Jahren einen immer größeren Stellenwert in der Heimerziehung erlangt, weil man erkannt hat, dass Verhaltensauffälligkeiten nicht alleine beim Kind liegen und dort »behandelt« werden müssen, sondern das ganze System → Familie einbezogen werden sollte, um dauerhafte Veränderungen zu erzielen.

Andere Gründe für Heimerziehung können Vernachlässigung, Misshandlung oder sexueller Missbrauch (→ sexuelle Gewalt) des Kindes sein. Hier wird das Kind zu seinem Schutz aus der Familie genommen und im Heim untergebracht. Willigen die Eltern nicht in die Hilfe ein und ist das Wohl des Kindes in der Familie gefährdet, wird vom Jugendamt beim Familiengericht ein Antrag auf Entzug der → elterlichen Sorge gestellt (nach § 1666 BGB). Das Kind sieht eine solche Herausnahme jedoch nicht immer als Hilfe, sondern häufig eher als Bestrafung, weil es dadurch von seinem sozialen Umfeld getrennt wird.

Heimerziehung soll des weiteren Sozialisationsdefizite kompensieren und die Entwicklung des Kindes fördern. Dies geschieht durch die Strukturierung des Alltags und Lebensraumes, schulischer Förderung sowie durch therapeutische und pädagogische Angebote wie z.B. → Biografiearbeit.

Geschichte der Heimerziehung ■ Bereits im Mittelalter findet man die Unterbringung und Verwahrung verwaister, verlassener, ausgesetzter oder verwahrloster Kinder in Armenhäusern, Hospitälern, Findelhäusern oder Klöstern. Die Kinder wurden aus christlicher Nächstenliebe heraus aufgenommen, die Erziehung war jedoch streng und hart, weil der Mensch als »verderbt« angesehen wurde. Ab dem 16. Jahrhundert wurden sogenannte Zuchthäuser eingerichtet, in denen die Kinder und Jugendliche durch Zucht und Arbeit in ihrem Verhalten verändert werden sollten.

Im 17. Jahrhundert wurden die ersten Waisenhäuser gegründet, ab 1820 sogenannte Rettungshäuser für verwahrloste Kinder. Mit der Aufklärung (18. Jahrhundert) und der damit verbundenen Sichtweise von Kindheit als eigener Lebensphase und der Notwendigkeit einer kindorientierten Erziehung wurde die Bedeutung von liebevoller Zuwendung und eines pädagogischen Bezuges erkannt. Frühe Pioniere einer kinderfreundlichen und kinderfördernden Fremderziehung waren Johann Heinrich Pestalozzi (1746–1827) und Johann Hinrich Wichern (1808–1881). Pestalozzi gründete Ende des 18. Jahrhunderts Waisenhäuser und Kinderheime in der Schweiz und in Süddeutschland und forderte eine Pädagogik mit menschlicher Nähe, Überzeugung und sittlicher Bildung anstelle von Zwang, Disziplin und Arbeit (»Einheit von Kopf, Herz und Hand«). Wichern war Begründer des »Rauhen Hauses« in Hamburg, einem Rettungshaus, in dem Kinder auf der Basis der Freiwilligkeit zur Arbeit erzogen wurden, um ihnen so bessere Lebenschancen zu eröffnen. Er initiierte auch die Ausbildung von Heimerziehern 1840.

Trotzdem stellte sich Heimerziehung vielerorts eher als Kasernierung von Kindern und Jugendlichen in großen Gruppen dar, die kaum pädagogische Prozesse und eine emotionale Beziehung zu den Erzieherinnen zuließ. Der Besserungsgedanke und die Bewahrung des Kindes vor einem schädlichen Milieu standen im Vordergrund. Der Begriff »Heim« wurde erst Anfang des 20. Jahrhunderts zur Bezeichnung dieser Institution üblich und löste Begriffe wie Besserungsanstalt, Erziehungsanstalt oder Rettungshaus ab.

Um diese Zeit fanden auch reformpädagogische Ideen Eingang in die Heimerziehung, etwa durch August Aichhorn (1878–1949), der in Oberhollabrunn bei Wien mit »verwahrlosten« Kindern arbeitete und eine Erziehung durch Milde und Güte forderte. Weitere Pioniere der Heimerziehung waren Bruno Bettelheim (1903–1990) und Fritz Redl (1902–1988), die den Begriff des »therapeutischen Milieus« prägten. Danach ist nicht nur die → Psychotherapie, die ein Kind erhält, bedeutsam, sondern ebenso die Gestaltung und Strukturierung der Umgebung und der Beziehung zwischen Pädagogin und Kind – das therapeutische Milieu.

Trotz dieser und vieler anderer Reformversuche bedeutete Heimerziehung auch nach dem Zweiten Weltkrieg eher Verwahrung als Erziehung und war mit Stigmatisierung und Etikettierung verbunden. Die Kinder wurden in großen Gruppen häufig von nicht ausgebildetem Personal betreut. Strenge, Disziplin, Ruhe und Ordnung waren die vorherrschenden Erziehungsmaximen. Die Kinder waren nach Alter und Geschlecht getrennt und durch gleiche Kleidung und Frisur als Heimzöglinge erkennbar.

Ende der 60er Jahre verschlimmerten sich die Bedingungen und Zustände in der Heimerziehung. Die sogenannte Heimkampagne, die aus der Studentenbewegung heraus entstand (→ Antiautoritäre Erziehung), prangerte diese skandalösen Zustände in der Heimerziehung an und warb mit dem Slogan »Holt die Kinder aus den Heimen« für Reformen. Eine breite öffentliche Diskussion wurde angestoßen, die auf dem 4. Jugendhilfetag in Nürnberg 1974 u.a. zu folgenden Forderungen führte:

■ Bessere Ausbildung und Entlohnung des Personals in den Heimen

- Abschaffung autoritärer und repressiver Erziehungsmethoden
- Verkleinerung der Gruppen
- Einleitung eines Demokratisierungsprozesses, der die Rechte der Kinder und der Mitarbeiter umfasst
- Abschaffung stigmatisierender Merkmale.

Die meisten dieser Forderungen wurden in der Folge realisiert. Die pädagogischen Konzepte und Ideen vieler Reformer und Pioniere finden sich auch heute noch in der Heimerziehung, sei es in → erlebnispädagogischen Maßnahmen oder der Einsicht in die Wichtigkeit kleiner, überschaubarer und schön gestalteter Lebensräume.

Heutige Formen der Heimerziehung ■

Heimerziehung stellt mittlerweile ein differenziertes Angebot verschiedenartigster Erziehungshilfen dar, die sich bezüglich der institutionellen Rahmenbedingungen und der pädagogischen Ausgestaltung unterscheiden. So kann für jedes Kind/jeden Jugendlichen die passende Hilfeform gewählt werden.

Heim ■ Trotz der massiven Kritik an Heimen als »totaler Institution« gibt es auch heute noch große Heime mit mehreren Gruppen auf einem Gelände, die über 20 bis 100 Plätze verfügen. Die Kinder leben in Gruppen von meist acht bis zehn Mitgliedern zusammen und werden von drei bis fünf pädagogischen Mitarbeiterinnen betreut, die im Schichtdienst arbeiten. Die Betreuung findet rund um die Uhr statt.

Kinderdörfer ■ Ein anderes Arbeitsmodell ist das einer mitlebenden hauptverantwortlichen Erziehungsperson/eines Paares, die/das von weiteren pädagogischen Fachkräften unterstützt wird. Viele dieser älteren Institutionen liegen außerhalb einer Ortschaft, auf dem Heimgelände befindet sich noch eine Heimschule und eventuell Ausbildungswerkstätten. Diese Heime versuchen jedoch, den Ghettocharakter abzubauen, indem sie sich mit Schulen und Ausbildungswerkstätten nach außen öffnen bzw. die Kinder und Ju-

gendlichen öffentliche Schulen besuchen. Auch die Unterbringung erfolgt in familienähnlichen Gruppen mit Ein- oder Mehrbettzimmern, Wohnräumen und eigener Küche. Viele früher zentral organisierte Versorgungsfunktionen wie Kochen oder Wäsche waschen wurden ganz oder teilweise in die Gruppen übertragen.

Wohngruppen ■ Sie entstanden zu Beginn der 1970er Jahre aus der Kritik an der bestehenden Heimerziehung in großen Institutionen mit zentraler Versorgung. Im Gegensatz dazu befinden sich Wohngemeinschaften in einem normalen Wohnumfeld, in einem Einfamilienhaus oder einer gemieteten Wohnung und versorgen sich selbst. Die Kinder und Jugendlichen werden von pädagogischen Mitarbeiterinnen im Schichtdienst betreut, bei manchen Modellen wohnt auch eine Mitarbeiterin oder ein Paar in der Wohngemeinschaft und wird durch externe Erzieherinnen unterstützt. Wohngruppen oder Wohngemeinschaften sind selbständige Einrichtungen (Kleinstheime).

Bei Außenwohngruppen handelt es sich um vom Stammhaus ausgelagerte Wohngemeinschaften, die aber Dienstleistungen, wie z.B. therapeutische Angebote des Heimes, in Anspruch nehmen und deren Mitarbeiterinnen in die Gesamtorganisation eingebunden sind. Vor allem Jugendliche werden in dieser Form der Heimerziehung betreut, häufig wechseln sie nach einer Zeit im Stammhaus zur Verselbständigung in eine Außenwohngruppe.

Betreutes Wohnen ■ Dies wird ebenfalls unter § 34 als »sonstige betreute Wohnform« zur Heimerziehung gezählt. Im betreuten Wohnen werden Jugendliche und junge Volljährige von pädagogischen Fachkräften in einer eigenen Wohnung betreut. Dies sind vor allem Jugendliche, die zuvor im Heim oder in einer Wohngemeinschaft untergebracht waren und nun »verselbständigt« werden, oder Jugendliche, die nicht in einer Gruppe (im Heim, in einer Wohngemeinschaft) leben können oder wollen. Die Betreuung in der Wohnung findet ambulant statt, d.h. die pädagogische Fachkraft besucht die Jugendlichen regelmäßig, um sie zu beraten und zu unterstützen.

Erziehungsstellen ■ Hier leben ein oder mehrere Kinder im Haushalt einer pädagogischen Fachkraft, gemeinsam mit deren Partner und gegebenenfalls leiblichen Kindern. Von einer Pflegefamilie unterscheidet sich das Arrangement durch die professionelle Ausbildung der Fachkraft und deren höhere Entlohnung. Häufig sind Erziehungsstellen an eine Erziehungshilfeeinrichtung angebunden. Die Erziehungsstelleneltern sind dort angestellt und erhalten → Beratung und → Supervision. Diese Art der Fremdunterbringung wird häufig bei jüngeren, aber sehr schwierigen Kindern und/oder Geschwisterkindern gewählt.

Andere Formen der Heimerziehung ■
- Mutter- und Kind-Heime für minderjährige Mütter und ihre Kinder
- Erlebnispädagogische Maßnahmen (→ Erlebnispädagogik), bei denen durch eine enge Betreuungssituation, verbunden mit Grenzerfahrungen und Naturerlebnissen, besonders schwierige Jugendliche erreicht werden sollen
- Milieunahe Heimerziehung, bei der die Kinder in ihrem Lebensumfeld bleiben und das Heim »um die Ecke liegt«
- Projekte, bei denen die ganze Familie für eine begrenzte Zeit stationär aufgenommen und betreut wird (z.B. die »Triangel« in Berlin)
- Geschlossene Heime, in denen Kinder und Jugendliche untergebracht sind, die durch andere Maßnahmen nicht zu erreichen sind bzw. die häufig entweichen.

Das Spektrum der Erziehungshilfen nach dem KJHG umfasst neben der Heimerziehung als stationärer Erziehungshilfe noch weitere Formen der ambulanten oder teilstationären Erziehungshilfen wie die Unterbringung in Tagesgruppen oder die intensive sozialpädagogische Einzelbetreuung. In der Regel werden vor einer Heimunterbringung andere, ambulante oder teilstationäre Hilfen in Anspruch genommen.

Birgit Lattschar

■ **Literaturtipps**

Birtsch, V./Münstermann, K./Trede, W. (Hg.) (2001). Handbuch Erziehungshilfen – Leitfaden für Ausbildung, Praxis und Forschung. Münster: Votum.
Freigang, W./Wolf, K. (2001). Heimerziehungsprofile. Sozialpädagogische Porträts. Weinheim und Basel: Juventa.
Günder, R. (2003). Praxis und Methoden der Heimerziehung (2. Aufl.). Freiburg: Lambertus.

Hort

Der Hort ist eine sozialpädagogische Institution, die den Auftrag hat, Schulkinder außerhalb der Schulzeit zu betreuen, zu bilden und deren Erziehung zu fördern. Die obere Altersgrenze zur Aufnahme in einen Hort ist länderspezifisch geregelt und liegt meist bei vierzehn Jahren. In der öffentlichen Meinung wird der Hort nach wie vor in seiner Betreuungsfunktion gesehen, als Einrichtung für soziale Notlagen (die Eltern können die Kinder nicht selbst betreuen). Ein Grund dafür liegt in der Geschichte dieser sozialpädagogischen Institution.

Geschichte der Horterziehung ■ Als Vorläufer der heutigen Kinderhorte kann man die Arbeits- und Industrieschulen des späten 18. Jahrhunderts ansehen. Die Einrichtungen, die eher den Charakter einer Schule hatten, erfüllten die Aufgabe, die Kinder auf das Arbeitsleben vorzubereiten. Erste Ansätze der Horterziehung zeigen bereits die Strickschulen von Oberlin, in denen neben kleinen Kindern auch gefährdete Schulkinder betreut wurden, sowie die in der ersten Hälfte des 19. Jahrhunderts durch verschiedene pädagogische Vereine gegründeten Beschäftigungs- bzw. Arbeitsanstalten für Kinder.

1872 gründete Franz Xaver Schmid-Schwarzenberg den ersten Hort im eigentlichen Sinn, den »Knabenhort Sonnenblume« in Erlangen. Es folgten bald weitere Einrichtungen in anderen deutschen Städten, die von sogenannten Hortvereinen initiiert wurden. Anders als in den bisherigen Beschäftigungsanstalten sollten die Kinder im

Hort nicht arbeiten, sondern neben der Beaufsichtigung auch eine intellektuelle und sittliche Förderung genießen. Die Zielsetzung der Hortarbeit wurde in der Anfangszeit kontrovers diskutiert. Wollten die einen eher pädagogische Ziele im Vordergrund wissen (Ergänzung der familiären Erziehung, Stärkung der individuellen Kraft der Kinder), so ging die Mehrzahl der Hortvereine davon aus, dass eher der Betreuungsgedanke dominieren sollte (Kinder, deren Eltern aufgrund berufsbedingter Abwesenheit dazu nicht in der Lage waren, sollten außerhalb der Schulzeit betreut werden).

Um die Jahrhundertwende erfolgte eine klare Trennung des Hortes von der Schule, was dazu führte, dass die Einrichtung eigenständig und der familiäre Charakter deutlich wurde. Hedwig Heyl gründete 1883 soziale Einrichtungen für die Arbeiterkinder der Heylschen Farbwerke, aus denen 1894 der Hortverein »Jugendheim e. V.« hervorging, in dem später die Nachfolgerin von Heyl – Anna von Gierke – das »Nachmittagsheim für junge Mädchen« leitete. Sie formulierte auch Anforderungen an die Ausbildung der Hortnerinnen und stellte 1929 ein Konzept der Horterziehung vor.

Im Nationalsozialismus verlor der Erziehungsgedanke in der Hortarbeit seine Bedeutung. Der Staat übernahm wesentliche Aufgaben im Rahmen der Fürsorge für die Jugend (z. B. Jungvolk) und Horte galten nur noch als Noteinrichtungen. Nach dem Zweiten Weltkrieg wurden Horte wieder wichtiger, da sie zur Linderung der sozialen Not beitragen konnten. Pädagogische Zielsetzungen hielten sich zunächst im Hintergrund.

Auch die Reform des Kindergartens in den 1970er Jahren trug zu keiner wesentlichen Veränderung bei. Obgleich in Fachkreisen die Horterziehung häufig thematisiert wurde und es auch einige Modellversuche gab, stand die Frage nach der Bedarfsdeckung häufig im Vordergrund der Diskussionen. Da es bis heute nicht gelungen ist, das Platzangebot adäquat auszuweiten, bleibt die pädagogische Wertigkeit des Hortes in der Reihe der Tageseinrichtungen für Kinder – ähnlich wie bei der Kinderkrippe – eher sekundär. Bei der Vergabe der wenigen zur Verfügung stehenden Plätze spielen in der Regel soziale und nicht pädagogische Überlegungen eine entscheidende Rolle.

In der ehemaligen DDR entwickelte sich hingegen das Hortwesen sehr gut. Die Einrichtungen, die seit Mitte der 1950er Jahre der Schule zugeordnet waren, sollten neben der Betreuung bei der Erledigung der Hausaufgaben auch die Freizeitgestaltung der Kinder begleiten. Hier spielte neben Spiel, Sport und Gruppenarbeit in Interessensgebieten auch die gesellschaftlich nützliche Arbeit eine wesentliche Rolle. Wie bedeutend die Horterziehung in der ehemaligen DDR war, zeigt auch die Versorgungsquote, die – bezogen auf Kinder im Alter von sechs bis unter zehn Jahren – 1989 bei 88 % lag (in den alten Bundesländern lag die Versorgungsquote 1990 bei 5 %).

Die pädagogische Arbeit im Hort ■

Ausgangspunkt für die Hortarbeit sind der Entwicklungsstand des Kindes und seine jeweiligen Entwicklungsaufgaben während dieser Lebensphase. Wichtigste Aufgabe ist die pädagogische Gestaltung der Freizeit. Schulkinder sollen im Hort vielerlei Arten der Entspannung und des Ausgleichs zu ihrem Schulalltag finden und wählen können. Der Hort soll Spaß machen, kein »Wurmfortsatz« der Schule und schon gar nicht mit Zwängen behaftet sein. Beschäftigungen gleich welcher Art müssen als Basis immer auf Freiwilligkeit beruhen. Dies beinhaltet die drei Ziele: Stärkung der Ich-Kompetenz (Selbsterkenntnis und Selbstbewusstsein), Sozialkompetenz (positives Zusammenleben mit anderen) sowie Sachkompetenz (ein Urteil fällen und einen Standpunkt einnehmen können). Erlernt werden diese Kompetenzen entweder im freien → Spiel oder in der gelenkten Beschäftigung. Im freien Spiel suchen sich die Kinder Freunde zum Spielen, sie beobachten, ruhen sich nach dem anstrengenden Schultag aus oder beschäftigen sich kreativ.

Aufgaben und Ziele der Hortpädagogik sind:

- Regeln und Normen des Zusammenlebens vereinbaren
- Konflikte erkennen und aushandeln
- Achtung und Akzeptanz gegenüber der Individualität der Menschen fördern, z.B. bei Alters- und Geschlechtsunterschieden oder Kindern mit Beeinträchtigungen
- Selbstvertrauen und Selbständigkeit stärken
- Erkennen, dass Kinder Rechte haben und an Entscheidungen mitwirken können
- Sich mitteilen, etwas sprachlich ausdrücken, sich mit anderen verständigen können
- Sich seiner Gefühle bewusst werden und diese angemessen ausleben (Freude, Wut, Angst, Trauer).

Gleichwohl ist die pädagogische Arbeit in den Horten stark geprägt von dem Spannungsfeld der Erwartungen, dem die Erzieherinnen ausgesetzt sind. Die Eltern wollen, dass ihr Kind nach Schulschluss versorgt, betreut und bei der Erledigung der Hausaufgaben unterstützt wird. Die Kinder erwarten einen Ersatz familiärer Geborgenheit, was bedeutet, dass die Horterzieherinnen Aufgaben übernehmen müssen, die in Familien sonst Mütter oder Väter ausüben (z.B. Begrüßung des Kindes bei der Rückkehr von der Schule, Ansprechpartner sein für Probleme). Die Lehrer erwarten von den Horterzieherinnen, dass sie schulische Angelegenheiten (Hausaufgaben, Üben für Klassenarbeiten, Gespräche bei Schwierigkeiten) an Stelle der Eltern regeln. Zudem haben auch die im Hort tätigen Erzieherinnen Erwartungen an ihr pädagogisches Handeln, die durchaus auch einmal mit den oben genannten Erwartungen kollidieren können.

Die Entwicklung der pädagogischen Arbeit der Kinderhorte wurde in den vergangenen 30 Jahren eher vernachlässigt. Lediglich vereinzelte Modelle wurden erprobt, nennenswerte Reformen, wie sie der Kindergarten in den 1970er Jahren erlebte, gab es nicht.

Auch heute noch steht in der Regel der pädagogische Inhalt der Horterziehung eher im Hintergrund, da die Einrichtung überwiegend aus sozialen Notlagen (beide Eltern berufstätig, alleinerziehende Elternteile) heraus aufgesucht wird. Daher gibt es praktisch keine Eltern, deren Kinder aus pädagogischen Gründen einen Hort besuchen.

Inhaltlich hat die Hortarbeit von den Entwicklungen im Kindergartenbereich dahingehend profitiert, dass in manchen Einrichtungen die Offene Gruppenarbeit und in der Mehrzahl der Horte der → Situationsorientierte Ansatz praktiziert werden. Wenn es einen Ansatz gibt, der als horttypisch bezeichnet werden kann, so ist es die Pädagogik von Célstin Freinet (1896–1966, → Freinetpädagogik). Wenngleich der Ansatz in seinem Ursprung grundschulorientiert ist, so kann er ohne große Probleme auf den Hort – aber auch auf andere Kindertagesstätten – übertragen werden. Freinet ging davon aus, dass das Kind in der Lage ist, seine Bedürfnisse zu erkennen und ihnen nachzukommen. Es kann eigenständig Entscheidungen treffen, seinen Lernrhythmus selbst bestimmen und diszipliniert arbeiten. Grundvoraussetzung hierfür ist allerdings, dass der Erwachsene dem Kind genügend Freiräume lässt.

Grundelemente der Freinetpädagogik sind die Werkstätten/Ateliers, die den Kindern frei zugänglich sind und in denen sie mit Holz und Ton arbeiten bzw. Drucken, Experimentieren und Beobachten können. Das Kind übernimmt selbst die Verantwortung für sein Lernen und stellt zu diesem Zweck einen individuellen Wochenplan auf. Auch Arbeitsmaterialien werden vom Kind hergestellt. Der Erwachsene (Lehrer, Erzieherin) dient in allen Bereichen nur als Berater.

Ausblick ■ Seit einigen Jahren wird die Stellung der Kinderhorte in der Reihe der Tageseinrichtungen für Kinder zunehmend schwieriger. Neben problematischen pädagogischen Situationen, werden Horterzieherinnen zunehmend dem Druck ausgesetzt, ihr Handeln – insbesondere in der kinderfreien Vormittagszeit – zu dokumentieren. Auch die Tatsache, dass im Bereich der Grundschule zunehmend Tendenzen zur Ganztagsschule erkennbar sind, trägt zu der schwierigen Situation der Kinderhorte bei, obgleich hierdurch die Chance gegeben ist, den pädagogischen Auftrag der Horte mehr in den Vordergrund zu stellen, denn die reine Versorgung und Beaufsichtigung der Kinder kann dann in der Schule erfolgen. Es bleibt offen, wie viele Eltern in diesem Fall bereit sein werden, ihre Kinder in Horten anzumelden, wenn nicht mehr Beaufsichtigung, Versorgung und Hausaufgabenerledigung, sondern rein pädagogische Überlegungen für diese Entscheidung eine Rolle spielen.

Manfred Vogelsberger

■ Literaturtipps

Berry, G./Pesch, L. (Hg.) (2000). Welche Horte brauchen Kinder? Ein Handbuch (2. Auflage). Neuwied/Kriftel/Berlin: Luchterhand.

Kaplan, K./Becker-Gebhard, B. (Hg.) (1999). Handbuch der Hortpädagogik (2. Auflage). Freiburg: Lambertus.

Kaplan, K. u.a. (2003). Was Horte Schulkindern zu bieten haben. München: Don Bosco.

Rolle, J./Kesberg, E. (1988). Der Hort. Handbuch für die Praxis. Band 4. Der Hort im Spiegel seiner Geschichte – Quellen und Dokumente. Köln: Kohlhammer.

Humor

Humor ist eine spezielle → Kommunikationsform, die mal mit, mal ohne Worte stattfindet und von Lächeln bis Lachen begleitet wird. Humor kommt fast nur im Beisein anderer auf und bewirkt ein Gefühl der Freude über ein unerwartetes, zum Nachdenken aufforderndes Ereignis, von dem gehört, das gesehen oder selbst erlebt wird. Alle humorvollen Szenen verunsichern zunächst und verlangen nachzudenken. Der Zuhörer oder Zuschauer hat mit einem solchen Verlauf der Geschehnisse nicht gerechnet. Hat man die meist realitätsverzerrte Perspektive einer Darstellung oder eines Geschehens dann jedoch durchschaut und verstanden, wird das befreiende Lachen, das sich anschließt, als höchst befriedigend erlebt.

Funktionen des Humors ■

Humorvolles, Witziges zu erleben, ist eine lustvoll-ästhetische Empfindung und vergleichbar mit dem Kitzeln. In beiden Fällen fühlt man sich unerwartet »berührt«. Beim Kitzeln ist es der Körper, der stimuliert und mobilisiert wird, beim Humor der Geist. Mit Humor trainiert man die geistige Beweglichkeit angesichts unerwarteter Vorkommnisse.

Humor kommt fast ausschließlich im sozialen Kontext auf, also im Beisein anderer. Es entsteht ein Klima wohlwollender Gegenseitigkeit, ebenso das Gefühl, etwas miteinander zu tun zu haben. Für diese Empfindungen gibt es eine stammesgeschichtliche Erklärung, die von dem Evolutionsbiologen Robert Trivers ausgearbeitet wurde. Er sieht Humor als gegenseitige Gunsterweisung, die auf emotionalem Austausch beruht und Beziehungen fördert. Ein guter Witz wird mit Lachen belohnt, was außer Bestätigung die durchaus berechtigte Erwartung ableiten lässt, bei nächster Gelegenheit nun selbst durch ein Mitglied der Gruppe amüsiert zu werden.

Humor ist auch ein Instrument der Normenkontrolle. Jemanden auf die Schippe zu nehmen, ist ein auffälliges, aber noch verkraftbares Signal, das sicherstellt, dass ein Gruppenmitglied sich wieder wunschgemäß und gruppenkonform verhält. Mit Humor können kritische Situationen entschärft werden, und das gemeinsame Lachen lässt Zusammengehörigkeit spüren und aktive Präsenz am Gruppenleben demonstrieren.

Wird im Humor auch primär sozial bindendes Verhalten gesehen, so gibt es ebenso angreifenden und ausgrenzenden Humor, sobald das Auslachen im Vordergrund steht. Verbünden sich die Lacher auf Kosten eines Gruppenmitglieds, kann es schnell zu einer nur schwer zu bremsenden massensuggestiven Reaktion kommen, die den Ausgegrenzten Schutz und Mitgefühl verlieren lässt.

Trotz des überwiegend sozialen Kontextes des Humors kann man mitunter auch über sich selbst lachen. Hierzu kommt es, wenn es einem gelingt, sich und sein Handeln von außen zu betrachten. Genau genommen simuliert man auch hierbei eine soziale Situation und muss über das Verhalten der Person lachen, die man zufällig selbst ist.

Das mit Humor verbundene Lachen sorgt nicht nur in Extremsituationen für Entspannung, Lachen ist gesund. Wer täglich mehrmals herzhaft lacht, regt damit die Produktion der Immunglobuline A an. Sie sorgen dafür, dass Krebszellen von den körpereigenen Abwehrzellen erkannt und beseitigt werden. Zudem werden durch das Lachen Endorphine – körpereigene Schmerzmittel – und Katecholamine (Anregungsstoffe) ausgeschüttet, die stimulierend und aufheiternd wirken.

Entwicklungspsychologische Aspekte ■

Bereits im vierten oder fünften Lebensmonat lachen Kinder laut bei einer Kombination taktiler und auditiver Reize, z.B. bei einer leichten Berührung der Nase begleitet von einem zärtlichen Ton. Ab dem achten Monat erfolgen freudig-spaßige Reaktionen auf visuelle Reize, die einen plötzlichen Kontrast bieten, z.B. auf Kuckuck-Spiele, bei denen ein vertrautes Gesicht kurz verschwindet, um dann wieder lachend aufzutauchen. Mit einem Jahr lachen Kinder über gemäßigt Unerwartetes, wie Erlebnisse, die mit dem bisher Gewohnten nicht übereinstimmen, z.B. wenn die Mutter den Vater aus der Babyflasche trinken lässt. Um den zweiten Geburtstag lacht ein Kind über eigene Aktionen, wenn es z.B. sein Schmusetier überraschende Bewegungen ausführen lässt. Und kaum ein halbes Jahr später beginnt es, Gehörtes mit seiner bisherigen Weltsicht zu vergleichen und lacht ohne Angst, wenn die Mutter bettelt, ein bisschen von seinem Ohr abknabbern zu dürfen.

Kindergartenkinder ergreifen immer mehr die Initiative, selbst witzig zu sein. Wortspiele, bei denen alle gelacht haben, werden mit fünf Jahren begeistert wiederholt. In diesem Alter zeigen hochbegabte Kinder bereits viel Sinn für Humor, da sie deutlich früher als ihre Altersgenossen den Witz absurder Situationen verstehen. Erzählte Witze, ebenso Bilderwitze werden erst mit sechs oder sieben Jahren für Kinder attraktiv. Vorher lachen sie höchstens aus sozialem Gemeinschaftssinn.

Joachim Schreiner (2003) hat gezeigt, dass Humorverständnis und sein gezielter Einsatz parallel zur emotionalen, sprachlichen und kognitiven Entwicklung verlaufen. Um Humor zu verstehen, müssen folgende Voraussetzungen gegeben sein:

■ Ein Kind muss die liebevoll zugewandte Verlässlichkeit seiner Bezugspersonen erlebt haben, um angstfrei und heiter agieren zu können

■ Seine Entwicklung muss so weit fortgeschritten sein, dass das Witzige, die gewollte Abweichung von der Norm, auch als solche erkannt wird. Den Wahrnehmungssprung zu erkennen, hat ein solides Wissen über Normalabläufe sowie die Souveränität, diese gedanklich flexibel zu handhaben, zur Voraussetzung

■ Es muss bekannt sein, dass nicht immer alles ernst gemeint ist, was gesagt wird, dass es weniger um Informationsaustausch als um soziale Streicheleinheiten geht. Niemand rechnet mit einer ernsthaften Antwort auf einen Witz, sondern damit, dass jemand das Thema aufgreift und der Spaß weitergeht

■ Wichtig ist auch, dass nicht alles Gesagte wörtlich genommen wird, sondern dass jeweils herausgehört wird, was eigentlich mitgeteilt werden soll.

Ironie und Spott ■

Von Ironie sprechen wir, wenn mit Humor das Gegenteil des Gesagten gemeint ist. Wenn ein Erwachsener ironisch ist, sagt er absichtlich etwas Falsches, aber nicht, um den wahren Sachverhalt zu verschleiern, sondern um diesen hervorzuheben. Der Angesprochene soll merken, dass mit Absicht nicht das Richtige gesagt wird, aber gerade dadurch die tatsächliche Botschaft verstehen. Tritt jedoch zur Ironie ein neues beißendes und bösartiges Element, dann sprechen wir von Sarkasmus.

Kann ein Kind Ironie verstehen? Zuerst nimmt jedes Kind das Gesagte wortwörtlich, unterstellt dem Sprecher vor seinem bisherigen Erfahrungshintergrund Aufrichtigkeit und reagiert demnach zwangsläufig unangemessen. Verschüttet es Milch und hört den Satz: »Das hast du aber toll gemacht!«, so wird es nur wenige Male stolz lächeln. Es merkt schnell, dass der Satz nicht zum Mienenspiel der Mutter passt und auch nicht zu seiner eigenen Vorstellung davon, wie »toll eingießen« aussehen sollte. In einem zweiten Schritt lernt es das Gemeinte zu verstehen, weil es nun den Gesamtkontext wie Mimik, Tonfall (→ Körpersprache) und eigene Kenntnisse über die Richtigkeit von Abläufen zum Entschlüsseln heranzieht. So zu tun, als sei etwas anders, und dabei gleichzeitig genau zu wissen, dass dem nicht so ist, stellt eine komplexe kognitive Leistung dar.

Neben dem Spott, bei dem sich jemand in relativ milder, aber doch gefühlsverletzender Absicht über jemand anderen lustig macht, kennen wir auch den bösen Spott, der mit Verachtung gemischt ist. Dies wird als Hohn bezeichnet. Steht bei einem verletzenden Humor die Absicht im Vordergrund, die Schwächen eines anderen gefühllos auszunutzen und ihn zu »vernichten«, sprechen wir von Zynismus.

Humor in der Pädagogik ■ Die positive Bedeutung des Humors in der Erziehung ist unumstritten. Dazu bedarf es jedoch einiger Voraussetzungen. Die befreiende und anregende Wirkung von Humor kann sich entfalten in einer Umgebung, in der Erkunden, Spielen, Nachahmen, Neugier und Begeisterung erlaubt sind, die Rahmenbedingungen hierfür sogar bewusst geschaffen werden. Divergentes Denken muss nicht nur erlaubt, sondern begünstigt werden. → Kreativität sollte belohnt, Unerwartetes begrüßt werden. Nur mit Handlungsspielräumen und geistigen Freiräumen können Grenzen gesprengt werden und neue Aktionsfelder sich auftun. Unter diesen Bedingungen wird es auch Meinungsverschiedenheiten geben, vielleicht sogar mehr als in freudlosen Umgebungen, doch in einer humorvollen und offenen Atmosphäre werden diese Spannungen besser ausgehalten und ist es einfacher, gemeinsam an Lösungen zu arbeiten.

Es geht aber auch um jedes einzelne Kind. Wenn es sich von seiner humorvollen Seite zeigt, wird es von den anderen wahrgenommen und anerkannt. Es ist ein gutes Gefühl, immer wieder einmal im Mittelpunkt positiver Aufmerksamkeit zu stehen, dann kann man diesen Platz auch anderen gönnen und an ihren Gruppenerfolgen teilhaben.

Wichtig sind aber auch Erwachsene, die den Mut haben, sich als Vorbild für humorvollen Umgang in alltäglichen Situationen anzubieten. Nicht als Pausenclown, sondern als jemand, mit dem man lacht und arbeitet. Es ist ein großer Unterschied, ob der Humor dazu beiträgt, dass Hürden leichter genommen werden können oder ob jede Anforderungen bagatellisiert und dadurch die erbrachte Leistung auch entwertet wird. Mit gekonntem, wohlwollendem Humor geht tatsächlich alles leichter.

Gabriele Haug-Schnabel

■ **Literaturtipps**

Kassner, D. (2002). Humor im Unterricht. Hohengehren-Baltmannsweiler: Schneider.
Schreiner, J. (2003). Humor bei Kindern und Jugendlichen. Berlin: VWB.

Hygiene

Unter Hygiene versteht man heute die Maßnahmen, die zur Infektionsverhütung durchgeführt werden können. Dazu gehören die persönliche Körperpflege, Trinkwasserbereitstellung ohne relevante Mengen an Krankheitserregern, gesunde Ernährung, Abwasserentsorgung, Müllbeseitigung, aber auch Schutzimpfungen, darüber hinaus Desinfektions- und Sterilisationsmaßnahmen in den Einrichtungen des Gesundheitsdienstes. Hygienemaßnahmen haben heute in Deutschland verschiedene Vorgaben, die sich auch auf Gemeinschaftseinrichtungen zur Unterbringung von Kindern und Jugendlichen, Pflegeeinrichtungen, Obdachlosenasyle und Justizvollzugsanstalten erstrecken.

Hygienerecht ■ Für Erzieherinnen besonders wichtig sind die §§ 33 bis 36 des Infektionsschutzgesetzes (IfSG). In § 33 werden die Einrichtungen aufgezeigt, in denen überwiegend Säuglinge, Kinder und Jugendliche betreut werden – von Kindergärten über Kinderheimen bis zu Ferienlagern – und in denen Hygienemaßnahmen zu beachten sind. Im § 34 werden Krankheitsbilder (auch

Krankheitsbezeichnung	Erregername	Erregerart
Cholera	Vibrio cholerae	Bakterium
Diphtherie	Corynebacterium diphtheriae	Bakterium
Enteritis	E. coli	Bakterium
Hämorrhagisches Fieber	Z.B. Marburg-Virus	Virus
Meningitis	Haemophilus influenzae Typ b	Bakterium
Ansteckende Borkenflechte / impetigo contagiosa	Staphylococcus aureus	Bakterium
Masern	Morbilli	Virus
Meningokokken-Infektion	Neisseria meningitidis	Bakterium
Mumps	Mumpsvirus	Virus
Paratyphus	Salmonella paratyphi	Bakterium
Pest	Yersinia pestis	Bakterium
Poliomyelitis	Poliovirus	Virus
Scabies (Krätze)	Sarcoptes scabiei scabiei	Milben
Scharlach	Streptococcus pyogenes	Bakterium
Shigellose	Shigella dysenteriae	Bakterium
Typhus abdominalis	Salmonella typhi	Bakterium
Virushepatitis A oder E	HAV, HEV	Viren
Windpocken	Varicella-Zoster-Virus	Virus
Läuse	Pediculus humanus, Phthirus pubis	Ektoparasiten
Keuchhusten	Bordetella pertussis	Bakterium
Lungentuberkulose	Mycobakterium tuberculosis u.a.	Bakterium

Tab. 1 Übertragbare Krankheiten

Kinderkrankheiten) aufgelistet, die durch übertragbare Erreger ausgelöst werden (Darstellung in Tabelle 1).

Menschen, die an einer der genannten Infektionen erkrankt oder von Läusen befallen oder dessen verdächtig sind, dürfen nicht als Pfleger, Lehrer, Erzieherinnen oder Aufsichtspersonen unter den in § 33 genannten Einrichtungen tätig sein. Auch Mitarbeiter, die andere Tätigkeiten ausüben (z.B. in Verwaltung, Küche (siehe auch §§ 42, 43 IfSG), Reinigungsdienst), bei denen sie Kontakt mit den Betreuten haben könnten, müssen ihre Tätigkeit einstellen und zwar so lange, bis ein ärztliches Attest bescheinigt, dass eine Weiterverbreitung von Krankheitserregern nicht mehr möglich ist.

Kinder und Jugendliche mit diesen Krankheiten müssen entweder zu Hause bleiben oder dürfen, wenn sie in der Einrichtung wohnen, nicht an Gemeinschaftsveranstaltungen, also auch nicht am Unterricht, teilnehmen. Sie dürfen Aufenthaltsräume und Betriebsräume, wie z.B. die Küche, nicht betreten und auch nicht von allen gemeinsam genutzte Einrichtungsgegenstände, z.B. den Spielplatz, benutzen. Kinder unter sechs Jahren, die an infektiösem Durchfall auch durch andere Erreger als die in der Tabelle genannten erkrankt sind, müssen genauso behandelt werden, es sei denn das Gesundheitsamt gestattet die Teilnahme an Gemeinschaftsaktivitäten ausdrücklich.

Viele Infektionserreger werden von den Infizierten auch nach Abklingen aller Krankheitssymptome zumindest noch eine Zeit lang ausgeschieden. Dies gilt z.B. für Erkrankungen an Cholera, Diphtherie, Enteritis, Paratyphus, Shigellose und Typhus. Menschen, die Erreger ausscheiden, dürfen nur mit Zustimmung des Gesundheitsamtes und unter Einhaltung aller notwendigen Hygienemaßnahmen zum Schutze der Mitbetreuten und des Personals am Gemeinschaftsleben teilnehmen und die Einrichtungen nutzen. Da ein Teil der Erreger schon *vor* Ausbrechen der Symptome weitergegeben oder aber durch Nichterkrankte übertragen werden kann, gilt für die Krankheitsbilder von Cholera, Diphtherie, Enteritis, hämorrhagischem Fieber, Meningitis, Lungentuberkulose, Masern, Meningokokken-Infektionen, Mumps, Paratyphus, Pest, Poliomyelitis, Shigellose, Typhus und Virushepatitis, dass Personen, in deren Haushalt (Wohngemeinschaft) Menschen an den genannten Krankheitsbildern erkrankt sind, auch nicht am Gemeinschaftsleben teilnehmen dürfen und in der Einrichtung Tätige ihre Tätigkeit nicht ausüben dürfen.

Informations- und Meldewesen ■

Die Eltern bzw. Sorgeberechtigten sind verpflichtet, den Verdacht, das Auftreten, das Ausscheiden von Krankheitserregern bzw. das Auftreten von Krankheitsbildern im Haushalt den Leitern der jeweiligen Gemeinschaftseinrichtung zu melden. Diese wiederum müssen eine namentliche Meldung an das Gesundheitsamt abgeben, die auch krankheitsbezogene Daten enthält. Auch das Auftreten von zwei oder mehr Fällen der gleichen, schwerwiegenden Erkrankung ist zu melden.

Die Meldepflicht entfällt, wenn die Meldung bereits durch andere, z.B. behandelnde Ärzte, durchgeführt wurde. Dennoch ist es sinnvoll, sich mit dem örtlichen Gesundheitsamt in Verbindung zu setzen. Dessen Kompetenzen sind relativ weitreichend, so können zusätzliche Schutzmaßnahmen angeordnet oder aber Zulassungen ausgesprochen werden, wenn noch Erreger ausgeschieden werden und die nötigen Schutzmaßnahmen getroffen wurden. Mit Inkrafttreten des Infektionsschutzgesetzes wird der Impfstatus von Kindern bei der Erstuntersuchung vor Eintritt in die Schule dem Robert-Koch-Institut (Bundesinstitut für Infektionsprävention) gemeldet. § 35 des Infektionsschutzgesetzes schreibt vor, dass Personen, die in solchen Gemeinschaftseinrichtungen tätig sind oder regelmäßig Kontakt zu den dort Betreuten haben, im Abstand von maximal zwei Jahren über die Inhalte des § 34 zu belehren sind. Über diese Belehrungen sind Protokolle zu erstellen, die drei Jahre aufzubewahren sind.

Hygieneplan ■

§ 36 Infektionsschutzgesetz fordert die Erstellung eines Hygieneplans für Gemeinschaftseinrichtungen. Dieser wird in der Regel weitgehend identisch sein mit dem Reinigungsplan, der Reinigungsintervalle und Reinigungsmittel festlegt. Desinfektionsmaßnahmen sind im Regelfall nicht erforderlich. Im Wohnheimbereich können sie unter bestimmten Bedingungen sinnvoll sein, z.B. wenn eine Person an infektiösem Durchfall erkrankt ist. Wenn nämlich keine allein genutzte Toilette zur Nutzung für die Betroffenen zur Verfügung steht, sollten nach jedem Toilettengang die Toilettenbrille und die Spültaste desinfiziert werden.

Lebensmittel ■

Werden Lebensmittel ausgegeben (z.B. auch bei Kindergartenfesten), sind die § 42 und § 43 des Infektionsschutzgesetzes zu beachten. § 43 fordert dabei von Personen, die gewerbsmäßig oder ehrenamtlich Lebensmittel zubereiten oder verteilen, eine Belehrung durch das Gesundheitsamt oder einen vom Gesundheitsamt beauftragten Arzt. Die Belehrung erfolgt in mündlicher und schriftlicher Form und ist jährlich zu wiederholen, dies kann aber durch die Einrichtungsleitung bzw. den Vereinsvorstand selbst veranlasst und durchgeführt werden.

Gemeinsames Kochen mit Kindern und Jugendlichen zu pädagogischen oder therapeutischen Zwecken unterliegt normalerweise dem häuslichen Bereich, das heißt es müssen keine Belehrungen nach § 43 Infektionsschutzgesetz vorliegen. Jedoch sind auch hier alle Maßnahmen der Lebensmittelhygiene zu beachten. Die Küche, die für die Gemeinschaftsverpflegung sorgt, hat auch die Vorgaben des Lebensmittel- und Bedarfsgegenständegesetzes (LMBG) und der Deutschen Lebensmittelhygiene-Verordnung (LMHV, solange noch gültig) zu befolgen.

Tiere ■ Immer mehr Einrichtungen beziehen den Umgang mit Tieren in ihre pädagogische Arbeit ein (→ Tiergestützte Pädagogik). Gegner dieser Therapie bzw. dieses pädagogischen Ansatzes argumentieren immer wieder mit Hygiene. Natürlich ist ein Infektionsrisiko über Tiere nicht gleich Null zu setzen, aber normalerweise überwiegt der Nutzen die möglichen Risiken deutlich. Allerdings sind ein klares Konzept und eine geeignete Organisation, die das Wohl von Mensch und Tieren gleichermaßen berücksichtigen, erforderlich.

Einfache Hygienemaßnahmen wie Händewaschen nach Tierkontakt, Vermeiden von »Schnäuzchen küssen« sowie von Kontakt mit Tierkot unterbrechen die meisten möglichen Infektionswege. Die eingesetzten Tiere sollten gesund und durchgeimpft sein und, falls erforderlich, regelmäßig entwurmt werden. Reiner Tierbesuch, d.h. das Tier wird außerhalb der Einrichtung gehalten und kommt mit dem Halter zu bestimmten Zeiten zu Besuch, erfordert normalerweise keine Änderungen des vorhandenen Hygienekonzepts.

Tierhaltung in der Einrichtung dagegen sollte mit dem örtlichen Gesundheitsamt abgesprochen und im Hygieneplan beschrieben werden. Das entsprechende Dokument des Hygieneplans umfasst die Anweisungen zur Reinigung des Lagers des Tieres, der Fress- und Futternäpfe sowie andere Maßnahmen für die jeweils artgerechte Haltung und legt Verantwortliche dafür fest.

Erweiterte Hygienemaßnahmen ■ In Einrichtungen für Schwerstbehinderte, Abwehrgeschwächte o.Ä. geht der Hygieneplan unter Umständen über den Reinigungsplan hinaus, die dann festgelegten Schutz- und Desinfektionsmaßnahmen sind einzuhalten.

Andreas Schwarzkopf

■ **Literaturtipps**

IfSG (2001) und aktuelle Merkblätter zu Erkrankungen im Internet: www.rki.de (Webseite des Robert-Koch-Instituts), z.B. »Infektionserreger von A-Z« (Fortlaufend aktualisiert und unter «Gesundheitsberichterstattung«: GBE-Heft 19 »Heimtierhaltung – Chancen und Risiken für die Gesundheit« 12/2003.

Schwarzkopf, A. (2004). Praxiswissen für Hygienebeauftragte, Kohlhammer-Verlag: Stuttgart.

Integrative Erziehung

Integration von Kindern mit einer Behinderung in die Regel-Kindertagesstätte, genauer gesagt die gemeinsame Erziehung von Kindern mit und ohne Behinderung, hat sich aus den ersten Modellversuchen der 1980er Jahre inzwischen zu einem festen Bestandteil vieler Konzeptionen von Kindertagesstätten entwickelt. Heute gängige Begriffe wie z.B. integrative Erziehung, Integrations-Kita, Integrationsgruppe, Stützpädagogen oder Facherzieherin für Integration wurden in den 1990er Jahren geprägt und verweisen auf eine erstaunliche Entwicklung in nur wenigen Jahren.

Zur Entwicklung ■ Bis in die 1970er Jahre wurden Kinder mit Behinderung getrennt von anderen Kindern in Sonderkindergärten und anschließend in Sonderschulen betreut. Dies bedeutete für Kinder wie für Eltern Aussonderung und Isolation vom normalen gesellschaftlichen Lebensalltag. Anfang der 1970er Jahre begannen in der BRD engagierte Eltern von Kindern mit Behinderung sowie weitere interessierte Eltern und Pädagoginnen mit Bemühungen, behinderte und nichtbehinderte Kinder in Spiel- und Kindergartengruppen gemeinsam aufwachsen zu lassen. Aus dieser Zeit stammt auch das erste offizielle Dokument zu Empfehlungen zur gemeinsame Erziehung von Kinder mit und ohne Behinderung (Deutscher Bildungsrat 1973). Darin wird festgehalten, dass eine frühe Aussonderung im Kindesalter Gefahren von Desintegration im Erwachsenenalter birgt; die Integration Behinderter in die Gesellschaft sei deshalb eine vordringliche Aufgabe eines jeden demokratischen Staates. Dennoch blieben die Bemühungen um eine gemeinsame Erziehung auf Einzelinitiativen beschränkt.

Im »Jahr des Behinderten« (1981) erhielt die integrative Erziehung neue Impulse durch die »Nationale Kommission für das internationale Jahr des Behinderten«. Sie forderte die Öffnung der Kindertagesstätten für behinderte Kinder. Die Kindertagesstätten sollten für diese besondere pädagogische Arbeit vorbereitet und ausgestattet sein. In den Folgejahren öffneten sich die ersten Kindertagesstätten (Regel-Kitas), um einzelne Kinder mit Behinderung aufzunehmen (Einzelintegration). An manchen Orten entstanden zudem Formen von → Kooperation zwischen Regel- und Sonderkindergärten. Ab Mitte der 1980er Jahre begannen mit staatlicher Unterstützung in einzelnen Bundesländern Modellversuche und Erprobungsprogramme zur gemeinsamen Erziehung im Elementarbereich. Die Ergebnisse lauteten übereinstimmend:

■ Die gemeinsame Erziehung wirkt sich auf behinderte wie nichtbehinderte Kinder anregend und förderlich aus
■ Die vielfältigen Begegnungsmöglichkeiten von Kindern mit unterschiedlichen Fähigkeiten und Voraussetzungen ermöglichen Erfahrungen und Kompetenzen, wie dies im Alltag einer Regel-Kita schwer möglich ist
■ Familien von Kindern mit Behinderung können sich auf diese Weise eher in den normalen gesellschaftlichen Lebensprozess eingliedern.

Allerdings wurde in allen Berichten das Gelingen dieses zukunftsorientierten pädagogischen Konzeptes abhängig gemacht von

■ Adäquater baulicher und sachlicher Ausstattung
■ Qualifizierter Fort- und Weiterbildung und Begleitung der Erzieherinnen
■ Formen der Kooperation mit Therapeuten und anderen Fachleuten.

In den folgenden Jahren fand hinsichtlich der gemeinsamen Erziehung eine Entwicklung in erheblichem Ausmaß statt, die für pädagogische Reformen bemerkenswert ist. Auch in den neuen Bundesländern wurde das Konzept der gemeinsamen Erziehung sehr schnell aufgegriffen und in zahlreichen Kindertagesstätten umgesetzt, denn bis zur Wende fand in der ehemaligen DDR die Betreuung behinderter Kinder ausschließlich in nach Behindertenformen gegliederten Sondereinrichtungen statt.

Gesetzliche Grundlagen ■ Die Grundlagen für die Anerkennung einer Behinderung sowie für Leistungen der Eingliederungshilfe der Kinder sind im SGB (Sozialgesetzbuch) XII, insbesondere § 53 sowie im SGB VIII (→ Kinder- und Jugendhilfe-Gesetz[KJHG]) § 35a verankert. Maßnahmen zur Eingliederung sind vor allem Hilfen zu einer angemessenen Schulbildung sowie Leistungen zur Teilhabe am Leben in der Gemeinschaft. Das KJHG (§35a) regelt die Hilfen für seelisch behinderte Kinder und Jugendliche und fordert Hilfen (heilpädagogische Maßnahmen) nach Bedarf in Tageseinrichtungen für Kinder. Neben den Ausführungen in Bundesgesetzen bestehen inzwischen Regelungen zur Integration von Kindern mit Behinderung in den Kita-Gesetzen auf Länderebene. U.a. vermerkt das Berliner Kita-Gesetz, dass keinem Kind aufgrund der Art und Schwere seiner Behinderung oder seines besonderen Förderungsbedarfs die Aufnahme in eine (Regel-)Kindertagesstätte verwehrt werden darf. Die Kitas erhalten für jedes behinderte Kind eine zusätzliche personelle Förderung.

Konzept der gemeinsamen Erziehung ■

Kinder und Gruppe ■ Entsprechend der jeweiligen Konzeption der Kita oder den Vorgaben auf kommunaler Ebene werden in der Regel zwei bis vier Kinder in eine Gruppe aufgenommen. Da die Eltern aus dem jeweiligen Wohnumfeld einer Kita ihre Kinder mit Behinderung anmelden, sind die Behinderungsarten sowie die Fähigkeiten und → Bedürfnisse der Kinder unterschiedlich (im Gegensatz zu Sonder-Kitas für spezifische Formen der Behinderung). Das bedeutet für die Pädagogen, die Kinder in der Gruppe mit der Verschiedenheit von Menschen und deren unterschiedlichen Fähigkeiten, Schwächen und Bedürfnissen vertraut zu machen. Die Kinder spielen und lernen mit der jeweils notwendigen (heil-)pädagogischen Unterstützung gemeinsam mit den anderen Kindern. In der gelungenen integrativen Arbeit erleben alle Kinder die Gelassenheit und Akzeptanz der Pädagoginnen im allgemeinen Umgang mit »Fehlern« und Schwächen als entlastend und dies bietet ein weites Feld zur Entwicklung sozialer Kompetenzen (→ Soziale Bildung).

Pädagogische Mitarbeiterinnen ■ Der zeitliche Umfang der Fördermaßnahmen sowie die Qualifikation für pädagogische bzw. heilpädagogische Zusatzkräfte (Facherzieherinnen) werden auf Länderebene geregelt. In der Regel wird eine Aus- oder Weiterbildung als Heilpädagogin, Reha-Pädagogin oder Facherzieherin für Integration verlangt. Von allen Mitarbeiterinnen der Kita wird die Bereitschaft zu Fortbildung und Reflexion im Team erwartet. Die Pädagoginnen begleiten die Kinder im Kita-Alltag, sie bieten u.a. eine vertiefte Entwicklungsbeobachtung sowie ressourcenorientierte Förderangebote in Kleingruppen an und unterstützen die Integration des Kindes in die Gruppe. → Supervision, → Fachberatung, sowie → Fortbildung werden als notwendige Säulen im Konzept der gemeinsamen Erziehung erachtet.

Zusammenarbeit mit Eltern ■ Die Zusammenarbeit mit den Eltern von Kindern mit Behinderung ist von besonderer Bedeutung (→ Elternarbeit). Eltern sind Experten für Entwicklung und Wohlbefinden ihrer Kinder und wirken mit am Prozess der Integration, Transparenz der pädagogischen Arbeit, insbesondere der jeweiligen Fördermaßnahmen (Förderpläne), intensive Gespräche, Mitbeteiligung und Kooperation sind wesentliche Bausteine der gemeinsamen Erziehung.

Zusammenarbeit mit Therapeutinnen ■ Entsprechend der Art und Weise der Behinderung werden die Kinder auch therapeutisch begleitet und gefördert, i.d.R. in Kooperation zwischen Kita und Frühförderstellen. Kinder- und Jugendambulanzen oder sozialpädiatrischen Zentren. Nach Möglichkeit soll die therapeutische Förderung im Kita-Alltag stattfinden, um den Lebensraum Kita einzubeziehen und Eltern von zusätzlichen Belastungen durch das Aufsuchen externer Therapieeinrichtungen zu entlasten. Als Grundsatz für pädagogische, heilpädagogische wie the-

175 ■ ■ ■ ■

rapeutische Fördermaßnahmen gilt, sich an den Ressourcen und Fähigkeiten von Kindern sowie am Prinzip der ganzheitlichen Entwicklung zu orientieren.

Integration in der Schule ■ Im Bereich Schule wird ebenfalls intensiv und schon länger als im Elementarbereich die integrative Erziehung und Bildung erforscht und erprobt. Sie ist in Schulgesetzen auf Länderebene unterschiedlich verankert. Integration findet allerdings bisher nur an wenigen Schulen, vorwiegend in Grundschulen statt.

Ausblick ■ Anfänglich wurde die gemeinsame Erziehung vor allem als Angelegenheit von Eltern und ihren behinderten Kindern betrachtet. In der Folge erzeugte die positive Entwicklung der Kinder in diesen Integrationsgruppen Aufmerksamkeit in der Fachöffentlichkeit. Heute tritt die Erkenntnis in den Vordergrund, dass die mit der Einführung der gemeinsamen Erziehung von Kindern mit und ohne Behinderung in Kitas verbundenen Veränderungen wichtige Entwicklungen in Theorie und Praxis der Pädagogik sowie in der Sozial- und Gesellschaftspolitik ausgelöst haben. Deutlich wird dies auch durch die Anfang dieses Jahrhunderts entfachte Qualitätsdebatte in der gemeinsamen Erziehung. Die derzeitige Diskussion umfasst einen weiteren Aspekt, der nicht nur Kinder mit Behinderung in die gemeinsame Erziehung einbezieht, er lautet: Wenn die unterschiedlichen Entwicklungs- und Lernvoraussetzungen sowie die besonderen Eigenarten von Kindern nicht mehr als Anlass für Ausgrenzung, sondern als Chance für umfassende Lernprozesse begriffen werden, kann das Ziel einer »Kindertageseinrichtung für alle Kinder« entsprechend ihrer Voraussetzungen, Fähigkeiten, Bedürfnissen oder kulturellen Besonderheiten zu schaffen in Angriff genommen werden. Der Begriff Integration oder Integrations-Kita wäre dann hinfällig. In diese Richtung deutet auch die aktuelle Debatte um den Begriff »Inclusion« (Einbeziehung).

Sabine Herm

■ **Literaturtipps**

Feuser, G. (1995). Behinderte Kinder und Jugendliche zwischen Integration und Aussonderung. Darmstadt: Wissenschaftl. Buchgesellschaft.

Herm, S. (2002). Gemeinsam spielen, lernen und wachsen (2. Aufl.). Weinheim/Basel: Beltz.

Kobelt-Neuhaus, D. (Hg.) (2001). Qualität aus Elternsicht – gemeinsame Erziehung von Kindern mit Behinderung und Kindern ohne Behinderung. Seelze/Velber: Kallmeyer'sche Verlagsbuchhandlung.

Intelligenz

Trotz enormer Anstrengungen in den letzten hundert Jahren (besonders seitens der empirischen → Psychologie) liegt bis heute keine allgemein anerkannte Definition von Intelligenz vor. Im Allgemeinen wird mit Intelligenz eine bestimmte Form der → Begabung bezeichnet, die sich als Fähigkeit äußert, anschauliche und abstrakte Beziehungen zu erfassen, herzustellen und zu deuten. Dadurch wird es möglich, sich an neuartige Situationen anzupassen und sie gegebenenfalls durch problemlösendes Verhalten zu bewältigen.

Eine engere Definition beschreibt Intelligenz als aus Intelligenzleistungen erschlossene und durch Intelligenztests messbare Dimension der → Persönlichkeit. Nach William L. Stern (1871 – 1938) ist Intelligenz als allgemeine geistige Anpassungsfähigkeit an neue Aufgaben und Bedingungen des Lebens zu verstehen. David Wechsler (1896 – 1981) definiert die Intelligenz als umfassende Befähigung eines Individuums, zweckvoll zu handeln, vernünftig zu denken und sich erfolgreich mit seiner Umwelt auseinander zu setzen. Aus informationstheoretischer Sicht begreift Peter R. Hofstätter (1913 – 1994) Intelligenz als Fähigkeit zum Auffinden von Ordnungen und Gesetzmäßigkeiten im Zusammentreffen, Neben- und Nacheinander von Ereignissen.

Anlage und Umwelt ■ Anlage und Umwelt bedingen offenbar die Intelligenz zu etwa gleichen Anteilen. Zu den Umweltfaktoren zählen soziale und kulturelle Einflüsse.

An erster Stelle sind hier sensorische und erzieherische Anregungen in der frühen → Kindheit zu nennen. Ein Mangel an Anregungen in dieser Entwicklungsphase kann die Intelligenzentwicklung erheblich hemmen. Erst an zweiter Stelle stehen Schulung und → Bildung.

Ein »Intelligenz-Gen« wurde bisher nicht eindeutig identifiziert. Die Gehirnleistung ergibt sich aus der Funktion einer riesigen Zahl von Genen (vermutlich mindestens 1000), die sich wiederum oft gegenseitig beeinflussen: Gene, die den Gehirnstoffwechsel steuern und Gene, die die Bestandteile der Gehirnanatomie festlegen. Diskutiert werden u.a. folgende genetische Einflüsse auf intellektuelle Fähigkeiten:

- Höhere Anzahl von Nervenzellen
- Höhere Anzahl von Verschaltungen zwischen Nervenzellen und damit bessere Verarbeitungs- und Gedächtniskapazitäten
- Dickere Nervenumhüllungen, die die Reizleitung im Gehirn effizienter gestalten
- Niedrigerer Energiebedarf bei Hochintelligenten, was die Dauer der Arbeitsleistung positiv beeinflusst.

Altersabhängige Entwicklung ■ Nach einer Periode starker Beschleunigung und Beeinflussbarkeit der Intelligenz in der frühen Kindheit entwickelt sich die Intelligenz etwa ab dem fünften Lebensjahr gleichmäßiger. Für ein Nachlassen der Intelligenz ab dem frühen Erwachsenenalter haben sich keine Hinweise gefunden. Der erreichte Intelligenzgrad wird zumindest gehalten. Bestimmte Leistungen, wie etwa Wortschatz, Wissen oder Verständnis, zeigen sogar häufig eine bedeutsame Zunahme der Intelligenz. Für die Intelligenzentwicklung im Erwachsenenalter spielen die Lebensumstände (Ehe, Elternschaft, Art der ausgeübten Tätigkeiten, gesellschaftliche Einstellungen) eine erhebliche Rolle. Im Alter lässt die fluide Intelligenz (Denken, das vom Besonderen zum Allgemeinen hinführt; assoziatives Gedächtnis) in der Regel langsam nach, die kristalline Intelligenz (Erfahrungswissen, Wortverständ-

nis, Umgang mit Zahlen und allgemeines Wissen) kann dagegen sogar noch zunehmen.

Konzepte von Intelligenz ■ Das Modell mehrerer gemeinsamer Faktoren – **multiple Faktorentheorie** – wurde von Louis L. Thurstone (1887–1955) formuliert. Er beschrieb sieben Primärfähigkeiten:

- Sprachverständnis
- Wortflüssigkeit
- Rechengewandtheit
- Räumliches Denken
- Auffassungsgeschwindigkeit
- Gedächtnis
- Schlussfolgerndes Denken.

Inzwischen sind bis zu 120 Primärfaktoren der Intelligenz (etwa von Joy P. Guilford 1897–1987) beschrieben worden. Die vielen verschiedenen Auffassungen führten dazu, dass in der Intelligenzdiagnostik zunehmend auf die Angabe eines globalen Intelligenzmaßes wie den Intelligenzquotienten (IQ) verzichtet wurde. Stattdessen strebte man die Ermittlung mehrerer, weitgehend unabhängiger Messwerte an, die sich auf jeweils nur eine Dimension der Intelligenz beziehen und zu einem Intelligenzprofil verknüpft werden können, das dann eine differenziertere Aussage über die Intelligenzstruktur und die Intelligenzentwicklung eines Kindes oder Jugendlichen ermöglicht.

Ein bereits recht einflussreiches, wenngleich auch noch umstrittenes Intelligenz-Modell ist das der **multiplen Intelligenzen** von Howard Gardner. Er unterscheidet neun verschiedene Intelligenzen.

- Sprachliche Intelligenz: Fähigkeit, Sprache treffsicher einzusetzen, um die eigenen Gedanken auszudrücken und zu reflektieren sowie die Fähigkeit, andere zu verstehen
- Musikalische Intelligenz: Fähigkeit, Stücke zu komponieren und aufzuführen; ein besonderes Gespür für Intonation, Rhythmik und Klang, aber auch ein subtiles Gehör dafür
- Logisch-mathematische Intelligenz: Fähigkeit, mit Beweisketten umzugehen und durch Abstraktionen Ähnlichkeiten zwischen Dingen zu erkennen, sowie mit

Zahlen, Mengen und mentalen Operationen hantieren zu können

- **Räumliche Intelligenz:** Fähigkeit, die sichtbare Welt akkurat wahrzunehmen, Wahrnehmungsresultate zu transformieren und abzuwandeln sowie visuelle Erfahrungen selbst in Abwesenheit physikalischer Reize nachzuschaffen
- **Körperlich-kinästhetische Intelligenz:** die Beherrschung, Kontrolle und Koordination des Körpers und einzelner Körperteile sowie der geschickte Umgang mit Gegenständen
- **Intrapersonale Intelligenz:** Fähigkeit, Impulse zu kontrollieren, eigene Grenzen zu kennen und mit den eigenen Gefühlen klug umzugehen
- **Interpersonale Intelligenz:** Fähigkeit, andere Menschen zu verstehen und mit ihnen einfühlsam – empathisch – zu kommunizieren
- **Naturalistische Intelligenz:** Fähigkeit, Lebendiges zu beobachten, zu unterscheiden und zu erkennen sowie eine Sensibilität für Naturphänomene zu entwickeln
- **Existenzielle Intelligenz:** Diese Intelligenzform gilt in Gardners Modell noch als potenzielle Intelligenz, es geht um das Erfassen und Durchdenken von grundlegenden Fragen der Existenz.

Das Modell von Gardner liefert wichtige Hinweise auf die Struktur und Funktion des kognitiven Apparates wie auch auf individuelle intellektuelle Unterschiede. In den letzten Jahren rücken zudem die etwaige Eingebundenheit der Intelligenz in neurochemische Prozesse und eventuelle Veränderungen der Intelligenz im Alter in den Blickpunkt der Intelligenzforschung.

Messen von Intelligenz

Messen von Intelligenz ■ Die Entwicklung von Intelligenztests begann mit Versuchen des französischen Psychologen Alfred Binet (1857–1911), den geistigen Rückstand behinderter Kinder quantitativ zu erfassen, um entsprechende pädagogische Maßnahmen einleiten zu können. Mittlerweile gibt es eine kaum mehr zu überblickende Fülle an Verfahren. Als Maßstab wird meist der Intelligenzquotient verwendet, der auf einer »Normalverteilung« die Stelle angibt, welche der Getestete innerhalb der gesamten Bevölkerung seines Alters einnimmt, um die Intelligenz zu messen. Ein Intelligenzquotient von 100 ist dabei die Norm, also der mittlere und der in der Bevölkerung häufigste Wert.

Die Bedeutung des Intelligenz-Tests (IQ-Test) ist in den vergangenen Jahren zurückgegangen, seit die Konzepte zu den multiplen Intelligenzen auf dem Vormarsch sind. Ein weiterer Einwand ist, dass diese Verfahren im Wesentlichen **konvergentes Denken** (neue Informationen werden an bereits erworbenes Wissen angeschlossen), nicht aber **divergentes Denken** (neue Informationen werden weitgehend unabhängig von bereits erworbenem Wissen erschlossen) oder → Kreativität erfassten. Aus diesem Grund können IQ-Tests nichts über die Intelligenz einer Person in ihrer vollen Komplexität aussagen, insbesondere können sie kreative Prozesse und das Problemlösungsvermögen nur unvollständig erfassen. Vor diesem Hintergrund scheint es nicht ratsam, bei Individualprognosen auf der Basis von IQ-Tests unwiderrufliche pädagogische Entscheidungen zu treffen.

Im pädagogischen Bereich am meisten verbreitet sind die Stanford-Binet- und die Wechsler-Intelligenz-Skala (in der deutschen Version der Hamburg-Wechsler-Test), jeweils in einer Version für Kinder (HAWIK) und für Erwachsene (HAWIE). An diese lehnen sich weitere standardisierte Tests zur Schuleignung (→ Schulfähigkeit) an, wie z.B. der Scholastic Assessment Test (SAT) und das Graduate Record Exam (GRE). Kritiker gestehen diesen Tests zwar eine gewisse Aussagekraft im Hinblick auf analytische und verbale Fähigkeiten zu, sprechen ihnen jedoch die Eignung für Bereiche wie Kreativität oder praktisches Wissen ab, welche als mitentscheidende Komponenten für ein erfolgreiches Problemlösungsverhalten gelten.

Markus Vieten

■ **Literaturtipps**

Funke, J./Vaterrodt-Plünnecke, B. (1998). Was ist Intelligenz? München: C.H. Beck.
Roth, E. (1998). Intelligenz. Grundlagen und neuere Forschung. Stuttgart: Kohlhammer.
Sommer, V. (1994). Lob der Lüge – Täuschung und Selbstbetrug bei Tier und Mensch. München: DTV.

Intergenerative Arbeit

Unter intergenerativer sozialpädagogischer Arbeit wird die pädagogisch initiierte Begegnung zwischen Menschen aus zwei oder mehr Generationen (Altersgruppen) verstanden, die sonst im allgemeinen nichts miteinander zu tun haben. Ihr Ziel ist, den Dialog zwischen den Generationen zu ermöglichen oder zu verbessern, so dass den beteiligten Personen Lernprozesse durch Interaktionen ermöglicht werden oder dass sie zumindest einen situativen Gewinn für ihr momentanes Leben erfahren. Die Begegnungen sind in den pädagogischen Alltag eingebettet und können in Intensität und Kontinuität variieren. Intergenerative sozialpädagogische Arbeit bedeutet somit in der Praxis, dass Menschen unterschiedlichen Alters mit unterschiedlichen Lebenserfahrungen, Wahrnehmungsweisen, Meinungen und Wertvorstellungen bei einem gemeinsamen Tun zusammentreffen. Nicht gemeint sind also einmalige Veranstaltungen, etwa zu Weihnachten oder Ostern, die meist zusammenhanglos neben den sonstigen pädagogischen Anliegen der Fachkräfte stehen.

Gründe für intergenerative sozialpädagogische Arbeit ■
Die Gründe für die zunehmende Bedeutung von intergenerativer sozialpädagogischer Arbeit liegen in einem höchst komplexen Bündel von Entwicklungen in unserer durch Modernisierung gekennzeichneten Gesellschaft.

Demographischer Wandel: Die Alterszusammensetzung der Bevölkerung hat sich bereits im letzten Jahrhundert deutlich verändert: 1910 war ein Drittel der Bevölkerung unter zwanzig, nur 8 % waren über 60 Jahre und nicht einmal 1 % über 75 Jahre. Im Jahr 2040 wird die Gruppe der unter Zwanzigjährigen nur noch ca. 15 % umfassen und der Anteil der über 60-Jährigen wird bei über 30 % liegen, wobei die Zahl hochaltriger Menschen laufend zunehmen wird. Dieser demographische Wandel führt im Kontext mit verschiedenen weiteren Entwicklungen zu vielfältigen Problemen, angefangen von

Belastungen unserer sozialen Sicherungssysteme über die Bedrohung des gesellschaftlichen Zusammenhaltes bis hin zur Frage nach der individuellen Lebensqualität für Kinder und Senioren.

Generationenentmischung und fehlender Lebenszusammenhang: Für die vor- und außerschulische Erziehung, Bildung und Betreuung von Kindern gibt es heute – wenn auch in Westdeutschland noch immer nicht genug – → Kinderkrippen, → Kindergärten, → Horte, heilpädagogische Tagesgruppen, Kinderhäuser etc., und → Bildung findet in der Institution → Schule statt. Parallel dazu haben sich für ältere und alte Menschen Seniorentreffs, betreutes Wohnen, Tagespflege, Alten- und Pflegeheime sowie gerontopsychiatrische Wohngruppen entwickelt. So notwendig all diese Einrichtungen sind, so haben sie doch bei der derzeitigen Organisation einen gravierenden Nebeneffekt: Die Menschen werden je nach Bedarfslage sozialpolitisch organisiert, sauber voneinander getrennt in »Sondereinrichtungen« einsortiert und dort isoliert voneinander erzogen, gebildet, gepflegt, beschäftigt, verwaltet. Und obwohl heute viel mehr Kinder als noch in den 20er Jahren des letzten Jahrhunderts lebende Großeltern haben, erleben sie sich z.B. durch die Abnahme von Drei-Gernerationenfamilien und durch die Zunahme von Mobilität in unserer Gesellschaft immer seltener in einem beziehungsreichen Alltag. Hinzu kommt, dass Kinder außerhalb der → Familie nur noch selten Kontakte zu alten Menschen haben.

Sozialräumliche Lebensqualität: Die Generationenkluft wurde im Laufe der zurückliegenden Entwicklungen zudem durch die Veränderung der sozialräumlichen Lebensqualität verstärkt. Man orientierte sich bei der Gestaltung der Umwelt einseitig an den Bedürfnissen der Wirtschaft und der erwerbstätigen Generation. So wurden Nichterwerbstätige wie Kinder, Jugendliche, behinderte und ältere Menschen z.B. durch verkehrsreiche Straßen immer mehr aus dem öffentlichen Lebensraum verdrängt. Erst in neuerer Zeit wird bei der Sozialraumplanung auf die Schaffung von ruhigen, ungefährlichen Plätze in schöner Wohnumgebung

Wert gelegt, an denen man sich aufhalten und auch Angehörige anderer Generationen ohne große Arrangements treffen kann.

Bürgergesellschaft: Die Bedeutung der Bürgergesellschaft für den Staat und für die individuelle Lebensqualität der Menschen wurde wieder neu entdeckt. Sie setzt darauf, dass Bürger mehr Verantwortung für die Gestaltung ihrer Umwelt und das soziale Zusammenleben übernehmen. Schon weil heute Kinder immer mehr Zeit in solchen Einrichtungen verbringen als früher, fällt die Einübung in eine Kultur der gegenseitigen Verantwortlichkeit immer häufiger den öffentlichen Sozial- und Bildungseinrichtungen für Kinder und Jugendliche zu. Kinder wachsen nur durch unser Zutun in erwünschte Konventionen unserer Gesellschaft hinein. Eine Bürgergesellschaft kann nicht gedeihen, wenn wir Kindern nicht einräumen, sich von Anfang an mit ihren Möglichkeiten an der Gestaltung unserer gemeinsamen Welt beteiligen zu dürfen.

Neugier und Interesse von Kindern: Kinder interessieren sich – wenn wir es ihnen nicht abgewöhnen – sehr für die Erwachsenenwelt. Zu den Entwicklungsaufgaben von Kindern gehört ja auch, ihr Wissens-, Erfahrungs- und Handlungsspektrum auszubauen und ein immer differenzierteres Menschen- und Weltbild zu entwickeln. In den Einrichtungen geht es darum, gemeinsam mit den Kindern Aufgaben zu finden, die ihnen Einblick in die Welt verschaffen und ihnen die Übernahme angemessener Verantwortung ermöglichen, ohne sie zu über- oder zu unterfordern.

Lebensqualität für Senioren: Die Gruppe der Senioren ist sehr unterschiedlich, von den aktiven rüstigen bis hin zu pflegebedürftigen und an Demenz erkrankten Menschen. Ebenso breit ist das Spektrum dessen, was im Kontakt mit Kindern Lebensqualität für Senioren bedeuten kann: die bewusste Weitergabe von kulturellen Werten, die Unterstützung der nachwachsenden Generation, sinnvolles Ausfüllen und Strukturieren der eigenen Zeit, die Erfahrung, wichtig für andere zu sein, Abwechslung, Anregung und Bereicherung zu erfahren, das Gefühl zu haben, nicht vergessen zu sein.

Chancen und Potenziale intergenerativer Arbeit ■

Durch intergenerative sozialpädagogische Arbeit können weder die finanziellen Probleme unserer sozialen Sicherungssysteme bewältigt noch die demographische Entwicklung beeinflusst werden. Dies gelingt allenfalls durch die Politik. Beitragen kann sie jedoch zu einem verständnisvolleren, besseren sozialen Zusammenleben und zu mehr Lebensqualität und Wohlbefinden.

In ersten Untersuchungen wurde festgestellt, dass intergenerative Begegnungen eine stark belebende Wirkung auf Senioren haben können, die sowohl im psychischen wie im physischen Bereich sichtbar wird. Auch bei Kindern zeigen sich viele positive Aspekte. Sie nehmen überwiegend gerne an intergenerativen Angeboten teil, vor allem dann, wenn sie in kleinen Gruppen und mit aktivierenden Inhalten stattfinden, die ihren Interessen und Bedürfnissen entsprechen und bei denen sie viel Aufmerksamkeit erhalten. Oft entwickeln Kinder bei intergenerativen Angeboten sogar ein besonders hohes Maß an Konzentration, Ausdauer und unterstützendem Verhalten. Vorschulkinder erleben durch die Konfrontation mit Senioren zudem eine kognitive Herausforderung, indem sie genau beobachten und Fragen stellen, die sie beschäftigen, z.B. »Warum hast du so schrumpelige Haut?«

Erzieherinnen berichteten auch, dass bei kontinuierlichen Begegnungen in festen Gruppen oft schon nach kurzer Zeit gute Kontakte zwischen Senioren und Kindern bis hin zu intensiven Beziehungen entstanden sind.

Praxis intergenerativer sozialpädagogischer Arbeit mit Kindern ■

Der Umgang mit Senioren ermöglicht und fordert → Lernen auf Seiten der Kinder. Dabei stehen Lernen am Modell, Lernen durch Identifikation, Lernen durch Handeln und beiläufiges Lernen im Vordergrund und sind eng miteinander verwoben.

Hinsichtlich der Praxis intergenerativer sozialpädagogischer Arbeit könnte der Eindruck entstehen, dass sie leicht umzusetzen sei und quasi von selbst laufe. Dies ist ganz und gar nicht der Fall. Wenn sie gelingen soll, muss Verschiedenes beachtet werden:

- Intergenerative Arbeit sollte erst nach einer eingehenden Situationsanalyse und nach einer bewussten Entscheidung über die passende Form begonnen werden
- Räumliche Nähe alleine ist keine ausreichende Voraussetzung für den Aufbau von Kontakten und Beziehungen zwischen den Generationen
- Das Personal von Kindertageseinrichtungen und das Personal der Altenhilfeeinrichtungen sollte eng zusammen arbeiten und sich seiner Wirkung als Modell und Identifikationsperson bewusst sein
- Die Teilnahme sollte für Kinder und Senioren freiwillig sein, wobei insbesondere bei Senioren eine Balance zwischen Motivierung und Freiwilligkeit gefunden werden muss und bei Kindern die Erzeugung von Abwehr zu vermeiden ist, statt dessen muss auf Neugier, Lust und Freude gesetzt werden
- Eine sorgfältige Planung ist erforderlich
- Inhalte müssen gut überlegt und ausgewählt werden, damit sie Kinder und Senioren mit ihren unterschiedlichen Interessen, ihrem unterschiedlichen Lebensrhythmus und den unterschiedlichen Fähigkeiten ansprechen
- Intergenerative sozialpädagogische Arbeit sollte in die Zusammenarbeit mit Eltern eingebunden sein
- Fragen der Kinder nach Alter, Krankheit und Tod müssen aufgenommen und beantwortet werden
- Mit Konflikten muss gerechnet werden, z.B. durch das Aufeinandertreffen unterschiedlicher Erziehungsstile.

Intergenerative sozialpädagogische Arbeit ist ein anspruchsvoller pädagogischer Ansatz, der bewusst auf gesellschaftliche Entwicklungen reagiert. Sie trägt durch bewusste Gestaltung zur Bereicherung der Lebenssituationen der beteiligten Generationen bei und unterstützt Kinder beim Hineinwachsen in unsere Gesellschaft. Damit ist sie sowohl mit verschiedensten elementarpädagogischen Ansätzen als auch mit Ansätzen aus der sozialen Arbeit kompatibel, wie z.B. der Lebenswelt- und Sozialraumorientierung, dem → Situationsansatz, der → Reggiopädagogik. Auch im Rahmen des Bildungsansatzes von Laewen und Anders lässt sich intergenerative sozialpädagogische Arbeit verorten.

Lore Miedaner

■ Literatur

Bundesministerium für Familie, SeniorInnen, Frauen und Jugend (Hg.) (1998). Zehnter Kinder- und Jugendbericht. Bonn.

Greger, B. R. (1992). Intergenerative Gruppenarbeit mit alten Menschen und Kindern. Frankfurt/M.: Peter Lang Verlag.

Miedaner, L. (2001): Alt und Jung entdeckt sich neu. Intergenerative Pädagogik mit Kindern und Senioren. Freiburg: Herder.

Wunderlich, Th./Jansen, F. (Hg.) (1997). Katholische Kindergärten auf Erfolgskurs. Freiburg

Interkulturelle Erziehung

Interkulturelle Erziehung wird auch als interkulturelle Bildung bzw. interkulturelles Lernen, in der neueren Literatur auch als transkulturelle Erziehung bezeichnet. Man versteht darunter pädagogische Ansätze, mit deren Hilfe das Zusammenleben von Menschen unterschiedlicher Herkunft gefördert werden soll. Interkulturelle Pädagogik sieht in der Unterschiedlichkeit eine Chance, voneinander zu lernen und einen Weg finden, mit Fremdheit umzugehen (interkulturelle Kompetenz). Unterschiede und Gemeinsamkeiten können bewusst gemacht werden und dazu führen, dass eigene, nicht hinterfragte Standpunkte überdacht und vielleicht neue Umgangsmöglichkeiten gefunden werden. Ausgangspunkt ist, dass es nur eine, ungeteilte menschliche Kultur gibt mit vielen historisch bedingten unterschiedlichen Traditionen, Bräuchen etc. Die unterschiedlichen Ausformungen von Kultur (auch als Kulturen bezeichnet) stehen gleichberechtigt nebeneinander, ein Lernprozess soll auf allen Seiten stattfinden und betrifft in gleicher Weise pädagogische Fachkräfte, Eltern und Kinder, »Inländer«, »Ausländer« und ethnische Minderheiten. Insofern stellt interkulturelle Erziehung einen generellen pädagogischen Ansatz dar, bei dem es darum geht, Differenz (Unterschiede) zwischen Menschen (»diversity«) zum Gegenstand produktiver Auseinandersetzung zu machen (→ Vorurteilsbewusste Bildung und Erziehung). Aktuelle Auseinandersetzungen (»Kopftuchstreit« und sogenannte Ehrenmorde an jungen türkischen Frauen) haben in jüngster Zeit für eine Belebung der Diskussion um kulturelle Differenz in Deutschland gesorgt. Da Migration ein weltumspannendes Phänomen ist, sind die im Rahmen interkulturellen Lernens verfolgten Ziele von globaler Bedeutung.

Geschichte ■ Vorläufer der interkulturellen Erziehung war die in den 1970er Jahren entwickelte Ausländerpädagogik. Im Zentrum standen Migranten als Problemgruppe, die eine von der Mehrheitsnorm abweichende persönliche und kollektive Identitätsbildung aufwiesen und Schwierigkeiten hatten (und machten) beim Übergang von einem Kulturkreis zu einem anderen. Einwandernde galten als defizitär (Defizithypothese). Pädagogische Bemühungen zielten auf ihre Integration im Sinne einer Anpassung an die Mehrheitsgesellschaft.

Seit Anfang der 1990er Jahre gilt interkulturelle Erziehung nicht mehr als Spezial-Pädagogik für Kinder und Jugendliche mit Migrationshintergrund, sondern zielt auf die Vermittlung von Schlüsselqualifikationen für alle am pädagogischen Prozess Beteiligten. Ihre je unterschiedlichen kulturellen Hintergründe sind als Ressourcen anzusehen, denen mit Respekt und Akzeptanz begegnet werden soll (Differenzhypothese). Interkulturelle Bildung soll ein wirksames Instrument gegen → Rassismus und Fremdenfeindlichkeit liefern und darüber hinaus Kompetenzen bereit stellen, die den wachsenden Anforderungen an Mobilität und Umstellungsbereitschaft entsprechen.

Ziele ■ Die Bundesrepublik Deutschland ist de facto eines der größten Einwanderungsländer der Erde mit mehr als sieben Millionen zugewanderten Ausländern (Arbeitsmigranten, Flüchtlinge, Asylsuchende) und ca. vier Millionen Spätaussiedlern (Zugewanderte aus Ländern der früheren Sowjetunion mit einem Anrecht auf einen deutschen Pass ohne Wartezeit). Mit über zwei Millionen bilden Menschen aus der Türkei – und damit Muslime – die größte Gruppe innerhalb der ausländischen Bevölkerung. Migranten bringen oft andere Sozialisationserfahrungen und andere Herkunfts- und Familiensprachen mit und sprechen diese in Teilbereichen des öffentlichen Raumes – v.a. in Kindergärten und auf Pausenhöfen von Schulen. Interkulturelle Erziehung will zum konfliktarmen Zusammenleben der Zugewanderten und der je »einheimischen« Mehrheitsbevölkerung beitragen und das Miteinander als Quelle von Anregung und Chancen erfahrbar machen. Im Einzelnen will sie:

■ Das Verständnis unterschiedlicher Perspektiven fördern (kommunikative Kompetenz, → Empathie, Offenheit und Multiperspektivität)

■ Das Aushalten von Widersprüchen entwickeln helfen (Flexibilität und Ambiguitätstoleranz)

■ Zum Respekt vor anderen Menschen erziehen (Toleranz und Akzeptanz)

■ Dabei helfen, Vorurteile abzubauen (Konfliktfähigkeit, Selbstreflexion, Kreativität)

■ Heterogenität und Pluralität der Gesellschaft anerkennen helfen (lebenslanges Lernen, Auflösen hierarchischen Denkens, Orientierung an der Alltagskultur).

Interkulturelle Kompetenz ■ Vor dem Hintergrund der Ziele sollen mittels interkultureller Erziehung mehrere Kompetenzen entwickelt werden:

■ Kulturelle Aufgeschlossenheit und Neugierde: Abbau von Distanz und Abgrenzungstendenzen und das Einüben von selbstverständlichen Kontakten zwischen verschiedenen Sprach- und ethnischen Gruppen. Die Anwesenheit verschiedener Sprachen und anderer Unterschiede innerhalb der eigenen Gruppe als selbstverständlich wahrnehmen und schätzen lernen (z.B. Dialekte, verschiedene religiöse Bekenntnisse)

- **Zwei- und Mehrsprachigkeit als Chance und Normalfall begreifen:** Mehr als die Hälfte der Weltbevölkerung wächst zwei- und mehrsprachig auf. Kinder mit anderen Muttersprachen mögen Defizite in Deutsch haben, sie haben aber unzweifelhaft spezifische Kompetenzen, die der ganzen Kindergruppe zugute kommen können
- **Fremdheitskompetenz:** Unterschiede zwischen verschiedenen Lebensformen sollen erkannt und anerkannt werden. → Empathie hilft, dem Anderen nahe zu kommen und ihn zu verstehen. Gleichzeitig soll anerkannt werden, dass ein Verstehen nicht gänzlich möglich ist, dass eigene Deutungen an Grenzen stoßen, die akzeptiert werden müssen. Fremdheitskompetenz bedeutet auch die Wahrung von respektvoller Distanz gegenüber anderen Traditionen und Lebensformen
- **Sensibilität für unterschiedliche Formen von Ethnozentrismus (= Haltung, die die eigene Ethnie in den Mittelpunkt stellt) und Diskriminierung:** Explizite Äußerungen von Fremdenfeindlichkeit erkennen, vermeiden und zurückweisen. Dies gilt auch für subtilere Formen der Kränkung, des »Übersehens« oder der vorschnellen Deutung im Umgang mit sozialen Randgruppen und ethnischen Minderheiten.

Alle Kinder sind gleich – Jedes Kind ist besonders

■ Das → Kinder- und Jugendhilfegesetz (KJHG) formuliert, dass sich das Leistungsangebot pädagogisch und organisatorisch an den Bedürfnissen von Kindern und ihren Familien zu orientieren habe. Das bedeutet für Pädagoginnen, sich mit den sehr unterschiedlichen Lebensverhältnissen, Voraussetzungen und Möglichkeiten von Kindern vertraut zu machen, zu verstehen, wie sie sich die Welt lernend aneignen. Gleichzeitig müssen alle Kinder, egal welcher Herkunft, gleiche Rechte und gleiche Bildungschancen erhalten (→ Chancengleichheit). Hinsichtlich der Bildungschancen spielen Kindergarten, Vorschule und Grundschule eine besondere Rolle, da sie zur Verbesserung der sprachlichen Ausdrucksfähigkeit beitragen und somit sprachliche Rückstände ausgleichen können, die, wenn sie bestehen bleiben, zu erheblichen Belastungen und Behinderungen im weiteren Bildungsverlauf führen können.

Erzieherinnen brauchen daher im Rahmen ihrer → Ausbildung interkulturelle Erziehung als festen und kontinuierlichen Bestandteil. Wichtig ist weniger die Einrichtung eines neuen Unterrichtsfaches, sondern die Aufnahme von Inhalten des interkulturellen Lernens in das bereits bestehende Fächerangebot. So kann in → Psychologie über Entstehung, Funktion und Abbau von Vorurteilen und Stereotypen gearbeitet und im Fach Religion der interreligiöse Dialog gefördert werden (→ Religiöse Erziehung). Damit ist interkulturelle Erziehung vor allem ein didaktisches Prinzip, das dazu anregt, Fächer und Inhalte auf ihre interkulturelle Bedeutung zu prüfen und interkulturelle Aspekte in den einzelnen Inhalten oder Fächern zu verdeutlichen (→ Didaktik). Die anwendbaren Methoden sind vielfältig: Zwei- und Mehrsprachigkeit auch in der Ausbildung von Pädagoginnen dient der unvermittelten → Kommunikation. Die Methode des Rollentauschs dient der Erzielung von Rollenflexibilität. Multikulturelle Lerngruppen und multikulturelle Teams von Akteuren helfen bei Fremdverstehen und dem Umgang mit Differenz.

Interkulturelle Erziehung erfordert von pädagogischen Fachkräften die Bereitschaft, die eigene Einstellung und Haltung immer wieder zu überprüfen, Unterschiede zuzulassen, Lernende zu bleiben und eigene Standpunkte mutig zu hinterfragen und eventuell neu zu bestimmen.

Claudia Fischer

■ **Literaturtipps**

Ben Jelloun, T. (1999). Papa, was ist ein Fremder? Reinbek: Rowohlt.

Boos-Nünning, U./Karakasoglu, Y. (2005). Viele Welten leben. Zur Lebenssituation von Mädchen und jungen Frauen mit Migrationshintergrund. Münster: Waxmann.

Gogolin, I./Krüger-Potratz, M./Kuhs, K./Neumann, U./ Wittek, F. (Hg.) (2005). Migration und sprachliche Bildung. Münster: Waxmann.

Krüger-Potratz, M. (2005). Interkulturelle Bildung. Eine Einführung. Münster: Waxmann.

Internet und Multimedia

Wann haben Sie zuletzt ein Überraschungsei gekauft? Vielleicht ist Ihnen dabei ein kleiner Zettel mit einem Zahlencode aufgefallen. Wenn Kinder diesen auf der Internetseite des Herstellers eingeben, können sie ein lustiges, multimediales Spiel im Internet spielen. An diesem Beispiel wird schnell klar: → Kindheit ist Medienkindheit und dies wird sich in Zukunft noch deutlicher ausprägen. Was aber versteht man unter Multimedia und Internet?

Im Gegensatz zu den alten Medien (z.B. Bücher, Radio, Fernsehen) fassen die Neuen Medien (Computer mit Internetanschluss) alle alten Medien in digitaler Weise zusammen. Auf einem Computer kann man Schrift lesen, Bilder anschauen, Musik und Geschichten anhören oder auch Videos ansehen. Eine multimediale Anwendung verknüpft diese Möglichkeiten durch die sogenannten Hyperlinks (farbig markierte Querverweise) zu einem sogenannten Hypertext. Ein großer Unterschied zu den alten Medien ist, dass der Nutzer seinen Leseweg durch das Anklicken der Hyperlinks selbst bestimmt. Während man also ein Buch in der Regel von vorne nach hinten liest (linear), geht man bei Hypertexten sprunghaft, assoziativ und interessengesteuert vor (nichtlinear).

Die Funktionsweise des Internet ■

Das Internet ist eine weltweite Verknüpfung von Computern. Auf den sogenannten Servern (zentrale Computerfestplatten) legen Menschen ihre Daten ab (Homepages), die sie zuvor mit Hilfe eines Editors (Programme, mit denen Internetseiten gestaltet werden können) erstellt haben. Mit Hilfe eines Browsers (Programm, das diese Homepages entschlüsselt) können diese Seiten dann gelesen werden. Jeder, der einen Computer mit entsprechenden Programmen und einen Internetzugang (mit Modem, ISDN, DSL) hat, kann also Bilder, Texte, Töne und Videos »ins Netz stellen« (sprich auf der Festplatte des Servers ablegen) oder diese Websites lesen.

Pädagogische Bedeutung von Multimedia ■

Das Internet bietet vielfältige Gestaltungs-, Informations- und → Kommunikationsmöglichkeiten. Darin liegen Chancen, Gefahren und Herausforderungen für die pädagogische Arbeit. Problematisch ist, dass Informationen, die im Internet publiziert werden, nicht mehr von Verlagen »gefiltert« werden. Jeder kann Informationen und Meinungen publizieren, egal ob diese richtig oder falsch sind. Einige sehen darin eine Demokratisierung, andere den Verlust an Wahrheit. Damit die Nutzer mit den Informationen des Internets sinnvoll, kritisch und selbstbestimmt umgehen können, müssen sie Medienkompetenz entwickelt haben. Dazu gehört beispielsweise, Informationen aus dem Internet hinsichtlich der Quelle zu prüfen (wer hat die Informationen ins Internet gestellt?). Außerdem müssen die Nutzer gelernt haben, die selbstgesteuerte Abfolge von Informationen sinnvoll zu verarbeiten. Um diesen Lernprozess früh zu fördern, müssen alle pädagogischen Institutionen → Medienpädagogik in ihre Arbeit integrieren.

Multimedia und Internet für Vorschulkinder ■

Immerhin haben im Jahr 2005 schon ca. 35 % aller deutschen Kindergärten einen Internetanschluss. Allerdings hat diese Ausstattung weniger pädagogische Gründe, es geht vielmehr um die Rationalisierung der Verwaltung. So liegt in den meisten Fällen der Internetanschluss im Büro der Kindergartenleitung und steht für pädagogische Arbeit bisher nicht zur Verfügung. Aber wäre dies überhaupt sinnvoll? Die Meinungen dazu gehen noch auseinander – auch weil es bisher wenig qualitativ hochwertige Internetseiten für Vorschulkinder gibt. Dies wird sich aber ändern. Anstatt eine Spiel- oder Lernsoftware als CD-ROM einzusetzen, wird man in Zukunft eine Lizenz oder einen Zahlencode erwerben – ähnlich dem Zettel im Überraschungsei. Die ersten kommerziellen Internetportale für Kinder bestehen bereits. Es könnte auch sein, dass im Rahmen der gestiegenen Bildungsanforderungen an den → Kindergarten, von öffentlicher Seite Angebote für eine Förderung bestimmter Kompetenzen entwickelt werden. Studien bestätigen jedoch, dass die Kinder für die sinnvolle Nutzung von Multimediaangeboten pädagogische Begleitung benötigen (Feil u.a. 2004), die ihnen dabei hilft, mit den vielen Anregungen umzugehen und sie sinnvoll zu verarbeiten (vgl. Neuß/Michaelis 2002).

Chancen für die Kinder ■

Die bisherigen Erprobungen auch in anderen europäischen Ländern zeigen, dass der PC-Einsatz im Kindergarten große Chancen bietet. Der Bildungshunger gerade der fünf- und sechsjährigen Kinder wird im Kindergarten aufgrund von Ausbildungsdefiziten, Traditionen usw. oft nicht optimal bedient. Hier könnten spielerische PC-gestützte Lernangebote eine interessante Ergänzung zu den sonstigen Angeboten sein, denn Kinder können sich selbständig mit Themen beschäftigen und sich Inhalte aneignen. Daneben sollte man auch den Bereich der individuellen Förderung mit Hilfe von speziellen Förderprogrammen (Sprache, Konzentration usw.) nicht übersehen.

Weitere Gründe lassen sich für die Integration von Neuen Medien und insbesondere PC-gestützter Lernangebote nennen:

- Medienangebote reichen in die Identitätsbildung von Kindern hinein – daher benötigen sie einen Raum der Thematisierung
- Kinder benötigen Orientierung in der heutigen Medienwelt, daher sollte mit der Vermittlung von Medienkompetenz bereits im Kindergarten begonnen werden
- PC-Lernspiele werden nicht nur zum Lernen genutzt, sondern sind in die allgemei-

ne pädagogische Arbeit des Kindergartens oder des Hortes zu integrieren. Sie sind zudem Anlass, bei den Kindern Reflexionsprozesse über ihre Mediennutzung auszulösen

- Erzieherinnen können Kinder am Computer mit Spiel-Software pädagogisch begleiten und positive Lernerfahrungen vermitteln
- Der Bildungsprozess von allen Kindern soll durch gleiche Bildungschancen mit hochwertigen Medien gewahrt werden
- PC-Lernsoftware ist lernmotivierend und macht Spaß
- Multimediale Lernsoftware erweitert die Erfahrungsmöglichkeiten von Kindern.

Spiel- und Lernsoftware: Qualität und unterschiedliche Formen ■

Bei der Beurteilung der einzelnen Spiel- und Lernsoftware für Kinder sind deren unterschiedlichen Konzeptionen zu beachten. Man kann die angebotenen CD-Roms in folgende Kategorien mit entsprechenden Merkmalen aufteilen:

- **Interaktive Bücher** sind z. B. multimedial umgesetzte Kinderbücher, Bilderbücher oder Bildbände. Sie verbinden Informationsvermittlung mit Unterhaltung (Infotainment)
- **Lernspielprogamme** (Edutainmentsoftware) benutzen vielfach das Spiel als Methode des Lernens und verbinden Unterhaltung mit → »Bildung«. Deshalb werden diese Programme auch als Edutainment-Software bezeichnet
- **Übungsprogramme** sind Programme, mit denen sich die Anwender meist allein auseinandersetzen sollen, sie richten sich in der Regel an Schulkinder. Es sind zumeist Vokabel-, Grammatik-, Rechtschreib- und Rechen-Trainer
- **Spielprogramme** stellen das Spielen im Vordergrund, → Lernen ist ein positiver Nebeneffekt. Hierzu zählen also die typischen Computerspiele, wie z.B. Hugo
- **Unterrichts-Software** wird speziell für den Unterricht in der Schule konzipiert und orientiert sich häufig an Schulstufen und Lehrplänen.

Viele Programme sind jedoch nicht immer eindeutig einer einzigen Kategorie zuzuordnen, da die Hersteller oft einen größeren Anwendungsbereich abdecken wollen. Für Vorschulkinder sind bei Spielprogrammen verschiedene Qualitätsmerkmale zu beachten.

- **Interaktivität:** Ist das → Spiel interaktiv und multimedial? Werden dem Nutzer durch die Verknüpfung verschiedener Medien (Bilder, Filme, Texte und Töne) unterschiedliche Wege innerhalb des Spiels angeboten?
- **Navigation und Bedienung:** Bietet das Spiel eine einfache, überschaubare Navigation und werden grundlegende Spielregeln im Rahmen des Spiels (also nicht im Begleitheft) selbst erklärt (sprachliche Spielhilfen)? Ist die Navigation so gestaltet, das sich das Kind einen Überblick über seinen Standort verschaffen kann? Lässt sich das Spiel einfach installieren?
- **Spieler und Spielstand:** Lässt sich der Spielstand speichern (d.h. ein Spieler kann an dem Punkt des Spiels weiterspielen, an dem er aufgehört hat)? Erfragt das Spiel, ob ein oder mehrere Spieler mitspielen?
- **Form und Inhalt:** Werden Sachinformationen richtig dargestellt und variantenreich, motivierend und kindgemäß vermittelt? Sorgt das Spiel für eine Balance zwischen Spannung und Entspannung zwischen Lernen und Unterhaltung?
- **Grafik und Akustik:** Entspricht die graphische und akustische Gestaltung dem Auffassungsvermögen der angegebenen Altersgruppe? Dies ist allerdings häufig Geschmacksache.
- **Sprache:** Ist die Sprache für Vorschulkinder geeignet? Es sollte darauf geachtet werden, dass keine Fremdwörter, Metaphern und komplizierten Formulierungen vorkommen. Außerdem muss die Sprache dem Verstehenstempo von Vorschulkindern angepasst sein.
- **Aufforderungscharakter:** Fordert das Spiel auch zu spielbezogenen, nicht-medialen Aktivitäten (z.B. Malen, Experimentieren, Kochen, Feiern, Basteln usw.) auf und erlaubt das Programm, diese Anregungen auch auszudrucken (z.B. Kochrezept)?
- **Hinweise und Service:** Werden auf der CD, per Begleitheft oder im Internet Hilfen und Hinweise für Eltern und Erzieherinnen über den Aufbau, die Ziele und die Einsatzmöglichkeiten des Spiels gegeben?

Bei der Anschaffung von Software für den Kindergarten sollten diese Kriterien beachtet werden. Hilfen bei der Auswahl bieten »Demo-CD-Roms«, kindergarteninterne Tauschbörsen, Übersichten im Internet (www.feibel.de oder www.lernsoftware.de) oder die Multimedaecke der Stadtbibliothek.

Norbert Neuß

■ Literaturtipps

Decius, M./Panzieri, R. (2000). »Wir sind das Netz«. Chancen und Risiken des Internets für Kinder und Jugendliche - Ein praktischer Leitfaden. Weinheim/Basel: Beltz.

Granholm, A./Schumacher, B./Andersson, K. (1997). Kalle surft im Internet (mit CD-ROM). Ravensburg: Ravensburger interactive.

Neuß, N./Michaelis, C. (2002). Neue Medien im Kindergarten. Spielen und Lernen mit dem Computer. Offenbach: Gabal.

Schieb, J./Rueben, P. (1998). Online für Kids (mit CD-ROM). Bonn: MITP-Verlag.

Jugend

Jugend gehört zu den ältesten bekannten Altersbestimmungen. Bereits Hesiod (um 700 v. Chr.) beschreibt Lebensphasen in Hinsicht auf astrologische Figurationen, und ein Jahrhundert später ist es Solon (640–560 v. Chr.), der sieben Lebensphasen von der Kindheit bis zum Greisenalter identifiziert. Wirkungsmächtig wurde die Beschreibung von Jugend seit Aristoteles (384–322 v. Chr.), der Jugend erstmals im Hinblick auf bestimmte Erwartungsstrukturen des Erwachsenenlebens beschrieb. Jugend ist dann in der römischen Republik und in Karthago von öffentlicher Bedeutung und Grund zur Beunruhigung der Erwachsenen, die beobachten, dass ihre Jugend anders handelt, als sie selbst im Jugendalter gehandelt haben. Diese Beobachtung ist oft mit der Klage über die Verderbtheit der Jugend verbunden und zieht sich über das Mittelalter bis in die Neuzeit hinein.

Konzepte von Jugend im historischen Wandel ■
Seit dem 18. Jahrhundert hat Jugend eine neue Bedeutung erfahren, die von der aufkommenden → Pädagogik geprägt wurde. Jean-Jacques Rousseau (1712–1778) beschreibt in seinem Werk »Emile« die Hoffnungen und Möglichkeiten der Erziehung. Im 19. Jahrhundert wird Jugend dann als die Lebensphase einer gesellschaftlich auffälligen Altersgruppe wieder entdeckt. Dies hängt mit den Ende des 19. Jahrhunderts entstehenden Jugendbewegungen zusammen. In Deutschland entsteht der »Wandervogel« und in England praktisch zeitgleich zur Jahrhundertwende die Pfadfinderbewegung durch Lord Robert Baden-Powell (1857–1941), der den Slogan »learning by doing« prägte.

Wie noch im Lied »Aus grauer Städte Mauern«, das damals entstand, zu erkennen ist, richtete sich die erste Jugendbewegung gegen die Erwartung, in den industriell verschmutzten und »kommerziell verhexten« (Lars Clausen) Städten leben zu müssen. Die Hinwendung zur Natur, dem Wandern und dem Lagerfeuer sowie eine Vorliebe für kurze Hosen oder den Schillerkragen, grenzte diese Jugend von Erwachsenen ab. Die Erwachsenen reagierten irritiert bis entsetzt und dies wiederholt sich in jeder Jugendgeneration, wenn jugendliche Kleidungs- und Verhaltensstile, aber auch Alkohol- und Drogenkonsum sowie politische Erwartungen nicht an überkommene Muster angepasst sind.

In der Weimarer Republik formiert sich dann die »Generation der politischen Jugend« als eine Reaktion auf die Dysfunktionalitäten des politischen Systems. Die NSDAP gewinnt unter Jugendlichen rasch Einfluss. Während des Nationalsozialismus zwischen 1933 bis 1945 werden alle Jugendbewegungen gleichgeschaltet, die Jugend hat ausschließlich die Möglichkeit, NSDAP-Organisationen wie der Hitlerjugend (HJ) oder dem Bund Deutscher Mädchen (BDM) beizutreten.

Die Jugendlichen der Nachkriegszeit reagieren auf die tiefe politische Enttäuschung eines gescheiterten Neuanfangs. Der praktisch-politische, gegen die politisierte Elterngeneration gerichtete Anti-Extremismus der Jugend der Nachkriegszeit ging einher mit einer entschiedenen Wirtschaftsorientierung. In die 1950er Jahre fallen die »Halbstarkenkrawalle«. Im Sommer und Herbst 1956 kam es, von Presse und Rundfunk stark beachtet, zu sogenannten Massenkrawallen von Jugendlichen. Von den damaligen Erwachsenen wurde dieses Phänomen nicht selten mit dem in Deutschland erst nach Ende der Halbstarkenkrawalle einsetzenden Rock´n´Roll in Verbindung gebracht. In den 1960er Jahren formiert sich weltweit in den Industrienationen die Bewegung der 1968er (»Studentenrevolte«), die in Deutschland als Reaktion auf den schweigenden Umgang mit dem Nationalsozialismus und die bruchlose Hinwendung zum Geschäftlichen zu sehen ist. Die deutsche Vereinigung gab der 1989er Jugendgeneration Anlass, sich gegen die 68er Eltern zu stellen. Politisch entscheidend war, dass die DDR kein »68« erlebte. All die Auflockerungen, Liberalisierungen und Abweichungsmöglichkeiten, die die Bundesrepublik bis heute entscheidend prägen, gingen an der DDR vorüber und so konnten Jugendliche dann von einer eher konservativen, preußisch-sozialistischen Disziplinargesellschaft aus die 68er kritisieren. Die Kostüme und Aufführungen wechseln, das Recht der Jugend auf einen Neubeginn bleibt und es ist nicht auszuschließen, dass neue Jugendbewegungen die Erwachsenen schockieren werden.

Aktuelle Vorstellungen von Jugend ■

In Deutschland hat sich ein Jugendkonzept durchgesetzt, das Jugend als Statuspassage sieht (Helmut Schelsky 1912–1984). Der Übergang vom Kind zum Erwachsenen wird in der modernen Gesellschaft zum Problem, weil Jugendliche heute andere Erfahrungen machen. Die Folge ist, dass Jugendliche zunehmend inmitten von sozialen Strukturkonflikten aufwachsen und dies beinhaltet für Jugendliche erhöhte Verhaltensunsicherheit und Orientierungslosigkeit. Entscheidend wird dann die Suche nach Verhaltenssicherheit.

Jugend als eine eigenständige Lebensphase hat den Übergang von der Familie mit klaren Rollenstrukturen in die allgemeine und unüberschaubare Welt der Erwachsenenrollen zu leisten. Der Widerspruch zwischen den in der Familie gelernten Primärrollen und den → Rollen in der Gesellschaft (in Organisationen) bedarf eines eigenständigen Vermittlungsbereiches. Diese Aufgabe haben altershomogene Gruppen von Jugendlichen. Gleichaltrigengruppen (peer groups) leisten die Herausbildung nicht-familialer Dispositionen, die den Anschluss an die Erwachsenenwelt ermöglichen. Die Gleichaltrigengruppen verbinden auf eine eigene Art emotionale Sicherheit mit universalistischen Verhaltensweisen.

Jugend hat »drei Dauerchancen für Jugendprotest«: Sexualität, Gewalt und Rausch. Mit diesen Themen kann man Erwachsene laufend ängstigen und sie dazu bringen, die Jugend ernst zu nehmen. Der Grund dafür liegt darin, dass Erwachsene in ihrem Sozialisationsprozess bereits Verzichtsleistungen erbracht haben, die für die Einhegung von Sexus, Gewalt und Rausch stehen. Damit werden diese Themen jedoch auch wieder unheimlicher. Jede heranwachsende Generation muss mit Sexualität, Gewalt und Rausch Erfahrungen machen und einen eigenen Weg finden.

Jugend wird auch als eine eigene Teilkultur verstanden. Aufgrund hoher Eigenständigkeit der Jugend unterscheidet sich diese von anderen Gruppen, wirkt aber auch auf die Erwachsenenkultur ein. Der Jugend wird das zugeschrieben, was auch im Erwachsenenleben benötigt wird: sich auf neue Situationen einzustellen, sich zu ändern, also lernfähig zu sein. Hier liegt ein Anschlusspunkt für den stets wiederbelebten Jugendkult. Es ist wohl auch offensichtlich, dass die gesellschaftlichen Schönheitsvorstellungen am jungen Körper Phantasie aufladen.

Durch die Medien ist Jugendlichen immer mehr die Möglichkeit gegeben, an Themen von Erwachsenen teilzuhaben. Dadurch wird die Schwelle des Übergangs (→ Transition) zwischen Kindheit und Jugend und Erwachsensein zunehmend abgesenkt. Ebenfalls durch die Medien wird sich die Jugend in den industrialisierten Ländern weltweit ähnlicher. Jugend und ein jugendgemäßes Leben findet sich in allen Industrieländern in ähnlichen Formen. Die konkreten Lebenswelten, in denen Jugendliche leben, verlieren gegenüber dieser Entwicklung an Bedeutung. Je ähnlicher sich Jugendliche weltweit werden, desto unähnlicher werden sie ihren Eltern. Dies bestätigen auch andere Ergebnisse der Forschung. So ergab eine Analyse der Zukunftserwartungen von Jugendlichen, dass sich europaweit unter Jugendlichen Tendenzen durchsetzen, die nicht mehr an soziale Lagen bzw. Milieus gebunden sind (Alessandro Cavalli).

Jugend ist nicht länger nur als eine Übergangsphase, sondern immer mehr als eine Einstiegsphase in eine andere Existenzform zu verstehen, als ein eigenständiges Lebensziel. Jugendliche haben z.B. nicht nur eigene Interessen im Umgang mit dem → Internet, sondern üben zugleich auch eine veränderte Wertstruktur ein. Dadurch entsteht ein Rahmen, der die einstige Jugendkultur in eine junge Kultur transformiert (Gerhard Schulze). Und es wird denkbar, dass sich ein Jugendparadigma – wie einst das traditionelle

Arbeitsparadigma – auf alle Gebiete des Lebens ausdehnen kann. Jugend ist heute als das Paradox der Gleichzeitigkeit von Führen und Geführtwerden zu begreifen. Kinder werden ins Leben geführt und Erwachsene führen ihr eigenes Leben. Für Jugendliche gilt beides zugleich und dies macht Jugend zu einer anstrengenden Angelegenheit. Wenn Jugend gelingt, dann als Entparadoxierungsleistung.

Die gegenwärtige Gesellschaft verfügt über keinen Normen- und Wertekatalog, aus dem für jede Situation eine klare und konsistente Handlungsanweisung abgeleitet werden kann. Wissen und Gewissheit können nicht in eins gesetzt werden, weil die Lage zu unübersichtlich und zu kompliziert geworden ist. Die gesellschaftliche Funktion von Jugend besteht deshalb darin, sich über den ebenso impliziten wie auch expliziten Wertekatalog einer Gesellschaft zu verständigen. Mittels Jugend versorgt sich eine Gesellschaft, die sich auf keine zentralen Ziele mehr verpflichten kann, mit leidlich konsistenten Erwartungsstabilisierungen. Anders ist es kaum möglich, beispielsweise den Genuss von Alkohol als unproblematisches Alltagshandeln und als gleichzeitig nicht wünschenswert auszuweisen. Anders ist es auch kaum möglich, einerseits Meinungsfreiheit und den freien Zugang zu beliebigen Mitteilungen zu schätzen und andererseits bestimmte Mitteilungen unter besonderen Bedingungen eben doch vom freien Zugang ausschließen zu wollen. Wenn eine Gesellschaft sich im Medium der Jugend über den geheimen Wertekatalog verständigt, dann bedeutet das zugleich im Gegenteil, dass sich die Gesellschaft im Medium der Jugend über ihren normativen Rahmen auch verunsichern lässt. In neueren Ansätzen wird darauf hingewiesen, dass Jugendliche als »Seismographen« der politischen Entwicklung fungieren (Klaus Hurrelmann).

Jugendforschung ■ Jugend ist die am besten untersuchte Altersgruppe in der Bundesrepublik. Jugendforschung untersucht eine Altersspannbreite von sechs bis dreißig Jahren. Die Ergebnisse sind uneinheitlich, teils widersprüchlich und steigern oft eher die Irritation, als dass sie Klarheit bringen. Zu den ältesten Studien gehören die Untersuchungen der deutschen Shell. Seit den 1950er Jahren erscheinen die Shell-Studien in unregelmäßigen Abständen zu Fragen der Jugendforschung. Die vorletzte, 14. Shell-Studie, ist im Jahre 2002 erschienen und befasst sich mit dem Politik-Verständnis Jugendlicher und dem Wertewandel der Jugend in Deutschland. Der lange anhaltende Trend zu postmaterialistischen Werten scheint zur Jahrtausendwende gebrochen.

Neben dieser von der Industrie initiierten und finanzierten Forschung hat auch die Politik eigene Forschungen in Auftrag gegeben. Hier stehen Einstellungsveränderungen der Jugend im Vordergrund. In den 1990er Jahren stehen Jugendgewalt und Rechtsextremismus bei Jugendlichen im Zentrum der Forschung (→ Rassismus). Ebenfalls seit den 1950er Jahren erscheinen die Bundesjugendberichte, die die Lage der Jugend in der Bundesrepublik beleuchten. Auf den 9. Jugendbericht folgte der 10. Kinder- und Jugendbericht. Dies ist eine Reaktion auf das wachsende Interesse an den Sozialisationsbedingungen auch von Kindern. Es bleibt abzuwarten, ob mit der politischen Aufwertung von Kindern eine Abwertung von Jugendlichen einhergeht.

Der 11. Kinder- und Jugendbericht widmet sich den Lebensverhältnissen im vereinten Deutschland und steht schon unter dem Zeichen des demografischen Wandels. Der Anteil der unter 20-Jährigen wird im Jahr 2020 von heute 21 % auf 17 % sinken, der der über 65-Jährigen von 16 % auf 22 % steigen. Die abnehmenden Anteile von Jugendlichen und auch Kindern an der Bevölkerung werden Folgen auch für den Generationenkonflikt und mögliche jugendliche Protestbewegungen haben, deren Gestalt nicht sicher prognostiziert werden kann. Sicher bleibt Jugend eine Art Projektionsfläche für die persönliche wie auch die gesellschaftliche Zukunft, auf die sämtliche Sorgen und Befürchtungen ebenso projiziert werden können wie Hoffnungen und Träume einer besseren Welt.

Thomas Herrmann

■ Literaturtipps

Clausen, L. (1976). Jugendsoziologie. Stuttgart: Kohlhammer.

Jaide, W./Venn, H.-J. (1989). Bilanz der Jugendforschung. München: Schöningh.

Levi, G./Schmitt, J.-C. (1996). Geschichte der Jugend. Band 1: Von der Antike bis zum Absolutismus. Frankfurt/M.: S. Fischer.

Schulze, G. (1992). Die Erlebnisgesellschaft: Kultursoziologie der Gegenwart. Frankfurt/M.: Campus.

Jugendarbeit

Anders als im Alltagsgebrauch hat Jugendarbeit in der sozialpädagogischen Fachsprache zwei Bedeutungen. Zum einen bezeichnet sie die Formen jugendgemäßer Selbsterziehung in autonomen Jugendgruppen und durch gemeinsame Ziele verpflichtete Jugendverbände. Zum anderen ist damit die außerschulische, sozialpädagogische Erziehung von Kindern und Jugendlichen durch Erwachsene in Einrichtungen und Maßnahmen der sogenannten Jugendpflege gemeint, häufig mit finanzieller und organisatorischer Unterstützung durch Bund, Länder und Gemeinden. Die DDR kannte dagegen eine staatlich-zentralistische Organisation der Jugendarbeit in der FDJ (Freie Deutsche Jugend).

Geschichte ■ Um 1900 schlossen sich in Berlin aus Protest gegen die »Sofakultur« ihrer bürgerlichen Elternhäuser und den »seelenlosen Drill« an deutschen Gymnasien Schüler zu informellen Gruppen zusammen, um am Wochenende den »Auszug aus dem Alltag« zu proben, die ländliche Umgebung Berlins zu »erwandern«, am Lagerfeuer »abzukochen« und beim Bauern im Heu zu übernachten. Die Wandervögel, wie sie sich seit 1901 nannten, breiteten sich wie ein Buschbrand in deutschen Gymnasien aus und erwanderten sich bald nicht nur die »deutsche Heimat«, sondern auch fremde Länder und fremde Kulturen. Ein reformiertes Leben, innerlich wahrhaftig und äußerlich naturverbunden, war das Ziel der vielen jugendbewegten Wandergruppen: »Wir sind die Jugend, die nicht mehr säuft, die Deutschland durchdenkt und Deutschland durchläuft«. Das Treffen auf dem Hohen Meissner bei Kassel am Jahrestag der Völkerschlacht bei Leipzig (1913) war einer der Höhepunkte dieser bürgerlichen Jugendbewegung (die übrigens Mädchen und jüdische Mitschüler weitgehend ausschloss). Hier vereinigten sich verschiedene Jugendbünde zur freien deutschen Jugend, deren Veranstaltungen alkohol- und nikotinfrei waren. Diese Jugendbewegung lehnte den Hurrapatriotismus des wilhelminischen Reiches ab und eignete sich begeistert die Folklore fremder Länder und Kulturen an. Dennoch meldeten sich viele Wandervögel als erste freiwillig für den Ersten Weltkrieg und verbluteten in den Schützengräben Frankreichs.

Fast gleichzeitig mit der bürgerlichen Jugendbewegung formierten sich in Berlin und Süddeutschland proletarische Lehrlinge gegen die Willkür von Meistern und Lehrherren und gründeten zunächst im Berliner Norden den »Verein der Lehrlinge und jugendlichen Arbeiter Berlins« (1904) und zwei Jahre später die »Vereinigung der freien Jugendorganisationen Deutschlands«. Diesen Organisationen ging es – übrigens zunächst in enger Zusammenarbeit mit Gewerkschaften und Sozialdemokratie – um Jugendschutz, → Bildung und → Erziehung. Sie probten keinen Auszug aus dem Alltag, sondern einen Einzug ins politische Leben und kamen dabei bald in Strukturkonflikte mit den sie unterstützenden Erwachsenenorganisationen, die bis in unsere Zeit andauern.

Gemeinsam sind bürgerlicher wie proletarischer Jugendbewegung besondere jugendgemäße Formen der Freizeitgestaltung, wie Wandern, Singen, Volkstänze, Lagerfeuer, Nachtwanderungen und andere Naturerlebnisse sowie die Entwicklung einer jeweils eigenen Kommunikationskultur.

Während der Nazi-Diktatur (1933–1945) wurden sämtliche freien oder kirchlichen oder politischen Jugendverbände aufgelöst. Die Jugend kam fast geschlossen in die HJ (Hitlerjugend) mit den Unterorganisationen, Jungvolk bzw. -mädel (für jüngere Kinder; die Jungen wurden »Pimpfe« genannt), BDM

(Bund Deutscher Mädchen) für Mädchen und »Glaube und Schönheit« (für junge Frauen bis 21 Jahre).

Gegenwart ■ Nach dem Zusammenbruch des Faschismus hatten es Jugendverbände und -organisationen (zusammengeschlossen in lokalen Jugendringen und im Bundesjugendring) schwer, sich gegen Erinnerungen an Ideologie und Praxis der Hitlerjugend und angesichts zunehmend attraktiver Angebote im Freizeit- und Ferien-Konsum durchzusetzen. Der jungen Generation fällt es immer schwerer, sich dauerhaft und ausschließlich an eine Jugendgruppe und an eine Jugendorganisationen zu binden und ihr über Jahre die Treue zu halten. Gleichzeitig sind neue Formen autonomer jugendlicher Gesellung auf Zeit entstanden, wie die Jugendzentrumsbewegung der 1970er Jahre, die Selbsthilfebewegung (→ Selbsthilfegruppen) als Absage an die dirigistischen Tendenzen eines allumfassenden Sozialstaates, die Friedens- und Ökobewegung und viele zeitgenössische Aktivitäten von Globalisierungsgegnern. Allen diesen Bewegungen scheint gemeinsam zu sein, dass sie gegen den Strom des Zeitgeistes schwimmen, einer etablierten politischen Korrektheit widersprechen und gleichzeitig mit neuen Inhalten, neuen Formen und neuen Medien experimentieren.

Jugendpflege ■ Um 1900 bereiteten deutschen Pädagogen nicht nur die gerade anbrechenden Jugendbewegungen Sorge, sondern auch ein für sie neuer Typ von jugendlichen Gelegenheitsarbeitern, die an Straßenecken standen, rauchten und spuckten und die Vorübergehenden beleidigten und belästigten. Der Hamburger Pfarrer Clemens Schultz nannte diesen Typ in seinem 1912 erschienen Buch den »Halbstarken«. Halbstarke lebten in der Kontrolllücke zwischen Volksschule und Militärdienst. Moderate Jugendschutzgesetze und gestiegene Tagelöhne erlaubten ihnen einen bescheidenen Freizeitkonsum, in den sie sich nicht von Erwachsenen hereinreden lassen wollten. Sie pochten auf ihre Autonomie und wollten sich nicht in den Gruppen traditioneller Jugendwohlfahrtsvereine binden.

Der preußische Jugendpflege-Erlass aus dem Jahre 1911 ebnete den Weg für eine Jugendpflegepraxis, die eine mittlere Distanz sowohl zu dem geselligen Leben der autonomen Jugendbewegung als auch zu dem verregelten Leben von Sonntagsschulen, Jünglingsvereinen und Jugendwohlfahrtsverbänden hielt. Aus dieser Tradition entwickelte sich (vor allem in sozialdemokratisch regierten Bundesländern, welche die Dominanz kirchlich orientierter Jugendpflegeverbände beseitigen wollten) kommunal finanzierte und kommunal unterhaltene Jugendfreizeitheime, Häuser der offenen Tür und Jugendclubs.

In den 1950er und 1960er Jahren des letzten Jahrhunderts hatten die Häuser der offenen Tür häufig einen → gruppenpädagogischen Anspruch und sahen ungern jugendliche Besucher, die sich keiner Interessengruppe anschlossen, sondern einfach nur »herumgammelten«. Im Zusammenhang mit Schülerbewegung und Sozialarbeiterbewegung wurde die offenen Arbeit zur bevorzugten Arbeitsform. Jugendliche sollten eigene (auch politische) Interessen entwickeln, die im Hause tätigen Jugendpflegerinnen und Sozialarbeiter sollten unterstützen und beraten, sich aber im Prinzip zurückhalten. Das ging überall dort gut, wo es interessierte und aktive informelle Gruppen von Jugendlichen gab, die gesellige, kulturelle und politische Veranstaltungen und Projekte organisierten und mit Leben erfüllten. Es ging überall dort nicht gut, wo nur noch Langeweile in der offenen Arbeit vorherrschte, wo mutwillige Zerstörungen überhand nahmen oder wo an den Rand gedrängte Gruppen Jugendlicher das Heft in die Hand nahmen und andere Jugendliche (vor allem auch junge Frauen) verdrängten.

Jugendarbeit und Jugendpflege finden heute jedoch nicht nur in eigens dafür bereitgestellten Räumen statt. Sie vertrauen nicht allein auf die »Komm-Struktur«, derzufolge interessierte Jugendliche zu Veranstaltungen der Jugendarbeit kommen, sondern haben in letzter Zeit nach dem Vorbild in angloamerikanischen Ländern auch eine »Geh-Struktur« entwickelt, um Jugendliche, die anders nicht zu erreichen sind, dort aufzusuchen, wo sie sich informell zusammenfinden: auf der Straße. Streetwork oder Straßensozialarbeit ist ein neues und expandierendes Arbeitsfeld zwischen Jugendpflege und Jugendsozialarbeit. Es versucht, Jugendliche zu erreichen, ihr Vertrauen zu gewinnen und sie an Einrichtungen und Maßnahmen weiterzureichen, die im Vorfeld manifest werdender Abweichungen Erziehungs- und Integrationshilfen bereitstellen können. In besonders schwierigen Fällen werden auch Versuche mit besonderen Formen und Projekten der → Erlebnispädagogik gemacht. Sie sollen Jugendliche an die Grenzen der von ihnen selbst definierten Leistungsfähigkeit führen und dabei ihr Selbstvertrauen stabilisieren oder aber sie gegen unrealistische Allmachtsphantasien immunisieren.

Schlussfolgerungen ■ Die Entwicklung autonomer Jugendbewegungen mit einem deutlichen Selbsterziehungsanspruch und die staatliche Unterstützung solcher Bewegungen im Geiste des alten oder eines erneuerten Subsidiaritätsprinzips ist offensichtlich eine deutsche Besonderheit. Das Subsidiaritätsprinzip ist im 20. Jahrhundert von der katholischen Kirche verkündet worden und besagt, dass in Fällen von Erziehungsbedürftigkeit und von Lebenskrisen zunächst die Familien der jeweils Bedürftigen für die Hilfe zuständig seien und dann die Glaubensgemeinschaft, der sie angehörten. Erst wenn beide Bezugsgruppen unfähig zur Hilfe wären, dürfe sich der Staat mit eigenen Hilfsangeboten einmischen.

Auch in anderen Ländern gibt es Stadtteilzentren, Jugendclubs und Ferienzeltlager. Aber sie werden in der Regel von Erwachsenen und Erwachsenen-Organisationen unterhalten und bleiben deshalb bei allem Verständnis für jugendliche Gesellungsbedürfnisse erwachsenenzentriert und erwachsenendominiert. In Deutschland hingegen haben sich Jugendbewegungen zu verschiedenen Zeiten des letzten Jahrhunderts Freiräume erkämpft und mit Bemühungen zur Selbsterziehung in Gruppen Gleichaltriger (= peer education) ausgestattet. Zudem haben Frauen und Männer, die durch diese Bewegungen gegangen und von ihnen geprägt waren, reformpädagogische Impulse, Initiativen und Arbeitsformen in eher konservative Erziehungsfelder wie → Schule, Berufsschule, → Kindergarten, Erziehungsheim und Hochschule getragen (→ Reformpädagogik). Dadurch ist das Verständnis innerhalb der Gesellschaft gewachsen, dass es zwar die Pflicht der Generationen von Eltern ist, für die Kontinuität erziehender und bildender Einrichtungen wie Kindergarten, Schule und Hochschule zu sorgen. Dass es aber gleichermaßen das Vorrecht der je jungen Generation ist, diese Einrichtungen mit neuem Leben zu füllen.

C. Wolfgang Müller

■ Literaturtipps

Böhnisch, L. u.a. (Hg.) (1991). Handbuch Jugendverbände. Weinheim: Juventa.

Giesecke, H. (1981). Vom Wandervogel bis zur Hitlerjugend. Jugendarbeit zwischen Politik und Pädagogik. Weinheim: Juventa.

Jordan, E./Sengling, D. (1992). Jugendhilfe. Einführung in Geschichte und Handlungsfelder, Organisationsformen und gesellschaftliche Problemlagen. Weinheim: Juventa.

Kind im Krankenhaus

Krankheit und ein damit verbundener Krankenhausaufenthalt kann Kinder belasten und ohne psychosoziale Begleitung schwerwiegende Folgen hervorrufen. Der Münchner Kinderarzt Meinhard von Pfaundler verwies 1899 als einer der ersten auf den Zusammenhang zwischen einem langfristigen Heimaufenthalt und den auftretenden → Verhaltensstörungen. Der Säugling zeigt als Symptome u.a. körperlichen Verfall, depressive Verstimmung, psychische Traumatisierung. Wesentliche Ursache für die Entstehung dieses psychischen Hospitalismus ist die Trennungsangst des Kindes von der Mutter, die zu einem Trennungstrauma führen kann.

Trennungstrauma ■ Kinder werden psychisch traumatisiert (seelisch verletzt), wenn erlebte Konflikte, belastende Erfahrungen oder Situationen nicht oder nur unzureichend verarbeitet werden und können darauf mit → Verhaltensstörungen reagieren. Dies ist auch bei einem durch einen Krankenhausaufenthalt bedingten Trennungstrauma der Fall. James Robertson (1958) und John Bowlby (1961) beschrieben drei Phasen beim Verlauf eines Trennungstraumas:

- **Protest:** Das Kind ist durch den Mutterverlust beunruhigt, weint oft laut, die Pflegerin wird abgelehnt, es ist sich aber sicher, dass die Mutter wieder kommt
- **Verzweiflung:** Das Kind glaubt nicht mehr, dass die Mutter kommt, es will sich damit allerdings nicht abfinden. Es weint, ist verstimmt und will nicht viel von seiner Umwelt wissen
- **Gleichgültigkeit:** In dieser Phase der »Mutterverleugnung« zeigt das Kind wieder mehr Umweltinteresse. Nahrung und Spielsachen werden angenommen. Beim Besuch der Mutter ist von einer natürlichen Bindung kaum noch etwas zu spüren.

Die Entstehung psychischer Traumata ist sehr komplex, lässt sich aber im Kontext Krankenhausaufenthalt im Wesentlichen an vier Punkten festmachen.

- **Entbehrung von Bezugspersonen:** Der Mutterverlust beunruhigt das Kind besonders stark und es kommt zu den von Bowlby beschriebenen Reaktionen. Bei langfristigen Krankenhausaufenthalten ist das Parental Alienation Syndrom (PAS) oder Eltern-Entfremdungssyndrom nicht auszuschließen
- **Dauer:** Bei kurzfristigen Krankenhausaufenthalten (bis zu ca. zehn Tagen), werden die Kinder bereits während der ersten Phase (Protest) entlassen, die Angriffsflächen für traumatische Effekte sind durch das Rooming-in (Mitaufnahme der Mutter zu ihrem akut erkrankten Kind), Betreuung durch pädagogisch-psychologisches Fachpersonal u.a. heute wesentlich geringer. Bei Langzeitpatienten ist die Gefahr einer Traumatisierung ungleich größer
- **Alter des Kindes:** Zweifellos bergen auch kurzfristige Krankenhausaufenthalte eine potenzielle Traumaerfahrung für Kinder jeden Alters. Nach Auswertung der Forschungsliteratur besteht eine absolute Gefährdung im Kleinkind- und Vorschulalter. Über diese Altersgruppe hinaus sind bei kurzfristigem Aufenthalt nur einzelne Kinder betroffen
- **Autogene Faktoren:** Insbesondere bei Langzeitpatienten ist es wichtig, wie aktiv sie sich mit der »neuen Umwelt« auseinander setzen, wie resilient sie sind. → Resilienz bezeichnet die physische und psychische Stärke, Krisen und Brüche in der Biographie ohne langfristige Störungen zu bewältigen, analog zur Resistenz, der körperlichen Abwehrkräfte z.B. gegenüber Infektionskrankheiten.

Unterstützende Maßnahmen bei kurzfristigen Krankenhausaufenthalten ■

In Deutschland war es zweifellos das Verdienst des Kinderpsychiaters Gerd Biermann, der Anfang der fünfziger Jahre die Handlungsbereitschaft bei Ärzten, Psychologen, Lehrern, Krankenschwestern, Architekten weckte, um die Lebensbedingungen von Kindern im Krankenhaus zu verbessern. Parallel dazu, inspiriert durch die pädagogisch-psychologische Fachliteratur und eigene leidvolle Erfahrungen als Eltern, waren es die Aktivisten des »Aktionskomitees Kind im Krankenhaus« (akik), die ab 1968 die wirksamen Veränderungen in Krankenhäusern und Kinderkliniken in jeder Stadt durchsetzten. Dazu gehörte insbesondere die liberale Besuchzeitregelung, Rooming-in, auch für Neugeborene (d.h. das Neugeborene und die Mutter sind gemeinsam in einem Zimmer untergebracht), Erzieherinnen und Psychologen zur Betreuung oder auch die Einrichtung von Klinikschulen. Vielversprechend sind neuerdings in Deutschland familienorientierte Ansätze, wie z.B. an der Universitätsklinik in Heidelberg. Als ein Wegbereiter dazu ist der Anfang der siebziger Jahre in den USA entstandene Parent-Care-Pavillon (Eltern-Kind-Pavillon) anzusehen, eine semi-stationäre Einrichtung, die der Ambulanz eines Kinderkrankenhauses angegliedert wurde. Berichten zufolge halbierte sich die Verweildauer im Krankenhaus. Diese Maßnahmen richteten sich zunächst auf kurzfristige Krankenhausaufenthalte und zwar relativ unabhängig von der Krankheit.

Belastungen von Langzeitpatienten ■

Bei langfristigen Aufenthalten, die sich über Wochen, Monate oder Jahre hinziehen, ist es neben der Trennung die Krankheit selbst, die zu besonderen Belastungen führt. So ist das kranke, z.B. krebskranke Kind zu einer frühzeitigen Entwicklung genötigt, wozu gesunde Kinder viel mehr Zeit zur Verfügung haben. Unter dem Druck der Krankheit muss es sich verfrüht mit Grundphänomenen der menschlichen Existenz, körperlichen Einschränkungen, Vergänglichkeit und Tod, auseinandersetzen. Zu den Beeinträchtigungen durch die Krankheit kommen überwältigende → Ängste, die die psychische Entwicklung des Kindes beeinflussen. Bei lebensbedrohlich kranken Kindern wird ein seelisches Wachstum, weit über das eigentliche Lebensalter beobachtet, das sie oft der Gruppe der Gleichaltrigen entfremdet und isoliert. Zu den wesentlichen Belastungen, denen kranke Kinder oft sehr lang ausgesetzt sind, gehören:

- Kontinuierliche Disziplin im Rahmen der Therapiemitarbeit, Aushalten von wiederholten schmerzhaften und Angst erzeugenden medizinischen Eingriffen
- Tolerieren von körperlichen, mentalen oder ästhetischen Behandlungsnebenwirkungen
- Kontinuierliches Überwachen der eigenen körperlichen Befindlichkeit
- Einschränkung der Bedürfnisse nach autonomem Verfügen über den eigenen Körper, erhöhte Abhängigkeitsbeziehung
- Existenzielle Konfrontation mit Krankheit, Sterben und Tod.

Beinahe alle Kinder ahnen die Schwere ihrer Krankheit, ob ihnen die Diagnose mitgeteilt wird oder nicht, sie sprechen nur selten direkt darüber.

Maßnahmen bei Langzeitpatienten und ihren Familien ■

Die sich seit Ende der siebziger Jahre explosionsartig ausbreitenden Selbsthilfegruppen von Eltern suchten den Austausch über seltene Krankheiten (mit Betroffenen, Fachleuten, Fachliteratur) sowie Hilfen und (zeitweise) Entlastung für das kranke Kind und für sich selbst. Bereits zu Beginn der 1980er Jahre wurden vor allem in den Krebszentren für Kinder der Bundesrepublik Versorgungskonzepte etabliert, die die psychische und soziale Situation der kranken Kinder verbesserten durch folgende Einrichtungen und Betreuungsformen:

- **Stationäre Akutversorgung:** Betreuung durch psychosoziale Beratung und Therapie in Einzel- und Familiengesprächen; Spiel-, Musik-, Kunst-, Ergotherapie; Klinikschule; Gruppen für Eltern und Jugendliche; Hausbesuche im Finalstadium; sozialrechtliche Beratung; Geschwisterbetreuung
- **Poststationäre Interventionen:** ambulante psychosoziale Beratung und Therapie, Seminare für (trauernde) Familien, Jugendliche; stationäre familienorientierte Rehabilitation; Selbsthilfegruppen für betroffene Eltern, Jugendliche und junge Erwachsene, Geschwister, trauernde Familien. Neuerdings entstehen Camps für

kranke Jugendliche mit einer erlebnisorientierten Zielsetzung (Waldpiraten-Camp).

Die schwere Erkrankung und der eventuell bevorstehende Tod eines Kindes bedeuten jedoch für alle Familienmitglieder eine Krise, die ihr Leben verändert und belastet. Forschungsergebnisse verweisen auf die Probleme der gesunden Geschwister, die oft mit psychosozialen Auffälligkeiten reagieren, da von den Eltern eine frühzeitige Reife und Übernahme von Verantwortung erwartet wird. In Geschwisterbetreuungsstätten, wie z.B. der Heidelberger Klinik »Kinderplanet«, werden Gefühle von Eifersucht, Wut, aber auch Ansteckungsängste thematisiert

Die Belastungen der Mütter, die zumeist die Kinder in der Klinik betreuen, sind offensichtlich. Neuere Ergebnisse und die Erfahrungen aus der Praxis verweisen auch auf psychische und somatische Störungen von Vätern krebskranker Kinder, oft lange Zeit nach der Erkrankung. In einer familienorientierten Versorgung müssen deshalb familiäre Ressourcen aufgegriffen, jedoch ebenso institutionelle Hilfen zur Verfügung gestellt werden, um das kranke Kind in seinen Belastungen und Wünschen wahrzunehmen.

Heide Häberle/Rainer Jaszus

■ Literaturtipps

Freud, A./Bergmann, Th. (1972). Kranke Kinder. Frankfurt/M.: Gustav Fischer.

Grotensohn, Ch. (1999). Unsere Kinder im Krankenhaus. Hamburg: Rowohlt.

Häberle, H.: Der kindliche Krebspatient und seine Familie. Forum, 4. Hamburg: Omnimed-Verlag.

Lohaus, A. (1990). Gesundheit und Krankheit aus der Sicht der Kinder. Göttingen: Hans Huber.

■ Kontakte

Aktionskomitee »Kind im Krankenhaus«
Kirchstr. 34
61440 Oberursel
www.akik-bundesverband.de
www.kindernetzwerk.de
www.onko-kids.de

Kinder- und Jugendhilferecht

Zum Kinder- und Jugendhilferecht im weiteren Sinne sind neben dem Sozialgesetzbuch Achtes Buch – Kinder- und Jugendhilfe (SGB VIII – Kinder- und Jugendhilferecht im engeren Sinne) insbesondere die kindschaftrechtlichen Teile des Familienrechts des BGB (Bürgerliches Gesetzbuch), das Jugendschutzgesetz, Jugendgerichtsgesetz, Bundeskindergeldgesetz, Bundeserziehungsgeldgesetz, Bundesausbildungsförderungsgesetz sowie das Haager Minderjährigenschutzübereinkommen und die UNO-Kinderkonvention zu rechnen. Im Folgenden beschränken wir uns auf das klassische Kinder- und Jugendhilferecht, das SGB VIII vom 26.6.1990, das seit 1.1.1991 in Kraft ist (die noch immer übliche Bezeichnung KJHG ist irreführend).

Aufgabe und Träger

Aufgabe und Träger ■ Nach § 1 Abs. 1 SGB VIII hat jeder junge Mensch (unter 27 Jahren; § 7 Abs. 1 SGB VIII) ein Recht auf Förderung seiner Entwicklung und auf Erziehung zu einer eigenverantwortlichen und gemeinschaftsfähigen Persönlichkeit. Die Erfüllung dieses Anspruchs ist in erster Linie das Recht und die Pflicht der Eltern (§ 1 Abs. 2 SGB VIII i.V.m. Art. 6 Abs. 2 GG). Die (Kinder- und) Jugendhilfe soll zur Erfüllung dieses Rechts beitragen (§ 1 Abs. 3 SGB VIII), hat also subsidiären Charakter.

Die Jugendhilfe ist gekennzeichnet durch die Vielfalt von Trägern unterschiedlicher Wertorientierungen und die Vielfalt von Inhalten, Methoden und Arbeitsformen (§ 3 Abs. 1 SGB VIII). Erbracht werden die Leistungen der Jugendhilfe von Trägern der öffentlichen und der freien Jugendhilfe, wobei sich die Leistungsverpflichtung nur an die Träger der öffentlichen Jugendhilfe richtet (§ 3 Abs. 2 SGB VIII).

Träger der öffentlichen Jugendhilfe sind die Kreise und kreisfreien Städte (Jugendämter).

→ Träger der freien Jugendhilfe sind insbesondere Kirchen, Jugend- und Wohlfahrtsverbände.

> Soweit geeignete Einrichtungen, Dienste und Veranstaltungen von anerkannten Trägern der freien Jugendhilfe betrieben oder rechtzeitig geschaffen werden können, soll die öffentliche Jugendhilfe von eigenen Maßnahmen absehen (§ 4 SGB VIII).

Zuständig ist in der Regel das Jugendamt, in dessen Bereich die Eltern ihren gewöhnlichen Aufenthalt haben (§§ 85–88 SGB VIII). Zur Unterstützung wird ein Jugendhilfeausschuss (JHA) gebildet (§ 70 SGB VIII). Überörtlicher Träger auf Landesebene ist das Landesjugendamt, bei dem ein Landesjugendhilfeausschuss (LJHA) gebildet wird. Zur Gesamtverantwortung einschließlich der Planungsverantwortung des öffentlichen Trägers gehört es, dass er gewährleisten soll, dass die zur Erfüllung der Aufgaben der Jugendhilfe erforderlichen und geeigneten Einrichtungen, Dienste und Veranstaltungen den verschiedenen Grundrichtungen der Erziehung entsprechend rechtzeitig und ausreichend zur Verfügung stehen (Jugendhilfeplanung, § 80 SGB VIII).

Leistungen der Jugendhilfe ■ Die Jugendhilfe umfasst Leistungen und andere Aufgaben (§ 2 Abs. 1 SGB VIII). Leistungen der Jugendhilfe sind Jugendarbeit, Jugendsozialarbeit und erzieherischer Kinder- und Jugendschutz (§§ 11–15 SGB VIII), Förderung der Erziehung in der Familie (§§ 16–21 SGB VIII), Förderung von Kindern in Tageseinrichtungen und Tagespflege (§§ 22–26 SGB VIII), Hilfe zur Erziehung (§§ 27–35 SGB VIII), Hilfe für seelisch behinderte junge Menschen (§ 35a SGB VIII) sowie Hilfe für junge Volljährige und Nachbetreuung (§ 41 SGB VIII). Andere Aufgaben sind unter anderem die Inobhutnahme oder Herausnahme eines Kindes (§§ 42, 43 SGB VIII), Pflegeerlaubnis (§ 44 SGB VIII), Betriebserlaubnis (§ 45 SGB VIII), Tätigkeitsuntersagung (§ 48 SGB VIII). Im Folgenden beschränken wir uns auf einige Schwerpunkte.

Jugendarbeit, Jugendsozialarbeit, Jugendschutz ■ Die Jugendarbeit (§ 11 SGB VIII) soll die jungen Menschen zur Teilhabe an allen wichtigen gesellschaftlichen Bereichen befähigen, die Jugendsozialarbeit (§ 13 SGB VIII) vor allem ihre Lern-, Sozialisations- und Integrationsmöglichkeiten fördern und der erzieherische Jugendschutz (§ 14 SGB VIII) die Kritikfähigkeit und Eigenverantwortlichkeit im Umgang mit Gefahren (Drogen, Alkohol, Sekten etc.).

Förderung der Erziehung in Familien und Tageseinrichtungen ■ Ziel der breiten Palette dieser Angebote ist es, die Erziehungsfähigkeit von Eltern und Erziehungsberechtigten zu stärken. Adressaten der Leistungen der Familienförderung sind sowohl die erwachsenen Familienmitglieder als auch die jungen Menschen. Die Angebote der Partnerschafts-, Trennungs- und Scheidungsberatung sollen dazu beitragen, das Zusammenleben in der → Familie für alle Familienmitglieder zu erleichtern oder zu verbessern und im Falle eines unvermeidlichen Auseinanderbrechens der Familie die negativen Auswirkungen auf das Kind soweit als möglich einzugrenzen.

Mit dem Mutter/Vater-Kind-Wohnen soll Müttern oder Vätern mit einem Kind bis zum sechsten Lebensjahr eine Unterkunft mit fachlicher Betreuung in einer geeigneten Wohnform angeboten werden. In Notsituationen (Unfall, Krankheit, Tod, Haft usw.) soll hauswirtschaftliche, erzieherische und pflegerische Betreuung in der Familie angeboten werden.

§§ 22–26 SGB VIII regeln die Förderung in Tageseinrichtungen. Jeder junge Mensch zwischen drei Jahren und dem Schuleintritt hat nach § 24 Abs. 1 Satz 1 SGB VIII einen Rechtsanspruch auf einen Kindergartenplatz. Die Aufgabe der Einrichtungen ist einerseits Bildung und Erziehung des Kindes, andererseits auch Betreuung. Beide Aufgaben dürfen sich nicht aufheben.

Hilfe zur Erziehung ■ Die leistungsberechtigte Person (Erziehungsberechtigter, junger

Mensch) hat nach § 27 SGB VIII einen Rechtsanspruch auf Hilfe zur Erziehung, wenn

- Eine dem Wohl des Kindes entsprechende Erziehung nicht gewährleistet ist
- Die Hilfe für eine positive Entwicklung geeignet und notwendig ist.

Als Hilfen zur Erziehung kommen in Betracht:

- Erziehungsberatung von jungen Menschen, Eltern und anderen Erziehungsberechtigten durch Fachkräfte auch bei Trennung und Scheidung (§ 28)
- Hilfe zur sozialen Gruppenarbeit (§ 29)
- Erziehung, Förderung durch einen Erziehungsbeistand oder Betreuungshelfer (§ 30)
- Sozialpädagogische Familienhilfe (§ 31)
- Erziehung in einer Tagesgruppe (§ 32)
- Vollzeitpflege (§ 33)
- Heimerziehung oder sonstige betreute Wohnform (§ 34)
- Intensive sozialpädagogische Einzelbetreuung (§ 35)
- Eingliederungshilfe für seelisch behinderte Kinder (§ 35a)
- Andere Hilfen nach § 27 Abs. 2 SGB VIII.

Für alle Formen der Hilfen zur Erziehung gelten die Regelungen des § 36 SGB VIII über Mitwirkung und Hilfeplan.

Hilfe für junge Volljährige ■

Einem jungen Volljährigen soll Hilfe für die Persönlichkeitsentwicklung und zu einer eigenverantwortlichen Lebensführung gewährt werden, wenn und solange die Hilfe aufgrund der individuellen Situation des jungen Menschen notwendig ist (§ 41 Abs. 1 Satz 1).

In der Regel wird Hilfe für junge Volljährige nur bis zur Vollendung des 21. Lebensjahres gewährt. Sie kann aber in begründeten Fällen für einen begrenzten Zeitraum darüber hinaus fortgesetzt werden, im Höchstfall bis zum Alter von 27 Jahren. Der junge Volljährige soll bei der Verselbständigung im notwendigen Umfang beraten und unterstützt werden (Übergangsbetreuung).

Vorläufige Maßnahmen (als andere Aufgaben) ■ Das SGB VIII kennt nur zwei eng begrenzte Eingriffsformen zum Schutz von jungen Menschen, die dem Jugendamt in Notsituationen verbleiben. Die Inobhutnahme nach § 42 SGB VIII ist die vorläufige Unterbringung eines jungen Menschen bei einer geeigneten Person, in einer Einrichtung oder in einer sonstigen betreuten Wohnform. Das Jugendamt ist zur Inobhutnahme verpflichtet, wenn entweder ein junger Mensch darum bittet oder eine dringende Gefahr für dessen Wohl dies erfordert. Die Herausnahme nach § 43 bedeutet, dass ein junger Mensch aus einer Pflegestelle oder Einrichtung herausgenommen werden kann. In beiden Fällen übt das Jugendamt vorläufig das Recht der Beaufsichtigung, Erziehung und Aufenthaltsbestimmung aus. Die Personensorgeberechtigten sind unverzüglich zu unterrichten.

Finanzierung ■ Die Finanzierung der Kinder- und Jugendhilfeleistungen (und Aufgaben) der öffentlichen Jugendhilfeträger erfolgt aus Steuermitteln. Die Leistungserbringung der freien Jugendhilfeträger wird entweder im Rahmen der Förderung nach § 74 SGB VIII in Form von Zuwendungen oder im Rahmen von Leistungs-, Qualitäts- und Entgeltvereinbarungen nach §§ 77, 78a ff. SGB VIII durch die öffentlichen Jugendhilfeträger vergütet.

Nach § 90 SGB VIII können für die Inanspruchnahme der dort genannten Angebote Teilnehmerbeiträge oder Gebühren erhoben und unter den Voraussetzungen des § 91 SGB VIII junge Menschen und ihre Eltern an den Kosten der Maßnahmen beteiligt werden (unter dem Vorbehalt der Zumutbarkeit). Andernfalls sind die Kosten von öffentlichen Jugendhilfeträgern zu übernehmen.

Heribert Renn

■ Literaturtipps

Erlenkämpfer, A./Fichter, W. (2003). Sozialrecht (5. Aufl.). Köln: Heymanns Verlag.

Münder, J. (1996). Jugendhilferecht. In: Maydell/Ruland (Hg.). Sozialrechtshandbuch (SRH) (2. Aufl.). Neuwied: Luchterhand Verlag. S. 1221–1255.

Schulin, B. (2005). Einführung. In: Sozialgesetzbuch – Textausgabe (32. Aufl.) München: Beck-Texte im dtv.

Kindergarten

Der Kindergarten ist eine familienergänzende und -unterstützende Einrichtung zur → Bildung, → Erziehung und Betreuung von Kindern zwischen dem dritten und sechsten Lebensjahr.

Historische Entwicklung ■ Kindergärten entstanden mit der beginnenden Industrialisierung und der zunehmenden außerhäuslichen Erwerbstätigkeit beider Elternteile. Als erste Einrichtung dieser Art im Deutschen Reich gilt die 1802 von der Fürstin Pauline von Lippe-Detmold gegründete Kleinkinderschule in Detmold.

Generell lassen sich zwei Arten von Einrichtungen unterscheiden: In Kinderbewahranstalten wurden Kinder ab dem ersten Lebensjahr – vor allem aus den unteren sozialen Schichten – ganztags betreut. Hier stand der fürsorgerische Aspekt, das Bewahren vor Vernachlässigung, im Vordergrund. Auf dem Land hatten diese Einrichtungen oft nur während der Erntezeit geöffnet. In den Kleinkinderschulen lag der Schwerpunkt auf Erziehung und Unterrichtung (u.U. nach einem Stundenplan), dementsprechend wurden etwas ältere Kinder aufgenommen.

Friedrich Fröbel (1782–1852) gilt als Vater des Kindergartens – sein erster »Allgemeiner Deutscher Kindergarten« wurde am 28. Juni 1840 in Blankenburg gegründet. Fröbel geht davon aus, dass Erziehung ein gemeinsames Werk von Familie und Kindergarten sei. Deshalb soll der Kindergarten nur wenige Stunden am Tag geöffnet sein, damit die Kinder nicht zu lang von ihren Müttern getrennt sind.

Der Begriff Kindergarten verweist auf Fröbels romantische Vorstellung frühkindlicher Erziehung, die sich im »Garten = Paradies, also Kindergarten = das den Kindern wieder zurückzugebende Paradies« vollzieht. In ihm sollen »die edelsten Gewächse, Menschen, Kinder als Keime und Glieder der Menschheit in Übereinstimmung mit sich, mit Gott und Natur (...) erzogen werden« (Fröbel 1840, S. 8).

Laut Fröbel dient der Kindergarten der »allseitigen Pflege des Kinderlebens«, der Sinnesschulung, der Ausbildung des Verstandes, der motorischen Förderung, der Persönlichkeitsentwicklung und der Vorbereitung auf die Schule. Diese Ziele werden nicht nur durch erzieherische Einwirkungen der Kindergärtnerinnen erreicht, sondern auch durch die Gemeinschaft (der Kinder) und insbesondere das → Spiel. Fröbel entwickelte »Spielgaben« und »Beschäftigungs- oder Bildungsmittel« (heute Fröbel-Material genannt), die das Kind in seiner »Allseitigkeit« anregen sollen. Fröbels pädagogischer Ansatz setzte sich nicht nur in Deutschland, sondern in vielen anderen Ländern durch; der Begriff Kindergarten wurde sogar in andere Sprachen übernommen.

In den folgenden 100 Jahren nahm die Zahl der Kindergärten kontinuierlich zu. Träger der Einrichtungen waren vor allem Wohlfahrtsverbände, Kirchengemeinden, Vereine und Stiftungen. Zu Beginn des 20. Jahrhunderts gewann die frühpädagogische Theorie der Italienerin Maria Montessori (1870–1952) an Einfluss, erreichte aber nie die Bedeutung des Fröbelschen Ansatzes. Die → Montessoripädagogik ist u.a. gekennzeichnet durch die Sichtweise vom Kind »als Baumeister des Menschen« und von der »neuen Lehrerin« sowie durch die Betonung der Erziehung zur Selbständigkeit, der freien Wahl, der Selbsttätigkeit und Sinnesschulung mithilfe des Montessori-Materials.

Im Jahr 1926 wurde der erste Waldorfkindergarten in Stuttgart gegründet. Er beruht auf dem pädagogischen Ansatz von Rudolf Steiner (1861–1924, → Waldorfpädagogik). Für ihn ist Erziehung die Gestaltung der Begegnung von Ich zu Ich, wobei Vorbild und Nachahmung dieses Verhältnis charakterisieren sollen. Von großer Bedeutung ist das freie und absichtslose Spiel, in dem sich Individualität und Persönlichkeit des Kindes offenbaren. Als besonders anregend gilt die natürliche Umgebung, die das Kind zu vielerlei Sinnesaktivitäten herauszufordern vermag.

Der Nationalsozialismus brach mit allen drei vorgenannten frühpädagogischen Ansätzen: Zum einen wurde das Hauptgewicht der

Erziehungsarbeit zurück in die Familie verlagert, so dass der Kindergarten wieder zu einer reinen Betreuungseinrichtung für Kinder wurde, deren Mütter erwerbstätig waren oder sich nicht genügend um ihre Kleinkinder kümmerten, sowie für Kinder »aus politisch gefährdeter Umgebung«. Zum anderen sollte der Kindergarten vor allem der gesundheitlichen Ertüchtigung dienen und insbesondere bei Jungen »wehrhafte Tugenden« fördern, »altes Volksgut« und »völkisches Leben« pflegen und den arischen Menschen heranziehen, der sich mit der nationalsozialistischen Weltanschauung identifiziert.

Der Kindergarten in der Bundesrepublik ■

In den Nachkriegsjahren griffen Erzieherinnen wieder auf die frühpädagogischen Ansätze von Fröbel, Montessori und Steiner zurück. Als Folge des Sputnik-Schocks (1957) und der daraufhin verkündeten »Bildungskatastrophe« wurde in den 1960er Jahren die bisherige Elementarpädagogik als zu wenig bildend abqualifiziert. So zogen in die Kindergarten die Frühlese-Methode (Lückert), Arbeitsblätter, Mengenlehretrainer, Sprachtrainingsmappen, logische Blöcke und andere Methoden der kognitiven Förderung ein. Parallel dazu wurden Ansätze der kompensatorischen Erziehung entwickelt bzw. aus den USA übernommen, mit denen man die Benachteiligung von Kindern aus unteren sozialen Schichten ausgleichen wollte.

Da der Kindergarten zunehmend als Bildungseinrichtung konzipiert wurde, ordnete ihn der Deutsche Bildungsrat 1970 in seinem Strukturplan dem Bildungswesen zu (Elementarbereich). Dennoch blieb die Jugendwohlfahrt für den Kindergarten zuständig, selbst wenn einige Bundesländer ihn den Kultusministerien zuordneten.

Nachdem Frühlesebewegung, intensivierte kognitive Förderung und kompensatorische Erziehung die in sie gesteckten Erwartungen nicht erfüllt hatten, setzte sich ab Mitte der 70er Jahre immer mehr der am Deutschen Jugendinstitut (München) entwickelte → Situationsansatz bzw. der von Armin Krenz vertretene → Situationsorientierte Ansatz durch. Orientiert an den Lebenswelten der Kinder in der jeweiligen Gruppe werden Schlüsselsituationen – bedeutsame Situationen im Leben der Kinder – identifiziert, die eine Fülle von Bildungsinhalten enthalten und es den Kindern ermöglichen, Ich-, Sozial- und Sachkompetenzen zu entwickeln. Freispiel, → Projektarbeit und die Öffnung des Kindergarten zum Umfeld hin sind einige wichtige Prinzipien des Situationsansatzes.

In den letzten 30 Jahren wurden weitere frühpädagogische Ansätze entwickelt, die jedoch keine so weite Verbreitung wie die vorgenannten erfuhren: z.B. der → lebensbezogene Ansatz von Norbert Huppertz, die → Reggiopädagogik, der → offene Kindergarten, der Ansatz nach Célestin Freinet (1896–1966) (→ Freinetpädagogik), der → Waldkindergarten und der »spielzeugfreie« Kindergarten. Ferner wurde eine Reihe bedeutender Modellversuche durchgeführt, welche die Weiterentwicklung des Elementarbereichs entscheidend prägten: zum Übergang vom Kindergarten zur Schule, zur → interkulturellen Erziehung, zur integrativen Erziehung und zur → ökologischen Erziehung.

Kindergarten in der DDR ■

Die Kindergärten in der DDR waren zumeist Ganztageseinrichtungen, die bis auf einen kleinen Elternbeitrag für die Mahlzeiten vom Staat finanziert wurden. Sie hatten einen eindeutigen staatlichen Erziehungsauftrag zu befolgen, der bis ins letzte Detail ausdifferenzierte methodische und organisatorische Vorgaben machte. Als Grundlage hierfür dienten das Gesetz über das einheitliche sozialistische Bildungssystem (1965), der Bildungs- und Erziehungsplan für den Kindergarten (1965) und das Programm für Bildungs- und Erziehungsarbeit im Kindergarten (1985). Der Kindergarten sollte einen Beitrag zur sozialistischen Erziehung der Jugend leisten und die Kinder auf die Schule vorbereiten. Das Elternaktiv unterstützte den staatlichen Erziehungsauftrag und beteiligte sich an vielen Alltagsaufgaben wie dem Organisieren von Festen und Veranstaltungen.

Kindergarten heute ■ Mit Verabschiedung des → Kinder- und Jugendhilfegesetzes (1990) wurde erstmals der Bereich der Kindertagesbetreuung auf Bundesebene geregelt (§§ 22–26). Die Bundesländer haben zum SGB VIII länderspezifische Ausführungsgesetze und Verordnungen erlassen.

Im Jahr 1996 wurde bundesweit der Rechtsanspruch auf einen Kindergartenplatz eingeführt (§§ 24, 24a SGB VIII), wobei allerdings der Freistaat Bayern vom Landesrechtsvorbehalt (§ 26 SGB VIII) Gebrauch machte. Trotz zurückgehender Kinderzahlen kann dieser Rechtsanspruch in vielen alten Bundesländern bis heute (2005) nicht flächendeckend gewährleistet werden.

In den letzten Jahren nahmen immer mehr Kindergärten unter drei- bzw. über sechsjährige Kinder auf und führten damit die breite → Altersmischung ein. Sie entwickelten sich zu Kindertagesstätten weiter. Ferner wurden vielerorts die Öffnungszeiten verlängert, so dass Eltern (Mütter) auch bei einer Teilzeit- oder Vollzeitbeschäftigung ihre Kinder gut betreut wissen.

Mitbedingt durch die PISA-Studie hat in den letzten Jahren eine intensive Diskussion über den Bildungsauftrag und die Qualität von Kindergärten eingesetzt. Viele Bundesländer entwickelten → Bildungs- und Erziehungspläne, die verbindliche Ziele und Inhalte festschreiben. Ferner werden seitens der Träger bzw. Kommunen zunehmend → Qualitätsmanagement und neu entwickelte Messverfahren wie die Kindergarten-Skala (KES-R) eingesetzt. Damit stellt sich erneut die Frage nach der Zuordnung des Kindergarten – zum Jugendhilfebereich wie laut SGB VIII oder zum Bildungsbereich, wie schon vom Deutschen Bildungsrat gefordert.

Martin R. Textor

■ **Literaturtipps**

Aden-Grossmann, W. (2002). Kindergarten: Eine Einführung in seine Entwicklung und Pädagogik. Weinheim/Basel: Beltz.

Fried, L./Dippelhofer-Stiem, B./Honig, M.-S./Liegle, L. (2003). Einführung in die Pädagogik der frühen Kindheit. Weinheim/Basel: Beltz.

Fröbel, F. (1840). »Kommt laßt uns mit unseren Kindern leben!« Entwurf eines Planes zur Begründung und Ausführung eines Kindergartens. In: Hoffmann, E. (Hrsg.): Friedrich Fröbel: Ausgewählte Schriften 1.

Band: Kleine Schriften und Briefe. Stuttgart: Klett 1982, S. 114–125.

Rieder-Aigner, H. (Hg.) (fortlaufend, ab 2000). Zukunfts-Handbuch Kindertageseinrichtungen. Qualitätsmanagement für Träger, Leitung und Team. Regensburg: Walhalla.

■ **Kontakt**

Online-Handbuch »Kindergartenpädagogik«
www.Kindergartenpaedagogik.de

Kinderkrankheiten

Der sich entwickelnde Organismus des Kindes reagiert in altersspezifischer Weise auf krankhafte Störungen. So treten bestimmte Erkrankungen bevorzugt zu gewissen Zeiten auf, z.B. im Neugeborenen- oder Säuglingsalter, wenn die Abwehrkräfte noch nicht oder nur gering ausgebildet sind. Manche Krankheiten kommen hauptsächlich oder fast ausschließlich im Kindesalter vor. Als Kinderkrankheiten im engeren Sinn werden die Folgen von Infektionen bezeichnet, von denen bevorzugt Kinder betroffen sind. Die Ursachen dafür sind unterschiedlich: Kinder können empfänglicher sein als Erwachsene, die Ansteckung kann aber auch deshalb vorwiegend im frühen Alter erfolgen, weil sie eine lebenslange Widerstandskraft (= Immunität) bewirkt. Im Folgenden werden die häufigsten Kinderkrankheiten vorgestellt.

Masern ■ Masern (= Morbilli) werden durch ein Paramyxovirus hervorgerufen. Nach der Ansteckung durch Tröpfcheninfektion tritt bei einer Inkubationszeit (Zeit von der Ansteckung bis zum Ausbruch der Krankheit) von elf Tagen das sogenannte Vorstadium ein, das mit Symptomen wie Schnupfen, Husten, Bindehautentzündung, leichtem Fieber und Koplik'schen Flecken auf der Wangenschleimhaut einhergeht. Dieses Stadium dauert etwa drei Tage. Dann entsteht bei Fieberanstieg und wieder stärkerem Krankheitsgefühl sowie Husten ein Hautausschlag in Form von kleinen Flecken, die ineinander verschmelzen. Er beginnt meist hinter den Ohren, und überzieht dann den gesamten Körper. Nach vier bis sechs Tagen tritt eine Besserung ein, der Ausschlag blasst ab, es folgt eine leichte Schuppung der Haut. Während der Erkrankung und in der Erholungszeit kann sich eine Abwehrschwäche für bakterielle Infektionen bemerkbar machen. Seltene Komplikationen sind Lungenentzündung und Hirnentzündung.

Windpocken ■ Windpocken (=Varicellen) werden durch das Varicella-Zoster-Virus hervorgerufen, das durch Tröpfcheninfektion oder über die Luft verbreitet wird (fliegende Infektion) und sehr ansteckend ist (Inkubationszeit 14–16 oder 9–24 Tage). Es kommt zu Fieber und zum Auftreten von roten Flecken und Papeln, dann zu Bläschen mit hellem Inhalt, die mit einem Schorf (Kruste) verheilen, mitunter Narben hinterlassen. An Komplikationen können bakterielle Superinfektion, Koordinationsstörungen und Hirnentzündung (Encephalitis) auftreten. Besonders schwer verlaufen die Windpocken bei Kindern, die wegen bösartiger Erkrankungen immunsupressiv (= Maßnahmen zur Unterdrückung oder Abschwächung der Immunreaktionen) behandelt werden müssen.

Mumps ■ Mumps (= Parotitis epidemica) wird durch ein Paramyxovirus hervorgerufen und durch Tröpfcheninfektion übertragen. Die Inkubationszeit beträgt zwei bis drei Wochen. Es kommt zu Müdigkeit, Fieber und dann zunächst einseitig, später meist beidseitig zu einer schmerzhaften Schwellung der Ohrspeicheldrüse, was vor allem beim Kauen Beschwerden verursacht. Das Ohrläppchen steht etwas ab (Ziegenpeter). Komplikationen sind Hirnhautentzündung bzw. Hirnentzündung, Hoden- bzw. Eierstockentzündung und Entzündung der Bauchspeicheldrüse.

Röteln ■ Röteln (= Rubella) werden durch das Rubella-Virus hervorgerufen und mit Tröpfcheninfektion übertragen. Nach einer Inkubationszeit von zwei bis drei Wochen treten meist nur geringe Krankheitserscheinungen mit Fieber und einem uncharakteristischen Hautausschlag sowie Lymphknotenschwellungen vor allem im Nacken auf. Komplikationen können das Nervensystem betreffen (Encephalitis, Rückenmarkentzündung). Bei einer Erkrankung während der Schwangerschaft kann das Virus von der Mutter auf das Kind übergehen und zu schweren Entwicklungsstörungen führen, z.B. zu grauem Star, Schwerhörigkeit, Mikrocephalie (= für das Alter zu kleiner Kopf) und geistiger Behinderung.

Diphtherie ■ Auch bakterielle Infektionen sind zu den ansteckenden Kinderkrankheiten zu rechnen. Diphtherie, verursacht durch das Corynebacterium diphtheriae, ist heute dank der Impfung weitgehend verschwunden. Noch vor 80 Jahren führte diese Krankheit häufig zum Tod aufgrund von Entzündungen im Bereich des Rachens und der oberen Luftwege mit Erstickungsgefahr, oder durch Komplikationen mit Herzversagen und Nervenentzündungen. Die Inkubationszeit der durch Tröpfchen- oder Schmierinfektion (= per Körperkontakt) übertragenen Krankheit beträgt zwei bis fünf Tage; vor allem der Rachen oder der Kehlkopf werden von der Entzündung betroffen, die zur Ausbildung von weißlichen Membranen führt.

Scharlach ■ Scharlach (= Scarlatina) entsteht durch eine Infektion mit beta-hämolysierenden Streptokokken der Gruppe A nach einer Inkubationszeit von zwei bis fünf Tagen. Im Anschluss an ein kurzes Vorstadium machen sich Beschwerden durch eine Mandelentzündung und mit einem Ausschlag auf der Mundschleimhaut sowie der Zunge (Himbeerzunge) bemerkbar, dann tritt auch ein kleinfleckiger Ausschlag am Körper auf, vor allem an Rumpf und Gesicht mit Aussparung des Munddreieckes. Erkrankung und Komplikationen, vor allem eine nachfolgende Nierenentzündung, sind durch eine

Behandlung mit Penicillin gut zu beherrschen; 24 Stunden nach Therapiebeginn besteht keine Ansteckungsgefahr mehr.

Keuchhusten ■ Beim Keuchhusten, hervorgerufen durch den bei engem Kontakt mit Tröpfcheninfektion übertragenen Erreger Bordatella pertussis (Inkubationszeit ein bis zwei Wochen), kommt es zu einem katarrhalischen (=Infekt mit reichlich Schleimproduktion) Stadium (ein bis zwei Wochen), dann zu heftigen Hustenattacken (Stadium convulsivum, vier bis sechs Wochen), die vor allem bei Säuglingen mit bedrohlichen Atempausen einhergehen können. Der Husten ist überaus quälend, kann durch Reize im Rachen ausgelöst werden und klingt oft sehr langsam ab (zwei bis drei Wochen, manchmal auch länger). Als Komplikationen können Ohrenentzündung und Lungenentzündung auftreten, auch Encephalopathie (= nicht-entzündliche Hirnerkrankung) mit Krämpfen.

Impfung ■ Wichtig zur Prävention der ansteckenden Kinderkrankheiten sind Schutzimpfungen. Sie werden nach einem von der Ständigen Impfkommission (STIKO) am Robert-Koch-Institut erarbeiteten und immer wieder aktualisierten Kalender empfohlen und in der kinderärztlichen Praxis durchgeführt. Durch Verabreichung von abgeschwächten oder abgetöteten Erregern bzw. von Toxin (= vom Erreger produzierter Giftstoff) ist eine meist ohne Symptome einhergehende Auseinandersetzung mit der Erkrankung zu erreichen. Die so gewonnene Immunität hält unterschiedlich lange an, vielfach entsteht ein lebenslanger Schutz. Impfungen sind auch gegen Tetanus (= Wundstarrkrampf), Poliomyelitis (= spinale Kinderlähmung), Haemophilus influenzae (= bakteriell verursachte Grippe) oder Hepatitis-B (= Leberentzündung mit Gelbsucht) möglich.

Diese Maßnahmen der primären Prävention (= Vorbeugung) sind maßgeblich daran beteiligt, dass die Kindersterblichkeit gesenkt und die Lebenserwartung verlängert werden

konnte. Es gibt keine stichhaltigen Gründe gegen die regelmäßige Durchführung der öffentlich empfohlenen Impfungen. Das Impfrisiko ist wesentlich geringer als das Risiko von Komplikationen bei Nicht-Impfung. Die Impfung entspricht einer »kontrollierten« Erkrankung, und Immunität durch Impfung ist der »normalen« gleichwertig. Im Rahmen der Vorsorgemaßnahmen (→ Vorsorgeuntersuchungen) muss immer wieder darauf hingewiesen werden, dass alle Kinder über den erforderlichen Impfschutz verfügen sollten. Dabei kann es durchaus zu sachlichen Auseinandersetzungen mit Impfgegnern kommen, deren Argumente nicht einfach vom Tisch zu wischen sind.

Gerhard Neuhäuser

■ **Literaturtipps**

Lentze, M.J./Schaub, J./Schulte, F.J./Spranger, J. (Hg.) (2003). Pädiatrie. Grundlagen und Praxis. Berlin-Heidelberg: Springer.

Reinhardt, D. (Hg.) (2004). Therapie der Krankheiten im Kindes- und Jugendalter. Berlin-Heidelberg: Springer.

Sitzmann, F.C. (Hg.) (2002). Pädiatrie. Stuttgart: Thieme.

Kinderpsychiatrie

Die Kinder- und Jugendpsychiatrie sowie → Kinderpsychotherapie umfasst die Erkennung, nichtoperative Behandlung, Prävention und Rehabilitation bei psychischen, psychosomatischen, entwicklungsbedingten und neurologischen Erkrankungen oder Störungen sowie die psychischen und sozialen Verhaltensauffälligkeiten im Kindesalter. Durch Klassifikationssysteme (ICD-10 bzw. Multiaxiales Klassifikationsschema MAKS, DSM-IV) werden Störungsbilder voneinander abgegrenzt und nach übergeordneten Gesichtspunkten gruppiert. In einer Dokumentation sind Symptome, Diagnosen und Behandlungsmaßnahmen standardisiert zu erfassen. Als wissenschaftliche Organisation ist die Deutsche Gesellschaft für Kinder- und Jugendpsychiatrie, Psychotherapie und Psychosomatik mit dem entsprechenden Berufsverband darum bemüht, die notwendigen Voraussetzungen für die optimale Behandlung von Kindern und Jugendlichen zu gewährleisten, auch durch Erarbeiten von »Leitlinien zu Diagnostik und Therapie von psychischen Störungen im Säuglings-, Kindes- und Jugendalter«.

Merkmale und Formen psychischer Störungen ■

Für die Beurteilung kinderpsychiatrisch relevanter Störungen, die in einer Häufigkeit von 10–20 % vorkommen, sind immer die engen Beziehungen wichtig, die zwischen Anlage bzw. genetischer Konstitution und Umwelt bzw. psychosozialer Situation sowie den familiären und sonstigen relevanten Interaktionen bestehen. Für die Entstehung von psychischen Störungen sind stets mehrere Faktoren verantwortlich. Eine mehrdimensionale Betrachtung ist nötig, um ihre Entstehungsgeschichte (= Pathogenese) angemessen zu verstehen. Beim Multiaxialen Klassifikationsschema wird diesem Anliegen durch das Beachten verschiedener diagnostischer Achsen entsprochen:

- Klinisch psychiatrisches Syndrom
- Umschriebene Entwicklungsstörung
- Intelligenzniveau
- Körperliche Symptome
- Aktuelle abnorme psychosoziale Umstände
- Globalbeurteilung der psychosozialen Anpassung.

Zu den psychischen Störungen gehören: Intelligenzminderung (geistige Behinderung), Teilleistungsstörungen (umschriebene Entwicklungsstörungen), hyperkinetische Störungen, Bewegungsstörungen wie Tics oder Gilles de la Tourette-Syndrom (= Tic-Krankheit, z.B. mit unartikuliertem Schreien, unkontrollierbaren Autoaggressionen), alterstypische habituelle Verhaltensauffälligkeiten, Störungen des Sprechens und der Sprache, Sprachabbau und -verlust, tiefgreifende Entwicklungsstörungen und → Autismus, Psychosen mit Schizophrenie und affektiven Störungen, selbst verletzendes (= autoaggressives) Verhalten und Suizidhandlungen (→ Suizidalität), emotionale Störungen, Angststörungen, Zwangsstörungen, Essstö-

rungen wie Magersucht (Anorexie) und Fresssucht (Bulimie), Störungen aufgrund körperlicher Misshandlung und Vernachlässigung, Störungen aufgrund sexuellen Missbrauchs und sexueller Misshandlung (→ sexuelle Gewalt), hirnorganische Syndrome, psychische Störungen bei chronischen körperlichen Erkrankungen und Behinderungen, psychische Störungen mit körperlichen Symptomen, Störungen des Sozialverhaltens, Drogenabhängigkeit und → Sucht.

Diagnose ■

Bei der Diagnostik bedient sich die Kinderpsychiatrie neben der Beobachtung und Exploration vor allem neurologischer, psychologischer und neuropsychologischer Methoden. Falls erforderlich werden neurophysiologische (EEG = Elektroenzephalogramm usw.) und molekularzytogenetische (= Nachweis von Chromosomen- bzw. Genveränderungen) sowie biochemische Verfahren, oft auch bildgebende Diagnostik (Magnetresonanztomographie, auch mit funktionellen Methoden) eingesetzt. Wichtig sind immer die Fremdanamnese und die Beachtung des kindlichen Umfeldes. Nur durch die enge Zusammenarbeit mit benachbarten Disziplinen, wie Psychologie oder Heil- und Sonderpädagogik, ist das für die Diagnose notwendige umfassende Bild entsprechend dem Multiaxialen Klassifikationsschema zu gewinnen.

Behandlungsformen ■

Die Therapie muss ebenfalls interdisziplinär ausgerichtet sein, weil sie die komplexen Entstehungsbedingungen angemessen zu berücksichtigen hat (multimodale Therapie). Eine wichtige Rolle spielen → psychotherapeutische Verfahren, wie z.B. Verhaltenstherapie, Spieltherapie, Familientherapie oder Gesprächstherapie. Bewegungsorientierte und körperzentrierte Verfahren werden unterstützend eingesetzt. Medikamente (vor allem Neuroleptika, Antidepressiva, Tranquilizer, Psychostimulanzien) werden mitunter gezielt (z.B. bei Psychosen), häufig symptomatisch bzw. unterstützend angewandt. Wichtig sind immer begleitende pädagogische bzw. heilpädagogische Maßnahmen, ebenso eine geeignete schulische Betreuung und berufliche Förderung. Kinderpsychiatrische Behandlung erfolgt stationär, ambulant bzw. in sozialpsychiatrischen Zentren. Die Therapiemaßnahmen müssen dokumentiert und immer wieder evaluiert werden.

Gerhard Neuhäuser

■ Literaturtipps

Eggers, C. / Fegert, J.M. / Resch, F. (Hg.) (2004). Psychiatrie und Psychotherapie des Kindes- und Jugendalters. Berlin-Heidelberg: Springer.

Remschmidt, H. (Hg.) (2005). Kinder- und Jugendpsychiatrie. Eine praktische Einführung. Stuttgart: Thieme.

Steinhausen, H.-Ch. (Hg.) (2002). Psychische Störungen bei Kindern und Jugendlichen. Lehrbuch der Kinder- und Jugendpsychiatrie. München: Urban & Fischer.

Kinderpsychotherapie

Die Zahl der Kinder und Jugendlichen mit psychischen und psychosomatischen Störungen in der Bundesrepublik hat zugenommen. Statistische Angaben sprechen von etwa einer Millionen Kindern oder Jugendlichen, die einer Kinderpsychotherapie bedürfen, um weitere ungünstige Entwicklungen zu verhindern und ihre Lebenssituation (z.B. in Kindergarten, Schule, Elternhaus, Freundschaften) nicht weiter zu belasten. Die Kinderpsychotherapie sucht nach Wegen und Methoden, um positive Entwicklungskräfte anzuregen und so die eingetretenen Entwicklungshemmungen und traumatischen Erlebnisse zu überwinden. Störungen und Auffälligkeiten werden als Signal des Kindes gesehen, dass es mit den Vorgängen in seinem Umfeld und aus der Vergangenheit nicht fertig wird.

Kinderpsychotherapie findet in Erziehungsberatungsstellen, freien Psychotherapeutenpraxen (meistens auf Kinderpsychotherapie spezialisiert) und kinder- und jugendpsychiatrischen Einrichtungen (stationär oder teilstationär) statt. Zunächst werden die Entwicklungsverläufe der Symptombilder in der Anamnese ermittelt und möglichche ursächliche Zusammenhänge erfasst. Danach wird eine genaue Diagnose erstellt, um klare Ziele für die Therapie ableiten zu können.

Neben einer Reihe von begleitenden Maßnahmen wie der Familientherapie, → heilpädagogischen Behandlungen und motopädagogischen Übungen gibt es eine Reihe unterschiedlicher Therapieansätze, die heute aber immer mehr miteinander verknüpft sind. Die Ausgangsüberlegung der Kinderpsychotherapie ist, welcher Weg der Behandlung bei Kindern und Jugendlichen möglich ist, da verbal orientierte Methoden der Erwachsenentherapie nicht anwendbar sind. Als wichtigste Methoden der Kinderpsychotherapie haben folgende drei Therapieformen heute Bedeutung: die psychoanalytisch orientierte Kinderpsychotherapie, die nicht-direktive Spieltherapie und verhaltenstherapeutisch orientierte Verfahren.

Psychoanalytische Kinderpsychotherapie ■ Die Grundlage dieses Ansatzes ist die Ursachenerklärung anhand der Psychoanalyse . Die psychoanalytisch orientierte Therapie geht davon aus, dass Bedürfnisse des Kindes (Triebimpulse aus dem Es, die phasenabhängig unterschiedlich geäußert werden) von den Bezugspersonen (Eltern, aber auch Erziehern) nicht in ihrer Bedeutung verstanden werden, durch erzieherische Maßnahmen eingeschränkt und vom Kind in das Unbewusste verdrängt werden. Wenn solche Verdrängungen zu häufig erfolgen, kommt es zu unbewussten Konflikten. Das Ich ist nicht mehr in der Lage, diese Konflikte zu bearbeiten oder sogar zu lösen.

Die psychoanalytisch orientierte Kinderpsychotherapie bietet dem Kind/Jugendlichen altersangemessene Möglichkeiten an, diese Konflikte aufzudecken und das Ich des Kindes so zu stärken, dass neue Verhaltensweisen entwickelt werden können, die nicht mehr die bisherige Konfliktstruktur aufweisen. Anna Freud und Melanie Klein erkannten, dass das Spiel des Kindes Möglichkeiten in sich birgt, diese unbewussten Tendenzen aufzuweisen und vom Kind zu verarbeiten.

Hans Zulliger (1893–1965) ging noch weiter und sprach von den »heilenden Kräften des Spiels«. Der Therapeut beobachtet das Kind beim Spiel, versucht daraus die Konflikte des Kindes zu verstehen und gibt ihm vor diesem Hintergrund entsprechende Möglichkeiten und Anregungen (Zeit, Raum, Material), um unangenehme und belastende Situationen, wie Ängste, Hemmungen, Entwicklungsrückstände, Probleme bei Scheidungen, im Spiel aufzuarbeiten.

Nicht-direktive Spieltherapie ■ Der nicht-direktive oder klienten-zentrierte therapeutische Ansatz von Carl Rogers (1902–1987) geht davon aus, dass sich der Mensch eine subjektive Sicht der Realität aufbaut – diese gesammelte Wertung bezieht er in alle Situationen mit ein. Ebenso entwickelt er ein Bild der eigenen Person (= Selbstbild). Jeder Mensch hat die Kraft, dieses Selbst auszubauen und selbsttätig zu sein. Probleme und Konflikte entstehen in dieser Theorie dadurch, dass die Person aufgrund negativer Erfahrungen Blockierungen entwickelt hat, die durch die kommunikative Reflexion mit dem Therapeuten abgebaut werden können. Der Therapeut begleitet diesen Prozess durch eine auf den Klienten gerichtete positive Einstellung und durch Einfühlungsvermögen. Virginia Axline (*1911) hat diesen Therapieansatz auf Kinder und Jugendliche übertragen. Medium ist ebenfalls das → Spiel, in dem der jugendliche Patient in der Spielsituation (auch als Gruppenerfahrung) sich so betätigen kann, wie er es will. Die Aufgabe des Therapeuten ist es, die geäußerten oder im Spiel sichtbaren Gefühle zu erkennen und wertschätzend zu reflektieren (daher der Name »klienten-zentriert«). In der Kinderpsychotherapie nach Axline erfährt das Kind oder der Jugendliche, dass seine Fähigkeit, mit seinen Schwierigkeiten selbst fertig zu werden, geachtet wird, der Therapeut gibt ihm hierfür auch Gelegenheiten. Nach diesen Erfahrungen kann das Kind seine psychischen Bedürfnisse (Selbstachtung und Anerkennung) wieder freier entfalten.

Verhaltenstherapie ■ Die Grundlage der Verhaltenstherapie, auch für die Kinderpsychotherapie, sind die Lerntheorien sowie die Auffassung, dass Lernfehler (also Fehlverhalten) zu korrigieren sind und neue, lebensgeeignetere und angenehmere Erlebens- und Verhaltensmuster aufgebaut werden können. Bei allen Verhaltensstörungen, neurotischen Entwicklungen und abweichenden Symptombildern, bei denen die Symptomatik klar abgegrenzt werden kann (dafür sind genaue Beobachtungen wesentliche Voraussetzung), kann gezielt mit Hilfe dieses Ansatzes therapiert werden. Wichtig für den Therapieerfolg ist, dass möglichst kurzfristig nach Ausbildung der Symptome die verhaltenstherapeutischen Maßnahmen eingesetzt werden.

Im Rahmen der Verhaltenstherapie werden verschiedene Therapiemethoden angewandt. Bei der Verhaltensformung mit Hilfe der **positiven Verstärkung** wird zunächst jede Verhaltensweise, die dem erwünschten Verhalten ähnlich ist, verstärkt. Im Laufe der Zeit werden die Verstärker gezielter eingesetzt und dann auch nur in unregelmäßiger Folge. Diese Form der Therapie eignet sich zum Erlernen neuer Verhaltensweisen (z.B. im sozialen Bereich in Bezug auf Konfliktlöseverhalten). Sie wurde von Burrhus Frederic Skinner (1904–1990) entwickelt.

Die **Gegenkonditionierung** und die **systematische Desensibilisierung** werden häufig kombiniert eingesetzt. So wird einem Kind eine Situation oder ein Gegenstand, der anfänglich Angst auslöste, gleichzeitig mit einem Reiz angeboten, der eine positive Gefühlsreaktion auslöst (Gegenkonditionierung). Die systematische Desensibilisierung ist die schrittweise Annäherung des angstauslösenden Reizes an einen Reiz, der positive Gefühle auslöst. So wird in der Praxis oft ein Kind an eine fremde, unangenehme Situation herangeführt, wobei ein bekannter positiver Reiz (z.B. eine Bezugsperson) konstant erhalten bleibt.

Die neueren **kognitionstheoretischen Modelle des Lernens** gehen davon aus, dass der Mensch durch gedankliche Bewertung und Verarbeitung in seinem Verhalten wesentlich beeinflusst wird. Daher müssen diese kognitiven Strukturen in der Therapie geändert werden, z.B. muss die nicht angemessene Struktur »Ich werde nur abgelehnt« durch entsprechende Techniken (auch aus der klassischen Lerntherapie) abgebaut werden. Dem Patienten wird in diesem erweiterten Ansatz der Verhaltenstherapie auch Selbststeuerungskompetenz zugesprochen. Als immer wesentlicher wird auch der Ansatz von Albert Bandura (*1925) gesehen. Danach erwirbt das Kind viele Verhaltensmuster durch **Lernen am Modell**. Diese sozialkognitive Lerntheorie unterstreicht die Bedeutung des Verhaltens von (früheren) Bezugspersonen und damit auch die Modellwirkung des Therapeuten.

Besonderheiten ■ Die besondere Situation der kinderpsychotherapeutischen Arbeit ergibt sich aus verschiedenen altersbedingten Merkmalen. Das Kind oder der Jugendliche befindet sich rechtlich gesehen noch in einem Abhängigkeitsverhältnis zu den Erziehungsberichtigten, d.h. eine sachlich orientierte oder auch finanziell bestimmte Zustimmung dieser Personen ist für die Durchführung der Therapie erforderlich.

Auf der anderen Seite muss man davon ausgehen, dass die psychischen oder psychosomatischen Störungen durch das bisherige Zusammenleben in einem sozialen Umfeld bedingt sind. Die Struktur dieser Beziehungen ist vielfach entscheidend für die Entwicklung des Fehlverhaltens. Die Erziehungsgestaltung und die Erwartungen der Eltern gegenüber dem Kind, die Lebensweise der Bezugspersonen und die Qualität der Beziehung sind dafür wesentliche Faktoren, z.B.: Wie streng wurde erzogen, wie weit war das Verhalten der Erwachsenen nachahmbar, wie weit erlebte das Kind Zuwendung und Wertschätzung? Da diese Merkmale bei der Entstehung der Störungen von Bedeutung waren, sind sie auch für die psychotherapeutische Behandlung wichtig. So werden die einzelnen Therapieverfahren auch die Familiengegebenheiten berücksichtigen müssen und begleitende Maßnahmen (z.B. Beratungen der Eltern, Familientherapie) vorneh-

men, um einen Erfolg der Kinderpsychotherapie erreichen zu können.

Hartmut Hansen

■ Literaturtipps

Pausewang, F. (1997). Dem Spielen Raum geben. Berlin: Cornelsen.
Piontek, R. (2002). Wegbegleiter Psychotherapie. Bonn: Psychiatrie-Verlag.
Schmidtchen, S. (2001). Allgemeine Psychotherapie für Kinder, Jugendliche und Familien. München: Kohlhammer.

 # Kinderrechte

Rechte von Kindern sind zunächst allgemeine Menschenrechte als Grund- und Freiheitsrechte. Sie sind angeboren, unveräußerlich, unantastbar und garantieren die Menschenwürde, die freie Entfaltung der Persönlichkeit sowie das Recht jedes Menschen auf Freiheit und Individualität, das jedoch dort endet, wo die Rechte anderer oder des Staates verletzt werden. Somit ergeben sich aus diesen Rechten auch Pflichten. Das Grundgesetz der Bundesrepublik Deutschland formuliert diese Grundrechte in den ersten Artikeln. Sie schützen den Menschen vor staatlichen Eingriffen, sind aber gleichzeitig auch Teilhaberechte, indem der Einzelne Anspruch auf bestimmte staatliche Leistungen haben kann.

Kinder sind von Geburt an uneingeschränkte Träger aller Grundrechte und gelten im Verhältnis zu Erwachsenen als grundsätzlich gleichberechtigte, gleichwertige Menschen. Sie sind in ihrem Aufwachsen und Selbständigwerden aber auf die Unterstützung Erwachsener angewiesen. Dieses Angewiesensein zeigt sich im existentiellen Bedarf an Versorgung und Betreuung sowie an Geborgenheit, Anregung, Räumen für Erfahrungen mit sich und anderen, Ermutigung und Angenommensein. Deshalb sieht die Gesellschaft für Kinder ein Recht auf eine Entwicklungsphase vor, in der sie die Chance erhalten, ohne den Druck einer umfassenden Verantwortung für andere eigene Bedürfnisse und Fähigkeiten auszubilden.

Entwicklung von Kinderrechten ■

Kinderrechte haben sich im Zusammenhang mit Vorstellungen über Kindheit entwickelt. Ursprünglich wurden sie zum Schutz von Kindern verfasst: Man betrachtete Kinder als Opfer, als schutzbedürftige Wesen, die Fürsorge und auch die Autorität von Erwachsenen brauchen. Zunächst ging es dabei um den Schutz vor Kinderarbeit und um Schutz vor Gewalt und Missbrauch.

Mit Beginn des 20. Jahrhunderts entwickelten sich Vorstellungen darüber, dass Kinder außer Schutz auch Förderung und Fürsorge benötigen. So sah das Reichsjugendwohlfahrtsgesetz in den 20er Jahren das Recht des Kindes auf Erziehung vor, das nach 1945 in das Jugendwohlfahrtsgesetz übernommen wurde und bis 1991 galt. Das seither geltende → Kinder- und Jugendhilfegesetz bestätigt dieses Recht auf Erziehung, allerdings erweitert mit dem Ziel der Entwicklung zu einer eigenverantwortlichen und gemeinschaftsfähigen Persönlichkeit.

Heute werden Kinder als kompetente soziale Akteure gesehen, die eigenaktiv sind. Sie sollen in der Konfrontation mit Gefahren durchsetzungsfähig werden, sich selbst erproben und ihrem Entwicklungsstand entsprechend bei Entscheidungen beteiligt werden. Selbständigkeit ist die Leitnorm in den Gesetzen, die in den letzten 30 Jahren dahingehend verändert wurden. Ein Beispiel ist der § 1626 des Bürgerlichen Gesetzbuches, der vorsieht, dass Kinder mit zunehmendem Alter zu eigenverantwortlichem Handeln erzogen werden. Auch die Beteiligungsmöglichkeiten und -rechte von Kindern und Jugendlichen sind erweitert worden bis dahin, dass es Kinder- und Jugendvertretungen gibt, die den politisch Verantwortlichen Vorschläge machen, z.B. Jugendgemeinderäte (→ Partizipation).

Die heutige Rechtsstellung von Kindern umfasst ein Kindheitsrecht, das heißt ein Recht auf die Lebensphase → Kindheit (Richter 1998). Damit ist eine Sichtweise gemeint, die das Aufwachsen von Kindern innerhalb und außerhalb der Familie als wechselseitige Auseinandersetzung des Individuums mit der Umwelt begreift. In der Familienpolitik geht es darum, wie im Kinder- und Jugendhilfegesetz (§ 1, Abs. 4) vorgesehen, dass der Staat sich zur Gewährleistung von Lebensbedingungen verpflichtet, die sich auf die Entwicklung von Kindern positiv auswirken. Wiederum kann der Staat dann von Kindern erwarten, dass sie ihre Verantwortung wahrnehmen und somit eine Wechselseitigkeit von Rechten und Pflichten des Aufwachsens in der Gesellschaft entsteht.

Die UN-Kinderrechtskonvention und Europäische Charta für das Kind ■

Seit dem Jahr 1979, dem »Jahr des Kindes«, stehen Kinderrechte stärker im Blickpunkt der Öffentlichkeit und entwickeln sich zunehmend in die Richtung eines Rechtes der Kinder auf Beteiligung. In diesem Zusammenhang regte die polnische Regierung bei den Vereinten Nationen an, eine Kinderrechtskonvention zu beschließen, was eine lange Diskussion unter den Vertretern verschiedener Staaten auslöste. Nach zehnjährigen Verhandlungen war es 1989 soweit, dass die Generalversammlung der Vereinten Nationen die Konvention über die Rechte der Kinder verabschiedete. Der Deutsche Bundestag stimmte dieser Konvention 1992 zu und sie gilt in 191 Ländern der Welt.

Die Kinderrechtskonvention umfasst vor allem Rechte, die festlegen, dass Kinder zu schützen sind, aber auch ihre Gesundheit, ihre Bildung und ihre Entwicklung unterstützt und gefördert werden müssen. Weiterhin ist dort vorgesehen, dass Kinder an allen Dingen, die sie betreffen, zu beteiligen sind.

In Deutschland gibt es die »National Coalition«, der viele Organisationen angehören, die sich für Kinder und Jugendliche einsetzen. Diese National Coalition setzt sich bei der Bundesregierung, in den Ländern, Gemeinden und auf EU-Ebene dafür ein, dass die Kinderrechtskonvention in die Praxis umgesetzt wird.

Die Europäische Charta für das Kind ist seit 1992 in Kraft, regelt auf europäischer Ebene die Rechte von Kindern und soll die Umsetzung der UN-Kinderrechtskonvention in Europa fördern.

Kinderrechte in der Bundesrepublik Deutschland ■

Das Grundgesetz ■ Das Grundgesetz als Verfassung der Bundesrepublik regelt die Rechtsstellung des Kindes nicht ausdrücklich, wobei das Kind als Träger von Grundrechten anerkannt wird. Hier ist insbesondere das Recht auf freie Entfaltung der Persönlichkeit zu nennen. Artikel 6 umfasst das Elternrecht: Die Pflege und Erziehung ist das Recht der Eltern und die ihnen obliegende Pflicht. Damit ist dieses Recht ein Abwehrrecht gegen staatliche Eingriffe. Gleichzeitig ist in diesem Grundrecht aber auch die staatliche Kontrolle, das »Wächteramt« festgelegt, mit der Möglichkeit, dieses Elternrecht ganz oder teilweise zu entziehen. Aufgabe des Elternrechts ist es, aus den Kindern lebensfähige und verantwortungsbewusste Menschen zu machen. Andernfalls muss der Staat eingreifen, in diesem Fall durch Hilfen, die das Kinder- und Jugendhilfegesetz im Rahmen eines freiheitlichen Staates vorsieht. Maßstab hierfür ist das Kindeswohl.

Öffentliches Recht ■ Dieser Bereich regelt das Verhältnis zwischen Staat und Bürger. Beispiele sind beim Kinderrecht das Kinder- und Jugendhilfegesetz, das Jugendschutzgesetz sowie das Strafrecht, welches für Kinder und Jugendliche besondere Maßnahmen vorsieht, die im Jugendstrafrecht zusammengefasst sind.

Das Kinder- und Jugendhilfegesetz als Teil des Sozialgesetzbuches sieht als Leistungsempfänger die Eltern sowie auch Kinder und Jugendliche vor. Das Wohl des Kindes wird hier als Bedarf formuliert, falls seine Verwirklichung ohne öffentliche Hilfen nicht gewährleistet ist. Die Leistungen des Kinder- und Jugendhilfegesetzes dienen der Persönlichkeitsentfaltung des Kindes, unterstützen und ergänzen die Pflege und Erziehung in der → Familie. Sie umfassen Angebote von der Schaffung positiver Lebensbedingungen für Kinder über die Beratung von Familien bis hin zum Schutz vor Gefahren für Kinder. Ein differenziertes Leistungsangebot der verschiedenen → Träger der Kinder- und Jugendhilfeeinrichtungen geht vom Bedarf des einzelnen Kindes aus, der genau festgestellt und für den eine passende Maßnahme entwickelt wird. Dabei werden alle Betroffenen beteiligt.

Zivilrecht ■ Hier ist als zentrale Grundlage das Familienrecht zu nennen, das sich im Bürgerlichen Gesetzbuch (BGB) findet. Zentraler Begriff ist hier die → elterliche Sorge, die insbesondere das Recht und die Pflicht umfasst, das Kind zu pflegen, zu erziehen, zu beaufsichtigen und seinen Aufenthalt zu bestimmen. Das Recht von Kindern ist hier nicht ausdrücklich genannt. Leitbild der Personensorge ist die wachsende Selbständigkeit des Kindes, die Eltern zu berücksichtigen haben. Orientiert am Entwicklungsstand des Kindes sind die Eltern aufgefordert, Fragen der elterlichen Sorge mit dem Kind zu besprechen und Einvernehmen herzustellen (BGB § 1626, Abs. 2). Wachsende Fähigkeiten und Bedürfnisse der Kinder umfassen Bereiche wie die Verantwortung für sich selbst, eigene Risiken einzugehen sowie unter Umständen anders zu sein oder zu werden wie die Eltern.

Im Kindschaftsrecht, das in den 1990er Jahren reformiert wurde, spiegelt sich die veränderte Lebenswirklichkeit von Familien mit Kindern wider, beispielsweise Regelungen bei Trennung und Scheidung oder bei nicht verheirateten Elternteilen.

Nach Alter abgestufte Verantwortlichkeit ■

Die Rechtsordnung kennt in verschiedenen Gesetzesbereichen ein abgestuftes System rechtlicher Verantwortlichkeiten, orientiert an der wachsenden Selbständigkeit von Kindern. Beispiel ist die Geschäftsunfähigkeit im Alter zwischen null und sechs Jahren, die zur beschränkten Geschäftsfähigkeit im Alter zwischen sieben und 18 Jahren wird und mit Erreichen der Volljährigkeit ab 18 Jahren zur unbeschränkten Geschäftsfähigkeit wird (BGB).

Ein anderes Beispiel ist die Strafmündigkeit von Jugendlichen mit vierzehn Jahren. Demnach sind jüngere Kinder von ihrem Entwicklungsstand noch nicht in der Lage, die Folge ihres Tuns umfassend einzuschätzen, was der Gesetzgeber im Falle einer Straffälligkeit berücksichtigt und Kinder unter vierzehn Jahren als strafunmündig einstuft (§ 9 Strafgesetzbuch).

Die Religionsfreiheit ist ein Beispiel für die frühe selbständige Wahrnehmung eines Rechtes für Kinder. Ab zehn Jahren sind Kinder anzuhören, falls sich Eltern über den Wechsel eines religiösen oder weltanschaulichen Bekenntnisses ihres Kindes nicht einigen. Ab dem Alter von zwölf Jahren kann gegen den Willen des Kindes ein Religionswechsel nicht mehr vorgenommen werden und ab vierzehn Jahren kann ein Jugendlicher – auch gegen den Willen seiner Eltern – seine Religion selbst bestimmen (Gesetz über die religiöse Kindererziehung).

Mehr Rechte für Kinder? ■ Kinderrechte haben sich in der Bundesrepublik mit dem gesellschaftlichen Wandel und der veränderten Bedeutung von Kindern in Familie und Gesellschaft erweitert und sind in der Diskussion. In den skandinavischen Ländern besitzen Kinder schon sehr viel mehr Rechte auf Beteiligung, beispielsweise muss der individuelle Lehrplan, den die Schule für sie aufstellt, mit ihnen besprochen werden. Es gibt viele praktische Ideen, wie Kinder an der Gestaltung ihres Alltags und an für sie wichtigen Entscheidungen beteiligt und ihre Themen im pädagogischen Alltag aufgenommen werden können. Dies sind Schritte hin zu einem Verhältnis von Erwachsenen und Kindern, bei dem Kindern Respekt und Achtung in möglichst vielen Bereichen entgegengebracht wird.

Dorothea Rieber

■ **Literaturtipps**

Mürbe M. et. al. (2005). Politik, Sozial-, Gesetzes- und Berufskunde – Basiswissen für ErzieherInnen. Weinheim/Basel: Beltz.

Richter I. (1998). Die Rechtsstellung der Kinder in ihrer Kindheit. In: Bundesministerum für Familie, Senioren, Frauen und Jugend (Hg.): Kinder und ihre Kindheit in Deutschland. Eine Politik für Kinder im Kontext der Familienpolitik. Stuttgart: Kohlhammer, S. 67–97.

Kinder- und Jugendliteratur

Zur Kinder- und Jugendliteratur werden die Bücher gezählt, die sich speziell an junge Leser wenden, Themen aus der Erfahrungswelt von Kindern und Jugendlichen anschneiden und dies sprachlich und konzeptionell für sie fassbar formulieren.

Frühe Erfahrungen mit Literatur sind für die Entwicklung von Kindern von unschätzbarem Wert. Literatur kann viele Fenster zur Welt öffnen, bei der Suche nach der eigenen Identität helfen, Unterstützung sein bei der Bewältigung von Problemen, sie kann trösten, aber auch einfach nur unterhalten, zerstreuen und Spaß machen. Nicht zuletzt wird im frühen Umgang mit Literatur der Grundstein dafür gelegt, wie sich die spätere Sprach- und Lesekompetenz (→ Literacy) entwickelt. Man kann davon ausgehen, dass der Mensch »lese«-fähig geboren wird; d.h. das Kind bringt ein natürliches Interesse mit, seine Umwelt in all ihren Farben und Formen, in ihrer unendlichen Vielfalt zu entschlüsseln. All diese Eindrücke werden von Geburt an immerfort geordnet, in Beziehung zur eigenen Person und deren Entwicklung gesetzt, interpretiert und genutzt. Je nach Bestätigung durch Kommunikationspartner wächst das Interesse an dieser frühen Form von Lesen.

Die Kinder- und Jugendliteratur hat verschiedene Gattungen und Textsorten hervorgebracht, die ganz spezielle Angebote für die unterschiedlichen Lesebedürfnisse machen.

Bilderbücher ■ Bilderbücher richten sich an Kinder, die Schriftzeichen noch nicht lesen können oder sich im frühen Lesealter befinden. Der Schwerpunkt ihrer oft kunstvollen Ausstattung liegt immer auf der visuell anschaulichen Präsentation der Inhalte. Qualitätskriterium ist die Gestaltung der Bilder. Als Kinder-Bilderbücher zeichnen sie sich aus, wenn sie für Kinder »lesbar« sind, d.h., sie müssen in Bildkonstruktion und Bildstil, in Sprache und Erzählgestus dem kindlichen

Vorstellungsvermögen und Verständnishorizont entsprechen und sollten sich nicht an den ästhetischen und literarischen Bedürfnissen von Erwachsenen orientieren. Je jünger die Betrachter sind, desto klarer müssen die Bilder das zeigen, was sie darstellen sollen, und desto eindeutiger muss die Schrittfolge der erzählten Geschichte sein. Doch schon die einfachsten Bilderbücher sollten, wollen sie Kinder zum Lesen bringen, Wirklichkeit nie einfach bloß abbilden, sondern als Formen der Auseinandersetzung mit Wirklichkeit deutlich werden. Das kann durch Farben geschehen (wie das Rot der Wut in »Robbi regt sich auf« von M. d'Allancé) oder durch besondere Gestaltungsformen (wie die übergroße, Gift und Galle spuckende Hexe in »Jorinde und Joringel« von P. Schmidt oder der vom Tod trennende Bettbalken in »Hat Opa einen Anzug an?« von J. Gleich). Manchmal haben Bilderbücher gar keinen Text, wie R. S. Berners »Wimmel-Bilderbücher«, und führen gleichwohl durch die Gestaltung ihrer Bilder zum Nacherzählen und »Lesen«. Andere, wie M. Osterwalders »Bobo Siebenschläfer«, erzählen in Bilderfolgen von Alltagssituationen.

Kinder sind durchaus anspruchsvoll in ihren Bedürfnissen nach kunstvoller Illustration und Sprache, auch wenn die Geschmäcker von Kindern und Erwachsenen nicht immer übereinstimmen. Aber die Bilder und die Sprachformen allein hielten nicht für Generationen, wenn ihre Geschichten nicht auch auf der Inhaltsebene entwicklungspsychologisch elementare Themen auf den Punkt brächten, z.B. beim »Grüffelo« von A. Scheffler die Erfahrung mit der Maus zu teilen, dass durchaus auch kleine Leute scheinbar allmächtige Große besiegen können. Oder wie bei »Wanja« von T. Michels, dass es Ordnungen in Beziehungen gibt und dass sie durch Rituale, wie z.B. ein unbedingt einzuhaltendes Versprechen, bestätigt und gefestigt werden. Ein weiteres wichtiges Thema ist, dass man nicht verloren gehen kann, bzw. dass man, falls es doch passiert, Hilfe erfährt, um wieder nach Hause zu finden. Ein Beispiel dafür sind die Abenteuer des kleinen Eisbären Lars von H. de Beer. Im ersten Band »Kleiner Eisbär, wohin fährst du?« ist Lars noch so klein, dass er unbedingt auf erwachsene Freunde angewiesen ist, die ihn nach Haus begleiten. In weiteren Bänden kann er sich schon zusammen mit unterschiedlichen gleichberechtigten Kumpels durchschlagen, um durch all diese Erfahrungen erwachsen zu werden und letztendlich selbst als großer, starker Helfer den kleinen Tiger zu seinen Eltern zu führen. Der Erfolg dieser Bücher, aber auch der vieler Abenteuer von A. Langens »Briefe von Felix« zeigen, dass Kinder Bücher brauchen, in denen sie sich mit den Helden der Geschichten identifizieren können und die ihre Lust, die Welt zu erobern, bestätigen, ohne die Gefahren dabei zu verschweigen. Zwingend ist jedoch immer das gute Ende der Geschichte – nach durchstandenen Abenteuern kommt man wohlbehalten wieder Zuhause an, z.B. in M. Sendaks »Wo die wilden Kerle wohnen« (»...und das Essen war noch warm«).

Selten gelingt es Autoren und Grafikern, den Humor als tragendes Element zu gestalten und die Ernsthaftigkeit, die Kinder brauchen, nicht zu verletzen. S. Nordqvist zeigt mit seinen Büchern über Findus und Pettersson, dass man diesem Anspruch durchaus gerecht werden kann. Auch P. Korky hat mit »Zilly die Zauberin« ein kleines Meisterwerk geschaffen, weil darin die Überwindung mütterlicher Allmacht auch Mütter herzlich zum Lachen verführt.

Der Bilderbuchmarkt bietet unendlich viele Titel mit unterschiedlichster Thematik. Man könnte unterscheiden zwischen dem erzählenden Bilderbuch, dem Märchenbilderbuch (→ Märchen), dem Sachbilderbuch und dem Spielbilderbuch. Um sich zu orientieren, ist es aber sinnvoller, die Bücher ausgehend von den jeweiligen Fragen der Kinder zu wählen: Freundschaft, Familie, Identität, Angst, Eifersucht, Wut, Trennungen, Trauer, Religiöses und Philosophisches und natürlich Fragen um das Wissen von der Welt. Der persönliche Zugang des Erwachsenen ist insofern wichtig, weil Vorschulkinder darauf angewiesen sind, dass Erwachsene das Buch gerne vorlesen oder erzählen. Auch sollten die Vorleser ihre Gefühle bedenken, die durch die Geschichte ausgelöst werden, denn leicht übertragen sie sich auf die Kinder, die sich nicht nur mit den Figuren, sondern auch mit der Gefühlswelt der Vorleser identifizieren.

Sachbücher ■ Sachbücher beschäftigen sich nicht mit fiktionalen Ereignissen, sondern mit der empirisch erfahrbaren Welt. Sie vermitteln Wissen über die Wirklichkeit und zeigen Handlungsmöglichkeiten in ihr auf. Natürlich müssen historische Darstellungen ihren Gegenstand notwendigerweise fiktionalisieren und auch die einfache Wissensvermittlung ist oft in szenische Darstellungen eingebunden. Gute Sachbilderbücher bilden die Wirklichkeit nicht einfach ab, sondern bauen sie ein in eine visuelle und sprachliche Erzählung, die auch Auseinandersetzung ermöglicht. Zu den Gestaltungsprinzipien gehört, welche Gegenstände und Themen ausgewählt und wie sie zueinander in Beziehung gesetzt werden, wie die Gegenstände farblich und räumlich angeordnet werden, wie Personal und Handlung eingewoben sind, welche Betrachterperspektive angeboten und wie die Bildwirkung emotional gesteuert wird.

Inhaltlich ist es für Kinder ebenso bedeutend, die Welt der Dinge, Gegenstände, Sachverhalte in Büchern zu erobern, wie die Spannung und Emotionen der Helden in Bilderbüchern oder Erzähltexten zu erleben und sich mit ihnen auseinander zu setzen. Wie ein unendliches Puzzle wird eine Erfahrung nach der anderen in das bestehende System der Selbst- und Weltsicht eingeordnet. Spätestens im dritten Lebensjahr fängt das Kind an, die Welt außerhalb des Zuhauses als eigenständigen Bereich zu entdecken.

Eine besonders wichtige Rolle spielt dabei bereits das **Elementarbilderbuch**. Es zeichnet sich dadurch aus, dass es in einfacher, plakativer Weise Gegenstände und Szenen aus der kindlichen Erfahrungswelt darstellt. Für das kindliche Gehirn bedeutet es eine enorme Abstraktionsleistung, die dreidimensional auf allen Sinneskanälen erfahrbare Wirklichkeit in der Zweidimensionalität einer Abbildung wiederzuerkennen. Je näher die Gegenstände der Bilder am Erfahrungsraum der Kinder sind, je systematischer die Zuordnung einzelner Dinge in ihre Zusammenhänge erfolgt, je konkreter die Personen

erscheinen, desto größer ist das Bedürfnis für das Kind, sie genauer kennen zu lernen und sie in die eigene Welt einzubauen. Hervorragend ist das dem Grafiker H. Spanner mit seinen Elementarbilderbüchern »Erste Bilder Erste Wörter« und »Ich bin die kleine Katze« gelungen, die Kinder durch ihre Konkretheit und Ästhetik in besonderer Weise ansprechen. Wenn z.B. die Zeichnung der Bananen auslöst, dass das Kind – noch bevor es das Wort sprechen kann –, zum Obstkorb robbt und die Frucht bringt, dann hat es schon richtig »gelesen« und gleichzeitig im Unbewussten gespeichert, dass Lesen ebensolche Freude auslösen kann, wie das Essen einer Banane satt macht. Dieses Kind wird zukünftig mit großer Neugier auf Bücher zugehen.

Die Fülle des Angebots im Elementarbilderbuchbereich bietet für alle Bedürfnisse unterschiedliche Möglichkeiten. Die Palette reicht vom kleinen Buch, auf dem pro Seite nur ein einzelner Gegenstand abgebildet ist, bis hin zu Wimmelbilderbüchern mit szenischen Darstellungen mit vielen Details zum Wiedererkennen und Benennen, zum Erzählen und zum Spielen mit Sprache. Sie alle dienen dem Spracherwerb (→ Sprachentwicklung) in unverzichtbarer Weise.

Schon für Kleine ist dann das **Sachbilderbuch** »Herders großes Bilderlexikon« von R. André ein unverzichtbarer Begleiter, Erlebbares in Bildern nachzulesen und auch das kennen zu lernen, was außerhalb der direkten sinnlichen Erfahrung liegt. Mit diesem einmaligen Werk lässt sich bei jedem Vorschulkind beobachten, was seine augenblicklichen Objekte der Begierde sind, die notwendig erkundet und erforscht werden müssen. Ein riesiges Angebot von Lexika, Sach- und Experimentierbüchern kann ergänzend dafür sorgen, dass kein Aspekt vergessen wird. Wegen ihrer Aufbereitung und Systematik sind hier besonders zu empfehlen »Meyers großes Kinderlexikon« (A. Bröger) und »Spannende Experimente« (H. Krekeler).

Altersangaben in dieser Kategorie sind wenig sinnvoll, weil jedes Kind ganz unterschiedliche Interessen, Themen und Fragestellungen hat und darin teilweise schon richtiges Spezialistentum entwickeln kann. Natürlich bietet der Sachbuchbereich auch für ältere Kinder und Jugendliche ein üppiges Angebot für alle Bedürfnisse. Wer den größtmöglichen Überblick sucht, ist mit den Bänden aus der Reihe »Das Visuelle Lexikon« bestens beraten.

Kinderlyrik ■ Bei der Lyrik handelt es sich um Texte in metrischer, rhythmischer, gereimter Form oder strophischer Gliederung. Geschichten, die in Versen erzählt werden (wie z.B. M. Rosen: »Wir gehen auf Bärenjagd« oder H. G. Lenzen: »Viel Spaß mit Onkel Tobi«), sind bei Kindern nicht nur besonders beliebt, sie kommen vor allem dem Bedürfnis nach Wiederholung, Ritual, Ordnung entgegen und schaffen durch ihre Sprache Verlässlichkeit und Orientierung. Die Bedeutung früher poetischer Erfahrungen liegt darin, dass sie in ihrer Verbindung von Sprache, Rhythmus, Körperempfinden, Gedächtnis, Artikulation nicht nur ein wichtiges Element in der kindlichen Entwicklung darstellen, sondern auch einen frühen Zugang in die reichhaltige Welt der Sprachgestaltung eröffnen, der vielen Erwachsenen aufgrund von negativen Erfahrungen versperrt zu sein scheint. Zu den Formen der Kinderlyrik gehören Kindergedichte, das Kinderlied und und das Spiellied, Abzählverse sowie Sprachspiele. Die kinderlyrische Praxis spielt im Kindergartenalter eine große Rolle: Mit Abzählversen wie »Ene, mene Miste, es rappelt in der Kiste...« oder »Eins, zwei, drei vier Eckstein...« regeln Kinder ihre Spiele, andere Verse werden gemeinsam in Gruppen gesprochen und oft rhythmisch begleitet; Spiellieder wie »Machet auf das Tor...« werden immer wieder in wechselnden Rollen gespielt, und das Aufsagen eines Gedichts ist eine Praxis, sich allein vor einer Gruppe in einem ganz persönlichen Ausdruck zu präsentieren. Anthologien wie R. Pousset: »Fingerspiele...«, S. Bertels: »Die Mäuschen krabbeln...« und E. Jakoby: »Dunkel wars...« bieten hier das geeignete Material.

Erzählende Kinderliteratur ■ Grundsätzlich unterscheidet man das realistische und das phantastische Kinderbuch. Beide Gattungen erfüllen aber letztlich denselben Zweck, nämlich Identifikation mit einem sich emanzipierenden Helden, egal, ob J. Rowlings »Harry Potter« die Welt als Zauberer retten muss, P. Maars »Lippel« die Lösung seiner Probleme in den Träumen findet oder ob A. Lindgrens »Ronja« ihre Eltern lehren muss, sie zu lieben. Mädchen und Jungen unterscheiden sich in dieser Entwicklungsstufe nur in Randbereichen: Außer bei Pferde- oder Fußballbüchern (z.B. C. Funke: »Hände weg von Mississippi« und J. Masannek: »Die wilden Fußballkerle«) kann man sie in der Regel noch gleichberechtigt beglücken und begeistern.

Kinder, die es aus ihrer Vorschulzeit gewöhnt sind, ihre Neugier aus Büchern zu befriedigen, haben kaum Probleme, das System der Bilderzeichen um das System der Schriftzeichen zu ergänzen. Häufig wollen sie schon vor der Schule Buchstaben lesen lernen. Sogenannte »Erstleserbücher« (wie z.B. I. Uebe: »Rudi Vampirs Abenteuer« oder E. Hasler: »Die Hexe Lakritze«) erleichtern diesen Prozess durch gezielte Wiederholung von Wörtern, die schwierige Buchstabenfolgen beinhalten, durch Antizipation von Begriffen und durch kurze prägnante Sätze. Illustrationen, die den Text ergänzen, sind ebenfalls hilfreich. Solchermaßen unterstützt können Kinder nach kurzer Zeit die ganze Fülle der klassischen und aktuellen Kinderliteratur in den Kinderbüchern erobern. Klassiker wie die Bücher von E. Kästner, M. Ende und A. Lindgren haben sich bestens bewährt und sind immer empfehlenswert (gerade wegen der komplexeren Grammatik, in der sie erzählt sind, stellen sie eine Herausforderung für den Denkapparat dar).

Wer als jüngeres Kind die richtigen Bücher für sich entdecken kann, seien es Erzählungen oder Sachbücher, wird später immer den Zugang zur Welt der Literatur finden. Lesehemmungen tauchen in der Regel nur da auf, wo Kinder es nicht gewöhnt sind, mit Büchern umzugehen.

Jugendbücher ■ In der Kategorie des Jugendbuchs trennen sich Interesse und auch Lesekompetenz der einzelnen Jugendlichen.

Sie alle aber brauchen Bücher, in denen es um ihre persönlichen Erfahrungen und ihre Fragen an die Welt geht. Die äußere Form der phantastischen Literatur, die zur Zeit Hochkonjunktur hat, ist tatsächlich nur scheinbar in anderen Welten angesiedelt; junge Erwachsene demonstrieren zwar gerne coole Distanz an der Oberfläche, interessieren sich aber vor allem für die Lösung ihrer konkreten Lebensprobleme. Bei den Mädchen erschließen sich die Inhalte bevorzugt im sozialen und psychologischen Bereich, bei den Jungen stehen eher Abenteuer, Überlebenskampf und Entdeckungen im Vordergrund. D.h., Mädchen und Jungen lesen oft dieselben Bücher in unterschiedlicher Perspektive. Wenn es um den Bereich der Intimsphäre geht, trennen sich allerdings auch die Inhalte; Mädchen »fressen« Herz-Schmerz-Bücher (z.B. H. Ulrich: »Liebe macht blond« oder H. J. Rahlens: »Wie man richtig küsst«), wohingegen Jungs sich nicht scheuen, auch in Kriege zu ziehen (z.B. Ch. Paoloni »Eragon«).

Viele Taschenbuchverlage für Jugendliteratur haben detaillierte Verzeichnisse ihrer Titel nach Stichworten geordnet, z.B. Aggression, Angst, Armut, Behinderung, Drogen, Eifersucht usw. Kompetente Beratung über gezielte Stichworte kann leicht in Büchereien oder guten Buchhandlungen eingeholt werden.

Gabriele Hoffmann

■ Literaturtipps

Arbeitskreis für Jugendliteratur e.V. (Hg.) (jährl.). Verzeichnisse zur Kinder- und Jugendliteratur. München.
Hoffmann, G. (jährl.). Harry und Pooh. Leanders Lieblinge bei Libri. (Ständig erweiterter Katalog zur Kinder- und Jugendliteratur). Hamburg: Libri.
Lange, G. (Hg.) (2000). Taschenbuch der Kinder- und Jugendliteratur. 2 Bd. Hohengehren: Schneider.
Petermann, H. B. (2004). Kann ein Hering ertrinken. Philosophieren mit Bilderbüchern. Weinheim/Basel: Beltz.

Kindheit

Als Kindheit bezeichnen wir die Lebensphase von der Geburt bis zum Beginn der Pubertät. Sie gliedert sich in die Phasen der frühen, der mittleren und der späten Kindheit. Das Säuglings- und Kleinkindalter ist gekennzeichnet durch das Angewiesensein des Kindes auf die Fürsorge und die Pflege durch eine »mütterliche« Person, ohne die es physisch und psychisch nicht überleben kann (René Spitz). Insbesondere der Säugling ist anfällig für Infektionskrankheiten, was in früheren Jahrhunderten zu einer immens hohen Sterblichkeitsrate führte (→ Kinderkrankheiten). In der frühen Kindheit erwirbt das Kind die grundlegenden Regeln seiner Muttersprache (→ Sprachentwicklung) und entwickelt grob- und feinmotorische Fertigkeiten. Dabei ist das → Spiel als zweckfreies Tun die wichtigste Beschäftigung des Kindes. In der mittleren Kindheit hat das Kind bereits »Werksinn« (Erik Erikson) entwickelt und ist aufnahmebereit für planmäßig gesteuerte Lernprozesse (→ Lernen) und damit schulfähig (→ Schulfähigkeit) geworden. Lernen wird dabei verstanden als ein Prozess der Aneignung, d.h. das Kind ist nicht Objekt sondern Subjekt, indem es sich selbst bildet. Die letzte Phase der Kindheit ist bereits von der sich ankündigenden Geschlechtsreife (→ Sexualität) geprägt und wird auch als Vorpubertät (→ Sexualerziehung) bezeichnet (→ Entwicklungspsychologie).

Da der moderne Mensch nicht instinktgesteuerten Verhaltensmustern folgt, sprechen wir von der Erziehungsbedürftigkeit des Kindes (erstmals Immanuel Kant, 1724–1804), denn erst durch → Bildung und → Erziehung erwirbt es die Fähigkeiten und Kenntnisse, die notwendig sind, um in Gesellschaft und Kultur hineinzuwachsen (→ Sozialisation).

Welche Erwartungen hierbei an das Kind gerichtet werden – ob z.B. das Lesen- und Schreibenlernen als wichtig erachtet wird – unterliegt einem historischen Wandel. Auch die Dauer der Kindheit, also die Jahre, bis das Kind voll in die Welt der Erwachsenen integriert wird, ist abhängig von den historischen und gesellschaftlichen Bedingungen der Zeit. Das Hineinwachsen des Kindes in die Kultur der Gesellschaft, in die es hineingeboren ist, wird durch Sozialisationsprozesse und durch intentionale (gerichtete) Erziehung gesteuert. Welche Erziehungsziele die Erwachsenengeneration formuliert, wie Kinder wahrgenommen werden, welche Rechte und Pflichten sie haben, ist abhängig von den jeweils herrschenden historischen und gesellschaftlichen Bedingungen.

Das Kind im Mittelalter ■ In der germanischen Kultur – also vor der Christianisierung Mitteleuropas – wurde dem Neugeborenen das Lebensrecht gegeben, indem der Vater es nach der Geburt von der Erde aufhob. Tat er dies nicht, wurde das Kind sich selbst überlassen, was seinen sicheren Tod bedeutete, wenn sich nicht ein anderer Mensch seiner annahm. Das Kind war Eigentum des Vaters, und es unterstand ihm in jeder Hinsicht. Durch das Christentum wurde dem Neugeborenen das Lebensrecht uneingeschränkt zugestanden und die Kindestötung geächtet.

Historische Studien von Lloyd DeMause und Philippe Ariès haben gezeigt, dass im Mittelalter Kinder, sobald sie aus der Kleinkindphase herausgewachsen waren, also laufen, sprechen, sich allein ankleiden und essen konnten, voll in die Welt der Erwachsenen integriert wurden und an deren Arbeiten und Vergnügungen teilnahmen. Im alltäglichen Leben gab es keine Trennung zwischen Kindern und Erwachsenen. Kinder lernten durch Zuschauen, Mitmachen und Nachahmen. Dabei wurde erwartet, dass Kinder im Rahmen ihrer Kräfte und Fähigkeiten zu ihrem eigenen und zum Unterhalt der Familie beitrugen. Eine formale Bildung durch den Besuch einer → Schule gab es für die meisten Kinder nicht. Nur Eltern der höheren Stände, deren Kinder später einen geistlichen oder akademischen Beruf erlernen sollten, schickten diese in die vor allem von Klöstern unterhaltenen Schulen.

Das Kind in der Neuzeit ■ Aufgrund der fortschreitenden gesellschaftlichen und technischen Entwicklung, durch die das Bürgertum entstand und an Einfluss gewann, wurden zunehmend höhere Anforderungen an die Qualifikation der Menschen gestellt. Preußen führte 1717 die allgemeine Schulpflicht ein und erließ 1726 ein Gesetz, das die Eltern verpflichtete, dafür zu sorgen, dass ihre Kinder lesen und schreiben lernten. Kinder des Bürgertums wurden entweder durch Hauslehrer unterrichtet oder besuchten die seit dem 18. Jahrhundert sich ausbreitenden Bürgerschulen. Für die Kinder der unteren Schichten standen für jüngere Kinder, deren Mütter arbeiteten, Kinderbewahranstalten und für Kinder ab dem sechsten Lebensjahr Armenschulen zur Verfügung, die jedoch nur von einem geringen Teil der Kinder besucht wurden. In der frühen Phase des Kapitalismus im 19. Jahrhundert wurden Kinder als billige Arbeitskräfte betrachtet und viele Kinder arbeiteten unter unmenschlichen Bedingungen in Fabriken, in Bergwerken, in der Landwirtschaft und in der Heimindustrie zum Schaden für ihre Gesundheit und zum Nachteil für ihre geistige und seelische Entwicklung. Zunehmend gewann Friedrich Fröbels Auffassung an Boden, wonach das → Spiel für die Entwicklung des Kindes notwendig und förderlich ist. Das hatte zur Folge, dass gesellschaftliche Gruppen – in erster Linie Lehrer – sich im Kampf gegen die Kinderarbeit engagierten. Jedoch erst gegen Ende des 19. Jahrhunderts gelang es, durch Arbeiterschutzgesetze die Kinderarbeit soweit einzuschränken, dass die Schulpflicht ab Anfang des 20. Jahrhunderts im ganzen Deutschen Reich für nahezu alle Kinder durchgesetzt werden konnte. In zunehmendem Maße wurde die Kindheit als eine eigene Phase im Leben des Menschen wahrgenommen.

Kindheit im 20. Jahrhundert ■ Im 1900 erschienenen Buch »Das Jahrhundert des Kindes« trat die Reformpädagogin Ellen Key vehement für die Kinderrechte ein. Kinder sollten abgeschirmt von schädlichen Einflüssen aufwachsen können. Was der Entwicklung von Kindern zuträglich ist, wurde zunehmend unter pädagogischen Gesichtspunkten reflektiert und bewertet. Es entstand eine für Kinder gemachte Kultur (Kinderzimmer, Kinderliteratur, pädagogisch wertvolles → Spielzeug). Die Ausbreitung von Kindertageseinrichtungen (→ Krippen, → Kindergärten, → Horte) und die Durchsetzung der Schulpflicht trugen zu einer Pädagogisierung der Kindheit bei. Damit erlangte die Schule für das Kind, das nun mit dem Eintritt in die Schule zum Schüler bzw. zur Schülerin wurde, eine zuvor nicht gekannte Bedeutung. Mit der Verabschiedung des Reichsjugendwohlfahrtsgesetzes (RJWG) 1922, dem Vorläufer des → Kinder- und Jugendhilfegesetzes, wurde erstmals das Recht des Kindes »auf Erziehung zur leiblichen, seelischen und gesellschaftlichen Tüchtigkeit« in die Präambel eines Gesetzes aufgenommen. 1989 erließen die Vereinten Nationen im Rahmen der UN-Charta in Kap. VII eine internationale Konvention über weitgehende Rechte des Kindes, z.B. mit dem Verbot der Kinderarbeit (→ Kinderrechte).

Kindheit im 21. Jahrhundert ■ Seit den 1970er Jahren hat sich die Kindheit durch den Wandel der → Familie stark verändert. Auffallend sind dabei die Unterschiede zwischen den alten und den neuen Bundesländern. 2003 betrug der Anteil der Kinder unter 18 Jahren, die bei ihren leiblichen Eltern aufwuchsen, in den alten Bundesländern 82 % und in den neuen Bundesländern 65 %. Der Anteil der → Alleinerziehenden ist in den alten Bundesländern auf 15 und in den neuen Bundesländern auf 30 % gestiegen. (12. Kinder- und Jugendbericht 2005, S. 59). Trotz dieses strukturellen Wandels der Familienformen wächst also die Mehrheit der Kinder bei ihren leiblichen Eltern auf und nur eine Minderheit lebt in neu entstandenen Familienformen, also in nichtehelichen Lebensgemeinschaften, bei → Alleinerziehenden, geschiedenen oder getrennt lebenden Eltern oder in durch Wiederverheiratungen neu zusammengesetzten Familien (Patchwork family). Für die Kinder, die von der Trennung oder Scheidung der Eltern betroffen sind, bedeutet dies eine Belastung, die zu Störungen der Entwicklung (→ Verhaltensstörungen) führen kann.

Sinkende Geburtenraten führten dazu, dass etwa ein Fünftel aller Kinder als Einzelkinder aufwächst. Das Fehlen von → Geschwistern wirkt sich auf die Sozialisation

aus, indem das Kind bestimmte Erfahrungen in der Familie nicht machen kann: mit anderen Kindern etwas teilen müssen, z.B. die Zuwendung der Eltern oder Spielsachen. Für die Entwicklung sozialer Kompetenzen haben die Kindertageseinrichtungen und die Grundschule eine große Bedeutung erlangt. Hier lernt das Kind, sich in eine → Gruppe zu integrieren, sich zu behaupten und Freundschaften mit Gleichaltrigen zu schließen, um das Fehlen von Geschwistern zu kompensieren (→ Soziale Bildung). Die Veränderungen der Familienwirklichkeit hat insbesondere im letzten Jahrzehnt dazu geführt, dass Erziehungs- und Betreuungsaufgaben an gesellschaftliche Institutionen abgegeben wurden. Kinder werden z.T. früher – bereits als Kleinkinder – in die Obhut von Tagesmüttern (→ Tagespflege), Kinderkrippen oder Krabbelstuben gegeben. Dass Eltern ihre Kinder in den Kindergarten schicken, ist inzwischen fast so selbstverständlich wie die Einschulung. Die Gründe für die stärkere Vergesellschaftung von Erziehung liegen in den gewandelten familialen Verhältnissen und trägt dem Rechnung, dass Eltern in zunehmendem Maß an einer Vereinbarkeit von Berufstätigkeit und Familie interessiert sind.

Kindheit ohne Schonraum? ■ Kindheitsforscher beobachten, dass der Schonraum, in dem sich Kinder altersgemäß entwickeln können, für viele kaum noch existiert. Die Grenze, die zwischen der Welt der Erwachsenen und der der Kinder in der bürgerlichen Gesellschaft gezogen wurde, wird vor allem durch die allen zugänglichen Massenmedien z.T. aufgehoben. Die Beobachtung, dass Vorschulkinder im → Spiel, gleichsam »unabsichtlich« lernen, hat eine Diskussion darüber entfacht, ob dieses Lernpotenzial der frühen Kindheit durch entsprechende Bildungsangebote genutzt werden sollte (→ Vorschulerziehung) oder ob dies zu einer leistungsorientierten Früherziehung mit Leistungsdruck und Wettbewerb führt.

Wilma Aden-Grossmann

Literaturtipps

Bundesministerium für Familie, Senioren, Frauen und Jugend (Hg.) (2005). 12. Kinder- und Jugendbericht. Bericht über die Leistungen junger Menschen und die Leistungen der Kinder und Jugendhilfe.

Ariès, P. (1996). Geschichte der Kindheit. Deutscher Taschenbuchverlag: München.

Erikson, E. (1999). Kindheit und Gesellschaft (13. Aufl.). Stuttgart: Klett Cotta Verlag.

Mause, L. de (1977). Hört ihr die Kinder weinen? Eine psychogenetische Geschichte der Kindheit. Frankfurt/M.: Suhrkamp.

Kollektiverziehung

Unter Kollektiverziehung sind alle Erziehungssysteme zu verstehen, in denen die Sozialisation der Kinder nicht in Groß- oder Kleinfamilien, sondern in anderen gesellschaftlichen Einrichtungen verläuft. Kollektiverziehung kann in seiner Praxis im Wesentlichen in den sozialistischen Ländern, in den Kibbuzim Israels und in kleineren Modellen in bürgerlichen Gesellschaften (Kinderläden) beobachtet werden. Die Kollektiverziehung fußt überwiegend auf der Lehre des Historischen Materialismus von Karl Marx (1818–1883) und findet im Wesentlichen unter sozialistischen Verhältnissen statt.

Der Begründer der Kollektiverziehung: Makarenko ■

Kollektiverziehung ist fest mit dem Namen von Anton Semjonowitsch Makarenko (1888–1939) verknüpft, der in der nachrevolutionären Sowjetunion (SU) ihre entsprechende Theorie und Praxis begründete, die er in der pädagogischen Arbeit mit entwurzelten Bürgerkriegs-Kindern erprobte. Neben dem historischen Materialismus griff er auch auf Konzepte der internationalen → Reformpädagogik wie die Arbeitserziehung zurück. Kollektiverziehung war immer auch polytechnische Bildung, in der die Trennung von Kopf- und Handarbeit aufgehoben ist. Ihr Ziel war die »allseitig gebildete und harmonisch entwickelte sozialistische Persönlichkeit«. Kollektiverziehung findet im Kollektiv der Altersgruppenglei-chen (= »Peers«) und zum Kollektiv hin statt. Makarenko unterschied zwischen dem Grundkollektiv (z.B. die → Familie [!], eine Schulklasse oder eine Armee-Einheit) und dem Gesamtkollektiv der sozialistischen Gesellschaft. Das gemeinsame Leben der Kollektivmitglieder stand unter den Prinzipien der Kontrolle, der Kritik, der Selbstkritik und einer permanenten Veränderung. Ein Erziehungskollektiv weist folgende Merkmale auf:

- Beständigkeit und hoher Organisationsgrad mit der Herausbildung von Traditionen
- Ein starkes Bewusstsein (»Wir-Gefühl«) vom richtigen (ideologischen) Bewusstsein und der Zusammengehörigkeit sowie eine Vernetzung mit anderen Kollektiven
- Delegation von Verantwortlichkeiten und Verantwortung gegenüber dem Führer und der Gruppe
- Entwicklung eines Systems von nahen, mittleren und weiten »Perspektiven«, d.h. Orientierung auf tägliche und weitere lohnende Zukunftsaussichten
- Einheitliches Handeln und gemeinsame Verantwortung bei Arbeit und Lernen, d.h. Zielorientierung und Disziplin.

Sozialistische Experimente ■

Neben Makarenkos Staatspädagogik gab es in der ehemaligen Sowjetunion zunächst noch andere Versuche, den Menschen zu »befreien«. Hier ging der Marxismus mit der Psychoanalyse eine Ehe ein. Die deutsche Psychoanalytikerin Wera Schmidt experimentierte in Moskau 1921–1924 in ihrem Kinderheim-Laboratorium für Drei- bis Fünfjährige mit psychoanalytischer Pädagogik, z.B. dem Prinzip der Übertragung, Triebfreundlichkeit, Straflosigkeit oder vernünftigen Erklärungen. Doch Mitte der dreißiger Jahre »verriet« Wera Schmidt unter Stalins Terrordrohungen ihre Überzeugungen.

Auch in China hat man besonders vor und während der Kulturrevolution (1966–1969) versucht, Kollektiverziehung spontan und unbürokratisch in den Basisgruppen der Betriebe zu etablieren, wobei jedoch die Psychoanalyse keine Rolle spielte.

Kibbuz-Erziehung ■ Fast parallel zur sowjetischen Entwicklung entstanden zu Beginn des 20. Jahrhunderts mit der zionistischen Einwanderung der osteuropäischen Juden nach Palästina auch sozialistische, teils auch orthodox-religiöse Kibbuzim (= Gemeinschaftsdörfer), in denen neben der Abschaffung des Privateigentums oft eine viel radikalere Kollektiverziehung als in der ehemaligen Sowjetunion praktiziert wurde. Kernpunkt der Bewegung war die kollektive Wirtschafts- und vergesellschaftete Lebensform der Kibbuznik oder Chawerim (= Kibbuzmitglieder), d.h. dass die patriarchalische Familie aufgelöst und die Kinder je nach Kibbuz von Geburt an in einem eignen Kinderhaus bzw. der gleichen Altersgruppe für einen bestimmten Zeitraum – etwa einem Jahr – durch eine Metapelet (= Erzieherin) erzogen wurden. Durch den Kontakt zu mehreren Metaplot und nur stundenweisen Kontakt zu den Eltern waren die jungen Kibbuzniks stark an ihre Altersgruppe gebunden. Hospitalismus war hier unbekannt, eine gesunde Persönlichkeitsbildung üblich. Die Kibbuzim erlebten und erleben einen ständigen Abfluss ihrer Mitglieder, der nur durch die Zuwanderung von jungen begeisterten Juden aus Übersee, Russland und Europa ausgeglichen werden kann. Seit langem vollzieht sich im Kibbuz ein Wandlungsprozess, der mit der Hinwendung zu mehr Kleinfamilie und privatem Eigentum charakterisiert werden kann. Die Kibbuz-Bewegung hat wesentlich zum Aufbau des Staates Israel beigetragen, auch wenn nie mehr als 3–4 % der Bevölkerung Kibbuz-Mitglied waren.

DDR ■ Die DDR-Pädagogik war zumindest offiziell dem Gedanken der staatlich verordneten Kollektiverziehung verpflichtet. In ihrer Entwicklung lagen einerseits die pädagogischen Modelle zum Abholen beim »großen Bruder« (Makarenko) bereit, andererseits konnten die Gründer der ostdeutschen Pädagogik auf Vordenker wie den kommunistischen schwäbischen Pfarrerssohn Edwin Hoernle (1883–1952) und Schulkonzepte, z.B. durch den sozialistischen Berliner Schulrat Kurt Löwenstein (1885–1939) zurückgreifen. Das gesamte Bildungssystem wurde von staatlichen bzw. kommunalen Organen, wie der Gemeinde, getragen. Freie, also z.B. kirchliche oder private → Träger waren, wie auch im sonstigen Sozial- oder Gesundheitssystem, gänzlich unbekannt. Bei der Erziehung kam der Familie nach wie vor eine große Bedeutung zu. Bestrebungen, die klassische (»bürgerliche«) Kleinfamilie aufzugeben, wie es etwa die sozialistische Kibbuzbewegung radikal vorexerzierte, bestanden nicht. Jedoch konnte der Staat in vielen Gebieten massiv in das familiäre Erziehungsgeschehen eingreifen.

Klammer aller Angebote war die Polytechnische Erziehung bzw. Bildung, deren lebendiger Ort das Kollektiv war. Polytechnische Erziehung umfasste idealtypisch neben der Verbindung von Lernen und Arbeiten sowie dem technisch-berufsvorbereitenden Aspekt auch die Allgemeinbildung, die Transparenz aller gesellschaftlichen Funktionen, den Abbau von Herrschaft und selbst bestimmtes Handeln.

Krippe ■ Die freiwillige Krippe (meist Tages- aber auch einige Wochenkrippen), die nahezu umfassend, wohnortnah, aber nicht mehr als neun Stunden täglich zur Verfügung stand, entlastete die Eltern, die fast ausschließlich beide arbeiteten, enorm. Die Erziehung durch Krippenerzieherinnen, die kürzer ausgebildet und schlechter als die Kindergartenerzieherinnen bezahlt wurden, verlief nach einem minutiösen Plan, dem »Programm der pflegerisch-erzieherischen Arbeit«.

Kindergarten ■ 1988 besuchten 94 % aller Kinder zwischen drei und sechs Jahren den ebenfalls freiwilligen Kindergarten, der manchmal auch als kombinierte Einrichtung mit einer Krippe geführt wurde. Hier arbeiteten an Fachschulen ausgebildete Erzieherinnen. 1967 wurde ein »Bildungs- und Erziehungsplan für den Kindergarten« eingeführt, der auf den ideologisch korrekten Bildungsauftrag abhob. Außerdem wurde die sogenannte Wehrerziehung, durchgeführt.

Schule ■ Die auf zwölf Jahre angelegte Schule war als Einheitsschule (»Polytechnische Oberschule«) konzipiert, die durchgängig die erste bis zehnte Klasse mit Schulpflicht umfasste. Die gymnasiale Oberstufe, Klasse 11 und 12, wurde als »Erweiterte Oberschule« (EOS) geführt und von knapp 10 % eines Altersjahrgangs besucht. Als der führende Didaktiker der DDR gilt Lothar Klingberg (*1926).

Hort und Freizeit ■ Die staatliche Freie Deutsche Jugend (FDJ) war eine sozialistische Massenorganisation und der einzige offiziell zugelassene Jugendverband, der Mitte der 1980er Jahre etwa 80 % der Jugendlichen ab vierzehn Jahren aufnahm. Die vorgeschaltete Pionierbewegung umfasste etwa 85 % der Kinder zwischen sechs und vierzehn Jahren. Dabei unterschied man zwischen den Jung-Pionieren (6–10 Jahre) und den Thälmann-Pionieren (10–14 Jahre). Die formale Freiwilligkeit wurde in der Praxis jedoch durch erheblichen Druck konterkariert, z.B. betrieb die FDJ an den Schulen die Schulhorte mit Lernhilfen und Hausaufgabenbetreuung, worauf auch kritisch eingestellte Eltern oft angewiesen waren. Das FDJ-Leben umfasste neben der politischen Schulungsarbeit ein vielfältiges Angebot an Gruppenstunden, kulturellen Aktivitäten oder (internationalen) Ferienlagern – aber auch politische Demonstrationen und fahnengeschmückte Aufmärsche. Die FDJ betrieb Jugendklubs, Pionierparks, Theater, eigene Ensembles für Musik, Kabaretts und sportliche Veranstaltungen. 16 Zeitschriften versorgten die Kinder und Jugendlichen mit politisch korrektem Lesestoff, die bekannteste war die »Junge Welt«. Im Kreise der FDJ-Mitarbeiter wurde eine ständige Kaderauslese betrieben, die den als politisch gefestigt eingeschätzten Genossen einen Eintritt in die führende Staatspartei, die Sozialistische Einheitspartei Deutschlands (SED) brachte.

Jugendweihe ■ Ein staatlicherseits sehr gefördertes Fest war die Jugendweihe, eine Art Initiationsritus, die an die Stelle der evangelischen Konfirmation bzw. katholischen Erstkommunion treten sollte. Trotzdem gelang

es nicht, diese religiösen Traditionen oder gar die christlichen Kirchen abzuschaffen, ganz im Gegenteil wurden diese zum zentralen Träger der stärker werden Opposition, die 1989 wesentlich die erste gelungene deutsche Revolution trug, mit den Fall der Mauer bewirkte und so die Wiedervereinigung herbeiführte.

Kinderladen-Erziehung ■ Kollektiverziehung im westlichen Deutschland ist ab 1968 (»Studentenbewegung«) untrennbar mit der Bewegung der → Antiautoritären Erziehung und ihren repressionsfreien Kinder- und Schülerläden, ganz selten Schülergruppen, Kommunen oder Jugendwohnkollektiven verbunden. Auch wenn diese eher bürgerlich-intellektuelle Bewegung sehr klein und noch kleiner geblieben ist, hat sie für die pädagogische und bildungspolitische Diskussion wichtige Impulse geliefert. Die Gründung der ersten Kinderläden mit einer Gruppe von zwölf bis achtzehn Kindern erfolgte 1968 in Berlin, Stuttgart, Frankfurt und Hamburg meist in aufgegebenen Tante-Emma-Läden (daher der Name) in Selbstverwaltung und oft ohne ausgebildete Erzieherinnen. Manche der Gruppen gründeten Vereine, stellten zunehmend auch professionelle Kräfte ein. Die Fachaufsicht lag immer bei den Jugendämtern. Ab Mitte der siebziger Jahre förderte z.B. der Senat von Berlin viele seiner etwa 270 in Vereinen organisierten Kinderläden als sogenannte »EI-Kita«, als Elterninitiativ-Kindertagesstätte. Seit 1986 vertritt die »Bundesarbeitsgemeinschaft Elterninitiativen« (BAGE) in München die Interessen dieser Organisationsform. Heute ist der Begriff »Kinderladen« fließend. Er bedeutet oft nur noch: Kindergarten in Eigenverantwortung und mit direkter Elternmitarbeit.

Ausblick ■ Mit dem Zusammenbruch der osteuropäischen sozialistischen Staaten, dem Verbürgerlichungsprozess in den Kibbuzim und dem Auslaufen der Studentenbewegung verlor die Kollektiverziehung weltweit und weitgehend ihre Bedeutung, auch wenn manche Prinzipien und Ziele in einigen sozialistischen Kinderläden bzw. Gruppen oder bei ehemaligen DDR-Erzieherinnen und -Lehrerinnen überdauert haben (mögen).

Raimund Pousset

■ **Literaturtipps**

Fölling-Albers, M./ Fölling, W. (2002). Kibbutz und Kollektiverziehung. Opladen: Leske & Budrich.

Aden-Grossmann, W. (2002). Kindergarten. Eine Einführung in seine Entwicklung und Pädagogik. Weinheim/Basel: Beltz.

Ulrich, Horst u.a. (Hg.) (1985). DDR-Handbuch. Köln: Wissenschaft und Politik.

Kommunikation

Die sprachliche Wurzel des Begriffs Kommunikation liegt im lateinischen communicare, das gemeinsam machen, teilnehmen lassen und sich besprechen bedeutet. Das gesprochene Wort und die Schrift sind Ausdrucksmittel der verbalen Kommunikation, während in der nonverbalen Kommunikation Botschaften mit Hilfe der → Körpersprache und anderen Signalsystemen (z.B. Bildern) vermittelt werden.

Nicht alle Aussagen oder Grundsätze (auch Axiome genannt) über Kommunikation können wissenschaftlich exakt nachgewiesen werden, sie haben aber durch unsere Lebenserfahrung eine allgemein hohe Akzeptanz. Ein bedeutender Kommunikationstheoretiker ist Paul Watzlawick, der fünf Axiome zur Kommunikation aufstellte. Seine Forschungen wurden erweitert durch die Arbeiten des Psychologen Friedemann Schulz von Thun, der das Modell der vierseitigen Kommunikation entwickelte. In den folgenden dargestellten Grundsätzen, die sich u.a. auf diese Wissenschaftler beziehen, wird Kommunikation immer als soziale Kommunikation verstanden, d.h. als wechselseitiger Informationsaustausch zwischen menschlichen Kommunikationspartnern. Es geht also nicht um die Mensch-Maschine-Kommunikation, die Tier-Kommunikation oder die Autokommunikation, wie z.B. die Körper-

innenwahrnehmung oder den inneren Dialog.

Kommunikation als Grundlage sozialen Handelns ■ Kommunikation bildet die Grundlage jeder Kultur und des sozialen Handelns. Sie ist Voraussetzung für zwischenmenschliche Beziehungen und ermöglicht Interaktionen, die nach bestimmten Regeln erfolgen und in denen gleichzeitig auch Regeln ausgehandelt werden können. Um sinnvoll miteinander zu kommunizieren, bedarf es der Fähigkeit zur → Empathie, des »Sich-einfühlen-könnens« in andere.

Sender und Empfänger ■ Das Grundmuster eines Kommunikationsaktes besteht darin, dass ein Sender eine Information über einen Kommunikationskanal an einen Empfänger übermittelt (Einwegkommunikation), der seinerseits auf die erhaltene Botschaft durch ein Feedback (Rückmeldung oder Rückkopplung) reagiert (Zweiwegkommunikation). Dies wird auch als Kommunikationsmodell bezeichnet. Wir können über alle unsere Sinneskanäle kommunizieren. Für die Übermittlung unserer Information wählen wir dementsprechend einen oder mehrere Kommunikationskanäle, d.h. den visuellen (sehen), auditiven (hören), gustatorischen (schmecken), olfaktorischen (riechen), haptischen (tasten), kinästhetischen (bewegen) oder vestibulären (Gleichgewicht) Kanal.

Zeichen zur Verschlüsselung und Entschlüsselung von Botschaften ■ Damit wir kommunizieren können, brauchen wir ein gemeinsames Verständnis über die Bedeutung sprachlicher Zeichen (Semantik), z.B. eine gemeinsame Sprache oder die Kenntnis gleicher Gesten. Mit diesen Zeichen werden Botschaften verschlüsselt (Codierung). Um verstanden zu werden, ist es oft notwendig, Botschaften mit einem bestimmten Maß an Informationsüberschuss (Redundanz) zu senden. Je größer eine Gruppe von Menschen (z.B. eine Schulklasse) oder je gestörter die Aufnahme von Informationen ist (z.B. bei einer aufgeregten Kindergartengruppe), desto mehr Informationen müssen gesendet werden. »Mehr« kann bedeuten, etwas zu wiederholen, lauter, langsamer, deutlicher zu reden oder eine andere Wortwahl zu verwenden. Im Prozess der Entschlüsselung (Decodierung) kommt es durch Störungen von außen und innen häufig zu Informationsverlusten (Beispiel: »Stille Post«). Um dies zu vermeiden, müssen wir auf eine ungestörte Sendung achten oder die Redundanz erhöhen.

Man kann nicht nicht kommunizieren ■ Dieses erste Axiom von Watzlawick bedeutet, dass jedes Verhalten kommunikativ ist, es hat immer einen Mitteilungscharakter (Verhalten hat kein Gegenteil). Auch wenn man nichts ausdrücken möchte, sendet man doch permanent Informationen. Beim Nichtbeachten oder Schweigen findet ebenso ein Kommunikationsaustausch statt wie bei einem angeregten Gespräch.

Inhalts- und Beziehungsaspekt ■ Jede Kommunikation hat einen Inhalts- und einen Beziehungsaspekt (zweites Axiom von Watzlawick). Der Inhaltsaspekt drückt den eigentlichen Sachverhalt aus, der Beziehungsaspekt vermittelt die Einstellung zum anderen Menschen und definiert die Beziehung. Letzteres geschieht häufig unbewusst. Je »gesünder« oder entspannter eine Beziehung ist, desto stärker rückt der Beziehungsaspekt in den Hintergrund. Konfliktreiche Beziehungen sind oftmals durch ein wechselseitiges Ringen um ihre Definition gekennzeichnet, wobei der Inhaltsaspekt fast völlig an Bedeutung verliert (Ich hab' dir doch gesagt, du sollst die Kanne genau da hinstellen!).

Die vier Seiten der Kommunikation ■ Jede Information hat vier Seiten. Wir senden mit vier »Schnäbeln« und hören mit vier Ohren. Schulz von Thun beschreibt den Kommunikationsakt als eine durch folgende vier Funktionen geprägte Informationsvermittlung: Inhalt, Selbstoffenbarung, Beziehung und Appell.
- Die Inhalts- oder Sachseite ist die blanke Mitteilung, der reine Sachverhalt, um den es geht
- Die Selbstoffenbarungsseite erzählt dem Empfänger etwas darüber, wie sich der Sender fühlt. Er gibt Informationen von sich preis, die sowohl gewollte Selbstdarstellung als auch unfreiwillige Selbstenthüllung einschließen
- Die Beziehungsseite informiert darüber, in welchem Verhältnis sich der Sender zum Empfänger sieht. Eine Nachricht zu senden beinhaltet, eine bestimmte Art von Beziehung zu dem Angesprochenen auszudrücken
- Der Appell in einer Botschaft hat die Funktion, Einfluss auf den Empfänger zu nehmen. Der Sender will den Empfänger veranlassen, bestimmte Dinge zu tun oder zu unterlassen, zu denken oder zu fühlen.

Im Akt der Kommunikation tritt beim Sender jeweils ein Aspekt stärker hervor (ohne dass die anderen Aspekte bedeutungslos bleiben), und der Empfänger wird bevorzugt einen der Aspekte heraushören (und zwar nicht unbedingt den, den der Sender betont). Wer dazu neigt, mit dem Appellohr zu hören, wird bei dem in einer Gruppe geäußerten Satz »Es zieht hier wie Hechtsuppe!« aufspringen und das Fenster schließen. Wer dagegen gern mit dem Appellmund spricht, wird oft (mitunter unerwünschte) Ratschläge geben. Menschen mit (momentan oder dauerhaft) geschwächtem Selbstbewusstsein hören auf dem Beziehungsohr häufig Missachtung oder Angriff in Bezug auf die eigene Person. Sie nehmen alles persönlich. Dagegen sehen Menschen, die bevorzugt ihr Ohr der Selbstoffenbarungsseite zuwenden, das Gegenüber mehr als Objekt, das zu analysieren ist. Und diejenigen, die gerne auf der Selbstoffenbarungsseite senden, nutzen die Kommunikation, um auf sich als (kluge, leidende oder fröhliche) Person aufmerksam zu machen.

Kontextabhängigkeit von Kommunikation ■ Jede Kommunikation steht in einem größeren Zusammenhang, der den vom Sender gemeinten Sinn beeinflussen, bestimmen oder verändern kann. Im Wesentlichen ist Kommunikation in die folgenden vier Bereiche eingebettet: a) die Vorerfahrungen – alles, was einen bisher geprägt hat; b) die Erwartungen, die der Empfänger an einen stellt; c) den situativen Kontext – die Bedingungen der momentanen Situation; d) den Symbolwert der Handlung – die jeweilige Bedeutung von Handlungen in verschiedenen Schichten oder Kulturen.

Digitale und analoge Kommunikation ■ Wir kommunizieren digital und analog (viertes Axiom von Watzlawick). Unter digitaler Kommunikation versteht man den Anteil sprachlicher oder anderer Zeichen, die eindeutig entschlüsselt werden können – der Begriff Haus steht z.B. für die Sache Haus. Analoge (bildhafte) Kommunikation findet meist auf der nonverbalen Ebene statt, die verwendeten Zeichen sind nicht immer eindeutig zu interpretieren – ein Stirnrunzeln kann z.B. Ausdruck des Erstaunens oder aber auch der Missbilligung sein. Meist wird der Sachverhalt einer Botschaft digital übermittelt, die Beziehung dagegen eher analog (→ Körpersprache).

Interpunktion von Kommunikationsabläufen ■ Die Beziehung zwischen zwei Menschen wird u.a. durch die Interpunktion ihrer Kommunikationsabläufe strukturiert (drittes Axiom von Watzlawick). Das heißt, dass wir unser Verhalten gern als Reaktion auf das Verhalten eines anderen interpretieren und nicht in Betracht ziehen, dass unser Verhalten gleichermaßen Reaktionen beim Kommunikationspartner hervorrufen kann. So findet z.B. eine Beziehungspartnerin, dass sich ihr Mann ständig zurückzieht und nörgelt deshalb an ihm herum, während dieser die Sache so sieht, dass seine Frau an ihm herumnörgelt und er sich aus diesem Grund zurückzieht. Das eigene Verhalten kann also sowohl Ursache als auch Wirkung sein.

Symmetrische und komplementäre Kommunikation ■ Kommunikation kann symmetrisch und/oder komplementär erfolgen (fünftes Axiom von Watzlawick). Eine symmetrische Beziehung beruht auf Gleichheit, sie ist daher spiegelbildlich angelegt. Die Partner versuchen, einander in Schwächen und Stärken ebenbürtig zu sein. Wenn das Verhalten des einen Partners das des anderen ergänzt, handelt es sich um eine komplemen-

täre Kommunikation. Hier basiert die Beziehung auf sich gegenseitig ergänzenden Unterschiedlichkeiten. Starre Symmetrie und starre Komplementarität führen zur Eskalation (jeder will gleicher sein) oder zur Fremdbestimmung.

Störungen der Kommunikation ■ Kommunikation ist mehrdeutig und zahlreichen Störungen unterworfen, die Mitteilungen verfälschen, aber auch zu einer verwirrten Botschaft führen können.

Typische Kommunikationsstörungen sind beispielsweise:

■ Einseitiges Senden und Hören: Dies ist ein Zeichen für mangelnde Flexibilität beim vierohrigen Hören und viermündrigen Senden und ruft leicht Konflikte hervor

■ Die im eigenen Kopf ablaufende Interpretation, die richtig, aber auch falsch sein kann

■ Versteckte Botschaft: Es gibt keine offene Kommunikation über Ziele, Wünsche und Bedürfnisse

■ Du-Botschaft: Der andere wird bewertet – z.B. »Du bist immer so streitsüchtig« – und kommt automatisch in eine Verteidigungsposition, die Problemlösung tritt in den Hintergrund

■ Doublebind: Zwei widersprüchliche Botschaften werden gleichzeitig übermittelt. Es entsteht eine »verrückt machende« Situation, eine »Beziehungsfalle«, weil der Empfänger seiner Wahrnehmung nicht mehr trauen kann; die Wahrnehmung ist im Verhältnis zur anderen immer »falsch«.

Konstruktives Kommunizieren ■ Dies setzt zum einen voraus, dass man sich über eigene Wünsche, Vorstellungen und Gefühle im Klaren ist, dass man sein eigenes Anliegen immer wieder neu wahrnimmt und versteht. Zum anderen gehört Wohlwollen dazu, d.h. die Fähigkeit und der Wunsch, dem Gesprächspartner zuzuhören und ihn zu verstehen, also wahrnehmen und aufnehmen zu können, was dieser sagt und sich darauf zu beziehen.

Simone Pfeffer/Raimund Pousset

■ **Literaturtipps**

Schulz von Thun, F. (1994). Miteinander reden. Teil 1. Reinbek: Rohwolt.

Watzlawick, P. u.a. (1996). Menschliche Kommunikation. Formen, Störungen, Paradoxien. Stuttgart: Verlag Hans Huber.

Konflikt

Gegensätze, Reibungen, Spannungen, Streit und Konflikte gehören zu den alltäglichen Erscheinungen des Lebens, kommen – wie es scheint – überall und massenhaft vor. Streit und Widerspruch haben auch etwas Belebendes. Ohne sie sind Leben, Entwicklung und Fortschritt nur schwer vorstellbar. Diese Sichtweise wird sowohl auf ganze Gesellschaften (Konfliktgesellschaft) als auch auf Individuen angewandt: Der sozial kompetente Umgang mit Konfliktfällen, das offene Austragen von Widersprüchen bringt den Einzelnen weiter und unterstützt seine Persönlichkeitsentwicklung. Damit Menschen souverän und konstruktiv reagieren können, müssen sie lernen, kritische Situationen zu erkennen und zu verstehen. Diese Kompetenz gehört zu den Kernkompetenzen (→ Basiskompetenzen), über die Menschen in heutigen modernen und demokratischen Gesellschaften verfügen sollen. Mit ihrer Hilfe ist es möglich, zivilisiert, d.h. gewaltfrei, zusammen zu leben, eigene Interessen zu artikulieren, auf die Interessen anderer Rücksicht zu nehmen und im Sinne von → Partizipation (Beteiligung) das Leben in einem Gemeinwesen mitzugestalten und lebenswert zu machen. Die Erziehung zu Konfliktfähigkeit gehört daher zu den Bildungszielen, die vom Kindergartenalter an verfolgt werden.

Konfliktbegriff ■ Nicht alle Situationen und Interaktionen, die konflikthaftes Potenzial in sich bergen, sind von vornherein Konflikte. Auszuschließen wären demnach Unterschiede, Gegensätze, Ambivalenzen, Spannungen, Krisen und Willensunterschiede, bei denen es noch nicht zu Handlungen kommt.

Ein sozialer Konflikt wäre dann eine Interaktion zwischen Akteuren (Individuen, Gruppen, Organisationen), von denen mindestens ein Akteur Unvereinbarkeiten auf verschiedenen Ebenen erlebt, die zu einer Beeinträchtigung führen. Die Ebenen können sein: Denken, Vorstellen, Wahrnehmen, Fühlen oder Wollen.

Seit den 1980er Jahren sind die Themen Konfliktlösung und Gewaltprävention Gegenstand unzähliger Programme und Projekte, die auf die Hebung sozialer Kompetenz abzielen. Gleichzeitig wird auch die systematische theoretische Auseinandersetzung beispielsweise in den Fächern Betriebswirtschaftslehre, Kriminologie, → Pädagogik, → Psychologie, → Soziologie und Theologie über das Thema verstärkt.

Konflikttypologien ■ Liegt ein Konflikt vor, so sollte dieser danach analysiert werden, welche Gegenstände eine Rolle spielen, welchen Verlauf die Auseinandersetzung bereits genommen hat und welche Konfliktparteien beteiligt sind. Die Untersuchung dieser Faktoren gibt Aufschluss über das Konfliktpotenzial und erlaubt eine nähere Betrachtung der konflikthaften Situation. Erst nach einer Analyse macht es Sinn, die zur Konfliktbehandlung erforderlichen Maßnahmen zu bestimmen und zu ergreifen. Folgende drei Konflikttypen kommen in Frage:

- Konflikte nach unterschiedlichen Streitgegenständen (deutliche, objektive Streitpunkte, z.B. Regeln, Geld, Arbeitsplatzbeschreibung)
- Konflikte nach unterschiedlichen Erscheinungsformen der Auseinandersetzung (z.B. unterschwellig – offen; Art der Gewaltanwendung; intern – extern; institutionalisiert – nicht institutionalisiert; Kampf – Spiel – Debatte)
- Konflikte nach Merkmalen der Konfliktparteien, ihrer Position und wechselseitigen Beziehung (zwischen Einzelpersonen; in Gruppen, zwischen Gruppen; zwischen Vorgesetzten und Mitarbeiterinnen; verhandelnd – bürokratisch; direkt – indirekt).

225 ■ ■ ■ ■ ■

Konfliktdiagnose ■ Sie bildet eine wesentliche Voraussetzung für die vorzunehmenden Schritte, auch für eine mögliche Interventionsstrategie. Wesentlich ist die Feststellung des Streitgegenstandes (»Issue«), der die jeweilige Partei bewegt. Die Parteien verständigen sich darauf, welche der Streitpunkte gemeinsam und welche unterschiedlich sind und welche zum Gegenstand der Auseinandersetzung werden. Solche Informationen können helfen, Spekulationen und Mutmaßungen abzubauen und diejenigen Fehlinformationen und Unterstellungen auszuräumen, die den Konflikt noch weiter zuspitzen können.

Eskalation ■ Der Prozess der Konfliktsteigerung wird als Eskalation bezeichnet. Diese entwickelt sich stufenweise, wobei jede Stufe durch eine Schwelle bzw. einen Wendepunkt markiert ist, der von den beteiligten Parteien als kritischer Übergang erlebt wird. Von einer Schwelle zur anderen wird die Konfliktaustragung intensiver, die Kampfmittel massiver. Allerdings verlässt das Gewaltausmaß nicht alle Grenzen, sondern wird immer wieder dosiert und pendelt sich auf der jeweils höheren Eskalationsstufe ein. Auf diese Weise haben die in den Konflikt verstrickten Parteien die Möglichkeit, sich aneinander zu orientieren, was ihnen Handlungssicherheit gibt.

Konfliktbehandlung/Konfliktlösung ■ Es gibt nicht die eine exklusive Interventionsmethode, die immer und überall gleich sinnvoll und wirksam ist. Grundsätzlich unterschieden werden vorbeugende (präventive) von heilenden bzw. lösenden (kurativen) Interventionen. Vorbeugende Interventionen zielen darauf ab, den Ausbruch eines Konflikts zu verhindern, indem regelmäßig das in einer Organisation oder Gruppe (z.B. Mitarbeiterinnenteam, Kindergruppe in der Tageseinrichtung) vorhandene Konfliktpotenzial untersucht wird. Als vorbeugende Maßnahmen können eingesetzt werden: z.B. Kommunikationsschulung, Umgang mit Stress, Konfliktmanagement mit dem Ziel zu verhindern, dass sich ein Konflikt über eine Anfangseskalation hinaus entwickelt.

Heilende bzw. lösende Interventionen zielen auf Lösung, Begrenzung, Kontrolle oder Regelung eines bereits vorhandenen Konfliktes. Das geschieht, indem

■ Streitpunkte ausführlich erhoben werden (»Worum geht es?«)
■ Erfasst wird, wie die Gegensätze erlebt werden (»Was stört mich?«)
■ Festgestellt wird, was sich im Konfliktverlauf bereits ergeben hat an Verwundungen u.Ä. (»Wie geht es mir?«).

Die Intervention erstrebt die Herstellung eines entspannten Zustandes, der konstruktives Arbeiten bzw. ein gedeihliches Miteinander in der Gruppe wieder zulässt.

Aufgaben von Pädagogik/Sozialpädagogik ■ Mit dem Leitsatz »Störungen haben Vorrang!« ermuntern Pädagogik und Sozialpädagogik zu einem proaktiven Umgang mit konflikthaften Situationen und stützen die Sichtweise, dass Gegensätze, Reibungen, Spannungen, Streit und Konflikte produktive Momente im Zusammenleben von Menschen sein können. Pädagogik und Sozialpädagogik stellen Instrumente bereit, mit deren Hilfe ein qualifizierter Umgang mit Konflikten und Streit im Sinne der Entwicklung einer Streitkultur gelingen kann. Im Einzelnen geht es darum,

■ Konzepte und Methoden zu Streitschlichtung und Mediation bereitzustellen
■ Zu zeigen, wie solche Konzepte und Methoden in pädagogischen Arbeitsfeldern verankert werden können
■ Die Schwierigkeiten von Streitschlichtung mit Kindern und mit Jugendlichen in der Pubertät (»peer-Mediation«) zu reflektieren
■ Zu ermutigen, Konfliktfähigkeit im Sinne einer Schlüsselqualifikation herauszubilden.

Claudia Fischer

■ **Literaturtipps**

Cierpka, M (Hg.) (2001). FAUSTLOS. Ein Curriculum zur Prävention von aggressivem und gewaltbereitem

Verhalten bei Kindern der Klassen 1 bis 3. Göttingen: Hogrefe.

Durdel, A./Siebert, G./Seydel, O./Vogt, R. (2003). Streitschlichtung. PÄDAGOGIK Heft 1, Januar 2003.

Glasl, F. (2002). Konfliktmanagement. Ein Handbuch für Führungskräfte, Beraterinnen und Berater. Bern: Haupt.

Kain, W. (2006). KLIK-Konflikte lösen im Kindergarten. Weinheim/Basel: Beltz.

Leupold, E. M. (2004). Handbuch der Gesprächsführung. Problem- und Konfliktlösung im Kindergarten. Freiburg: Herder.

Konfrontative Pädagogik

Die Konfrontative Pädagogik wurde im Jahre 2000 begründet. Der Grund für die Bildung dieses Pädagogikkonzepts war der Wunsch der Praxis, die in Deutschland konfrontativ arbeitenden Projekte in der Sozialen Arbeit und in der Pädagogik zu bündeln und ihr Handeln (»gerade Linie mit Herz«) theoretisch zu verorten. Die Konfrontative Pädagogik sieht sich in der Tradition der geisteswissenschaftlichen Pädagogik und wird als Ergänzung zu einer ausschließlich akzeptierenden und verstehenden Pädagogik definiert. Der Nürnberger Pädagogik-Professor Wolfgang Tischner bringt es auf den Punkt: Er spricht von einer Wiederbelebung der vergessenen »väterlichen Seite« in der Erziehung.

Die Konfrontative Pädagogik basiert auf zwölf Eckpfeilern. Sie versteht sich als

- Erziehungs-ultima-ratio, als letztes Mittel, wenn akzeptierendes Begleiten nicht mehr ausreicht
- Interventionistisch, das heißt um den Betroffenen aktiv werbend und ihn zur Veränderung motivierend
- Ansatz für Auffällige, die Freundlichkeit als Schwäche werten
- Direkt, konfrontativ, normativ und Grenzen ziehend
- Delikt- und defizitspezifisch
- Ansatz mit einem optimistischen Menschenbild

- Primäre (Eigenmotivation) und sekundäre (äußerer Druck) Veränderungsmotivation akzeptierender Ansatz
- Polizei- und justizkooperativ
- Gesellschaftskritisch
- Ansatz, der ohne die Interventionserlaubnis des Betroffenen nicht konfrontativ arbeitet
- Den pädagogischen Bezug und die Beziehungsarbeit favorisierend und
- Erziehungszielorientiert: Förderung des prosozialen Verhaltens, des moralischen Bewusstseins und der Handlungskompetenz beim jungen Menschen.

Zielgruppe und pädagogische Grundhaltung ■ Zielgruppe der Konfrontativen Pädagogik sind auffällige, schwierige Jugendliche, die durch höfliche Ansprache und Vernunftappelle, z.B. in Schule oder Freizeitheimen, nicht mehr zu erreichen sind und weiterhin durch »Schul-Abziehereien« (= erpresserisches Stehlen), Vandalismus (= sinnlose Zerstörungen), Bullying (= Schlägern, Unterdrücken), Körperverletzungen oder Bedrohungen auffällig werden. Die Konfrontative Pädagogik nimmt punktgenau deren abweichende Taten ins Kreuzfeuer der Kritik, unter Beibehaltung der Wertschätzung des Betroffenen. Sie abholen, wo sie stehen, lautet dabei das bewährte pädagogische Motto.

Schwierige junge Menschen favorisieren einen konfrontativen Kommunikationsstil. Ausschließlich freundliche Erzieher werden in diesem Sinne von ihnen als schwächlich abgewertet. Das ist nicht fair, aber ein Faktum. Dementsprechend bedarf es eines professionellen Selbstverständnisses, das zu 80 % einfühlsam, verständnisvoll, verzeihend und non-direktiv agiert, aber um 20 % Durchsetzungs-, Konflikt- und Grenzziehungsbereitschaft ergänzt wird.

Die pädagogische Grundhaltung der Konfrontativen Pädagogik grenzt sich sowohl von einem autoritär-patriarchalischen Erziehungsstil ab, als auch von einem ausschließlich akzeptierenden Begleiten oder einem rein permissiven (= gewährenden) Verständnis, das die Ursachen abweichenden Verhaltens primär im gesellschaftlichen Kontext bzw. als Ausdruck von Zuschreibungsprozessen sieht und den Abweichler damit von seiner Verantwortung freizusprechen scheint. Die 80:20-Haltung orientiert sich am »autoritativen Erziehungsstil«: Wärme, Zuwendung, Humor, verständlich begründete klare Strukturen und Grenzen, entwicklungsgerechte Aufgaben und Herausforderungen gelten als Handlungsmaximen. Die Vorteile dieses Stils, in Abgrenzung zum autoritären und permissiven Verständnis, werden mit der Förderung prosozialerem Verhaltens, größerer Aufgeschlossenheit und sozialerer Kompetenz sowie einem angemessen-durchsetzungsfähigen Alltagsverhalten der Jugendlichen beschrieben.

Konfrontative Pädagogik – hiervon ist der Begriff theoretisch entlehnt – ist geprägt durch die kognitionspsychologisch orientierte konfrontative Therapie (Raymond J. Corsini) sowie die provokative Therapie des Carl-Rogers-Schülers Frank Farrelly. Die Kognitionstheorie betont die Bedeutung der Einstellung des Menschen für sein Verhalten. Einfach formuliert: Wer unter den Folgen mitleidet, die einem Opfer widerfahren sind (Traurigkeit, Schmerz, Ängste), der »produziert« als Täter nicht selber Opfer. In diesem Sinne versucht die Konfrontative Pädagogik durch die Einmassierung des Opferleids in die Seele des kindlichen und jugendlichen Täters das Mitleid und Mitgefühl zu wecken, denn wer mitfühlt und mitdenkt verhält sich im täglichen Miteinander und auf gesellschaftlicher Ebene fairer. Voraussetzung für eine erfolgreiche Umsetzung dieses Prozesses ist, dass Erzieherinnen Neutralisierungstechniken (Rechtfertigungsmechanismen) der Kinder, wie z.B. »Der andere hatte Schuld«, »Die hat mich blöd angeguckt«, infrage zu stellen. Die Konfrontative Pädagogik strebt den Abschied von der Rechtfertigung abweichenden Verhaltens und die Übernahme der Eigenverantwortung an.

Methodisches Vorgehen ■ Methodisch sind die Erfahrungen der Provokativen Therapie hilfreich, deren verblüffende, humorvolle Behandlungsarbeit gerade bei pädagogikgesättigten Jugendlichen auf Neugier stößt, wenn Übertreibung, Verzerrung oder Ironie zum Vorteil des Abweichlers verwandt werden, um z.B. dessen Rechtfertigungen zur »Schul-Abzieherei« (»Ich weiß nicht, warum die mir immer alle was schenken!«) in Frage zu stellen. Farrelly folgt zehn Postulaten, von denen eines für die Praxis in Schule und Freizeitheimen von besonderer Bedeutung ist: die Angst vieler Professioneller, dass Jugendliche zusammenbrechen, wenn Erzieher diese mit den Tat-Folgen konfrontieren. Ein zurückhaltender Mitarbeiter der norddeutschen Jugendhilfe formulierte das auf sehr bildhafte Weise: »Wissen Sie, wenn Sie aggressive Täter mit ihren Taten konfrontieren, besteht die Gefahr, dass diese aus Verzweiflung in die Elbe springen«. Diese Verantwortung wolle er nicht tragen. Aggressive Jugendliche, die von diesen Bedenken hörten, konterten nicht weniger pointiert: »Wir springen nicht in die Elbe, wir schmeißen den in die Elbe!«

Die Methoden der Konfrontativen Pädagogik sind primär gruppenorientiert (→ Gruppenpädagogik). Dazu zählen das Anti-Aggressivitäts-, das Coolness-Training® und das Konfrontative Soziale Training®. Diese spezialisierten sozialen Trainingsprogramme verlangen permanente Aushandlungsprozesse zwischen den Vorstellungen der in der Regel sprachgewandteren Erzieherinnen und ihren Klienten. Die Trainings folgen keinem ganzheitlichen Ansatz, sondern wollen punktgenau das abweichende Verhalten abbauen: den jungen Menschen annehmen und akzeptieren und gleichzeitig sein abweichendes und delinquentes Verhalten scharf kritisieren. Das ist kein Widerspruch. Auf diese Weise fördern die spezialisierten sozialen Trainings eine angemessene Durchsetzungsfähigkeit, die wichtig ist für auffällige Kinder und Jugendliche, die sich auch nach einem (Re-)Sozialisierungs-Prozess als durchsetzungsstark definieren möchten. »Ich möchte so sprachgewaltig sein wie ein Staatsanwalt«, fasste ein Jugendlicher diesen Wunsch nach Stärke zusammen. Mit dem prägnanten Satz »Mein Ziel ist nicht mehr totschlagen, sondern tot labern« brachte das ein anderer, ehemals gewalttätiger Absolvent eines solchen Trainings auf den Punkt. Die

Konfrontative Pädagogik beinhaltet eine pädagogisch gelenkte Streitkultur im sozialen Schonraum. Motto: → Abweichendes Verhalten verstehen, aber nicht einverstanden sein! In diesem Sinne verstehen sich praxisbewährte, deliktorientierte Konfliktlösungskonzepte (→ Konflikt) wie Streitschlichter an Schulen, Mediations-Konzepte oder der Täter-Opfer-Ausgleich, die eine Problemlösung in der direkten Auseinandersetzung mit den abweichenden Jugendlichen suchen: authentisch, ich-nah und Betroffenheit auslösend. Die Konfrontative Pädagogik ist in diesem Sinne interventionistisch (= von sich aus eingreifend), denn Abwarten und Gewährenlassen bedeutet z.B. bei aggressiven Auseinandersetzungen, sich pseudotolerant zu verhalten, da Opfer billigend in Kauf genommen werden – für Professionelle ein unverzeihlicher Fauxpas.

Voraussetzung für eine Konfrontation – und das ist von entscheidender Bedeutung – ist eine gute Beziehung zum Kind und Jugendlichen. D.h. auf der Grundlage einer von Sympathie und Respekt getragenen Beziehung gilt es, das wiederholt → abweichende Verhalten mit dem betroffenen Jugendlichen zu hinterfragen, ohne dass sich dieser durch Sprücheklopferei oder Showeinlagen entziehen kann. Ziel ist es, eine Einstellungs- und Verhaltensänderung zu erreichen. Entsprechend ist konfrontatives Handeln nur für Settings geeignet, in denen Kontinuität gelebt werden kann, d.h. in Kindergärten, Schulen, Jugendzentren, Wohngruppen, Heimen, Sozialtherapien.

Jens Weidner

■ **Literaturtipps**

Colla, H./Scholz, C./Weidner, J. (Hg.) (2001). Konfrontative Pädagogik. Godesberg : Forum Verlag.

Corsini, R.: Konfrontative Therapie. In: Ders. (Hg.) (1994). Handbuch der Psychotherapie, Bd.1. Weinheim/Basel: Beltz, S. 555–570.

Förster, J./Weidner, J. (2005). Internatserziehung für kriminelle Jugendliche. Godesberg: Forum Verlag.

Weidner, J./Kilb, R. (Hg.) (2004). Konfrontative Pädagogik. Konfliktbearbeitung in Sozialer Arbeit und Erziehung. Wiesbaden: Verlag für Sozialwissenschaften.

Konzeption und Konzeptionsentwicklung

Seit der Verabschiedung des → Kinder- und Jugendhilfegesetzes (KJHG) im Jahr 1991 ist für viele Kindertageseinrichtungen das Erstellen einer Konzeption als Spiegel ihrer Arbeit und der gemeinsamen pädagogischen Grundüberzeugungen im Team zu einer Selbstverständlichkeit geworden. Nicht wenige Teams arbeiten schon an der zweiten oder sogar dritten Generation ihrer Konzeption.

Begriff und Geschichte ■ Der Begriff Konzeption, der vom lateinischen concapere (= zusammenfassen, zusammennehmen) abgeleitet wurde, ist allerdings schillernd. Viele Teams sprechen zumindest alltagssprachlich vom »Konzept«. »Konzept heißt erste Niederschrift – erste Fassung oder ... der Plan einer Sache (Wahrigs Deutsches Wörterbuch) ... Danach bedeutet Konzept die Niederschrift einer Idee, eines Gedankens oder Einfalls und zwar in einer vorläufigen Form. Es kann einem Arbeitspapier gleichgesetzt werden, was noch bearbeitet und stets aktualisiert werden muss« (Kindergarten 2010: Traum – Vision – Realität).

Eine Konzeption ist dagegen etwas Verbindlicheres. Ludger Pesch definiert sie: »Unter einer pädagogischen Konzeption verstehe ich den Zusammenhang von Aussagen über Erziehungsziele, pädagogische Standards und Umsetzungsmaßnahmen, die eine ideelle Grundlage für das Handeln in der Einrichtung bilden. Die notwendige Transparenz, aber auch die Überprüfbarkeit und die Möglichkeit der Weiterentwicklung erfordert dabei eine schriftliche Fassung (...).« (Pesch 1996)

Die Idee, pädagogische Arbeit, ihre Begründungen und Ziele in Text (und Bildern) zu dokumentieren und damit nach innen und außen transparent zu machen, stammt aus Reggio Emilia in Norditalien. Dort begann man um 1970, die Fülle von Ideen und Erfahrungen, die in den noch »jungen« kommunalen Kindertagesstätten gesammelt wurden, zu verschriftlichen, zusammenzufassen und damit für das eigene Team, für Eltern, den Träger und alle Interessierten als Spiegel des Erreichten und als Programm für die Weiterentwicklung fest zu halten. Über das an der → Reggiopädagogik besonders interessierte Schweden gelangte die Idee knapp zwei Jahrzehnte später nach Deutschland.

Widerstände ■ Zahlreich sind allerdings die Einrichtungen, die bis heute noch keine Konzeption vorgelegt haben. Auch hierfür gibt es unterschiedliche Motive:

- Jahrzehntelang ging es ohne Konzeption; warum soll es nicht auch weiterhin ohne sie gehen?
- Warten wir noch ein paar Jahre, dann ist auch der Modetrend Konzeption ausgestanden!
- Wir haben im Team unsere gemeinsamen pädagogischen Überzeugungen. Das müssen wir nun nicht auch noch aufschreiben!
- Wir arbeiten situationsbezogen, wobei jeder von uns seine Stärken einbringt. Ein festgeschriebenes Konzept würde uns in unserer Arbeit unnötig einengen!
- Die Konzeption würde uns zur gläsernen Einrichtung machen, die vom Träger und vor allem von den Eltern ständig kontrolliert wird!
- Wir leiden ständig unter Zeitmangel. Den Luxus intensiver Diskussionen über Punkt und Komma solcher Texte wie der Konzeption können wir uns einfach nicht leisten!

Solche und andere Vorstellungen verbinden sich häufig auch mit der Meinung, Konzeption wäre ein Thema der 1990er Jahre gewesen, das durch die Diskussion um den Bildungsauftrag und um die Qualitätsentwicklung (→ Qualitätsmanagement) in Kindertageseinrichtungen abgelöst worden sei.

Konzeption und pädagogische Qualität ■ Eine solche Einschätzung übersieht die enge Verknüpfung aller drei Themen. Der Bildungsauftrag, dessen Diskussion durch die PISA-Studie weiter intensiviert wurde,

lässt sich in der einzelnen Einrichtung nur umsetzen, wenn das Team der Einrichtung

- Aufgaben und Ziele seiner Arbeit aus der diffusen Bereitschaft, für die Kinder da zu sein, herauspräpariert und – vielleicht nach schwierigen Diskussionen – definiert hat
- Die qualitativen Bedingungen für die Erledigung von Aufgaben und das Erreichen von Zielen kritisch geprüft hat
- Nach neuen Wegen sucht, um eine bessere Übereinstimmung zwischen Zielen und deren Realisierungsbedingen herzustellen.

Die wesentlichen Momente, die gerade heute dafür sprechen, (wieder) an der Konzeption zu arbeiten, sind ihre Wirkungen in Hinblick auf

- Qualitätsorientierung
- Prozessorientierung
- Verbindlichkeit
- Transparenz
- Verbesserung von Motivation und Arbeitszufriedenheit.

Die Qualitätsorientierung der Konzeption ergibt sich vor allem aus der Klärung von Aufgaben, Zielen, deren Umsetzungsbedingungen und Beurteilungskriterien, zu der das Team bei der Konzeptionsentwicklung gelangt (→ Teamarbeit). Qualität der Arbeit ergibt sich nur in Ausnahmefällen als Produkt unreflektierten Handelns (Hauptsache die Kinder fühlen sich wohl und die Eltern sind zufrieden). Sie ist vielmehr orientiert an Ziel- und Aufgabendefinitionen sowie Bewertungsmaßstäben. Oft bildet die Arbeit an der Konzeption die erste Möglichkeit, in der sich Teammitglieder der Bedeutung und der Prinzipien qualitätsvoller Arbeit bewusst werden. Sie tun dies, indem sie die persönlichen, meist unbewussten und in der Regel auf Krisenfälle bezogenen pädagogischen Überzeugungen und Wertvorstellungen artikulieren, kommunizieren und einer Diskussion unterziehen, um einen Konsens zu finden.

Konzeptionsentwicklung als Prozess ■ Konzeptionsentwicklung ist vor allem zu sehen als ein Kommunikations- und Reflexionsprozess, an dem alle Mitarbeiterinnen der

Einrichtung und im Idealfall auch die Elternvertreter beteiligt sind. Bestandteile dieses Prozesses sind Innen- und Außenschau, denn es geht darum, die heimlichen Theorien des pädagogischen Handelns sichtbar und kommunizierbar zu machen und genau hinzuschauen auf die meist nicht hinterfragten Strukturen und Produkte alltäglichen Handelns.

In der Regel ist dies mit → Konflikten und Krisen verbunden. Krisen können aber heilsam sein. In ihnen kann gelernt werden, dass es nicht um richtig oder falsch geht, sondern um die Suche nach den Ressourcen und Potenzialen im Team und um die Suche nach einer Basis gemeinsamer Überzeugungen, die das Team nach innen und außen stark machen kann (Knauf 2003).

Organisationsentwicklung ■ Eine der wichtigsten Strategien zur Förderung pädagogischer Qualität und damit auch der Konzeptionsentwicklung ist die Organisationsentwicklung (OE). Der OE-Ansatz hat seine wichtigste Wurzel in den sozialpsychologischen Forschungen und Experimenten Kurt Levins in den 1940er und 1950er Jahren am Massachusetts Institut of Technology. Schon in dieser frühen Phase der Entwicklung des Ansatzes kristallisierten sich folgende Leitvorstellungen der Organisationsentwicklung heraus:

- Eine Organisation, deren Leistung auf der Zusammenarbeit von Menschen beruht, kann ihre Effektivität dann verbessern, wenn alle Mitglieder der Organisation in einen gemeinsamen und demokratischen Prozess der Überprüfung und Neubewertung von Handlungszielen und Arbeitsweisen der Organisation eintreten
- Dieser Prozess kann zwar von externen Beratern oder Moderatoren angestoßen bzw. begleitet werden, er ist aber im Wesentlichen ein innerer Prozess der kritischen und zugleich konstruktiven Auseinandersetzung mit Gewohnheiten und nicht hinterfragten Konventionen im (Zusammen-)Arbeitsprozess
- Dieser Prozess kann als Selbstreflexionsprozess bezeichnet werden, der die Organisation zur lernenden Organisation macht
- Der Prozess hat eine klare Phasenstruktur, die sich in der einfachsten Version als Abfolge von Situationsanalyse, Neudefinition von Zielen, Handlungsplanung und Umsetzung darstellt. Diese Abfolge von Aktionsschritten sollte sich regelmäßig wiederholen, so dass eine fortwährende Erneuerung der Organisation ermöglicht wird. Die Situationsanalyse wird dann zur Evaluation des vorangegangenen Prozessverlaufs
- Organisationsentwicklung versucht die Effektivitätsverbesserung von Organisationen mit der Entwicklung von Arbeitszufriedenheit der Organisationsmitglieder und der Verbesserung des Kooperationsklimas zu verbinden.

In Anschluss an das Konzept der Organisationsentwicklung sind speziell für die Konzeptionsentwicklung Schrittfolgen des gemeinsamen Handelns entworfen und erprobt worden (Hollmann/Benstetter 2000). Dabei wird eine externe Prozessbegleitung oft als sehr hilfreich eingeschätzt, weil sie neutraler und gezielter die notwendigen Schritte initiieren und stützen kann. Ziel ist es dabei, die Grundsätze der Transparenz der Arbeit, der Verbindlichkeit der beschriebenen Arbeitsprinzipien und der Verbesserung von Berufsmotivation und Arbeitszufriedenheit sicher zu stellen und zu verknüpfen.

Inhalte und formale Gestaltung der Konzeption ■ Die Orientierung an den Prinzipien Dialog und Diskussion birgt Gefahren, wenn Ziele und Inhalte aus dem Blick geraten. Daher ist die frühzeitige Stoffsammlung und Ordnung der möglichen Inhalte für den Konzeptionsentwicklungsprozess ebenso wichtig wie eine gut strukturierte, großformatige Visualisierung der (Zwischen-)Ergebnisse. Inhalte der Konzeption könnten dann sein:

- Die »Visitenkarte« (Name, Anschrift, Träger, Personen, Räume, Zeitstruktur)
- Pädagogische Ziele und Prinzipien (unser Bild vom Kind, unsere Vorstellung von

Bildung, Orientierung an pädagogischen Ansätzen)

- Pädagogische Handlungselemente (z.B. Eingewöhnung, Tagesrhythmus, Freispiel, Projekte, Bewegung, Mahlzeiten, Feste, Gesundheitsförderung, Schulvorbereitung)
- Erzieherinnenrolle
- Pädagogische Raumgestaltung und Öffnung der Einrichtung
- Zusammenarbeit mit Eltern
- Vernetzung in der Gemeinde (z.B. → Kooperationen mit anderen Einrichtungen, jahreszeitliche Aktivitäten).

Die Menschen, die in den Einrichtungen arbeiten und leben, sollten stolz auf »ihre« Konzeption sein können. Daher ist auf ihre äußere Gestaltung, ihre Ästhetik wert zu legen. Der Text sollte übersichtlich, nie »überladen« strukturiert sein. Er kann durch Kinderzeichnungen und Fotos illustriert und durch Zitate und Gedichtausschnitte bereichert werden.

Adressaten ■ Die Konzeption wird mit ihrer Gestaltung zu mehr als einer Visitenkarte. Sie ist gehaltvoll und hat etwas Kostbares, auch wenn ihre Wirkzeit auf vier bis sieben Jahre beschränkt ist. Sie soll Eltern ansprechen, aber nicht allen Eltern aufgedrängt werden. Sie ist wichtig für den → Träger, der sich oft auch um eine zusammenfassende »Trägerkonzeption« oder um eine Abstimmung der Konzeptionsgestaltung der einzelnen Einrichtungen bemüht (vgl. z.B. die Städte Braunschweig, Moers oder Recklinghausen). Auch für Bewerberinnen auf vakante Stellen, Sponsoren oder Kolleginnen aus anderen Einrichtungen sind Kenntnisnahme und Studium der Konzeption bedeutungsvoll.

Tassilo Knauf

■ **Literaturtipps**

Basiswissen Kita (o.J.). Konzeptionsentwicklung (Sonderheft der Zeitschrift »Kindergarten heute«). Freiburg: Herder.

Hollmann, E./Bensteller, S. (2000). In sieben Schritten zur Konzeption. Seelze: Kallmeyer.

Knauf, T. (2003). Der Einfluss pädagogischer Konzepte auf die Qualitätsentwicklung in Kindertageseinrich-

tungen. In: Fthenakis, Wassilios E. (Hg.): Elementarpädagogik nach PISA. Freiburg: Herder, S. 243–263.

Krenz, A. (1996). Die Konzeption – Grundlage und Visitenkarte einer Kindertagesstätte. Freiburg: Herder.

Kooperation

Die → Soziologie definiert Kooperation als ein Zusammenwirken, das Organisation bedingt und zwar im Sinne von planmäßiger, zielorientierter, bewusster und funktionsstrukturierter Zusammenarbeit. Damit Kooperation praktiziert werden kann, bedarf es der Systeme der → Kommunikation, gemeinsamer Ziele und → Werte sowie Offenheit und Dialogfähigkeit. Kooperation muss aus Überzeugung entstehen, muss begeistern – als »Pflichtübung« wird sie zu keinen zufriedenstellenden Ergebnissen führen.

Kooperationsgebot ■ In der Sozialgesetzgebung – im → Kinder- und Jugendhilfegesetz (SGB VIII) und in vielen dazu erlassenen Ausführungsgesetzen der Länder – ist die Kooperation öffentlicher und freier → Träger der Jugendhilfe verankert, aber ebenso die Kooperation mit Angeboten und Diensten, die für das Wohl von Kindern, Jugendlichen und Erwachsenen bedeutsam sind (§ 4 SGB VIII Zusammenarbeit der öffentlichen Jugendhilfe mit der freien Jugendhilfe; § 81 SGB VIII Zusammenarbeit mit anderen Stellen und öffentlichen Einrichtungen). Gerade auch im Bereich der → Kindergärten ist das Zusammenwirken mit Angeboten der Erziehungshilfe unerlässlich. So ist z.B. die Kooperation mit Erziehungsberatungsstellen, → Schulen oder mit der → Kinderpsychiatrie unverzichtbar, um hier nur einige Beispiele zu nennen.

Kooperation im Bereich der Kindertageseinrichtungen geht aber noch weit über die Formen innerhalb der Jugendhilfe hinaus und bezieht sich auch auf die Zusammenarbeit mit Einrichtungen und Angeboten im Gemeinwesen, mit dem Jugendamt, mit Familienbildungsstätten, Kinderärzten, Kirchengemeinden, Sportvereinen, Altenheimen, Seniorenbegegnungsstätten, Behinderteneinrichtungen, Museen, Schlösserverwaltung, Handwerksbetrieben, ortsansässigen Künstlern, Kinder- und Jugendfarmen, Ausbildungsstätten für soziale Berufe (z.B. Fachschulen/Fachakademien für Sozialpädagogik und Heilpädagogik, Berufsfachschulen für Kinderpflege, Fachhochschulen). Nicht zu vergessen ist die → Elternarbeit.

Bei all diesen potenziellen Kooperationspartnern ist zu prüfen, welche Kooperation im Falle einer jeden Kindertageseinrichtung angezeigt ist und wie sie im Rahmen des Konzeptes der Kindertageseinrichtung den richtigen Stellenwert erhalten können.

Voraussetzungen ■ Für eine sinnvolle, zielorientierte und planmäßige Zusammenarbeit in pädagogischen Einrichtungen sind folgende Voraussetzungen wichtig:
- Klare Planungskriterien
- Formelle und informelle Kommunikationswege und -muster
- Ausreichendes Zeitbudget und entsprechendes Zeitmanagement
- Klare Definition der gegenseitigen Erwartungen der Kooperationspartner
- Gegebenenfalls Moderation oder → Supervision von außen
- Dialogfähigkeit aller Beteiligten
- Demokratisch-partnerschaftliches Zusammenwirken und Aufhebung der Hierarchie bzw. Akzeptanz bestehender Hierarchien
- Arbeitsgemeinschaften oder kontinuierlich zusammenarbeitende Gruppen und – je nach Bedarf – Hinzuziehung von Experten.

Unter diesen Bedingungen können Fachkonferenzen, Teamkonferenzen, aber auch Kinderkonferenzen gelingen. Durch ständige Reflexion und Weiterentwicklung bzw. Neubestimmung der pädagogischen Arbeit läuft sich Kooperation nicht »tot«, sondern wird zu einem unverzichtbaren Arbeitsinstrument, auch in den Kindertageseinrichtungen.

Praktische Beispiele ■ Mehr Kooperationsbereitschaft und Mut, auch ungewöhnliche Kooperationen einzugehen, würde die Kindertagesstättenarbeit um viele Facetten reicher machen und Raum schaffen für Visionen und Innovationen.

Beratungsstellen ■ Die Erzieherin kann nicht Spezialistin für alles sein, insbesondere, wenn es um Probleme der Kinder, starke Auffälligkeiten oder gar Familienprobleme geht. Hier braucht sie Kooperationspartner mit psychologischer oder therapeutischer Qualifikation. Es ist gut, wenn Kooperationsstrukturen bereits vor einem »Fall« aufgebaut worden sind, denn dann kann man leichter aufeinander zugehen, als Erzieherin z.B. zur Vermittlerin zwischen Eltern und Familienberatungsstelle werden.

Kulturelle Einrichtungen ■ Immer noch scheint es für manche kulturelle Einrichtungen in einer Kommune befremdlich, wenn plötzlich der Kindergarten quasi vor der Türe steht. Auch hier gilt es, im Sinne guter Kooperation rechtzeitig entsprechende Strukturen aufzubauen, zu erfragen, wann z.B. das Museum den schwächsten Besucherandrang hat, damit man dann den Besuch mit der Gruppe planen kann.

Seniorenarbeit ■ Wozu kooperieren mit dem Seniorenzentrum (→ Intergenerative Arbeit) oder dem Altenheim, fragt sich so manche Erzieherin. Nur zusätzliche Arbeit! Sozialerziehung als Trockenübung? Besuche und gemeinsame Aktivitäten mit Senioren sind wichtig für die Kinder. Vorher muss jedoch mit den Mitarbeitern der entsprechenden Institutionen abgeklärt sein, in welcher Weise Kooperation, Begegnungen, Besuche stattfinden sollen. Erfahrungen im Alltag zeigen, dass bei allen Beteiligten höchste Zufriedenheit erreicht werden kann, dass allerdings Planung, Zielvereinbarung und Organisation eine wichtige Rolle spielen. Kooperation aus dem »Handgelenk« ist nicht sehr erfolgversprechend.

Kooperation im Team ■

Eine besondere Form der Kooperation ist die → Teamarbeit. Darunter wird in der Kindertageseinrichtung in der Regel die Kooperation aller Mitarbeiterinnen der Einrichtung verstanden. Kommen externe Fachkräfte dazu, spricht man eher von Kooperation oder Vernetzung. Teamarbeit sollte die Normalität in einer Kindertageseinrichtung sein, während Netzwerkarbeit sich aus dem jeweiligen Bedarf der Einrichtung bzw. des Teams ergibt. So sollte Teamarbeit in der Kindertageseinrichtung quasi institutionalisiert sein und alle Kolleginnen und Kollegen stets an der eigenen Teamfähigkeit arbeiten. Das Team muss hinter der gemeinsam erarbeiteten Konzeption einer Einrichtung stehen und einen Konsens hinsichtlich des Erziehungsstils gefunden haben. Dabei sollten die individuellen Stärken und Schwächen der Mitglieder im Rahmen der Kooperation beachtet werden. Herrscht eine stark hierarchische Personalstruktur, hat dies nicht selten negative Auswirkungen auf eine Teambildung oder verhindert diese sogar. Gleiches gilt für Kooperation ganz allgemein.

Hilfreich ist es, wenn die Wirkungen der Kooperation evaluiert werden. Dabei steht die Selbstevaluation gleichberechtigt neben der Fremdevaluation. Die Ergebnisse sind hilfreich für die weitere Planung der pädagogischen Arbeit und können die Erziehungsprozesse z.B. in Kindertageseinrichtungen positiv beeinflussen.

Kooperationsfähigkeit von Kindern ■

Gerade die Kooperation (Mitbestimmung) mit der Kindergruppe wird schnell vernachlässigt: Erzieher werden zu Bestimmern und Kinder zu Weisungsempfängern. Dabei wird Kooperationsfähigkeit schon in frühester Kindheit angelegt. Wie Erwachsene mit Kindern umgehen, beeinflusst deren Bereitschaft zu kooperieren. Ihre Aufgabe ist es, Kindern zu zeigen wie man kooperiert, sich anpasst und Rücksicht nimmt, Konsens herstellt, tragfähige Kompromisse eingeht. Die Vorbildwirkung darf dabei nicht unterschätzt werden, ebenso wie das Wechselspiel zwischen Integrität (Selbst, Identität, Ich), Konflikt und Kooperation. Jesper Juul schreibt: »Wir wissen, dass Kinder kompetent sind, was sich auf folgende Bereiche bezieht:

- Kinder können den Inhalt und die Grenzen ihrer Integrität kennzeichnen
- Kinder sind von Geburt an sozial
- Kinder kooperieren kompetent mit jeglicher Form von Erwachsenenverhalten, unabhängig davon, ob das für ihr eigenes Leben konstruktiv oder destruktiv ist
- Kinder geben den Eltern verbale und nonverbale Rückmeldungen, die gleichzeitig kompetente Hinweise auf emotionale und existenzielle Probleme der Eltern sind.

Wenn Kinder frühzeitig erleben, wie wichtig und erfolgreich Kooperation sein kann, wird das Zusammenwirken und -arbeiten für sie im Alltag zur Selbstverständlichkeit. Kinder können sich in Gemeinsamkeit üben, Teams bilden und selbst entscheiden, wen sie z.B. zu einer Aktivität mit beiziehen wollen: »Wir könnten doch xy fragen, der versteht was davon, der kann mitmachen und dann wird es gelingen.« So bekommen Aktivitäten durch Kooperation neue Impulse (→ Partizipation).

Jeder Mensch übt sich also schon im frühen Lebensalter in Formen der Kooperation. Das Umfeld beeinflusst diese Entwicklung und somit gehört Kooperation zu einer ganzheitlichen Erziehung/Sichtweise in allen Lebensaltersstufen.

Ingeborg Becker-Textor

■ Literaturtipps

Juul, J. (1997). Das kompetente Kind. Reinbek: Rowohlt.

Körpersprache

Körpersprache als nonverbale, analoge Form der → Kommunikation stellt einen bedeutsamen Aspekt der Verständigung zwischen Menschen dar. Über die Körpersprache werden Gefühle und Absichten, → Einstellungen zu anderen Menschen sowie Informationen über die eigene Persönlichkeit mitgeteilt. Das gesprochene Wort wird durch die Körpersprache bedeutungsvoll unterstrichen und ergänzt. Aber auch Widersprüche und Konflikte werden sichtbar, wenn der sprachliche Inhalt nicht mit der Körpersprache übereinstimmt (doppelte Botschaft). Nonverbale Signale haben in der Kommunikation eine stärkere Wirkung als verbale Signale. Dies liegt u.a. am analogen und dadurch sehr direkten Charakter der Körpersprache – für die Zahl »5« werden fünf Finger gezeigt. Die Sprache ist hingegen abstrakter – das Wort »fünf« hat keinen ersichtlichen Zusammenhang mit der Bedeutung von »fünf«.

Bestimmte Formen der Körpersprache folgen biologischen Gesetzen, während andere von Regeln gelenkt werden. Beispielsweise findet man in verschiedensten Kulturen für grundlegende Emotionen wie Trauer, Wut oder Neugier den gleichen Gesichtsausdruck, wenn er nicht willentlich unterdrückt wird, wie das z.B. in Japan Tradition ist. Regelgeleitete Körpersprache wird in hohem Maß durch Kultur und → Sozialisation bestimmt. Kinder aus dem arabischen Raum lernen für viele Situationen die Anwendung von Körperkontakt, etwa Umarmen, Küssen und Berühren, um eine Zustimmung oder Beziehung zu bekräftigen. Englische oder deutsche Kinder lernen es, die Hand zu geben und ansonsten die Distanz zu wahren. Hier gibt es auch im Gespräch einen größeren räumlichen Abstand, den Menschen aus dem arabischen Raum als unhöflich empfinden würden. Eine Ausnahme bildet der Sport. In diesem Bereich sind Berührungen auch in Deutschland und England akzeptiert.

Auch die Schichtzugehörigkeit (→ Soziale Schicht) beeinflusst den Einsatz von Körpersprache. So lernen z.B. Kinder aus unterprivilegierten Schichten eher, → Aggressionen körperlich auszudrücken, während Kinder aus der Mittel- oder Oberschicht dazu angehalten werden, diese körperliche Aggression zu unterdrücken und andere, insbesondere sprachliche Wege der Auseinandersetzung zu beschreiten.

Signale des Körpers ■

Körpersprache ist immer mehrdeutig und muss interpretiert werden. Dabei ist vor simplen Interpretationshilfen zu warnen. Verschränkte Arme vor der Brust können, müssen aber nicht Abwehr oder Verschlossenheit bedeuten. Die Interpretation von nonverbalen Signalen muss immer vor dem Hintergrund der Kultur, der Situation und dem Beobachter erfolgen. Der oder die Beobachtende verfügt über eine bestimmte Vorerfahrung und Wahrnehmungsfähigkeit, bezieht die Umstände der jeweiligen Situation mit ein und wird dabei von den derzeitigen Wertvorstellungen der Gesellschaft beeinflusst. So führt z.B. das Schlankheitsideal dazu, dickere Menschen als schlaff, undynamisch und bequem wahrzunehmen.

Körpersprache ist nicht so leicht zu kontrollieren wie verbale Äußerungen und wird im allgemeinen für echt gehalten. Manche Signale, wie Pupillengröße oder Schwitzen, sind nur dadurch in den Griff zu bekommen, dass der eigene Gefühlszustand verändert wird, was viel schwieriger ist, als nur ein äußeres Signal wie Haltung oder Bewegung zu verändern.

Beim Menschen lassen sich vielfältige Körpersignale beobachten: Mimik, Gesten und Körperbewegungen, Körperhaltung, Körperbau, räumliches Verhalten sowie Kleidung, Schmuck und andere Aspekte der äußeren Erscheinung. Auch die Variationen des Tonfalls sind wichtige nonverbale Signale.

Mimik ■

Das Gesicht kann durch seine hohe Ausdruckskraft besonders gut Informationen senden und wird daher am meisten beachtet. Die Augen spielen dabei eine besonders wichtige Rolle. Die Muskelgruppen um die Augen und um den Mund bewegen dabei die Augenbrauen und Mundwinkel in typischer Weise. Hochgezogene Augenbrauen haben offene Augen zur Folge und signalisieren je nach ergänzenden Signalen eher Erstaunen, Erschrecken oder Neugier, nicht jedoch Wut oder Aggression. Beim Ausdruck von Wut sind die Augenbrauen nach unten gezogen. Die Augen verengen sich und zwischen ihnen entsteht eine Zornesfalte. Freude und angenehme Empfindungen gehen mit leicht angehobenen Mundwinkeln einher, während Groll und Missempfinden sich in herunter gezogenen Mundwinkeln zeigen.

Interessanterweise können Menschen nicht falsch lächeln, da der Augenmuskelring nicht willkürlich bewegt werden kann, sondern nur, wenn eine echte »bewegende« Gemütsregung aus dem Limbischen System kommt. Die Richtung des Blickes und die Länge und Häufigkeit des Augenkontaktes sind ebenfalls wichtige Merkmale der Körpersprache.

Gesten und Körperbewegungen ■ Die Hände und in einem geringerem Maß auch der Kopf und andere Körperregionen kommunizieren über eher feinmotorische Gesten und grobmotorische Bewegungen. Sie ermöglichen verschiedene Formen der Zeichensprache. Beispiel dafür ist die Geheimsprache von Schulkindern, die Buchstaben mit den Fingern darstellen oder auch die Taubstummensprache. In menschlichen Gesellschaften gibt es große Unterschiede in der Gestensprache, denn sie basiert auf der Entwicklung von Zeichen mit jeweils vereinbarten Bedeutungen. So bedeutet z.B. in Griechenland ein Schütteln des Kopfes »Ja« und ein Nicken »Nein«.

Körperhaltung ■ Auch die Haltung des Körpers bringt Einstellungen und Gefühle zum Ausdruck. Eine entspannte, legere, nach hinten gelehnte Haltung vermittelt etwas ganz anderes über eine Person als eine steife und verkrampfte Haltung. Bei einem Menschen in depressiver Stimmung hängen die Schultern nach unten und der Kopf schaut eher auf die Erde statt nach vorn oder nach oben. Für bestimmte Situationen gibt es innerhalb einer Kultur anerkannte Körperhaltungen. Es gibt korrekte Haltungen beim Essen oder im Unterricht. Ein Nichtbefolgen dieser Regeln hat u.U. starke Missbilligung zur Folge. Es ist beispielsweise kaum vorstellbar, in der Schule zurückgelehnt auf dem Stuhl »kippelnd« zu sitzen und die Füße auf den Tisch zu legen. Zu rituellen Veranstaltungen wie einem Gottesdienst gehören bestimmte Körperhaltungen, etwa das gebeugte Haupt oder eine kniende Stellung.

Räumliches Verhalten ■ Beim räumlichen Verhalten gibt es drei wesentliche Aspekte: Nähe, Orientierung und Territorialverhalten, die Bewegungen innerhalb einer räumlichen Anordnung. Die Nähe beschreibt den Abstand zwischen Menschen in der Kommunikation. Für Nordamerika und auch Europa kann man von folgenden vier Raumzonen ausgehen:

- Intime Zone bis 50 cm für intime Begegnungen, im angelsächsischen »bubble« (Blase) genannt – es ist möglich, sich zu riechen, zu berühren, die Wärme des anderen zu fühlen und zu flüstern
- Persönliche Zone von 50 cm bis 120 cm bei nahen Beziehungen – man kann den anderen noch berühren und ihn deutlich sehen
- Sozial-beratende Zone in 1,2 bis 2,5 m Abstand bei eher unpersönlichen Beziehungen, in beruflichen Kontexten – eine lautere Stimme ist erforderlich, um sich auszutauschen, ein Überblicken der gesamten Situation ist möglich
- Öffentliche Zone bei 2,5 m und mehr kommt bei öffentlichen Anlässen zum Tragen.

Mit Orientierung des Körpers ist der Winkel gemeint, in dem jemand einem anderen gegenübersteht oder sitzt. Auch dieses Merkmal beeinflusst die Kommunikation. Wenn zwei Familienmitglieder bei Tisch immer wieder streiten und sich dabei frontal gegenüber sitzen, kann es ratsam sein, die Sitzordnung so zu ändern, dass sie über Eck und nicht mehr in der direkten »Schusslinie« sitzen.

Das Territorialverhalten und Bewegungen innerhalb einer räumlichen Anordnung sind wichtige Aspekte der Körpersprache. In das Territorium einer anderen Person einzutreten, ist eine besondere Art von sozialer Handlung. Ein Territorium wird errichtet, indem man Markierungen hinterlässt, z.B. eine Jacke auf einem Stuhl oder Steine als Begrenzung einer Sandburg am Strand. Wenn ein fremdes Kind sich uneingeladen mit in die Sandburg setzt, hat das wahrscheinlich einen massiven Konflikt zur Folge.

Äußere Erscheinung ■ Kleidung, Abzeichen und Schmuck stehen gänzlich unter der Kontrolle dessen, der sie trägt, Körperbau, Haar und Haut jedoch nur teilweise. Über die äußere Erscheinung wird in besonderem Maße die Gruppenzugehörigkeit deutlich gemacht und über die eigene → Persönlichkeit informiert. Beispiele hierfür sind: modische Kleidung, die Schuluniform in England, Ehe- und Verlobungsringe, Schwimmabzeichen, Markenschuhe, eine bestimmte Frisur, der muskelbepackte Körper eines Bodybuilders usw. Die Erscheinungsweise spielt eine wichtige Rolle dabei, wenn man ein Selbstbild entwickeln und aufrechterhalten will.

Tonfall ■ Zum einen bringt der Tonfall Gefühle und Einstellungen zu anderen Menschen zum Ausdruck. Die Stimmbeschaffenheit und der Akzent teilen uns etwas über die Persönlichkeit und über Gruppenzugehörigkeiten mit. Zum anderen gibt es Merkmale des Tonfalls, die näher mit verbaler Sprache verbunden sind. Sie ergänzen die Bedeutung des Sprechens durch Stimmhöhe, Betonung, Sprachrhythmus und Tempo und kommentieren dadurch die sprachlichen Inhalte (Volksmund: Der Ton macht die Musik). Witzige oder ironische Äußerungen werden beispielsweise oft nicht über den Inhalt, sondern nur über den Tonfall als solche wahrnehmbar.

Simone Pfeffer/Raimund Pousset

■ **Literaturtipps**

Argyle, M. (1996). Körpersprache und Kommunikation. Paderborn: Junfermann-Verlag.
Molcho, S. u.a. (1988). Körpersprache als Dialog. Ganzheitliche Kommunikation in Beruf und Alltag. München: Mosaik Verlag.

Kreativität

Kreativität ist die Bezeichnung für ein außerhalb gewöhnlicher Bahnen liegendes Erkennen von Problemen und das Finden neuer und origineller Lösungen. »Wir verstehen unter Kreativität jene Fähigkeiten, Kräfte und Begabungen, die wir mit komplexen und teilweise wenig exakten Begriffen, wie Intuition, Imagination, Inspiration, Einfallsreichtum, Erfindungsgabe, Originalität oder als produktives Denken, Problem lösen und

schöpferische Fantasie zu fassen suchen.« (Heinelt: Kreative Lehrer – kreative Schüler, 1971) Kreativität bezieht sich nicht nur auf den musischen und ästhetischen Bereich, sondern ebenso auf das Kognitive, im Sinne von produktivem → Denken. Es geht um die Fähigkeit, neue Gedanken zu erzeugen, sie untereinander zu verbinden und voneinander zu lösen. Im Vorbewusstsein gespeicherte und bewusst verarbeitete Informationsdaten werden neu kombiniert und sortiert, wobei der Innovationswert eine große Rolle spielt. Kreativität hat darüber hinaus mit Neugierde zu tun. Wer neugierig ist, geht anders an eine Sache oder ein Problem heran und gelangt über das Ausprobieren zum Gestalten und somit zum produktiven Tun, im geistigen wie im praktischen Sinn.

Kreatives Denken ist charakteristisch für das divergente Denken, das vom gewohnten Denken abweicht und zu neuartiger Erkenntnis führt. Dabei wird vom eigentlichen Thema auch einmal abgeschweift, werden neue Ideen und Gedanken untersucht, Unterschiede entdeckt und Variationsmöglichkeiten erprobt. Dem gegenüber steht das konvergente Denken, bei dem Probleme durch die Übernahme und Anwendung, allenfalls Ausdehnung bereits vorhandenen Wissens gelöst werden.

Merkmale ■ Kreativität zeigt sich bei jedem Menschen anders, je nach Alter, Umweltgegebenheiten, Erfahrungen usw. Die folgenden Merkmale sind jedoch immer wieder erkennbar:

- Problemsensitivität: Fähigkeit, Probleme zu erkennen, gefühlsmäßig zu erfassen und Verständnis für die Situation zu entwickeln
- Flexibilität: Fähigkeit, sich auf neue Situationen einzustellen, loslassen können, Aufgeschlossenheit für Experimente
- Originalität: Ideen und Gedanken weichen von der Norm ab, sind einmalig und außergewöhnlich, durch die innere Freiheit werden bestimmte Zwänge aufgehoben
- Sensibilität: Aufgeschlossenheit und Gespür für Veränderungen in der Umwelt,

ausgeprägte und differenzierte Wahrnehmungsfähigkeit

- Assoziationsfähigkeit: Verbindungen zwischen momentanen Beobachtungen und früheren Erlebnissen können hergestellt werden, Gedanken können bis ins Utopische reichen, verrückteste Kombinationen sind möglich
- Fantasie: steht in engem Zusammenhang mit der Assoziationsfähigkeit, alle Gedanken sind zulässig, unabhängig von einer eventuellen Realisierungsmöglichkeit, auch fantasievolle Träume sind möglich
- Humor: eine Form des Optimismus; Fähigkeit, bestimmte Vorkommnisse nicht zu wichtig zu nehmen, sie mit Abstand und der inneren Freiheit nach dem Motto »Morgen sieht alles schon anders aus« zu betrachten
- Konflikttoleranz: emotionale Reaktionen treten zu Gunsten der Toleranz gegenüber anderen zurück, Aufarbeitung von Konflikten, statt Abblockung
- Ambiguitätstoleranz: die Kompetenz, handlungsfähig zu bleiben, wenn zwischen gleichrangigen Werten entschieden werden muss (»zwei Dinge unter einen Hut bringen«)
- Fähigkeit zu Analyse und Synthese: keine unreflektierte Akzeptanz oder Hinnahme, stattdessen wird untersucht, experimentiert, analysiert
- Flüssigkeit im verbalen Ausdruck: in kürzester Zeit können viele Ideen hervorgebracht werden
- Elaboration: Fähigkeit zur Auseinandersetzung mit einem Problem, differenzierte und intensive Bearbeitung.

Bedeutung ■ Kreative Kinder fordern uns mit ihren Fragen heraus, wollen alles genau wissen, wollen experimentieren, sind Forscher. Für viele Pädagogen und Eltern sind sie unbequem oder gar Störenfriede. Auch im Kindergarten oder in der Schule wird die Förderung der Kreativität oft vernachlässigt. Dies widerspricht jedoch gänzlich den Anforderungen unserer Gesellschaft: Kreativität gilt heute als Schlüsselqualifikation in den Bereichen Bildung, Beruf oder in der Wirtschaft. Die Komplexität unseres Lebens und unserer Berufswelt fordert Kreativität als »Überlebensstrategie«. Sie ist darüber hinaus bedeutend für die emotionale Erziehung und den Aufbau von Werthaltungen.

Bedingungen für Kreativität ■ Kreativität braucht eine herausfordernde Umwelt, die Ideen zulässt und Lösungswege nicht vorschreibt. Sie entsteht aus der Interaktion von drei Elementen: »einer *Kultur*, die symbolische Regeln umfasst, einer *Einzelperson*, die etwas Neues in diese symbolische Domäne einbringt, und einem Feld von *Experten*, die diese Innovation anerkennen und betätigen. Alle drei Elemente sind notwendig, damit es zu einer kreativen Idee, Arbeit oder Entdeckung kommen kann« (M. Czikszentmihalyi).

Die Entwicklung von Kreativität hängt also stark von der Umgebung und dem Umfeld ab, in dem das Kind lebt, spielt, erlebt, erfährt, lernt. In der → Montessoripädagogik wird hierzu die sogenannte vorbereitete Umgebung geschaffen, in der das Kind sein kreatives Potenzial entfalten kann. Eine kreativitätsfördernde Umwelt entsteht, wenn man die folgenden Aspekte berücksichtigt:

- Unterstützung des Kindes, Abbau potenzieller Hemmungen
- Förderung der Risikobereitschaft
- Beachtung des Prinzips Freiheit: Freiheit gewährleisten in der Auswahl des Raumes, des Materials, technischer Hilfsmittel, der Aktivitäten, der Spielpartner
- Einschränkung von Ge- und Verboten
- Bereitstellen von vielfältigem Material, unfertigem »Roh-Material« und Handwerkszeug, das kindgemäß ist und keine verkleinerte Erwachsenenwelt spiegelt
- Zulassen, dass Materialien, zweckentfremdet werden
- Keine einseitige Sichtweise auf → Malen, → Werken – stattdessen Möglichkeit des schöpferischen Tuns in allen Bildungsbereichen.

Eine kreativitätshemmende Umwelt entsteht bei:

- Eingeschränktem, nur zweckmäßig gebundenen Materialangebot

- Verboten, Überängstlichkeit
- Mangelndem Vertrauen in die kreativen Kräfte des Kindes
- Freiheitsbeschränkung beim Tun, bei Experimenten
- Spott; wenn man sich lustig macht über das Verhalten oder die Arbeitsergebnisse des Kindes
- Spielangeboten nur nach Vorgaben, ohne Entfaltungsmöglichkeit
- Zu großen oder überzogenen Erwartungen
- Zulassen nur eines Lösungsweges
- Zu wenig sprachlichem Austausch
- Autoritären Erziehungszielen und -stilen.

Praxis ■ Die kindliche Kreativitätsentwicklung kann durch folgende Maßnahmen unterstützt werden:
- Eltern werden im Rahmen der → Elternarbeit über kreative Prozesse informiert und damit zu Unterstützern der kindlichen Kreativitätsentwicklung (Beispiel: Sinnesschulung statt Vorschulmappen)
- Freies Gestalten mit Papier und Farben, mit wenig vorstrukturierten Bastelmaterialien
- Freies → Spiel, z.B. mit einfachen Holzbausteinen, die dem Kind Interpretationsmöglichkeiten lassen
- Modelle kreativer Erwachsener als Möglichkeit zum Lernen am Modell (→ Lernen)
- Elementarisierung von Inhalten (= die grundlegenden Tatsachen und Zusammenhänge), damit das Kind sich mit allen Begebenheiten, Zusammenhängen, naturwissenschaftlichen Sachverhalten usw. (→ Natur- und Sachbegegnung) auseinander setzen kann.

Ingeborg Becker-Textor

■ **Literaturtipps**

Becker-Textor, I. (1988). Kreativität im Kindergarten. Freiburg: Herder.
Czikszentmihalyi, M. (2001). Kreativität. Stuttgart: Klett-Cotta.
Juul, J. (1997). Das kompetente Kind. Reinbek: Rowohlt.

Krippe

Kinderkrippen sind sozialpädagogische Institutionen der Kindertagesbetreuung (Kindertagesstätten), die einen familienergänzenden Charakter haben. In ihnen werden Kinder unter drei Jahren (in der Regel frühestens ab einem Alter von acht Wochen) pädagogisch betreut, wobei die Betreuung über mehrere Stunden oder häufig über den ganzen Tag erfolgt. In den meisten Fällen werden Kinder aufgenommen, deren Eltern oder → alleinerziehende Elternteile aufgrund außerhäuslicher Tätigkeit (Berufstätigkeit, Studium usw.) nicht in der Lage sind, die Betreuung ihres Kindes selbst sicherzustellen und wenn → Tagesmütter nicht zur Verfügung stehen. Kinderkrippen haben daher den Ruf, Einrichtungen für soziale Notsituationen zu sein.

Historische Entwicklung ■ Die Betreuung der Kinder gehörte zu den ureigensten Aufgaben einer → Familie. In der Vergangenheit lebten die Familien meist in großen Verbänden (Großfamilien) zusammen, so dass diese Aufgabe auch ohne größere organisatorische Schwierigkeiten erfüllt werden konnte. Mit Beginn der Industrialisierung Anfang des 19. Jahrhunderts zogen viele Familien in die großstädtischen Industriezentren, da die handwerkliche Produktion in die dortigen Fabriken verlagert wurde. Um die unzureichenden wirtschaftlichen Verhältnisse zu verbessern (die Löhne der Arbeiter waren meist sehr gering), mussten oft beide Elternteile – teilweise sogar ältere Kinder – zur Sicherung des Lebensunterhaltes einer außerhäuslichen Erwerbstätigkeit nachgehen, was zur Folge hatte, dass Kleinkinder und Säuglinge tagsüber meist für viele Stunden sich selbst überlassen waren. Um Gefahren auszuschließen, wurden diese Kinder nicht selten mit Alkohol oder Schlafmitteln ruhig gestellt. Eine hohe Zahl von Kindern erlitt Unfälle, verwahrloste seelisch oder starb schon im frühen Säuglingsalter. Um dem entgegenzuwirken, wurden in vielen europäischen Ländern erste Betreuungseinrichtungen gegründet, die als Kinderbewahranstalt, Warteschule oder Kleinkinderpflegeanstalt bezeichnet worden sind. Ziel dieser Einrichtungen war die Versorgung, die Pflege und die Beaufsichtigung von Kindern, um sie vor drohenden Gefahren zu schützen.

Die erste Kinderkrippe im eigentlichen Sinn gründete Firmin Marbeau (1798–1875) im Jahre 1844 in Paris. Bevor 1855 in Deutschland (Dresden) die erste Kinderkrippe eröffnet wurde, hatten Fürstin Pauline zu Lippe-Detmold (1769–1820) und Friedrich Wadzeck (1762–1823) Bewahranstalten eingerichtet, in denen neben Krippenkindern auch ältere Kinder betreut wurden.

Die sich nur langsam entwickelnde Ausweitung von Betreuungseinrichtungen für Kleinkinder – die sich bis zur Mitte des 20. Jahrhunderts fortsetzte – kann u.a. darauf zurückgeführt werden, dass es viele Kritiker der Krippenerziehung gab. Man äußerte sowohl gesundheitliche (Ansteckungsgefahren) als auch moralische Bedenken (Schwächung des Gefühls elterlicher Verantwortung, Leichtsinn hinsichtlich nichtehelicher Geburten) gegen die Einrichtung. Die 1945/46 von René Spitz (1887–1974) und 1951 von John Bowlby (1907–1990) veröffentlichten Untersuchungen zur Hospitalismus- und Deprivationsforschung trugen ebenfalls zu dem schleppenden Ausbau der institutionellen Krippenerziehung. bei.

Erst in den 70er Jahren des vergangenen Jahrhunderts erfolgte aufgrund gesellschaftlicher Veränderungen – die Zahl der Alleinerziehenden stieg an und es kam zu einem veränderten Rollendenken – eine geringfügige Erweiterung des Krippenangebotes in der BRD. Anders stellte sich die Situation in der ehemaligen DDR dar, in der das Angebot an Krippenplätzen deutlich höher war. Die von staatlicher Seite aus gewünschte und geförderte Berufstätigkeit von Frauen machte dort ein breites Betreuungsangebot notwendig. So gab es neben den herkömmlichen Kinderkrippen in denen die Kinder tagsüber betreut wurden, auch die Möglichkeit der Betreuung von Schichtarbeiterkindern in Wochenkrippen und für in der Landwirtschaftlichen Produktionsgenossenschaft Tätige während der Erntezeit sogar darüber hinaus in Saisonkrippen. Die Versorgung mit Krippenplätzen lag nach dem Fünften Familienbericht 1989 in der ehemaligen DDR bei 56,4 %, die in der alten BRD im Jahre 1990 bei 2,7 %.

Pädagogische Entwicklung ■ Historisch betrachtet lag der Schwerpunkt der Krippenerziehung nicht in der pädagogischen Arbeit, sondern vor allem in der Pflege und Beaufsichtigung der Kinder, was zur Folge hatte, dass dort überwiegend pflegerisch ausgebildete Fachkräfte (Kinderkrankenschwestern, Kinderpflegerinnen) beschäftigt waren. Erst in der zweiten Hälfte des zwanzigsten Jahrhunderts kam es zu einem Umdenken. In den 1970er Jahren gab es erste Bestrebungen, die Kinderkrippen als sozialpädagogische Einrichtungen zu definieren und Untersuchungen aus den USA führten zu einer veränderten Sichtweise der Krippenerziehung. Die personelle Ausstattung der Einrichtungen erfuhr einen Wandel – es wurden zunehmend mehr pädagogische Fachkräfte eingestellt – und inhaltlich erfolgte eine Orientierung an der Elementarpädagogik. Der im → Kindergarten erprobte → Situationsansatz bildete vielerorts die Grundlage für konzeptionelle Umstrukturierungen. Das 1973 vom Bundesfamilienministerium initiierte »Tagesmüttermodell«, in dessen Ergebnis deutlich wurde, dass Tagesmutterbetreuung und Krippenerziehung nicht miteinander konkurrieren, trug ebenfalls zu diesen Veränderungen bei. Insgesamt kann allerdings festgestellt werden, dass es bei den meisten Überlegungen zur Arbeit in Kinderkrippen um die dortigen Rahmenbedingungen (Personal, Gruppenzusammensetzung, Räumlichkeiten, Zusammenarbeit mit den Eltern) ging, während man sich pädagogisch an die Entwicklungen im Kindergartenbereich anlehnte, d.h. keine krippentypischen pädagogischen Konzepte entwickelte und erprobte.

In jüngster Zeit orientieren sich mehr und mehr Kinderkrippen an dem Ansatz der ungarischen Kinderärztin Emmi Pikler (1902–1984), die 1946 in Budapest das Emmi-Pikler-Institut (Lóczy) gründete. Nach einer Untersuchung der Ungarischen Akademie der Wissenschaften zeigten Kinder, die dieses Säuglingsheim besucht hatten, nicht die sonst für Heimkinder typischen Hospitalismusmerkmale. Dieses Ergebnis, das 1972 durch die Weltgesundheitsorganisation (WHO) bestätigt worden ist, widersprach den Erkenntnissen von Bowlby und Spitz. Pikler ging davon aus, dass die Pflege des Säuglings bereits einen hohen Anteil pädagogischer Elemente enthält, woraus sie die Forderung nach einer entsprechenden Gestaltung der Pflegesituationen erhob. Während des Wickelns und des Fütterns erlebt das Kind ein Ritual, das bis ins kleinste Detail in seinem Ablauf festgelegt ist und ohne jede Hektik oder Eile abläuft. Das Kind, das ein hohes Maß an → Kommunikation erfährt (jede Handlung wird dem Kind verbal angekündigt), erlebt sich während der gesamten Zeit im Mittelpunkt. Ihm wird durch einen klar strukturierten Tagesablauf und die Konstanz in der Betreuungsperson ein hohes Maß an Sicherheit vermittelt. Auffällig in Einrichtungen, die nach diesem Ansatz arbeiten, ist auch die Raumsituation. Nach dem Grundsatz der vorbereiteten Umgebung ist der Raum so gestaltet, dass sich das Kind nach seinem eigenen Rhythmus, ohne Anleitung und Eingreifen der Erwachsenen, entwickeln kann. Es macht durch Podeste, Leitern und Stufen Erfahrungen und gewinnt Sicherheit, da es Möglichkeiten zum Experimentieren erhält. Die Erzieherinnen verhalten sich eher passiv, d.h. sie geben dem Kind keine direkte Hilfe und spornen es nicht an, bestimmte Bewegungen zu unternehmen. Sie begleiten das Kind auf seinem selbst gewählten Weg der Entwicklung.

Von besonderer Bedeutung in der Krippenerziehung ist die Eingewöhnung des Kindes. Hier gibt es ein bundesweit anerkanntes Modell – das Berliner Eingewöhnungsmodell –, nach dem die ersten Tage in der Kinderkrippe gestaltet werden sollten. Die Vorgehensweise ist in fünf Phasen unterteilt, deren Schwerpunkte wie folgt festgelegt sind:

- Rechtzeitige Information der Eltern
- Begleitung des Kindes durch die Eltern in einer dreitägigen Grundphase
- Erste Trennungsversuche (ca. 30 Minuten)
- Die Erzieherin betreut bei langsam nachlassender Anwesenheit der Eltern das Kind zunehmend allein
- Die Eltern ziehen sich zurück, sind aber noch jederzeit erreichbar

Rahmenbedingungen ■ Die Rahmenbedingungen (personelle Besetzung, Gruppengröße usw.) für die Krippenerziehung sind nicht bundeseinheitlich festgelegt, sondern werden, resultierend aus dem im → Kinder- und Jugendhilfegesetz (KJHG) formulierten Landesrechtsvorbehalt, länderintern geregelt. Seit geraumer Zeit gehen immer mehr Einrichtungen der Kindertagesbetreuung dazu über, die Altersstruktur ihrer Klientel zu erweitern. So werden beispielsweise in vielen Kindergärten Kinder unter drei Jahren und/oder Schulkinder aufgenommen, d.h. Krippenkinder werden mit Kindern anderer Altersgruppen (Kindergartenkinder, Hortkinder) in alterserweiterten Gruppen (auch Familiengruppen oder → altersgemischte Gruppen genannt) betreut (Konzept des »Hauses für Kinder«). Aufgrund des knappen Angebotes an Krippenplätzen wird die Fortsetzung dieser Entwicklung, insbesondere für den ländlichen Bereich, in dem es fast keine Kinderkrippen oder vergleichbare Einrichtungen gibt, zu einer Bereicherung des pädagogischen Angebotes für Familien führen.

Manfred Vogelsberger

■ Literaturtipps

Laewen, H.-J./Andres, B./Hédervári, É. (2003). Die ersten Tage – ein Modell zur Eingewöhnung in Krippe und Tagespflege (4. Aufl.). Weinheim/Berlin/Basel: Beltz.

Pikler, E. (2001). Laßt mir Zeit. Die selbständige Bewegungsentwicklung des Kindes bis zum freien Gehen (3. Aufl.). München: Pflaum.

Reyer, J./Kleine, H. (1997). Die Kinderkrippe in Deutschland. Sozialgeschichte einer umstrittenen Einrichtung. Freiburg: Lambertus.

■ Kontakt

Pikler-Hengstenberg-Gesellschaft Österreich
   c/o Mag. Daniela Pichler-Bogner
   Novaragasse 38A/13
   A – 1020 Wien
   Tel./Fax: 0043/1/9423611

Lebensbezogener Ansatz

Bildung und Erziehung, orientiert am obersten Wert des Lebens der Menschheit und eines jeden einzelnen Kindes, das ist der zentrale Gedanke des Lebensbezogenen Ansatzes. Von daher hat er seinen Namen. Nicht die einzelne Situation, oft auch noch problematisch und prekär, oder ein losgelöster Schwerpunkt, sondern das erfreuliche Phänomen des qualitätsvollen und gelingenden Lebens gibt den Ausschlag für alle Entscheidungen in diesem umfassenden Bildungsansatz für den → Kindergarten.

Der Lebensbezogene Ansatz wurde als ausgearbeitete → Didaktik Anfang der 1990er Jahre begründet und in mehreren Modellprojekten erfolgreich erprobt und evaluiert. Anlass zu seiner Begründung war die Erkenntnis der Unzulänglichkeit der vorhandenen Ansätze und Kindergartenkonzepte im Hinblick auf eine fundierte Bildung der Drei- bis Sechsjährigen.

Zum Begriff ■ Das Leben und → Lernen der Kinder stehen im Mittelpunkt. Dabei geht es zunächst um originäres Er-leben in der Wirklichkeit – verbunden mit Unmittelbarkeit, Sinnlichkeit, Ganzheitlichkeit, Echtheit, Freude und Natürlichkeit. Darüber hinaus gehört dazu, Gemeinschaft zu erleben, gemeinsam mit Kindern mit Behinderung zu leben (→ Integrative Erziehung), vergangenes Leben, Geschichte und Tradition mit einzubeziehen, Überleben und Weiterleben zu bedenken und immer wieder den Bezug zum realen Leben herzustellen. Auch → Schule als wichtiger Abschnitt des Lebens und die Vorbereitung darauf als erfreulicher Zukunftsaspekt ist Bestandteil des Ansatzes. Es handelt sich um eine → Pädagogik für das Leben, aus dem Leben und am Leben entlang, eine Pädagogik mit eigenständigen Zielen, Inhalten und Methoden, bei der das gelingende Leben von Kindern und aller Menschen ausreichend gesehen und wertgeschätzt wird.

Das Bild des Kindes ■ Das Kind wird als Person und Persönlichkeit mit seinen → Bedürfnissen gesehen. Diesen gemäß braucht das Kind menschliche Zuwendung (pädagogisches Verhältnis), soziale Einbindung, → Bildung, → Erziehung, Anerkennung, Bewegung (auch selber etwas bewegen können), Raum und Zeit, Essen, Trinken, Wärme und gute Luft.

Bei allen pädagogischen Überlegungen ist von diesen Bedürfnissen auszugehen. Die wichtigste Frage lautet dabei immer: Was braucht *dieses jeweilige* Kind für (s)ein gelingendes Leben. Das Kind hat viele Potenziale, ist aber vor allem erziehungs- und bildungsbedürftig, d.h. wir dürfen es nicht sich selbst überlassen, sondern müssen ihm strukturierte und geplante Bildungsangebote machen – bei einem partnerschaftlichen und vor allem liebevollen, kindbezogenen Erzieherverhalten. Das Prinzip hierbei lautet: »Ich verhalte mich immer so, wie ich wünsche, dass man sich mir gegenüber verhält.«

Werte und pädagogische Ziele ■ Der Lebensbezogene Ansatz schließt eine planungsfreundliche Didaktik mit ein (Tages-, Wochen-, Monats- und gegebenenfalls Jahresplanung). Die pädagogischen Ziele einerseits sowie die realen Gegebenheiten der Kinder andererseits sind dabei ausschlaggebend. Erziehungs- und Bildungsziele sowie die ihnen zugrunde liegenden Werte führen bei den Kindern u.a. zu folgenden Orientierungen: Weltbürgerlichkeit (»Erde und Welt gehören allen«), Friedensfähigkeit (erfreuliche Beziehungen und Versöhntsein gegenüber anderen), Natur und Umwelt (schätzen und schützen) (→ Ökologische Erziehung), Erleben in der Wirklichkeit (keine übertriebene Mediatisierung), Sicht des Ganzen.

Die Erzieherin orientiert sich in ihrer Planung und ihren Entscheidungen an diesen → Werten und pädagogischen Zielen, aber auch an konkreten Fähigkeiten und Fertigkeiten des täglichen Lebens, z.B. → Schulfähigkeit.

Umsetzung in der Praxis ■ Formen des Lebens und Lernens in diesem Ansatz sind: (a) das Aktivitätsangebot (z.B. Lied, Geschichte, Bilderbuch, didaktisches Spiel), (b) die Projektmethode (z.B. drei Wochen an dem Thema aus dem Naturbereich »Wir legen ein Kräutergärtchen an« arbeiten) und (c) das Freispiel. Im Freispiel erlebt und lernt das Kind u.a. selber zu entscheiden, allein oder gemeinsam etwas zu tun und hervorzubringen. Bei der Projektmethode entwickeln die Kinder u.a. ihre kreativen Fähigkeiten (→ Projektarbeit). Im Aktivitätsangebot, z.B. bei der Präsentation eines Bilderbuches oder bei der Einführung eines Liedes, hat die pädagogische Fachkraft eine stärker führende und vermittelnde, eine didaktische (didaskein, griech. = lehren) Aufgabe.

Die didaktische Rolle der Erzieherin ■ In der Lebensbezogenen Pädagogik werden möglichst alle Bildungsbereiche des Kindes beachtet. Eine wichtige Rolle spielen dabei die Fachdidaktiken Musik (→ Musikpädagogik), Kunst (→ Ästhetische Bildung), Sprache (→ Literacy), Bewegung (→ Bewegungserziehung), Religion (→ Religiöse Erziehung) und Philosophie (→ Philosophieren), Biologie, Chemie, Physik (→ Naturwissenschaftliche Bildung), Mathematik. Die Erzieherin lehrt ihre Kinder nicht diese Fächer, allerdings schöpft sie mit aus diesen Fächern die lebensbezogenen Inhalte und Themen der Bildung der ihr anvertrauten Kinder. Dazu braucht sie einen interdisziplinären und ganzheitlichen Blick. Sie selber beherrscht Fächer, die Bildungsangebote jedoch rühren aus dem Leben und sind insofern lebensbezogen, z.B. im Hinblick auf Themen und Inhalte wie Ostern, Wasser oder Bauernhof.

Die Bildung betrifft alle Dimensionen der Kinder: ihr Wissen, ihr Können (Fähigkeiten, Fertigkeiten), ihre Orientierung. Im Lebensbezogenen Ansatz wird u.a. großer Wert auf Wissensvermittlung gelegt, auch im naturwissenschaftlichen und mathematischen Bereich; denn diese Bereiche gehören ebenso zum Leben.

Die pädagogische Fachkraft ist Expertin für Bildungsentscheidungen, weil sie die Inhalte und Themen selbstverantwortlich auswählt oder einen → Bildungsplan, insofern vorhanden, professionell interpretiert. Die Erzieherin ist gelernte Früh- und Elementarpädagogin. Die Themen und Inhalte können sich auch hin und wieder aus situativen Ereignissen ergeben. Das ist jedoch die Ausnahme. Handlungsleitend ist in erster Linie die Orientierung an und die Entscheidung nach einleuchtenden → Werten und Zielen.

Entscheidungshilfen für die Themenauswahl ■ Die Auswahl der Bildungsthemen und Inhalte soll, abgesehen von grundlegenden pädagogischen Zielen, z.B. Toleranz, Gerechtigkeit usw., nach den folgenden Fragen geschehen: Welche Bedeutung hat das Thema für den Sinn des Lebens der Kinder und ihre Lebensperspektive? Welche Zukunftsbedeutung hat es für die Kinder? Was ist seine gesellschaftliche Relevanz? Hat das Thema einen Bezug zum Profil der Einrichtung? Ist es ohne zu große Schwierigkeiten umsetzbar? Welche exemplarische Bedeutsamkeit kann das Thema haben (z.B. stellvertretend für andere Themen und Inhalte)?

Zusammenarbeit und Vernetzung ■ Bei aller Erziehung und Bildung, insbesondere jedoch in der frühen Kindheit, müssen wir das pädagogische Handeln vernetzt sehen und durchführen, z.B. durch die Zusammenarbeit mit den Eltern (→ Elternarbeit), die → Kooperation mit der Schule und die Integration in das Gemeinwesen. Nur dann kann sich eine sinnvolle Entwicklung und → Sozialisation des Kindes ereignen, aber auch nur dann können Kindergarten, Krippe oder Hort ihrer umfassenden Aufgabe im Hinblick auf das Leben der Kinder gerecht werden.

Zur wissenschaftlichen Basis des Lebensbezogenen Ansatzes ■ Als wissenschaftliche Basis liegt dem Lebensbezogenen Ansatz der Partial-Holismus zugrunde. Das bedeutet, dass bei jeder Betrachtung von pädagogischen Gegebenheiten immer der Teil (latein.: pars) und das Ganze (griech.: holon), das Einzelne und sein logisches Ganzes, zu berücksichtigen sind. Die Grundfrage dabei lautet: Von welchen bedeutsamen Elementen des Ganzen wird dieses Einzelne tangiert, z.B. das einzelne Kind in seiner Gruppe, die Gruppe im gesamten Kindergarten, der Kindergarten in der Gemeinde, die Gemeinde in der Region? Aber auch die praktische Bildung muss partial-holistisch geprägt sein: Wenn wir das → Denken und die → Intelligenz des Kindes für wichtig erachten und fördern wollen, soll dies mit Blick auf seine gesamte → Persönlichkeit (sein Fühlen, sein Wollen, sein Können) geschehen. So sehen wir also immer den Teil und sein Ganzes.

Die Werte und pädagogischen Ziele – sie spielen im Lebensbezogenen Ansatz eine zentrale Rolle – werden phänomenologisch gefunden, d.h. sie leuchten von ihnen selber her ein und müssen uns nicht durch irgendeine Instanz (ideologisch) vermittelt werden: Leben, Gerechtigkeit, Frieden – das sind z.B. objektiv bedeutsame Werte. Ähnlich ist es bei den anderen Werten und Zielen des Lebensbezogenen Ansatzes. Für diese Sicht bedarf es einer phänomenologischen Qualifikation, was u.a. Unvoreingenommenheit, Zurückstellung subjektiver Interessen und Wahrnehmung von Wesentlichem heißt.

Norbert Huppertz

■ Literaturtipps

Huppertz, N. (2003). Der Lebensbezogene Ansatz im Kindergarten. Freiburg: Herder.
Huppertz, N. (1999). Erleben und Bilden im Kindergarten. Der lebensbezogene Ansatz als Modell für die Planung der Arbeit (5. Aufl.). Freiburg: Herder.
Huppertz, N., Schinzler, E. (1995). Grundfragen der Pädagogik. Eine Einführung für sozialpädagogische Berufe (10. Aufl.). Troisdorf: Bildungsverlag Eins.

Leistung

Leistung ist eine allgemeine Bezeichnung für das erfolgreiche Erreichen eines Ziels bzw. für das erfolgreiche Lösen von Aufgaben. Für eine Leistung sind nicht nur Befähigung (z.B. → Begabung oder → Intelligenz) und Ausbildungsstand entscheidend, sondern auch die Leistungsmotivation, die darin besteht, dass eine als wichtig bewertete Aufgabe mit Energie und Ausdauer zum erfolgreichen Abschluss gebracht wird. Leistungsbereitschaft und Leistungsfähigkeit sind individuell bei jedem Menschen verschieden. Leistung ist das Ziel einer jeden zweckrational ausgerichteten Organisation. An ihr objektiviert sich das (berufliche) Arbeitsverhalten. Auch die → Pädagogik hat die Aufgabe, zu Leistung anzuspornen und dabei zu unterstützen, Leistung zu ermöglichen.

Einflussfaktoren ■ Leistung ergibt sich zum einen aus der Funktion von Fähigkeit und Fertigkeit (→ Lernen, → Begabung), zum anderen aus der → Motivation, wobei die beiden Faktoren miteinander verbunden sind. D.h., dass gleiche Leistung unterschiedlich bedingt sein kann und auch unterschiedlich beeinflussbar ist. Wenn ein großes Potenzial an Kompetenzen vorliegt, jedoch eine geringe Motivation, bedarf es einer Steigerung der Motivation, um mehr Leistungen zu erreichen. Im umgekehrten Fall kann eine Leistungssteigerung durch den Ausbau der Fertigkeiten erfolgen. Das Potenzial an Fertigkeiten und Fähigkeiten setzt sich aus den Determinanten Eignung, Ausbildung und Erfahrung und aus den situativen Möglichkeiten inklusive Normen und Regelungen, also des Sollens und Dürfens, zusammen.

Leistungsmotivation ■ Sprenger (1999) sieht in den situativen Bedingungen den Dreh- und Angelpunkt der Motivation bzw. der Demotivation. Er geht davon aus, dass man Menschen nicht motivieren kann, sie müssen von sich aus motiviert sein, man kann sie nur demotivieren. Die folgenden Faktoren wirken sich positiv auf die Eigenmotivation aus:
- Gute Beziehungen zwischen Vorgesetzten und Arbeitskraft (aber nicht über Anreize und Belohnungen, sondern über emotionale Wärme); auf den pädagogischen Kontext übertragen heißt das eine wohl-

wollende und wertschätzende Beziehung zwischen Kind und Erzieherin

- Ein Aufgabenbereich, der den Mitarbeiter bzw. das Kind weder unter- noch überfordert (z.B. eine anregungsreiche Umgebung, die das Kind zur Eigenaktivität inspiriert)
- Eine Tätigkeit, die dem Mitarbeiter bzw. dem Kind persönliche Freiräume und Herausforderungen bietet (z.B. eine Projektarbeit, deren Niveau leicht über dem durchschnittlichen Kompetenzniveau einer Gruppe liegt).

Neben diesen situativen Motivationsfaktoren hängt die Leistungsmotivation auch von persönlichen → Einstellungen ab. So fordert Sprenger Commitment, was bedeutet, sich jeden Tag aufs Neue für das Leben, das man lebt, zu entscheiden; sich bewusst machen, dass man die Wahlfreiheit hat, täglich neu zu entscheiden. Mit dem Satz »Leave it, love it or change it« bringt er die Sache auf den Nenner.

Für motiviertes Handeln ist ferner wichtig, seine Aufgabe weitestgehend mit seinen Neigungen in Einklang zu bringen, d.h. die richtigen Tätigkeitsfelder für sich zu suchen, solche, in denen die eigenen Fähigkeiten gefragt sind. So wird Arbeit als sinnvoll und erfüllend empfunden.

Persönliche Erfolgshaltung ■ Die Bereitschaft, etwas zu leisten, hängt maßgeblich davon ab, ob wir erwarten können, dass die ausführende Handlung Erfolg oder Misserfolg verspricht. Ebenso wichtig ist jedoch die Haltung zur gestellten Aufgabe. Je nachdem, ob jemand mit einer Erfolgsorientierung oder einer Misserfolgsorientierung an eine Aufgabe herangeht, wird deren Bewältigung erfolgreich oder weniger erfolgreich verlaufen. Wer in seinem bisherigen Leben oft Erfolg hatte und für erbrachte Leistung verstärkt wurde, wird sich von vorneherein mehr zutrauen. Menschen, die eher Misserfolge hatten, trauen sich Leistungen eher nicht zu.

Die bisherigen Erfahrungen wirken sich auch auf den Umgang mit Misserfolg und Erfolg aus. Wenn dem Erfolgsverwöhnten einmal etwas misslingt, schreibt er es eher äußeren Umständen zu und bleibt insgesamt erfolgsorientiert (erfolgsorientierte Attribution). Wenn der Misserfolgsorientierte unerwarteterweise Erfolg hat, glaubt er hingegen nicht daran, für den Erfolg verantwortlich zu sein und führt ihn eher auf Zufall zurück (misserfolgsorientierte Attribution). So bleibt er insgesamt misserfolgsorientiert. Für die pädagogische Arbeit bedeutet das, Kindern mit Aufgaben zu konfrontieren, die sie zwar herausfordern, die ihnen aber auch gleichzeitig Erfolgserlebnisse ermöglichen. Auf diese Weise kann das Kind ein positives Selbstkonzept in Bezug auf Leistung entwickeln. Es ist von sich überzeugt, Herausforderungen meistern zu können und wird sich mit Freude an neue Aufgaben heranwagen.

Leistung – ein schillernder Begriff ■ Der Begriff der Leistung gerät immer wieder in Verruf, weil in ihm die einseitige Vorstellung von der zu frühen, kopforientierten, fremdbestimmten und von andern ausgenutzten Leistung aufgeht. Dabei ist Leistung eine bedeutsame Quelle für Selbstbewusstseins und Zufriedenheit und untrennbar mit einem positiven Grundgefühl verbunden. Auch schon Kinder im Kindergarten *dürfen* etwas leisten – denn sie *wollen* ja etwas leisten: mit Kopf, Herz und Hand (Pestalozzi). Die Angst vor der zu frühen und ausschließlich kopforientierten Leistung (Verschulung) hat sicher auch mit dazu geführt, dass → Kindergärten sich lange Zeit weniger als Bildungsanstalt, denn als sozialer Schonraum verstanden. Die starke Ausrichtung der → Schule auf das kognitive Lernen dagegen hat ebenso mit dazu geführt, dass viele Eltern ihren Kindern diesen Schonraum noch länger erhalten wollten und später eingeschult haben. Das Missverhältnis von Lernen und Leistung in Kindergarten *und* Schule sollte in seiner massiven Fremdbestimmung zugunsten einer deutlichen Selbstbestimmung besonders in der Schule aufgehoben werden. Dazu liegen viele Vorstellungen und Modelle bereit, die wir leider immer noch zu halbherzig in Angriff nehmen (z.B. → Reformpädagogik, → Montessoripädagogik, → Reggio-pädagogik).

Barbara Maria Ostermann

■ **Literaturtipps**

Heckhausen, H. (2005). Motivation und Handeln. Berlin: Springer.
Schlag, B. (2004). Lern- und Leistungsmotivation. Stuttgart: UTB.
Sprenger, R. K. (1999). 30 Minuten für mehr Motivation. Offenbach: Gabal.

Leitung

Überall dort, wo für die Gesellschaft Wesentliches geleistet werden soll, wird heute mit Interesse zugeschaut und die Leistung bewertet. Die Zeiten von Beliebigkeit in Zielen und Arbeitsweisen sind zumindest im öffentlichen Bereich – und dazu gehören in Deutschland praktisch alle Tageseinrichtungen von Kindern – vorbei.

Kindertageseinrichtungen erfüllen eine komplexe und nur arbeitsteilig zu leistende Aufgabe. Um diese Aufgabe zielgerichtet und erfolgreich zu erfüllen, braucht es → Teamarbeit und eine Leitung, die Ziele formuliert, die unterschiedlichen Beiträge aufeinander bezieht, Rahmenbedingungen für die Arbeit schafft und diese Bedingungen beständig überprüft und absichert. Ohne Leitung und Führung geht es nicht, (jedoch manchmal ohne Leiterin oder Leiter). In diesem Sinne wird Leitung in meinem Beitrag als Funktion verstanden; in der Regel wird sie von einer Person ausgeübt, in besonders reifen Teams kann die Leitungsfunktion auch teilweise oder ganz auf mehrere Personen verteilt sein.

Demokratische Führung als Grundorientierung ■ Leitungen in sozialpädagogischen Einrichtungen haben eine Balance zu wahren zwischen legitimer Einflussnahme und bloßer Machtausübung. Die Sensibilität dafür ist groß in einem Arbeitsfeld, das historisch und gesetzlich auf die Begleitung von Menschen zu Selbständigkeit und Mündig-

keit verpflichtet ist. Ein demokratischer, wechselseitiger und zugleich situationsangemessener Führungsstil entspricht dieser Situation und erbringt nachweislich auf längere Sicht die besseren Ergebnisse. Er kennzeichnet sich u.a. durch folgende Faktoren:

■ **Wertschätzung und Unterstützung:** Die Mitarbeiterinnen werden in ihren Kompetenzen und ihrer individuellen Persönlichkeit gesehen, ihnen wird wertschätzend begegnet. Leitungshandeln ist ausgerichtet auf die Stärkung der Kräfte der Mitarbeiterin (»Empowerment«)

■ **Transparenz:** Die Leitung teilt ihren Wissensvorsprung mit allen Mitarbeiterinnen und informiert über alle relevanten Tatbestände für eine Entscheidung. Sie gewährt Einblick in ihre Tätigkeiten und den Stand der Arbeitsprozesse

■ **Partizipation und Delegation:** Förderung und Forderung von Mitbestimmung ist ein durchgehendes Merkmal der Leitungstätigkeit. Verantwortung wird für Teilbereiche delegiert, an Entscheidungen sind die Betroffenen beteiligt.

Ein solcher Führungsstil ist auf Wechselseitigkeit und Situationsangemessenheit angewiesen. **Wechselseitigkeit** bedeutet, dass die o.g. Kriterien für beide Seiten (Leitung *und* Mitarbeiterinnen) gelten müssen. Eine Leitung hat damit ebenfalls Anspruch auf Wertschätzung und Transparenz, also z.B. Einblick in die Leistungen und Tätigkeiten der Mitarbeiterinnen, ohne dass dies als unzulässige Kontrolle denunziert wird.

Situationsangemessenheit bedeutet, dass sich das Maß an → Partizipation und die Art der Unterstützung auf eine Analyse der Kompetenzen und → Motivationen der Mitarbeiterinnen beziehen muss. Leitungshandeln sollte sich z.B. unterscheiden bei Mitarbeiterinnen mit geringerer Motivation und Kompetenz gegenüber denjenigen, die mit hoher Kompetenz und hoher Motivation arbeiten (Pesch/Sommerfeld 2001). Die besondere Verantwortung von Leitungen für die Qualität des Arbeitsergebnisses kann erfordern, dass Leitungsentscheidungen getroffen werden, wenn dies für das Erfüllen der Aufgabe notwendig ist. Bei einem demokratischen Führungsstil haben die Betroffenen aber das

Recht, mindestens Begründungen für solche Entscheidungen zu erfahren.

Aufgaben und Funktionen ■ Leitung

umfasst viele Aufgaben nach innen und außen. Viele Leitungskräfte in Kindertageseinrichtungen arbeiten ohne eine klare und abgegrenzte Arbeitsplatzbeschreibung, für die der Anstellungsträger zuständig ist. Für eine Aufgabenbeschreibung könnte die folgende Systematik zugrundegelegt werden, nach der sich Leitungsaufgaben auf drei Ebenen beziehen:

- Fachlich-pädagogische Aufgaben
- Personal- und Teamentwicklung
- Sicherung von Rahmenbedingungen und Ressourcen.

Fachlich-pädagogische Aufgaben ■ Zu den

fachlich-pädagogischen Aufgaben gehören Analyse und Zielformulierung, die Planung von Arbeitsschritten und Arbeitsweisen zur Erreichung des Ziels, die Unterstützung bei der Umsetzung und Dokumentation, die Reflexion der Arbeitsprozesse und die Vertretung nach außen.

Situationsanalyse und Zielformulierung setzen sich in der → Konzeption um, die einen stimmigen Zusammenhang von Aussagen über die Situation der Kinder und Familien, die grundlegenden Erziehungsziele und das Angebot der Einrichtung darstellen sollte. Die positive Kenntnisnahme durch den Träger sichert Mitarbeiterinnen und Familien einen verbindlichen Rahmen. Die Konzeption ist damit auch eine unverzichtbare Grundlage für Leitungsarbeit und -entscheidungen.

Während in der Alltagspraxis von Kindertageseinrichtungen zahlreiche Planungen und pädagogische Umsetzungsprozesse weitgehend in der Verantwortung der dafür ausgebildeten und eingestellten Erzieherinnen bzw. Sozialpädagoginnen liegen, ist die Reflexion und damit Kontrolle der Arbeitsprozesse wiederum eine Leitungstätigkeit, die kaum delegiert werden kann. Denn nur die Beteiligung der Leitung an dieser Reflexion macht sie auskunftsfähig nach außen, z.B. gegenüber den Eltern.

Zu den fachlich-pädagogischen Aufgaben gehört deshalb auch die Kommunikation mit Eltern (→ Elternarbeit), dem → Träger und der → Öffentlichkeit. Leitungen öffnen die Einrichtung zum Gemeinwesen hin und beteiligen dieses an der Arbeit der Einrichtung.

Personal- und Teamentwicklung ■ Zu die-

sem Funktionsbereich zählen u.a. Förderung, Unterstützung und Motivation der Mitarbeiterinnen, Fordern und Delegation von Aufgaben, Leistungskontrolle sowie alle Prozesse der Teamentwicklung. Gefördert, unterstützt und motiviert werden Mitarbeiterinnen u.a. durch (Lill 2001):

- Anerkennung und Nutzung vorhandener Kompetenzen
- Angebote zur Weiterqualifizierung (→ Fort- und Weiterbildung)
- Ausweitung von Erfahrungsräumen
- Hilfestellung und → Beratung in schwierigen Situationen
- Rückendeckung und Ermutigung
- Sicherheit durch Klarheit und Zielorientierung
- Interessensbekundung, Resonanz und Feedback
- Aufgreifen von Ideen
- Stiftung produktiver Teamkonstellationen.

Fordern und Delegieren beruhen auf legitimen Erwartungen an die Leistungsbereitschaft und die → Leistung der Fachkraft. Während sich »fordern« auf eine noch zu entwickelnde Qualität bezieht, ist Delegation (nur) zielführend bei Mitarbeiterinnen, die eine entsprechende Kompetenz bereits gezeigt haben.

Die Leistungskontrolle wird von vielen Leitungskräften als die unangenehmste Aufgabe empfunden. Sie verliert ihren negativen Charakter, wenn sie sich auf konkrete und machbare Kriterien bezieht, wie sie z.B. im Zielvereinbarungsgespräch (auch Mitarbeiter- oder Jahreszielgespräch) formuliert werden.

Eine Voraussetzung, um die vielfältigen Anforderungen in sozialpädagogischen Arbeitsfeldern erfolgreich zu bewältigen, ist die gelingende → Kooperation im Team. Durch gute Koordination und Steuerung lassen sich diese Qualitäten zudem weiterentwickeln. Die Entwicklung der Teamarbeit gehört deshalb zu den zentralen Aufgaben von Leitungen.

Sicherung von Rahmenbedingungen und Ressourcen ■

Zu den wichtigsten Aufgaben in diesem Funktionsbereich gehört das Management des Personaleinsatzes, das in eine entsprechende Dienstplangestaltung mündet. Bedarfsgerechte Öffnungszeiten, verlässliche Beziehungsangebote für Kinder und Planungszeiten lassen sich dabei nur durch flexible Arbeitszeitmodelle erreichen (Cramer 2003). Der ungenügende Status quo der Rahmenbedingungen erfordert jedoch nicht nur einen intelligenten Umgang mit den Ressourcen, sondern auch eine fachpolitische Stellungnahme von Leitungskräften.

Qualifikationen für Leitungsfunktionen ■

Es gibt zahlreiche Untersuchungen und davon abgeleitete Versuche eines Qualifikationsprofils für Leitungskräfte. Beinahe jede davon ergänzt die vorhergehenden Untersuchungen durch weitere Merkmale. In diesem knappen Rahmen können deshalb nur einige Qualifikationen genannt werden, die als Konsens in der Fachszene gelten können:

- Fachliche Kompetenz
- Integrität
- Durchsetzungsvermögen
- Integrationsfähigkeit
- Fehlerfreundlichkeit
- Fähigkeit zu konstruktiver Kritik
- Methodenkompetenz
- Teamfähigkeit
- Selbstvertrauen und Humor.

Dieser unvollständige Katalog zeigt eine Mischung aus persönlichkeits- und tätigkeitsbezogenen Aspekten – mit zahlreichen Schnittmengen und auch u.U. widerstrebenden Aspekten, wie z.B. Durchsetzungsvermögen und Teamfähigkeit. Entscheidend wird sein, inwiefern die Leitung zu einem aktiven Selbstkonzept findet, das heißt die eigenen Ansprüche formuliert und gestaltend mit den Erwartungen der anderen Instanzen in Beziehung setzt.

Die Komplexität und teilweise Widersprüchlichkeit der Leitungsaufgabe erfordern eine Unterstützung durch → Beratung und Qualifizierung von Leitungskräften. Solange es in Ausbildung und Studium kein entsprechendes breites Angebot gibt, ist durch Nachqualifizierung im Rahmen von intensiven Fortbildungen in Leitungsqualität zu investieren.

Ludger Pesch

■ Literaturtipps

Lill, G. (2002). Führen und Leiten. Weinheim: Beltz.

Pesch, L. (2001). Moderation und Gesprächsführung. Weinheim/Basel: Beltz.

Cramer, M. (2003). Arbeitszeitmodelle und Dienstplangestaltung. Weinheim/Basel: Beltz.

Pesch, L./Sommerfeld, V. (2002). Teamentwicklung (2. Aufl.). Weinheim/Basel: Beltz

Lernen

Verhaltensänderungen, die auf Erfahrung beruhen, werden sowohl im alltäglichen wie im wissenschaftlichen Sprachgebrauch als Lernen bezeichnet. Der Begriff wird auf unterschiedlichste Inhalte und auf verschiedene Formen des Lernens angewandt: Gedichte oder Vokabeln werden gelernt, es wird vom Radfahrenlernen gesprochen, aber auch vom Arbeitenlernen, Sich-durchsetzen-lernen oder Verzichtenlernen usw.

In der Lernpsychologie wird der Begriff präzisiert: Gelernt werden immer Verhaltensmöglichkeiten (wenn jemand Lesen gelernt hat, dann kann er es, auch wenn er es gerade nicht zeigt). Theoretisch ist zwischen der gelernten Verhaltensmöglichkeit und der → Leistung, dem beobachtbaren Verhalten, zu unterscheiden. Lernen meint außerdem nur solche neuen Verhaltensmöglichkeiten, die dauerhaft erworben werden (und z.B. nicht nur durch Ermüdung, Drogen oder durch bloße Reifung zustande kommen). Als Lernen wird somit der Prozess verstanden, der Menschen (und bestimmte andere Organismen) befähigt, aufgrund bereits gemachter Erfahrungen und durch die organische Eingliederung neuer Erfahrungen situationsangemessen zu reagieren. Für das Lernen bestehen nicht immer gleiche Voraussetzungen: Die Lernpsychologie hat festgestellt, dass es für bestimmte Lernbereiche (wie z.B. die Sprache [→ Sprachentwicklung], die → Kommunikation, viele körperliche Fertigkeiten) besondere Zeitfenster gibt. Damit sind bestimmte Zeiten im Leben gemeint, in denen diese Inhalte leichter erlernt werden können als zu anderen Zeiten.

Lernen bewirkt die lebenslange Anpassung des menschlichen Verhaltens an die sich verändernden Lebensbedingungen des Einzelnen und die komplexer werdenden gesellschaftlichen Strukturen. Es bedeutet eine überwiegend einsichtige, aktive, sozial vermittelte Aneignung von Fertigkeiten, Kenntnissen, Überzeugungen und Verhaltensweisen. Lernen führt zur Entwicklung emotional-sozialer, kognitiver und motivationaler Kompetenz.

Lernprozess ■
Was beim Lernprozess als Lernen bezeichnet wird, ist nicht direkt beobachtbar. Unter bestimmten Bedingungen (z.B. Ausprobieren oder Üben) lassen sich bestimmte Verhaltensänderungen (u.a. Neulernen oder Verlernen, Anpassung oder Fehlanpassung, wie z.B. neurotische → Angst oder Vermeidungsverhalten) beobachten, woraus sich folgern lässt, dass Lernen stattgefunden hat. Lernen ist also, wissenschaftstheoretisch gesehen, ein gedachter, hypothetischer Prozess, der zur Erklärung bestimmter gesetzmäßiger Zusammenhänge angenommen wird.

Das Vermögen, bestimmte Erfahrungen für künftiges Verhalten zu verwerten, ist an das Gedächtnis gebunden und wird als Lernfähigkeit bezeichnet. Wichtig für den Lernerfolg ist die Lernbereitschaft, die positive → Einstellung des Menschen, Fertigkeiten oder Wissen zu erwerben sowie die → Motivation, in bestimmten Situationen etwas zu lernen (Lernmotivation).

In allen Lernprozessen lassen sich vier Lernphasen unterscheiden: In der **Vorbereitungsphase** wird die Aufmerksamkeit aktiviert und werden Reizunterschiede wahrgenommen. In der **Aneignungsphase** werden Inhalte verknüpft (= Assoziation) und innerlich verarbeitet. In der **Speicherungsphase** werden Erfahrungen verschlüsselt (= codiert) und im Gedächtnis gespeichert. In der **Erinnerungsphase** schließlich wird das gespeicherte Material abgerufen und in eine Reaktion oder Handlung umgesetzt. In all diesen Phasen gibt es Einflussfaktoren bzw. pädagogische Maßnahmen, die den Lernprozess unterstützen und fördern, sowie solche Faktoren, die ihn eventuell stören und behindern.

Lernarten ■
Je nach der Art der Situation und der Übung kann das Lernen eingeteilt werden in intentionales Lernen, das absichtlich und zielgerichtet erfolgt, und inzidentelles (= beiläufiges) Lernen, bei dem neben den einzuprägenden Inhalten auch noch andere Inhalte aufgenommen und behalten werden. Je nach Struktur des Lernprozesses werden u.a. folgende Arten des Lernen bzw. Lerntypen unterschieden:

- **Reiz-Reaktionslernen:** Verknüpfung von bestimmten Signalen, Reizen und Situationen mit bestimmten gefühlsmäßigen Reaktionen oder Einstellungen
- **Instrumentelles Lernen:** Äußerung einer bestimmten Verhaltensweise aufgrund eines angenehmen Folgereizes (auch als »Operante Konditionierung« oder »Verstärkerlernen« bezeichnet)
- **Modelllernen:** Lernen am Modell, Übernahme neuer Verhaltensweisen und Einstellungen aufgrund der Beobachtung erfolgreichen fremden Verhaltens (auch »Beobachtungslernen« oder »Nachahmungslernen« genannt)
- **Begriffs- und Konzeptlernen:** Verallgemeinerung konkreter Inhalte im Hinblick auf Konzepte oder Kategorien
- **Strukturierung:** Zerlegen und Ordnen von Inhalten oder Sinneinheiten
- **Regellernen:** Abstrahieren von einzelnen Reizen oder Verhaltensweisen auf komplexe Beziehungen hin
- **Problemlösen oder »Lernen durch Einsicht«:** Handeln und Verhaltensänderung durch Erfassen der Situations- oder Aufgabenstruktur, durch Kombinieren früher

erlernter Regeln oder durch Informationsverarbeitung.

Die einzelnen Lernarten stehen nicht völlig isoliert neben einander, sondern bedingen und ermöglichen einander.

Lerntheorien ■ Die Frage, welche allgemeineren Bedingungen und Mechanismen herangezogen werden müssen, wenn man Lernprozesse erklären will, wurde und wird von verschiedenen wissenschaftlichen Richtungen unterschiedlich beantwortet. Unter den klassischen Lerntheorien werden vor allem folgende Konzepte unterschieden:

■ Theorie der klassischen Konditionierung von Iwan Petrowitsch Pawlow (1849–1936), die Lernen als Bildung von bedingten Reaktionen darstellt

■ Neuere Reiz-Reaktionstheorien (Stimulus-Response- oder S-R-Theorien), bei denen Lernprozesse auf verschiedene Weise als Verknüpfung von Reizkonstellationen mit bestimmten Reaktionsweisen dargestellt werden; aus diesen S-R-Theorien werden sowohl für die pädagogische wie für die therapeutische Praxis nützliche Verhaltensanweisungen abgeleitet

■ Theorien der operanten oder instrumentellen Konditionierung, bei denen Verhalten durch seine positiven oder negativen Folgen bekräftigt (= verstärkt) und gesteuert wird

■ Sozial-kognitive Lerntheorien, welche die aktiv aneignende Rolle des Lernenden und die spezifisch menschliche Fähigkeit zum erkennenden Erfassen und Verarbeiten von Umweltreizen betonen: Problemsituationen können durch Beobachten und einsichtiges Lernen bewältigt werden.

Eine eigene Auffassung vom Lernen hat die **Psychoanalyse** entwickelt. Sie verbindet eine bestimmte Form des Lernens durch Nachahmung (Identifizierung) mit der Abwehrleistung von Lernvorgängen gegenüber beängstigenden Wünschen.

Praktische Folgerungen ■ Die wissenschaftlichen Untersuchungen der Lernpsychologie erfolgten lange Zeit ziemlich losgelöst von der pädagogischen Praxis (→ Bildung und → Erziehung). Das hat sich geändert, seit nicht nur der Erwerb von Kenntnissen und Fertigkeiten, sondern auch die Übernahme sozialer → Normen und → Einstellungen als Lernen verstanden wird. Nun sind gewisse Lücken der Lernpsychologie sichtbar geworden. Wo pädagogische Entscheidungen zu treffen sind, zeigt sich immer wieder: Neben dem lernpsychologischen Wissen sind auch einige allgemeinere Einsichten zu berücksichtigen. Soziale Lernvorgänge sind häufig mit kognitiven und nicht selten auch mit psychomotorischen verbunden. Als Beispiel kann die Freundlichkeit beim Begrüßen eines Fremden dienen. Das Kind muss hier nicht nur lernen, freundliche Gefühle zu haben, sondern auch, wen es wie anredet und welche Bewegungen und Gebärden (z.B. Handgeben, Lächeln) es machen kann oder sollte und wie diese wirken. Im Bereich des sozialen Lernens sind viele Lernziele und die entsprechenden Prozesse miteinander verknüpft. So ist z.B. der Versuch, seine eigene Identität zu finden und durchzuhalten, auch abhängig von der Fähigkeit, einmal (spielerisch) seine → Rolle zu wechseln (Rollendistanz). Auch persönliche Haltungen in Bezug auf Verlässlichkeit oder zur Achtung der Privatsphäre des anderen spielen eine Rolle.

Soziale Lernprozesse scheinen – ähnlich wie die kognitiven – am besten zu gelingen, wenn wenige grundlegende Prinzipien den Lernprozess für lange Zeit bestimmen und dem Lernenden dabei im Laufe der Zeit immer wieder in neuen Situationen und in komplexerer Form begegnen. Das bedeutet: Was das kleine Kind lernt, sollte nicht grundsätzlich dem widersprechen, was es als Jugendlicher oder Erwachsener lernt (z.B. im Hinblick auf den Umgang mit seinem Körper, mit → Sexualität, Gesundheit, mit der Natur usw.). Viele Erzieherinnen wissen, wie schwer es ist, ein Kind, das gelernt hat, allen Menschen zu misstrauen, dazu zu bringen, nicht nur seiner Erzieherin, sondern auch anderen Menschen wieder zu vertrauen.

Was gelernt werden soll, wird nur zum kleinsten Teil durch Belehrung oder andere

Maßnahmen bewusster Erziehung gelernt. Wichtiger erscheint das »Milieu«, in dem ein Kind lebt. Dabei summieren sich alltägliche Erfahrungen: z.B. wie in der Gruppe miteinander umgegangen wird oder wie die im Alltag auftauchenden Aufgaben und Probleme, die einen selbst oder das Zusammenleben mit anderen betreffen, gelöst werden. Deshalb sind die Rahmenbedingungen für die sich ergebenden Lernsituationen von den Erziehenden so einzurichten, dass sie die gewünschten Lernprozesse ermöglichen und fördern, aber nicht erschweren oder verhindern.

Abgesehen von der Unterschiedlichkeit der Lernprozesse und Lerntheorien und den daraus zu ziehenden didaktisch-methodischen Folgerungen bleibt die Frage: Wo liegt der grundsätzliche Ansatzpunkt für didaktische Überlegungen (→ Didaktik)? Was bedeutet es, wenn Erziehung bzw. sozialpädagogisches Handeln sich auf Erkenntnisse über Lernprozesse stützen will? Es kann nicht heißen: »So geht Lernen. Deshalb muss ein bestimmtes Vorhaben so und so organisiert werden!« Eine didaktische Planung, die von der Lernpsychologie her denkt, steht nicht nur vor der Frage, an welche Lerntheorie sie sich anschließen will; umgekehrt ist auch zu fragen: Wie wird durch die methodische Gestaltung der Lernsituation die Art des Lernens bestimmt? Welche der verschiedenen Lernweisen wird gefördert oder eben verhindert (z.B. selbstständiges Entdecken und Finden durch die Kinder oder Zeigen, Vormachen und Bewerten als durch die Erzieherin gesteuertes, eher passives Lernen)? Die von den Kindern mitgebrachten Lernformen sind keineswegs endgültige, feste Größen. Sie lassen sich verändern und erweitern, ebenso wie → Motivation und Interesse zum Lernen auch immer wieder neu geweckt werden müssen.

Ernst Martin

■ **Literaturtipps**

Edelmann, W. (2000). Lernpsychologie. Weinheim/Basel: PVU/Beltz.
Rosemann, B./Bielski, S. (2001). Einführung in die pädagogische Psychologie. Weinheim/Basel: Beltz.
Steiner, G. (2001). Lernen. 20 Szenarien aus dem Alltag. Bern: Huber.

Lernmethodische Kompetenz

Lernmethodische Kompetenz bezeichnet die Fähigkeit zu wissen, wie man lernt. Das Lernen zu lernen heißt, bewusst zu erkennen, wie man Wissen erwirbt und diese Methode nach Bedarf einsetzen zu können. Diese Kompetenz ist die Grundlage für jeden erneuten Wissenserwerb.

Die Erschließung und Aneignung von Wissen zählt heute zu den Schlüsselkompetenzen. Aus der Flut von Informationen muss der Einzelne das Unwichtige und Überflüssige ausfiltern können und in der Lage sein, bestimmte Informationen für den eigenen Wissenszuwachs zu nutzen und deren Bedeutung für die Bearbeitung einer Frage oder eines Problems zu erkennen. Wer diese Art lernmethodischer Kompetenz bereits in seiner Kindheit üben und erfahren kann, bringt entscheidende Vorteile in Bezug auf lebenslange Lernprozesse mit.

Voraussetzungen für den Erwerb lernmethodischer Kompetenz ■
Die eingeplante Förderung der lernmethodischen Kompetenz über zielorientierte Lernarrangements ist erst dann möglich, wenn Kinder über sich selbst nachdenken und diese Gedanken auch sprachlich wiedergeben können. In der Regel ist das ab etwa dem vierten Lebensjahr möglich. Dann beginnen die Kinder, Situationen aus verschiedenen Perspektiven wahrzunehmen und ihr Tun zu überdenken und (auf Nachfrage) zu erklären. Mit zunehmender Übung lernen sie, sich selbst zu beobachten und ihre Auffassungen über ihr → Lernen wieder zu geben. Dieses Nachdenken über das eigene Denken wird auch als Metakognition bezeichnet. Es stellt sich aber nur ein, wenn das Kind entsprechende Anregungen erhält.

Die schwedische Frühpädagogin Ingrid Pramling (1990) fand heraus, dass Kinder in herkömmlich angeleiteten Projekten (→ Projektarbeit) im Kindergarten ihre Lernprozesse vor allem mit dem Lernkonzept des

Tuns verbinden. In einem Projekt zum Thema »Temperatur« verbuchten die Kinder z.B. das Basteln eines Thermometers als zentrales Lernergebnis, die anderen Aktivitäten – Experimente, Lieder oder Geschichten – fielen für sie nicht darunter und brachten sie auch nicht mit dem Thema als Ganzem in Verbindung. Die Folge war, dass die Kinder keinen Transfer auf Situationen außerhalb des Kindergartens herstellen konnten. Ihr Lernkonzept blieb auf das Tun beschränkt, sie hatten kein Lernkonzept des Wissenerwerbs entwickelt und konnten infolgedessen ihr Lernen auf Nachfrage hin auch nicht erklären und in einen Zusammenhang stellen. Dazu bedarf es entsprechender Lernarrangements, strukturierter Projekte, in denen sich Kinder ihre Lernprozesse bewusst machen können, um dann z.B. nach einem Projekt »Temperatur« erklären könnten: »Ob etwas warm oder kalt ist, kann man fühlen. Aber ich habe gelernt, dass man warm oder kalt auch ganz genau messen kann. Dazu ist das Thermometer da.«

Kinder im → Kindergarten können und sollen zunächst die Vorläuferfähigkeiten zur lernmethodischen Kompetenz entwickeln und mit fortschreitender Entwicklung bewusst ihren eigenen Lernprozess erfahren und erkennen können. Mit Blick auf die Zukunft der Kinder gehört die Vermittlung der lernmethodischen Kompetenz zu Kernaufgaben des Bildungsauftrags im Kindergarten.

Die Fachkraft als Lernende ■ Zunächst muss sich jede Erzieherin ihre eigene lernmethodische Kompetenz bewusst machen. Nach der Bewältigung einer gestellten Aufgabe (z.B. Erlernen neuer Moderationstechniken) kann sie sich fragen: Wie bin ich vorgegangen? Was hat mir besonders geholfen (Beobachtungen, theoretischer Wissensstoff, selbsttätiges Ausprobieren im Sinne von Versuch und Irrtum, Rollenspiele, Diskussionen)? Wo habe ich mir Informationen besorgt? Wie habe ich sie eingeordnet? Wie habe ich Hürden gemeistert? Wer konnte mir helfen? Bin ich mit dem Ergebnis zufrieden? Aus diesem Bündel von Erfahrungen kann die Erzieherin ihr eigenes Lernverhalten analysieren und bewusst einsetzen. Das Wissen darüber (und über die Lernerfahrungen von Kolleginnen) hilft ihr, die individuellen Lernprozesse der Kinder besser zu verstehen und zu unterstützen.

Vorläuferfähigkeiten ■ Grundvoraussetzung für den Erwerb lernmethodischer Kompetenz gerade jüngerer Kinder ist, dass die Erzieherin einen Rahmen (Raumgestaltung und Tagesrhythmus) schafft, der anregungsreich ist und ihnen Zeit und Raum für spielerisches Entdecken, Beobachtungen und Nachahmungsversuche lässt. Die Kinder brauchen liebevolle Ermunterungen und Anreize zum selbstgesteuerten Handeln und Ausprobieren, zu dem selbstverständlich auch das Erleben von Irrtümern gehören.

Durch systematische → Beobachtung erkennen die Fachkräfte an Mimik, Gestik, Körperhaltung und Konzentration (→ Körpersprache), welches Kind in welcher Situation eine besondere innere Anteilnahme und Freude am Tun zeigt und verstärken dementsprechende Angebote. Des Weiteren müssen die Warum-Fragen der Kinder, auch wenn sie unsinnig oder lästig erscheinen sollten, ernst genommen und so gut als möglich beantwortet werden. Die Kinder suchen mit ihren Fragen nach Erklärungen, Deutungen und Bestätigungen für die Phänomene aus ihrer Umwelt. Darüber hinaus sollen die Kinder ermuntert werden, eigene Antworten auf Fragen zu finden.

Manchmal gehen die Aktivitäten der Kinder auch mit Lippenbewegungen oder nach innen gekehrtem, konzentriertem Gesichtsausdruck einher. Man kann dann davon ausgehen, dass sie ihr Tun mit einem inneren Sprechen und damit gedanklich begleiten. Dies ist eine frühe Form der Abstraktion und insofern eine wichtige Vorläuferfähigkeit der lernmethodischen Kompetenz.

Strukturierte Projekte ■ Für die älteren Kinder (etwa ab dem vierten Lebensjahr) gilt es, die Lernprozesse gezielt und strukturiert zu gestalten. Dazu eignen sich in besonderer Weise Projekte (→ Projektarbeit). Vorausetzung ist jedoch, dass bei der Durchführung und Planung vier Aspekte gleichermaßen berücksichtigt werden:

■ **Inhalt/Thema:** Hierbei ist es nicht wichtig, wer das Thema einbringt, sondern dass die konkrete Entwicklung des Themas im gegenseitigen Austausch zwischen Kindern und Erzieherin stattfindet. D.h., wenn ein Thema auf die Aufmerksamkeit von Kindern trifft und Gedanken, Ideen und Aktivitäten auslöst, ist es richtig gewählt und Ausgangspunkt für weitere gezielte Aktivitäten.

■ **Ziele:** Projekte zielen in erster Linie darauf ab, das Verständnis im Hinblick auf ein Thema herzustellen oder zu verbessern. In Ergänzung zu dem Faktor Spaß und Freude am Tun richten sich die Ziele insbesondere auf die Förderung von kognitiven und metakognitiven Fähigkeiten. Dazu gehört auch, die vielfältigen Facetten und komplexen Zusammenhänge, die vermittelt werden sollen, dem Verständnis von Kindern anzupassen.

■ **Struktur:** Damit ist gemeint, dass sich die Erzieherin zunächst die Struktur eines Themas bewusst macht, z.B. die verschiedenen Perspektiven isoliert, die ein System als Ganzes ausmachen. Bei einem Projekt zum Thema »Geschäft« machen u.a. folgende Aspekte die Struktur aus: die Rolle des Geschäftsinhabers und die Rolle des Kunden; Geld, das der Kunde im Tausch gegen Waren bezahlt und das wiederum der Inhaber zum Teil als Gewinn einstreicht, zum Teil für den Erwerb neuer Verkaufsgüter, für die Produktion oder für die Entlohnung seiner Angestellten benutzt. Erst wenn eine solche Struktur klar ist, kann diskutiert werden, auf welche Weise sich die Kinder mit den einzelnen Themen befassen können. Entscheidend ist dabei immer, dass die Kinder an ihren Wissens- und Erfahrungshintergrund anknüpfen können und dass die jeweiligen Teilaspekte auch immer im Zusammenhang mit dem Ganzen präsentiert werden.

■ **Reflexion:** Projekte müssen in Zielsetzung und Struktur so angelegt werden, dass sie den Kindern ein beständiges Reflektieren über ihr Lernen ermöglichen. Kinder, die das Reflektieren geübt haben, können beschreiben, was sie getan haben, um sich neues Wissen anzueignen. Sie können auf Nachfrage oder beim Erklären von Abbildungen (Fotos, Malarbeiten) schildern, wie sie beim Lernen vorgegangen sind. Sie können erzählen,

– Was sie erfahren wollten (z.B. die Antwort auf eine Warum-Frage finden)
– Wie sie bei der Beantwortung vorgegangen sind (z.B. eine Beobachtungsreihe aufgebaut haben)
– Wer ihnen dabei geholfen hat (andere Kinder oder Erwachsene) und
– Ob sie weitere Hilfen (Medien) nutzen konnten
– Nicht zuletzt können die Kinder ihre eingangs gestellte Warum-Frage beantworten und stolz feststellen: Das habe ich jetzt gelernt.

In Gesprächen bzw. Reflexionen dieser Art zeigen die Kinder, dass sie ihr eigenes Lernen bewusst erlebt haben. Unterstützend hierbei ist auch, wenn die Projektteilnehmer jüngeren oder neu hinzu gekommenen Kindern (bewusst in der Rolle des Paten/der Patin oder in spontanen Dialogen) erklären, was sie gelernt haben. Durch die sprachliche Wiedergabe der Lernsituation regen die Kinder ihr eigenes Denken erneut an. Dies kann auch in verschiedenen Alltagssituationen immer wieder einmal geübt werden. Wenn diese Fähigkeit in Gesprächen mit Kindern erkennbar wird, haben sie das Kernziel der lernmethodischen Kompetenz erreicht.

Lernmethodische Kompetenz entwickelt sich nicht von heute auf morgen, sondern muss pädagogisch sorgfältig und langfristig geplant und geübt werden. Konnten die Kinder jedoch bereits im Kindergarten die Grundbefähigung zur lernmethodischen Kompetenz erwerben, ist davon auszugehen, dass sie diese Kompetenz auch in ihrem späteren Schulalltag einsetzen und für ihre Weiterentwicklung nutzen können. Kinder, die im Kindergarten erlebt haben, wie viel Spaß es macht, über das eigene Lernen nachzudenken und darüber zu sprechen, haben gute Chancen für einen gelungenen Start in die

Schule und ihr selbst gesteuertes Lernen in der Freizeit.

Almut Reidelhuber

■ **Literaturtipps**

Bayerisches Staatsministerium für Arbeit und Sozialordnung, Familie und Frauen, Staatsinstitut für Frühpädagogik (Hg.) (2006). Der Bayerische Bildungs- und Erziehungsplan für Kinder in Tageseinrichtungen bis zur Einschulung. Weinheim/Basel: Beltz.

Gisbert, K. (2003). Wie Kinder das Lernen lernen: Vermittlung lernmethodischer Kompetenzen. In: Fthenakis, W. E. (Hg.) (2003). Elementarpädagogik nach PISA. Freiburg: Herder, S. 43–47.

Gisbert, K. (2004). Lernen lernen – Lernmethodische Kompetenzen von Kindern in Tageseinrichtungen fördern. Beiträge zur Bildungsqualität. Hg. von W. E. Fthenakis. Weinheim/Basel: Beltz.

Pramling, I. (1990). Learning to learn. A study of Swedish preschool children. New York: Springer.

Lernstörungen

Zu den Voraussetzungen für altersentsprechendes → Lernen gehört, dass die Funktionen des Zentralnervensystems intakt sind und dass die Umgebung für das Kind Anreize bietet sowie Möglichkeiten bereithält für Imitation, Übung und Selbstbestätigung. Wichtig sind darüber hinaus voll funktionsfähige Sinnesorgane zur differenzierten Informationsaufnahme (→ Wahrnehmung) sowie Aufmerksamkeit und Konzentrationsvermögen, aber auch → Motivation und Leistungsfreude. Emotionale Faktoren spielen insofern eine entscheidende Rolle, als dass bei der Informationsverarbeitung im Zentralnervensystem ein Zusammenwirken komplexer Funktionseinheiten gefordert ist.

Lernstörungen können sehr unterschiedliche Ursachen haben. Es handelt sich um ein »Syndrom«, an dessen Entwicklung im Allgemeinen mehrere Faktoren beteiligt sind. Ursache und Entstehung (Ätiologie und Pathogenese) bestimmter Funktionsschwächen sind meist nicht eindeutig zu klären. Deshalb müssen das Problem, das bei einem Kind beobachtet wird, und dessen Bedingungsfaktoren möglichst genau beschrieben werden – dies wird als phänomenologische Diagnose bezeichnet. Dementsprechend ist es auch wichtig, im Rahmen der gebräuchlichen Klassifikationssysteme ICD-10 (International Classification of Diseases) bzw. MAKS (Multiaxiales Klassifikationsschema) oder DSM-IV (Diagnostic and Statistical Manual) Lernstörungen vergleichbar zu dokumentieren.

Formen von Störungen ■ Als Lernstörungen, Teilleistungsstörungen oder nach ICD-10 als umschriebene Entwicklungsstörungen gelten folgende Phänomene:

- Schreibschwäche (Dysgraphie)
- Schreib-Leseschwäche (Dyslexie = Legasthenie)
- Rechenschwäche (Dyskalkulie)
- Mangelnde Handlungsplanung (Dyspraxie)
- Mangelnde Geschicklichkeit (Dyskoordination)
- Störungen des Sprechens und der Sprache (Dyslalie, Dysgrammatismus).

Man geht davon aus, dass bei diesen Teilleistungsstörungen bestimmte funktionelle Systeme des Gehirns, zuständig für die Ausführung der betroffenen Fähigkeiten oder Fertigkeiten, in ihrer Entwicklung und damit auch in ihren Leistungen beeinträchtigt sind.

Von den Teilleistungsstörungen abgrenzen muss man die sogenannten cerebralen Werkzeugstörungen, die nach Schädigungen oder Strukturveränderungen bestimmter Bereiche des Gehirns aufgrund von Verletzungen oder anderer Ursachen (z.B. bei der Demenz) ein bereits ausgebildetes System betreffen. Dazu gehören z.B.

- Sprachstörungen (Aphasie)
- Schreibstörungen (Agraphie)
- Lesestörungen (Alexie)
- Handlungsstörungen (Apraxie).

Kognitive Schwächen, zum Beispiel eine Minderung der → Intelligenz außerhalb der normalen Schwankungsbreite, werden nicht zu den Lernstörungen gerechnet, obwohl in der schulischen Praxis bei einem IQ zwischen 70 und 85 im allgemeinen von Lernbehinderung gesprochen wird.

Diagnose ■ Bei der Diagnose von Lernstörungen werden neben der ärztlich-neurologischen Untersuchung vor allem neuropsychologische Verfahren angewandt, mit denen bestimmte Funktionen des Gehirns vergleichbar zu erfassen sind. Um Krankheitsursachen und Krankheitsentstehung möglichst genau bestimmen zu können, sind gegebenenfalls weitere Untersuchungen nötig, zum Beispiel mit bildgebender Diagnostik (Magnetresonanztomographie) oder mit biochemischen bzw. molekularzytogenetischen Analysen. Dadurch sind Strukturveränderungen des Gehirns, Stoffwechselanomalien oder genetische Abweichungen nachzuweisen oder auszuschließen. Mithilfe neurophysiologischer Verfahren (z.B. evozierte Potenziale, brain mapping) kann man Informationen über die Sinneswahrnehmung und nachfolgende Verarbeitungsprozesse erhalten. Auch die psychosoziale Situation des Kindes und seine Interaktionen mit den Beziehungspersonen sind von Bedeutung. So ist zu erkunden, in welchen Verhältnissen das Kind aufwächst, welche ökonomischen Voraussetzungen gegeben sind, wie sich die familiären Kontakte darstellen und welche emotionale Atmosphäre anzunehmen ist.

Wenn ein Kind wegen seiner Lernschwächen immer wieder Misserfolge hat, bei Interaktionen mit seinen Altersgenossen Versagenssituationen erlebt und nicht mithalten kann, reagiert es vielfach mit Rückzug und Abgrenzung oder aber mit aggressiv-provokativem Verhalten, auch mit Clownerie. Es kommt also zu reaktiven Auffälligkeiten und sekundären Symptomen, auch zu psychosomatischen Beschwerden (z.B. Kopfschmerz, Bauchweh → Psychosomatik), die das Lernvermögen stark beeinträchtigen (Verhaltensauffälligkeiten).

Die Beurteilung eines Kindes mit Lernstörungen muss sich auf eine sorgfältige Anamnese (Erheben der familiären und eigenen Vorgeschichte) und einen ausführlichen Befund stützen, wobei die testpsychologischen Befunde jeweils kritisch zu werten sind. Bedeutung haben in diesem Zusammenhang auch alle Beobachtungen der Erzieherinnen im Spiel oder bei bestimmten Tätigkeiten, die Handgeschick, Konzentration und Aufmerksamkeit erfordern. Es sollten aber nicht nur die Schwächen der Kinder festgestellt werden, vielmehr sind auch seine gut entwickelten Fähigkeiten, seine Stärken zu beachten, die zum Ausgleich und zur Entwicklung des so entscheidenden Selbstwertgefühls beitragen können.

Einfluss- und Behandlungsmöglichkeiten ■ Für die Behandlung und Unterstützung von Kindern mit Lernstörungen gibt es eine Vielzahl von recht unterschiedlichen Verfahren. Von den diagnostischen Feststellungen hängt es ab, welche Intervention als geeignet anzusehen ist (gezielte Indikationsstellung). Deshalb müssen besonders auch die häufig vorkommenden reaktiven Störungen berücksichtigt werden. Wichtig ist, durch das oft unumgängliche Üben oder Trainieren die erforderliche Motivation nicht zu gefährden. So hat eine funktionsbezogene Therapie, wie z.B. Schreibübungen, nicht immer den gewünschten Effekt, sondern bewirkt manchmal sogar das Gegenteil. Entscheidend ist immer, dem Kind Selbstvertrauen und Selbstwertgefühl zu vermitteln. Bewegungsorientierte Verfahren wie z.B. die → Psychomotorik oder die Mototherapie haben deshalb auch bei der Behandlung von Kindern mit Lernstörungen einen hohen Stellenwert; sie sind durch kindgerechte Methoden und ansprechendes Material überaus motivierend und beeinflussen durch und mit Bewegung die Persönlichkeitsentwicklung. Medikamente sollten nur ausnahmsweise angewandt werden, vor allem bei reaktiven Störungen oder bei einem Aufmerksamkeits-Defizit-Syndrom (ADS) bzw. beim Hyperkinetischen Syndrom (HKS).

Längsschnittstudien zeigen, dass die eigentliche Lernstörung durch therapeutische Maßnahmen meist nicht wesentlich zu verändern ist. Das Kind muss vielmehr lernen, mit seiner Schwäche, zum Beispiel einer Legasthenie, zu leben und selbstbewusst mit ihr umzugehen. Trotzdem ist es wichtig, Lernstörungen früh zu erkennen und in geeigneter Weise zu beeinflussen, vor allem durch koordinierte Maßnahmen die reaktiven

Symptome zu behandeln, die sich leistungs-mindernd auswirken und eine drohende see-lische Behinderung im Sinn des Kinder- und Jugendhilfegesetzes darstellen.

Gerhard Neuhäuser

■ **Literaturtipps**

Spitzer, M. (2002). Lernen. Gehirnforschung und die Schule des Lebens. Heidelberg: Spektrum Akademischer Verlag.

Steinhausen, H.-Ch. (2002). Psychische Störungen bei Kindern und Jugendlichen. Lehrbuch der Kinder- und Jugendpsychiatrie. München: Urban & Fischer.

Literacy

Es gibt für Literacy leider keinen entsprechenden deutschen Begriff (in Fachkreisen wird es gelegentlich mit Literalität übersetzt). Literacy bedeutet wörtlich Lese- und Schreibkompetenz, schließt aber weitere Fähigkeiten ein, wie z.B. Textverständnis und Sinnverstehen, sprachliche Abstraktionsfähigkeit oder Vertrautheit mit Büchern. Literacy in der frühen Kindheit ist ein Sammelbegriff für kindliche Erfahrungen und Kompetenzen rund um die Buch-, Erzähl-, Reim- und Schriftkultur.

Die Bedeutung von Literacy-Erziehung ■ Die Entwicklung von Literacy-Kompetenzen beginnt bereits in der frühen Kindheit. Lange bevor Kinder »formal« lesen und schreiben lernen, machen sie Erfahrungen mit den unterschiedlichen Facetten der Lese-, Erzähl- und Schriftkultur. Kinder, die in der Familie und in frühpädagogischen Institutionen reichhaltige Literacy-Erfahrungen machen können, haben eindeutige Vorteile in der Ausbildung ihrer sprachlichen Kompetenz sowie ihrer Lese- und Schreibkompetenz – auch auf lange Sicht. Sprach-, Lese- und Schreibkompetenz gehören nachweislich zu den wichtigsten Grundlagen für den Schulerfolg und für die Bildungslaufbahn von Kindern. Es ist wichtig, im Elementarbereich die Entwicklung von Sprache *und* Literacy systematisch zu beobachten und zu dokumentieren (vgl. für Migrantenkinder Ulich/Mayr 2003, nähere Informationen siehe www.ifp-bayern.de).

Je nach familiärer Situation, sozio-kulturellem Umfeld und Betreuungssituation sind Literacy-Erfahrungen sehr unterschiedlich. Bei manchen Kindern sind sie sehr reichhaltig und intensiv, bei anderen Kindern dagegen eher selten und sporadisch. Im Bereich von Sprache und Literacy gibt es sehr große Unterschiede zwischen sogenannten privilegierten und weniger privilegierten Kindern. In Einrichtungen mit einem hohen Anteil von sprachlich und sozial benachteiligten Kindern sollte mit Blick auf mehr → Chancengleichheit dieser Bereich ganz besonders betont werden. In jedem Fall sollte eine bewusste Literacy-Erziehung stets die Eltern und die Familiensprachen der Kinder einbeziehen. Literacy-Erziehung ist auch für Migrantenkinder, die Deutsch als Zweitsprache lernen, von besonderer Bedeutung.

Kompetenzen im Bereich von Literacy ■ Literacy umfasst vielfältige Fähigkeiten. Im Vorschulalter und im Übergang zur Schule, sollten Kinder allmählich folgende Interessen und Kompetenzen entwickeln:

- Textverständnis: einer längeren Erzählung folgen können; den Sinn eines Textes verstehen und diskutieren; Bezug zwischen Texten (Geschichten) und den eigenen Erfahrungen herstellen
- Von konkreten, vertrauten Situationen sprachlich abstrahieren; von Fernem, von Vorstellungen erzählen, so dass es für Zuhörer nachvollziehbar ist
- Bewusstsein für den lautlichen Aufbau, für die lautliche Gestalt der Sprache (phonologische Bewusstheit)
- Erzählkompetenz und -freude: eine Geschichte oder Erlebnisse in der richtigen Abfolge der Ereignisse und im Zusammenhang erzählen können und Spaß daran haben
- Interesse und Freude an Büchern und Geschichten
- Vertrautheit mit Buch- und Schriftkultur: wissen, was z.B. ein Autor/Illustrator/Titel

ist; Beziehung von Bild und Text verstehen; verschiedene Gattungen kennen (z.B. Lexikon, Sachbuch, Vorlesebuch); Erfahrung mit Buchausleihe

- Bewusstsein für verschiedene Sprachstile und Textsorten: z.B. Alltagsgespräch, → Märchen, Sachtext, Höflichkeitsregeln voneinander unterscheiden können
- Interesse an Laut- und Sprachspielen, Reimen und Gedichten
- Bewusstsein, dass mit Sprache eine »andere« Welt geschaffen werden kann; Aufbau von fiktiven oder fernen Welten
- Interesse an Schreiben und Schrift: Schreibversuche starten, Schreiben spielen; Schrift und Logos entziffern; wissen, dass es Buchstaben gibt und einzelne kennen; Funktionen von Schrift kennen und damit experimentieren.

Formen der Literacy-Erziehung ▪ Literacy-Erziehung ist ein komplexes Geschehen. Es geht dabei (a) um regelmäßige, gezielte Angebote wie Bilderbuchbetrachtung, Vorlesen oder Kinderdiktat; (b) um eine alltägliche freudvolle Begegnung von Kindern und Erwachsenen mit Büchern, Geschichten, Reimen und Schrift; (c) um eine lesefreundliche Raumgestaltung. Im Folgenden, beispielhaft, einige Grundformen von Literacy-Erziehung.

Bilderbuchbetrachtung ▪ Die Bilderbuchbetrachtung gehört zu den wirksamsten Formen der Sprachförderung im frühen Kindesalter. Kinder genießen die Zuwendung und Nähe des Erwachsenen in einer besonders sprachintensiven Situation. Das Tempo von sprachlicher Anregung und → Kommunikation kann auf das Kind abgestimmt werden. Über die Vielzahl von Dingen und Ereignissen, die sich über Bild und Text vermitteln, sind vielfältige sprachliche Interaktionen möglich: Das einfache Benennen der Bilder, Definieren und Erklären, Deuten und Phantasieren. Wichtig ist dabei die Aktivierung des Kindes, der Dialog. Auf diese Weise kann das Kind allmählich selbst zum Erzähler der Geschichte werden, den Text oder die Bilder kommentieren und mit eigenen Erfahrungen

oder anderen Geschichten verbinden. Überdies erfahren die Kinder beim gemeinsamen »Lesen« von Bilderbüchern fast nebenbei vieles über Schrift und Buchkultur (Ulich 2004; 2005)

Erzählen und Vorlesen ▪ Durch das Erzählen und Vorlesen werden das intensive Zuhören, die Phantasie und die Konzentration auf eine rein sprachlich vermittelte Botschaft gefördert. Die Kinder lernen allmählich, die »erzählte Welt« zu verstehen und sich diese vorzustellen, von Fernem zu erzählen und sprachlich zu abstrahieren. Darüber hinaus machen sie Erfahrungen mit einem anderen sprachlichen Niveau, als sie das von Gesprächen kennen. In einem Kinderbuch ist der Wortschatz weitaus reichhaltiger als in einem Alltagsgespräch, es werden z.B. mehr Adjektive und komplexere grammatikalische Formen verwendet. Beim Erzählen und Vorlesen lernen Kinder fast nebenbei auch etwas über die Struktur von Geschichten: dass sie z.B. Figuren haben, die etwas erleben oder dass es einen Anfang und ein Ende mit einem Spannungsbogen dazwischen gibt.

Geschichten von Kindern schriftlich dokumentieren ▪ Kinder sollen nicht nur ermuntert werden, eigene Geschichten zu erzählen, sondern diese auch festzuhalten und zwar dadurch, dass sie sie Erwachsenen diktieren. Auf diese Weise erleben sie, wie sich mündliche Sprache in Schriftsprache umwandelt, wie eine Geschichte aufgebaut ist, was sie sich merken wollen, welche Schwerpunkte sie setzen wollen und sie haben auch die Möglichkeit zur Korrektur: wie man zum Beispiel durch andere Formulierungen bestimmte Inhalte noch präziser und auch schöner ausdrücken kann. Nicht zuletzt fühlen sie sich als »Autoren« wertgeschätzt.

Begegnungen mit Reimen und Gedichten und dem darstellenden Spiel ▪ Zu einer anregungsreichen sprachlichen Umwelt gehören Reime, Gedichte, Lieder, Fingerspiele, das Spiel mit Lautmalerei und Nonsensreimen, Wort- und Silbenspiele, Zungenbrecher, Zaubersprüche, Witze oder auch Sprichwörter. So entwickeln Kinder eine kreative Lust an

der Sprache, ein Bewusstsein für Sprachrhythmus und für die lautliche Gestalt der Sprache. Auch → Rollenspiele, szenisches Spiel, Theater (→ Theaterpädagogik), Handpuppenspiel sind regelmäßig anzubieten, sie regen die Sprachentwicklung und das Interesse an Sprache und Literatur an.

Lesefreundliche räumliche Gestaltung und Rituale ■ Nicht nur gezielte Angebote, auch die räumliche Umgebung und bestimmte Rituale rund ums Buch können bei Kindern Lesefreude und den selbstverständlichen Umgang mit Büchern fördern.

■ Die Leseecke (oder Bibliothek) ist klar abgegrenzt und attraktiv gestaltet, die Regeln werden mit den Kindern gemeinsam besprochen und auf einem Plakat schriftlich festgehalten
■ Möglichst viele Gattungen sind vertreten: Bilderbücher, Sachbücher, Märchenbücher, Bücher mit längeren Geschichten, die in mehreren Sitzungen den (älteren) Kindern als Folge vorgelesen werden; Lexika; Zeitschriften (→ Kinder- und Jugendliteratur)
■ Es gibt Bücher und Tonmaterialien (Hörspiele, Lieder, Märchen) in anderen Sprachen, vor allem in den Sprachen, die in der Kindergruppe vertreten sind
■ Die Bücher werden gemeinsam mit den Kindern repariert
■ Es gibt einen kleinen Tisch mit Tonträger und Kopfhörer
■ Die Kinder können Bücher nachhause ausleihen – für die Ausleihe bekommen sie einen Ausweis; das Ausleihsystem ist für sie transparent; sie sehen den Stempel auf ihrer Karte und die Liste der ausgeliehenen Bücher (im Zettelkasten oder im PC)
■ Es gibt häufig Bilderbuchausstellungen (in verschiedenen Sprachen); Bibliotheken (Stadtbücherei usw.) und Lesungen werden regelmäßig besucht.

Spielerische Erfahrungen mit Schreiben und Schrift ■ Es gilt, das Interesse an Schrift und Schreiben zu wecken oder zu verstärken und zwar im Sinne eines entdeckenden, spielerischen Zugangs. Für sozial benachteiligte Kinder, die zu Hause wenig Kontakt mit Schrift und Büchern haben, sind diese Lernchancen von besonderer Bedeutung. Unterstützend ist hierbei die Einrichtung einer Schreibecke mit den entsprechenden Materialien, das Bereitstellen von Buchstaben, das Aufhängen von Schriftstücken und Plakaten (auch in den Familiensprachen der Kinder), wechselnde Logos und Hinweisschilder an den Wänden im Gruppenraum. Auf diese Weise wird Schriftkultur zum selbstverständlichen Bestandteil der kindlichen Lebenswelt und die Kinder werden dazu angeregt, sich damit auseinander zu setzen. Durch bestimmte Aktivitäten, wie z.B. den eigenen Namen schreiben, »Briefe« an Freunde schicken oder szenisches Rollenspiel mit Schreibszenen, werden diese Erfahrungen intensiviert.

Erfreulicherweise gibt es mittlerweile (seit etwa 2003) auch im deutschsprachigen Raum zahlreiche Publikationen zur Literacy-Erziehung im Vorschulalter.

Michaela Ulich

■ **Literaturtipps**

Whitehead, M. (2004). Literacy: Sprachliche Grundbildung und Schriftsprachkompetenz in der frühen Kindheit. In: Fthenakis, W.E. & Oberhuemer (Hg.). Frühpädagogik international. Bildungsqualität im Blickpunkt. Wiesbaden: VS Verlag für Sozialwissenschaften.
Näger, S. (2005). Literacy – Kinder entdecken Buch-, Erzähl- und Schriftkultur. Freiburg: Herder.
Ulich, M. (2004). Lust auf Sprache. Sprachliche Bildung und Deutsch lernen in Kindertageseinrichtungen. Videokassette mit Arbeitsheft. Freiburg: Herder. (bestellbar unter: kundenservice@herder.de)
Ulich, M. (2005). Literacy und sprachliche Bildung im Elementarbereich. In: S. Weber (Hg.): Die Bildungsbereiche im Kindergarten. Basiswissen für Ausbildung und Praxis (3. Aufl.). Freiburg: Herder, S. 106-124.

Logopädie

Logos (gr.) bedeutet menschliche Rede oder sinnvolles Wort. Logopädie kann daher übersetzt werden mit Sprachheilkunde oder Lehre von den Sprachstörungen und ihrer Heilung. Das wissenschaftliche Fundament der Logopädie gründet sich auf Erkenntnisse aus Medizin, Linguistik, Psychologie und Pädagogik. Logopädie ist eine klinisch-therapeutische Disziplin; die Logopädinnen (ein überwiegend von Frauen ausgeübter Beruf) gehören zur Gruppe der Medizinalfachberufe, d.h. zu den Heilberufen.

Die zentralen Aufgaben der Logopädie sind die Beratung, Diagnostik, Prävention und Therapie von Menschen aller Altersgruppen mit Sprach-, Sprech-, Stimm-, Hör- und Schluckstörungen. Dazu gehört die → Beratung der Angehörigen. Das Ziel der logopädischen Behandlung lautet zusammengefasst: die (Wieder-)Herstellung der Kommunikationsfähigkeit der Patienten und somit die Teilhabe am Leben in der Gemeinschaft (→ Rehabilitation).

Arbeitsfelder ■ Logopädinnen arbeiten auf ärztliche Verordnung in eigenen Praxen, Kliniken oder Therapiezentren. Sie entwickeln selbständig einen Behandlungsplan aufgrund ihrer logopädischen Befunderhebung. Ein Arbeitsfeld bezieht sich auf die Behandlung von Stimm-, Sprech- und Sprachstörungen von Erwachsenen, die vorwiegend auf neurologische Erkrankungen zurückzuführen sind (u.a. nach Schlaganfällen, Schädelhirntraumata, Parkinson-Syndrom oder multipler Sklerose).

Ein weiteres Arbeitsfeld der Logopädinnen ist heute die → Frühförderung, d.h. die sprachtherapeutische Arbeit mit Kindern im vorschulischen Alter. Die logopädische Behandlung der Kinder findet vorwiegend in Praxen oder Therapiezentren statt. Darüber hinaus arbeiten Logopädinnen in Sonderkindergärten oder Integrations-Kitas, in deren Räumen dann häufig die sprachtherapeutische Begleitung stattfindet (→ Integrative Erziehung).

Sprachstörungen ■ Der Spracherwerb ist ein ganzheitlicher Entwicklungsprozess. Die Sprachentwicklung vollzieht sich zwar nach einem inneren Bauplan, der jedoch durch erblich/organische, psychische, sozialisationsbedingte (Umwelt und Erziehung) Faktoren beeinflusst werden kann, d.h. es besteht ein enger Zusammenhang zwischen vielen Sprachstörungen und psychischen Belastungssituationen, mangelndem Selbstwertgefühl, anregungsarmer Umwelt, soziokulturellen Besonderheiten, motorischen Auffälligkeiten. Die häufigsten Störungen, die bei Kindern behandelt werden, sind:

- Sprach- und Entwicklungsverzögerungen unterschiedlichster Ursachen, z.B. Störung im Sprachverständnis, Einschränkung des Wortschatzes, Auffälligkeiten in der Artikulation = Dyslalie oder fehlerhafte Satzbildung = Dysgrammatismus
- Störungen des Redeflusses und der Artikulation, z.B. Poltern (überhastetes Sprachtempo: Silben und Laute werden verschluckt), Stottern (gestörter Sprechablauf: Blockaden, Wiederholen von Lauten und Silben)
- Zentralnervös bedingte Sprach- und Sprechstörungen, verursacht durch minimale Hirnschädigungen (vor, während und kurz nach der Geburt) oder durch spätere Schädel-Hirn Verletzungen
- Hörstörungen, die Einfluss auf die Sprachentwicklung haben
- Fehlfunktionen der Kau- und Gesichtsmuskulatur, z.B. bei intensivem Lutschen des Kindes, bei Spaltenbildung (Gaumenspalte) oder anderen Fehlbildungen.

Je nach Ursache, Intensität und Verlauf wird unterschieden zwischen:
- Sprachentwicklungsverzögerung
- Sprachentwicklungsstörung
- Sprachentwicklungsbehinderung.

Therapie bei Kindern ■ Im logopädischen Behandlungskonzept werden die Entstehungsfaktoren der jeweiligen Störung berücksichtigt. Im Allgemeinen beginnt eine logopädische Behandlung erst, wenn das Kind die Grundlagen unseres Sprachsystems erworben hat und mögliche Sprach- und Sprechstörungen deutlich werden, d.h. frühestens im vierten Lebensjahr. Bei Kindern mit besonderen Befunden wie z.B. Hörstörung, Kiefermissbildung oder cerebralen (=

das Gehirn betreffenden) Schädigungen ist eine frühzeitigere Behandlung notwendig, um die Voraussetzungen für die Sprach- und Sprechentwicklung rechtzeitig zu unterstützen. In dieser frühkindlichen Phase wird die logopädische Behandlung als Therapie im vorsprachlichen Raum bezeichnet.

Bis zum Eintritt in die Grundschule sollten Sprachentwicklungsverzögerungen und Sprachstörungen so weit wie möglich behandelt sein, damit sich die mit Sprachauffälligkeiten meistens einhergehenden Minderwertigkeitsgefühle und Verhaltensauffälligkeiten im leistungsorientierten Schulbetrieb nicht manifestieren und zu weiteren schulischen Problemen führen.

Aufgrund des engen Zusammenhangs von Sprachstörungen und organischen, psychischen, motorischen und sozio-kulturellen Bedingungen orientiert sich die logopädische Behandlung heute nicht nur an den Defiziten des Kindern, sondern umfasst darüber hinaus die folgenden Aspekte:

- Spielerischer, stressfreier Umgang mit Sprache, Spaß am Sprechen haben
- Stärkung des Selbstwertgefühls der kindlichen Patienten
- Spielerische und handlungsorientierte Förderung der Bewegungs- und Wahrnehmungsfähigkeit (→ Psychomotorik)
- Allgemeine Förderung der Sprachkompetenz verbunden mit positiven Sprecherfahrungen.

Eine intensive Beratung und Begleitung der Eltern ist wesentlich für den Erfolg der logopädischen Therapie.

Ausbildung ■ Die Ausbildung zur Logopädin erfolgt in Deutschland an Berufsfachschulen für Logopädie (Ausbildungsgesetz über den Beruf des Logopäden von 1980). Ein Fachhochschulstudium, wie in vielen anderen Ländern üblich, wird insbesondere von Berufsverbänden angestrebt.

Sabine Herm

■ **Literaturtipps**

Braun, Otto (2002). Sprachstörungen bei Kindern und Jugendlichen. Stuttgart: Kohlhammer.

Grimm, H. (2002). Störungen der Sprachentwicklung. Göttingen: Hogrefe.

Wendtland, W. (2002). Sprachstörungen im Kindesalter. Materialien zur Früherkennung und Beratung. Stuttgart: Thieme.

Mädchenbildung

Die Vorstellung von der richtigen Mädchenbildung war zu allen Zeiten und in allen Kulturen abhängig von den kollektiven Auffassungen über das soziale Leben, die geschlechtsspezifische Aufgabenverteilung und die Rollenerwartungen. Insofern unterlag diese Frage immer auch einem Wertewandel. Jahrhundertelang war Mädchenbildung (→ Bildung) in Deutschland kein Thema, weil man davon ausging, dass die Kenntnisse und Fertigkeiten, die eine Frau haben muss, um ihren Aufgaben als Hausfrau und Mutter gerecht zu werden, sich durch das Vorbild der jeweils älteren Generation quasi von selbst einstellen. Dabei war das Ideal der »tugendhaften Hausfrau« höchst anspruchsvoll: Es orientierte sich sowohl in der jüdischen wie in der christlichen Kultur an den Sprüchen Salomonis 31,10–31 (Altes Testament). Demnach ist die Frau zuverlässig und liebevoll, arbeitet gern und geschickt vom frühen Morgen bis in die späte Nacht, ist fleißig und geschäftstüchtig, trifft Vorsorge und hat alles im Blick, ist mildtätig, weise und gütig, kreativ und gottesfürchtig; mit einer solchen Frau im Haus kann sich der Mann höheren Aufgaben zuwenden. Den praktischen Teil einer solchen Erziehung hatte die Mutter zu übernehmen; bei der moralischen Erziehung wurde sie unterstützt durch die Sonntagspredigten in der Kirche und den gesellschaftlichen Verhaltenskodex. In Schillers »Glocke« heißt es dazu treffend: »Und drinnen waltet die züchtige Hausfrau, die Mutter der Kinder (...) und lehret die Mädchen und wehret die Knaben.«

Erste Ansätze der Mädchenbildung ■
Seit Martin Luther (1483–1546) wurde zumindest in protestantischen Fürstentümern auch ein Leseunterricht für Mädchen zum Bibellesen als notwendig erachtet. Wenn aber Luther in seiner berühmten Predigt von 1530 dazu aufruft, »dass man Kinder zur Schule halten solle«, so meint er nur die Knaben, die durch besseren Unterricht für einen Beruf als Seelsorger, Schulmeister oder Jurist vorbereitet werden sollen. Johann Amos Comenius (1592–1670) fordert dagegen eine allgemeine Schulpflicht für Jungen und Mädchen mit Unterricht in der Muttersprache und in Latein. Sein Ruf blieb ohne erkennbare Resonanz. In höfischen Kreisen gab es zwar Hauslehrer, auch in Frauenklöstern wurde unterrichtet, aber erst im 17. Jahrhundert kam der Gedanke einer planvollen Bildung der Mädchen auch in bürgerlichen Kreisen auf. Der französische Theologe und spätere Erzbischof Francois de Salignac de la Mothe Fénelon (1652–1715) verfasste 1687 mit »Traité de l'Education des Filles« eine Schrift, die sogleich von dem evangelisch-pietistischen Theologen und Pädagogen August Hermann Francke (1663–1727) ins Deutsche übersetzt wurde und rasche Verbreitung fand. Mädchen solle man auch Lesen und Schreiben sowie die vier Grundrechenarten beibringen, etwas von griechischer und römischer Geschichte vermitteln, aber keine Liebesromane zugänglich machen.

Seitdem war die Vorstellung einer bewussten, planvollen Bildung der Mädchen nicht mehr wegzudenken. Allerdings war der Weg zu einer schulischen Bildung für Mädchen und Jungen noch weit. Als schließlich 1717 in Preußen von Friedrich Wilhelm I. (1688–1740) die Schulpflicht eingeführt wurde, waren auch die Mädchen gemeint. Die Lateinschulen und Universitäten waren aber nach wie vor den Jungen vorbehalten. Erst in der zweiten Hälfte des 18. Jahrhunderts wurden auf bürgerliche Initiativen hin private »höhere Töchterschulen« gegründet, die 1894 in Preußen eine staatliche Lenkung mit allgemein verbindlichen Lehrplänen für eine neunjährige Schulzeit erfuhren. 1908 wurden Struktur und Lehrpläne der Mädchenerziehung deutlich an die der Knabenschulen angenähert: Auf das Lyzeum folgte ein zwei- oder dreijähriges Oberlyzeum. Mädchen konnten jetzt ohne Sondergenehmigung studieren.

Die Bedeutung der Frauenbewegung ■
Die Frauenbewegung zu Beginn des 20. Jahrhunderts, die immer wieder gegen fest zementierte Männerprivilegien an-

rennen musste, hatte erheblichen Einfluss auf das gesellschaftliche Leben. Schon 1887 hatte Helene Lange (1848–1930) die gleichberechtigte Beteiligung der Mädchen am wissenschaftlichen Unterricht gefordert. Nach der Einführung des allgemeinen Wahlrechts für Frauen 1918 und der staatsbürgerlichen Gleichberechtigung von Männern und Frauen in der Weimarer Verfassung von 1919 feierte die Frauenbewegung die »gänzlich und glücklich veränderte Stellung der Frau«. Das neue Ideal der »freien, denkenden und arbeitenden Frau« stand in scharfem Kontrast zu Immanuel Kants (1724–1804) immer noch lebendigem Verdikt: »Eine Frau ist niemals mündig ohne Mann!« Das Engagement der Frauenbewegung für die berufliche Bildung von Frauen und damit verbunden auch für ihre größere Unabhängigkeit ebnete vielen begabten Frauen den Weg in Berufe, die bisher Männern vorbehalten waren.

Nationalsozialismus ■

Natürlich löste die Frauenbewegung auch eine Gegenbewegung aus, die dann insbesondere im Nationalsozialismus gestärkt wurde. Nach dessen Ideologie sollten Frauen vor allem Hüterinnen des Heimes und Mütter vieler Kinder sein. Kinderlosigkeit war konsequenterweise ein Scheidungsgrund. Um die Frauen zum Kindergebären zu bewegen, gab es z.B. ein zinsloses Darlehen über 1000.– RM, das mit jeder Geburt um ein Viertel »abgekindert« werden konnte, aber nur, wenn eine berufstätige Frau ihren Beruf aufgegeben hatte. Berufstätige Ehefrauen wurden als »Doppelverdiener« beschimpft. Und prompt ging der weibliche Anteil unter den Abiturienten, der 1932 immerhin schon 20 % betragen hatte, bis 1937 auf 16 % zurück. Trotzdem waren bei Kriegsende wegen des »Männermangels« 43 % der Studenten weiblich. Die Bereitschaft der Frauen, Kinder zu gebären, wurde vom Regime belohnt: Mütter mit vier, sechs oder acht Kindern erhielten ab 1939 das »Ehrenkreuz der deutschen Mutter« (das sogenannte »Mutterkreuz«) in Bronze, Silber und Gold. Um eine rein arische Nachkommenschaft zu sichern, gründeten die Nazis ab 1936 den »Lebensborn«. Dabei handelte es sich um einen staatlich geförderten Verein, der auf der Grundlage der nationalsozialistischen Personen- und Gesundheitsideologie die Erhöhung der Geburtenrate zur Zucht einer rein arischen Elite anstrebte. In vierzehn speziellen Heimen ließen sich 12.000 arische Mädchen von anonymen SS-Männern begatten. Die neugeborenen Kinder wurden sogleich von arischen Familien adoptiert.

Mädchenbildung nach 1949 ■

Erst in den Verfassungen der BRD und der DDR von 1949 wurde die Gleichberechtigung von Männern und Frauen wieder zur tragenden Säule der Gesellschaftsordnung und sicherte jedem Menschen das Recht auf freie Entfaltung seiner Persönlichkeit zu. Gleichzeitig hielt aber das Bürgerliche Gesetzbuch (BGB) an der alten Rollenverteilung fest: Der Mann verdient das Geld, die Frau kümmert sich um die Familie. Die Meinung, eine gute Schulbildung sei für Söhne wichtiger als für Töchter, war immer noch allgemein verbreitet.

Die Diagnose einer deutschen Bildungskatastrophe (Georg Picht, 1964) nach dem russischen Weltraum-Erfolg (»Sputnik-Schock«) brachte Bewegung in die Bildungspolitik. Auf der Suche nach »Begabungsreserven«, die die deutsche Wirtschaft konkurrenzfähig halten sollten, wurde das katholische Arbeitermädchen vom Land als besonders benachteiligt ermittelt. Das politische Ziel der sozialdemokratischen Ära Willy Brandt (1913–1992), die → Chancengleichheit, führte zu großen Reformen im Bildungsbereich. Ein Deutscher Bildungsrat wurde einberufen (1965–1975), die Bildungsausgaben von Bund und Ländern wurden erheblich gesteigert, staatliche Konfessionsschulen abgeschafft, die Koedukation (= zweigeschlechtliche Erziehung) allgemein eingeführt, kostenlose Schulbusse zu neuen Mittelpunktschulen angeboten. Eine staatlich finanzierte Werbekampagne sollte Eltern bewegen, ihre Kinder, insbesondere die Mädchen, länger zur Schule gehen zu lassen. Als später eine Ausbildungsbeihilfe eingeführt wurde (»Schüler-Bafög«), nahm der Anteil der Mädchen an der gymnasialen Oberstufe und der Fachschule sprunghaft zu. Gleichzeitig wuchs der weibliche Anteil an den Erwerbstätigen kontinuierlich (→ Geschlechtsbewusste Pädagogik).

Situation heute ■ Inzwischen haben die Mädchen aufgeholt. 2003 waren von 255.200 Schulabgängern mit der Allgemeinen Hochschulreife in der Bundesrepublik bereits 55,4 % weiblich; und der Anteil der Frauen unter den Studienanfängern aller Hochschulen in der Bundesrepublik war im WS 2003/2004 mit 181.848 deutlich an die Zahl der männlichen Studierenden (195.656) herangerückt. Nimmt man die Universitäten allein, so stellen die Frauen unter den Studienanfängern 2003/2004 mit 52,14 % bereits die Mehrheit. Mädchen haben im Durchschnitt bessere Noten und müssen seltener eine Klasse wiederholen. Die Beteiligung am Erwerbsleben ist hoch. Die Tatsache, dass Frauen trotz dieser guten Ausgangsbasis im Erwerbsleben und in der Karriere weit hinter den Männern zurückstehen, rief die ab 1990 in Bund und Ländern eingeführten Frauen- oder Gleichstellungsministerien auf den Plan und setzte eine rege Gender-Forschungstätigkeit (engl.: gender = Geschlecht) in Gang.

Weil gerade in den zukunftsträchtigen und einkommensstarken Berufen im Bereich der Mathematik, der Kommunikationstechnologie und Physik Frauen viel seltener zu finden sind als Männer, wurde darüber diskutiert, ob nicht zumindest fächerspezifisch die Koedukation am Gymnasium wieder aufgehoben werden sollte. Zur Zeit wird aber eher danach gefragt, wie auch im koedukativen Unterricht das Interesse der Mädchen an Mathematik und Naturwissenschaften gesteigert werden könnte. Möglicherweise knüpfen die Curricula der entsprechenden Unterrichtsfächer zu sehr an die Erfahrungsbereiche von Jungen an und müssten stärker auf das bezogen werden, was Mädchen beschäftigt. Ganz sicher aber wird die Fächerwahl der Mädchen von Faktoren beeinflusst, die außerhalb der Schule liegen (stark geschlechtsspezifische Erziehung im Elternhaus, Mangel an weiblichen Vorbildern). Tatsache ist, dass Männer auch heute noch sehr

selten bereit sind, zugunsten von Haushalt und Kindererziehung zeitweise oder teilweise auf Erwerbstätigkeit zu verzichten. Die Verwirklichung der Gleichstellung scheint daher heute eher ein Problem der Jungen- statt der Mädchenerziehung zu sein.

Rose Götte

■ **Literaturtipps**

Berty K. u.a. (Hg.) (1991). Emanzipation im Teufelskreis. Weinheim: Deutscher Studien Verlag.
Fénelon, F. (1956). Über die Erziehung der Mädchen. Paderborn: Schöningh.
Preuss-Lausitz, U. (1993). Die Kinder des Jahrhunderts. Weinheim/Basel: Beltz.

Märchen

Märchenhafte Motive und Erzählformen finden sich zu allen Zeiten und überall auf der Welt. Die ältesten heute bekannten Vorformen unseres Märchens stammen aus dem Orient (Gilgamesch-Epos ca. 1200 v. Chr.), die ersten Sammlungen entstanden in Italien (Giambattista Basile: Pentamerone 1634). In Deutschland wurde das Märchen mit den »Kinder- und Hausmärchen« (1812/1814) der Gebrüder Grimm populär.

Märchen wurden in der Regel mündlich weitergegeben – in manchen Gesellschaften gab und gibt es sogar professionelle Märchen- und Geschichtenerzähler. Sie richteten sich ursprünglich an Erwachsene, sind jedoch seit vielen Generationen fester und beliebter Bestandteil der → Kinder- und Jugendliteratur. Der Begriff Märchen stammt vom mittelhochdeutschen Wort »maere«, was soviel wie Nachricht, Kunde, Erzählung bedeutet. Heute verstehen wir unter Märchen eine kurze, mündlich oder schriftlich verbreitete Erzählung, in der die Grenzen zur Wirklichkeit, aufgehoben sind. Im Mittelpunkt steht ein Protagonist, der auf große Gefahren oder schwierige Aufgaben trifft, die er bewältigen muss. Mitbeteiligt sind Akteure mit übersinnlichen Fähigkeiten, das können auch Tiere und Pflanzen sein, die menschliche Gestalt annehmen oder sprechen können. Die entscheidenden Taten im Kampf des Guten gegen das Böse werden jedoch von den Protagonisten vollbracht und am Ende siegt immer das Gute gegen das Böse.

Volksmärchen ■ Viele unserer alten Volksmärchen sind Überlieferungen, die auf älteste Erfahrungen und Urbilder zurückgreifen. Der Tiefenpsychologe C.G. Jung (1875–1961) begründet die Entstehung von Märchen mit seiner Lehre vom kollektiven Unbewussten, das aus archetypischen Bildern und Symbolen bestehe. In den Märchen und Mythen auf der ganzen Welt fänden sich diese Urbilder wieder. Dabei geht es um Themen wie Gut und Böse, die Deutung der Welt, Prozesse von Wandlung und Veränderung oder um Konfliktkonstellationen, die für jedes Individuum von biografischer Brisanz sind wie Trennung, Ablösung, Autonomie. Ähnlich wie bei Träumen zeigen sich diese Themen in verschlüsselter, in symbolisierter Form. Jung bezeichnete einmal das Märchen als »großen Bruder des Traumes«. Märchen erzählen in symbolischen Bildern von uns selbst, sowohl was unsere inneren Konflikte anbelangt als auch unsere positiven und negativen Eigenschaften. So symbolisieren Prinz(essin) und Held(in) unsere positiven Eigenschaften, Hexen, böse Zauberer u.a. unsere negativen, wie Neid, Hass oder Angst. Durch ihre Bildersprache wirken Märchen direkt auf unser Unterbewusstsein. Wenn ein Kind ein Märchen immer wieder hören möchte, können wir sicher sein, dass irgendetwas darin verpackt ist, was das Kind gerade unbewusst beschäftigt.

Strukturmerkmale ■ Max Lüthi unterscheidet fünf Strukturmerkmale, die das europäische Volksmärchen kennzeichnen:
- Eindimensionalität: Das Diesseits und das Jenseits stehen in selbstverständlicher Verbindung zueinander, das Übernatürliche, Wunder oder Zauber werden gleichsam als Realität hingenommen und nicht von dieser unterschieden
- Flächenhaftigkeit: Den Märchenfiguren fehlt jegliche körperliche und seelische Tiefe, sie besitzen weder Körper- noch

Charaktereigenschaften. Innere Befindlichkeiten drücken sich grundsätzlich nur durch äußere Handlungen aus. Auch kennt das Märchen weder genaue Orte – »in einem fremden Land« – noch genaue Zeiten – »Es war einmal«
- Abstrakter Stil: Die Figuren werden nicht als Individuen eingeführt, sondern als Typen. Sie haben klare Konturen, es gibt eine scharfe Trennung zwischen Gut und Böse. Das Märchen verläuft ohne Details, es tauchen auch nur Personen auf, die wichtig für die Handlung sind. Der Erzählstrang folgt dem Weg des Helden
- Isolation/Allverbundenheit: Die Figuren haben keine Verbindung zu ihrer Umwelt. Die Helden gehen ihren Weg allein und isoliert, sind dadurch aber fähig zur Verbundenheit mit allen und allem: »mit den Wesensmächten der Welt«
- Sublimation und Wahrhaftigkeit: Die Märchenmotive entstammen der Wirklichkeit, werden aber »entwirklicht« durch magische Elemente und mythische Motive. Märchen sind welthaltig und versuchen, die ganze Welt zu umfassen.

Kunstmärchen ■ Im Gegensatz zu den überlieferten Volksmärchen sind Kunstmärchen Werke von Schriftstellern, die als individuelle Erzählungen niedergeschrieben wurden. In Deutschland beginnt die Geschichte des Kunstmärchens in der Romantik mit Ludwig Tieck (Der gestiefelte Kater) und Novalis (Atlantismärchen in Heinrich von Ofterdingen). Clemens Brentano verfasste Märchen wie Gockel, Hinkel und Gackeleia, von Wilhelm Hauff stammt Kalif Storch oder Zwerg Nase, einer der bekanntesten Vertreter ist Hans Christian Andersen (Des Kaisers neue Kleider oder Die Prinzessin auf der Erbse). Das Gemeinsame zwischen Volks- und Kunstmärchen ist der Bezug zum Wunderbaren. Im Gegensatz zu den Volksmärchen bearbeiten Kunstmärchen aber nicht notwendigerweise allgemeine existenzielle Themen oder Entwicklungsprobleme, die Geschichten nehmen nicht immer ein gutes Ende, Figuren und Ereignisse werden detaillierter beschrieben. Insgesamt ist die literarische Konzeption in der Regel umfangreicher und komplizierter, weshalb sich das Kunstmärchen für Kinder im Kindergartenalter nicht eignet.

Bedeutung für Kinder ■ Durch die einfache Form und bildhafte Sprache können sich Kinder gut mit den Märchenfiguren identifizieren. Märchen bieten Kindern Hilfe an, indem sie auf der symbolischen Ebene ihre Entwicklungsthemen schildern: Autonomiebestrebungen, Trotzphasen, Bewältigung von Übergängen (z.B. bei Schuleintritt), Trennungssituationen, Pubertät. Der strukturell gute Ausgang fördert die positiven Kräfte eines Kindes, wie Mut, Ausdauer, Vertrauen, Geduld, die es zur Überwindung dieser Schwierigkeiten braucht, und vermittelt gleichzeitig Trost und Zuversicht. Dabei empfundene Ängste, Unsicherheiten und → Aggressionen können auf die Märchenfiguren projiziert werden (auf die Hexe, den bösen Wolf, den Zauberer). Gleichzeitig erfährt das Kind, dass destruktive Kräfte vom Märchenhelden überwunden und besiegt werden und zwar in der Konfrontation und nicht im Davonlaufen bzw. Verstecken (wie z.B. beim Wolf und den sieben Geißlein). Kinder erleben, dass sie selbst aktiv werden können und sich nicht alles gefallen lassen müssen. Geschichten und Märchen bewirken eine Heilung von innen, sie fördern den Verarbeitungsprozess und ermöglichen einen Neubeginn. Selbstheilende Kräfte werden durch das wiederholte Erzählen ein und desselben Märchens gestärkt.

Beim Nacherzählen werden Kinder veranlasst, Situationen treffend zu beschreiben und lernen dadurch eine abwechslungsreiche, lebendige Sprache. Märchen stärken die Vorstellungskraft der Kinder. Kinder, die öfter Märchen erzählt bekommen, verfügen über eine rege Phantasie und können mit Gegebenheiten des Lebens kreativer umgehen.

Gegner von Märchen werden nicht müde darauf zu verweisen, dass Märchen grausam sind und daher schädlich für Kinder. Dem setzen Befürworter entgegen, dass in Märchen Grausamkeiten vorkommen, aber immer nur in Form von Strafen. Das Böse im Märchen ist ebenso als eine Übertragung ins Extreme anzusehen wie das Gute. Kinder, die dem Märchen nicht begegnet wären, träfe das Grausame im Leben unvorbereitet. Außerdem gehöre Aggressivität zum Menschen wie zu jedem anderen Lebewesen. Durch das An- und Aussprechen von Bösem erfahren Kinder Entlastung, da das Märchen dadurch auch eine Verarbeitung unerfüllter Triebbedürfnisse ermöglicht. Das Märchen befreit so das Unbewusste des Kindes, so dass es Konflikte und Erfahrungen verarbeiten kann, die andernfalls unterdrückt würden und zu psychischen Fehlentwicklungen führen müssten. Das Märchen verschweigt die dunklen Seiten des Lebens nicht, stellt sie aber so dar, dass dem Kind Mut gemacht wird.

Ganz aktuell ist das Erfinden neuer Märchen, die sich auf die jeweilige Problemsituation eines Kindes beziehen (z.B. Märchen für Scheidungskinder). Kinder identifizieren sich mit dem Hauptdarsteller im Märchen und können so Zuversicht aufbauen, dass ihre eigene Situation doch nicht so ausweglos ist. Sie werden angeregt, aktiv an der Bearbeitung ihre Probleme mitzuarbeiten.

Susanne Strobach

■ Literaturtipps

Rupp, C. (2000). Märchen wirken Wunder. München: Pattloch.

Bettelheim B. (1980). Kinder brauchen Märchen. München: dtv.

Drewermann, E. (2001). Rapunzel, Rapunzel. Lass dein Haar herunter. Grimms Märchen tiefenpsychologisch gedeutet. München: dtv.

Loose A. (2003). Phantasiereisen und diagnostische Märchen für Kinder und Jugendliche. München: Richard Pflaum Verlag.

 # Medienpädagogik

Als Teildisziplin der Allgemeinen Pädagogik, aus der sie ihre allgemeinen Erziehungsziele entlehnt, umfasst Medienpädagogik das Gesamt jener pädagogischen Konzepte, die in Medien einen Träger von → Bildung, → Erziehung und → Sozialisation sehen. Ausgangspunkt ist der als pädagogisch bedeutsam erkannte Zusammenhang zwischen der Nutzung von Medien und der Persönlichkeitsbildung bei Kindern und Jugendlichen. Medienpädagogik thematisiert diesen Zusammenhang unter der Aufgabenstellung der Medienkunde (Anwendungswissen), Medienendidaktik (lernen und unterrichten), Medienerziehung (analysieren, aufklären und reflektieren) und Mediengestaltung (handeln und produzieren mit Medien).

Der Begriff des Mediums ist in seinen Bedeutungen vielfältig, in der Medienpädagogik aber eingegrenzt auf Print- (Bücher, Zeitungen etc.), visuelle (Fotographie), auditive (Schallplatten, Musik-CD, erzählende Hör-CD, Cassetten), audio-visuelle (Kinofilm, Fernsehen, Computer, Video, DVD) und interaktive (Computer, Internet) Medien. Der pädagogische Medienbegriff umschließt also Information vermittelnde oder Information bereitstellende Erzeugnisse, wobei Medium im lateinischen Wortsinn als etwas Mittleres oder als ein Mittler zwischen Person und Umwelt bestimmt wird. In dieser Definition dominiert der funktionale bzw. zweckrationale Charakter der Medien. Allerdings sind Medien in unserer technischen bzw. technologischen Weltkonstruktion nicht nur Mittel zum Zweck, sondern oft selbst Zweck und Umwelt, die unser Leben bedingt. Das hat für das Aufwachsen von Kindern und Jugendlichen insofern Folgen, als Medien eine Basisgröße ihrer Sozialisation geworden sind.

Mediensozialisation ■ Mit diesem Begriff ist gemeint, dass Kinder und Jugendliche ihr Weltbild und Wirklichkeitsverständnis, ihre Werthaltungen und Moralvorstellungen, ihr Kommunikations- und Sozialverhalten medial konstruieren, vermitteln und begründen. Im Sinne des medienökologischen Ansatzes des Bielefelder Medienpädagogen Dieter Baacke kann man sagen, dass sie sich ihre Welt in medialen Interaktionen aneignen. So hat eine Forschergruppe um Baacke in der Analyse der Lebenswelten von Jugendlichen im wesentlichen *Mediengeschichten* gefunden. Kindheit gilt heute als Medienkindheit, denn der mediale Anteil ist

in ihrem Leben dominant. Eine Vergleichsbilanz über zehn Jahre (1992–2002) zeigt, dass viele Kinder zwischen drei und dreizehn Jahren mit allen verfügbaren Medien ausgestattet sind; dass sie konstant im Durchschnitt täglich mehr als eineinhalb Stunden fernsehen, ältere etwas mehr als jüngere; dass inzwischen viel Zeit für die Nutzung von Computer und Internet aufgebracht wird (zwei Drittel nutzen den PC mindestens selten); dass das Lesen von Büchern hinter die Nutzung von elektronischen Medien zurückgetreten ist, was mehr für Jungen als für Mädchen gilt (Studie »Kinder und Medien« [KIM] 2002). Außerdem sind Umfang und Art der Medien-, insbesondere der Fernsehnutzung von der Zugehörigkeit zu einem Milieu bestimmt, d.h. von sozialer Lage und Wertorientierung; Kinder lernen Fernsehen in ihrer → Familie (Kuchenbuch 2003).

Medienpädagogische Diskurse ■ Da Medienpädagogik es mit technischen oder technisch erzeugten Medien zu tun hat, verlaufen die medienpädagogischen Konzeptualisierungen auch parallel zur technischen Entwicklung. Das hat viele Medienpädagogen verführt – vor allem im Zuge der Maschinalisierung der Medien –, sich die pädagogische Aufgabe von den technischen Möglichkeiten vorgeben zu lassen. Wer allerdings als Erziehungs- und Interaktionspartner für Kinder und Jugendliche handlungsfähig sein will, muss Medien vom *Primat des Pädagogischen* her zum Gegenstand von Reflexion und Handlung machen. Das drücke sich, so der Medienpädagoge Ben Bachmair, darin aus, die personale und kommunikative Beziehung zwischen den Generationen im Hinblick auf die mediale Weltaneignung zu thematisieren. Nach Stefan Aufenanger ist es geboten, die Herausforderungen der Medienkultur von den Entwicklungsaufgaben der Kinder und Jugendlichen her aufzugreifen. Insofern sollte Medienpädagogik auf die Persönlichkeitsbildung zielen, sich auf die Erziehungs- und Bildungspotenziale der Medien konzentrieren. Wer von dieser Perspektive aus die Kommunikationsmedien pädagogisiert, macht sich zur Aufgabe, das medial bedingte und unterstützte Kommunikationsverhalten von Kindern und Jugendlichen zu fördern, zu untersuchen und eventuell korrigierend zu gestalten, um ihre Autonomie, Kritik- und Handlungsfähigkeit und in diesem Sinne ihre Medienkompetenz zu stärken.

Von ihren Anfängen im 19. Jahrhundert bis in die Gegenwart ist die Medienpädagogik von einem ambivalenten Argumentationsmuster beherrscht. Einerseits will sie die Jugend an die Medien heranführen, andererseits mobilisiert sie immer wieder Gründe und legt immer neue Untersuchungsergebnisse darüber vor, dass sich Mediennutzung schädigend auswirke. In der Diskussion um das Kinder- und Jugendbuch, die um 1900 insbesondere in der Zeitschrift »Jugendschriftenwarte« geführt wurde, ging es um den Gegensatz von Schund- bzw. Trivialliteratur und der hohen bzw. klassischen Literatur. Heute entzündet sich die Polarisierung am Fernsehen und den Computerspielen (→ Internet und Multimedia). So postuliert z. B. einerseits Jan-Uwe Rogge (1994), »Kinder können fernsehen«, andererseits warnt der Medienpädagoge Werner Glogauer (1998) vor dem »fernsehgeschädigten Kind«, das in seiner → Sprachentwicklung erheblich gestört und in seinen motorischen Fertigkeiten unterentwickelt sei.

Diese entgegengesetzten Interpretationen haben mit dem Bild vom Rezipienten bzw. dem Bild vom Kinde zu tun. Gerade bei dem brisanten Thema Gewalt in Medien wie Fernsehen, PC- oder Videospiel wird das deutlich. So sehen Pädagogen, die den Medien große Wirkung zusprechen, Kinder und Jugendliche als deren Opfer, während sie von der Gegenseite als fähige Nutzer betrachtet werden, die Medienangebote auswählen, um bestimmte Bedürfnisse zu befriedigen.

Die Ansätze in der Medienpädagogik pendeln zwischen eher sozialtechnologisch angepassten, kulturpessimistischen, pragmatischen und kritisch-konstruktiven Positionen. Im Alltag lebt insbesondere die kulturpessimistische Sichtweise in vielen Lehrer- und Erzieherinnenköpfen fort. Dieser auch Bewahrpädagogik bezeichnete Ansatz will Kinder und Jugendliche vor den schädlichen Einflüssen der Medien schützen.

Dagegen haben einige kritisch-konstruktive und pragmatische Ansätze die Medienpädagogik nachhaltig beeinflusst.

Medienpädagogische Konzepte ■

Nachfolgend werden für → Kindergarten, → Hort und offene → Jugendarbeit sozialpädagogisch relevante Aspekte medienpädagogischer Konzepte dargestellt.

Der medienkritische Ansatz ■ Die Medienkritik bezieht sich auf die Wahrnehmung und Selbstbestimmung des Rezipienten sowie das Verwertungsinteresse der Medienkonzerne. Sie geht davon aus, dass Medien Wirkung haben. Der Philosoph Günther Anders (1902–1992) kritisierte bereits in den 1950er Jahren am Fernsehen, das es uns die »Welt als Phantom und Matrize« präsentiere, den Rezipienten somit einerseits von Realität entferne, andererseits ein Muster des Wirklichkeitsverständnisses unterlege. Die Neue Linke gemeinsam mit Vertretern der Frankfurter Schule (Kritische Theorie) problematisierte ab etwa 1966, dass der Rezipient für wirtschaftliche Verwertungsinteressen der Medienunternehmen vereinnahmt wird. So warnte Theodor W. Adorno (1903–1969) vor der dauernden Manipulation der Menschen durch Massenpresse und Fernsehen sowie vor ihrer Entfremdung durch die Kulturindustrie. Kindern und Jugendlichen würden falsche und problematische Identifikationen dargeboten. Der Vorwurf der Manipulation machte sich auch an der zunehmenden Konzentration auf dem Medienmarkt fest, die die Informationsfreiheit und ein plurales Meinungsspektrum einschränkt.

Die pädagogische Kritik am Fernsehen erhielt in den 1980er Jahren durch die Publikationen des amerikanischen Kommunikationspädagogen Neil Postman Auftrieb, der zu begründen versuchte, dass die in den Medien verbreiteten und für alle Kinder zugänglichen erwachsenenspezifischen Themen die Differenz zwischen den Generationen aufhebt. Außerdem sah er in der inszenierten Banalisierung des Lebens durch elektronische Medien die »Wahrheit« in einem »Meer von Belanglosigkeiten« auf der Strecke bleiben. In neuerer Zeit wird verstärkt von Hirnforschern Kritik an Bildschirmmedien vorgetragen. Sie würden nicht nur krank machen, sondern sich durch die »Form der [medialen] Wahrnehmungserlebnisse« auf das bei Kindern noch plastische Hirn ungünstig auswirken« (Spitzer 2005).

Methoden der Medienkritik sind Film-, Programm- und Marktanalysen. Kritische Medienpädagogik positioniert sich im Interesse der Autonomie von Kindern und Jugendlichen. Ihr Orientierungsmaßstab sind die Menschenrechte, auf deren Hintergrund sie Kinder und Jugendliche zu multimedial kompetenten und zugleich handlungsfähig kritischen Rezipienten erziehen will (Sinhart-Pallin 2003).

Medienkompetenz ■
Medienkompetenz oder auch Medienmündigkeit, Medienbildung, Media-Literacy ist ein pragmatischer medienpädagogischer Ansatz, der sich aus dem grundsätzlichen Streit um das Für und Wider der Medien heraushalten will. Er geht von zwei Prämissen aus: Medien werden als unausweichlicher Bestandteil unserer Kultur anerkannt (Mediengesellschaft) und der Rezipient wird als Nutzer, d.h. hier als autonom entscheidungsfähiges Wesen hinsichtlich seines Medienkonsums begriffen. Deshalb müssen Kinder und Jugendliche lernen, Medien sinnvoll für ihr Leben, für ihre emotionalen und rationalen Zwecke einzusetzen und selbst handelnd mit Medien umzugehen. Das Konzept der Medienkompetenz wird von den einen eher technologisch begründet, von anderen aus pädagogischen Grundprinzipien (Mündigkeit) abgeleitet. Baacke (1996) orientiert sich am »kommunikationstechnologisch rasenden sozialen Wandel«; er unterscheidet vier Kompetenzbereiche: Medien-Kritik, Medien-Kunde, Medien-Nutzung, Medien-Gestaltung, die alle auf die Erarbeitung einer kommunikativen Kompetenz zielen. Der österreichische Medienpädagoge Klaus Boeckmann (1994) akzentuiert sein Konzept mehr politisch emanzipatorisch, wenn er als Ziel formuliert, die »Abhängigkeit von Außensteuerung und Verhaltensmechanismen« zu durchbrechen und »personale Autonomie« sowie »soziale Verantwortung« zu fördern. Das heißt, dass man auf ein »Rezeptionsvergnügen« nicht verzichten muss, aber dabei eine »latente Haltung« der Kritik bewahren soll. Seit 1996 existiert ein Europäisches Zentrum für Medienkompetenz (EZfM) in Düsseldorf.

Handlungsorientierte Medienarbeit ■
Dieses Konzept entstand in der Folge einer kritisch emanzipatorischen Mediendidaktik, die sich u.a. in Entwürfen einer medialen Gegenöffentlichkeit für die außerschulische → Jugendarbeit niederschlug. Zahlreiche Projekte mit der Zielsetzung autonomer und emanzipativer Mediengestaltung mit Kindern und Jugendlichen sind schon in den 1970er Jahren entstanden, z.B. »Modellprojekt Jugendfilmstudio Berlin«, »Jugendfilmclub Köln«, »Jugend macht Radio in NRW«, Hörspielprojekte oder Projekte zur Fotoreportage und Sozialphotographie. Das Erziehungsziel dieser Projekte ist nicht nur Medienkompetenz, sondern politische Bildungsarbeit, die Kinder und Jugendliche zu Parteilichkeit und Engagement führen will. Konfliktthemen wie Umweltzerstörung oder das Leben von Randgruppen sind Gegenstand solcher Medienarbeit.

Um die Rezipienten aus ihrer passiven Rolle zu befreien, wurde ferner über die Landesmedienanstalten in verschiedenen Ländern der sogenannte Offene Kanal eingerichtet, also ein Fernsehstudio, in dem jeder Bürger selbst zum Medienproduzenten werden und eigene Öffentlichkeit herstellen kann.

Verarbeitung von Medienerlebnissen ■
Kinder zwischen drei und zehn Jahren, also Kindergarten- und Hortkinder, haben in der Regel vielfältige Medienerfahrungen. Es gibt zwar in diesen Einrichtungen eine Reihe von Angeboten zur aktiven Medienarbeit (Fotografie, Video, Buch), vor allem solche, die alternative Medienerlebnisse ermöglichen sollen. Aber als nicht minder bedeutsam hat sich erwiesen, mit Kindern über ihre Medien-, insbesondere Fernseherlebnisse ins Gespräch zu kommen, denn sie tragen oft viele unverarbeitete, ja sogar traumatisierende Bilder mit sich herum, haben Schlafstörungen, verwechseln solche Bilder mit der

Realität oder agieren sie in der Kindergruppe aus. Der Medienpädagoge Norbert Neuss (1997) hat deshalb eine Methode zur »Verarbeitung von Fernseherlebnissen durch Zeichnungen und Gespräche« entwickelt. Ziel ist es, die schlummernden Bilder kommunizierbar zu machen und damit einer sowohl symbolischen als auch praktischen, folglich realitätsangepassten Integration in die kindlichen Entwicklungsthemen den Weg zu ebnen. Um auch den Körper als Erlebnisorgan als Ganzes anzusprechen, wird die Methode durch psychomotorische Phantasiespiele ergänzt. Beide Methoden sind Teil des von der Freiwilligen Selbstkontrolle Fernsehen (FSF) geförderten Projekts »Erlebnisland Fernsehen«, die damit prophylaktischen Jugendmedienschutz unterstützt.

Elternabende ■ Medienpädagogik ist in Erziehungs- und Bildungseinrichtungen nur schwach institutionalisiert und kann – außer in Medienprojekten – auf die Mediennutzung von Kindern und Jugendlichen, die überwiegend außerhalb pädagogischer Institutionen stattfindet, meist nur indirekt Einfluss nehmen. Deshalb sind in den vergangenen ca. zehn Jahren Konzepte zur Gestaltung von medienpädagogischen Elternabenden entworfen worden. Sie dienen dem Erfahrungsaustausch zwischen Eltern und Erzieherinnen, der vertieften Kenntnisnahme kindlicher Medienerlebnisse und wollen schließlich die Kompetenz der Eltern für den Umgang ihrer Kinder mit Medien stärken (→ Elternarbeit).

Dieter Sinhart-Pallin

■ **Literaturtipps**

Baacke, D. u.a. (Hg.) (1999). Handbuch Medien: Medienkompetenz. Bonn: Bundeszentrale für politische Bildung.

Eder, S./Lauffer, J./Michaelis, C. (Hg.) (1999). Bleiben Sie dran! Medienpädagogische Zusammenarbeit mit Eltern. Ein Handbuch für PädagogInnen. Bielefeld: GMK.

Spitzer, M. (2005). Vorsicht Bildschirm. Elektronische Medien, Gehirnentwicklung, Gesundheit und Gesellschaft. Stuttgart: Klett Cotta Verlag

Schäfer, D./Hille, A. (Hg.). (2000). Medienpädagogik. Ein Lehr- und Arbeitsbuch für sozialpädagogische Berufe. Freiburg: Lambertus.

Mobbing

Der Lernpsychologe und Arbeitswissenschaftler Heinz Leymann prägte Anfang der 1980er Jahre den Begriff Mobbing (engl.: to mob = anpöbeln, attackieren, belästigen, herfallen über). Damit bezeichnete er ein problematisches, wiederholt auftretendes Verhalten unter Erwachsenen am Arbeitsplatz. Es handelt sich um kein neues Phänomen, doch erst seit Leymann hat es einen Namen. Unter den Begriff Mobbing fasst er folgende vier Verhaltensweisen:

■ Feindliche Absicht gegenüber der Zielperson

■ Als feindselig empfundenes Verhalten einer Gruppe von Kollegen oder von Vorgesetzten

■ Häufige und über einen längeren Zeitraum angewandte psychische Gewalt

■ Eine Viktimisierung, d.h. die Zielperson soll Opfer sein oder werden, sie soll ausgestoßen und abgewertet werden.

Ursachen von Mobbing ■ Die folgenden Faktoren begünstigen Mobbing:

■ Überforderung, Leistungsdruck und Stress schaffen eine Arbeitsatmosphäre, in der ein ausgesuchter Sündenbock für Spannungsabbau sorgen kann

■ Eine schlechte Arbeitsorganisation führt zu Unzufriedenheit unter den Mitarbeiterinnen, ein Ventil dafür kann Mobbing sein

■ Durch eine fehlende Gesprächskultur werden Probleme verschleiert. Dies öffnet Tür und Tor für Gespräche »hintenrum« und über andere.

Man geht davon aus, dass Mobbing in Zeiten wirtschaftlicher Rezession zunimmt. Der wachsende ökonomische Druck führt zu zunehmender Arbeitsbelastung und Stress, Mangel an Arbeitsplätzen, befristeten Verträgen sowie zur Verschlechterung des Betriebsklimas. Die Konkurrenz um Arbeitsplätze führt zu verstärkter Profilierung auf Kosten von Kollegen. Hierdurch wird Mobbing gefördert oder begünstigt. Laut »Mobbing-Report« der Bundesanstalt für Arbeitsschutz und Arbeitsmedizin (Juni 2002) wird jeder neunte Mitarbeiter in seiner Berufslaufbahn einmal gemobbt. Ein besonders hohes Risiko haben Beschäftigte in sozialen Berufen.

In der Regel findet Mobbing innerhalb hierarchischer Arbeitsverhältnisse statt, in denen der Gemobbte meist abhängig ist. Ein Arbeitsplatzwechsel als Lösungsversuch gilt aufgrund der Arbeitsmarktsituation als schwierig. Erschreckend ist, dass in vielen Fällen das Opfer keine Unterstützung durch den Vorgesetzten erfährt und Mobbing sogar von Vorgesetzten ausgeht. Nach Leymann (1993) erfolgt Mobbing in etwa der Hälfte der Fälle unter gleichrangig positionierten Kollegen, in rund einem Drittel der Fälle von oben nach unten.

Es gibt auch geschlechtsspezifische Unterschiede beim Mobbing: Männer mobben eher durch Zuweisung neuer »Strafarbeiten«, verbale Drohungen, Angriffe auf die politischen und religiösen Einstellungen, räumliche Ausgrenzung, stetige Unterbrechungen sowohl beim Reden als auch während der Tätigkeit und durch Heranziehung zu »niedrigen« Arbeiten. Frauen hingegen mobben eher durch üble Nachrede, Gerüchte, Andeutungen, Lächerlichmachen, beständiges Kritisieren oder Beschränkung der Äußerungsmöglichkeiten.

Konflikte und Spannungen gehören zum Arbeitsalltag, weshalb die Grenze zwischen den alltäglichen Konflikten und Mobbing fließend ist. Meistens ist es nur aus der räumlichen oder zeitlichen Distanz zu beurteilen, ob es sich bei den einzelnen Vorkommnissen um Zufälle oder tatsächlich um Mobbing handelt. Dabei ist es besonders das Regelmäßige und Systematische der Mobbing-Angriffe, was den Betroffenen zu schaffen macht. Aus diesem Grunde klingen die Berichte über das Mobbing für Außenstehende manchmal fast lächerlich oder unglaubwürdig, wenn es etwa darum geht, dass der Betroffene auf dem Flur oder beim Essen vom Vorgesetzten oder Kollegen nie gegrüßt und wie Luft behandelt wird. Wenn den Schilderungen der Betroffenen kein Glauben geschenkt wird, weil die beschriebenen Ereignisse so unvorstellbar klingen, fühlt sich das Opfer oft zusätzlich verraten.

Ausdrucksformen ■ Mobbing zeigt sich in unterschiedlichen Formen und kann sich auf folgende Bereiche richten:

- Möglichkeit, sich mitzuteilen: Dem Opfer wird kein Gehör geschenkt, besonders nicht bei Verteidigungsversuchen. Die Meinung des Opfers wird nie verlangt
- Soziale Beziehungen: Das Opfer wird von den Kollegen isoliert. Gespräche finden nicht mehr statt und auf Fragen wird nicht geantwortet
- Soziales Ansehen: Über das Opfer werden Gerüchte verbreitet. Kompetenzen und Arbeitsweisen werden bezweifelt. Das Opfer wird zum Gespött, es wird imitiert
- Qualität der Berufs- und Lebenssituation: Das Opfer erhält kränkende oder sinnlose, keine oder deutlich zu viele Aufgaben, Aufgaben mit massiver Unter- oder Überforderung
- Gesundheit: Hierzu zählen sexuelle Belästigung (→ Sexuelle Gewalt), körperliche Misshandlung und der Zwang zu gesundheitsschädlichen Arbeiten.

Opfer von Mobbing kann im Prinzip jede und jeder werden. In den seltensten Fällen ist die Persönlichkeit des Betroffenen der Grund. Häufiger liegt der Fehler in der Organisationsstruktur des Betriebs. Die betroffene Person besitzt oft eine wichtige Funktion innerhalb einer Organisation und wenn bestimmte Dinge nicht richtig funktionieren, bekommt sie die Rolle des Sündenbocks zugeschrieben. Alle können sagen: »Wenn der/die endlich nicht mehr dabei ist, wird alles besser.« Der Sündenbock kann für folgende Fehler der Organisation stehen:

- Er steht für ungeklärte Machtfragen
- Alles Negative wird auf ihn projiziert, damit die wahren Probleme nicht angegangen werden müssen
- Er ist der Auslöser für nötige Innovationen (meckert, will ständig Veränderungen)
- Er bringt verborgene Wahrheiten zum Vorschein (spricht ständig unangenehme Dinge an oder hat kein Taktgefühl). Er übernimmt Merkmale oder »krankhafte« Eigenschaften (Pathologien) einer Organisation und kommt so zu seiner Rolle.

Folgen ■ Die betroffen Personen reagieren zunächst oft mit einer erhöhten Leistungsbereitschaft, um ihren Ruf wiederherzustellen. Bleibt der Erfolg trotz aller Anstrengungen aus, setzt Resignation ein (innere Kündigung). Es gilt dann nur noch, den Arbeitstag zu überstehen. Die Betroffenen werden oft krank bis hin zur Arbeitsunfähigkeit. Sie leiden an Konzentrationsstörungen, Selbstzweifeln, Angstzuständen oder Depressionen. Ferner zeigen sich typische psychosomatische Erkrankungen, wie Herz-Kreislauf-Störungen, Atembeklemmungen, Kopf-, Nacken- und Rückenschmerzen, Hautkrankheiten, Schlaf- und Gedächtnisstörungen sowie Magen-Darm-Krankheiten (→ Psychosomatik).

Diese Erkrankungen führen zu langen Krankschreibungen und auch zur Erwerbsunfähigkeit. Für die Betroffenen bleibt am Ende oft nur die Flucht. Es kommt zunächst zur Zunahme der Fehlzeiten, dann oft zur Versetzung, Kündigung oder sogar Frühverrentung. Häufig werden Betroffene auch wegen schlechter Arbeitsleistung vom Arbeitgeber gekündigt. Weitere Folgen des erlittenen Mobbing können tiefes Misstrauen gegenüber anderen Menschen, Verlust des Selbstwertgefühls oder sogar Trennungen und Scheidungen sein. Für Personen, die persönlichkeitsbedingt keine anderen Lösungsstrategien sehen, ist unter Umständen der Suizid der einzige Ausweg (→ Suizidalität). Es gibt auch Kliniken, die sich auf die Behandlung von Mobbing-Opfern spezialisiert haben. Die Anerkennung von mobbingspezifischen Erkrankungen als Berufskrankheit ist im Gespräch.

Prävention ■ Mobbing kann durch Festlegung eines Verhaltenscodexes vorgebeugt werden, der für Vorgesetzte, Arbeitgeber und Mitarbeiter gleichermaßen verbindlich ist. Darin sollen problembehaftete Bereiche, wie z.B. die Einteilung der Dienst- und Urlaubszeiten, die Gewährung der Teilnahme an Fortbildungsveranstaltungen, Ausgleich für Überstundenleistungen u.Ä., schriftlich festgelegt werden, so dass diese Bereiche als Mobbing-Instrumente ausfallen.

Bei auftretenden Konflikten, die sich nicht von den Betroffenen alleine lösen lassen, bietet eine innerbetriebliche Beratungs- und Schlichtungsstelle die Möglichkeit, ohne großen Aufwand eine neutrale, dritte Person hinzuzuziehen, um eine gemeinsame Lösung zu suchen (Betriebs- oder Personalrat, Frauenbeauftragte oder andere Vertrauenspersonen). Bleibt die Situation ungelöst, kann es sinnvoll sein, eine festgefahrene Situation durch eine dritte Person von außerhalb des Betriebs beurteilen und vermitteln zu lassen (Mediation z.B. durch Rechtsanwälte, Psychotherapeuten). Außerdem kann die Sensibilität für das Thema durch Fortbildungsveranstaltungen erhöht werden.

Beratungsstellen ■ Manche Einrichtungen haben spezielle Anlaufstellen zur Mobbing-Beratung eingerichtet. Dort erfolgt dann die Beratung unter Berücksichtigung folgender Aspekte: Identifizierung des Problems, Abklärung berufsrechtlicher und arbeitsrechtlicher Aspekte, Überlegungen und Empfehlungen zum weiteren Vorgehen (Schlichtungsgespräch, schriftliche Äußerung, Betriebsrat).

Eine solche Mobbing-Beratung wird in der Regel erst recht spät angenommen. Eine Untersuchung ergab, dass der Zeitraum zwischen Mobbing-Beginn und einem ersten Gespräch mit einem Mobbing-Ansprechpartner in 90 % der Fälle mehr als ein Jahr betrug. Die Situation war dementsprechend oft festgefahren und hatte auch bereits zu erheblichen psychischen Belastungen und einem hohen Krankenstand geführt. Einige der vereinbarten Beratungsgespräche wurden abgesagt, weil inzwischen der Arbeitsplatz gewechselt worden war, was insgesamt die bevorzugte Strategie zu sein scheint.

Häufig wird auch die Sorge geäußert, dass der »Mobber« von einer Kontaktaufnahme erfahren könnte und sich die Situation des »Gemobbten« dadurch noch verschärft. Daher werden auch die oft bestehenden arbeits- und berufsrechtlichen Möglichkeiten gegen das Mobbing nicht ausgeschöpft. Die allgemeine Fürsorgepflicht des Arbeitgebers ist im → Arbeitsrecht festgeschrieben und in den USA sind bereits Urteile rechtskräftig, die den Arbeitgeber zu Schmerzensgeldzahlungen wegen Krankheit durch Mobbing verpflichten, da der Arbeitgeber trotz der Hinweise durch das Opfer an der Arbeitssituation nichts geändert hat.

Markus Vieten

■ Literaturtipps

Becker, C./Mertz, H. (1998). Mobbing-Opfer sind nicht wehrlos. Freiburg: Herder.
Bödecker, A.-W. (Hg.) (2000). Mobbing – vom Erleben zur Krankheit. Nümbrecht: Martina Galunder.
Kollmer, N. (1997). Mobbing im Arbeitsverhältnis. Heidelberg: Forkel.
Leymann, H. (1993). Mobbing. Psychoterror am Arbeitsplatz. Reinbek: Rowohlt.

Montessoripädagogik

Die Montessoripädagogik ist ein reformpädagogisches Bildungsangebot, das sich unmittelbar am Kind orientiert und konsequent die Bedürfnisse des Kindes berücksichtigt. Wie viele Ansätze der → Reformpädagogik erlebt auch die Montessoripädagogik zurzeit in Deutschland, aber auch in Europa und in den USA, eine Renaissance. In → Kindergarten und → Schule sucht man nach pädagogischen Konzepten, die Antwort geben sollen auf die Fragen unserer Zeit.

Zum Leben Montessoris ■

Maria Montessori (1870–1952) wurde 1870 in Chiaravalle bei Ancona geboren, lebte bald darauf mit der Familie in Rom. Mit vierzehn Jahren besuchte sie eine Sekundarschule für Jungen, »weil zu dieser Zeit in meinem Heimatland für Mädchen nur die Laufbahn zum Erzieherberuf offen stand. Und zu diesem fühlte ich mich nicht im geringsten hingezogen« (Maria Montessori, Texte und Diskussionen, 1971). Nach ihrer schulischen Ausbildung studierte sie Medizin und promovierte 1896 als erste Frau Italiens zum Doktor der Medizin. Über die Medizin fand die junge Ärztin Interesse an Pädagogik und speziell an pädagogischen Konzepten für taubstumme und geistig behinderte Kinder. Zwischen 1896 und 1898 arbeitete sie als Assistenzärztin in der Kinderabteilung der psychiatrischen Uniklinik in Rom und leitete von 1898 bis 1900 ein heilpädagogisches Institut. 1907 eröffnete sie schließlich das erste Kinderhaus (»casa dei bambini«) im Elendsviertel San Lorenzo in Rom und begründete ihr pädagogisches Konzept.

> »Innerhalb eines Versuches, sowohl die Wohnmöglichkeiten als auch den Charakter der Gegend zu verbessern, hatte man die ordentlichen Familien aus der Arbeiterklasse gesammelt und große Mietshäuser für sie aufgebaut. Wenn die Eltern zur Arbeit gingen, blieben die kleinen, noch nicht schulpflichtigen Kinder in den Treppenhäusern und Höfen. Sie lärmten herum und beschmutzten die Wände, die man eben frisch gekalkt hatte. Mit ihnen also sammelte ich meine ersten Erfahrungen auf dem Gebiet der Erziehung normaler Kinder. Schon nach einem Jahr zeigten sich erstaunliche Resultate.« (Maria Montessori, Texte und Diskussionen, 1971)

Die Biografie Maria Montessoris liest sich im weiteren folgendermaßen:

- 1909: erster internationaler Montessorikurs
- 1913–1949: Reisen und Kurse in Europa, Nord- und Südamerika, Indien und seinen Nachbarländern
- 1901: erstes Buch in italienischer Sprache
- 1913: in deutscher Sprache »Selbsttätige Erziehung im frühen Kindesalter«
- Ab 1916 längere Aufenthalte in Spanien und Gründung des »Hauses der Kinder in der Kirche« in Barcelona
- 1934: Verlegung des Wohnsitzes nach Barcelona
- 1936: Flucht vor dem spanischen Bürgerkrieg nach Großbritannien und dann nach Holland, Gründung eines Montessori-Zentrums
- 1940–1949: Reise nach Indien und Nachbarländer, fruchtbare Studien
- 1949: Rückkehr nach Europa und Wohnsitz in Holland
- 1952: gestorben in Noordwijk aan Zee.

Pädagogische Prinzipien ■

- Der innere Bauplan bestimmt die Entwicklung des Kindes
- Die Erzieherin unterstützt die Entwicklung durch die Vorbereitung der Umgebung
- Die Montessori-Materialien geben dem Kind die Möglichkeit, Fehler selbst zu kontrollieren und daran zu arbeiten
- Durch die Isolierung der Sinne lernt das Kind differenziert wahrzunehmen
- Durch die Möglichkeit der Selbsttätigkeit und Selbsterfahrung erlangt das Kind Unabhängigkeit vom Erwachsenen
- Die »Neue Lehrerin« nimmt sich zurück und hilft dem Kind nur, es selbst tun zu können.

Montessoripädagogik verdient zu Recht die Bezeichnung Entwicklungspädagogik: Sie bezeichnet das Kind als ein sich entwickelndes Leben. Auf dieser Sichtweise baut sie ihre ganze Pädagogik auf, das erzieherische Handeln ebenso wie den Einsatz von Materialien. Maria Montessori legt besonderen Schwerpunkt auf folgende Kernpunkte, die sich wie ein roter Faden durch ihre Gedanken ziehen.

- **Vorbereitete Umgebung:** Maria Montessori versteht darunter eine den Bedürfnissen der Kinder angepasste Umgebung mit geregelten Anreizen im abgestuften Material
- **Freiheit:** Ziel der Montessoripädagogik ist es, das Kind auf dem Weg zur Selbsttätigkeit und Selbständigkeit zu begleiten. Dann kann es zu Freiheit gelangen, unabhängig handeln, seine eigenen Aufgaben wählen, im eigenen Maß und Rhythmus arbeiten und eine Handlung, so oft es das wünscht, wiederholen. Ziele sind dabei unabhängige Aktivität, Fehlerkontrolle, allmähliche Vervollkommnung der Tätigkeit des Kindes, Schritte zur bewussten Selbstkontrolle
- **Sensitive Perioden:** Im Alter von null bis sechs Jahren zeigt das Kind eine außergewöhnliche Sensibilität für bestimmte Lernprozesse. Diese Abschnitte bezeichnet Montessori als die sogenannten sensitiven Perioden, die Gesamtentwicklung von null bis sechs Jahren als formative Periode. In dieser Zeit werden Umweltreize aufgenommen, absorbiert und miteinander in Beziehung gesetzt. Aufgabe der Erzieherin ist es, auf diese sensitiven Perioden durch das Schaffen entsprechender Erfahrungs- und Lernmöglichkeiten einzugehen

- **Schulung der Wahrnehmungsfunktionen:** Montessori wählt bestimmtes Arbeitsmaterial aus im Hinblick auf die Fähigkeit des Kindes, die Welt erst sinnlich, später auch begrifflich zu erfassen. Das Kind soll dabei seine Beobachtungsgabe, sein Zuordnungs- und Unterscheidungsvermögen üben und so vom konkreten Schauen zum abstrakten → Denken gelangen
- **Programmierte Vorbereitung durch die Erzieherin, Übung, Präzision und Vervollkommnung durch die Aktivität des Kindes:** Durch die programmierte Vorbereitung durch die Erzieherin übt das Kind den Umgang mit dem Material und erreicht damit durch zunehmende Präzision die Vervollkommnung seines sinnlichen Erfahrungsraumes. Montessori sieht diesen Prozess als Voraussetzung für die Entwicklung zwischenmenschlicher, persönlicher Fähigkeiten an
- **Entdeckungen und Entwicklungen:** Durch Beobachtung des »normalisierten« Kindes und Erforschen seiner normalen, natürlichen Entwicklung glaubt Montessori, die »Pädagogik vom Kinde aus« aufzeigen zu können. Das Ziel ihrer Pädagogik ist deshalb eine neue Menschheit, die ihr Leben meistern kann
- **Der neue Lehrer:** Montessori versteht unter dem Lehrer bzw. der Lehrerin vorrangig den Beobachter, der den Lernprozess des Kindes verfolgt und, wenn nötig, in Kommunikation mit dem Kind tritt. Er muss auf das Kind hören, wenn es sagt: »Hilf mir, es selbst zu tun«.

Montessori-Materialien ■

Alle Materialien, die Montessori den Kindern im Kinderhaus anbietet und die sie einführt, haben einen Bezug zum Lebensalltag. Deshalb greift auch der Vorwurf mancher Kritiker, dass Montessoripädagogik weltfremd sei, nicht.

Die Selbsttätigkeit, zu der Montessori-Kinder durch das Material gelangen, lassen sie kreativ und einfallsreich Probleme bewältigen und Fragestellungen lösen. Sie schrecken vor Aufgaben nicht zurück, sondern verarbeiten im Alltag ihr Wissen und Können, das sie in allen Bereichen und im Umgang mit den Materialien und den Übungen erworben haben. Unabhängig von der Erzieherin oder einem anderen Erwachsenen kann das Kind selbst zum Erfolg finden. Für die Einführung und Anwendung ihrer Materialen entwickelte Montessori ihre 3-Stufen-Lektion:

- **Wahrnehmen:** Das Kind soll mit den Sinnen das Material wahrnehmen und seine Sinneseindrücke beschreiben. Die Erzieherin macht zu dem jeweiligen Gegenstand nur eine relativ kurze Aussage. (Das ist…)
- **Verbindung von Gegenstand und Namen:** Das Kind erkennt das Material wieder, es hat das Wahrgenommene also wirklich erfasst. (Gib mir…)
- **Sicherer Gebrauch des Materials:** Auf die Frage der Erzieherin hin kann das Kind das Material beschreiben und selbstständig damit arbeiten. (Was ist das?).

Zur Schulung des Gehörsinns stehen Glocken und Klangstäbe zur Verfügung. Das Biologiematerial umfasst u.a. die Kommode mit Blattformen, Karten, Aufzeichnungen botanischer Begriffe. Schreiben und Lesen übt das Kind primär mit Sandpapierbuchstaben, dem beweglichen Alphabet, Schreibtafeln, Wortsymbolen. Auch Erdkunde findet Berücksichtigung mit geografischen Grundbegriffen, Globus, Landkartenpuzzles, Karten, Ständer mit Flaggen. Besondere Beachtung muss auch dem Mathematikmaterial geschenkt werden: den blau-roten Stangen, Ziffern auf Holzbrettchen, Sandpapierziffern, Spindelkästen, Ziffern und Chips, dem goldenen Perlenmaterial, dem Markenspiel, Perlenketten von 100 bis 1000, Einmaleins-Brettchen, Rechenrahmen, Divisionsmaterial, Material zum Potenzieren.

Pädagogische Gebote

■ Montessori setzt ihre Schwerpunkte auf die Vorbereitung der Umgebung durch den Erwachsenen, die → Beobachtung des kindlichen Verhaltens und seiner Lernschritte sowie auf den neuen Lehrer, die neue Lehrerin oder gar den neuen Erwachsenen. Damit gibt sie Anregungen für die Gestaltung des Lernumfeldes, aber auch zur → Wahrnehmung und zur Diagnostik. Was durch Wahrnehmung erkennbar wird, fließt wiederum ein in die vorbereitete Umgebung. Für die Erziehung im »Kinderhaus« hat Montessori einige Regeln für die Erzieher erstellt.

- »Die Lehrer haben zunächst eine Pflicht materieller Ordnung: Minutiös die Umgebung zu pflegen, so dass sie sich sauber, glänzend, geordnet darstellt
- Der Lehrer muss den Gebrauch der Dinge lehren, ausführen, zeigen, wie sich die Übungen des praktischen Lebens vollziehen: Und dies mit Anmut und Genauigkeit, damit alles in der Umgebung Befindliche von dem benutzt werden kann, der es wählt
- Der Lehrer ist aktiv, wenn er das Kind mit der Umgebung in Beziehung bringt, er ist passiv, wenn diese Beziehung erfolgt ist
- Er muss die Kinder beobachten, damit ihre Kraft sich nicht vergebens verflüchtigt, wenn eines verborgene Geräusche sucht oder eines der Hilfe bedarf
- Er muss herbeieilen, wohin er gerufen wird
- Er muss zuhören und antworten, wenn er dazu eingeladen wird
- Er muss das Kind, das arbeitet, respektieren, ohne es zu unterbrechen
- Er muss das Kind, das Fehler macht, respektieren, ohne es zu korrigieren
- Er muss das Kind respektieren, das sich ausruht und den anderen bei der Arbeit zusieht, ohne es zu stören, ohne es anzurufen, ohne es zur Arbeit zu zwingen
- Er muss aber unermüdlich versuchen, demjenigen Kind Gegenstände anzubieten, das es schon einmal abgelehnt hat, das zu unterweisen, das noch nicht verstanden hat und Fehler macht. Und dies, indem er die Umgebung mit seinen Sorgen belebt, mit seinem be-

dachten Schweigen, mit seinem sanften Wort, mit der Gegenwart jemandes, der liebt

- Der Lehrer muss das Kind, das sucht, seine Gegenwart spüren lassen, und sich dem, das gefunden hat, verbergen
- Der Lehrer erscheint dem Kind, das seine Arbeit vollendet und frei seine eigene erschöpft hat, und bietet im schweigend seine Seele an, wie einen geistigen Gegenstand.« (Montessori, Die Macht der Schwachen, 1989)

Ingeborg Becker-Textor

■ Literaturtipps

Becker-Textor, I. (Hg.) (1997). Was in Kindern alles steckt. Freiburg: Herder.
Becker-Textor, I. (Hg.) (1996). Kinder lernen schöpferisch. Freiburg: Herder.
Montessori, M. (2002). Die Entdeckung des Kindes. Freiburg: Herder.
Montessori, M. (1988). Spannungsfeld Kind – Gesellschaft – Welt. Freiburg: Herder.

Moralische Entwicklung

Lässt es sich erwerben und entwickeln, moralisch zu fühlen und sich zu verhalten? Und wie? Kinder hören von Erwachsenen, sie sollten brav sein, sich benehmen, Gutes tun, Schlechtes vermeiden. Was nun, wenn kleine Kinder anderen ihr Spielzeug wegnehmen oder sie hauen? Das sollen sie nicht. Doch tun sie so etwas »unschuldig« oder wider besseres Gefühl und Wissen? Sind sie dann ungezogen oder böse? Offensichtlich müssen wir Menschen erst lernen einzuschätzen, was gut, was richtig, was angemessen ist. Doch wie kommt es, dass Erwachsene gleichwohl intuitiv ein Gefühl für gut und böse haben? Durch Erziehung, Anlage, aufgrund von Einsicht? All das sind Fragen, ob und wie Moral sich entwickeln kann.

Philosophische Voraussetzungen ■

Wer auf solche Herausforderungen nicht nur intuitiv reagiert, sondern über mögliche Antworten auch nachdenkt und sie zu begründen sucht, wird bald auf Platon (427–347 vor Chr.) stoßen, der sehr grundsätzlich fragte: *Ist Gutsein lehrbar? Oder kann man es nicht lehren, aber einüben? Oder kann man weder durch Übung noch durch Lernen gut werden, sondern ist man es von Natur aus? Oder ist die Frage auf sonst irgendeine Weise zu beantworten?* Diesen Fragen muss sich die Pädagogik auch heute stellen. Von ihrer Beantwortung hängt es ab, welchen Sinn eine Reaktion auf ein in unseren Augen falsches oder auch angemessenes moralisches Verhalten macht. Und bei Kindern geht es auch darum zu verstehen, wann wir bestimmte Grade moralischer Einsicht oder Sensibilität bzw. die Möglichkeit ihrer Entwicklung voraussetzen können.

Darum ist die Frage moralischer Entwicklung zunächst ein Thema der philosophischen → Ethik. Denn schon die Problemstellung setzt ein bestimmtes Menschenbild voraus: Es wird unterstellt, dass der Mensch in der Lage ist, sich eigenverantwortlich für das eine oder das andere zu entscheiden, und darüber hinaus auch vernünftige Gründe dafür aufbieten kann und schließlich, dass moralisches Verhalten auch entwicklungsfähig ist.

Bereits Platon war davon überzeugt, dass Bildung nicht nur im erkenntnistheoretischen, sondern auch im moralischen Sinn ein unverzichtbares Element von Menschsein ist. Auch Konfuzius (um 551–479 vor Chr.) war ganz von der Idee bestimmt, dass und wie wir uns zu einem sittlich-moralisch guten Leben bilden könnten. Aristoteles hat spezifischer nach allgemeinen Grundstrukturen gefragt; seine Tugendlehre hat die Erziehungssysteme bis ins ausgehende Mittelalter bestimmt. Mit dem Humanismus, bei Erasmus (1466–1536), aber auch bei Comenius (1592–1670) wird dann die Menschwerdung des einzelnen Menschen wichtiger. Kant (1724–1804) betont in der Folge stärker die rationale, Hume (1711–1776) stärker die affektive Verwurzelung von Moral, Hobbes (1588–1679) geht eher von einer egoistischen, auch gegen andere gerichteten Natur des Menschen aus, Rousseau (1712–1778) eher von der guten Natur. Alle wichtigen

Pädagogen im 18., 19., auch noch im 20. Jahrhundert sind abhängig von solchen Menschenbildern.

Erkenntnisse der Entwicklungspsychologie ■

In neuerer Zeit hat sich dieser Frage stärker die Entwicklungspsychologie angenommen. Aus der Beobachtung moralischen Verhaltens zieht sie Schlüsse hinsichtlich des Problems moralischer Kompetenz. Über diese entwicklungspsychologischen Kenntnisse sollte jede Erzieherin unabhängig von ihrem Menschenbild verfügen.

Jean Piaget (1896–1980) kommt in seinen Studien zum Weltbild des Kindes zu dem Ergebnis, nicht nur altersspezifische Stufen der Welterkenntnis zu unterscheiden, sondern auch Stadien der Moralentwicklung. Nach einem anfänglichen **amoralischen Stadium** trete das Kind in das Stadium des **einfachen moralischen Realismus**, in dem vorgelebte Normen und Regeln real wie Dinge angesehen würden. Fixiert auf Autoritäten verhalte sich das Kind hier ganz fremdbestimmt, heteronom: Alles, was nicht bestraft wird, ist erlaubt, und alles, was bestraft wird, ist verboten. Erst gegen Ende des Grundschulalters entwickle sich die Fähigkeit, selbständig zu beurteilen, was richtig und was falsch ist, das Stadium der **selbstbestimmten (autonomen) Moral**.

In Zuspitzung dieser These hat Lawrence Kohlberg genauer nach Prinzipien gesucht, die unseren moralischen Entscheidungen zugrunde liegen, und formulierte bis heute weitgehend anerkannte Niveau-Stufen der moralischen Urteilsfähigkeit. Auf dem **vormoralischen Niveau**, auf dem sich die meisten Kinder unter neun Jahren bewegen, sind nicht eigene Einstellungen für Entscheidungen verantwortlich, vielmehr (heteronom) der Gehorsam gegenüber Vorschriften und Autorität oder der Wunsch, eigene und zuweilen fremde Bedürfnisse zu befriedigen. Charakteristisch für das **konventionelle Niveau**, auf dem sich die meisten Jugendlichen, aber auch Erwachsenen bewegen, ist dann die Beachtung vorgegebener Werte und Normen. Moralische Entscheidungen werden hier bestimmt durch den Wunsch, ein »gutes

Kind« sein, später durch Werte wie Loyalität, Pflichterfüllung, Aufrechterhaltung von Autorität und sozialer Ordnung. Erst auf dem **postkonventionellen Niveau**, das nur einige Erwachsene erreichen, werden Entscheidungen orientiert an Verständigung, Auseinandersetzung, allgemeinem Wohlergehen und schließlich an universellen ethischen Prinzipien, denen die ganze Menschheit folgen sollte, vor allem der Achtung gegenüber der persönlichen Gewissensentscheidung.

Kohlberg hat diese Stufen nicht nur durch vielfältige Untersuchungen empirisch belegt, sondern war vor allem davon überzeugt, durch ständige Konfrontation mit Problemstellungen, sogenannten Dilemmata, die Lösungen auf einer höheren Stufe verlangen, könne moralische Entwicklung gefördert werden.

Ein zentrales Problem jedoch lassen diese Untersuchungen offen: Wenn jüngere Kinder im Vorschul- und Grundschulalter sich auf dem Level heteronomer Moral oder präkonventionellen moralischen Denkens befinden, käme dem Denken, aber auch dem Verhalten von Kindern noch keine im engeren Sinne moralische Qualität zu. Diese Auffassung wird durch Studien gestützt, nach denen sich moralisches Bewusstsein erst dann entwickeln kann, wenn das Kind moralisches Denken und Fühlen miteinander verbinden kann und zur bewussten Perspektivübernahme fähig ist. Dazu scheinen jüngere Kinder noch nicht in der Lage zu sein.

Erst in jüngerer Zeit hat Monika Keller darauf hingewiesen, dass die Periode der früheren Kindheit in der Kohlberg-Tradition weitgehend vernachlässigt worden ist. Einen Hebel zur Revision sieht sie, wie auch Gertrud Nunner-Winkler, in der Untersuchung moralischer Gefühle und moralischer Motivation, die kognitivistische Engführungen in der Entwicklungspsychologie aufheben könnten.

Voraussetzung für eine solche Fragestellung ist die in der Psychologie übliche, aber lange vernachlässigte Differenzierung zwischen Wissen, Anerkennung und Urteilsfähigkeit, Verhalten, Gefühl als unterschiedlichen Indikatoren für Moral. Eine ganze Reihe von Untersuchungen hat ergeben, dass es jüngeren Kindern zwar an Reflexion und Bewusstsein sowie der Integration von Wissen und Verhalten mangelt, dass aber moralische Gefühle wie Fürsorge und → Empathie nicht aufgrund elterlicher Autorität, sondern aufgrund einer ureigenen moralischen Sensibilität geäußert werden. Keller zieht daraus nicht nur die Konsequenz, dass (jüngere) Kinder »über eine Vielzahl moralischer Argumente« (Argumente im übertragenen Sinne gemeint) verfügten, also »die Anfänge moralischer Sensibilität im Verhalten sehr viel früher liegen als zunächst angenommen«. Darüber hinaus glaubt sie auch gezeigt zu haben, dass »moralische Urteile erst durch die Gefühle, die zu Motiven werden, eine handlungsregulierende Bedeutung« erhalten.

Pädagogische Konsequenzen ■ Diese Einsichten sind von erheblicher Bedeutung für die Frage nach Möglichkeiten moralischer Bildung. Zum einen kann bei jüngeren Kindern die Ausbildung moralischer Urteilsfähigkeit zumindest in kognitiv-reflexiver Hinsicht kein geeignetes Ziel sein; es macht keinen Sinn, ihnen gegenüber moralisch zu argumentieren oder auch nur auf moralische Einsicht zu setzen. Vielmehr kommt es darauf an, moralische Sensibilität auf einer eher affektiven Ebene zu fördern.

Zum anderen ist aber konkret auch nach geeigneten Konzepten und nach Praxismodellen zu fragen, die eine solche moralische Sensibilität fördern. Seitens der Entwicklungspsychologie gilt dabei die Einbindung moralischen Lernens in eine sozio-emotionale Atmosphäre als Grundbedingung. So hat Fritz Oser unter Rückgriff auf John Deweys (1859–1952) Idee von der *just community* Anstöße geliefert, Kinder in einer durch Auseinandersetzung und gerechten Ausgleich bestimmten Gemeinschaft aufwachsen zu lassen. Eine hohe Verantwortung kommt hier vor allem der → Schule zu sowie der Jugendgruppe, doch auch schon dem Kindergarten oder der Kleinkindgruppe, nicht zu vergessen der → Familie: Hier entstehen nicht nur viele Konflikte, hier lassen sie sich auch ausdrücklich in Erfahrung bringen und thematisieren, um dann kooperativ Wege zu Lösungen auszutarieren und anzubieten.

Konkrete Möglichkeiten, bei jüngeren Kindern moralische Sensibilität und soziale Phantasie zu fördern, finden sich vor allem in Geschichten, die durch einfühlendes Mitleben mit den Akteuren Empathie fördern können (→ Märchen, Mythen und auch religiöse Traditionen sind hier besonders geeignet, weil sie elementare Erfahrungen in verdichteter Form anbieten), ebenso wie konkrete sinnliche Übungen des Mitfühlens, die eher spielerisch Möglichkeiten zur Perspektivübernahme freisetzen.

Für ältere Kinder und Jugendliche ist der Austausch ganz konkreter alltäglicher Probleme wichtiger. Orientierung wird bereits dadurch geleistet, solche Erfahrungen erst einmal zur Sprache zu bringen, um sie dann auf ihre moralische Bedeutung hin zu diskutieren und auf diese Weise Wege zu ebnen für die Auseinandersetzung und Entscheidung persönlicher moralischer Herausforderungen. Ausgezeichnete Impulse bieten dafür Dilemma-Geschichten, die sich freilich auszeichnen sollten durch Nähe zu jugendlicher Lebenswelt, Dringlichkeit und Ernsthaftigkeit der Problemstellung, aber auch Offenheit der Entscheidungsalternativen. Auch die Konfrontation mit Vorbildern moralischer Lebensführung fördert autonome Moral, insofern solche Menschen mit ihrem ganzen Leben für ihre Einstellung einstehen.

Hans-Bernhard Petermann

■ **Literaturtipps**

Edelstein, W./Oser, F./Schuster, P. (Hg.) (2001). Moralische Erziehung in der Schule. Weinheim/Basel: Beltz [darin bes. d. Beitrag v. Monika Keller].

Kohlberg, L. (1995). Die Psychologie der Moralentwicklung. Frankfurt/M.: Suhrkamp.

Montada, L. (2002). Moralische Entwicklung und moralische Sozialisation. In: Oerter & Montada: Entwicklungspsychologie (5. Aufl.). Weinheim/Basel: Beltz.

 # Motivation

Der kleine Mathis sitzt in der Kuschelecke und ist in sein Lieblingsbilderbuch vertieft. Die Erzieherin fragt ihn, ob er sich an einem Kreisspiel beteiligen möchte. Er schüttelt den

Kopf. Warum verhalten sich Menschen gerade so und nicht anders? Mit dieser Frage beschäftigt sich die Motivationspsychologie. Sie versucht, die Ursachen und Bedingungen menschlichen Verhaltens zu erklären (»Darum!«) und Handlungen bzw. Entscheidungen zu beeinflussen.

Die Ursachen und Bedingungen bezeichnet man als Motive (lat.: movere = bewegen) oder Beweggründe, die menschliches Verhalten anregen, in Gang halten und ihm auf ein Ziel hin eine Richtung geben. Das können Instinkte, → Bedürfnisse und Triebe, innere Reize und Ungleichgewichtszustände sowie äußere Reize und Erwartungen sein. Es werden unterschieden:

- **Primäre Motive:** Damit sind alle biologischen, also angeborenen Motive gemeint, die für die Lebenserhaltung unerlässlich sind: z.B. Hunger, Durst, → Aggression, → Schlaf, Bewegung, → Sexualität

- **Sekundäre Motive:** Hierbei geht es um psycho-soziale Motive, die durch Sozialisationsprozesse (→ Sozialisation) erworben worden sind und der Lebensgestaltung dienen. Dazu gehören z.B. Kontakt, Anerkennung, → Lernen, → Leistung, Faszination, Durchsetzung.

Motivation bezeichnet den Prozess, durch den menschliches Verhalten mittels Motiven angeregt, in Gang gehalten und auf ein Ziel ausgerichtet wird. Jeder Motivationsprozess verläuft über drei Phasen:

- **Aktivitätsanregung:** Ein bestimmtes Motiv, z.B. Hunger, löst eine bestimmte Aktivität aus, z.B. Nahrung suchen

- **Zielorientierung:** Aus einer Absicht, ein bestimmtes Ergebnis zu erzielen, ergibt sich eine Abfolge von Schritten (Handlungskette). Für die Realisierung stellt der Mensch gedanklich, also kognitiv, einen Handlungsplan auf, z.B. aus dem Sessel aufstehen, den Raum verlassen, die Treppe hinab gehen, die Küche betreten, die Kühlschranktür öffnen

- **Befriedigung:** Wird das Ziel erreicht, z.B. Sättigung, gilt das Bedürfnis als befriedigt. Der Motivationsprozess ist abgeschlossen. Kann das Ziel nicht erreicht werden, entsteht aus dem unbefriedigten Bedürfnis

(Frustration) neue Aktivität und der Prozess beginnt von vorn.

Motivation, die von innen, also aus einem Menschen heraus kommt, wird **intrinsisch** genannt (Eigenmotivation). Kommt Motivation von außen, also aus der Umwelt, bezeichnet man sie als **extrinsisch** (Fremdmotivation). In der Pädagogik wird gerne auf den Unterschied von »Ich will!« und »Du sollst!« hingewiesen. So erzielen beispielsweise intrinsisch motivierte Kinder einer Kindertagesstätte bei einem Holzprojekt nachhaltigere Erfolge beim Bau eines Baumhauses, als wenn sie extrinsisch motiviert sind. Eine Sternstunde erleben Pädagogen immer dann, wenn aus einer extrinsischen Motivation eine intrinsische wird: »Erst hatte ich gar keine Lust, mit der Aufgabe zu beginnen. Aber jetzt macht sie mir richtig Spass!«

Motivationstheorien ■ Motivationstheorien lassen sich unterscheiden in Inhaltstheorien und Prozesstheorien. **Inhaltstheorien** betrachten vornehmlich die Zielwahl, also das, was den Menschen zum Ausüben eines bestimmten Verhaltens veranlasst (motivationale Erklärungsansätze). Ein Beispiel dafür ist das in der Praxis gern genutzte Modell der Bedürfnispyramide (→ Bedürfnisse, vgl. Abb. S. 57) des US-amerikanischen Psychologen Abraham Maslow (1908 – 1970).

Die Befriedigung von körperlichen, psychischen, sozialen und spirituellen Bedürfnissen ist an die Stufen dieser Pyramide gebunden: Erst wenn z.B. das Bedürfnis nach Sicherheit befriedigt ist, kümmert sich der Mensch um seine sozialen Bedürfnisse. Wer hingegen Hunger hat, wird auch erhebliche Sicherheitsrisiken in Kauf nehmen. Akute Bedürfnisse haben immer Vorrang und blenden die darüber liegenden Stufen aus den Interessen des Menschen einfach aus.

Eine anderes populäres Modell aus dem Bereich der Inhaltstheorien beschäftigt sich mit der Arbeitsmotivation und wurde 1967 von dem US-amerikanischen Psychologen Frederick Herzberg (1923–2000) entwickelt. In seinem Zwei-Faktoren-Modell geht er davon aus, dass alle Menschen sowohl Motivationsbedürfnisse (Motivatoren) als auch sogenannte Hygienebedürfnisse haben. Zu den Motivatoren gehören z.B. Anerkennung, Verantwortung, Erfolg, Aufstieg (intrinsische Faktoren). Als Hygiene-Faktoren gelten z.B. Arbeitsbedingungen, Führungsstil der Vorgesetzten, Bezahlung, Arbeitsplatzsicherheit (extrinsische Faktoren). Beide Faktoren stehen hinsichtlich der Zufriedenheit oder Nichtzufriedenheit am Arbeitsplatz in einer Wechselwirkung. So verursachen fehlende Erfolgsaussichten bei Mitarbeitern Nichtzufriedenheit und beeinflussen die Leistungen negativ. Zufriedenheit entsteht z.B. aus der Anerkennung der Leistung, oder wenn das Herstellen eines Produktes als »Ganzes« erlebt werden kann (ganzheitlicher Ansatz).

Bei den **Prozesstheorien** liegt der Schwerpunkt auf der Zielrealisierung, also wie es zu einem bestimmten Verhalten auf ein Ziel hin kommt (volitionale Erklärungsansätze). Sie beschäftigen sich u.a. mit der Leistungsmotivation von Menschen. Ausgangspunkt ist die Beobachtung, dass nicht alle Menschen in vergleichbaren Situationen die gleiche Leistungsbereitschaft zeigen. Diese ist z.B. abhängig von psycho-sozialen Vorerfahrungen, also ob ein Mensch in einer aktuellen Situation eher Erfolg oder Misserfolg erwartet (erlernte Hilflosigkeit). Erfolgsorientierte Menschen haben im Laufe ihres Lebens überwiegend Erfolge erlebt. Stehen sie vor neuen Herausforderungen, erwarten sie wiederum Erfolg (»Das schaffe ich!«). Gelingt ihnen die Bewältigung der Herausforderung, schreiben sie den Erfolg sich selbst zu (Attribution). Für Misserfolge machen sie äußere Faktoren wie Zufall oder schlechte Arbeitsbedingungen verantwortlich. Dadurch behalten diese Menschen ihre erfolgsorientierte Grundhaltung.

Misserfolgsorientierte Menschen blicken in ihrer Entwicklung auf häufige Misserfolge zurück (»Das schaffe ich nicht!«). Bei neuen Herausforderungen werden wiederum Misserfolge erwartet. Treten diese tatsächlich ein, suchen Menschen mit misserfolgsorientierter Grundhaltung die Ursachen bei sich selbst. Unerwartete Erfolge werden äußeren Faktoren wie Glück oder guten Arbeitsbedingungen zugeschrieben.

Motivation, Grundhaltung und Leistung ■

Ein bekanntes Leistungsprozessmodell, das eine erfolgs- oder misserfolgsorientierte Grundhaltung berücksichtigt, entwickelte der deutsche Psychologe Heinz Heckhausen (1926–1988). Er unterscheidet drei Prozessphasen:

- Auslösende Situation
- Handeln
- Konsequenzen.

In den Phasenübergängen sind von Bedeutung:

- Motivierung
- Selbstbewertung.

Unter Motivierung versteht Heckhausen das Aktivieren der psychischen Leistungsbereitschaft (→ Leistung). Erwartet ein Mensch einen positiven Handlungsausgang, wird der Organismus zum Handeln aktiviert. Bei negativen Erwartungen bleibt ein Handeln aus. Jedes Handeln wird einer Selbstbewertung unterzogen. Entspricht das Ergebnis dem eigenen Anspruchsniveau, stellt sich als Konsequenz Zufriedenheit und Entspannung ein. Eine positive Konsequenz verstärkt die positive Selbstbewertung (»Ich schaffe das!«). Widerspricht das Handlungsergebnis dem eigenen Anspruchsniveau, kommt es zur → Aggression oder Depression. Eine negative Konsequenz verstärkt die negative Selbstbewertung (»Ich schaffe das nicht!«).

Bei Aufgaben, die unter dem eigenen Anspruchsniveau liegen, ist nur ein geringes Ausmaß an Motivierung zu beobachten. Die psychische Leistungsbereitschaft wird nicht ausreichend aktiviert. Liegt der Schwierigkeitsgrad der Aufgaben über dem eigenen Anspruchsniveau, erfolgt ebenfalls keine ausreichende Motivierung. Dies zeigt sich in der Selbstbewertung als Frustration.

Pädagogische Bedeutung ■

Die Wechselwirkung zwischen Anspruchsniveau und Selbstbewertung ist für die pädagogische Arbeit von großer Bedeutung. Dies soll ein Beispiel zeigen:

- **Auslösende Situation:** Ein zwölfjähriges Kind in einer Hortgruppe erhält von der Sozialpädagogin die Aufgabe: »Repariere bitte den kaputten Schlauch des Gruppenfahrrades!«

- **Motivierung:** Entsprechend der Fähigkeiten, Fertigkeiten und Kenntnisse des Kindes und seiner positiven bzw. negativen Erfolgserwartungen wird Unterstützung gegeben, um seinem Anspruchsniveau zu entsprechen. Bei negativen Erwartungen unterbleibt ein Handeln, bei positiven Erwartungen wechselt das Kind in die nächste Phase
- **Handeln:** Das Kind repariert den Fahrradschlauch
- **Selbstbewertung:** Gelingt die Reparatur, bewertet sich das Kind selbst positiv. Es ist seinem Anspruchsniveau gerecht geworden. Scheitert das Kind an der Aufgabe, wird die negative Selbstbewertung verstärkt
- **Konsequenzen:** Je nach Ergebnis der Selbstbewertung und den Reaktionen der Umwelt stellt sich Zufriedenheit und Entspannung beim Kind ein oder die überhöhten Anforderungen an das Anspruchsniveau des Kindes haben aggressives Verhalten oder Rückzug zur Folge.

Einflussfaktoren auf Motivationsprozesse

■ Unabhängig davon, auf welche Motivationstheorien Sozialpädagogen zurückgreifen, sollten sie sich bewusst machen, welche Faktoren Motivationsprozesse wie beeinflussen. Zu den motivationsfördernden Faktoren gehören z.B. Personen, die als Modell Neugier wecken oder zur Nachahmung anregen. Oder ein Thema, das Interesse erzeugt bzw. zu einer kontroversen Diskussion führt. Oder eine Situation, die herausfordert und fasziniert sowie positive Rahmenbedingungen, anregende Atmosphäre bzw. Möglichkeiten zur Mitwirkung und Übernahme von Eigenverantwortung.

Bei den motivationshemmenden Faktoren wären u.a. zu nennen: Angebote unter dem Anspruchsniveau, reizarme bzw. unattraktive Atmosphäre in einer Einrichtung, fehlende Informationen, mangelnde Mitwirkungsmöglichkeiten, häufig wechselnde Bezugspersonen, ständig neue Gruppenbildung.

Karl Stanjek

■ **Literaturtipps**

Keupp, H./Weber, K. (2001). Psychologie – Ein Grundkurs. Reinbek: Rowohlt Taschenbuchverlag.
Rheinberg, F. (2004). Motivation. Stuttgart: Kohlhammer Verlag.
Zimbardo, P. G./Gerrig, R. J. (2004). Psychologie. München: Verlag Pearson Studium.

Musikpädagogik

Musik ist Bestandteil jeder menschlichen Kultur und Gesellschaft. Das Grundbedürfnis jedes Menschen, Musik zu erleben, wird bereits im Mutterleib angelegt. Das Gehör ist im vierten Schwangerschaftsmonat voll ausgebildet und nimmt die intrauterine Geräuschwelt wahr, die sich aus dem Rhythmus des Pulsschlags, der Atmung, der Peristaltik der inneren Organe sowie den Bewegungen der Mutter bildet. Über die Knochenleitung vernimmt das ungeborene Kind die Melodie der mütterlichen Sprache und ihres Gesangs. Rhythmus und Melodie sind die Bestandteile jeglicher Musik, und das Erleben von Musik ist mit den frühsten ontologischen Entwicklungsstadien des Menschen eng verknüpft. Bei Kindern ist das Grundbedürfnis nach musikalischen Erfahrungen stark ausgeprägt und eng mit Bewegungsimpulsen verbunden. Bei der Säuglingspflege kommunizieren und interagieren die Bezugspersonen mit den Kindern über nonverbale rhythmische Stimmäußerungen und Lieder, die zusammen mit rhythmischen Bewegungen und Berührungen wesentlich zur sensomotorischen Integration und damit zur gesunden psychosozialen Entwicklung beitragen.

Musik löst vielfältige vegetative Reaktionen und körperliche Veränderungen aus, die je nach Musik und Disposition des Hörers mehr in Richtung Entspannung oder Aktivierung gehen. Emotionen werden ausgelöst, Erinnerungen geweckt. Aktives Musizieren wirkt zusätzlich positiv auf die Entwicklung motorischer, kognitiver, kreativer und sozialer Kompetenzen. Deshalb ist Musik unverzichtbarer Bestandteil sozialpädagogischer Professionalität.

Gruppenimprovisation ■ Die musikalische Gruppenimprovisation repräsentiert ein ganzheitliches ästhetisch-didaktisches Prinzip im Umgang mit Musik, das in der sozialpädagogischen Praxis mit allen Zielgruppen eine bedeutsame Rolle spielt. Dabei handelt es sich um ein schöpferisches musikalisches Vorgehen, bei dem musikalisches Handeln und Lernen mit seelischem und sozialem Erleben unauflösbar verbunden sind. Im Prozess der Improvisation werden die lebensweltlichen Beziehungen des Menschen und die grundlegenden Bedingungen seiner Existenz thematisiert. Musikalisches, emotionales, soziales, ästhetisches und politisches Lernen bilden dabei im Einklang mit psychischer Entwicklung und spiritueller Orientierung eine sozialökologische Einheit, in der es möglich ist, Erfahrungs- und Entwicklungschancen wahrzunehmen (Leidecker 2002). Dazu sind folgende Voraussetzungen notwendig:

■ Ausreichend Raum und Zeit zur sinnlichen Erfahrung ist vorhanden
■ Das musikalische Handeln orientiert sich an den Situationen und Personen
■ Ergebnisse werden grundsätzlich nicht nach den Kategorien richtig oder falsch bewertet
■ Jede subjektive Lösung wird gewürdigt
■ Der Prozess wird in einem ausgewogenen Verhältnis zwischen sinnlichem Erleben und Reflexion gestaltet, wobei die ästhetischen Erfahrungen zum Alltagsleben in Beziehung gebracht werden.

Die Kompetenz der Erzieherin besteht darin, dass sie über ein großes Repertoire an Möglichkeiten verfügt, ästhetische Erfahrungen anzuregen. Sie ist in der Lage, die Vielschichtigkeit ästhetischer Erfahrung anzuerkennen und Sachaussagen, Assoziationen, Erinnerungen, Identifikationen, Projektionen sowie direkte Gefühlsäußerungen der Teilnehmer anzunehmen und für die Entwicklung der Einzelnen und der Gruppe zu nutzen.

Einsatzgebiete ■

Musik im Kindergarten ■ Musikpädagogisches Vorgehen hilft dabei, die Entwicklung ästhetischer (→ Ästhetische Bildung), sprachlicher (→ Literacy) sowie sozialer Kompetenz (→ Soziale Bildung) zu fördern und bei der Entstehung von Verhaltensauffälligkeiten vorbeugend oder korrigierend einzugreifen. Ganzheitliche Konzepte des Musikerlebens, wie das von Beate Quaas (2003), umfassen Spiele zum Hören, Erforschen von Klängen in der Natur und im täglichen Leben sowie zum kreativen Gestalten von Klanggeschichten und Musikszenen.

Spezielle Angebote für gefährdete Kinder werden als begleitende Fördermaßnahmen in Kindergärten, Tageseinrichtungen und Schulen eingeführt. Spielgruppen für Kinder und ihre Eltern sowie familienorientierte Angebote, wie Musikfreizeiten, Familienwochenenden etc. unterstützen die familiäre Sozialisation (vgl. Forum Musiktherapie und Soziale Arbeit, Musik zum Erleben, Helfen, Heilen, www.musiktherapie-SASP.de 2005).

Jugendarbeit ■ »Mobile Musikschulen« stellen gemeinwesenorientierte Projekte dar, die Konzepte für die musikalische Breitenbildung aus der Nachkriegszeit für die Jugendmusikschule aktualisieren. Musikpädagogisch qualifizierte Erzieherinnen und Sozialpädagogen führen in Stadtteilen oder in abgelegenen ländlichen Gebieten Musikkurse durch, die sich explizit an Kinder aus benachteiligten Familien richten (z.B. MOMU, die Mobile Musikschule, Schreiber@momu.de 2005).

Auch in der sozialpädagogischen Arbeit mit Jugendlichen haben sich mobile Musikprojekte bewährt. Rockmobile sind fahrende Musikstudios, zum Beispiel ausrangierte Linienbusse (z.B. www.momu.de 2003), die soziale Brennpunkte, Schulen oder abgelegene ländliche Ortschaften anfahren und dort Musikworkshops für Jugendliche und Unterricht im Gitarren-, Bass, Keyboard-, Schlagzeugspiel und Gesang durchführen (Dentler 2001). Entwicklungsbedingt spielen in der Jugendarbeit musikpädagogische Maßnahmen auf dem Gebiet der Pop- und Rockmusik eine zentrale Rolle. Sie bestimmen auch in stationären Jugendhäusern unter kommunaler oder kirchlicher Trägerschaft die musikalische Praxis. Meist werden sie in übergeordnete sozialpädagogische Zielstellungen eingebunden, wie Gewaltprävention und Entwicklung von sozialer Kompetenz und Basisqualifikationen (Dentler 2001) oder Suchtprävention.

Erwachsenenbildung ■ Neben den beschriebenen musikalischen Angeboten kommt Musik im Bereich der Sozialen Arbeit mit Erwachsenen bei Beratungsprozessen immer denn zum Tragen, wenn durch den verbalen Diskurs die eigentlichen psychosozialen Problemstellungen nicht hinreichend erfasst werden. Das wurde für die ambulante Beratung und Behandlung von Suchtkranken und ihren Angehörigen von Kapteina und Hörtreiter exemplarisch dargestellt (1993). Auch in der Ehe- und Familienberatung können Rollenkonflikte, problematische Konstellationen im musikalischen Rollenspiel deutlich erkennbar und Lösungen erarbeitet werden.

Hartmut Kapteina

■ Literaturtipps

Dentler K. H. (2001). »Partytime«. Musikmachen und Lebensbewältigung. Opladen: Leske & Budrich.
Leidecker, K. (2002). Musiktherapie als Begegnung. Wiesbaden: Reichert.
Quaas, B. (2003). Alles wird Musik. Eine spielerische Entdeckungsreise für Kinder. Freiburg: Christophorus.
Wickel, H. H./ Hartogh, T. (Hg.) (2004). Handbuch Musik in der Sozialen Arbeit. Weinheim/Basel: Juventa.

Musiktherapie

Musik wurde während aller Epochen der Menschheitsentwicklung und in allen Kulturräumen nicht nur in der Erziehung (→ Musikpädagogik) oder als kultureller Ausdruck genutzt, sondern auch um zu heilen bzw. Krankheit und Not zu lindern. Ausführlich dokumentiert sind der Einsatz von Musik bei den Naturvölkern und in den Hochkulturen des Altertums, etwa bei Pythagoras (ca. 570–500 v. Chr.), Platon (ca. 428–347 v. Chr.), Aristoteles (384–322 v. Chr.) oder Anicius Musik S. Boethius (480–524). Berühmt und immer wieder an-

geführt werden die beiden Behandlungen des an schwerer Depression erkrankten König Saul durch David im alten Israel (ca. 1000 v. Chr.). Die historischen Auffassungen über die Heilwirkung der Musik beziehen sich einerseits auf die ihr innewohnende Ordnung (Musik gilt als Abbild der natürlichen Strukturen des Mikro- und Makrokosmos), die auf den körperlich oder seelisch »in Unordnung geratenen«, also erkrankten Menschen einwirkt; anderseits auf die expressive Funktion der Musik, die es dem Menschen erlaubt, sich von negativen → Emotionen und sprachlich nicht oder nur schwer fassbaren Erlebnisinhalten zu befreien und sie mit anderen zu teilen.

Die neuzeitliche Entwicklung der Musiktherapie kann auf den Beginn des 20. Jahrhunderts datiert werden. In Londoner Krankenhäusern spielten Gruppen von Sängerinnen und Instrumentalisten den Patienten beruhigende Musik vor. Auch in Deutschland entwickelten Therapeuten Konzepte für einen solchen eher unspezifischen Einsatz von Musik. Für viele Menschen ist die Verbindung zwischen Musik und Therapie offensichtlich, vor allem wenn sie neben ihrem Unterhaltungswert entdeckt haben, wie Musik zur eigenen psychischen Stabilisierung beiträgt. Umfangreiche medizinische und musikpsychologische Forschungen belegen, dass Musik tatsächlich zum Teil erheblich den körperlichen und seelischen Zustand verändert. Musik beeinflusst unter anderem Pulsschlag, Atmung, muskuläre Spannung, Hormonhaushalt und Verdauung. Außerdem verändert sie die Stimmungslage, ruft Emotionen hervor und aktiviert das Langzeitgedächtnis. Aufgrund dieser vegetativen Wirkungen wird Musik heute vermehrt bei chirurgischen Operationen und Zahnbehandlungen eingesetzt, um Schmerzen, Angst und Stress zu mindern. Diese Anwendungen werden heute als Musikmedizin bezeichnet.

Demgegenüber versteht man unter Musiktherapie ein psychotherapeutisches Verfahren (→ Psychotherapie), bei dem in der therapeutischen Beziehung zwischen Patient und Therapeut Musik eingesetzt wird, um dem Patienten zu helfen, sich selbst und seine Lebenssituation besser wahrzunehmen, und Möglichkeiten zu entdecken, Leidenszustände aktiv zu verändern. Musiktherapie bezieht sich immer auf eine diagnostizierte seelische oder körperliche Erkrankung und eine wissenschaftlich fundierte Indikationsstellung. Heute ist Musiktherapie an Universitäten und Hochschulen in vielen Ländern als eine global vernetzte Wissenschaftsdisziplin vertreten und fester Bestandteil des Psychotherapieangebots an vielen Allgemeinkrankenhäusern, an fast allen psychiatrischen Landeskrankenhäusern, an Universitätskliniken und an den verschiedensten Fachkliniken.

Bedeutung für die Sozialpädagogik ■

Sozialpädagogen oder Erzieherinnen sind zur Anwendung der Musiktherapie weder befugt noch befähigt. Dennoch lassen sich einige musiktherapeutische Methoden mühelos in sozialpädagogische Handlungskonzepte integrieren, man spricht hierbei von ganzheitlicher Musikpädagogik. Dabei bezieht sich die musikalische Arbeit nicht auf eine diagnostizierte Erkrankung, sie berücksichtigt aber doch den ganzen Menschen als bio-psycho-soziale Ganzheit.

Bei diesem Verständnis wird Musik als »klanglicher Ausdruck einer Lebensart« (Leidecker) aufgefasst. Das heißt, dass im musikalischen Handeln die psychosozialen Problemstellungen des Einzelnen und der Gruppe erkennbar (im Sinne prozessualer Diagnostik) und veränderbar (im Sinne von Wachstum und Empowerment) werden. Es handelt sich um die Ganzheit von musikalischen, psychischen und sozialen Lern- und Entwicklungsprozessen. Dabei werden relevante musikpädagogische Erfahrungen gemacht, bei denen sich Sensibilisierung der → Wahrnehmung und Differenzierung des Ausdrucksvermögens entwickeln. Diese Kompetenzen haben große sozialpädagogische Bedeutung und besitzen einen hohen präventiven Stellenwert sowie sie auch im musiktherapeutischen Kontext eine zentrale Rolle spielen.

Eine enge inhaltliche Verbindung zwischen Musiktherapie und → Sozialpädagogik besteht in der zentralen Bedeutung der musikalischen Improvisation mit Einzelnen und Gruppen. Das freie Spiel mit Klängen war in den 1960er Jahren Gegenstand innovativer und an avantgardistischen Kompositionsprinzipien orientierter Musikpädagogik, die sehr bald die wichtigste musikbezogene Methode der Sozialpädagogik wurde. Menschen ohne musikalische Vorbildung konnten sich hier musikalisch ausdrücken, Emotionen ausagieren, Katharsis (= Sichbefreien von inneren Konflikten und Spannungen durch emotionales Abreagieren) erfahren, inneren Beweggründen Ausdruck verleihen und neue Verhaltensweisen erproben. Gleichzeitig kamen sie in Kontakt zu psychischen Konfliktfeldern, die mit musik- und sozialpädagogischen Interventionen allein nicht bearbeitet werden konnten. An dieser Stelle entwickelte sich die moderne Musiktherapie, die bis heute die musikalische Gruppenimprovisation zu ihren wichtigsten Arbeitsprinzipien zählt.

Gruppenimprovisation ist das Spiel mit Klängen aus dem Augenblick heraus, orientiert an den Gefühlen und Ideen, die im Hier und Jetzt gegeben sind. Sie entfaltet sich in den Interaktionen, mit denen die Beteiligten aufeinander reagieren und einander beeinflussen. Dabei werden die Themen und Probleme deutlich, die direkt mit ihrer Lebenssituation zu tun haben; deren Besprechung führt zu musikalischen Ideen der Problemlösung, die in weiteren Improvisationen umgesetzt werden. Auf diese Weise werden symbolisch Lebensprobleme bearbeitet.

Die Arbeit mit der musikalischen Improvisation bewegt sich an der Grenze zwischen Sozialpädagogik und Psychotherapie. Die Fähigkeit, sich an dieser Grenze sicher zu bewegen, vermitteln Berufs- oder studienbegleitende Zusatzausbildungen, wie Sozialpädagogische Musiktherapie (Fachhochschule Frankfurt), Musikalisch Therapeutische Zusatzausbildung für Angehörige Helfender Berufe (Universität Siegen) oder Sozialmusiktherapie (Akademie für Angewandte Musiktherapie, Crossen).

Musiktherapie in sozialpädagogischen Arbeitsfeldern

■ In Kindergärten und Schulen besteht zunehmend die Notwendigkeit, aggressive (→ Aggression) oder gehemmte Kinder besonders zu fördern. Das geschieht z.B. im Rahmen begleitender musiktherapeutischer Maßnahmen. Bei rezeptiven Musikerfahrungen, wie entspanntem Musikhören, musikalischen Phantasiereisen, Malen nach Musik, können Kinder zu ihrer dringend benötigten Ruhe kommen. Musiktherapeutische Spiele und Improvisation zielen heilend und wohltuend auf die gesamte Entwicklung der Kinder. Die Kinder können Musik als Medium begreifen, mit dem sie sich, ihre Alltagserfahrungen und ihre Gefühle ausdrücken können. Dabei erfahren sie, wie viel Spaß das macht, und entwickeln die Fähigkeit zu genießen. Das musikalische Spiel fördert Kreativität und beeinflusst das Sozialverhalten.

Musiktherapeutische Methoden kommen auch in Erziehungsberatungsstellen zum Einsatz, bei der Betreuung von Flüchtlingsfamilien, in der Heimerziehung, bei der Begleitung der Kinder von Müttern, die an einer Mutter-Kind-Kur teilnehmen oder bei der Unterstützung von Kindern von Klienten der ambulanten Suchtkrankenarbeit (→ Sucht).

Immer stärker sind allgemein bildende Schulen gefordert, neben ihrem Bildungsauftrag auch erzieherische Ziele zu verfolgen. Das Kind soll dabei in seiner Ganzheit gefördert werden. Bei schulbegleitenden Fördermaßnahmen haben sich musiktherapeutische Angebote, die entweder von entsprechend ausgebildeten Lehrern oder Sozialpädagogen durchgeführt werden, außerordentlich bewährt. Musiktherapie stellt hier einen wichtigen Raum bereit, in dem abseits vom Stress des Schulalltags und unter dem Schutz einer sensiblen therapeutischen Begleitung Spielen und Verstehen möglich sind, belastende Gefühle abreagiert, neue Verhaltensweisen ausprobiert und Beziehungen hergestellt und verändert werden können.

Für Jugendliche eignen sich musiktherapeutische Hilfen dann, wenn sie sich in einem geschützten Rahmen befinden, der ein psychotherapeutisches Setting ermöglicht. In Einrichtungen der → Kinder- und Jugendpsychiatrie kommen Musiktherapeuten zum Einsatz, während in Einrichtungen der → Heimerziehung, den Internaten der Berufsbildungswerke sowie auch in Jugendstrafanstalten Orte geschaffen werden können, an denen Jugendliche mit musiktherapeutischen Methoden psychohygienische, explorative und Erfahrungen der Neuorientierung machen können. In der Beratungsarbeit kann es hilfreich sein, phasenweise auf nonverbale Weise die Problemstellung zu bearbeiten. Der Wechsel der Ausdrucksebene lässt die Thematik aus veränderter Perspektive erscheinen. Neue Lösungsmöglichkeiten werden erkennbar.

Hartmut Kapteina

■ **Literaturtipps**

Bunt, L. (1998). Musiktherapie. Eine Einführung für psychosoziale und medizinische Berufe. Weinheim/Basel: Beltz.

Kapteina, H., Hörtreiter, H. (1993). Musiktherapie und Malen in der therapeutischen Arbeit mit Suchtkranken. Stuttgart: Fischer.

Kapteina, H. (Hg.) (2005). Forum Musiktherapie und Soziale Arbeit.

Leidecker, K. (2002). Musiktherapie als Begegnung. Wiesbaden: Reichert.

■ **Kontakt**

www.musiktherapie-sasp.de

Naturwissenschaftliche Bildung

Kinder zeigen schon früh Interesse an Naturphänomenen, die sie in ihrer Umgebung wahrnehmen. Der Wechsel von Tag und Nacht, das Wachsen von Blumen im Frühjahr, die Bewegungen einer Ameise, die über den Fußboden krabbelt, das Mischen von Farben auf einem Blatt Papier oder Abbrennen eines Teelichts sind Beispiele für Naturvorgänge, die von jedem Kind zu einem individuellen Zeitpunkt beobachtet und hinterfragt werden. Dabei interessieren sich Kinder für biologische, astronomische, physikalische oder chemische Naturereignissen gleichermaßen und machen durch eigene Versuche naturwissenschaftliche Erfahrungen: Was muss ich tun, damit sich ein Kreisel dreht? Wirkt die Schwerkraft eigentlich immer? Wächst die Pflanze schneller, wenn ich sie öfter gieße?

Mit fünf oder sechs Jahren stellen Kinder Fragen zu Naturphänomenen und wollen etwas über die Kausalzusammenhänge (Ursache-Wirkungszusammenhang) erfahren. Die genaue Beobachtung eines Phänomens allein reicht ihnen nicht mehr aus, da dies noch keinen Einblick in die Naturgesetzlichkeit gewährt, die dahinter steckt. Dies ist die Zeit, in der Pädagogen durch Instruktionen das ursprüngliche Interesse von Vorschulkindern an naturwissenschaftlichen Themen fördern können. Mit ausgewählten Experimenten und Deutungen, die mit den Kindern gemeinsam erarbeiteten werden, kann – aufbauend auf die eigenen Naturerfahrungen der Kinder – ein erster Zugang zu naturwissenschaftlicher Bildung gelegt werden.

Basisaufgabe des elementarpädagogischen Bildungsauftrags ■

Ob Chemie, Physik oder Astronomie – sämtliche Naturwissenschaftsdisziplinen haben es schwer in der Anerkennung ihrer Inhalte als Bildungsgüter. Das hat sicherlich auch etwas mit der Selbstdarstellung dieser Disziplinen zu tun: Einzelfakten scheinen im Vordergrund zu stehen, die Forschung zeichnet sich durch eine extreme Spezialisierung aus, die kaum mehr soziale oder ökologische Faktoren in den Blick nimmt.

Tatsächlich können aber gerade die Naturwissenschaften sehr viel zu einer ganzheitlichen Sichtweise auf die Mitwelt beitragen. Sie bringen grundlegende Erkenntnisse im Hinblick auf Vernetzung und Zusammenhänge hervor, die uns eine differenzierte Einsicht in die Prozesse unserer Umwelt vermitteln, die uns helfen, selbstverantwortlich und eigeninitiativ an der Gestaltung unserer zukünftigen Lebensbedingungen teilzuhaben und die uns erfahren lassen, wie wir unsere Umwelt nutzen können und wann wir sie schützen müssen. Zu diesen Einsichten zählt sicherlich u.a. die Tatsache, dass Stoffe nicht einfach spurlos verschwinden können (Gesetz von der Erhaltung der Masse), auch wenn wir dies umgangssprachlich mit Formulierungen wie »Mein Schlüsselbund ist weg« vorgeben. So wie der Schlüsselbund ganz sicherlich nicht weg, sondern nur an einem anderen Ort ist, so ist ein Stoff niemals ganz verschwunden. Er hat sich lediglich chemisch umgewandelt, so etwa im Falle von Wachs, aus dem beim Abbrennen einer Kerze Kohlenstoffdioxid und Wasser entstanden ist. Aus einem derartigen Beziehungsgeflecht von Erkenntnissen, zu deren Grundlage sicherlich auch Faktenwissen gehört, erwächst eben nicht allein naturwissenschaftliches *Wissen*, sondern naturwissenschaftliche *Bildung*. Nun ist der Bildungsbegriff, seitdem Wilhelm von Humboldt ihn vor ca. 200 Jahren prägte, mit vielen widersprüchlichen Inhalten belegt worden. Hier sei deshalb nur ein Aspekt in Bezug auf unser Thema herausgehoben: Naturwissenschaftliche Grundkenntnisse stellen eine der wesentlichen Kompetenzen für eine aktive Teilhabe an unserer Gesellschaft dar und eröffnen neben beruflichen Perspektiven vor allem auch den Weg zu einer eigenständigen Meinungsbildung in Bezug auf technische bzw. naturwissenschaftliche Entwicklungen.

Betrachtet man Bildung nicht im Sinne von Bildungsziel, sondern als Aktivität, die vom Kind ausgeht, so kann man diese auch als Aneignung von Welt im Sinne von Selbstbildung verstehen, wobei dem Elementarbereich die Aufgabe zukommt, bei diesem Prozess helfend die Hand auszustrecken (vgl. hierzu auch Laewen/Andres 2002). Auch aus diesem Blickwinkel des Bildungsbegriffs kommt der naturwissenschaftlichen Bildung im Vorschulbereich ein fester Platz zu, bedenkt man einmal, mit welchem Eigenantrieb und Interesse Kinder Antworten auf Fragen zu Naturphänomene geradezu einfordern.

Seit Mitte der 90er Jahre liegen empirische Studien vor, mit denen die Akzeptanz einer frühzeitigen Heranführung an Naturphänomene im Sinne einer naturwissenschaftlichen Bildung untersucht wurde (Lück 2003). Nachdem die Ergebnisse in einer Vielzahl weiterer Studien belegt werden konnten, fand das Themenfeld naturwissenschaftliche Bildung in vielen Bildungsplänen Berücksichtigung. Dabei konnten sich neben der Biologie, die schon lange im Elementarbereich einen festen Platz einnimmt, auch wieder Themen der Chemie und Physik etablieren, die in den vergangenen Jahrzehnten zu kurz kamen.

Das naturwissenschaftliche Experiment und seine Deutung ■ Nicht allein die Beobachtung, sondern vor allem die eigene experimentelle Erfahrung hat sich bei Kindern für einen ersten Zugang zu Naturphänomene bewährt. Das naturwissenschaftliche Experimentieren enthält gleich mehrere Bildungsfacetten: Neben der Durchführung, die bereits ein wenig Geschicklichkeit erfordert, kommen der Gesichtssinn, der akustische Sinn, aber auch die taktile → Wahrnehmung zum Einsatz und werden geschult. Gleichzeitig muss ganz genau beobachtet werden, und zwar zu einem durch das Experiment selbst vorgegebenen Zeitpunkt, denn ein wenig später ist vielleicht schon alles vorbei. Damit alle Kinder der Experimentiergruppe genügend wahrnehmen können, müssen sich alle für die Zeit des Experimentierens so ruhig wie möglich verhalten und sollten sich nicht die Sicht nehmen. Insofern spielen also auch soziale Komponenten eine Rolle (→ Soziale Bildung). Wenn

die Kinder ihre Beobachtungen formulieren sollen, wird ihre sprachliche Ausdrucksfähigkeit gefördert. Schon allein das Aufzählen der zum Experimentieren erforderlichen Gegenstände erfordert viel sprachliche Präzision, wenn das Kind z.B. den genauen Begriff Glas anstelle von Becher oder den Begriff Teelicht anstelle von Kerze wählen soll (→ Literacy).

Neben den sinnlichen, sozialen und sprachlichen Erfahrungsmöglichkeiten hat das Experimentieren einen kognitiven Aspekt: Das Experiment bedarf nämlich einer Deutung – vor allem dann, wenn das Ergebnis verblüfft und Anlass zum Hinterfragen gibt (→ Denken). Dann können Kausalbeziehungen, also Wenn-dann-Bezüge hergestellt werden, so etwa: »Immer, wenn einer Kerze Luft entzogen wird, dann erlischt sie« oder »Wenn Luft aus einem Gefäß nicht entweichen kann, dann kann auch kein anderer Stoff – etwa Wasser – nachströmen«.

Kriterien für die Auswahl naturwissenschaftlicher Experimente ■ Gerade weil das Experiment eine so entscheidende Rolle bei der Hinführung zu Naturphänomene hat, ist bei der Auswahl geeigneter Versuche eine Reihe von Aspekten zu berücksichtigen:

- Der Umgang mit den für die Durchführung der Experimente erforderlichen Materialien muss völlig ungefährlich sein
- Die Experimente sollten immer gelingen, um die Kinder mit dem Phänomen vertraut zu machen
- Die für die Durchführung der Experimente erforderlichen Materialien müssen preiswert zu erwerben und leicht erhältlich oder sogar ohnehin in jeder Kindertagesstätte vorhanden sein, so z.B. Luft, Wasser, Salz, Zucker, Essig, Teelichter
- Sämtliche Versuche sollten einen Alltagsbezug zum Leben der Kinder haben, um ihnen durch die Begegnung mit den Gegenständen eine Erinnerungsstütze zu bieten
- Die naturwissenschaftlichen Hintergründe zu den Versuchen sollten für Kinder im Kindergarten- und Vorschulalter verständlich vermittelbar sein, um den Eindruck von »Zauberei« zu vermeiden

- Die Versuche sollten alle von den Kindern selbst durchgeführt werden können
- Die Experimente sollten – einschließlich der Versuchsdurchführung durch die Kinder – innerhalb einer überschaubaren Zeit abgeschlossen sein, um die Konzentrationsfähigkeit nicht zu sehr zu strapazieren
- Schließlich sollten die Experimente in großen Teilen aufeinander aufbauen, so dass das folgende Experiment eine Wiederholung des zuvor durchgeführten Experiments darstellt.

Eine solche Kriterienliste grenzt die Auswahl der Experimente deutlich ein; dennoch können ausreichend biologische, physikalische und chemische Versuche für den Elementarbereich ausgemacht werden. Gleichzeitig stellt die o.g. Kriterienliste eine gute Richtlinie bei der Auswahl von Kindersachbüchern mit naturwissenschaftlichen Experimenten dar. Empfehlenswert sind die Experimentierbücher, die ungefährliche und stets gelingende Versuche enthalten und in denen der jeweilige Ausgang des Experiments gedeutet wird.

Beispiele für naturwissenschaftliches Experimentieren ■

Exemplarisch sollen an zwei Beispielen sowohl Konzeption als auch inhaltliche Auswahl der Experimente verdeutlicht werden.

Luft begreifen ■ Umgangssprachlich ist der Begriff »nichts« auch bei Vorschulkindern bereits fest etabliert. So ist beispielsweise in einem vermeintlich leeren Glas »nichts« enthalten, obwohl es eigentlich randvoll mit Luft gefüllt ist. Ohne Frage zählt Luft zu den lebenswichtigen Stoffen, die uns umgeben. Dies findet jedoch kaum Berücksichtigung – allenfalls umgangssprachlich durch einen Satz wie: »Wir gehen nach draußen an die frische Luft«, was bei Kindern zu der Vorstellung führt, dass sich Luft eben nur draußen im Freien befindet.

In einem einfachen Experiment kann das Phänomen Luft Vorschulkindern näher gebracht werden: Ein leeres Glas wird mit der Öffnung nach unten in eine mit Wasser ge-füllte Salatschüssel getaucht und leicht schräg gehalten. Dabei entweichen mit einem blubbernden Geräusch Luftblasen nach oben. Luftblasen oder Nichtsblasen? Das Kind schließt schnell darauf, dass es sich hier um mehr als nur »nichts« handeln muss. Blasen sind auch im Innern mit etwas gefüllt – nämlich mit Luft, die aus dem schräg gehaltenen Glas entweicht.

In einem anschließenden Experiment kann den Kindern verdeutlicht werden, dass Luft, wenn sie nicht entweichen kann, in einem Behälter »gefangen« bleibt. Dieser Luftraum kann beispielsweise von Gummibärchen als ideale Taucherglocke genutzt werden. Dazu wird ein »leeres« Glas mit der Öffnung nach unten über eine mit Wasser gefüllte Salatschüssel gehalten. Die Gummibärchen, die sich beispielsweise auf einem Bötchen aus dem Aluminiumbehälter eines Teelichts befinden, können dann mit dem Glas in das Wasser gedrückt werden. Das für Kinder verblüffende Ergebnis: Die Gummibärchen bleiben trocken!

Pflanzenblätter geben Wasser ab ■ Pflanzen benötigen zum Leben Wasser, deshalb müssen sie regelmäßig gegossen werden, wenn sie keinem Regenwasser ausgesetzt sind. Dass das Wasser nicht in der Erde verbleibt, sondern bis in die Blätter aufsteigt, kann in einem einfachen Versuch gezeigt werden, bei dem um das Blatt einer Pflanze – hier eignen sich vor allem Pflanzen mit nur einer geringen Fettschicht, z.B. Blätter einer Rose – ein kleiner Plastikbeutel gestülpt und am Blätterstil vorsichtig fest zugebunden wird. Nach einiger Zeit sind im Inneren des Plastikbeutels kleine Tröpfchen sichtbar, die sich aus dem Schwitzwasser des Blattes gebildet haben und kondensieren.

Insgesamt erweist sich naturwissenschaftliche Bildung im frühen Kindesalter auf Grundlage lern-, entwicklungs- und neurophysiologischer Faktoren als sinnvolle Alternative zur bislang späten Einführung der naturwissenschaftlichen Fächer Biologie, Chemie und Physik in den weiterführenden Schulen.

Gisela Lück

■ **Literaturtipps**

Charpak, G. (2006). Wissenschaft zum Anfassen – Naturwissenschaften in Kindergarten und Grundschule. La main à la pâte. Weinheim/Basel: Beltz.

Hartmann, M. (2006). Astronomie – ein Kinderspiel. Sonne, Erde, Mond. La main à la pâte – Wissenschaft zum Anfassen. Weinheim/Basel: Beltz.

Laewen, H.-J./Andres, B. (2002). Forscher, Künstler, Konstrukteure. Werkstattbuch zum Bildungsauftrag von Kindertageseinrichtungen. Weinheim/Basel: Beltz.

Lück, G. (2003). Handbuch der naturwissenschaftlichen Bildung. Theorie und Praxis für die Arbeit in Kindertageseinrichtungen. Freiburg: Herder.

Van Saan, A. (2002). 365 Experimente für jeden Tag. Kempen: Moses-Verlag.

Schäfer, G. (2004). Bildung beginnt mit der Geburt. Weinheim/Basel: Beltz.

Öffentlichkeitsarbeit

Öffentlichkeitsarbeit wurde erstmals 1882 von Dorman Eaton in den USA als Public Relations (PR) mit »Relations for the general good« (engl.: = Beziehungen zum allgemeinen Wohl) umschrieben. Diese soziale Komponente findet sich auch in jüngeren Definitionen wieder, wenn durch »Arbeit mit, in und für die Öffentlichkeit« (Erich Dederichs) die aktive Gestaltung kommunikativer Beziehungen in der Gesellschaft betont wird.

Der Handlungsspielraum zur Beeinflussung und Prägung von Prozessen der öffentlichen Meinungsbildung ist in der Informations- und Mediengesellschaft relativ groß. Deshalb entwickelt Öffentlichkeitsarbeit Handlungskonzepte von der Imagekampagne bis zur Pressearbeit, um die öffentliche Wahrnehmung positiv zu stimulieren. Gleichzeitig werden Veränderungen in der öffentlichen Stimmung durch Meinungsforschung und Medienbeobachtung kritisch analysiert, um negative Tendenzen, wie Desinteresse oder Imageschäden, frühzeitig erkennen und Gegenmaßnahmen ergreifen zu können.

Einrichtungen mit öffentlichem Auftrag, insbesondere der Erziehung und Sozialen Arbeit, sind in der Bundesrepublik Deutschland grundsätzlich an ein rechtliches Prinzip der Informationspflicht gebunden: »Die Leistungsträger, ihre Verbände und (...) öffentlich-rechtliche(n) Vereinigungen sind verpflichtet, im Rahmen ihrer Zuständigkeit die Bevölkerung über die Rechte und Pflichten nach diesem Gesetzbuch aufzuklären.« (§ 13 Sozialgesetzbuch, SGB I, Allgemeiner Teil) Damit schafft die Öffentlichkeitsarbeit für die Zielgruppen und Nutzer eine hohe Transparenz über das Angebot sozialer Leistungen.

In der pädagogischen Arbeit sind Information und Aufklärung sowohl fachlicher Service als auch Öffentlichkeitsarbeit: So kann eine Erzieherin bei einem Elterngespräch über Vorgänge in einer Kindergruppe informieren und Hintergründe aufklären, zugleich ein fachliches Niveau demonstrieren, das für die pädagogischen Ansätze und Standards einer Einrichtung wirbt.

Öffentlichkeitsarbeit in sozialen Feldern unterscheidet sich von der Produktwerbung dadurch, statt suggestiv übertriebener Positivslogans (»Das beste Waschmittel, das es je gab« o.Ä.) konstruktive Botschaften zu vermitteln, die sich auf Probleme und deren Lösungen richten (z.B. Darstellungen oder Reportagen über vorbildliches Handeln, Modellprojekte, exemplarische Beispiele von »Good Practice«).

Für die wirtschaftliche Stabilisierung einer Einrichtung oder Organisation verfolgt die Öffentlichkeitsarbeit langfristig Werbestrategien, um sich auf dem Markt anzubieten, Kunden anzusprechen und im Wettbewerb konkurrenzfähig zu sein. Beim Marketing werden Dienstleistungen und Produkte je nach erkennbarer Nachfrage so gestaltet, dass dem Kundenbedürfnis ein möglichst attraktives Angebot unterbreitet wird. Die Öffentlichkeitsarbeit wird in den Botschaften der Werbemaßnahmen diese Kundenorientierung verstärken, so dass sich eine Identifikation mit dem Angebot einstellt (beim Sozialmarketing z.B. mit einer pädagogischen Einrichtung – »Unsere Kita«).

Ethik der Öffentlichkeitsarbeit ■ Öffentlichkeitsarbeit ist auch immer »Informationspolitik«, die gerade im sozialen Bereich einer starken Selbstkontrolle unterliegt. Der Umgang mit persönlichen Informationen hat schon beim Datenschutz, der die Privatsphäre sichern soll, seine Grenzen. Informationen aus der pädagogischen Arbeit können das Image von Kindern und Jugendlichen je nach der Tendenz einer Berichterstattung stärken oder schwächen. In den Medien ist immer wieder zu beobachten, wie wenig einfühlsam und eher mit einer Tendenz zur Sensation auf Probleme in pädagogischen und sozialen Feldern reagiert wird. Hier muss die Öffentlichkeitsarbeit gegen Vorurteile differenzierte Argumente vorbringen bzw. in einer öffentlichen Streitkultur gegen jegliche Form der Stigmatisierung bestimmter Personengruppen Partei ergreifen. Auf diese Weise sind die Rechte und Interessen der eigenen

Klientel und besonders von Minderjährigen gemäß einer Sozialethik öffentlich in Schutz zu nehmen.

Kommunikation und Präsentation ■

Kommunikation ist das Handlungsfeld und Präsentation die Schauseite der Öffentlichkeitsarbeit. Pädagogische Einrichtungen bieten »von Haus aus« ein vitales kommunikatives Klima, das die Öffentlichkeitsarbeit für den Imagegewinn weiter ausbaut. Dazu gehören:

- Offene, sympathische Ausstrahlung
- Initiativen für Kontakte, Kooperation und Netzwerke
- Diskussion, Meinungsbildung, demokratische Entscheidungen.

Im Selbstverständnis Sozialer Arbeit ist eher öffentliche Zurückhaltung angesagt, sich offensiv zu präsentieren ist oft noch verpönt. Aus der Defensive lassen sich jedoch keine Positionen erlangen, weshalb immer mehr die Parole ausgegeben wird: »Tue Gutes und rede darüber«. Die Öffentlichkeitsarbeit soll durch Präsentationen klare Profile schaffen:

- Sichtbar werden, Zeichen setzen
- Leistungen und Stärken darstellen, zum »Markenbegriff« werden
- Positionen vertreten und Meinungsführerschaft aufbauen.

Aktionen und Medien ■

Die Praxis der Öffentlichkeitsarbeit weist eine Fülle von Möglichkeiten aktiver Kommunikation und wirkungsvoller Präsentationen auf.

- Außenfassaden und Innenbereiche von Einrichtungen interessant und einladend mit Schriften und Symbolen gestalten, Infosysteme geben Orientierung und vermitteln Aktuelles
- Alltägliche Außendarstellung durch Visitenkarten, einheitliche Geschäftspapierausstattung
- Flyer, Internetauftritt und Messestände mit Selbstdarstellung und Infoservice
- Newsletter in verschiedenen Formaten und Erscheinungsweisen als Printmedium und/oder Internetzeitung, verteilt über Auslage, Post, E-Mail

- Veranstaltungen und Events, wie Tag der offenen Tür, Jahreszeitenfeste, Straßenfeste, Jubiläen, Basare.

Die grafische Gestaltung von Medien zielt darauf ab, das äußere Erscheinungsbild einer Organisation/Einrichtung durch ein unverkennbares und typisches Corporate Design zu prägen. Darin finden sich die aufeinander abgestimmten Formelemente von Logo (= Firmenzeichen), Symbolen, Slogan, Farben und Layout. Ein überzeugendes Corporate Design unterstützt das Image einer Organisation und sollte typisch für deren Corporate Identity (CI), die »Philosophie« einer Organisation, sein. Diesen in der PR-Sprache zentralen aber oft auch schillernden Begriff der Corporate Identity erweitert Gernot Brauer in den Dreiklang von »Organisationskultur, visuelles Erscheinungsbild und die Erwartungshaltung der Öffentlichkeit« und fasst den gesamten Komplex als »Aura einer Organisation« zusammen.

Interne und externe Öffentlichkeitsarbeit ■

Wer sich, wie alle Träger gesellschaftlicher Aufgaben, in der Öffentlichkeit exponiert, braucht eine starke interne Öffentlichkeitsarbeit. Beispielsweise ist das positive Betriebsklima in einem Kindergarten und die Identifikation der Erzieherinnen mit den pädagogischen Zielen der Einrichtung entscheidend für eine gute Arbeit. Detlef Luthe und Thomas Schaefers gewichten die Kommunikation in einer Organisation als »Schlüsselfunktion und zentrale Managementaufgabe«. Deshalb ist die Öffentlichkeitsarbeit in größeren Organisationen als Stabsfunktion der Geschäftsführung zugeordnet. Oft bleiben die Potenziale der Öffentlichkeitsarbeit jedoch unterschätzt oder gar missachtet und werden zu wenig genutzt.

Je vitaler sich eine interne betriebliche Öffentlichkeit entwickelt, desto stärker ist die Ausstrahlung der Organisation nach außen. Ob Tag der offenen Tür, Infostand oder telefonische Anfrage von außen: Jedes Mal sind alle Mitarbeiterinnen und Mitarbeiter aufgefordert, »ihr Unternehmen« optimal zu präsentieren. In jeder einzelnen kleinen Aktivität der Einrichtung oder ihrer Mitarbeiter steckt also auch immer das Ganze (lat.: pars pro toto). Deswegen ist das freundliche und kompetente Auftreten einer Mitarbeiterin am Telefon so wichtig, erzählt es dem Anrufenden doch eine ganze Menge über die Qualität einer Organisation. Wenn eine pädagogische Einrichtung ihr gutes Image immer besser »verkauft«, kann sie ihre Akzeptanz und Position in ihrem Wirkungsfeld ausbauen. Dadurch verbessern sich die Chancen für Sonderaktivitäten, wie z.B. das Sponsoring: Ein Sponsor, ein Geldgeber, der beim »Geschäft auf Gegenseitigkeit« ein Projekt fördert, erwartet im Gegensatz zu einem Spender (engl. = donator) eine starke öffentliche Beachtung seines Engagements und i.d.R. die steuerliche Absetzbarkeit. Um an Sponsorengelder heranzukommen, kann deshalb die Gründung eines gemeinnützigen Vereins sinnvoll sein, damit dieser infolge seiner Gemeinnützigkeit steuerabzugsfähige Spendenbescheinigungen ausstellen kann.

Pressearbeit ■ Die Pressearbeit wird oft als wichtigster Bereich der Öffentlichkeitsarbeit angesehen, weshalb Politik, Wirtschaft und Verbände eigene Presseabteilungen haben. Während bei den Teilöffentlichkeiten für Fachleute oder interessierte und betroffene Bürger und Zielgruppen differenzierte Darstellungen aufmerksam wahrgenommen werden, sprechen die Medien meist ein breites unspezifisches Publikum an. Dadurch dominieren in der Berichterstattung Themen und Perspektiven, die durch die allgemeine Stimmungslage geprägt sind. So wird z.B. mehr über Gewalt unter Kindern und Jugendlichen berichtet als über Verlauf und Erfolge eines Integrationsprojekts. Doch trotz dieser Tendenzen zum Spektakulären in einer hektischen Presselandschaft erfahren die in Zeitungen, Funk und Fernsehen veröffentlichten Berichte und Kommentare eine hohe Akzeptanz durch die Öffentlichkeit. Gerade diese sensible Medienöffentlichkeit fordert eine strategisch geschulte Öffentlichkeitsarbeit, die von der Pressemeldung bis zum Kontaktnetz zu Journalisten und Redaktionen alle Register der Öffentlichkeitsarbeit

zu ziehen versteht. Hierfür sind intelligente Konzepte und durchsetzungsstarke Akteure gefordert.

Ewald Schürmann

■ **Literaturtipps**

Krenz, A. (2002). Handbuch Öffentlichkeitsarbeit – Professionelle Selbstdarstellung für Kindergarten, Kindertagesstätte und Hort. Freiburg: Herder.
Stamer-Brandt, P. (2001). basiswissen kita. Öffentlichkeitsarbeit. Freiburg: Herder.
Schürmann, E. (2004). Öffentlichkeitsarbeit für Soziale Organisationen. Praxishandbuch für Strategien und Aktionen. Weinheim: Juventa.

 # Offener Kindergarten

Der Offene Kindergarten ist eine Basisbewegung, die in den 1980er Jahren in den alten Bundesländern aufkam und seither zunehmende Beachtung im Kindergartenbereich findet. Die Idee lebt von den vielen Erzieherinnen und Erziehern aus dem Elementarbereich, die hier eine Weiterentwicklung voranbrachten und dadurch die Entwicklungsbedingungen für Kinder verbesserten. Im erziehungswissenschaftlichen Bereich bleibt der Offene Kindergarten weitgehend unbeachtet. Es gibt noch keine empirischen Untersuchungen über seine Effektivität. Bestehende Literatur bezieht sich auf Darstellungen und Berichte aus der Praxis.

Die Entwicklung zum Offenen Kindergarten war vorwiegend eine Reaktion auf die veränderten Lebensbedingungen heutiger Kinder (→ Kindheit) und auf eine wachsende Unzufriedenheit in der pädagogischen Praxis, ausgelöst durch zunehmenden Alltagsstress, Dirigismus und Zwang im Gruppenraum, → Aggressionen unter den Kindern, übermäßigen Lärm in der Gruppe, Isoliertheit und Konkurrenz im Mitarbeiterinnenkreis. Die Reflexionen darüber führten zu der Erkenntnis, dass häufig an den → Bedürfnissen der Kinder vorbei gearbeitet wird. Veränderungen waren deshalb mit der Entscheidung verbunden, sich konsequent auf Kinder einzustellen (Kindzentriertheit) und ihnen mehr zu folgen. Das bedeutete:

mehr Freiräume und Freizügigkeit, bessere Bewegungsmöglichkeiten drinnen und draußen, weniger Verplanung der Kinder, Spielen ohne ständige Anwesenheit von Erwachsenen.

Die praktischen Veränderungen wurden auch theoretisch begründet: Neue Erkenntnisse aus der → Psychomotorik als ganzheitlichem Entwicklungsansatz; Ergebnisse aus der neueren Säuglings- und Kleinkindforschung, die das Kind nicht mehr als Objekt erzieherischen Bemühens sieht, sondern als Subjekt seiner Entwicklung (Kind als Akteur, Selbstgestalter). Theorieaspekte Piagets, des Konstruktivismus, der Systemtheorie, der neueren Entwicklungspsychologie sowie der Neurobiologie wurden einbezogen. Entscheidend war jedoch die Rückbesinnung auf → reformpädagogische Sichtweisen und Grundannahmen über Kinder, wie sie bei Montessori (→ Montessoripädagogik), Freinet (→ Freinetpädagogik), Malaguzzi (→ Reggiopädagogik), Schörl, Korczak u.a. erkennbar sind und heute wissenschaftlich bestätigt werden.

Das alles bewirkte eine veränderte Einstellung von Erwachsenen im pädagogischen Umgang mit Kindern in Richtung zu mehr Autonomie und Selbstorganisation. Heute wird in Offenen Kindergärten konsequent eine kinderfreundliche und kindzentrierte Pädagogik durchgeführt.

Öffnung und Offenheit ■

Der offene Kindergarten zeichnet sich durch zwei grundlegende Prinzipien aus, die dem Ansatz auch seinen Namen gegeben haben: Öffnung und Offenheit. Das erste Prinzip umfasst die Öffnung der Türen nach drinnen und draußen, die attraktive, auf kindliche Bedürfnisse abgestimmte Raumgestaltung, gruppenübergreifendes Arbeiten. Das herkömmliche Gruppenprinzip des Kindergartens wird aufgelöst, stattdessen können die Kinder selbst entscheiden, an welchen Angeboten sie teilnehmen und in welchen Funktionsbereichen sie sich beschäftigen wollen. Der Kindergarten ist überdies offen für alle Kinder, auch für behinderte, die Eltern werden in das Kindergartengeschehen umfassend mit einbezo-

gen. Das zweite Prinzip bezieht sich auf die Art und Weise, wie auf Kinder, Kolleginnen, Eltern, Lehrer usw. zugegangen wird. Dazu gehören Kompetenzen, die den Zugang zu anderen und zur Welt erschließen. Wer offen in Beziehung tritt, ist aufgeschlossen, aufnahmebereit, empfänglich, unvoreingenommen und zugänglich und anderen gegenüber aufrichtig, ehrlich und mitteilsam.

Öffnung meint die sichtbare Seite pädagogischer Veränderungen, während sich Offenheit als unsichtbare Seite in der Haltung und im Umgang mit Kindern zeigt. Darin setzen sich anthropologische Grundannahmen zu Kindern um: Kinder sind einmalig und unverwechselbar, kompetent von Anfang an, kommunizierfähig mit 100 Sprachen, gleichwürdig und gleichwertig, selbstgestaltend in ihrer Entwicklung.

Arbeitsprinzipien ■

Offene Kindergärten zeigen sich mit unterschiedlichen Gesichtern. Im Laufe der Zeit bildete sich jedoch ein Bezugsrahmen. Die nachfolgenden zwölf Punkte akzentuieren die heutige offene Kindergartenarbeit. Sie sind Wegmarkierungen für die Teams, um sich bei der heutigen Komplexität der Kindergartenarbeit nicht zu verlieren.

- Menschliche Vielfalt durch die Aufnahme aller Kinder: Es geht um Integration und Nichtaussonderung. Verschiedenheit soll zur Normalität werden, Individualisierung zu einem Prinzip
- Eine entspannte wohlwollende Atmosphäre: Nur unter dieser Voraussetzung können Kinder ihre Entwicklungs- und Bildungsprozesse voranzubringen. Stichworte sind Willkommensein, Vertrautheit, Struktur, Bindung, Resonanz und Anerkennung, Attraktivität des Kindergartens, individuelle Lebenshilfe
- Entscheidungsräume für eine eigenständige Lebensführung, ein wachsendes Feld autonomer selbstverantwortlicher Entscheidungen der Kinder: Dabei geht es nicht nur um Erziehung zur Selbständigkeit, sondern auch um die Hinführung zur Eigenverantwortung auf alle Lebensbezüge: z.B. Schlafen, Essen, Trinken,

Spielen, Lernen, Sich-bilden, Bewegen, Geburtstag feiern, Helfen, Gefühle äußern, Schenken, Zuhören, Reden, Experimentieren, Konflikte lösen, Sich-binden, Kreativsein

- Ein Spielraum für Bewegung (→ Bewegungserziehung): Bewegung als das »Tor zum Lernen«. Drinnen und draußen werden viele Möglichkeiten geschaffen, damit die Kinder ihre Bewegungskompetenz spontan und selbständig entwickeln können

- Eine komplexe, vorbereitete Umgebung, zum Spielen, Forschen, Experimentieren und kreativen Ausdruck: Dementsprechend gibt es Räume oder Bereiche zum Bauen und Konstruieren, Kochen und Backen, Rollenspiel, kreativem Gestalten, Essen, Plaudern, Toben und Bewegen, Wasserspiel, Ruhe und Entspannung, Werken mit verschiedenen Materialien und Werkstätten mit Forscheraufgaben und -möglichkeiten. Der Außenbereich wird als gleichwertig angesehen und bekommt eine genauso vielfältige Ausgestaltung wie der Innenbereich. Kinder können in der Regel zu jeder Zeit nach draußen gehen

- Zeitstrukturen für Tages- und Wochenabläufe: Tagesschwerpunkte wie Morgen- und Schlusskreis, Freispiel, Angebot, Projekt, Aufräumen, Frühstück und Mittagessen erhalten eine feste Zeitstruktur. Sie bilden einen sicheren Rahmen, der zugleich flexibel gehandhabt wird. Das gilt auch für wiederkehrende Wochentermine wie Kinderparlament, Waldtag, Turnhallenbesuch, Schwimmen, Projekttag, Frühstücksbuffet

- Strukturen der → Partizipation: z.B. Morgenkreis, Kinderkonferenz, Vollversammlung oder Kinderparlament und alle Formen der Mitverantwortung und Mitarbeit im Kindergartenalltag.

- Gemeinschaft durch wiederkehrende besondere Erlebnisse: Traditionelle und neue Formen des Gemeinschaftserlebens und gemeinsamen Feierns als besondere Höhepunkte des Jahres; Geburtstagsfeiern werden individualisiert, die Kinder entscheiden, ob und wie sie im Kindergarten feiern wollen

- Förderung von Kindern mit Entwicklungsbenachteiligungen: Unterschiedliche Unterstützung einzelner Kinder, um in den offenen Entwicklungsrahmen hineinzuwachsen. Darüber hinaus fordern einzelne Kinder aufgrund bindungsunsicherer Entwicklung oder anderer Benachteiligungen zur besonderen Betreuung oder Kleingruppenförderung heraus.

- Prinzip Fachfrau – die eigenen Stärken einsetzen: Das Einzelkämpfertum bisheriger Kindergartenarbeit wird durch eine Arbeitsteilung ersetzt, indem die Erzieherinnen bei Angeboten und Projekten oder in der Raumverantwortung ihre Stärken einsetzen und sich hier weiter qualifizieren. Die Bildungsarbeit erfährt dadurch eine bessere Qualität.

- Erweiterte Strukturen der Zusammenarbeit im Mitarbeiterteam: Differenzierung nach organisatorischer, inhaltlicher und kindbezogener Arbeit. Erweiterte Kooperationsstrukturen, um die anfallende Arbeit mit regelmäßiger Reflexion zu bewältigen. Bewährt haben sich morgendliche Besprechungen für Kurzaustausch und Tagesorganisation, verlängerte wöchentliche Dienstbesprechungen, kurze Reflexionszeiten am Ende des Vormittags oder Nachmittags sowie besondere Themenabende für inhaltliche Arbeit.

- Methodenkonzept der Handlungsforschung: Jeder Kindergarten geht seinen eigenen Weg. Anfallende Fragen, Themen und Probleme werden gemeinsam gelöst. Als sinnvolles Handwerkszeug wird dafür die Handlungsforschung genutzt. In einem Viererschritt – Praxisproblem, Informationsgewinnung, Lösung im Diskurs aller Beteiligten und Probehandeln – wird in einem gemeinsamen Forschungsprozess nach angemessenen Lösungen gesucht. Diese werden zu einem festen Bestandteil des Gesamtkonzeptes, wenn sie sich nicht nach einer späteren Reflexion als korrekturbedürftig erweisen. Dadurch wird durch ein methodisches Arbeiten das Offene Konzept weitergeführt und zu einem nie endenden Prozess.

Diese Weiterentwicklung verändert das berufliche Selbstverständnis der Erzieherinnen.

Als Selbstgestalter ihrer Pädagogik sind sie gemeinsam für Kinder im Prozess, indem sie zu einem gemeinsamen Denken und einer Vision finden und den Bezugsrahmen schaffen und immer wieder aktualisieren. Sie sind mit Kindern im Prozess, indem sie ihnen eine eigenständige Entwicklung ermöglichen, sie dabei begleiten und mit ihnen zusammen leben.

Insgesamt sind die Anforderungen im Offenen Kindergarten höher als in der traditionellen Arbeit. Das zeigt sich in der erforderlichen Bereitschaft der Erzieherinnen, offen dafür zu sein, Verantwortung für den ganzen Kindergarten und alle Kinder zu übernehmen, offen zu sein für Veränderungen und Probehandeln, für eine flexible Arbeitszeitgestaltung und dafür, das Konzept gemeinsam zu tragen und nach außen zu vertreten.

Der Offene Kindergarten ist ein Lebensraum mit Freiheit und Freizügigkeit und bietet eine differenzierte Bildungsplattform für ganzheitliches Lernen. Der geschaffene Rahmen und eine offene, achtsame Begleitung ermöglicht es den Kindern, sich in vielfältiger Weise auf das Leben einzulassen. Sie sollen dadurch ihre Persönlichkeit mit ihren Stärken, Begabungen, Interessen eigenständig entfalten und in unsere Gesellschaft und Kultur mit Eigen- und Gemeinsinn hineinwachsen. Auf diese Weise können sie eine sogenannte multiple Intelligenz (Gardner) ausbilden, d.h. ihre sprachlichen, logisch-mathematischen, musikalischen, sozialen, praktischen, wissenschaftlichen, kreativen, emotionalen (Golemann) und motorischen Fähigkeiten entfalten. Der Offene Kindergarten steht für eine kind- und zeitbezogene Weiterentwicklung der Kindergartenarbeit und ist eine mutige und konsequente Antwort auf eine veränderte Kindheit und auf neue anthropologische Sichtweisen über Kinder.

Gerhard Regel

■ Literaturtipps

Kühne, Th./Regel G. (2000). Bildungsansätze im offenen Kindergarten. Hamburg: ebv Verlag.
Laewen, H. J. u.a. (2002). Künstler, Forscher, Konstrukteure. Weinheim/Basel: Beltz.
Regel, G./Wieland A. J. (Hg.) (1993). Offener Kindergarten konkret. Hamburg: ebv Verlag.
Regel, G./Kühne, Th. (2001). Arbeit im offenen Kindergarten. Freiburg: Herder.

Ökologische Erziehung

Die Ökologie beschäftigt sich damit, wie die Natur als Ganzes funktioniert und wie ihre einzelnen Teile aufeinander wirken. Die ökologische Erziehung knüpft an diese Vorstellung an und begreift sich als eine zukunftsorientierte und die ökologischen Notwendigkeiten berücksichtigende Erziehung. Sie entstand vor dem Hintergrund, dass in den vergangenen 30 Jahren viele Menschen eine Bewusstseinsveränderung bezüglich ihrer Lebensweise in und mit der Natur vollzogen haben. Ursache dafür waren u.a. die Auswirkungen einer ständig wachsenden Wirtschaft, der Raubbau der Natur durch Versiegelung der Erdoberfläche, die Rodung des Urwalds und die Zerstörung von natürlichen Kreisläufen. Es wurde klar, dass die bisherige Lebensart mit uneingeschränktem Konsumbedarf zu Krisen führen wird und dass die Vorstellung von der unbegrenzten Verfügbarkeit von Naturressourcen ein gefährlicher Irrtum ist. Damit einher ging die Erkenntnis, dass mit kurzfristigen Maßnahmen diese Krisen nicht zu bewältigen sind, sondern nur ein verändertes Denken und Handeln langfristig Erfolg verspricht. Aus diesen Überlegungen entwickelte sich die ökologische Erziehung als Ansatz, um Kindern und Erwachsenen ein anderes Bewusstsein und zukunftsbezogene Handlungskompetenzen zu vermitteln. Dabei entstanden unterschiedliche Konzepte.

Umwelterziehung und Umweltbildung ■ Die Umwelterziehung und Umweltbildung will im Rahmen der bestehenden gesellschaftlichen Bedingungen Wissen weitergeben, um eine angemessene Lebensweise zu erreichen, die Rücksicht im Umgang mit der Natur erzeugt. Dazu werden funktionale Wissensinhalte vermittelt, z.B. über das Leben bedrohter Tierarten, über Schadstoffe, die Wasser verunreinigen oder über die Notwendigkeit, Abfallstoffe angemessen zu entsorgen. Die Kinder lernen vor allem auf der Ebene des Verstandes, weniger auf der emotionalen Ebene (z.B. »Wie betrifft mich das

Thema?«). Ganzheitliches und vernetztes Denken findet kaum statt.

Auf der praktischen Ebene werden bei diesem Ansatz Spiele zur Umweltthematik durchgeführt (z.B. Müllentsorgung), Führungen mit dem Förster durch den Wald ausgerichtet und Entsorgungsbetriebe besichtigt. Problematisch bei diesem Konzept ist, dass die Inhalte oft isoliert nebeneinander stehen und kein wirklicher Bezug der Lernenden mit entsprechenden Änderungskonsequenzen entsteht. Es bleiben Einzelinhalte ohne ganzheitliche Wirkung.

Ökopädagogik ■

Eine radikalere Vorstellung hat die Ökopädagogik entwickelt, die stärker eine ganzheitliche Richtung verfolgt. Es geht um die Ausrichtung des eigenen Handelns auf die soziale Gerechtigkeit und um die Umweltverträglichkeit des Produzierens und Konsumierens jetzt und in Zukunft für alle Völker (»globale Partnerschaft«). So wie die Bedürfnisse der heutigen Generation befriedigt werden sollen, dürfen die Bedürfnisse der kommenden Generationen nicht gefährdet werden, denn »wir haben keine zweite Erde im Kofferraum«. Zentrales Stichwort ist die Nachhaltigkeit (= Zukunftsfähigkeit) oder engl.: Sustainable Development, d.h., dass wir bei der Entwicklung der Gesellschaft und Wirtschaft nur so viel Energie und Rohstoffe verbrauchen dürfen, wie auch nachwachsen können.

Allgemeine Ziele ■

- Abbau der Entfremdung zwischen Menschen und Natur/zwischen den Menschen (z.B. über Naturerfahrungsspiele)
- Förderung kybernetischen Denkens, d.h. Zusammenhänge, Wechselwirkungen, Wirkungs- und Einflussgefüge erkennen
- Entwicklung konkreter Utopien
- Vermittlung von Methoden der Informationsbeschaffung und Umwelterkundung
- Erfahren demokratischer Spielregeln bei der Entwicklung gemeinsamer Aktivitäten und umweltpolitischer Forderungen
- Entwicklung, Initiieren, Planen und Durchführen konkreter Aktivitäten.

Das Gefahrenbewusstsein und die Betroffenheit angesichts der Natur in Not ist bei Kindern bereits im Vorschulalter entwickelt. Sie fühlen mit, wenn nach einem Tankerunglück Vögel mit Öl verseucht oder auf der Straße Igel überfahren werden. Jedoch ist ihnen oft nicht klar, wie sie selbst Risiken vermeiden und aktiv etwas verändern können oder wie sie mit ihren Ängsten umgehen sollen.

Vorschulkinder sind besonders ansprechbar für Erfahrungen, die gefühlsmäßig erlebbar sind (z.B. die Veränderungen von Pflanzen oder Tieren). Kleine Projekte, bei denen vielfältige Sinneserfahrungen möglich sind, eignen sich in besonderer Weise, um Kindern ein Bewusstsein für ökologische Zusammenhänge zu vermitteln. (Beim Erleben eines Laubbaums geht es z.B. nicht nur um das Erfassen der Gestalt des Baums oder das Registrieren der Veränderung der Blätter im Laufe der Jahreszeiten, sondern auch um den Geruch der Rinde, das Bewegen der Blätter im Wind und das Ertasten und Körpererleben des gesamten Baumes sowie seine wirtschaftliche Nutzung.) Ebenso eignen sich Experimente, Beobachtungen und Exkursionen.

Pädagogische Richtziele ■

- Die Neugierde, die Fragen und der Betätigungsdrang von Kindern im Umgang mit der Natur müssen unterstützt werden, auch wenn die Erzieherin nicht immer fertige Antworten geben kann
- Alle Sinne sollen gefördert werden, um eine vielfältigere Wahrnehmung zu ermöglichen – gerade sonst weniger angesprochene Sinnesbereiche haben in der Naturwahrnehmung ihre Bedeutung (Tasten, Riechen)
- Zusammenhänge zwischen einzelnen Vorgängen müssen erfasst und die Abhängigkeiten sensibel aufgenommen werden (z.B. die Bedeutung von Chemikalien für ein Wachstum der Pflanzen, das für Tiere und Menschen fragwürdig ist). Die Vernetzung von einzelnen Naturvorgängen ist eine wesentliche Erfahrung
- Die Erziehung nach dieser Vorstellung bezieht sich vor allem auf den Aufbau geeigneter → Einstellungen. Hierzu gehören eine kritische Beurteilungsfähigkeit, eine

Bereitschaft, für alle Lebewesen Verantwortung zu übernehmen und die Einsicht, sich nachhaltig für ein Thema einzusetzen. Wenn Grundkenntnisse erworben sind, wird der Heranwachsende sich auch für sein eigenes Handeln verantwortlich sehen

- Der Erwerb von Kenntnissen über die Natur sollte in eine Beziehung zu der sozialen Situation des Kindes gebracht werden.

Aktionen und Projekte ermöglichen im Rahmen dieser ökologischen Erziehung auch vielfältige soziale Erfahrungen. Bei der Planung und Durchführung können Kinder mitbestimmen und mitentscheiden (→ Partizipation) und dabei Demokratiebewusstsein entwickeln.

Projektformen

■ In sozialpädagogischen Einrichtungen bieten sich vielfältige Projektformen zum Thema Ökologie an:

- Die Situation des Essens wird ökologisch bearbeitet, d.h. die Auswahl findet nach ernährungswissenschaftlichen Aspekten statt (Vielfalt der Nährstoffe), gleichzeitig aber auch bewusster als soziale Erfahrung (→ Essverhalten)
- Die Gruppen ändern ihre Wochenplanung und legen konsequent einen Waldtag in ihr Programm, so dass die Kinder einen bewussteren Bezug zu dem Leben im Wald aufbauen (→ Waldkindergarten)
- Die Außenanlagen werden auch als Nutzfläche verwendet. Kinder können in ihrem eigenen Garten Pflanzen beobachten und legen einen Komposthaufen für organische Teile des Abfalls an

- Überhaupt wird die Müllentsorgung bewusster vorgenommen. Das fängt bereits damit an, dass weniger Wegwerftüten für Essen verwendet werden und auch beim Malen und Werken ein eingeschränkter Verbrauch des Materials vorgenommen wird – so lernen die Kinder ihr Konsumverhalten zu kontrollieren
- Der Spielplatz wird mit Hilfe der Kinder angelegt; anstelle von Geräten aus Metall und Plastikspielzeug werden Naturmaterialien gewählt (z.B. Verwendung von Weiden als Baumaterial von Laubengängen, Tunneln, Kuppelbauten und Flechtzäunen)
- Die Landschaftsgestaltung des Außengeländes wird neu geplant; es werden Wasserläufe angelegt, Brücken gebaut, Höhen- und Tiefenbildung der Oberflächengestaltung vorgenommen; damit erleben die Kinder anstelle versiegelter Flächen oder steriler Rasenanlagen unterschiedliche Materialien.

Ein weiterer Aspekt in der ökologischen Erziehung ist die Öffnung nach außen, d.h. durch eine veränderte → Öffentlichkeitsarbeit bekommt die Einrichtung die Aufgabe, ihre ökologisch orientierten Interessen an die übrige Bevölkerung, die Politiker und Verwaltungen weiterzugeben.

Hartmut Hansen

■ Literaturtipps

Blessing, K./Langer S./Fladt, T. (2000). Natur erleben mit Kindern. Tuningen: Ulmer.
Cornell, J. (1999). Mit Kindern die Natur erleben. Mühlheim: Verlag an der Ruhr.
Flitner, A. (2001). Reform der Erziehung. Weinheim/Basel: Beltz.
Lutz, E./Netscher, M. (1996). Handbuch ökologischer Kindergarten. Freiburg: Herder.

Pädagogik

Die Begriffe Pädagogik und Erziehungswissenschaft können heute als identische Begriffe verwendet werden. Geschichtlich betrachtet will die Erziehungswissenschaft den Wissenschaftscharakter betonen, während die Pädagogik oftmals mit der Erziehungspraxis gleichgesetzt wurde und wird. Zugrunde liegt also die Frage nach dem Verhältnis von Theorie und Praxis sowie dem von → Bildung und → Erziehung. Bis ca. 1970 kann man grob von drei Richtungen in der Pädagogik sprechen:

- Geisteswissenschaftliche Pädagogik
- Empirische Erziehungswissenschaft
- Kritisch-emanzipatorische Erziehungswissenschaft.

Bis heute hat sich eine Vielzahl von Theorien, Disziplinen und verwandten Disziplinen mit jeweils unterschiedlichen Forschungsmethoden entwickelt.

Sub-Disziplinen der Pädagogik ■

Einzelne Bereiche der gesamten Wissenschaft werden Disziplin (z.B. Pädagogik) und spezielle Unterabteilungen oder Teilbereiche Sub-Disziplin (z.B. → Sozialpädagogik) genannt. Verwandte Disziplinen der Pädagogik sind → Psychologie und → Soziologie. Die Pädagogik wird unterteilt in folgende Sub-Disziplinen:

- Allgemeine/Systematische Pädagogik mit den Grundlagen pädagogischen Denkens
- → Anthropologie und → Erziehung mit den Fragen nach den Bedingungen der individuellen Entwicklung des Menschen
- → Sozialisation und Erziehung: der Mensch in seinen sozialen Bedingungen und Beziehungen
- Institutionen und Organisationsformen: organisierte Förderung des Menschen in Institutionen, z.B. in → Schule und → Kindergarten
- Entwicklung und → Lernen mit den Fragen nach den individuellen Prozessen
- Allgemeine → Didaktik (und Methodik) mit den Fragen nach organisierten Lehr- und Lernprozessen

- → Sozialpädagogik: Erziehung und Sozialisation in außerschulischen Bereichen (→ Gruppenpädagogik)
- Erwachsenenbildung: Fragen zur → Fort- und Weiterbildung
- Sonderpädagogik: Fragen nach den Behinderungen von Menschen in allen Bereichen (→ Rehabilitation, → Heilpädagogik)
- Pädagogik als Integrationswissenschaft: Kooperationsfelder z.B. mit → Psychologie, → Soziologie, Medizin, Theologie (→ Religiöse Erziehung), → Philosophie
- → Medienpädagogik: Fragen nach Einfluss und Gestaltung von Medien.

Von den verwandten Disziplinen liefert vor allem die Pädagogische Psychologie Erkenntnisse zu den individuellen, sozialen und materiellen Voraussetzungen von Erziehungsprozessen. Ferner untersucht sie die Rückwirkungen von Erziehungsprozessen auf die Erziehenden selbst.

Geschichte der Pädagogik: Von der Antike zur Neuzeit ■

Antike ■ (2. Jahrtausend v. Chr. bis 7. Jahrhundert n. Chr.) Grundlegend ist die Idee der »paideia« (gr.: = Erziehung, Bildung) als Vorbereitung auf das praktische Leben in der Gesellschaft und als Bildungsideal, wie es Platon (427–347 v. Chr.) formulierte in Verbindung mit den Tugenden Besonnenheit, Gerechtigkeit, Tapferkeit und Frömmigkeit. Ein radikales Umdenken erfordert dann das christliche Menschenbild (ab 4. Jahrhundert n. Chr.). Nicht die Ideen und ihre Erkenntnis sind das Höchste, sondern die Beziehung zu einem persönlichen Gott und die Erlösung aller Menschen. Die Vorstellung von der Gottesebenbildlichkeit des Menschen ist Grundlage aller Bildungsbemühungen.

Renaissance ■ (fr.: = Wiedergeburt; 16. Jahrhundert) Menschen befinden sich im Aufbruch, die katholische Kirche wird durch die Reformation erschüttert, neue Kontinente werden entdeckt. Im Satz von René Descartes (1596–1650) – Cogito, ergo sum (lat.: = Ich denke, also bin ich) – spiegelt sich das Vertrauen in die menschliche Denk- und Gestaltungskraft als Garant des Seins wider. Durch die Rückbesinnung (Wiedergeburt) auf Philosophen der griechischen Antike (Platon, Herodot) erhält die humanistische Bildung des Menschen einen Eigenwert.

Vom Mittelalter zur Moderne ■ (17. Jh.) Der Weg zur Aufklärung in der Pädagogik ist eng verbunden mit Johann Amos Comenius (1592–1670), der ein umfassendes Programm entwarf, »alle alles gründlich (auf alle Weise) zu lehren«. Methodische Hinweise erläuterte Comenius in seiner »Großen Didaktik«.

Die Aufklärung ■ (oder das »Pädagogische Jahrhundert«, 1700–1800) Mit John Locke (1632–1704) und Immanuel Kant (1724–1804) schreitet der Prozess der Aufklärung voran, kraft menschlicher Vernunft und mittels Bildung den Menschen aus seiner »selbstverschuldeten Unmündigkeit herauszuführen« (Kant). Jean-Jacques Rousseau (1712–1778) entwirft in seinem Werk »Emile – oder über die Erziehung« das Bild eines Menschen, der von Natur aus gut ist, den aber Kultur und institutionelle Einflüsse verderben. Der Erzieher braucht also nichts weiter zu tun, als Rahmenbedingungen zu schaffen, in denen sich die Natur des Kindes entfalten kann. Mit Johann Heinrich Pestalozzi (1746–1827) setzt sich die Erkenntnis durch, dass der Mensch nicht nur abhängig ist vom sozialen Milieu, sondern dieses auch gestalten kann – er gründet Schulen zur Wissensvermittlung und Erziehung.

Die deutsche Klassik ■ (Erziehung und Bildung in der entstehenden bürgerlichen Gesellschaft, 1800–1900) Diese Zeit ist gefüllt mit großen pädagogischen Entwürfen und verbunden mit Namen wie Friedrich Schiller (1759–1805): Briefe über die ästhetische Erziehung des Menschen (1795); Friedrich Schleiermacher (1768–1834): Vorlesungen über Pädagogik (1820, 1826); Friedrich W. Fröbel (1782–1852): Menschenerziehung (1826); Johann G. von Herder (1744–1803): Schulreden (1784–1791); Johann G. Fichte (1762–1814): Reden an die deutsche Nation

(1807/8); Johann F. Herbart (1776–1841): Allgemeine Pädagogik (1806); Wilhelm von Humboldt (1767–1835): Königsberger und Litauischer Schulplan (1807). Insgesamt sollte die Idee der allgemeinen Menschenbildung in der Gestaltung des Bildungswesens umgesetzt werden – was ein einheitliches Schulwesen für alle Kinder bedeutet, gegliedert nach Altersstufen: von der Elementar- zur Realschule, zum Gymnasium und zur Universität. Diese pädagogischen Konzepte entstehen in einer Zeit, in der die Qualifizierung des pädagogischen Personals mit dem Ideal der Bildungsvorstellungen nicht in Einklang zu bringen ist.

Die Reformpädagogik ■ Die → Reformpädagogik (1900–1933) fordert eine Erziehung vom Kinde aus. Nicht soziale Herkunft, sondern Anlage und Neigung sollen über Bildung entscheiden. Das ist eine entscheidende Kritik an der deutschen Klassik. Diese Kritik speist sich allerdings auch aus vielen anderen Quellen. Neben der Kulturkritik seien soziale Bewegungen genannt, wie die Frauenbewegung, Jugendbewegungen und kirchlich-soziales Engagement. Einzelne pädagogische Richtungen haben wichtige Impulse gegeben: vom »Jahrhundert des Kindes« (Ellen Key, 1849–1926) über die Arbeitsschule (Georg Kerschensteiner, 1854–1932) zu politischen Schulreformkonzepten und der Landerziehungsheimbewegung.

Nationalsozialismus ■ Während des Nationalsozialismus von 1933–1945 wurde durch die Gleichschaltung aller Kinder- und Jugendorganisationen und unter Ausschaltung aller demokratischen Grundwerte eine zentralistische Staatspädagogik aufgebaut. Stärkung des Individuums, selbständiges Denken, Wahrung der Menschenwürde waren Werteorientierungen, die in dieser Pädagogik systematisch ausgemerzt wurden. In den Schulen sowie in den faschistischen Jugendorganisationen HJ (Hitlerjugend) und BDM (Bund Deutscher Mädchen) fand eine Erziehung zum Faschismus statt, dessen menschenverachtende Ideologie Millionen von Menschen das Leben gekostet hat. Eine Auseinandersetzung mit Erziehungsprozessen jener Zeit und mit der Funktion der Erziehungswissenschaft wird als permanente Aufgabe bleiben. Theodor Wiesengrund Adornos (1903–1969) Forderung gilt weiterhin, »es habe oberstes Ziel aller Erziehung zu sein, dass Auschwitz nicht noch einmal sei«.

Gegenwart ■ (1945–2006) In den 1950er Jahren ist zunächst eine generelle Restauration (lat.: restituere = wiederherstellen) spürbar und zwar in allen Bildungsstrukturen. In den 1960er, vor allem aber den 1970er Jahren kommen Bildungsreformen in Gang, die von der → Schule bis zur Hochschule alle Einrichtungen erreichen. Es geht um Herstellung von → Chancengleichheit, um Erziehung zur Selbstbestimmung und Erlernen demokratischen Verhaltens. Leider wurden durch die weniger werdenden finanziellen Mittel in den 1980er Jahren Reformversuche nicht konsequent durchgeführt. Nach der Wiedervereinigung in den 1990er Jahren bleibt bis heute die aktuelle Aufgabe, das geistige bildungspolitische Erbe der ehemaligen DDR zu bearbeiten. Gegenwärtig steht vor allem zur Debatte, welche Kompetenzen Kinder und Erwachsene brauchen, um in Zukunft bestehen zu können. Am Beispiel der Chancengleichheit wird deutlich, dass wir einen gesellschaftlichen Diskurs benötigen, der Pluralität zulässt und zugleich ethische Standards setzt.

Forschungsmethoden ■ In der Pädagogik unterscheidet man hinsichtlich ihrer Forschungsmethoden zwei große Richtungen: die geisteswissenschaftlichen und die empirischen Methoden.

Geisteswissenschaft ■ Wilhelm Dilthey (1833–1911) führt für die Pädagogik die geisteswissenschaftliche Methode des Verstehens ein, die sogenannte Hermeneutik (gr.: = Kunst der Auslegung). Bezog sich seit Friedrich Schleiermacher (1768–1834) die Hermeneutik als Kunst des Verstehens auf sprachliche Dokumente, geht es in der Erziehungswirklichkeit darum, alle menschlichen Lebensäußerungen in ihrem Sinngehalt und in ihren Bedeutungen zu erfassen. In der

Phänomenologie (gr.: Phänomen = das Erscheinende) als geisteswissenschaftlicher Methode sollen Wesensmerkmale und Strukturen erzieherisch bedeutsamer Phänomene erfasst werden, z.B. die Lehrer-Schüler-Interaktion in einem Konflikt.

Empirie ■ Bei den empirischen Methoden geht es um die Überprüfung von Hypothesen (gr.: hypo = unter, thesis = Lehr-Satz) an der Realität, um Zusammenhänge, Bedingungen, Wechselwirkungen erklären zu können. Dabei müssen die zu untersuchenden Merkmale bzw. deren Ausprägungen erhebbar und quantifizierbar (mengenmäßig erfassbar) sein. Die Planung empirischer Forschungsvorhaben folgt in der Regel einem Grundmuster:

- Formulierung einer Fragestellung
- Auswahl/Kombination von Methoden (Beobachtung, Befragung, Test, Sammeln von Daten)
- Aufbereitung der Daten (Statistik)
- Interpretation der Aussagen: Bestätigung oder Widerlegung der Annahmen (Hypothesen).

Qualitative Methoden ■ Die Komplexität der Erziehungswirklichkeit führte die Empirie an ihre Grenzen. Neue Forschungsansätze wurden entwickelt, die an hermeneutisches Verstehen und Sinnauslegung anknüpfen. Zugleich wendet sich das Interesse den Lebenswelten und sozialem Handeln im Alltag zu. Die sogenannten qualitativen Methoden verbinden Datengewinnung (Empirie) mit pädagogischer Intervention (lat.: intervenire, = dazwischenkommen). Dazu gehören z.B. folgende Methoden: wenig strukturierte Beobachtung mit Teilnahme des Forschers, qualitative (erzählende) Interviews, Analyse von (z.B. biografischen) Dokumenten, Lebensweltanalyse (z.B. Interaktionsmuster, Legitimations- und Deutungsmuster) oder psychoanalytisch ausgerichtete Tiefeninterviews.

Aktuelle Fragen ■ Die Hinwendung der Pädagogik zur Erforschung der Lebenswelten und dem sozialen Handeln im Alltag haben

Entwicklungen lange vor Erscheinen der PISA-Studie deutlich gemacht. Zum einen geht es um die grundlegende Frage, welche Lebenskompetenzen Kinder und Jugendliche heute erwerben sollten, um in Zukunft bestehen zu können. Zum anderen ist damit die Frage nach den Erziehungs- und Bildungszielen in → Familie, → Kindergarten und → Schule gestellt. Diese Fragen lassen sich nur in einem gesellschaftlichen Diskurs beantworten, der unsere historischen »Wurzeln« mit einbezieht. Der Pädagogik kommt in dem jetzt anstehenden interdisziplinären Dialog eine Schlüsselstellung zu.

Dagmar Bickmann

■ **Literaturtipps**

Gudjons, H. (2003). Pädagogisches Grundwissen (8. Aufl.). Bad Heilbrunn: Klinkhardt.
Kron, F. (2001). Grundwissen Pädagogik (6. Aufl.). München: E. Reinhardt.
Böhm, W. (2005). Wörterbuch der Pädagogik. Stuttgart: Kröner Verlag.

Partizipation

Der Begriff Partizipation (spätlateinisch: participatio) wird allgemein mit teilhabend übersetzt und meint das Einbezogensein von Personen bzw. Gruppen in Entscheidungen, die sie betreffen. Übertragen auf Kinder und Jugendliche bedeutet Partizipation das Teilhaben, das Mitbestimmen und die Beteiligung der Kinder und Jugendlichen an den Entscheidungsprozessen und Handlungsabläufen, die bei der Gestaltung ihrer Lebensräume, Lebensumstände und Regelungen ihres Lebensalltags eine Rolle spielen.

Kinder und Jugendliche haben Anspruch auf Partizipation ■ Der rechtliche Anspruch auf Partizipation ist sowohl auf völkerrechtlicher als auch auf nationaler Ebene verankert. So sichert die von der Vollversammlung der Vereinten Nationen 1989 verabschiedete und auch von der Bundesrepublik Deutschland 1992 ratifizierte Konvention über die Rechte des Kindes dem Kind das Recht zu, seine Meinung in allen es berührenden Angelegenheiten frei zu äußern und dass diese Meinung angemessen und entsprechend seinem Alter und seiner Reife berücksichtigt wird.

Das Grundgesetz der Bundesrepublik Deutschland stellt die Menschenwürde (Art. 1) auf die höchste Stufe der Werteordnung. Für jeden Menschen gilt, unabhängig von Alter und Einsichtsfähigkeit, dass er als selbstverantwortliche → Persönlichkeit mit Eigenwert anerkannt wird und keiner Behandlung ausgesetzt werden darf, die ihn zum bloßen Objekt degradiert. Die Menschenwürde ist somit untrennbar mit der Erfahrung als Subjekt, mit tatsächlicher Selbstbestimmbarkeit verbunden.

Der rechtliche Anspruch auf Partizipation wird im → Kinder- und Jugendhilfegesetz (KJHG) sowie in den entsprechenden Gesetzen der Bundesländer konkretisiert. Danach hat jeder junge Mensch das Recht auf Förderung seiner Entwicklung und auf eine → Erziehung zu einer eigenverantwortlichen und gemeinschaftsfähigen Persönlichkeit (SGB 8 § 1). Die konkrete Umsetzung dieses Rechts ist als verbindlicher Auftrag an die in der Jugendhilfe Tätigen fixiert. Die Kinder und Jugendlichen sind dabei entsprechend ihrem Entwicklungsstand in allen sie betreffenden Entscheidungen der öffentlichen Jugendhilfe zu beteiligen (SGB 8 § 8).

Das gesetzlich verankerte Recht auf Partizipation ist somit als eine verbindliche, d.h. vorgegebene Handlungsmaxime für die Erwachsenen im Zusammenleben mit Kindern und Jugendlichen zu verstehen und basiert letztlich auf einem Bild vom Kind, das Kinder und Jugendliche nicht als unvollständige Erwachsene, sondern von Geburt an als Subjekte mit eigenen Fähigkeiten, Kompetenzen, Interessen, Bedürfnissen und Deutungsmustern ansieht. Erwachsene sollen sie in diesem Sinne wahrnehmen, akzeptieren und sich in ihren Handlungen darauf beziehen.

Achtung und Anerkennung erfahren Kinder und Jugendliche vor allem durch die Teilhabe an den Entscheidungsprozessen und Handlungsabläufen, die sie direkt oder indirekt betreffen. Hierdurch erleben sie, dass sie und ihre Urteile wichtig, ihre Meinungen und Vorschläge gefragt sind und in die Überlegungen und Handlungen aller einbezogen werden. Ohne erlebte und erfahrene Teilhabe und Mitwirkung gibt es keine Menschenwürde. Die Würde des Kindes verlangt, dass es die Möglichkeit zur Teilhabe von Geburt an erhält, dass seine vorhandenen Kompetenzen gesehen und berücksichtigt werden und es dadurch zugleich weitere Kompetenzen erwerben kann.

Partizipation fördert die Entwicklung des Kindes ■

Neben dem rechtlichen Anspruch haben Kinder auch aus psychosozialer Sicht das Bedürfnis und die Kompetenz zur Partizipation. Durch eine wechselseitige Beziehungsgestaltung können Kinder frühzeitig partizipative Erfahrungen machen, indem sie ehrliche Zuwendung, Nähe, Geborgenheit, Wertschätzung sowie wechselseitige Anerkennung und Akzeptanz erleben. Die sich dadurch entwickelnde sichere Beziehung fördert die sozialen Kompetenzen. Gleichzeitig entwickeln sich innere Stabilität, soziale Sensibilität sowie ein gutes Selbstwertgefühl, was bereits in früher Kindheit partizipatives Handeln ermöglicht. Eine dem Alter entsprechende Teilhabe unterstützt die kindliche Exploration. Neben dem Bedürfnis nach Sicherheit und Geborgenheit steht dasjenige nach Identität und Autonomie. Diese beiden Grundbedürfnisse des Menschen stehen in wechselseitiger Beziehung.

Die Subjektstellung des Kindes verbietet uns, das Kind zu einem Objekt fürsorglicher Betreuung zu machen. Sie gebietet uns vielmehr, seine Autonomiebestrebungen zu fördern, indem ihm entsprechender Erfahrungs- und Entfaltungsspielraum geboten wird. Die Wertschätzung seiner Autonomiebedürfnisse und seiner individuellen Eigenart vermitteln dem Kind gleichzeitig eine Grundsicherheit, ohne die sich Lebensbejahung, Lernwille und Sozialität nicht entfalten können.

Der Einfluss der physischen und sozialen Umwelt sowie die aktive Beteiligung des Individuums nach seinen Fähigkeiten sind in der Auseinandersetzung und Entwicklung des Menschen grundlegend. Das Selbst entsteht nicht aus einem Einzelbewusstsein, sondern aus der intersubjektiven Verständigung über Handeln und ist durch das Konzept des Akteurs charakterisiert. Die sozialen Interaktionen sind das entscheidende Kriterium bei der Entwicklung des Selbst. Die positive Reaktion der Umwelt sowie partizipative Erfahrungen und die daraus resultierende eigene Bewertung der Fähigkeiten schaffen ein realistisches positives Zutrauen in die eigenen Kompetenzen.

Partizipation als Handlungsmaxime ■

Ein partizipativer Beziehungsaufbau, der durch Offenheit, Verbundenheit, Achtung und gegenseitiges Vertrauen sowie deutliche Berücksichtigung von Bedürfnissen und Interessen aller Beteiligten gekennzeichnet ist, fördert und begünstigt die Entwicklung eines positiven Selbst. Damit verbunden ist die Entwicklung eines starken Selbstvertrauens, sozialer Kompetenz und einer gesellschaftlichen Sensibilität. Auf institutioneller Ebene können die Anerkennung und Achtung der kindlichen Autonomiebestrebungen durch Partizipation an den Entscheidungen zur Gestaltung ihrer Lebensräume, Lebensumstände und Regelungen ihres Lebensalltags entsprochen werden. Die Art und Weise, wie Kinder Beziehungen erleben, bestimmt wesentlich ihr Bild von sich und der Welt.

In der Beziehungsqualität spielt die Lösung der sogenannten Machtfrage eine bedeutende Rolle, denn zwischen Erwachsenen und Kindern besteht immer ein Abhängigkeitsverhältnis. Diese Asymmetrie in der Beziehung zum Kind muss der Erwachsene wahrnehmen und reflektieren. Denn die Wahrnehmung der eigenen Macht in der pädagogischen Beziehung ist der erste Schritt auf dem Weg, Macht abzugeben. Und das erfordert Partizipation. Dabei geht es nicht darum, auf Erziehungsziele zu verzichten, sondern verantwortungsvoll damit umzugehen. Es geht um die Grundhaltung der Pädagogen – die Anerkennung der Subjektstellung. Alltagspartizipation muss zur Handlungsmaxime im pädagogischen Alltag werden.

Die Kinder brauchen Partner, die auf ihre Welt- und Selbstbilder reagieren. Kinder müssen eine positive und interessierte Resonanz durch den Erwachsenen erfahren, der die Interessen ernst nimmt und sie kindorientiert begleitet. Das Entscheidende ist der Aushandlungsprozess in gegenseitiger Anerkennung, der sich im fairen zwischenmenschlichen Austausch herausbildet. Dabei wird ausgehandelt, welche Interessen Geltung verdienen und welchen Anteil an Verantwortung jeder zu tragen hat. Die Erzieherinnen tragen für die Beziehungsqualität und somit für eine dem Alter entsprechende Beteiligung der Kinder die Verantwortung.

Es geht nicht vordergründig um formal institutionalisierte Beteiligungsformen (Kinderparlamente, Kinderkonferenzen usw. sind Beteiligungsmethoden, die den partizipativen Prozess zusätzlich begleiten müssen), sondern um eine Beteiligung der Kinder im Alltag, um eine Teilhabe an *allen* Entscheidungen, die sie betreffen. Durch integrative Konzepte lernen Kinder und Jugendliche, ihren Alltag in den Abläufen und in den Aufgaben selber zu gestalten. Die Aufgabe der Erzieherinnen ist es, Beteiligungsverfahren und Partizipationsmöglichkeiten zu initiieren, gemeinsam mit den Kindern zu entwickeln und im Alltag nachhaltig umzusetzen.

Der positive Einfluss von Partizipation zeigt sich in der Korrelation von partizipativer Erziehung und der Entwicklung kindlicher Kompetenzen. Alltagspartizipation trägt entscheidend dazu bei, dass Kinder Selbstkompetenz gewinnen, soziale Verantwortung entwickeln und demokratische → Werte verinnerlichen. Das Erleben partizipativer Prozesse im Alltag ist von grundlegender Bedeutung, denn wenn ein Mensch von Anfang an Achtung und Akzeptanz erfährt und ernsthaft an seinen und den gemeinschaftlichen Angelegenheiten beteiligt wird, entwickelt er sich auch zu einem verantwortlichen und sozialen Menschen. Partizipation von Kindern und Jugendlichen ist somit ein Ansatz, um mehr soziale Verantwortlichkeit und Kooperationsfähigkeit zu entwickeln, aber auch zur Entwicklung einer psychisch gesunden Person. Partizipation – so verstanden – ist eine Querschnittsaufgabe für alle Bereiche des Alltags.

Kerstin Volgmann

■ **Literaturtipps**

Grossmann, K. (2003). Frühe Bindung und emotionale Sicherheit. Dortmund: verlag modernes lernen.
Hurrelmann, K. (2002). Einführung in die Sozialisationstheorie. Weinheim/Basel: Beltz.
Kazemi-Veisari, E. (1998). Partizipation – Hier entscheiden Kinder mit. Freiburg: Herder.
Krappmann, L. (2003). Kindheit heute – Risiken, Probleme und Chancen. Dortmund: verlag modernes lernen.

Perinatale Phase

Als perinatale Phase gilt die Zeit vom Beginn der 29. Schwangerschaftswoche bis zum vollendeten siebten Lebenstag. Es ist der Zeitraum höchster Morbidität (= Erkrankungshäufigkeit) und Mortalität (= Sterblichkeit) im gesamten Leben. Durch Fortschritte der perinatalen Medizin konnte die perinatale Sterblichkeit auf unter 5‰ gesenkt werden (zwei Drittel davon sind totgeborene Kinder).

Mögliche Gefahren ■ Die Geburt wird als gefährlichster Lebensabschnitt bezeichnet. Dies hängt damit zusammen, dass der beim Menschen recht enge Geburtskanal vom Kind verschiedene Drehungen erfordert. Der Zeitpunkt der Geburt ist vor allem durch hormonelle Signale relativ genau festgelegt. Nachdem durch zunehmend regelmäßige Wehen der Geburtskanal erweitert wird, erfolgt die Austreibung des Kindes mit den Presswehen, im Allgemeinen aus der vorderen Hinterhauptslage. Komplikationen drohen bei abweichender Lage des Kindes, z.B. Querlage, Gesichtslage oder Steißlage.

Bei Auftreten einer Sauerstoffmangelsituation während, manchmal schon vor der Geburt kommt es zur perinatalen Asphyxie (gr.: = Pulslosigkeit): Das Kind atmet nicht oder nur unzureichend, es sieht auffallend blass oder blaugrau aus (weiße bzw. blaue Asphyxie). Durch den Sauerstoffmangel drohen Komplikationen und Funktionsstörungen an verschiedenen Organen, vor allem am Nervensystem, mit bleibenden Folgen.

Der Zustand des Neugeborenen wird nach dem Apgar-Schema beurteilt. Dabei sind für Hautfarbe, Herzschlag, Reflexe, Tonus (= Spannungszustand der Muskulatur) und Atmung jeweils null bis zwei Punkte zu vergeben. Mit dem Punktewert von null bis zehn kann der Zustand des Kindes ein, fünf und zehn Minuten nach der Geburt rasch vergleichbar bestimmt werden; als kritisch gilt ein Apgar-Wert von weniger als sechs. Längsschnittuntersuchungen zeigen allerdings, dass der Zusammenhang zur späteren Entwicklung nicht sehr groß ist. Selbst bei niedrigem Apgar-Score ist eine normale Entwicklung möglich, wenn es rasch zur Erholung kommt, andererseits werden auch bei relativ guten Werten später Entwicklungsstörungen beobachtet.

In der Perinatalperiode drohen dem Kind Gefahren durch Anpassungsprobleme (Wärmeregulation, Herz-Kreislaufsystem mit Umstellung auf veränderte Zirkulation, Magen-Darm, Nieren), vor allem durch Atemstörungen und Infektionen. Folge der ausgeprägten Sauerstoffmangelsituation kann eine nicht-entzündliche Hirnerkrankung sein. Dabei werden durch absterbende Zellen nach akutem Sauerstoffmangel giftige Substanzen freigesetzt, die u.a. eine Schwellung des Gehirns verursachen und dessen Durchblutung weiter verschlechtern. Bleibende Schäden sind die Folge, z.B. geistige Behinderung und Bewegungsstörungen (Cerebralparesen).

Infektionen breiten sich bei Neugeborenen rasch aus, weil diese nur geringe Abwehrkräfte haben. Der Gefahr einer Sepsis (= Blutvergiftung) kann heute durch geeignete Antibiotika meist gut begegnet werden.

Frühgeborene ■ Als Frühgeborene werden Kinder mit einem Gewicht von weniger als 2.500 g bezeichnet, die vor der 36. Schwangerschaftswoche geboren werden (etwa 7 % der Geburten). Kinder mit zu niedrigem Geburtsgewicht bezogen auf die Schwangerschaftsdauer sind als »Mangelgeborene« abzugrenzen (etwa 30 % der Kinder unter 2.500 g). 1,4 % der frühgeborenen Kinder haben ein sehr niedriges Geburtsgewicht (weniger als 1.000 g bei 26 Schwangerschaftswochen), sie sind aufgrund der noch nicht voll ausgebildeten Funktionsfähigkeit ihrer Organe besonders gefährdet. Die Überlebenschance beträgt bei einem Gewicht von 500 bis 600 g etwa 20 %, bei 1.350 bis 1.500 g dagegen 75 bis 90 %. Vor allem wegen der noch unzureichend entwickelten Lungen kommt es bei frühgeborenen Kindern relativ häufig zu Atemstörungen. Die oft notwendige künstliche Beatmung kann heute mit entsprechender Technik gut gesteuert werden. Wegen erschwerten Anpassungsvorgängen, mangelnder Wärmeregulation und Infektionsgefahr ist Pflege im Brutkasten (= Inkubator) nötig. Die Verabreichung von Sauerstoff muss kontrolliert werden, da es zu Netzhautveränderungen am Auge mit Erblindung als Folge kommen kann. Bei Frühgeborenen treten wegen Sauerstoffmangel und Blutungen nicht selten auch Schäden am Gehirn auf, die vor allem zu Bewegungsstörungen (spastische Cerebralparesen) führen, oft auch zu einer Störung der geistigen Entwicklung. Wird das Hirnwachstum durch eine Sauerstoffmangelsituation beeinträchtigt, kann dies eine sekundäre Mikrocephalie (= Kleinkopf, d.h. Kopfumfang bei Geburt im Normbereich, dann unterhalb der Normkurve) verursachen.

Bindungsverhalten ■ In der perinatalen Phase spielen sich bedeutsame Bindungsprozesse zwischen Mutter und Kind ab. Nachdem natürlich schon vor der Geburt eine Beziehung entstanden ist, ist nun visueller und körperlicher Kontakt möglich, was sowohl für das Kind als auch die Bezugsperson sehr wichtig ist. Das neugeborene Kind kann mit den Augen fixieren und verfolgen, es nimmt kurz Blickkontakt auf, vermag auch schon Gesichtsbewegungen nachzuahmen und hat mit dem Schreien eine gute Verständigungsmöglichkeit, die von der Mutter differenziert wahrgenommen wird. Der erste Kontakt zwischen Kind und Eltern muss sofort, d.h. schon im Kreißsaal ermöglicht werden; dazu sollte ausreichend Zeit sein. Das Kind wird nach der Geburt auf den Bauch der Mutter gelegt, beim Abnabeln kann der Vater mithelfen. Es gibt Gelegenheit, das Kind zu befühlen und in Ruhe Kontakt mit ihm aufzunehmen. Auch das Stillen hat große Bedeutung für die sich abspielenden Bindungsprozesse. Eine verzögerte oder schwierige Bindungssituation ergibt sich bei frühgeborenen Kindern, bei kindlicher oder mütterlicher Erkrankung, bei angeborenen Fehlbildungen oder familiärem Stress. Mit der »Känguru-Methode« (= für einige Zeit wird das Kind auf die Brust von Mutter bzw. Vater gelegt) soll besonders nach einer Frühgeburt ein möglichst inniger Kontakt zwischen Kind und Eltern ermöglicht werden. Die Erfahrungen damit sind durchweg positiv.

Gerhard Neuhäuser

■ Literaturtipps

Ahnert, L. (Hg.) (2004). Frühe Bindung. Entstehung und Entwicklung. München/Basel: Reinhardt.
Petermann, F./Niebank, K./Scheithauer, H. (Hg.) (2000). Risiken der frühkindlichen Entwicklung. Göttingen: Hogrefe.
Sitzmann, F.C. (Hg.) (2002). Pädiatrie. Stuttgart: Thieme.

Persönlichkeit

Persönlichkeit bezieht sich auf die einzigartigen und unverwechselbaren Merkmale eines Individuums, die sich in über längere Zeit gleichbleibenden Verhaltensmustern und Erlebensweisen äußern. Man kann davon ausgehen, dass ein Individuum in unterschiedlichen Situationen und zu verschiedenen Zeitpunkten in gleichartiger Weise agiert. Im allgemeinen Sprachgebrauch ist der Begriff Persönlichkeit auch mit einer positiven Wertung verbunden: »Er war eine große Persönlichkeit« oder »Die junge Erzieherin wird zu einer Führungspersönlichkeit heranreifen«. In der pädagogischen Arbeit ist es wichtig, die Persönlichkeit eines Kindes zu sehen und die Identität der Person zu erkennen, d.h. die Merkmale erfassen, die kennzeichnend und in gewisser Weise anhaltend bestehen.

Frühere Vorstellungen ■ In früheren Vorstellungen war Persönlichkeit fast gleichgesetzt mit Charakter. Dieser Begriff wird in der Psychologie kaum noch verwendet, er ist zugunsten des Begriffs Selbst in den Hintergrund getreten. In der griechisch-römischen Antike ging die heute überholte 4-Säfte-Lehre (Hippokrates von Kos 460–377 v. Chr., Galen ~130–200 n. Chr.) davon aus, aufgrund von vier Körpersäften nach dem Temperament eine Einordnung in vier Typen (Sanguiniker, Choleriker, Phlegmatiker, Melancholiker) vornehmen zu können. Ähnlich untauglich – aber in der Alltagspsychologie oft verwendet – ist der Versuch, vom Körperbau eines Menschen auf seine seelisch-geistigen Merkmale schließen zu können (Konstitutionstypologie). Der Mediziner Ernst Kretschmer (1888–1964) stellte drei Typen auf: der schlanke Typ (Leptosom), der rundliche Körperbautyp (Pykniker) und der kräftige und breitschultrige Typ (Athletiker).

Moderne Erklärungsansätze ■ Der modernen Persönlichkeitspsychologie geht es darum, ein ganzheitliches Bild von der Persönlichkeit zu erhalten. Dabei ist es – unabhängig vom einzelnen Theorieansatz – wesentlich, den Entwicklungsprozess der Persönlichkeit zu berücksichtigen. Während Typenzuordnungen schnell zu Festlegungen führen (auch von einzelnen Verhaltensweisen und Fähigkeiten), versucht die neuere Persönlichkeitspsychologie, die Veränderung und Erweiterung von Persönlichkeitsmerkmalen zu erfassen und deren Grundvoraussetzungen zu ermitteln. Sie verfolgt drei Ziele:

- Sie will das Individuum genau und lebensnah beobachten und so zu der exakten Beschreibung seiner Persönlichkeitsmerkmale kommen
- Sie will das typische Erleben und Verhalten verstehen und erklären
- Die Beschreibung und Erklärung der Persönlichkeit soll Vorhersagen künftigen Verhaltens ermöglichen.

Heute finden sich in der Psychologie fünf wesentliche Erklärungsmodelle der Persönlichkeit.

Psychoanalyse ■ Bei diesem Ansatz wird den unbewussten Prozessen bei der Entwicklung der Persönlichkeit die wesentliche Rolle zugeschrieben. Triebe und Bedürfnisse, Reifung und frühkindliche Erfahrungen sind die Determinanten des Erlebens und Verhaltens. Die Psychoanalyse Sigmund Freuds (1856–1939) geht bei der Beschreibung der Persönlichkeit von einer Menge an psychischer Energie aus, die der Mensch unterschiedlich einsetzt. Dabei spielen drei Instanzen eine Rolle: das »Über-Ich« (eine Art Kontrollinstanz mit allen anerzogenen Normen), das »Es« (der Bereich der Grundbedürfnisse, aber auch der im Lauf der Entwicklung nicht zugelassenen Bedürfnisse) und das »Ich«, das zwischen den beiden Instanzen vermittelt. Die psychische Energie kann sich aufgrund der gesammelten Erfahrungen bewusst äußern und dann von der »Ich-Instanz« produktiv eingesetzt werden. Es können aber auch unbewusste Prozesse ablaufen, die die Persönlichkeit nicht kontrollieren kann. So kann sich → Angst herausbilden und das Verhalten der Persönlichkeit hemmen. Um die Persönlichkeitsentwicklung des Kindes zu unterstützen, sollten Erziehungsprozesse so gestaltet werden, dass sie seinen Bedürfnissen gerecht werden. Gerade in der → Psychotherapie, aber auch in der analytischen Erziehungspraxis hat dieser Ansatz seine Bedeutung.

Personenzentrierte Theorie ■ Ausgangspunkt dieses Ansatzes ist das Individuum, das aufgrund seiner eigenen Entscheidungen handelt und dessen oberstes Ziel die Selbstverwirklichung ist. Die Persönlichkeit bestimmt sich damit durch die Summe der individuellen Entscheidungen, die das Individuum auf der Grundlage seiner personalen und situativen Möglichkeiten getroffen hat. Carl Rogers (1902–1987) geht in seiner personenzentrierten Theorie davon aus, dass das Individuum bei einer normalen Entwicklung die grundlegende Tendenz verfolgt, sich selbst zu verwirklichen. Teilaspekte sind dabei die Achtung vor sich selbst und die Anerkennung durch andere. Es baut ein Selbstkonzept auf, in das es die Vorstellung der eigenen Fähigkeiten und → Leistungen ein-

bezieht (Realselbst) sowie der Hoffnungen und Utopien (Idealselbst). Die Einheitlichkeit der Persönlichkeit gewinnt, wenn diese beiden Teile nicht zu sehr voneinander abweichen. Im Laufe des Lebens sollte die Persönlichkeit immer unabhängiger von der Anerkennung durch andere werden. Das Bild von der eigenen Persönlichkeit und die Unabhängigkeit von der Umwelt bilden dann auch die Identität der Person.

Sozial-kognitive Theorie ■ Dieser Ansatz von Albert Bandura (*1925) geht vor allem auf die Wechselwirkung von äußeren Einflüssen und inneren Kräften der Persönlichkeit ein. Das Erleben und Verhalten der Persönlichkeit wird durch Faktoren bestimmt, die aus der Umwelt kommen (Lernen am Modell, → Lernen), aber auch wesentlich von → Motivationen und Handlungen, die von der Person selbst stammen. Dabei sind geistige Vorgänge und Strukturen bedeutsam, die als Einstellung unser Handeln bestimmen.

Verstärkerlernen ■ Die Theorie des Verstärkerlernens oder der operanten Konditionierung von Burrhus F. Skinner (1904–1990) ging ursprünglich von einer ausgeprägten Abhängigkeit der Persönlichkeit von ihren Erfahrungen aus. Das Verhalten war danach eine Folge der Reaktionen seitens der Umwelt. Es wurde durch Akzeptieren oder Nichtakzeptieren geprägt (Verstärkungstheorie). In der späteren Darstellung erhält in dieser Theorie der individuelle Organismus größere Bedeutung, d.h. ob und wie die Persönlichkeit auf eine Verstärkung der Umwelt reagiert, hängt doch auch von der individuellen Verarbeitung dieser Erfahrungen ab.

Faktorenanalytische Modelle ■ Das Modell der Faktorenanalyse von Hans Jürgen Eysenck (*1916) versucht, die Persönlichkeit mit einigen wesentlichen Dimensionen zu beschreiben. Aufgrund der Beurteilung von Eigenschaftswörtern kam er zum Schluss, dass alle Menschen auf den Dimensionen Introversion – Extraversion und Labilität – Stabilität einzuordnen sind. Extrovertierte Menschen sind danach gesellig, kontaktfreudig und impulsiv, introvertierte hingegen zeich-

	Positiver Pol	Negativer Pol
Flexibilität	Erfahrungsoffen, neugierig	Unflexibel, verschlossen
Offenheit	Extrovertiert	Introvertiert
Exaktheit	Pedantisch, gewissenhaft	Chaotisch, unzuverlässig
Neurotizismus	Emotional stabil	Emotional instabil
Verträglichkeit	Sozial verträglich	Sozial unverträglich

Tab. 2 Das »Big-five-Modell«

nen sich durch Zurückhaltung, Passivität, vorsichtiges und bedächtiges Verhalten aus.

Ähnlich ging der Forscher Robert McCrae vom »National Institute of Aging« in Baltimore (USA) vor. Er fand im »Big-five-Modell«, in fünf polaren Faktoren (vgl. Tab. 2) die »universelle Essenz des Menschlichen«. Eysencks beide Faktoren tauchen hier ebenfalls wieder auf. Dabei gilt:

- Jede Persönlichkeit trägt diese Faktoren in einer bestimmten Ausprägung in sich
- Jeder Faktor kann auf einer Plus-Minus-Skala näher bestimmt werden
- Keine Persönlichkeit ist nur durch die Extremwerte zu bestimmen
- Jede Persönlichkeit ändert sich (mehr oder weniger) im Laufe der Zeit
- Meist ragt eine Faktorenausprägung als »Grundtemperament« hervor
- Selbst unter den schwierigsten psychosozialen Verhältnissen können Kinder gesunde Persönlichkeiten werden (die sogenannnten »untouchables« oder »survivors«).

Für sozialpädagogisches Arbeiten haben Persönlichkeitstheorien insofern eine zentrale Bedeutung, als dass sie wichtige Impulse dafür liefern, wie man das Kind dabei unterstützen kann, sich zu einer selbständigen Persönlichkeit zu entwickeln.

Hartmut Hansen

■ Literaturtipps

Crisand, E. (1995). Psychologie und Persönlichkeit. Heidelberg: Sauer.

Hobmair, H. u.a (1996). Psychologie für Fachoberschulen. Köln: Stam.

Zimbardo, P. G./Gerrig, R. J. (2004). Psychologie. Berlin: Springer.

Pflegekinder

In Deutschland erhalten rund 50.000 Kinder und Jugendliche erzieherische Hilfen in einer Pflegefamilie, etwa ein Fünftel davon in der Verwandtschaft. In Heimen (→ Heimerziehung) und sonstigen betreuten Wohnformen leben etwa 70.000 junge Menschen (Statistisches Bundesamt).

Zur Geschichte ■ Zu allen Zeiten und in allen Kulturen mussten Kinder ohne Eltern groß werden. Wenn Eltern ausfielen oder verstarben, war die Betreuung dieser Kinder Aufgabe der Sippe. Die Erziehung der Pflegekinder in nichtverwandten → Familien wurde erstmals im Mittelalter bedeutsam. Sie war eine Alternative zu Waisen- und Findelhäusern. In einigen Städten wurden ältere Frauen als Ammen angeworben, die gegen ein geringes Ziehgeld Waisen- und Bettelkinder, die auf der Straße unerwünscht waren, bis zu ihrem siebten Lebensjahr versorgten. Danach wurden die Pflegekinder zur Erziehung in Waisenhäuser verlegt. Fremderziehung ist also schon seit Jahrhunderten entweder mit Anstalts- bzw. → Heimerziehung oder Erziehung in der Pflegefamilie verbunden. In Nürnberg gab es ab 1522 sogar Inspektoren, die das Wohlergehen der Kinder in Familienpflege sicherstellen sollten. Bis zum Dreißigjährigen Krieg (1618–1648) waren dort ebenso viele Kinder in Pflegefamilien untergebracht wie in Findel- und Waisenhäusern. Diese Entwicklung war danach wieder rückläufig. Im Waisenhausstreit des 18. Jahrhunderts wurde große Kritik an der Anstaltserziehung geübt und die Familienerziehung gelobt. Von den damaligen Philanthropen

(=Menschenfreunden) wurde jedoch auch die Pflegefamilie stark kritisiert. Die Pflegekinder wurden schwer ausgebeutet und mussten bis in das 20. Jahrhundert hinein hart arbeiten. Zahlenmäßig überwog weiterhin die Heimerziehung für jene Kinder, die nicht im Elternhaus oder bei Verwandten aufwachsen konnten.

Nach der Heimkampagne der Studentenrevolte 1970 mit dem Slogan »Holt die Kinder aus den Heimen« etablierte sich das Pflegekinderwesen als pädagogisch wertvollere und zugleich kostengünstigere Alternative gegenüber der Heimerziehung. Dies führte zum Aufbau der sogenannten Pflegekinderdienste in vielen Jugendämtern. Seit einigen Jahren gibt es wieder eine Gegenentwicklung: Einige Jugendämter lösen die Spezialdienste für Pflegekinder auf und übertragen die Betreuung der Pflegefamilie dem Allgemeinen Sozialen Dienst (ASD). So lebten beispielsweise 1988 in den alten Bundesländern über 50 % aller im Rahmen der Jugendhilfe untergebrachten Kinder in Pflegefamilien (Gintzel 1996). Diese Relation verändert sich derzeit wieder zugunsten der Heimerziehung.

In der früheren DDR überwog eindeutig die Heimerziehung. Pflegekinder lebten fast ausschließlich bei Verwandten. Nach der Wende wurden in den neuen Bundesländern Pflegekinderdienste in den Jugendämtern aufgebaut. Inzwischen ist dort ein Drittel aller Kinder, die erzieherische Hilfen außerhalb ihrer Familie benötigen, bei Pflegeeltern untergebracht.

Formen der Familienpflege: ■ Die Unterbringung eines Kindes oder Jugendlichen in einer Pflegefamilie ist eine Hilfe zur Erziehung und hat ihre Grundlage im 8. Sozialgesetzbuch (SGB 8), dem → Kinder- und Jugendhilfegesetz (KJHG, § 27/1): »Ein Personensorgeberechtigter hat bei der Erziehung eines Kindes oder eines Jugendlichen Anspruch auf Hilfe (Hilfe zur Erziehung), wenn eine dem Wohl des Kindes oder des Jugendlichen entsprechende Erziehung nicht gewährleistet ist und die Hilfe für seine Entwicklung geeignet und notwendig ist.«

Es gibt folgende Formen von Familienpflege:

- **Tagespflege:** Sie ist für Kinder in den ersten Lebensjahren eine Alternative zur Kinderkrippe und zählt gesetzlich zur »Förderung von Kindern« (§ 23 KJHG) (→ Tagesmütter)
- **Wochenpflege:** Das Kind wird unter der Woche von einer Pflegefamilie, am Wochenende von seiner Herkunftsfamilie betreut
- **Kurzzeitpflege:** Das Kind braucht für einige Wochen Pflegeeltern
- **Dauerpflege:** Das Kind kommt für einen befristeten Zeitraum (von einigen Jahren) oder bis zur Verselbständigung in eine Pflegefamilie.

Wochen-, Kurzzeit-, und Dauerpflege sind Hilfen zur Erziehung nach § 33 KJHG (Vollzeitpflege). Ziele der Hilfe, Zeit und Dauer, Zusammenarbeit zwischen Pflegefamilie und Herkunftsfamilie, Besuchskontakte werden im KJHG geregelt: § 36 (Hilfeplan), § 37 (Zusammenarbeit bei Hilfen außerhalb der Familie), § 39 (Leistungen zum Unterhalt des Kindes oder des Jugendlichen). Der im § 37 verankerte Anspruch auf fachliche Beratung der Pflegeeltern wird bundesweit aus Gründen der Personaleinsparung oftmals nicht ausreichend eingelöst.

Verwandtenpflege kann vom Jugendamt als Hilfe zur Erziehung gewährt werden. Sie gilt als eine für die Entwicklung des Kindes förderliche Jugendhilfemaßnahme, Grundlage ist der § 33 KJHG (Vollzeitpflege). Die Verwandten sind anderen Pflegeeltern gleichgestellt und erhalten Pflegegeld. Leben Kinder ohne Auftrag des Jugendamtes bei Verwandten, bedarf es keiner Pflegeerlaubnis (§ 44 KJHG) und die Verwandten erhalten kein Pflegegeld. Der Unterhalt des Kindes kann aus der gesetzlichen Sozialhilfe bezogen werden, sofern die Eltern nicht zahlen können.

Eine besondere Variante der Vollzeitpflege ist die **Bereitschaftspflege**. Hier nehmen Pflegeeltern übergangsweise ein Kind auf, das seine Familie sehr plötzlich verlassen muss. Während des Aufenthaltes des Kindes soll die Möglichkeit der Rückkehr in die Herkunftsfamilie oder die Vermittlung in eine Pflegefamilie vorbereitet werden. Die Bereitschaftspflege erspart Kleinkindern die Notaufnahme in einem Heim. Nach Konzeptionen der Städte und Kreise soll die Verweildauer höchstens drei Monate betragen, was jedoch in der Realität oft überschritten wird. Bereitschaftspflegefamilien werden besser bezahlt und haben diverse vertraglich geregelte Verpflichtungen zur → Supervision, Gruppenarbeit und Zusammenarbeit mit der Herkunftsfamilie.

Immer mehr freie → Träger bieten in Kooperation mit den öffentlichen Trägern professionelle Familienerziehung an: In Erziehungsstellen, Erziehungsfamilien, Sonderpflegestellen, heilpädagogischen Pflegestellen, sozialpädagogischen Pflegestellen werden besonders verhaltensauffällige oder ältere Kinder mit erhöhtem pädagogischen Bedarf bei Pflegeeltern untergebracht, die besonders qualifiziert sind, eine intensivere fachliche Betreuung gewährleisten können und besser bezahlt werden.

Mit der Definition der Pflegeelternrolle als Beruf stellen professionelle Pflegeeltern ihre Familie zur Verfügung, um mit besonders schwierigen und förderungsbedürftigen Kindern zusammenzuleben. Es ist eine Gratwanderung, Privatfamilie und Arbeitsplatz zu integrieren.

Zur besonderen Situation von Pflegefamilien ■

Pflegeeltern sind in der Regel keine professionellen Anbieter. Sie wollen aus privaten Ressourcen und persönlichen Motiven einem Kind helfen oder die Elternrolle übernehmen. Diese privaten Motive müssen mit den Interessen der öffentlichen Jugendhilfe in Einklang gebracht werden. Pflegeeltern sorgen im Auftrag von Eltern und Jugendamt für die Pflegekinder. § 37 KJHG verpflichtet sie zur Zusammenarbeit mit der Herkunftsfamilie des Kindes. Pflegeeltern erhalten Unterhaltszahlungen für die Pflegekinder sowie eine Aufwandsentschädigung für die geleistete pädagogische Arbeit.

Kinder und Erwachsene einer Pflegefamilie leben in dem Widerspruch, dass sie wie eine richtige Familie zusammenleben und zugleich Institution der öffentlichen Jugendhilfe sind. Zudem sind Pflegeeltern oftmals

einem erhöhten Druck aus Kindergarten, Schule, Nachbarschaft und Verwandtschaft ausgesetzt, da Pflegekinder durch ihre mitgebrachten seelischen Verletzungen und frühere Beziehungsabbrüche oftmals → Verhaltenauffälligkeiten haben. Dies führt immer wieder auch zu vorzeitigen Beendigungen von Pflegeverhältnissen.

Oft kann zu Beginn der Unterbringung nicht vorhergesagt werden, ob das Kind befristet oder auf Dauer in der Pflegefamilie bleiben wird. Je jünger aber ein Kind zu Pflegeeltern und → Geschwistern kommt, desto stärker entwickelt es eine Bindung, eine emotionale familiäre Zugehörigkeit, ähnlich wie Adoptivkinder. Somit ist mit der Maßnahme Familienpflege strukturell eine Rückführung in die Herkunftsfamilie weniger leicht möglich als in der → Heimerziehung. Dieser Sachverhalt führt in der Praxis immer wieder zu Konflikten zwischen Interessen von Herkunftseltern und Interessen der Pflegekinder. Vor allem in den neunziger Jahren wurde in der Fachwelt kontrovers diskutiert, ob die Pflegefamilie Ersatzfamilie (Pflegekinder werden von ihrer Herkunftsfamilie abgelöst) oder Ergänzungsfamilie (Pflegeeltern kooperieren mit den Eltern) sein soll (Hamburger Pflegekinderkongress 1990).

Anders als bei der → Adoption (Annahme als Kind), bei der die Verwandtschaft zu den Herkunftseltern gesetzlich erlischt, bleiben Pflegekinder gesetzlich Kinder ihrer Eltern. Auch wenn Elternrechte entzogen wurden, bleiben die Eltern unterhaltsverpflichtet und es besteht die gesetzliche Erbfolge.

Familienerziehung wird – anders als die → Heimerziehung – von den Herkunftseltern oftmals als Konkurrenz wahrgenommen. Die Pflegekinder leiden dann verstärkt unter Loyalitätskonflikten (lat.: loyal = gesetzlich, pflichttreu gegenüber Instanzen). Die Kränkung, fortgegeben zu sein und negative Identität (»Wenn meine Eltern schlecht sind, bin ich als ihr Kind auch schlecht!«) beeinflusst Pflegekinder, ähnlich wie bei der Adoption. Erfahrungsgemäß ertragen Pflegekinder ihre Ausnahmesituation dann am besten, wenn eine annähernde Kongruenz der Bedürfnisse von Kind, Herkunfts- und Pflegefamilie erreicht wird und Pflegeeltern und Herkunftseltern einander respektieren und zusammenarbeiten.

Irmela Wiemann

■ Literaturtipps

Blandow, J. (2004). Pflegekinder und ihre Familien. Geschichte, Situation und Perspektiven des Pflegekinderwesens. Weinheim/München: Juventa.
Wiemann, I. (2005). Ratgeber Pflegekinder. Reinbek: Rowohlt.
Wiemann, I. (2004). Pflege- und Adoptivkinder. Reinbek: Rowohlt.

■ Kontakte

(D): www.pfad-bv.de/bag.htm
(A): www.efk.at
(CH): www.pflegekinder.ch

Philosophieren

Als erster Philosoph gilt Thales von Milet (625 – 546). Von ihm wird erzählt, er sei einmal, ganz in die Betrachtung der Sterne versunken, in den Brunnen gefallen, auf dessen Rand er sich gesetzt hatte. Befremdlich: Mit spekulativen Gedanken beschäftigt scheint ein Philosoph den Boden unter den Füßen zu verlieren, wird abstrakt und kommt mit dem Alltag nicht mehr zurecht. Und doch: In diesem Blick zu den Sternen kommt ein erstes Verständnis von Philosophie ins Bild, dass wir Menschen nämlich nicht nur etwas sehen, sondern den Blick bewusst auf etwas richten können, um Einsicht und Orientierung zu erlangen. Und das gelingt, wenn wir über das direkt vor uns Liegende hinaus greifen, meta-physisch werden.

Philosophieren und Fragen ■ Offenkundig leben wir Menschen nicht nur einfach daher, sondern können das Gelebte auch er-leben. Daher nehmen wir in der Begegnung mit Welt und mit uns selbst etwas nicht einfach nur hin, sondern nehmen es immer schon wahr, deuten und ordnen unsere Eindrücke, gehen damit um. Und so drängen sich in alltäglichen Erfahrungen wie von selbst Fragen auf wie: Warum scheint die Sonne? Warum verliert der Baum seine Blät-

ter? Warum esse ich? Warum stirbt der Vogel? Solche Fragen haben elementaren Charakter; denn das, was den Menschen fragen lässt, ist grundlegend für sein Leben. Schwierigere Fragen schließen sich hier erst an: Warum heißt dieses Tisch und jenes Stuhl? Gibt es einen oder viele Himmel? Wie kommt das Haus da in mein Auge? Und auch problematische Fragen: Wo bin ich, wenn ich schlafe? Wo war ich, als die Mama Kind war? Kann meine Katze mich verstehen? Erst spät dagegen entstehen die sogenannten letzten Fragen nach dem Sinn von allem: Wer bin ich? Woher komme ich? Wohin gehe ich? Was ist Welt? Der Mensch also ist ein Frage-Wesen. Und die Wissenschaft vom Fragen ist die Philosophie. Das sagt schon ihr Name: Keineswegs mit einer Sophologie, einer Weisheits-Lehre haben wir es zu tun, sondern mit einer philia, einer Liebe oder einer ständigen Auseinandersetzung mit dem, was denn jenes sophon, der Sinn, das Ganze sei.

Vom Staunen zum Denken ■ Das Fragen artikuliert sich auf drei Ebenen: Zunächst als Staunen und Verwundern, dass alles so ist, wie es ist. So versuchen auch die Traditionen der Weisheit mythische, symbolisch-bildhafte Antworten zu geben, nicht bewusst als Erkenntnis oder als Reflexion, sondern unmittelbar zum Zweck der Orientierung. In diesem Staunen, das noch ganz im Geheimnisvollen ihres Gegenstands befangen ist, hat die Philosophie ihren Ursprung. Doch die Fähigkeit sich zu wundern, ist eben nicht das Einzige, was wir brauchen, um gute Philosophen zu sein. Philo-sophia ist erst der kritische und bewusste Bezug auf diese Fragen – das ist die zweite Ebene philosophischen Fragens. Als Denken des Denkens und nicht nur einfach Nach-Denken ist Philosophie immer auch Wissenschaft. Diese zweite Ebene lässt sich konkretisieren durch die vier Formen kritischen Denkens: (1) eigene Meinungen äußern zu können, (2) Unterscheidungen, Differenzierungen und Alternativen aufzuwerfen, (3) die Fähigkeit, sich zu entscheiden, ins Leben einzugreifen sowie (4) ein Denken, das lebendig bleibt und sich je neu an der Wirklichkeit bricht.

Als Wissenschaft unterscheidet sich Philosophie grundsätzlich von bloßer Weltanschauung, von bereits antwortender Weisheit und Mythologie, aber, und damit kommen wir zur dritten Ebene philosophischen Fragens, auch von jeglicher Form von Ideologie. Denn der Philosophie ist auch ihre prinzipielle Grenze bewusst, dass es nämlich einen vom Denken nie einzuholenden, sondern ihm vorausgesetzten Grund allen Denkens gibt. Darum weiß sie immer auch um ihr Nichtwissen und ist skeptisch und kritisch gegen sogenannte Letzt-Antworten.

Voraussetzung für ein solches Geschäft ist zweierlei: Erstens muss man selbst tätig werden, um es mit Philosophie zu tun zu haben, denn: »Es kann sich überhaupt keiner einen Philosophen nennen, der nicht philosophieren kann.« (Immanuel Kant, 1724–1804) Die zweite Bedingung allen Philosophierens ist die Reflexion, nicht nur auf die Gegenstände unseres Denkens, sondern auch auf das Denken selbst. Aufgabe und Tätigkeit der Philosophie besteht also nicht darin, Fragen allein zu stellen, erst recht nicht, auf sie eine endgültige Antwort zu finden, sondern diese Fragen in dem, was sie meinen und woraus sie sich nähren, als letzten Bezugspunkt allen Menschseins auszuloten.

Themen der Philosophie ■ Wie kaum ein zweiter hat Kant das Geschäft des Philosophierens auf den Begriff gebracht und zwischen einem Schulbegriff und einem Weltbegriff von Philosophie unterschieden. Der Schulbegriff zielt auf den historisch (in verschiedenen philosophischen Positionen) überlieferten und der Vernunft zugänglichen Vorrat von Vernunfterkenntnissen sowie auf Möglichkeiten ihres systematischen Zusammenhangs. Der Weltbegriff der Philosophie hingegen meint jenes grundlegende Staunen, dem alles, auch das Nichtsagbare und Nichterkennbare und auch der Grund allen Denkens, als Gegenstand des Denkens offen steht. In diesem ihrem Weltbegriff fragt die Philosophie, so Kant, immer nach den letzten Zwecken der menschlichen Vernunft, aus denen sich überhaupt erst alles Philosophieren ergibt. Diese Zwecke lassen sich in die berühmten Grundfragen fassen, 1. nach den Quellen des menschlichen Wissens (Was kann ich wissen?), 2. nach dem möglichen und nützlichen Gebrauch allen Wissens (Was soll ich tun?), 3. nach den Grenzen der Vernunft (Was darf ich hoffen?), sowie 4. nach dem Zusammenhang aller Fragen in der Hauptfrage: Was ist der Mensch?

Auch diese Fragen aber sind, obgleich sie in der elementaren Erfahrung aller Menschen gründen, komplizierter, als sie auf den ersten Blick scheinen: So fragt die erste nicht nach dem Umfang und konkreten Gegenständen menschlichen Wissens, sondern nach der Möglichkeit und der eigentümlichen Struktur von Wissen überhaupt und nach der Bedeutung von sogenannten Gegenständen des Wissens. Die Frage lautet also eher: Was ist es, dass wir als Wissende uns zu uns selbst und zu Welt verhalten – es ist die Frage der theoretischen Philosophie. Ebenso strebt die zweite Frage keine normativen Antworten an, was wir denn nun zu tun oder zu lassen hätten. Vielmehr geht es um die grundlegendere Auseinandersetzung mit der Erfahrung, dass wir (frei und verantwortlich) handelnd uns auf uns selbst und auf Welt beziehen, so dass es gilt, die Bedeutung und die Grundlagen dieses Handelns auszuloten – es geht um Ethik. Die dritte Frage fällt zwar, so Kant, in den Bereich der → Religion, will aber nicht bestimmte Hoffnungsbilder aufstellen, sondern fragt grundlegend, was es denn ist, dass wir über uns und die Möglichkeiten unserer Vernunft hinausgreifend uns auf Zukunft, auf Geschichte, auf Transzendenz beziehen. Und auch die Frage nach dem Menschen intendiert kein bestimmtes Menschenbild; Philosophie fragt vielmehr grundsätzlich, was es ist, dass der Mensch sich selbst zum Gegenstand seines Fragens und seines Lebensentwurfs macht und machen kann.

Didaktische Anstöße ■ Wenn reflektiertes, also sich seines Vollzugs bewusstes Denken Kindern noch nicht möglich ist, weil sie noch in der Unbefangenheit und Unmittelbarkeit bloßen Nachdenkens verhaftet sind, scheint es unsinnig, Kindern Philosophie zuzumuten. Doch Philosophie wagt die Behauptung, dass jeder Mensch auf die Möglichkeit solcher Reflexion angelegt ist, auch wenn er sie aktuell noch nicht ausgebildet hat, wie etwa Kinder, oder auch, wenn er sie nicht mehr besitzt. Und sie weiß auch, dass die Bezugspunkte einer solchen Reflexion nicht allein durch Denken zu fassen sind, vielleicht auf diese Weise gar nicht wesentlich zu fassen sind, sondern dass es neben der begrifflichen andere Ebenen eines solchen Bezugs geben mag; wir finden sie in der Kunst und in der Religion, also in symbolisch bzw. mythisch sich formulierenden Geisteshaltungen.

Damit wird klarer, warum die philosophisch interessanten Fragen nicht nur die schon komplizierten und voraussetzungsreichen oder großen Fragen sind wie »Wer bin ich?« oder »Woher kommt die Welt?«, sondern auch ganz unscheinbar scheinende, leicht übersehbare wie »Was ist Regen?« oder »Wohin fließt das Wasser?« Solche im Vorbeigehen sich aufdrängende Fragen sind noch nicht philosophisch, doch in ihnen verbergen sich philosophische Probleme. Philosophie entzündet sich erst an solchen Fragen, hat in ihnen ihren Ursprung. Kinder sind darum philosophisch Fragende und Ahnende, aber nicht Philosophen.

Gerade deshalb aber ist es wichtig, Kindern die Möglichkeit zu geben, in ihren Fragen philosophische Gehalte zu entdecken, jene ursprüngliche Fragehaltung wach zu halten und zu kultivieren. Philosophieren kann man also lernen. Vier Anweisungen sind dazu förderlich:

- Über Alltägliches in Erstaunen geraten: Das heißt zuerst einmal die Sinne zu öffnen und zu schärfen, dann Eindrücke zu Wahr-Nehmungen zu machen und schließlich aus Wahrnehmungen Erfahrungen werden zu lassen
- Selber denken: Das meint nicht, dass wir selbst alles erfinden müssen, sondern dass etwas nur gedacht wird, wenn ich selbst meine Gedanken wage
- Dialogisch denken: Gedanken bleiben schal, wenn sie nicht geäußert, ausgetauscht, geprüft, der Kritik unterworfen werden, erst in der Mitteilung und der Fä-

higkeit, sich an die Stelle der anderen zu versetzen, werden sie lebendig
- Mit sich selbst einstimmig, reflexiv denken: Zum Philosophieren gehört stets die Vergewisserung über die Formen unseres Denkens, insbesondere die Begriffe; vor allem der bewusste Gebrauch von Sprache zeichnet Philosophierende aus; das hilft nicht zuletzt dabei, bewusster leben zu können.

Möglichkeiten, dies zu entwickeln, bieten sich mit Kindern vor allem in der aufmerksamen Erfahrung von Natur und Welt, in der Besinnung auf alltäglichen mitmenschlichen Umgang und im Erleben und in der Auseinandersetzung mit Kinderbüchern, besonders Bilderbüchern (→ Kinder- und Jugendliteratur), mit Musik, mit Formen künstlerischer Gestaltung, Körpererfahrung und auch mit religiös zu fassenden Grenzerfahrungen.

Hans-Bernhard Petermann

■ **Literaturtipps**

Freese, H.-L. (1989). Kinder sind Philosophen. Weinheim/Basel: Beltz-Quadriga.
Martens, E. (1999). Philosophieren mit Kindern. Eine Einführung in die Philosophie. Stuttgart: Reclam.
Petermann, H.B. (2004). Kann ein Hering ertrinken? Bilderbücher – Wege zum Philosophieren. Weinheim/Basel: Beltz.
Steenblock, V. (2003). Die großen Themen der Philosophie. Eine Anstiftung zum Weiterdenken. Darmstadt: Wiss. Buchges.

 # Praxisanleitung

Die Praxisanleitung ist ein tragender Bestandteil der → Ausbildung zur Erzieherin. Im Rahmen des Praktikums führt die Anleiterin die Praktikantin an die Praxis heran, ermöglicht ihr vielfältige Erfahrungen im gewählten Arbeitsfeld und leitet sie zur kritischen Reflexion ihres Handelns an.

Die Praxisanleitung dient der Integration von Theorie und Praxis und soll durch die Vorwegnahme von Berufserfahrung zu einer zunehmenden Professionalisierung führen. Die Zielsetzung der Praxisanleitung ist abhängig vom Ausbildungsstand der Praktikantin und von der Form des abzuleistenden Praktikums. Innerhalb der Erzieherausbildung wird unterschieden zwischen

- Vorpraktikum
- Schulpraktikum
- Berufspraktikum.

Die Ausbildungs- und Prüfungsordnungen, die den jeweiligen Praktika zugrunde liegen, sind aufgrund der Kulturhoheit der Länder von Bundesland zu Bundesland unterschiedlich. Praktika können die Erkundung eines Arbeitsfeldes zum Ziel haben, sie können dazu dienen, die Methodik sozialpädagogischen Handelns einzuüben oder persönliche und fachliche Kompetenzen zu erweitern. Die → Kooperation zwischen Lernort Schule und Lernort Praxis sollte zu einer individuell auf die jeweilige Praktikantin abgestimmten Zielsetzung führen, die den Prozess der Praxisanleitung bestimmt.

Lernen in der Praxis unterscheidet sich von schulischem Lernen. Sachwissen allein versetzt eine Praktikantin noch nicht in die Lage, Situationen in der Praxis erfolgreich zu bewältigen. Kompetenz (Fähigkeiten/Wissen) ist Voraussetzung für Performanz (Fertigkeiten/Können). Praxisanleitung fördert die Performanz von Praktikantinnen, sie unterstützt systematisches, reflektiertes und kontrolliertes Handeln.

Praxisanleitung ist als komplexes Feld zu betrachten, als ganzheitlicher Erfahrungs- und Handlungsraum. Personen und Umwelt sind wechselseitig aufeinander bezogen und verschiedenen Einflüssen, den Feldkräften, ausgesetzt. Das Feld der Praxisanleitung wird bestimmt durch systemische, interaktionelle und individuelle Einflussfaktoren, durch Zeiteinflüsse und allgemeine Entwicklungen, durch die Ausbildungsstätte Fachschule, durch die sozialpädagogische Praxisstelle, durch die Identität und → Motivation der an der Praxisanleitung beteiligten Personen. Spannungen und Störungen an einer Stelle haben Rückwirkungen auf das gesamte Feld, insofern ist ein ausgeglichener Zustand der Feldkräfte anzustreben.

Praxisanleitung erfordert eine enge Kooperation zwischen dem Lernort Praxis und dem Lernort Schule. Die das Praktikum betreuende Lehrkraft nimmt eine vermittelnde Rolle zwischen beiden Lernorten ein. Zusätzlich hat sie administrative, lehrende, beratende und beurteilende Funktionen. Praktikantinnen sollten individuell betreut werden. Übergreifend können Arbeitsgemeinschaften von Praktikantinnen unterschiedlicher Einrichtungen gebildet werden.

Die Rolle der Anleiterin ■

Auch wenn die → Rolle der Anleiterin nicht immer eindeutig festgelegt ist, wird sie doch wesentlich bestimmt durch die Erwartungen der am Prozess der Praxisanleitung direkt und indirekt beteiligten Personen und Personengruppen. Das Offenlegen dieser Erwartungen erleichtert ein souveränes Rollenhandeln. Zur Rolle der Anleiterin gehört es z.B., gegenüber der Praktikantin eine unterstützende Haltung einzunehmen, die sich besonders in der → Beratung zeigt. Bei den regelmäßig stattfindenden Anleitungsgesprächen steht die Reflexion der praktischen Arbeit im Mittelpunkt. Thema der Gespräche können z.B. Beobachtungen der Praktikantin und geplante oder bereits durchgeführte Aktivitäten mit Kindern oder Jugendlichen sein. Reflektiert werden auch professionelle Grundhaltungen, ethische Orientierungen und die eigene Motivationsgrundlage. Die Anleiterin teilt ihre → Beobachtungen mit, gibt fachliche Hinweise und macht eigene Positionen transparent. Der Umgang mit Problemen und Ängsten erfordert von der Anleiterin ein hohes Maß an Einfühlungsvermögen (→ Empathie). Die Anleiterin sollte die Praktikantin im Gespräch darin unterstützen, die zur Rolle der Praktikantin gehörenden Fremd- und Eigenerwartungen zu analysieren.

Die Kompetenzen der Praktikantin müssen durch die Praxisanleitung auf den jeweiligen Arbeitskontext abgestimmt werden. Die Anleiterin gibt die dazu notwendigen Hilfen und Anweisungen. Da die Praktikantin sich in einer Ausbildungssituation befindet, ist die Anleiterin nicht nur Teamkollegin, sondern nimmt gegenüber der Praktikantin auch eine pädagogische Rolle ein. Die Übernahme einer Anleitungsaufgabe erfordert daher eine bewusste Auseinandersetzung mit Aspekten der Führung und Kontrolle.

Im Prozess der Praxisanleitung sollte die Praktikantin in regelmäßigen Abständen über ihre Entwicklungsfortschritte informiert werden. Sieht die Ausbildungsschule eine Beurteilung vor, gehört es zur Rolle der Anleiterin, die Arbeit der Praktikantin zu bewerten. Eine Beurteilung oder Benotung des Praktikums erfolgt in enger Zusammenarbeit mit der Ausbildungsschule. Die Kriterien dafür sollten frühzeitig offen gelegt und der Praktikantin zugänglich gemacht werden. Die Abschlussbeurteilung kann eine Zusammenfassung der bisherigen Rückmeldungen darstellen. Praktikantinnen im Sinne des Berufsbildungsgesetzes (Berufspraktikantinnen) erhalten ein Arbeitszeugnis, das besonderen Anforderungen genügen muss.

Die berufliche Qualifikation der Anleiterin muss mindestens dem von der Praktikantin angestrebten Beruf entsprechen. Praktikantin und Anleiterin sollten im gleichen Arbeitsfeld tätig sein. Einige Ausbildungsrichtlinien schreiben eine zwei- oder dreijährige Berufstätigkeit für die anleitende sozialpädagogische Fachkraft vor.

Der Ausbildungsplan ■ Allgemeine Zielsetzung von Praxisanleitung ist die Entwicklung beruflicher Kompetenz und der Aufbau einer persönlichen und beruflichen Identität. Entwicklung kann zwar nur bedingt geplant werden, eine Übereinkunft über die Qualifikationen, die eine Praktikantin durch das Praktikum erreichen sollte, ist jedoch für alle am Anleitungsprozess beteiligten Personen hilfreich. Anleiterin, Praktikantin und betreuende Lehrkraft sollten in einem gemeinsamen Prozess bestimmen, welche Ziele angestrebt werden und welche Anforderungen sinnvoll sind. Grundlage kann ein speziell auf die jeweilige Praktikantin abgestimmter Ausbildungsplan sein. Das Praktikum kann dazu in unterschiedliche Phasen aufgeteilt werden:

- Phase I: Orientierung (sich vorstellen, orientieren, einleben)
- Phase II: Erprobung/Vertiefung (erproben, üben, differenzieren)
- Phase III: Autonome Handlungskompetenz (selbständig und kompetent handeln, Abschied nehmen).

Die Tätigkeiten einer Praktikantin müssen dem → Berufsbild einer Erzieherin entsprechen, die Anforderungen sind abhängig vom Arbeitsfeld, in dem die Praktikantin tätig ist. Die Erfahrungsfelder im Arbeitsbereich werden daraufhin überprüft, inwieweit sie der Kompetenzentwicklung und Identitätsfindung dienen. Sie sind der Ausgangspunkt, um die in den Ausbildungsordnungen vorgegebenen Ziele zu konkretisieren und mit Leben zu füllen. Mögliche Erfahrungsfelder sind:

- Gruppenarbeit
- Erziehungs- und Bildungsarbeit
- → Elternarbeit
- → Teamarbeit
- → Öffentlichkeitsarbeit
- Zusammenarbeit mit Institutionen
- Verwaltung und Organisation.

Anleitungsmethoden ■ Partnerschaftliches Anleitungsverhalten zeichnet sich u.a. dadurch aus, dass die Anleiterin versucht, Initiative und Interesse der Praktikantin zu wecken, zu unterstützen und mit den Zielen des Praktikums in Einklang zu bringen. Sie sucht zusammen mit ihr die Ursachen von problematischen Verhaltensweisen und entwickelt gemeinsam mit ihr Lösungen. Sie stellt Lernhilfen und Ausbildungsmaterialien bereit, die zu selbständigem Handeln anregen. Bei der Praxisanleitung spielt das Anbieten konkreter didaktischer Möglichkeiten und methodischer Hilfen eine wichtige Rolle, daneben aber auch die Anwendung von Erkenntnissen aus der Kommunikationspsychologie. Die Anleiterin kann z.B. berücksichtigen, dass Botschaften auf der Sachebene, der Appellebene, der Beziehungsebene oder der Selbstoffenbarungsebene gesendet und empfangen werden können (Friedemann Schulz von Thun, → Kommunikation). Das Verhalten der Praktikantin lässt sich in Anlehnung an Supervisionsmodelle der Themenzentrierten Interaktion (TZI) auf unterschiedlichen Ebenen betrachten. Aktives Zuhören ermöglicht der Anleiterin ein intensives Eingehen auf die Praktikantin. Ich-Botschaft, Konfrontation oder professionell gegebenes Feed-back dienen dazu, in angemessener Form Rückmeldung zu geben oder Kritik anzubringen. Bei Spannungen kann die niederlagenlose Methode der Konfliktlösung (Gordon) angewendet werden (→ Konflikt). Auch systemische Handlungskonzepte aus der Erziehungshilfe lassen sich auf die Praxisanleitung übertragen. Greift die Anleiterin auf typische sozialpädagogische Methoden zurück, bietet sich ihr die Chance einer doppelten Vermittlung: Die Praktikantin erfährt Formen der Gesprächsführung, die sie in ihrer eigenen späteren Berufspraxis anwenden kann.

Bereits in der → Ausbildung zur Erzieherin werden wichtige Methoden vermittelt, die für eine erfolgreiche Praxisanleitung erforderlich sind. Darauf aufbauend sollten im Rahmen berufsbegleitender → Fort- und Weiterbildung von den → Trägern und Ausbildungsstätten Angebote gemacht werden, die Anleiterinnen auf ihre wichtige Aufgabe vorbereiten. Es sollte als Teilaufgabe der Personalentwicklung gesehen werden, die personale Kompetenz, die Fähigkeit zur Selbstevaluation, die Feldkompetenz und die didaktische Kompetenz von Anleiterinnen zu stärken. Die Übertragung von Anleitungsfunktionen kann von der Teilnahme an Qualifizierungsmaßnahmen abhängig gemacht werden.

Walter Ellermann

■ Literaturtipps

Ellermann, W. (2002). Das sozialpädagogische Praktikum. Weinheim/Basel: Beltz.
Schütt, B. (2002). Anleiten im Praktikum. Grundlagen, Situationsanalyse, erprobte Wege. Freiburg: Herder.

Problemgruppen

Die bis Ende der 1970er Jahre gebräuchlichen Begriffe Randgruppen und Minderheiten sind heute ersetzt durch die Begriffe ethnische Minderheiten, Problemgruppen und Subkulturen. Sie bezeichnen reale oder statistische Gruppen, die sich nach verschiedenen Merkmalen von der Mehrheitsbevölkerung tatsächlich oder angenommen unterscheiden. Zu diesen Merkmalen zählen ökonomische und/oder rechtliche Lebensbedingungen, Formen der alltäglichen Lebensführung, gruppentypische Normen und Wertsetzungen (→ Werte und Normen). Systematische Grundlage einer solchen Begriffsbildung ist das Leitbild einer Mehrheitsbevölkerung, die ihren Lebensunterhalt durch geregelte Erwerbstätigkeit oder Vermögen sichern kann, die mit festem Wohnsitz im Respekt vor geltenden Gesetzen, herrschenden Konventionen und Normen lebt und somit den Prototyp dessen bildet, was als »normal« gilt. Abweichungen von der Mehrheitsnorm werden sozial definiert und bewertet. Die Feststellung von Differenz und Devianz (→ Abweichendes Verhalten) dient stets auch der Vergewisserung, was als »normal« gelten kann. Damit bedingen sich Aussagen über Normalität, Abweichung und Randständigkeit gegenseitig. Sie sind stets historisch gebunden, unterliegen damit auch sozialem Wandel.

Der Begriff der Problemgruppe geht davon aus, dass soziale Benachteiligung und die abweichende Lebensführung in der Lebensgeschichte von Individuen und Gruppen von Dauer sind, und dass Merkmale oft von einer Generation zur nächsten weiter gegeben werden. Festgestellt werden außerdem Formen sozialräumlicher Isolation (Marginalität), z.B. Wohnen am Stadtrand im sozialen Brennpunkt. Als Marginalisierung (Erzeugen von Randständigkeit) wird dabei der Vorgang bezeichnet, in dessen Verlauf oder als dessen Folge einzelne Personen oder Gruppen aus den üblichen gesellschaftlichen Beziehungen ausgeschlossen werden, sich scheinbar selbst ausschließen bzw. von Ausschluss bedroht sind. Der Begriff der Marginalität wird unschärfer in dem Maß, in dem klassische Randgruppenphänomene vermehrt innerhalb der Mehrheitsbevölkerung auftauchen und klare Kriterien darüber, was eine »normale« Lebensführung ausmacht, sich zunehmend auflösen.

Wer wird ausgegrenzt? ■ Ursachen von Marginalisierung sind sozialstrukturell bedingt und beruhen auf Benachteiligung, Ausgrenzung und Diskriminierung einerseits sowie auf Formen des Scheiterns an gesellschaftlich gesetzten Verhaltenserwartungen bzw. der Ablehnung gesellschaftlicher Normen und Wertsetzungen andererseits. Dabei werden als Problemgruppen unterschieden:

- Ökonomisch Ausgegrenzte und Benachteiligte, wie Arme, Erwerbslose, Wohnungslose, unfreiwillig Teilzeitbeschäftigte und scheinbar Selbstständige
- Politisch-rechtlich Diskriminierte: Zugewanderte mit ungeklärtem Aufenthaltsstatus (Asylsuchende), Migranten ohne oder mit eingeschränkter Arbeitserlaubnis, illegal Zugewanderte
- Bildungsbenachteiligte im schulischen und beruflichen Bereich: ungelernte Arbeitskräfte, Jugendliche ohne qualifizierten Schulabschluss bzw. ohne Berufsqualifikation
- Aufgrund kultureller »Andersartigkeit« sozial Ausgegrenzte, z.B. Angehörige von ethnisch-kulturellen Minderheiten oder Subkulturen, Abhängige, psychisch Kranke, Behinderte
- Adressaten von stigmatisierenden, abwertenden und beschämenden Praktiken, die sich z.B. äußern in der Mitteilung von Andersartigkeit und Minderwertigkeit, dem Gebrauch physischer Gewalt, der Verweigerung von Teilhabe, Zusammenarbeit und Kommunikation
- Menschen, denen soziale und familiale Sicherheit fehlt, wie z.B. Kindern und Jugendlichen in Heimen, Straßenkindern, Trebegängern und einsamen alten Menschen.

Marginalisierte Einzelpersonen und Gruppen haben aufgrund eines Mangels an gesellschaftlichen Ressourcen im Sinne von Einkommen und Vermögen, Bildung, Eingebundenheit in soziale Netze, biografischer und persönlicher Gegebenheiten und Prestige geringere Möglichkeiten, sich Prozessen der Ausgrenzung wirksam entgegenzustellen.

Armut ■ Kinder und Jugendliche gehören in der BRD zu einer Personengruppe, die als Folge massenhafter und andauernder Erwerbslosigkeit seit den 1980er Jahren einem zunehmenden Armutsrisiko ausgesetzt ist.

Nach im Jahr 2005 veröffentlichten Zahlen galt etwa jedes zehnte Kind bzw. Jugendliche unter 18 Jahren in den westlichen Bundesländern als arm, in Ostdeutschland lag die Quote erheblich höher. Kinderarmut ist Ergebnis wachsender ökonomischer Problemlagen von Familien mit Kindern.

Armut kann unterschieden werden in **absolute Armut**, das ist ein Zustand, in dem Menschen um ihr nacktes Überleben kämpfen, und **relative Armut**. Letzere wird in der Regel auf der Basis des Ratsbeschlusses der EU (Europäische Union) von 1984 verstanden: »Als verarmt sind jene Einzelpersonen, Familien und Personengruppen anzusehen, die über so geringe (materielle, kulturelle und soziale) Mittel verfügen, dass sie von der Lebensweise ausgeschlossen sind, die in dem Mitgliedsstaat, in dem sie leben, als Minimum annehmbar ist.« (Bundesministerium für Arbeit (2000), S. 7). Der hier verwendete Begriff der Lebensweise verweist darauf, dass Armut mehr ist als nur die Abwesenheit von Geld. Armutslagen können nicht einfach durch die Zuweisung von mehr Geld wirksam bekämpft werden, da Armut mehrdimensional ist und sich auf weitere Bereiche von Unterversorgung bezieht.

Einem hohen Armutsrisiko unterliegen allein erziehende Mütter (→ Alleinerziehende), von denen in den westlichen Bundesländern die Hälfte als arm gilt. Mit steigender Kinderzahl nimmt die Armutsquote bei Familien zu: Fast drei Viertel der Familien mit drei und mehr Kindern leben von Sozialhilfe. Familien mit nur einer Erwerbsperson zählen ebenso zu den gefährdeten Gruppen wie Familien, in denen Erwerbspersonen ein besonders niedriges Einkommen erzielen (»working poor«). Personen mit Migrationshintergrund und geringer Bildungs- oder Berufsqualifizierung geraten leichter in soziale Notlagen.

Armutslagen bedeuten für Kinder und Jugendliche Einschränkungen ihrer Erfahrungs-, Entwicklungs- und Lernmöglichkeiten besonders dann, wenn belastende Faktoren kumulieren. Darunter fallen insbesondere:

- Unterschreitung der für ein einfaches tägliches Leben erforderlichen Mittel

- Mangel an unterstützenden Netzwerken für die soziale Integration
- Abwesenheit von für die Entwicklung von sozialer Kompetenz (→ Soziale Bildung) wichtigen Sozialbeziehungen
- Fehlen von Bildungsmöglichkeiten für die intellektuelle und kulturelle Entwicklung (die PISA-Studie stellte eine deutliche Bildungsbenachteiligung fest)
- Gesundheitsbeeinträchtigende Faktoren aus dem Umfeld
- Vernachlässigung innerhalb von Familien
- Familiäre Gewalt.

Als besonders problematisch gilt die Situation von Kindern und Jugendlichen, die auf der Straße leben und ihren Lebensunterhalt oft durch Bettelei, Diebstahl, Prostitution (»Babystrich«) oder Drogenhandel bestreiten.

Sozialpädagogische Intervention ■

Sozialpädagogische Arbeit hat als entscheidenden Gegenstand ihrer Tätigkeit den Umgang mit Problemgruppen. Das Handeln pädagogischer Mittler (Erzieherinnen, Sozialpädagogen, Lehrkräfte) soll an der Zielsetzung orientiert sein, Absonderungs- und Ausgrenzungsprozesse (Dissoziierungsprozesse) zu verhindern, abzubrechen oder einzudämmen. Diese Zielsetzung soll ausgehend von den Lebenslagen von Kindern und Jugendlichen verfolgt werden. Die Wahrnehmung von Unterschieden in Bezug auf Geschlecht, Bildung, Schicht bzw. Klasse, Religion, Migration und Alter sollen die Basis der sozialen Arbeit bilden, die dann die subjektive persönliche Lebensführung von Kindern und Jugendlichen berücksichtigt, nach Einstellungen und Handlungsmöglichkeiten fragt, die Selbständigkeit der Betroffenen stärkt und in Ausführung des gesetzlichen Auftrages des KJHG (Kinder- und Jugendhilfegesetz) zur Schaffung positiver Lebensbedingungen für Kinder und Jugendliche und ihre Familien beiträgt.

Eine an dieser Zielsetzung orientierte Ausbildung von Pädagoginnen macht es sich zur Aufgabe, Motive, Interessen, Verhalten, emotionale und inhaltliche Verständigung und normative Haltung von Pädagoginnen gegenüber ihren Klienten zu thematisieren. Auch die Reflexion über Herkunft, Sozialisation und Gesellschaftsbild künftiger Akteure sollte im Ausbildungszusammenhang erfolgen und während der späteren beruflichen Praxis im Rahmen von Supervision einer erneuten Überprüfung unterzogen werden.

Claudia Fischer

■ Literaturtipps

Böhnisch, L. (2001). Abweichendes Verhalten. Eine pädagogisch-soziologische Einführung. Weinheim: Juventa.

Bundesministerium für Gesundheit und Soziale Sicherung (BMGS) (Hg.) (2005): Lebenslagen in Deutschland. Zweiter Armuts- und Reichtumsbericht der Bundesregierung. Bonn.

Butterwegge, C./Klundt, M. (Hg.) (2003): Kinderarmut und Generationengerechtigkeit. Familien- und Sozialpolitik im demografischen Wandel. Opladen: Leske & Budrich.

Gillich, S./Nieslony, F. (2000). Armut und Wohnungslosigkeit. Köln: Fortis.

Projektarbeit

Ein Projekt ist eine längerfristige Untersuchung eines Themas, wobei unterschiedliche Methoden eingesetzt werden. In der Regel wird es von der ganzen Kindergartengruppe durchgeführt; es kann aber auch nur mit einem Teil der Gruppe (z.B. wenn die anderen an dem Thema nicht interessiert sind) oder als gruppenübergreifendes Angebot realisiert werden. Projekte können je nach Thema unterschiedlich lange dauern – von einer Woche bis hin zu mehreren Monaten.

Zur Entstehung ■

Der Projektbegriff wurde Mitte des 19. Jahrhunderts entwickelt, als an den Universitäten die Ingenieurwissenschaften etabliert und Projekte Teil der technischen Ausbildung wurden. Die Projektmethode wurde um 1880 an amerikanischen Schulen eingeführt und setzte sich in Verbindung mit dem Pragmatismus (»learning by doing«) John Deweys immer mehr durch. Fritz Karsen verwendete Anfang des 20. Jahrhunderts als erster Deutscher den

Projektbegriff – er führte Projekte an der von ihm begründeten »sozialen Arbeitsschule« in Berlin ein. Auch viele andere Reformpädagogen förderten die Projektarbeit.

In den Kindergarten zog die Projektarbeit erst in den 70er Jahren des 20. Jahrhunderts mit der Entwicklung und Erprobung des → Situationsansatzes ein. Im Rahmen von Projekten sollten Kinder mit Lebenssituationen konfrontiert werden, in denen sie kognitive, soziale und emotionale Kompetenzen erwerben, für ihre Entwicklung wichtige Erfahrungen machen und mit Menschen außerhalb der Kindertageseinrichtung in Kontakt kommen können.

Ziele ■ Ziele und Prinzipien der Projektarbeit sind Handlungsorientierung, Selbsttätigkeit, Erfahrungslernen, Lebensnähe, Mitbestimmung, ganzheitliche Kompetenzförderung, Methodenvielfalt und spiralförmiges Lernen. Letzteres meint den fortwährenden Wechsel von Gesprächen, Exkursionen, Experimenten, Rollenspielen, Mal- und Bastelaktivitäten, was zu einem immer tiefer gehenden Eindringen in die jeweilige Thematik führt.

Projektarbeit soll zur Öffnung des Kindergartens zum Gemeinwesen hin führen – beispielsweise dadurch, dass Erzieherinnen bei der Planung und Durchführung von Projekten Eltern und andere Erwachsene einbinden, die entsprechende Fachkenntnisse mitbringen, über besondere Fertigkeiten verfügen oder benötigte Kontakte vermitteln können. Damit trägt Projektarbeit zur → Elternarbeit und → Öffentlichkeitsarbeit bei, da Interesse an der pädagogischen Arbeit im Kindergarten geweckt und diese transparent gemacht wird.

Projektphasen ■ Projekte entstehen oft anlässlich (außer-)gewöhnlicher Ereignisse, aufgrund von Fragen oder interessanten Ideen. Zumeist mehrere Kinder äußern den Wunsch, mehr über ein angesprochenes Thema erfahren zu wollen. Ob diese Projektinitiative weiterverfolgt wird, hängt von verschiedenen Faktoren ab: den (vermuteten) Interessen der Kinder, ihrer → Motivation und dem pädagogischen Wert des Themas. Generell sollten die Projektthemen zusammen mit den Kindern festgelegt werden. Sie werden auch nur so lange bearbeitet, wie die Kinder interessiert sind. Diese bestimmen den Projektverlauf mit und schlagen viele Aktivitäten vor.

Planung ■ Hat sich eine Gruppe oder die gesamte Kindertagesstätte für ein Projektthema entschieden, wird es von den Erzieherinnen vorab bei einer Teamsitzung besprochen. In Form eines Brainstormings können Ideen zum Projektthema zunächst gesammelt und anschließend geordnet, diskutiert und verworfen werden. Dies erleichtert es den Fachkräften, im Projektverlauf neue Ideen einzubringen – wenn sich z.B. die Kinder langweilen oder ihre Aktivitäten ausgeweitet werden sollen. Außerdem sind manchmal zeitaufwändige Vorbereitungen seitens der Erzieherinnen notwendig, beispielsweise wenn besondere Materialien, Gegenstände oder Medien benötigt oder Besichtigungen organisiert werden müssen.

Einstieg ■ In der Anfangsphase eines Projekts gilt es, das Interesse aller Kinder zu wecken. Ferner muss herausgefunden werden, wie viel Vorwissen die Kinder zum jeweiligen Thema haben. Dazu lässt man die Kinder erzählen – von relevanten Erlebnissen und Erfahrungen, von Beobachtetem und Gehörtem, von ihren Gedanken und Gefühlen. Dabei wird auch deutlich, welche Aspekte des Themas für Kleinkinder besonders interessant sind – sie sollten dann im weiteren Projektverlauf besonders beachtet werden.

Ferner können Kinder projektbezogene Aufträge mit nach Hause bekommen. Auf diese Weise wird das Thema in die Familien hinein getragen: Die Kinder sprechen mit den Eltern, bringen neue Kenntnisse und Ideen in den Kindergarten ein und erfahren oft für den weiteren Projektverlauf relevante Informationen.

Im Sinne einer ganzheitlichen Förderung sollten sich aus dem Gesprächsaustausch mit den Kindern andere Aktivitäten ergeben: Beispielsweise können eigene Erfahrungen und Erlebnisse als Bilder wiedergegeben oder in → Rollenspielen inszeniert werden.

Durchführung ■ In der dritten und längsten Phase findet die eigentliche Forschungsarbeit statt: Das jeweilige Thema wird unter Berücksichtigung all seiner Aspekte gründlich untersucht. Die Kinder formulieren die sie interessierenden Fragen und besprechen, wie sie Antworten auf sie finden können. Zentrale Aktivitäten in dieser Phase sind:

- Sammeln von Informationen im Kindergarten und in der »realen Welt«
- Beobachten und direktes Erfahren
- Vergleichen verschiedener Ausprägungen des jeweiligen Untersuchungsgegenstandes
- Bilden von Hypothesen und deren Überprüfung, z.B. durch Experimente
- Interviews von Eltern zu Hause oder beim Abholen der Kinder, von Besuchern in der Kindertagesstätte oder von Fachleuten vor Ort
- Studieren von Büchern und Filmen
- Basteln (z.B. Erstellen der Kulissen)
- Singen und Tanzen, Lernen von Liedern und Gedichten
- Malen und Zeichnen.

Durch diese vielfältigen Aktivitäten erwerben die Kinder Kenntnisse aus vielen verschiedenen Lebensbereichen (Natur- und Sozialwissenschaften, Kunst und Kultur, Wirtschaft und Politik), erlernen neue Begriffe, entwickeln höhere kognitive Strukturen, bilden fein- und grobmotorische Fertigkeiten aus, eignen sich kommunikative und soziale Kompetenzen an. Sie lernen, Probleme zu lösen und Konflikte zu bewältigen, zusammenzuarbeiten und einander zu helfen.

In dieser Phase spielen Ausflüge und Besichtigungen eine besondere Rolle: Die Kinder verlassen die von der Erwachsenenwelt weitgehend abgeschottete Kindertagesseinrichtung, lernen das »wahre« Leben kennen und machen vor Ort – in der Natur, in der Landwirtschaft, in der (Kirchen-)Gemeinde, in der Arbeitswelt usw. – Primärerfahrungen. Exkursionen werden gründlich vor- und nachbereitet, z.B. wird vor der Exkursion mit den Kindern besprochen, worauf sie besonders achten sollten. Nach der Rückkehr in

den Gruppenraum gilt es, die neuen Beobachtungen und Erfahrungen zu verarbeiten, indem sie z.B. den in der Kindertagesstätte gebliebenen Kindern erzählt werden, auf Bildern oder durch Bastelarbeiten festgehalten oder im Rollenspiel nachgestaltet werden. Insbesondere dem → Rollenspiel kommt in dieser Phase eine große Bedeutung zu: Es ermöglicht Kindern, neu erworbene Informationen mit Bekanntem zu verknüpfen und ihre Kenntnisse praktisch anzuwenden.

Die Eltern können auf vielfältige Weise am Projekt beteiligt werden: Beispielsweise können sie Besichtigungen und Ausflüge organisieren oder die Gruppe begleiten. Sie können sich selbst für Interviews zur Verfügung stellen (wenn ihr Beruf oder ihr Hobby für das Projekt relevant ist). Ferner können sie Materialien und Medien ausleihen (→ Elternarbeit).

Abschluss und Nachbereitung ■ Wenn das Interesse an dem Projektthema erlahmt, sollte das Projekt mit einem besonderen Ereignis abgeschlossen werden. Besonders empfehlenswert sind Aktivitäten, zu denen Dritte (z.B. Eltern) eingeladen werden können, beispielsweise:

- Öffentliche Ausstellungen von Bildern und Bastelarbeiten oder von gesammelten Objekten
- Rollenspiele in von den Kindern selbst gebastelten Kulissen
- Von den Kindern selbst verfasste Theaterstücke
- Feste
- Präsentation von Dias oder einem Videofilm über den Projektverlauf.

Natürlich kann das Abschlussereignis auch nur mit den Kindern der jeweiligen Gruppe gestaltet werden. Nicht versäumen sollte man nach Beendigung des Projekts, dessen Verlauf mit den Kindern zu reflektieren. Auch eine Nachbesprechung im Team ist empfehlenswert.

Anschlussprojekte ■ Wenn man während eines Projekts auf die Interessensbekundungen der Kinder hört, wird man bald genug Ideen für Anschlussprojekte haben. So können im Jahresverlauf viele Projekte aufeinander folgen, deren Themen weitgehend von den Kindern bestimmt werden – wobei natürlich immer der pädagogische Wert der Thematik für die Wahl ausschlaggebend sein muss. Im Gegensatz zu einem Jahresplan entsteht also das Curriculum aus der täglichen Praxis; es entwickelt sich aus dem Zusammenleben mit Kindern.

Martin R. Textor

■ **Literaturtipps**

Textor, M.R. (2005). Projektarbeit im Kindergarten. Planung, Durchführung, Nachbereitung. Norderstedt: BoD.
Frey, K. (2005). Die Projektmethode. Der Weg zum bildenden Tun. Weinheim/Basel, Beltz.

Psychohygiene

Menschen, die in sozialpädagogischen Berufen arbeiten, sind besonderen psychischen Belastungen ausgesetzt. Gleichzeitig tragen sie auch manchmal stressfördernde Einstellungen und Verhaltensweisen in das Berufsleben hinein, die jedoch durch bewussten Umgang, Reflexion, verschiedene Techniken sowie Beratungs- oder therapeutische Angebote bewältigt werden können.

Helfersyndrom ■ Als Helfersyndrom bezeichnet man ein Modell psychischer Probleme, das bei Menschen in sozialen und helfenden Berufen auftritt. Unter diesem Syndrom leiden insbesondere Menschen, die mangels Erfahrung an Zuwendung und Anerkennung in der Kindheit ein stark gekränktes Selbstwertgefühl aufweisen. Um diese Kränkung und die damit verbundene eigene Hilfsbedürftigkeit abzuwehren, haben sie die Vorstellung verinnerlicht, dass man nur dann gut sei, wenn man schwächeren, benachteiligten oder bedürftigen Menschen hilft. Helfer helfen primär nicht um des andern Willen, sondern um in der Hilfsbedürftigkeit des anderen die eigene Schwäche zu verdecken und um engere, auf Gegenseitigkeit gründende Beziehungen außerhalb des

Arbeitsfeldes zu vermeiden. Nach Schmidbauer (1978) lassen sich beim Helfersyndrom folgende Merkmale bei den Betroffenen beobachten:

■ Die Helfer sind kontaktscheu, leicht ängstlich und selbst hilfsbedürftig – was sie allerdings verleugnen
■ Scheinbare Stärke und Sicherheit bekommen sie von Schwächeren, die sich an sie wenden
■ Manchmal helfen sie gegen den Willen einer Person
■ Hilfe von außen anzunehmen fällt ihnen schwer; sie denken, sie seien die Einzigen, die sich und anderen helfen können
■ Die Hilfe reicht manchmal bis zur völligen Selbstaufgabe, das eigene Ich wird völlig ignoriert
■ Viele Menschen »flüchten« sich in helfende Berufe, um sich selbst ihre Abhängigkeit von Anderen nicht eingestehen zu müssen
■ Partnerschaftliche Beziehungen der Helfer scheitern an der Angst vor wirklicher Nähe
■ Der Helfer bekommt von den Hilfesuchenden Dankbarkeit. Anderen zu helfen wird dadurch für den Helfer zur Sucht, zu einer Art Droge
■ Wünsche können nur indirekt geäußert werden, z.B. durch Sucht, Suizid oder psychosomatische Krankheiten, um Zuwendung und Hilfe zu erlangen
■ In der Persönlichkeitsentwicklung liegen massive Störungen vor
■ Helfen hat oft wenig mit Interesse am anderen Menschen zu tun, sondern mit Interesse an sich selber
■ Frauen mit Helfersyndrom wirken eher »unweiblich« (nüchtern, willensstark, wenig gefühlsbezogen)
■ Männer mit Helfersyndrom wirken »unmännlich« (weich, passiv, in sexueller Hinsicht abwartend).

Ist das Helfersyndrom besonders stark ausgeprägt, kann es zu schweren Depressionen, psychosomatischen Beschwerden oder zum Burnout-Syndrom bis hin zum Suizid kommen. Beratung, Supervision und Therapie können dabei helfen, Wege aus dem Helfersyndrom zu finden.

Burnout-Syndrom ■ Burnout bedeutet Ausbrennen. Das Burnout-Syndrom beschreibt den Zustand körperlicher, psychischer und sozialer Erschöpfung. Ausbrennen ist die Reaktion des professionellen Helfers auf ständige Überlastung, dauernde Enttäuschung und ausbleibende Erfolge. Das Burnout-Syndrom nach Burish (1989) entwickelt sich in einem Prozess über sieben Phasen.

- Überengagement: Am Anfang bestimmen Überengagement, hohe Erwartungen, Ideenreichtum und unrealistische Ziele für eine Sache das Bild
- Reduziertes Engagement: Erst nach langer, fortwährender Anstrengung reduziert sich das Engagement, wenngleich die erhöhten Ansprüche bleiben
- Emotionale Reaktionen: Mit der Zeit kommt es zu Schuldzuweisungen, Depression, → Aggression. Es entstehen Schuldgefühle den Kindern und der eigenen Familie gegenüber. Zudem stellen sich unbestimmte → Ängste und Nervosität bis hin zu depressiven Stimmungen ein. Gleichzeitig äußern sich die Betroffenen aggressiv
- Leistungsabbau: In Wechselwirkung mit den emotionalen Reaktionen nimmt die → Leistung zunehmend ab
- Emotionale, soziale und geistige Verflachung: Der Leistungsabbau geht bis zu einer tief greifenden Verflachung. Ein Teufelskreis entsteht, denn das Leben wird eingleisiger, monotoner, einsamer. Dadurch verschlimmert sich die Symptomatik wiederum
- Psychosomatische Reaktionen: Nunmehr kommen die von Anfang an bestehenden psychosomatischen Beschwerden zum Ausbruch. Veränderte Essgewohnheiten wie mehr Fast-food, Nikotin und Alkohol verstärken die Beschwerden (→ Psychosomatik)
- Verzweiflung: In der letzten Phase des Burnout-Prozesses durchdringt existenzielle Verzweiflung die Betroffenen. Es entstehen chronische Hilflosigkeitsgefühle, die von Selbstmordgedanken, evtl. auch -taten (→ Suizidalität) durchsetzt sind.

Anfällig für das Ausbrennen sind Menschen, die sich sehr stark engagieren und sehr ehrgeizig sind, denen aber gleichzeitig Energiequellen und Regenerationsmöglichkeiten fehlen. Besonders betroffen sind Menschen in Berufen, die sich in erster Linie um Menschen kümmern – wie Sozialarbeiter, Erzieher und Lehrer –, und die verstärkt mit psychischen Problemen ihrer Klienten zu tun haben. Denn eine Hauptursache für Burnout sind die Erwartungen, die man an seine Arbeit stellt. In sozialen Berufen, in denen man sehr viel mit anderen zu tun hat, sind diese Erwartungen immer auch an sich selbst gerichtet. Ein Glaubenssatz lautet etwa: Ich muss ganz viel von mir geben, damit es meinen Kindern und Schülern gut geht. Viel persönliche Energie wird investiert, ein klares Feedback ist jedoch selten. Diese fehlenden Rückmeldungen spielen eine wichtige Rolle bei der Entwicklung von Burnout.

Außerdem sind Menschen, die in ein Burnout geraten, oft in der Kindheit sehr leistungsbewusst aufgewachsen. Dieses Prinzip, sich die Wertschätzung über die eigene Leistung zu holen, setzen sie später im Beruf fort, wenn sie ohne Rücksicht auf die eigenen Kraftreserven und ohne die eigenen Grenzen zu kennen arbeiten.

Burnout hängt ferner mit der Komplexität der Aufgaben und mit dem Zeitdruck im Job zusammen. Darum sind vermehrt auch Mütter betroffen. Mütter haben oft Zeitdruck – wenn sie morgens ein Kind in den Kindergarten, eines in die Schule und das andere zum Arzt bringen müssen. Die Komplexität der Aufgaben ist dadurch bedingt, dass man sich ständig um die verschiedensten Belange kümmern muss. Generell sind Frauen unter gleichen Lebensbedingungen gleich stark Burnout-gefährdet wie Männer. Wenig Unterstützung auf der Arbeit begünstigt die Entwicklung eines Burnoutsyndroms ebenfalls.

Stress ■ Unter Stress versteht man Belastungen, Anstrengungen und Ärgernisse, denen ein Lebewesen täglich durch viele Umwelteinflüsse ausgesetzt ist. Es handelt sich um Anspannungen und Anpassungszwänge, die einen aus dem Gleichgewicht bringen können und bei denen man seelisch und körperlich unter Druck steht. Im Gegensatz zum Alltagsverständnis beschreibt Stress also in der Psychologie und der Medizin den Zustand, in dem wir uns befinden, und nicht die Ursachen, die ihn auslösen; jene nennt man Stressoren. Stress ist die Reaktion auf Stressoren.

Nicht jeder Stress ist übrigens gleich unangenehm. Ein wenig Anregung ist sogar bei vielen Tätigkeiten vonnöten und tut gut. In diesem Fall sprechen wir von **Eustress**. Wenn jedoch jemand unter- oder überfordert wird, sprechen wir von **Distress**, unangenehmem Stress. Eustress wirkt sich leistungssteigernd aus, Distress hingegen leistungshemmend. Es gibt ein Vielzahl von Stressoren, die von Mensch zu Mensch und von Fall zu Fall sehr verscheiden sein können:

- Chemische Stressoren wie Drogen oder Chemikalien
- Körperliche Stressoren wie z. B. Hitze, Kälte, Lärm, Hunger, Infektionen und Verletzungen
- Seelische Stressoren wie Versagensängste, Zeitdruck, Leistungsüberforderung bzw. -unterforderung und Prüfungssituationen
- Soziale Stressoren wie Konflikte, Meinungsverschiedenheiten, Verlust von Angehörigen, Ablehnung durch andere Menschen, Isolation, Gruppendruck, Rivalität und Intrigen.

Im Berufsleben tauchen vor allem seelische und soziale Stressoren auf, wie z.B.:

- Organisationsbedingte Stressoren, wie z.B. bürokratische Strukturen, steile Hierarchien, unklare Kompetenzen
- Rollenbedingte Stressoren wie z.B. durch Rollenunsicherheit oder Rollenkonflikte
- Personenbedingte Stressoren wie z.B. durch Übermotivierung, Unsicherheit, Ängste, mangelnder Bezug zur Arbeit, Konflikte zwischen Familie und Karriere.

Handlungsmöglichkeiten ■ Was kann man nun gegen das Ausbrennen (Burnout), das Helfersyndrom sowie übermäßigen Stress tun? Bereits im Vorfeld lohnt es sich, durch Selbstreflexion, Teamtraining, Fallbe-

ratung, Supervision, Stressbewältigung und/ oder das regelmäßige Einholen von Rückmeldungen aus dem Kollegenkreis den obengenannten Tendenzen vorzubeugen. Im Falle eines bestehenden Burnout- oder Helfersyndroms wird anderweitige professionelle Hilfe vonnöten sein, etwa eine Psychotherapie. Im Folgenden seien prophylaktische Maßnahmen beschrieben.

Es empfiehlt sich, dem Burnout durch psychohygienische Maßnahmen vorzubeugen. Am Anfang des Prozesses stehen überhöhte Ziele. Ein realistisches Berufideal zu entwickeln, ist bereits eine wichtige vorbeugende Maßnahme. Auch den Arbeitsplatz regelmäßig zu wechseln (Jobrotation) schützt vor dem Ausbrennen. Wichtig sind aus ausbalanciertes Freizeit-, Sport- und Kulturleben. Neben der Arbeit sollten ferner Stressbewältigungstechniken regelmäßig geübt und angewendet werden. Es empfiehlt sich hier, die Angebote der → Fort- und Weiterbildung zu nutzen, um eine angemessene Souveränität im Umgang mit Stress zu erlernen.

Da übermäßiger Stress, insbesondere, wenn er andauert, krankheitsanfällig macht und da Berufe, die in der Auseinandersetzung mit Menschen und mit Gefühlsarbeit für Stress disponiert sind, empfiehlt es sich für Menschen in sozialpädagogischen Berufen, Stressbewältigungstechniken zu lernen und anzuwenden. Wir unterscheiden zwischen kurzfristigen und langfristigen Stressbewältigungsstrategien. Unter Techniken der kurzfristigen Stressbewältigung fallen etwa Phantasiereisen (die Gedanken werden auf einen angenehmen Zustand gelenkt), spontane Entspannung, etwa durch Hobbys, Abreaktion durch Sport, Wahrnehmungslenkung und durch positive Selbstgespräche und Selbstinstruktionen. Techniken der langfristigen Stressbewältigung sind z.B. systematische Entspannungstechniken, wie Autogenes Training, Zeitmanagement, soziale Kontakte zu Freunden und Bekannten pflegen, Einstellungsänderung und sich Zufriedenheits- und Erfolgserlebnisse verschaffen. Zudem hilft regelmäßige Supervision und kollegiale Fallberatung (Intervision).

Barbara Maria Ostermann

■ **Literaturtipps**

Burish, M. (1989). Das Burnout-Syndrom. Theorie der inneren Erschöpfung. Berlin-Heidelberg: Springer.

Fengler, Jörg (2001). Helfen macht müde. Stuttgart: Klett-Cotta.

Ostermann, B. M. (1999): Arbeitsbelastungen in der Altenpflege bewältigen. Weinheim/Basel: Beltz.

Schmidbauer, W. (1978). Die hilflosen Helfer. Über die seelische Problematik der helfenden Berufe. Reinbek: Rowohlt.

Psychologie

Die Psychologie ist die Wissenschaft vom Erleben und Verhalten des Menschen. Sie beschäftigt sich mit psychischen Grundprozessen wie → Wahrnehmung, → Denken, Fühlen (→ Emotionen), → Motivation sowie mit Entwicklungsprozessen (→ Entwicklungspsychologie). Sie bedient sich sowohl empirischer, d.h. erfahrungswissenschaftlicher Methoden, wie kontrollierter Beobachtung und gezielten Experimenten, als auch geisteswissenschaftlicher Methoden, wie Phänomenologie (umfassend und voraussetzungslos beschreibendes Denken) und Hermeneutik (kritisch reflektierendes Interpretieren mithilfe des Vorverständnisses des Wissenschaftlers). Mithilfe der Statistik, die in der Psychologie eine große Rolle spielt, werden große Datenmengen strukturiert (z.B. Faktorenanalyse). Außerdem dienen sie der Überprüfung, ob die quantifizierten Untersuchungsergebnisse die theoretischen Erwartungen stützen oder ob die gefundenen Gruppenunterschiede, Merkmalszusammenhänge oder Wechselwirkungen signifikant von zufälligen Ergebnissen abweichen.

Geschichte ■ Schon im Altertum beschäftigten sich Wissenschaftler mit der Seele des Menschen. So beschrieben Heraklit und Parmenides die Unzuverlässigkeit der Wahrnehmung, und auch Protagoras hob um 500 v. Chr. hervor, dass die Wahrnehmung durch Alter, Stimmung und das Schicksal des Menschen beeinflusst werde. Hippokrates entwickelte die später von Galen differenzierte Lehre von den vier Temperamenten, wobei dieser die Körpersäfte als organische Grundlage der verschiedenen Temperamente betrachtete. Platon (427–347 v. Chr.) lieferte u.a. mit seinem Höhlengleichnis einen wichtigen Beitrag zur Unterscheidung von → Wahrnehmung und Wirklichkeit. In seiner Schrift »Über die Seele« beschrieb Aristoteles (384–322 v. Chr.) das Verhältnis von Seele und Körper und formte ein Stufenmodell der Seele. In der Neuzeit griff Descartes (1596–1650) das Verhältnis von Seele und Körper erneut auf und grenzte beide als selbständige Wesenheiten voneinander ab: die Seele als denkende Substanz und den Körper als räumlich ausgedehnte Substanz. Die Forderung nach einer empirischen Vorgehensweise in der Psychologie wurde erst durch Herbart (1776–1841) vollzogen. Mit Gründung des ersten Laboratoriums für psychologische Experimente in Leipzig 1879 begründete Wundt (1832–1920) die Psychologie als eigenständige und kontrollierte Wissenschaft.

Psychologische Richtungen ■ Insbesondere im 20. Jahrhundert entwickelten sich verschiedene psychologische Schulrichtungen: Psychoanalyse, Behaviourismus, humanistische Psychologie. Als erste tiefenpsychologische Richtung entwickelte sich die **Psychoanalyse** Sigmund Freuds (1856–1939). Sie beruht in erster Linie auf der Annahme, dass das seelische Geschehen wesentlich durch das Unbewusste beeinflusst wird. Daher sei es nicht möglich, auf direktem Wege Zugang zu den Bestimmungsfaktoren menschlichen Erlebens und Verhaltens zu finden. Um die Mechanismen seelischer Prozesse zu erforschen, entwickelte Freud die Methode der freien Assoziation, die Traumanalyse und die Analyse der alltäglichen Fehlleistungen. Neben dem Konzept des Unbewussten erdachte er das Instanzenmodell der Seele mit Ich, Es und Über-Ich. Auch die erste Entwicklungspsychologie mit der Beschreibung der oralen, analen und ödipalen Phase geht auf ihn zurück. Einige Schüler Freuds entwickelten teilweise eigenständige psychoanalytische Schulen, z.B. die analytische Psychologie von C.G. Jung und die Individualpsychologie von Alfred Adler. Diese historischen analytischen Konzepte werden bis heute modifiziert und erweitert.

In der ersten Hälfte des 20. Jahrhunderts entwickelte sich der **Behaviourismus**. Als eigentlicher Begründer gilt John B. Watson (1878–1958). Für ihn gab es in der Psychologie keine Seele, sondern nur reaktives Verhalten, das experimentell zu untersuchen und mit statistischen Mitteln zu sichern sei. Konsequenterweise wird deshalb die Analyse innerseelischer Vorgänge oder die Methode der Selbsterforschung (Introspektion) als unwissenschaftlich abgelehnt. Grundlage des Behaviourismus ist die Lerntheorie, die davon ausgeht, dass jedes Erleben und Verhalten nach einem Reiz-Reaktionsschema erlernt ist. So brachte Watson dem einjährigen Albert nach dem Prinzip des bedingten Reflexes (Konditionierung) eine ausgeprägte Furcht vor weißen Ratten bei. Weitere einflussreiche Lerntheoretiker waren Hull (1884–1952), Tolman (1886–1959), Guthrie (1886–1959) und Skinner (1904–1990). In den 1960er Jahren entstand die **Kognitionspsychologie**, die sich mit den Prozessen der Kognition sowie mit der Informationsaufnahme und -verarbeitung beschäftigt (kognitives Stile). Sie wurde u.a. vom Behaviourismus beeinflusst.

Die **humanistische Psychologie**, die sich als dritte Kraft besonders gegen den Behaviourismus und die Psychoanalyse wendet, verfolgt das Ziel der Persönlichkeitsentwicklung in Richtung auf Selbstverwirklichung und Selbstwahrnehmung. Eine bedeutsame Richtung der humanistischen Psychologie ist die **Gestaltpsychologie**, die 1912 von Max Wertheimer (1880–1943) begründet wurde. Sie erhob den Begriff der »Gestalt« in der Psychologie zum allgemeinen Prinzip. Die Gestalt wird als eine Ganzheit angesehen, deren Teile sich gegenseitig bedingen und in Wechselwirkung zueinander stehen.

Einteilung ■ Psychologische Fragen stellen sich auf nahezu allen Gebieten des menschlichen Lebens. Sprache und Methodik der einzelnen Fachgebiete haben sich da-

her zum Teil recht weit voneinander entfernt. Inhaltlich unterscheidet man zwischen Grundlagenfächern und Anwendungsfächern.

Grundlagenfächer ■ Ein wichtiges Grundlagenfach ist die **Wahrnehmungspsychologie**. Weiterhin zählt die → **Entwicklungspsychologie** zu den Grundlagenfächern. Dieser Begriff beinhaltet sowohl Reifungs- als auch Lernprozesse, denn jede Entwicklung wird von Anlagefaktoren wie auch von Umwelteinflüssen bestimmt. Entwicklungstheorien beschreiben teilweise bereits pränatale Entwicklungsprozesse. Ganz allgemein entwickelt sich der Mensch vom asozialen zum sozialen Wesen, vom hilflosen Säugling zum sich selbst steuernden, planvoll handelnden Menschen und vom einfachen Reagierer auf Reize zum Manipulierer seiner Umwelt. Für die Erziehung von Bedeutung sind vor allem die Entwicklungstheorien der Psychoanalyse, der Individualpsychologie und der kognitiven Theorie der Entwicklung nach Piaget. Entwicklung wird hier als ein Streben nach Anpassung verstanden, wobei Anpassung als Befriedigung bestimmter Bedürfnisse (Psychoanalyse), als Bewältigung des Minderwertigkeitsgefühls (Individualpsychologie) oder als Gleichgewicht zwischen Organismus und Umwelt (kognitive Theorie der Entwicklung) beschrieben wird. Ein weiterer wesentlicher Aspekt menschlicher Entwicklung wird von der Bindungstheorie untersucht, welche die Bedingungen eines sicheren und unsicheren Bindungsverhaltens u.a. mithilfe der Säuglingsbeobachtung erforscht.

Als drittes wichtiges Grundlagenfach sei hier die **Sozialpsychologie** genannt. Sie untersucht diejenigen Erlebens- und Verhaltensformen, deren Ausprägung besonders von sozialen Bedingungen und Einflüssen der gemeinschaftlichen Umwelt abhängig sind. Grundlage ist das Verständnis der sozialen → Wahrnehmung, insbesondere der Personenwahrnehmung. Aber auch soziale → Einstellungen, Stereotypen und Vorurteile werden untersucht. Einen ganz besonderen Stellenwert nimmt die Erforschung von Struktur und Dynamik sozialer → Gruppen ein. Die Unterscheidung zwischen Selbst-

und Fremdbild, die Zuschreibung von informellen und formellen → Rollen sowie psychosoziale Grundbedürfnisse nach Sicherheit, Anerkennung und Selbstverwirklichung sind weitere Gegenstände der Sozialpsychologie.

Anwendungsfächer ■ Auf der Seite der Anwendungsfächer ist besonders die **pädagogische Psychologie** hervorzuheben. Während pädagogisch-psychologisches Wissen früher hauptsächlich zur Optimierung der Erziehungs- bzw. Unterrichtsmethoden eingesetzt wurde, haben sich die Aufgaben der modernen pädagogischen Psychologie deutlich erweitert. Durch die Anwendung der Grundlagenfächer wird u.a. die Grundfrage nach der Veränderbarkeit des Menschen durch → Erziehung und → Lernen behandelt. Aus den Entwicklungspsychologien lassen sich verschiedene Erziehungsstile von Eltern, Erziehern und Lehrern ableiten. Die Erkenntnisse der Sozialpsychologie werden auf Gruppenphänomene in Kindergartengruppen und Schulklassen angewandt. Auch die Förderung von → Intelligenz, → Kreativität und → Motivation sowie die Herstellung eines günstigen Lern- und Unterrichtsklimas und die Beseitigung von Verhaltens-, → Lernstörungen und psychischen Störungen sind Schwerpunkte der pädagogischen Psychologie.

Weiterhin große Relevanz im Bereich der Anwendungsfächer besitzt die **klinische Psychologie**. Sie beschäftigt sich mit der Entstehung, Diagnostik, Therapie und Prophylaxe psychischer Störungen. Übliche Methoden der Psychodiagnostik sind Anamnese, Verhaltensbeobachtung und psychologische Tests. Die angewandten psychotherapeutischen Techniken werden von psychologischen oder ärztlichen Psychotherapeuten in ein Behandlungskonzept eingebettet, das sich an tiefenpsychologischen, lerntheoretischen, humanistischen oder anderen Konzepten orientiert. In der Tiefenpsychologie werden analytische → Psychotherapie und tiefenpsychologisch-fundierte Psychotherapie im Einzel- oder Gruppensetting angewandt, in der Verhaltenstherapie werden kognitive Therapie, Konfrontationstherapie, systematische Desensibilisierung, soziales Kompetenztraining und andere Methoden eingesetzt. Gesprächspsychotherapie, Gestalttherapie, Familientherapie, systemische Therapie und Psychodrama sind eine Auswahl zahlreicher weiterer Verfahren. Insbesondere bei Kindern hat die Spieltherapie einen großen Stellenwert und kann sich an unterschiedliche Konzepte anlehnen.

Die **Arbeits-, Betriebs- und Organisationspsychologie** (ABO) als weiterer Vertreter der Anwendungsfächer befasst sich aus psychologischer Sicht mit der Gestaltung von Arbeitsbedingungen, der Struktur und Hierarchie von Betrieben sowie der Organisation von Arbeitsabläufen. Sowohl intrapsychische Motivation und Arbeitszufriedenheit als auch Interaktionen mit Kollegen, Vorgesetzten und Untergebenen sind Gegenstand der ABO-Psychologie. Hilfreiche Methoden zur Optimierung können durch interne oder externe Supervision entwickelt werden.

Markus Vieten

■ **Literaturtipps**

Spada, H. (1992). Lehrbuch Allgemeine Psychologie. Huber: Bern.
Zimbardo, G./Gerrig, R.J. (1999). Psychologie. Berlin/Heidelberg: Springer-Verlag.

Psychomotorik

Bei der Psychomotorik handelt es sich um ein pädagogisch-therapeutisches Konzept, das von einer Einheit des Erlebens, → Denkens, Fühlens und Handelns ausgeht und die Wechselwirkung psychischer und motorischer Prozesse in den Vordergrund stellt. Das Bewegungsverhalten des Menschen wird in untrennbarem Zusammenhang mit seiner psychischen Befindlichkeit gesehen.

Die Psychomotorik in Deutschland ist geprägt durch die Arbeiten von Kiphard, die ihren Ausgangspunkt haben in dem Versuch, das Medium Bewegung in die Therapie behinderter, verhaltensauffälliger und entwicklungsgestörter Kinder einzubringen. Seit der Entstehung der Psychomotorik in klinischen und → heilpädagogischen Institutionen haben sich ihre Anwendungsgebiete und ihre

Lerninhalte erweitert. Aufgrund der in der praktischen Arbeit mit Kindern beobachteten positiven Auswirkungen bewegungsorientierter Fördermaßnahmen wurde sie nicht nur rehabilitativ, sondern auch als Prävention eingesetzt.

Heute findet die Psychomotorik in unterschiedlichen Handlungsfeldern Anwendung: In der → Frühförderung und im → Kindergarten kann sie als Grundlage jeglicher Entwicklungsförderung gelten.

Theoretische Grundannahmen und Ziele ■

Die Psychomotorik orientiert sich an der Grundannahme, dass die Persönlichkeitsentwicklung immer ein ganzheitlicher Prozess ist: Psychische und physische Bereiche sind so miteinander verschränkt, dass jede Einwirkung auf einen Bereich der → Persönlichkeit gleichzeitig auch Auswirkungen auf einen anderen hat. Bewegungshandlungen beeinflussen nicht nur die körperlich-motorischen Fähigkeiten von Kindern; gleichzeitig wirken sie sich auch aus auf ihre Einstellung zum eigenen Körper, auf das Bild von den eigenen Fähigkeiten, auf die → Wahrnehmung der eigenen Person. Körper- und Bewegungserfahrungen sind daher immer auch Selbsterfahrungen. Sie stellen für das Kind nicht nur wesentliche Mittel der Aneignung der Wirklichkeit dar, auf ihnen baut auch die Identitätsentwicklung auf. Psychomotorik kennzeichnet somit die funktionelle Einheit psychischer und motorischer Vorgänge, die enge Verknüpfung des Körperlich-motorischen mit dem Geistig-seelischen.

Im Vordergrund der Psychomotorik steht die Förderung der gesamten Persönlichkeitsentwicklung eines Kindes durch das Medium Bewegung. Einerseits wird das Ziel verfolgt, über Bewegungserlebnisse zur Stabilisierung der Persönlichkeit beizutragen, also das Vertrauen in die eigenen Fähigkeiten zu stärken; andererseits soll jedoch auch ein Ausgleich motorischer Schwächen und Störungen ermöglicht werden. Es geht darum, die Eigentätigkeit des Kindes zu fördern, es zum selbstständigen Handeln anzuregen, durch Erfahrungen in der Gruppe zu einer Erweiterung

seiner Handlungskompetenz und Kommunikationsfähigkeit beizutragen und sein Selbstbewusstsein zu stärken. Im Mittelpunkt steht die Frage, unter welchen Voraussetzungen Körper- und Bewegungserfahrungen die Identitätsentwicklung von Kindern unterstützen sowie zum Aufbau von Selbstvertrauen und zur Bildung eines positiven Selbstkonzeptes beitragen können. Dem Interaktionsgeschehen zwischen dem Kind und dem Pädagogen wird besondere Beachtung geschenkt.

Inhalte psychomotorischer Förderung ■

Der heutige Ansatz der Psychomotorik ist – gemessen an der früheren »psychomotorischen Übungsbehandlung« – weniger übungszentriert, sondern eher erlebnisorientiert. Das Bild des Kindes als eigenständiges, aktives und selbstbestimmtes Wesen, das sich die Welt über Bewegung sinnlich aneignet, prägt die praktische Vorgehensweise. Im Rahmen psychomotorischer Förderung soll das Kind dazu angeregt werden, aus eigenem Antrieb aktiv zu werden, das heißt, sich über Bewegung mit sich selbst und mit seiner Umwelt auseinander zu setzen. Bewegungserfahrungen sind immer zugleich auch sinnliche Erfahrungen; sie vermitteln Erfahrungen über den eigenen Körper und die eigene Person, über die räumliche und dingliche Umwelt und über das soziale Miteinander. Diesen unterschiedlichen Funktionen der Bewegung entsprechen die inhaltlichen Schwerpunkte psychomotorischer Förderung. Sie bezieht sich vor allem auf die Bereiche der → Wahrnehmung, des Körpererlebens und der Körpererfahrung sowie des sozialen Lernens, die gerade für bewegungsauffällige Kinder integrierend und fördernd wirken können und ihnen den Zugang zur Bewegung – wieder – erschließen helfen.

Sinnliche Erfahrungen ■

Grundlage für die motorische Lern- und Leistungsfähigkeit ist ein gut funktionierendes Wahrnehmungssystem. Perzeptive Aufnahme- und Verarbeitungsprozesse stellen eine wesentliche Bedingung für die Auseinandersetzung des Kindes mit seiner materialen und räumlichen Umwelt dar; darüber hinaus gehört die sinnliche → Wahrnehmung zu den grundlegenden Erkenntnisformen des Menschen.

Psychomotorische Förderung bezieht bewusst Übungen und Spielsituationen zur Förderung sinnlicher Wahrnehmung mit ein, um über die Differenzierung verschiedener Sinnesmodalitäten zu einer Verbesserung der sensorischen Integration beizutragen.

Materiale Erfahrungen ■ Voraussetzung für die Handlungskompetenz des Kindes ist seine Fähigkeit, sich mit den materialen Gegebenheiten der Umwelt auseinander zu setzen, d.h. sich ihren Erfordernissen anzupassen oder sie sich gegebenenfalls passend zu machen, d.h. verändernd auf sie einzuwirken. Explorierendes und experimentierendes Umgehen mit Materialien und Gegenständen ermöglicht das Verstehen der Umwelt, der Eigenschaften und Gesetzmäßigkeiten der Handlungsobjekte.

Über Bewegung eignet sich das Kind seine Umwelt an. Mit Hilfe von Körper- und Bewegungserfahrungen bildet es Begriffe; im Handeln lernt es den Zusammenhang von Ursache und Wirkung kennen und verstehen. Um sich z.B. unter dem Begriff Gleichgewicht oder Schwerkraft etwas vorstellen zu können, muss es ihn über Bewegung erfahren haben. Solche physikalischen Phänomene sind unmittelbar an die eigene Tätigkeit gebunden; sie können von Kindern nur über grundlegende Bewegungstätigkeiten beim Balancieren, Wippen, Rutschen, Hängen und Schaukeln erfahren werden.

Der Erwerb materialer Erfahrungen ist abhängig von einer anregungsreichen Umgebung, in der Kinder von Objekten und Materialien angeregt und zum Handeln aufgefordert werden. Er ist aber auch abhängig vom Verhalten des Pädagogen, der ihnen ausreichende Gelegenheiten zum Erkunden und Ausprobieren gibt.

Körper- und Selbsterfahrungen ■ Bewegungshandlungen sind beim Kind nicht nur Medien der Erfahrung ihrer materialen und räumlichen Umwelt; sie lernen dabei gleichzeitig auch ihren eigenen Körper und sich

selbst kennen. Bewegungsaufgaben tragen zur Entwicklung und Differenzierung des Körperschemas und damit zu einer besseren Körperwahrnehmung bei, sie unterstützen die körperlichen Ausdruckfähigkeiten (→ Bewegungserziehung).

Körpererfahrungen sind immer auch Selbsterfahrungen. Identität baut sich beim Kind in erster Linie über den Körper auf. Körpererfahrungen führen zu einem Bild von sich selbst, von den eigenen Fähigkeiten und → Leistungen. Diese Erfahrungen haben meist unmittelbare Auswirkungen auf das Selbstwertgefühl und das Selbstvertrauen. Sie können die Entwicklung der kindlichen Persönlichkeit und auch die schulische Leistungsbereitschaft entscheidend beeinflussen.

Psychomotorische Erziehung berücksichtigt diese Überlegungen ganz besonders. Vor allem bei leistungsschwächeren und behinderten Kindern ist es wichtig, nicht nur ihre motorischen Schwächen auszugleichen, sondern vor allem auch das Selbstwertgefühl zu stabilisieren und eine positive Einstellung zum eigenen Körper aufzubauen.

Soziale Erfahrungen ■ Bewegungsspiele stellen meistens auch soziale Ereignisse dar, sie geben Gelegenheiten, Beziehungen zu anderen aufzunehmen, gemeinsam Aufgaben zu lösen, Absprachen zu treffen und umzusetzen.

Im Rahmen psychomotorischer Erziehung wird versucht, die mit Bewegungssituationen verknüpften sozialen Prozesse zu nutzen und zur Bewusstmachung und Verarbeitung sozialer Erfahrungen beizutragen (→ Soziale Bildung). Bevorzugt werden dabei vor allem Spiele und Übungsformen, welche die Einsicht in die Funktion von Regeln fördern, die Integration leistungsschwächerer Kinder ermöglichen, die Kooperation in der Gruppe fördern und die Entwicklung der Kommunikationsfähigkeit unterstützen.

Anwendungsbereiche der Psychomotorik ■ Zwar ist die Psychomotorik in einem klinisch-heilpädagogischen Zusammenhang entstanden, ihr Anspruch einer ganzheitlichen Entwicklungsförderung ist jedoch ohne weiteres auch auf pädagogische Handlungsfelder übertragbar. Psychomotorik wird heute in folgenden Institutionen angewandt:

- **Kindergärten/Elementarerziehung:** integriertes Erziehungsprinzip und spezifische Förderung
- **Schulen:** bewegungsorientiertes Lernen, Förderunterricht
- **Vereine/Initiativen:** präventive/rehabilitative Angebote
- **Frühförderung:** allgemeine Entwicklungsförderung
- **Heilpädagogische Einrichtungen:** spezifische Entwicklungsförderung
- **Kinder- und Jugendpsychiatrie:** psychomotorische Therapie
- **Krankengymnastik/Ergotherapie:** psychomotorische Übungsbehandlung, sensorische Integrationstherapie

In der → Frühförderung steht Bewegung zwar seit jeher im Zentrum der Maßnahmen, mit denen die Entwicklung der Kinder im frühen Kindesalter gefördert werden soll; diese sind allerdings häufig auf krankengymnastische und ergotherapeutische Methoden begrenzt. Das Kind wird »behandelt«. Gerade in den ersten Lebensjahren muss dem Medium Bewegung aber eine über die Körperbeherrschung hinausgehende Bedeutung beigemessen werden, da sich das Kind über seinen Körper, seine Sinne, insbesondere aber über seine eigene Aktivität die Welt aneignet.

Psychomotorik will das Kind zur aktiven Auseinandersetzung mit seiner Umwelt anregen, will es in seinem Bedürfnis, sich die Welt handelnd zu erschließen, unterstützen. Dabei geht es weniger um Trainingsprogramme, die zum Abbau diagnostizierter Defizite dienen sollen, im Vordergrund stehen vielmehr Spiel- und Bewegungsgelegenheiten, die dem Kind individuelle Handlungsmöglichkeiten erlauben.

Renate Zimmer

- **Literaturtipps**

Fischer, K. (2002). Einführung in die Psychomotorik. Stuttgart: UTB.

Köckenberger, H./Hammer, R. (2004). Psychomotorik. Ansätze und Arbeitsfelder. Dortmund: Modernes Lernen.

Zimmer, R. (1999). Handbuch der Psychomotorik. Theorie und Praxis der psychomotorischen Förderung von Kindern (7. Aufl. 2005). Freiburg: Herder.

Psychosomatik

Die Psychosomatik ist die Lehre von den Zusammenhängen zwischen Seele (gr.: psyche) und Körper (gr.: soma). Psychische, soziale und organische Faktoren der Krankheitsentstehung stehen gleichwertig nebeneinander. Im engeren Sinne beschäftigt sich die Psychosomatik mit Krankheiten, die sich körperlich ausdrücken und für deren Entstehung und Verlauf psychischen Faktoren eine entscheidende Bedeutung zugewiesen wird.

Geschichte ■ Bis ins 19. Jahrhundert war die ganzheitliche Betrachtungsweise von Körper und Psyche selbstverständlich und bedurfte keiner besonderen Hervorhebung. Erst durch den Siegeszug eines naturwissenschaftlich orientierten mechanistischen Modells vom menschlichen Körper als einer komplizierten Maschine geriet die Beschäftigung mit der Psyche als bedeutendem Krankheitsfaktor ins Abseits.

Zu Beginn des 20. Jahrhunderts entstand die Psychosomatik aus Verhaltensbeobachtungen an Tieren und Menschen und aus der Kombination solcher Beobachtungen mit anthropologischen Annahmen (→ Anthropologie), die sich bewusst vom Materialismus der Naturwissenschaften absetzte und die Einführung des Subjekts in die Medizin forderte (Viktor von Weizsäcker). Für die weitere Entwicklung war die Psychoanalyse Sigmund Freuds entscheidend. Felix Deutsch (1884–1964), Otto Fenichel (1898–1946), G. W. Groddeck und andere Freud-Schüler führten Mitte der 1920er Jahre den Begriff Psychosomatik wieder ein und erprobten die Reichweite der Psychoanalyse an einem breiten Spektrum körperlicher Beschwerden und Krankheiten.

Im Laufe der Zeit wurden viele Forschungsprojekte zur Untersuchung der Zusammenhänge zwischen seelischen und körperlichen Phänomenen durchgeführt, und für die meisten Krankheiten konnte nachgewiesen werden, dass weder ausschließlich seelische noch ausschließlich körperliche Faktoren für das jeweilige Krankheitsbild ursächlich sind. Statt dessen entwickelte sich ein bio-psycho-soziales Modell, das biologische, psychische und soziale Komponenten berücksichtigt. Dies führt zu der Auffassung, dass ein Mensch eine genetische Ausrüstung (Disposition) mitbringt, die ihn unter bestimmten sozialen und psychischen Bedingungen für eine Krankheit besonders anfällig macht oder ihn besonders davor schützt.

Modelle zur Entstehung psychosomatischer Krankheiten ■

Insbesondere in der Psychoanalyse wurden mehrere Entstehungsmodelle entwickelt. Freud (1884) und Fenichel (1931) verstanden psychosomatische Symptome als **Konversion**, d.h. Wendung vom Seelischen ins Körperliche. In diesem Verständnis entsteht eine Beinlähmung beispielsweise dann, wenn ein Jugendlicher unbewusst eine Lösung von seinen Eltern vermeiden will und durch seine Beinlähmung nicht »weggehen« kann. Franz Alexander (1950) stellte die Hypothese auf, dass Patienten mit bestimmten Erkrankungen in dafür typischen Konfliktsituationen Symptome zeigen, woraus recht plakative Erklärungen entstanden, wie beispielsweise der Bluthochdruck als Folge eines seelischen »Pulverfasses« oder das Asthma bronchiale als »unterdrückter Schrei nach der Mutter«.

Das Modell der **Resomatisierung** (Schur 1955) geht davon aus, dass ein Mensch bei der Geburt zunächst alle Unlustwahrnehmungen als körperlich erfährt und erst im Laufe von Entwicklungs- und Reifungsvorgängen eine differenzierte Wahrnehmung von körperlichen und seelischen Zuständen möglich wird. Unter dem Druck äußerer oder innerer (Gedanken, Konflikte) Gefahren kann es zur Umkehr dieses Prozesses kommen, so dass seelische Schmerzen dann wieder als körperliche Beschwerden erlebt werden. So können Bauchschmerzen von klei-

nen Kindern für viele Arten von körperlichen oder seelischen Schmerzen stehen.

Zu erwähnen ist auch das **Konzept der Alexithymie** mit der Vorstellung, dass bestimmte Menschen eine Persönlichkeit entwickeln, die es ihnen unmöglich macht, ihre eigenen Gefühle wahrzunehmen (a – nicht, lexi – lesen, thymie – Gefühle). Resultat ist dann ebenfalls eine Wahrnehmung seelischer Not als körperliches Symptom.

Insbesondere bei Kindern und Jugendlichen spielt die **Familiendynamik** eine große Rolle, wobei ein Familienmitglied möglicherweise als Stellvertreter für das ganze System erkrankt. Bei schwer kranken oder hilflosen Elternteilen kann es z.B. zu einer für das Kind sehr belastenden Rollenumkehr kommen, so dass das Kind seine Mutter oder seinen Vater bemuttert, sich verantwortlich fühlt oder im Notfall Hilfe holt. Dies kann auch schon bei ganz kleinen Kindern vorkommen. Eine solche Belastung kann sich dann in psychosomatischen Beschwerden äußern.

Das wichtigste **Stressmodell** zur Entstehung psychosomatischer Krankheiten stammt von Selye (1950). Bei Stresseinwirkung kommt es demnach zunächst zu einer Alarmreaktion, die sich körperlich durch Leistungsabfall zeigt. Bleibt der Stressor bestehen, leistet der Körper Widerstand, und es folgt eine Anpassungsreaktion mit erhöhter Leistungsfähigkeit. Bei unvermindertem Einwirken des Stressors kann der Körper aber auch mit Zusammenbruch und schlimmstenfalls Tod reagieren, dieser letzte Zustand wird Erschöpfungsreaktion genannt. Massive seelische Traumatisierungen, wie sie beispielsweise bei körperlicher Misshandlung oder → sexueller Gewalt vorkommen, können u.a. zu schweren psychosomatischen Störungen führen.

Im **lerntheoretischen Konzept** wird angenommen, dass bei bestimmten Gefühlen körperliche Reaktionen insbesondere des autonomen Nervensystems (Sympathikus und Parasympathikus) einbezogen werden. Dabei spielt Angst eine zentrale Rolle. Als »gelernte« Reaktion sind dann Funktionsstörungen von Organen oder hormonelle oder immunologische Störungen möglich. So kann beispielsweise über den Mechanismus der Konditionierung ein Asthmaanfall durch das Betrachten eines Bildes von einem Weizenfeld ausgelöst werden.

Psychosomatische Krankheitsbilder ■

Psychosomatische Krankheiten kommen in sämtlichen medizinischen Fachbereichen vor. Man unterscheidet folgende Krankheitsgruppen:

■ Störungen der körperlichen Funktionen ohne krankhaften morphologischen (d.h. organisch nachweisbaren) Befund: Bei funktionellen Störungen (somatoforme Störungen) handelt es sich um Krankheiten, bei denen sich unbewusste psychische Konflikte, unverarbeitete emotionale Belastungen u.a. in körperlichen Funktionsstörungen manifestieren (z.B. Herzrasen, Kopfschmerzen, Schwindel, Durchfall, Magenschmerzen, Impotenz, Schlafstörungen, Juckreiz, Rückenschmerzen). Auch bei der Enuresis (Einnässen) sind nur selten organische Faktoren die Ursache. Meistens liegt auch hier eine funktionelle Störung vor.

Gerade wenn keine psychische Belastung wahrgenommen wird, sucht sich der Organismus einen körperlichen Ausdruck. So kann beispielsweise eine Belastung am Arbeitsplatz durch Teamkonflikte bewusst als wenig belastend wahrgenommen werden und scheinbar wenig Stress verursachen. Die körperlichen Symptome geben dann aber einen Anhaltspunkt dafür, dass unbewusst doch eine größere Belastung vorliegt. Einige Redewendungen können Hinweise auf die seelischen Hintergründe geben: »Das bereitet mir Kopfzerbrechen...; schlägt mir auf den Magen...; liegt mir auf dem Herzen...; daran habe ich schwer zu schlucken;... das lastet auf meinen Schultern.«

■ Körperliche Störungen mit morphologischem Befund
  – Sogenannte klassische psychosomatische Erkrankungen, wie Asthma bronchiale, Dünndarmgeschwür, chronische Darmentzündung (Colitis ulcerosa), essentielle Hypertonie (Blut-

hochdruck), chronische Polyarthritis (entzündliches Rheuma), Schilddrüsenüberfunktion und Neurodermitis. Sie galten in den 1950er Jahren als typische psychosomatische Erkrankungen, weil für sie der Anteil psychischer Faktoren für die Krankheitsentstehung und ihren Verlauf genauer untersucht worden war als für andere. Für diese Erkrankungen sind mittlerweile aber auch zahlreiche biologische Dispositionsfaktoren bekannt, die zur Krankheitsentstehung beitragen
  – Weitere körperliche Störungen, bei denen psychische Faktoren mitursächlich für die Entstehung sind oder bei denen psychische Faktoren den Krankheitsverlauf beeinflussen. Zur ersten Gruppe zählen z.B. häufige Infektionen, zur zweiten einige Krebserkrankungen

■ Auch Essstörungen wie Magersucht und Bulimie werden zu den psychosomatischen Erkrankungen gerechnet

■ Somatopsychische Störungen: Hierbei handelt es sich um psychische Störungen, die infolge schwerer oder chronischer Erkrankungen entstanden sind. Die Psychosomatik unterstützt die Patienten bei der psychischen und sozialen Bewältigung (coping), was sich wiederum positiv auf den Verlauf der Erkrankung selbst auswirkt

■ Eine besondere Stellung nehmen eine Reihe von Risikofaktoren im Gesundheitsverhalten ein, die auf somatischer Ebene zur Krankheitsentstehung beitragen, beispielsweise Nikotin- und Alkoholmissbrauch, Stress, Übergewicht und mangelnde körperliche Bewegung als Risikofaktoren für Bluthochdruck und Herzinfarkt.

Therapie ■

Entsprechend der ganzheitlichen Orientierung in der Psychosomatik erfolgt auch die Behandlung auf mehreren Ebenen. Einerseits ist eine sorgfältige Diagnostik organischer Faktoren erforderlich, andererseits müssen psychische und soziale Faktoren genau untersucht werden. In vielen Fällen werden medikamentöse, physikalische und chirurgische Therapien durch eine psychotherapeutische Behandlung ergänzt oder diese kommt sogar ausschließlich zum Einsatz. Eine ambulante Behandlung erfolgt in erster Linie durch den Hausarzt oder den Kinderarzt mittels psychosomatischer Grundversorgung. Eine eventuell erforderliche Fachpsychotherapie wird von einem Facharzt für Psychosomatische Medizin und Psychotherapie oder gegebenenfalls auch durch einen psychologischen Psychotherapeuten bzw. einem Kinder- und Jugendlichenpsychotherapeuten durchgeführt (→ Psychotherapie, → Kinderpsychotherapie). In einer Einzel- oder Gruppentherapie kommen hauptsächlich psychoanalytisch orientierte oder verhaltenstherapeutische Behandlungen zum Einsatz. Bei Kindern nimmt dabei die Spieltherapie einen wichtigen Platz ein. Manchmal ist auch eine stationäre Behandlung am geeignetsten, um eine psychosomatische Therapie einzuleiten. Dabei werden neben einer Einzel- und Gruppentherapie häufig körperorientierte Therapieformen (Tanztherapie, Bewegungstherapie), → Musiktherapie und Maltherapie eingesetzt, welche den gerade bei psychosomatisch erkrankten Patienten häufig erschwerten Zugang zu inneren Konflikten und Gefühlen erleichtern können.

Claudia Heckrath/Markus Vieten

■ Literaturtipps

Bürgin, D. (1993). Psychosomatik im Kinder- und Jugendalter. Stuttgart: Fischer.

Tress, W. (1994). Psychosomatische Grundversorgung. Stuttgart: Schattauer.

Hoffmann, S.O./Hochapfel, G./Eckhardt-Henn, A. (1999). Neurosenlehre. Psychotherapeutische und Psychosomatische Medizin. Stuttgart: Schattauer.

Hüther, G. (2002). Bedienungsanleitung für ein menschliches Gehirn. Göttingen: Vandenhoeck und Ruprecht.

Psychotherapie

Unter Psychotherapie wird die Behandlung psychisch, emotional und psychosomatisch erkrankter Menschen mithilfe verschiedener Methoden verstanden. Diese Formen der Therapie ergänzen die bekannten Vorgehensweisen der Medizin. Da die psychischen Belastungen in unserer Gesellschaft zunehmen, hat die Psychotherapie einen Boom erlebt, damit verbunden aber auch eine Bestätigung und Anerkennung. Die früheren Zweifel und Kritiken sind im Laufe der vergangenen Jahre stark zurückgegangen.

Trotz unterschiedlicher psychotherapeutischer Konzepte sind einige Punkte übergreifend gültig. Es handelt es sich um Methoden, die überwiegend mit verbalen und nonverbalen Kommunikationsformen (und nicht z.B. mit Medikamenten) vorgehen. Psychotherapeuten sind entweder akademisch ausgebildete Psychologen oder Ärzte, meist mit einer psychotherapeutischen Zusatzausbildung. Sobald sie eine Kassenzulassung haben, kann die Psychotherapie über Krankenschein abgerechnet werden. Der Patient sucht aus eigener Entscheidung heraus einen Therapeuten auf, es besteht ein sogenannter Leidensdruck, d.h. er möchte Hilfe zur Bewältigung seiner Problemsituation. Ziel einer Psychotherapie ist es, die vorhandenen psychischen Probleme abzubauen oder zu bessern; es kann aber auch sein, dass der Patient durch die Psychotherapie in die Lage versetzt wird, mit diesen Problemen anders zu leben. Psychotherapie darf nicht mit → Supervision verwechselt werden, wo es in der Regel um die Lösung von Konflikten im beruflichen Bereich geht. Bei der Wahl eines Therapeuten sollte darauf geachtet werden, dass dieser einem Berufsverband angehört.

Wer sich für eine Psychotherapie entscheidet, sollte sich über die unterschiedlichen Konzepte, Ziele und Methoden der Psychotherapie informieren, um die geeignete Form zur Behandlung seiner Symptome zu finden. Heute lassen sich folgende wesentliche Richtungen der Psychotherapie unterscheiden:

- Psychoanalyse
- Humanistische Psychotherapie
- Verhaltenstherapie
- Systemische Therapien.

Für Kinder und Jugendliche sind andere therapeutische Verfahren entwickelt worden (→ Kinderpsychotherapie).

Psychoanalyse ■ Die Psychoanalyse, wörtlich: Seelenzergliederung, wurde von dem Wiener Arzt Sigmund Freud (1856–1939) begründet. Es handelt sich um eine Persönlichkeitstheorie, die Aussagen trifft über die Entwicklung, Struktur und Funktion der menschlichen Psyche im Zustand der Gesundheit und der Krankheit. Das Menschenbild der Psychoanalyse besagt, dass unbewusste Faktoren unser Denken, Handeln und Fühlen mit bestimmen. Erfahrungen aus der Kindheit, Triebe, Emotionen und Schicksale beeinflussen den seelisch-geistigen Wachstumsprozess des Menschen. Zu Konflikten und Störungen kommt es dann, wenn die wichtigen Bezugspersonen einem Kind in seinen ersten Lebensjahren nicht die notwendigen zuverlässigen und emotional befriedigenden Beziehungserlebnisse anbieten. Die verdrängten Konflikte können später als psychische Probleme wieder auftreten und das Verhalten und Erleben massiv beeinflussen. Zur Behandlung dieser Störungen entwickelte Freud die Methode der sogenannten freien Assoziation. Diese Methode findet in einem speziellen Setting statt, das sich aus einem ruhigen Raum, einer langen Couch und einem Sessel zusammensetzt. Der Patient wird aufgefordert, die Gedanken und Gefühle, die in dieser Atmosphäre in ihm wachgerufen werden, frei zu äußern. Der Analytiker hört aufmerksam zu, reflektiert die Assoziationen des Patienten, versucht, sie zu verstehen und teilt dem Patienten dann seine Deutungen mit. Auf diese Weise kommt der Patient immer näher an seine Konflikte heran, an Antworten, die er selbst bislang nicht auszusprechen wagte. Spannungen werden gelöst, die emotionalen Belastungen können abgebaut werden (Katharsis = Reinigung). In der Atmosphäre von Wertschätzung werden neue Wege für die Gestaltung des eigenen Lebens sichtbar.

Humanistische Therapie ■ Die **Gesprächspsychotherapie** wurde von Carl Rogers (1902–1987) in Amerika entwickelt. Dieser Ansatz geht davon aus, dass der Mensch eine angeborene Selbstverwirklichungs- und Vervollkommnungstendenz (Aktualisierungstendenz) besitzt, die, unter günstigen Bedingungen, für eine Weiterentwicklung und Reifung der Persönlichkeit sorgt. Der Hilfesuchende bringt alles zu seiner Heilung Notwendige mit und ist selbst am besten in der Lage, seine persönliche Situation zu analysieren und Lösungen für seine Probleme zu erarbeiten. Diese Therapieform ist kürzer als die Psychoanalyse, da sie nicht die Ursachen aus der Vergangenheit aufarbeitet, sondern dem Patienten die Fähigkeit zuspricht, selbst Lösungen für seine Probleme zu finden (klientenzentrierte Therapie). Die Aufgabe des Therapeuten besteht darin, dem Klienten das Verhalten widerzuspiegeln. Dazu werden von ihm → Empathie (Einfühlungsvermögen), Authentizität oder Kongruenz (Echtheit) und Akzeptanz (Wertschätzung) erwartet. Gleichgültig, welche Einstellungen der Klient vertritt, erlebt er Anerkennung. So soll sich nach Rogers das Selbstbild des Klienten verändern und durch die Wertschätzung des Therapeuten wachsen.

Die **Gestalttherapie** von Fritz Perls (1893–1970) versucht dem Klienten Verantwortungsübernahme für sein Verhalten im »Hier und Jetzt« zu vermitteln. Im Mittelpunkt dieser Methode steht die Förderung der *Awareness*, des Gewahrseins aller gerade vorhandenen und zugänglichen Gefühle, Empfindungen und Verhaltensweisen, wodurch der Kontakt des Patienten zu sich selbst und zu seiner Umwelt gefördert wird. Die Art und Weise, wie der Patient diesen Kontakt zu sich selbst und seiner Umwelt in bestimmten Situationen unterbricht oder vermeidet, gilt als wesentlicher Faktor beim Zustandekommen psychischer Störungen. In der Therapie geht es darum, diese Kontaktstörungen zu überwinden. Der Therapeut schafft Gelegenheiten, die den Patienten dazu anregen, Gefühle unmittelbar zu erleben und seine Selbstheilungskräfte in Gang zu setzen. So wird der Klient aufgefordert, die bisher gemiedenen Gefühle zu äußern und neue Strategien zu entwickeln, wobei er immer selbst entscheidet, welchen Schritt er zu gehen bereit ist.

Das **Psychodrama** von Jakob L. Moreno (1892–1974) ist ein Verfahren, bei dem eingenommene Rollen im sozialen Umgang und dabei erlebte Konflikte »dramatisch« ausgedrückt, hinterfragt und daraus neue Verhaltensmuster entwickelt werden.

Die Verhaltenstherapie ■

Verhaltenstherapie basiert auf den Erkenntnissen der Lerntheorie. Demnach ist Verhalten sowohl erlernbar als auch verlernbar. Die Verhaltenstherapie geht insofern über die engen Grenzen der Lerntheorie hinaus, indem sie die funktionelle Einheit von Verhalten und Erleben (Kognitionen, Motive, Emotionen, sozialer Kontext) in die therapeutischen Bemühungen mit einbezieht. Situatives Erleben und subjektive Handlungsziele bestimmen zum einen das individuelle Verhalten und zum anderen verändern das Verhalten und seine Folgen das subjektive Erleben. In der Verhaltenstherapie werden die Ebenen Verhalten und Erleben gezielt analysiert und Hypothesen darüber aufgestellt, welche Faktoren eine Störung aufrechterhalten. Vor diesem Hintergrund werden gezielte Behandlungsmaßnahmen zur positiven Veränderung des Zustandes des Patienten geplant. Die Ver-änderungsmaßnahmen haben einen starken Übungscharakter, wobei die Mitarbeit und Eigenaktivität des Patienten in der aktiven Therapieplanung und Mitgestaltung der Therapiemaßnahmen gefordert ist.

Systemische Therapien ■

Eine Sonderstellung nehmen die systemischen Therapien ein, die sich an den vorherigen drei Ansätzen orientieren. Der Patient wird aber immer als Teil eines Systems verstanden (z. B. Paar, Familie, Gruppe), dessen Beziehungsstruktur zu den krankhaften Symptomen führte. Von diesem Ansatz aus entwickelte sich die Familientherapie, die bei allen unterschiedlichen Ansätzen die Art der Kommunikation hinterfragt und die Regeln des sozialen Systems aufzudecken versucht. Eine neuere Form dieser Psychotherapie ist die Familienaufstellung nach Bernd Hellinger (*1925).

Hartmut Hansen

■ Literaturtipps

Asanger, R./Wenninger, G. (Hg.) (1999). Handwörterbuch Psychologie. Weinheim/Basel: Beltz,
Piontek, R. (2002). Wegbegleiter Psychotherapie. Bonn: Psychiatrie Verlag.

Qualitätsmanagement

Qualitätsmanagement umfasst alle Maßnahmen zur bewussten und systematischen Gestaltung von Produktions- bzw. Dienstleistungsprozessen und wurde ursprünglich für die produzierende Industrie geschaffen. Ab den 90er Jahren weiteten sich die Anforderungen nach Qualitätsmanagement nicht zuletzt aus Wettbewerbsgründen zunehmend auf das Sozial- und Gesundheitswesen aus.

Im Bereich der → Kinder- und Jugendhilfe gibt es verschiedene Ansätze, um die Qualität der Arbeit mit den Klienten zu verbessern und mehr Professionalität in der → Sozialpädagogik und Sozialarbeit zu erreichen. Vernachlässigt werden dabei jedoch oft Aspekte der Effizienz und Effektivität und der Einbezug der gesamten Organisation mit ihren internen und externen Handlungs- und Steuerungsprozessen. Hier setzt das systematische Qualitätsmanagement an, das die organisatorischen Gestaltungsaspekte in den Mittelpunkt stellt und ihre Nachvollziehbarkeit und Überprüfbarkeit, die Verantwortlichkeit der Leitung sowie die Kunden- bzw. Nutzerorientierung fordert.

Im Qualitätsmanagement gibt es zum einen übergreifende und arbeitsfeldunabhängige Ansätze, wie z.B. die DIN EN ISO 9000:2000 ff oder das EFQualitätsmanagement (EFQM = European Foundation of Quality Management), das einen Entwicklungsrahmen anbietet, um den Ablauf von Dienstleistungsprozessen zu gestalten. Zum anderen gibt es fach- bzw. branchenspezifische Systeme, wie z.B. die für Kindertagesstätten entwickelten Kriterienkataloge des Kronberger Kreises oder der Nationalen Qualitätsinitiative. Sie basieren auf Einschätzfragen zur Selbst- und Fremdbewertung der Tageseinrichtung und unterstützen den Aufbau eines fachlichen Qualitätsmanagement-Systems.

Voraussetzungen für Qualitätsmanagement ■ Wie kann das Qualitätsmanagement-System einer Einrichtung oder eines sozialen Dienstes gestaltet werden? Zunächst vereinbaren Leitung (gegebenenfalls auch der zuständige Träger der Einrichtung) und Mitarbeiterinnen, dass ein systematisches Qualitätsmanagement aufgebaut werden soll, welche Ziele dabei verfolgt werden und welche Ressourcen zur Verfügung stehen. Dann muss entschieden werden, welches Qualitätssystem (z.B. ISO oder EFQM in Kombination mit Kronberger Kreis) gewählt wird. Manchmal wird dies auch vom Träger vorgegeben, weil er z.B. für andere Einrichtungen bereits ein Qualitätsmanagement-System eingeführt hat.

Da Qualitätsmanagement nur funktioniert und mit Leben gefüllt wird, wenn die Mitarbeiterinnen dahinter stehen, ist ihre Beteiligung bereits in der Startphase notwendig. Der gewählte Ansatz soll zu den Werthaltungen und zur Konzeption der Einrichtung passen. Arbeiten Kindergärten z.B. situationsorientiert, empfiehlt sich für sie z.B. der Ansatz des Kronberger Kreises zur dialogischen Qualitätsentwicklung und seine Weiterentwicklung: Qualität im Situationsansatz.

Beim Aufbau eines Qualitätsmanagement-Systems sollten folgende Faktoren berücksichtigt werden:

- Beteiligung der Betroffenen, besonders der Mitarbeiterinnen, aber auch der Nutzerinnen (die betreuten Kinder, Jugendlichen oder Erwachsenen oder ihre Angehörigen)
- Transparenz nach innen und außen und Akzeptanz des Vorgehens gewährleisten
- Maßnahmen der Personalförderung und -entwicklung vorsehen
- An den Stärken und nicht an den Schwächen der Organisation und der Beteiligten ansetzen.

Es ist empfehlenswert, den Prozess der Entwicklung und Etablierung eines Qualitätsmanagement-Systems durch eine Lenkungsgruppe oder ein »reflecting team« zu begleiten. Dieses achtet darauf, dass der rote Faden beibehalten wird, macht Vorschläge zum weiteren Vorgehen und sorgt dafür, dass alle Beteiligten immer wieder über den Gesamtprozess informiert werden und ihn reflektieren.

Schritte zu einem Qualitätsmanagement ∎

Formulieren der übergreifenden Ziele und des Leitbildes ∎
Für den ersten Schritt zur Entwicklung eines Qualitätsmanagement-Systems ist es wichtig, ein Leitziel oder Leitbild zu entwickeln oder – sollte es ein solches bereits geben – weiterzuentwickeln und zu überprüfen. Um die Beteiligung von Betroffenen zu realisieren, sollten Kinder, Jugendliche und deren Eltern einer Einrichtung z.B. mit Hilfe eines Fragebogens befragt werden, ebenso alle Mitarbeiterinnen, der Träger, die Schulen oder die Stellen, mit denen die Einrichtung zusammenarbeitet.

Beschreibung des Ist-Standes ∎
Bei der Erfassung des Ist-Zustandes ist eine Totalerhebung nicht sinnvoll, sondern ein Vorgehen nach dem Scheinwerferprinzip, d.h. es werden Schlüsselbereiche bewertet, die den Mitarbeiterinnen wichtig sind, wie z.B. das Ausmaß der Kundenorientierung (Wo, wie und mit wem haben Eltern mit unserer Einrichtung zu tun – und verwirklichen wir dabei unsere Ziele?), die Maßnahmen zur Unterstützung der Mitarbeiterinnen (Fortbildungsplanung, Informationsablauf im Team, flexible Dienstplangestaltung) oder die Organisation alltäglicher Abläufe, bei denen es öfter klemmt.

Bewertung des Ist-Standes ∎
Oft wird parallel zur Ist-Stand-Erfassung mit der Dokumentation dieser Prozesse in einem Handbuch begonnen. Dazu werden meist die bereits vorhandenen Formulare, Regelungen und Dienstanweisungen gesammelt, gesichtet und im Hinblick auf ihre Eignung für das zukünftige Qualitätsmanagement bewertet. Die weitere Nutzung, gegebenenfalls nach Änderungen und nach Anpassung in das Dokumentensystem, wird abgesprochen. Bisher nicht beschriebene Prozesse werden formuliert und in das System eingegliedert. Fertige Prozesse und Formulare werden freigegeben, um in die Alltagsroutine aufgenommen zu werden.

Verabreden eines neuen Soll-Standes ∎
Checklisten wie die vom EFQM oder Kronberger Kreis regen zu Diskussionen und Neubewertung von Abläufen und Zielen an, sie unterstützen und strukturieren den gemeinsamen Selbstbewertungsprozess. Wer Qualitätsziele setzt und Qualitätsmerkmale bestimmt, der muss auch angeben, wie hoch der Grad der Zielerreichung bzw. was der Standard ist, der als Qualität bestimmt wird. Qualitätsstandards beschreiben den Umfang, die Intensität und Art und Weise, wie Qualitätsmerkmale (Kriterien) gestaltet werden sollen, um fachlich anerkannt zu werden.

Veränderungen planen und durchführen ∎
»Wenn wir etwas nicht (mehr) gut genug finden, dann ändern wir es!« könnte als Motto über diesem Schritt stehen. Qualitätsmanagement als ein dynamischer Prozess dient mehr der Weiterentwicklung als der Sicherung von Qualität. Um zu guten Entwicklungsideen zu kommen, ist der Blick über die Einrichtungsgrenze, ist Marktbeobachtung gefragt: Wie machen es andere? oder: Vom Besten lernen! sind dabei Ausgangpunkte. Viele Veränderungen können mit bestehenden Ressourcen in Gang gesetzt werden. Werden aber andere oder mehr Mittel (Zeit, Geld, bestimmtes zusätzliches Wissen...) benötigt, so muss spätestens jetzt mit Leitung und Träger darüber (neu) verhandelt werden.

Auswirkungen der Veränderungen prüfen ∎
Die Auswirkungen der pädagogischen Arbeit und geplante Veränderungen zu überprüfen, kommt in der sozialen Arbeit fast immer zu kurz, was vor allem an methodischen Schwierigkeiten liegt. Qualitätsmanagement setzt zunehmend auf die Selbstbewertung bzw. regelmäßige Selbstevaluation durch die Mitarbeiterinnen. Die Selbstbewertung wird ergänzt durch die Befragung von Betroffenen und Formen kollegialer Fremdbeurteilung, durch Begutachtungen, externe Evaluation oder Zertifizierung.

Verbesserungen des Bestehenden ∎
Evaluation soll nicht nur die Qualität der Arbeit in

der Kinder- und Jugendhilfe nachweisen und nach innen und außen hin transparent machen, sie dient auch dem ständigen Verbesserungsprozess der Arbeit. Ein Credo des Qualitätsmanagements lautet: Alle können ständig noch besser werden!

Verbesserung durch fortlaufende Dokumentation ■ Damit die Prozesse und Verfahren in ihren Wirkungen belegt und die Einhaltung von Qualitätsstandards nachgewiesen werden kann, werden Schlüsselprozesse und Verfahrensabläufe dokumentiert. Eine Dokumentation ist der Beleg für die erfolgreiche Etablierung eines Qualitätsmanagement-Systems. Nicht zuletzt ist diese Dokumentation eine Voraussetzung für die externe Zertifizierung eines Qualitätsmanagement-Systems und Grundlage für Auditoren und Zertifizierer, die damit überprüfen können, ob die behauptete Qualität auch belegt werden kann. Und für Leitung und Mitarbeiterinnen ist es

eine Bestätigung ihrer Professionalität, auf die sie stolz sein können.

Qualitätsmanagement in Verbindung mit »Benchmarking« (Übernehmen von den Besten) kann die Arbeit einer Einrichtung verbessern, allerdings nur, wenn auf allzu restriktive und detaillierte Regelungen verzichtet wird. Mitdenken ist und bleibt unverzichtbar!

Beate Irskens/Andreas Schwarzkopf

■ **Literaturtipps**

Gerull, P. (2001). Qualitätsmanagement light. Beiträge zur ressourcenschonenden Professionalisierung. Münster: Votum.

Irskens, B. Vogt, H. (Hg.) (2000). Qualität und Evaluation. Frankfurt/M.: Eigenverlag des Deutschen Vereins für öffentliche und private Fürsorge.

Preissing, C. (2003). Qualität im Situationsansatz. Qualitätskriterien und Materialien für die Qualitätsentwicklung in Kindertageseinrichtungen. Weinheim/Basel: Beltz.

Tietze, W./Viernickel, S. (2003). Pädagogische Qualität in Tageseinrichtungen für Kinder. Ein nationaler Kriterienkatalog. Weinheim/Basel: Beltz.

Rassismus

Rassismus bezeichnet → Einstellungen (Gefühle, Vorstellungen, Vorurteile) und Handlungen, die aus einer Vielzahl körperlicher Merkmale einige wenige auswählen und unzulässig zu »Rassenmerkmalen« bündeln. Damit werden »Rassen« konstruiert, denen spezifische soziale, kulturelle oder religiöse Eigenschaften und Verhaltensmuster zugeschrieben werden. Imaginäre oder tatsächliche Unterschiede werden verallgemeinert, verabsolutiert und gewertet, auf diese Weise die unterschiedlichen Macht- und Lebenschancen einzelner Menschen oder ganzer Gruppen begründet und → Aggressionen und Privilegien gerechtfertigt (→ Vorurteilsbewusste Bildung und Erziehung).

Zur Entwicklung von sogenannten Rassentheorien ■ Der Begriff Rasse (lat.: ratio: Ordnung, Kategorie, Spezies) tauchte zuerst im Zusammenhang mit der Einteilung von Tier- und Pflanzenarten auf und bezeichnete Gruppen, die sich von anderen derselben Art durch konstante und vererbbare Merkmale unterscheiden. Aus diesem der Biologie entstammenden Einteilungsprinzip entwickelten sich Rassentheorien zur wertenden Klassifizierung von Menschen.

Den historischen Hintergrund zur Entstehung der Rassentheorien bildeten die koloniale Eroberung der Welt durch die westeuropäischen Staaten sowie der Bedeutungsverlust religiöser Weltinterpretation in der Neuzeit, mit der eine immer größere Wissenschaftsgläubigkeit einherging. Bekannte Rassentheoretiker waren u.a. der schwedische Arzt Carl von Linné (1707–1778), der Franzose Joseph Arthur Graf Gobineau (1816–1882) und der Engländer Houston Stewart Chamberlain (1855–1927). Linné teilte die Menschheit in vier verschiedene Rassen ein, die er mit verschiedenen Eigenschaften belegte: Europaeus albus = weiß, einfallsreich, erfinderisch, lässt sich durch Gesetze lenken; Americanus rubescus = schicksalsergeben, freiheitsliebend, jähzornig; Asiaticus luridus = gelblich, habsüchtig,

melancholisch; Afer niger = schwarz, verschlagen, faul, nachlässig, phlegmatisch, unterwürfig. Die damit verbundene Politik der Aufstellung von Wert- und Rangordnungen (Hierarchisierung) hatte in erster Linie die Funktion, die Eroberungen und Versklavung der Schwarzafrikaner zu rechtfertigen, was in hartem Kontrast zum Selbstverständnis der Moderne und ihrer Idee von der universellen Gleichheit und Freiheit der Menschen stand.

Auf der Grundlage heutiger Kenntnisse der Genetik und → Anthropologie hat die UNESCO mehrfach hervorgehoben, dass es für die Einteilung der Menschheit (d.h. für die Gattung Mensch) in »Rassen« keine wissenschaftliche Begründung gibt. Denn zwischen Individuen derselben »Rasse« bestehen oft größere Unterschiede als zwischen Individuen verschiedener »Rassen«. Die von diesem biologischen Rassismus gesetzten Unterscheidungskriterien sind demnach völlig willkürlich und fiktiv.

Erscheinungs- und Funktionsweisen des Rassismus ■ Seit den 1970er Jahren zeigt sich Rassismus in der BRD weniger in seiner biologistischen Ausprägung, sondern zunehmend in der Konstruktion angeblich naturbedingter und als unvereinbar gesetzter Unterschiede zwischen bestimmten Kulturen, die zudem Ursache von Konflikten seien. Die hierarchische Klassifikation der Menschen nach »Rassen« wird durch das Kriterium der kulturellen Zugehörigkeit ersetzt. So werden im kulturalistischen Rassismus »Rasse« und »Kultur« funktional bedeutungsgleiche Begriffe. Die Zugehörigkeit zu einer bestimmten Kultur und die daraus resultierende kulturelle Identität sei ebenso fest begründet und über längere Zeiträume stabil wie die zu einer bestimmten »Rasse«, das heißt ein Ausstieg sei nicht möglich. Diese auch als differentialistischer Rassismus bezeichnete Variante geht von örtlich und zeitlich verankerten und festgelegten Kulturen aus und verabsolutiert Unterschiede (Differenz). Hinter einem »Lob der Differenz«, das oft im Rahmen des Multikulturalismus zu hören ist, wo gerade das »Andere«, der Unterschied hoch bewertet wird, kann sich daher auch eine Sichtweise verbergen, die der Vorstellung der Interkulturalität und des dynamischen wechselseitigen Kulturaustausches ablehnend gegenübersteht und statt dessen Apartheid-Modelle vertritt. Während biologistische rassentheoretische Positionen seit jeher auf kulturelle Argumente zurückgegriffen haben, kann heute Rassismus unabhängig davon auftreten, ob das Vorhandensein von »Rassen« akzeptiert wird.

Die Begriffe Ethnien (= Volksgruppe), Völker, Nationalitäten werden in der Alltagssprache häufig austauschbar gebraucht und meinen quasi-natürliche Einheiten, die objektiv durch eine gemeinsame Kultur und Geschichte, subjektiv durch den Glauben an ein gemeinsames Schicksal und ein Gefühl der Zusammengehörigkeit verbunden seien. Unausgesprochen wird so eine vorgängig existente, kulturell bestimmte Gruppe vorausgesetzt, die einen feststehenden Wesenskern (Essenz) aufweist. Auch dieses essentialistische Verständnis ist gegenüber rassistischen Sichtweisen anschlussfähig.

Häufig tritt Rassismus gemeinsam mit anderen sozialen Konstruktionen auf. Dies gilt insbesondere für die soziale Konstruktion Geschlecht, welche als biologisch eindeutig und mit je spezifischen Eigenschaften ausgestattet angenommen wird.

Ausdrucksformen des Rassismus ■

Rassismus richtet sich in der Regel gegen Menschen(gruppen), die anhand erkennbarer Merkmale (Sprache, Aussehen, Lebensweise) als nicht zum deutschen bzw. europäischen Kulturraum gehörend begriffen werden. In der Wahl der Begrifflichkeit ist Rassismus gegenüber Ausländerfeindlichkeit vorzuziehen, weil einerseits die deutsche Staatsangehörigkeit z.B. Afrodeutsche nicht vor Diskriminierung und rassistischer Gewalt schützt und andererseits Angehörige anderer Staaten akzeptiert werden, soweit sie eine helle Hautfarbe haben und bestimmte Verhaltenserwartungen erfüllen. Rassistisches Verhalten trifft potenziell alle Menschen mit Migrationshintergrund – unabhängig von der Dauer und dem Rechtstitel ihres Aufenthaltes in der BRD.

Rassismus findet seinen Ausdruck sowohl in personalem Handeln (Sprüche, Beleidigungen, Diskriminierung, Gewalt) als auch in institutionellen Strukturen. Rassistische Gewalt, d.h. die Ausübung von physischer oder psychischer Gewalt aus rassistischen Motiven, richtet sich gegen (Gruppen von) Menschen, die im öffentlichen Diskurs von Medien und Politik als nicht dazugehörig etikettiert und zudem häufig sozial und juristisch einen benachteiligten Sonderstatus zugewiesen bekommen haben (z.B. eingeschränkte politische Rechte, Unterbringung in gesonderten Unterkünften, eingeschränkte gesundheitliche Versorgung, → Problemgruppen). Institutioneller Rassismus, d.h. das System alltäglicher ethnischer Diskriminierung, Ausgrenzung und Unterdrückung im Rahmen gesellschaftlicher Strukturen und staatlichen Handelns, wird häufig nicht als Rassismus wahrgenommen, weil er sich auf die von einer Mehrheit der Einheimischen weithin geteilte Position bezieht, dass die Interessen der Deutschen Vorrang gegenüber denen der »Fremden« haben sollten.

Im Nationalsozialismus und anderen faschistischen Diktaturen wurde der Rassismus (neben dem Antisemitismus und dem Sozialdarwinismus) zur allumfassenden Grundlage staatlichen Handelns, durch das nicht nur in Deutschland, sondern in ganz Europa der Anspruch durchgesetzt werden sollte, der »arischen Rasse« eine Vormachtstellung zu sichern. Dieses Interesse führte zur systematischen und umfassenden Diskriminierung, Ausgrenzung, Verfolgung und schließlich Ermordung von Millionen von Menschen.

Ursachen und gesellschaftliche Funktionen des Rassismus ■

Zu den wichtigsten Ursachen des Rassismus gehören seine wirtschaftliche und seine sozialpsychologische Funktion. Gruppen, gegen die sich rassistische Einstellungen, Vorurteile und Verhaltensweisen richten oder die das Ziel von → Aggressionen aufgrund von Frustrationen sind, werden zum Sündenbock gestempelt. Die unmittelbare ökonomische Funktion besteht darin, bestimmte Bevölkerungsgruppen vom sozialen Aufstieg auszuschließen und für ihre Arbeit schlecht zu bezahlen. Die mittelbare Funktion besteht darin, dass Gruppen von Menschen in ähnlicher sozialer Lage durch rassistisches Denken gespalten werden und damit ein gemeinsames Handeln gegen die Ursachen ihrer Probleme (z.B. Arbeitslosigkeit) erschwert wird. Rassismus ist immer ein Prozess der Abwehr und der Grenzziehung, d.h. er ist mit einer Ausschließungspraxis gegen gesellschaftlich als »anders« und »schwach« bestimmte (Gruppen von) Menschen verbunden, wobei die Ausschließung der jeweils anderen die Funktion hat, die eigene Position abzusichern. Dabei kommt es zu einer Identifikation mit dem Aggressor, d.h. einem Verhalten, das sich die Interessen der gesellschaftlich Mächtigen mit dem Ziel zu eigen macht, deren Aggression von sich abzuwenden, indem man sich in ihre Dienste stellt und ihre Interessen gegenüber anderen durchzusetzen hilft.

Rassismus ist strukturell verankert und wird durch → Sozialisation vermittelt; breite Teile der Bevölkerung sind in den rassistischen Diskurs verstrickt; die Bilder von den einem anderen, nicht integrierbaren Kulturkreis angehörenden Türken und »unterentwickelten«, »unzivilisierten« Schwarzen werden bis heute in Politik, Medien, visueller Kultur und Bildungswesen weiter überliefert. Sie haben sich in uns festgesetzt und werden zum großen Teil auch auf die anderen Bevölkerungen der so genannten Dritten Welt übertragen.

Pädagogische Konsequenzen ■ Für die sozialpädagogische Tätigkeit ist zunächst die Reflexion der Tatsache hilfreich, in das System des strukturellen Rassismus eingebunden zu sein, auch wenn der Rassismus subjektiv abgelehnt wird. Die angloamerikanische Diskussion hat mit dem Begriff Whiteness die Notwendigkeit verdeutlicht, sich kritisch damit zu befassen, dass in den nord- und westeuropäischen Gesellschaften Weiß-Sein als Normalität aufgefasst wird, ohne dass die mit dieser Normsetzung verbundene Benachteiligung anderer wahrgenommen und reflektiert würde.

Angesichts gängiger, jedoch aufgrund negativer Ausdeutung diskriminierender Begriffe (z.B. Asylant), die Teil des Prozesses der Abwertung und Marginalisierung von Menschen oder Menschengruppen sind, ist eine besondere Sprachsensibilität in der sozialpädagogischen Arbeit notwendig. Wo (sprachliche) Diskriminierungen auftreten, ist eine eindeutige Positionierung der Erzieherin, etwa im Sinne der → konfrontativen Pädagogik, gefordert. Neben einer → interkulturellen Erziehung, zu deren Grundlagen auch die soziale Konstruiertheit und das geschichtliche Werden der Kulturen der »Anderen‹ zu zählen hätte, geht es darum, die Menschen mit Migrationshintergrund von der Toleranz der Einheimischen unabhängig zu machen, indem man ihnen als Mindestvoraussetzung dafür gleiche Rechte gibt. Dies verringert nicht nur die Gefahr bevormundenden Verhaltens gegenüber Menschen mit Migrationshintergrund, sondern wäre auch ein wichtiger Beitrag zur Aufhebung ihrer Sprachlosigkeit. Der Rassismus verliert in dem Maße an Boden, wie Menschen der Gefahr, ins gesellschaftliche Abseits gedrängt und als Belastung behandelt zu werden, dadurch begegnen, dass sie gemeinsam für Verhältnisse eintreten, innerhalb derer entsprechende Mechanismen der Ausgrenzung nicht mehr auftreten.

Fabian Virchow

■ Literaturtipps

Combesque, M. A. (2001). Rassismus: von der Beleidigung zum Mord. Berlin: ElefantenPress.

Fischer, G.; Wölfingseder, M. (Hg.) (1995). Biologismus Rassismus Nationalismus. Wien: ProMedia.

Weiß, A. (2001). Rassismus wider Willen. Opladen: Westdeutscher Verlag.

Zick, A. (1997). Vorurteile und Rassismus. Eine sozialpsychologische Analyse. New York, München, Berlin: Waxmann.

Reformpädagogik

Unter Reformpädagogik versteht man die Bemühungen und pädagogischen Konzepte etwa zwischen 1880 und 1933, die das Kind in den Mittelpunkt stellten, mehr Verbindung zum wirklichen Leben anstrebten sowie Aktivität und Selbsttätigkeit des Kindes fördern wollten. Ausgangspunkt ist die Infragestellung des Bildungssystems, die Wahrnehmung einer gesellschaftlichen und kulturellen Krise, die durch eine neue Erziehung, eine »Pädagogik vom Kinde aus« bewältigt werden soll. Zur Reformpädagogik oder reformpädagogischen Bewegung zählen die an der bürgerlichen Kulturkritik ausgerichtete

- Volkshochschulbewegung
- Kunsterziehungsbewegung
- Arbeitsschulbewegung
- Landerziehungsheimbewegung
- Einheitsschulbewegung.

Die Reformpädagogik verfolgte Ziele, die an die Gedankengänge der Klassiker der Pädagogik wie z.B. Jean-Jacques Rousseau (1712–1778), Johann Heinrich Pestalozzi (1746–1827), Friedrich W. Fröbel (1782–1852) anknüpften:

- Freisetzung der spontanen und schöpferischen Kräfte des Kindes
- Überwindung der Kluft zwischen Schulalltag und Leben
- Handlungsorientierte Bildung statt reiner intellektueller Rezeptivität
- Individualisierung statt Unterordnung
- Aufbau von Gemeinschaftssinn
- Aktivität, Interesse und Selbsttätigkeit in allen Lernbereichen – kognitiven, motorischen und künstlerischen
- Ermöglichung von praktischen und sozialen Erfahrungen
- Verknüpfung von kognitiver und praktischer Tätigkeit
- Überwindung von Fächergrenzen und Entwicklung zur Interdisziplinarität
- Neubesinnung in der Erziehung auf die Natur
- Selbstbestimmung der Schüler und Loslösung von gesellschaftlichen Erwartungen
- Änderung der Rolle des Lehrers hin zum »neuen Lehrer«.

Bedeutende Vertreter und ihre Ideen ■ Im Ausland gehörten zu den »Kulturkritikern« Schriftsteller wie Lew Tolstoi (1828–1910) und Fjodor Dostojewski (1821–1881), in den USA z.B. John Dewey (1859–1952), ab 1894 Professor für Philosophie und Pädagogik in Chicago, der Anstöße für eine Schulreform gab. Im deutschen Sprachraum zählten dazu Hermann Nohl (1879–1960), aber auch Friedrich Nietzsche (1844–1900), der Kulturphilosoph Paul de Lagarde (1827–1891) sowie der Kunsthistoriker Julius Langbehn (1851–1907).

Die Schwedin Ellen Key (1849–1926) warf in ihrem 1900 erschienen Buch »Das Jahrhundert des Kindes« dem öffentlichen Schulwesen Gleichmacherei, wenig Sensibilität für die Bedürfnisse des Kindes und eine zu starke Dominanz der Erwachsenen vor. Alfred Lichtwark (1852–1914), ab 1886 Direktor der Hamburger Kunsthalle, kritisierte, dass die Deutschen im Vergleich mit Engländern und Franzosen nur unterrichtet, aber nicht erzogen seien. Langbehn bemängelte, dass sich die deutsche Bildung in erster Linie an den Verstand wende. Kognitive Bildung sollte ergänzt werden durch künstlerische Bildung und Weckung der kindlichen Gestaltungskräfte in den vorgenannten Bereichen, um der geistigen Produktivität eine breitere Basis zu geben.

Hugo Gaudig (1860–1923), ein Vertreter der Arbeitsschulbewegung beabsichtigte, die Steuerung des Unterrichts den Schülern zu übertragen. Trotzdem blieb es bei den klassischen Lektionen. Georg Kerschensteiner (1854–1932) wollte am spontanen Betätigungstrieb des Kindes anknüpfen. Manuelle und handwerkliche Tätigkeit sollte Grundlage für kognitive und moralische Erziehung sein. Herrmann Lietz (1868–1919) ist der Initiator der Landerziehungsheimbewegung. Auf der Basis seiner Ideen wurden private Schulen gegründet, die teilweise noch heute bestehen, z.B. Paul Geheebs (1870–1961) Odenwaldschule. Mit der Einbettung der Schule in einen landwirtschaftlichen Betrieb sollte die Schulbildung radikal geändert werden. Die bürgerliche Jugendbewegung sah einen Schwerpunkt in der Selbsttätigkeit und Selbstbestimmung des Kindes. Auf der Basis dieser Ideen gründeten sich um 1900 Schulwandergruppen.

In der Reformpädagogik kam es überwiegend zu Gründungen privater Einrichtungen, die sich nicht flächendeckend in Deutschland ausbreiteten. Oft blieb es bei Einzelerscheinungen. Die Peter-Petersen-Schulen (Peter Petersen, 1884–1952) wurden z.B. dreiklassig geführt, und die zur Durchführung des Jena-Plans erforderliche Gliederung der Altersjahrgänge in drei Gruppen vorgegeben.

Viele reformpädagogische Ansätze erreichten keinen politischen Durchbruch, einzelne Gedanken allerdings fanden Niederschlag im Reichsgesetz für Jugendwohlfahrt (1922).

Das Kind als Ausgangspunkt ■ Im Zusammenhang mit der Reformpädagogik muss auch auf die »pädagogische Bewegung vom Kinde aus« hingewiesen werden. Im 19. Jahrhundert war in der Erziehung die Ausrichtung des Menschen auf die → Leistung in der Gesellschaft dominierend, die »lebendige Seele« des Kindes kam zu kurz. Mit der Ausrichtung auf das Schöpferische im Menschen wendet sich die Erziehung dem Kind zu und so entwickelt sich eine pädagogische Bewegung, die radikal die Partei des Kindes vertritt. Erziehung wird zu Entwicklung und Wachsenlassen mit der Vorstellung: Wenn der Erzieher nicht eingreift, wird schon alles gut. Nur bei Störungen in der Entwicklung ist er gefordert. Rousseaus Theorie von der »negativen Erziehung« wird aufgegriffen. Die objektivistische, einseitige Pädagogik des 19. Jahrhunderts wird ersetzt durch eine subjektorientierte, »sentimentale«.

Die bedeutendsten Vertreter sind Berthold Otto (1859–1933), Maria Montessori (1870–1952) und die Schwedin Ellen Key. Mit ihrem Buch »Das Jahrhundert des Kindes« erregt Key 1900 besonders in Deutschland großes Aufsehen. Der Titel wird zum Schlagwort. Sie geht hart mit der → Schule und den Erwachsenen zu Gericht. Der Schule wirft sie vor, dass sie den Geist töte, die Persönlichkeit vernichte und dass bei der notwendigen pädagogischen Revolution »kein Stein auf dem anderen« bleiben dürfe. Der Erwachsene habe kein Recht, das Kind zu erziehen, sondern dürfe nur Hindernisse aus dem Wege räumen. Key wünscht eine große »Sinnflut der Pädagogik« herbei, möchte jedoch die Gedanken Montaignes, Rousseaus und Spencers

retten und plädiert für eine heilige Ehrfurcht vor dem Kind. Die pädagogischen Gedanken des Wachsenlassens werden mit gesellschaftsreformerischen Ideen, z.B. der Kunsterziehungsbewegung, verknüpft.

Ludwig Gurlitt (1855–1931) entwickelte ähnliche Gedanken. Er will das Kind vor dem Schulmeister schützen. Heinrich Scharrelmann (1871–1940) und Fritz Gansberg (1871–1950) vertreten die Idee des Gelegenheitsunterrichts. Es soll das aufgegriffen werden, womit sich das Kind gerade beschäftigt. Der freie Aufsatz wird propagiert, die Fibel wird zum Kinderbuch, das Leben und Freude wecken soll. Berthold Otto sieht seinen Schwerpunkt in der Sprache und im Sprechen sowie in der Bedeutung des Vorbilds aller Unterweisung im natürlichen Aufwachsen des Kindes in der → Familie. Wie Maria Montessori fordert er vom Erzieher, die rechte äußere und innere Umwelt für das Wachstum des Kindes zu schaffen. Im Gesamtunterricht überträgt er das natürliche Lernen in der Familie auf die Schule. Seine Gedanken setzt er in seiner Privatschule um. Auch Maria Montessori vertritt eine Pädagogik vom Kinde aus (→ Montessoripädagogik).

Etwa um 1920 begann sich eine deutsche Universitätspädagogik zu etablieren. In Göttingen hat Herrmann Nohl (1879–1960) versucht, die wichtigsten Aspekte der Reformpädagogik aufzuarbeiten. Einer wissenschaftlichen Analyse hätten die reformpädagogischen Ansätze damals nicht Stand gehalten und ihre Vertreter konnten wirkliche Reformen im Schulwesen nicht durchsetzen.

Aktuelle Bedeutung ■ Viele Aspekte der Reformpädagogik haben die Jahre überdauert und viele Fragen, die damals aufgeworfen wurden, sind bis heute die gleichen geblieben. Lösungsversuche werden noch heute diskutiert und einzelne Schulen/Einrichtungen entstehen – wieder als private Einrichtungen – aufbauend auf den alten Konzepten.

Für alle Reformpädagogen bedeutet die frühe Kindheit (die ersten Lebensjahre) den wichtigsten Abschnitt im Leben des Menschen. Weil man mittlerweile erkannt hat, dass vieles im Jugend- oder Erwachsenenalter nicht mehr zu lernen oder zu reparieren ist, gewinnen die Ansätze der Reformpädagogik aktuell so sehr an Bedeutung. Das öffentliche Bildungswesen greift die Ansätze nur vorsichtig auf. Es entstehen jedoch immer mehr Privatschulen und Kindergärten, die sich ganz bewusst der Reformpädagogik verschreiben. Sie haben großen Zulauf.

Ingeborg Becker-Textor

■ Literaturtipps

Key, E. (1992). Das Jahrhundert des Kindes. Weinheim/Basel: Beltz.

Reble, A. (1993). Geschichte der Pädagogik. Stuttgart: Klett.

Reggiopädagogik

Die Reggiopädagogik ist nach der norditalienischen Stadt Reggio Emilia (= Hauptstadt der gleichnamigen Provinz in der Region Emilia-Romagna) benannt. Die Anfänge dieses pädagogischen Konzepts reichen zurück in die Zeit des Zweiten Weltkriegs, als die Frauen nicht nur die Kriegslasten, sondern auch den Großteil der Erziehungsarbeit leisteten. Vor allem aus den Partisaninnenorganisationen entstanden die ersten Träger der unabhängigen Kindertagesstätten. Kurz nach Kriegsende initiierten diese in Villa Cella, damals Vorort und heute Stadtteil von Reggio Emilia, den ersten sogenannten Volkskindergarten, geleitet von den Männern und Frauen des Dorfes.

Ende der 1960er Jahre fand in der italienischen Öffentlichkeit ein tiefgreifendes Umdenken in der Bildungspolitik statt. In diesem Zusammenhang wurde die Reggiopädagogik von Erzieherinnen, Lehrerinnen und anderen Experten mit unterschiedlichen Theorie-Praxis-Bezügen in Reggio Emilia entwickelt. Eine entscheidende Rolle spielte dabei der Lehrer und Erziehungswissenschaftler Loris Malaguzzi (1920–1994), der mit seinen Vorstellungen grundlegend zur heutigen Gestalt der Reggiopädagogik beigetragen hat. Mit der Ausstellung »Die hundert Sprachen der Kinder«, die 1981 zunächst in Stockholm die Reggiopädagogik präsentierte, begann das wachsende öffentliche Interesse über die Grenzen Italiens hinaus. Gesteigert wurde es, als das US-Magazin »Newsweek« 1991 die Arbeit in der Kindertagesstätte »Diana« als weltbeste Vorschulpädagogik auszeichnete. Dieser Auszeichnung folgten viele weitere, sie alle verschafften den Pädagogen in Reggio breite Anerkennung und Schutz vor qualitativer Demontage.

Das Bild vom Kind ■ Die Reggianer fokussieren in ihren Kindern primär Stärke und Kompetenz, das heißt, für sie verfügen die Kinder bereits von Geburt an über erstaunliche Kompetenzen und »hundert Sprachen« zur Gestaltung, Entdeckung, Aneignung und Erfindung ihrer Welt. In diesem Sinne ist das Kind Forscher, Protokollant und Konstrukteur seines eigenen Wissens. Der Erzieherin kommt in diesem Bildungs- und Gestaltungsprozess primär die Rolle einer genau beobachtenden professionellen Begleiterin zu, die zudem über die methodisch-didaktischen Fähigkeiten verfügt, die individuelle Lernstruktur zu erkennen, zu entwickeln und zu dokumentieren. Dazu bedarf es einer intensiven Zusammenarbeit mit den Eltern (→ Elternarbeit), der sozialen Gruppe und entsprechend gestalteten Räumen in Verbindung mit der lokalen Lebenswirklichkeit.

Pädagogische Prinzipien ■ Loris Malaguzzi wird das Zitat nachgesagt: »Wir assistieren den Kindern, wir erziehen sie nicht!« Damit wird nicht einer → antiautoritären Pädagogik das Wort geredet, vielmehr geht es um die Rolle des Erziehers als Begleiter bei Lernprozessen und als selber Forschender. Hinzu kommt die Wertschätzung den Kindern und den Eltern gegenüber. Die Reggianer haben sich immer dagegen gewehrt, pädagogische Prinzipien oder gar eine Reggiopädagogik zu verschriftlichen, denn sie befürchten u.a., dass damit die Dynamik der bisher kontinuierlichen Veränderbarkeit verloren geht.

Experimentelle Pädagogik ■ Die Ablehnung von pädagogischer Festschreibung zu Gunsten der permanenten Innovation des pädagogischen Prozesses ist in der internationalen pädagogischen Landschaft bisher einzigartig. Durch den ständigen weltweiten Austausch werden die Reggianer mit vielen verschiedenen und teilweise gegensätzlichen Positionen konfrontiert. Gerade diese lebhafte Diskussion hat bisher der Reggiopädagogik viele Impulse gebracht und da die Besucherscharen nicht abreißen, wird hier auf einem uns unbekannt hohen Niveau weiter experimentiert.

Kooperations- statt Anleitungspädagogik ■ Die Reggiopädagogik ist historisch-systematisch untrennbar mit der starken Position der Eltern verbunden. Ohne diese intensive → Kooperation, die sich in der Leitung der Kindertagesstätte spiegelt – denn ein Leitungsgremium (Erzieher, Eltern, Sonstige) steuert die Kindertagesstätte und die Pädagogistas sind nur Fachberater – ist die hohe Qualität der pädagogischen Arbeit undenkbar. Dies wiederum setzt sich im Miteinander zwischen Kindern und Erzieherinnen fort. Damit ist die gesamte Struktur horizontal und vertikal auf Kooperation und nicht auf Leitung oder Anleitung ausgerichtet.

Lern- und Entwicklungskonzept ■ Die Kindertagesstätte ist ein Ort des Forschens und Zuhörens (»luogo di ricerca e di ascolto«). Der Erzieher sieht sich vor allem als Zuhörer. Die Antworten des Erwachsenen sollen nicht nur Information sein, denn das Kind muss zusätzlich Erfahrungen machen, um Dinge kompetent kennen zu lernen und begreifen zu können: beim Handeln verstehen (»capendo facendo«). Die an den Universitäten ausgebildeten Erzieherinnen werden, wenn sie nach ihrem Studium in einer Reggio-Kindertagesstätte ihre Tätigkeit aufnehmen, in langen Fortbildungen mit der besonderen Methodik und → Didaktik vertraut gemacht. Zwar basiert die Reggiopädagogik u.a. auf den Theorien der Entwicklungspsychologen Lew Wygotsky und Jerome Bruner, entwickelt diese aber weiter im Sinne eines sozial und ko-konstruierendes Kindes. Der »Code Civil« bestimmt seit dem Mittelalter das Handeln der Menschen in der Emilia-Romagna. Diese zivile Verantwortung und das politische Engagement für das soziale Miteinander ist untrennbar mit der Entstehung der Reggiopädagogik verbunden. Absolut selbstverständlich engagieren sich Großeltern und scheinbar unbeteiligte Nachbarn für Kinder und Kindertagesstätte. Das schafft seit dem Ende des Zweiten Weltkriegs das alles entscheiden soziale Klima und das prägt nachhaltig das soziale Lernen (→ Soziale Bildung) der Kinder. Nur in diesem Kontext sind die Projekte verständlich, die sich mit der Stadt, den Großeltern, dem Krieg, den Rittern usw. beschäftigen, zudem bekommen sie ein anderes Gewicht.

Der Raum als dritter Erzieher ■ Die reggianischen Kindergärten verfügen über ein umfangreiches und differenziertes Raumangebot, das dem Bild vom Kind als Konstrukteur seines Wissens entspricht. Von daher muss der Raum den Kindern vielfache Anregungen, Transparenz und Kommunikationsmöglichkeiten geben. Durch den Eingangsbereich, der grundlegende Informationen für Kinder und Eltern präsentiert, gelangt das Kind in das Zentrum der Kindertagesstätte, die »Piazza«. Das ist der geräumige Ort für bewegendes Spiel, Zusammenkünfte vieler Kinder, der Aktionen oder Entdeckungen – so wie auf der Piazza im Stadtteil. Die »sprechenden Wände« regen mit aktuellen Dokumentationen laufender Projekte die Sinne an und motivieren zum eigenen Tun. An der Piazza liegen die Gruppenräume, das Restaurant, das Atelier, die Küche und der Innenhof. Die Durchsicht in den Nachbarraum oder auf die Piazza schafft Einblick, Transparenz und regt die Neugierde an. Bilder der Kinder hängen selbstverständlich neben alten italienischen Meistern, kleine Dokumentationen neben Wände überspannenden Fresken. Das Atelier erweckt den Eindruck einer Kinder-Kunst-Werkstatt, und die vielen Objekte, Materialien und Gerätschaften beschäftigen alle Sinne, denn dieser Ort riecht, klingt, ist ästhetisch ansprechend und fordert heraus.

Projektarbeit ■ Projekte (→ Projektarbeit) beinhalten an den Situationen und Lebenswelten der Kinder orientierte Themen. In den meisten Fällen arbeitet jede Gruppe am eigenen Thema. Es gibt auch Themen, die von den Eltern angeregt werden und/oder die auf die ganze Kindertagesstätte ausstrahlen und von anderen übernommen werden (z.B. Kinder und ihre Stadt). Zum Thema »Schmecken« werden z.B. den Krippenkindern Salz, Zucker, Kakaopulver, Nutella, Feigen u.s.w. angeboten. Andere Projekte sind z.B.: »Rund um den Spiegel«, »Wasser«, »Ein Körper zum Hören, Kommunizieren und Lieben« oder »Die Farben auf dem Teller«. Zunächst wird das Gerüst eines Projektes erarbeitet, um daraus flexibel mit den Reaktionen und Bedürfnissen der Kinder umzugehen und Änderungen vornehmen zu können: Das Projekt wächst durch die gemeinsame Arbeit. Am Ende eines Kindergartenjahres liegen alle Dokumentationen der Projekte im Rathaus und in den Kindertagesstätten öffentlich aus. Projektlernen geschieht über alle Sinne, in immer neuen Vertiefungen, durch Provokationen, mit unterschiedlichsten Materialien, über lange oder kurze Zeiträume, drinnen, draußen, alleine oder gemeinsam, forschend, entdeckend und erfindend – immer auf dem Weg individueller/sozialer Erkenntnisgewinnung.

Dokumentation ■ Vom ersten Tag an wird die Entwicklung des Kindes in einer reggianischen Kindertagesstätte von Dokumentationen begleitet. Das Kind erlebt, dass sein Tun von besonderem Interesse ist, das zu Nachfragen und gezielten Impulsen führt, die sich immer konkret auf das beziehen, was gerade getan wird oder was als Vorhaben im Raum steht. Die Erzieherinnen führen für und mit dem Kind ein Portfolio (Dokumentation der Lernentwicklung/Wissenstagebuch), das deutlich die Entwicklung auf vielen Ebenen verdeutlicht (Portfoli werden auch in den Schulen und an den Universitäten selbständig weiter geführt). Die Dokumentation ist sichtbarer Beleg der kindlichen Kompetenz und Beweis der Effektivität des pädagogischen Tuns – also Visitenkarte der Berufserzieher – und unbedingte Grundlage zum Verständnis und zur Veränderbarkeit pädagogischer Prozesse.

Kindergartenstrukturen in Reggio Emilia
■ Alle kommunalen Kindertagesstätten in Reggio Emilia haben die nachfolgende Struktur und bieten den Eltern gleiche Konditionen.

- **Altersgruppen:** In der Scuola dell'Infanzia (= Schule der Kindheit), den Kindertagesstätten, gibt es nur altersgleiche Gruppen, d.h. es sind immer 25 bis 26 drei- und vierjährige, vier- und fünfjährige, fünf- und sechsjährige Kinder zusammen
- **Öffnungszeiten:** 7.20 Uhr bis 18.30 Uhr. Der Früh- und Spätdienst (tempo lungo) ist ein besonderer Elternservice. Die Kernzeit ist von 8.00 Uhr bis 16.00 Uhr
- **Räume:** Die Gruppenräume (sezione) sind einladend groß, geräumig und variieren zwischen 70 und 120 m² für 25 bis 26 Kinder, da es neue Kindergärten als Systemzweckbauten, aber auch alte Villen mit verwinkelten Räumen gibt. Zum Gruppenbereich gehören Gruppen-, Neben-, Sanitär- Garderobenraum und Flur. Wichtig ist die »piazza«, das große räumliche Herz der Kindertagesstätte, sowie die Vollverköstigung der Kinder und Mitarbeiter durch die eigene Küche
- **Personalstruktur:** Zwei Erzieher arbeiten in einer Gruppe. Zusätzlich kommen hinzu: eine Erzieherin für den Früh- und Spätdienst, eine Atelerista, ein Koch, zwei Hausmeister und zwei Hauswirtschaftskräfte. Ist ein behindertes Kind in der Gruppe, kommt eine heilpädagogische Kraft zusätzlich. Für Personalausfälle stehen Springkräfte zur Verfügung, so dass es nie eine Unterbesetzung gibt, denn dann darf die Gruppe nicht geführt werden
- **Logistik:** Für den Transport der Kinder stehen den Kindertagesstätten kommunale Schulbusse zur Verfügung. Diese werden auch zu Ausflugsfahrten benutzt
- **Wöchentliche Arbeitszeiten:** Das pädagogische Personal arbeitet 30 Stunden am Kind und hat sechs Stunden Vorbereitungszeit. In den Sommerferien ist die

Einrichtung etwa zehn Wochen geschlossen, ein Notdienst ist noch die Ausnahme, wird aber mit zunehmender Berufstätigkeit beider Eltern immer stärker ausgebaut.

- **Kindergartenbeiträge:** Je nach Einkommen liegen sie zwischen 30 bis 180 Euro (incl. Mahlzeiten), aber ohne Früh- und Spätdienst und Bustransport. Die Beiträge werden zehn Monate gezahlt, die Monate Juli und August sind beitragsfrei.

Ausblick ■ Die internationale Anerkennung der Reggiopädagogik, gerade in Zeiten der Diskussion um die Leistungsfähigkeit unseres Bildungssystems im Kontext einer Wissensgesellschaft, hat sich fortgesetzt. Im Rahmen von weltweiter Globalisierung der Wirtschaft ist der Blick über den nationalen Tellerrand von besonderer Bedeutung und das internationale reggianische Netzwerk zeigt uns deutlich, wie sich professionell-innovative Pädagogik verorten muss, um nicht in Bedeutungslosigkeit zu versinken.

Horst Küppers

- **Literaturtipps**

Dreier, A. (2006). Was tut der Wind, wenn er nicht weht? Begegnungen mit der Kleinkindpädagogik in Reggio-Emilia (5. Aufl.). Weinheim/Basel: Beltz.
Göhlich, H. D. M. (Hg.) (1997). Offener Unterricht, Community Education, Alternativpädagogik, Reggio-Pädagogik. Weinheim: Beltz.

Rehabilitation

Rehabilitation wird im allgemeinen Sprachgebrauch mit Wiederherstellung eines Zustands, z.B. Heilung einer Krankheit oder Behebung einer Behinderung, übersetzt. Im Rahmen des Sozialrechts wurde unter Rehabilitation Eingliederung verstanden. Im engeren Sinne ist damit die medizinische, berufliche, schulische und soziale Integration behinderter oder von Behinderung bedrohter Menschen gemeint. Rehabilitation ist daher zunächst eine sozialpolitische Zielsetzung (Sozialgesetzbuch [SGB] I § 10).

Insbesondere seit der Einführung des SGB IX: »Rehabilitation und Teilhabe behinderter Menschen« im Jahr 2001 hat sich die Bedeutung des Begriffs erweitert und bezieht den Aspekt der Teilhabe (von Menschen mit Behinderungen) am Leben in der Gesellschaft mit ein. Der Begriff der Teilhabe – sozialrechtlich verstanden als Ziel der Rehabilitation – ist allerdings noch unscharf und lässt sich nur schwer abgrenzen von dem eher pädagogischen Begriff der Integration. Während Integration bzw. Rehabilitation – so Kritiker – eine Wiedereingliederung in bestehende soziale → Gruppen mein(t)en, liegt bei der Teilhabe der Schwerpunkt auf der gleichberechtigten → Partizipation von Menschen mit Behinderungen am Leben in der Gesellschaft sowie dem Aspekt der Selbstbestimmung. Dies bedeutet, dass sich bestehende öffentliche Einrichtungen (Kindertagesstätten, Schulen, Behörden) ihrerseits »bewegen« müssen, um Menschen mit Behinderungen eine Teilhabe an den entsprechenden Aktivitäten zu ermöglichen.

Dieser Wandel von einem Verständnis der Versorgung und Fürsorge zu einem Verständnis von Teilhabe und Selbstbestimmung geht u.a. auf eine veränderte Auffassung von Behinderung zurück. Gemäß der neuen Lesart der Weltgesundheitsorganisation (Internationale Klassifikation der Funktionsfähigkeit, Behinderung und Gesundheit [ICF]) von 1994) stehen nicht mehr rein medizinische Sachverhalte im Mittelpunkt, sondern Partizipation und Aktivität. So geht es z.B. unter dem Aspekt der Aktivität darum, den Bedürfnissen Behinderter Rechnung zu tragen, Fähigkeiten zu fördern und Möglichkeiten der Teilhabe bereitzustellen. Auch werden jetzt Kontextfaktoren einer Behinderung mit berücksichtigt: milieuabhängige sowie personelle Bedingungen, wie z.B. die Familie, Lebensumstände, Lebenshintergründe und Umwelten, mit denen der Mensch konfrontiert ist und die seine Integration fördern oder behindern können.

Ausrichtungen und Ziele der Rehabilitation ■ Im Laufe der letzten Jahrzehnte hat sich ein komplexes System von Rehabilitationseinrichtungen entwickelt und etabliert. Den Kern der Rehabilitation bilden die besonderen Leistungen, die behinderten oder von Behinderung bedrohten Menschen gewährleistet werden.

- Medizinische Rehabilitation als ältester Zweig der Rehabilitation umfasst die Akutversorgung behinderter Menschen in Rehabilitationskliniken sowie die ambulante medizinische, psychotherapeutische Versorgung chronisch Kranker bzw. Behinderter und den Rehabilitationssport. Eine zunehmende Bedeutung erfährt die geriatrische Rehabilitation
- Berufliche Rehabilitation wird erbracht u.a. von Berufsbildungswerken, Berufsförderungswerken und Werkstätten für behinderte Menschen
- Schulische Rehabilitation ist in der Regel Aufgabe von Sonderschulen und Förderzentren
- Soziale Rehabilitation betrifft z.B. die Ausgestaltung einer behindertengerechten Umwelt (Barrierefreiheit) und die Sicherung der gesellschaftlichen Teilhabe.

Unabhängig von den verschiedenen Organisationsformen ist eine integrale, ganzheitliche Perspektive anzustreben. Generelles Ziel aller Rehabilitationsmaßnahmen nach § 10 SGB I sowie nach § 4 SGB IX, Abs. 1 ist es, die Behinderung abzuwenden, zu beseitigen, zu mindern, ihre Verschlimmerung zu verhüten oder ihre Folgen zu mindern. Auch soll die persönliche Entwicklung ganzheitlich gefördert und die Teilhabe am Leben in der Gesellschaft sowie eine möglichst selbständige und selbstbestimmte Lebensführung ermöglicht werden.

Im Einzelnen werden Rehabilitationsleistungen in verschiedenen Gesetzen geregelt, insbesondere durch das Behindertengleichstellungsgesetz (BGG), das Sozialgesetzbuch, hier vor allem das SGB VIII (Kinder- und Jugendhilfe) sowie das SGB IX (Rehabilitation und Teilhabe behinderter Menschen) und SGB XII (Sozialhilfe).

Rehabilitation und Teilhabe ■ Das 2001 in Kraft getretene SGB IX sollte u.a. alte Regelungen vereinfachen und übersichtlicher gestalten. Ausgangspunkte der Novellierung waren die Umsetzung des Artikels 3 Grundgesetz, Abs. 3 Satz 2 von 1994: »Niemand darf wegen seiner Behinderung benachteiligt werden« sowie der bereits dargestellte modifizierte Behinderungsbegriff. Zudem wurde ein entscheidender, die pädagogische Praxis beeinflussender Wandel von der Fürsorge zur Selbstbestimmung und Teilhabe am Leben in der Gesellschaft vollzogen. Prinzipiell gelten bei der Ausgestaltung von Leistungen nach dcm SGB IX folgende Grundsätze:

- Grundsatz der Finalität: Hilfeleistungen werden Behinderten bzw. von Behinderung bedrohten Menschen ohne Rücksicht auf die Ursache der Behinderung gewährt
- Grundsatz möglichst frühzeitiger Hilfe
- Grundsatz der individuellen Hilfe
- Rehabilitation vor Pflege
- Rehabilitation vor Rente
- Ambulant vor stationär.

Bei der Neufassung des SGB IX hat der Gesetzgeber unter anderem folgende Schwerpunkte gesetzt bzw. weiterentwickelt:

- Das Wunsch- und Wahlrecht der Betroffenen wurde gestärkt
- Behinderte und von Behinderung bedrohte Frauen und Kinder werden besonders berücksichtigt
- Die Zuständigkeiten und Fristen sind klarer geregelt
- Servicestellen sollen für bessere Koordination der Rehabilitationsträger und ihrer Leistungen sorgen.

Rehabilitationsträger nach SGB IX sind gesetzliche Krankenkassen, die Bundesanstalt für Arbeit, Träger der gesetzlichen Unfallversicherung, der gesetzlichen Rentenversicherung, der Kriegsopferversorgung, der Kriegsopferfürsorge sowie seit Einführung des SGB IX Träger der öffentlichen Jugendhilfe und der Sozialhilfe.

Im ersten Teil des SGB IX werden u.a. die Leistungen zur Teilhabe geregelt: als Leistungen zur medizinischen Rehabilitation; zur Teilhabe am Arbeitsleben, unterhaltssichernde und ergänzende Leistungen sowie Leistungen zur Teilhabe am Leben in der Gemeinschaft. Der zweite Teil des SGB IX regelt die Teilhabe schwer behinderter Menschen (Schwerbehindertenrecht).

Zur Praxis ■ In Arbeitsfeldern der Rehabilitation arbeiten u.a. Erzieherinnen, Heilerziehungspflegerinnen, Sozialpädagoginnen, Sozialarbeiterinnen, Diplom-Pädagoginnen sowie Heil- und Sonderpädagoginnen in unterschiedlichsten Positionen und Institutionen. Die Organisationsformen reichen von Frühförderstellen (→ Frühförderung) über Kindertageseinrichtungen (→ Kindergarten) und → Schulen bis zu Werkstätten für behinderte Menschen und Wohnheimen. Nach den Vorschriften des SGB IX sind pädagogisch-therapeutische Maßnahmen der Rehabilitation so zu gestalten, dass ein Höchstmaß an Selbstbestimmung und Selbständigkeit ermöglicht wird. Hilfreich hierfür sind theoretische Ansatzpunkte aus der Sozial- und Heilpädagogik, wie z.B. die Lebensweltorientierung, der Empowerment-Ansatz und dem aus der skandinavischen Behindertenhilfe stammenden Normalisierungsprinzip. Das Gemeinsame dieser Konzepte ist, dass es ihnen um partizipativ ausgerichtete Hilfen für möglichst selbstbestimmtes Leben geht.

Fazit ■ Rehabilitation und Teilhabe bedingen sich wechselseitig, wobei Rehabilitation das Gesamtsystem von individuellen Hilfen umfasst und Teilhabe auf die Verantwortung des Gemeinwesens gegenüber Menschen mit Behinderungen verweist. Eine gleichberechtigte Teilhabe von Menschen mit Behinderungen am Leben in der Gesellschaft ist aber immer noch keine Selbstverständlichkeit und angesichts nach wie vor anzutreffender Diskriminierung immer wieder neu zu erstreiten.

Martin Stahlmann

■ **Literaturtipps**

Bundesarbeitsgemeinschaft für Rehabilitation (Hg.) (2001). Wegweiser. Rehabilitation und Teilhabe behinderter Menschen (11. Aufl.). Frankfurt/M.: Eigenverlag.

Bundesministerium für Arbeit und Sozialordnung (Hg.) (2005). Ratgeber für behinderte Menschen. (Materialien und Gesetze). Berlin.

Lachwitz, K./Schellhorn, W./Welti, F. (2002). HK-SGB IX. Handkommentar zum Sozialgesetzbuch IX. Rehabilitation und Teilhabe behinderter Menschen. Neuwied/Kriftel: Luchterhand.

■ **Kontakt**

BAR – Bundesarbeitsgemeinschaft für Rehabilitation
  Walter-Kolb-Str. 9 – 1
  60 594 Frankfurt/M.
  Tel.: 069-605018-0, Fax: -29,
  E-Mail: info@bar-frankfurt.de
  Internet: www.bar-frankfurt.de

Religionen

Das Wort Religion (religio = Rückbindung) bezeichnet die Verbundenheit mit einem höheren Wesen, von dem her alles kommt und das allem Geschehen im eigenen Leben und in der Welt Sinn und Ziel verleiht. Die drei monotheistischen Weltreligionen Judentum, Christentum und Islam haben ihre Wurzeln im Bekenntnis zu dem einen Gott gemäß den Überlieferungen des Alten Testaments, der Hebräischen Bibel des Judentums. Unterschiedliche Offenbarungstraditionen (Neues Testament im Christentum und Koran im Islam) und kulturelle Entwicklungen haben verschiedene Religionen und in ihnen auch eine Vielzahl von Konfessionen und Glaubensrichtungen begründet.

Judentum ■ Obwohl jüdische Kinder eher selten in Kindertagesstätten anzutreffen sind, ist ein Wissen um die jüdische Religion aus zwei Gründen wichtig: Zum einen bilden jüdische Glaubenstraditionen die Wurzel des christlichen Glaubens; Jesus war Jude und lebte im Überlieferungszusammenhang der Hebräischen Bibel. Zum anderen ist das Verhältnis von Christen und Juden belastet durch Verfolgung, Vertreibung und Ermordung von Juden in ganz Europa, die im 20. Jahrhundert in Deutschland ein unvorstellbares Ausmaß erreichte. Zu einer religiösen Erziehung gehört deshalb auch dazu, besonders sensibel darauf zu achten, in welchem Licht der jüdische Glaube erscheint.

Beim Erzählen von Jesusgeschichten ist zu vermeiden, dass Juden als Feinde Jesu dargestellt werden. Jesu Verhältnis zu den Pharisäern und Schriftgelehrten war von vielen gemeinsamen Überzeugungen bestimmt, auch von – nicht ungewöhnlichen – heftigen Lehrstreitigkeiten. Von ihnen zu unterscheiden ist die Priesterschaft des Tempels in Jerusalem, die zusammen mit der römischen Obrigkeit um der politischen Ordnung willen auch die Verurteilung eines religiösen Unruhestifters und dessen Tod in Kauf nahm.

Prägend für jüdisches Selbstverständnis ist die Orientierung an den Geboten, die Mose nach der Überlieferung direkt von Gott in Empfang genommen hat (2.Mose 20). Aus ihnen wurde in einem lebendigen Auslegungsprozess ein Gefüge verpflichtender Regeln entwickelt, die dem Leben der Menschen und ihrem Zusammenleben mit anderen eine gute Ordnung geben.

Die Tora (= Weisung) besteht aus den zehn Geboten und einem Kreis weiterer 603 in der Bibel überlieferter Pflichten. Sie regeln z.B. auch das Essen. Für die »koschere« Küche ist der Verzicht auf unreine Tiere (z.B. Schalentiere) und die strikte Trennung von Milch und Fleisch kennzeichnend. Im Wochenkreis unterbricht der siebte Tag als Ruhetag, der *Sabbat* (2. Mose 20,8-11; 5. Mose 5,14) vom Sonnenuntergang am Freitag bis zu dem am Samstag den Alltag. In der häuslichen Sabbatfeier und Verzicht auf jegliche Arbeit findet jüdische Frömmigkeit ihren besonderen Ausdruck.

Jüdisches Beten ist traditionell mit verschiedenen Riten verbunden. Am wichtigsten sind Gebetsmantel, Kopfbedeckung, Gebetsriemen an Armen und Kopf. Kerngebet und zugleich Bekenntnis des Glaubens ist das Schma' Jisrael: Höre, Israel, der HERR ist unser Gott, der HERR ist einer (5. Mose 6,4). Der Gottesdienstraum, die Synagoge, ist vom Umgang mit der Bibel bestimmt. Im Gottesdienst werden kostbare Torarollen mit den in sorgfältiger Handschrift und in hebräischer Schrift aufgezeichneten biblischen Texten feierlich geöffnet, vorgelesen und durch Rabbiner ausgelegt.

In der Regel am achten Tag nach der Geburt wird den jüdischen Knaben die Vorhaut beschnitten, als Zeichen der Zugehörigkeit zum Bund Gottes mit seinem Volk. Für Jungen und Mädchen findet die Namengebung meist am ersten Sabbat nach der Geburt in der Synagoge statt.

Hat ein jüdischer Junge mit dreizehn Jahren die Religionsmündigkeit erreicht, ist er zur Einhaltung aller Gebote der Tora verpflichtet und darf erstmals im Synagogengottesdienst die Toralesung vollziehen (Bar Mizwa = Sohn der Pflicht). Analog feiern Mädchen die Bat Mizwa.

Jüdische Frömmigkeit findet sich in großer Breite zwischen streng orthodoxer einerseits und liberaler andererseits.

Feste ■ Der jüdische Festkreis ist vor allem am Mondzyklus orientiert. Da das Mondjahr um elf Tage kürzer ist als das Sonnenjahr, wird etwa alle drei Jahre ein Ausgleichsmonat (Adar II) eingeschoben. Das macht die Bestimmung der jüdischen Festtage etwas schwierig.

■ **Passa (Pessach)** erinnert an den Auszug aus Ägypten und wurde auch zum Hauptfest der jüdischen Familie. Feierlich begeht sie das Passamahl, bei dem die Speisen an diesen Auszug erinnern. Das christliche Abendmahl hat seinen Ursprung in dem Passamahl, das Jesus mit seinen Jüngern vor seinem Tod feierte.

■ **Wochenfest (Schawuot):** Sieben Wochen später – damit in Nähe zum christlichen Pfingstfest – wird die Erinnerung an die Offenbarung Gottes am Sinai (2. Mose 19-20) gefeiert.

■ **Laubhüttenfest (Sukkot):** Es liegt im Herbst und hält die Erinnerung an die Wüstenwanderung wach. Darum halten sich fromme Familien mehrere Tage in selbst errichteten Hütten auf.

■ **Neujahr (Rosch ha-Schana):** Im Herbst beginnt auch das neue Jahr. Die Töne des Widderhorns erinnern an den Widder, den Abraham an Stelle seines Sohnes Isaak geopfert hat (1. Mose 22).

■ **Versöhnungstag (Jom Kippur):** Er wird mit großem Ernst als Fasttag begangen. Die Sünden des Volkes wurden symbolisch einem Bock aufgeladen, den man dann als »Sündenbock« in die Wüste schickte (3. Mose 16,21–22).

■ **Chanukka (Tempelweihe, Lichterfest):** Dieses Fest im November/Dezember erinnert an die neue Weihe des Tempels 164 v. Chr. Dazu wird der achtarmige Chanukkaleuchter entzündet. Im christlichen Umfeld hat es manche Züge des Weihnachtsfestes (Grüße, Geschenke) angenommen.

■ **Purim:** Dieses fröhliche Fest im Februar/März erinnert an die Rettung vor einer Judenverfolgung durch die Königin Esther. Als Fest der Kinder hat es karnevalistische Züge angenommen.

Christentum ■ Erfahrungen der Männer und Frauen um Jesus mit dessen ermutigender Gegenwart als Auferstandener begründeten den eigenständigen christlichen Überlieferungszusammenhang. Der Auferstehungstag wurde wöchentlich am ersten Tag der Woche, dem Sonntag, gefeiert und die religiöse Identität an der Einzigartigkeit Jesu Christi als dem Sohn Gottes festgemacht. Christliches Glaubensbekenntnis schließt neben Gott als Schöpfer der Welt den Weg Jesu und dessen nachösterliche Präsenz in der Gemeinschaft der Glaubenden ein, die sich in Wort und Sakrament dessen Gegenwart versichert. Zu den jüdischen Wurzeln des Alten Testaments trat das Neue Testament hinzu, bestehend aus vier Evangelien, die Jesu Wirken nachzeichnen, und Schriften der Apostel (= Boten), vor allem an die von ihnen gegründeten Gemeinden. Die Geschichte des Christentums ist von der kulturellen und politischen Entwicklung mitbestimmt, mit Rückfällen vor die Zeit von Jesu Verkündigung und dessen Zuwendung zu den Menschen am Rande der Gesellschaft, aber auch mit reformierenden Impulsen, die immer wieder an diesem Ursprung neu Maß nahmen.

»Liebe deinen Nächsten wie dich selbst« – Jesu Weisung der Selbst- und Nächstenliebe setzt einen hohen Maßstab für ethisches Verhalten, das auf der Einfühlung in Situationen und Bedürfnisse anderer gründet und zu entsprechenden Konsequenzen führen soll. Voraussetzung dafür ist die Erfahrung, von Gott ohne Vorbehalte angenommen und geliebt zu sein. Diese Botschaft begleitet Christen in der Gemeinschaft der Glaubenden, der Kirche. Sie wird im Taufsegen deutlich, in Firmung (katholisch) bzw. Konfirmation (evangelisch) von den Jugendlichen selbst

bestätigt, begleitet Ehepaare (Trauung) und gilt den Verstorbenen (Beerdigung). Sie wird in der Feier des Abendmahls (evangelisch) bzw. Eucharistie (katholisch) in Brot und Wein gegenwärtig. Sie begegnet im Zuspruch der Vergebung als Ermutigung, je neu die empfangene Liebe Gottes im eigenen Verhalten auch an andere weiterzugeben.

Christliche Kirche erscheint in der Vielzahl von Konfessionen und Gemeinschaften. Die orthodoxen Christen vor allem in Südost- und Osteuropa feiern in Gottesdiensten mit viel anschaulicher Symbolik das Geheimnis des Glaubens, dass in Jesus Christus Gott selbst erschienen ist. Die römisch-katholische Kirche akzentuiert die weltumspannende Christenheit, repräsentiert durch den Papst als Oberhaupt und einer einheitlich geordneten Lehre des Glaubens. Die evangelischen Kirchen der Reformation betonen die je eigene Verantwortung für den Glauben in der Auslegung der biblischen Überlieferungen. Das Gemeinsame wird neben dem Glaubensbekenntnis zum dreieinigen Gott (Gott der Schöpfer; Gott in Jesus Christus; Gott als Leben schaffende Kraft, als Heiliger Geist) auch im Vaterunser als dem grundlegenden Gebet der Christenheit deutlich.

Christliche Glaubensüberlieferung ist auch im kulturellen Schaffen sichtbar: in den Kirchengebäuden, in der bildenden Kunst, in Malerei und Dichtung, in musikalischen Schöpfungen als Auslegungen der biblischen Erzählungen. Theologen haben in Auseinandersetzung mit philosophischem Denken die biblischen Überlieferungen von dem einen Gott differenziert reflektiert und so ebenfalls maßgeblich europäische Kultur und Geistesleben beeinflusst.

Feste ■ Der christliche Festkalender führt jüdische Überlieferungen weiter, ergänzt durch Feste und Gedenktage, die dem Kalenderjahr folgen.

■ Ursprünglichstes Fest ist das **Osterfest**, jeweils am Sonntag nach dem ersten Frühlingsvollmond, vorbereitet durch die siebenwöchige Passions- und Fastenzeit, in der Jesu Weg nach Jerusalem, sein Leiden und Sterben bedacht wird, und einem ebenso langen Ausschwingen in der österlichen Freudenzeit. Sie mündet in das **Pfingstfest**, an dem mit der Erzählung vom Wirken des Heiligen Geistes der »Geburtstag der Kirche« gefeiert wird.

- Als das wesentliche Fest wird von den meisten in den Tagen der Wintersonnwende mit seinem Vorabend am 24. Dezember das **Weihnachtsfest** gefeiert. Es hat eine Rahmung durch die vier vorbereitenden Adventswochen sowie die nachfolgende Weihnachtszeit. Ein ursprünglich römisches Fest bekam mit dem Gedenken der Geburt Jesu einen neuen Inhalt. Das Kind in der Krippe und die Botschaft »Friede auf Erden« wurden, die Weihnachtsgeschichte des Lukasevangeliums aufnehmend, zu den Zentren eines reichen Brauchtums, von Adventskranz und Christbaum bis zu Weihnachtskrippen und Geschenken.
- Im Kalenderjahr werden im Oktober Erntedank gefeiert, Heiligengedenktage (katholisch), der Beginn der Reformation (evangelisch am 31. Oktober), das Gedenken der Verstorbenen am 1. November (katholisch) und am Sonntag vor Advent (evangelisch).

Islam ■ Angesichts der ca. drei Millionen in Deutschland lebenden Muslime ist es unverzichtbar, zumindest Grundzüge des Islam kennenzulernen. Islam bedeutet Hingabe an den einen und einzigen Gott. Urkunde ist der Koran (= Lesung, Rezitation), der in Abschnitten direkt aus dem Himmel Mohammed offenbart wurde und den alttestamentlich überlieferten Glauben an den einen Gott erneuern sollte. Er enthält Glaubensüberzeugungen, gottesdienstliche Ordnungen, sozialgesellschaftliche Ordnungen und sittlichethische Maßstäbe. Gott (= Allah) ist streng allen menschlichen Vorstellungen entzogen. Deshalb sind jegliche Bilder von Gott verboten. Gott ist allmächtig und barmherzig, sofern er den Menschen nicht mehr Gebote und Pflichten auferlegt, als sie auch erfüllen können.

Fünf Pflichten, die sogenannten fünf Säulen bestimmen das Leben des gläubigen Muslims:

- **Bekenntnis** zu dem einen Gott: »Ich bezeuge, dass es keine Gottheit gibt außer Gott. Ich bezeuge, dass Mohammed der Gesandte Gottes ist«.
- **Gebet:** Gemeint ist das fünfmal am Tag zu verrichtende rituelle Gebet. Daneben gibt es auch das frei formulierte Beten.
- **Fasten:** Das Fasten im Monat Ramadan ist wichtigstes Kennzeichen religiöser Treue.
- **Sozialabgaben:** Sie gründen in der Gemeindeordnung, die Mohammed für Medina schuf. Auch heutzutage schicken z.B. in Deutschland lebende türkische Muslime zum Ende des Ramadan hohe Spenden in ihre Heimat.
- **Wallfahrt nach Mekka:** Nach Mohammeds Aussagen kurz vor seinem Tod ist den Wallfahrern das Paradies verheißen. Mekka gilt den Muslimen als die »Mutter aller Städte«.

Geistliches und Weltliches sind im Islam eng miteinander verbunden. Insofern ist der Glaube für Muslime keine Privatsache, sondern öffentliche Angelegenheit. Recht und Gesetz gelten als Zeichen der Barmherzigkeit Gottes, weil er mit ihnen das Zusammenleben der Menschen möglich macht. Sie sind am Koran orientiert sowie an der Sunna, in der die Lebenspraxis Mohammeds überliefert ist. Am bekanntesten sind das Verbot von Schweinefleisch (= unreine Tiere) und Alkohol.

In islamischen Ländern mit ihrer patriarchalischen Ordnung sind den Personen des Familienverbands feste Rollen zugewiesen. Aber während ursprüngliche Lebensregeln für Jungen weithin vergessen wurden, blieben die Vorschriften für Frauen und Mädchen lebendig. Sie fordern etwa strikte Trennung der Geschlechter – deshalb lehnen viele Muslime gemeinsames Schwimmen ihrer Töchter mit Jungen oder den Schullandheimaufenthalt mit Mädchen und Jungen ab. Es gibt kaum private Kontakte zwischen Frauen und Männern, die nicht zur selben Familie gehören.

Die ersten Worte, die das neugeborene Kind hören soll, ist das Glaubenszeugnis, das ihm kurz nach der Geburt ins Ohr geflüstert wird. Die Namengebung erfolgt am siebten oder am 40. Tag nach der Geburt durch den

Vater oder einen der Ältesten der Gemeinde. Zwischen dem siebten und vierzehnten Lebensjahr werden die Jungen beschnitten und damit in die Gemeinschaft der Männer aufgenommen. Es ist ein großes Familienfest, bei dem die Hauptperson von den Verwandten reich beschenkt wird.

Feste ▪ Das islamische Jahr ist ein reines Mondjahr. Weil es um elf Tage kürzer ist als das Sonnenjahr, verschiebt sich der islamische Kalender jedes Jahr zu unserem Kalender um elf Tage rückwärts.

- **Opferfest (türkisch: kurban bayram):** Es ist das höchste Fest des Islam. Im Mittelpunkt steht die Geschichte, in der sich Abraham anschickt, seinen Sohn Ismael (in der Bibel: Isaak) Gott zu opfern. (2006: 31.12.; 2007: 20.12.; 2008: 8.12.; 2009: 27.11.). Opfertiere werden rituell geschlachtet, in festlicher Gemeinschaft gegessen und mit Nachbarn und Armen geteilt.
- **Ramadan:** Im Fastenmonat wurden der Überlieferung nach Mohammed die ersten Offenbarungen zuteil. Von der Morgendämmerung bis zum Sonnenuntergang verzichtet der gläubige Muslim auf Essen, Trinken, Rauchen, Geschlechtsverkehr. Nach Sonnenuntergang treffen sich Familien und Nachbarn, um miteinander zu essen. Kinder sind noch nicht zum Fasten verpflichtet, aber oft stolz darauf, es den Großen schon gleichzutun (1. Ramadan-Tag 2006: 24.9.; 2007: 13.9.; 2008: 1.9.; 2009: 22.8.).
- **Nacht der Bestimmung:** In der 27. Nacht des Fastenmonats wird der ersten Offenbarung an Mohammed gedacht.
- **Fest des Fastenbrechens (türkisch: seker bayram):** Das Ende des Fastens wird in einem fröhlichen dreitägigen Fest gefeiert. Wegen der Süßigkeiten und Geschenke, die verteilt werden, heißt es auch Zuckerfest, und es hat in diesem Sinne gewisse Ähnlichkeit mit dem christlichen Weihnachtsfest (2006: 24.10.; 2007: 13.10.; 2008: 1.10.; 2009: 22.9.).
- **Neujahr:** Das islamische Jahr beginnt mit dem Gedenken der Auswanderung aus Mekka im Jahr 622. (2006: 31.1.; 2007:

20.1.; 2008: 10.1. und 29.12.; 2009: 18.12.).
- **Aschura:** Am 10. Tag des Jahres gedenkt man u.a. des Endes der Sintflut. Der Überlieferung nach hat Noah an diesem Tag die Arche verlassen. Schiitische Muslime gedenken an diesem Tag besonders des Todes Husains, Sohnes des Ali und Enkels Mohammeds (2006: 9.2.; 2007: 29.1.; 2008: 19.1.; 2009: 7.1.).
- **Mevlid Kandili:** Es ist der Geburtstag des Propheten. An ihm werden Koranverse und Gedichte über das Leben Mohammeds rezitiert (2006: 11.4.; 2007: 31.3.; 2008: 20.3.; 2009: 9.3.).

Frieder Harz

▪ **Literaturtipps**

Schwikart, G. (1996). Gott hat viele Namen. Kinder aus aller Welt erzählen von ihrem Glauben. Düsseldorf: Patmos.

Steinwede, D./Ryssel, I. (Hg.) (1999). Weltreligionen erzählen und verstehen. Gütersloh: Gütersloher Verlagshaus.

Tworuschka, M. & U. (1996): Die Weltreligionen Kindern erklärt. Gütersloh: Gütersloher Verlagshaus.

Wagemann, G. (1996). Feste der Religionen – Begegnung der Kulturen. München: Kösel.

Religiöse Erziehung

Um sein Leben führen zu können, bedürfe der Mensch nicht der Idee eines höheren Wesens, Grundlage biete ihm vielmehr seine eigene Vernunft. Diese These der Aufklärung glauben viele Menschen heute verinnerlicht zu haben; immer mehr empfinden sich heute ausdrücklich als nichtreligiös. Einen Platz habe Religion nur noch im Bereich des Privaten, öffentlich allenfalls in kulturhistorischer Perspektive. Kann man da noch einen Anspruch auf religiöse Erziehung erheben, gar eine öffentlich getragene? Doch die Probleme, die sich eine ganz auf sich selbst vertrauende Vernunft aufgeladen hat, vor allem im Politischen und in den (Natur-)Wissenschaften (Ideologisierungen und Technisierungen), lassen den Ruf nach religiöser Erziehung lauter werden.

Religiosität ■

Oft wird Religion mit Moral (→ Moralische Entwicklung) verwechselt, mit Erkenntnis, mit Handeln, mit ästhetischer Erfahrung oder auch mit einer Weltanschauung, die man haben kann oder nicht. Doch Religion meint etwas Eigenes; Religion meint den Bereich,

- In dem der Mensch über sich selbst hinaus greift auf den tieferen Sinn seiner selbst und seiner Lebenswelt – philosophisch: seine Transzendenz
- Den er aber selbst letztlich nicht in der Hand hat (darum spricht man beim Religiösen vom Heiligen als das dem Menschen Entzogene)
- Von dem er sich aber existentiell getragen weiß und das für ihn daher Heil (nicht nur Gesundheit oder Glück) bedeutet
- Woraus er für sein Handeln und seine Lebensführung entscheidende Impulse erfahren kann.

Das bedeutet nicht unbedingt, dass jeder Mensch religiös ist. Aber eine grundlegende Offenheit für die Dimension des Religiösen wird damit behauptet. Religiös im engeren Sinne ist derjenige, der sich dieser Dimension auch öffnet; gläubig ist, wer dies für sich selbst bejaht. Und wer sich dazu bekennt, diesen Glauben auch einzubinden in eine Gemeinschaft von Glaubenden, gehört einer Religion an.

Zur Legitimität religiöser Erziehung ■

Die großen → Religionen erzählen über religiöse Erfahrungen von Erwachsenen und die fundamentalen Veränderungen und Wenden, die diese in ihrem Leben ausgelöst haben. Religiöse Erfahrungen kann man von ihrem Selbstverständnis her niemandem beibringen, sie sind immer ein nicht provozierbares Geschenk – die Religionen nennen das Gnade. Ist dann aber religiöse Erziehung überhaupt möglich, ja erlaubt? Nicht alle Religionen, doch zumindest die abrahamitischen (Judentum, Christentum, Islam), kennen seit ihren Anfängen Theologie, die vernünftige Erschließung des Glaubens. Dies ist nicht nur als theoretisch-intellektuelle Wissenschaft zu verstehen. Die vernünftige Erschließung des Glaubens ist vielmehr selbst eine Form des Glaubens, insofern sie sich als Antwort auf einen uns zuinnerst betreffenden Ruf versteht. Der aber geht Menschen in jedem Lebensalter etwas an, und in jedem Lebensalter sind wir Menschen zu einer altersgemäßen wie subjektiv besonderen Antwort in der Lage und herausgerufen. Religiosität also kann, will und muss zur Erfahrung gebracht werden, will sie nicht ihren Lebensnerv verlieren.

Ebenen religiöser Erziehung ■

In Zeiten säkularer Pluralität kann und darf die Einbindung in eine bestimmte Religionsgemeinschaft kein Ziel öffentlicher Bildung sein. Doch jene Öffnung für die Dimension des Religiösen wie auch die Fähigkeit, sich frei zum Glauben oder auch für ein Bekenntnis zu entscheiden, auf diese Orientierung hat jeder Mensch auch heute einen Anspruch.

Vorrangiges Ziel ist dabei, ausgehend von elementaren Lebensfragen (→ Philosophieren mit Kindern) die Frage nach Sinn grundsätzlich stellen und auch differenziert formulieren zu können, und zwar als Frage nach der uns existentiell tragenden Mitte: Wer bin ich? Woher komme ich? Wohin gehe ich? Was ist die Welt, in der ich mich bewege? Daraus folgt zweitens die Aufgabe, Angebote für Formen verlässlicher und glückender Lebensgestaltung zu machen. Erst daraus ergibt sich drittens, dass wir uns unsere Moralität erschließen, als Ebene, auf der wir Ernst machen mit verantwortlichen Lebensentscheidungen, wobei wir aber auch scheitern oder gar schuldig werden können, so dass schließlich viertens die Hoffnung auf Vergebung und Erlösung zur Sprache gebracht werden muss.

Dass dies zur Erfahrung kommt, darauf hat jeder Mensch einen Anspruch. Das Wort Erfahrung deutet an, dass dies auf vielerlei Ebenen geschehen kann, auf der sinnlich-ästhetischen, der emotional-affektiven, der theoretisch-denkenden, der handlungsorientierten, der meditativen oder der feiernd-genießenden. Darauf hat religiöse Erziehung zu achten, freilich in unterschiedlicher Form für Kleinkinder, Grundschüler, Jugendliche, Erwachsene und Senioren.

Religiöse Erziehung im Kindergarten ■

Das Wort Religion kommt von dem lat. Wort religare und bedeutet in Einklang bringen, ordnen. Durch religiöse Inhalte wird dem Kind also Orientierungshilfe und Tradition (= Überlieferung) vermittelt. In der Tradition der großen Offenbarungsreligionen geschieht das vornehmlich in Form von Geschichten von elementaren existentiellen Erfahrungen großer Glaubensgestalten.

Die Bedeutung des freien Erzählens ■

Wenn wir uns gerade die Geschichten aus dem Neuen Testament vergegenwärtigen, so wissen wir, dass Jesus sie den Menschen in seiner Umgebung *erzählt* hat. Er hat ihnen die Geschichten der Bibel nicht vorgelesen, sondern im ständigen (Blick-)Kontakt mit den ihn umstehenden Menschen seine Worte gewählt. Durch die persönlich formulierten Worte kommt auch bei den zuhörenden Kindern eine ganz persönliche Botschaft an – und genau darin liegt die eigentliche Kraft dieser Texte, das ist entscheidend. Beim Erzählen ist es nicht so wichtig, wörtlich zu zitieren oder gar auswendig zu lernen, wie dies häufig von professionellen Märchenerzählern verlangt wird. Biblische Texte leben in erster Linie von ihrem bildhaften Inhalt, der Grundbotschaft und somit von der Glaubensaussage. So kann man beim Erzählen zwar die eigenen Worte wählen, nicht jedoch die Inhalte verändern. Deshalb ist es wichtig, sich im Vorfeld intensiv mit der ausgewählten Geschichte zu befassen. Das bedeutet unter Umständen, dass man eine Geschichte erst dann erzählen sollte, wenn dies ohne Auslassungen oder beschönigende Hinzufügungen möglich ist. Dies ist auch deshalb unerlässlich, weil ein Jugendlicher diese in der Kindheit gehörten Geschichten eventuell überdenkt und Fragen dazu hat. Es wäre der weiteren Glaubenssozialisation eines jungen Menschen äußerst abträglich, müssten dann Aussagen relativiert oder gar zurückgenommen werden. Dass die vermittelten Inhalte eines Textes in späteren Jahren einer neuen Interpretation unterzogen werden oder zu einem tieferen Verständnis gelangen, ist dagegen kein Problem, denn dies macht ja gerade den Menschen aus, da er ein weiter denkendes Wesen ist.

Zur Gestaltung des Erzählens ■

Wir wissen um die Bedeutung der Sinne im Erleben eines Geschehens. Häufig genügt es nicht, Kinder zum Erzählen einer biblischen Geschichte in den Kreis zu holen, damit sie sich sammeln und zuhören können. Um ihre Aufmerksamkeit und ihre sinnlichen Erfahrungsmöglichkeiten zu erhöhen, ist der wichtigste Grundsatz: Kontinuität! Raum, Ecke, Sitzordnung und -platz sollten, wenn immer möglich, stets gleich bleiben. Rituale im religionspädagogischen Bereich sind unerlässlich! So kann es eine bestimmte Kerze, das Spiel einer Flötenmelodie oder das Auslegen eines Tuches sein, welches die Kinder um die Mitte versammelt und ihnen zeigt, was sie erwartet. Tücher in verschiedenen Farben drücken vieles aus, was die Worte einer Geschichte unterstreichen kann. Mit Tüchern kann man z.B. die Landschaft, in der die Geschichte spielt, anschaulich werden lassen. Mit dem Auslegen von dunklen Tüchern kann die Nacht ausgedrückt werden, welche die Personen der Geschichte umgibt. Diese Form der Gestaltung lässt immer noch jedem Kind den Freiraum, sich in seiner eigenen Fantasie Genaueres vorzustellen. Aber beim wiederholten Sehen von vielen blauen Tüchern kann es sogleich z.B. den See Genezareth erkennen, an dem die dann folgende Erzählung spielt.

Nicht zuletzt sei auf den Aspekt verwiesen, dass es der religiösen Erziehung im Kindesalter wesentlich zuträglicher ist, Geschichten zu erzählen, die man auch für sich selbst als hilfreich erfahren kann, anstatt eine Fülle von Geschichten ohne innere Beteiligung weiterzureichen.

Religiöse Erziehung in der Jugendarbeit ■

Auch für Jugendliche ist die Ebene sinnlicher Erfahrung wichtig. Doch sie wollen alle Erfahrungen ebenso auf ihr eigenes Leben beziehen und reflektieren. Darum ist die Verortung (nicht nur) religiöser Erziehung in der konkreten Lebenswelt Jugendlicher eine notwendige Bedingung. Die religionspädagogische Aufgabe, Glauben im Kontext des Lebens nachvollziehbar und das Leben im Licht des Glaubens verstehbar zu machen, gewinnt hier eine besondere Bedeutung. Umsetzungen sind nicht schwer, erzählen die großen Religionen doch eine Vielzahl von ganz konkreten Lebenserfahrungen. Sie müssen nur als solche gelesen, entschlüsselt und verstanden werden. Der Arbeit mit religiösen Texten kommt in diesem Zusammenhang große Bedeutung zu. Umgekehrt gilt es, aktuelle Lebenserfahrungen zur Sprache zu bringen, eher indirekt über Jugendliteratur, Filme oder Musik, was oft bessere Folien für Reflexion bietet als die uns direkt betreffenden subjektiven Erfahrungen. Hier kommt es jedoch darauf an, sie nicht einfach widerzuspiegeln, sondern in ihren Tiefendimensionen, Brechungen, Sehnsüchten, Verzweiflungen, Hoffnungen ernst zu nehmen. Fragen nach grundlegender Sinnorientierung stellen sich dann ganz von selbst. Für sie müssen Erzieherinnen Sensibilität aufbringen.

Marion Jünger/Hans-Bernhard Petermann

■ Literaturtipps

Biemer, G. (Hg.) (1985). Handbuch kirchlicher Jugendarbeit. Freiburg: Herder.

Biesinger, A. (2001). Kinder nicht um Gott betrügen. Freiburg: Herder.

Schweitzer, F. (2000). Das Recht des Kindes auf Religion. Gütersloh: Gütersloher Verlagshaus.

Bucher, A.A./ Büttner, G. (Hg.) (2002ff.). Jahrbuch für Kindertheologie. Stuttgart: Calwer.

Resilienz

Immer wieder ist das Phänomen ersichtlich, dass sich einige Kinder trotz widrigster Lebensumstände – entgegen aller Erwartung – erstaunlich positiv und kompetent entwickeln. Was diese Kinder derart »stark« macht, dass sie Lebensbelastungen wie z.B. Armut, Arbeitslosigkeit der Eltern, Gewalterfahrungen oder Migration so erfolgreich meistern können, und wie wir Kinder darin unterstützen können, solche entscheidenden Bewältigungskompetenzen zu entwickeln,

wird in jüngerer Zeit unter dem Begriff Resilienz lebhaft diskutiert. Ziel der Resilienzforschung ist es, ein besseres Verständnis darüber zu erlangen, welche Bedingungen psychische Gesundheit und Stabilität bei Kindern, die besonderen Entwicklungsrisiken ausgesetzt sind, erhalten und fördern.

Der Begriff Resilienz leitet sich von dem englischen Wort resilience (Spannkraft, Elastizität, Strapazierfähigkeit; lat. resilere = abprallen) ab und bezeichnet allgemein die Fähigkeit, erfolgreich mit belastenden Lebensumständen (Unglücken, traumatischen Erfahrungen, Misserfolgen, Risikobedingungen etc.) umzugehen. Mit anderen Worten: Es geht um die Fähigkeit, sich von einer schwierigen Lebenssituation nicht unterkriegen zu lassen bzw. nicht daran zu zerbrechen. Resilienz kann damit verstanden werden als eine psychische Widerstandsfähigkeit von Kindern gegenüber biologischen, psychologischen und psychosozialen Entwicklungsrisiken. Synonym für Resilienz werden in der Fachdiskussion auch häufig die Begriffe Stressresistenz, psychische Robustheit oder psychische Elastizität verwendet. Resilienz meint also kurz gesagt das Immunsystem der Seele.

Entwicklung und Charakteristika des Resilienzkonzepts ■

Das wachsende Interesse an der positiven, gesunden Entwicklung trotz belastender Lebensumstände kann in Zusammenhang mit einem Paradigmen- bzw. Perspektivenwechsel in den Human- und Sozialwissenschaften gesehen werden, der sich von einem krankheitsorientierten, pathogenetischen Modell (Pathos, griech.: Leiden, Krankheit; Genese, griech.: Entstehung) zu einem ressourcenorientierten, salutogenetischen Modell (Salus, lat.: Wohlbefinden, Gesundheit, Heil) vollzogen hat. Das Konzept der Resilienz weist damit einen starken Bezug zum Konzept der Salutogenese auf, das der Medizinsoziologe Aaron Antonovsky in den 1970er-Jahren geprägt hat. Sein Ausgangspunkt war: Anstatt nur danach zu fragen, was eine Person krank macht oder was die Krankheit ausgelöst hat, sollte man sich vielmehr darauf konzentrieren, was den

Menschen gesund erhält und wie es manchen Menschen gelingt, trotz vielfältiger gesundheitsgefährdender Einflüsse nicht krank zu werden. Wesentlich war für Antonovsky eine mehr ganzheitliche, nicht ausschließlich symptomorientierte Betrachtungsweise.

In ähnlicher Weise fragt die Resilienzforschung (in salutogenetischer Perspektive) danach, welche Eigenschaften und Fähigkeiten jene Kinder auszeichnen, die sich trotz vorliegender Risikokonstellationen positiv und gesund entwickeln. Durch zahlreiche Untersuchungen zu Risikoeinflüssen kindlicher → Entwicklung hatte man (zu Beginn der 1970er Jahre) zunehmend erkannt, dass große Unterschiede existieren, wie Kinder auf Risikobedingungen reagieren: Auf der einen Seite gibt es Kinder, die → Verhaltensstörungen entwickeln, auf der anderen Seite Kinder, die relativ unbeschadet »davonkommen« oder die an diesen schweren Lebensbedingungen sogar erstarken und wachsen. Lange Zeit wurde dieses Phänomen der psychischen Widerstandskraft in der Erforschung kindlicher Entwicklungsverläufe nahezu ausgeblendet.

Heute wird das Phänomen der Resilienz wie folgt charakterisiert:

- Resilienz bezeichnet kein angeborenes Persönlichkeitsmerkmal eines Kindes, sondern umfasst eine Kapazität, die im Verlauf der Entwicklung im Kontext der Kind-Umwelt-Interaktion erworben wird. Mit anderen Worten: Resilienz ist lernbar
- Die Wurzeln für die Entwicklung von Resilienz liegen in besonderen schützenden Faktoren, die sowohl in der Person des Kindes als auch seiner Lebensumwelt lokalisiert sein können.

Merkmale resilienter Kinder

Obwohl es große Unterschiede in den jeweiligen Risikobelastungen und methodischen Vorgehensweisen der Untersuchungen gibt, kamen viele Forscher zu relativ übereinstimmenden Befunden hinsichtlich jener Faktoren, die Resilienz charakterisieren bzw. an der Entstehung maßgeblich beteiligt sind. Als bedeutsame Untersuchungen können dabei insbesondere die »Kauai-Längsschnittstudie« von Werner und Smith, die so genannte Pionierstudie der Resilienzforschung mit einer Laufzeit von 40 Jahren, die »Mannheimer Risikokinderstudie« von Laucht u.a. sowie die »Bielefelder Invulnerabilitätsstudie« von Lösel und Mitarbeitern hervorgehoben werden. Zusammenfassend konnten in diesen Untersuchungen u.a. folgende schützende Faktoren identifiziert werden.

Personale Ressourcen

- **Kindbezogene Faktoren:** positive Temperamentseigenschaften, die soziale Unterstützung und Aufmerksamkeit bei den Betreuungspersonen hervorrufen (flexibel, aktiv, offen); erstgeborenes Kind; weibliches Geschlecht (in der Kindheit)
- **Resilienzfaktoren:** Problemlösefähigkeiten; Selbstwirksamkeitsüberzeugungen; positives Selbstkonzept/hohes Selbstwertgefühl; hohe Sozialkompetenz: Empathie/ Kooperations- und Kontaktfähigkeit/Verantwortungsübernahme; aktives und flexibles Bewältigungsverhalten (z.B. die Fähigkeit, soziale Unterstützung zu mobilisieren, Entspannungsfähigkeiten); sicheres Bindungsverhalten (Explorationslust); optimistische, zuversichtliche Lebenseinstellung; Talente, Interessen und Hobbys.

Soziale Ressourcen

- **Innerhalb der → Familie:** mindestens eine stabile, verlässliche Bezugsperson, die Vertrauen und Autonomie fördert; offenes, wertschätzendes, unterstützendes Erziehungsklima; Zusammenhalt, Stabilität und konstruktive Kommunikation in der Familie; enge Geschwisterbindungen; unterstützendes familiäres Netzwerk (Verwandtschaft, Freunde, Nachbarn)
- **In den Bildungsinstitutionen:** klare, transparente, konsistente Regeln und Strukturen; wertschätzendes Klima (Wärme, Respekt und Akzeptanz gegenüber dem Kind); hoher, aber angemessener Leistungsstandard/positive Verstärkung der Anstrengungsbereitschaft des Kindes; Freundschaftsbeziehungen/positive Peer-Kontakte; Förderung von Basiskompetenzen (Resilienzfaktoren)

- **Im weiteren sozialen Umfeld:** kompetente und fürsorgliche Erwachsene außerhalb der Familie, die Vertrauen und Zusammengehörigkeitssinn fördern und als positive Rollenmodelle dienen (z.B. Großeltern, Freunde, Erzieherinnen, Lehrer); Ressourcen auf kommunaler Ebene (z.B. Angebote der Familienbildung, Gemeindearbeit); Vorhandensein prosozialer Rollenmodelle, → Werte und Normen in der Gesellschaft (gesellschaftlicher Stellenwert von Kindern/Erziehung/Familie).

Die Untersuchungsergebnisse verweisen darauf, dass resiliente Kinder mit dem Erfolg eigener Handlungen rechnen, Problemsituationen aktiv angehen, ihre eigenen Ressourcen und Talente effektiv ausnutzen, an eigene Kontrollmöglichkeiten glauben, aber auch realistisch erkennen können, wenn etwas für sie unbeeinflussbar, d.h. außerhalb ihrer Kontrolle ist. Diese Fähigkeiten und Kompetenzen führen dazu, dass Stressereignisse und Problemsituationen weniger als belastend, sondern vielmehr als herausfordernd wahrgenommen werden. Dadurch werden mehr aktiv-problemorientierte und weniger passiv-vermeidende Bewältigungsstrategien angeregt.

Darüber hinaus zeigen die Untersuchungen, dass eine emotional positive, zugewandte, akzeptierende und zugleich angemessen fordernde und kontrollierende → Erziehung eine zentrale Bedeutung für die Entwicklung von Resilienz hat. Eltern in dieser Erziehungsfunktion zu stärken, kann damit als ein wichtiger Ansatzpunkt zur Resilienzförderung angesehen werden.

Von der Defizitorientierung zur Ressourcenorientierung ■

Das Konzept der Resilienz legt den Fokus erstmals auf die Bewältigung von Risikosituationen. Es interessieren nicht mehr nur Anpassungs- und Bewältigungs»probleme«. Die Perspektive ist damit nicht defizitorientiert, sondern richtet sich auf die Fähigkeiten, Ressourcen und Stärken jedes einzelnen Kindes, ohne dabei Probleme zu ignorieren oder zu unterschätzen. Von Interesse ist, wie individuell mit Stress bzw. Stressbewältigung umgegangen

wird und wie Bewältigungskapazitäten aufgebaut bzw. gefördert werden können.

Darüber hinaus beinhaltet das Resilienzparadigma die Sichtweise vom Kind als aktiven Bewältiger und Mitgestalter seines eigenen Lebens, z.B. durch den effektiven Gebrauch seiner eigenen Ressourcen. Dabei wird allerdings auch betont, dass Kinder sich natürlich nicht selbst dauerhaft »resilient machen können«, sondern hierzu maßgeblicher Hilfe und Unterstützung bedürfen. Anderweitig würde das Resilienzkonzept auch zu einem Befriedigungsansatz verkommen.

Im Mittelpunkt der Resilienzforschung steht aus diesem Grund die Betonung primärer Prävention – gemäß dem Motto: »So früh wie möglich!« Denn frühzeitige Präventionsansätze können verhindern, dass unangemessene Bewältigungswege beschritten und stabilisiert werden, die den Umgang mit Belastungen in späteren Entwicklungsabschnitten erschweren.

Bedeutung für die pädagogische Praxis ■

Die Kenntnis der schützenden Faktoren, wie sie von der Resilienzforschung identifiziert und in die Diskussion eingebracht werden, sind für die Konzipierung von Präventionsmaßnahmen, für die Entwicklung curricularer Konzepte (→ Bildungsplan) sowie für alle Erziehungspersonen von großer Bedeutung. Denn darauf baut sich die Zielprojektion auf, *wie* wir in unserer alltäglichen Erziehungs- und Bildungspraxis Kinder (noch mehr) stärken und unterstützen können, um belastende Lebenssituationen und Alltagsanforderungen zu bewältigen. Resilienzförderung heißt in diesem Zusammenhang vor allem, jene wichtigen Grundlagen (Person- und Umweltressourcen) zu schaffen, zu festigen und zu optimieren, die es Kindern ermöglichen bzw. die sie motivieren, selbst weiterzukommen. Das Resilienzkonzept eröffnet hier eine enorme optimistische Herangehensweise: Der Blick richtet sich nicht mehr auf die Defizite und Schwächen, sondern vielmehr auf die Kompetenzen und Bewältigungsressourcen jedes einzelnen Kindes.

Corina Wustmann

■ Literaturtipps

Opp, G./Fingerle, M./Freytag, A. (Hg.) (1999). Was Kinder stärkt: Erziehung zwischen Risiko und Resilienz. München: Ernst Reinhardt.

Wustmann, C. (2004). Resilienz: Widerstandsfähigkeit von Kindern in Tageseinrichtungen fördern. Beiträge zur Bildungsqualität. Hg. von W.E. Fthenakis. Weinheim/Basel: Beltz.

Rolle

Während der Begriff Rolle in der Alltagssprache eher mit spielen oder Theater assoziiert wird, bezeichnet er in der → Soziologie ein Bündel von Erwartungen verschiedener Gruppierungen und Personen an die Inhaber bestimmter sozialen Positionen. Die Erwartungen beziehen sich auf das Verhalten der Positionsinhaber, aber auch auf Eigenschaften oder sogar äußere Kennzeichen. Z.B. dürfte ein Arzt, der während der Visite fachliche Anregung in einem populärmedizinischen Ratgeber sucht und schmutzige Fingernägel hat, auf höchstes Befremden stoßen, weil er die Erwartungen, die mit seiner Position verknüpft sind – nämlich Fachkompetenz und Hygiene –, nicht erfüllt. Rollenerwartungen sind nicht beliebig, sie haben normativen Charakter und beruhen auf einem gesellschaftlichen Konsens, d.h. es besteht

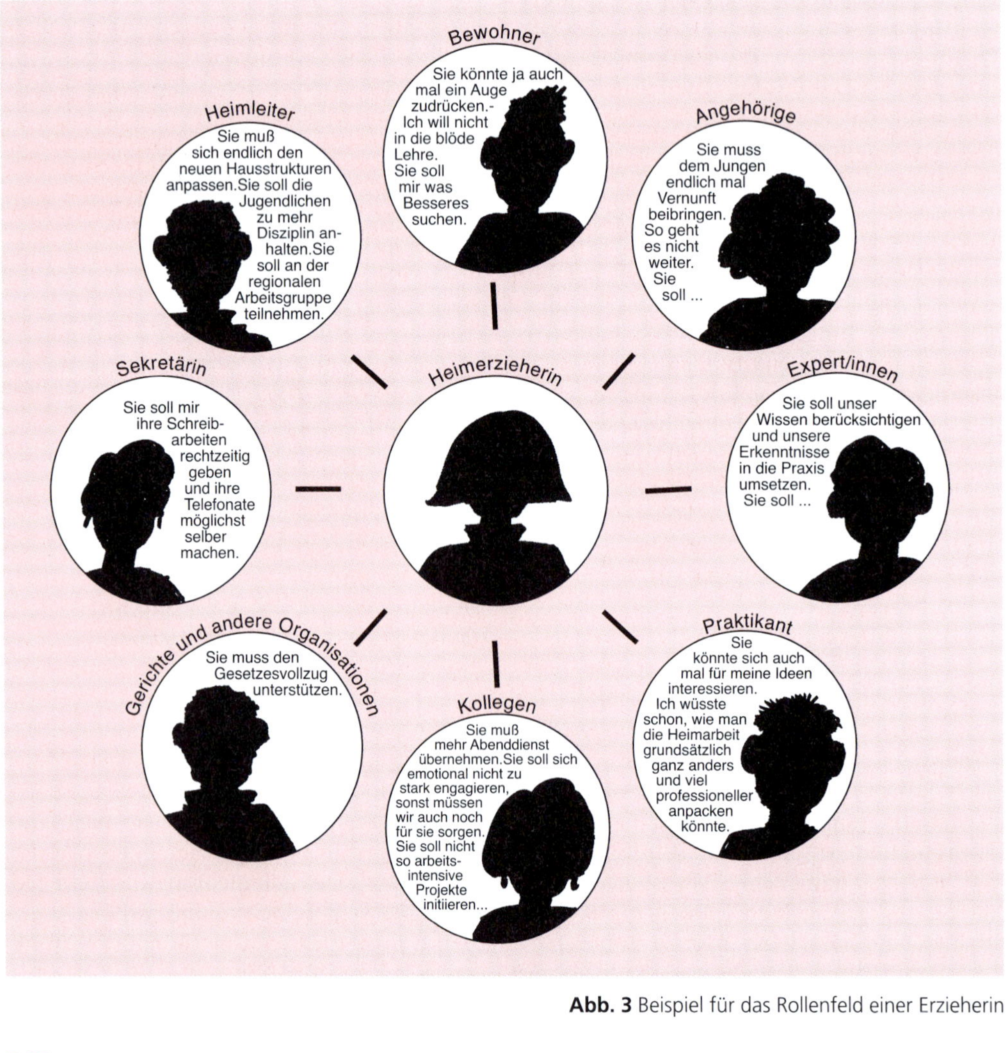

Bewohner
Sie könnte ja auch mal ein Auge zudrücken.- Ich will nicht in die blöde Lehre. Sie soll mir was Besseres suchen.

Heimleiter
Sie muß sich endlich den neuen Hausstrukturen anpassen. Sie soll die Jugendlichen zu mehr Disziplin anhalten. Sie soll an der regionalen Arbeitsgruppe teilnehmen.

Angehörige
Sie muss dem Jungen endlich mal Vernunft beibringen. So geht es nicht weiter. Sie soll ...

Sekretärin
Sie soll mir ihre Schreibarbeiten rechtzeitig geben und ihre Telefonate möglichst selber machen.

Heimerzieherin

Expert/innen
Sie soll unser Wissen berücksichtigen und unsere Erkenntnisse in die Praxis umsetzen. Sie soll ...

Gerichte und andere Organisationen
Sie muss den Gesetzesvollzug unterstützen.

Kollegen
Sie muß mehr Abenddienst übernehmen. Sie soll sich emotional nicht zu stark engagieren, sonst müssen wir auch noch für sie sorgen. Sie soll nicht so arbeitsintensive Projekte initiieren...

Praktikant
Sie könnte sich auch mal für meine Ideen interessieren. Ich wüsste schon, wie man die Heimarbeit grundsätzlich ganz anders und viel professioneller anpacken könnte.

Abb. 3 Beispiel für das Rollenfeld einer Erzieherin

weitgehend Einigkeit über die Angemessenheit der Forderungen. Rollenträger und Normsender bilden mit den Erwartungen an die Inhaber einer bestimmten sozialen Position ein sogenanntes Rollenfeld.

Typen von Verhaltenserwartungen ■
Rollenträger werden mit Verhaltenserwartungen konfrontiert, die sie nicht einfach ignorieren können. Nur ein kleiner Teil dieser Erwartungen wird ausdrücklich geäußert, zumeist handelt es sich um Erwartungserwartungen, d.h. um Vorstellungen, die man sich über die Erwartungen anderer an sich selber macht. Wir unterscheiden zwischen Muss-Erwartungen, die absolut verbindlich sind (auch Muss-Normen genannt), Soll-Erwartungen (oder Soll-Normen) und Kann-Erwartungen (bzw. Kann-Normen), die wenig verbindlich sind.

Rollenhandeln ■
Während die Rolle lediglich den Rahmen der Erwartungen absteckt, mit denen Individuen konfrontiert werden, bezieht sich das Rollenhandeln darauf, wie die Individuen schließlich mit den Erwartungen umgehen. Folgende Faktoren beeinflussen das Rollenhandeln.

- Interpretationen der Erwartungen: Erwartungen sind in den seltensten Fällen unmissverständlich dargelegt. Meist muss man sie erahnen oder aus dem Verhalten und den Worten der anderen schließen. Wie man vermutete oder reale Erwartungen interpretiert, beeinflusst maßgeblich das Rollenhandeln
- Internalisierte Werte, Normen und Verhaltensmuster: Jeder erwachsene Mensch hat im Verlauf seiner Biografie bestimmte → Werte, Normen und Verhaltensmuster erlernt. Sie alle fließen in sein Rollenhandeln ein und bestimmen die feinen, aber wichtigen Nuancen seines Verhaltens. So können z.B. zwei pädagogische Fachkräfte die gleichen Muss- und Soll-Erwartungen erfüllen. Die eine wirkt dabei jedoch eher mürrisch, während die andere Freundlichkeit ausstrahlt

- Rollenselbstbild: Das Rollenselbstbild schließlich ist ein weiterer wichtiger Einflussfaktor für die Art des Rollenhandelns. Jeder Mensch versucht in der Regel, seine eigenen Ideen und Zielvorstellungen in den einzelnen Handlungsfeldern zu verwirklichen und dementsprechend auch mit den an ihn gestellten Rollenerwartungen umzugehen. Manchmal passt sich dabei das Ideal vom eigenen Handeln den Erwartungen der Umwelt an und fristet schließlich oft nur noch in der Erinnerung des Rollenträgers ein schattenhaftes Dasein (ja, früher, da dachte ich noch...).

Rollenkombinationen ■
Menschen sind nicht nur Erzieherin oder Mutter oder Chefin, sondern sie haben in der Gesellschaft noch weitere Rollen inne. Die Mitgliedschaft in verschiedenen sozialen Handlungsfeldern führt dazu, dass jeder Mensch über eine spezifische Rollenkombination verfügt, die im Verlauf seiner Biographie wechselt. Je nach Lebensphase gewinnt die eine oder andere Rolle eine besondere Dominanz, wie beispielsweise die Rolle des Vaters bzw. der Mutter nach der Geburt des ersten Kindes. Die Tatsache, dass die meisten Menschen Teil verschiedener Rollenfelder sind, bedeutet für sie einerseits Zugehörigkeit durch die Einbindung in weitere soziale Bezüge, andererseits aber auch Verpflichtung.

Rollenkonflikte ■
Wenn man sich bewusst macht, wie viele implizite oder explizite Erwartungen die zahlreichen Normsender an das Individuum als Rollenträger haben, wird sofort klar, warum Probleme und Konflikte nicht die Ausnahme, sondern der Normalfall im Leben sind. Folgende fünf Typen von Rollenkonflikten lassen sich unterscheiden.

Intrarollenkonflikt ■
Hier geht es um einen Konflikt, der innerhalb *einer* Rolle entsteht. Z.B. werden an die Inhaberin einer bestimmten Position, etwa an eine Heimleiterin, von den Normsendern ihres Rollenfeldes widersprüchliche Erwartungen gestellt: Die Erzie-

her und Erzieherinnen wollen, dass sie attraktive interne Weiterbildungsangebote organisiert, während der Stiftungsrat von der Heimleitung einen sparsamen Umgang mit den zur Verfügung stehenden Geldern fordert. Oder: Zwei Normsender äußern zum gleichen Zeitpunkt völlig unvereinbare Wünsche – ein Kollege braucht gerade dringend einen fachlichen Rat, während ein Kind aus der Spielgruppe deutlich signalisiert, dass es Aufmerksamkeit benötigt. Intrarollenkonflikte treten auch in pädagogischen Problemkonstellationen auf, in denen unkonventionelle Problemlösungen verlangt sind, denen aber institutionelle Erwartungen entgegenstehen, die die Einhaltung formal gültiger Normen fordern. Konflikte dieser Art sind besonders häufig in Mittlerpositionen zu finden, d.h. in Positionen, in denen die Rollenträgerin in der Hierarchie zwischen zwei Statusgruppen angesiedelt ist – ein Beispiel dafür ist die Betriebssozialarbeiterin, die sowohl der Betriebsleitung als auch den einfacheren Angestellten verpflichtet ist.

Interrollenkonflikt ■ Bei diesem Konflikttypus geht es um die mangelnde Vereinbarkeit von zwei oder mehreren Rollen. Rollenträger sind durch ihre Mitgliedschaft in verschiedenen Handlungsfeldern mehreren Bezugsgruppen verpflichtet. Wenn deren Erwartungen nicht oder nur schwer miteinander vereinbar sind, so spricht man von einem Interrollenkonflikt. Beispielsweise kann ein Konflikt zwischen der Vaterrolle und der Rolle als Arbeitnehmer entstehen, wenn durch betriebliche Umstrukturierungen der zeitliche Aufwand für berufliche Aufgaben steigt und nur noch wenig Zeit für die Kinder bleibt. Mit der wachsenden Komplexität moderner Gesellschaften ist auch die Anzahl der Rollen gewachsen. Das bedeutet, dass das Individuum häufiger als früher Rollen übernimmt, die nicht miteinander koordiniert sind. Damit sind Interrollenkonflikte sozusagen zum Normalfall geworden.

Konflikt zwischen Rolle und idealem Rollenselbstbild ■ Dieser Konflikt entsteht, wenn es zu einem Widerspruch zwischen Rolle und idealem Rollenselbstbild kommt. Die meisten Menschen haben Vorstellungen darüber, wie sie sich in einer bestimmten Rolle möglichst ideal verhalten. Ihre Idealvorstellungen können jedoch erheblich von dem abweichen, was von ihnen gefordert wird. Dieser Konflikttypus findet sich besonders häufig in sozialen Berufen, wenn z.B. wegen Sparmaßnahmen weniger Zeit für die Patienten oder Klientinnen zur Verfügung steht, als sich mit dem eigenen Berufsethos und der Vorstellung von Professionalität vereinbaren lässt. Er kann auch auftauchen, wenn unterschiedliche Rollendefinitionen vorliegen: Z.B. nehmen in einem sozialen Beruf die Kontrollfunktionen überhand, während die Rollenträgerin selbst ihre Aufgabe vor allem in der Begleitung und Beratung sieht.

Rollenüberlastung ■ Die in unserer Gesellschaft geltenden Werte legen es den Menschen nahe, möglichst aktiv und leistungsorientiert zu sein. So ist es wahrscheinlich, dass sich so mancher in mehr Handlungsfelder verstrickt, als er eigentlich bewältigen kann. Die entsprechenden Anforderungen drohen ihn zu ersticken. In diesen Fällen spricht man von Rollenüberlastung. Die Folgen können psychosomatischer Art sein. Rollenüberlastung kann aber auch als Argument benutzt werden, um sich vor den jeweilig spezifischen Anforderungen verschiedener Bezugsgruppen zu schützen. Dabei werden i.d.R. die Anforderungen der Bezugsgruppe am ehesten berücksichtigt, die über die meiste Macht verfügt.

Rollendefizit ■ Im Vergleich zur Rollenüberlastung ist aber auch das Gegenteil denkbar – nämlich, dass Menschen aufgrund ihrer Lebenssituation an zu wenig Handlungsfeldern teilnehmen (z.B. Hausfrauen mit Kleinkindern, Inhaftierte oder sehr alte Menschen). Sie können an den Grenzen ihrer psychischen und physischen Belastung stehen und sich trotzdem am Rande des Geschehens und unterfordert fühlen. Menschen mit einem Rollendefizit sind oft bedroht durch soziale Desintegration.

Rollenkonzept ■ In der Fachliteratur sind mit dem Rollenkonzept zahlreiche weitere theoretische Begriffe und Versuche der Typisierung bzw. Kategorisierung verbunden. Welcher Art sie sind, hängt mit dem jeweiligen theoretischen Hauptansatz zusammen, mit dem gearbeitet wird. Das Rollenkonzept ist in seinen Grundzügen bereits in den dreißiger Jahren und in den USA entwickelt worden. Namhafte Theoretiker waren in diesem Zusammenhang George Herbert Mead (1863–1931), der vor allem das Zusammenspiel zwischen individuellem Verhalten und sozialem Kontext ins Zentrum stellte, und Ralph Linton (1893–1953), der ebenfalls wesentliche theoretische Überlegungen zum Rollenkonzept anstellte. Im deutschsprachigen Raum wurde das Rollenkonzept in den sechziger Jahren von Ralf Dahrendorf verbreitet und in der Folge heftig diskutiert. Gemessen an der Häufigkeit, mit der in der sozialwissenschaftlichen Literatur dieser Begriff benutzt wird, erstaunt es, wie sehr die rollentheoretische Diskussion seit der Einführung durch Dahrendorf stagniert und wie selten es in empirischen Forschungen in den Mittelpunkt gestellt wird.

Christiane Ryffel

■ Literaturtipps

Dechmann, B./Ryffel, Ch. (2001). Soziologie im Alltag. Eine Einführung. Weinheim: Juventa.
Doehlemann, M. (1994). Soziologische Theorie und soziologische Perspektiven für soziale Berufe. In: Biermann, B. u.a.: Soziologie. Gesellschaftliche Probleme und sozialberufliches Handeln. Neuwied: Luchterhand.

Rollenspiel

Rollenspiel ist ein soziales → Spiel, in dem mindestens zwei Spielpartner in → Rollen schlüpfen und mit entsprechenden Haltungen und Handlungsmustern zueinander in Beziehung treten. Dabei werden Vorlagen aus der Realität (Mutter und Kind; Polizei und Dieb; Bauer und Tier) möglichst echt imitiert und mit den eigenen Wünschen und Vorstellungen so in Einklang gebracht, dass eine neue (Spiel-)Wirklichkeit entsteht.

Die Entwicklung des Rollenspiels ■

Das Rollenspiel entwickelt sich in verschiedenen Stufen, zeichnet sich jedoch auch dadurch aus, dass Kinder die Freiheit des Spiels nutzen, um großzügig zwischen den verschiedenen Ebenen zu wechseln (Einsiedler 1999).

Selbstbezogenes Als-ob-Spiel ■ Bereits zu Beginn des zweiten Lebensjahres führt ein Kind selbstbezogene Als-ob-Handlungen durch (es tut so, als ob es aus einer Spielzeugtasse trinkt). Damit zeigt es erste spielerische Gedanken- und Phantasietätigkeiten, die jedoch egozentrisch bleiben.

Fremdbezogenes Spiel mit Spielfiguren ■ Anfänge des eigentlichen Rollenspiels zeigen sich in einfachen Handlungen an einer Spielfigur, die zunächst passiv bleibt (Puppe wird gefüttert). Dieses fremdbezogene Spiel weitet sich aus, indem im dritten und vierten Lebensjahr die Spielfiguren aktive Rollenträger werden, denen eigene Gefühle und Vorhaben unterlegt werden (die Kuh will nicht in den Stall). In das Spiel fließen damit größere sinnvolle Handlungssequenzen ein. Bezeichnend für diese Phase ist, dass das Kind aus seiner Ichbezogenheit heraustritt und mit Unterstützung einer realistischen Spielfigur beginnt, sich in ein Gegenüber hineinzuversetzen. Dieser Vorgang wird auch als Dezentrierung (Einsiedler 1999) bezeichnet.

Spiel mit Objekten als Symbol ■ Die Kinder lösen sich von realistischem Spielzeug und nutzen Objekte frei nach ihren inneren Bildern (das Holzstückchen wird zum Schiff). Die zunehmende Fähigkeit, die Bedeutung von Gegenständen nach ihren eigenen Vorstellungen zu verändern, wird von Kindern erstmals zwischen dem zweiten und vierten Lebensjahr mit Vorliebe in ihr Spiel eingebracht, wenn sie nicht durch zu viel → Spielzeug davon abgehalten werden. Dieser kognitive Vorgang wird Dekontextualisierung

(Einsiedler 1999) genannt und ist kennzeichnend für das kreative Potenzial von Rollenspiel.

Spiel mit Partnerbezug ■ Der Übergang vom Selbstbezug zum Fremdbezug und die Lösung von realistischen Spielfiguren führen zum sozialen Spiel mit Partnern und zur Übernahme von Rollen. Dieses reife Rollenspiel lebt besonders von den vorgeschalteten Spielebenen, in denen zum einen der Umgang mit Objekten geübt wurde und zum anderen von der erworbenen Fähigkeit, mit Unterstützung von realistischem Spielzeug Phantasie- und Denkprozesse in das Spiel einzubringen. Rollenspiel in dieser Ganzheitlichkeit zeigt sich bereits im dritten Lebensjahr, wenn Kinder ein geeignetes Spielumfeld vorfinden. Ab dem vierten Lebensjahr finden sich zwei bis fünf Kinder zu spontanen Gruppenspielen mit verteilten Rollen zusammen. Dieses Spiel mit Partnerbezug entsteht aus dem Parallelspiel, indem kleinere Kinder nebeneinander dasselbe spielen und dann beginnen, ältere Kinder in ihren Spielhandlungen nachzuahmen.

Die Bedeutung des Rollenspiels ■ Die Bedeutung des Rollenspiels im Leben eines Kindes ist sehr komplex. Neben umfassenden Lern- und Bildungsprozessen wird auch die Persönlichkeit des Kindes geprägt.

Umgang mit Vorerfahrungen ■ Die Praxiserfahrung zeigt, dass Rollenspiel einen Spielhintergrund hat und tatsächliche Erlebnisse (ich bin im ICE gefahren; der schwarze Hund hat mich erschreckt) den Spielfluss steuern. Beeindruckende Erlebnisse – etwa auch durch Fernsehkonsum – werden jedoch nicht eins zu eins reproduziert. Ein Kind, das im Spiel seine Puppe schlägt, ist nicht unbedingt das Kind, das Zuhause selbst geschlagen wird. Und auch angsterregende Szenarien aus Filmen werden nicht notwendigerweise genauso wiederholt, wie sie wahrgenommen wurden, um sie zu verarbeiten. Im Gegenteil: Kinder haben die Fähigkeit, positiv-emotionale Szenen aufzugreifen und auf diese Weise belastende Erlebnisse

auszugleichen (Einsiedler 1999). Auch Kinder, die sich in einer schwierigen Lebenssituation befinden (Trennung, Tod, Vernachlässigung) spielen eher gar nicht, als dass sie diese Entbehrungen umgehend im Spiel bewältigen. Wenn es jedoch gelingt, solche Kinder wieder in das Spiel hinein zu begleiten, erfinden sie selber Spielmöglichkeiten, um Freude am Leben zurückzugewinnen. Dabei finden ausgewählte Vorerfahrungen als sich wiederholende Spielmotive eine neue Wertigkeit im Leben des Kindes. Durch Spielbeobachtung im Kindergarten wird deutlich, dass Kinder sich im Rollenspiel grundlegenden Lebensthemen widmen, die ihnen eine positive Weltsicht eröffnen (Partecke 2002). Kinder suchen in ihrem Spiel Antworten auf Fragen wie: Wo ist mein Platz? Zu wem gehöre ich? Wer bin ich? Wie lebe ich selbstbestimmt? Was lerne ich dazu? Erfülltes Spiel bringt lebenstüchtige Kinder hervor, die mit Erkenntnissen aus der Spielwirklichkeit ihre Zukunft gestalten.

Verständnis von sich selbst und von anderen ■ Das Kind erweitert im Rollenspiel sein Erlebnis- und Verhaltensspektrum, indem es durch rollengemäße Aktivitäten zusätzliche Möglichkeiten erkennt, in der Welt zu sein. Desgleichen erlebt ein rollenspielendes Kind seine Mitspieler im Spiel anders, als es sie vorher kannte und muss sich in seinem eigenen Verhalten darauf einstellen. In diesem komplexen Wechselspiel entwickeln Kinder ein Verständnis sowohl von sich selbst als auch von anderen, besonders wenn sie flexibel mit Rollenwahl und Rollenwechsel umgehen. Durch den Vergleich mit ihren Spielgefährten, die im Spiel ganz andere Prioritäten setzen, baut sich die Vorstellung von ihrem Selbst, ihre Identität auf. Sie gewinnen Feingefühl für sich und ihre Mitspieler und entwickeln → Empathie, indem sie sowohl ihre eigenen Vorlieben und Stärken als auch die ihrer Mitspieler erkennen.

Leben in Integration ■ Im Rollenspiel ist → Kooperation gefragt, wenn ein gemeinsames Vorhaben realisiert werden soll, beispielsweise beim Hand-in-Hand-Arbeiten mit großem Material beim Bauspiel als Auftakt zu einem Rollenspielszenario: Wir spielen »Tierpark«. Absprachen über Vorstellungen und Vorhaben sind notwendig sowie gezielte Interaktionen und Handlungen, um Spielketten aufzubauen und zu erhalten. Mit Rede und Gegenrede, Aktion und Reaktion muss sich jeder Rollenträger so ausdrücken, dass der jeweils andere seine Anliegen versteht und entsprechend »richtig« mitspielen kann. Kinder unterstützen sich dabei, indem sie für einen Moment aus ihrer Rolle treten und sich gegenseitig Regieanweisungen geben (»Du musst jetzt wohl zum Spaß zur Arbeit gehen«). Mit all diesen verschiedenen Formen der Kommunikation übernehmen die Kinder Verantwortung für das Gelingen ihres gemeinsamen Spiels und darüber hinaus für ein Leben in Integration.

Die eigene Welt gestalten ■ Im Rollenspiel ersetzt die gemeinsame Spielidee das → Spielzeug. Deswegen ist es erforderlich, dass das Spiel einen Namen hat. Das Spielthema als übergeordneter Gegenstand, der anstelle eines Spielzeugs das Handeln initiiert und lenkt (Oerter 1997), gibt die Spielregeln vor. Das Rollenspiel Supermarkt beispielsweise verlangt mindestens zwei Rollenspieler, die als Kassiererin und Kunde am fiktiven Laufband ihr Handeln aufeinander abstimmen. Das Spielthema strukturiert das Spiel, es werden keine beliebigen, sondern ganz bestimmte Handlungsmuster aufgebaut, die Sinn herstellen. Das ist für Kinder ein anspruchsvoller Vorgang, da eigene Kenntnisse und Vorstellungen mit denen der anderen Mitspieler in Einklang gebracht werden müssen. Was dann dabei als Spiel herauskommt, ist nicht identisch mit realen Handlungsabläufen im tatsächlichen Supermarkt um die Ecke, sondern die Kinder konstruieren eine Spielrealität, in der sie mit Spielideen experimentieren und ganz eigenwillige (Verkaufs-)Rituale erfinden, dabei Wir-Gefühl und Ich-Stärke erleben und gerade dann am meisten Spaß haben, wenn ihre Spielwelt sich vom Ernst des Lebens in der Alltagswirklichkeit unterscheidet.

Pädagogische Spielbegleitung im Rollenspiel ■ Erzieherinnen vertreten häufig die Ansicht, der Erwachsene sollte nicht in das Kinderspiel eingreifen, damit die Kinder lernen, allein miteinander auszukommen. Es wird oftmals auch der Mythos vom »heiligen Kinderspiel« gewoben, in dem Erwachsene nur störten. Solchen Positionen stehen Befürworter der gezielten Spielbegleitung gegenüber. Das pädagogische Geschick liegt sicher in der Mitte beider Orientierungen und verfolgt weniger ein Spieltraining als vielmehr die Förderung von Spielfähigkeit als Erziehungsziel (Einsiedler 1999).

Der eigene Anspruch an ihr Spiel überfordert Kinder häufig. Denn Rollenspiel ist ein komplexes Geschehen, das sozial, interaktiv, sinnstiftend und rituell mit einer hohen emotionalen und kognitiven Beteiligung allen Mitspielern gerecht zu werden versucht. Es reicht, dass nur ein Rollenspieler durch mangelnde Übersicht, egozentrische Spielhandlungen, zu geringe spielthematische Kenntnisse oder übermächtige Spielintensität aus der Rolle fällt, und schon ist das Spiel verdorben. Störendes Spielverhalten ist häufig ein Zeichen dafür, dass die Hoffnungen an ein erfülltes Spiel enttäuscht werden. Das Konfliktpotenzial ist groß, und somit Kinderstreit im Rollenspiel vorprogrammiert. Gleichzeitig zeigen eingespielte Rollenspielgruppen einen friedlicheren Umgang miteinander als Spielgruppen, die sich im Spiel mit Spielzeug vereinzeln und sich häufig über begehrte Objekte streiten.

Rollenspiel verwirklicht sein ganzes schöpferisches Potenzial, wenn Kinder angeleitet werden, ihre Spielabläufe zu reflektieren und neue Spielansätze zu planen. Dafür ist die Moderation durch eine einfühlsame Spielleiterin vonnöten, die dazu beiträgt, dass unterbrochene Spielabläufe wieder aufgenommen werden, indem sie gegebenenfalls vorrübergehend behutsam Regie führt.

Wie jede andere Spielform verlangt das Rollenspiel klare Rahmenbedingungen, die ein Spiel überhaupt erst möglich machen. Darüber hinaus kann sich die Spielleiterin in einem betreuten Spiel als Ko-Konstrukteurin verstehen, indem sie als Spielpartnerin der Kinder die Spielwirklichkeit durch eigene

Spielimpulse vertieft oder erweitert und dabei Denken, Fühlen und Handeln der gesamten Spielgruppe inspiriert. Sie hilft, die Brücke von der Spielwirklichkeit in die reale Welt zu schlagen, indem sie für Sachinformationen und Anschauung außerhalb des Kindergartens sorgt. Denn zusätzliche Informationen und Kenntnisse sind wie Bausteine für die Realitätskonstruktion im Rollenspiel. Das gesamte Potenzial an Experimentieren, Forschen und Lernen, das Kinder in ihrem schöpferischen Spiel mobilisieren, kann für ihren Selbstbildungsprozess genutzt werden, wenn im Kindergarten betreutes Rollenspiel zu Spielprojekten ausgeweitet wird (Partecke 2002; 2004).

Erdmute Partecke

■ Literaturtipps

Einsiedler, W. (1999). Das Spiel der Kinder. Bad Heilbrunn: Klinkhard.

Fritz, J. (1993). Theorie und Pädagogik des Spiels. Eine praxisorientierte Einführung. Weinheim: Juventa.

Oerter, R. (1997). Psychologie des Spiels. Weinheim/Basel: Beltz.

Partecke, E. (2004). Lernen in Spielprojekten. Praxishandbuch für die Bildung im Kindergarten. Weinheim/Basel: Beltz.

Schlaf

Der Schlaf ist ein regelmäßig wiederkehrender, physiologischer Erholungszustand mit vermindertem Bewusstsein, reduzierter bzw. veränderter motorischer Aktivität und Muskelentspannung. Die Wahrnehmung von Umweltreizen ist jedoch möglich, der Schlafende ist jederzeit weckbar. Ungestörtes Schlafen und Träumen sind Grundvoraussetzungen für die körperliche und seelische Entwicklung und Gesundheit. Grundsätzlich unterscheidet man beim Schlaf zwei verschiedene Typen.

Der **REM-Schlaf** (engl.: rapid eye movement) ist gekennzeichnet durch die Abfolge sehr schneller Augenbewegungen. Die übrige Muskulatur des Schläfers ist praktisch völlig entspannt. Die Weckschwelle während des REM-Schlafes ist etwa so hoch wie im Tiefschlaf. In den REM-Schlafphasen erlebt der Schläfer zudem den größten Teil seiner sehr lebendigen, visuellen und emotionalen Träume. Beim **NREM-Schlaf** (non rapid eye movement) fehlen die charakteristischen Augenbewegungen des REM-Schlafes, Träume sind seltener und deren Inhalte eher abstrakt.

Schlafphasen ■ Während des Nachtschlafes erlebt der Schlafende fünf verschiedene Schlafphasen, die pro Nacht in fünf bis sechs Schlafzyklen durchlaufen werden können:

- Einschlafphase: ca. 15 Minuten, Augenrollen, z.T. heftige Zuckungen der Gliedmaßen und »traumfetzenartige« Eindrücke, leicht weckbar
- Leichter Schlaf: ca. 15 Minuten, rasch ablaufende Muskelentspannungen, der Schläfer erwacht z.T. mit einem Gefühl des Fallens
- Mittlerer Schlaf (oder beginnender Tiefschlaf): Die Muskulatur ist entspannt, Herz-, Atemfrequenz und Körpertemperatur sind abgesenkt, der Schläfer ist durch »normale« Umgebungsreize, wie z.B. das Schließen einer Tür, nicht weckbar
- Tiefschlaf: maximale Entspannung und Reduktion der Körperfunktionen, schwer

weckbar. Ausschüttung des Wachstumshormons Somatotropin. Kinder, die dauerhaft zu wenige Tiefschlafphasen durchlaufen, sind daher kleinwüchsig
- REM-Schlaf.

Schlaf-Wach-Rhythmus ■ Nahezu alle Lebewesen zeigen charakteristische tagesperiodische Veränderungen ihres Aktivitätszustandes. Da diese Periodik auch nach Ausschalten aller Umweltfaktoren weiterläuft, kann man davon ausgehen, dass der Schlaf-Wach-Rhythmus endogen ist, d.h. vom Körper selbst gesteuert wird (biologische Uhr). Allerdings entspricht diese Periodik nur ungefähr der natürlichen Dauer eines Tages, weshalb sie auch als Circadianperiodik bezeichnet wird. Unter Normalbedingungen werden die individuellen circadianen Rhythmen mit sogenannten Zeitgebern, wie z.B. Licht-Dunkel-Wechsel und soziale Einflüsse, mit der 24-Stunden-Periodik abgestimmt (synchronisiert). Störende Umwelteinflüsse (z.B. Schichtarbeit), physische und psychische Störungen (Schmerzen, → Angst) sowie problematische Sozialisationsbedingungen (das Fehlen fester Regeln) können zu Störungen des Schlaf-Wach-Rhythmus' führen.

Neugeborene schlafen pro Tag durchschnittlich 16–18 Stunden, auf ca. fünf Schlafepisoden verteilt, bereits wenige Tage nach der Geburt in der Nacht mehr als am Tag. Ungefähr ab dem sechsten Lebensmonat ist das Gehirn des Kindes weit genug ausgereift, um eine volle Synchronisation des Schlaf-Wach-Rhythmus' mit dem 24-Stunden-Tag und damit ein nächtliches Durchschlafen zu ermöglichen. Die Gesamtschlafzeit sinkt im Laufe des ersten Jahres auf ca. 12–14 Stunden pro Tag ab. Bei fünfjährigen Kindern hat sich in der Regel ein stabiler 24-Stunden-Rhythmus eingestellt. Das Kind schläft in der Nacht ca. zehn bis zwölf Stunden. Ein kurzer Schlaf am frühen Nachmittag verhindert in diesem Alter ein Leistungstief zwischen 16 und 18 Uhr. Der Schlafbedarf sinkt mit zunehmendem Alter, steigt jedoch in der Phase der Pubertät nochmals etwas an. In dieser Lebensphase werden während des REM-Schlafes von der Hypophyse bzw. von den Keimdrüsen Geschlechtshormone ausgeschüttet, welche die körperliche und geistige Entwicklung zum Erwachsenen steuern.

Schlafstörungen ■
Schlafstörungen (Parasomnien) sind ein vor allem in sogenannten zivilisierten Gesellschaften zunehmend auftretendes Phänomen. Die Gründe können meist nur vermutet werden, jedoch sind bei Kindern und Jugendlichen die wenigsten Schlafstörungen pathologisch und damit behandlungsbedürftig. Folgende Schlafstörungen treten überwiegend bis fast ausschließlich bei Kindern und Jugendlichen auf:

Schlafwandeln ■
Das Schlafwandeln (Somnambulismus) ist i.d.R. weder krankhaft noch schädlich. Der Altersgipfel liegt zwischen dem vierten und achten Lebensjahr. Schlafwandeln tritt aus einer Tiefschlafphase heraus auf. Typisch ist dabei ein aufrechtes Sitzen im Bett mit offenen Augen. Der Blick ist starr geradeaus gerichtet. Wird das Bett verlassen, sind die Bewegungen steif und ungeschickt. Von der Umgebung wird keine Notiz genommen, das Bewusstsein ist ausgeschaltet. Eine Behandlung ist i.d.R. nicht notwendig, jedoch sollten Unfallvermeidungsmaßnahmen ergriffen werden.

Sprechen und Zähneknirschen ■
Sprechen im Schlaf und Zähneknirschen (Broxismus) sind als Ausdruck der Aktivität bestimmter Hirnareale zu sehen und harmlos. Sie treten meist in Zeiten neuer Erfahrungen und Anforderungen auf (Kindergarteneintritt, Einschulung). Sehr intensives Zähneknirschen kann jedoch zur Gebissabnutzung und Parodontose (= Zahnfleischbluten und -rückgang) führen und scheint häufig mit vermehrter psychischer Anspannung einher zu gehen.

Bettnässen ■
Bettnässen (= Enuresis) wird erst als Störung gesehen, wenn es nach dem fünften Lebensjahr anhält oder auftritt. Bettnässen tritt fast immer aus dem NREM-Schlaf heraus auf, entsprechend sind die Kinder beim Aufwachen meist verwirrt und desorientiert. Die Ursachen des Bettnässens können physischer und psychischer Natur (z.B. schwierige Familiensituation) sein, meist liegt eine Entwicklungsstörung vor. Bettnässen sollte nicht ignoriert werden, da die Situation für das betroffene Kind oft sehr belastend ist. Zunächst müssen organische Ursachen (Blasenfunktionsstörungen, Entzündungen) ausgeschlossen werden, anschließend können Blasentraining und verschiedene Verhaltensstrategien hilfreich sein.

Rhythmische Störungen ■
Diese Störungen treten kurz vor dem Einschlafen als stereotype Bewegungsabläufe wie Kopfschlagen, Kopfrollen oder Körperrollen auf. Es gibt keine Hinweise auf einen Zusammenhang mit physischen oder psychischen Erkrankungen, vielmehr scheint es sich hier um Formen der Autostimulation zu handeln.

Pavor nocturnus ■
Der Pavor nocturnus (= Nachtschreck) tritt meist zwischen dem dritten und dem achten Lebensjahr auf. Das Kind setzt sich plötzlich während des Schlafes auf und fängt an zu schreien. Dabei scheint es mit weit aufgerissenen Augen irgendetwas anzustarren. Das Gesicht ist bleich und schweißbedeckt, der Atem geht schwer. Der Nachtschreck tritt aus dem NREM-Schlaf auf, ist also nicht Folge eines Alptraumes. Erwachen die Kinder, sind sie desorientiert und schlafen meist sofort wieder ein. Am nächsten Morgen besteht keine Erinnerung. Die Ursachen sind unbekannt, die Störung scheint harmlos und verliert sich i.d.R. von selbst.

Alptraum ■
Alpträume treten fast immer aus dem REM-Schlaf auf und sind daher selten mit Äußerungen wie Reden, Schreien oder Um-sich-schlagen gekoppelt; z.T. tritt beim Aufwachen eine vorübergehende Bewegungsunfähigkeit ein. In Alpträumen werden häufig → Ängste aus der Phantasie- oder Realwelt des Kindes verarbeitet. Daher ist es nicht erstaunlich, dass viele Alpträume in Folge entsprechender TV- bzw. Leseeindrücke auftreten.

Circadiane Rhytmusstörungen ■ Bei gesunden Menschen befinden sich die verschiedenen circadianen Rhythmen (Körpertemperatur, Schlaf-Wach-Rhythmus, Hormonausschüttung) in Einklang und harmonieren im Zusammenspiel. Die möglichen Ursachen einer gestörten Rhythmik sind vielfältig und z.T. noch unbekannt. Bei Kindern scheint häufig eine der drei folgenden Ursachen zugrunde zu liegen:

- Vererbung circadianer Rhythmusstörungen
- Trennungs- und Verlassenheitsängste
- Schwierige Sozialisationsbedingungen und falsche Einschlaf-Assoziationen.

Bei Kindern treten folgende Störungen des Schlaf-Wach-Rhythmus' besonders häufig auf:

- **DSPS:** Das Syndrom der verzögerten Schlafphase (Delayed sleep phase syndrom = DSPS) betrifft Kinder, die oft vor 2 oder 3 Uhr morgens nicht einschlafen können und damit in Konflikt mit gesellschaftlich vorgegebenen Zeitgebern geraten. In Extremfällen kommt es zur Umkehr des Schlaf-Wach-Rhythmus.
- **Aufwachstörungen:** Kinder mit Aufwachstörungen werden mehrmals in der Nacht wach und können allein nicht wieder einschlafen. Dabei ist ein kurzes Aufwachen nach einer REM-Phase völlig normal, das Kind schläft danach jedoch i.d.R. schnell wieder ein.
- **Intrinsische Dyssomnien:** Diese müssen von den bisher genannten Dyssomnien abgegrenzt werden, da hier meist ein körperlicher Befund Ursache der Schlafstörung ist. Zu nennen ist hier v.a. das obstruktive Schlafapnoe-Syndrom. Dabei kommt es während des Schlafes zu längeren Atemstillständen. Richtungsweisende Symptome sind kloßige Sprache, verzögerte Sprachentwicklung, Mundatmung, Untergewicht und Minderwuchs, Nachtschweiß, motorische Hyperaktiviät und Konzentrationsstörungen. Ursache sind häufig vergrößerte Tonsillen oder andere Grunderkrankungen, z.B. Down-Syndrom.

Eine kindliche Schlafstörung ist unter folgenden Voraussetzungen behandlungsbedürftig:

- Das Kind ist nachts wiederholt wach
- Die Stimmung und das Verhalten des Kindes sind durch den schlechten Schlaf beeinträchtigt
- Eltern können aufgrund des kindlichen Schlafverhaltens dauerhaft nachts nicht durchschlafen und erhalten so selbst zu wenig Schlaf
- Der schlechte Schlaf belastet die Eltern-Kind-Beziehung.

Schlafregelungen in Kindertageseinrichtungen ■ Vor allem in Kindertagesstätten mit Säuglingen und Kleinkindern stellt sich die Frage nach der Gestaltung des Tagesschlafes. Hierzu gibt es viele Ansätze und Konzepte. Bei neu eintretenden Kindern ist es sinnvoll, zunächst in einem Elterngespräch die bisherigen Schlafgewohnheiten zu ermitteln. Säuglinge bis zum sechsten Lebensmonat haben ein veränderliches Schlafmuster, welches sich noch nicht an feste Regeln anpassen lässt. Bei älteren Kleinkindern hat sich folgende Regelung in der Praxis bewährt: Ein festgelegter Zeitraum des Tages, z.B. nach dem Mittagessen ist Ruhezeit. Alle Kleinkinder müssen sich in einem besonderen Ruheraum hinlegen und versuchen zu schlafen. Ist ein Kind nach einem bestimmten Zeitraum (z.B. 15 Minuten) nicht eingeschlafen, so darf es aufstehen und sich mit ruhigen Tätigkeiten bis zum Ende der Ruhezeit beschäftigen. Einige Einrichtungen lassen jedes Kind selbst entscheiden, wann, wo und wie lange es schlafen (und z.B. auch essen) möchte. Neue entwicklungsphysiologische Studien zeigen jedoch, dass Kinder unter fünf Jahren innerhalb einer Gruppe damit i.d.R. überfordert sind und so meist ihrem Schlafbedürfnis nicht nachkommen.

Silke Fischer

■ **Literaturtipps**

Hobson, J. A. (1990). Schlaf – Gehirnaktivität im Ruhezustand. Heidelberg: Spektrum der Wissenschaften.
Schmidt, R. F./Thews, G. (Hg.) (1995). Physiologie des Menschen (26. Aufl.). Heidelberg: Springer-Verlag.

Schule

Gemäß Grundgesetz Art. 7.1 erteilt der Staat der Schule einen Bildungs- und Erziehungsauftrag, der gemeinsam mit den Eltern gestaltet werden soll, wobei die Elternrechte im Vergleich zum → Kindergarten eher schwach ausgeprägt sind. Es obliegt dann der Kulturhoheit der Länder, diesen Auftrag zu konkretisieren. In Deutschland besteht Schulpflicht, die in den einzelnen Länderverfassungen geregelt ist, bis zum Ende der Berufsschulzeit.

Organisierte Lernwelt ■
Die Schule soll Kenntnisse und Fähigkeiten vermitteln, die – je nach erreichtem Abschluss – den Weg zu verschiedenen Berufsfeldern eröffnen. Zugleich hat sie im demokratischen Staat die Aufgabe, zu gesellschaftlicher Teilhabe zu erziehen, Berufs- und Bildungsmöglichkeiten nach → Leistung zu erschließen und nicht nach Herkunft und Besitz. Es geht also um soziale Gerechtigkeit, Kindgemäßheit des Lernens, Vorbereitung auf zukünftige Anforderungen. Um diesen Aufgaben gerecht zu werden, wurden im 20. Jahrhundert zahlreiche Systemdebatten geführt: Gelingt es eher einem horizontal gestuften Gesamtschulsystem oder einer vertikalen Gliederung nach Schularten, Kinder bestmöglichst zu fördern? Wissenschaftlich ist der Streit unentschieden geblieben, die Ergebnisse der PISA-Studie zeigen ein sehr differenziertes Bild.

Das Kind im Mittelpunkt ■
Zu Beginn des 21. Jahrhunderts muss Schule sich damit auseinandersetzen, dass Kinder sehr unterschiedliche Lernvoraussetzungen mitbringen, die u.a. mit dem Aufwachsen in unterschiedlichen Lebenswelten zusammenhängen.

Unterschiedliche Kulturen und Nationen, vielfältige Familienformen, Sprachprobleme und zunehmende Sprachentwicklungsdefizite, Mediatisierung der Kindheit, d.h. eine Mischung aus sinnlichen Erfahrungsdefiziten und medialer Überinformation, spielen dabei eine wichtige Rolle. Der Schule kommt hierbei die Aufgabe zu,

- Für eine entsprechende Lernfähigkeit zu sorgen
- Lernprozesse im Klassenverband vorzubereiten
- Für → Chancengleichheit zu sorgen.

Daraus ergibt sich die Frage, wie früh und unter welchen Rahmenbedingungen Bildungsbemühungen einsetzen müssen? Die Diskussion um die → Schulfähigkeit sucht Wege, wie alle beteiligten Institutionen und Personen – Schule, Kindergarten, Eltern, Frühförderstelle (→ Frühförderung), Gesundheitsamt – zum Wohl der Kinder kooperieren können und müssen.

Der Bildungs- und Erziehungsauftrag schließt die Förderung der gesamten Persönlichkeitsentwicklung des Kindes ein, d.h. es geht nicht nur um die Vermittlung kognitiver Fähigkeiten, sondern auch um soziale und emotionale Kompetenzen. Ganzheitliche Ansätze, wie sie z.B. von verschiedenen reformpädagogischen Richtungen vertreten werden, geben hierfür vielfältige Anregungen. Nicht zuletzt geht es dabei auch um die aktive Mitgestaltung von Lernprozessen seitens der Schülerinnen und Schüler. Dies dient wiederum dem Erlernen sozialer Kompetenz (→ Soziale Bildung), was eine unerlässliche Voraussetzung für ein positives Lernklima ist sowie der Fähigkeit, Lebensprozesse verantwortlich zu gestalten.

Im Schulalltag wird indes immer wieder ein Mangel an sozialer Kompetenz thematisiert: Gewaltbereitschaft und Gewalterfahrungen zeugen von der Not der Lebensumstände vieler Kinder, von mangelnder Kompetenz im Umgang mit → Aggressionen, Krisen und Konflikten, von zu wenig Verantwortungsbereitschaft. Dass Fragen nach den Ursachen von Gewalt offen gestellt werden, ist ein erster Schritt zur Bearbeitung. Für alle Schulstufen wurden mittlerweile Streitschlichter-Programme und Trainings entworfen, die konkrete Hilfen bieten, eigenverantwortliches Handeln zu erlernen und mit Phänomenen wie Bullying (engl.: to bully = tyrannisieren, schikanieren) und Schüler-Mobbing umzugehen.

Aktuelle Herausforderungen ■ Das insgesamt sehr mittelmäßige Abschneiden der deutschen fünfzehnjährigen Schülerinnen und Schüler bei der 2001 veröffentlichten PISA-Studie (PISA = Programme for International Student Assessment) wollen manche mit der Kurzformel »Mehr Geld, mehr Lehrer, mehr Unterricht« beheben. Die Zusammenhänge sind aber komplexer und verweisen auf die aktuellen Herausforderungen, mit denen sich das deutsche Schulsystem auseinander zu setzen hat, will es Kindern und Jugendlichen eine gute Ausbildung gewährleisten und gleichzeitig im internationalen Wettbewerb mithalten.

Standardisierung ■ Es geht um eine Standardisierung von Wissen, d.h., dass bei gleichem Abschluss und Zertifikat dieselben Wissens- und Kompetenzgrundlagen vorausgesetzt werden können. Mit standardisierten und zentralen Tests bzw. Prüfungen soll dieses Ziel erreicht werden.

Dreigliedrigkeit ■ Zugleich stellt sich die Frage nach den Auswirkungen der gegliederten Schulstruktur in Hauptschule, Realschule und Gymnasien, insbesondere inwieweit dadurch soziale Benachteiligung erzeugt wird. Des weiteren geht es hierbei um Lernbedingungen und Notengerechtigkeit. Die hier beobachteten Spreizungen (d.h. sehr unterschiedliche Bewertung für dieselbe Leistung) sind hochproblematisch, wenn es dann mit den Zertifikaten um Vergabe von Zugangsberechtigungen geht.

Was soll gelernt werden? ■ In der Diskussion um die Schlüsselqualifikationen geht es um zukünftige Anforderungen und ein Beschränken auf Wesentliches, weil ein enzyklopädisches Wissen (griech.: enkyklios paideia = Lernen im Kreis, d.h. alles) nicht mehr vermittelbar ist. So wird gefordert, das Lernen zu lernen (→ Lernmethodische Kompetenz), weil das ein lebenslanger Prozess bleiben wird (life-long learning). Aspekte wie → Motivation, Arbeitstechniken, Informationsverarbeitung, Konzentration gehören dazu.

Wie soll gelernt werden? ■ Wenn statt Belehren das selbständige Lernen gefördert werden soll, brauchen Kinder Erfahrungsräume und Förderung statt Auslese durch Prüfungen. Selbständiges Arbeiten kann nur dann eingeübt werden, wenn die individuelle Lernentwicklung und die Leistungsfähigkeit der jeweiligen Lerngruppe berücksichtigt werden. Bei einer standardisierten und zentralen Prüfung würde man genau darauf verzichten, wenn es denn hauptsächlich um eine Zertifizierung geht und nicht um eine Diagnose für den weiteren individuellen Bildungsweg. Zentrale Prüfungen helfen, Mindeststandards zu sichern, sind jedoch kein Mittel, das Leistungsniveau auf allen Kompetenzstufen zu heben. Der vermutlich ansteigende Leistungsdruck wird auch zu einem Ansteigen von Schulangst führen, wenn nicht der Förderungsaspekt des Kindes im Mittelpunkt steht.

Schulentwicklung ■ Wie viel Steuerung braucht die Schulentwicklung? Der in den 1990er Jahren begonnene Prozess, der Schule mehr Eigenverantwortung zuzubilligen, zeigt erste Früchte. Durch die Entwicklung eigener Schulkonzepte und Schulprofile, die zunehmend eine eigene Finanzverwaltung und Personalhoheit einschließen soll, wächst die Motivation, den Herausforderungen der jeweiligen Schülerklientel zu begegnen. Die Diskussion um Zentralisierung und standardisierte Tests läuft diesen Entwicklungen entgegen. Es bleibt abzuwarten, ob die Schule die Chance zu mehr Eigenverantwortung behält.

Lehrer-Ausbildung ■ Deutsche Lehrer und Lehrerinnen sind inhaltlich-fachlich gut ausgebildet, ihre pädagogische Qualifizierung bereitet sie jedoch nur unzureichend auf ihre Aufgaben vor. Neben fachlicher Kompetenz wird Methoden-Kompetenz (→ Didaktik, → Lernmethodische Kompetenz), vor allem aber soziale Kompetenz notwendig, um der Komplexität von Lern- und Lebensproblemen bei den Schülern zu begegnen. Um ihrem Bildungs- und Erziehungsauftrag gleichermaßen gerecht zu werden, müssen sie in der Lage sein, den Kindern auf der Beziehungsebene zu begegnen. Das setzt Wissen um die psycho-soziale Entwicklung von Kindern voraus, Fähigkeiten zum Konfliktmanagement, Umgang mit gruppendynamischen Prozessen und zunehmend auch Beratungskompetenz. Darüber hinaus müssen persönliche Kompetenzen erworben werden, z.B. durch und in Selbsterfahrungsgruppen. Um beruflichen Überforderung und später dem »Burnout« zu entgehen, sind gezielte Arbeit in Teams und begleitende → Supervision sehr hilfreich. Außerdem kann die bewusst geförderte → Kooperation mit anderen Bildungs-, Erziehungs- und Beratungsinstanzen unterstützend wirken. Zudem gilt auch für Lehrer, dass gezielte berufliche Weiterbildung zum Standard gehört.

Kooperation mit anderen Bildungsinstanzen ■

Damit die optimale Förderung von Schülerinnen und Schülern gelingen kann, ist die Kooperation zwischen den einzelnen Beratungs-, Erziehungs- und Bildungsinstanzen notwendig.

Kindergarten ■

Eine Voraussetzung für die gute Bewältigung des Übergangs (→ Transitionen) vom Kindergarten in die Grundschule ist die Kooperation dieser beiden Institutionen. Dazu gehört der Austausch über Erfahrungen, Vorgehensweisen, Anforderungen sowie das gegenseitige Kennenlernen der Einrichtungen. Auf diese Weise verlieren Kinder mögliche Schulängste und können ihre im Kindergarten erworbenen Kompetenzen in der Schule ohne allzu große Brüche weiter entwickeln. Immer häufiger machen die Gesundheitsämter bei ihren Untersuchungen zur → Schulfähigkeit auf defizitäre Entwicklungen aufmerksam. Hier kommt den Erzieherinnen eine Schlüsselfunktion zu. Mit einer qualifizierteren → Ausbildung (z.B. einer Fachhochschulausbildung) können sie Förderbedürfnisse früher wahrnehmen und darauf reagieren. Ebenso klar ist, dass mehr in die frühkindliche Bildung zu investieren ist, was nicht heißt, schulische Lernkonzepte in den Kindergarten zu übertragen.

Elternhaus, Schule, Schüler ■

Der im Grundgesetz verankerte Bildungs- und Erziehungsauftrag verbindet Schule und Elternhaus: Sie sind verpflichtet, sich über Werteorientierungen auseinander zu setzen und Wege zu finden, die Kindern Lebenskompetenzen mitgeben. Hier ist der Demokratisierungsprozess der Schule, der das Eltern- und → Kinderrecht gegenüber dem staatlichen Recht entscheidend stärkt oder gar vorrangig behandelt, noch ganz am Anfang. Der Komplexität von Lern- und Lebensprozessen werden die verantwortlichen Erziehungsinstanzen nur durch Kooperation gerecht – und mit zunehmendem Alter der Kinder durch deren Einbeziehung. Dafür wurden Kooperationsmodelle entworfen, die strukturell im Schulalltag verankert sind.

Außerschulische Instanzen ■

Um auf jeweils besondere Anforderungen eingehen zu können, ist unter Umständen die Einbeziehung außerschulischer Kompetenzen notwendig. Das können z.B. andere Bildungs- und Beratungträger sein, die Schule entlasten können und z.B. die Unterrichtung einzelner Schüler überhaupt erst wieder ermöglichen, z.B. bei Schulverweigerern (die erfahrungsgemäß eine lange Vorgeschichte mitbringen). Zudem können über die Schule Eltern für Bildungs- und Beratungsangebote erreicht werden, die nur mit einem niederschwelligen Angebot ansprechbar sind.

Zum Thema Schulpflicht ■

Grundsätzlich stellt sich die Frage, ob wir Schule nicht ohne Schulpflicht (wie z.B. Dänemark seit mehr als 150 Jahren) auf dem »Recht des Kindes auf Bildung« und der »Bildungspflicht der Eltern« (statt auf Schulzwang mit Polizeivorführung) gründen sollten. Dies würde vermehrte alternative und private Schulgründungen bedeuten, die in deutlichen Wettbewerb zu den staatlichen Schulen träten, sowie die Möglichkeit des Domizilunterrichts (»Homeschooling«) eröffnen wie in den USA, Großbritannien, Italien oder Österreich.

Dagmar Bickmann

■ Literaturtipps

Deutsches PISA-Konsortium (Hg.) 2003). PISA 2000 – Ein differenzierter Blick auf die Länder der Bundesrepublik Deutschland. Opladen: Leske & Budrich.

Döbert, H./ Ernst, Ch. (2001). Basiswissen Pädagogik. Aktuelle Schulkonzepte. Hohengehren: Schneider Verlag.

Doll, J./ Prenzel, M. (Hg.) (2004). Bildungsqualität von Schule – Lehrerprofessionalisierung, Unterrichtsentwicklung und Schülerförderung als Strategien der Qualitätsverbesserung. Münster: Waxmann Verlag.

Schulfähigkeit

Abhängig von den unterschiedlichen theoretischen Konzepten ist das Konstrukt Schulfähigkeit in der pädagogischen Diskussion erheblichen Wandlungen unterworfen. Unter dem Begriff der **Schulreife**, wie ihn Artur Kern (1951) vertrat, wurde das Ergebnis endogener, von Umwelteinflüssen weitgehend unabhängiger Reifeprozesse verstanden, die zum Besuch der Schule qualifizieren. Als zentrales Schulreifekriterium galt die visuelle Gliederungsfähigkeit, die mit dem von Kern entwickelten Grundleistungstest erfasst wurde. Ziel des in den sechziger Jahren weit verbreiteten Testinstrumentariums war es, schulunreife Kinder auszusondern und ihnen ein »Nachreifen« zu ermöglichen.

Der Begriff der Schulreife wurde abgelöst von dem der **Schulfähigkeit**, der zunächst auf eigenschaftstheoretischen Grundannahmen basierte. Als schulfähig galten Kinder, welche die von der Schule erwarteten Eigenschaften und Fähigkeiten mitbrachten. Konsequenz aus diesem Ansatz war es Tests zu entwickeln, die ebenfalls weitgehend dazu dienten, nicht schulfähige Kinder zu ermitteln und auszusondern.

Eine andere Sichtweise von Schulfähigkeit brachten die Ergebnisse der Sozialisations- und Lernforschung mit sich. Andreas Krapp (1978) betonte jetzt die Bedeutung von **Lernen und Umwelteinflüssen** für die Entwicklung der Schulfähigkeit. Auch nicht-kognitive Kriterien fanden nun in der Diagnostik Beachtung, deren Zielsetzung sich weg von der Aussonderung, hin zur Förderung und Veränderung von Lernvoraussetzungen bewegte.

Rolf Oerter (1978) betonte im weiteren Diskussionsverlauf die Bedeutung des Einflusses von soziokulturellen Entwicklungsnormen. Das, was vom Kind an Schulfähigkeit verlangt wird, wird in Abhängigkeit davon gesehen, was die Umwelt erwartet. Die Erreichbarkeit von Schulfähigkeit kann daher auch stark von Bundesland zu Bundesland und seinen gesetzten Normen variieren. Horst Nickel (1981) entfaltete schließlich in den achtziger Jahren ein **ökologisch-systemisches Schulfähigkeitsverständnis.** Schulfähigkeit bzw. Schulreife begreift Nickel als Konstrukt von vier Komponenten, die sich wechselseitig beeinflussen:

- Schule (mit seinem jeweiligen System, seinen allgemeinen Anforderungen und speziellen Unterrichtsbedingungen)
- Schüler (mit ihren somatischen, kognitiven und motivationalen/sozialen Voraussetzungen)
- Ökologie (mit unterschiedlichen – auch materiellen – schulischen, vorschulischen und häuslichen Bedingungen)
- Gesellschaftliche Situation (mit ihren Ziel- und Wertvorstellungen, Einstellung zu Leistungsverhalten und sozialer Struktur und Schichtung [→ Soziale Schicht]).

Kriterien ■ Nach den neuen Konzepten genügt es bei der Feststellung von Schulfähigkeit also nicht mehr, die individuellen Lernvoraussetzungen und die Anforderungen der Schule im Blick zu haben. Ökologische und gesellschaftliche Einflussfaktoren sind gleichermaßen zu berücksichtigen und können erheblich das Bild dessen, was ein schulfähiges Kind ausmacht, beeinflussen. Gesellschaftliche Wertvorstellungen (beispielsweise Gewichtung kognitiver Leistungen gegenüber sozialen Kompetenzen), unterschiedliche Schulsysteme (Betonung selbständiger Arbeit und offener Unterrichtsformen einerseits, eher lehrerzentrierter Unterricht andererseits), → Vorschulerziehung in → Kindergarten und im Elternhaus haben Auswirkungen auf die Entwicklung bzw. Gewichtung von Schulfähigkeitskriterien.

Auch Gisela Kammermeyer (2000) hat in einer Untersuchung herausgestellt, dass es von Schule zu Schule divergierende Schulfähigkeitsphilosophien geben kann, d.h. je nach individuellem Profil einer Schule können Schulfähigkeitskriterien unterschiedliche Bedeutung erhalten. Kammermeyer lässt bei ihrer Untersuchung zwölf Schulfähigkeitskriterien von Erzieherinnen und Lehrerinnen gewichten: Arbeitsverhalten, Denkfähigkeit, Feinmotorik, Gedächtnis, Gliederungsfähigkeit, Grobmotorik, Konzentration, Mengenerfassung, Selbständigkeit, Sozialverhalten, Sprachverständnis, Wahrnehmung.

Erzieherinnen und Lehrerinnen schätzen die Kriterien Wahrnehmung, Sprachverständnis, Konzentration und Sozialverhalten gleichermaßen als sehr bedeutend für die Schulfähigkeit ein. Selbständigkeit ist vor allem für Erzieherinnen ein weiteres wichtiges Kriterium, was von der Schwerpunktsetzung der Vorschulerziehung her erklärbar ist. Von besonderem Interesse ist, dass von allen am Erziehungsprozess beteiligten Personen die nicht-kognitiven Kriterien Sozialverhalten und Konzentration großen Stellenwert erhalten. Unabhängig von der Schwerpunktsetzung auf die o.g. Schulfähigkeitskriterien muss jedoch bedacht werden, dass es bei der Feststellung von Schulfähigkeit nicht um Aussonderung, sondern um die rechtzeitige Förderung des einzelnen Kindes gehen soll. Demnach kann für das einzelne Kind jedes Kriterium, gleich welche Gewichtung es letzten Endes von Erzieherinnen und Lehrerinnen in einem Kriterienkatalog erhält, den Schulerfolg beeinflussen und erhält damit für das pädagogische Handeln seine Bedeutung.

Diagnostik ■ Es gilt, vielfältige Informationsquellen und Beobachtungsmöglichkeiten auszuschöpfen, um sich ein möglichst umfassendes Bild vom Kind und seinen Fähigkeiten bzw. Defiziten zu machen und es so möglichst gezielt fördern zu können. Die Feststellung von Schulfähigkeit ist demnach nicht nur Aufgabe der Schule, sondern setzt eine enge → Kooperation von vorschulischen Einrichtungen, Elternhaus und → Schule voraus, so dass sich aus vielen Mosaiksteinen

ein Gesamtbild zusammenfügen kann. Solche Mosaiksteine können sein:

- Informelle Gespräche von Eltern, Erzieherinnen und Lehrerinnen. Austausch von Erwartungen und Befürchtungen an Elternabenden oder in Einzelgesprächen
- Besuche von Erstklasslehrerinnen im Kindergarten (Beobachtung der Vorschulkinder in → altersgemischten Gruppen, in gewohnter Umgebung oder Spiele und Gespräche in der Gruppe von Vorschulkindern)
- Teilnahme von Vorschulkindern mit ihren Erzieherinnen am Unterricht in der Grundschule
- Schnupperstunden mit einer Gruppe bis zu sechs Kindern, in denen Lehrerinnen und Erzieherinnen beim Schulspiel gezielt beobachten können
- Durchführung von Tests, die Schulfähigkeitskriterien erfassen
- Durchführung des Kieler Einschulungsverfahrens von Sigrun Fröse et al., das ein Unterrichtsspiel, eine Einzeluntersuchung und Elternkontakte umfasst.

Zu den Schulspielsituationen, wie z.B. in Schnupperstunden oder beim Besuch von Lehrerinnen im Kindergarten, muss dringend angemerkt werden, dass diese für die Kinder wirkliche Spielsituationen und nicht Testsituationen sind. Sie haben auch, aber nicht vorrangig diagnostische Funktion.

Schulische Arbeit ■ Eine bloße Diagnostik bleibt wirkungslos, wenn sie nicht in gezielte Maßnahmen mündet. Zu fragen ist, wie das Kind bestmöglich gefördert werden kann. Diese Förderung, die bereits in Elternhaus und Kindergarten ansetzt und von den dortigen Rahmenbedingungen (z.B. materielle und personelle Voraussetzungen) beeinflusst wird, setzt sich in der Schule mit ihren jeweiligen strukturellen Gegebenheiten fort.

- Der Übergang (→ Transitionen) vom Kindergarten zur Grundschule sollte möglichst fließend gestaltet werden. Dies setzt die gegenseitige Kenntnis der jeweiligen Lern- und Arbeitsbedingungen in Kindergarten bzw. Grundschule voraus und erfordert enge Kooperation

- Förderung ohne Einbeziehung der Eltern und außerschulischer Erziehungsinstitutionen (→ Hort, Lernstuben, Mittagsbetreuung, etc.) bleibt bruchstückhaft
- Erlangung von Schulfähigkeit ist ein Prozess, der individuell sehr unterschiedlich verläuft. Der (Anfangs-)Unterricht muss auf die unterschiedlichen Lernvoraussetzungen der Schüler im motivationalen, sozialen, kognitiven bzw. somatischen Bereich eingehen und differenzieren. Dies gelingt nicht ohne entsprechenden personellen und materiellen Aufwand
- Die Lehrerinnen einer → Schule müssen kooperieren und sich ihrer eigenen Schulfähigkeitsphilosophien bewusst werden. Schwerpunkte der Förderung können je nach Einzugsgebiet der Schule (Kinder mit mangelnder Sprachkompetenz, fehlende Bewegungsräume in Großstädten, überzogene Leistungserwartungen der Eltern) sehr unterschiedlich sein
- Schule muss sich letztlich auch ihrer Grenzen von Förderung bewusst sein. Schulpolitische bzw. pädagogische Forderungen nach Integration, nach Auflösung von Schulkindergärten und Diagnose-Förder-Klassen mögen u.U. sinnvoll sein, sind aber nur verantwortbar, wenn entsprechende erprobte Konzepte vorliegen und die notwendigen materiellen und personellen Rahmenbedingungen vorhanden sind.

Birgit Rödl

■ Literaturtipps

Breuer, H./Weuffen, M. (2004). Lernschwierigkeiten am Schulanfang. Lautsprachliche Lernvoraussetzungen und Schulerfolg. Weinheim/Basel: Beltz.

Kammermeyer, G. (2000). Schulfähigkeit. Kriterien und diagnostische/prognostische Kompetenz von Lehrerinnen, Lehrern und Erzieherinnen. Bad Heilbrunn/Obb: Klinkhardt.

Knitsch, A. (2004). Förderung der Schulfähigkeit. Arbeit mit entwicklungsverzögerten Kindern. Weinheim/Basel: Beltz.

Naegele, I./Haarmann, D. (Hg.) (1999): Schulanfang heute. Ein Handbuch für Elternhaus, Kindergarten und Schule. Weinheim/Basel: Beltz.

■ Kontakte

www.ifp-bayern.de
www.schulberatung.bayern.de
www.schulratgeber.de

Selbsthilfegruppen

In Selbsthilfegruppen schließen sich Menschen freiwillig, gleichberechtigt und selbstbestimmt zu gemeinsamen Aktivitäten zusammen, die sich auf die gemeinsame Bewältigung von Krankheiten sowie psychischen oder sozialen Problemen richten, von denen sie selbst oder als Angehörige betroffen sind.

Geschichte ■

Selbsthilfegruppen entstanden in den 1970er Jahren zunächst in den USA, bevor sie sich dann auch in Westeuropa verbreiteten. Während bis in die 1980er Jahre mit der Idee der Selbsthilfegruppen auch gesellschaftsverändernde Ansprüche einhergingen, bilden sie heute vor allem ein vielgestaltiges Netz individueller und gruppenbezogener Hilfe und Orientierung. Selbsthilfegruppen haben in keinem anderen Land Europas so viel Zulauf wie in Deutschland. Etwa zwei bis drei Millionen Menschen sind z.B. in über 70.000 Selbsthilfegruppen aktiv.

Merkmale ■

- Selbsthilfegruppen organisieren sich in Eigeninitiative und oft ohne staatlich-gesellschaftliche Unterstützung oder Förderung
- Die Teilnahme an einer Selbsthilfegruppe ist freiwillig und kostenlos (außer etwaige Spesen, z.B. für die Raumnutzung)
- Alle Teilnehmer sind in gleicher Weise für das Gruppenwohl verantwortlich
- Selbsthilfegruppen werden nicht durch professionelle, externe Fachpersonen geleitet; die gegenseitige Hilfe basiert auf den persönlichen Erfahrungen der Teilnehmer und der gemeinschaftlichen Problembearbeitung
- Selbsthilfegruppen arbeiten nach dem Austauschprinzip. Ihre positive Wirkung ist abhängig von dem, was die Teilnehmer an Offenheit, Engagement und individuellen Fähigkeiten einbringen
- Selbsthilfegruppen sind keine ungeleiteten Gruppen. Sie geben sich eine selbstver-

waltete Leitungsform, z.B. durch die phasenweise oder rotierende Leitungszuständigkeit eines Mitglieds

- Selbsthilfegruppen sind keine Dienstleistungs-Erbringer, deren Leistungen beliebig abrufbar sind. Dennoch bieten viele Selbsthilfegruppen auch Beratung für andere Betroffene an, die (noch) nicht Mitglied geworden sind.

Inhalte und Ziele ■ Rund zwei Drittel bis drei Viertel der Selbsthilfegruppen beschäftigen sich schwerpunktmäßig mit Erkrankung und Behinderung: Das Themenspektrum reicht von allergischen, asthmatischen und anderen Atemwegserkrankungen über Herz-Kreislauf- bis hin zu Tumorerkrankungen sowie → Sucht und Abhängigkeit, psychischen Erkrankungen und Problemen. Andere Selbsthilfegruppen engagieren sich in der sozialen Selbsthilfe in den Bereichen Alter, Arbeitslosigkeit sowie im Kontext von besonderen sozialen Situationen unter anderem in den Bereichen Partnerschaft, → Familie, → Erziehung.

Ausgangspunkt der Arbeit in Selbsthilfegruppen ist es, dass sich Betroffene in bestimmten Problemlagen gegenseitig oft effektiver unterstützen können, als dies professionellen Helfern gelingt. Ziel ist die *individuelle* Hilfe in Bezug auf ein spezielles Problem. Neue Gruppenteilnehmer, die wegen ihres Problems oft deprimiert und desorientiert sind und sich alleingelassen fühlen, werden in der Gruppe »aufgefangen«. Sie können ihr Leid schildern, haben aufmerksame Zuhörer und überwinden auf diese Weise ihre Isolation. Durch den Austausch mit ebenfalls betroffenen Gruppenmitgliedern werden die Teilnehmer ermutigt, dass auch sie ihre Situation in Griff bekommen und sie können Strategien für erfolgreiches Bewältigungsverhalten aufbauen. Durch die intensive Auseinandersetzung entstehen oft auch freundschaftliche Bindungen, die sich positiv auf die empfundene Lebensqualität auswirken. Nicht selten führt die gemeinsame Auseinandersetzung in der Gruppe zu einem verbesserten Selbstwertgefühl und

kann neben der reinen Problembewältigung einen weitergehenden therapeutischen Nutzen besitzen.

Die Selbsthilfe leistet einen wichtigen Beitrag zur Gesunderhaltung und Problembewältigung, insbesondere chronisch Kranker und Behinderter, aber auch von Menschen mit psychosozialen Problemen. Die zunehmende Verbreitung und gesellschaftliche Anerkennung der Selbsthilfe führt in jüngster Zeit auch zu vermehrter Beteiligung von Selbsthilfe- und Patientenvertretern in Beratungsgremien des Gesundheitswesens.

Arbeit von Selbsthilfegruppen ■ Zu den wohl bekanntesten Selbsthilfegruppen gehören die Anonymen Alkoholiker (AA). Hier können die Teilnehmer, die sich nur mit dem Vornamen kennen, oft zum ersten Mal über ihre Sucht sprechen und vor anderen und damit auch vor sich selbst zugeben, dass sie krank sind und Hilfe brauchen. Das Programm der AA enthält u.a. die beiden Grundsätze: »Wir geben zu, dass wir dem Alkohol gegenüber machtlos sind« und »Die Botschaft der AA soll an andere Alkoholiker weitergegeben werden«. Man bekennt sich zur lebenslangen Gefährdung durch Alkohol. Die AA tolerieren auch gelegentliche Rückfälle und eine nur zeitlich begrenzte Alkoholabstinenz, wenn eine vollständige Abstinenz nicht durchsetzbar ist. Mitglieder, die süchtig waren (»Exuser«), sind durch ihre Selbsterfahrung besonders kompetent bei der Erkennung von Frühsymptomen und der sich ergebenden therapeutischen Konsequenzen. Die langfristigen Erfolge dieser um Befreiung von Alkohol bemühten und das Solidaritätserleben fördernden Gemeinschaften werden offenbar von keiner anderen Organisation und Methode übertroffen (die Erfolgsquote liegt bei ca. einem Drittel langfristiger Heilungen).

Selbsthilfegruppen für Angehörige können bei bestimmten Problemen ebenfalls sehr hilfreich sein, wie z.B. bei Drogenabhängigkeit, Down-Syndrom (= Trisomie 21, = Mongolismus), → Suizid, Tourette-Tic oder der Alzheimer-Demenz.

Selbsthilfeorganisationen ■ Von Selbsthilfeorganisation spricht man, wenn sich mehrere regionale Selbsthilfegruppen zu überregionalen, landesweiten oder bundesweiten Verbänden zusammenschließen. Viele lokale Selbsthilfegruppen gehören bundesweiten Organisationen an. Selbst vielen Nichtbetroffenen sind die Namen großer Organisationen wie Wildwasser (gegen sexuellen Missbrauch und Gewalt), Deutsche Rheuma-Liga, Anonyme Alkoholiker oder Frauenselbsthilfe nach Krebs bekannt. Bundesweite Organisationen haben sich wiederum oft großen Dachverbänden angeschlossen wie der BAG (Bundesarbeitsgemeinschaft) Hilfe für Behinderte oder dem DPWV (Deutscher Paritätischer Wohlfahrtsverband). Der oberste direkte Zusammenschluss aller Selbsthilfegruppen ist seit 1975 die Deutsche Arbeitsgemeinschaft Selbsthilfegruppen e.V. (DAG-SHG) in Gießen. Die Nationale Kontakt- und Informationsstelle zur Anregung und Unterstützung von Selbsthilfegruppen (NAKOS) in Berlin bietet seit 1984 eine exzellente Datenbank mit Adressen, Links, Materialien und Terminen an. Dachverbände können die Interessen ihrer Mitglieder gegenüber anderen Verbänden, Wirtschaft und Politik besser vertreten und leisten professionellere Öffentlichkeitsarbeit.

Wer eine Selbsthilfegruppe gründen möchte oder eine Selbsthilfegruppe für ein bestimmtes Problem sucht, kann sich entweder an die lokalen Selbsthilfekontaktstellen oder an die oben genannten Organisationen und Verbände wenden. Eine weitere Möglichkeit ist das → Internet, viele Initiativen sind mit einer eigenen Website, als Forum oder mit Chatrooms vertreten. Dank des Internets breitet sich die Selbsthilfeszene immer weiter aus. Dies liegt nicht nur an der leichteren Zugänglichkeit von praktischen Informationen wie »Gibt es überhaupt eine Gruppe für mich und wenn ja, wo finde ich sie?«, sondern an der sinkenden Hemmschwelle durch die Anonymität des Netzes. Suizidgefährdete Kinder tauschen sich z.B. – wie viele andere Kinder mit großem Kummer auch – in leider oft unbegleiteten Chats und Foren (Suizidforum) über ihr Thema aus (→ Suizidalität). Hier ist es wichtig, dass Erzieher gute Internetadressen kennen, die sie weiterempfehlen können, denn begleitete Chats können durchaus weiterhelfen.

Nicht alle begrüßen das Engagement von Selbsthilfegruppen. Von »Profis« wird es oft belächelt; Mediziner weisen ihre Patienten viel zu selten auf solche Initiativen hin (was sicher oft auf die Angst vor unbequemen Fragen oder Forderungen aufgeklärter Patienten zurückzuführen ist). Politiker hingegen freuen sich über Sparmöglichkeiten. Selbsthilfegruppen stärken das Bürgerengagement ganz sicher, allerdings ist es sozialpolitisch fragwürdig, wenn Gesellschaft und Politik dieses freiwillige und kostenlose Beispiel für Gemeinsinn nicht weiterhin oder sogar verstärkt angemessen fördern, sondern lediglich als Alibifunktion betrachten.

Markus Vieten

■ **Literaturtipps**

Arenz-Greiving, I. (1998). Selbsthilfegruppen für Suchtkranke und Angehörige. Freiburg: Lambertus.
Lübke, N. (1995). »Die Krankheit ist nur ein Teil meines Lebens« – Krankheitsbewältigung in Selbsthilfegruppen. Frankfurt: VAS.
Moeller, M. L. (1996). Selbsthilfegruppen. Anleitungen und Hintergründe. Reinbek: Rowohlt.

■ **Kontakte**

DAG-SHG
  Friedrichstr. 28
  35392 Gießen
  Tel: 0641/99456-12; Fax: -19
  www.dag-selbsthilfegruppen.de
NAKOS
  Wilmersdorferstr. 39
  10627 Berlin
  Tel: 030/310189-60; Fax: -70
  www.nakos.de

 # Sexualität

Sexualität ist ein existentielles Grundbedürfnis (→ Bedürfnisse) des Menschen und zentraler Bestandteil seiner Identität und Persönlichkeitsentwicklung. Frühere Vorstellungen von Sexualität waren eng mit Fortpflanzung und Genitalität verknüpft und schlossen Gefühle und subjektives Erleben der Menschen weitgehend aus. Sexualität umfasst jedoch sowohl biologische als auch psycho-soziale und emotionale Aspekte und steht in enger Verbindung mit anderen Lebensäußerungen und Lebensbereichen. Uwe Sielert bezeichnet Sexualität als allgemeine – auf Lust bezogene – Lebensenergie, die ganz unterschiedliche Ausdrucksformen kennt: Zärtlichkeit, Sinnlichkeit, Lust, Geborgenheit, Leidenschaft, Erotik, aber auch das Bedürfnis nach Fürsorge und Liebe. Sexualität ist ohne die körperliche Dimension nicht möglich. Dieter Wyss spricht über Sexualität als einer Weise kommunikativer Zuwendung, die die Leibhaftigkeit des Anderen begehrt.

Zur Bedeutung von Sexualität ■ Sexualität hat verschiedene Sinnaspekte – den Identitäts-, Beziehungs- Lust- und Fruchtbarkeitsaspekt. All dies ist für ein selbstbestimmtes und (sexualitäts)-bejahendes Leben von Mädchen und Frauen, Jungen und Männern von Bedeutung. Sowohl die Motivationsquellen als auch die Ausdrucksmöglichkeiten und Sinnaspekte von Sexualität werden im Laufe der Entwicklung eines Menschen und in aktuellen Lebenssituationen unterschiedlich entwickelt und akzentuiert. Neben den kulturellen, sozialen und individuellen Lebenslagen beeinflussen vor allem → Wert- und Normsetzungen sowie geschlechtsspezifische Erfahrungen das Erleben von Sexualität.

Sexualität hat eine große Bedeutung für das seelische Gleichgewicht von Kindern und Erwachsenen. Sie kann das Selbstwertgefühl stärken, Lebensfreude geben und Freude am Körper vermitteln, aber auch Scham und Selbstzweifel nähren. Sexualisierte Gewalt in Form von Vergewaltigung und sexuellem Missbrauch kann die personale Integrität eines Kindes oder Jugendlichen erheblich stören und zu schweren Persönlichkeitsstörungen führen (→ Sexuelle Gewalt).

Die psychosexuelle Entwicklung ■ Sexualität prägt unser individuelles und gesellschaftliches Leben von Geburt an. So zeigt sich bereits kindliche Sexualität in vielfältigen Facetten, denen auch heute noch viele Erwachsenen unsicher gegenüber stehen. Sigmund Freud (1856–1939) hat sich intensiv mit Sexualität aus psychoanalytischer Sicht beschäftigt und beschrieb die psychosexuelle Entwicklung von Kindern und Jugendlichen in einem aufeinanderfolgenden Stufenmodell.

Orale Phase: (1. Lebensjahr) Der Mund kann als Lustorgan des Säuglings im ersten Lebensjahr angesehen werden. Nicht nur das Saugen an der Mutterbrust oder an der Flasche erleben Säuglinge als lustvoll, sondern auch das Erforschen von Gegenständen mit dem Mund.

Anale Phase: (2. Lebensjahr) In diesem Alter interessieren sich die Kinder für ihre Genitalien (= Geschlechtsorgane) und Ausscheidungen. Die Lustquelle ist jetzt nicht mehr der Mund, sondern die Analzone. Das Herummatschen, z.B. mit Wasser und Sand, spielt in dieser Entwicklungsphase eine wichtige Rolle und macht den Kindern ungeheuer Spaß. Dies sollte von Eltern und Erzieherinnen nicht nur geduldet, sondern unterstützt werden.

Phallische Phase: (3.–6. Lebensjahr): In dieser Phase zeigen Kinder ein großes Interesse für die vielen Facetten des Sexuellen. Diese Phase kann auch als »kleine Pubertät« bezeichnet werden, da sich in dieser Zeit viele wichtige körperliche und kognitive Entwicklungsschritte vollziehen. Kinder gehen auf Entdeckungsreise und erleben, dass Berührungen an der Scheide oder am Penis lustvoll sein können. In dieser Phase entwickelt sich die Geschlechtsidentität. Durch den Vergleich mit den Gleichaltrigen erfahren die Mädchen, dass sie das gleiche Geschlecht haben wie die Mutter und ebenso stellen die Jungen fest, dass sie das gleiche Geschlecht haben wie der Vater. Während dieser Zeit wendet sich das Mädchen verstärkt dem Vater zu, möchte von ihm bewundert und akzeptiert werden. Ähnliches erlebt der Junge, wendet sich der Mutter zu und konkurriert mit dem Vater. Dabei hat der Penis für den Jungen eine große Bedeutung (Ödipus-Komplex). Freud war der Ansicht, dass Junge und Mädchen sich nur an einem genitalen Organ, dem männlichen orientieren. Die Weiterentwicklung der psychoanalytischen Theoriebildung hat diese einseitige patriarchale Fixierung des kindlichen Begehrens aufgehoben. Die phallische Phase kann durchaus krisenhaft erlebt werden. Wichtig ist, dass das Mädchen und der Junge von ihren Eltern mit ihren Bedürfnissen angenommen und gestärkt werden.

Latenzphase: (6.–12. Lebensjahr) Freud beobachtete aufgrund der körperlichen Veränderungen Rückzugs- und Abgrenzungstendenzen der Mädchen und Jungen in dieser Altersphase und nahm an, dass ihr sexuelles Interesse stark zurückgeht und erst zu Beginn der Pubertät wieder erwacht. Von sexuellem Desinteresse kann jedoch nicht die Rede sein. In den Gleichaltrigengruppen spielt Sexualität eine wichtige und zentrale Rolle und eröffnet vielfältige Möglichkeiten, sich in der jeweiligen Geschlechtsrolle auszuprobieren und den weiblichen bzw. männlichen Körper besser kennen zu lernen.

Genitale Phase: (ab 14. Lebensjahr) In der Regel ist mit dem 14. bis 15. Lebensjahr die Pubertät abgeschlossen, d.h. die Geschlechtsreife ist erreicht. Dies ist ein markanter und tiefgreifender Einschnitt in der persönlichen, psychischen und sexuellen Entwicklung von Mädchen und Jungen. Der Reifeprozess verläuft individuell sehr unterschiedlich. Mädchen und Jungen haben in dieser Zeit bestimmte Entwicklungsaufgaben zu bewältigen, wie z.B. die Gestaltung von Sexualität, Körperlichkeit und Beziehungen. In dieser Zeit wird die Selbstbefriedigung – aber auch manchmal schon die wechselseitige sexuelle Stimulation, das sogenannte Petting – ein wichtiger Quell von Lust und Erfahrung mit dem eigenen Körper.

Psycho-soziale Aspekte ■

Erik Erikson (1902–1994) hat die psychoanalytische Sichtweise um die psychosoziale Dimension erweitert und das Streben nach Identität als wichtige Aufgabe in der menschlichen Entwicklung beschrieben. Er spricht von psychosozialen Krisen, die bewältigt werden müssen. So geht es in der oralen Phase darum, dass das Kind nicht Misstrauen, sondern Vertrauen in die Welt entwickelt. In der analen Phase erlangen Kinder durch den Umgang mit dem Schließmuskel zunehmende körperliche Autonomie. Scham und Zweifel entstehen, wenn die Sauberkeitserziehung zu früh oder zu streng erfolgt. Die phallische Phase ist nach Erikson durch Initiative versus Schuldgefühle geprägt. Kinder erforschen ihren Körper und werden durch soziale Normen auch eingeschränkt. Die Latenzphase fällt in die Zeit des Schuleintritts, der viele neue Erfahrungen und Leistungsanforderungen mit sich bringt. In dieser Zeit müssen sich die Kinder mit dem Thema Leistung versus Minderwertigkeitsgefühl auseinander setzen. Das Thema der Pubertät ist Identität versus Identitätsdiffusion. Neben diesen Aspekten wird die psychosexuelle Entwicklung von Kindern und Jugendlichen durch verschiedene Faktoren wie Kultur, Milieu und die jeweiligen Sozialisationsbedingungen beeinflusst. Im weiteren Verlauf der psychosexuellen Entwicklung rücken Aspekte der Generativität (= Fruchtbarkeit) in den Vordergrund. Sexualität endet nicht mit dem 50. Lebensjahr, sondern weist auch im Alter eine große Variationsbreite auf und hängt weitgehend davon ab, welche Rolle sie bisher im Leben spielte.

Geschlechtsspezifische Normierungen ■

Unsere Kultur wird immer noch durch einen zweigeschlechtlichen und somit geschlechtsspezifischen Blick geprägt. Obwohl die Ausgestaltung von Sexualität vielfältig und facettenreich ist, dominiert fast überall die Heterosexualität. Frauen und Männer erleben die gemeinsame Sexualität unterschiedlich, so dass geschlechtsspezifisch differenziert werden muss. Es gibt aber nicht *die* weibliche und *die* männliche Sexualität. Innerhalb des eigenen Geschlechts treten größere Diskrepanzen auf als zwischen den beiden Geschlechtern. Dennoch sind stereotype Muster auch heute noch lebendig und lassen bei Männern und Frauen nur bestimmte Formen sexueller Befriedigung zu. Viele Mädchen und Frauen legen immer noch eher eine passive Erwartungshaltung an den Tag und hoffen, dass schon jemand kommt, der ihnen Lust macht. Vielen Männern gelingt es, Sexualität und Liebe zu trennen. Ist das bei Frauen der Fall, so werden sie immer noch als »Hure« und »Schlampe« beschimpft. Mutterschaft ist von der weiblichen → Sozialisation nicht wegzudenken. Vaterschaft spielt in der Erziehung von Jungen noch eine viel zu geringe Bedeutung. Auch bei diesem Thema gibt es für die → Sexualpädagogik noch viel zu tun (→ Geschlechtsbewusste Pädagogik).

Sexuelle Identitäten ■

Sexuelle Identität ist eng mit Körper und Geschlecht verbunden und für das Individuum von großer Bedeutung. Die Entwicklung einer sexuellen Identität ist nicht statisch, sondern ein dynamischer lebenslanger interaktiver Prozess, in dem persönliche Erfahrungen mit Erfahrungen anderer verflochten werden. Mädchen und Frauen, Jungen und Männer werden mit Sexualität bzw. Sexualitäten konfrontiert, können sich auf ein festgelegtes Kulturmuster verlassen oder auf dem aufregenden Weg ihrer Selbstentfaltung ein persönliches Konzept als sexuelles Wesen entwickeln.

Menschen leben ihre Sexualität individuell und facettenreich. Sie unterscheiden sich in ihrer sexuellen Identität, von daher sollte nicht ausschließlich von Sexualität die Rede sein, sondern von Sexualitäten, um dieser Vielfalt Rechnung zu tragen. Dabei geht es nicht nur um die Unterschiede von Mädchen- und Frauen- bzw. Jungen- und Männersexualität, sondern auch um schwule und lesbische Sexualität

Vor der kognitiven Einsicht in die gesellschaftlich vorgegebenen Geschlechtsrollen leben Kinder ihre heterosexuellen (= gegengeschlechtlichen) und homosexuellen (= gleichgeschlechtlichen) Anteile noch unbefangen und ungerichtet. Wenn die Erzieherin die gesellschaftlich vorgegebenen Geschlechterrollen zwar nicht leugnet, sie aber weniger wichtig nimmt und nicht automatisch reproduziert, eröffnet dies Kindern die Möglichkeit, mit der Vielfalt von Sexualitäten in Kontakt zu kommen und ihr Verhalten wird nicht von vorneweg in vorgegebene Muster gepresst. Über Sexualitäten ungezwungen sprechen zu können, bedeutet für Erziehe-

rinnen jedoch, sich mit der eigenen sexuellen Identität auseinander zu setzen, mit den widersprüchlichen Aspekten, einer möglichen Homophobie (Angst vor Homosexualität) oder mit Bisexualität als sexueller Orientierung (d.h. homosexuell und heterosexuell leben und lieben). Auch Transsexualität rückt zunehmend in den Fokus der Auseinandersetzung über Sexualitäten. Hierbei geht es nicht nur um Geschlechtsumwandlung, sondern um die Vielfältigkeit und den spielerischen Umgang mit der Geschlechtsidentität.

Innen- und Außenaspekte ■

Sexualität ist immer Ausdruck des spezifischen Gewordenseins eines Mädchens und einer Frau bzw. eines Jungen und eines Mannes und somit Abbild erfahrener Barrieren oder Entfaltungsmöglichkeiten. So ist es bedeutsam, ob Mädchen und Jungen eine sexualfreundliche Haltung erfahren haben oder ob Sexualität in der Familie tabuisiert wurde. Die unterschiedlichen Haltungen zur Sexualität haben Auswirkungen auf die Entwicklung der Persönlichkeit und Identität. Und doch können einzelne Menschen unter gleichen Sozialisationsbedingungen Sexualität ganz anders erleben und ausprägen. Dieses subjektive Erleben kann als »Innenseite« der Sexualität bezeichnet werden. Die Außenseite von Sexualität spiegelt sich z.B. in empirischen Studien zum Sexualverhalten, in institutionell genormten Vorstellungen und gesellschaftlichen Diskursen wider. Beide Seiten sind für einen realistischen Blick auf menschliche Sexualität wichtig. Ergebnisse aus Sexualitätsstudien (z.B. Häufigkeit von Geschlechtsverkehr oder bestimmte sexuelle Praktiken) üben häufig normierend Einfluss auf das eigene sexuelle Verhalten von Frauen und Männern aus und wirken somit nach innen. Die Unterscheidung von Innen- und Außenaspekt ist in der Praxis vor allem deshalb wichtig, weil wir sehr leicht bei bestimmten Anlässen unser eigenes Erleben auf Kinder oder Jugendliche übertragen und eben nicht berücksichtigen, dass sie das Beobachtete vielleicht völlig anders erleben.

Sexualität ist ein »heißes« Thema, das den Menschen in seiner Intimität und → Persönlichkeit ergreift und die Gestaltung von Beziehungen beeinflusst. Sexuelle Erfahrungen können das Leben bereichern oder einschränken. Immer wieder ist Sexualität für die Aufrechterhaltung von Ideologien missbraucht worden, die manchmal vielleicht schützend-fürsorglich gemeint waren, letztendlich aber doch nur gefügig machten. Früher wurde z.B. Selbstbefriedigung unterbunden und als Gefahr gesehen, auch heute noch wird Kindern manchmal ein schlechtes Gewissen eingeflößt, wenn sie sich sexuell ungezwungen artikulieren. Ziel einer emanzipativen Sexualpädagogik ist es, solche Tendenzen sensibel wahrzunehmen und darauf zu reagieren. Das schließt nicht zuletzt die beständige Selbstreflexion von Pädagoginnen ein.

Christa Wanzeck-Sielert

■ Literaturtipps

Milhoffer, P. (2000). Wie sie sich fühlen, was sie sich wünschen. Weinheim: Juventa.

Schmidt, G. (2004). Das neue DERDIEDAS. Über die Modernisierung des Sexuellen. Gießen: Psychosozial-Verlag

Wanzeck-Sielert, Ch. (2004). Kursbuch: Sexualerziehung. So lernen Kinder sich und ihren Körper besser kennen. München: Don-Bosco-Verlag.

Sexualpädagogik

Erzieherinnen sind im Arbeitsalltag auf vielfältige und unterschiedliche Weise mit → Sexualität konfrontiert. Sexualpädagogik ist in der Praxis nicht vom übrigen Erziehungsgeschehen zu trennen, sondern als Querschnittsthema integraler Bestandteil der Gesamterziehung. Kinder probieren aus, wie sich Umarmungen, Küsse und Berührungen anfühlen und erleben von Erwachsenen immer wieder Einschränkungen und auch Verhaltensunsicherheiten. Zeitweise ist der Alltag der Einrichtungen von sexuellen Themen und Anspielungen durchwirkt. Sexualität ist im späten Kindes- und → Jugendalter ein zentrales Thema der Identitätsentwicklung. Auch in der → Heimerziehung zeigen sich die vielfältigen Ausdrucksformen des Sexuellen. Die Palette ist äußerst bunt und reicht von Freundschaften über positive sexuelle Erlebnisse bis zu Prostitution und Missbrauchserfahrungen (→ Sexuelle Gewalt).

Sexualpädagogik fußt auf einem gesetzlichen Auftrag nach § 1,1 des Schwangeren- und Familienhilfegesetzes (SFHG), Sexualaufklärung umzusetzen. Das Kinder- und Jugendhilfegesetz (KJHG) formuliert einen Erziehungsauftrag, in dem auch Sexualpädagogik und -beratung integriert ist.

Sexualerziehung meint die bewusste Begleitung von Kindern und Jugendlichen auf dem Weg zu sexueller Selbstbestimmung, d.h. Selbstgestaltung und Eigenverantwortlichkeit, und zum verantwortungsvollen Umgang mit sich selbst und anderen. Die Interessen und Bedürfnisse jedes Einzelnen stehen dabei im Vordergrund. Selbstbestimmung erfährt da eine Grenze, wo die Integrität eines anderen in Gefahr ist.

Sexualaufklärung umfasst neben Informationen über biologische Fakten, Verhütungsmittel und -methoden auch die unterstützende Begleitung und Kompetenzförderung bei der Entwicklung von → Einstellungen und Verhaltensweisen in der Sexualität. Darüber hinaus schließt sie auch beratende Elemente in Krisen und Konfliktsituationen ein. Sexualaufklärung geschieht meist zielgruppenorientiert und kann als Teil von Sexualerziehung angesehen werden.

Sexualpädagogik ist eine Aspektdisziplin der Pädagogik, die sexualitätsrelevante Fragestellungen im gesellschaftlichen Diskurs sowie die direkte und indirekte erzieherische Einflussnahme auf die sexuellen Motivationen, Ausdrucks- und Verhaltensformen sowie Einstellungs- und Sinnaspekte von Menschen wissenschaftlich reflektiert. Die Sexualpädagogik als Wissenschaftsdisziplin kann Sexuelles nur annähernd beschreiben und erklären, da Sexualität methodisch wie theoretisch nicht in allen Facetten erfassbar ist. Sexualpädagogik und Sexualerziehung werden häufig synonym verwendet, so dass auch Sexualpädagogik anwendungsbezogen ist.

Konzepte der Sexualpädagogik ■ Sexualpädagogik war und ist immer gesellschaftlichen Wandlungen und Strömungen

unterworfen. Seit Jahrhunderten wird Sexualität z.B. durch spezifische christliche Ideologien (z.B. Leibfeindlichkeit, Lustfeindlichkeit, Sündhaftigkeit) geprägt. Dieses Spannungsfeld sexualpädagogischen Handelns schlägt sich in drei klassischen Positionen der Sexualpädagogik nieder.

Die **repressive Sexualpädagogik** beschreibt Sexualität als Naturtrieb, dessen Erwachen im Jugendalter als Gefahr angesehen wird. Erziehungsziel ist die Unterdrückung (durch Androhen von Strafen und Wecken von Schuldgefühlen) aller kindlichen Formen von Sexualität, wie z.B. der Lust am eigenen Körper, und im weiteren Verlauf wird der Fokus auf Ehe und Familie gelegt.

Die **scheinaffirmative** bzw. **scheinbejahende Sexualpädagogik** erkennt die sexuellen Interessen von Kindern und Jugendlichen an, jedoch stehen kognitive Aspekte wie Aufklärung über körperliche Funktionen und biologische Fakten sowie Wissensvermittlung im Vordergrund.

Die **emanzipatorische Sexualpädagogik** sieht Sexualität als zum Menschen von Geburt an dazugehörend. Sie wird als lebenslanger Prozess verstanden, der kindlichen Sexualität wird ein Eigenwert zugeschrieben. Sexuelle Bedürfnisse werden gleich welchen Alters bejaht. Die sexuelle Selbstbestimmung von Mädchen und Frauen, Jungen und Männern ist zentrales Ziel.

Sexualpädagogische Handlungskompetenz ■

Erzieherinnen haben einen maßgeblichen Einfluss darauf, inwieweit Kinder und Jugendliche sexual- und körperfreundliche Erfahrungen machen können. Ihre Einstellungen, Haltungen und Vorerfahrungen in Bezug auf Sexualität fließen in die Interaktionen mit den Mädchen und Jungen, den Eltern und den anderen Erzieherinnen mit ein. Aus diesem Grund ist hier viel Reflexion und Persönlichkeitslernen wichtig. Dazu gehört das Nachdenken über die eigene → Motivation zur sexualpädagogischen Arbeit, die Reflexion der eigenen sexuellen, geschlechtlichen und körperlichen Biografie und die Auseinandersetzung mit den eigenen → Werten und Normen. Die Kenntnis der eigenen Lebensgeschichte bietet einen Erfahrungsfundus, der die Arbeit mit Kindern und Jugendlichen bereichert und die Reflexion darüber erleichtern kann. Gleichzeitig ist jedoch eine Haltung erforderlich, die zwischen der eigenen Betroffenheit und den sexuellen Ausdrucksformen der Mädchen und Jungen trennt. Stärker als bei anderen Themen stehen Erzieherinnen in der Gefahr, ihre Vorstellungen von Sexualität und Sexualmoral unreflektiert auf Kinder und Jugendliche zu übertragen. Sexualität ist häufig mehr ein Problem der Erziehenden als der Kinder und Jugendlichen selbst.

Durch die Aneignung sexualpädagogischen Wissens und die bewusste Auseinandersetzung mit der eigenen sexuellen Biografie bekommen Erzieherinnen auch ein Bewusstsein für Unsicherheiten, Widersprüche und stereotype Bilder in der eigenen sexuellen Wahrnehmung und sie erfahren, dass die eigene sexuelle Entwicklung nicht abgeschlossen ist, sondern sich in einem ständigen Prozess befindet. Die gewonnene Sicherheit zeigt sich nicht nur in einer sexualitätsbejahenden Haltung, sondern auch in einer gewissen Unabhängigkeit vom Urteil anderer und in der Stärkung der eigenen pädagogischen Selbstwirksamkeit im sexualpädagogischen Kontext. Das heißt konkret, das eigene wie das Verhalten und Erleben anderer (Kinder, Eltern Kolleginnen) angemessen erklären, vorhersehen und beeinflussen zu können, sowie überzeugt zu sein, etwas bewirken zu können, übergriffiges Verhalten zu vermeiden und ein angemessenes Bedürfnis nach Kontrolle zu entwickeln. Wichtig ist überdies, dass die Erzieherinnen schwierige Themen nicht mehr vermeiden, sondern sie ansprechen, zwischen Handlungsalternativen wählen und über Sexuelles situationsangemessen sprechen. In der konkreten sexualpädagogischen Arbeit geht es nicht darum, perfekt zu sein und alles zu wissen. Wichtig ist vor allem, Vorbild zu sein für die Art und Weise der Auseinandersetzung mit (auch schwierigen) sexualpädagogischen Themen.

Wichtige Themen ■

Das Thema **Körper- und Sexualaufklärung** galt und gilt in der

Sexualpädagogik als besonders wichtig. In den letzten Jahren ist es jedoch in den Hintergrund geraten, weil vor allem Beziehungsthemen rund um das Thema Sexualität die Auseinandersetzung bestimmt haben. Aktuelle Studien zur Jugendsexualität bestätigen, dass Eltern kaum über die körperliche und sexuelle Entwicklung mit ihren Kindern sprechen und in den Peer Groups oft falsche Informationen oder Halbwissen weitergegeben werden. Von daher ist es wichtig, auch die biologischen Aspekte der Sexualität wieder mehr ins Blickfeld zu rücken.

Das **Sprechen über Sexualität** ist eine der wichtigsten Voraussetzungen für präventives Arbeiten. Obwohl wir z.B. in der Werbung oft mit sexualisierter Sprache konfrontiert sind und scheinbar viel über Sex gesprochen wird, fehlen häufig die Worte, wenn sexuelle Empfindungen beschrieben, Probleme benannt oder Wünsche geäußert werden wollen. Sprachfähig zu sein für sexuelle Themen und die Wahrnehmung vielfältiger Gefühle und unterschiedlicher sexueller Ausdrucksformen stärkt die Identität und das Selbstbewusstsein. Das ist nicht zuletzt ein wichtiges Element beim Schutz von Mädchen und Jungen vor sexuellen Grenzverletzungen und sexuellem Missbrauch.

Auch wenn die **Geschlechtsrollenstereotypen** (= die traditionell-typischen Vorstellungen von Mann und Frau) allmählich aufweichen, spielt in der Sexualpädagogik die geschlechtsspezifische Mädchen- und Jungenarbeit weiterhin eine wichtige Rolle (→ Geschlechtsbewusste Pädagogik). Gerade in Bezug auf Sexualität existieren im gesellschaftlichen Diskurs teilweise noch rigide Rollenerwartungen, die sich in der sexuellen Identität von Mädchen und Jungen negativ niederschlagen können, da sie sehr einschränkend wirken. Bei solchen Themen kann es hilfreich sein, nur im Kreis von Mädchen oder Jungen zu sprechen.

Es geht jedoch auch um die Wahrnehmung der Veränderungen in der Geschlechtersozialisation und die sich daraus ergebenden Konsequenzen für die Sexualpädagogik. Auch wenn die Individualisierung und Pluralisierung der Lebenswelten, -weisen und -formen zeigt, dass das Thema **sexuelle Orientierungen** nicht mehr nur statische Formen von Hetero- (= gegengeschlechtlich), Homo- (= gleichgeschlechtlich) und Bisexualität (= beidgeschlechtlich) meinen kann, sondern Frauen wie Männer im Laufe ihres Lebens unterschiedliche Varianten sexuellen Liebens und Lebens erfahren wollen, geht es in der Sexualpädagogik um die Akzeptanz verschiedener Lebensweisen und z.B. um die Begleitung von Jugendlichen im homosexuellen Coming-out.

Ein weiteres wichtiges ist **Sexualität und Gewalt**. Erst in jüngerer Zeit wird Sexualpädagogik als Primärprävention von sexuellem Missbrauch an Mädchen und Jungen gesehen. Hier geht es insbesondere um die Stärkung der sexuellen Selbstbestimmung von Kindern und Jugendlichen. Gleichzeitig wird das Thema → sexuelle Gewalt medial häufig aufgeladen und viele Menschen suchen nach Orientierung. Nicht nur Erzieherinnen neigen zu Kurzschlusshandlungen und Rettungsaktionismus. Sexualpädagogik muss sich hier gegen eine »Gefahrenabwehrpädagogik« behaupten.

Angesichts der zunehmenden multikulturellen Zusammensetzung unserer Gesellschaft (→ Interkulturelle Erziehung) bekommt **Sexualität im Spannungsfeld der Kulturen** eine weitere wichtige Bedeutung. Ebenso rückt das Thema **Sexualität und Behinderung** immer mehr in die Öffentlichkeit und wird erst allmählich in der Sexualpädagogik deutlich thematisiert und umgesetzt.

Insgesamt wurde Sexualpädagogik häufig über negative Aspekte, über Gefahrenvermeidungs- und Präventionsabsichten (Schwangerschaftskonflikt, AIDS, sexueller Missbrauch) auf den Plan gerufen. Dabei ging es vorrangig um Schweres und Problematisches in der Sexualität. Allmählich setzte sich die Sichtweise durch, dass zur Präventionsarbeit auch eine sexualitätsbejahende Aufklärung gehört. Die Bedeutung von Sexualität für die Persönlichkeitsentwicklung von Kindern und Jugendlichen wird kaum mehr in Frage gestellt.

Christa Wanzeck-Sielert

■ **Literaturtipps**

Osbar, Ch./Specht, R./Wanzeck-Sielert, Ch. (1999). Sexualpädagogik zwischen Persönlichkeitslernen und Arbeitsfeldorientierung. Köln: BZgA, Band 16.

Sielert U. (Hg.) (1993). Sexualpädagogische Materialen für die Jugendarbeit in Freizeit und Schule. Weinheim/Basel: Beltz.

Sielert, U. (2005). Einführung in die Sexualpädagogik. Weinheim/Basel: Beltz.

Sexuelle Gewalt

Übt ein Erwachsener an einem Kind sexuelle Gewalt aus, so benutzt er die Liebe, die Abhängigkeit oder das Vertrauen für seine eigenen sexuellen Bedürfnisse und setzt sein Verlangen nach Unterwerfung, Macht oder Nähe mit Gewalt durch. Er gefährdet die Lebens- und Entwicklungsgrundlage des Kindes und schädigt seine Seele.

Die Grenze zwischen kindgerechter Zärtlichkeit und sexueller Gewalt ist nicht fließend, Kinder können nicht zufällig oder unbeabsichtigt missbraucht werden. Die folgende Definition des Vereines Wildwasser beschreibt die wesentlichen Merkmale sexueller Gewalt: »Sexuelle Gewalt liegt vor, wenn eine Person ihre Machtposition missbraucht und die Unwissenheit, das Vertrauen oder die Abhängigkeit eines Kindes zur Befriedigung eigener sexueller Bedürfnisse benutzt.«

Sexuelle Gewalt beginnt demnach dort, wo ein Erwachsener sexuelles Interesse an einem Kind entwickelt, wo er es gezielt für seine eigene sexuelle Erregung und/oder Befriedigung benutzt. Kinder tragen niemals die Verantwortung für einen sexuellen Übergriff! Sie phantasieren oder erlügen keine sexuellen Übergriffe, eher leugnen sie einen Missbrauch, um eine geliebte Person zu schützen. Wenn Kinder von sexuellen Übergriffen berichten, so ist davon auszugehen, dass sie diese erlebt haben. Es ist unabdingbar, ihnen Glauben zu schenken.

Die Formen sexueller Gewalt können sehr vielfältig sein. Dazu zählt beispielsweise, einem Kind Küsse und Zungenküsse aufzudrängen, ein Kind zur eigenen sexuellen Erregung anzufassen oder sich berühren zu lassen, oraler, vaginaler sowie analer Geschlechtsverkehr. Auch Exhibitionismus (= sich in sexueller Absicht entblößen), Blicke und Worte aus sexuellem Interesse, das Zeigen von Pornografie, z.B. Filme oder Zeitschriften, sowie die Benutzung von Kindern zur Herstellung solcher Filme sind Formen sexueller Gewalt.

Häufigkeit, Opfer und Täter ■ Sexuelle Gewalt an Kindern ist in den meisten Fällen eine geplante Wiederholungstat, die in allen Schichten der Bevölkerung vorkommt. So ist ein Kind unter Umständen über Jahre hinweg der sexuellen Gewalt ausgesetzt. Es gibt keine Altersstufe, in der Kinder davor geschützt sind, auch Säuglinge und Kleinkinder werden Opfer sexueller Übergriffe.

Laut polizeilicher Kriminalstatistik lag die Anzahl der im gesamten Bundesgebiet im Jahr 2004 erfassten Fälle bei 15.255 sexuell missbrauchten Kindern. Die Dunkelziffer in diesem Bereich ist jedoch sehr hoch, so dass über das genaue Ausmaß keine Angaben gemacht werden können. Vermutlich erfährt jedes dritte bis vierte Mädchen und jeder achte bis zwölfte Junge in seiner Kindheit und Jugend sexuelle Gewalt, so dass nach Schätzungen in Deutschland jährlich 150.000 bis 300.000 Kinder betroffen sind.

Laut Statistiken sind die Täter in 85 bis 95 % der Fälle männlich und in ca. 5 bis 15 % weiblich; nur wenige bekennen sich zu ihrer Tat. Die Mehrzahl der Täter sind »ganz normale« Männer aus allen Bevölkerungsschichten, die sich äußerlich nicht von anderen Männern unterscheiden. Die Motive können sehr vielschichtig sein, wobei selten »sexueller Notstand« Ursache ist, da die meisten Täter zur selben Zeit sexuelle Beziehungen zu Erwachsenen führen.

Sexueller Missbrauch durch Fremde (»der böse Onkel«) ist im Verhältnis eher selten. Die Täter kommen meist aus dem sozialen Umfeld der Kinder, es sind in der Regel Personen, die sie kennen und denen sie vertrauen. Psychische und physische Bedrohungen, aber auch oftmals Geschenke und Versprechungen werden als Druckmittel eingesetzt, um die Kinder zur Geheimhaltung zu verpflichten.

Folgen ■ Die Erfahrung sexueller Gewalt verletzt die Persönlichkeitsentwicklung der Kinder zutiefst und hinterlässt beträchtliche Spuren und Narben, die sich auch auf das weitere Leben auswirken. Häufig sind die längerfristigen Folgen identisch mit den Symptomen, die ein Kind in der aktuellen sexuellen Ausbeutungssituation in seiner Not entwickelt. Die Schäden sind nur schwer, in manchen Fällen überhaupt nicht mehr gutzumachen.

Die Bandbreite der möglichen Folgen für die betroffenen Kinder ist sehr groß. So können Anzeichen im körperlichen und psychosomatischen, im seelischen, emotionalen und sozialen Bereich liegen, im Leistungsbereich, in auffällig sexualisiertem Verhalten, in verbalen Andeutungen oder Kinderzeichnungen. Die Symptome weisen jedoch nicht immer eindeutig auf sexuelle Gewalt hin, ihre Ursachen können auch in anderen Problembereichen liegen. Auch wenn die Kinder nicht über die Erfahrung der sexuellen Gewalt sprechen (können), entwickeln sie Symptome ihres Leidens und senden Hilferufe oder Signale aus, die sich als Auffälligkeiten in verschiedenen Verhaltensbereichen bemerkbar machen.

Intervention ■ Ob nun der Verdacht besteht, dass ein Kind sexuelle Gewalt erfährt oder ob ein Kind über die Erfahrung sexueller Gewalt spricht, in beiden Fällen können folgende Anhaltspunkte zum Umgang damit hilfreich sein:
■ Dem Kind in jedem Fall glauben
■ Nicht übereilt oder unüberlegt handeln
■ Unterstützung suchen im Erzieherinnenteam
■ Professionelle Hilfe einholen
■ Genaue Beobachtung des Kindes
■ Mögliche Hinweise aufschreiben
■ Keine vorschnelle Konfrontation der Mutter/Familie mit dem Verdacht

■ Vertrauen und Kontakt zum Kind intensivieren, es ermutigen, über seine Geheimnisse zu sprechen
■ Dem Kind versichern, dass es richtig war, über die sexuelle Gewalt zu sprechen und dieses Geheimnis nicht für sich zu behalten, auch wenn ihm das »befohlen« worden ist
■ Das Kind von der Last der Schuld befreien, ihm versichern, dass es an dieser Situation keine Schuld trägt und man ihm keine Vorwürfe deswegen macht
■ Das Kind nicht noch zusätzlich mit drängenden Fragen unter Druck setzen
■ Dem Kind keine Versprechungen machen, die man hinterher nicht einhalten kann, z.B. dass man niemandem davon erzählen wird.

Prävention ■ Präventiv gegen sexuelle Gewalt vorzugehen ist insofern schwierig, als dass es nie eine 100 %ige Sicherheit gibt, die Kinder wirklich schützen zu können. Bei der Prävention geht es nicht darum, den Kindern angstmachende Warnungen vor Fremden und vor Gefahren zu vermitteln oder Vermeidungshaltungen bei ihnen zu fördern. Wichtig ist vielmehr, Kinder aufzuklären über Liebe und → Sexualität, sie zu stärken, ihr Selbstbewusstsein und die Entfaltung ihrer eigenen Persönlichkeit sowie ihre Unabhängigkeit zu fördern und zu unterstützen. Folgende Ziele sind für das Kind mit der Prävention verbunden:
■ Eigene Stärken erkennen und diese in gefährlichen Momenten dafür einsetzen können, sich selbst zu schützen
■ Altersgerechtes, kindgerechtes Wissen über Sexualität und sexuelle Gewalt haben
■ Seine eigene Persönlichkeit und seine eigenen Fähigkeiten entfalten können
■ Sein Selbstbewusstsein und seine Selbstsicherheit stärken können
■ Mut haben, »Nein« zu sagen.
Prävention ist als ganzheitlicher Ansatz zu verstehen, der die gesamte Persönlichkeit des Kindes umfasst, und von drei wesentlichen Aspekten bestimmt wird:

Pädagogische Grundhaltung ■ Prävention wird verstanden als Erzieherhaltung, die Kinder stärkt, unterstützt und fördert, zu eigenen und eigenständigen Persönlichkeiten heranzuwachsen. Zu dieser Grundhaltung zählen beispielsweise: offener Umgang mit Sexualität, keine traditionelle Rollenerziehung, vertrauensvolle Beziehung, Respektieren und Akzeptieren der kindlichen Gefühle und Grenzen sowie dem Kind zugestehen, dass es auch »Nein« sagen darf. Mit diesen → Einstellungen können Grundsteine gelegt werden, die es dem Kind ermöglichen, selbstbewusst zu werden, sich gegen sexuelle Übergriffe zu wehren und sich so selbst zu schützen und/oder sich jemandem anzuvertrauen. Die Kinder werden befähigt, Worte zu finden für das, was sie nicht möchten und was ihnen unangenehm ist sowie das Einhalten ihrer eigenen Grenzen einzufordern. Bei einer Konfrontation mit sexueller Gewalt haben sie Kompetenz, Wissen und Handlungsmöglichkeiten.

Gezielte Maßnahmen ■ Ein zweiter Gesichtspunkt ist die spielerische und kindgerechte Erarbeitung konkreter Themen. Hier können sechs Präventionsschwerpunkte benannt werden:
- Mein Körper gehört mir
- Ich kann mich auf meine Gefühle verlassen
- Es gibt gute, schlechte und merkwürdige Berührungen
- Ich darf »Nein« sagen
- Es gibt gute und schlechte Geheimnisse
- Ich darf Hilfe holen und darüber sprechen, auch wenn es mir ausdrücklich verboten wurde.

Bilderbücher, Materialien und Arbeitshilfen erleichtern den Zugang zu den Themen und geben Tipps für die Umsetzung und Gestaltung. Sie enthalten teilweise sehr konkrete Vorschläge, lassen jedoch genügend Freiraum für eigene Ideen.

Elternarbeit ■ Gezielte → Kooperation mit den Eltern ist anzustreben und zu fördern, grundlegend ist gegenseitige Offenheit sowie Transparenz der Arbeit. Information der Eltern über sexuelle Gewalt an Kindern, über Möglichkeiten der Prävention, aber auch über die Arbeit in der Einrichtung zu diesen Themen sind nur einige Stichpunkte, die in diesem Kontext genannt werden können. Infowände, Gespräche mit den Eltern, aber besonders themenorientierte Elternabende sind beispielsweise geeignete Möglichkeiten der → Elternarbeit.

Martina Mäder-Berg

■ **Literaturtipps**

Enders, U. (2003). Zart war ich, bitter war's. Handbuch gegen sexuellen Missbrauch. Köln: Kiepenheuer und Witsch.

Hochheimer, I. (1998). Sexueller Missbrauch – Prävention im Kindergarten. Freiburg: Herder.

■ **Arbeitsmedien**

Braun, G. (1999). Ich sag' Nein: Arbeitsmaterialien gegen den sexuellen Missbrauch an Mädchen und Jungen. Mühlheim an der Ruhr: Verlag an der Ruhr.

Braun, G., Wolters, D. (1991). Das große und das kleine NEIN. Mühlheim an der Ruhr: Verlag an der Ruhr.

Bundesministerium für Familie, Senioren, Frauen und Jugend (Hg.) (2000). »Anna, komm!« Sexueller Kindesmissbrauch – Vorbeugen und Helfen. Videofilm zum Medienverbundprogramm mit Begleitbuch.

■ **Kontakte**

www.ajs-bw.de
www.netzwerk-kinderschutz.de

Situationsansatz

Der Situationsansatz ist ein Erziehungs- und Bildungskonzept, das Kinder und Erwachsene einlädt, sich auf das Leben einzulassen. Alltägliche Situationen des Kinderlebens werden zu Lernsituationen mit dem Ziel, dass Kinder sich zunehmend autonom, kompetent und solidarisch in einer Balance von Eigensinn und Gemeinsinn in ihrer Welt zurechtfinden. Damit steht der Situationsansatz im Gegensatz zum **funktionsorientierten Ansatz**, der für den Erwerb bestimmter Fertigkeiten in isolierten Übungssituationen steht, sowie zum **wissenschaftsorientierten Ansatz** (Disziplinansatz), der fachspezifische Zusammenhänge in kindgemäßer Form anbietet. Der Situationsansatz rechnet mit einer

Erzieherin, die das Kind in seinem Entwicklungsprozess versteht und anregt, es fordert und kompetent begleitet. Dies geschieht zunächst im Alltag. Darüber hinaus greift die Erzieherin Themen aus dem Leben der Kinder auf, die von exemplarischer Bedeutung sind und über den Augenblick hinausweisen, plant prozess- und projektorientiert (→ Projektarbeit), sieht das Kind im Kontext seiner Umwelt, unterstützt Neugier, Lernmotivation und Anstrengungsbereitschaft und vermittelt Erfahrungen in der aktiven Mitgestaltung des Gruppenlebens. Der Situationsansatz erschließt den Kindern ein hohes Maß an Mitsprache und Mitgestaltung und löst damit den Partizipationsanspruch des Kinder- und Jugendhilfegesetzes (KJHG) § 8) ein (→ Partizipation).

Zur Entstehung ■ Der Situationsansatz ist ein vergleichsweise junges pädagogisches Konzept, dessen Entwicklung für den Kindergarten in der ersten Hälfte der 1970er Jahre begann. Die Arbeitsgruppe Vorschulerziehung des Deutschen Jugendinstituts München entwickelte bis 1976 gemeinsam mit Erzieherinnen aus Hessen und Rheinland-Pfalz 28 didaktische Einheiten (→ Didaktik), in denen wichtige Lebenssituationen von Kindern aufgegriffen und mit didaktischen Vorschlägen, Materialien und Hinweisen zur pädagogischen Arbeit im Kindergarten angereichert wurden. Eine zweite wichtige Entwicklungsphase erlebte der Situationsansatz in den 1990er Jahren in den neuen Bundesländern, die als Ergebnis u.a. die »Praxisreihe Situationsansatz« sowie »Das kleine Handbuch zum Situationsansatz« hervor brachte. Der Situationsansatz hat bundesweit Fuß gefasst hat, Gesetze mit geprägt, wurde für viele Träger zur konzeptionellen Grundlage und liegt seit 2002 als differenziertes Material zur Qualität im Situationsansatz (→ Qualitätsmanagement) vor (vgl. Institut für den Situationsansatz [ISTA] in der Internationalen Akademie gGmbH an der FU Berlin).

Der Situationsansatz steht für eine Pädagogik, die sich nicht nur auf den Bereich der frühen Kindheit bezieht. Ideengeschichtlich hat er vor allem zwei Paten. Der erste ist Shaul B. Robinsohn, der für eine Bildungsreform steht, die Bildungsinhalte nicht länger in Fächerdenken aufsplittert, sondern sich bei der Auswahl eher an plausiblen Verwendungssituationen orientiert, in denen erworbene Qualifikationen nachgefragt und erprobt werden. Die Arbeitsgruppe Vorschulerziehung entwickelte seinen Dreischritt des Strukturkonzeptes – Bestimmung und Analyse der Situation, Benennung der Qualifikationen und Entwicklung darauf bezogener Curriculum-Elemente – weiter.

Der zweite Pate ist der brasilianische Volkspädagoge Paulo Freire. Im Situationsansatz erkennen wir seine Vorstellung vom Lernen im Dialog wieder, das sich in stetem Wechsel von Aktion und Reflexion vollzieht. Weil der Sachverstand aller bedeutsam ist, gilt die Rolle des Lehrenden und Lernenden für alle Beteiligten gleichermaßen. Wie Freire identifizieren die Erzieherinnen im Situationsansatz Schlüsselsituationen, die Ausgangspunkt für projektorientiertes Lernen sind.

Konzeptuelle Grundsätze ■
- Die pädagogische Arbeit geht von den sozialen und kulturellen Lebenssituationen der Kinder und ihrer Familien aus
- Erzieherinnen finden im kontinuierlichen Diskurs mit Kindern, Eltern und anderen Erwachsenen heraus, was Schlüsselsituationen im Leben der Kinder sind
- Sie analysieren, was Kinder können, wissen und was sie erfahren wollen. Sie eröffnen ihnen Zugänge zu Wissen und Erfahrungen und realen Lebenssituationen
- Sie unterstützen Mädchen und Jungen in ihrer geschlechtsspezifischen Identitätsentwicklung und wenden sich gegen stereotype Rollenzuweisungen und -übernahmen (→ Geschlechtsbewusste Pädagogik)
- Sie unterstützen Kinder dabei, ihre Phantasie und ihre schöpferischen Kräfte im Spiel zu entfalten und sich die Welt in der ihrer Entwicklung gemäßen Weise anzueignen

- Sie ermöglichen, dass jüngere und ältere Kinder im gemeinsamen Tun ihre vielseitigen Erfahrungen und Kompetenzen aufeinander beziehen und sich dadurch in ihrer Entwicklung gegenseitig stützen können
- Sie unterstützen Kinder in ihrer Selbstständigkeitsentwicklung, indem sie ihnen ermöglichen, das Leben in der Kindertagesstätte aktiv mitzugestalten
- Im täglichen Zusammenleben findet eine bewusste Auseinandersetzung mit → Werten und Normen statt. Regeln werden gemeinsam mit Kindern vereinbart
- Die Arbeit in der Kindertagesstätte orientiert sich an Anforderungen und Chancen einer Gesellschaft, die durch verschiedene Kulturen geprägt ist (→ Interkulturelle Erziehung, → Vorurteilsbewusste Bildung und Erziehung)
- Die Kindertagesstätte integriert Kinder mit Behinderungen, unterschiedlichen Entwicklungsvoraussetzungen und Förderbedarf und wendet sich gegen Ausgrenzung (→ Integrative Erziehung)
- Räume und ihre Gestaltung stimulieren das eigenaktive und kreative Tun der Kinder in einem anregungsreichen Milieu
- Erzieherinnen sind Lehrende und Lernende zugleich
- Eltern und Erzieherinnen sind Partner in der Betreuung, → Bildung und → Erziehung der Kinder.
- Die Kindertagesstätte entwickelt enge Beziehungen zum sozial-räumlichen Umfeld
- Die pädagogische Arbeit beruht auf Situationsanalysen und folgt einer prozesshaften Planung. Sie wird fortlaufend dokumentiert
- Die Kindertagesstätte ist eine lernende Organisation.

Lebenssituationen werden zu Lernsituationen und sind Ausgangspunkt für Erkundungen und gemeinsames Nachdenken mit Kindern und Eltern. Die Auswahl der Projekte setzt Absprachen mit allen Beteiligten voraus. Die Planung ist prozesshaft, schließt alternative Wege und Unwägbarkeiten ein und bedarf einer nachvollziehbaren Dokumentation. Außerdem finden viele Aktivitäten außerhalb des Kindergartens statt, was zusätzliche Planungen (Aufsicht) erforderlich macht.

Kritische Einwände ■ Der Situationsansatz wird häufig missverstanden als ein Ansatz, bei dem man auf den Anlass wartet und sich als Erwachsener scheut, selbst Themen einzubringen. Die besondere Aufgabe der Erzieherin besteht jedoch darin, aus der Vielfalt von Situationen eine begründete Auswahl zu treffen und dann initiativ zu werden. Dies setzt Situationsanalysen, → Beobachtungen und Gespräche und ein gemeinsames Nachdenken über das pädagogische Anliegen mit anderen voraus. Dadurch wird klar erkennbar, inwieweit eine mögliche (über den Augenblick hinaus bedeutsame) Schlüsselsituation Veränderungs-, Erfahrungs- und Bildungspotenzial in sich birgt und ob sich gewonnene Erfahrungen auch auf andere Situationen übertragen lassen.

Ein kritischer Einwand zum Situationsansatz bezieht sich auf das projektorientierte Arbeiten mit sehr jungen Kindern oder solchen, die im Vergleich zu Gleichaltrigen aufgrund von Defiziten scheinbar nicht mithalten können. Der Situationsansatz setzt jedoch voraus, dass die Erzieherin die Lern- und Entwicklungsgeschichten der Kinder kennt, ihre Stärken und Schwächen wahrnimmt und dafür sorgt, dass Kinder mit ihren individuellen Unterschiedlichkeiten auf ihre Weise in einzelnen Projektschritten und vor allem punktuell im Alltag positive Lernerfahrungen machen können.

Ein anderer Einwand ist die Diskrepanz zwischen dem Anspruch für Planungszeit und Dokumentation mit der dafür zur Verfügung stehenden Zeit der Erzieherinnen. Hierbei geht es jedoch zum einen um die Rahmenbedingungen, aber auch um die Fähigkeit der Erzieherin, Wesentliches von eher Vernachlässigbarem zu unterscheiden.

Der Situationsansatz ist wissenschaftlich überprüft, seine positiven Wirkungen wurden nachgewiesen. So sind nach einer Vergleichsstudie durch die Universität Landau (Bernhard Wolf u.a. 1999) die Kinder aus Einrichtungen, die nach dem Situationsansatz arbeiten, u.a. aufgeweckter, eigenaktiver, motivierter und bleiben länger an einer Sache als Kinder aus Einrichtungen, die nicht nach dem Situationsansatz arbeiten. Sie sind besser in der Lage, ihre Konflikte ohne Hilfe der Erwachsenen zu klären. Diese deutlichen Effekte waren unerwarteterweise auch noch nach einem Zeitraum von vier Jahren zu erkennen. Mit den Fähigkeiten, beharrlich an der Sache zu bleiben, auf andere Menschen zuzugehen, Verantwortung im überschaubaren Rahmen zu übernehmen und den eigenen Kräfte zu vertrauen, zeigen die Kinder Eigenschaften, die grundlegend sind für ihre weitere Entwicklung, nicht zuletzt für Schule und Beruf.

Der Situationsansatz ist das wohl am weitesten verbreitete Konzept für den Kindergarten. Häufig wird er aber auch missverstanden, seiner institutionskritischen Absicht und seines Bildungspotenzials beraubt und auf soziales Lernen reduziert, weil er ein offenes, auf Diskurs angelegtes Konzept ist, das in hohem Maß von der Qualifikation der Erzieherinnen lebt. Bildungs- und Erziehungspläne zahlreicher Bundesländer orientieren sich schwerpunktmäßig an der Pädagogik des Situationsansatzes.

Erzieherinnen, die nach dem Situationsansatz arbeiten wollen, finden in der Weiterbildung des ISTA zur »Fachkraft für den Situationsansatz« eine entsprechende Qualifizierung und die Vernetzung mit Gleichgesinnten.

Rita Haberkorn/Rose Götte

■ Literaturtipps

Dittmann, M. (Hg.) (2000). Werkstatt Situationsansatz in der Kindergartenpraxis. Weinheim/Basel: Beltz.

Haberkorn R./Lipp-Peetz (voraussichtlich 2006). Einführung in den Situationsansatz. Weinheim/Basel: Beltz.

Preissing Ch. (Hg.) (2003). Qualität im Situationsansatz. Weinheim/Basel: Beltz.

Zimmer, J. (2006). Das kleine Handbuch zum Situationsansatz (2. Aufl.). Weinheim/Basel: Beltz.

■ Kontakt

Kontakt für die Weiterbildung zur Fachkraft für den Situationsansatz

Institut für den Situationsansatz in der Internationalen Akademie gGmbH an der FU Berlin (ISTA): Haberkorn.Ista@gmx.de

Situationsorientierter Ansatz

Der Situationsorientierte Ansatz wurde Mitte der 1980er bis Anfang der 1990er Jahre entwickelt. Er zielt vor allem darauf ab, die Selbstkompetenz von Kindern als Grundlage der gesamten Persönlichkeitsentwicklung des Menschen auf- und auszubauen. In der Konsequenz heißt das, dass Kinder in einem elementarpädagogischen Umfeld aufwachsen können, das ihnen hilft, lebensbedeutsame Fähigkeiten effektiv und nachhaltig zu entwickeln. Grundlage des Situationsorientierten Ansatzes ist ein humanistisch geprägtes Menschenbild (C.R. Rogers; J. Korczak; Th. Gordon). Darüber hinaus orientiert er sich an den individuellen Lebenssituationen von Kindern und ihren Familien vor Ort sowie an den jeweils aktuellen Erkenntnissen aus der Kindheits- und Jugendforschung, der Entwicklungspsychologie (G. Haug-Schnabel; R. Oerter; R. Largo; G. Mietzel; H. Keller) und der Bindungsforschung (J. Bowlby; K. & K. Grossmann). Der Situationsorientierte Ansatz versteht sich weder als therapeutische Technik, noch als didaktisierte Programmplanung, sondern richtet sich vielmehr auf die individuelle Entwicklungsgeschichte von Kindern und ihre aktuellen Lebensbezüge. In der Vergangenheit und Gegenwart wurde bzw. wird der Situationsorientierte Ansatz nicht selten mit den Begriffen Situationsansatz, situatives Arbeiten, situationsbezogene Arbeit, situationsbezogener Ansatz etc. verwechselt, was an der Ähnlichkeit der Begriffe liegen mag. Tatsächlich gelten jedoch für den Situationsorientierten Ansatz ganz besondere, unverwechselbare Grundlagen und Schwerpunkte, die ihn von den genannten Ansätzen klar und unmissverständlich unterscheiden.

Leitgedanken ■ Die folgenden Sichtweisen und Forderungen ziehen sich wie ein roter Faden durch die gesamte Arbeit des Situationsorientierten Ansatzes:

■ Kinder haben ein Recht auf ihre persönliche Entfaltung, die Entdeckung ihrer vielfältigen und unterschiedlichen Talente sowie ihrer vorhandenen Ausdrucksmöglichkeiten

- Erzieherinnen haben die Aufgabe, durch persönliche und fachliche Qualifikation dafür Sorge zu tragen, dass Kinder zu ihren Entwicklungsmöglichkeiten finden
- Sie sorgen dafür, dass sie Vorbild und Modell für selbständige und selbstbestimmte Verhaltensweisen sind, so dass sich Kinder im Alltag an ihnen orientieren können
- Kinder haben ein Recht auf ihren eigenen Lebensraum → Kindheit, in dem sie einerseits immer wieder Kind sein dürfen, andererseits das Leben als einen weiten Erfahrungsraum für neue Kompetenzen erleben können (hier stehen Entwicklungswege im Vordergrund und keine perfektionierten Ergebnisse)
- Erzieherinnen nehmen die lebensbedingten und persönlichkeitsgeprägten Themen der Kinder in die Arbeit auf und wenden sich bewusst gegen eine verplante Kindergartenzeit
- Kinder erfahren eine Kultur der Wertschätzung, der Offenheit für ihre → Bedürfnisse, des Vertrauens, der Solidarität, des Optimismus', der Sicherheit und einer beziehungsorientierten Annahme
- Erzieherinnen sehen sich in erster Linie als Bündnispartnerinnen der Kinder und ihrer Bedürfnisse und erst in zweiter Linie als erwartungserfüllende Personen für Eltern
- Sie zeigen ein aktives Interesse an einer durchgängigen Qualitätsüberprüfung und Qualitätsverbesserung ihrer professionellen Tätigkeit
- Bedeutsam ist die Erfahrung von → Werten in einer gepflegten und achtsamen Interaktions- und Kommunikationskultur, einer konstruktiven Konfliktkultur, einer sorgsamen Sprachkultur, einer stilvollen Esskultur und einer vielfältigen Spielkultur.

Unverwechselbare Schwerpunkte und Orientierungslinien

■ Der Situationsorientierte Ansatz zeichnet sich durch vier Schwerpunkte aus, die bei der Umsetzung eine besonders hohe Priorität haben.

- Zunächst gibt es für den Situationsorientierten Ansatz verpflichtende **Ausgangspunkte**, die für eine Grundlagenorientierung sorgen: das Kinder- und Jugendhilfegesetz (KJHG- 8. Buch SGB , § 22: Grundsätze der Förderung von Kindern in Tageseinrichtungen), das Berufsbild für Erzieherinnen, die UNO-Charta Rechte des Kindes, Ergebnisse der Resilienzforschung, die Kindertagesstättengesetze der jeweiligen Bundesländer, die qualitätsgeprägten Grundaussagen zur Gestaltung von Bildungsprozessen im Elementarbereich, entwicklungspsychologische Erkenntnisse zur Persönlichkeitsentwicklung von Kindern und die gesellschaftliche Ausgangslage zur Lebens- und Entwicklungssituation der Kinder.
- Im Situationsorientierten Ansatz ist der gesetzlich verankerte eigenständige Erziehungs-, Bildungs- und Betreuungsauftrag klar umrissen: a) Der **Erziehungsauftrag** besteht darin, Kindern aufgrund ihrer vielfach eingegrenzten Lebensräume, terminlich zerteilten Lebenszeiten und zerrissenen Erfahrungswelten vielfältige Möglichkeiten zu bieten, sowohl gegenwärtig bedeutsame Situationen zu erleben als auch unverarbeitete Eindrücke aus der Vergangenheit zu verarbeiten. Auf diese Weise können Kinder eine personale und soziale Identität entwickeln, um zukünftige Lebenssituationen kompetent und in Verantwortung vor sich und ihrer Umwelt zu gestalten bzw. zu bewältigen. b) Der **Bildungsauftrag** richtet sich auf die ganzheitliche Unterstützung der Handlungs-, Bildungs-, Leistungs- und Lernfähigkeit von Kindern unter besonderer Berücksichtigung kultureller Werte (Ethik, Ästhetik, Religion und Wissenschaft). Er ist nur einzulösen bei bewusster Ablehnung eines didaktisierten und schulvorgezogenen Arbeitens und bei oberster Wertschätzung einer lebendigen, handlungsaktiven und selbsttätigen Spielkultur in der Elementarpädagogik. c) Aus dem **Betreuungsauftrag** leitet sich ab, Kindern in der täglichen Beziehungspflege treu zur Seite zu stehen. Das geschieht durch den Auf- und Ausbau verlässlicher Beziehungen zu

Kindern, die durch Wertschätzung und Achtsamkeit geprägt sind.

- Zum Situationsorientierten Ansatz gehört die Herstellung und Aufrechterhaltung einer Innenqualität, der Aufbau einer Außenqualität und schließlich die tägliche Umsetzung einer pädagogischen Arbeitsqualität. Dies erfordert die **Situationsanalyse** der Lebensbedingungen und Lebenssituationen der Kinder und ihrer Familien vor Ort, eine humanistisch geprägte und professionell gestaltete Umgangs- und Arbeitsweise der Erzieherinnen, entsprechende Handlungskompetenzen für eine professionelle Projektarbeit, eine konstruktiv geprägte kollegiale Zusammenarbeit, die Festlegung aller bedeutsamen Eckwerte in einer individuellen Einrichtungskonzeption (→ Konzeption), eine enge Zusammenarbeit mit Eltern (→ Elternarbeit), Träger sowie den sozialen und therapeutischen Diensten vor Ort, eine offensive → Öffentlichkeitsarbeit, Einbeziehung des Umfeldes in die alltägliche Arbeit, eine bildungsförderliche Innen- und Außenraumgestaltung, berufspolitische Aktivitäten sowie die kontinuierliche → Fortbildung aller Fachkräfte.
- Den Kern der pädagogischen Arbeitsqualität bildet die jeweilige **Projektarbeit.**

Projektarbeit als Kern ■ Projekte sind »mit Kindern *gemeinsam* gefundene Handlungs- und Erfahrungsaktivitäten aus den *direkten Erlebniswelten* der Kinder. Sie sollen ihnen vielfältige Möglichkeiten in einer erlebnisreichen Gegenwart bieten, Erfahrungen, Erlebnisse und Eindrücke aus ihrer mittelbaren oder unmittelbaren Vergangenheit noch einmal nachzuerleben, zu bearbeiten und zu klären. Dabei ergeben sich die Projektaktivitäten aus der Mehrzahl der Lebenspläne der Kinder« (Krenz)

Der psychologische Begriff **Lebensplan** wird als das jeweils individuelle Verhaltensmuster eines jeden Menschen betrachtet. Er bestimmt die Intensität und Richtung der Gefühle, die Art und Richtung des Denkens und des Handelns. Entwicklungs- und persönlichkeitspsychologisch kann davon ausge-

gangen werden, dass Kinder ihre jeweiligen Lebenspläne in ihren **sechs Ausdrucksformen** offenbaren: dem → Spiel und den besonders genutzten Spielformen, den Erzählungen und der Sprachgestaltung, den Tag- und Nachtträumen, den individuellen Verhaltensweisen und -merkmalen, dem Malen und Zeichnen sowie den Bewegungsaktivitäten/der ausgedrückten Motorik. Im Situationsorientierten Ansatz werden alle sechs Ausdrucksformen als symbolische Ausdruckswerte betrachtet, die einen jeweiligen Bedeutungswert besitzen. Diesen gilt es zu verstehen, um aus den Bedeutungswerten den besonderen Lebensplan der Kinder zu erkennen. Die Häufung von gleichen oder ähnlichen Lebensplänen der Kinder führt dabei zu dem jeweiligen Projekt.

Projekte dauern im Durchschnitt zwischen sechs Wochen und sechs Monaten. Sie lassen sich in vier Teilbereiche gliedern und erfolgen in zehn Schritten.

Projektvorbereitung durch die Erzieherinnen ■

- Zielgerichtete Beobachtung und schriftliche Erfassung der individuell geprägten sechs Ausdrucksformen jedes einzelnen Kindes
- Entschlüsselung der Ausdrucksformen im Hinblick auf ihre besonderen Erzählwerte
- Erkennen und Erfassen der jeweiligen Lebenspläne aller Kinder
- Feststellung einer Häufung von Lebensplänen aller Kinder in der Gruppe
- Formulierung des angedachten Projektschwerpunkts durch die Fachkräfte.

Vertiefung der Projektvorbereitung mit den Kindern ■

- Treffen in einer Kinderversammlung: Aktualisierung der Lebenspläne durch Beispielnennungen und Sammlung weiterer Beispiele durch die Berichte und Erzählungen der Kinder
- Schriftliches Festhalten der von Kindern genannten Beispiele durch die Erzieherin
- Ordnung und Strukturierung der Erlebnisschwerpunkte sowie Ergänzung durch weitere sinnverbundene Situationen.

Gemeinsames Projekterleben ■

■ Durchführung der gesammelten und ergänzten Erlebnisschwerpunkte und gleichzeitige Dokumentation der Durchführung.

Projektauswertung ■

■ Auswertung der Erlebnisschwerpunkte mit den Kindern, im Kollegium, für die Eltern.

Viele Kindergärten in Deutschland, Österreich, Italien und Dänemark, die sich für die Arbeit nach dem Situationsorientierten Ansatz entschieden haben, berichten immer wieder, dass die konsequente Umsetzung dieses Ansatzes sehr viel Engagement und ein fundiertes Wissen von den Erzieherinnen verlangt. Auf der anderen Seite zeigen Untersuchungen, dass Kinder in situationsorientiert arbeitenden Kindergärten gerade in der Entwicklung ihrer Selbständigkeit, ihrer Autonomie und ihres sozialen Verhaltens beachtenswerte Entwicklungsfortschritte aufweisen.

Armin Krenz

■ Literaturtipps

Krenz, A. (2004). Der »Situationsorientierte Ansatz« im Kindergarten. Grundlagen und Praxis (17. Aufl.). Freiburg: Herder.

Krenz, A. (2001). Qualitätssicherung in Kindertagesstätten. München: Reinhardt.

Krenz, A. (2003). Elementarpädagogik aktuell. Die Entwicklung des Kindes professionell begleiten. Offenbach: Gabal.

Krenz, A. (2005). Elementarpädagogik und Professionalität. Lebens- und Konfliktraum Kindergarten. Offenbach: Gabal.

Soziale Bildung

Soziale Bildung bezieht sich nicht nur auf die Entwicklung sozialer Verhaltensweisen, sondern ist von Anfang an auch Bestandteil der Identitätsentwicklung des Kindes. Als Prozesse des sozialen Lernens ist soziale Bildung Voraussetzung dafür, dass sich das Kind in seiner sozialen Umwelt zurechtfindet und selbstbewusst und verantwortungsvoll mit dieser interagieren kann. Zugleich stärken positive soziale Erfahrungen das Selbstvertrauen des Kindes und sein emotionales Wohlbefinden (→ Emotionen) und tragen deshalb wesentlich zum Gelingen kognitiver Bildungsprozesse (→ Bildung) bei.

Soziale Bildungsprozesse des Kindes sind in zweifacher Weise als Selbstbildungsprozesse zu verstehen: zum einen in Bezug auf die Entwicklung einer sozialen Identität, die sich aus den Erfahrungen des Kindes, die es mit anderen macht, konstituiert, zum anderen hinsichtlich der Eigentätigkeit des Kindes, wenn es sich soziales Wissen erschließt. Dieses soziale Wissen umfasst auf der inhaltlichen Ebene das Lernen von kulturellen Inhalten, von → Rollen, → Werten und Normen. Traditionelle pädagogische Ansätze gehen davon aus, dass dieses soziale Wissen den Kindern »beigebracht« werden muss, indem man sie Gebote und Verbote, Regeln und Normen aufsagen lässt. Es hat sich aber herausgestellt, dass das soziale Wissen, das Kinder informell, auf der Beziehungsebene erwerben, sehr viel nachhaltiger ist. Indem Kinder Personen, die für sie wichtig sind, nachahmen, sich mit ihnen identifizieren, machen sie sich deren Rollenstrukturen und Moralvorstellungen zu eigen. Soziale Bildung schließt ebenso kognitives Lernen ein. Kinder lernen soziale Ordnungsstrukturen als Regelsysteme für das Zusammenleben zu erfassen und damit umzugehen. Diese Kompetenzen erwerben Kinder weniger durch ein spezielles Fördersystem, als vielmehr durch konstruktive soziale Erfahrungen und eine die Identitätsentwicklung unterstützende Erziehung in → Familie und sozialpädagogischen Institutionen.

Entwicklungspsychologische Grundlagen ■

Die neuere Säuglingsforschung hat gezeigt, wie prägend die emotionalen Erfahrungen für die Entwicklung der Bindungsfähigkeit sind, die das Kind von seiner Geburt bis etwa zur Mitte des zweiten Lebensjahres in den sozialen Interaktionen mit seinen Bezugspersonen macht. Sie beziehen sich auf die grundlegenden Bedürfnisse nach Bindung und Selbstwirksamkeit. In Abhängigkeit von der jeweiligen Qualität dieser frühkindlichen Interaktionen und der darauf basierenden Bindungsfähigkeit setzt sich das Kind forschend mit den Dingen und den Menschen seiner Umwelt auseinander und erweitert sein soziales, emotionales und kognitives Verhaltensspektrum. Inwieweit das Kind Empathiefähigkeit entwickeln wird, ist in hohem Maße davon abhängig, ob es sich in dieser frühkindlichen Entwicklungsphase von seinen Bezugspersonen liebevoll respektiert und verstanden fühlt.

Aufgrund von Reifungsprozessen des Gehirns entwickelt sich zwischen dem 15. und dem 18. Lebensmonat die Vorstellungstätigkeit beim Kind. Mit Denkleistungen kann sich das Kind nun etwas bewusst machen, etwas vorstellen, was real nicht vorhanden ist. Mittels Gedanken, Phantasien, Begriffen, auch solchen von Zeit und Raum, vermag sich das Kind etwas zu vergegenwärtigen und in der Vorstellung zu verändern. Diese Fähigkeit spielt für das sich nun herausbildende Selbst-Bewusstsein eine große Rolle. Hierbei geht es nicht nur um die Einschätzung der eigenen körperlichen Fähigkeiten, sondern auch um seelische Vorgänge, wie Gefühle, Bedürfnisse, Erinnerungen und nicht zuletzt um die Beziehungen zu Menschen, die dem Kind nahe stehen und ihm wichtig sind. Sie stellen sozusagen den Spiegel dar, in dem das Kind sich wahrnimmt und seine Selbsterfahrungen verarbeitet. Im Spannungsverhältnis von Abgrenzung und Identifikation, Distanz und Nähe, Autonomie und Bindung organisiert das Kind seine Selbsterfahrungen und ordnet diese zu einem Selbstkonzept. Dazu gehört auch das sogenannte soziale Selbst, also die Beziehungsfähigkeit des Kindes, sein soziales Verhaltensrepertoire und sein Geschlechtsrollenverständnis.

Mit etwa drei Jahren beginnt das Kind, sich eine Meinung zu bilden, es schreibt den Dingen, Ereignissen und Menschen unterschiedliche Bedeutungen zu, setzt sich zu dem, was es erlebt und erfährt, individuell in Beziehung. Das Sich-Einfühlen und Sich-Eindenken in andere im Sinne von »Was würde ich an seiner Stelle tun?« ist ein selbstreflexiver Prozess, der die Qualität der sozialen Interaktionen wesentlich komplexer werden lässt. Das Kind begreift, dass es in

den Köpfen anderer Kinder anders aussehen kann als im eigenen. Die Fähigkeit, die Perspektive zu wechseln und sich auch in andere Kinder hineinzudenken und hineinzufühlen (→ Empathie) ist schon bei Zwei- bis Dreijährigen zu beobachten und stellt einen wichtigen Impulsgeber für den Erwerb prosozialer Verhaltensweisen dar. Das Kind ist in der Lage, sowohl die Absichten und Intentionen des anderen zu erkennen und dessen Standpunkt zu berücksichtigen, wie auch diesem entgegenzuwirken und dem eigenen Standpunkt Geltung zu verschaffen. Empathiefähigkeit und Perspektivwechsel erweitern die soziale Motivation des Kindes beträchtlich.

Bedeutung der pädagogischen Beziehung ■

Nicht nur die familialen Beziehungserfahrungen eines Kindes beeinflussen die Gestaltung seiner Beziehung zu Gleichaltrigen, sondern auch diejenigen, die es mit seinen pädagogischen Begleitern macht. Der praktizierte Erziehungsstil spielt dabei eine besondere Rolle. Optimal ist ein als autoritativ bezeichnetes Erziehungskonzept, dessen wesentliche Merkmale eine liebevolle, fürsorgliche Beziehung zum Kind, die Vorgabe konsistenter Regeln und fester Grenzen, aber auch Ermutigung zur offenen Diskussion, zur klaren Kommunikation, zum gemeinsamen Aushandeln der Regeln sind. Es geht um eine Interaktion, in der sich Erzieherin und Kind in ihren Ansprüchen und Interessen wechselseitig respektieren, es geht um Gleichheit und Gegenseitigkeit. Eine solche Erfahrung veranlasst das Kind seinerseits, eine an Gleichheit und Gegenseitigkeit orientierte Moral zu entwickeln.

Die autoritative Erziehungshaltung bietet eine bessere Gewähr für eine erfolgreiche Ausdifferenzierung moralischer Motive im Sozialverhalten des Kindes als eine permissive (gewährende) oder eine autoritäre Erziehungshaltung, die oft zu problematischen Verhaltensmustern führen, wie z.B. geringer Selbstkontrolle, wenig sozialem Verantwortungsbewusstsein und Selbstwertproblemen. Der Grund hierfür liegt darin, dass bei diesen beiden Erziehungshaltungen den Kindern nicht mit realistischen Erwartungen begegnet wird und keine strukturierten Hilfestellungen geboten werden. Genau diese Unterstützung brauchen Kinder jedoch für ihre Identitätsentwicklung und auch für die Herausbildung moralischen Empfindens.

Der Aufbau einer eigenen moralischen Motivation ist eingebettet in die sozial-emotionalen Beziehungserfahrungen, die das Kind mit ihm wichtigen Erwachsenen macht. Im Kindergartenalter sind dann zunehmend auch die sozialen Rückmeldungen von Bedeutung, die das Kind von Gleichaltrigen erfährt.

Bedeutung der Gleichaltrigen ■ Je jünger die Kinder sind, desto unvermittelter prallen nicht übereinstimmende Vorstellungen aufeinander, weil ihnen zunächst gar nicht in den Sinn kommt, dass jemand anders – zumal wenn er gleichaltrig ist – anderer Meinung sein kann. Außerdem erfordern soziale Interaktionen mit Gleichaltrigen andere kommunikative Strategien als mit Erwachsenen und nicht zuletzt fehlt die emotionale Sicherheit, die die Kinder bei Auseinandersetzungen mit Erwachsenen auffängt. Dennoch sind es gerade die konfliktreichen, strittigen Situationen in der Gleichaltrigengruppe, die sie herausfordern, gemeinsame Bedeutungen, Regeln, Lösungen zu finden und neue Perspektiven zu entwickeln.

Gemeinsam beginnen die Kinder, die soziale Wirklichkeit, in die sie gestellt sind, zu konstruieren, indem sie jeweils individuell etwas dazu beitragen, um mit den anderen eine für alle verbindliche soziale Wirklichkeit zu schaffen. Sie reden, lachen, streiten und raufen, um herauszufinden, was eine gemeinsame Basis für ihr Zusammenspiel sein kann. Sie sind in Ungewissheit, wer seine Interessen durchsetzen kann, entwickeln Konfliktstrategien. Sie gewinnen dabei Erkenntnisse über sich selbst und darüber, wie sie von anderen wahrgenommen werden. Die Einsicht in die Notwendigkeit des Aushandelns ist kein friedlicher Prozess. Die Kinder drohen, manipulieren, schmeicheln, kämpfen, um sich zu behaupten. Es geht also auch um Übergriffe, Dominanzgehabe und Positi-

onskonflikte. Es ist ein mühsamer Weg, bis die mit anderen ausgehandelte und nunmehr geteilte soziale Wirklichkeit von den Kindern auch als Sicherheit vermittelnd erlebt wird.

Resümee ■ Wie jede Art von Bildung ist auch die soziale Bildung eine persönliche Lernhaltung. Es geht um selbsttätiges Forschen und darum, sich zu anderen Menschen in Beziehung zu setzen. Dabei kann die Vermittlung von sozialem Wissen, das Lernen von Regeln, Normen und Werten eine Hilfe sein. Soziales Wissen ist aber nicht gleichbedeutend mit sozialer Bildung. Diese ist vielmehr Ausdruck von persönlicher Autonomie, Beziehungsfähigkeit und umfasst das Wissen um die eigene Kompetenz. Soziale Erziehung unterstützt den Beziehungsaspekt dieses Selbst-Bildungsprozesses, die Verknüpfung von Bildungsprozessen mit sozialen Beziehungen, die vor allem in der frühen Kindheit aufs Engste verwoben sind. Im Rahmen dieser sozialen Erziehung des Kindes sollte die vom Kind als ebenbürtig wahrgenommene Gruppe der Gleichaltrigen als Bildungspotenzial von der Erzieherin pädagogisch genutzt werden (→ Gruppenpädagogik). Denn wegen des noch geringen Machtgefälles unter den Kindern kann das Kind zusammen mit anderen an der Konstruktion sozialer Regeln mitwirken (→ Partizipation) und auf diese Weise erste Grunderfahrungen demokratischen Zusammenlebens machen. Dazu bedarf es keiner spezifischen Bildungsprogramme. Es genügt, wenn die Erzieherinnen Voraussetzungen schaffen für ein reichhaltiges Sozialleben, immer wieder Respekt vor der Eigenleistung der Kinder zeigen und sich ihrer eigenen Vorbildfunktion als Erzieherin auch in der Zusammenarbeit mit den Kolleginnen (→ Team) bewusst sind.

Sigrid Ebert

■ **Literaturtipps**

Bischof-Köhler, D. (1989). Die Anfänge der sozialen Kognition. Bern: Huber Verlag.

Ebert, S. (2003). Soziale Bildung im Kindergarten. In: Die Bildungsbereiche im Kindergarten, (Hg.) Weber, S., Freiburg: Herder.

Kegan, R. (1994). Die Entwicklungsstufen des Selbst: Fortschritte und Krisen im menschlichen Leben. München: Kindt-Verlag.

Soziale Schicht

Als soziale Schichtung wird das Gefüge einer Gesellschaft bezeichnet, in dem die Menschen in unterschiedlichem Ausmaß über gesellschaftlich relevante Güter verfügen und dementsprechend einen unterschiedlichen sozialen Rang einnehmen. Einige haben mehr Wertschätzung und Einflussmöglichkeiten und andere weniger. Welchen sozialen Rang jemand im Sozialgefüge innehat, hängt also von seinem gesellschaftlichen Ansehen (Prestige) ab und von seinen realen Möglichkeiten, auf andere Leute Einfluss ausüben zu können (Macht). Macht und Prestige werden in jeder Gesellschaft aufgrund bestimmter Eigenschaften oder Leistungen zugesprochen. In modernen Gesellschaften wird der Status einer Person (d.h. sein sozial definierter Platz in einem Positionsgefüge) hauptsächlich aus seinem Beruf, seiner Bildung und seinem Einkommen abgeleitet. Diese Dimensionen werden als **Statuslinien** bezeichnet und stellen die Größen dar, mit deren Hilfe die Schichtlage von Menschen erhoben und bestimmt wird. Zuordnungen zu einer Schicht sind nur bei einer Statuskonsistenz möglich, d.h. dann, wenn Menschen auf allen drei relevanten Statuslinien (Einkommen, Beruf, Bildung) eine ähnliche Position einnehmen.

Das **Schichtungskonzept** bildet auch heute noch die Grundlage für fast alle empirischen Forschungen, die sich mit den Zusammenhängen zwischen gesellschaftlicher Position und → Einstellungen bzw. Verhaltensweisen beschäftigen. Je nach Untersuchungsanlage werden dabei zwei bis neun Schichten unterschieden. Am häufigsten wird eine Dreiteilung in Unter-, Mittel- und Oberschicht vorgenommen.

In den letzten Jahrzehnten wurde das Konzept der sozialen Schichtung kritisiert, weil es zu grob, zu abstrakt und zu eng sei und sich mit erworbenen Merkmalen lediglich vertikale Dimensionen der sozialer Ungleichheit erfassen lassen, nicht aber zugeschriebene, d.h. unveränderbare Merkmale, wie beispielsweise Geschlecht, Alter oder ethnische Zugehörigkeit. Überdies sind mit gesellschaftlichen Veränderungsprozessen z.B. Berufsbiografien entstanden, die sich mit dem Schichtungskonzept ebenfalls nur schwer oder auch gar nicht greifen lassen. So sind Taxifahrer mit Abitur keine Seltenheit mehr, ebenso gibt es immer mehr erwerbslose Akademiker. Beide finden mit ihrer Statusinkonsistenz (d.h. die Positionen auf den verschiedenen Statuslinien sind unterschiedlich hoch) in der Theorie sozialer Schichtung keinen Platz.

Neuere Ansätze ■ Aufgrund der Kritik am Schichtungskonzept ist eine Reihe neuer Modelle entstanden, mit denen versucht wird, die zwischen den Menschen bestehende soziale Ungleichheit angemessen zu beschreiben und die immer häufiger feststellbaren Statusinkonsistenzen auch theoretisch zu berücksichtigen. Dazu gehören besonders die Theorie vom sozialen Raum des französischen Soziologen Pierre Bourdieu, die Milieutheorie, sowie das Zentrum-Peripherie-Modell, das inzwischen von vielen SoziologInnen auch in empirischen Untersuchungen angewendet wird.

Theorie vom sozialen Raum ■ Bourdieu sieht das gesellschaftliche Ungleichheitsgefüge als einen Raum der sozialen Lebenslagen, in dem Individuen und soziale Kategorien (d.h. Gruppierungen von Menschen, die mindestens ein Merkmal wie z.B. den Beruf gemeinsam haben) ihren Platz einnehmen. Die in unserer Kultur zentralen Ressourcen lassen sich nach Bourdieu im Wesentlichen in **ökonomisches Kapital** (Geld, Eigentum), **kulturelles Kapital** (Bildung, Ausbildung, Sprache) und **soziales Kapital** (Beziehungen, Sicherheit und Ansehen durch Zugehörigkeit zu einer Gruppe) unterscheiden. Die mehr oder minder oder gar nicht vorhandene Teilhabe an diesen Kapitalsorten entscheidet über die jeweilige Position im sozialen Raum. Dabei sind die einzelnen Gruppierungen sowohl durch eine unterschiedliche Menge (Kapitalvolumen) als auch durch eine verschiedenartige Zusammensetzung des Kapitals gekennzeichnet (Kapitalstruktur). So verfügen beispielsweise Jugendliche in der

Regel über ein äußerst geringes, selber erworbenes ökonomisches Kapital, haben jedoch im Vergleich zu den alten Menschen in unserer Gesellschaft ein recht hohes kulturelles Kapital in Form durchschnittlich qualifizierterer Bildungsabschlüsse. Ökonomisches wie kulturelles und soziales Kapital werden durch die Herkunftsfamilie weitergegeben und vermittelt, die Individuen eignen sie sich aber auch im Laufe ihres Lebens selber an.

Ein weiterer wichtiger Faktor bei der Positionierung im sozialen Raum ist der sogenannte **Habitus**. Er beinhaltet spezifische Schemata der Wahrnehmung, des Denkens und des Handelns, die sich je nach Position im sozialen Raum unterscheiden. Es sind Denk- und Verhaltensstile, die zwar als persönlicher Charakter empfunden werden, im Grunde aber eine Verinnerlichung der Struktur darstellen, in denen der Mensch lebt. Wer in einer begüterten Familie in der Großstadt aufgewachsen ist, entwickelt z.B. einen anderen Habitus als jemand, der unter bescheidenen Bedingungen in einer Bauernfamilie auf dem Dorf groß geworden ist, auch wenn beide Abitur gemacht und Physik studiert haben. Darüber hinaus ist der Habitus aber nicht nur ein *Produkt* der Lebenswelt, d.h. eine Prägung, die der Mensch durch seine Zugehörigkeit zu einer bestimmten sozialen Gruppierung erfahren hat, sondern gleichzeitig *erzeugt* er auch Vorlieben, Haltungen, Handlungen, die mit den Bedingungen, unter denen er sich entwickelte, in Einklang stehen. Somit reproduziert der Habitus laufend seine eigenen Entstehungsbedingungen.

Der Vorteil dieser Theorie gegenüber der Theorie der Soziale Schicht besteht darin, dass hier von vorneherein Statusinkonsistenzen ihren Platz bekommen.

Soziale Milieus ■ Das Milieu im soziologischen Verständnis bezieht sich auf die sozialräumlich-lokale Bindung von Individuen oder Gruppierungen (auch Lebenswelt genannt), die eine subkulturelle Einheit innerhalb einer Gesellschaft mit ähnlichen Einstellungen, Lebenszielen und Lebensstilen bilden. Die **Individualisierungsthese** von Ulrich Beck zeigt, dass der Lebensstil von Menschen nicht nur durch äußere Umstände, z.B. Status und Einkommen, sondern auch durch innere Werthaltungen geprägt ist, dass also eine aktive Veränderung und Gestaltung der Umwelt möglich ist.

Becks These von der Individualisierung von Lebensläufen legt es nahe, besser von Lebenswelten als von sozialer Schicht zu sprechen. Ausgangspunkt für den derzeitigen Individualisierungsschub ist die Herauslösung des Individuums aus traditionellen Bindungen, der Verlust traditioneller Sicherheiten sowie eine neue Art sozialer Einbindungen. Die zunehmende Freiheit der Wahl ist einerseits Geschenk, andererseits auch Anstrengung, weil damit mehr Verantwortung für die Gestaltung der Biografie übernommen werden muss und neue Verpflichtungen und Ansprüche entstehen (z.B. zur Selbstverwirklichung). Als Orientierungsgrößen haben die ehemaligen Autoritäten wie Kirche, Staat oder Traditionen weitgehend ausgedient. Damit haben wir zwar weniger externe Kontrollinstanzen, aber auch weniger Schutz. Das heißt, mit dem lästigen Zwang haben die Menschen ein Stück Sicherheit verloren, das fest Gefügtes eben auch bietet. Lebenswege sind nicht mehr ohne weiteres voraussehbar. Man versucht, selber sein Glück in die Hand zu nehmen und immer wieder neu zu entscheiden, in welche Richtung man sein Leben lenken möchte.

Damit nimmt auch die Vielfalt von Gruppierungen mit unterschiedlichen Wertsetzungen und Einstellungen zu. Im Zuge dieser Pluralisierung definieren sich Menschen immer häufiger über ihre Zugehörigkeit zu kleineren Gruppierungen (z.B. als Punk, Großstädterin, Neonazi, Feministin) als über ihre Zugehörigkeit zu großen Gruppierungen (wie z.B. zur Arbeiterschaft oder Mittelschicht). Zudem erfordern auch die kapitalistisch-marktwirtschaftlichen Prinzipien ein individualistisches Persönlichkeitsprofil, d.h. der einzelne sollte möglichst mobil und unabhängig von hemmenden familiären Bindungen sein.

Die breite Aufnahme der Individualisierungstheorie spiegelt sich darin, dass der gesellschaftliche Raum zunehmend in verschiedene soziale Milieus, statt in soziale Schichten aufgeteilt gesehen wird. Milieubeziehungen (z.B. in der Familie, an der Arbeitsstelle, in der Freizeit) steuern die Lebensbewältigung und strukturieren die Formen des Umgangs mit lebenszyklisch bedingten Krisen oder sonstigen schwierigen Situationen. Im Rahmen der Milieubeziehungen entscheidet sich auch, ob der Einzelne integriert oder sozial ausgegrenzt lebt, ob er als den Normen entsprechend oder als abweichend eingeschätzt wird. Hier bilden sich auch die je milieuspezifischen Werthaltungen, Stereotype und Lebensorientierungen heraus.

Das Zentrum-Peripherie-Modell ■ Mit der Entwicklung des Zentrum-Peripherie-Modells konnten ebenfalls einige Schwächen des traditionellen Schichtungskonzepts vermieden werden. Seine Vertreter und Vertreterinnen stellen aber im Gegensatz zu denen der Milieutheorie den erreichten Bildungsstatus, die berufliche Position und das erzielte Einkommen wieder ins Zentrum und sehen diese Dimensionen nach wie vor als Kernstück sozialer Ungleichheit.

Im Modell von Abbildung 4 wird von einer **Statusgruppenschichtung** ausgegangen. Auf der linken Seite der Abbildung werden die Unterscheidungskategorien Zentrum und Peripherie gewählt. Sie beziehen sich auf das Ansehen, die Rechte und die Macht der jeweiligen Positionsinhaber und -inhaberinnen. Je weiter oben jemand platziert ist, desto mehr Anteil hat er an zentralen Werten, Gütern und Macht. Je weiter unten jemand platziert ist, desto weniger ist dies der Fall. Auf der rechten Seite der Abbildung finden sich Merkmale wie Alter und Geschlecht, die zunächst als rein biologische Kategorien erscheinen, in Wirklichkeit jedoch sozial überformt sind. Das heißt, es handelt sich um normative Regelungen, die z.B. dazu führen, dass die überwiegende Anzahl der Männer bis zum 65. Altersjahr erwerbstätig ist und damit zur Kernstatusgruppe gehört, während der Anteil von Frauen an der Kernstatusgruppe viel geringer ist, da sie häufiger als Männer ausschließlich im Haushalt arbeiten. Auch die eingezeichneten Zäsuren sind sozial und nicht biologisch begründet. Damit sind die Übergänge von einer Statusgruppierung zur anderen wie die Volljährigkeit oder das Pensionierungsalter gemeint. Sämtliche Statusgruppierungen unterscheiden sich sowohl durch unterschiedliche Kapitalvolumen als auch durch verschiedenartige Kapitalstrukturen. Die Tatsache, dass in modernen Gesellschaften auch Frauen zur erwerbstätigen Bevölkerung gehören, ist im Modell berücksichtigt. Es fällt jedoch sofort auf, dass erwerbstätige Frauen

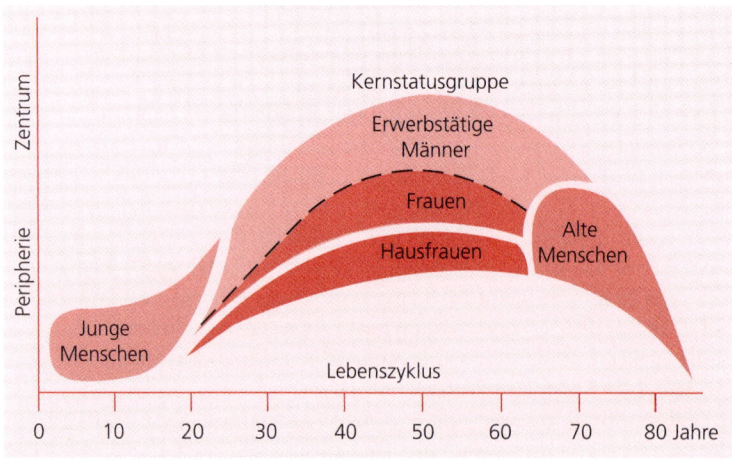

Abb. 4 Zentrum-Peripherie-Modell aus: Bornschier, V. / Keller, F.: Die Statusgruppenschichtung als Ursache von Konflikt und Devianz. In: Schweizerische Zeitschrift für Soziologie 1, 1994, S. 86

zwar zur Kernstatusgruppe gehören, dennoch eher zur Peripherie hin tendieren als Männer. Das hängt damit zusammen, dass Frauen aus verschiedenen Gründen insgesamt die eher tief bewerteten und schlecht bezahlten Berufspositionen einnehmen. Gleiches gilt für erwerbstätige Ausländer und Ausländerinnen.

Generell haben Frauen auch in diesem Modell den am wenigsten klar bestimmbaren sozialen Ort. Wenn sie nämlich verheiratet sind, dann ist ihr Lebensstil in der Regel so stark von der Statusgruppenzugehörigkeit ihres Mannes beeinflusst, dass sie sozusagen einen von ihm abgeleiteten Status einnehmen. Ihre Position ist also noch immer sehr vom Ehemann abhängig.

Andere soziale Kategorien wie Jugendliche, Hausfrauen oder Pensionierte haben im Vergleich zur Kernstatusgruppierung einen unvollständigen Status. Dadurch, dass sie nicht erwerbstätig sind und kein eigenes Geld verdienen, sind sie auf das Einkommen anderer bzw. auf staatliche Unterstützung angewiesen, d.h. ihr Unterhalt wird durch eine Umverteilung der Mittel finanziert, die von der Kernstatusgruppe erzielt werden. Das gleiche gilt für die im Modell nicht aufgezeichneten Peripherien (oder auch Randgruppen), wie Invalide, Drogenabhängige oder Arbeitslose. Selbstverständlich sind damit für die an der Peripherie liegenden sozialen Kategorien auch geringere gesellschaftliche Einflussmöglichkeiten und weniger soziales Prestige verbunden.

Das Zentrum-Peripherie-Modell zeigt, wie stark unsere moderne Gesellschaft letztlich von erwachsenen Männern zwischen 30 und 55 Jahren bestimmt ist und wie viele kulturell ganz anders geartete Felder daneben vorhanden sind, deren Teilnehmer das gesellschaftliche Geschehen nicht im gleichen Maße mitbestimmen.

Empirie und Theorie ■ Trotz der Kritik am Konzept der sozialen Schichtung und der Entwicklung anderer und neuerer theoretischer Modelle wird in empirischen Untersuchungen immer noch oft auf das Konzept der sozialen Schichtung zurückgegriffen, da es verhältnismäßig einfach in messbare Größen zu übersetzen ist. Schaut man sich jedoch die Untersuchungen genauer an, so fällt auf, dass empirische Versuche, die Bundesrepublik Deutschland als geschichtete Gesellschaft darzustellen, älter als 20 Jahre sind. Das Modell bewährt sich also nicht mehr zur Darstellung gesellschaftlicher Wirklichkeit. Sehr oft werden hingegen die Positionen auf nur einer Statuslinie berücksichtigt, man spricht dann z.B. von der Einkommens- oder Bildungsschichtung in einer Gesellschaft. In diesem Zusammenhang wurde deutlich, dass in der Bundesrepublik wie in anderen modernen Gesellschaften die Schere zwischen tiefen und hohen Einkommen immer weiter aufgeht und die Anzahl von Sozialhilfeempfängern wächst.

Sozialpädagogische Bedeutung ■ Die soziologischen Konzepte zur Beschreibung und Analyse sozialer Ungleichheit gehören zum grundlegenden theoretischen Repertoire von Menschen in sozialpädagogischen Berufen, denn es ist wichtig, die Dimensionen zu kennen, nach denen in vielen sozialwissenschaftlichen Untersuchungen die Schichtlage von Menschen eingeschätzt wird. Die Kenntnis darüber kann außerdem dazu beitragen, Unterschiede zwischen sich und den Klientinnen und Klienten z.B. bezüglich des Sprachverhaltens, der Norm- und Wertsetzungen sowie der Erziehungspraktiken nicht *individualisierend* zu deuten, sondern auf dem Hintergrund der je unterschiedlichen sozialen Lage zu verstehen. Dabei ist es wichtig, sich zu vergegenwärtigen, dass es sich lediglich um theoretische Modelle handelt, mit deren Hilfe man versucht, soziale Wirklichkeit zu beschreiben. Ansonsten kann man z.B. leicht dazu verführt werden, vorschnelle Schlüsse von der vermuteten Schichtlage auf so genannt schichttypische Einstellungen und Verhaltensweisen zu ziehen und damit den Menschen, mit denen man beruflich arbeitet, trotz oder gerade wegen theoretischer Überlegungen nicht gerecht zu werden.

Christiane Ryffel

■ **Literaturtipps**

Bock-Rosenthal, E. (1994). Soziale Ungleichheit und sozialer Konflikt. In: Biermann, B. u.a.: Soziologie. Gesellschaftliche Probleme und sozialberufliches Handeln. Neuwied: Luchterhand.

Bornschier, V. (1991). Das Ende der sozialen Schichtung? Zürich: Seismo.

Dechmann, B./Ryffel, Ch. (2001). Soziologie im Alltag. Eine Einführung. Weinheim: Juventa.

Karrer, D. (1998). Die Last des Unterschieds. Biographie, Lebensführung und Habitus von Arbeitern und Angestellten im Vergleich. Opladen: Westdeutscher Verlag.

Sozialisation

Unter Sozialisation wird der soziale Entwicklungsprozess verstanden, bei dem sich der Mensch mit seiner sozialen und materiellen Umwelt (äußere Realität) sowie seinen natürlichen Anlagen und der körperlichen und psychischen Konstitution (innere Realität) auseinandersetzt. Dabei wird er z.B. mit den → Werten und Normen, → Einstellungen und Erwartungen der Gesellschaft, in der er lebt, vertraut gemacht und macht sie sich zu eigen. Dieser Prozess verläuft in Wechselwirkung mit der sozialen Umwelt, ist abhängig von gesellschaftlichen Einflüssen und Bedingungen und dauert jeweils von der Geburt bis zum Tod.

In der Vergangenheit sah man den Menschen in erster Linie als Objekt, das durch Sozialisationsprozesse an die Gesellschaft angepasst oder in sie eingegliedert werden musste. Heute betont man eher, dass jeder Mensch als einzigartiges Individuum und handelndes Subjekt eine eigenständige → Persönlichkeit ist und damit viele Möglichkeiten der Gestaltung hat. Durch seine individuellen Fähigkeiten, Fertigkeiten und Kenntnisse kann er sich selbst verwirklichen, seine Umwelt beeinflussen und am gesellschaftlichen Leben auf unterschiedliche Weise teilhaben.

Der Mensch ist ein soziales Wesen. Er wird in eine soziale Umgebung, z.B. eine → Familie, hinein geboren. Diese Umgebung beeinflusst und prägt ihn (bewusst oder unbewusst), dort lernt er, sozial zu handeln, sich mit Erwartungen auseinander zu setzen und soziale → Rollen zu übernehmen. So wird aus einem Einzelwesen ein Gemeinschaftswesen.

Für diesen Entwicklungsprozess interessieren sich alle Sozialwissenschaften. Während die → Psychologie sich besonders mit den biologischen und psycho-sozialen Wechselwirkungen beschäftigt, richtet die → Pädagogik ihren Blick auf die Möglichkeiten der geplanten Einflussnahme in → Familie, → Kindergarten, → Schule und andere Orte des Lehrens und Lernens (→ Bildung und → Erziehung). Die → Soziologie betrachtet besonders das Spannungsverhältnis Mensch und Gesellschaft. Weil Sozialisation ein zentraler soziologischer Schlüsselbegriff ist, entstanden im Laufe der letzten 150 Jahre eine große Anzahl an Sozialisationstheorien.

Sozialisationstheorien ■ Der französische Soziologe Emile Durkheim (1858–1917) befasste sich um die Jahrhundertwende besonders mit der Frage: Wie autonom ist der einzelne Mensch bzw. wie abhängig ist er von der Gesellschaft? Um in seiner Umwelt angemessen handeln zu können, musste das Individuum über die Erziehung verschiedene Techniken und Regeln verinnerlichen (internalisieren). Diesen geplanten Prozess bezeichnete Durkheim als »**sozialisation methodique**«. Nach den beiden Weltkriegen stand besonders die Vermittlung kultureller Werte (Enkulturation) im Mittelpunkt des Interesses.

Die **Rollentheorien** wiederum stellten dar, wie ein Mensch durch die Übernahme von Rollenerwartungen aus der Umwelt lernt, im Alltag unterschiedliche Rollen zu »spielen« (z.B. Vater, Mutter, Kind, Erzieherin, Konsument, Vereinsmitglied) und so mit seiner sozialen Struktur in Einklang zu bleiben. Folglich kann jeder sozialisierte Mensch als Spiegel seiner Sozialstruktur gesehen werden. Andere Theorien interessierten sich für die Entwicklung eines Menschen in der Auseinandersetzung mit seiner natürlichen und sozialen Umwelt.

Die Vertreterinnen des **Symbolischen Interaktionismus**, z.B. Erving Goffman

(1922–1982), nehmen an, dass Menschen lernen, die eigenen Handlungen und die ihrer Interaktionspartner mit *Bedeutungen* zu versehen. Folglich wird das Bewusstsein und Handeln eines Menschen aus sozialen Prozessen heraus erklärbar. Durch den Tausch von Sinnbildern (Symbolen) im wechselseitigen Handeln lernt ein Mensch, sich selbst aus der Perspektive anderer Menschen zu sehen. Nur so kann er den Erwartungen und Vorstellungen seiner sozialen Umwelt gerecht werden und ein Bewusstsein von sich selbst erwerben (z.B. Mutter: »Ich bin deine Mutter, und ich erwarte, dass du artig bist« – Kind: »Mutter freut sich, wenn ich ein artiges Kind bin, deshalb verhalte ich mich wie ein artiges Kind.« – Mutter: »Wie schön, dass ich so ein artiges Kind habe«). Aus derartigen Sozialisationsprozessen heraus entwickelt jeder Mensch sein Selbstbild.

Eine aktuelle Theorie, die viele sozialwissenschaftliche Erkenntnisse verbindet, formulierte der deutsche Sozialisationsforscher Klaus Hurrelmann (*1944). In seinem viel beachteten **Modell der produktiven Realitätsverarbeitung** versteht er Sozialisation als doppelten Aneignungsprozess.

Der Mensch wird der Gesellschaft angeeignet:
- Er ist Objekt im sozialen Entwicklungsprozess und damit passiv
- Er wird von der sozialen Umwelt beeinflusst
- Er erfüllt Erwartungen und erlernt Handlungsmuster
- Er übernimmt soziale Rollen und kann dadurch am gesellschaftlichen Leben teilhaben.

Der Mensch eignet sich Gesellschaft an:
- Er ist Subjekt und damit aktiv
- Er erwirbt eine Identität, z.B. Geschlechts- oder Berufsidentität
- Er entwickelt persönliche Fähigkeiten und Fertigkeiten
- Er nimmt gestaltend Einfluss auf seine Umwelt und die Gesellschaft.

Hurrelmann geht davon aus, dass Sozialisation kein gradlinig verlaufender Prozess ist. Ein Mensch entwickelt sich durch die ständige Auseinandersetzung mit seiner inneren Realität (körperliche und psychische Prozesse des menschlichen Organismus) sowie durch seine äußere Realität (soziale und materielle Lebensbedingungen, die Sozial- und Wertstruktur und die gesellschaftlichen Einflüsse). Beide Formen von Realität werden vom Individuum wahrgenommen, gedeutet und bewertet. Interaktion und → Kommunikation spielen dabei eine wesentliche Rolle. Dies ist Voraussetzung dafür, dass ein Mensch ein reflektiertes Selbstbild (Identität) entwickeln, unterschiedliche Kompetenzen erwerben und seine sozialen Ressourcen nutzen kann. Auf diese Weise gelingt ihm eine produktive Realitätsverarbeitung.

Defizite in der inneren und äußeren Realität beeinträchtigen die individuelle Verarbeitungsfähigkeit. So können Benachteiligungen in → Familie oder → Schule, Ausgrenzungen in Ausbildung und Beruf oder Isolation im Alter zu → abweichendem Verhalten wie Obdachlosigkeit, Drogenmissbrauch, Kriminalität führen.

Sozialisationsfaktoren ■ Die Sozialisation eines Menschen wird beeinflusst durch die jeweilige Geschlechts-, Schicht- und Kulturzugehörigkeit sowie das Alter.

Geschlechtszugehörigkeit ■ Nach wie vor werden Mädchen und Jungen geschlechtsspezifisch sozialisiert. Über das Geschlecht erfolgen geschlechtstypische Zuschreibungen (z.B. »Jungen weinen nicht!«), spezielle Rollenmuster werden erlernt (z.B. »Mädchen spielen mit Puppen, Jungen mit der Eisenbahn«). Vielfach wird bei Mädchen immer noch eher der Erwerb sozial-emotionaler Fähigkeiten gefördert, bei Jungen dagegen eher sachlich-rationale Fähigkeiten. Geschlechtsspezifische Qualifikationen spielen eine nicht unerhebliche Rolle im Alltag von Familie, Kindertagesstätte, Schule sowie der Berufswahl. Die → geschlechtsbewusste Pädagogik versucht, Mädchen und Jungen jenseits geschlechtsspezifischer Zuschreibungen in der Entfaltung ihrer Persönlichkeit und ihrer Kompetenzen zu unterstützen.

Schichtzugehörigkeit ■ Je nach gesellschaftlicher Schichtzugehörigkeit (z.B. Unter-, Mittel-, Oberschicht, → Soziale Schicht) und den damit verbundenen Ressourcen auf der materiellen und sozialen Ebene bilden sich unterschiedliche Lebensstile und Handlungsmuster, die sich z.B. im Kommunikationsverhalten, in der Gestaltung von Freizeitaktivitäten oder in absolvierten Bildungsgängen ausdrücken. Kinder, die höheren → sozialen Schichten angehören, haben bessere Chancen, einen qualifizierten Bildungsabschluss zu erwerben. Aus diesem Grund kommt der Pädagogik die Aufgabe zu, durch zielgerichtete Angebote für → Chancengleichheit zu sorgen.

Kulturelle Zugehörigkeit ■ In verschiedenen Kulturen werden – je nach den erwünschten Mustern des Verhaltens – unterschiedliche Verhaltensstile und Wertvorstellungen entwickelt, die sich in Sprache, Denkmustern, religiöser Orientierung und Lebensstilen ausdrücken. Dies prägt die kulturelle Identität eines Menschen. Kinder aus Migrantenfamilien bewegen sich in unterschiedlichen Lebenswelten und sind teilweise mit unterschiedlichen kulturellen Wertvorstellungen konfrontiert (→ Interkulturelle Erziehung, → Vorurteilsbewusste Bildung und Erziehung).

Sozialisationsinstanzen ■ Der Sozialisationsprozess wird von Sozialisationsinstanzen (auch: Sozialisationsagenturen) gesteuert. Dazu gehören Institutionen wie z.B. Familie, Schule oder Betrieb, die → Werte und Normen, Handlungsziele und Kenntnisse über gesellschaftliche Zusammenhänge weitergeben. Sie haben

- eine Vermittlungsfunktion zwischen der Gesamtgesellschaft und dem einzelnen Menschen und eine
- Kontrollfunktion, indem sie die Einhaltung der geltenden Normen in einer Gesellschaft überwachen (Sanktionen).

Die Personen, die Funktionen in den Sozialisationsinstanzen inne haben, wie z.B. Erzieherinnen, werden als Sozialisationsagenten bezeichnet. Sie vermitteln und kontrollieren z.B. Sekundärwerte wie Pünktlichkeit oder Zuverlässigkeit und funktionale Normen wie die Hausordnung oder Diskussionsregeln.

Sozialisationsabschnitte ■ Der lebenslange Sozialisationsprozess eines Menschen wird in Sozialisationsabschnitte eingeteilt:

- **Primäre Sozialisation:** In den ersten drei Lebensjahren werden grundlegende Fähigkeiten, Fertigkeiten und Kenntnisse meist im Rahmen der Familie (familiale Sozialisation) erworben
- **Sekundäre Sozialisation:** Zwischen dem dritten Lebensjahr und dem Schuleintritt erweitert sich der Aktionsradius eines Kindes. In Kindertagesstätten üben Kinder neue soziale Rollen ein und erwerben in der Gruppe Gleichaltriger (peer group) soziale Handlungsmuster
- **Tertiäre Sozialisation:** In Schule und Berufsausbildung wird auf gesellschaftlich benötigte Berufe und Positionen hin ausgebildet. Jugendliche bzw. junge Erwachsene nabeln sich vom Elternhaus ab und entwickeln ihre eigene Lebensplanung
- **Quartäre Sozialisation:** Das Erwerbsleben ist gekennzeichnet durch Bildungsstand, Berufsposition und Einkommen (berufliche Sozialisation). Im Umgang mit Besitz, der Wohnsituation sowie im Freizeitverhalten spiegeln sich gesellschaftliche Erwartungen und die individuelle Realitätsverarbeitung eines Menschen
- **Quintäre Sozialisation:** Aktivität und Passivität orientieren sich im Alter nach dem Ausscheiden aus dem Erwerbsleben an den vorhandenen Ressourcen: »Was mache ich mit dem Rest meiner Tage?« Dazu gehört auch die Auseinandersetzung mit Tod und Sterben. Nach einer Übersiedlung in ein Altenpflegeheim wird dieses zur Sozialisationsinstanz (z.B. durch Bildungsangebote, Hausordnung).

Da Menschen in unterschiedlichen politischen Systemen aufwachsen, sei abschließend auf die **politische Sozialisation** hingewiesen. Darunter wird die Aneignung von politischen Weltanschauungen, → Werten und Normen, → Einstellungen und Meinungen sowie Verhaltensweisen verstanden. Während in demokratischen Gesellschaften eher der autonome, engagierte und kritische Bürger als Ideal gesehen wird, gelten in totalitären Systemen eher angepasste, gehorsame und zurückhaltende Menschen als ideale Staatsbürger. Richtungsweisend sind jeweils die Sozialisationsinstanzen wie Familie, Schule, Betrieb sowie politische Parteien, Kirchen und Jugendorganisationen.

Karl Stanjek

■ Literaturtipps

Biermann, B./Bock-Rosenthal, E./Doehlemann, M. (2004). Soziologie. Stuttgart: Reinhardt Verlag UTB.
Hurrelmann, K. (2002). Einführung in die Sozialisationstheorie. Weinheim/Basel: Beltz.

Sozialpädagogik

Sozialpädagogik hat in der pädagogischen Fachsprache drei Bedeutungen. Einmal bezeichnet sie die sozialen (gesellschaftlichen und politischen) Anteile jedweder Erziehung aller Altersgruppen und ist deshalb Teil von Erziehungswissenschaft (Natorp 1854–1924). Zum anderen steht sie für Erziehungsfelder außerhalb von → Schule und → Familie und gilt als dritte Erziehungsmacht (Bäumer 1873–1954). Klaus Mollenhauer (1928–1998) schließlich definiert Sozialpädagogik als denjenigen Bereich der Erziehungswirklichkeit, der im Zusammenhang der industriellen Entwicklung als ein System gesellschaftlicher Eingliederungshilfen notwendig geworden ist, die an den Konfliktstellen dieser Gesellschaft entstehen.

Die wichtigsten Institutionen der Sozialpädagogik → sind Kindergärten und Kinderheime (→ Heimerziehung). Neuerdings hat sich eine dritte Bedeutung eingebürgert, die nicht mit dem Hauptwort Sozialpädagogik, sondern mit dem Eigenschaftswort »sozialpädagogisch« bezeichnet wird. Diese Begriffserweiterung von Sozialpädagogik hat mit den zunehmenden Anforderungen an individuelle, soziale und gesamtgesellschaftlich relevante Kenntnisse, Fertigkeiten und Kompetenzen und ihre rasche Erweiterung innerhalb einer Generation zu tun, die »lebenslanges → Lernen« notwendig machen.

Dabei wird nicht nur der kognitive Teil schulischen Lernens betont, sondern auch die emotionalen und soziale Anteile und ihre Überführung in die bewusste und verantwortete Handlungsfähigkeit von Menschen aller Altersgruppen, Sozial- und Bildungsschichten. Die Organisation dieser außerfamilialen und außerschulischen Aneignungsprozesse geschieht nicht nur in sozialpädagogischen Einrichtungen und Maßnahmen, sondern überall im täglichen Leben (non-formale und informelle Bildung).

Der Begriff sozialpädagogisch bezieht sich nicht mehr nur auf sozialpädagogische Einrichtungen und Maßnahmen, sondern allgemeiner auf Lehr- und Lernprozesse, die anderen didaktischen Gesetzmäßigkeiten folgen als die Prozesse schulischen Lehrens und Lernens. Anders als schulisches Lernen, das auf kommendes Erwachsenenleben vorbereiten soll, sind sozialpädagogische Lehr- und Lernprozesse situativ orientiert und beziehen sich auf Lebensphasen, in denen wir aktuell vor neuen, bisher unbekannten und unbewältigten Aufgaben stehen. Die in solchen Situationen benötigten Lehrformen heißen → Beratung, Umlernen, Training und Therapie (→ Psychotherapie). Sie sollen helfen, mit Unsicherheiten, Ambivalenzen und Fremdheit umzugehen und berufen sich auf etablierte, internationale Traditionen wie Christentum, Humanismus und Sozialismus. Sie folgen einigen verallgemeinerbaren Prinzipien:

- Sie sind situativ ausgelöst und wirken nur dort, wo Menschen sie zur Lösung aktueller Probleme und Konflikte brauchen
- Sie setzen auf Selbst-Motivation und lösen Selbst-Motivationen aus, d.h. sie wirken nur dort und nur so lange, wie Menschen meinen, die Lehr-Lern-Prozesse zur Lösung drängender individueller Probleme zu brauchen (Hilfe zur Selbsthilfe)
- Sie individualisieren, d.h. sie sind an Einzelfällen orientiert oder an Problemen von Kleingruppen oder von Menschen, die in einer bestimmten Subkultur leben
- Sie setzen auf »spiegelbildliche → Kommunikation«, d.h. auf Gleichrangigkeit in den durch Lehren und Lernen strukturierten Kommunikationsprozessen

- Sie erfordern eine prozessbegleitende Evaluation der Prozesse, die sie in Gang gesetzt haben, damit diese Prozesse nicht nur stattfinden, sondern auch ihre Wirkung tun.

C. Wolfgang Müller

- **Literaturtipps**

Natorp, P. (1899). Sozialpädagogik.

Bäumer, G. (1981). Die sozialen und historischen Voraussetzungen der Sozialpädagogik und die Entwicklung ihrer Theorie. In: Nohl/Pallat (Hg.). Handbuch der Pädagogik. Weinheim/Basel: Beltz.

Mollenhauer, K. (1964/2001). Einführung in die Sozialpädagogik. Weinheim/Basel: Beltz.

Müller, C. W. (2001). Helfen und Erziehen. Soziale Arbeit im 20. Jahrhundert. Weinheim/Basel: Beltz.

Soziologie

Die Frage, was unter Soziologie zu verstehen ist, wird von Soziologinnen und Soziologen je nach zeitlicher Epoche und theoretischem Hintergrund unterschiedlich beantwortet. So ist es zunächst einmal hilfreich, sich die Wortbedeutung zu vergegenwärtigen. Bei der Soziologie handelt es sich um einen Begriff, der aus dem lateinischen Wort socius (Gefährte, Mitmensch) und dem griechischen Wort logos (Denkkraft, Kunde, sprachliche Darstellung) zusammengesetzt ist, und sich nicht – wie man vermuten könnte – unmittelbar aus dem lateinischen Wort societas (Gesellschaft) ableitet. Frei übersetzt kann man Soziologie also als Lehre vom Mitmenschen oder auch als Wissenschaft vom Zusammenleben verstehen. Damit ist die Soziologie von ihrer Bedeutung her näher am Menschen und seiner Alltagspraxis, als viele vermuten, wenn sie mit der oft komplizierten Fachsprache konfrontiert sind.

Entstehungshintergrund ■ Obwohl man

sich bereits in der Antike wissenschaftlich mit Fragen des Zusammenlebens auseinandergesetzt hat, gibt es die Bezeichnung Soziologie erst seit Anfang des 19. Jahrhunderts. Mit dieser Namensschöpfung begründete der Franzose Auguste Comte (1798–1857) eine neue Wissenschaft in der Hoffnung, mithilfe empirischer Untersuchungen Informationen über die soziale Wirklichkeit zu sammeln und daraus allgemeingültige Gesetzmäßigkeiten für das Zusammenleben und den Aufbau einer Gesellschaft ableiten zu können. Die Soziologie ist in Zeiten großer politischer Unruhen und sozialer Umwälzungen entstanden. Dementsprechend beschäftigte sich die erste Forschergeneration (Frauen treten erst später als Soziologinnen in Erscheinung) besonders intensiv mit gesellschaftlichen Krisensituationen und suchte nach Erkenntnissen, die Auswege aus Instabilität und Desorganisation aufzeigen könnten.

Parallel zu den eher theoretisch orientierten Arbeiten der Soziologen wurden im außeruniversitären Bereich zunehmend statistische Untersuchungen durchgeführt. Man versuchte beispielsweise, das Ausmaß der Armut oder die Wohnbedingungen von Arbeitern in Zahlen zu fassen. Zu Beginn des 20. Jahrhunderts fand schließlich eine Verknüpfung zwischen der Soziologie und der auf Statistik gründenden Sozialforschung statt, und man begann zu unterscheiden zwischen der **reinen Soziologie** (hier werden Begriffe entwickelt, die sich als Analyseinstrumentarium sozialer Wirklichkeit eignen), der **angewandten Soziologie** (Anwendung soziologischer Theorien auf verschiedene gesellschaftliche Bereiche wie Familie, Politik, Wirtschaft) und der **empirischen Sozialforschung** (Sammlung und Interpretation soziologisch relevanter Daten). Diese Unterscheidung geht auf Ferdinand Tönnies (1855–1936) zurück und kann auch heute noch als Klassifizierung der zur Soziologie gehörenden Bereiche verwendet werden.

Im 20. Jahrhundert etablierte sich die Soziologie im akademischen Bereich und wird dementsprechend bis heute als junge Wissenschaft angesehen. Die Weiterentwicklung des Fachs wurde durch die beiden Weltkriege sehr behindert, so dass nach dem zweiten Weltkrieg für etwa zwei Jahrzehnte vor allem die in den USA entwickelten soziologischen Ansätze als führend galten. Ende der sechziger Jahre fand im Zusammenhang mit den damals stattfindenden kulturellen Umwälzungen und sozialen Bewegungen die Soziologie auch in Europa wieder Beachtung und die (Weiter-)Entwicklung unterschiedlicher theoretischer Ansätze intensivierte sich.

Aktuelles Wissenschaftsverständnis ■

Heute unterscheiden sich Soziologinnen und Soziologen zwar in ihrem Erkenntnisinteresse und ihrem Menschenbild, weitgehend einig sind sie sich aber über den Gegenstandsbereich, der in der Soziologie bearbeitet wird, und über die zulässigen Methoden, mit denen empirische Daten für die Bildung und Überprüfung von Theorien gewonnen werden. Im Bereich der Theoriebildung herrscht bunte Vielfalt, nicht selten werden sowohl empirische Methoden als auch Theorien von benachbarten Disziplinen wie der (Sozial-) Psychologie oder Ethnologie übernommen.

Zum Gegenstandsbereich der Soziologie gehört die Untersuchung von → Einstellungen und Verhaltensweisen von Menschen, von ihrem Zusammenleben und dem, was aus ihrem Zusammenleben und Zusammenhandeln entsteht (z.B. bestimmte wirtschaftliche oder politische Strukturen oder Organisationen wie Heime oder Kindergärten). Grundsätzlich sieht die Soziologie den Einzelnen innerhalb einer Umwelt, die unabhängig von seinen Wünschen und Fähigkeiten existiert, die bestimmte Regeln und Strukturen hat und damit das Leben des Individuums beeinflusst. Einerseits prägt die Umwelt das menschliche Denken und Handeln, anderseits wird sie aber auch durch den Menschen und sein Tun stabilisiert oder verändert. Diese wechselseitige Beeinflussung und die Beschreibung der Prozesse und Strukturen, die sich in verschiedenen Handlungsfeldern wie beispielsweise Kleingruppen, Organisationen oder einer Gesellschaft herausbilden, gehören zu den zentralen Themen der Soziologie.

Die Beschreibung und Erklärung sozialer Phänomene erfolgt nun mithilfe von Theorien und Fachbegriffen, wie z.B. soziale → Rolle oder → abweichendes Verhalten. Diese Fachbegriffe werden auch soziologische Konzepte genannt und sie unterscheiden sich von unserer Alltagssprache, indem immer genau definiert wird, was unter ihnen zu verstehen ist. Die Theorien bestehen im Wesentlichen aus der logischen Verknüpfung verschiedener soziologischer Konzepte. Dabei lassen sich je nach Komplexitätsgrad unterschiedliche Arten von Theorien unterscheiden.

So gibt es soziologische Untersuchungen, die nur minimale oder gar keine theoretischen Erklärungen bieten und lediglich auf die Beschreibung eines Ausschnitts sozialer Wirklichkeit beschränkt sind (dazu gehören beispielsweise demographische Arbeiten, die die Veränderung des ausländischen Anteils der Bevölkerung oder der Geburtenrate aufzeigen). Einen etwas stärkeren theoretischen Gehalt haben so genannte **Ad-hoc-Theorien**. Sie liefern kurze Vermutungen für die Erklärung empirisch feststellbarer Regelmäßigkeiten, beziehen sich nur auf kleine Ausschnitte der Wirklichkeit und ähneln sogenannten Alltagstheorien, die sich bei genauerer Untersuchung oft nicht aufrechterhalten lassen. **Theorien mittlerer Reichweite** hingegen beziehen sich auf größere Themenbereiche, wie z.B. Theorien zu sozialer Ungleichheit oder zur → Sozialisation. Sie gelten aber ausdrücklich nur für einen bestimmten zeitlichen und örtlichen Rahmen, d.h. zum Beispiel für moderne westliche Gesellschaften. Schließlich gibt es noch **allgemeine Theorien**, die in Anspruch nehmen, generell gültig zu sein (wie z.B. die verschiedenen Systemtheorien oder der historische Materialismus). Sie sind in der Regel sehr abstrakt formuliert und so komplex, dass sie empirisch kaum überprüfbar sind. Der Anspruch, im Hinblick auf das Zusammenleben von Menschen so etwas wie allgemein- und ewiggültige Wahrheiten zu finden, wird immer weniger als sinnvoll erachtet, so dass am häufigsten Theorien mittlerer Reichweite entwickelt werden.

Da die Soziologie primär als Erfahrungswissenschaft gilt, sollten die Theorien so formuliert sein, dass sie empirisch überprüfbar sind, d.h. die zentralen Konzepte und ihre Zusammenhänge müssen in operationale Definitionen bzw. in beobachtbare Dimensionen übersetzt werden. Hier nun kommen verschiedene empirische Methoden zum Zug, die die Soziologie auch mit anderen Disziplinen teilt (→ Psychologie, → Pädagogik). Beobachtet man die Entwicklung soziologischer Forschungen, so kann man feststellen, dass im deutschsprachigen Raum bis etwa Mitte des letzten Jahrhunderts quantitative Methoden, in denen vor allem mit Statistik gearbeitet wird (z.B. schriftliche Befragung), Vorrang hatten. Qualitative Methoden, die sich mehr auf verbale Beschreibungen stützen (z.B. Tiefeninterviews oder teilnehmende Beobachtung), gelten erst seit den letzten Jahrzehnten als wissenschaftlich seriös. Heute werden je nach Thema, Erkenntnisinteresse und Erkenntnisziel sowohl quantitative als auch qualitative Methoden verwendet.

Zur soziologischen Denkweise ■ Soziologie ist nicht nur eine Wissenschaft, sondern sie beinhaltet zudem eine Denkweise, die sich auch Nicht-Soziologinnen und -Soziologen gewinnbringend aneignen können und die sich von unserem üblichen Alltagsdenken unterscheidet. Im täglichen Leben neigen Menschen oft zu einer individualisierenden bzw. pauschalisierenden Sichtweise, d.h., sie gehen z.B. einseitig von der eigenen Perspektive aus, konzentrieren sich übermäßig auf eigene Eindrücke und Gefühle, denken in bewertenden Kategorien wie »Schuld« und »Unschuld« oder verteilen Etiketten an sich und andere. Ein Grundprinzip soziologischen Denkens ist es dagegen, nichts als selbstverständlich hinzunehmen. Voraussetzung dafür stellt die Bereitschaft dar, gegenüber scheinbar Alltäglichem auf Distanz zu gehen und das Beobachtete wie als Besucherin von einem anderen Planeten aufzunehmen und kritisch zu reflektieren. Diese Reflexion sollte auch die eigene Denk- und Handlungsweise mit einschließen. Eine besondere Herausforderung ist dabei, dass Soziologinnen und Soziologen als Mitglieder ihrer eigenen Gesellschaft immer auch selber Teil ihres eigenen Untersuchungsgegenstandes sind und dementsprechend achtsam mit ihren Interpretationen sozialer Wirklichkeit umzugehen haben, damit sie das, was sie untersuchen, nicht durch ihre subjektiv gefärbte Sinngebung allzu stark verzerren.

Da sowohl die → Sozialpädagogik als auch die Soziologie zu den Humanwissenschaften gehören und ähnliche historische Wurzeln haben, bestehen bezüglich empirischer Methoden viele und bezüglich theoretischer Konzepte einige Übereinstimmungen. Dennoch dürfte das bewusste Training soziologischen Denkens gewinnbringend sein, da es dazu verhilft, auch in der pädagogischen Einzelarbeit das Wechselspiel zwischen Individuum, näherem sozialem Umfeld und gesellschaftlichen Bedingungen im Auge zu behalten.

Christiane Ryffel

■ **Literaturtipps**

Bango, J. (1994). Soziologie für soziale Berufe. Grundbegriffe und Grundzüge. Stuttgart: Ferdinand Enke.
Biermann, B. u.a. (1994). Soziologie. Gesellschaftliche Probleme und sozialberufliches Handeln. Neuwied: Luchterhand.
Dechmann, B./Ryffel, Ch. (2001). Soziologie im Alltag. Eine Einführung. Weinheim: Juventa.

Spiel

Das Spiel ist ein so facettenreiches Geschehen, dass sich Dichter und Denker, Psychologen und Pädagogen seit vielen Jahrhunderten mit dieser besonderen Form der Aktivität im Leben des Menschen beschäftigen. So hat beispielsweise Schiller (1795) hervorgehoben, der Mensch sei nur da ganz Mensch, wo er spiele. Nur im Spiel sei er in der Lage, Ganzheitlichkeit im Erleben und Handeln hervorzubringen.

Für den pädagogischen Bezug bietet es sich an, drei zentrale Merkmale hervorzuheben, die ein Spiel kennzeichnen (Oerter 1993):

■ Handlung als Selbstzweck: Das kindliche Spiel ist lustbetont, der Spielablauf offen und findet seinen Sinn aus sich selbst heraus. Das spielende Kind ist versunken in die Gegenwart, geht ganz auf in seinen Aktivitäten, ohne auf Ziele außerhalb des momentanen Spiels gerichtet zu sein. Damit steht Spiel im Gegensatz zur Arbeit

- **Realitätskonstruktion:** Spiel ist ein schöpferischer Prozess, in dem Kinder ihre eigene Welt konstruieren, in der sie sich sicher fühlen. Damit schützen sie sich vor Überforderung durch die Realität
- **Ritual und Wiederholung:** Die Spieleinfälle folgen einer rhythmischen Wiederholung. Handlungsabfolgen gewinnen häufig den Charakter von Ritualen, wenn ein Kind sich an einmal geglückten Spielzügen freut und sie deshalb versucht zu reproduzieren.

Spielformen in der Entwicklung des Kindes ■

Die Hauptaktivität des Kindes besteht im Spielen. Dabei lassen sich verschiedene Formen unterscheiden, die sich in einer gewissen zeitlichen Abfolge entwickeln, aber auch parallel in unterschiedlicher Ausprägung erhalten bleiben.

Funktionsspiele ■

Bereits wenige Wochen nach der Geburt beginnt der Mensch zu spielen. Der Säugling wird aus sich selbst heraus tätig, indem er aus reiner Funktionslust sich seinem Körper und den Gegenständen seines Umfeldes durch Anschauen, Anfassen, Beschnuppern, Manipulieren, Hören und Fühlen widmet. Diese senso-motorische Spieltätigkeit baut kognitive Strukturen auf und ist deshalb ausschlaggebend für jegliches weitere Lernen.

Soziale Interaktionsspiele ■

Parallel zu den Funktionsspielen interagieren bereits Babys spielerisch mit ihren Bezugspersonen. Sie haben große Freude daran, durch Blickkontakt und Lächeln Reaktionen bei ihren Spielpartnern hervorzurufen und darauf wiederum selbst zu reagieren. Die Mitwirkung des Erwachsenem in diesem Interaktionsspiel fördert das Bewusstsein des Kindes, dass es in der Welt etwas bewirken kann. Die damit verbundene Bindungserfahrung als geistig-seelisches Angenommensein ist überdies Voraussetzung für das spätere Zusammenspiel mit gleichaltrigen Spielpartnern.

Übungs- und Erkundungsspiele ■

Krabbelkinder studieren mit ernsthaftem Interesse die Phänomene ihrer Umwelt und erfahren dabei, wie die Welt beschaffen ist. Für solche elementaren, sich wiederholenden Experimente (was passiert mit dem Löffel, wenn ich ihn über die Tischkante schiebe?) brauchen Kleinkinder sowohl anregendes → Spielzeug bzw. vielfältiges Zeug zum Spielen, das sie nach ihren eigenen Vorstellungen für ihre Übungs- und Erkundungsspiele nutzen können, als auch zugewandte Erwachsene, die sich mit ihnen über geglückte Aktionen freuen und diese sprachlich begleiten.

Bewegungsspiele ■

Kleine Kinder erwerben, sobald sie mobil sind, in Tummelspielen mit Spielgefährten einen Schatz an Fähigkeiten, insbesondere motorische und soziale Kompetenzen. In späteren Fang- und Ballspielen entwickeln sie motorische → Basiskompetenzen wie Geschicklichkeit, Kraft, Schnelligkeit, Balance und Ausdauer.

Fantasie- und Rollenspiele ■

Der krönende Höhepunkt der Spieltätigkeit in der frühen Kindheit bahnt sich an, wenn bereits im zweiten Lebensjahr »Als-ob-Spiele« gespielt werden. Das Kind spielt Alltagssituationen wie Kochen und Essen, indem reale Gegenstände umgedeutet und für symbolische Handlungen genutzt werden (Sand ist das Essen und schmeckt lecker). Anfang des dritten Lebensjahres beginnen die Kinder, im Zusammenspiel mit einem Spielgefährten (z.B. einem einfühlsamen Erwachsenen) in verteilten Rollen kleine Geschichten zu spielen (z.B. Flüchten vor einem wilden Tier). Vorläufer für ein solches → Rollenspiel ist das Parallelspiel, bei dem mehrere Kinder nebeneinander zum gleichen Thema spielen (z.B. Auto fahren), ohne sich in ihren Spielhandlungen aufeinander zu beziehen. Mit drei Jahren lernen Kinder bewusst und sicher in Rollen zu schlüpfen und ihre Spielinteressen in Gruppen von drei bis fünf Mitspielern auf einander abzustimmen (z.B. Tierarzt spielen). Solche → Rollenspiele sind weitgehend Spiel ohne → Spielzeug. Sie leben von der Fantasie der Kinder und sind bis weit in die Grundschulzeit hinein das bevorzugte Spielvergnügen.

Bau- und Konstruktionsspiele ■ Hand in Hand mit dem Rollenspiel entwickeln sich Spiele, die sich durch freies Gestalten mit kleinem und großem, hartem und weichem Material auszeichnen. Bausteine gelten als besonders wertvolles Spielzeug, da Kinder mit zunehmendem handwerklichen Geschick nach einem vorgefassten Plan ein vorher benanntes Produkt herstellen (z.B. ein Schiff). Erzieherinnen sollten dabei vorrangig auf den Prozess der kindlichen Aktivitäten achten und nicht so sehr auf das Ergebnis, da sonst das Charakteristische des Spiels verloren geht, nämlich die Freiheit, im Spielverlauf die selbstgewählten Vorhaben zu variieren oder sogar grundlegend zu verändern.

Regel- und Gesellschaftsspiele ■ Kurz vor der Einschulung zeigen Kinder mehr und mehr Vorlieben für Spiele mit klaren Regeln, die sie in ihren Rollen- und Bewegungsspielen selber erfinden oder übernehmen. Daraus ziehen Lernspiele ihren Nutzen. Da jedoch zielgerichtetes Lernen dem Charakter des Spiels widerspricht, sollten Kinder bei Tischspielen (z.B. Mensch-ärgere-dich-nicht) die Regeln durchaus nach Absprache verändern können, um die Qualität eines spontanen Spiels wieder herzustellen.

Die Bedeutung des kindlichen Spiels
■ Das Kinderspiel hat eine umfassende Bedeutung für die Persönlichkeitsentwicklung des Menschen. Deswegen kommt ihm eine hohe pädagogische und gesellschaftliche Bedeutung zu.

Selbstbildung ■ Wenn Kinder ihr selbst kreiertes →Rollenspiel mit Bewegungs- und Bauspielen zu einem komplexen Gruppenspiel verbinden, wird deutlich, dass → Bildung im Kindergarten als ein ganzheitlicher Selbstbildungsprozess verstanden werden kann. Kinder entwickeln im Spiel sowohl senso-motorische Intelligenz (Funktionsspiele, Bewegungsspiele), räumliche und elementare mathematische Vorstellungen (Bau- und Konstruktionsspiel), Sprache und begriffliches Denken (Symbol-Spiel) als auch umfassende soziale Kompetenzen mit starkem emotionalen Engagement für die Belange der Gemeinschaft (Rollenspiel, Regelspiel). Wenn Kinder spielen, sind sie immer gleichzeitig mit Herz und Verstand tätig. In allen Spielformen zeigen sie darüber hinaus Anstrengungsbereitschaft, Ausdauer und Lust auf Leistung. Spiel ist deswegen grundlegend für jedes weitere Lernen in Sinnzusammenhängen und somit die Königsdisziplin in der kindlichen Entwicklung (Elschenbroich 2001).

Wunscherfüllung ■ Obwohl das Spiel vom Kind selbst nicht zweckorientiert angelegt ist, lässt sich durch Beobachtung erschließen, dass Kinder im Spiel Vorerfahrungen verarbeiten. Dafür schaffen sie sich mittels des Fantasiespiels eine Bühne, auf der sie sich ganz nach dem Lustprinzip ausleben, ohne die Erfordernisse der äußeren Wirklichkeit zu berücksichtigen. Somit ist das Spiel ein Freiraum für Wunscherfüllung: Vermeintlich unerlaubte Wünsche hinsichtlich Liebe und Abneigung sowie beeindruckende Erlebnisse werden unbekümmert ausgespielt und in das richtige Lot gebracht (Freud 1908; 1926). Dabei passen Kinder durch ihre Spielidee die (bedrohliche) Realität so an die Strukturen des eigenen Ich an, dass eine neue Wirklichkeit entsteht. Das spielende Kind erfindet somit seine eigene Wahrheit über das Leben, ohne sich zu überfordern (Piaget 1969). Deswegen wird auch von den heilenden Kräften im kindlichen Spiel gesprochen (Zullinger 1970).

Sozialisation ■ In den Handlungsabfolgen von →Rollenspielen der Vorschulkinder wird deutlich, dass Kinder sich mit grundlegenden Lebensthemen beschäftigen, die ihnen zwar nicht bewusst sind, gleichwohl sinnstiftend auf die Zukunft wirken, beispielsweise: Wie kann ich groß und mächtig sein? Im Spiel bereiten sie das Hineinwachsen in die Gesellschaft vor, indem sie ihre Grundbedürfnisse (→ Bedürfnisse) nach Sicherheit, Wirgefühl, Ichstärke, Entscheidungsfreiheit und Lernspaß ausgewogen erfüllen, die Sehnsucht nach einem Leben in Integration zum Ausdruck bringen und kulturelle Werte verinnerlichen (Partecke, 2002).

Pädagogische Voraussetzungen ■ Eine angemessene Spielförderung in allen Spielformen im Vorschulalter unterstützt den Selbstbildungsprozess des Kindes. Somit ist Spielförderung Entwicklungsförderung. Damit dies gelingen kann, sind verschiedene Voraussetzungen wichtig.

Freiheit ■ Die schöpferische Kraft des Spiels verlangt Freiheit: Freie Entscheidungen im Umgang mit Material und Spielideen, freie Gedankentätigkeit in der Mehrfachnutzung von Gegenständen (der gekippte Stuhl ist ein »Schnellboot«, dann ein »Rasenmäher«), freies prozessorientiertes Gestalten mit Material und Werkzeug, freie Variation von Regeln und Spielvorgaben.

Überschaubarkeit ■ Die komplexen geistig-seelischen, dinglichen und sozialen Aktivitäten, die ein Spiel ausmachen, können nur zur Zufriedenheit des Kindes gelingen, wenn Raum, Zeit und Personengruppe überschaubar geordnet sind. Spiel als Selbstbildungsprozess verlangt klare Gruppendifferenzierungen und statt einer Fülle von →Spielzeug ein überschaubares Sortiment an Material zum Spielen.

Spielbegleitung ■ Spielförderung verlangt die geistig-seelische Präsenz der Erzieherin, mit der sie sich ganz den spielenden Kindern widmet, statt sie nur zu beaufsichtigen und vorschnell zu disziplinieren. Durch teilnehmende → Beobachtung sollte sie versuchen, Spielansätze zu verstehen und durch einfühlsame Impulse zu schützen. Denn Kinderstreit verdeutlicht: Spielen will gelernt sein und verlangt Unterstützung durch spielerfahrene Begleiter, die spielende Kinder bejahen. Gleichzeitig sollte im Vorschulalter die Einübung von Arbeitstätigkeiten durch didaktische Lernspiele zugunsten des freien Spiels zurücktreten, um eingleisige Mechanisierungen im Denken und Handeln zu vermeiden.

Erdmute Partecke

■ **Literaturtipps**

Einsiedler, W. (1999). Das Spiel der Kinder. Bad Heilbrunn: Klinkhard.

Fritz, J. (1993). Theorie und Pädagogik des Spiels. Eine praxisorientierte Einführung. Weinheim: Juventa.

Oerter, R. (1997). Psychologie des Spiels. Weinheim/Basel: Beltz.

Partecke, E. (2004). Lernen in Spielprojekten. Praxishandbuch für die Bildung im Kindergarten. Weinheim/Basel: Beltz.

 # Spielzeug

Kinder wollen spielen und benötigen dafür Anreize, die sie aktiv werden lassen. Deswegen wurden Kindern von jeher als Grundlage für ihr → Spiel besondere Gegenstände als Spielzeug zur Verfügung gestellt. Bereits aus vorhistorischer Zeit sind kleine Puppen und Tiere aus Ton bekannt sowie Pfeifen und Rasseln. Bei den alten Römern und Griechen waren Ball- und Würfelspiele beliebt. Es gab auch bereits Brettspiele, die unserem heutigen Schachspiel ähneln. Mit der Entdeckung der → Kindheit im 18. Jahrhundert wurde die Bedeutung des Spiels durch die Pädagogen Rousseau, Pestalozzi und Fröbel hervorgehoben und damit auch die Herstellung von pädagogisch wertvollem Spielzeug.

Spielzeugklassen ■ Spielzeug lässt sich in folgende Klassen unterteilen:

■ Miniatur-Nachbildungen von Objekten aus der Erwachsenenwelt wie Puppenstube und Kaufmannsladen; Schaukelpferd und Eisenbahn. Ergänzt werden solche Nachbildungen durch »Kleine-Welt-Spielzeug«, wie kleine Tier- und Menschfiguren zum Nachspielen von Alltagssituationen
■ Baukästen: Holzbausteine oder anderes Konstruktionsmaterial zur freien oder vorgegebenen Herstellung von Produkten
■ Gesellschaftsspiele: Brettspiele, bei denen es vorwiegend darum geht, nach bestimmten Regeln den Spielpartner zu schwächen, indem man ihm von seinem Besitzstand etwas wegnimmt. Ziel ist, Gewinner und Verlierer zu ermitteln

- Geräte für das Spiel im Freien: Bälle, Klettergeräte, Spielfahrzeuge u.a. zur Unterstützung der Bewegungsfreude
- Didaktische Spielmittel für das Erlernen spezifischer Fähigkeiten – besonders in Vorbereitung auf das Lernen in der Schule – wie Farben, Mengen und Zahlen, Buchstaben
- Computer- und Videospiele: schnelles Reagieren mit der Tastatur auf Bildschirmsignale, um in einer fiktiven Abenteuerwelt der Hauptakteur zu sein (Abschießen von Feinden u.a.) (→ Internet und Multimedia).

Spielzeug als Lernangebot ■ Dem → Spiel der Kinder wird ein hoher gesellschaftlicher, kultureller und pädagogischer Wert beigemessen. Die Tradition, mit einem Spielzeug dem Kind ein ganz gezieltes Lernangebot zu machen, geht auf den Fröbel-Baukasten zurück, benannt nach dem Begründer des Kindergartens Friedrich Fröbel im Jahr 1840. Im Spiel mit einfachen geometrischen Gegenständen, wie Würfel, Kugel, Walze und Quader, sollte das Kind Vorstellungen über die Beschaffenheit der Welt erwerben. Auch das Material von → Montessori gibt klare Lernanweisungen und hält das Kind an, ganz gezielt Erkenntnisse zu erwerben (→ Montessoripädagogik). Das heutige kommerzielles Lernspielzeug überlistet vielfach das Kind, etwas Bestimmtes zu lernen, was zu dem gegebenen Zeitpunkt überhaupt nicht im Interesse des Kindes liegt. Die didaktischen Absichten verderben deshalb oftmals das Spiel.

Spielzeug soll dem Kind jenseits der Erwachsenenwelt ein Lernfeld eröffnen, um in die Gesellschaft hineinzuwachsen und kulturelle Werte zu übernehmen. So sollten beispielsweise Kinder des wohlhabenden Bürgertums des 19. Jahrhunderts auf die Geschlechterrolle vorbereitet werden, indem man ihnen spezifisches Mädchen- und Jungenspielzeug anbot: Ein Mädchen hatte mit Puppen, ein Junge mit Pferd und Wagen zu spielen. Noch heute geben Puppenecke und Bauecke in Kindergärten Hinweise auf diese Tradition, obwohl die sozialen Rollen von Frauen und Männern seit langem im Wandel begriffen sind. Auch viele Eltern kanalisieren nach wie vor das Spielverhalten ihrer Kinder, indem sie ihnen von klein auf geschlechtsspezifisches Spielzeug schenken und ihnen damit eine gezielte Wertorientierung hinsichtlich der → Sozialisation von Mädchen und Jungen mitgeben (→ Geschlechtsbewusste Pädagogik).

In ähnlicher Weise sollen Spielgeräte für das Spiel im Freien (Ball, Klettergerüst) und Regelspiele als Gesellschaftsspiele am Tisch neben der Schulung von körperlichen Fähigkeiten, Konzentration und Ausdauer vorrangig das Einüben von Sozialverhalten fördern, um damit das Kind auf die Normen der Gesellschaft vorzubereiten.

In der wissenschaftlichen Literatur wird einem guten Spielzeug übereinstimmend eine positive Wirkung auf die Entwicklung des Kindes zugeschrieben. Allerdings ist bisher nicht eindeutig geklärt, ob der Lernzuwachs allein auf das Objekt zurückzuführen ist, mit dem ein Kind spielt, oder vielmehr auf die elterliche Spielbereitschaft, die Anregungen durch Spielgefährten oder auf die Spielbegleitung der Erzieherin (Einsiedler 1999).

Pädagogisch wertvolles Spielzeug ■ Grundlegende Kriterien für pädagogisch wertvolles Spielzeug müssen übereinstimmend für alle unterschiedlichen Spielzeugklassen gelten. Ganz allgemein lässt sich sagen (Einsiedler 1999): Neben Qualitätsmerkmalen eines Spielzeugs hinsichtlich Sicherheit, Hygiene, Funktionstüchtigkeit und Haltbarkeit ist ein Spielzeug für ein bestimmtes Kind subjektiv dann von Wert, wenn es entsprechend seines Entwicklungsstandes damit etwas anzufangen weiß. Das Kind entwickelt Spielfreude, wenn es mit dem Spielzeug etwas bewirken kann; es will sich als Verursacher erleben. Dafür muss das Spielzeug vielseitige Aktivitäten zulassen. So eröffnen Baukästen mit Basismaterial und neutrale Spielfiguren mehr Möglichkeiten in der Spielentwicklung als Spielzeugteile mit enger Themenvorgabe (z.B. Ritterburg). Gleichzeitig soll ein Spielzeug sachlich richtige Vorstellungen über die Wirklichkeit liefern, z.B. biologisch korrekte Tiernachbildungen. Die Phantasie des Kindes wandelt im Spiel diese Nachbildungen in seine ihm gemäße Welt um. Dabei führt hochrealistisches Spielzeug (Playmobil-Set-Bauernhof) eher zur Imitation, wohingegen vereinfachte, stilisierte Formgebungen symbolisches Denken und eigene Spielideen anregen (Einsiedler 1999). Phantasietiere regen dann die Phantasie der Kinder an, wenn sie sparsam und liebevoll gestaltet sind. Ein gutes Spielzeug sollte ästhetischen Prinzipien in Form- und Farbgebung folgen und nicht zuletzt auch ethischen Grundsätzen treu bleiben: Kriegsspielzeug und Horrorszenarien in Videospielen mit dem entsprechenden kommerziellen Begleitmaterial gehören in kein Kinderzimmer.

Einschränkungen durch Spielzeug ■

Während noch zu Beginn des vorigen Jahrhunderts Spielzeug für ein Kind eine kostbare Rarität war, wird in unserer Gesellschaft Spielzeug oftmals entwertet, weil es die Kinderzimmer überschwemmt. Die Masse an Spielzeug soll dazu dienen, dass sich Kinder alleine beschäftigen können und damit vermeintlich Individualität und Selbständigkeit fördern. Darüber wird übersehen, dass allein gelassene Kinder im Spiel keine großen Fortschritte in ihrer Entwicklung machen (Oerter 1997). Denn der eigentliche Spielspaß und der damit verbundene Lerngewinn entsteht vorrangig im zwischenmenschlichen Austausch von Handlungsimpulsen. Deswegen ist Langeweile durch Alleinspiel mit Spielzeug vorprogrammiert. Die Einschränkung des Kindes durch Spielzeug ist in dem Teufelskreis zu suchen, der im Kinderzimmer beginnt und sich im Kindergarten fortsetzt: Alleinspiel mit Spielzeug – Langeweile – Wunsch nach mehr Spielzeug – Überstimulation durch Spielzeug – Konsumverhalten und Unfähigkeit zu spielen – soziale Isolation.

Die Spielphantasie verkümmert gleichermaßen, wenn Zweck und Nutzen eines Spielzeugs im Vordergrund stehen. Denn dann wird die Vielfalt der Handlungsmöglichkeiten eingeschränkt. Starre Regeln und Vorgaben für richtigen und falschen Gebrauch von Spielzeug verhindern den freien Umgang damit, was den eigentlichen Charakter von → Spiel ausmacht. Lernspiele, die in dieser Weise die Aufmerksamkeit des Kindes vom gegenwärtigen Spielspaß auf zu erwartende zukünftige Ergebnisse zu verlagern versuchen, erzeugen oftmals emotionale Unstimmigkeiten. Unlust und Desinteresse bei späteren Lernaufgaben sind die fatale Folge.

Eine ähnliche Gefährdung geht von Computerspielen aus, die Kinder und Jugendliche nicht nur mit oftmals ethisch verwerflichen Inhalten konfrontieren, sondern sie auch von sozialen Bindungen abschneiden. Neurologische Forschungen belegen, dass bei einer Verweildauer von täglich mehreren Stunden vor dem Bildschirm solche Areale des Gehirns unterentwickelt bleiben, die für ganzheitliches Erleben und Handeln zuständig sind (Spitzer 2005, → Internet und Multimedia).

Spielen ohne Spielzeug ■

Für die physische und geistige Entwicklung ist es notwendig, dass ein Kleinkind vielfältige Körperkontakte erfährt (Eliot 1999). Dafür benötigt es jedoch keine Fülle von Spielzeug, sondern wechselndes Zeug zum Spielen, um zu immer wieder neuen Erfahrungen stimuliert zu werden. Bereits Neugeborene sind anspruchsvoll, wenn es darum geht, unterhalten zu werden; Krabbelkinder studieren mit ernsthaftem Interesse die Phänomene ihrer Umwelt und erfahren dabei, wie die Welt beschaffen ist. Für solche elementaren, sich wiederholenden Experimente (ist der Schuh aus der Welt, wenn er unter der Decke versteckt ist?) brauchen Kleinkinder anregendes Material, das sie nach ihren eigenen Vorstellungen für ihre Übungs- und Erkundungsspiele nutzen können. Alltagsgegenstände (wie Kartons, Korken, Körbe, Dosen, Rollkontainer, Tücher, Decken, Bänder) sind bestens zur Vielfachnutzung geeignet, wenn sich Kleinkinder im Spiel vorzugsweise für Transport, Rotation, Einwickeln und Verbinden (Elschenbroich 2001) interessieren. Wenn Kinder später im → Rollenspiel beginnen, ihre eigene Wirklichkeit zu konstruieren, ist zunächst realistisches »Kleine-Welt-Spielzeug« nützlich, um Denkprozesse zu erleichtern, Vorstellungen zu entwickeln und Fantasie anzuregen. Als spielerfahrene Kinder greifen sie dann allerdings gerne zu Tischen, Bänken, Stühlen und Decken, um daraus eine Wohnung, ein Schiff oder einen Tierpark aufzubauen. Sie spielen dann miteinander und sind lieber selber der Hund, der die Katze jagt oder der Feuerwehrmann, der Menschen rettet, als dass sie mit Spielzeugfiguren spielen.

Spiel ohne Spielzeug motiviert zu Gruppenspielen, in dem übereinstimmendes Handeln gefordert wird. An die Stelle von Spielzeug treten → Märchen, Geschichten, Verse, Lieder und Reigen, die als immaterielle Spielimpulse Kinder zu eigener Phantasietätigkeit im Gruppenspiel inspirieren. Ergänzend dazu werden Werkmaterialien prozessorientiert genutzt, indem Kinder sich in freier Schaffenskraft betätigen und dabei ihre → Kreativität im → Spiel genießen. Im Konzept des spielzeugfreien Kindergartens sind diese Prinzipien verankert.

Eine zukunftsweisende Kindergartenpädagogik sollte sich in der Weise als familienergänzend definieren, dass sie den Kindergarten als Spielwerkstatt ausweist und den Spielzeugmengen in den häuslichen Kinderzimmern ein Spielen ohne Spielzeug entgegensetzt (Partecke 2002; 2004).

Erdmute Partecke

■ Literaturtipps

Einsiedler, W. (1999). Das Spiel der Kinder. Bad Heilbrunn: Klinkhard.

Elschenbroich, D. (2001). Weltwissen der Siebenjährigen. München: Verlag Antje Kunstmann.

Oerter, R. (1997). Psychologie des Spiels. Weinheim/Basel: Beltz.

Partecke, E. (2002). Kommt, wir wollen schön spielen. Praxishandbuch zur Spielpädagogik im Kindergarten. Weinheim/Basel: Beltz.

Sprachentwicklung

Als einziges Lebewesen ist der Mensch fähig, Sprache zu produzieren und zu verstehen. Diese phylogenetisch relativ junge Errungen-

schaft entwickelte sich vor etwa 100.000 Jahren durch Veränderungen der Gesichtsform, Entwicklung des Gehirns und Differenzierung des Bewegungsapparates. Gemessen an den Jahrtausenden, die für die Differenzierung von Sprechfähigkeit, Wortschatz und Sinnhaftigkeit der Sprache notwendig waren, hat das Kind in seiner Ontogenese (= Individualgeschichte) nur etwa vier bis sechs Jahre für den Erwerb unseres komplexen Sprachsystems zur Verfügung. Diese Zeitspanne wird in der Sprachforschung als sensible Phase bezeichnet, ein Entwicklungsabschnitt erhöhter Plastizität des Organismus, in dessen Verlauf spezifische Erfahrungen maximale positive wie negative Auswirkungen haben können.

Verlauf ■ Bereits im Mutterleib begleiten den Embryo Geräusche, Klangfarben, sowie die Melodie der Sprache seiner Umgebung. Die Sprachentwicklung und Spracherziehung beginnt in den ersten Lebenstagen des Säuglings, wenn die Eltern die frühen Lebensäußerungen (Schreien und Jammern) des Säuglings wahrnehmen, deuten und darauf eingehen (erste Formen von → Kommunikation und Interaktion).

Im ersten Lebensjahr sind zunächst Schreien, Juchzen und Gurren, ab dem vierten Monat Lallen die vorrangigen Ausdrucksformen des Säuglings. An der Art und Weise seines stimmlichen Ausdrucks erkennen die vertrauten Bezugspersonen, was er zum Ausdruck bringen möchte und reagieren entsprechend. Den emotionalen Gehalt der Sprache der Bezugspersonen versteht der Säugling sehr früh und unterscheidet, ob sie z.B. gerade liebevoll mit ihm sprechen oder verärgert sind. Das Gehör (Eigenhören) differenziert sich als wichtige Grundlage für die Lallmonologe (ab ca. sechstem Monat) und den weiteren Spracherwerb. Gehörlose oder hochgradig gehörgeschädigte Kinder, die ihre Lautproduktionen nicht oder kaum hören können, beenden meist in dieser Zeit ihr Lautieren.

Etwa ab dem neunten Monat übernimmt das Ohr die leitende Funktion beim Spracherwerb (verstärktes Fremdhören). Das

Sprachverständnis entwickelt sich, das Kind begreift einfache Worte im Zusammenhang mit konkreten Handlungen (z.B. winke, winke). Es versteht einfache Aufträge.

Im zweiten Lebensjahr entwickeln sich Wortschatz und Sprachverständnis in rasantem Tempo, Voraussetzung ist eine sprachanregende Umwelt. Der aktive Wortschatz umfasst gegen Ende des zweiten Lebensjahrs 20–50 Wörter, der passive Wortschatz ist dem aktiven weit voraus. Das Kind spricht in Ein- und Zweiwortsätzen, deren Sinn meistens aus dem Kontext von Mimik und Gestik gedeutet wird. Das erste Fragealter beginnt (»Was das?«).

Im dritten Lebensjahr findet eine regelrechte Wortschatzexplosion statt, Verben und Adjektive werden gebildet, sowie eigene kreative Wortschöpfungen für unbekannte Begriffe. Das Kind beherrscht die meisten Laute, die Verständlichkeit ist entwicklungsbedingt noch eingeschränkt. Spricht der Erwachsene auf ähnlichem Niveau, so ist das Kind in der Lage, das meiste zu verstehen. Ein bedeutsamer Entwicklungsschritt für Sprache und Selbstbewusstsein ist erreicht, wenn es die Ich-Form benutzt. Gegen Ende des dritten Lebensjahrs verwendet das Kind einfache, korrekte Satzstrukturen (teilweise bereits mit Nebensätzen), es hat einen Bauplan für Grammatik im Kopf. Diese Zeit gilt als Höhepunkt des zweiten Fragealters mit den bekannten W-Fragen: warum? wieso? wann?

Im vierten Lebensjahr besitzt das Kind einen Wortschatz von durchschnittlich 1.000 Worten, die Aussprache hat sich deutlich verbessert. Es entwickelt eine Vorstellung von Vergangenheit, Gegenwart und Zukunft. Mitunter kommt es in dieser Phase zu einem entwicklungsbedingten (physiologischen) Stottern, weil das Kind seine Gedanken und Mitteilungswünsche nicht so schnell in geordnete Sprache umsetzen kann, wie es möchte. Dies ist zu unterscheiden vom therapiebedürftigen echten Stottern (→ Logopädie). Bis zum Ende des vierten Lebensjahres hat sich das Kind den größten Teil unseres komplexen Sprachsystems angeeignet.

Im fünften Lebensjahr ist der Spracherwerb in den Grundzügen abgeschlossen, das Kind verfügt über einen reichen Wortschatz (2.500–5.000 Worte bis zum Ende des sechsten Lebensjahrs) und kann zusammenhängend erzählen, Beabsichtigtes variantenreich ausdrücken, Erlebnisse wiedergeben u.Ä.m. Bis zum Schuleintritt hat das Kind mittels Sprache ein breites Wissen erworben.

Voraussetzungen ■ Die Sprachentwicklung ist ein komplexer, ganzheitlicher Prozess. Einerseits eignet sich das Kind Sprache nach einem inneren Bauplan an, zum andern sind bestimmte organische/physiologische, psychische, sowie Umwelt/Erziehung betreffende Bedingungen für den optimalen Spracherwerb notwendig, z.B.:

- Intaktes Gehör, altersgemäße kognitive, motorische und sensorische Entwicklung, Zusammenspiel (Integration) aller Sinne (Hören, Sehen, Fühlen, Riechen, Schmecken, Bewegungssinn, Gleichgewicht)
- Sichere Bindung, Akzeptanz, Wertschätzung, Selbstbewusstsein, seelische Ausgeglichenheit, Erfolgserlebnisse
- Liebevolle, zugewandte und präsente Bezugspersonen, sprachförderndes Vorbild Freude an Kommunikation in der Familie, sprachanregende Umwelt.

Bedeutung der Muttersprache ■ Die Familiensprache oder Muttersprache begleitet das ungeborene Kind bereits im Uterus, wenn es die Stimmen von Personen außerhalb vernimmt. Der Klang der Muttersprache ist nach der Geburt ein erster vertrauter Orientierungspunkt. Intonation, Sprachmelodie und Aussprache der Laute bekommen Kinder sozusagen mit der Muttermilch eingeflößt, sie beherrschen dies bereits vor dem eigentlichen Sprechen. Die mütterliche Sprache ist optimal an die Sprachwahrnehmung, sprachliche Bedürfnisse und Fähigkeiten des Säuglings angepasst. Weltweit werden ähnliche Sprachstile von Müttern bzw. frühen Bezugspersonen beobachtet:

- Ammensprache (Baby-Talk) im ersten Lebensjahr: die Bezugsperson spricht in hohen Tönen, die Satzmelodie ist stark überzogen, Akzentverschiebung und lange Pausen zwischen Phrasen bei wichtigen Wörtern; Gefühl für die rhythmische Struktur der Sprache wird angeregt

- **Unterstützende Sprache im zweiten Lebensjahr:** Das Kind wird mittels einfacher Dialogstruktur zur verbalen → Kommunikation geführt: «Soll der Papa dir eine Banane geben?« – »nane« oder »Papa nane« (mit Kopfnicken). Die Bezugsperson begrenzt die Fülle der Informationen, die auf ihr Kind einströmen, fokussiert auf einen überschaubaren Ausschnitt seiner Realität und erweitert sukzessive den kindlichen Wortschatz.
- **Lehrende Sprache im dritten Lebensjahr:** Entsprechend seiner Fähigkeiten übernimmt das Kind Ausdrucksformen und Satzstrukturen der Bezugsperson. Grammatische und artikulatorische Kenntnisse werden durch bestätigende und sanft korrigierende Rückmeldungen erweitert: »Das Auto put?« – » Ja, das stimmt, das Auto ist kaputt.«

Die Muttersprache ist die Sprache der ersten Dialoge, das Band zu den wichtigsten Bezugspersonen. Sie enthält Emotionen, innere Bilder, → Werte, Normen, Traditionen der → Familie und ihrer kulturellen Herkunft und ist ein wichtiger Baustein zur Entwicklung der kindlichen Identität.

Sprache – Handeln – Denken ■

Auf den Zusammenhang zwischen Sprache, Handeln (Begreifen) und → Denken hat bereits Lew S. Wygotski (1896–1934) verwiesen. Für ihn sind Denken und Sprechen untrennbar miteinander verknüpft. Sprache ermöglicht emotionale Äußerungen, Kommunikation, den Erwerb von Kenntnissen, kulturelles Wissen, sowie Problemlösungsstrategien. Dadurch werden kognitive Strukturen herausgebildet. Denken ist »innere Sprache«. Kinder sollen ermutigt werden, beim Bewältigen von Aufgaben oder Lösen von Problemstellungen »vor sich hin« zu sprechen, d.h. ihr Handeln sprachlich zu begleiten. Dies entspricht ihrer Entwicklungsstufe und fördert Denkprozesse. Auf den engen frühkindlichen Zusammenhang zwischen Denken, Sprache und Handlung sowie Sprache und (Senso-)Motorik hat ebenfalls Jean Piaget (1896–1980) hingewiesen.

Zweitsprache Deutsch ■

Kinder aus zugewanderten Familien erwerben ihre Zweitsprache Deutsch in den ersten Lebensjahren ebenso ungesteuert und fast »nebenbei« wie ihre Erstsprache, wenn diese gut entwickelt und die Umwelt der Kinder sprachanregend ist. Mit ihrem »Betriebssystem« Muttersprache verfügen sie bereits über ein grammatikalisches Grundwissen und wissen, dass man mittels Sprache Wünsche, Bedürfnisse, Gefühle usw. ausdrücken und mit anderen Menschen kommunizieren kann. Die neuen Informationen können an dieses Betriebssystem angedockt werden. Dennoch gibt es Besonderheiten, z.B. Laute und Begriffe, die in der Muttersprache nicht vorkommen oder eine andere Satzmelodie und Betonung (die ja bereits im ersten Lebensjahr erlernt wurde).

Um sich in einer fremden Sprache auszudrücken, ist neben Interesse und Motivation auch Mut, Selbstsicherheit, soziale Akzeptanz und Wertschätzung der eigenen Person und kulturellen Herkunft erforderlich (→ Interkulturelle Erziehung).

Spracherziehung in der Kindertagesstätte ■

Elternhaus und Kindergarten sind prägend für den Verlauf der kindlichen Sprachentwicklung. Zunehmend wurden in den letzten Jahren erhebliche Defizite im Bereich der verbalen Ausdrucksmöglichkeiten und der Lesefähigkeit unserer Schulkinder festgestellt (vgl. auch Ergebnisse der PISA Studien von 2002). Als Folge davon gibt es inzwischen in zahlreichen Bundesländern Sprachstandsüberprüfungen bei Vorschulkindern und eine kaum noch überschaubares Angebot an Sprachförderprogrammen für die Unterstützung der Sprachentwicklung im Kindergarten. Zielgerichtet eingesetzt können diese pädagogischen Handreichungen unterstützend wirksam werden, zumal wenn auch in Elterngesprächen die Zusammenarbeit von Kindergarten und Elterhaus gestärkt werden kann.

Neben diesen speziellen Sprachprogrammen findet Sprachförderung im Kita-Alltag jedoch ständig statt, wenn beispielsweise Bilderbücher betrachten, Märchen und Geschichten erzählen, tägliche Gesprächsrunden, in denen zuhören und ausreden lassen wichtig ist, Singen, Tanzen, Fingerspiele sowie die Möglichkeit zu vielfältigen Wahrnehmungs- und Bewegungserfahrungen zentrale Schwerpunkte der pädagogischen Arbeit sind (→ Literacy). Dazu gehört ebenfalls die Körpersprache als kindliche Ausdrucksmöglichkeit wahrzunehmen, sie zu entschlüsseln und zur Unterstützung der Sprachentwicklung zu nutzen.

Sabine Herm

■ Literaturtipps

Bernstein R./Lehne M. (2004). Sprechen und Verstehen. Stuttgart: Kiga Fachverlag St. Ingbert und Klett Verlag.
Lentes, S. (2004). Ganzheitliche Sprachförderung (2. Aufl.). Weinheim/Basel: Beltz.
Wendtland, W. (2000). Sprachstörungen im Kindesalter (4. Aufl.). Stuttgart: Thieme.

Strafrecht

Aufgabe des Strafrechts ist der Schutz von Rechtsgütern, insbesondere des Zusammenlebens von Menschen in der Gemeinschaft. Voraussetzung für Strafe ist eine Straftat, also eine schuldhafte, rechtswidrige Verletzung einer Strafrechtsbestimmung (z.B. Diebstahl oder Kindesmissbrauch).

Strafbarkeit und Schuld ■ Der Täter muss die Straftat schuldhaft begehen, entweder vorsätzlich (mit voller Absicht) oder fahrlässig (aus Unachtsamkeit). Um dafür zur Verantwortung gezogen werden zu können, muss er schuldfähig sein, d.h. das Unrecht der Tat einsehen und nach dieser Einsicht handeln können. Nicht schuldfähig ist, wer aufgrund einer (schweren) seelischen oder geistigen Störung das Unrecht nicht einsehen kann (z.B. bei Schizophrenie, schwerer Neurose, Volltrunkenheit, schwerer

geistiger Behinderung) oder wer zur Tatzeit noch nicht 14 Jahre alt ist (Strafmündigkeit). Bei 14- bis 18-Jährigen ist die Strafmündigkeit nur gegeben, wenn sie nach ihrer geistigen und seelischen Entwicklung in der Lage waren, das Unrecht ihres Verhaltens einzusehen und entsprechend zu handeln. Eine weitere Voraussetzung für die Strafbarkeit einer Straftat ist, dass sie rechtswidrig ist, d.h. kein Rechtfertigungsgrund vorliegt. Als Rechtfertigungsgrund kommen in Frage z.B. Notstand (bei Gefahr für Leib und Leben), Notwehr (Abwehr eines tätlichen Angriffs) oder die Einwilligung der verletzten Person (z.B. bei einer Operation).

Die Folgen der Straftaten (Vergehen, Verbrechen) sind als Strafrahmen im Gesetz jeweils als Geld- oder Freiheitsstrafe angedroht. Daneben können noch Maßnahmen der Sicherung und Besserung (Maßregeln), wie Unterbringung in einem psychiatrischen Krankenhaus, Entziehung der Fahrerlaubnis oder Berufsverbot, verhängt werden. Bei Schuldunfähigkeit entfällt zwar die Strafe, jedoch können Maßregeln, z.B. Unterbringung im psychiatrischen Krankenhaus, angeordnet werden.

Straftatbestände ■ Jeder Mensch kann theoretisch fast alle im Strafgesetzbuch oder in Nebengesetzen unter Strafe gestellten Taten begehen. In diesem Rahmen soll aber nur auf einige wenige Bestimmungen beispielhaft hingewiesen werden:
- Sachbeschädigung (§ 303 StGB [Strafgesetzbuch]) ist die vorsätzliche, rechtswidrige Beschädigung einer fremden Sache (z.B. Zerkratzen des Autos des Zahnarztes), auch das Löschen oder Unbrauchbarmachen von Daten fremder EDV-Anlagen, PC etc. (§ 303a StGB)
- Diebstahl (§ 242 StGB) begeht, wer eine fremde bewegliche Sache (z.B. die Zeitung aus dem Briefkasten des Nachbarn) in der Absicht wegnimmt, diese rechtswidrig zu behalten oder zu gebrauchen. Besondere Tatbestände sind z.B. der unbefugte Gebrauch eines Fahrzeugs (§ 248b StGB) oder Hehlerei (§ 259 StGB), der An- oder Verkauf von gestohlenen Waren

- **Nötigung** (§ 240 StGB) begeht, wer eine andere Person mit Gewalt oder gefährlicher Drohung zu einer nicht gewollten Handlung zwingt, z.B. durch Blockieren eines Ausgangs oder Zugangsweges zu einer Einrichtung oder das Festbinden mit einer Zwangsjacke
- **Körperverletzung** (§ 223 StGB) begeht, wer eine andere Person missbraucht oder in ihrer körperlichen oder seelischen Gesundheit beeinträchtigt, z.B. durch das Abschneiden ihrer Haare
- **Straftaten gegen die sexuelle Selbstbestimmung** (§§ 174 ff. StGB) begeht, wer das sexuelle Selbstbestimmungsrecht vor allem auch junger Menschen durch die Gefährdung ihrer sexuellen Entwicklung, Ausnutzung einer Abhängigkeit oder Widerstandsunfähigkeit oder durch Gewalt verletzt
- **Drogenmissbrauch** (§§ 29 ff. BtMG): Nach dem Betäubungsmittelgesetz ist der Besitz und Handel mit nicht erlaubten Drogen, z.B. Kokain, Heroin oder Ecstasy, strafbar.

Straftaten/Jugendstrafen ■ Bei jedem Straftatbestand steht im Gesetz ein bestimmter Strafrahmen, z.B. »Geldstrafe oder Freiheitsstrafe bis zu drei Jahren«. Die Geldstrafe richtet sich nach Tagessätzen, orientiert am Einkommen des Täters, z.B. 20 Tagessätze zu je 20 € = 400 €. Wer nicht zahlt, muss eine Ersatzfreiheitsstrafe absitzen. Die Freiheitsstrafe unter einem Jahr wird nach vollen Wochen und Monaten, diejenige über einem Jahr nach vollen Monaten und Jahren bemessen. Wenn die Persönlichkeit des Täters künftig gute Führung erwarten lässt, können Freiheitsstrafen unter zwei Jahren zur Bewährung ausgesetzt werden. Begeht der Verurteilte in der Bewährungszeit erneut eine Straftat, muss er damit rechnen, dass die Strafaussetzung widerrufen und der Vollzug der Freiheitsstrafe angeordnet wird. Jugendstrafe im engen Sinne bedeutet nach § 17 JGG (Jugendgerichtsgesetz) Freiheitsstrafe in einer Jugendstrafanstalt, wobei das Mindestmaß 6 Monate, das Höchstmaß 5 bzw. 10 Jahre (bei StGB-Straftaten über 10 Jahre) beträgt. Jugendstrafen im weiten Sinn umfassen auch Erziehungsmaßnahmen, »Zuchtmittel« (Verwarnung, Erteilung von Auflagen), Geldstrafen, Jugendarrest und Maßnahmen zur Sicherung und Besserung.

Das konkrete Strafmaß bestimmt der Strafrichter nach den Umständen (strafmildernde oder erschwerende) des jeweiligen Einzelfalles. Dementsprechend kann eine »vermindert schuldfähige Person« milder bestraft werden. Der Richter kann die Strafe zur Bewährung aussetzen, aber auch in diesem Fall ist die verurteilte Person vorbestraft (Eintragung in Strafregister).

Strafverfahren ■ Ein Strafverfahren erfolgt nach folgenden Schritten:

- **Vorverfahren:** Ermittlungs- bzw. vorbereitendes Verfahren (§§ 158 ff. StPO [Strafprozessordnung])
- **Zwischenverfahren:** »Eröffnungsverfahren«, Entscheidung über Eröffnung eines Hauptverfahrens (§§ 198 ff. StPO)
- **Hauptverfahren:** einschließlich Rechtsmittelverfahren bis zur Rechtskraft (JGG; §§ 213 ff. StPO)
- **Vollstreckungsverfahren:** (JGG; §§ 449 ff. StPO).

Zuständig für Jugendliche von 14–17 Jahren und Heranwachsende von 18–21 Jahren sind Jugendrichter (beim Amtsgericht) und Jugendschöffengerichte, bei Erwachsenen Strafrichter bzw. Schöffengerichte.

Wenn ein Verdacht besteht, dass eine Straftat begangen wurde, wird durch die Staatsanwaltschaft ein sogenanntes Ermittlungsverfahren eingeleitet, in dem sie von allen möglichen Personen und Stellen möglichst viele Informationen und Beweismittel einholt. Nach Abschluss der Ermittlungen hat die Staatsanwaltschaft folgende Handlungsmöglichkeiten:

- **Einstellung** (bei Nichtbestätigung des Verdachts)
- **Einstellung gegen Auflagen** (z.B. zur Leistung gemeinnütziger Arbeit oder Geldzahlung)
- **Strafbefehl** in Form von Geldstrafen, Fahrverbot usw. (nur gegen Erwachsene)
- **Anklage** (bei hinreichendem Tatverdacht).

Im Zwischenverfahren entscheidet nach Anklageerhebung durch die Staatsanwaltschaft der Richter, ob das Verfahren eingestellt oder die Hauptverhandlung eröffnet wird. Nach Zustellung der Anklage bestimmt der Richter im Hauptverfahren den Termin der Hauptverhandlung, die Ladung des Angeklagten und dessen gesetzlichen Vertreter, des Verteidigers sowie der Zeugen und Sachverständigen und eventuell der Jugendgerichtshilfe.

In der Verhandlungen erfolgen
- Verlesung der Anklageschrift
- Äußerung des Angeklagten (er muss nur Angaben zur Person machen), eventuell Geständnis (Strafmilderungsgrund)
- Beweisaufnahme (Vernehmung der Zeugen und Sachverständigen sowie das Verlesen von Gutachten)
- Stellungnahme der Jugendgerichtshilfe, insbesondere zum sozialen Umfeld (und zur Strafe)
- Plädoyer des (Jugend-)Staatsanwalts
- Plädoyer des Verteidigers
- »Schlusswort« des Angeklagten
- Urteil: Freispruch oder Verurteilung – im Zweifel für den Angeklagten – Begründung, Rechtsmittelbelehrung.

Die Jugendgerichtsverhandlung ist nicht öffentlich, die Hauptverhandlung gegen Erwachsene dagegen öffentlich. Im Vollstreckungsverfahren werden die vom Richter verhängten Strafen vollstreckt. Freiheitsstrafen werden in eigenen »Anstalten« vollzogen – mit erheblichen Einschränkungen der Persönlichkeitsrechte. Zur Durchsetzung können auch Zwangsmittel eingesetzt werden.

Gerade im Bereich der Jugendkriminalität stellt sich die Frage, ob das Strafrecht als reaktives Sanktionsrecht (noch) geeignet ist, den Schutz der Rechtsgüter tatsächlich sicherzustellen. Zu überlegen wäre insbesondere, ob nicht ein modernes Konfliktrecht, wie es z. B. im Familienrecht mit dem Instrument Mediation ansatzweise versucht wird, geschaffen werden müsste, das es ermöglicht, die individuellen und sozialen Probleme und Konflikte (von und zwischen Menschen) rechtzeitig zu erkennen und zeitnah und sachgerecht zu lösen.

Heribert Renn

■ **Literaturtipps**

Renn, H. (1999). Rechtskunde für Erzieherinnen. Weinheim/Basel: Beltz.
Mürbe M. et. al. (2005). Politik, Sozial-, Gesetzes- und Berufskunde – Basiswissen für ErzieherInnen. Weinheim/Basel: Beltz.

Sucht

Das Wort Sucht (althochdeutsch suht = Krankheit) ist ein schillernder Begriff. Süchtig kann man nach nahezu allem sein. Vielleicht liegt es daran, dass manche glauben, den Begriff Sucht von dem Verb suchen ableiten zu können: »Eifersucht ist eine Leidenschaft, die mit Eifer sucht, was Leiden schafft!«

So einleuchtend der Zweizeiler ist, er liegt etymologisch schief. Sucht und siech sind miteinander verwandt, und das heißt wiederum krank. Es kommt aber niemand auf die Idee, einen Menschen mit einer Mandelentzündung süchtig zu nennen. Zwar hat Sucht sicher im allgemeinen Bewusstsein etwas mit Krankheit zu tun, und nach dem Gesetz sind Alkoholabhängige als Süchtige krank, aber nach dem gesunden Menschenverstand sind sie nicht richtig krank. Krank-Sein heißt Nichts-dafür-können, aber mit dem Begriff Sucht verbindet sich immer auch eine Wertung der Persönlichkeit, des Charakters. Nicht zuletzt hat er die Bedeutung eines Lasters, wie unschwer an der Habsucht, an der Eifersucht zu erkennen ist.

Sucht ist daher aus den internationalen Klassifikationen von Krankheiten (ICD 10; DSM-III-R) eliminiert worden. Schon 1964 beschloss die Weltgesundheitsorganisation, mit dem Begriff **Abhängigkeit** die Lücke zu füllen. Abhängig ist man von psychotropen Substanzen, also von Stoffen, die beim Menschen eine beruhigende oder anregende oder bewusstseinsverändernde Wirkung herbeiführen. In den Klassifikationen bezieht sich Abhängigkeit auf stoffgebundene Süchte. Mehr und mehr wurden aber auch stoffungebundene Süchte postuliert und von Fachleuten auf einen Nenner gebracht. Nun gibt es die Esssucht, die Ess-Brechsucht, die Magersucht, die Arbeitssucht, die Liebessucht, die Eifersucht, die Sex-Sucht, die Klau-Sucht (Kleptomanie), die Kaufsucht, die Bergsteigersucht, die Autorennsucht, die Joggingsucht, die Bet-Sucht, die Tugendsucht, die Gesundheitssucht, die Vitaminsucht, die Kultursucht, die Sucht nach Neuem, die Häkelsucht, die Kreuzworträtselsucht – es ließe sich weiter führen wie in einer Litanei, offenbar gibt es eine Suchtproduktions-Sucht.

Das Problem dabei ist jedoch, dass der Begriff Sucht suggeriert, dass es sich um Verhaltensweisen und Tatbestände handelt, die miteinander verwandt sind, sei es in ihren Erscheinungsformen oder Ursachen und deshalb auch gleich oder ähnlich behandelt werden könnten. Diese nahe Verwandtschaft besteht aber nur in Teilbereichen, manche Verläufe lassen sich vergleichen, die meisten haben sehr unterschiedliche Ursachen.

Abhängigkeit ■ Es gibt kein menschliches Verhalten, das nicht zwanghaft entarten könnte. Wenn wir aber alle diese Verhaltensweisen unter dem Begriff Sucht vereinen, dann haben wir fast die gesamte Psychopathologie erfasst und der Begriff hat keine differenzierende Aussagekraft mehr. Um von einem Stoff abhängig zu werden, müssen zwei Voraussetzungen erfüllt sein: Von dem Stoff muss eine beruhigende oder anregende oder bewusstseinsverändernde Wirkung auf das Zentralnervensystem ausgehen, und jemand muss sich den Stoff einverleiben. Das hört sich banal an, ist aber eine wichtige Feststellung.

Diesen zustandsverändernden Stoff kann man gebrauchen, er kann der Nahrungszufuhr dienen (Bier = flüssiges Brot), er kann dem Genuss dienen (ein Gläschen Wein zum Abendessen), und dieser Gebrauch ist auch von allen natürlicherweise vorkommenden Drogen am besten bekannt. Der Gebrauch kann eine hilfreiche und sinnvolle Verwendung von Stoffen darstellen, wie z.B. Einnahme eines Opiates, um damit Schmerzen zu betäuben. Stoffe wie Kaffee, Tee, bestimmte Gewürze, Tabak oder Alkohol werden meist ihrer anregenden oder angenehmen Wirkung

wegen genossen. Werden die Drogen dagegen so verwandt, dass es zu körperlichen, psychischen oder sozial schädlichen Verhaltensweisen kommt, auch zu einem selbstschädigenden Verhalten, dann spricht man von Missbrauch.

Ein weiterer Begriff muss noch kurz angeführt werden, nämlich der Rausch. Der Rausch ist ein zeitlich eng begrenzter, veränderter Erlebnis- und Bewusstseinszustand, er kann mit intensiven, ekstase-ähnlichen und tiefen emotionalen Erfahrungen einhergehen, eine außerordentlich starke Befriedigung vermitteln, das Gefühl von Eins-Sein mit sich, Gott und der Welt. Ist der Rausch gesellschaftlich oder religiös eingebunden, durch bestimmte Regeln geleitet, ist der berauschte Mensch ansonsten psychisch gesund, sozial eingebettet und zufrieden, dann können das gelegentliche Erlebnisse sein, die keinen negativen Einfluss haben müssen. Der Versuch, langfristig ein rauschhaftes Leben zu führen, mündet jedoch in eine Abhängigkeitskarriere. Die Flucht aus einer als unangenehm bis unerträglich erlebten Realität durch den Rausch misslingt immer.

Die Entwicklung zur Abhängigkeit lässt sich am besten am Beispiel der Alkoholabhängigkeit beschreiben. Der Trinker spürt die erleichternde, stimmungsaufhellende und anregende Wirkung als positiv. Wenn Alkohol dieser Wirkung wegen getrunken wird, sprechen wir von Erleichterungs- oder Funktionstrinken. Nimmt dieses Trinken zu, wird zu unangemessenen Zeitpunkten (z.B. bei der Arbeit, vor dem Autofahren) oder werden große Mengen getrunken, kommt es zunehmend zu sozialen Auffälligkeiten, dann spürt der Trinker vielleicht bereits, dass er begonnen hat, den Alkohol zur Bewältigung seiner Lebensumstände einzusetzen. Es kommt zum heimlichen Trinken, u.U. entwickeln sich Schuldgefühle.

In der kritischen Phase hat der Trinker Anlass, Beginn und Entwicklung des Trinkens nicht mehr unter Kontrolle. Wir sprechen dann von einem Kontrollverlust, der Trinkende ist nicht mehr fähig, eine Trinkepisode zu beenden, wenn er mit dem Trinken begonnen hat. Die Belastungen am Arbeitsplatz, in der Familie, im Freundeskreis werden immer größer, wegen organischer Folgeschäden muss immer häufiger ein Arzt aufgesucht werden, der oft über die Ursachen dieser Erkrankungen nicht aufgeklärt wird. Die chronische Phase ist für das soziale Umfeld wie für den Betroffenen unübersehbar wegen des Auftretens schwerer körperlicher, seelischer und sozialer Folgeerscheinungen, den Beeinträchtigungen im Denken und Verhalten, der im Vergleich zur Normalbevölkerung siebzigfach erhöhten depressiven Symptomatik, die oft in Suizid mündet.

Für alle Abhängigkeiten von psychotropen Substanzen gilt das Gleiche, sei es vom Alkohol, von Medikamenten (Benzodiazepine, Barbiturate, Amphetamine u.a.), illegalen Drogen (Opiate, Kokain, Halluzinogene u.a.) und Schnüffelstoffen: Kontrollverlust, Unfähigkeit, ohne Drogenwirkung am Leben teilzunehmen, gescheiterte Kontrollversuche, Konzentration auf die Beschaffung des Stoffes.

Behandlung ■

In Deutschland verfügen wir über ein breites Angebot an ambulanten und stationären Einrichtungen zur Beratung und Behandlung Abhängigkeitskranker. Der Motivierung zur Behandlung kommt eine hohe Bedeutung zu, da die Betroffenen meist kein aktives Aufsuchverhalten zu Hilfseinrichtungen zeigen.

Etwa 1.250 Beratungsstellen und -dienste stehen Suchtkranken zur Verfügung, die 1997 von 275.000 Hilfesuchenden in Anspruch genommen wurden (DHS 1998). 14.500 vollstationäre Entwöhnungsbetten stehen bereit, von denen 5.250 von Abhängigen von illegalen Drogen in Anspruch genommen werden. 8.665 Patienten werden ambulant behandelt. Insgesamt kann man von über 70.000 Therapien im Jahr ausgehen.

Vor der Entwöhnungsbehandlung wird die Entgiftung in einem Krankenhaus, meist in einer psychiatrischen Klinik, durchgeführt. Folgt auf die Entgiftungsbehandlung keine weitere psychotherapeutische oder rehabilitative Maßnahme (Entwöhnungsbehandlung), dann ist die Prognose außerordentlich ungünstig. Entwöhnungsbehandlungen sind sehr erfolgreich. Die Effizienzzahlen liegen deutlich über 50 % der behandelten Fälle. Von entscheidender Bedeutung für diesen Erfolg sind neben dem Erreichen einer stabilen Abstinenzhaltung die Wiedereingliederung in das Berufs- und Erwerbsleben und die individuelle Zufriedenheit mit den sozialen Beziehungen, Gesundheit und Freizeit.

Prävention ■

Der Begriff Prävention ist im Laufe der letzten Jahrzehnte ausgeweitet worden. Man unterscheidet zwischen **primärer Prävention** (in unserem Falle Maßnahmen, die Menschen davor bewahren sollen, in Abhängigkeit zu geraten), **sekundärer Prävention** (pädagogische, therapeutische, rehabilitative Vorgehensweisen, um einem Menschen, der abhängig geworden ist, zu einem Leben ohne das Suchtmittel zu verhelfen) und schließlich der **tertiären Prävention** (Maßnahmen, um einen Rückfall zu vermeiden).

Für Erzieherinnen ist in erster Linie die primäre Prävention von Bedeutung. Auch hier haben wir wieder eine Unterscheidung, nämlich zwischen Spezial- und Generalprävention. **Spezialprävention** umfasst alle Maßnahmen, die dazu führen, dass sich keine Abhängigkeit entwickelt, **Generalprävention** dagegen versucht, die Entwicklung → abweichenden Verhaltens mit all ihren Störungen zu verhindern. Die Aufklärung über die schädlichen Folgen von Suchtmitteln, wie auch Maßnahmen, die Zugangsmöglichkeiten zu Drogen aller Art zu verringern, haben als spezialpräventive Maßnahmen ihren Platz, von zentraler Bedeutung sind jedoch generalpräventive Vorgehensweisen.

Es sind psychische und soziale Motive, die den Einstieg in den Drogenkonsum begünstigen: In erster Linie die Störung des Selbstwertgefühls durch geringe Anerkennung in der Familie, Konflikte mit den Eltern, Kontaktprobleme in der Gruppe der Gleichaltrigen, Leistungsversagen in der Schule. Diese Bedingungen können selbstverständlich zu vielen anderen Störungen führen, sind aber auch im Regelfall Voraussetzungen für eine Drogenkarriere.

Untersuchungen machen diese Zusammenhänge deutlich (Fleischhaker & Schulz 2000). Schon im Kindergartenalter sind die Risikokinder für eine Suchterkrankung erkennbar durch

- Aggressiv-expansives Verhalten
- Mangelnde Selbstkontrolle
- Erhöhte Impulsivität
- Leichte Erregbarkeit
- Vorschnelles Handeln
- Gefahrenblindheit
- Ausgeprägte Suche nach unmittelbaren Verstärkern
- Rücksichtsloses Verhalten
- Defizite in den sozial-adaptiven Fähigkeiten.

Kinder mit diesen Auffälligkeiten müssen frühzeitig einer entsprechenden Diagnostik und Therapie zugeführt werden.

Erzieherisch notwendig sind die Förderung von Selbstwertgefühl, sozialer Kompetenz, Handlungs- und Selbstwirksamkeitserfahrungen. Programme zur Entwicklung von Lebenskompetenzen sind nachweisbar effektiv.

Karl H. Bönner

■ Literaturtipps

Bönner, K. (1995). Was ist Sucht? In: Homo ludens, Bd.V. München/Salzburg: Katzbichler.

Fengler, J. (Hg.) (2002). Handbuch der Suchtbehandlung. Landsberg/Lech: ecomed.

Lindenmeyer, J. (1990). Lieber schlau als blau. Informationen zur Entstehung und Behandlung von Alkohol- und Medikamentenabhängigkeit. München: Psychologische Verlagsunion.

Suizidalität

Suizidalität umfasst als Oberbegriff sowohl den Suizid als auch den Suizidversuch sowie die Neigung zu Suizid. Der Begriff ist aus dem lateinischen sui cidium übernommen und bedeutet Tötung seiner selbst. Wegen seiner Wertneutralität im Gegensatz zum alltagssprachlichen Ausdruck Selbstmord wird er in der Fachliteratur nahezu durchgängig benutzt.

Die Konfrontation mit Suizidalität von Kindern, Jugendlichen oder auch Erwachsenen gehört zu den größten Herausforderungen sozialpädagogisch Tätiger. Es drängen sich Fragen auf wie: »Was kann ich tun, um den Lebenswillen dieses Menschen zu stärken? Wie kann ich ihn motivieren, therapeutische Unterstützung zu suchen?« oder »Habe ich wirklich alles mir Mögliche getan, um diese Selbsttötung zu verhindern? Welche Signale habe ich womöglich übersehen oder nicht ernst genommen?« Gefühle der Schuld und des Versagens können sich einstellen und fast immer führt die Konfrontation mit der Selbsttötung eines Menschen zur Konfrontation mit der eigenen Einstellung zum Suizid. Die Reflexion eigener Werthaltungen und Erfahrungen in diesem Bereich ist eine grundlegende Voraussetzung, um mit den eigenen und fremden Gefühlen im Zusammenhang mit einer Suizidalität von Menschen, mit denen man arbeitet, angemessen umgehen zu können.

Häufigkeit ■ Die Suizidrate in Europa ist in den vergangenen Jahrzehnten relativ stabil geblieben. Sie schwankt zwischen 11 und 36 Personen auf 100.000 Einwohner. Dabei sind Russland, Finnland, Ungarn Österreich und schließlich die Schweiz die Länder mit den höchsten Suizidraten. Generell stellt in Europa der Suizid bei Erwachsenen die neunthäufigste Todesursache dar, bei Jugendlichen sogar die zweithäufigste. Bei der Erforschung suizidaler Phänomene gibt es eine Reihe methodischer Probleme, wie z.B. die Definition einer Suizidhandlung und die Repräsentativität der untersuchten Stichprobe. Dazu kommt, dass Suizidhandlungen häufig vertuscht werden, um als Angehörige sozial unauffällig zu bleiben oder um rechtliche Konsequenzen zu vermeiden. Ähnliches gilt für Suizidversuche. Dabei schätzt man, dass sie – je nach Quelle – zehn bis dreißig mal häufiger vorkommen als Suizide mit tödlichem Ausgang.

Auffallend ist, dass in allen westlichen Ländern die Suizidrate mit dem Lebensalter kontinuierlich steigt und dass weltweit und mit nur ganz wenigen Ausnahmen Männer deutlich häufiger zur Selbsttötung neigen als

Frauen, die hingegen oft Suizidversuche unternehmen, die nicht tödlich enden. Die Geschlechter unterscheiden sich außerdem nach der Art des Mittels, das sie für den Suizid oder Suizidversuch benutzen. Bei Frauen überwiegen sogenannte *weiche* Methoden, wie die Vergiftung durch Drogen oder sonstige psychotrope Substanzen, während Männer besonders häufig zu Schusswaffen greifen. Diese auffallenden geschlechtstypischen Differenzen werden mit der unterschiedlichen Sozialisation von Männern und Frauen in Verbindung gebracht sowie ihren unterschiedlichen gesellschaftlichen Positionen. Männer stehen besonders oft unter Erfolgs- und Leistungsdruck, was zu erhöhten Versagensängsten und daraus resultierender Suizidalität führen kann. Gleichzeitig wird von ihnen eher Rationalität als Emotionalität erwartet, so dass ein Suizidversuch bei ihnen oft stigmatisierend wirkt, während er bei Frauen eher toleriert wird.

Alte Menschen gehören zur größten Risikogruppe, deren Leben mit einem Suizid zu Ende geht, und Jugendliche sind insofern eine besonders gefährdete Gruppe, als bei ihnen die häufigsten Suizidversuche, aber auch vergleichsweise viele vollendete Suizide anzutreffen sind. In den USA stellt der Suizid bei Jugendlichen die dritthäufigste, in der Schweiz und Deutschland (nach Verkehrstoten) die zweithäufigste Todesursache dar.

Über die Suizidalität von Kindern ist sehr wenig bekannt, da hier nur selten klar feststellbar ist, ob eine zum Tod führende Handlung absichtlich ausgeführt worden ist oder nicht. Zudem wird die soziale Umwelt gerade bei Kindern eher einen Unfall vermuten als einen Suizid. Immerhin weiß man, dass seit Jahren in Deutschland die Zahlen konstant um 340 liegen. So haben 1999 z.B. 321 Kinder und Jugendliche Suizid begangen, darunter 35 Kinder (9 Mädchen und 26 Jungen) unter 15 Jahren.

Risikofaktoren ■ Obwohl der Suizid die tiefgreifendste persönliche Entscheidung ist, die ein Mensch treffen kann, lassen sich überindividuell gültige Risikofaktoren unterscheiden. Dazu gehören:

- Depressive Neigungen oder klinische Depressionen – auch Kinder können depressiv sein
- Übermäßiger Alkohol-, Medikamenten- oder Drogenkonsum, der ein Hinweis auf latent vorhandene Suizidalität sein kann, aber nicht muss
- Subjektives Gefühl der Vereinsamung, das besonders häufig bei Jugendlichen, bei delinquenten und bei alten Menschen sowie bei politisch Verfolgten und Flüchtlingen festzustellen ist
- (Drohende) Krankheit bzw. starke chronische Schmerzen
- Schwer belastende Lebensereignisse wie der Verlust eines nahe stehenden Menschen oder des Arbeitsplatzes.

Wenn mehrere Faktoren zusammentreffen, steigt das Risiko. Besonders groß ist es dann, wenn eine Person bereits einen Suizidversuch hinter sich hat oder aber Suizidabsichten äußert.

Moderne Medien und Suizidalität ■

Schon zu Goethes Zeiten stellte man nach dem Erscheinen seines »Werther« eine erhöhte Suizidneigung fest. Auch heute gibt es empirische Hinweise, dass sich Menschen durch Medienberichte zu Nachahmungstaten verleiten lassen (sogenanntes Werther-Syndrom). Ein völlig neues Phänomen stellen die Internetforen (→ Internet und Multimedia) für Menschen dar, die nicht mehr weiterleben möchten und sich mit dem Gedanken an Suizid auseinandersetzen (»Suizidforen«). Auf vielen klar betitelten Websites (und oft ohne die sehr wichtigen unterstützenden und moderierenden Admins (= Moderatoren) werden entweder in den Foren oder aber auch direkt in den Chatrooms unter Decknamen Gedanken, Ratschläge und Informationen ausgetauscht. Es ist schwer zu beurteilen, ob diese Einrichtungen kathartischen Charakter haben (es also im Austausch mit Gleichgesinnten zu einer Befreiung von inneren Spannungen und Ambivalenzen kommt) oder aber ob im Gegenteil Suizidalität hierdurch noch gefördert wird.

Als neue Technologie und durch seine Möglichkeit der anonymen → Kommunikation übt das Internet einen besonderen Reiz gerade auf Jugendliche aus. So lässt sich feststellen, dass sich über das Internet völlig Fremde miteinander verabreden, um sich zu treffen und gemeinsam in den Tod zu gehen, dass konkrete Anleitungen zum Suizid gesucht und auch angeboten werden und dass es vor allem viele erschütternde Schilderungen von Jugendlichen über ihre als verzweifelt empfundene Lage gibt. Es werden Freundinnen im Netz gesucht, Menschen, die die eigene Todessehnsucht verstehen und nachvollziehen können. Möglicherweise stillen aber auch die sehr persönlich gehaltenen Selbstdarstellungen und die daraus resultierenden Kontakte ein schmerzhaftes und bisher unerfülltes Bedürfnis nach öffentlicher Anerkennung. Im Extremfall setzt sich die Beachtung bis nach dem Tod fort, nämlich dann, wenn im Netz ein Nachruf erscheint oder immer wieder nach »Verschwundenen« gefragt wird.

Professionelle Helfer sind in diesen Foren nur selten zu finden, auch wenn teilweise von den Websites auf einige wenige Hilfsorganisation verlinkt wird, die Homepages oder Nottelefone unterhalten, die sich speziell an depressive Menschen bzw. an suizidal gefährdete Kinder und Jugendliche richten. Von einem eigentlichen Suizid-Präventionsprogramm kann aber nicht die Rede sein. Hier besteht ein deutlicher Entwicklungsbedarf.

Umgang mit suizidalen Menschen ■

Wer in seiner beruflichen Praxis damit rechnen muss, mit Suizidalität konfrontiert zu werden, wird sich um entsprechende berufliche Weiterbildungen bemühen. Im unerwarteten Notfall können folgende Grundsätze hilfreich sein:

- Letztlich kann niemand einen anderen Menschen daran hindern, sich das Leben zu nehmen
- Trotzdem werden eine Suizidankündigung oder entsprechende Signale immer ernst genommen, indem man selber nachfragt und dabei die Dinge offen beim Namen nennt
- Wer sich von der Situation überfordert oder verängstigt fühlt, sucht sofort in einer Supervision oder bei einer entsprechenden Beratungsstelle Unterstützung
- Man kann versuchen, Zeit zu gewinnen, indem man den anderen um das Versprechen bittet, bis zum nächsten Treffen seine Suizidabsichten nicht zu verwirklichen
- In offensichtlich verzweifelten und akuten Fällen ist zu erwägen, eine Klinikeinweisung zu veranlassen.

Christiane Ryffel

■ Literaturtipps

Dorrmann, W. (2002). Suizid. Therapeutische Interventionen bei Selbsttötungsabsichten. Stuttgart: Klett Cotta.

Seyfried, M. (1995). Suizidalität, Suizidprophylaxe und Sozialarbeit. Regensburg: S. Roderer.

■ Kontakte

Telefonseelsorge:
Tel.: 0800/111 0 111 (evang.)
Tel.: 0800/111 0 222 (kath.)
Deutscher Kinderschutzbund:
Tel.: 0800/111 0 333
www.telefonseelsorge.de
www.kinderundjugendtelefon.de/
www.suizidforum.de
www.kompetenznetz-depression.de
www.kummernetz.de
www.frnd.de
www.suicideinfo.org/german/
www.neuhland.de

Supervision

Supervision ist eine Beratungsmethode (→ Beratung), die eingesetzt werden kann, um die Qualität der beruflichen Arbeit zu sichern bzw. zu verbessern. Dabei werden psychische, soziale und institutionelle Faktoren miteinbezogen. Ziel ist es, Arbeitssituation, Arbeitsatmosphäre, Arbeitsorganisation und aufgabenspezifische Kompetenzen zu verbessern. Der Ansatz von Supervisionsprozessen ist lösungsorientiert und darauf angelegt, praxisnahes Lernen, die Qualität der Zusammenarbeit sowie die berufliche und persönliche Entwicklung zu fördern.

Supervision wird vor allem dann eingesetzt, wenn verantwortungsvolles Handeln, effektive Arbeitsorganisation, Kooperation und die bewusste Gestaltung der zwischenmenschlichen Beziehungen für den optimalen Ablauf der Arbeit von Bedeutung sind. Durch die angeleitete Reflexion des beruflichen Handelns wird die Handlungskompetenz gefördert, die Teilnehmenden lernen, ihre berufliche Praxis, ihr Kommunikationsverhalten sowie ihr Rollenverhalten besser einzuschätzen. Nicht zuletzt hilft die Supervision, Distanz zu schaffen zu den Abläufen und Dynamiken von Gruppen und Systemen und vermag dadurch vor Überforderung, destruktivem Konfliktverhalten sowie Betriebsblindheit zu schützen.

Geschichte ■ Die Ursprünge der Supervision gehen auf die Anleitung ehrenamtlicher Mitarbeiterinnen und Mitarbeiter in amerikanischen Wohltätigkeitsvereinen zu Beginn des 20. Jahrhunderts zurück. Aus der Emigration zurückgekehrte Wissenschaftler brachten nach 1945 die amerikanischen Ansätze in die bundesdeutsche Sozialarbeit ein. Dies bezog sich zuerst auf Praxisberatung und Praxisanleitung. In den 1960er Jahren wurden stärker das Beziehungsgeflecht und die Beziehungsdynamik des Einzelnen in den Blick genommen. Begriffe wie → Rolle, Status und Position, sozialpsychologische und soziologische Konzepte wurden zur Erklärung einbezogen. Hinzu kamen die Forschungen Kurt Lewins zur Dynamik von Gruppen (→ Gruppenpädagogik) und die Prinzipien der gruppendynamischen Trainings-Laboratorien (z.B. Feedback, die Beziehungsdimensionen Nähe und Distanz). Ende der 1970er Jahre begann verstärkt die supervisorische Arbeit mit Organisationen bzw. Organisationseinheiten. Damit wurde auch die einseitige Bindung von Supervision an das im weitesten Sinne soziale Berufsfeld aufgebrochen und sogenannte »Profit-Organisationen« mit in den Blick genommen. Konzepte wie z.B. Organisationsberatung oder Personalentwicklung traten hinzu.

Supervisionsformen ■ In der Supervisionspraxis unterscheidet man verschiedene Formen und Arbeitsweisen, das sogenannte Setting, in der die zu beratenden Fragen bearbeitet werden.

Einzelsupervision ■ Einzelne Personen begeben sich in die Einzelsupervision, um ihre beruflichen Fragen zu bearbeiten, z.B. sich in einer neuen beruflichen Rolle unterstützen zu lassen, um Entscheidungen vorzubereiten, das Gleichgewicht zwischen Beruf und Person zu klären, z.B. bei → Mobbing.

Teamsupervision ■ Die Beratung von Teams, Projekt- oder Arbeitsgruppen, die an einer gemeinsamen Aufgabe in einer Organisation oder Institution arbeiten, wird als Teamsupervision bezeichnet. Hier geht es z.B. um Verbesserung der Kooperation, Auseinandersetzung mit Leitungsfragen, Vereinbarung über gemeinsame Ziele, Zusammenarbeit mit Adressaten der beruflichen Arbeit.

Fallsupervision ■ Ziel der Fallsupervision ist es, an einem in die Supervision eingebrachten Problem (Fall) eine erweiterte Wahrnehmung und ein vertieftes Verstehen zu erreichen, um das professionelle Handeln gegenüber Adressaten der beruflichen Arbeit zu verbessern.

Gruppensupervision ■ Hier finden sich Personen, die beruflich nicht miteinander verbunden sind, zum Zweck der Supervision zusammen. Sie kommen aus gleichen, ähnlichen oder unterschiedlichen Arbeitsfeldern und sind nicht gemeinsam in einem institutionellen Rahmen beschäftigt. Die Gruppensupervision bietet den Vorteil, dass die Gruppenbeziehungen viele Möglichkeiten des Transfers aus dem Berufsalltag in die Gruppe bieten, wie umgekehrt den Transfer kreativer, kooperativer Beziehungen aus der Gruppe in die verschiedenen beruflichen Realitäten.

Leitungssupervision ■ Hierbei handelt es sich um eine Beratung für Führungskräfte im Blick auf das Führungshandeln. Es geht z.B. um Rollen(-beratung), Leitungsidentität, Umgang mit Verantwortung für Mitarbeiterinnen.

Konzeptsupervision ■ Wenn Einzelne, Gruppen oder Teams ein (neues) Konzept für ihre Arbeit entwerfen wollen, ein altes Konzept überprüfen und weiterentwickeln wollen, eignet sich eine Konzeptsupervision als entsprechendes Setting. Die Konkretisierung des Arbeitsauftrags, Entfaltung von Ideen, Einschätzung der Ressourcen stehen im Vordergrund. In der Konzeptsupervision geht es um die Steuerung eines Entwicklungsprozesses auf ein Ziel hin.

Coaching ■ Coaching ist eine Methode der Einzelberatung, insbesondere von Führungskräften, hat eine eher anleitende Funktion und ist auf aktuelle Fragen von Führungskräften bezogen.

Intervision ■ Intervision meint die kollegiale Supervision unter wechselnder Leitung der Gruppenmitglieder. Damit Intervision ihr Ziel erreicht, müssen Machtspiele zwischen den Mitgliedern unterbleiben.

Konzepte ■ Supervision arbeitet immer vor dem Hintergrund konzeptioneller Grundlagen. Dabei werden Theorien aus der Soziologie, der Psychologie, der Pädagogik und der Sozialarbeit einbezogen. Supervisionskonzepte sind eng verknüpft mit der Geschichte und Entwicklung therapeutischer Schulen (→ Psychotherapie) und der Gruppendynamik (→ Gruppenpädagogik). Methoden wie Psychodrama, themenzentrierte Interaktion, Gestalttherapie, systemische Beratung oder Organisationsberatung spielen eine besondere Rolle.

Supervisionsgestaltung ■ Bevor ein Supervisionsprozess (Sequenz von mehreren Supervisions-Sitzungen) beginnt, wird die Ausgestaltung der Arbeitsbedingungen festgelegt. Das betrifft Sitzungsdauer, Sitzungsturnus, Ort der Sitzungen, Zeitraum des Supervisionsprozesses, Einbeziehung von Leitung oder anderem Fachpersonal bei Team-Supervision, Bezahlung.

Supervision kann idealtypisch oder modellhaft als Ablauf von Phasen beschrieben werden.

Vorphase der Supervision ■ Zu Beginn der Supervison steht die Kontaktaufnahme mit einer Supervisorin/einem Supervisor. In einem telefonischen Erstkontakt können Verfügbarkeit und Preisgestaltung geklärt werden. Wenn die Betroffen die Arbeitsweise des Supervisors kennenlernen wollen, kann eine Probesitzung vereinbart werden. Als Alternative bietet sich ein Sondierungsgespräch an, um Format und/oder Setting einer Supervison zu klären. Oder man vereinbart eine begrenzte gemeinsame Arbeitsphase, um danach weitere Vereinbarungen zu treffen. Abschluss der Vorphase bildet der Kontrakt zwischen dem Auftraggeber und dem Supervisor. In ihm können Arbeitsweise, Ziele und Dauer der Supervision, die Frequenz der Sitzungen und die Honorierung des Supervisors vereinbart werden.

Supervisionsprozess ■ Der Verlauf eines Supervisionsprozesses kann je nach Zielbeschreibung, Arbeitsform, Setting, Fragestellung sehr unterschiedlich sein. Grob lassen sich folgende Phasen unterscheiden:
- Auftauen/Anwärmen
- Eingrenzung des Themas
- Informationssammlung
- Prüfung/Bewertung/Entscheidung
- Konkretisierung/Strategieentwicklung
- Umsetzung/Kontrolle

Diese Phasen sind in Dauer und Intensität je nach Supervisionsprozess unterschiedlich. Eine Fokussierung auf das, was in den einzelnen und zwischen den einzelnen Sitzungen geschieht, löst einen Prozess aus. Dieser kann Brüche, Sackgassen sowie neue Lösungen enthalten. Bei Gruppenprozessen kann die Entwicklung der Gruppe und einzelner Personen voneinander abweichen. Je mehr Gleichlauf es gibt, desto effektiver wird eine Gruppe sein. Der Supervisor kann dies steuernd als Berater, Moderator begleiten.

Auswertung des Supervisionsprozesses ■ Der Supervisionsprozess muss regelmäßig von allen Beteiligten ausgewertet werden. Basis hierfür ist der Supervisionsvertrag. Ziel der Auswertung ist, die ursprüngliche Absicht, die Wirkung, den Verlauf einzuschätzen und sich über die zukünftigen Ziele zu verständigen.

Supervisions-Ausbildung ■ Supervision muss verantwortet werden und verlangt deshalb eine fundierte Ausbildung. Die Standards werden von der Deutschen Gesellschaft für Supervision (DGSv) festgelegt: in der Regel (Fach-)Hochschulabschluss (Sozialwesen, Humanwissenschaften), fünfjährige Berufserfahrung, mindestens 30 Sitzungen Supervision und Nachweis von über 400 Stunden Fortbildung oder Zusatzausbildung und Supervisions-Ausbildung an einem anerkannten Lehrinstitut. Neben der Ausbildung und Fachkompetenz benötigt der Supervisor Feldkompetenz, d.h. ausreichendes Wissen über die Arbeitswelt seiner Supervisandinnen und die Lebenswelt ihrer Adressaten. Die fachliche (Selbst-)Kontrolle der Supervisions-Arbeit findet in Kontrollsupervisionsgruppen (Vorstellung von Beratungsfällen unter Anleitung erfahrener Kolleginnen) oder in Balintgruppen (psychoanalytisch geprägtes Modell zur Fallbesprechung, benannt nach dem Arzt und Psychoanalytiker Michael Balint [1896 – 1970]), statt.

Grenzen ■ Nicht alle Probleme des beruflichen Alltags sind mit Supervision zu lösen. Eine intensive Indikationsstellung und sorgfältige Auftragsanalyse vor Beginn eines Supervisionsprozesses ist notwendig. Supervision ersetzt nicht fachliche → Fortbildung, Selbsterfahrung oder Therapie oder eine kompetente Leitungstätigkeit.

Bernward Bickmann

■ Literaturtipps

Buer, F. (1999). Lehrbuch der Supervision. Münster: Votum.

Fatzer, G. (Hg.) (1996). Organisationsentwicklung und Supervision, Erfolgsfaktoren bei Veränderungsprozessen. Trias-Kompass 1. Köln: Edition Humanistische Psychologie.

Pühl, H. (Hg.) (2000): Handbuch der Supervision (2. Aufl.). Berlin: Wissenschaftsverlag Spiess.

■ Kontakte

(D) *Deutsche Gesellschaft für Supervision e.V.*
     Lütticher Straße 1 - 3
     50674 Köln
     Tel. 0221 - 92004-0, Fax -29
     Internet: www.dgSupervision.de

(Ö) *ÖVS*
     Heinrichsgasse 4/2/8
     1010 Wien
     Fax: 01/5330822.4
     Internet: www.oevs.or.at/

(CH) *SO*
     Gutenbergstr. 33
     CH-3011 Bern
     Tel./Fax: +41/031/3824482
     Internet: www.bso.ch

Tagespflege

Die Tagespflege ist eine besondere Form der Kinderbetreuung, die zwischen der Familienerziehung und der institutionellen Fremdbetreuung anzusiedeln ist. Ein Kind wird halb- oder ganztags bzw. stundenweise von einer Tagesmutter betreut. Die Betreuungszeiten werden individuell abgesprochen. In der Regel findet das Kind Aufnahme in der → Familie der Tagesmutter und wächst häufig zusammen mit deren Kindern auf. Somit hat es eine feste Bezugsperson, die sich intensiv um es kümmert, nach kurzer Zeit seine Bedürfnisse und Eigenarten kennt und sich darauf einstellen kann. Die Situation in der Tagespflege ähnelt derjenigen in der Familie, es handelt sich um die familienähnlichste Betreuungsform. Mit der Tagesmutter kann aber auch vereinbart werden, dass sie in die Wohnung des Kindes kommt, damit dieses in seiner vertrauten Umgebung verbleiben kann.

Die Vermittlung einer Tagespflegeperson kann durch das Jugendamt erfolgen. Da die Tagespflege jedoch keiner Genehmigung durch das Jugendamt bedarf und es an Tagesmüttern mangelt, gehen die meisten Eltern selbst auf die Suche – per Zeitungsannonce, Erkundigungen im Bekanntenkreis. Oft schließen sie mit der Tagesmutter einen Vertrag ab, in dem die beiderseitigen Rechte und Pflichten geregelt werden (Lohn, Beiträge zu den Sozialversicherungen, Betreuungszeiten, Informationspflichten).

Die Zahl der Tagespflegeverhältnisse wird statistisch nicht erfasst. Nach Schätzungen des Deutschen Jugendinstituts werden ca. 300.000 Kinder in Tagespflege betreut. Davon sind rund 55.000 Tagespflegeverhältnisse den Jugendämtern bekannt.

Gesetzliche Grundlage ■ Tagespflege wird in § 23 des → Kinder- und Jugendhilfegesetzes geregelt. Nach der Definition in Abs. 1 wird die Bedeutung der Zusammenarbeit zwischen Tagesmutter und Eltern betont. Ist Tagespflege zum Wohl des Kindes erforderlich und geeignet, übernimmt das Jugendamt unter bestimmten Bedingungen die Kosten (und die Vermittlung). Sowohl in diesen Fällen als auch bei selbst organisierter Tagespflege ist es zur Beratung verpflichtet. Die zuständigen Mitarbeiter helfen bei Fragen hinsichtlich der Erziehung, der Vertragsgestaltung, der Kosten oder bei versicherungsrechtlichen Problemen. Sie sind auch Ansprechpartner von Personen, die selbst ein Kind als Tagesmutter betreuen wollen. Ferner soll das Jugendamt Zusammenschlüsse von Tagespflegepersonen beraten und unterstützen.

Stärken und Schwächen ■ Die Tagespflege besitzt eine Reihe von Stärken gegenüber der institutionellen Betreuung: Flexibilität der Betreuungszeit (Vereinbarkeit mit der Erwerbszeit), intensive Betreuung durch die Tagespflegeperson (nur wenige Kinder anwesend), stärkere Förderung der kindlichen Entwicklung, familiäre Umgebung, viel Austausch mit den Eltern, geringes Infektionsrisiko. Sie hat allerdings auch Schwächen: Im Vergleich zu → Krippen sind die Betreuungsverhältnisse weniger stabil, ist die Ausstattung mit Spielsachen und -materialien zumeist schlechter, werden die Tagespflegestellen nicht überprüft, haben die Tagespflegepersonen in der Regel keine pädagogische Ausbildung und erfahren nur wenig Fortbildung, Beratung und Unterstützung.

Hier zeigt sich eine gewisse Benachteiligung der Tagespflege, obwohl sie laut Kinder- und Jugendhilfegesetz gleichberechtigt mit der institutionellen Fremdbetreuung ist. Hinzu kommt, dass viele Tagespflegepersonen in ihrer Tätigkeit nur eine Übergangslösung (z.B. für die Dauer ihrer Familienphase) sehen und nicht als Berufsausübung, so dass auch das Interesse an einer (Weiter-)Qualifizierung eher gering ist.

Generell lassen sich drei Gruppen von Tagespflegepersonen unterscheiden:
■ Junge Mütter, die zur Aufbesserung des Familieneinkommens neben den eigenen (kleinen) Kindern Tagespflegekinder betreuen

- Ältere Frauen, die mindestens ein mit ihnen verwandtes Kind, z.B. einen Enkel, betreuen
- Frauen, die – oft schon lange – nicht verwandte Kinder betreuen und dazu tendieren, in ihrer Tätigkeit einen Beruf zu sehen. Nur die letztgenannte Gruppe legt in der Regel größeren Wert auf eine Qualifizierung und den Austausch mit anderen Tagesmüttern.

Qualität der Tagespflege ■ Trotz dieser Benachteiligung gegenüber der institutionellen Fremdbetreuung und obwohl Eltern in der Tagespflege eher ein reines Betreuungs- als ein Bildungsangebot sehen, werden Untersuchungen aus anderen Ländern zufolge keine größeren Unterschiede in der Qualität zwischen Familientagespflege und Kindertageseinrichtungen festgestellt.

Für die Qualität der Tagespflege wurden verschiedene Faktoren ermittelt: Eine höhere Bildung von Tagespflegepersonen wirkt sich nur geringfügig positiv aus. Ähnliches gilt für allgemeine Kenntnisse im Bereich der Kinderpsychologie. Hingegen führt eine spezielle Ausbildung für die Tätigkeit als Tagespflegeperson in der Regel zu einer qualitativ besseren Kinderbetreuung. Qualitätsfördernd ist ferner, wenn die Tagesmütter in ihrer Tätigkeit eine Beschäftigung auf Dauer sehen, viel Berufserfahrung haben, ein professionelles Selbstverständnis besitzen sowie Kontakt zu anderen Tagespflegepersonen haben bzw. Mitglied eines Verbandes sind. Eine wichtige Rolle spielt überdies die Art der Beziehung zwischen Tagespflegeperson und Kind. So lässt sich z.B. bei einer guten Betreuung ein hohes Ausmaß an positiven Interaktionen zwischen beiden Seiten feststellen. Positiv ist, wenn die Tagesmütter verständnisvoll und warmherzig sind, das Kind akzeptieren und respektieren, sich auf sein verbales und nonverbales Verhalten einstellen können, sensibel für seine Gefühle und Gedanken sind, den eigenen Sprachstil an das Kind anpassen und Kontrolle ausüben, ohne Angst zu erzeugen. Besonders wichtig ist die Stabilität der Beziehung: Ein (mehrfacher) Wechsel des Tagespflegeverhältnisses wirkt sich zumeist negativ auf die kindliche Entwicklung aus.

Von großer Bedeutung sind auch das Betreuungsprogramm sowie die Raumgestaltung und -ausstattung. Gut ist, wenn die Räume, in denen sich die betreuten Kinder aufhalten, kindgemäß gestaltet und mit Spielsachen (→ Spielzeug), Musikinstrumenten, Mal- und Bastelutensilien, didaktischen Spielen und Materialien für Rollenspiele ausgestattet sind. Eine »gute« Tagesmutter erzählt häufig Geschichten, musiziert mit den Kindern, macht mit ihnen Spiele zur Sprachförderung und zur Entwicklung des Zahlenverständnisses und regt zum → Rollenspiel, zum Malen sowie zu grob- und feinmotorischen Aktivitäten an.

Bei einer qualitativ guten Tagespflege stimmen Eltern und Tagesmutter bezüglich ihrer Erziehungsziele und -methoden überein und akzeptieren die Rollendefinition der jeweils anderen Seite. Zugleich akzeptieren sie, dass das Kind in Familie und Tagespflege verschiedene Erfahrungen macht, sich in beiden Welten unterschiedlich verhalten kann – und dass es an die Tagespflegeperson enge Bindungen entwickelt, was für manche leiblichen Mütter ein Problem ist. Positiv ist, wenn immer wieder ein intensiver Gesprächs- und Erfahrungsaustausch über das Kind, seine Entwicklung und seine Betreuung zwischen Eltern und Tagesmutter stattfindet.

Auswirkungen auf das Kind ■ Eine qualitativ gute Familientagespflege wirkt sich positiv auf die sprachliche und kognitive Entwicklung der betreuten Kinder aus. Hier spielen vor allem die Intensität, die erzieherische Qualität und die emotionale Tönung der Interaktionen zwischen Tagesmutter und Kind eine Rolle. Für die kognitive Entwicklung ist ferner von Bedeutung, wie geistig stimulierend das Betreuungsprogramm ist, ob viel vorgelesen und erzählt wird und wie anregend die Spielmaterialien sind. Hinsichtlich der sozialen Entwicklung ist wichtig, wie viel Kontakt das Kind zu anderen Kindern (und Erwachsenen) hat und wie dieser gestaltet ist.

Qualifizierung ■ Aufgrund der großen Bedeutung der Qualifizierung von Tagesmüttern für die Qualität der Tagespflege hat das Deutsche Jugendinstitut das Fortbildungsprogramm »Qualifizierung in der Kindertagespflege« entwickelt. Das Curriculum basiert auf einer wissenschaftlichen Studie, in der Fortbildungsprogramme für Tagesmütter untersucht und Teilnehmerinnen, Fortbildnerinnen und weitere Expertinnen befragt wurden. Es beinhaltet die Themenbereiche:

■ Förderung von Kindern
■ Zusammenarbeit mit den Eltern
■ Arbeitsbedingungen einer Tagesmutter

Das Curriculum enthält umfangreiches Arbeitsmaterial und orientiert sich eng an den für die Tagespflege typischen Alltagssituationen.

Martin R. Textor

■ **Literaturtipps**

Bergdolt, D./Högel, K./Dumpe, I. (2000). Tagesmütter, Au-pairs, Haushaltshilfen. München: Beck.
Diller, A./Jurczyk, K./Rauschenbach, T. (2005). Tagespflege zwischen Markt und Familie. Wiesbaden: VS Verlag.
Keimeleder, L./Schumann, M./Stempinski, S./Weiß, K. (2001). Fortbildung für Tagesmütter. Konzepte – Inhalte – Methoden. Opladen: Leske & Budrich.
Jurczyk, K./Rauschenbach, T./Tietze, W. u.a. (2004). Von der Tagespflege zur Familientagesbetreuung. Weinheim/Basel: Beltz.

■ **Kontakt**

Tagesmütter-Bundesverband für Kinderbetreuung in Tagespflege e. V.:
www.tagesmuetter-bundesverband.de

Teamarbeit

Eine Voraussetzung, um die vielfältigen Anforderungen in sozialpädagogischen Arbeitsfeldern erfolgreich zu bewältigen, ist die gelingende Zusammenarbeit im Team. Unter einem Team versteht man den Zusammenschluss von mehreren Menschen, die eine gemeinsame Aufgabe und ein gemeinsames Ziel verfolgen. Die Aufgabenstellung ist komplex und erfordert vielseitige Kompetenzen. Aus diesem Grund wird arbeitsteilig, aber vernetzt vorgegangen. Zur Arbeitsteilung gehören unterschiedliche Funktionen und → Rollen, es gibt wechselseitige Abhängigkeiten und gegenseitige Verantwortung. Das Ziel kann nur gemeinsam erreicht werden. Ein Team hat keine oder nur eine flache Hierarchie.

Kennzeichen eines guten Teams ■ Die Stärke eines guten Teams liegt im Zusammenspiel der individuellen Fachkompetenzen und der Teamfähigkeit jedes Mitglieds. Wie beim Spielen im Orchester kommt es nicht nur auf das Können der Einzelnen an, sondern darüber hinaus auf den Zusammenklang und geeignete Rahmenbedingungen. Durch gute Koordination und Steuerung lässt sich diese Teamqualität zudem weiterentwickeln. Es gibt zahlreiche Untersuchungen darüber, was ein Team erfolgreich macht. Auch wenn jedes seinen eigenen Weg zum Erfolg finden muss, gibt es allgemeine Faktoren, die im Folgenden aufgeführt werden.

Kompetenz und Motivation ■

■ **Kommunikationsfähigkeit:** Die Teammitglieder sprechen eine gemeinsame Sprache. Die → Kommunikation ist vom Willen zum Verstehen und zur Loyalität bestimmt

■ → **Kooperation:** Die Mitglieder wissen, dass sie das gesteckte Ziel nur gemeinsam erreichen können. Auch und manchmal gerade weil sie nicht immer einer Meinung sind, halten sie an der Zusammenarbeit fest

■ **Wille zum Erfolg und Leistungsbereitschaft:** Die Teammitglieder fühlen sich berufen, genau diese Arbeit zu tun. Man schaut eher auf die Aufgabe als auf die Uhr

■ **Selbstwertgefühl und Anerkennung:** Die Mitglieder sind stolz auf ihre individuellen wie kollektiven Kompetenzen und können deshalb auch ihre eigenen Grenzen tolerieren. Gegenseitige Anerkennung schafft Beziehungen. Fehler werden als Möglichkeiten des Lernens und nicht als Versagen gewertet

- **Konfliktregelung:** Das Team kann → Konflikte konstruktiv lösen. Es ist entscheidungsfreudig. Probleme werden nach einer intensiven Erörterung produktiv und verbindlich gelöst.

Klare Rahmenbedingungen ■ Auch hervorragende Mitarbeiterinnen können nur dann → Leistung erbringen, wenn die Rahmenbedingungen stimmen. Dafür muss in erster Linie der Anstellungsträger sorgen. Manches können aber auch die Leitung und das Team mitgestalten.

- **Klare, verbindliche Zielrichtung:** Das Team weiß, wozu es da ist. Das Ziel ist klar formuliert und kann auch von den Teammitgliedern benannt werden.
- **Eine echte Teamaufgabe:** Die Rahmenbedingungen sind so gestaltet, dass Teamarbeit sowohl erforderlich als auch sinnvoll ist. Wechselseitige Unterstützung und die Selbstverwaltung eines Budgets sind Kennzeichen vieler erfolgreicher Teams.
- **Prämien für hervorragende Teamarbeit:** Der gemeinsam erreichte Erfolg schlägt sich in einer erfolgs- und teambezogenen Entlohnung oder anderen Gratifikationen nieder. Dieser Faktor grenzt sich einerseits von der individuellen Entlohnung ab, die (überwiegend in der gewerblichen Wirtschaft) Teamarbeit torpedieren kann. Andererseits ist es ein kritischer Faktor für den öffentlichen Bereich, der erfolgsbezogene Teamvergütungen bisher kaum kennt.

Kompetente Leitung ■ Ein gutes Team hat in der Regel eine → Leitung, die eine richtige Mischung aus Fördern und Fordern umsetzt. Eine gute Leiterin betrachtet ihre Mitarbeiterinnen z.B. als Expertinnen für die Arbeit mit Kindern und lässt ihnen den Spielraum, den sie benötigen. → Kreativität entfaltet sich dort am besten, wo die Mitglieder des Teams trotz einer klaren Aufgabenstellung ein Gefühl für ihre Autonomie behalten können. Die Leitung erkennt die individuellen Stärken der einzelnen Mitarbeiterinnen und eröffnet ihnen dort Möglichkeiten zur Entfaltung und sie sorgt für einen guten Informationsfluss.

Lösung der anstehenden Aufgaben ■ Das Team bewältigt die Anforderungen, die mit seiner komplexen und nur arbeitsteilig zu erfüllenden Aufgabe zusammenhängen, umfassend und verbessert sich ständig. Dazu gehören vor allem folgende Prozesse:

- Rollen und Funktionen der beteiligten Teammitglieder eindeutig beschreiben
- Arbeiten sachgerecht verteilen und organisieren
- Informationsmanagement einrichten: Informationsverhalten vereinbaren und einhalten
- Entscheidungsverfahren vereinbaren und einhalten
- Besprechungen ergiebig gestalten
- Probleme genau analysieren und bearbeiten
- Denken in Prozessen anstatt in »Kästchen« und Zuständigkeiten zu verharren
- Evaluation: ständige, prozessbezogene Überprüfung von Arbeitsweisen und -ergebnissen sowie von »weichen« Faktoren wie Teamkultur und Atmosphäre (→ Qualitätsmanagement).

Ausbalanciertes Arbeitsverhalten ■ In einem guten Team sind das »Ich«, das »Wir« und das »Es« (die Aufgabe des Teams) sowie die diese umschließende Umwelt in einem Gleichgewicht. Diese Vorstellung orientiert sich an der Themenzentrierten Interaktion (TZI). Das TZI-Modell wurde von Ruth Cohn (1912 in Berlin geboren) entwickelt und ist ein Verfahren zum lebendigen Lernen

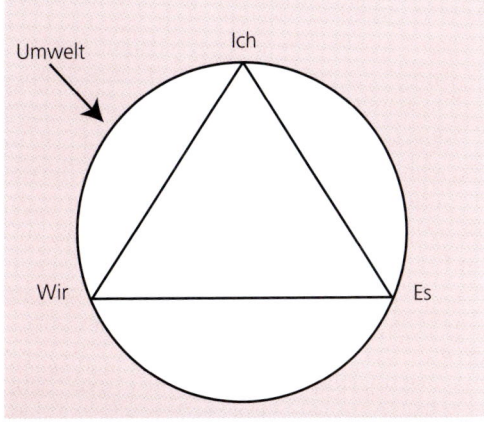

Abb. 5 Das TZI-Strukturmodell

und Arbeiten in Gruppen auf der Basis eines humanistischen Menschenbildes.

Alle vier Bezugspunkte – Ich, Wir, Es und Umwelt – beeinflussen sich gegenseitig. Lebendige Gruppen arbeiten dynamisch, die Aufmerksamkeit richtet sich mal mehr auf den einen, mal mehr auf den anderen Bezugspunkt. Die Teammitglieder sorgen jedoch selbst dafür, dass die Balance auch bei Störungen immer wieder hergestellt wird. In weniger erfolgreichen Gruppen ertragen die Mitglieder Störungen und warten passiv ab, was die Leitung unternimmt. In einem guten Team fühlt sich jeder verantwortlich für das Gelingen der gemeinsamen Arbeit.

Teamentwicklung ■ Unter Teamentwicklung verstehen wir den Aufbau, die Förderung und Pflege eines Teams. Dabei durchlaufen Teamentwicklungsprozesse folgende **Arbeitsschritte**, die hier nur skizziert werden können:

■ Die Diagnose: Die Teammitglieder beschreiben gemeinsam den Zustand des Teams: Was läuft bei uns gut? Womit sind wir nicht zufrieden, was behindert uns?

■ Auswahl der Themen: Das Team einigt sich auf eine Frage oder ein Problem, für die es neue Arbeitsweisen finden will.

■ Ein gemeinsames Verständnis des Problems entwickeln (Problemanalyse): Die verschiedenen Perspektiven, Aspekte und Informationen werden zu einer gemeinsamen Problembeschreibung zusammengeführt.

■ Entwicklung und Formulierung von Lösungsvorschlägen: Unterschiedliche Lösungsvorschläge werden hinsichtlich ihrer Vor- und Nachteile sowie möglicher Auswirkungen bewertet. Die Lösungsvorschläge werden konkret und handlungsbezogen formuliert.

■ Entscheiden: Das Team entscheidet sich für einen Lösungsvorschlag. Mögliche Entscheidungsverfahren sind Konsens, Mehrheits- oder Leitungsentscheidung.

■ Umsetzung und Auswertung: Zu einem vereinbarten Zeitpunkt wertet das Team aus, ob und wie es seine Vorhaben umgesetzt hat. Aus dieser Auswertung können

sich neue Themen ergeben und ein neuer Entwicklungskreislauf beginnt.

Die Teamentwicklung ist zudem geprägt durch typische **Entwicklungsphasen.** Nach einem populären Entwicklungsmodell (Francis/Young 1992) lässt sie sich in vier Phasen unterteilen:

■ Orientierungs- und Testphase: Zu Beginn eines Teamentwicklungsprozesses verhalten sich die meisten Mitglieder eher vorsichtig und versuchen herauszubekommen, wer die anderen sind und welche Regeln gelten. Oft herrscht auch ein naiver Optimismus des Anfangs vor.

■ Nahkampf- oder Konfliktphase: Nun treten Unterschiede und Gegensätze zutage. Die Gruppe setzt sich offen oder verdeckt mit Status- und Machtfragen auseinander. Diese Phase wird als anstrengend und oft auch als frustrierend erlebt.

■ Organisierungsphase: Die Gruppe entwickelt Regeln und Rituale, um Konflikte produktiv zu lösen. Die Teammitglieder anerkennen ihre unterschiedlichen Kompetenzen und → Rollen.

■ Integrationsphase: Hier erlebt sich das Team zunehmend als Ganzheit (»Wir«-Gefühl). Das Team kann nun auch mit Anforderungen aus der Umwelt flexibel umgehen.

Voraussetzung für das Erreichen der nächsthöheren Entwicklungsstufe ist jedoch, dass die Leitung das Team unterstützt, die Entwicklungsaufgaben der jeweiligen Phase zu meistern und daran zu wachsen.

Umgang mit Konflikten ■ Der vorangegangene Abschnitt macht deutlich, dass Teamentwicklung nicht ohne ein gewisses Maß an guter Konfliktbewältigung vorankommt. → Konflikte liegen vor, wenn unterschiedliche Interessen in Handlungen münden, die zumindest aktuell unvereinbar sind. Sie entstehen meist aus einem einfachen Sachkonflikt. Wird dieser nicht frühzeitig erkannt und bearbeitet, verwickeln sich die beteiligten Personen in einen Eskalationsprozess, in dem die Ursache des Konflikts zunehmend undeutlicher wird. Diese Konfliktspirale lässt sich als eine schrittweise, sich steigernde Verhärtung beschreiben (vgl. Burchat-Harms, 2001):

- **Verhärtung in der Wahrnehmung und im Denken:** Am Anfang stehen unterschiedliche Wahrnehmungen und Absichten, die aber nicht offengelegt werden. Jede Partei geht davon aus, dass sie über die richtige Sichtweise und das richtige Wissen verfügt. Die Verhärtung setzt ein, wenn diese individuelle Perspektive einseitig »gepflegt« wird, ohne mögliche andere Sichtweisen vorurteilsfrei zu prüfen
- **Verhärtung der Gefühle:** Das Einfühlungsvermögen für den anderen nimmt in dem Maße ab, wie eine Abkapselung nach außen zunimmt. Was von der Gegenseite kommt, wirkt bedrohlich und muss deshalb abgewehrt werden
- **Verhärtung im Wollen:** Das Beharren auf der Durchsetzung des eigenen Willens schafft einen Gegensatz von Gewinnern und Verlierern. Die Konfliktpartner handeln zunehmend härter und kompromissloser.

Um einen Einstieg in diese Konfliktspirale zu vermeiden, ist möglichst frühzeitig ein Konflikt zu erkennen und ein Lösungsprozess einzuleiten. Dabei sind die o.g. Schritte der Teamentwicklung sinngemäß übertragen anzuwenden. Der entscheidende Einstieg in einen Konfliktlösungsprozess ist damit auch hier die genaue Beschreibung der Situation aus der Sicht aller Beteiligten.

Ludger Pesch

- **Literaturtipps**

Pesch; L./Sommerfeld, V. (2002). Teamentwicklung (2. Aufl.). Weinheim/Basel: Beltz.
Burchat-Hams, R. (2001). Konfliktmanagement. Weinheim/Basel: Beltz
Pesch, L. (2001). Moderation und Gesprächsführung. Weinheim/Basel: Beltz.
Francis, D./Young; D. (1996). Mehr Erfolg im Team. Windmühle 5/1996.

Theaterpädagogik

Gegenstand der Theaterpädagogik ist die Praxis, Didaktik/Methodik, die Erforschung sowie die Verbesserung der sozialen, kulturellen und politischen Rahmenbedingungen für → Spiel und Theater. Die Theaterpädagogik hat die intensive Auseinandersetzung der Kinder mit sich selbst, der Figurenentwicklung, der Spielgruppe und der Präsentation zum Ziel. Theaterpädagogik leistet somit einen umfassenden Beitrag zur personalen, ästhetischen und sozialen Entwicklung der Kinder. Sie weckt in besonderer Weise ihre individuellen Selbstbildungskräfte: die Wahrnehmungs-, Imaginations-, Ausdrucks- und Gestaltungsfähigkeiten. Sie fördert ästhetisches Bewusstsein und entwickelt ästhetische Verhaltensweisen wie Aufmerksamkeit, Staunen, Offenheit, Synästhesie (= Reizempfindung eines Sinnesorgans bei Reizung eines anderen) und bewusstes Zeitempfinden. Kinder haben in theatralen Prozessen die Möglichkeit, eigenen und fremden Perspektiven nachzuspüren. Sie werden ermutigt, selbst initiativ zu werden, ihre Wahrnehmungs- und Verhaltensgewohnheiten zu durchbrechen, neue kennen zu lernen und auch auszuprobieren. Im Zusammenspiel mit anderen Kindern üben sie soziales Verantwortungsbewusstsein.

Die Theaterarbeit im Kindergarten zeichnet sich durch folgende Merkmale aus:

- Mit den Sinnen wahrnehmen: Hier geht es darum das eigene »Ich« zu entdecken durch die Sensibilisierung der sinnlichen Wahrnehmungsfähigkeit. Ein weiterer Aspekt ist es, den Gegenstand sinnlich wahrzunehmen. Er rückt dann ins Blickfeld ästhetischer → Wahrnehmung, wenn er in seinen sinnlichen Qualitäten empfunden wird
- Staunen: Dahinter verbirgt sich eine neugierige, offene, fragende Haltung des Kindes. Dabei handelt es sich nicht um eine bereits funktionalisierte Wahrnehmung, sondern um ein intensives Versenken, Betrachten in den Gegenstand
- Aufmerksamkeit: Das Kind wendet sich aufmerksam und interessiert dem Gegenstand zu und lässt sich von ihm anregen. Es geht hier um das Wahrnehmen selbst: Die Adern eines Blattes werden z. B. betrachtet, weil es faszinierend ist, die einzelnen Verästlungen nachzuvollziehen

- Beachtung des Besonderen: Das Kind wendet sich dem Gegenstand zu, um ihn in seiner Einmaligkeit und Besonderheit wahrzunehmen und noch nicht vorschnell begrifflich zu kategorisieren und zu bewerten
- Imagination: Mit Imagination ist die Fähigkeit gemeint, sich Gegenstände, Situationen und auch Menschen vorstellen zu können. Verbunden sind damit auch Sinneserinnerungen. Erzählt die Erzieherin beispielsweise eine Geschichte, aktiviert sie das Vorstellungsvermögen der Kinder. Sie assoziieren zum Gehörten eigene Bilder und wecken dadurch ihre Phantasie
- Subjektivität: Dem subjektiven Empfinden und Wahrnehmen wird Raum und Zeit gegeben. In der gemeinsamen Gestaltung werden dann die subjektiven Erlebnisse objektiviert
- Verweilen: Damit ist gemeint, dass es darum geht, sich Zeit zu nehmen, im Augenblick zu sein und auch den Augenblick zu genießen, eine Fähigkeit, die die Kinder nicht früh genug erleben können.

Diese Merkmale sind auch an eine in diesem Sinn verstandene ästhetische Grundhaltung seitens der Erzieherin gebunden. Sie schafft eine ästhetische Wahrnehmungssituation, in der die Kinder diese primären Grunderfahrungen machen können. Im Mittelpunkt dieses ästhetischen Wahrnehmungsprozesses steht das Kind. Es soll schon früh gezielt Erfahrungen in seiner unmittelbar umgebenden Lebenswelt, in Geschichten und Bildern sowie in Bewegung und Ausdruck machen können. Eine solche Wahrnehmungssituation kann sich situativ im Kindergartenalltag ergeben, sie kann aber auch von der Erzieherin angeregt werden. Als didaktisch-methodische Vorgehensweise wird unter dem Begriff SAFARI ein Theatermodell vorgestellt, das die einzelnen theatralen Prozesse strukturiert und die oben genannten Bildungsprozesse berücksichtigt. Dazu ist eine induktive Arbeitsweise notwendig, die von der Wahrnehmung über die Vorstellung zur Individualisierung und vom Körperausdruck zur Neugestaltung führt.

Das SAFARI-Modell ■ Hinter jedem Buchstaben verbirgt sich ein theaterpädagogischer Baustein: S = Stoff, A = Auftakt. F = Figur, A = Aktion, R = Reflexion und I = Inszenierung. In ihrer Summe geben sie den theaterpädagogischen Rahmen vor. Sie bedingen sich vom Aufbau wechselseitig, da die einzelnen Bereiche immer wieder neu erlebt und vertieft werden.

Stoff ■ Der Stoff (= das Thema) bildet den Spielimpuls für das Theaterspiel. Stoffe können z.B. Märchen, Bilderbücher, Geschichten, aber auch Themen aus der Lebenswelt der Kinder sein. Es gehört zu den Aufgaben der Erzieherin, den Stoff einer gründlichen Analyse zu unterziehen, um die bedeutungstragenden Merkmale desselben herauszuarbeiten. Ihre eigene Beschäftigung mit dem Stoff ist das Fundament für alle weiteren Impulse und Improvisationen. Grundsätzlich sollte der Stoff die Imaginationsfähigkeit der Kinder anregen, sie zu sinnlich-körperlichen Darstellungen herausfordern und eigene Denkweisen hinterfragen bzw. neue kennen lernen.

Auftakt ■ Der Auftakt hat eine wegweisende Funktion für die Erschließung des Stoffes. Ehe eine Textbegegnung mit der Geschichte erfolgt, ist es sinnvoll, zuvor mit den Kindern grundlegende Theaterübungen zu Körper, Atem, Stimme, Bewegung, Rhythmus und Raum durchzuführen. Ziel ist es, dass die Kinder ein Gefühl für den eigenen Körper bekommen und ihn in seinen verschiedenen Ausdruckmöglichkeiten entdecken und wahrnehmen lernen. Erst dann schließt sich die Erarbeitung von Grundstimmungen und Grundgefühlen aus der Geschichte an.

Figur ■ Hier geht es darum, dass die Kinder sich in die Figuren der Geschichte verwandeln. Dazu bietet sich z. B. eine Phantasiereise an, die gleichzeitig eine Entspannungsphase für die Kinder bedeutet. Die Kinder hören der Geschichte der Phantasiereise zu und bekommen anschließend den Impuls, sich in das, an was sie sich erinnern, zu verwandeln, z.B. »Erinnerst du dich, wie der Wind dich bewegt hat?«

Aktion ■ In dieser Phase finden Improvisationen zu der Geschichte statt. Beim Improvisieren sind die Vorstellungsfähigkeit der Kinder und ihre Phantasie gefragt, so dass sich Handlungen spontan und ohne eine Absprache ergeben können. Fragen, wie z.B. Wer?, Wo?, Was? strukturieren den Spielzusammenhang. Aus den Improvisationen können sich Szenen herausbilden.

Reflexion ■ Reflexion bedeutet Rückschau. Die Kinder sprechen über ihre bisherigen Erlebnisse und Erfahrungen mit der Geschichte. Sie können an dieser Stelle bereits eine eigene Geschichte phantasieren. In dieser Phase ist es auch sinnvoll, wenn die Erzieherin die Geschichte vorliest. Die Kinder können dann Teile wiederentdecken.

Inszenierung ■ Die aus den Improvisationen entstandenen Szenen werden jetzt zu einer kleinen Abfolge verdichtet. In der Darstellung kommt es darauf an, dass alle Kinder beteiligt sind. Es bietet sich an, dass die Kinder sich offen verwandeln, d.h. die Übergänge von Szene zu Szene sollen dem Publikum transparent werden. Es ist denkbar, dass innerhalb des Ensemblespiels Kinder auch solistisch auftreten können. Auch die Sprache soll in der Inszenierung zum Einsatz kommen. So können beispielsweise kleine Textpassagen von den Kindern chorisch gesprochen werden. Ausdrucksmittel der einzelnen Szenen ist die Bewegung der Kinder. Unterstützend können Klanginstrumente und Tücher eingesetzt werden.

Theaterspiel und ästhetische Bildung
■ Theaterspielen öffnet, so gesehen, die Sinne für die äußere und innere Wahrnehmung der Kinder. Nur was wahrgenommen worden ist, können Kinder auch in einen Sinnzusammenhang stellen. Im Wort → »Wahrnehmung« ist durch das Wort »nehmen« ein Moment des aktiven Handelns enthalten. Dies weist daraufhin, dass es sich dabei um eine aktive Bewusstwerdung handelt. Der Sinn ergibt sich nicht nur aus dem, was man erfährt oder tut, sondern aus der Einordnung in ein Ganzes in die bisherigen Erfahrungen. Insofern verbinden sich im Bildungsprozess individuelle Vorerfahrungen mit den neuen Erfahrungsaspekten der gegenwärtigen Situation.

Ästhetische Wahrnehmung braucht die Kontemplation, das Innehalten, die Zeit für den Augenblick, d.h. für die unmittelbare Gegenwart. Sie ist im Verständnis von Martin Seel die grundlegende Haltung, um überhaupt ästhetisch wahrnehmen zu können. Dies gilt sowohl für die Kinder als auch für die Erzieherin. Es braucht auch die Bereitschaft und Freude, sich neugierig und fragend Gegenständen und Situationen zuzuwenden.

Damit wird die ästhetische Bildung zum primären Ziel und Anliegen der Theaterpädagogik. Theaterspielen gibt Kindern die Möglichkeit, ihren Einfällen, Erlebnissen, Vorstellungen innerlich und äußerlich Form und Gestalt zu verleihen. In der theaterpädagogischen Arbeit mit Kindern werden elementare Grundlagen in der Wahrnehmung, der Imagination, der Expression und auch der Reflexion gelegt. Die Kinder können dadurch schon sehr früh Erfahrungen mit ihren individuellen kreativen Fähigkeiten machen. Ein weiterer wichtiger sozialer Aspekt, den eine theaterpädagogische Arbeitsweise vermittelt, ist das Zusammenspiel mit den anderen Kindern. Eingebunden in eine Spielgruppe erleben sie soziale Grundfähigkeiten, wie einander zu vertrauen, den anderen zu respektieren und miteinander etwas zu gestalten (→ Soziale Bildung).

Gabriele Czerny

■ **Literaturtipps**

Czerny, G. (2004). Theaterpädagogik: Ein Ausbildungskonzept im Horizont personaler ästhetischer und sozialer Dimension. Augsburg: Wißner Verlag.
Seel, M. (2000). Ästhetik des Erscheinens. München, Wien: Hanser Verlag.

Tiergestützte Pädagogik

Die tiergestützte Pädagogik basiert auf der positiven Wirkung, die Tiere auf den Menschen haben können. Schwerpunkt der pädagogischen Arbeit ist die Kontaktanbahnung zwischen Mensch und Tier. Sinnesorientierte und wahrnehmungsfördernde Aspekte werden dabei besonders berücksichtigt.

Bedeutung der Mensch-Tier-Kommunikation ■ Tiere regen Menschen zu Aktivität und Verantwortungsübernahme an, sie fördern aktive Auseinandersetzung. Für Menschen mit Selbstwertproblemen können Tiere zu einem wichtigen Begleiter werden, denn Tiere werten nicht, sind frei von Vorurteilen und akzeptieren den Menschen so, wie er ist – mit all seinen Besonderheiten, Defiziten und Behinderungen. Tiere stimmen den Menschen freundlicher, sie regen zum Lachen an und geben Gelegenheit zu Nähe und Zärtlichkeit. Sie fördern soziale Interaktion zwischen Menschen, sind oft Auslöser von Gesprächen und bieten Ansatzpunkte für die Kontaktaufnahme. Beim (Wieder-)Aufbau von Beziehungen können Tiere unterstützend wirken. Die Verantwortung für ein Tier vermittelt das Gefühl, gebraucht zu werden, wodurch neues Selbstwertgefühl aufgebaut wird.

In der Kommunikation mit Tieren werden alle Sinne angesprochen: Die Zeichen der Körpersprache werden wahrgenommen, die verschiedenen Laute differenziert, über Geruch und über Tasten die unterschiedlichsten Botschaften registriert. Durch die taktilen Reize beim Streicheln des Tieres werden auch körpereigene Hormone ausgeschüttet, die schmerzlindernd und entspannend wirken können. Dabei macht aber nicht nur der Mensch positive Erfahrungen, auch für das Tier kann der Kontakt sehr angenehm sein. Hilfs- und pflegebedürftige Menschen können im Kontakt mit Tieren erleben, dass sie nicht nur Hilfsempfänger, sondern auch Hilfespender sein können. Wo Menschen fürsorglich und liebend sein dürfen, empfinden sie auch selbst ein großes Glücksgefühl.

Nicht zuletzt helfen Tiere, den Alltag zu strukturieren. Für viele Menschen ist die Begegnung mit dem Tier eine der seltenen Gelegenheiten, einen gefühlvollen und sensiblen Körperkontakt zu erleben. Dies betrifft gleichermaßen Kinder und Jugendliche, wie Bewohner von Alten- und Pflegeheimen, aber auch – aus unterschiedlichsten Gründen – eine große Zahl unserer Mitmenschen, unabhängig von ihrer sozialen oder Alterszugehörigkeit.

Tiere begleiten Kinder und Jugendliche ■ In Bezug auf sensiblen Körperkontakt können Tiere wichtige Begleiter von Kindern und Jugendlichen sein. Ein Tier kann zwar nicht die liebevolle Umarmung der Eltern ersetzen, aber da zärtliche Vertrautheit nicht in allen Familien gelebt wird, können Tiere gerade dort für die emotionale Entwicklung der Kinder besonders wichtig sein.

Im Umgang mit Tieren lernen Kinder und Jugendliche auch, entsprechend ihrem Entwicklungsstand immer mehr Verantwortung für das Tier zu übernehmen und können somit auch in ihrem sozialen Verhalten von der Beziehung profitieren.

Tiere helfen gerade auch Jugendlichen in der Pubertät, neue emotionale und soziale Strukturen zu finden. Jedoch muss dem Jugendlichen deutlich gezeigt werden, dass das Tier nicht nur ein lebendiges Kuscheltier ist, sondern gleichermaßen der Fürsorge bedarf. Mitunter ist es jedoch nötig, dass ein Erwachsener ihm bei der Versorgung des Tieres zur Seite steht, denn die Pubertät ist gekennzeichnet von kurzfristigen Entscheidungen und Meinungsänderungen, die einen strukturierten Alltag und somit auch die Versorgung eines Tieres nicht immer einfach machen.

Tiere in Kindergarten und Schule ■ Neben der sozialpädagogischen und therapeutischen Arbeit mit Tieren entsteht in Deutschland zunehmend auch ein Interesse daran, v.a. Hunde, aber auch Hühner und Kaninchen in den Alltag von Kindergärten und Schulen zu integrieren. Es gibt positive Erfahrungen beispielsweise in Grund- und Hauptschulen, in denen die regelmäßige Anwesenheit eines Hundes dabei hilft, Alltagsstrukturen für die Schüler sinnvoll vermittelbar zu machen. Überdies wird dabei auch soziales Verhalten, Übernehmen von

Verantwortung, Zeigen von → Emotionen, Abbau von → Aggressionen, Zentrierung von hyperaktiven Kindern (→ ADHS), Umlenkung von sozialer Isolation und Angstabbau bei Klassenarbeiten und Prüfungen gefördert.

Voraussetzungen in Bezug auf die Tiere ■ Nicht so sehr die Art des Tieres ist entscheidend. Viel wichtiger, wirkungs- und wertvoller ist, dass das Tier kontaktfreudig ist und zwischen Mensch und Tier eine freie und freiwillige Begegnung möglich ist. Besonders geeignet sind all jene Tiere, die kontaktfreudig sind, ein ausgeglichenes Wesen und einen gutmütigen Charakter besitzen, gut erzogen und vor allem artgerecht gehalten werden sowie tierärztlich gut betreut sind. Je nach Temperament und artgerechtem Verhalten können Tiere unsere physischen, psychischen, mentalen und sozialen Talente fördern helfen.

Der Pädagoge und Therapeut, der mit einem Tier zusammenarbeitet, muss einfühlsam die Bedürfnisse von Mensch und Tier erkennen und abschätzen. Das pädagogische und therapeutische Ziel kann mit jedem geeigneten Tier erreicht werden, wichtig ist jedoch, dass Wesen und Charakter des Tieres dem gewünschten Heil-Impuls entsprechen.

Eine qualifizierte Weiterbildung im Bereich der tiergestützten Pädagogik ist Grundlage professioneller tiergestützter Arbeit. Der artgerechte Umgang mit Tieren, ihre Heranführung an die Kinder sowie praxisnahe Methoden und Konzeptentwicklung sind Inhalte, die der pädagogischen Arbeit mit Tieren vorausgehen sollten.

Carola Otterstedt

■ Literaturtipps
Otterstedt, C. (2001). Tiere als therapeutische Begleiter, Gesundheit und Lebensfreude durch Tiere – eine praktische Anleitung. Kosmos Verlag: Stuttgart.
Olbrich, E./Otterstedt, C. (Hg.) (2003). Menschen brauchen Tiere. Grundlagen und Praxis der Tiergestützten Pädagogik & Therapie. Kosmos Verlag: Stuttgart.

■ Kontakte
www.carola-otterstedt.de
www.tiergestuetzte-therapie.de

Träger

Sozialpädagogisches Handeln vollzieht sich in Institutionen, die von unterschiedlichen Betreibern, den sogenannten Trägern eingerichtet und unterhalten werden. Das Achte Buch des Sozialgesetzbuches (SGB VIII) – nachfolgend wie in Fachkreisen üblich → Kinder- und Jugendhilfegesetz (KJHG) genannt – regelt, welche Träger auf dem Gebiet der Jugendhilfe tätig sein dürfen und wie sich die Zusammenarbeit der Träger gestaltet. Wesentliches Anliegen des Gesetzgebers ist die in § 3 Abs. 1 KJHG geforderte »Vielfalt von Trägern unterschiedlicher Wertorientierungen und die Vielfalt von Inhalten, Methoden und Arbeitformen«. Dies führt dazu, dass es neben staatlichen auch eine Vielzahl anderer Angebote auf dem Gebiet der Jugendhilfe gibt und das gesetzlich festgeschriebene Wahlrecht der Hilfesuchenden sichergestellt werden kann (§ 5 KJHG). Die Träger unterscheiden sich grundsätzlich in öffentliche und freie Träger (im Gesetzestext Träger der öffentlichen Jugendhilfe und Träger der freien Jugendhilfe genannt), die »zum Wohl junger Menschen und ihrer Familien partnerschaftlich zusammenarbeiten« (§ 4 Abs. 1 KJHG).

Öffentliche Träger ■ Als öffentliche Träger werden sowohl örtliche als auch überörtliche Träger bezeichnet, wobei Kreise und kreisfreie Städte als örtliche Träger definiert werden und landesrechtlich geregelt wird, wer überörtlicher Träger ist. Eine wesentliche Aufgabe der örtlichen Träger ist die Einrichtung von Jugendämtern, die die im KJHG festgelegten Aufgaben übernehmen. Gleiches gilt für die überörtlichen Träger, die Landesjugendämter einrichten (§ 69 KJHG). Die *Aufgaben der Jugendämter* werden wahrgenommen durch die Verwaltung des Jugendamtes (das eigentliche Jugendamt innerhalb einer Kreis- oder Stadtverwaltung) und den Jugendhilfeausschuss (ein gewähltes Gremium, das seine Beschlüsse in entsprechenden Ausschuss-Sitzungen fällt), die *Aufgaben der Landesjugendämter* von der Verwaltung des

445 ■ ■ ■ ■

Landesjugendamtes und dem Landesjugendhilfeausschuss (§ 70f. KJHG).

Freie Träger ■ Als freie Träger können juristische Personen (= Organisationen, die eine eigene Rechtsfähigkeit besitzen) und Personenvereinigungen anerkannt werden, wenn sie auf dem Gebiet der Jugendhilfe tätig sind, gemeinnützige Ziele verfolgen, aufgrund ihrer fachlichen und persönlichen Voraussetzungen erwarten lassen, dass sie einen nicht unwesentlichen Beitrag zur Erfüllung der Aufgaben der Jugendhilfe leisten können und eine den Zielen des Grundgesetzes (GG) förderliche Arbeit bieten (§ 75 KJHG). Als freie Träger anerkannt sind – ohne gesondertes Antragsverfahren – die Kirchen und Religionsgemeinschaften des öffentlichen Rechts sowie die auf Bundesebene zusammengeschlossenen Wohlfahrtsverbände. Hier sind insbesondere evangelische und katholische Kirchengemeinden sowie die Wohlfahrtsverbände Arbeiterwohlfahrt (AWO), Deutscher Caritasverband (DCV), Deutscher Paritätischer Wohlfahrtsverband (DPWV), Deutsches Rotes Kreuz (DRK), Diakonisches Werk (DW) und die Zentralwohlfahrtsstelle der Juden in Deutschland (ZWSt) zu nennen. Daneben gibt es eine Vielzahl weiterer Organisationen, die als freie Träger tätig sind (z.B. Jugendverbände, Vereine und Stiftungen).

Zusammenarbeit der Träger ■ Die Übernahme einzelner Aufgabenbereiche in der Jugendhilfe erfolgt nicht willkürlich. Während freie Träger eher auf freiwilliger Basis tätig werden können, müssen öffentliche Träger – im weitesten Sinne also der Staat – diverse Tätigkeiten übernehmen. Das KJHG unterscheidet in diesem Zusammenhang Leistungen der Jugendhilfe von anderen Aufgaben der Jugendhilfe (§ 2 KJHG).

Leistungen der Jugendhilfe können sowohl von freien, als auch von öffentlichen Trägern erbracht werden, wobei für die öffentlichen Träger eine Leistungsverpflichtung (z.B. die Einrichtung und der Betrieb eines dringend benötigten Kindergartens) besteht (§ 3 Abs. 2 KJHG). Leistungen der Jugend

hilfe (§ 2 Abs. 2 KJHG) sind Angebote auf den Gebieten → Jugendarbeit, Jugendsozialarbeit, erzieherischer Kinder- und Jugendschutz, Förderung der Erziehung in der Familie, Förderung von Kindern in Tageseinrichtungen (→ Krippenerziehung, → Kindergarten, → Horterziehung) und Tagespflege (→ Tagesmütter), Hilfe zur Erziehung (→ Heimerziehung) und Hilfe für seelisch behinderte Kinder und Jugendliche.

Andere Aufgaben der Jugendhilfe werden grundsätzlich von öffentlichen Trägern übernommen. Freie Träger haben hier keine Übernahmeoption, es sei denn, dies sei ausdrücklich bestimmt oder sie werden mit der Übernahme einzelner Aufgaben betraut (§ 3 Abs. 3 KJHG). Andere Aufgaben der Jugendhilfe (§ 2 Abs. 3 KJHG) sind u.a. die Inobhutnahme von Kindern und Jugendlichen, die Erteilung, der Widerruf und die Zurücknahme der Erlaubnis für den Betrieb einer Einrichtung, die Mitwirkung in Verfahren vor den Vormundschafts- und Familiengerichten, die Beratung und Belehrung in Verfahren zur Annahme als Kind (→ Adoption), die Mitwirkung in Verfahren nach dem Jugendgerichtsgesetz (JGG), die Beratung und Unterstützung von Müttern bei Vaterschaftsfeststellung und Geltendmachung von Unterhaltsansprüchen sowie die Aufnahme vollstreckbarer Urkunden.

Subsidiarität ■ Die Zusammenarbeit von öffentlichen und freien Trägern wird im Wesentlichen bestimmt durch das Subsidiaritätsprinzip (Prinzip der Nachrangigkeit, das aus der kath. Soziallehre stammt), das festlegt, dass öffentliche Träger von Maßnahmen zur Schaffung von Einrichtungen, Diensten oder Veranstaltungen absehen sollen, wenn ein anerkannter freier Träger diese in geeigneter Weise betreibt oder betreiben will (§ 4 Abs. 2 KJHG). Wird beispielsweise in einer Stadt ein weiterer Kindergarten benötigt, so soll die Stadtverwaltung, wenn ein freier Träger (z.B. eine Kirchengemeinde) die Errichtung und den Betrieb der Einrichtung übernehmen möchte, eigene Aktivitäten zurückstellen. Findet sich allerdings kein freier Träger, so muss die Stadtverwaltung den Kindergarten einrichten (Leistungsverpflichtung). Das Subsidiaritätsprinzip gilt auch für viele andere Bereiche staatlichen Handelns. So werden beispielsweise bei einer Beantragung von Sozialhilfe-Leistungen (SGB XII) und Leistungen nach dem Bundesausbildungsförderungsgesetz (BAföG) ebenfalls zunächst andere Möglichkeiten gesucht, den Hilfebedürftigen zu unterstützen (eigenes Vermögen, Leistungen durch unterhaltspflichtige Verwandte usw.), bevor staatliche Mittel gezahlt werden.

Bei der Ausübung ihrer Tätigkeiten wird die Selbständigkeit der freien Träger sowohl in Zielsetzung und Durchführung als auch in der Gestaltung ihrer Organisationsstruktur garantiert (§ 4 Abs. 1 KJHG). Diese Selbstständigkeitsgarantie beinhaltet beispielsweise, dass der Staat keinen Einfluss auf religionspädagogische Inhalte einer kirchlich getragenen Einrichtung nimmt. Daneben wirken Vertreter der freien Träger in den Jugendhilfe- und Landesjugendhilfeausschüssen mit, die sich insbesondere mit Möglichkeiten zur Weiterentwicklung der Jugendhilfe, Jugendhilfeplanung und der Förderung der freien Jugendhilfe beschäftigen (§ 71 KJHG). Die bereits erwähnte Partnerschaft in der Zusammenarbeit macht deutlich, dass öffentliche und freie Träger keinem Wettbewerb unterliegen, sondern sich die Angebote beider Trägergruppen ergänzen. Gerade im Bereich der Jugendhilfe gibt es eine sehr große Zahl von Institutionen in freier Trägerschaft. So standen bei den Tageseinrichtungen für Kinder laut Statistischem Bundesamt 19.148 Einrichtungen öffentlicher Träger 28.869 Einrichtungen freier Träger gegenüber (Stand: 31.12.2002). Noch deutlicher wird das Gewicht freier Trägerschaften in der Kinder- und Jugendhilfe bei der Betrachtung sonstiger Einrichtungen (Heime, Beratungsstellen, betreute Spielplätze, Jugendzentren usw.). Hier wurden nach der gleichen Statistik 7.468 Institutionen von öffentlichen und 20.818 von freien Trägern unterhalten. Obgleich die freien Träger von staatlicher Seite finanzielle Unterstützung erhalten, tragen sie dennoch in nicht unerheblichem Maße zur Entlastung der öffentlichen Haushalte bei.

Manfred Vogelsberger

■ Literaturtipps

Bundesministerium für Familie, Senioren, Frauen und Jugend (Hg.) (2005). Kinder- und Jugendhilfe (Achtes Buch Sozialgesetzbuch). Broschürenstelle des BMFSFJ, Berlin.

Gernert, W./Oehlmann-Austermann, A. (2004). Anerkennung als freier Träger der Jugendhilfe: § 75 SGB VIII. Stuttgart/München/Hannover/Berlin/Weimar/ Dresden: Boorberg.

Merchel, J. (2003). Trägerstrukturen in der Sozialen Arbeit. Eine Einführung. Weinheim: Juventa.

Fthenakis et. al. (2003). Träger zeigen Profil – Qualitätshandbuch für Träger von Kindertageseinrichtungen. Weinheim/Basel: Beltz.

Transitionen

Transition bedeutet Übergang und wird auf Lebensereignisse bezogen, die eine Bewältigung von Veränderungen auf unterschiedlichen Ebenen erfordern und die als bedeutsame biographische Erfahrungen in der Identitätsentwicklung ihren Niederschlag finden. Charakteristisch ist dabei, dass die betreffende Person einen Prozess beschleunigter Veränderungen und besonders intensiven → Lernens durchlebt.

Theoretische Grundlagen ■ In der neueren Familienforschung werden Transitionen in der Familienentwicklung beschrieben. Angeführt werden der Übergang von der Partnerschaft zur Elternschaft, wenn das erste Kind geboren wird, der Eintritt des Kindes in das Jugendlichenalter, der Eintritt ins Erwerbsleben, das Verlassen des Haushalts durch das jüngste Kind, der Eintritt ins Rentenalter, Trennung und Scheidung der Eltern, neue Partnerschaften und Gründung einer Stieffamilie. Der alltagssprachliche Übergangsbegriff wird durch den Fachbegriff Übergang oder Transition ersetzt.

Ein umfassenderes theoretisches Konzept wurde am Staatsinstitut für Frühpädagogik in München entwickelt. Es thematisiert die Bewältigung von Diskontinuität und berücksichtigt, dass nicht nur die Kinder, sondern auch die Eltern z.B. den Übergang in die → Schule bewältigen müssen. Das Konzept stammt aus der Familienentwicklungspsychologie und ist auf unterschiedliche familiale Übergänge anwendbar. Folgende theoretische Aspekte haben zu seiner Entwicklung beigetragen:

- In einer systemorientierten Sichtweise der Familie wird betont, dass die Entwicklung in der Auseinandersetzung mit Umgebungseinflüssen stattfindet. Die Familie wird in Verbindung mit den umgebenden Systemen, etwa dem sozialen Netz oder der Arbeitswelt, gesehen. Kindergarten und Schule haben einen direkten Einfluss auf das Kind und einen indirekten auf die Familie
- Die Stressforschung liefert einen Rahmen für die Erklärung von Belastungsreaktionen. Danach sind Überlastungsreaktionen vermeidbar, wenn Veränderungen im Lebensumfeld des Kindes gering gehalten und wenn sie vorhersehbar und kontrollierbar gestaltet werden. Zudem ist die motivationale Ebene – Vorfreude oder Ängste in Bezug auf bevorstehende Veränderungen – mit zu berücksichtigen
- Veränderungen im Lebensumfeld des Kindes lassen sich im Zusammenhang mit der Entwicklung über die Lebensspanne als kritische Lebensereignisse (Filipp 1995) betrachten. Ein kritisches Lebensereignis muss aber nicht unbedingt eine Belastung sein, sondern kann auch die Entwicklung fördern.

Struktur von Entwicklungsaufgaben ■

Das Transitionskonzept beschreibt folgende Entwicklungsaufgaben, die zu bewältigen sind:

- Auf der individuellen Ebene: Veränderung der Identität, Bewältigung starker Emotionen, Kompetenzerwerb
- Auf der interaktionalen Ebene: Aufnahme neuer Beziehungen, Veränderung bzw. Verlust bestehender Beziehungen, Rollenzuwachs
- Auf der kontextuellen Ebene: Integration zweier oder mehr Lebensumwelten, evtl. weitere familiale Übergänge.

Die mit dem Übergang verbundenen Anforderungen werden als Entwicklungsaufgaben aufgefasst, um den motivationalen, herausfordernden Charakter stärker zu betonen. Das pädagogische Handeln orientiert sich an der Herausforderung, während Überforderung ebenso wie Unterforderung vermieden werden. So kann eine Passung zwischen den jeweiligen Aufgaben und den individuellen Voraussetzungen gesucht werden.

Transitionen zwischen Familie und Bildungssystem ■

Das deutsche Bildungssystem sieht Übergänge zwischen → Familie und Bildungseinrichtungen bzw. zwischen den Bildungseinrichtungen vor. Dazu zählen die Übergänge von der Familie in die Kinderkrippe und von dort in den → Kindergarten, von der Familie in den Kindergarten und von dort in die Grundschule, vom Kindergarten in den Hort, von der Grundschule in die weiterführenden Schulen. Der Eintritt in die außerfamiliale Betreuung, → Erziehung und → Bildung sowie der Übergang in die → Schule haben hierbei besondere Bedeutung.

Übergang von der Familie in eine Tageseinrichtung ■

Abhängig vom Alter des Kindes und vom Typ der Bildungseinrichtung kann es um die Aufnahme und Eingewöhnung eines Kindes in eine Kinderkrippe, in einen Kindergarten oder in eine Gruppe mit erweiterter Altersmischung gehen. Von der Bindungstheorie ausgehend, wird bei Kindern unter drei Jahren konzeptionell ein Beziehungsdreieck zwischen dem Kind, dessen vertrauter familialer Bezugsperson (Elternteil) und einer Fachkraft als zukünftiger Bindungsperson zugrunde gelegt. Für die Eingewöhnungszeit ist diese Fachkraft konstant für das Kind verfügbar. Der Eingewöhnungsprozess endet, sobald das Kind eine sichere Bindung zur Fachkraft aufgebaut hat, sich von dieser trösten lässt und sie ihm eine sichere Basis für die Erkundung der neuen Umgebung und die Nutzung der vorhandenen Spiel- und Lernmöglichkeiten gewährt.

Nach dem Transitionskonzept verständigen sich alle Beteiligten darüber, was der Eintritt des Kindes in die Tageseinrichtung bedeutet. Zur Gestaltung des Übergangs als Prozess gehört die Vorbereitung der Eingewöhnung, die Begleitung des Kindes seitens der primären Betreuungsperson, die sorgfältige Planung und Durchführung der ersten Trennungsphase sowie Maßnahmen, die dem Kind durch vorhersehbare Bring- und Abholzeiten, Rituale und Übergangsobjekte emotionale Sicherheit gewährleisten. Das Zusammenwirken aller Akteure aus Familie und Einrichtung berücksichtigt, dass Kind und Eltern den Übergang aktiv bewältigen, während die Fachkraft den Übergang der Familie moderiert.

Zur Unterstützung der aktiven Auseinandersetzung von Kind, Eltern und Fachkraft werden stressreduzierende Maßnahmen und Unterstützungssysteme für alle Beteiligten eingesetzt, also auch für die Eltern und die Fachkräfte. Für das Kind wird die Bedeutung der anderen Kinder in der Gruppe betont.

Transition zum Schulkind ■ Der Eintritt in das formale Schulsystem stellt für das Kind und seine Familie einen bedeutenden Entwicklungsabschnitt der. Die handelnden Personen – Kinder und ihre Eltern, Fachkräfte in Kindergärten, Grundschullehrkräfte und Mitarbeiter anderer helfender Dienste – können vor Ort selbst Wege der Transition erarbeiten und eine Kultur der Gestaltung von Übergängen entwickeln. Dieser Prozess, der von → Kommunikation und → Partizipation getragen wird, wird als Ko-Konstruktion bezeichnet. Die Bedeutung der Eltern im Transitionsprozess wird insofern neu bewertet, als Eltern in einer Doppelfunktion gesehen werden: Sie sind nicht nur Unterstützer ihres werdenden Schulkindes, sondern bewältigen mit dem Übergang ihres Kindes in die Schule selbst eine Entwicklungsaufgabe. Sie werden Eltern eines Schulkindes, was mit Anforderungen auf der individuellen, der interaktionalen und der kontextuellen Ebene verbunden ist.

Das Transitionskonzept zum Übergang vom Kindergarten in die Grundschule geht von → Basiskompetenzen und von schulnahen Vorläuferkompetenzen als Voraussetzung für eine erfolgreiche Übergangsbewältigung aus. Beim Eintritt in die Schule müssen Kinder vermehrt verbale Informationen und Anweisungen verstehen; erforderlich sind kommunikative, soziale und emotionale Kompetenzen sowie phonologische Bewusstheit und Zahlbegriffsentwicklung.

Die Grundschule hat die Aufgabe, diese Kompetenzen weiter zu entwickeln und dafür zu sorgen, dass sie nicht verlernt oder gar entwertet werden. Das Kind wird also erst in der Schule – d.h. mit schulspezifischen Erfahrungen – ein Schulkind. Ein verkürztes Konzept von Schulfähigkeit im Sinne einer abfragbaren Liste von Fertigkeiten als Voraussetzung für einen gelingenden Schulstart gilt es somit zu überwinden. Die gesamte Schulvorbereitung des Kindes im Kindergarten sowie die Kooperation zwischen Familie und beiden Bildungseinrichtungen gehören mit dazu, was von allen Beteiligten kommunikative Kompetenzen erfordert.

Das Kind ist dann ein kompetentes Schulkind geworden, wenn es sich in der Schule wohl fühlt, die gestellten Anforderungen bewältigt und die Bildungsangebote für sich optimal nutzt. Man kann davon ausgehen, dass ein gelungener Start in die Schule die schulische Laufbahn in der Grundschule und darüber hinaus positiv beeinflusst. Ein besonderes Augenmerk auf den Übergang zum Schulkind ist daher gerechtfertigt und notwendig.

Die Übergangskompetenz, d.h. die Fähigkeit und Bereitschaft, den Übergang erfolgreich zu bewältigen, hängt wesentlich von der Fähigkeit und Bereitschaft aller beteiligten Akteure zu → Kommunikation und → Partizipation ab. Schulfähigkeit wird im Transitionsansatz, wie national und international gefordert, zu einer Aufgabe für *alle* Beteiligten. Somit entscheidet die Kompetenz des sozialen Systems maßgeblich über Erfolg oder Misserfolg der Übergangsbewältigung.

Transition ins Jugendalter (Adoleszenz) ■ Den Beginn dieses Entwicklungsabschnittes markiert das Eintreten der Geschlechtsreife. Folgende **Entwicklungsaufgaben** lassen sich nach dem Transitionskonzept beschreiben:

Auf der individuellen Ebene ■ Es beginnt die Auseinandersetzung mit dem zentralen Thema des → Jugendalters, dem Wandel der Identität mit der Übernahme der weiblichen/männlichen Geschlechtsrolle. Im Gegensatz zum eher stabilen Selbstbild der Kindheit, setzen sich Jugendliche mit kontextabhängigen Selbstbildern auseinander. So unterscheidet sich z.B. das Selbstbild in Anwesenheit des anderen Geschlechts von dem im Beisein von Gleichgeschlechtlichen. Da das Realbild (wie man ist) und das Idealbild (wie man sein möchte) deutlicher als in der Kindheit wahrnehmbar sind, müssen Unstimmigkeiten und Widersprüche verkraftet werden. Die schnellen körperlichen Veränderungen und die Reaktionen der Umwelt darauf können zu Verwirrungen führen und erschweren das Akzeptieren des eigenen Körpers.

Ferner müssen Verhaltensformen und Privilegien der Kindheit aufgegeben und Merkmale und Kompetenzen, die Aufgaben, Rollen und Status des Erwachsenen begründen, erworben werden. Im Mittelpunkt des Kompetenzerwerbs steht die Vorbereitung auf die berufliche Laufbahn sowie auf Partnerschaft und Familienleben. Darüber hinaus kann die mit dem Identitätswandel verbundene Lösung vom Elternhaus soziale Ängste bis hin zu depressiven Verstimmungen auslösen.

Auf der interaktionalen Ebene ■ Während der körperlichen Reifung kommt es meist zu einer Verringerung der Bindung an die Eltern. Andererseits wird das Bindungsverhalten bei Stress und Angst aktiviert. Wenn Jugendliche Zuflucht zu Bindungspersonen suchen können, wirkt das stress- und angstreduzierend. Jugendliche müssen es also schaffen, einerseits die Bindung (an die Eltern) zu lockern, andererseits aber deren Schutzfunktion für ihre psychische Entlastung zu nutzen. Gleichzeitig gilt es, neue und reifere Beziehungen zu Altersgenossen beiderlei Geschlechts aufzubauen. Dazu sind Gleichaltrigengruppen wichtig. Sie gewährleisten Akzeptanz, die Möglichkeit der Selbstdarstellung und die Verwirklichung von Zielen, die alleine (noch) nicht erreichbar zu sein scheinen. Die Gruppe kann hierbei Orientierung, Stabilisierung und emotionale Geborgenheit bieten.

Auf der kontextuellen Ebene ■ Mit zunehmender Unabhängigkeit und Mobilität treten Jugendliche in Lebensbereiche und Umwelten ein, die noch unbekannt und verglichen mit den Erfahrungsräumen der Kindheit wenig strukturiert sind. Die unterschiedlichen Anforderungen (z.B. zwischen Familie, Peergruppe und Berufswelt) müssen integriert werden. Ziel der Übergangsbewältigung ins Jugendalter ist es, langfristig wirksame Entwicklungsressourcen für den Übergang ins Erwachsenenalter zu entwickeln.

Wachsendes Wissen über die Bewältigung von Transitionen im Lebenslauf und insbesondere in der Bildungsbiographie trägt dazu bei, verstärkte pädagogische Aufmerksamkeit auf Übergangsprozesse zu richten. Ein theoriegeleitetes Konzept kann als wichtiges Instrument für die Entwicklung, Umsetzung und Überprüfung von pädagogischen Maßnahmen zur Begleitung von Übergängen dienen.

Renate Niesel/Wilfried Griebel

■ **Literaturtipps**

Bayerisches Staatsministerium für Arbeit und Sozialordnung, Familie und Frauen / Staatsinstitut für Frühpädagogik (2005). Der Bayerische Bildungs- und Erziehungsplan für Kinder in Tageseinrichtungen bis zur Einschulung (2. überarb. Aufl.). Weinheim/Basel: Beltz.

Griebel, W. / Niesel, R. (2002). Abschied vom Kindergarten, Start in die Schule. München: Don Bosco.

Griebel, W./Niesel, R. (2004). Transitionen. Weinheim/ Basel: Beltz.

Laewen, H.-J./Andres, B./Hédervári, É. (2006). Ohne Eltern geht es nicht. Die Eingewöhnung von Kindern in Krippen und Tagespflegestellen (4. Aufl.). Weinheim/Basel: Beltz

Verhaltensstörung

Laut Bildungskommission des Deutschen Bundesrates gilt als verhaltensgestört, wer aufgrund organischer, vor allem hirnorganischer Schädigungen oder eines negativen Erziehungsmilieus in seinem psychosozialen Verhalten gestört ist, in sozialen Situationen unangemessen reagiert und selbst geringfügige Konflikte nicht bewältigt. Diese Auffälligkeiten im sozialen Verhalten sind länger andauernd, schwerwiegend und benötigen professionelle Hilfe. Sie haben häufig mehrere und komplexe Ursachen. Verhaltensstörungen werden von den wissenschaftlichen Disziplinen, die damit befasst sind (z.B. Pädagogik, Medizin, Recht), häufig unterschiedlich bezeichnet, etwa als Erziehungsschwierigkeiten, Entwicklungsstörungen, Psychose, → abweichendes Verhalten, Verwahrlosung oder seelische Behinderung. Entsprechend sind die Definitionen von Verhaltensstörung bzw. der synonym verwendeten Begriffe sehr uneinheitlich und abhängig von der zugrunde liegenden theoretischen Ausrichtung der Definierenden. Generell kann man Verhaltensstörung als von der Norm → abweichendes Verhalten definieren, wobei sich hier bereits die Frage stellt, von welcher Norm das Verhalten abweicht und wer diese festlegt. Verhaltensstörungen sind also immer abhängig vom Kontext und vom Standpunkt der Betrachterin: Wann wird welches Verhalten warum und vom wem als störend empfunden? Geht man davon aus, dass jedes Verhalten einer Funktion dient, kann man Verhaltensstörungen auch als Störung in der Interaktion einer Person mit ihrer Umwelt und nicht als Störung der Person selbst sehen.

Erscheinungsformen ■ Verhaltensstörungen werden als Überbegriff für vielfältige Erscheinungsformen von abweichendem Verhalten, wie z.B. Bettnässen, Zündeln, Nägelkauen, Weglaufen, Stehlen oder Essstörungen benutzt. Je nach wissenschaftstheoretischem Standpunkt werden die Erscheinungsformen entweder als Symptome verstanden (also als Merkmal einer Krankheit, Schädigung oder Störung) oder als Störung selbst. Bei einer Kombination von Symptomen spricht man von einem Syndrom, wobei zu berücksichtigen ist, dass solche Überbegriffe häufig unscharf oder vieldeutig sind (z.B. → ADHS).

Klassifikation ■ Eine Klassifikation von Verhaltensstörungen fällt schwer, weil menschliches Verhalten vielfältig und differenziert ist. Zudem besteht durch die Einordnung von Verhaltensweisen in verschiedene Kategorien die Gefahr der Etikettierung, die verhindern kann, dass man die betroffene Person mit ihrem abweichenden Verhalten im situativen Kontext betrachtet. Trotzdem sollen gebräuchliche Klassifizierungen hier kurz beschrieben werden. Unterschieden werden können nach der Art der Ausprägung der Verhaltensstörung vier Gruppen:

- Bei externalisierenden Verhaltensstörungen sind die Verhaltensabweichungen der Person nach außen gerichtet, etwa durch → Aggression, Wutanfälle, Impulsivität. Man bezeichnet dies auch als extravertierte Verhaltensabweichungen
- Bei internalisierenden Verhaltensstörungen verlagert die Person das problemanzeigende Verhalten in die eigene Innenwelt. Diese introvertierten Verhaltensabweichungen können sich z.B. als Ängstlichkeit (→ Angst), Gehemmtheit oder in psychosomatischen Störungen (→ Psychosomatik) äußern. Personen mit introvertierten Verhaltensstörungen erscheinen in der Regel weniger auffällig, weil ihre Abweichungen weniger stören. Sie sind deshalb nicht weniger belastet und gefährdet
- Sozial unreifes Verhalten oder Sozial-Infantilität zeigt sich beispielsweise in altersunangemessenem Verhalten, Konzentrationsschwäche, leichter Ermüdbarkeit, Entwicklungsverzögerungen, Sprach-, Sprech- und Stimmstörungen
- Sozialisiert-delinquentes Verhalten äußert sich durch Gewalttätigkeit, leichte Erregbarkeit, Verantwortungslosigkeit, geringe Frustrationstoleranz.

Eine andere Unterscheidung ist der jeweilige Schweregrad eines abweichenden Verhaltens. So kann man ein schwach ausgeprägtes abweichendes Verhalten, das nur gelegentlich und/oder kurz auftritt, als Verhaltensauffälligkeit klassifizieren. Eine Verhaltensstörung zeigt sich demnach in einer mittleren oder partiell starken Ausprägung, die häufig auftritt, eine Verhaltensbehinderung durch starke bis sehr starke Ausprägung, die andauernd und/oder regelmäßig auftritt.

Unterschieden werden können zudem primäre und sekundäre Verhaltensstörungen Erstere entstehen unabhängig von anderen Behinderungen, zweitere treten als Folge anderer Beeinträchtigungen auf. In ihren Erscheinungsformen sind sie häufig gleich, gelegentlich ist es aber schwierig, zu bestimmen, welche Beeinträchtigung die primäre ist (zieht etwa eine Lernbeeinträchtigung eine Verhaltensstörung nach sich oder umgekehrt?).

Häufigkeit ■ Über die Häufigkeit der Verbreitung von Verhaltensauffälligkeiten und Verhaltensstörungen liegen für die BRD sehr unterschiedliche Ergebnisse vor, die zusammenfassend folgendes Bild ergeben:

- Ca. 5 % bis 30 % aller Kinder und Jugendlichen können als verhaltensauffällig bezeichnet werden, die Anzahl scheint zu steigen
- Jungen sind deutlich häufiger betroffen (Verhältnis Jungen zu Mädchen ca. 2:1), Verhaltensstörung aggressiver Art und delinquentes Verhalten sind bei ihnen deutlich stärker ausgeprägt als bei Mädchen
- Es existiert ein Stadt-Landgefälle; in Großstädten und in anonymen Großschulen liegt die Zahl besonders hoch
- Ca. 20 % aller Grundschüler gelten bereits als verhaltensgestört.

Ursachen ■ Bei der Entstehung von Verhaltensstörungen wirken meist mehrere Faktoren zusammen. Dabei spielen organische und/oder psychosoziale Ursachen eine Rolle. Monokausale (= auf eine einzige Ursache zurückzuführende) Erklärungen sind in der

Regel nicht möglich, auch nicht die Herstellung von eindeutigen Kausalzusammenhängen. Die Schwierigkeit, die Entstehung von Verhaltensstörungen zu erklären, wird in der Praxis häufig durch Schuldzuschreibungen gelöst, wie z.B. dass sich das Kind durchaus anders verhalten könne, wenn es nur wolle. Diese Frage nach der Schuld unterscheidet die Verhaltensstörung von anderen Formen der Beeinträchtigung bzw. Behinderung, die eher Mitleid oder Betroffenheit auslösen. Im Folgenden werden die sechs wichtigsten Erklärungsmodelle zur Entstehung von Verhaltensstörungen dargestellt:

- **Das biophysische oder medizinische Modell:** Es betont physiologisch-organische Ursachen, wie z.B. eine Neurotransmitterstörung als Ursache für Hyperaktivität
- **Das psychodynamische oder tiefenpsychologische Modell:** Die Ursachen von Verhaltensstörungen werden in der mangelnden Befriedigung emotionaler Bedürfnisse in der frühen Kindheit gesehen
- **Das verhaltenstheoretische oder behavioristische Modell:** Verhaltensstörungen werden auf der Basis behavioristischer Lerntheorien erklärt, wonach abweichendes Verhalten durch Lernen am Modell oder Lernen durch Konditionierung erworben wird
- **Das soziologische Modell:** In sozialen Prozessen der Etikettierung und Stigmatisierung werden die entscheidenden Faktoren für die Entstehung von Verhaltensstörungen gesehen (z.B. durch Zuschreibungsprozesse)
- **Das politökonomische Modell:** Allgemeine soziale Benachteiligung (sozioökonomisch und soziokulturell) bedingt die Entwicklung von Verhaltensstörungen
- **Das ökologische oder systemische Modell:** Eine Verhaltensstörung ist nicht das Merkmal einer Person, sondern Ausdruck einer Störung im Gesamtsystem, z.B. der Familie. Das Kind als »Symptomträger« macht auf die Störung im System aufmerksam.

Hilfen ■ Entsprechend der unterschiedlichen Erklärungsmodelle gibt es verschiedene Methoden der Diagnostik und Behandlung von Verhaltensstörungen. Als Beispiele pädagogisch-therapeutischer Interventionen seien hier genannt:

- Medikamentöse Behandlung (z.B. mit Ritalin® bei Hyperaktivität, → ADHS)
- → Psychotherapie (z.B. non-direktive Spieltherapie nach Axline)
- Erziehung durch Strukturierung des Lebensraumes als sogenanntes »therapeutisches Milieu«
- Verhaltensmodifikatorische Techniken zum Erwerb und zur Verstärkung erwünschten Verhaltens (Selbstinstruktionskarten, Verstärkerpläne)
- → Konfrontative Pädagogik, bei der vor allem straffällig gewordene jugendliche Mehrfachtäter mit den Folgen ihrer Straftat konfrontiert werden
- Systemische Interventionen, bei denen das Umfeld, in dem störendes Verhalten auftritt (Familie, Schule, Kindergarten), in die Beratung/Therapie einbezogen wird.

In der Praxis werden häufig unterschiedliche Konzepte – auch parallel – eingesetzt, um eine Verhaltensänderung beim Kind (und seiner Umgebung) zu bewirken.

Birgit Lattschar

■ Literaturtipps

Goetze, H. (2001). Grundriss der Verhaltensgestörtenpädagogik. (Grundrisse der Sonderpädagogik, Bd. 5). Berlin: Ed. Marhold im Wiss. Verlag Spiess.

Vernooij, M./ Wittrock, M. (Hg.) (2004). Verhaltensgestört. Perspektiven, Diagnosen, Lösungen im pädagogischen Alltag. Stuttgart: UTB für Wissenschaft.

Myschker, N. (2005). Verhaltensstörungen bei Kindern und Jugendlichen. Erscheinungsformen – Ursachen – hilfreiche Maßnahmen (5. Aufl.). Stuttgart: Kohlhammer.

■ Kontakt

www.aaonline.dkf.de/bb/p395.htm

◤ Verkehrserziehung

Durch die zunehmende Verkehrsdichte und das damit verbundene Unfallrisiko ist es wichtig, mit der Verkehrserziehung so früh wie möglich zu beginnen. Verkehrserziehung ist zwar kein Unterrichtsfach, wird aber als Unterrichtsprinzip in verschiedenen Fächern in der Schule berücksichtigt und schon im → Kindergarten entsprechende Aufklärungsarbeit betrieben.

Voraussetzungen der Kinder ■ Zwei- bis vierjährige Kinder richten ihre Aufmerksamkeit fast ausschließlich auf interessante Umweltreize, wie beispielsweise andere Kinder, ein Tier oder eine auffällig gestaltete Auslage. Ab ca. fünf Jahren beginnen sie, ihre Aufmerksamkeit bewusst zu steuern, sind aber noch bis ins Alter von sieben Jahren sehr leicht ablenkbar. Erst ab ca. acht Jahren können sie sich über längere Zeit hinweg auf den Straßenverkehr, beispielsweise ihren Schulweg, konzentrieren. Völlig ausgebildet ist diese Fähigkeit jedoch erst mit ca. vierzehn Jahren.

Kinder erleben den Straßenverkehr allein aufgrund ihrer geringen Körpergröße anders als Erwachsene, können beispielsweise nicht über parkende Autos hinwegsehen. Umgekehrt sind auch Kinder für Autofahrer oft erst spät erkennbar. Kinder machen nur halb so große Schritte wie Erwachsene, weshalb sie mehr Zeit benötigen, um die gleiche Strecke zurückzulegen.

Kinder im Vorschulalter können einmal begonnene Bewegungsabläufe schwer unterbrechen oder kontrollieren. Wenn sie auf unerwartete Reize hin, etwa das Hupen eines Fahrzeuges, ihre Bewegung plötzlich unterbrechen sollen, gelingt ihnen das deutlich langsamer als Erwachsenen.

Kinder können nicht so schnell auf visuelle Eindrücke reagieren, weil sie empfangene Reize langsamer verarbeiten. Sie nehmen selektiv wahr und dabei vorrangig jene Geschehnisse, die sich in ihrem Nahbereich abspielen oder die z.B. aufgrund ihrer akustischen Dominanz ihre Aufmerksamkeit auf sich ziehen (→ Wahrnehmung). Kinder haben einen eingeschränkten Blickwinkel. Bei Schulkindern ist das periphere Sehen erst zu 70 % ausgebildet. Sie können daher seitlich herankommende Fahrzeuge erst später wahrnehmen. Erst ab ca. neun Jahren können Kinder Entfernung und Geschwindigkeit herankommender Fahrzeuge korrekt einschätzen.

Ziele und Inhalte ■ Der Schwerpunkt der Verkehrserziehung soll in erster Linie auf der Vermeidung von Gefahrensituationen und in zweiter Linie auf der Bewältigung von gefährlichen Situationen im Straßenverkehr liegen. Da Eltern das wichtigste Vorbild für ihre Kinder sind, ist es wichtig, auch diese immer wieder auf ihre Verantwortung in diesem Bereich hinzuweisen und gegebenenfalls in die Verkehrserziehung mit einzubeziehen (→ Elternarbeit). Ihr Verhalten im Verkehr, ihre Gewohnheiten im Umgang mit Verkehrsmitteln, ihr Vorbild im Straßenverkehr beeinflusst nach neuesten Erkenntnissen am stärksten das Verhalten der zukünftigen Verkehrsteilnehmer.

Erzieherinnen sollten einerseits die Förderung der Konzentration und andererseits die Ausbildung von Automatismen mit den Kindern trainieren. Automatismen sind Verhaltensweisen, die in Gefahrenmomenten ohne bewusste und zeitraubende Überlegungen automatisch ausgelöst werden und die grundsätzlich auch bei Müdigkeit, Konzentrationsschwäche und Ablenkung zum Einsatz kommen. »Halt am Gehsteigrand« ist ein solcher Automatismus, der mit den Kindern geübt werden sollte.

Der erste Schritt in der Verkehrserziehung besteht im Benennen und Erkennen aller Dinge und Situationen auf der Straße, am Gehsteig, auf der Kreuzung etc. Daran schließen sich Differenzierungsprozesse: Welche Verkehrsteilnehmer sind laut (Lastkraftwagen) oder leise (Radfahrer), welche langsam oder schnell und damit verbunden: wer kann schneller anhalten? Mit einfachen Bewegungsspielen kann schon sehr kleinen Kindern vermittelt werden, dass z.B. ein Lastkraftwagen oder Sattelschlepper schwerfälliger reagiert und langsamer zum Stehen kommt als z.B. ein Fußgänger.

Auch die Jahreszeiten können schon bei sehr jungen Kindern gut in die Verkehrserziehung einbezogen werden. Im Winter müssen die Kinder darauf hingewiesen werden, dass Schnee auch viele Geräusche schluckt

und wichtige Fahrbahnmarkierungen bedecken kann und Fahrzeuge auf nassen Straßen länger zum Anhalten benötigen.

Leider birgt auch der Sommer vermehrte Gefahren im Straßenverkehr in sich. Von Mai bis September verunglücken deutlich mehr Kinder im Straßenverkehr als in den kalten Wintermonaten. Eine Unfallhäufung ist insbesondere in den späten Nachmittagsstunden festzustellen. Das mag einerseits damit zusammenhängen, dass in den Sommermonaten Kinder vermehrt nach der Schule draußen spielen, was in Großstädten meist in Straßennähe ist, andererseits kommt es auch auf dem Heimweg von der Nachmittagsbetreuung in der Schule öfter zu Unfällen, da Autofahrer im Sommer für gewöhnlich schneller unterwegs sind, als im Winter, wo die schlechte Witterung ein langsameres Fahren notwendig macht.

Susanne Strobach

■ **Literaturtipps**

Lobe, M. (1999). Ich kann allein zur Schule gehen. Esslingen: Esslinger.
Steinmann M./Tobinski R. (2002). Anna & Paul und das Geheimnis des Wiesels. Ein Verkehrserziehungsbuch zum Mitmachen. Degener Lehrmittel GmbH.

■ **Film**

Janosch: Verkehrserziehung für Kinder. Zeichentrickfilme. Tiger und Bär im Straßenverkehr. 105 Min.

Vorschulerziehung

Unter Vorschulerziehung versteht man die institutionelle → Bildung und → Erziehung von Kindern im Alter von drei bis sechs Jahren. Wichtigster Ort für Vorschulerziehung ist der → Kindergarten (Kindertagesstätte) – abgekürzt Kita oder KiTa; es gibt aber auch Vorschulklassen an Grundschulen (z.B. in Berlin). Auch im Schulkindergarten, einer der Grundschule angeschlossenen Einrichtung für schulpflichtige, aber noch nicht schulreife Kinder, findet Vorschulerziehung statt. Spezielle Angebote für Vorschulkinder bieten auch die Medien oder die Volkshochschulen an.

Erwartungen an die Vorschulerziehung ■

Vorschulerziehung wurde in den Sechzigerjahren in Westdeutschland erstmals zu einem zentralen Thema der Bildungspolitik. Bis dahin waren vorschulische Einrichtungen seit Fröbel vor allem als familienunterstützende soziale Aufgabe verstanden worden, weshalb bis heute in den meisten Bundesländern die Kindertagesstätten nicht dem Bildungs-, sondern dem Sozialministerium zugeordnet werden.

Ende der Sechzigerjahre trafen zur Frage der Vorschulerziehung ganz unterschiedliche Strömungen aufeinander, die bei unterschiedlichen Motiven und unterschiedlichen Zielen eines gemeinsam hatten: die Unzufriedenheit mit dem Ist-Zustand der Bildung. In der Wirtschaft wurde befürchtet, Deutschland könnte bei der rasanten technologischen Entwicklung international nicht mehr konkurrenzfähig bleiben, wenn nicht Begabungsreserven frühzeitig aktiviert würden. Die kritische Sozialwissenschaft betonte den Zusammenhang von Bildung und Klassenzugehörigkeit, weshalb vor allem linksorientierte Politiker die Hoffnung hegten, das Ende der Klassengesellschaft durch → Chancengleichheit herbeiführen zu können. Der Pädagoge Heinrich Roth und andere Wissenschaftler hoben hervor, dass Lernleistungen von weit mehr und bedeutsameren Faktoren abhängig seien als nur von einer erblich vorgegebenen Anlage (→ Begabung). Der frühen Intelligenzförderung wurde hierbei ein besonderer Stellenwert eingeräumt, insbesondere nachdem gezeigt worden war, dass gerade die Vorschulzeit eine wesentliche Rolle spielt: »Die Halbzeit für die Entwicklung der Körpergröße und der Intelligenz liegt nicht etwa bei acht bis zehn, sondern bei vier bis fünf Jahren.« (Heinz Rolf Lückert 1967) Damit rückten Fragen der Vorschulerziehung, wie z.B. die frühe Leseförderung, in den Blickpunkt öffentlichen Interesses. Die Sorge vieler Eltern, bei der Förderung ihres Kindes unwiederbringlich etwas zu versäumen, löste in bürgerlichen Kreisen ein wahres Vorschulbildungsfieber aus. An vielen Volkshochschulen wurden Kurse für Eltern von oder mit Kleinkindern angeboten. Und nie zuvor kam so viel Literatur und Material für Eltern zur Förderung ihrer Kinder auf den Markt. »Nutzen Sie die entscheidenden Jahre der geistigen Entwicklung Ihres Kindes«, lautet der Untertitel eines für diese Zeit typischen Buches (Ernst Ott: Vorschulische Intelligenzförderung. Stuttgart 1970) Die bestehenden Kindergärten wurden vielfach als reine Bewahranstalten in Frage gestellt oder abgelehnt, »weil sie keine Vorschulerziehung machen«, worunter ein spezielles Training zur Förderung der Schulreife verstanden wurde.

Ein anderes Motiv für den Ruf nach einer anderen Erziehung der Kleinkinder kam aus der damals erst beginnenden Aufarbeitung der Gräuel des Nationalsozialismus. »Nie wieder eine Erziehung zum Untertan!« war der auslösende Faktor, der zahlreiche Elterngruppen in westdeutschen Städten bewog, im Rahmen der → antiautoritären Erziehung eigene Kinderläden oder emanzipatorische »Eltern-Initiativ-Kindertagesstätten« (EI-Kitas) zu gründen. (»Erziehung zum Ungehorsam«, Frankfurt 1970)

Politischer Aktionismus ■

Selbstverständlich griffen auch die Regierungen das Thema Bildungsreform und Frühförderung auf. In den USA waren schon zuvor große Förderprogramme für unterprivilegierte Vorschulkinder (kompensatorische Erziehung, → Chancengleichheit) angelaufen, die allerdings nicht zum erhofften Erfolg führten. In der BRD wurde 1966 die »Bildungskommission des Deutschen Bildungsrates« einberufen mit dem Auftrag, Empfehlungen für die Entwicklung und Reform des Bildungswesens einschließlich des Elementarbereichs auszuarbeiten.

Währenddessen hatte auch das Fernsehen das Thema Vorschulerziehung entdeckt. In den USA war 1968 zur Kompensation von Lerndefiziten sozial benachteiligter Kinder ein »Childrens Television Workshop Sesame Street« entwickelt worden, der ab 1973 vom NDR in deutscher (erweiterter) Form (»Sesamstraße«) gesendet wurde und bald darauf laut Umfragen von jedem zweiten drei- bis sechsjährigen Kind regelmäßig gesehen wurde.

1973 verabschiedete die Bildungskommission des Deutschen Bildungsrates Empfehlungen zur Einrichtung eines Modellprogramms für die Curriculumentwicklung im Elementarbereich. Bei diesen Empfehlungen ging es sowohl um Inhalte als auch um die Struktur der Vorschulerziehung. Gefordert wurde u.a. ein enger Bezug von Lernprozessen zur Lebenswirklichkeit kleiner Kinder und sozialer Gruppen. Vorschulische Curricula sollten Kinder befähigen, kompetent und selbstbestimmt zu handeln. Die Curriculum-Entwicklung sollte in Modellkindergärten stattfinden in enger Zusammenarbeit von Praktikern, Wissenschaftlern und Eltern. Während diese Empfehlungen große Resonanz fanden und auch auf die Weiterentwicklung der Arbeit in der Grundschule Einfluss hatten, wurde der (heute wieder aktuelle) Vorschlag einer institutionellen Neuordnung mit Zurückhaltung aufgenommen. Die Kommission hatte nämlich empfohlen, eine neue Eingangsstufe der Grundschule zu schaffen, indem das letzte Jahr des Elementarbereichs (= Krippe, Kindergarten) mit dem ersten Jahr des Primarbereichs (= Grundschule) verschmolzen und die Bildungspflicht schon für Fünfjährige eingeführt würde. Damit war keineswegs eine Vorverlegung schulischer Anforderungen gemeint, sondern eine von formalen Leistungsanforderungen freie Zone des Übergangs von vorschulischen zu schulischen Lernprozessen, wo unterschiedliche Lernbiografien der Kinder berücksichtigt und individuelle Förderung in kindgemäßer Form für alle ermöglicht werden sollte. Dieser Vorschlag wurde allerdings von den Kultusministern im Bildungsgesamtplan von 1973 nicht übernommen. Vielmehr wollten die westdeutschen Bundesländer die Frage der Institution für Fünfjährige offen lassen, bis ausreichende Erfahrungen vorlägen. Zwischen 1971 und 1974 waren immerhin von Bund und Ländern etwa DM 30 Mio. für die Erprobung neuer Wege in der Vorschulerziehung bereitgestellt worden.

Es entstanden rund fünfzig Modellprojekte, die sich teils auf Curricula des Max-Planck-Institutes für Bildungsforschung in Berlin oder auf die von der Arbeitsgruppe Vorschulerziehung des Deutschen Jugendinstitutes in München entwickelten »Anregungen« bezogen oder eigene Wege gingen, wie z.B. das Vorschulprojekt der Pädagogischen Hochschule Schwäbisch Gmünd. Die meisten dieser Modellversuche distanzierten sich von einem vorwiegend funktionsorientierten Training der Kinder ebenso wie von einer Verschulung, und organisierten stattdessen ganzheitliche Lernprozesse für altersgemischte Gruppen (→ Altersmischung) in Projekten, die mit der Lebenswirklichkeit der Kinder verknüpft sein sollten (→ Situationsansatz).

Wenn auch die Frage der institutionellen Zuordnung von Vorschulerziehung damit noch nicht geklärt war, so war doch Vorschulerziehung als eigenständiger und unverzichtbarer Bildungsauftrag anerkannt, und der Ausbau vorschulischer Einrichtungen ging zügig voran. Allerdings wurde erst 1997 ein Rechtsanspruch auf einen Kindergartenplatz ab dem dritten Lebensjahr Realität.

Vorschulerziehung in der DDR ■ In der DDR-Pädagogik, die vollkommen für den Aufbau des Sozialismus – als Vorstufe zum Kommunismus – eingespannt war, hatte dagegen der Ausbau von Kindergärten, Kinderkrippen und → Horten schon viel früher begonnen. Weil eine Erwerbstätigkeit von Müttern selbstverständlich war, mussten entsprechend viele Kinderbetreuungseinrichtungen vorhanden sein, die in der Regel Ganztagsangebote waren. Es ging aber dabei nicht nur um die Entlastung berufstätiger Eltern, sondern um die Gesundheit der Kinder und um »die Vorbereitung auf das spätere Leben und Lernen im Klassenkollektiv der Schule« (→ Kollektiverziehung). Weil aber »sozialistische Erziehung ohne Planmäßigkeit, ohne konkrete Zielstellung und Bestimmung der pädagogischen Arbeit nicht möglich ist«, gab das Ministerium für Volksbildung der DDR 1967 einen Bildungs- und Erziehungsplan für den Kindergarten heraus, in dem sowohl der Tagesablauf als auch die Bildungsinhalte der nach Alter getrennten Kindergruppen quartalsweise vorgeschrieben wurde. »Die Herausbildung der geistigen und sittlichen Qualitäten der Kinder, ihr Wissen und Können, ihre Verhaltensweisen, Einstellungen und Motive des Handelns müssen in erster Linie geeignet sein, sie in zunehmendem Maße zur selbständigen Teilnahme an der Gestaltung des Lebens im Kinderkollektiv zu befähigen.« Diese Forderung aus dem Vorwort zum Bildungs- und Erziehungsplan der DDR würde sich gar nicht so sehr von dem, was ungefähr gleichzeitig in Westdeutschland gefordert wurde, unterscheiden, wenn da nicht auch solche Töne zu hören wären: »Bei den Kindern sollen sich Gefühle der Verbundenheit zu ihnen bekannten Werktätigen, zu ihrem Heimatort, zu unserem Staatsratsvorsitzenden und zu den Angehörigen der bewaffneten Streitkräfte herausbilden. Die Liebe zur DDR schließt die Gefühle der Freundschaft zu den Freunden der DDR, insbesondere zu den Menschen der Sowjetunion, ein.« (aus: Bildungs- und Erziehungsplan für den Kindergarten. Volk und Wissen, Berlin 1970)

Nach der Wiedervereinigung ■ Die Finanzierung aller vorschulischer Einrichtungen war nach der Wende in den neuen Bundesländern nicht mehr gesichert, so dass dort viele Einrichtungen geschlossen wurden, während gleichzeitig in den alten Bundesländern der Ruf nach mehr Ganztagesplätzen, Krippen- und Hortplätzen immer lauter wurde. Der Bildungsauftrag vorschulischer Einrichtungen wurde zunehmend überlagert von arbeitsmarktpolitischen, gleichstellungspolitischen und sozialpolitischen Forderungen. Erst durch den internationalen Leistungsvergleich der PISA-Studie wurde der Bildungsauftrag in der Vorschulerziehung wieder zum allgemein diskutierten Thema, und prompt wird auch wieder die Diskussion der Sechzigerjahre einschließlich der Frage der Schulpflicht für Fünfjährige und der Einrichtung einer Eingangsstufe für den Primarbereich aufgegriffen, ergänzt um die Frage einer Hochschulausbildung für Erzieherinnen und Erzieher (→ Ausbildung).

Rose Götte

■ **Literaturtipp**

Deutscher Bildungsrat (1968). Gutachten und Studien der Bildungskommission Bde 47–49 (1975): Die Eingangsstufe des Primarbereichs. Stuttgart: Klett.

 # Vorsorgeuntersuchung

Vorsorgemaßnahmen (= Präventionen) gehören zu den wichtigen Aufgabenbereichen der Medizin und des Sozialwesens. Als primäre Prävention gilt die Vorsorge bei Gesunden; sie hat das Ziel, Krankheiten zu verhüten. Bei der sekundären Prävention geht es darum, Krankheiten möglichst früh zu erkennen und zu behandeln. Tertiäre Prävention entspricht der → Rehabilitation: Folgezustände von Erkrankungen oder Verletzungen sind zu beseitigen oder zu mildern. Nachdem sich gezeigt hat, dass mit Vorsorgeuntersuchungen wichtige gesundheitspolitische Ziele zu erreichen sind und dass damit manche Belastungen deutlich verringert werden können, letztlich von einer günstigen Kosten-Nutzen-Analyse auszugehen ist, wurden sie in das Programm der gesetzlichen Krankenkassen aufgenommen. Damit hat sich ein wichtiger Wandel vom kurativen (= heilenden) zum präventiven (= vorbeugenden) Ansatz vollzogen. Dies findet heute seinen Ausdruck auch darin, dass von Gesundheitskassen gesprochen wird.

Untersuchungen im Kindesalter ■ Die gesetzlichen Vorsorguntersuchungen im Kindesalter wurden 1971 eingeführt. Sie schließen sich an die Schwangerschaftsvorsorge (→ Perinatale Phase) an, die im Mutterpass dokumentiert wird. Jedes mit seinen Eltern oder selbst versicherte Kind hat von der Geburt bis zum Alter von etwa fünfzehn Jahren Anspruch auf die regelmäßige ärztliche Kontrolle seiner körperlichen und geistigen Entwicklung. Zugleich erfolgt jeweils eine Gesundheitsberatung bzw. werden Impfungen durchgeführt. Auf die Vorsorgeuntersuchung 1 (U1) unmittelbar nach der Geburt folgen fünf Untersuchungen im ersten Lebensjahr

(U2 zwischen dem dritten und zehnten Lebenstag, U3 in der vierten bis sechsten Woche, U4 zwischen drei und vier Monaten, U5 zwischen sechs und sieben Monaten, U6 zwischen zehn bis zwölf Monaten). Damit soll der raschen Entwicklung des Säuglings und den sich dabei abspielenden Veränderungen Rechnung getragen werden. Es kommt beispielsweise darauf an, behandelbare Stoffwechselstörungen (z.B. Phenylketonurie) oder die Schilddrüsenunterfunktion früh zu erkennen (Screening bei U2), nach angeborenen Erkrankungen zu suchen (z.B. Herzfehler und Hüftdysplasie [= angeborene Hüftverrenkung] bei U2 und U3), die Entwicklungsfortschritte des Kindes in Bezug auf seine motorischen Fähigkeiten und die geistigen sowie sozialen Funktionen zu verfolgen (U4–U6). Bei der U7 (21–24 Monate) wird besonders auf Störungen der Sinnesorgane geachtet, bei der U8 (43–48 Monate) auch auf die Sprachentwicklung und das Sehvermögen. Die U9 (60–64 Monate) fällt in die Zeit der Einschulung und soll bei der Entscheidung für einen Schultyp berücksichtigt werden. Die erst vor kurzem eingeführte U10 (13–14 Jahre) hat vor allem zum Ziel, Jugendliche in Fragen der Pubertätsentwicklung oder Sexualität, auch im Hinblick auf gesundheitsförderndes Verhalten zu beraten. Im Vorsorgeheft werden die Untersuchungsergebnisse, auch die Körpermaße, eingetragen. Die Dokumentation steht den Krankenkassen für Analysen zur Verfügung.

Auch wenn Untersuchung und Beurteilung zu wenig standardisiert sind und manche Kritik zu äußern ist, haben die Vorsorgeuntersuchungen im Kindesalter doch wesentliche Verbesserungen bezüglich der Frühdiagnose von Entwicklungsstörungen gebracht, die dann Maßnahmen der Frühförderung erforderlich machen. Welche Bedeutung die jeweils durchgeführte Beratung hat, konnte in verschiedenen Studien gezeigt werden.

Notwendig ist, dass möglichst alle Kinder an den Vorsorgeuntersuchungen teilnehmen; die Frequenz sinkt nach dem Säuglingsalter deutlich ab. Kinder aus sozial schwachen Familien werden vergleichsweise seltener in die ärztliche Praxis gebracht, obwohl bei ihnen das Risiko für das Vorkommen von Entwicklungsstörungen größer ist. Deshalb ist mitunter eine nachgehende Fürsorge erforderlich. Hier können Erzieherinnen im Rahmen der → Elternarbeit aufklärend und motivierend wirken. Vorsorgeuntersuchungen im Rahmen des Jugendschutzgesetzes sind vor Beginn der beruflichen Ausbildung vorgesehen.

Untersuchungen im Erwachsenenalter ■ Vorsorgeuntersuchungen spielen bei der Krebsfrüherkennung ebenfalls eine wichtige Rolle, z.B. für die Frühdiagnose von Darmkarzinomen, des Mammakarzinoms (= Brustkrebs) oder des Prostatakarzinoms (= Vorsteherdrüsenkrebs); sie werden deshalb für Frauen bzw. Männer in der Zeit eines besonders hohen Risikos angeboten. Vorsorgeuntersuchungen sind auch zur Früherkennung von häufigen Krankheiten, wie Bluthochdruck (= Hypertonie) oder Zuckerkrankheit (= Diabetes) und nicht zuletzt zur Erhaltung der Zahngesundheit zu empfehlen. Werden bei einer Vorsorgeuntersuchung Auffälligkeiten festgestellt, sind unverzüglich weitere diagnostische Maßnahmen einzuleiten, damit rasch die erforderliche Behandlung erfolgen kann.

Bei den Vorsorgemaßnahmen handelt es sich vielfach um sogenannte Screeningverfahren, mit denen möglichst alle Personen einer bestimmten Altersgruppe erfasst werden. Sie sind bezüglich ihrer Spezifität und Sensitivität unterschiedlich; es ist darauf zu achten, dass es bei Gesunden möglichst wenig falsch positive, aber auch möglichst wenig falsch negative Ergebnisse bei Erkrankten gibt. Dabei muss die Kosten-Nutzen-Relation angemessen sein.

Gerhard Neuhäuser

■ Literaturtipps

Schlack, H.G. (Hg.) (2000). Sozialpädiatrie. Gesundheit, Krankheit, Lebenswelten. München-Jena: Urban & Fischer.
Sitzmann, F.C. (Hg.) (2002). Pädiatrie. Stuttgart: Thieme.

Vorurteilsbewusste Bildung und Erziehung

Wie können die gleichen Rechte und Bildungsansprüche von Kindern zur Geltung kommen, obwohl sie in sehr unterschiedlichen Lebensverhältnissen leben und sehr unterschiedliche Voraussetzungen und Möglichkeiten haben, sich die Welt lernend anzueignen? Und wie kann man die Unterschiede zum Thema machen, ohne Kinder und ihre Familien zu stigmatisieren?

Vorurteilsbewusste Bildung und Erziehung ist eine Antwort auf diese Fragen. Dieser pädagogische Ansatz, der »Anti-Bias-Approach« (= Ansatz gegen Einseitigkeiten und Diskriminierung), wurde von Louise Derman-Sparks in den 1980er Jahren in den USA mitentwickelt. In Deutschland wurde er als Praxiskonzept für Kindertageseinrichtungen erprobt und als »Vorurteilsbewusste Bildung und Erziehung« übersetzt. Es geht darum, sich der Ursachen und Wirkungen von Vorurteilen und Diskriminierung in Kindertageseinrichtungen bewusst zu werden, um die pädagogische Praxis gezielt zu verändern. Gemeint sind Vorurteile aller Art, die an den unterschiedlichen Merkmalen von Menschen festgemacht werden: an Hautfarbe, Herkunft, Sprache wie auch Religion, Geschlecht, sozialer Schicht, sexueller Vorliebe, Alter, Behinderung.

Ausgangspunkt ist die Erkenntnis, dass sich Kinder auch aus Vorurteilen und Einseitigkeiten ihr Bild von der Welt konstruieren. Dabei ist wichtig, welcher sozialen Gruppe sie selbst angehören. Für Kinder aus diskriminierten oder benachteiligten Familien können abwertende Urteile über ihre soziale → Gruppe zu Beschädigungen ihres Selbstbildes führen, die ihre Lernbereitschaft ernsthaft gefährden.

Damit die Erfahrungen von Kindern mit Abwertung und Ausgrenzung nicht zur Lernbehinderung werden, brauchen sie Bildungseinrichtungen, in denen sie selbst in ihrer Besonderheit wahrgenommen und gestärkt werden. Erleben sie Respekt für ihre eigenen Familienkulturen und für die der anderen, so sind sie besser in der Lage, mit Unterschieden zu leben. Eine klare Positionierung gegen Ausgrenzung und Diskriminierung vermittelt ihnen Schutz und ein inneres Bild davon, wie man unfairem Verhalten und Denken widerstehen kann. Es stärkt sie darin, sich selbstbewusst und neugierig auf Bildungsprozesse einzulassen.

Kinder und Vorurteile ■ Vorurteile sprechen Menschen aufgrund eines äußeren Merkmals bestimmte Eigenschaften oder Fähigkeiten zu oder ab, z.B.: Frauen können nicht Autofahren; Alleinerziehende vernachlässigen ihre Kinder; Muslime unterdrücken Frauen; Afrikaner sind arm, aber musikalisch. Diese bewertenden Botschaften sind kein Abbild tatsächlicher Unterschiede, sondern gesellschaftlich »gemacht«. Sie sind ideologisch besetzt, enthalten Fehlinformationen und Verzerrungen und dienen dazu, gesellschaftliche Ungleichheit und die ungleiche Verteilung von Ressourcen zu rechtfertigen. Sie »erklären« auf gesellschaftlicher Ebene und auch im sozialen Nahbereich, warum manche Menschen etwas tun müssen oder nicht tun dürfen, etwas bekommen sollen oder nicht: »Ihr müsst abtrocknen, weil ihr Mädchen seid.« – »Ihr dürft die Wohnung nicht haben, weil ihr Ausländer seid.« Stereotype und Vorurteile sind problematisch, insofern sie die in einer Gesellschaft bestehenden Privilegien und Benachteiligungen abbilden und damit festigen. Und sie wirken als Entwicklungsbehinderung für Kinder, denen weisgemacht wird, äußere Merkmale von Menschen »bestimmten« ihr Verhalten, ihre Fähigkeiten, ihre Vorlieben.

Kinder lernen aktiv und beobachten aufmerksam, was sich um sie herum ereignet. Gerade Unterschiede zwischen Menschen machen sie neugierig und sie haben früh ihre eigenen Theorien darüber, wie solche Unterschiede entstehen. Sichtbares und Unsichtbares gibt ihnen Aufschluss darüber, wie wichtig etwas ist. Solche Botschaften entnehmen sie nicht nur ihrem häuslichen Erfahrungsfeld, sondern auch aus Bilderbüchern, Filmen, Werbeplakaten und den Aufdrucken auf T-Shirts.

Sobald Kinder unterscheiden können, erfahren sie auch, dass Unterschiede bewertet werden. Zunächst bezieht sich dies auf äußere Unterschiede, auf körperliche Merkmale oder Merkmale des Aussehens. Die Bewertungen beeinflussen das Bild, das sich Kinder von anderen Menschen machen, auch ohne jeden Kontakt zu ihnen. Sie verarbeiten sie mit ihren Beobachtungen und Erfahrungen zu eigensinnigen Schlussfolgerungen: Sie entwickeln »Vor-Vorurteile«. Damit diese nicht zu manifesten Vorurteilen werden, brauchen sie vorurteilsbewusste Erwachsene, die Einseitigkeiten und Diskriminierungen erkennen und kompetent dagegen angehen können.

Ziele und Prinzipien ■ Vier Ziele strukturieren den Erkenntnis- und Veränderungsprozess. Sie bauen aufeinander auf und verstärken sich wechselseitig. Für ihre Realisierung sind bestimmte Prinzipien wichtig:

■ Jedes Kind muss Anerkennung und Wertschätzung finden, als Individuum und als Mitglied einer bestimmten sozialen Gruppe. Dazu gehören Selbstvertrauen und ein Wissen um seinen eigenen Hintergrund. Dies geschieht durch Widerspiegelung: Jedes Kind soll sich mit seinen äußeren Merkmalen, Fähigkeiten und Vorlieben und mit seiner Familienkultur wieder erkennen. Ein weiteres Prinzip ist Versachlichung: Merkmale genau beschreiben statt Etikettierungen zuschreiben, damit auch die Basis an Sachwissen vergrößern

■ Allen Kindern soll ermöglicht werden, Erfahrungen mit Menschen zu machen, die anders aussehen als sie selbst und sich anders verhalten, so dass sie sich mit ihnen wohl fühlen und → Empathie entwickeln können. Prinzip ist, auf der Grundlage von Gemeinsamkeiten bestehende Unterschiede zu thematisieren. Dialogorientierung ist ein weiteres Prinzip: Die anderen fragen nach Gemeinsamkeiten und Unterschieden, ihnen Raum geben mit ihrer Geschichte, zuhören und dann angehört werden

■ Das kritische Denken von Kindern über Vorurteile, Einseitigkeiten und Diskriminierung anzuregen heißt auch, mit ihnen eine Sprache zu entwickeln, um sich darüber verständigen zu können, was fair und was unfair ist. Es geht darum, Widersprüche anzusprechen, um herauszufinden, was an Stereotypen und Vorurteilen nicht stimmt: »Marvin sagte, Frauen können keinen Bus fahren, aber Sonay hat heute eine Busfahrerin gesehen.«

■ Alle Kinder sollen ermutigt werden, sich aktiv und gemeinsam mit anderen gegen einseitige oder diskriminierende Verhaltensweisen zur Wehr zu setzen, die gegen sie selbst oder gegen andere gerichtet sind. D.h. Einseitigkeit und Diskriminierung wird nicht nur festgestellt, sondern es wird formuliert, was man möchte, innerhalb der Gruppe aber auch im Gemeinwesen und darüber hinaus.

Aufgabe der pädagogischen Fachkräfte ist es, sich damit zu beschäftigen, welche Bedeutung und Konsequenzen Vorurteile und Diskriminierung für die Identitätsentwicklung kleiner Kinder, das Alltagsleben und die Strukturen in Kindertageseinrichtungen haben. Dementsprechend gestalten sie die Lernumwelt und die Interaktion mit den Kindern vorurteilsbewusst und bauen mit den Eltern eine dialogische Zusammenarbeit auf.

Bildungspolitische Relevanz und Perspektiven ■ Mechanismen von Einschließung und Ausgrenzung ermöglichen oder begrenzen Bildungsprozesse von Kindern. Bildungsbenachteiligungen setzen bereits früh ein und verschärfen sich im Durchlaufen der Bildungseinrichtungen, was die Ergebnisse aus den PISA-Untersuchungen belegen. Vermitteln Einseitigkeiten in der Kindertageseinrichtung den Kindern, mit ihren Vorerfahrungen und dem, was sie in ihren Familien gelernt haben, nicht willkommen zu sein, wird ihnen bereits hier der Zugang zum Bildungsangebot schwer gemacht. Sie bleiben häufig am Rande des Geschehens, werden verunsichert und darin gehemmt, sich als ganze Person mit ihren Fähigkeiten zu zeigen. Von den in Kindertageseinrichtungen vorhandenen Spiel- und Erfahrungsmöglichkeiten profitieren sie wenig. Bereits im Kindergartenalter bleibt ihr in der UN-Kinderrechtskonvention festgeschriebenes Recht auf Bildung uneingelöst. Ein pädagogischer Ansatz, mit dem angestrebt wird, allen Kindern Bildungsprozesse zu ermöglichen, ist daher bildungspolitisch von großer Bedeutung.

Politisch relevant ist dieser Ansatz auch in Bezug auf die Anti-Diskriminierungs-Richtlinien, die in der Europäischen Union seit dem Jahr 2000 gelten und alle Institutionen in den Vertragsstaaten zur Umsetzung auffordern. Vorurteilsbewusste Bildung und Erziehung stimmt überein mit dem »horizontalen Ansatz« der EU, wonach nicht nur die Diskriminierung aufgrund ethnischer Merkmale, sondern auch benachteiligende Unterscheidungen aufgrund des Geschlechts, der → Religion, des Alters, der Sprache, der Beeinträchtigung/Behinderung, des sozialen Status bekämpft werden müssen. Sie stimmt auch überein mit der Unterscheidung in unmittelbare und institutionalisierte Diskriminierung (= Ungleichbehandlung, die über subtile oder selbstverständlich erscheinende Regeln und Routinen in den gesellschaftlichen Strukturen hergestellt wird), welche beide geächtet werden. Vorurteilsbewusste Bildung und Erziehung konkretisiert die abstrakten Ansprüche der EU-Richtlinien wie Diskriminierungsverbot und Gleichbehandlung für das Handlungsfeld Kindertageseinrichtungen und für die Zielgruppe der Kinder von zwei bis acht Jahren.

Vorurteilsbewusste Bildung und Erziehung ist also nichts Zusätzliches oder die Kür nach der Pflicht. Sie erfüllt vielmehr wesentliche Anforderungen an die Qualität von Bildungseinrichtungen. Am wirksamsten gelingt dies als kontinuierlicher Prozess der Organisationsentwicklung, an dem sich gesamte Teams und auch die Trägerorganisationen beteiligen. Die Ziele, Prinzipien und Strategien müssen eingehen in Bildungsprogramme und in Systeme und Methoden der Qualitätsentwicklung: »Mainstreaming« ist die wünschenswerte Perspektive.

Petra Wagner

■ Literaturtipps

Preissing, Ch./Wagner, P. (Hg.) (2003). Kleine Kinder, keine Vorurteile? Interkulturelle und vorurteilsbewusste Arbeit in Kitas. Freiburg: Herder.

Derman-Sparks, L. & A.B.C. Task Force (1989). Anti-Bias-Curriculum. Tools for empowering young children. Washington: NAEYC.

Wagner, P./Hahn, S./Enßlin, U. (Hg.) (2005). »Macker, Zicke, Trampeltier...« Vorurteilsbewusste Bildung und Erziehung in Kindertageseinrichtungen. Handbuch für die Fortbildung. Berlin: verlag das netz.

■ Kontakt

www.kinderwelten.net

Wahrnehmung

Wahrnehmung ist der Prozess und das Ergebnis der Informationsgewinnung und Informationsverarbeitung von Reizen aus der Umwelt und dem Körperinnern. Sie bildet die Grundlage für das In-Beziehung-treten und ermöglicht dem Menschen, sich zu orientieren und zu schützen, Kontakt aufzunehmen und situationsgerecht zu handeln. Wahrnehmung informiert uns über das, was in der uns umgebenden Wirklichkeit passiert. Es handelt sich um einen aktiven Prozess, der aus einem komplizierten Wechselspiel physiologischer und psychologischer Verarbeitungsmuster besteht.

Bereits das neugeborene Kind macht über die Wahrnehmung seine ersten Erfahrungen mit sich selbst und mit der Welt. Sie ist Voraussetzung dafür, dass sich das Kind in seiner Umwelt orientieren, sie verstehen und gestalten kann. Insofern ist es wichtig, den kindlichen Wahrnehmungsprozessen eine besondere Aufmerksamkeit zu schenken, sie zu beobachten und entsprechend zu fördern und zu unterstützen.

Die »Wahrnehmungsinstrumente« des Menschen

Der Mensch nimmt über die Rezeptoren seiner Sinnesorgane Reize aus der Umwelt und dem Körperinnern wahr, die über Nervenbahnen an das Gehirn geleitet und dort mit gespeicherten Informationen und Erfahrungen verknüpft werden. An diesem Prozess sind also die Sinnesorgane, der Körper, die Gefühle (→ Emotionen), das → Denken und das Gedächtnis beteiligt. Das Resultat sind Empfindungen.

Die Sinnesorgane können zwar nicht mit Messinstrumenten verglichen werden, deren Fühler objektiv Reize aufnehmen, trotzdem spricht man von »Wahrnehmungsinstrumenten«. Dazu gehören:

- Augen: Gesichtssinn
- Ohren: Gehörsinn
- Zunge: Geschmackssinn
- Nase: Geruchssinn
- Vier Hautsinne: Berührung, Kälte, Wärme, Schmerz

- Der Gleichgewichts- und der Muskelsinn für die Wahrnehmung der Körperposition bzw. für die Bewegungen der Körperteile im Raum.

Wahrnehmung als subjektiver Prozess

Was der Mensch mit eigenen Augen sieht und mit eigenen Ohren hört, empfindet er als richtig, er ist davon überzeugt, durch seine Sinnesorgane ein genaues Abbild der Wirklichkeit geliefert zu bekommen. Entsprechend geht er davon aus, dass andere Menschen die Umwelt genauso wahrnehmen und legt diese Annahme jeder gegenseitigen Verständigung zugrunde. Das birgt ein großes Problem in sich, bedeutet Wahrnehmung doch nicht, das Wahre zu besitzen, sondern etwas auf dem Hintergrund individueller Erfahrungen für wahr zu halten. Ein und derselbe Reiz kann daher von zwei Menschen ganz unterschiedlich wahrgenommen werden. Die subjektive Sicht der Dinge entspricht also keinesfalls einer einfachen Abbildung der Welt, vielmehr werden Reize ausgewählt, strukturiert, bewertet und mit den bisherigen Erfahrungen verglichen.

Organisationsprinzipien und Einflussfaktoren

Das menschliche Gehirn verfügt über verschiedene Organisationsprinzipien der Wahrnehmung, um seine Umwelt übersichtlicher zu gestalten und Komplexität zu reduzieren. Auch Stimmungen und Umgebungsfaktoren wirken sich auf die Wahrnehmung aus.

Selektion In der ungeheuren Flut von Informationen, die beständig auf den Menschen einströmen, wäre er ohne Schutzdamm verloren. Allein die bewusste Wahrnehmung des permanenten Kontaktes zwischen Haut und Kleidung würde ihn wohl in den Wahnsinn treiben. Einen Schutz verschafft ihm das Prinzip der Selektion (lat. selectio = auslesen, auswählen). Das Wahrnehmungssystem lässt nur solche Informationen in sein Bewusstsein dringen, denen er eine besondere Bedeutung beimisst.

Vereinfachung ■ Mit dem Prinzip der Vereinfachung ist gemeint, dass dem Gehirn oft schon wenige Informationen genügen, um sich ein Bild vom wahrgenommenen Teil der Welt zu machen. Das Gehirn vergleicht diese Informationen mit bereits gespeicherten Daten und ergänzt den Rest in eigener Regie. Auf diese Weise werden bekannte Gegenstände, Menschen oder Räume schnell erkannt. Wenige Details genügen, um beispielsweise einen Löffel als Löffel zu erkennen

Fokussierung ■ Damit ist gemeint, dass der Mensch sein Wahrnehmungsfeld normalerweise in einen Vordergrund und einen Hintergrund unterteilt. Das, was er als Figur fokussiert, tritt in den Vordergrund. In der Regel sind das die Dinge, Gegenstände oder die Personen, die für ihn bedeutsam sind, weil er sie z.B. kennt und sie deshalb auch erwartet, oder aber es sind solche, die sich gerade durch ihre Außergewöhnlichkeit in den Vordergrund drängen. Die anderen Wahrnehmungen treten dann zurück in den Hintergrund.

Fixierung ■ Die Wahrnehmung hat das Bestreben, dass die Personen und ihre Eigenschaften, Gegenstände, Situationen und Prozesse unverändert bleiben. Diese Fixierung erleichtert das richtige Verhalten, weil man nicht immer ein komplett neues Bild von einer Person oder einer Situation entwerfen muss. Auf der anderen Seite wird dadurch jedoch die Flexibilität und Unvoreingenommenheit eingeschränkt, weil man auf ein (scheinbar) dominantes Merkmal fixiert ist und nur noch schwerlich andere bedeutsame Eigenschaften bewusst aufnehmen kann. So können wir z.B. Kinder, die uns aggressiv erscheinen, oft nur noch in dieser Eigenschaft wahrnehmen, während ihre positiven Seiten aus dem Blickfeld verdammt sind.

Akzentuierung ■ Die Stimmungs- und Motivationslage (→ Motivation), → Bedürfnisse und → Einstellungen üben einen selektiven und richtungsweisenden Einfluss auf die Wahrnehmung aus. So wird Essbares vom Hungrigen eher bemerkt als vom Satten, Ängstliche lauschen stärker auf leiseste Geräusche; Briefkästen fallen dann besonders ins Auge, wenn ein Brief einzuwerfen ist oder weniger hübsche Menschen werden negativer beurteilt und für schwieriger gehalten.

Umgebungsfaktoren ■ Wie der Mensch Dinge oder andere Menschen wahrnimmt, wird nicht zuletzt davon beeinflusst, in welcher Umgebung er diese wahrnimmt. Kennt eine Erzieherin ein Kind nur vom Hort, wird sie es anders wahrnehmen, als wenn sie es auch schon einmal in seiner Familie oder in seinem Fußballteam erlebt hat. Durch die Umgebung werden Wahrnehmungsakzente gesetzt, die manchmal auch eine einschränkende Wirkung haben können.

Alkohol und Drogen, Medikamente ■ Diese Stoffe können Wahrnehmungsveränderungen bewirken. Der Betrunkene sieht unter Umständen Doppelbilder; bei chronischem Alkoholismus können angsterregende Wahrnehmungstäuschungen auftreten, wie z.B. krabbelnde Tiere auf der Haut. Durch Drogen kann es zu einer Steigerung oder Dämpfung der Intensität der Farb- und Geräuschwahrnehmung kommen, auch zu Halluzinationen. Bei Medikamenten kann z.B. die Wahrnehmungsintensität herabgesetzt werden.

Soziale Wahrnehmung ■ Die Wahrnehmung ist durch erlernte Motive, → Einstellungen und → Emotionen mitbestimmt und durch diese Brille werden auch andere Menschen wahrgenommen. Das heißt, dass unser Bild von anderen Menschen nicht unbedingt davon bestimmt ist, wie sie tatsächlich sind, sondern es hängt auch stark von unseren eigenen Sichtweisen und Bewertungsmustern ab. Sich solche Prozesse bewusst zu machen, ist insbesondere in sozialpädagogischen Berufen wichtig, da hierin die Wurzel vieler Missverständnisse und Fehleinschätzungen liegt.

In der sozialen Wahrnehmung können verschiedene Phänomene auftreten, die eine realistische Sicht der wahrgenommenen Personen verzerren:

- **Erster Eindruck:** Ohne große Zweifel und Hemmungen werden Menschen bereits nach wenigen Minuten des Kennenlernens bestimmte Persönlichkeitsmerkmale zugeschrieben, die sich nur schwer wieder aufheben lassen. Dieser erste Eindruck hat eine Tendenz zur Verfestigung, weil sich die nachfolgenden Eindrücke am ersten Eindruck orientieren.
- **Einstellungen, Vorurteile und Stereotype:** Diese Sichtweisen sind sozial erlernt und führen dazu, Menschen Eigenschaften zuzuschreiben, die nichts mit der empirischen Realität zu tun haben. Sie dienen zum einen der Orientierung. Zum anderen machen sie es möglich, Unsicherheit und Ängste abzuwehren, sich von anderen abzugrenzen und dadurch das eigene Selbstwertgefühl zu stabilisieren, manchmal auch durch Diskriminierung anderer (→ Rassismus).
- **Halo-Effekt:** Bei diesem Effekt tritt eine Eigenschaft so dominant in den Vordergrund, dass sie die ganze → Persönlichkeit eines Menschen überstrahlt. Das kann sowohl ein sehr negativ als auch ein sehr positiv erlebtes Merkmal sein. Ein Kind mit einer besonders freundlichen Ausstrahlung kann z.B. bei einer Erzieherin den Eindruck eines zufriedenen und lebensfrohen Menschen hinterlassen, so dass sie seine »Schattenseiten« übersieht.
- **Analogieschlüsse (Logische Fehler):** Von einer Eigenschaft wird auf das Vorhandensein anderer geschlossen, die als (logisch) zusammenhängend betrachtet werden, z.B.: dicke Menschen sind auch gemütlich.
- **Sympathie-Antipathie-Effekt:** Jeder Mensch kennt das Gefühl, dass ihm jemand auf Anhieb sympathisch oder unsympathisch ist. Wird ein Mensch als sympathisch empfunden, werden ihm eher positive Eigenschaften zugeordnet, andernfalls eher negative.
- **Projektion:** Bei der Projektion (Übertragung) lösen andere Menschen unbewusst positive wie negative Stimmungen aus, die mit längst vergangenen Beziehungen, z.B. zu den Eltern oder Großeltern, zu tun haben. Oder Eigenschaften, die man selbst an sich nicht wahrnehmen will, werden auf andere übertragen.
- **Zusammenhangsfehler:** Die Zuschreibung von Eigenschaften und Merkmalen ergibt sich daraus, was wir aus dem sozialen Zusammenhang eines Menschen erwarten, z.B. von einem Punk, einem Rentner oder einem Popstar.
- **Ähnlichkeitsfehler und Kontrastfehler:** Die Eigenschaften, die man selbst hat bzw. nicht hat, werden rascher wahrgenommen.

Oft sind uns diese Wahrnehmungsfehler nicht bewusst, wir merken manchmal nur, dass z.B. in der Kommunikation etwas nicht stimmt. Um Kinder in ihrer ganzen Individualität wahrnehmen zu können und sie nicht mit eigenen Bildern und Vorstellungen zu belasten, ist es für die pädagogische Arbeit in Kindertageseinrichtungen unverzichtbar, das Thema Wahrnehmung immer wieder zum Gegenstand der Reflexion zu machen.

Kurt Wirsing

- **Literaturtipps**

Brooks, Ch. (1989). Erleben durch die Sinne. Paderborn: Junfermann.

Mann, L. (2002). Sozialpsychologie. Weinheim: Psychologie Verlags Union.

Stevens, J. (2002). Die Kunst der Wahrnehmung. Gütersloh: Gütersloher Verlagshaus

 # Waldorfpädagogik

Das pädagogische Konzept der Waldorfpädagogik, das zu den wichtigsten Ansätzen der → Reformpädagogik gezählt werden kann, basiert auf der Grundlage von Rudolf Steiners (1861–1925) anthroposophischer Weltanschauung. Ausgehend von einer ganzheitlichen Betrachtungsweise des Menschen, der aus Körper, Seele und Geist besteht, entwickelte Steiner die Anthroposophie (griech.: anthropos = Mensch, sophia = Weisheit) als Erkenntnismethode zur wissenschaftlichen Erforschung des menschlichen Wesens. Im Jahre 1919 waren Emil Molt, der Direktor der Stuttgarter Zigarettenfabrik Waldorf-Astoria und der Ingenieur Carl Unger an Steiner herangetreten, der daraufhin auf dem Fabrikgelände die erste Freie Waldorfschule einrichtete, der 1926 ein Waldorfkindergarten angegliedert wurde.

Das pädagogische Konzept ■ Nach anthroposophischer Sichtweise besteht der Mensch aus vier Wesensgliedern mit unterschiedlichen Funktionen:

- Der physische Leib besteht aus Materie und unterliegt chemischen und physikalischen Gesetzen
- Der Ätherleib (auch als Lebens- oder Bildekräfteleib bezeichnet) trägt die Wachstums- und Fortpflanzungskräfte in sich
- Der Astralleib (auch Trieb- und Empfindungsleib genannt) birgt die menschlichen Empfindungen in sich
- Das Ich beherbergt das Bewusstsein und die Individualität des Menschen und wird in der Anthroposophie als unsterblicher Wesenskern angesehen.

Physischer Leib und Ätherleib bilden zusammen den Körper des Menschen, der Astralleib die Seele und das Ich den Geist. Die Wesensglieder sind bei der Geburt des Menschen bereits veranlagt und bilden sich in einem Rhythmus von Jahrsiebten aus. Im ersten Jahrsiebt (bis zum Zeitpunkt des Zahnwechsels – ca. im siebten Lebensjahr) hat sich der physische Leib entwickelt. Mit der Geschlechtsreife (ca. vierzehntes Lebensjahr) schließt die Bildung des Ätherleibes, der zu Beginn des zweiten Jahrsiebts frei wird, ab. Der Astralleib wird im dritten Jahrsiebt, das Ich im vierten Jahrsiebt (Eintritt der Mündigkeit) geboren.

Das Wissen um die Existenz und die Entwicklung der Wesensglieder prägt die Handlungspraxis im Rahmen der Waldorfpädagogik deutlich. Störende Einflüsse auf den Entwicklungsverlauf werden vermieden, d.h. an das Kind/den Jugendlichen werden nur Anforderungen gestellt, die es/er aufgrund des aktuellen Entwicklungsstandes bewältigen kann. Daraus ergibt sich, dass erst dann, wenn ein Wesensglied geboren ist, ein erzieherisches Einwirken darauf erfolgen soll. Eine zu frühe – aber auch eine zu späte – Auseinandersetzung mit unangemessenen Anforderungen führt zu Entwicklungsstörungen oder Krankheiten. Die Wahl des richtigen Zeitpunktes ist daher eine wesentliche Aufgabe, die Erzieherinnen und Lehrer im Rahmen der Waldorfpädagogik bewältigen müssen.

Träger der Waldorfschulen und -kindergärten sind gemeinnützige Vereine, denen Eltern, Schüler, Lehrer und Förderer angehören.

Waldorfkindergarten ■ Die Waldorfkindergärten sind familienergänzende Tageseinrichtungen für Kinder von drei bis sieben Jahren. Das Kind wird im ersten Jahrsiebt als nachahmendes Wesen bezeichnet, demnach wird in der pädagogischen Arbeit besonderer Wert auf die Vorbildfunktion der Erzieherin gelegt. Sie achtet die Individualität eines jeden Kindes, gleich welcher Herkunft, stärkt seine Eigenaktivität und fördert seine soziale Einstellung. Sie geht liebevoll mit dem Kind um und schafft durch eigenes aktives Verhalten Möglichkeiten des Nachahmens. Die Erzieherin ist sich ihrer Vorbildrolle stets bewusst und gestaltet entsprechend den erzieherischen Alltag. So verrichtet sie meist ihre Tätigkeiten im Beisein der Kinder und schafft damit Raum zur Nachahmung.

Ein zweites wesentliches Merkmal der Arbeit in Waldorfkindergärten ist die klare Strukturierung des Tages-, Wochen- und Jahresablaufs. In einem festgelegten Rhythmus wiederholen sich bestimmte Ereignisse, was dazu führt, dass das Kind sich gut orientieren kann und Sicherheit verspürt. So folgt im Tagesablauf dem Freispiel, das mit dem gemeinsamen Aufräumen beendet wird, stets ein rhythmisches Spiel (Reigen). Dem schließt sich das gemeinsame Frühstück mit anschließendem Freispiel im Freien an. Den Abschluss des Vormittags bildet ein → Märchen, das – über mehrere Tage wiederholt – vorgelesen oder mit einfachen Puppen vorgespielt wird. In einem festgelegten Wochenrhythmus werden künstlerische Tätigkeiten (Wasserfarbenmalen, Kneten mit Bienenwachs) und die Eurythmie (in der Anthroposophie gepflegte Bewegungskunst) angeboten. Dabei werden die Inhalte von z.B. Gedichten oder Geschichten, durch Körpersprache ausgedrückt. Der Zuhörer kann das

Gesprochene sehen. Der Jahresrhythmus ist geprägt durch das Erleben der Jahreszeiten und Feste (religiöse Feste, Geburtstage usw.). Äußere Kennzeichen für die Veränderungen im Jahresrhythmus stellen die in jedem Gruppenraum befindlichen Jahreszeiten-Tische dar, die entsprechend der Jahreszeit dekoriert sind (Blätter, Früchte usw.).

Als Spielmaterialien stehen den Kindern ausschließlich natürliche Materialien zur Verfügung. Äste, Baumrinden, Holzstücke, Kastanien, Steine, Tücher usw. regen die Fantasie der Kinder an und schränken sie in ihrer spielerischen Freiheit nicht ein. Utensilien des täglichen Lebens (Töpfe, Kochlöffel usw.) werden ebenso in das Spiel der Kinder mit einbezogen. Auch die wenigen vorgefertigten Materialien, die man in Waldorfkindergärten finden kann, entsprechen diesem Grundsatz. Das wohl bekannteste Beispiel stellen die Waldorfpuppen dar. Die Puppen sind aus natürlichem, weichem Material gefertigt und besitzen ein nur angedeutetes Gesicht. Auf diese Weise kann das Kind der Puppe in seiner Phantasie individuelles Aussehen und Gesichtsausdruck (Weinen, Lachen usw.) verleihen.

Eine besondere Bedeutung kommt in der Waldorfpädagogik dem freien → Spiel zu, das sich in drei Stufen entwickelt: Bis etwa zum dritten Lebensjahr ahmt das Kind im Spiel nach und wiederholt Spielprozesse (z.B. ein Turm wird immer wieder aufgebaut und umgestoßen). In der zweiten Stufe erwacht die Spielphantasie (z.B. Holzstücke werden zu Musikinstrumenten) und in der dritten Stufe (etwa im Alter von fünf bis sieben Jahren) wird das Handeln nicht mehr von außen, sondern eher durch Erlebnisse und Vorstellungen des Kindes geprägt (z.B. in → Rollenspielen).

Die pädagogische Arbeit in den Einrichtungen wird unterstützt durch eine intensive Elternarbeit, da den Eltern im häuslichen Bereich die gleichen Aufgaben zuteil werden, wie den Erzieherinnen in den Waldorfkindergärten. Durch Hausbesuche, Elternabende und Vorbereiten von Festen werden die Eltern aktiv an der pädagogischen Arbeit beteiligt. Sie werden in die Grundlagen der Waldorfpädagogik eingeführt und tauschen mit den Erzieherinnen Informationen über das Kind aus. Die → Elternarbeit wird nicht im Sinne eines Angebotes für Eltern verstanden, sondern ist fester Bestandteil des Konzeptes.

Erzieherinnen in Waldorfkindergärten müssen neben der pädagogischen Arbeit mit den Kindern, der Team- und der Elternarbeit noch weitere Aufgaben wahrnehmen, wie z.B. die Pflege des Spielzeugs, des Gartens und des Gruppenraumes, die Zusammenarbeit mit den Lehrern der oft nahe gelegenen Waldorfschule (Teilnahme an Konferenzen) und den Besuch von Fortbildungsveranstaltungen. Die Möglichkeit, sich zur Waldorferzieherin ausbilden zu lassen, besteht an verschiedenen Fachschulen.

Waldorfschulen ■ Waldorfschulen unterscheiden sich von Regelschulen nicht nur in ihrem pädagogischen Handeln, sondern auch in ihrer Struktur. So gibt es keine Schulleitung, sondern die Schule wird kollegial geleitet. Der Unterricht findet in Gleichaltrigengruppen, unabhängig von dem Leistungsstand der Schüler statt. Noten – und damit zusammenhängend Sitzenbleiben – gibt es nicht. Die Zeugnisse enthalten eine verbale Beurteilung des Schülers im Hinblick auf seine Leistungen, den Leistungsfortschritt, die Begabungslage und sein Bemühen. Die Schüler werden in den ersten acht Jahren ihres Schulbesuchs vom gleichen Klassenlehrer betreut, der somit ein hohes Maß an Informationen über den Einzelnen erhält, was zu einer Optimierung der Förderungsmöglichkeiten beiträgt. Der Lehrplan ist so ausgestaltet, dass die Unterrichtsinhalte und -formen auf die Situation von Kindern und Jugendlichen (Lernprozess und menschliche Entfaltung) abgestimmt sind. Um einen ständigen Wechsel der Themen zu vermeiden – was der Stundenplan einer Regelschule mit sich bringt – wird in manchen Fächern Epochenunterricht erteilt, d.h. Fachgebiete werden in sich geschlossen bearbeitet. Dies gilt insbesondere für das Fach Deutsch, die naturwissenschaftlichen Fächer und Geschichte. Die Schüler haben somit die Möglichkeit, sich solange mit einem Thema zu beschäftigen, bis es ausführlich bearbeitet ist. Großen Wert legt man auch auf den Bereich der künstlerischen und praktischen Fächer. Ähnlich wie in den Waldorfkindergärten werden die Eltern in die Arbeit der Schule sehr intensiv eingebunden (Elternabende, Seminare, Hausbesuche, gemeinsame Feste usw.).

Manfred Vogelsberger

■ Literaturtipps

Jaffke, F. (2004). Spielen und arbeiten im Waldorfkindergarten (3. Aufl.). Stuttgart: Verlag Freies Geistesleben.

Kügelgen, H. von (Hg.) (1991). Plan und Praxis des Waldorfkindergartens (11. Aufl.). Stuttgart: Verlag Freies Geistesleben.

Lippert, S. (2001). Steiner und die Waldorfpädagogik. Mythos und Wirklichkeit. Weinheim/Basel: Beltz.

■ Kontakte

Internationale Vereinigung der Waldorfkindergärten e. V.
Heubergstraße 11
70188 Stuttgart
Tel.: 0711/925740
www.anthroposophie.net
www.rudolf-steiner.de
www.waldorfkindergarten.de

Wald- und Naturkindergärten

Bei Wald- und Naturkindergärten handelt es sich um eine Form des Kindergartens, in der sich die Kinder mindestens drei bis vier Stunden täglich im Naturraum aufhalten und zwar unabhängig vom Wetter. Dort findet die pädagogische Arbeit statt, deren grundlegende Zielsetzung vergleichbar mit der von Regelkindergärten ist, die aber die Erfahrungs- und Erlebensmöglichkeiten des Naturraums zum Kern ihrer Praxis macht.

Ausgehend von Schweden und Dänemark, wo bereits Mitte des 20. Jahrhunderts erste Waldkindergärten entstanden, fasste die Waldkindergartenbewegung in Deutschland mit der Gründung und staatlichen Anerkennung des Waldkindergartens in Flensburg Fuß. In Schweden sind ca. 15 % der elementarpädagogischen Einrichtungen Waldkindergärten, sie finden sich darüber hinaus in Finnland der Schweiz und in Österreich. Die meisten Waldkindergärten in der Bundesrepublik liegen in Freier Trägerschaft. Es gibt einen Bundesverband und fünf Landesverbände.

Formen ■ **Reine Waldkindergärten** bieten in der Regel vier bis sechs Stunden Betreuungszeit an. Verpflichtend für die Betriebserlaubnis ist ein Schutzraum; häufig ist das ein Bauwagen, eine umgebaute Jagdhütte oder ein Holzblockhaus. Bei Minustemperaturen zwischen sechs und zehn Grad und/oder gefährlichen Witterungsbedingungen bieten Waldkindergärten in der Regel ein Alternativprogramm in geschlossenen Räumlichkeiten an.

Vereinzelt gibt es bereits **Ganztageswaldkindergärten,** bei denen nach vier bis sechs Stunden ein Raum aufgesucht und ein warmes Mittagessen eingenommen wird. Nach einer Ruhepause geht es wieder bis ca. 16 Uhr in den Wald.

Immer häufiger gibt es sogenannte **integrierte Waldkindergärten.** Das kann z.B. ein Regelkindergarten sein, der eine konstante *Waldgruppe* führt, die jeden Tag mindestens drei bis vier Stunden in den Wald geht. Dabei ist die Gruppenzusammensetzung fest. Die Gruppen können wöchentlich oder monatlich wechseln. Ist die Waldgruppe *offen* konzipiert, können sich Kinder aus verschiedenen Gruppen wahlweise zuordnen oder im Rahmen eines Rotationssystems zugeordnet werden. Eine andere Form ist die der Kooperation von Wald- und Regeleinrichtung. In allen Fällen verbringen die Waldkinder die Vormittagsstunden im Naturraum und werden in den Nachmittagsstunden in der Regeleinrichtung betreut.

Erfahrungsmöglichkeiten ■ Grundlegend für die pädagogischen → Konzeptionen der Waldkindergärten sind reformpädagogische Leitlinien (→ Reformpädagogik), wie die Förderung der Eigenverantwortlichkeit, Lernen in ganzheitlichen Zusammenhängen (vor allem entdeckendes Lernen) und Umwelterziehung. Folgende Schwerpunkte lassen sich bestimmen:

Entdeckendes Forschen und Lernen ■ Der Naturraum verändert sich von Tag zu Tag. Erzieherinnen und Kinder erleben Neues, Unbekanntes, gewinnen Erkenntnisse, z.B. durch Beobachtungen und Experimente. → Bildung im Waldkindergarten heißt forschendes → Lernen in Sinnzusammenhängen.

Motorische Erfahrungen ■ Vor dem Hindergrund der heutigen kindlichen Lebenswelt, die nur eingeschränkte Bewegungserfahrungen zulässt, ist die motorische Förderung von besonderer Bedeutung. Der Naturraum bietet eine Vielzahl an Bewegungsanlässen und Platz für raumgreifende, differenzierte Bewegungsfolgen.

Für sein körperliches Wohlbefinden Sorge tragen ■ Das Kind erfährt Kälte, Nässe, Wärme und deren Einfluss auf seinen Körper und damit auf sein Wohlbefinden. Um ein solches zu gewährleisten, muss das Kind aktiv werden, muss reagieren. Dies stärkt die Verantwortungsbereitschaft, für das eigene körperliche Wohlergehen zu sorgen und erhöht in der Konsequenz seine → Resilienz.

Stille erfahren ■ Im Wald können die Kinder Stille erfahren. Dies ermöglicht z.B. die intensivere → Wahrnehmung der eigenen Stimme (eine wichtige Voraussetzung für den Spracherwerb), aber auch der Reize aus der Umwelt (das Rauschen der Blätter im Wind, Tierstimmen). Stille schafft innere Räume für → Kreativität und Reflexion.

Spielzeugfreie Zone ■ Die im Naturraum vorgefundenen Materialien sind keine eigentlichen → Spielzeuge mit klaren Funktionen und definierten Umgangsmöglichkeiten. Vielfach erhalten sie ihre Bedeutung erst im → Spiel (aus einem gelben Blatt wird z.B. ein Geldstück). Die Umgebungsqualitäten inspirieren die Kinder in besonderem Maße zum → Rollenspiel. Immer wieder müssen innerhalb der Spielsequenzen Bedeutungsinhalte in der Spielgruppe abgestimmt werden. Das

fördert → Kommunikation, → Kreativität und Streitkultur.

Raum zum Alleinsein ■ Hohe Konzentration und ungestörte Fokussierungsprozesse brauchen das Abseits, den ganz persönlichen Raum für ein Kind. Sich aus dem Weg gehen, sich separieren zu können, ganz bewusst die Nähe oder Distanz zur Gruppe zu wählen, Momente des Unbeobachtetseins zu erfahren – der Naturraum mit seiner variablen Raumgröße und speziellen Strukturierung bietet Voraussetzungen zum Erwerb dieser Erfahrungen.

Jahreszeitlicher Rhythmus ■ Im Waldkindergarten erleben Kinder die Jahreszeiten ganz unmittelbar in ihren unterschiedlichen Qualitäten (z.B. Temperaturunterschiede, Wechsel von Flora und Fauna, Prozesse des Werdens und Vergehens).

Basiswissen der Erzieherin ■ Grundlegend für eine pädagogische Arbeit im Waldkindergarten ist, dass die Erzieherin eine positive Einstellung zur Natur hat und sich gerne in ihr aufhält. Es geht darum, sich selbst mit allen Sinnen mit der Natur auseinander zu setzen, sich von ihr berühren und anrühren zu lassen, der Frage nachzugehen, welche Werte die Natur für einen selber darstellt und welche dieser Werte man begründet an die Kinder herantragen kann und möchte.

Darüber hinaus sind aber auch konkretes Sachwissen sowie pädagogische und kommunikative Kompetenzen notwendig. Die Erzieherin im Waldkindergarten

■ Weiß, wie man Gefährdungen vermeidet und wie man mit ihnen umgeht, kann Wetteranzeichen deuten, kennt das richtige Verhalten bei Gewitter, erkennt Giftpflanzen, kann erste Hilfe leisten und sich im freien Gelände orientieren, hält den Kontakt zu den Förstern und Jagdpächtern

■ Kann Bäume, Pflanzen und Tiere im Waldgebiet benennen, kennt die Setzzeiten (Jägersprache für Gebärzeiten) und Schonzeiten der Tiere

- Weiß um die Vernetztheit im Naturkreislauf und kann dieses Wissen auch kindgerecht vermitteln
- Kennt Aufwärm- und Bewegungsspiele.

Tagesablauf ■ Viele reine Waldkindergärten bieten zwischen 8 und 9 Uhr eine Randbetreuungszeit an. In den oft kalten Frühstunden hält sich die Frühgruppe z.B. im heizbaren Bauwagen auf. Häufig wird ein Ofenfeuer geschürt, ein warmer Tee angeboten. Um 9.20 Uhr, nach dem Morgenkreis, geht es zu einem der (in der Regel) drei bis vier Waldplätze. Im mitgeführten Bollerwagen sind u.a. Wasserspender, Ersatzkleidung und ein Erste-Hilfe-Set untergebracht.

Am Waldplatz beginnt nach dem Ablegen der Rucksäcke die Freispielphase. Jeder Platz hat seine »Toilettenecke«. Die Exkremente werden mit einem Spaten vergraben. Häufig werden Lupen, Seile, Staffeleien, Bilder- und Sachbücher sowie Schnitzmesser in der Freispielzeit angeboten. Gegen 10.30 Uhr waschen sich die Kinder an einem Wasserspender die Hände und frühstücken dann im Kreis auf ihren Isomatten.

Eine zweite Freispielphase endet gegen 11.30 Uhr. Danach wird eine Aktivität angeboten, gegen 12.45 Uhr geht die Gruppe zum Abholplatz. Die Kinder der Spätgruppe verbleiben noch bis 14 Uhr im Waldkindergarten und nehmen häufig eine zweite Mahlzeit ein (bei kalter Witterung im Schutzraum).

Ingrid Miklitz

■ **Literaturtipps**

Cornell, J. (1991). Mit Kindern die Natur erleben. Mülheim an der Ruhr: Verlag an der Ruhr.

Miklitz, I. (2004). Der Waldkindergarten. Weinheim/Basel: Beltz.

Gebhard, U. (1994). Kind und Natur. Opladen: Leske & Budrich.

■ **Kontakt**

Bundesverband Natur- und Waldkindergärten e.V.
Osterdamm 27
24983 Handewitt
Tel. 04608-1755
E-Mail: info@bundesverband-waldkinder.de

Werken

Werken ist eine Möglichkeit, der gestalteten Umwelt und der gestaltbaren Welt aktiv zu begegnen, indem eigenständig mit unterschiedlichen Materialien durch schöpferisches Tun eine kreative Auseinandersetzung erfolgt. Durch das Bearbeiten des Ausgangsmaterials entwickelt das Kind ein gegenständliches Werk, das neu und ungewohnt ist. Neben diesem künstlerischen Aspekt macht das Kind Erfahrungen im technischen Bereich, es erprobt technische Gesetzmäßigkeiten und baut auf diese Weise neue physikalische Denkmuster auf.

Werken wird häufig mit Basteln gleichgesetzt. Dabei fördert Werken viel ausgeprägter die Eigenständigkeit und das Entwickeln eigener Ideen, während beim Basteln oft Vorlagen oder vorgegebene Arbeitsabläufe übernommen und nachgeahmt werden. Im Folgenden wird Werken vor allem mit schöpferischem Handeln verbunden.

Zur Bedeutung des Werkens ■ Grundlegend für Werken ist die Erfahrung der Dreidimensionalität der Materie. Während beim → Malen die Grundfläche gestaltet wird, wird beim Werken zusätzlich die Höhe als dritte Dimension miteinbezogen. Wenn z.B. ein Klumpen Ton oder ein Stück Holz bearbeitet werden, erlebt das Kind die Raumperspektive neu, d.h. der Gegenstand kann von der Seite, von vorn, von hinten oder aus der Höhe betrachtet werden. Hinzu kommt die Auseinandersetzung mit der Beschaffenheit, dem statischen Aufbau und dem Gewicht des Materials. Für den werkenden Menschen ist es eine besondere Erfahrung, aus formloser Materie eigenständig einen gestalteten Gegenstand zu entwickeln und eigene Ideen praktisch umzusetzen.

Johann Heinrich Pestalozzi (1746–1827) betonte bereits die Bedeutung des schöpferischen Tuns des Menschen für die → Bildung. Holz- und Tonwerkstätten in der → Freinetpädagogik werden für Kinder eingerichtet, in denen sie die Möglichkeit haben, selbständig und nach ihrem eigenen Rhythmus zu »arbeiten« und zu gestalten. Erfahren Kinder den Freiraum, zu werken, so sind sie nach Freinet produktiv und erfinderisch und drücken viel über sich aus. Dies gelingt, wenn die Aufgaben den Bedürfnissen der Kinder entsprechen. Für die Freinetpädagogik ist handelndes Lernen in einem Raum von Ruhe und freier Gestaltungsmöglichkeit eine wesentliche Erfahrungsbasis. Die → Reggiopädagogik hebt hervor, durch Werken nie Dagewesenes zu gestalten, Erfahrungen zu variieren und aus entstandenen Fehlern zu lernen. So können Einsichten in die Materialien und Techniken, aber auch über die eigenen Fähigkeiten gewonnen werden. Der im Prozess der Gestaltung und im geschaffenen Gegenstand erlebte Erfolg stärkt das Selbstvertrauen des Kindes und motiviert, weiter zu werken oder Neues zu versuchen.

In der gegenwärtigen Bildungsdiskussion wird ebenfalls auf die Bedeutung von Werken hingewiesen. Das Kind erschließt sich durch Werken die Wertigkeit seiner Lebenswelt. Durch das Gestalten von Materialien, das Herstellen neuer Gegenstände baut das Kind eine Beziehung zum Geschaffenen auf und kann bisherige Erfahrungen vertiefen und erweitern. Werken gestattet dem Kind, kreativ zu sein, zu forschen und zu experimentieren. Dabei werden Grundkenntnisse für weiteres Handeln erworben. Neben dem Erkunden des Materials und dessen Eigenarten erlebt das schöpferisch tätige Kind seinen eigenen Körper. Es erfährt sich in seinen Fähigkeiten, registriert Bewegungsabläufe und bringt seine physischen und psychischen Kräfte zum Ausdruck.

Sensomotorische Erfahrungen ■ Durch Werken wird die → Sensomotorik (= die Verbindung von Sinneswahrnehmungen und Bewegung) gefördert. Die vielfältigen Erfahrungen mit den Gegenständen und Materialien führen zu neuen Erkenntnissen, werden mit neuen in Verbindung gebracht und abgespeichert. Der Sehsinn vermittelt die sichtbaren Merkmale eines Gegenstandes, z.B. Form, Größe, Farbe, Dimensionalität. Mit Hilfe des Tastsinns kann das Kind die Eigenschaften von Gegenständen erfassen, z.B.

Temperatur, Oberflächenbeschaffenheit, Verletzbarkeit, Härtegrad, Konsistenzwechsel. Die gesamte Haut des Körpers kann dem Menschen diese Informationen geben. Besondere Bedeutung hat dabei die Hand; die Sinneswahrnehmung mit den Fingerspitzen wird als »taktil« bezeichnet. Wir handhaben und begreifen Materialien, um Größe, Gewicht, Beschaffenheit und Proportionen zu erfahren. Die Hand ist zum Erkunden der Umwelt wichtig und mit den Händen können wir einen Gegenstand verändern. Bei der Gestaltung eines Handschmeichlers aus Ton gestaltet das Kind z.B. eine ihm angenehme Form aus einem Stück Ton und kann diesen Körper immer wieder gefühlsmäßig erleben, indem es ihn erfasst. Es hat ihn selbst mit den Händen geschaffen und kann ihn ertasten.

Das Greifen ermöglicht den Aufbau von Vorstellungen – je differenzierter diese Erfahrungen sind, umso vielfältiger »begreifen« wir unsere Umwelt. Es trägt zu Gewohnheiten bei, die dem Menschen Sicherheit im Umgang mit Gegenständen vermitteln (z.B. ist der Eindruck »Wie fühlt sich Holz im Gegensatz zu Metall oder Plastik an?«, eine grundlegende, längere Zeit anhaltende Erfahrung). Wenn wir lernen, Informationen mit Hilfe des Tastsinns aufzunehmen, so erhalten wir praktisch einen zweiten Sehsinn – der aber bei eingeschränkteren Erfahrungen auch verkümmern kann.

Mit Hilfe des Gleichgewichtssinns gewinnen wir die Einschätzung unserer Körperlage und deren Veränderung. Gleichzeitig dient er der Raumorientierung. Wenn beim Werken ein Holzstück hin- und herbewegt wird, so fördert dies das sogenannte vestibuläre Verständnis. Wenn bei schwierigeren Werkaufgaben das Drehen und Wenden erforderlich wird, gelingt dies besser mit einer differenzierten Gleichgewichtserfahrung.

Materialien ■ Die Materialien für Werken sind vielfältig. In der → Waldorf- und in der Freinetpädagogik ist der Umgang mit Holz wichtiger Bestandteil der Pädagogik. Ob es bearbeitetes Holz ist, das dazu anregt, etwas auszuprobieren und Eigenarten von

Holz und Werkzeug kennen zulernen, oder naturbelassenes Holz (z.B. im Wald gesammelte Stöcke) – die Möglichkeiten, mit Holz kreativ zu gestalten, sind für Kinder vielfältig. So kann z.B. ein Flugzeug oder Auto zum Spielen, eine Figur als Schmuck oder ein Alltagsgegenstand selbst hergestellt werden, was zu weiterem Tätigsein anregt, aber auch innere Zufriedenheit schafft.

Grundlegende Erfahrungen können auch mit Fimo, Ton, Gips oder Pappmaché gesammelt werden. Ob es darum geht, aus Ton Häuser zu gestalten oder mit Hilfe von Draht und Gips Landschaften oder Skulpturen zu entwickeln: Die Erfahrung, dreidimensionale Produkte herzustellen, erfüllt Kinder im → Kindergarten oder → Hort mit Stolz und verleiht ihnen Selbstbewusstsein. Neben den bisher genannten Werkstoffen können zum Werken auch Papier und Pappe sowie Naturmaterialien verwendet werden. Letztlich kann jeder Alltagsgegenstand Anregungen zum Werken bieten.

Räumlichkeiten ■ In der Praxis wird oft zu wenig Raum zum Werken geboten. Ein positives Beispiel sind die Werkstätten der Reggio- und der Freinetpädagogik, die geräumig und für jeden zugänglich sind. Werkräume oder Werkbereiche sollten schön gestaltet, sinnvoll eingerichtet und gut ausgestattet sein, Materialien und Werkzeuge nach entsprechender Einführung selbständig benutzt werden können.

Der Drang eines Kindes, eine Werktätigkeit durchzuführen, sollte nicht beeinträchtigt werden. Anregungen dazu, wie man »Materialwagen« und »Arbeitsräume« ohne große Mühe von Kindern selbst gestalten kann, sind in der Fachliteratur zu finden. Wenn Erzieherinnen Bedenken haben, dass sie selbst zu wenig Werkkenntnisse haben, können sie durch Fachliteratur und entsprechende Fortbildungskurse ihre Kompetenzen erweitern.

Hartmut Hansen/Sabine Hohmann

■ **Literaturtipps**

Braun, D. (2002). Handbuch Kunst und Gestalten. Freiburg: Herder.

Sommer, B. (1996). Tausendfühler. Neuwied: Luchterhand.
Zimmer, R. (2004). Handbuch der Sinneswahrnehmung. Freiburg: Herder.

Werte und Normen

Damit sich der Mensch als handelndes Wesen zielgerichtet und bewusst verhalten kann, braucht er Orientierung. Dabei helfen ihm Werte und Normen. Werte sind Maßstäbe. Wie Leuchttürme für Schiffe zeigen sie Menschen die Richtung für ihr Handeln an. Für ein Schiff ist ein Leuchtturm nicht das Ziel seiner Fahrt, sondern Orientierung für den eingeschlagenen Kurs. Folglich sind Werte allgemeine, bei einer Mehrheit von Menschen anerkannte Maßstäbe, die das Handeln bestimmen und Entscheidungen über Handlungsweisen ermöglichen. Es gibt sittliche, religiöse, politische, ästhetische und kulturelle Werte.

Normen sind Verhaltens- und Handlungsregeln. Sie konkretisieren allgemein anerkannte Werte und gewährleisten damit das Funktionieren einer Gruppe (z.B. Familie, Schulklasse, Team) oder Organisation (z.B. Kindertagesstätte, Freizeiteinrichtung, Wohlfahrtsverband) und sichern letztlich den Bestand einer Gesellschaft.

Werte sind eine *generelle*, Normen eine *spezielle* Übereinkunft einer Gesellschaft. Beide geben dem sozialen Handeln eine Sinn (Warum? – Darum!). Werte und Normen haben eine Orientierungs- und Integrationsfunktion. Sie werden durch die Sozialisationsinstanzen im Sozialisationsprozess vermittelt (→ Sozialisation). Beide bieten Orientierung und Sicherheit bei Entscheidungsprozessen an und ordnen bestimmte Handlungsmuster bestimmten Situationen zu: »Das tut man/Das tut man nicht«. Mit seiner Entscheidung bleibt ein Mensch in Übereinstimmung mit seiner Gruppe, Organisation und Gesellschaft oder positioniert sich außerhalb einer allgemein gültigen Ordnung.

Werte im Wandel der Zeit ■

Werte und Normen verändern sich, sind von gesellschaftlichen Wandlungsprozessen abhängig. Geistesgeschichtlich sind sie in → Religionen oder in der Philosophie begründet. Bereits in der griechischen **Antike** fragten Philosophen nach dem höchsten Gut, das ein Mensch anstreben soll, um in seinem Leben Erfüllung und Glückseligkeit zu finden. So entwickelte Aristoteles (384–322 v. Chr.) eine Tugendlehre, die über Jahrhunderte Grundlage allen Nachdenkens über Werte wurde. Für ihn steht der Mensch zwischen dem Göttlichen und dem Tierischen. Damit lebt er in der Spannung zwischen der Vernunft und dem Trieb. Dies führt den Menschen immer wieder in Konflikte mit sich selbst und mit seiner Umwelt (Was will ich? – Was darf ich?). Der harmonische Ausgleich zwischen Vernunft und Trieb bleibt Ziel und Aufgabe für jeden Menschen.

Aus der **jüdischen Religion** stammen die zehn Gebote, die Moses (um 1200 v. Chr.) als Maßstäbe Gottes für das Handeln seines auserwählten Volkes vom Berg Sinai mitbrachte. Diese Gebote sollen die Menschen nicht maßregeln, sondern als Richtschnur im Alltag dienen und freiwillig befolgt werden. Damit hat der Mensch auch die Freiheit, die Gebote nicht zu befolgen und sich mit dem göttlichen Willen auseinander zu setzen.

Im **Christentum** gilt, in Anlehnung an die zehn Gebote, die Nächstenliebe als wichtiger Maßstab: »Du sollst Gott, deinen Herrn, lieben von ganzem Herzen, von ganzer Seele, von allen Kräften und von ganzem Gemüte und deinen Nächsten wie dich selbst« (Lukas-Evangelium 10, 27). In diesem christlichen Grundsatz wird die Balance zwischen Gottesliebe, Nächstenliebe und Selbstliebe als Maßstab für das Handeln eines Menschen betont.

Die **Aufklärung** als geistige Bewegung des 18. Jahrhunderts setzte mit der Emanzipation, also der Befreiung der Menschen aus der Abhängigkeit von Kirche und Staat, und der Vernunft zwei neue Maßstäbe, die das menschliche Handeln bestimmen sollten. Jeder Mensch, und nicht nur die Vertreter des Adels, der Kirche oder des Staates, ist mit Vernunft ausgestattet und verfügt über einen »gesunden Menschenverstand«. Das bedeutet allerdings auch, dass er nicht nur die Gesetze befolgen, sondern Verantwortung für sein Handeln übernehmen muss.

> »Handle nur nach derjenigen Maxime, durch die du zugleich wollen kannst, dass sie allgemeines Gesetz werde.« Immanuel Kant (1724–1804, deutscher Philosoph).

In der **Französischen Revolution** (1789) wurden die Gedanken der Aufklärung radikal übernommen und umgesetzt. Ihre Forderung nach Freiheit, Gleichheit und Brüderlichkeit (liberté, égalité, fraternité) findet sich heute in vielen nationalen Verfassungen wieder.

Auch das **Grundgesetz** der BRD hat die Gleichheits- und Freiheitsgedanken der Aufklärung aufgenommen. So wird die Würde eines Menschen als unantastbar bezeichnet. Sie garantiert, dass jeder Mensch einzigartig und mit Persönlichkeitsrechten ausgestattet ist. Das Grundgesetz betont aber auch, dass Freiheit nicht ohne Verantwortung auskommt. Diese drückt sich z.B. in der Akzeptanz von gemeinschaftlich anerkannten Regeln aus.

Jeder demokratische Staat zeichnet sich durch einen **Wertepluralismus** aus. D.h., dass mehrere gültige Werte nebeneinander stehen, die sich auch widersprechen können. So kann z.B. der Bau einer Schnellstrasse dem Gemeinwohl dienen und gleichzeitig die Freiheit betroffener Grundstücksbesitzer einschränken. Hier gilt es nach einer Güterabwägung zu möglichst einvernehmlichen Lösungen zu gelangen. Einige Menschen sprechen heute vom **Werteverfall**. Sie beklagen, dass die Verbindlichkeit von Werten nachlässt. Ursachen sehen sie z.B. in einer Staatsverdrossenheit, fehlenden Vorbildern, der Auflösung von Familienstrukturen oder der Konsumorientierung. Andere Menschen registrieren eine **Werteverschiebung**. Während früher Pflicht- und Gemeinschaftswerte wie Fleiß, Pünktlichkeit, Gehorsam, Bescheidenheit, Rücksichtnahme usw. galten, orientieren sich heute viele an den Selbstentfaltungswerten wie z.B. Unabhängigkeit, Selbstverwirklichung, Durchsetzungsfähigkeit, Genuss- und Konsumorientierung. Dies führe zunehmend weg von der Orientierung am Gemeinwohl hin zur Individualisierung.

Formen von Werten und Normen ■
Bei den Werten lassen sich folgende Formen unterscheiden:

- **Grundwerte** (Primärwerte): Grundwerte sind die höchsten handlungsleitenden Werte innerhalb einer Gesellschaft. In einer Demokratie zählen dazu z.B. Gleichheit, Recht auf Leben und körperliche Unversehrtheit, freie Entfaltung der Persönlichkeit, Religions- und Meinungsfreiheit. Grundwerte sind abhängig vom gesellschaftlichen und kulturellen Wandel. Nicht überall gelten der Einzelne und seine individuellen Bedürfnisse als Maßstab. So hat in manchen Kulturen die Würde oder die Freiheit des einzelnen Menschen geringere Bedeutung und wird gegenüber den Interessen der → Gruppe zurückgestellt
- **Tugenden** (Sekundärwerte): Unter dem Begriff Tugend versteht man die ausgeprägte Bereitschaft, das eigene Handeln an Werten zu orientieren. Zu den grundlegenden politischen Tugenden zählen z.B. der Gesetzesgehorsam, der Gemeinsinn, die Kritikfähigkeit und die Toleranz. Typische Sekundärwerte sind z.B. Fleiß, Pünktlichkeit, Zuverlässigkeit, Treue. Auch Tugenden sind dem Wandel unterworfen.

Normen lassen sich unterscheiden in:

- **Statische Normen:** feststehende und dauerhafte Regeln wie Gesetze und Verordnungen, z.B. Kindertagesstättengesetz, Heimmindestbauverordnung
- **Relative Normen:** »weiche« Regeln wie Sitten und Gebräuche, z.B. jemandem die Tür aufhalten, einen Weihnachtsbaum aufstellen
- **Idealnormen:** Regeln mit hohem Geltungsanspruch (Ideal), z.B. Nächstenliebe, Fortschritt, Gesundheit
- **Funktionale Normen:** Regeln für Beziehungen und das Zusammenleben von Menschen, z.B. Hausordnung, Diskussionsregeln, Kleiderordnung

- **Persönliche Normen:** persönliche Ziele, die jemand erreichen will, z.B. mit dem Rauchen aufhören, eine Prüfung bestehen

> »Sei streng, pünktlich, ordentlich, arbeitsam, fleißig in Deinem Berufe! Bewahre deine Papiere, Deine Schlüssel und alles so, dass Du jedes Stück auch im Dunkeln finden könntest! Verfahre noch ordentlicher mit fremden Sachen!«
> Aus: Adolph Franz Friedrich Freiherr von Knigge (1752 – 1796): Über den Umgang mit Menschen (1788)

Verbindlichkeit von Normen ■
Nicht alle Normen sind gleich verbindlich. Die Erwartung, Normen einzuhalten, drückt sich im Grad der Verbindlichkeit aus:

- **Muss-Erwartungen:** Es ist gesetzlich geregelt, dass die Schweigepflicht bei bestimmten Berufsgruppen eingehalten werden muss
- **Soll-Erwartungen:** In einem Freizeitheim soll generell die Hausordnung beachtet werden. Ausnahmen sind nach Absprache mit den Mitarbeiterinnen möglich
- **Kann-Erwartungen:** Wenn von den Beteiligten erwünscht, kann für die Kinder und Angehörigen einer Kindertagesstätte ein Laternenumzug organisiert werden.

Als Normsender werden diejenigen bezeichnet, die Normen für bestimmte Personen, Gruppen oder Organisationen aufstellen. Dazu gehören der Gesetzgeber oder die Leitung einer sozialen Einrichtung. Auf der anderen Seite stehen die Normadressaten. An sie sind die Normen gerichtet. So sollen die Bürger eines Staates oder die Besucher eines Jugendtreffs die Normen erfüllen.

Normen können nur durchgesetzt werden, wenn deren Einhaltung kontrolliert wird. Dieser Vorgang wird als soziale Kontrolle bezeichnet. Dafür sorgen:

- **Positive Sanktionen:** Belohnungen für normgerechtes Handeln, z.B. Zuwendung, Anerkennung, Vorteile, Privilegien
- **Negative Sanktionen:** Bestrafungen für → abweichendes Verhalten (Devianz) durch Abwendung, Liebesentzug, Ausgrenzung, Bußgeld, Haftstrafe.

Klassische Instanzen sozialer Kontrolle sind Polizei und Staatsanwaltschaft. Sie überwachen die Einhaltung von Normen und sanktionieren im Rahmen der ihnen gesetzmäßig zugewiesenen Aufgaben und Befugnisse. So schreitet die Polizei bei nächtlicher Ruhestörung ein oder die Staatsanwaltschaft ermittelt beim Verdacht auf Diebstahl in einer Behinderteneinrichtung.

Normen und Sanktionen müssen durch Kontrollverfahren überprüfbar sein. Ist der Geltungsgrad nicht mehr begründbar oder die Wirkung nicht mehr angemessen, sind sie zu verändern.

Karl Stanjek

■ Literaturtipps

Biermann, B./Bock-Rosenthal, E./Doehlemann, M. (2004). Soziologie. Stuttgart: Reinhardt Verlag UTB.
Duden (2002). Philosophie. Mannheim: Bibliographisches Institut.
Pauer-Studer, H. (2003). Einführung in die Ethik. Stuttgart: UTB.

Zwillinge

Zwillingsgeburten nehmen zu. Mehrlingsgeburten begegnen uns immer häufiger. War nach Berechnungen des Statistischen Bundesamtes 1976 jedes 52. Neugeborene ein Zwilling, so war es zehn Jahre später schon jedes 45. Kind. In der zweiten Hälfte der 90er Jahre wuchs die Zahl der Zwillinge in einem Jahr um 3,7 %. Der Trend scheint sich fortzusetzen. Dafür gibt es vor allem drei Gründe: 1. Die steigende Zahl von hormonell unterstützten Kinderwunsch-Behandlungen. 2. Immer mehr Frauen entschließen sich nach dem 35. Lebensjahr zur Schwangerschaft. In diesem Alter nimmt die Konzentration des Eireifungshormons im Blut zu. Damit steigt die Chance einer Zwillingsschwangerschaft, aus der zweieiige Zwillinge geboren werden. 3. Die schwangerschaftsbegleitende medizinische Versorgung und die medizinische Betreuung während und nach der Geburt geben Risikokindern und Frühgeburten anders als noch vor 30 oder 40 Jahren eine reelle Überlebenschance.

Insgesamt sind nur etwa ein Drittel aller Zwillinge eineiig, weisen also jene Konstellation auf, die sowohl die Forscher auf den Plan ruft als auch das Bild von Zwillingen und den sie umgebenden Mythos der »Einheit der Seele« geprägt hat. Zwei Drittel sind zweieiig, davon die Hälfte geschlechtsgemischt.

Zwillingsforschung ■ In vielen Kulturen sind Zwillinge ein Symbol des Guten – oder aber des Bösen. In jedem Fall sind sie etwas Besonderes. So werden sie von den Yoruba verehrt, während die Algonkin-Indianer sie gleich nach der Geburt töteten. Schon in alten Mythologien galt eine Zwillingsgeburt als etwas Besonderes, wurde der Zeugung göttlicher Einfluss zugedichtet.

Erst seit dem Beginn des 20sten Jahrhundert weiß man eindeutig, dass eineiige Zwillinge gleiche Erbanlagen haben. Um den Anteil von Umwelteinflüssen und genetischen Dispositionen zu klären, nutzte die Wissenschaft die Zwillingsforschung. Im national-sozialistischen Deutschland wurden Zwillinge zu einem bevorzugten Forschungsthema. In eigens eingerichteten Zwillingslagern führte der KZ-Arzt Josef Mengele grausame Experimente an jüdischen Zwillingen durch, um unterschiedliche Krankheitsverläufe (z.B. Typhus) zu studieren und die nationalistische Rassenlehre zu untermauern.

In den 70er Jahren wurden in Göttingen Zwillingsuntersuchungen gestartet, um neurotische Krankheitsbilder auf ihre erblichen Dispositionen und Familien- sowie Umweltbedingungen zu untersuchen. Großangelegte Untersuchungen gab es in Ostdeutschland in den 1980er Jahren. Der Psychologieprofessor Kabat vel Job unterscheidet zwischen genetisch-biologischen, psychischen und sozialen Faktoren und betrachtet die verschiedenen Zwillingskonstellationen sowohl in ihrer Paardynamik als auch im Zusammenhang mit der elterlichen Erziehungsstrategie: Je ähnlicher sich Zwillinge im äußeren Erscheinungsbild sind, desto häufiger werden sie von Eltern und anderen paarkonform behandelt. Kabat vel Job fand heraus, dass selbst eineiige Zwillinge sich in ihrer Persönlichkeit um so mehr unterscheiden können, je deutlicher die elterliche Erziehung die Individualität fördert. So können sie zu einem eigenständigeren Auftreten gelangen als zweieiige Zwillinge, deren Eltern die beiden eher konform erziehen.

Heute befassen sich vor allem Humangenetiker und Psychologen der Universitäten Bielefeld und Frankfurt mit aktuellen Fragen der Zwillingsforschung.

Zwischen Einzigartigkeit und Gleichheit ■ Jeder Zwilling ist ausnahmslos einzigartig und unverwechselbar. Die Umwelt nimmt Zwillinge vor allem dann als gleich wahr, wenn die Gleichheit durch gleiche Kleidung unterstrichen wird. Damit wird der Umwelt die unausgesprochene Botschaft vermittelt: »Hier sind gleiche Kinder, bitte behandeln sie gleich.« Aufsehen und Verblüffung verdeckt für eine Weile auch für die Kinder selbst, dass sie als einzelnes Wesen nicht verblüffender sind als andere, einzeln geborene Kinder auch. Dies kann die Entwicklung von Zwillingskindern beeinträchtigen. Die individuelle und die soziale Entwicklung zu unterstützen, ist Aufgabe der Eltern und Erzieherinnen. Voraussetzung hierfür ist eine Sensibilität für die besondere Situation von Zwillingen.

Individualität und Paarbezogenheit ■

Zwillingen ist von Geburt an ein Partner an die Seite gestellt, zu dem sich der Kontakt leichter herstellen lässt als zur Mutter oder zum Vater. Sie wachsen von Beginn an in einer Dreierbeziehung (=Triade) auf. Im Kleinkindalter brauchen eineiige Zwillinge, die im Partner häufig ihr eigenes Spiegelbild sehen, besonders lange, bis sie ihn als ein von sich selbst getrenntes Individuum betrachten können. Hinzu kommt häufig die gleiche Behandlung in der Annahme von gleichen Bedürfnissen, Ansprache im Plural (unabhängig davon, ob die Zwillinge eineiig oder zweieiig sind) und Konfusionserfahrungen durch Verwechslungen bei scheinbar gleichem Aussehen. Dabei zeigen auch eineiige Zwillinge sehr früh unterschiedliche Temperamente und Strategien, eigene Interessen und Bedürfnisse durchzusetzen. Der Ich-Bildung und dem Bewusstsein für die eigene Unverwechselbarkeit sind damit deutliche Hürden gelegt.

Da das Bestreben nach Nähe und Eigenständigkeit selten bei beiden gleichzeitig auftritt und gleich stark ist, ergeben sich Spannungen, die für den Individualisierungsprozess wichtig sind (Meine Wünsche – deine Wünsche – unsere Wünsche/Ich will – wollen wir?/Kann ich dich »verlassen«/Wie viel Kränkung kann ich dir/mir zutrauen?). Die Ambivalenz der dabei entstehenden Gefühle, der Widerstreit zwischen Bedürfnissen nach Nähe und Distanz, nach Verschmelzung und Abgrenzung, nach Dominanz und Gerechtigkeit zeigt Konfliktpunkte innerhalb der Paarbeziehung auf, die dem Mythos nach Harmonie widersprechen. Dem unterliegen vor allem weibliche Zwillingspaare. Männliche Zwillingspaare sind in Gruppen und Klassen häufiger getrennt als weibliche Zwillinge.

Durch das System des Vergleichs, der Bewertung und der Konkurrenz bringt die Schulzeit eine neue Färbung in die Zwillingsdynamik, durch die die gewohnten Stärken und Schwächen neu gewichtet werden. Konkurrierende Erlebnisse aus der Erfahrung in einer Klasse setzen sich zu Hause oder im Hort bei den Hausarbeiten fort. Oder es kann auch anders sein: Unterschiede werden nicht deutlich, weil die Lehrer oftmals von der Gleichheit geblendet, auch gleiche Erwartungen an die schulische Leistung haben. Nicht selten bringen eineiige Zwillinge, die in einer Klasse unterrichtet werden, identische Zeugnisse mit nach Hause. Wurden sie überhaupt auseinander gehalten? Glauben sie am Ende selbst an die Gleichheit ihrer Talente und schulischen Leistungen? Vieles spricht für den Besuch verschiedener Klassen.

Spätestens in der Pubertät entsteht bei den meisten Zwillingen der Wunsch nach Abgrenzung, spätestens jetzt bricht der Konflikt zwischen Ich-Findung und Paarbezogenheit mit Macht auf. Der Eintritt in den Kindergarten, in die Schule und die Entwicklungsspielräume in der Pubertät sind deshalb auch wichtige Wegmarkierungen, an denen Eltern Rat bzw. Klärungsgespräche suchen. Der Schulwechsel in die fünfte Klasse muss für beide den Absprung aus der gegenseitigen Umklammerung bringen. Spätestens jetzt wird das Bedürfnis des sich wechselseitigen Abgrenzens Teil der pubertären Auseinandersetzung. Ohne den allgegenwärtigen intimen Seitenblick wird die ohnehin schwierige Phase der Metamorphose noch immer kompliziert genug für jeden Zwilling und für das Paar.

Pädagogische Konsequenzen ■ Wir

wissen, dass Zwillinge seltener einzeln angesprochen werden und ihre Sprechkontakte häufiger auf den Zwillingspartner gerichtet sind als zu Personen aus dem Umfeld. Da Zwillinge ein eingespieltes (entgegen dem Mythos nicht immer friedliches) Team sind, beobachten wir eine paarinterne Spielkultur, die gestresste Eltern und Erzieherinnen oft dazu verführt, sie mehr sich selbst (und ihrer eingespielten Arbeitsteilung) zu überlassen. Zwillinge erhalten in der Regel weniger Anreize von außen.

Wenn Eltern und Erzieherinnen darauf bedacht sind, individuelle Vorlieben, Stärken und Freundschaften zu unterstützen, dann bedeutet das, für und mit jedem einzelnen Kind zu entscheiden, z.B. welcher Verein gefragt ist, wer welchen Freund einlädt oder wer wen besuchen möchte. Wenn sie dann ihre Interessen zur gemeinsamen Planung zusammenbringen, mag es wunderbar, aber nicht selbstverständlich sein.

Die Individuation wird dadurch erleichtert, dass Zwillinge unterschiedliche Kleidung wählen können, zeitweise auch unterschiedliche Wege gehen, in verschiedenen Bezugsgruppen ihre eigene → Rolle definieren – nicht nur in Abgrenzung vom Zwillingsgeschwister. Pädagogische Fachkräfte werden ihre Haltung reflektieren, die Besonderheiten jeder Paargeschichte erkunden, das Paarkonzept der Eltern ernst nehmen und klären, unter welchen Voraussetzungen sie dem einzelnen Kind am ehesten gerecht werden können.

Auf die schwierige Frage nach der Schulreife (→ Schulfähigkeit) ist nicht immer eine allgemeingültige Antwort möglich. Meist kommen beide Zwillinge im gleichen Jahr in die Schule. Was aber, wenn ein Kind schulreif ist, das andere in seiner Entwicklung ein anderes Tempo geht bzw. ein Handicap die Entwicklung beeinträchtigt? Soll die Entscheidung zugunsten des Paares gefällt werden? Dann müsste das schulfähige Kind ein Jahr warten. Diese Erfahrung kennen viele heute ältere Zwillinge und sie wissen, dass dies beiden Kindern Probleme bereitet. Warum also die

Entscheidung nicht gleich nach individuellen Aspekten treffen? Eine Einschulung in zwei Jahrgängen wäre dann die logische Folge.

Wir wissen heute, dass die elterliche Beachtung der Unverwechselbarkeit auch äußerlich gleicher, eineiiger Zwillinge die Individualität entscheidend fördert. Diese Haltung überträgt sich auf das häusliche Umfeld, die Freunde und die Erziehungsinstitutionen, die die Signale der Eltern aufgreifen und sich daran orientieren. So kann verhindert werden, dass die beiden zum Beispiel ständig typischen Verwechslungen ausgesetzt sind. Wenn Zwillinge von Beginn an Facetten individueller → Persönlichkeit zeigen und leben können und Erfahrungen auch mit verschiedenen Freunden machen, entsteht daraus eine deutliche Unterstützung des Strebens nach Unabhängigkeit innerhalb der Paarbeziehung.

Zwillinge sollen ihre besondere Paarbeziehung und Nähe genießen können. Dazu müssen sie aber auch in der Lage sein, zeitweise ohne den anderen zu sein, Eigenständigkeit zu entwickeln. Denn – und das wissen wir ja aus erwachsenen Paarbeziehungen – symbiotische Verhältnisse sind keine glücklichen, sie machen unselbständig und lassen die Chance der Unabhängigkeit nicht zu.

Rita Haberkorn

■ **Literaturtipp**

Haberkorn, R. (2004). Zwillinge – gemeinsame und eigene Wege in der Paarbeziehung. Kindergarten und Schule stellen Weichen. Landsberg am Lech: Verlag von Gratkowski.

Abkürzungsverzeichnis

€	Euro	i.d.R.	in der Regel
§, §§	Paragraph(en)	Joh.	Johannes, Apostel
Abb.	Abbildung	kath.	katholisch
Abk.	Abkürzung	Kiga	Kindergarten
Art.	Artikel	Kita	Kindertageseinrichtung
Aufl.	Auflage	lat.	lateinisch
AT	Altes Testament	MAS	Multiaxiales Klassifikations-
BGB	Bürgerliches Gesetzbuch		system
BGBl	Bundesgesetzblatt	Mio.	Million
BMA	Bundesministerium für Arbeit	Mrd.	Milliarde
BMFSFJ	Bundesministerium für Soziales,	n. Chr.	nach Christus
	Familie und Jugend	NT	Neues Testament
BRD	Bundesrepublik Deutschland	o.Ä.	oder Ähnliches
BSHG	Bundessozialhilfegesetz	OECD	Organization for Economic
BverfG	Bundesverfassungsgericht		Cooperation and Development
bzw.	beziehungsweise	österr.	österreichisch
ca.	circa	Pl.	Plural (Mehrzahl)
DDR	Dt. Demokr. Republik	s.a.	siehe auch
d.h.	das heißt	Sg.	Singular (Einzahl)
DM	Deutsche Mark	SGB	Sozialgesetzbuch
DSM	Diseases Statistical Manual	s.u.	siehe unten
Dtn.	Deuteronomium, 5. Buch	Tab.	Tabelle
	des AT	UNESCO	United Nations Educational,
et al.	et altera = und andere		Scientific and Cultural
EU	Europäische Union		Organization
evtl.	eventuell	usw.	und so weiter
franz.	französisch	u.U.	unter Umständen
geb.	geboren	u.v.a.m.	und vieles andere mehr
gest.	gestorben	v.a.	vor allem
GG	Grundgesetz	z.B.	zum Beispiel
gr.	(alt)griechisch	z.T.	zum Teil
Hg.	Herausgeber		
ICD	International classifacation of		
	diseases		

Register

Autorenverzeichnis

Aden-Grossmann, Wilma, Prof. Dr. ■ geb. 1936. Studium der Germanistik, Soziologie und Erziehungswissenschaft. Professorin für Sozialpädagogik an den Universitäten in Frankfurt/M., Dortmund und Kassel. Seit 2001 im Ruhestand. Publikationen u.a.: Aschenputtel im Schulalltag. Historische Entwicklungen und Perspektiven von Schulsozialarbeit, Weinheim 1987; Kindergarten. Eine Einführung in seine Entwicklung und Pädagogik, Weinheim 2002. (→ Kindheit)

Becker-Textor, Ingeborg ■ geb. 1946. Kindergärtnerin und Hortnerin, Diplomsozialpädagogin (FH), Diplompädagogin (Univ.), Montessori-Diplom. War u.a. Dozentin in der Ausbildung von Kinderpflegerinnen und Erzieherinnen sowie Referatsleiterin für Jugendhilfe, Kindergärten und Horte im Bayer. Sozialministerium. Derzeit Referatsleiterin für Kommunikation und Öffentlichkeitsarbeit. Autorin vieler Bücher für Eltern und Erzieherinnen sowie Mitherausgeberin des Online-Handbuches zum SGB VIII. (→ Kooperation, → Kreativität, → Montessori-Pädagogik, → Reformpädagogik)

Bickmann, Bernward ■ geb. 1955. Diplom-Politologe, Diplom-Religionspädagoge (FH). Leiter des Franziskanischen Bildungswerks e.V., langjährige Erfahrung in der außerschulischen Jugend-, Erwachsenen- und Familienbildung, Lehrerfort- und Weiterbildung; Kommunikationstrainer und Supervisor (DGSv.) in eigener Praxis. Veröffentlichungen u.a.: SV-Seminare als Aufgabe außerschulischer politischer Bildung, in: Faulde, Joachim/Schillo, Johannes (Hg.) Schule und außerschulische Bildungsarbeit, Bad Heilbronn/Obb 1993. (→ Supervision)

Bickmann, Dagmar ■ geb. 1957. Diplom-Pädagogin, Diplom-Theologin, Diplom-Religionspädagogin (FH), Familientherapeutin. Langjährige Berufserfahrung in der Bildungs- und Beratungsarbeit im Kontext von Familie und Schule. Mitarbeit im bundesweiten Projekt »Ehe und Familie im sozialen Wandel«, Mitbegründerin der Elternakademie am Burckhardthaus in Gelnhausen 2002. Verfasserin mehrerer Aufsätze in: Vaskovics, L./Lipinski, H. (Hg.): Ehe und Familie im sozialen Wandel. Bd. 1–3, Opladen 1998. (→ Pädagogik, → Schule)

Bönner, Karl H., Prof. Dr. ■ geb. 1932. Lehrer, Diplom-Psychologe, Psychologischer Psychotherapeut. Vorstandsvorsitzender der Deutschen Akademie für Suchtherapie, des Fachverbandes Sucht. Professur für Psychologie für Pädagogen im klinischen Anwendungsbereich. Leiter der Forschungsstelle für psychosomatische und psychosoziale Prävention und Rehabilitation der Universität Marburg. Arbeitsschwerpunkte: Verhaltensstörungen von Kindern, Entwicklung und Evaluation von Konzepten für die Behandlung von Abhängigkeitskranken. Zahlreiche Publikationen.(→ Sucht)

Büchin-Wilhelm, Irmgard ■ geb. 1950. Diplom-Pädagogin, Diplom-Sozialpädagogin, Diplom-Montessoripädagogin. Seit 1988 wissenschaftliche Lehrerin an der Fachschule für Sozialpädagogik Lörrach, Fortbildungen für Erzieherinnen. Publikationen: u.a. (mit Rainer Jaszus) Fachbegriffe für Erzieherinnen und Erzieher, Stuttgart 2002; Sozialpädagogische Lernfelder für Erzieherinnen, Stuttgart 2004; Kindgemäßes Lernen im Kindergarten, Fellbach 1978. (→ ADHS)

Czerny, Gabriele, Dr. phil. ■ geb. 1954. Studium der Germanistik und Erziehungswissenschaften (M.A.), Ausbildung zur Theaterpädagogin. Akademische Oberrätin an der Pädagogischen Hochschule Ludwigsburg; Mitarbeit im Arbeitskreis »Ästhetische Bildung« an der Universität Augsburg, Mitglied der »Ständigen Konferenz Spiel und Theater an deutschen Hochschulen«. Arbeitsschwerpunkte: Spiel- und Theaterpädagogik, Ästhetische Bildung (Theater- und Literaturdidaktik), praktische Rhetorik. (→ Theaterpädagogik)

Dietrich, Cornelie, Dr. ■ geb. 1965. Studium der Musikwissenschaft, Erziehungswissenschaft und Soziologie. Wissenschaftliche Assistentin am Institut für Allgemeine Pädagogik der Universität Hildesheim. Arbeitsschwerpunkte: Theorie und Geschichte der Pädagogik, Ästhetische Bildung, Pädagogische Anthropologie, Jugendforschung. Veröffentlichungen: u.a. (Hg. mit H.R. Müller) Bildung und Emanzipation. Klaus Mollenhauer weiterdenken, Weinheim und München 2000. (→ Ästhetische Bilung)

Ebert, Sigrid ■ geb.1941. Diplom-Psychologin, Erzieherin. Bis 2004 Leiterin der Abteilung Aus- und Weiterbildung des Pestalozzi-Fröbel-Hauses, Berlin. Lehrtätigkeit in der Aus- und Fortbildung von Erzieherinnen und Sozialpädagogen. Publikationen: u.a. Zwischen Kindergärtnerin und Erzieherin – zur Jahrhundertproblematik eines Frauenberufs, in: Bilden – erziehen – betreuen. In Erinnerung an Erika Hoffmann (Ebert, S./Lost, Ch. (Hg.). München/Wien 1996. (→ Soziale Bildung)

Ellermann, Walter ■ geb. 1955. Dipl.-Pädagoge. Dozent an der Fachschule für Sozialpädagogik in Lübeck. Arbeitsschwerpunkte: Sozialpädagogische Theorie und Praxis/Kommunikation und Gesellschaft/Organisation und Verwaltung. Publikationen: Das sozialpädagogische Praktikum, Weinheim 2002; Bildungsarbeit im Kindergarten erfolgreich planen, Weinheim 2004. (→ Antipädagogik, → Berufsbild, → Praxisanleitung)

Fischer, Claudia, Dr. sc. paed. ■ geb. 1953. Gymnasiallehrerin, promovierte Erziehungswissenschaftlerin. Arbeitet als wissenschaftliche Mitarbeiterin beim Kieler Leibniz-Institut für die Pädagogik der Naturwissen-

schaften (IPN) im Projekt SINUSTransfer Grundschule. Arbeitsschwerpunkte: Schul- und Unterrichtsentwicklung, Evaluation, Selbstevaluation. Publikationen u.a. zu benachteiligten Jugendlichen, Geschichtsbewusstsein junger Menschen. (→ Interkulturelle Erziehung, → Konflikt, → Problemgruppen)

Fischer, Silke ■ geb. 1970. Abschluss des Studiums der Biologie mit Diplom und der Chemie mit Staatsexamen. Wissenschaftliche Arbeit mit dem Schwerpunkt Neuroendokrinologische Steuerung der circadianen Rhythmik. Seit 1998 als Lehrkraft im beruflichen Schulwesen mit den Fächern Medizin und Psychiatrie, Biologie, Biotechnologie und Chemie. Fachberaterin für Biologie am Regierungspräsidium Stuttgart. (→ Schlaf)

Focks, Petra, Prof. Dr. ■ geb. 1962. Diplom-Pädagogin. 1988–1996 soziale und pädagogische Arbeit in der Kinder- und Jugendhilfe sowie Forschung, Fortbildung und Lehre im Bereich geschlechtsbewusster Pädagogik. Seit 1996 Professorin an der Katholischen Hochschule für Sozialwesen Berlin. Publikationen u.a.: Starke Mädchen, starke Jungs. Leitfaden für eine geschlechtsbewusste Pädagogik, Freiburg 2002; Jungen weinen, Mädchen toben? Förderung von Mädchen und Jungen statt neuer Klischees, in: Fürsorge und Aufsicht in Kindergärten und Kindertagesstätten. Lose Blattsammlung. Stuttgart 2004, S.1–16. (→ Geschlechtsbewusste Pädagogik)

Frei, Remigius, lic. phil. ■ geb. 1958. Studium der Pädagogik, Sonderpädagogik und Neuropsychologie. Von 1983–1989 verschiedene Tätigkeiten in Institutionen für erwachsene Menschen mit geistiger Behinderung. Von 1990–2001 Verantwortlicher der Schweizerischen Informations- und Dokumentationsstelle für Autismusfragen am Heilpädagogischen Institut der Universität Freiburg/Schweiz und Geschäftsführer von Autismus Schweiz Elternverein. Seit 2002 Lehrbeauftragter an der Hochschule für Heilpädagogik in Zürich. (→ Autismus)

Fthenakis, Wassilios E., Prof. Dr. Dr. Dr. ■ geb. 1937. Studium der Pädagogik, Anthropologie und Humangenetik, Molekulargenetik und Psychologie. Seit 1975 Direktor des Staatsinstituts für Frühpädagogik, seit 2002 ordentlicher Professor für Entwicklungspsychologie und Anthropologie an der Freien Universität Bozen/Italien. Mitglied in über 20 wissenschaftlichen Organisationen im In- und Ausland, Leiter der Kommission zur Erstellung des Bayerischen Bildungs- und Erziehungsplanes. Verfasser zahlreicher Publikationen zur Frühpädagogik. (→ Bildungsplan)

Götte, Rose, Dr. ■ geb. 1938. Studium der Germanistik, Pädagogik und Philosophie. Wissenschaftliche Assistentin an der Universität Landau, Forschungsprojekt über Sprachentwicklung von Kindern. MdL, dann MdB, 1991–1993 Ministerin für Bildung und Kultur in Rheinland-Pfalz, danach bis 2001 Ministerin für Kultur, Jugend, Familie und Frauen. Publikationen u.a.: Sprache und Spiel im Kindergarten (9. Aufl.), Weinheim/Basel 2002; Und was machen wir morgen? Weinheim/Basel 2005. (→ Mädchenbildung, → Situationsansatz, → Vorschulerziehung)

Griebel, Wilfried ■ geb. 1951. Diplom-Psychologe, wissenschaftlicher Referent am Staatsinstitut für Frühpädagogik in München. Arbeitsschwerpunkte: Transitionen und Erweiterte Altersmischung. Publikationen: u.a. (mit R. Niesel) Abschied vom Kindergarten, Start in die Schule, München 2004; Transitionen, Weinheim 2004. (→ Transitionen)

Haberkorn, Rita ■ geb. 1950. Diplom-Pädagogin, Erzieherin, Sozialpädagogin. Mitbegründerin des Situationsansatzes. In Forschung, Fort-, Aus- und Weiterbildung tätig. Geschäftsführerin im Institut für den Situationsansatz in der Internationalen Akademie GmbH an der Freien Universität Berlin für den Bereich Weiterbildung und Schule des Lebens. Seit August 2005 hauptamtliche Mitarbeit in dem Projekt »School for Life«, Thailand. Publikationen u.a. zu den Themen Qualität und Qualifikation im Kindergarten; Zwillinge; Situatuionsansatz. (→ Altersmi-

schung, → Geschwister, → Situationsansatz, → Zwillinge)

Häberle, Heide-Marie Dr. ■ geb. 1940. Studium der Soziologie, Psychologie, Sozial- und Kunstgeschichte. Psychotherapeutische Zusatzausbildung in Familientherapie und analytischer Gruppenpsychotherapie. Beratende Tätigkeit in Projekten der Aktion für krebskranke Kinder und der Kinderkrebsstiftung; seit 2001 in eigener psychotherapeutischer Praxis tätig. Publikationen u.a. über familienorientierte Rehabilitation, Verlust eines Kindes in der Familie. Schwerpunkte: chronisch kranke Kinder und ihre Familien, krebskranke Eltern und ihre Kinder, Supervision und Beratung. (→ Kind im Krankenhaus)

Hansen, Hartmut ■ geb. 1942. Diplom-Psychologe, Oberstudienrat. Seit 1970 Lehrtätigkeit in der Erzieherausbildung an der Sophie-Scholl-Schule Mainz. Arbeitete als Fachleiter für Psychologie am Staatlichen Studienseminar für Lehramt an berufsbildenden Schulen, Mainz. Publikationen: u.a. (mit Freya Pausewang) Umdenken lernen, München 1982. (→ Begabung, → Denken, → Kinder- und Jugendpsychotherapie, → Bildnerisches Gestalten, → Ökologische Erziehung, → Persönlichkeit, → Psychotherapie, → Werken)

Harz, Frieder, Prof. Dr. ■ geb. 1943. Volksschullehrer, ev. Pfarrer; Professor i. K. (im Kirchendienst) an der Evangelischen Fachhochschule Nürnberg. Arbeitsschwerpunkte: Didaktik des Religionsunterrichts; religiöse Erziehung in den ersten Lebensjahren; interreligiöse Erziehung. Publikationen u.a.: Ist Allah auch der liebe Gott? Interreligiöse Erziehung in der Kindertagesstätte, München 2001. (→ Religion)

Haug-Schnabel, Gabriele, Dr., PD ■ geb. 1952. Biologie-, Geographie- und Völkerkundestudium, Verhaltensbiologin, Privatdozentin. Lehrauftrag im Bereich Psychologie der Universität Freiburg. Leiterin der 1993 gegründeten Forschungsgruppe Verhaltensbiologie des Menschen in Kandern. Publikationen: u.a. Wie man Kinder von Anfang an stark macht, Ratingen 2002; (mit J. Bensel) Grundlagen der Entwicklungspsychologie, Freiburg 2005. (→ Humor)

Herm, Sabine ■ Diplompädagogin, Kindertagesstätten-Beraterin, Supervisorin und Psychodrama-Therapeutin, Fortbildungsreferentin mit Schwerpunkten: Integration behinderter Kinder, Psychomotorik, Sprache, frühkindliche Bildungsprozesse. Veröffentlichungen: u.a. Gemeinsam spielen, lernen und wachsen, Weinheim 2002; Mit schwierigen Kindern umgehen, Freiburg 2003. Psychomotorische Spiele in Krippe und Kindergarten, Weinheim 2006. (→ Beratung, → Fachberatung, → Integrative Erziehung, → Logopädie, → Sprachentwicklung)

Herrmann, Thomas, Dr. phil. ■ geb. 1956. M.A Mittlere und und Neuere Geschichte, Promotion in Soziologie (Thema: Kommunikation von Jugend [2001]). Tätig in Sozialforschung, Lehre und der Berufsvorbereitung von Jugendlichen. Veröffentlichungen zu Jugend, Geschlechterforschung und zur Partizipation von Kindern und Jugendlichen. (→ Jugend)

Hocke, Norbert ■ geb. 1952. Diplom-Sozialpädagoge, Erzieher. Stellvertretender Bundesvorsitzender »Jugendhilfe und Sozialarbeit der GEW« (Gewerkschaft Erziehung und Wissenschaft), Sprecher des Bundesforums Familie, Mitglied in Fachausschüssen des Deutschen Vereins für öffentliche und private Fürsorge (FA Soziale Berufe/Ehrenamtliches Engagement/Familie) und Mitglied im Fachausschuss der AGJ Kindheit, Familie und OMEP. Zahlreiche Veröffentlichungen. (→ Ausbildung)

Hoffmann, Gabriele ■ geb. 1951. Buchhändlerin und Diplompädagogin, Inhaberin von Leanders Leseladen, Heidelberg. Autorin zahlreicher Kinderbuchrezensionen und Kataloge (Harry&Pooh bei Libri), bietet seit vielen Jahren Vorträge und Fortbildungs-Seminare für Eltern, Erzieherinnen, Lehrer und Lehrerinnen und Buchhändler an. (→ Kinder- und Jugendliteratur)

Hohmann, Sabine ■ geb. 1958. Hauswirtschaftsleiterin und technische Lehrerin. Seit 1983 Lehrerin für Fachpraxis an der Sophie Scholl Schule im Fachbereich Sozialpädagogik und Hauswirtschaft, unterrichtet Erzieher-, Sozialassistenten, Kinderpfleger-, Berufsfachschul- und Hauswirtschaftshelferklassen. (→ Werken)

Huppertz, Norbert, Prof. Dr. ■ geb. 1938. Studium der Erziehungswissenschaft, Professor für Allgemeine Pädagogik und Sozialpädagogik an der Pädagogischen Hochschule Freiburg. Arbeitsschwerpunkte: Kindergarten- und Elementarpädagogik, didaktische Positionen und Ansätze, Aus- und Fortbildung. Verfasser zahlreicher Publikationen, u.a. zum Lebensbezogenen Ansatz. (→ Lebensbezogener Ansatz)

Irskens, Beate ■ geb. 1946. Lehrerausbildung, Diplom-Pädagogin; Zusatzausbildung zur Psychodrama-Leiterin und Qualitätsbeauftragten nach DIN ISO 9000 und EFQM Assessorin. 30 Jahre Tätigkeit in der bundeszentralen Fort- und Weiterbildung, derzeit Projektmanagerin bei der Bertelsmann Stiftung. Veröffentlichungen u.a. im Bereich Qualitätsmanagement in Kindertageseinrichtungen. (→ Qualitätsmanagement)

Jaszus, Rainer Dr. ■ geb. 1946. Grund- und Hauptschullehrer, Studium der Psychologie, Pädagogik, Geschichte. Lehrer an der Fachschule für Sozialpädagogik in Lörrach, Fachleiter für Didaktik der Psychologie und Pädagogik am Staatl. Seminar für Schulpädagogik (BS) in Freiburg. Fachberater für Sozialpflege beim Regierungspräsidium Freiburg. Publikationen: u.a. (mit Irmgard Büchin-Wilhelm) Fachbegriffe für Erzieherinnen und Erzieher, Stuttgart 2005; Sozialpädagogische Lernfelder für Erzieherinnen – 1 BKSP, Stuttgart 2004. (→ Kind im Krankenhaus)

Jünger, Marion ■ geb. 1962. Religionspädagogin; Diplom als Montessori-Erzieherin bei der Deutschen Montessori Gesellschaft e. V., Grundausbildung in personenzentrierter Kinder-Spieltherapie. Über zehn Jahre als staatlich anerkannte Erzieherin und Leiterin tätig, seit 1998 Religionslehrerin im Hohenlohekreis. (→ Religiöse Erziehung)

Kapteina, Hartmut, Prof. ■ geb. 1944. Nach Hochschulstudium einige Jahre Lehrer an einer Fachschule für Sozialpädagogik, seit 1972 Professor für Musikpädagogik und Musiktherapie an der Universität Siegen. Betreuung von Projekten und Konzeptentwicklung auf den Gebieten der Kinder- und Jugendarbeit, der Suchttherapie und seit 1986 Aufbau und Leitung der Musiktherapeutischen Zusatzausbildung an der Universität Siegen. Veröffentlichungen u.a. zu musikpädagogischen und therapeutischen Themen. (→ Musiktherapie, → Musikpädagogik)

Kasten, Hartmut Prof. Dr. Dr. ■ geb. 1945. Psychologe und Pädagoge, arbeitet hauptamtlich als Frühpädagoge und Familienforscher am IFP (Staatsinstitut für Frühpädagogik) und ist nebenamtlich als außerplanmäßiger Professor für Psychologie (Schwerpunkte Entwicklungs- und Pädagogische Psychologie) am Institut für Psychologie der Ludwig-Maximilian-Universität München tätig. Verfasser zahlreicher Fach- und Sachbücher. (→ Entwicklungspsychologie)

Klein, Lothar ■ geb. 1950. Staatsexamen für das Lehramt am Gymnasium, Diplom-Pädagoge, Psychodrama-Assistent. Von 1981 bis 1997 Leiter von Kindertagesstätten in Wiesbaden; seit 1981 an der Entwicklung der Freinetpädagogik für Kindertagesstätten beteiligt; seit 1997 freiberuflicher Fortbildner und Berater (DV). Autor zahlreicher Artikel und Fachbücher. (→ Freinetpädagogik)

Knauf, Tassilo, Prof Dr. ■ geb. 1944. Studium der Kunstgeschichte, Archäologie und Erziehungswissenschaft. Seit 1981 Professor für Erziehungswissenschaft in Essen mit den Schwerpunkten Elementarerziehung und Grundschulpädagogik. Veröffentlichungen u.a.: Einführung in die Grundschuldidaktik, Stuttgart 2001; Beiträge in Elementarpädagogik nach PISA (Hg. W.E. Fthenatis), Freiburg 2003 sowie Handlexikon der Reggio-

Pädagogik (Hg. S. Lingenauber), Bochum 2004.

Krenz, Armin Dr. phil. ■ geb. 1952. Diplom-Sozialpädagoge mit Zulassung zur heilkundlich, psychologisch-therapeutischen Tätigkeit und Wissenschaftsdozent (Institut für angewandte Psychologie und Pädagogik, Kiel). Tätigkeitsschwerpunkte: Forschung und Lehre (Elementarpädagogik) im In- und Ausland. Fortbildung von (elementar-)pädagogischen Fachkräften. Verfasser zahlreicher Publikationen zum situationsorientierten Ansatz und zu elementarpädagogischen Themen (→ Beobachtung, → Empathie, → Situationsorientierter Ansatz)

Küppers, Horst ■ geb. 1951. Studium der Sozialpädagogik und Germanistik. Seit 1990 Lehrer für Sozialpädagogik, Kommunikation und Deutsch an der FS-Sozialpädagogik Elly-Heuss-Knapp-Schule (Europaschule) in Neumünster; Koordinaton EU-Aktivitäten. Studium und Arbeit in verschiedenen Kitas in Reggio. Veröffentlichungen zur Reggiopädagogik. (→ Reggiopädagogik)

Lattschar, Birgit ■ geb. 1968. Erzieherin, Heilpädagogin, Diplom-Pädagogin, Systemische Beraterin (SG). Langjährige Tätigkeit in der stationären und ambulanten Erziehungshilfe, dort Initiierung und Durchführung von Biografiearbeit. Seit 2005 beim Kinderschutzdienst Worms. Freiberufliche Referentin in der Ausbildung von Heilpädagoginnen, für pädagogische Fachkräfte sowie Pflege- und Adoptiveltern. Veröffentlichungen mehrerer Fachartikel zum Thema Biografiearbeit. (→ Biografiearbeit, → Heimerziehung, → Verhaltensstörung)

Lück, Gisela, Prof. Dr. phil. ■ geb. 1957. Studium der Chemie und Philosophie in Köln, Promotion in Philosophie. Nach zehnjähriger Tätigkeit in der Industrie seit 1994 Untersuchungen zur Naturwissenschaftsvermittlung in Kindergärten. 1999 Habilitation in Kiel, 2000 Professur an der Universität Essen, seit 2002 Lehrstuhl der Chemiedidaktik an der Universität Bielefeld. Verfasserin zahlreicher Publikationen u.a. zu naturwissenschaftlicher Bildung. (→ Naturwissenschaftliche Bildung)

Mäder-Berg, Martina ■ geb. 1973. Studium der Erziehungswissenschaften in Freiburg sowie der Zusatzfächer Kinder- und Jugendliteratur/Medienpädagogik und Erziehung in früher Kindheit in Tübingen. Diplom-Pädagogin. Studienrätin an einer Beruflichen Schule, Hauptdeputat an einer Fachschule für Sozialpädagogik. Publikationen: Mitautorin von »Sozialpädagogische Lernfelder für Erzieherinnen – 1 BKSP«. (→ Sexuelle Gewalt)

Martin, Ernst, Dr. disc. pol. ■ geb. 1939. Studiendirektor an den Fachschulen für Sozial- und Heilpädagogik in Göttingen. Seit 2003 freier Autor. Veröffentlichungen: u.a. Didaktik der sozialpädagogischen Arbeit (6. Aufl.), Weinheim 2005; (mit Uwe Wawrinowski) Beobachtungslehre, Weinheim 2003; Sozialpädagogische Berufsethik, Weinheim 2001. (→ Anthropologie, → Didaktik, → Lernen)

Miedaner, Lore, Prof. Dr. ■ geb. 1944. Erzieherin, Sozialpädagogin, Europäische Ethnologin; Supervisorin. Professorin an der Fachhochschule für Sozialwesen, Esslingen. Arbeitsschwerpunkte: Sozialpädagogisches Handeln mit Kindern. Publikationen zur gemeinsamen Erziehung behinderter und nichtbehinderter Kinder, zur Arbeit in Horten, zur Zusammenarbeit von Erzieherinnen und Eltern, zu intergenerativer sozialpädagogischer Arbeit. (→ Intergenerative Arbeit)

Miklitz, Ingrid ■ geb. 1952. Sozialpädagogin, Diplom-Sozialwissenschaftlerin, Zusatzausbildungen im natur-, erlebnis- und spielpädagogischen Bereich. Studienrätin an einem Berufskolleg für Sozialpädagogik. Vorstand im Landesverband der Wald- und Naturkindergärten Baden Württemberg e.V., Mitarbeit am Orientierungsplan für Bildung und Erziehung in Baden Württemberg. Publikationen: Der Waldkindergarten – Dimensionen eines pädagogischen Ansatzes, Weinheim 2000. (→ Waldkindergarten)

Minsel, Beate, Dr. ■ geb. 1946. Studium der Psychologie. Seit 1988 Mitarbeiterin am Institut für Frühpädagogik in München. Publikationen u.a.: (mit Peter Becker) Psychologie der seelischen Gesundheit, Göttingen 1986; (mit R. Niesel und W. Griebel) Breite Altersmischung, München 2004; (mit W. E. Fthenakis) Die Rolle des Vaters in der Familie, Stuttgart 2002. (→ Basiskompetenzen)

Müller, C. Wolfgang, Prof. Dr. ■ geb. 1928. Studium der europäischen Kulturwissenschaften, postdoktorales Studium der Erziehungswissenschaft, Soziologie und Sozialpädagogik. Dolmetscher, Journalist und Jugendpfleger. Seit 1965 Universitätsprofessor in Berlin. Arbeitsschwerpunkte: Historische Entwicklung von methodischem Arbeiten in der sozialen Arbeit; Techniken des wissenschaftlichen Arbeitens und Schreibens; sozialpädagogisch relevante Forschungsmethoden. Zahlreiche Veröffentlichungen u.a. zur Geschichte der sozialen Arbeit. (→ Jugendarbeit, → Sozialpädagogik)

Neuhäuser, Gerhard, Prof. Dr. med. ■ geb. 1936. Facharzt für Kinderheilkunde und für Kinder- und Jugendpsychiatrie. Bis 2001 Leiter der Abteilung Neuropädiatrie und Sozialpädiatrie am Universitätsklinikum Gießen. Arbeitsschwerpunkte u.a.: Neurologie des Kindes- und Jugendalters, psychosoziale Probleme bei Entwicklungsstörungen und geistiger Behinderung, Frühförderung. Publikationen: u.a. (mit H.-Chr. Steinhausen) Geistige Behinderung. Grundlagen, klinische Syndrome, Behandlung und Rehabilitation, Stuttgart 2003. (→ Frühförderung, → Kinderkrankheiten, → Kinderpsychiatrie, → Lernstörungen, → Perinatale Phase, → Vorsorgeuntersuchung)

Neuß, Norbert, Dr. ■ geb. 1966. Diplom-Pädagoge, Hochschullehrer für Schul- und Medienpädagogik. Arbeitsschwerpunkte: Medienpädagogik, Kindheitsforschung und Bildung in der frühen Kindheit. Vorstandsmitglied der Gesellschaft für Medienpädagogik (GMK). Zahlreiche Publikationen zu medienpädagogischen Themen. (→ Internet und Multimedia)

Niesel, Renate ■ geb. 1948. Diplom-Psychologin. Wissenschaftliche Referentin am Staatsinstitut für Frühpädagogik, München. Arbeitsschwerpunkte: Übergänge in der Familienentwicklung und im Bildungssystem, erweiterte Altersmischung, Kinder unter drei Jahren in Tageseinrichtungen, geschlechtergerechte Pädagogik. Publikationen: u.a. (mit W. Griebel) Transitionen, Weinheim 2004; Einschulung – Der Übergang vom Kindergarten in die Grundschule, in: E. Schumacher (Hg.): Übergänge in Bildung und Ausbildung – pädagogische, subjektive und gesellschaftliche Relevanzen. Bad Heilsbrunn 2004, S. 89–101. (→ Transitionen)

Ostermann, Barbara M. ■ geb. 1964. Diplom-Psychologin. Freiberufliche Tätigkeit als Beraterin und Trainerin. Arbeitsschwerpunkte: Arbeitsbelastungen in der Pflege, Organisationsentwicklung sowie Führungskräfteberatung vornehmlich im Non-Profit-Bereich. Zahlreiche Veröffentlichungen im Fach- und Sachbuchbereich. (→ Psychohygiene, → Leistung)

Otterstedt, Carola ■ geb. 1962. Verhaltensforscherin und Autorin für Tiergestützte Pädagogik und Therapie sowie für Kommunikation, Kranken- und Trauerbegleitung. Lehrerfahrungen im In- und Ausland. Verschiedene Publikationen zur tiergestützten Arbeit. (→ Tiergestützte Pädagogik)

Partecke, Erdmute ■ geb. 1939. Diplompsychologin und Psychotherapeutin. Arbeitet freiberuflich als Psychotherapeutin, bietet neben Beratung und Therapie Fortbildungen und Supervision im sozialpädagogischen Kontext an. Publikationen: mehrere Bücher über Spielpädagogik im Kindergarten. (→ Rollenspiel, → Spiel, → Spielzeug).

Pesch, Ludger ■ geb. 1958. Diplom-Pädagoge und Organisationsberater. Geschäftsführer des Pestalozzi-Fröbel-Verband e.V. in Berlin, Mitglied der Internationalen Akademie/Institut für den Situationsansatz an der Freien Universität Berlin. Arbeitsschwerpunkte: Seminare für Leitungen, Teams und Träger von Kindertageseinrichtungen, Weiterbildung zur »Fachkraft für den Situationsansatz«. Publikationen: u.a. (mit Verena Sommerfeld) Teamentwicklung (2. Auflage). Weinheim 2002; Moderation und Gesprächsführung. Weinheim 2001. Kontakt: www.lpesch.de (→ Leitung, → Teamarbeit)

Petermann, Hans-Bernhard, Dr. ■ geb. 1952. Philosoph, Theologe, Erziehungswissenschaftler. Lehrt an der Pädagogischen Hochschule Heidelberg. Forschungs- und Arbeitsschwerpunkte: Didaktik der Philosophie und Ethik, Philosophieren mit Kindern, Religionsphilosophie, Interdisziplinarität und Bildung. Veröffentlichungen: u.a. Kann ein Hering ertrinken? Philosophieren mit Bilderbüchern, Weinheim 2004; Religion zur Erfahrung bringen. Bausteine einer Didaktik des Religiösen, Heidelberg 2003. (→ Ethik und Moral, → Moralische Erziehung, → Philosophieren, → Religiöse Erziehung)

Pfeffer, Simone ■ geb. 1962. Diplom-Soziologin, NLP-Lehrtrainerin (DGNLP). Ist als Fortbildungsreferentin, Lehrbeauftragte und in Beratung und Forschung tätig. Arbeitsschwerpunkte: Emotionale Kompetenz, Lernfreude, Motivation, Kommunikation, Gesunde Balance, Medizinsoziologie. Publikationen: Emotionales Lernen. Ein Praxisbuch für den Kindergarten, Weinheim 2002; Die Welt der Gefühle verstehen, Freiburg, 2004; Lust auf Lernen, Freiburg 2005. (→ Einstellung, → Emotionen, → Körpersprache, → Kommunikation)

Pousset, Raimund ■ geb. 1946. Diplom-Pädagoge, Studium von Erziehungswissenschaft, Geschichte, Deutsch, Psychologie, Medizinsoziologie und Soziologie. Zusatzausbildung in Supervision und Psychotherapie. Oberstudienrat. War 15 Jahre in der Berliner Erzieherausbildung tätig, lehrt heute Gerontologie sowie Supervision an einer »Fachschule für Organisation und Führung« und in der Altenpflege. Publikationen: Fingerspiele und andere Kinkerlitzchen. Reinbek 1999; Schafft die Schulpflicht ab! Frankfurt 2000. (→ Antiautoritäre Erziehung, → Feste und Feiern, → Gruppenpädagogik, → Körpersprache, → Kollektiverziehung, → Kommunikation).

Pudel, Volker Prof. Dr. ■ geb. 1944. Dipl.-Psychologe. Seit 1970 Leiter der Ernährungspsychologischen Forschungsstelle der Universität Göttingen. Forschung: Grundlagen und Therapie von Adipositas und Essstörungen; multimediale Projekte in der Präventivmedizin, u.a. AOK-Vierjahreszeiten-Kur, AOK/SWR-PfundsKur. Publikationen u.a. (mit Westenhöfer, J.) Einführung in die Ernährungspsychologie, Hogrefe 1998; (mit Petermann, F. [Hg.]) Übergewicht und Adipositas. Hogrefe 2003.

Regel, Gerhard ■ geb. 1937. Diplom-Sozialpädagoge und analytischer Kinder- und Jugendpsychotherapeut. Langjährige Tätigkeit in der Fachberatung für Kindergärten, heute freiberuflich in der Fortbildung tätig mit Schwerpunkt »Offener Kindergarten«. Wichtigste Publikationen: (mit Wieland [Hg.]): Offener Kindergarten konkret, Hamburg 1993; (mit Kühne, T. [Hg]): Erlebnisorientiertes Lernen im offenen Kindergarten, Hamburg 1996; (mit Kühne, T. [Hg.]). Bildungsansätze im offenen Kindergarten, Hamburg 2000; (mit Kühne, T.) Arbeit im Offenen Kindergarten. Freiburg 2001.

Reidelhuber, Almut ■ geb. 1942. Erzieherin, Diplom-Sozialpädagogin (FH). Tätigkeiten in Aus- und Fortbildung für Erzieherinnen, Mitarbeitern am Staatsinstitut für Frühpädagogik in München, die letzten Berufsjahre im Referat Kinderbetreuung im Bayerischen Sozialministerium. Publikationen u.a.: Umweltbildung – ein Projektbuch für die sozialpädagogische Praxis mit Kindern von 3–10 Jahren, Freiburg 2000; (mit Ulich, M./Oberhuemer, P.) Der Fuchs geht um – auch anderswo,. Weinheim 2004; (mit Griebel, W./Niesel, R./Minsel, B.) Erweiterte Altersmischung in Kita und Schule, München 2004. (→ Lernmethodische Kompetenz)

Reiners, Annette ■ geb. 1967. Dipl. Sozialpädagogin (FH): Fachberaterin im Bayerischen Landesjugendamt; freiberufliche Beraterin für Team-, Konflikt-, Führungsfragen

und Innovationsprozesse; Lehrbeauftragte an diversen Fachhochschulen. Veröffentlichungen: Erlebnis und Pädagogik, Augsburg 1995; Praktische Erlebnispädagogik – Neue Sammlung motivierender Interaktionsspiele, Augsburg 1992; Praktische Erlebnispädagogik 2 – Neue Sammlung handlungsorientierter Übungen für Seminar und Training – Band 2, Augsburg 2005. (→ Erlebnispädagogik)

Renn, Heribert, Dr. jur. ■ geb. 1944. Diplom-Kaufmann, Leiter der Rechtsstelle des Diakonischen Werkes in Hessen und Nassau e.V., Frankfurt am Main. Zahlreiche Publikationen zu sozialrechtlichen und -politischen Themen, u.a. Rechtskunde für Erzieherinnen, Kindschaftsrecht, Pflegeversicherung, SGB IX – Teilhabe und Rehabilitation behinderter Menschen, Heimgesetz, Gemeinnützigkeitsrecht, Grundsicherung für Arbeitsuchende und Sozialhilfe (SGB II und XII). (→ Arbeitsrecht, → Elterliche Sorge, → Haftungsrecht, → Kinder- und Jugendhilferecht, → Strafrecht)

Rieber, Dorothea ■ geb. 1962. Diplom-Pädagogin, Diplom-Sozialpädagogin und Erzieherin. Dozentin in der Aus- und Fortbildung von Erzieherinnen. Publikationen: (mit Mürbe, M./Tammen, B.) Politik, Sozial-, Gesetzes- und Berufskunde. Basiswissen für ErzieherInnen, Weinheim/Basel 2005) (→ Kinderrechte)

Rödl, Birgit ■ geb. 1963. Diplom-Pädagogin und Grundschullehrerin, langjährige Unterrichtserfahrung in der ersten und zweiten Jahrgangsstufe. Mitarbeit in der Schulberatung. Publikationen: Lehrer-Eltern-Kooperation in der Grundschule. Erfahrungen und Reflexionen, Frankfurt1993. (→ Schulfähigkeit)

Ryffel, Christiane, Prof. Dr. phil. ■ geb. 1945. Studium der Soziologie, Sozialpsychologie und Kommunikationswissenschaft; Weiterbildungen in Transaktionsanalyse, Neurolinguistischem Programmieren (NLP) und systemischer Therapie. Ausbilderin und Supervisorin an der Hochschule für Soziale Arbeit in Zürich und selbständige Praxis für systemische Therapie für Einzelne und Paare. Publikationen u.a. zur Typik soziologischen Denkens, zu Geschlechterbeziehungen, familiensoziologischen Fragestellungen und zur Dynamik von Paarbeziehungen. (→ Abweichendes Verhalten, → Chancengleichheit, → Gruppe, → Rolle, → Soziale Schicht, → Soziologie, → Suizidalität)

Schilling, Matthias, Dr. phil. ■ geb. 1960. Studium der Sozialpädagogik und Erziehungswissenschaft. Seit 1994 wissenschaftlicher Mitarbeiter an der Universität Dortmund, zur Zeit Geschäftsführer und wissenschaftlicher Mitarbeiter der Dortmunder Arbeitsstelle Kinder- und Jugendhilfestatistik. Arbeitsschwerpunkte: Kinder- und Jugendhilfestatistik, Soziale Berufe, Kindertagesbetreuung und Heimerziehung. Publikation: (mit Rauschenbach, T.) Kinder- und Jugendhilfereport 2. Analysen, Befunde und Perspektiven, Weinheim/München 2005. (→ Arbeits- und Beschäftigungssituation)

Schürmann, Ewald ■ geb. 1948. Studium der Volkswirtschaftslehre, Germanistik und Philosophie an der Technischen und Freien Universität Berlin. Seit 1985 als Autor, Journalist und PR-Berater tätig. Zeitweilig Öffentlichkeitsarbeiter bei internationaler Beratungsorganisation BBJ CONSULT. Referent und Dozent für Fortbildungen und Studiengänge zur Öffentlichkeitsarbeit. Arbeitsschwerpunkte: Jugend-, Sozial- und Arbeitsmarktpolitik, Kultur und Ökologie. Kontakt: Ewald.Schuermann@t-online.de (→ Öffentlichkeitsarbeit)

Schwarzkopf, Andreas, Dr. med. habil. ■ geb. 1960. Ausbildung an der Universität Würzburg zum Facharzt für Mikrobiologie und Infektionsepidemiologie sowie Hygienesachverständigen, seit 1998 niedergelassen; ärztlicher Leiter der L+S AG, Mangelsfeld 4, 97708 Bad Bocklet. Fachleiter der Hygieneakademie Bad Kissingen, Dozent an Pflegeschulen, Lehrbuchautor, Qualitätsberater. (→ Hygiene, → Qualitätsmanagement)

Sinhart-Pallin, Dieter, Dr. ■ geb. 1948. Diplom-Pädagoge, Realschullehrer. Studienrat an einer Fachschule für Sozialpädagogik. Publikationen zu Bildung, Medien- und Sozialpädagogik: u.a. Die technik-zentrierte Persönlichkeit, Weinheim 1990; (mit Kupffer, H./Schiedeck, J./Stahlman, M.) Erziehung als offene Geschichte, Weinheim 2000; Multimedial, kompetent & (dennoch) kritisch. Möglichkeiten einer kritischen Medienpädagogik. In: Bernhard, A. u. a. (Hg.): Kritische Erziehungswissenschaft und Bildungsreform, Hohengehren 2003. (Bildung, → Erziehung, → Medienpädagogik)

Stahlmann, Martin, Dr. phil. ■ geb. 1959. Studium der Erziehungswissenschaften in Hildesheim und Kiel. Tätigkeit in der Heimerziehung, Wissenschaftlicher Angestellter an der PH Kiel, Diplom-Assistent am Heilpädagogischen Institut der Universität Fribourg/Schweiz, Leiter der Abteilung Heil- und Sonderpädagogik an der Elly-Heuss-Knapp-Schule Neumünster. Verfasser zahlreicher Publikationen zu Themen der Erziehungswissenschaft, Heil- und Sonderpädagogik. (→ Fort- und Weiterbildung, → Frühförderung, → Heilpädagogik, → Rehabilitation)

Stanjek, Karl, M.A. ■ geb. 1950. Soziologe, Sozialpsychologe und Dipl.-Sozialpädagoge. Stellvertretende Leitung der Pflegeakademie Neumünster. Verschiedene Lehraufträge, u.a. an der FH Kiel, FB Soziale Arbeit und Gesundheit. Arbeitsschwerpunkte: Pflegepädagogik, Lebenswelten von alten Menschen, Gewalt in der Pflege, transkulturelle Pflege. Publikationen u.a.: Altenpflege konkret Sozialwissenschaften. München und Jena 2005. (→ Angst, → Bedürfnisse, → Motivation, → Sozialisation, → Werte und Normen)

Strobach, Susanne ■ geb. 1966. Universitätslektorin für Sozialkompetenzen für MediatorInnen am Institut für Rechtsvergleichung der Universität Wien. Eingetragene Mediatorin. Trainerin mit den Arbeitsschwerpunkten Trennung/Scheidung, Vereinbarkeit von Beruf und Familie, Kommunikation, Zeit- und Stressmanagement,

Burnoutprävention. Referentin für Tagesmütter, Adoptiv- und Pflegeeltern. Publikationen u.a. Scheidungskindern helfen, Weinheim 2002. (→ Alleinerziehende, → Feste und Feiern, → Märchen, → Verkehrserziehung) Kontakt: www.susannestrobach.at

Textor, Martin R., Dr. ■ geb. 1954. Studium der Pädagogik, Beratung und Sozialarbeit. Seit 1986 wissenschaftlicher Mitarbeiter am Staatsinstitut für Frühpädagogik in München. Spezialgebiete: Familienbildung, Kindergartenpädagogik, Kinder- und Jugendhilfe. Publikationen: Autor/Herausgeber von 25 Fachbüchern und (Mit-)Herausgeber von drei Online-Handbüchern www.kindergartenpaedagogik.de/, www.familienhandbuch.de/, www.sgbviii.de/ und eines Portals www.kindertagesbetreuung.de/ (→ Elternarbeit, → Familie, → Kindergarten, → Projektarbeit, → Tagespflege)

Ulich, Michaela M.A. Dr. ■ geb. 1943, Studium der Anglistik, Romanistik, Amerikanistik; Anschlussstudium der Soziologie. Tätigkeit als Assistenzprofessorin an der Uni München und der FU Berlin (Schwerpunkt: Literatur und Kultur von Minderheiten). Seit 1981 wissenschaftliche Referentin am Staatsinstitut für Frühpädagogik, München. Aktuelle Arbeitsschwerpunkte: Sprachförderung von Migrantenkindern, Literacy-Erziehung. Zahlreiche Publikationen im Bereich interkulturelle Erziehung, Sprachbeobachtung und Sprachförderung, Literacy-Erziehung. (→ Literacy)

Vieten, Markus ■ geb. 1965. Arzt. Tätig als freier Autor, Lektor und Projektleiter für medizinische Fachliteratur für Studenten, Ärzte, Arzthelferinnen, Hebammen, Pflegekräfte u. a.; medizinische Fachübersetzungen aus dem Niederländischen und Englischen; Krimi-Autor, Spiele-Autor; einen Überblick über die Publikationen auf http://www.markusvieten.de. (→ Intelligenz, → Mobbing, → Psychologie, → Psychosomatik, → Selbsthilfegruppen).

Virchow, Fabian, Dr. rer.pol. ■ geb. 1960. Diplom-Soziologe. Forschungs- und Publikationsschwerpunkte: politische Soziologie (Rechtsextremismus; soziale Bewegungen), politische Kultur, Militärsoziologie. Langjährige Tätigkeit als Lehrbeauftragter. Publikationen: u.a. (mit Thomas, T. [Hg.]) Banaler Militarismus, Bielefeld 2006. (→ Rassismus)

Vogelsberger, Manfred ■ geb. 1953. Sozialpädagoge mit Berufserfahrung im Elementarbereich und im Allgemeinen Sozialdienst eines Jugendamtes. Jetzt tätig als Lehrer an der Sophie-Scholl-Schule Mainz und lehrbeauftragter Fachleiter in der Lehrerausbildung. Autor von Fachbüchern und Fachartikeln. (→ Antiautoritäre Erziehung, → Hort, → Krippe, → Träger, → Waldorfpädagogik)

Volgmann, Kerstin ■ geb. 1963. Diplom-Sozialpädagogin, Kita–Leiterin, Lehrauftrag an der FH Potsdam, freiberufliche Weiterbildungsdozentin. Arbeitsschwerpunkte: Verknüpfung von Theorie und Praxis mit den Schwerpunkten: Partizipation als Handlungsmaxime, Übergänge gestalten, Elternzusammenarbeit und Bildungsarbeit in Kita. (→ Partizipation)

Wagner, Petra ■ geb. 1958. Diplom-Pädagogin. Seit 2000 Koordinatorin und Leitung des Projekts KINDERWELTEN im Institut für den Situationsansatz. Publikationenen: u.a. (mit Preissing, Ch. [Hg.]) Kleine Kinder, keine Vorurteile? Interkulturelle und vorurteilsbewusste Arbeit in Kindertageseinrichtungen, Freiburg 2003. (→ Vorurteilsbewusste Bildung und Erziehung))

Wanzeck-Sielert, Christa ■ geb. 1951. Studienrätin, Diplompädagogin, Supervisorin (DGSv). Tätig in der Erzieherinnenausbildung und an der Universität Flensburg im Bereich Gesundheitspsychologie und Gesundheitsbildung mit den Schwerpunkten Kinder- und Jugendgesundheit, Suchtprävention, Sexualpädagogik, Beratung und Supervision. Veröffentlichungen in verschiedenen Fachzeitschriften und -büchern zu Sexualität von Kindern und Jugendlichen. Autorin des Buches Kursbuch Sexualerziehung. Don Bosco-Verlag München 2004.

Weidner, Jens, Prof. Dr. ■ geb. 1958. Seit 1995 Professor für Erziehungswissenschaften und Kriminologie an der HAW Hamburg. Seit 1994 Dozent am Gottlieb Duttweiler Institut für Wirtschaft und Gesellschaft (Zürich). Arbeitsschwerpunkte: Konfrontative Pädagogik, Untersuchungen zu Aggressivität und Gewalt. Publikationen: u.a. Mit Biss zum Erfolg, Godesberg 1999; Konfrontative Pädagogik, Godesberg 2001; Gewalt im Griff. Bd. 3, Weinheim 2003; Die Peperoni-Strategie, Frankfurt 2005. (→ Aggression, → Konfrontative Pädagogik)

Westphal, Kristin, Prof. Dr. phil. habil ■ Professorin am Institut für Grundschulpädagogik, Fachbereich 1 Bildungswissenschaften der Universität Koblenz-Landau, Standort Koblenz. Arbeitsschwerpunkte: Theorie der medialen Erfahrung, Theorie der Didaktik des Sachunterrichts, ästhetische Bildung. Forschungsschwerpunkte: z. Zt. Projekt: Schultheater als perfomative Praxis. Eigen- und Fremdbeobachtung mit Videounterstützung. Publikationen u.a. zur Bewegung, Lernen, mediale Erfahrung. (→ Bewegungserziehung)

Wiemann, Irmela ■ geb. 1942. Diplom-Psychologin, Psychologische Psychotherapeutin. Spezialisierung auf Beratung, Therapie und Fortbildung von Pflege-, Adoptiv- und Herkunftsfamilien. Publikationen: u.a. Ratgeber Pflegekinder, Reinbek 2005; Ratgeber Adoptivkinder, Reinbek 2004; Wie viel Wahrheit braucht mein Kind? Von kleinen Lügen, großen Lasten und dem Mut zur Aufrichtigkeit in der Familie, Reinbek 2006. (→ Adoption, → Pflegekinder)

Wirsing, Kurt ■ geb. 1946. Diplom-Psychologe, Wirtschaftspsychologe und Supervisor BDP, Systemischer Berater DGSF. Leiter des Bildungsinstituts Curamus® Personalentwicklung. Arbeitsschwerpunkte: Weiterbildungen für Pflegeberufe (Psychologie für die Gerontopsychiatrische Pflege); Entwicklungspsychologie der Lebensspanne (Einzelberatung und Seminare zur Kunst des Älterwerdens AgingArt®), Psychologische Gesundheitsförderung. Publikation: Psychologisches Grundwissen für Altenpflegeberufe. Weinheim 2000. (→ Wahrnehmung)

Wustmann, Corina ■ geb. 1976. Diplom-Pädagogin, Wissenschaftliche Mitarbeiterin an der Pädagogischen Hochschule Solothurn, Forschung und Entwicklung »Bildung der 4- bis 8-Jährigen«. Arbeitsschwerpunkte: Resilienz, Bildung und Erziehung im Elementarbereich, Beobachtung und Dokumentation kindlicher Bildungs- und Lernprozesse. Publikationen: u.a. Widerstandsfähigkeit von Kindern in Tageseinrichtungen fördern. Beiträge zur Bildungsqualität (hg. von W. Fthenakis), Weinheim 2004. (→ Resilienz)

Zimmer, Renate, Prof. Dr. ■ geb. 1947. Professorin für Sportwissenschaft und Sportpädagogik an der Universität Osnabrück, Diplom-Pädagogin. Arbeitsschwerpunkt: Frühe Kindheit, sportwissenschaftliche Lehr- und Forschungstätigkeiten, Konzepte der Bewegungserziehung für den Elementarbereich, Psychomotorik, Diagnostik der motorischen Entwicklung, Bewegte Schule, Gesundheitsförderung in Kindergarten und Grundschule. Publikationen: Handbuch der Bewegungserziehung. Freiburg 2005; Handbuch der Sinneswahrnehmung. Freiburg 2005; Handbuch der Psychomotorik. Freiburg 2004;. (→ Psychomotorik)